ATLAS
DER
ITALIENISCHEN
WEINE

BURTON ANDERSON

ATLAS DER ITALIENISCHEN WEINE

LAGEN, PRODUZENTEN,
WEINSTRASSEN

HALLWAG

Dank

Viele haben zu diesem Buch beigetragen. An erster Stelle ist der leider verstorbene Renato Ratti zu nennen, dessen Karten der Bereiche Barolo und Barbaresco und der italienischen Weinbaugebiete mir Inspiration vermittelten. Besonderen Dank schulde ich auch Mario Fregoni, der mir mit Quellenmaterial und mit seinem umfangreichen Wissen, das ihm die Leitung des italienischen DOC-Komitees eingetragen hat, so großzügig zur Seite stand. Viele praktische Informationen und Einsichten verdanke ich den Weinerzeugern, die in diesem Buch genannt sind.

Der Redaktionsstab unter Leitung von Chris Foulkes hat sich wie immer glänzend bewährt, insbesondere Alison Melvon als Brücke zwischen Soho und Oliveto und Gaye Allen mit dem Design. Alan Williams fing die Weinatmosphäre Italiens in seinen Fotografien großartig ein. Nicht vergessen sein sollen auch meine Frau Nancy, meine Tochter Gaia und mein Sohn Benjamin, die mir mit Geduld und Verständnis beistanden. Mehr als nur die Erwähnung ihres Namens verdienen eigentlich auch: Primo Barelli; Gianfranco Bolognesi; Giorgio Bombi; Dino Boscarato; Vittorio Braga; Vincenzo Buonassisi; Teodoro Bugari; Antonio Calò; Franco Colombani; Giampietro Comolli; Pasquale Di Lena; Peter Dipoli; Renzo Franceschini; Laura Furlan; der verstorbene Louis Iacucci; Hugh Johnson; James Johnson; Roberto Macaluso; Antonio Maggiore; Gilberto Nardi; Tom O'Toole; Cesare Pillon; Fabrizio Pedrolli; Riccardo Riccardi; Lamberto Ridolfi; Pierluigi Rogate; Doreen Schmid; Franco Solari; Angelo Solci; Piero Solci; Nazzareno Strinati; Marco Trimani; Adrian Webster.

Nützliche Informationen verdanke ich folgenden Organisationen: Associazione Enotecnici Italiani; Associazione Italiana Sommeliers; Camera di Commercio Provincia di Bolzano; Camera di Commercio Provincia di Cuneo; Comitato Vitivinicolo Trentino; Ente Sviluppo nelle Marche sowie den Landwirtschaftsverwaltungen der Regionen Kampanien, Molise, Piemont, Apulien, Umbrien und Valle d'Aosta.

Bildquellen

Alle Fotografien von Alan Williams, ausgenommen: S. 11 Michael Holford; S. 211 Edoardo Fornaci; S. 284/285, 286, 287, 292, 293, 295 John Heseltine.

Die englische Originalausgabe ist unter dem Titel «The Atlas of Italian Wines» im Verlag Mitchell Beazley. London. erschienen.

© Mitchell Beazley Publishers, 1990
© Text: Burton Anderson
© Maps & Illustrations Mitchell Beazley Publishers, 1990
All rights reserved.

Deutsche Übersetzung: Wolfgang Kissel
Lektorat: Urs Aregger

© 1990 Hallwag AG, Bern und Stuttgart
Alle deutschen Rechte vorbehalten

Satz: Utesch Satztechnik GmbH, Hamburg
Printed in Italy by Legatoria Editoriale Giovanni Olivotto Spa, Vicenca

ISBN 3-444-10372-7

Hallwag

INHALT

NORDWESTEN	28-93

1 AOSTATAL
2 PIEMONT
3 LIGURIEN
4 LOMBARDEI

NORDOSTEN	94-153

5 TRENTINO-SÜDTIROL
6 VENETIEN
7 FRIAUL-JULISCH-VENETIEN

ADRIATISCHE APENNINEN	154-187

8 EMILIA-ROMAGNA
9 MARKEN
10 ABRUZZEN
11 MOLISE

TYRRHENISCHES MITTELITALIEN	188-251

12 TOSKANA
13 UMBRIEN
14 LATIUM

SÜDLICHE HALBINSEL	252-283

15 APULIEN
16 KAMPANIEN
17 BASILIKATA
18 KALABRIEN

DIE INSELN	284-305

19 SARDINIEN
20 SIZILIEN

N

1 : 5,250,000

Km 0   50   100   150   200
Miles 0   25   50   75   100

Einführung

Dieses Buch hat hohe Ambitionen: Es will Italiens Weine in Landkarten fassen. Freilich nicht alle Weine Italiens, aber doch alle jene, die sich durch individuelle Güte oder kollektive Statur einen Platz an der Sonne erobert haben. Die Spreu vom Weizen zu trennen ist keine einfache Sache in diesem Land, wo es mehr Weine gibt als sonstwo in der Welt, das sie aber weder zu zählen noch in Kategorien einzuordnen imstande ist. Von vornherein stand fest, daß die Aufgabe, ein Thema von solchen Ausmaßen in eine relativ gedrängte Form zu bringen, diesen Atlas der italienischen Weine auf einen weit größeren Umfang als den der beiden Vorgänger in dieser Serie über Frankreich und Deutschland anschwellen lassen mußte. Meine kritische Perspektive bringt zudem in dieses Buch, das nicht nur ein Atlas und Reiseführer sein will, sondern auch eine Bestandsaufnahme des heutigen italienischen Weins, eine gewisse Subjektivität ein. Karten von den Weinbaugebieten Italiens zu erstellen, war eine Aufgabe, die beim besten Willen nur unvollkommen zu lösen war. Zu allen Beschränkungen in Zeit, Raum und finanziellen Mitteln kam noch hinzu, daß die nötigen Daten mancherorts nur aus ungenauen oder gar widersprüchlichen Angaben zusammengestellt werden mußten. Doch selbst wenn das Bild nicht überall vollständig ist, so wirft doch dieser Atlas in Karten, Worten und Bildern neues Licht auf ein altes, aber keineswegs antiquiertes Weinland.

Im Lauf von 4000 Jahren hat *Vitis vinifera* in Italien ein Gewebe geschaffen, wie es kein farbigeres und kunstvolleres auf der Welt gibt. Weinberge wurden gepflanzt, wo immer es ging, an bequemen und unbequemen Stellen: in den Ausläufern der Alpen, an den Hängen der Apenninen, bis in die äußerste Stiefelspitze des Festlands und auf den Inseln im Mittelmeer. Die Rebe erscheint prädestiniert für dieses Land, dessen nutzbare Fläche zwischen Gebirge und Meer die mediterrane Grundnahrung reichlich hervorbringt. Doch der Wein ist mehr als nur Nahrung: er ist geistige Stärkung für dieses Volk, das die Lebenskunst zu einer hohen Kulturform entwickelt hat. Das heutige Italien lebt zwar in modernem Tempo, doch stets in historischen Zusammenhängen, die keine mitgeschleppte Vergangenheit, sondern aktive Elemente der Gegenwart sind. Jeder Winkel dieses Landes hat seine eigenen Variationen über Alt und Neu, die seinen Städten, Bergdörfern und Häfen, seiner Kunst und Musik, seiner Küche und seinen Weinen ein ganz eigenes Gepräge verleihen.

Die Touristen gehen in Italien mit dem Wein oft genauso selbstverständlich um wie die Einheimischen – sie trinken ihn, ohne sich viel Gedanken darüber zu machen. An die so melodischen Namen erinnert man sich daheim jedoch nur noch schwer. Abgesehen von so populären Klängen wie Chianti, Soave und Frascati ist im Gedächtnis der Welt nicht viel vom italienischen Wein haften geblieben. Der Normalverbraucher sieht sich durch die Vielfalt verwirrt, und der Kenner kommt ohne geographischen Überblick nicht zurecht – so wenigstens ging es mir, dem an Karten gewöhnten Ausländer, als ich am Anfang der 60er Jahre den Weinen Italiens nachzuspüren begann, und so stand es noch, als ich dieses Buch in Angriff nahm.

Man mußte einfach den vorhandenen Wegweisern folgen und im übrigen andere nach dem Weg fragen. Weintouren waren noch nicht konzipiert und sind es auch heute noch wenig. Der Mangel an Landkarten für die italienischen Weinzonen war und blieb ärgerlich. Allerdings gab es Ausnahmen. Der inzwischen verstorbene Renato Ratti schuf Karten der Bereiche Barolo und Barbaresco und teilte Italien in große Weinbausektoren ein, die in ähnlicher Weise auch diesem Atlas zugrundeliegen. Was es sonst aber an Landkarten über den Wein gab, bestand aus nichts als Skizzen mit Comic-Figuren, die das im Ausland

sowieso schon wuchernde Image nur bestärkten und es dem seriösen Weinfreund nicht leicht machten, Italien ernst zu nehmen.

Die Weinerzeuger selbst waren an vielem schuld: Erstens nahmen sie es in Weinberg und Keller nicht sehr genau, zweitens gelang es ihnen nicht einmal, ihre Landsleute – geschweige denn die Ausländer – davon zu überzeugen, daß sie die Gesetze und Vorschriften befolgten, und drittens kam es ihnen gar nicht erst in den Sinn, der Welt draußen mitzuteilen, daß hier trotz allem ein ungeheurer Reichtum an Wein auf seine Entdeckung wartete. Zuerst überschwemmten sie den internationalen Markt mit billigem Wein in bunt aufgemachten Flaschen, und dann wunderten sie sich, daß ihre würdigen und noblen Rotweine sich so schwer taten, ein Ansehen zu erringen. Stets versuchte man, unter Berufung auf die Griechen, die Italien Oinotria, «Weinland», nannten, Marketing- und PR-Strategien zu entwerfen, die seinen Weinen in einer utopischen Zukunft dasselbe Prestige bringen sollten, wie es die beneideten Nachbarn, die Franzosen, längst besaßen. Es erscheint seltsam, daß ein Land, das seit der Antike die besten Voraussetzungen für den Weinbau besitzt, sich heute noch mühen muß, die Welt vom Wert seines Weins zu überzeugen.

Doch den Weinbau trifft nicht alle Schuld allein. Außer Landkarten fehlt es in Italien auch an Weinliteratur für ein breites Publikum. An Fach-Veröffentlichungen mangelt es nicht, doch sie werden außerhalb der Forschungs- und Lehranstalten (ein Universitätsstudium der Önologie gibt es erst seit kurzem) kaum gelesen. Ältere Publikationen waren da der Sache schon dienlicher, z. B. das «Vade-Mecum del Commerciante di Uve e di Vini in Italia» aus dem Jahr 1903 mit vielen Angaben über Reben und Weine, Bereitungsmethoden, Erzeuger, Brennereien, ja sogar Faßbauer in allen Provinzen. Für meine Studien erwies es sich als nützlicher als viele Bücher von heutzutage. Es gibt keine verläßlich auf dem neuesten Stand befindliche Veröffentlichung über die *denominazione di origine controllata* (DOC); daher mußten die Informationen für diesen Atlas aus verschiedenen Quellen geschöpft werden.

Auf der internationalen Ebene ist die Literatur noch dünner gesät. Nur eine Handvoll Publikationen, darunter einige aus meiner Feder, haben sich in den letzten Jahren eingehender mit dem italienischen Wein befaßt. Seltsamerweise hat sich seit Cyril Ray mit seinem Pionierwerk in den 60er Jahren kein anerkannter internationaler Weinexperte mehr tiefgreifend Italien gewidmet. Oft frage ich mich, warum die Publizisten und Importeure sich nicht unmittelbarer um die individuellen Weine und die Weingüter Italiens kümmern. Heute noch haben viele Leute, die über Wein schreiben oder ihn in der Welt verkaufen, offenbar nur vage Vorstellungen davon, wo Italiens Weine wachsen.

Vielleicht weil ich meine Kenntnisse im Land selbst gesammelt habe, konnte ich anders an die Sache herangehen. Kein Wein, ganz gleich wie gut er mir schmeckte, war für mich vollkommen, wenn ich nicht wußte, wer ihn wann und wie hervorgebracht hatte, und vor allem, woher er kam. In Italien, wo jeder Berghang sein eigenes Gesicht hat, bilden Lage, Bodenbeschaffenheit und Klima die Schlüssel zur Persönlichkeit eines Weins. Mit wenigen Ausnahmen sagen feine Weine mehr über den Weinberg, in dem sie geboren sind, als über den Keller, wo sie erzogen wurden. Dieser Atlas gibt nun einen Überblick über die Weinberge Italiens; wirklich nützlich aber wird er sich bei einem Besuch dort erweisen. Als Reiseführer will er Hinweise darauf geben, was es in den Weinzonen zu besuchen gibt. Als Nachschlagewerk will er die Frage beantworten, warum die Weine einer Gegend so und nicht anders sind. Vielleicht wirft er aber auch mehr

Fragen auf, als er beantwortet – das gehört zum Lernprozeß auf einem Gebiet, auf dem tiefes Wissen selten ist. Italiens Weinberge sind es jedenfalls wert, daß man sie kennenlernt, auch wenn damit vielleicht mehr Umstände verbunden sind als anderswo.

Aufgebaut ist dieser Atlas nach einem gewohnten geographischen Schema – beginnend im Nordwesten, dann über den Nordosten und weiter südostwärts die Halbinsel entlang fortschreitend bis zu den Inseln. Dabei wird das Land in sechs Sektoren eingeteilt, wobei allerdings die jeweils zusammengefaßten Regionen nicht unbedingt auch enge Bindungen zueinander besitzen. Italien ist herrlich vielseitig. Wie man es auch unterteilen will – in 20 Regionen, 94 Provinzen, 8090 Kommunen – die Einheiten bilden immer Kontraste. Dieser Abwechslungsreichtum sorgt sowohl für Lokalkolorit als auch für große Konfusion.

Dennoch entsteht noch immer viel zuviel Wein in diesem Land, das einerseits auf seine Fruchtbarkeit stolz ist und andererseits die Überschüsse bejammert. Die Weine, auf die es ankommt und denen in diesem Buch die meiste Aufmerksamkeit gewidmet wird, bilden die Spitze eines Klassifizierungssystems, das in Italien langsam und auf unwahrscheinliche Art von oben nach unten gebaut wird. In allen Regionen lege ich das Hauptgewicht auf Weine mit identifizierbarer Herkunft, vor allem aus den 232 DOC- und DOCG-Zonen. Für alle werden die Grunddaten und je nach ihrer Bedeutung mehr oder weniger ausführliche Beschreibungen gegeben. Besprochen wird aber auch mancher *vino da tavola*, also Wein ohne DOC, aber von hohem Prestige und Wert. Hunderte von Erzeugern werden genannt, mit Angaben zu ihren Weinlagen und Techniken und darüber, was sie aus der Masse heraushebt.

Weshalb aber soviel Aufhebens um die DOC/DOCG-Weine, die doch nur 10 bis 12% der Gesamterzeugung ausmachen? Die Gesetze Italiens wurden doch so sehr mißachtet, daß mancher Ausländer zu glauben begann, die wirklich besseren Weine seien die ohne DOC. Tatsächlich kommen viele feine Weine unter eigenem Namen und zu höheren Preisen heraus, obwohl sie ohne weiteres für eine DOC oder DOCG qualifiziert wären. In manchen Regionen, z. B. in der Toskana, sind diese hochpreisigen Tafelweine Wegbereiter in die Zukunft.

Manche Renegaten dieser Art haben besonderen Status gewonnen und bestätigen damit nur, daß bei jedem Wein die Garantie letzten Endes in der Integrität des Erzeugers besteht. Vom Verbraucher im Ausland kann man freilich kaum erwarten, daß er Weine und ihre Herkunft an Etiketten erkennt, auf denen als Namen Gedichte, Musikinstrumente, Blumen, Vögel, die Ahnen oder auch die Geliebte fungieren. In solchen Bezeichnungen mag sich stolze Unabhängigkeit dokumentieren, aber was vor 15 Jahren als frischer Wind begann, ist inzwischen zur Zugluft eines massenweisen Ego-Trips geworden. Weinerzeuger, die glauben, jede ihrer Laune werde als Meisterwerk begrüßt und mit unmäßigen Preisen honoriert, sind entweder arrogant oder kurzsichtig. Diese Lawine an Phantasienamen droht nicht nur die DOC zu ersticken, sondern auch die mühsam errungene Glaubwürdigkeit der feineren italienischen Weine zunichte zu machen.

Sicherlich müssen die Vorschriften neu überdacht werden, aber ungeachtet ihres angeschlagenen Rufs hat die DOC dem Großteil des feineren italienischen Weins eine Heimat und eine klare Definition gegeben. Und selbst wenn sie nur 10% der Gesamterzeugung ausmacht, so sind das doch immerhin 7 Mio. hl im Jahr, also mehr Wein, als manches andere Land überhaupt hervorbringt. Zieht man von der Gesamtproduktion Italiens erst einmal die Überschüsse ab – die für Verschnitt- oder Brennzwecke bestimmten Massenprodukte –, dann stellt man verblüfft fest, daß nicht einmal die Hälfte des italienischen

Weins überhaupt dazu bestimmt ist, als solcher verbraucht zu werden. Inzwischen erstrecken sich die Zonen kontrollierter Herkunft auf alle Weinbaugebiete Italiens, und die meisten Qualitätsweine, ob sie nun die DOC tragen oder nicht, entstehen innerhalb ihrer Grenzen. Anders gesagt, läßt das DOC-System trotz all seiner Mängel erkennen, wo gute Weine wachsen.

Als wichtigster Beleg hierfür darf die Kette der DOC-Zonen gelten, die sich ohne größere Unterbrechung von den Vororten Turins im Piemont bis nach Salento in Apulien am Absatz des italienischen Stiefels erstreckt. In diesem Streifen, der sich nie weit von den Apenninen entfernt, variiert das Klima von kühl und feucht bis heiß und trocken, der Boden weist in Gestalt und Beschaffenheit weite Unterschiede auf, und auf ihm wachsen rund 200 verschiedene Rebsorten. Und dennoch verknüpft eine, wenn auch nur abstrakte Gemeinsamkeit alle Weine miteinander, so daß man vom größten Weinbaugebiet der Welt sprechen möchte.

Italiens Weinbau befindet sich in schnellerer Fahrt, als es sonst in der Welt üblich ist – vielleicht aber wird hier auch nur schneller die Gangart gewechselt. Allein den Vorgängen an der Spitze auf der Spur zu bleiben, beschäftigt einen Menschen vollauf. Vieles in diesem Buch entstammt den Befunden der letzten Tour durch die Weinberge, manches andere ist das Ergebnis einer 30 Jahre währenden Odyssee. Wertvolle Informationen kamen aus vielen Quellen, doch die meisten Studien und die Schlußfolgerungen aus ihnen oblagen mir selbst. Ich habe gelernt, daß in Italien die Dinge bei weitem nicht immer so sind, wie sie auf den ersten, zweiten oder gar dritten Blick aussehen; deshalb mußten alle Fakten sorgfältig überprüft werden. Meinungen, soweit sie über die konventionellen Ansichten zum italienischen Wein hinausgehen, sind nach reiflicher Überlegung formuliert. Kritik ist stets konstruktiv gemeint, aber schließlich sollte sich der Text ja nicht wie ein Reisebericht oder gar wie eine Ode auf die Wunder von Oinotria ausnehmen.

Weinbewertungen werden viele abgegeben, aber eine Sammlung von Degustationsnotizen mit Punkteverteilung an Weine, Erzeuger oder Lagen in Form von Zahlen oder Sternen war nicht beabsichtigt. Von Jahrgängen ist oft die Rede, Tabellen sind dagegen nicht vorgesehen, denn sie sind immer kurzlebig. Weine verändern sich oft schnell, und Degustationsnotizen können nur einen momentanen Zustand wiedergeben. Heutzutage wird sicher zuviel Wert auf vergängliche Bewertungen dieser Art gelegt und nicht genug auf die langfristigen Faktoren wie Boden, Klima, Rebsorten, Weinberg- und Kellertechnik, die für den dauerhaften Wert eines Weins viel maßgeblicher sind.

In diesem Atlas sind die langfristigen Faktoren durch Konzentration auf die wichtigsten Weinbaugebiete Italiens und, soweit sinnvoll, durch Weinbergkarten mit ausführlicheren Details in den Mittelpunkt gerückt. Dagegen war es nicht meine Absicht, diese komplexen und vielfältigen Erscheinungen zu klassifizieren, denn nur an manchen Stellen kann im Weinbau Italiens dauerhaft Gültiges von besonderem Gewicht über Zonen, Gemarkungen, Berghänge oder Einzellagen ausgesagt werden. Alte Winzer wissen oft, wo in ihrem Dorf der beste Wein wächst (oder früher wuchs), doch viele Lagen sind inzwischen vernachlässigt oder aufgegeben. Der größte Feind der Qualität war in den letzten 100 Jahren das Streben nach hohen Erträgen. Da nur wenige der schätzungsweise 1 200 000 Winzer Italiens selbst Wein produzieren, hat sich in vielen Regionen die Mehrheit auf größtmögliche Quantität an Trauben (oder den höchstmöglichen Zucker- bzw. Alkoholgehalt) eingestellt. Ausnahmen von dieser Regel hat es immer gegeben, aber erst seit etwa 20 Jahren achten die Erzeuger darauf, daß sie entweder ihre eigenen Trauben anbauen oder aber den Anbau genau kontrollieren können, weil es interessant geworden ist, Guts- oder Einzellagenweine hervorzubringen. Auf den Etiketten erscheinen immer mehr Lagennamen, oft bis ins feinste Detail; manches aber ist dabei reiner Opportunismus, denn es gibt noch keine anerkannte Möglichkeit der Bestätigung, daß der Name eine echte Lage bezeichnet. So groß auch die Versuchung sein mag, die Lagen in eine Rangfolge zu bringen, die Realitäten wirken dem doch entgegen. In vielen Teilen des Landes wird auf Qualität erst seit so kurzer Zeit Wert gelegt, daß man noch nicht sagen kann, ob die Güte eines Weins dem Boden oder der Kunst des Kellermeisters zu verdanken ist. Allerdings wird mit jedem guten Jahrgang deutlicher, welcher Einfluß dem Boden zukommt, insbesondere im Piemont, wo traditionelle Rebsorten noch vorherrschen.

Komplikationen entstehen in vielen Regionen dadurch, daß Rebsorten aufkommen, die nicht original italienisch sind: Chardonnay, die Pinots und Sauvignon Blanc für Weißweine; die Cabernets, Merlot und Pinot Noir für Rotweine. Obwohl die Italiener auf eine wahrhaft reiche Auswahl an einheimischen Rebsorten zurückgreifen können, sind die französischen Reben dank sorgfältiger Klonselektion oft zuverlässiger. Auch versprechen die international anerkannten Namen und Geschmacksrichtungen ein größeres Marktpotential.

Zwar werden diese prominenten Sorten in Italien schon seit über 100 Jahren kultiviert, aber die anschwellende Flut sortenreiner Weine dieser Trauben stößt im Ausland auf Kritik. Optimisten meinen allerdings, daß die einzigartigen und eigenständigen Weine Italiens in nicht allzu ferner Zukunft an Statur gewinnen, während die vielen Imitationen von Claret, Burgunder und Fumé Blanc, die ja nicht nur hier, sondern in sechs Kontinenten fabriziert werden, bald am eigenen Übermaß eingehen. Die Marktentwicklung in unserer Welt mit ihrem zunehmend standardisierten Geschmack scheint freilich eher den Pessimisten recht zu geben. Es bleibt abzuwarten, ob die Weinfreunde jenseits der Clubs und Cliquen auf den weisen Rat von George Saintsbury in seinen *Notes on a Cellar Book* hören und «sich am Abwechslungsreichtum erfreuen, ohne auf Rangfolgen zu schauen».

Italien hat der Welt bewiesen, daß es von einheimischen und fremden Traubensorten hervorragenden Wein produzieren kann, aber es hat die Zweifler nicht davon überzeugt, daß es auch eine strenge Kontrolle führt. Das DOC/DOCG-System mit seinen zahllosen Appellationen braucht eine breitere Basis, damit sich auch die feinen Weine, die jetzt noch außerhalb seiner Normen liegen, damit identifizieren können. Darüber hinaus muß es auch flexibler werden, um jener Kreativität und Gestaltungsfreiheit Raum zu bieten, auf der einige der kunstvollsten Weine Italiens beruhen. Man müßte den prominenten Außenseitern Nischen im System einräumen oder jeder einzelnen der 20 italienischen Regionen eine primäre DOC-Zone zuordnen, für die ein grundlegender Herkunftsnachweis und die Erfüllung eines bestimmten qualitativen Standards genügen würde.

Der Verbraucher im Ausland hätte es mit den Namen von 20 Regionen leichter als mit den derzeit 232 DOC-Bezeichnungen, die sich einmal auf ein Gebiet fast so groß wie Bordeaux (z. B. Chianti) und ein andermal auf einen Teil einer Gemarkung (z. B. Torgiano) beziehen kann. Es ist zu bedenken, daß die wichtigsten Regionen Italiens – Piemont, Toskana, Venetien, Friaul-Julisch Venetien und Trentino-Südtirol – der Zahl nach etwa den französischen Weinbauzonen entsprechen und bei konsequenter Förderung einen ähnlich eindeutigen Bekanntheitsgrad erlangen könnten.

Ein regionales DOC-System ist nur eine Möglichkeit; sicherlich gibt es auch noch andere Lösungen. Wesentlich ist jedoch, daß der größte Weinbau der Welt endlich sinnvolle Produktionsnormen aufstellt, und zwar diesmal mit Rücksicht auf den ausländischen Verbraucher. Die Mißachtung der DOC in Italien hat dem Image seines Weins unermeßlichen Schaden zugefügt. Diesem Mangel muß abgeholfen werden, ehe er fatal wird. Mehr denn je hängt der Erfolg des italienischen Weins davon ab, wie er im Ausland gegen eine stetig wachsende glaubwürdige Konkurrenz abschneidet.

Im italienischen Weinbau ist in den letzten 20 Jahren vieles Altehrwürdige in neuer Gestalt wiedererstanden, doch diesem Werk mangelt es noch an Harmonie und an jenem letzten Schliff, der ihm Glanz verleihen sollte.

Geschichte und Legende

Italien war nicht das erste Land der Erde, wo Wein gebaut wurde, doch in mindestens 40 Jahrhunderten praktischer Übung hat sich die natürliche Eignung für dieses Handwerk eindeutig erwiesen. Einige Wildformen der *Vitis vinifera* stammen aus Italien, wie fossile Funde aus den frühen Tagen der Menschheit bekunden. Es kann kein Zweifel bestehen, daß noch in der Dämmerung der Geschichte viele Völkerstämme auf der Halbinsel Wein bauten, unter anderem die Rhaeter und Salasser im Nordwesten, die Veneter im Nordosten, die Picenter und Praetutier an der Adria und die Osker und Samniten im Süden. Als die Phöniker um 2000 v. Chr. in Apulien landeten, fanden sie dort einen rudimentären Weinbau vor. Die Ligurer lernten im Weinbau von den Griechen und verbreiteten ihn dann über die Apenninen hinweg nach Piemont und bis ins Veltlin, aber auch westwärts bis zum Rhonetal.

Diese frühen Völker gerieten nach und nach unter die Herrschaft der Griechen und Römer, und nach der Assimilierung trugen sie mehr zur Kultur und Zivilisation in Italien bei, als allgemein bekannt ist. Die Erinnerung an sie ist in vielen Ortsnamen erhalten geblieben, und es heißt, daß ihre Züge und auch Spuren ihrer Sprache und Kultur heute noch erkennbar sind. Die von ihnen angebauten Rebsorten sind nur vage bekannt, ihre Weine müssen von einem Ort zum anderen sehr unterschiedlich gewesen sein.

Viele inzwischen in Italien prominent gewordene Rebsorten sind wohl von außen ins Land gekommen. Als die Griechen im Süden Italiens und auf Sizilien siedelten, brachten sie Rebsorten mit, die noch heute angebaut werden: Muskateller (Moscato), Malvasier (Malvasia), Greco, Grecanico und die edelste aller Reben des Südens, Aglianico. Herodot und andere Geschichtsschreiber nannten Magna Graecia, den Süden Italiens, auch Oinotria, Weinland, und dieser Name galt bald für ganz Italien.

Während die Griechen ihre Lebensform im Süden kultivierten, breiteten sich die ebenfalls aus dem Osten gekommenen Etrusker in der Mitte des Landes aus. Als die tüchtigsten Weinbauern im frühen Italien trieben sie von Häfen am Tyrrhenischen Meer aus Weinhandel mindestens bis nach Gallien. Übrigens heißen die grundlegenden Rebenerziehungsformen in Italien oft heute noch *greco* (der kurze, buschige Schnitt) oder *etrusco* (Pergolen oder Lauben, die sich aus der Gewohnheit entwickelten, die Reben auf Bäume klettern zu lassen).

Die Römer lernten von beiden, gingen dann aber weiter und entwickelten neue Formen der Rebenzucht, so z. B. an Stabspalieren, ganz ähnlich, wie sie heute noch aus Draht gebräuchlich sind. Die Weinbereitung trieben sie bis zu hoher Vollkommenheit. Manche ihrer Leistungen wurden erst im 17. und 18. Jh. übertroffen, als der Mensch über die Mysterien Gottes und der Natur hinauszublicken begann und auch den Weinbau als Wissenschaft zu betrachten lernte. Römische Texte zum Thema Wein sind als Poesie (aus der Feder von Vergil, Horaz und Ovid) und als tiefschürfende Gelehrsamkeit (von Plinius dem Älteren, Cato, Varro und Columella) überliefert. Doch wie Hugh Johnson in seiner *Weingeschichte* (Hallwag, 1990) sagt, waren ihre Schriften «aufreizend reich an Details, aber stets unklar in den Schlußfolgerungen». Ihre geliebtesten Weinberge lagen nahe bei Rom an der Küste, wo Falerner und Caecuber wuchsen. Erst später begannen sie, auch Weine aus ferneren Gegenden zu schätzen, so den Mamertiner aus Sizilien, den Praetutier von der Adriaküste, den Lunense aus Ligurien, den Rhaeticum aus den Zentralalpen. Die Ruinen von Pompeji und Herculaneum geben reichen Aufschluß über die Weinkultur der Römer. Zwar mischten sie Harz, Honig, Gewürze, Kräuter und Meerwasser in den Wein, um ihn zu würzen und haltbar

zu machen, aber sie kannten auch trockene und leicht liebliche Weine, die sogar modernen Gaumen behagt hätten. Sie verstanden sich auch darauf, perlende Weine zu bereiten, indem sie mit Korken verschlossene Amphoren in kaltes Quellwasser tauchten, um die Gärung abzustoppen.

Der Bacchus-Kult verbreitete sich mit dem wachsenden Weinhandel durch das ganze römische Imperium. Aber nicht nur Handel trieben die Römer mit dem Wein, sondern sie legten in Frankreich, Spanien, Nordafrika, ja sogar weit im Norden, in Deutschland und England, Weinberge an. Zum Transport wurden meist Amphoren benutzt, doch bei norditalischen Völkern lernten die Römer schließlich Holzfässer kennen. Auch zu modern anmutenden Übertreibungen kam es schon damals. Als sich im 1. Jh. größere Weinüberschüsse zeigten, ordnete der Kaiser Domitian die weitgehende Rodung von Reben an – ein ominöses Vorbild für die heutige Agrarpolitik. Insgesamt hat jedoch kein anderes Volk so viel für die Fortentwicklung der Weinkultur getan wie die Römer.

Als aber das Imperium zusammenbrach, geriet ihr großes Erbe fast ganz in Vergessenheit. In Apulien und manchen anderen Stellen im Süden überlebte der Weinbau zwar die dunklen Zeiten, im mittleren Italien dagegen wurde er nur von den Klöstern gepflegt, die den Wein für religiöse und medizinische Zwecke brauchten. Erst im späten Mittelalter kam dann der Wein als Teil der täglichen Nahrung und für einige wenige, die sich das Beste leisten konnten, als hohes Kulturgut wieder auf. Aus den wenigen verläßlichen Berichten aus jener Zeit geht hervor, daß mindestens einige der damals fast immer süßen Weine wirklich gut gewesen sein müssen. Weil aber Italien vom Ende des römischen Imperiums bis zum Risorgimento kein einheitlicher Staat war, wurde auch keine nationale Geschichte, weder über den Wein noch über andere Dinge, geschrieben. Was in den Regionen und Provinzen, den Stadtrepubliken, dem Kirchenstaat, den Königreichen, Fürsten- und Herzogtümern geschah, wurde in subjektiver und oft widersprüchlicher Weise aufgezeichnet und dargestellt. Nur Petrus de Crescentiis (Pier de' Crescenzi) schrieb ausführlich über Rebenzucht und Weinbau.

Auch in der Renaissance, als der Wein schon zu den vertrauten Gegenständen der Malerei und Dichtkunst gehörte, wurde er in gelehrten Schriften kaum behandelt. Führende Chronisten des italienischen Weins im 16. und 17. Jh. waren Sante Lancerio, der Kellerverwalter Papst Pauls III., und die Ärzte Andrea Bacci und Francesco Redi. Was sie schrieben, waren jedoch meist nur poetische Lobreden. Immerhin darf angenommen werden, daß die wachsende Nachfrage seitens begüterter Italiener und nördlicherer Europäer der Weinqualität zugute kam.

Heute beschäftigt sich die italienische Weinliteratur gern mit der Vergangenheit – der Legende von Oinotria, den Errungenschaften der Römer, den Oden der Renaissancedichter –, obwohl die eigentliche Geschichte des italienischen Weins im modernen Sinn erst im vorigen Jahrhundert begann. Als älteste Tradition könnte man allenfalls anführen, daß im 18. Jh. unter der aufgeklärten Herrschaft des Hauses Lothringen in der Toskana die wichtigsten Weinzonen, z. B. Chianti, festgelegt wurden und die Georgofili-Akademie fortschrittlichen Weinbau lehrte. Alles in allem aber hatte in dem unter der Herrschaft fremder Mächte oder von Tyrannen stehenden, von Kriegen zerrissenen und in Armut verstrickten Land der Wein kaum eine Chance zu höherer Entwicklung. Um diese Zeit hatten die Franzosen, obwohl sie nicht über die natürlichen Vorteile Oinotrias verfügten, bereits ihre Vormachtstellung im Weinbau befestigt.

Ausschnitt aus einem römischen Mosaik-Fußboden mit dem Kopf des «Herbsts». Cirencester Museum, Gloucesterhire, England.

André Jullien schrieb 1816 über Italien: «Man möchte annehmen, daß dieses Land die besten Weine Europas hervorbringt; während aber die Menschen in weniger begünstigten Ländern eifrig die für ihre rauheren Verhältnisse am besten geeigneten Reben auswählen, machen die Italiener – daran gewöhnt, die Rebe fast von selbst wachsen und überall reife Frucht bringen zu sehen – gar nicht erst den Versuch, ihre Vorteile auf das beste zu nützen.» Ferner bemerkt er, daß «die schlechte Qualität nicht nur von schlechter Pflege der Reben, sondern noch vielmehr einfach von schlechter Weinbereitung» herrührte. Eineinhalb Jahrhunderte später stellten die amerikanischen Professoren M. A. Amerine und V. D. Singleton praktisch dasselbe fest: «Die Weine Italiens entstehen aus kleinen Weinbergen in gebirgigen Gegenden in Mischkultur, und die vielen ungeschulten Weinerzeuger arbeiten mit recht primitiven Techniken. Die Weine finden nicht ausreichend Verbreitung bei einer kritischen Kennerschaft im In- und Ausland, als daß eine Qualitätsverbesserung dadurch erzwungen würde.»

Allerdings vollzogen sich zwischen 1816 und 1966, dem Jahr, als die neuen DOC-Gesetze in Kraft traten, in den Weinbergen und Kellern Italiens große Veränderungen. Trockene haltbare Rotweine kamen um die Mitte des 19. Jh.s auf, nachdem Louis Oudart französische Techniken nach Barolo brachte, die sodann von Bettino Ricasoli auf den Chianti abgestimmt wurden. Um Asti entstand eine Schaumweinindustrie, als Carlo Gancia das Champagnerverfahren einführte, und der am Ende des 18. Jh.s von John Woodhouse ins Leben gerufene Marsala machte im viktorianischen England dem Portwein und dem Sherry Konkurrenz. Nach jahrzehntelangen Kämpfen brachte das Risorgimento endlich das vereinigte Italien und Aussicht auf eine neue Ära im Weinbau. Die Toskana, Piemont, Venetien und andere wichtige Anbaugebiete richteten sich auf den internationalen Geschmack und die neu erwachsenden Märkte im In- und Ausland ein. Gegen Ende des 19. Jh.s war der Wein Gegenstand wissenschaftlicher Schriften von größerer Exaktheit als heute.

Gerade aber als der italienische Wein sich einiges Prestige zu gewinnen begann, machten Mehltau und Reblaus die neuen Qualitätskonzepte zunichte. Zahllose alte Rebsorten starben an den beiden Plagen aus Amerika; wie groß ihr Wert wirklich war, wird man nie wissen. Fremde, vor allem französische Rebsorten ersetzten sie in vielen Teilen des Landes, und was an traditionellen Sorten von Wert übrig blieb, mußte wegen der großen Nachfrage nach Verschnittwein den gleichgültigeren, aber ertragreicheren weichen. Vor allem im Süden wurden neue Anbauflächen dafür angelegt.

Im 20. Jh. wurden die Weinberge Italiens größtenteils von Mischkultur auf Monokultur umgestellt. Dieser Prozeß erreichte in den 60er und 70er Jahren seinen Höhepunkt und schuf die Basis für den modernen Weinbau. Aber auch hierbei wurden überall ertragreiche Rebsorten und Klone bevorzugt, weil immer noch Quantität mehr Gewinn versprach als Qualität. In den meisten Regionen richtete sich der Preis der Trauben nach dem Gewicht und der des Weins nach dem Alkoholgehalt. Private und genossenschaftliche Großkellereien erzeugten vorwiegend billigen Wein für anspruchslose Verbraucher.

Nach dem 2. Weltkrieg überflügelte Italien Frankreich und wurde das größte Weinerzeugerland der Welt, aber auch zum größten Lieferland von Massenwein. Diese Billigprodukte in ausgefallenen Flaschen brachten zwar hohe Gewinne, doch sie hängten dem italienischen Wein eben auch ein billiges Image an, das er nun nicht mehr los wird.

Der italienische Durchschnittsverbraucher war daran gewöhnt, für seinen täglichen Wein nicht mehr auszugeben als für sein tägliches Brot. Sein *vino da contadino* war aber oft überdurchschnittlich gut – es kam lediglich auf die Jahreszeit, den Jahrgang und die Geschicklichkeit des Winzers an. Mit der Zeit jedoch wurden die rustikalen Landweine von Einheitsgetränken aus Großkellereien verdrängt, während anderseits die ungenügende Nachfrage nach Qualität den Erzeugern besserer Weine im Inland keine Chance gab, so daß sie sich auch im Ausland keinen Ruf schaffen konnten. Trotzdem kamen ausnehmend gute Weine aus der Hand einiger Erzeuger, die lange Zeit geradezu eine Klasse für sich bildeten.

Erst im letzten Vierteljahrhundert ließen die Schaffung der DOC und die Bereitschaft qualitätsbewußter Weinfreunde, für einen besseren Wein einen höheren Preis zu akzeptieren, viele Winzer, Handelshäuser und auch Genossenschaften nach Höherem streben. Dramatische Verbesserungen entstanden nun durch eine Generation von Weinerzeugern, die in anderen Ländern die dortigen Techniken studierten und in eigene italienische Stile umsetzten. Einige Weine der neuen Welle von internationalen Rebsorten haben viel Lob geerntet. Doch auf längere Sicht dürften sich die Weine wertvoller einheimischer Rebsorten, die ebenfalls eine stetige Verbesserung erfahren haben, als viel wichtiger erweisen.

Heute heißt es, der italienische Wein sei besser denn je. Zwar gibt es angeblich kaum einen Wein im Land, der nicht aus einer langen und geheiligten Tradition hervorgegangen ist, doch wenn man stolz auf die Legenden verweist, die stets von guten Zeiten aus vier Jahrtausenden erzählen, dann darf man auch die Zeiten nicht vergessen, in denen nichts so war, wie es sein sollte. Die jüngsten Fortschritte haben dem Weinland, dessen Potential einerseits bis ins letzte ausgebeutet und anderseits kaum erst angezapft worden ist, jedenfalls wieder neuen Respekt eingetragen.

Klima und Geographie

Eine Reliefkarte Italiens zeigt, wie wenig hier von Einheitlichkeit die Rede sein kann. Die Form und Gestalt der Alpen und Apenninen wurde geprägt von Gletschern, Wind und Wasser, von Erdbeben- und Vulkantätigkeit, die auch heute noch oft genug für dramatisches Geschehen sorgen. Die Bodenbeschaffenheit ist in Steigung, Gefüge und Bestandteilen sowie nach den Ursprüngen in verschiedensten geologischen Epochen überaus unterschiedlich. Dagegen läuft das Wettergeschehen nach einem ziemlich berechenbaren Schema ab.

Die Mauer der Alpen weist kalte Luftströmungen aus dem Norden ab, und die Apenninen bilden von Piemont bis Sizilien eine Wetterscheide, die nur in der Straße von Messina eine kleine Lücke hat. Die Gebirge üben einen Einfluß auf Sonnenschein, Wärme und Niederschlag in den in ihnen gelegenen Weinbauflächen aus. Eine weitere wichtige Determinante für den Witterungsverlauf ist das Mittelmeer – einerseits die Adria, anderseits das Tyrrhenische Meer. Flüsse, Seen, Ebenen und Wälder wirken sich bestimmend auf das lokale Mikroklima aus, wobei zwischen dem 47. Breitengrad in den Alpen und dem 35. Breitengrad bei der sizilianischen Insel Lampedusa alle Verhältnisse von subarktisch bis subtropisch vorkommen. In diesem Land, das zu 39,7% aus Gebirge und zu 38,7% aus Hügelland besteht, hat das Klima häufiger mit der Höhenlage als mit dem Breitengrad zu tun.

Die Vielzahl der natürlichen Gegebenheiten eröffnet dem Weinbau reichhaltige Möglichkeiten. Oft wird behauptet, gerade die Gunst dieser Verhältnisse sei der Grund dafür, daß der italienische Wein so selten wirkliche Größe erreicht. Das kann aber nur an bestimmten Stellen gelten, denn der größte Teil der italienischen Weinberge befindet sich auf Berghängen in manchmal so abenteuerlicher Lage, daß ihre Bearbeitung schon an Heroismus grenzt.

Als die Griechen das südliche Italien «Oinotria» tauften, geschah dies aus Bewunderung darüber, wie die Weinrebe an der ionischen und adriatischen Küste in reichem Sonnenschein und auf fruchtbarem Boden vollreife Trauben für süßen Wein brachte. Auch die Römer bevorzugten anfänglich ein warmes Klima für ihren Falerner und Caecuber, dann aber wagten sie sich nach Norden über die Apenninen bis zu den Ausläufern der Alpen vor, wo die Ligurer, Etrusker und andere Völker auf kühleren Berghängen bereits Weinbau trieben. Daß in solchem Klima das Aroma und der Geschmack des Weins eine eigene Note annahm, entging den Römern durchaus nicht; doch erst viel später erkannten die Weinbauern Italiens, wie sehr die Weintraube vom Kampf mit den Elementen profitieren kann.

Diese Erkenntnis führt heute immer mehr Erzeuger auf den Weg zu höherer Qualität. Dazu trägt freilich bei, daß heutzutage Süße und starkes Aroma weniger gefragt sind. Allgemein weisen hochgelegene Weinberge überall in Italien kühlere und feuchtere Bedingungen auf. Sie sind aber auch stärker den Gefahren von Frost, Hagel und unvollständiger Reife ausgesetzt als die Weinfelder in den Ebenen. Doch die Vorteile sind größer als die Risiken. Auf günstigen Hanglagen kann die Rebe den Sonnenschein besser aufnehmen und wird zugleich von kühlenden Luftströmungen und natürlicher Bodenentwässerung gegen Mehltau und Fäule geschützt. In bergigen Lagen machen sich die jahreszeitlichen Veränderungen und die Temperaturunterschiede zwischen Tag und Nacht stärker bemerkbar und wirken sich in kräftigerem Aroma und Geschmack aus.

Die besseren italienischen Weinbaugegenden liegen zumeist in geradezu idealen Klimazonen mit Durchschnittstemperaturen zwischen 12 und 16° C, ausreichenden Schnee- und Regenfällen im Winter und Frühjahr, mit warmen bis heißen Sommern und Sonnenschein bis tief in den Herbst. Das Mikroklima ist freilich von einem Ort zum anderen sehr unterschiedlich, und der Witterungsablauf kann von einem Jahr zum anderen durchaus uneinheitlich sein. Die alte Behauptung, in Italien sei ein Weinjahrgang wie der andere, stimmt keineswegs.

In der Regel reifen weiße Traubensorten früher als rote; daher verlangsamt ein kühles Klima den Reifevorgang und sorgt für die Erhaltung des Aromas, der Säure und der fruchtigen Frische. In den bedeutenden Weißweinregionen Friaul-Julisch Venetien und Trentino-Südtirol am Fuß der Alpen gedeihen einheimische und fremde Rebsorten bei Jahresdurchschnittstemperaturen von 10° C und damit an der unteren Grenze dessen, was die Weinrebe verträgt. Es gibt aber ähnlich günstige Voraussetzungen in Berglagen bis nach Sizilien, nur werden sie im Süden nicht so geschickt genutzt. Ein gemäßigtes Klima ist auch für Rotwein-Rebsorten geeignet, doch in den Langhe-Bergen des Piemonts (Nebbiolo für Barolo und Barbaresco), in der Toskana (Sangiovese für Chianti) und in Kampanien (Aglianico für Taurasi) entstehen die besten Jahrgänge in heißen, trockenen Sommern und Herbsten, wenn die Trauben voll ausreifen und das Potential für langlebigen Wein sammeln können. Obwohl diese drei Zonen weit voneinander entfernt liegen, hat ihr Klima doch Ähnlichkeiten.

Auch in den besten Berglagen hängt große Klasse von Bedingungen ab, die nicht vollständig bekannt oder erkannt sind, weil erst seit kurzem auf Spitzenqualität geachtet wird. Interessierte Erzeuger bemühen sich um die Wahl der richtigen Rebenklone auf den geeig-

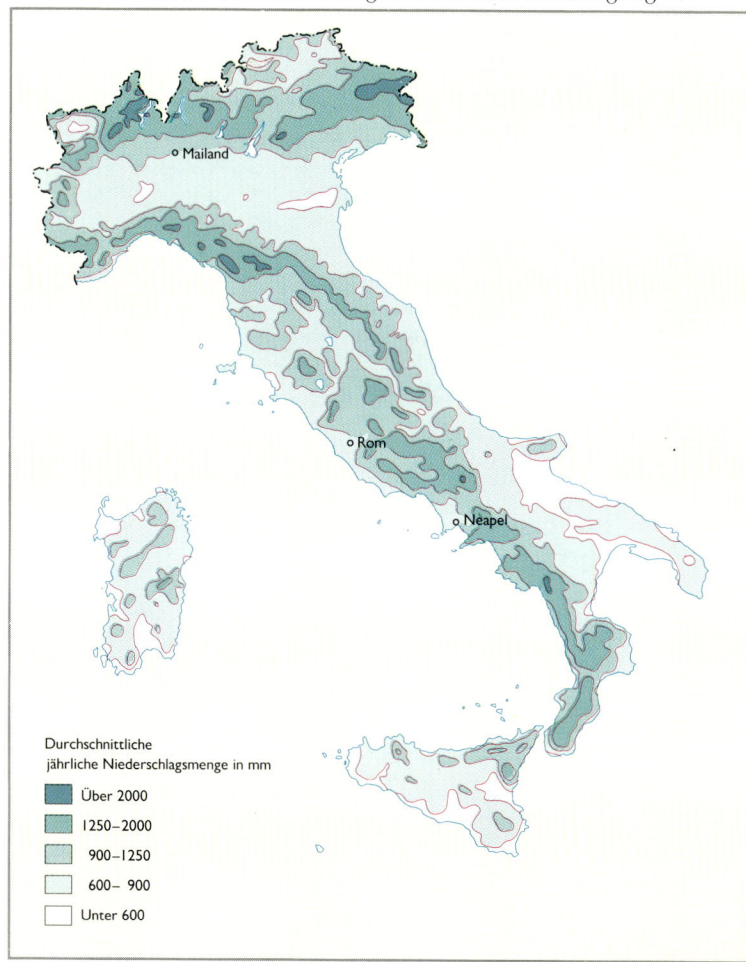

Durchschnittliche jährliche Niederschlagsmenge in mm

- Über 2000
- 1250–2000
- 900–1250
- 600–900
- Unter 600

netsten Veredelungsunterlagen. Viele weichen von den traditionellen Rebenerziehungssystemen ab und schneiden kräftiger zurück, um den Ertrag zu beschränken. Manche experimentieren mit höherer Pflanzdichte – statt bisher 2000 bis 3000 pro ha jetzt 7000 bis 10 000 und mehr. Da aber jede Rebsorte eigene Ansprüche stellt und die Experimente noch neu sind, müssen definitive Ergebnisse abgewartet werden. Hätten sich die Erzeuger schon früher systematisch um diese Dinge gekümmert, dann hätte sich der italienische Wein vielleicht schon längst eine Spitzenstellung erobert.

Aber auch heute noch ist in Italien der Markt für Qualitätswein viel kleiner als für Massenwein. Die produktivsten Regionen – Apulien und Sizilien im Süden, Venetien und die Emilia-Romagna im Norden – treiben Weinbau in heißen Ebenen oder in flachem Hügelland auf bewässerten Feldern. An manchen Stellen gibt es Erträge von 300 bis 400 dz je ha; das ist viermal soviel wie für Qualitätswein. Ein großer Teil dieser Produktion wird als Verschnittwein oder neuerdings zur Destillation verwendet. In allen diesen Regionen entstehen aber auch Weine mit eigenständiger Persönlichkeit in tiefgelegenen, heißen Gegenden, z. B. der Marsala an der Westküste Siziliens, die Roséweine von der Halbinsel Salento in Apulien, der Lambrusco in der Emilia und der Merlot in den Küstenebenen Venetiens.

Das Klima hat großen Einfluß auf die Qualität, doch der Charakter der feinsten Weine wird vom Boden bestimmt. Fast überall hat der Mensch durch Selektion oder die Natur durch Mutation die Rebsorten an den Boden angepaßt. Dabei ist nicht immer klar, weshalb bestimmte Sorten unter bestimmten Verhältnissen am besten gedeihen. In der Regel ist fruchtbarer Boden ungünstig, weil die Reben auf ihm zu üppig treiben. Relativ karge Böden in Berglagen wie in der Ebene sind meist besser. Mindestens ebenso wichtig wie die obere Krume sind die tieferen Bodenschichten, die gut durchlässig sein

sollen, damit die Wurzeln der Reben in große Tiefen gehen müssen, um Feuchtigkeit zu finden. Dadurch wird langsame Reife begünstigt, die sich wiederum in festere, ausgewogenere Frucht und vollere Aroma- und Geschmacksstoffe umsetzt.

Manche Rebsorten passen sich erstaunlich gut an unterschiedliche Boden- und Klimaverhältnisse an. Vielseitigkeit und reicher Ertrag haben Trebbiano Toscano und Barbera zu den verbreitetsten Rebsorten Italiens gemacht. Andere wieder, so der Nebbiolo im Piemont und der Teroldego im Trentino, sind außerordentlich umweltempfindlich. Der Nebbiolo gedeiht großartig im kalkreichen Mergel der Langhe-Berge, wo schon in der Barolo-Zone und erst recht im Vergleich zu Barbaresco Weine mit ausgeprägten Unterschieden entstehen. Auch in den Gletschermoränen in Gattinara im Nordpiemont und im sandigen Lehmboden der Weinbergterrassen im Veltlin erbringt der Nebbiolo gute Weine, jedoch von ganz anderer Persönlichkeit. Der mysteriöse Teroldego scheint überhaupt nur im Kiesboden der Rotaliano-Ebene an der Etsch nördlich von Trient zu gedeihen. Die verschiedenen Untervarietäten des Sangiovese sind weit verbreitet, seine edelsten Formen aber nimmt er in Chianti, Montalcino und Montepulciano in der Toskana an.

Auch einige fremde Rebsorten haben sich als anpassungsfähig erwiesen. So haben die Cabernets und Merlot im Kiesboden der Küstenebene an der nördlichen Adria Fuß gefaßt; im Hügelland von Friaul, Venetien, der Toskana und einiger anderer Gegenden zeigen sie dagegen bei denselben Grundzügen im Charakter eine feinere Art. Chardonnay und der weiße Pinot werden inzwischen in allen Regionen angepflanzt und gedeihen fast überall gut, am besten aber auf kalkreichen Böden in kühlen Lagen des Nordens und der Mitte. Der Pinot Nero dagegen zeigt sich noch launischer als der Nebbiolo.

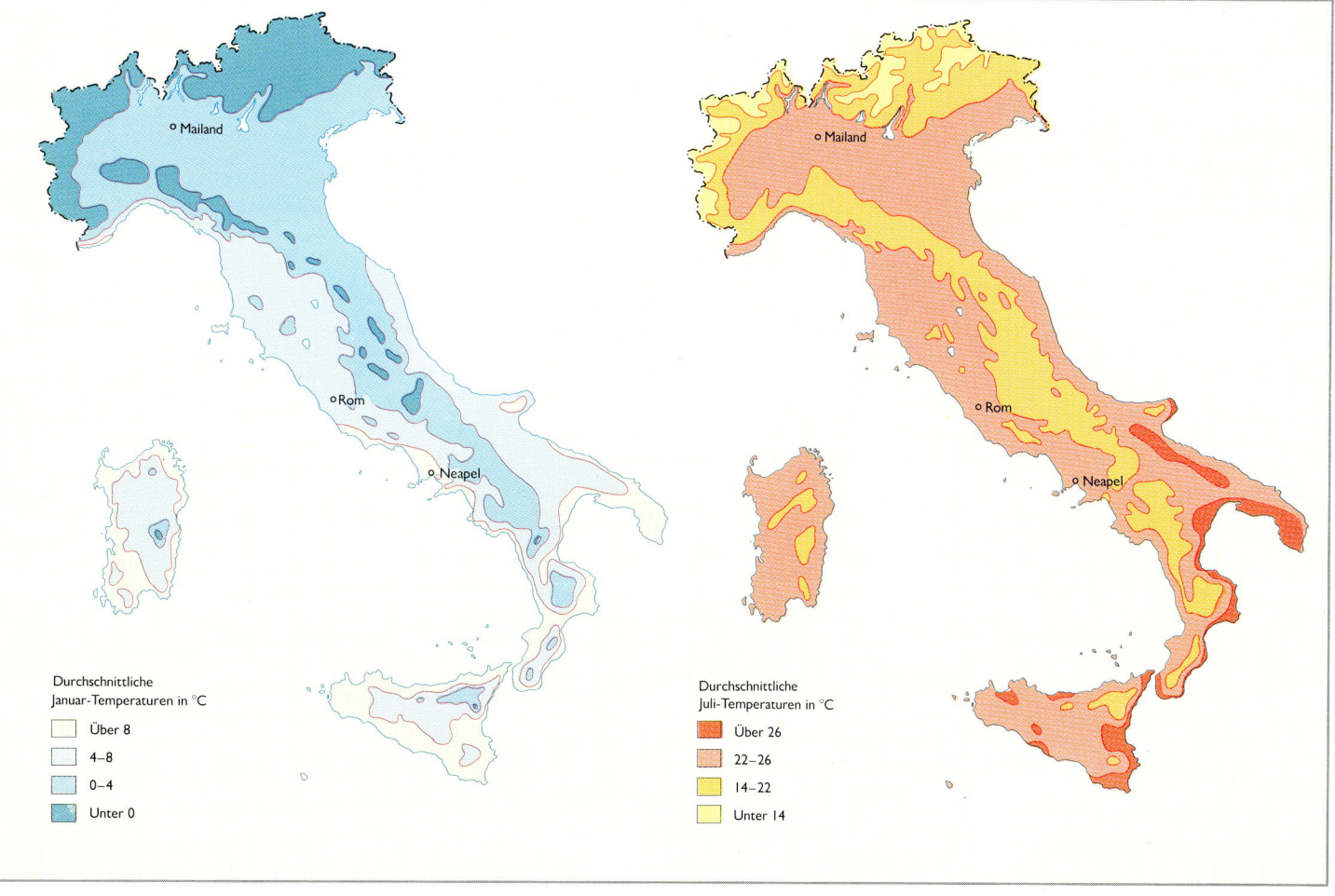

Durchschnittliche
Januar-Temperaturen in °C

- Über 8
- 4–8
- 0–4
- Unter 0

Durchschnittliche
Juli-Temperaturen in °C

- Über 26
- 22–26
- 14–22
- Unter 14

13

Weinberge und Rebsorten

Italien steht in der Größe der Rebfläche hinter Spanien und der Sowjetunion an dritter Stelle in der Welt, in der Zahl der Rebsorten und in der Weinproduktion übertrifft es alle. Die Statistiken über den Weinbau Italiens sind jedoch bisher nur Schätzungen, denn erst die für 1990 anberaumte Bestandsaufnahme kann Aufschluß über die in Jahrzehnten eingetretenen Veränderungen geben. So wird geschätzt, daß die Anbaufläche von 1 000 000 ha sich auf 1,2 Mio. Erzeuger verteilt, das sind 0,83 ha je Besitz (in Frankreich durchschnittlich 4,4 ha). In vielen Regionen hat diese Zersplitterung die Bildung von Weingütern verhindert.

Die modernen Weinberge Italiens sind einheitlicher als früher, machen aber keinen monotonen Eindruck. Die meisten sind inzwischen von Mischkultur (*promiscuo*), die noch 1975 die Hälfte der Anbaufläche ausmachte, jetzt aber auf 1/4 zurückgegangen ist, auf Monokultur (*specializzato*) umgestellt. Der Weinbau hat eine wissenschaftlichere Basis bekommen, es wird mit Klonalselektion, Neuzüchtungen, Pflanzdichte, Dünge- und Schädlingsbekämpfungsmitteln und mit exakter Bestimmung der seit dem Reblauseinbruch allgemein verwendeten Veredelungsunterlagen gearbeitet. Alles zusammen hat oft zu eindeutigen Qualitätsverbesserungen geführt, mindestens aber zu Ertragssteigerungen.

Im Lauf der letzten 30 Jahre ist die Anbaufläche in der Ebene von 20 auf 40% der Gesamtrebfläche angewachsen. Die Erträge sind insgesamt um 1/3 gestiegen, weil Massenträgersorten noch immer bevorzugt angebaut werden. Der Durchschnitt von 70 hl Wein je ha ist der höchste in der Welt. Freilich sind in den einzelnen Regionen die Erträge unterschiedlich, wobei es kein Zufall ist, daß die mit den besseren Weinen – z. B. die Toskana, Piemont und Friaul-Julisch Venetien – ähnlich niedrige Erträge aufweisen wie die Spitzenweinbaugebiete Frankreichs.

Die vielfältigen Rebenerziehungsmethoden in Italien gehen bis auf die Etrusker mit ihren auf Bäume gezogenen Weinstöcken und auf die Griechen mit ihrer niedrigen buschigen Weinstockform zurück. Die Römer machten sich beide Konzeptionen zunutze und entwickelten Systeme, die als Vorläufer vieler heute noch gebräuchlicher Varianten gelten dürfen. Einzelheiten werden jeweils regionsweise erörtert; allgemein aber lassen sich drei Grundformen der Rebenerziehung im heutigen Italien festhalten:

1. Buschig geschnittene Reben heißen auf italienisch *alberello*, weil sie mit ihren kurzgehaltenen Trieben einem Bäumchen ähneln. Das von den Griechen überkommene System kennt freistehende oder an Pfählen angebundene Weinstöcke. Es herrschte im Süden lange vor und brachte in heißen, trockenen Lagen bei mäßigen Erträgen gehaltvolle Trauben für Süß- und Verschnittweine. Es ist jedoch heute dort im Zurückgehen, ebenso im Nordwesten, wo es von den Franzosen inspiriert war.

2. Horizontale Hocherziehungssysteme und Pergolen, haben sich aus dem etruskischen *alberate*, der Erziehung auf Bäumen, wie sie noch am Rand der Apenninen vorkommt, entwickelt. Im Etschtal herrscht die einarmige *pergola trentina* und südlich von Verona und bis in die Po-Ebene hinein die doppelte Lambrusco-Pergola vor. Varianten sind im Aostatal und in Carema sowie an der Küste bei Amalfi südlich von Neapel zu finden. Die bewässerten Weinfelder auf den Ebenen im Süden und auf den Inseln werden heute oft mit dem *Tendone*-Hochspalier mit kreuzweise gespannten Drähten angelegt. Durch die hierbei gegebene Schattenwirkung wird zwar langsamere Reife und geringerer Alkoholgehalt bei besserer Ausgewogenheit erzielt, doch wird das System oft zur Ertragssteigerung bei Wein- und Tafeltrau-

ben genutzt. Fachleute geben die Schuld an den übergroßen, qualitätsmindernden Erträgen in vielen Teilen Italiens dem noch nachwirkenden Einfluß der Etrusker.

3. Das vertikale Cordon-System ist allgemein als *cordone* oder *spalliera* bekannt, aber auch andere Namen sind je nach der Art, wie die Reben an den von Pfosten zu Pfosten gespannten Drähten befestigt werden, gebräuchlich. Varianten des Guyot-Systems, bei dem die Fruchttriebe niedriggehalten und die Laubtriebe höher gezogen werden, sind in v. a. im Piemont und in Mittelitalien gebräuchlich. Weitere Alternativen sind die doppelbogige *cappuccina* in Friaul sowie *doppio capovolto* in der Toskana und in Umbrien, das höhere Sylvoz- und das Casarsa-System, das in Friaul für die maschinelle Ernte entwickelt wurde.

In Italien wachsen trotz der starken Dezimierung durch Mehltau und Reblaus im vorigen Jahrhundert auch heute noch über 1000 Rebsorten, von denen jedoch nur 400 anerkannt oder zugelassen sind. Alle bekannten westeuropäischen Rebsorten gehören dazu, während einige exzentrische oder ertragsschwache Lokalrebsorten nicht mehr geführt werden.

Es folgt hier eine Aufstellung der über mehrere Regionen verbreiteten einheimischen sowie der seit über 100 Jahren in Italien heimisch gewordenen fremden Rebsorten, während die vorwiegend in einzelnen Regionen beheimateten Trauben jeweils dort aufgeführt sind. Alle Beschreibungen, auch die einiger über die Jahrhunderte erhalten gebliebener Kuriositäten, stammen aus den verschiedensten Quellen.

Abbuoto. Latium.

Aglianico. Dieses Geschenk der Griechen (der Name ist eine Verformung von Hellenico oder Ellenico von *Vitis hellenica*) wurde vermutlich schon im 7. Jh. v. Chr. hier gepflanzt, offenbar zuerst in der Basilikata und dann in Kampanien. Die Sorte lag wahrscheinlich auch dem Falerner der Römer zugrunde und gilt heute noch als die edelste Rebe Süditaliens. Die wichtigsten Zonen sind Vulture in der Basilikata und Taurasi in Kampanien, aber auch an anderen Stellen des Mezzogiorno gedeiht die Rebe gut. Ebenfalls im Süden wird die großbeerige Form Agliancone angebaut.

Albana. Emilia-Romagna.

Albarola. Ligurien.

Aleatico. Die Herkunft dieser immer seltener werdenden Rebe ist ungewiß. Sie kann als dunkle Muskateller-Mutation aus Griechenland gekommen oder eine einheimische Rebsorte der Toskana sein, wo sie v. a. auf Elba süßen Wein erbringt. DOC als Aleatico di Gradoli (Latium) und Aleatico di Puglia (Apulien). Auch als Leatico bekannt.

Alicante. U. a. in Kalabrien und der Toskana gebräuchliches Synonym für Granacha oder Grenache (s. dort). Die französische Alicante Bouschet, eine Kreuzung zwischen Grenache und Petit Bouschet, kommt in Italien selten vor.

Ancellotta. Emilia-Romagna.

Ansonica. Auch Anzonica oder Inzolia auf Sizilien sowie an der toskanischen Küste und auf den vorgelagerten Inseln, wo sie in weißem Tafelwein verarbeitet wird.

Apianum. Römischer Name für Fiano (siehe Kampanien) von Apianae, süßen Trauben, die Bienen (*api*) anlockten. Zur Familie gehören vermutlich Spezies griechischer Abstammung, z. B. Moscato und Malvasia, mit Gewißheit aber Fiano.

Arneis. Piemont.

Asprinio oder **Asprino**. Kampanien.

Barbarossa. Name verschiedener Reben in Ligurien und der Emilia-Romagna (s. dort).

Barbera. Die aus Piemont (s. dort) stammende Traube ist nach Sangiovese die zweitmeist angebaute rote Sorte Italiens und eine der wenigen einheimischen Reben, die auch im Ausland Bedeutung erlangt haben (v. a.

in Kalifornien). Sie ist für stetige Erträge und Anpassungsfähigkeit bekannt und liefert im Piemont, in der Lombardei und der Emilia sortenreine Weine, während sie anderswo nur in Verschnitten verwendet wird. Es gibt außerdem eine Barbera Sarda in Sardinien sowie eine weiße Abart Barbera Bianca.

Bellone. Latium.

Berzemino oder **Barzemino**. Synonyme für den v. a. in Oberitalien angebauten Marzemino (s. Trentino-Südtirol).

Biancame oder **Bianchello** oder **Passerina**. Die alte, vermutlich vom Trebbiano abstammende Rebsorte, wird an der Adria zwischen der Romagna und den Abruzzen und in Umbrien angebaut. In den Marken erbringt sie den spritzigen DOC Bianchello del Metauro. Wird in den südlichen Marken und Abruzzen auch Passerina genannt.

Bianchello. Marken. S. Biancame.

Bianchetta Genovese. Ligurien.

Bianco d'Alessano. Apulien.

Biancolella. Kampanien.

Blanc de Morgex oder **Blanc de Valdigne**. Valle d'Aosta.

Bombino Bianco. Apulien. S. auch Emilia-Romagna (Pagadebit), Campolese (Abruzzen).

Bombino Nero. Apulien.

Bonarda. Im Piemont heimische Traube (s. dort); der Name wird in der Lombardei und der Emilia oft für die Croatina benutzt.

Bosco. Ligurien.

Bovale Grande. Sardinien.

Bovale Sardo. Sardinien.

Brachetto. Piemont.

Brunello di Montalcino. Klon von Sangiovese. (s. Toskana).

Buzzetto. S. Ligurien (Lumassina).

Cabernet/Cabernet Franc/Cabernet Sauvignon. Die Reben der Cabernet-Merlot-Familie wurden im alten Rom nach einem Keltenstamm an der Gironde (Frankreich) Biturica genannt. Es ist nicht klar, wann sie von dort nach Italien kamen, doch die im 18. Jh. in der Toskana als *uva francesca* bekannte Sorte war vermutlich Cabernet. Im 19. Jh. wurden die Cabernets in weiten Teilen Italiens angepflanzt, nach der Reblaus jedoch hauptsächlich nach Nordosten abgedrängt, wo der ertragreiche Cabernet Franc den Vorzug genoß. Heute wird u. a. im Nordosten vorzugsweise Cabernet Sauvignon angebaut und zu ausgeprägten sortenreinen Weinen sowie zu Verschnitten mit Malbec und Merlot oder in der Toskana mit Sangiovese verarbeitet.

Cagnina. Name der Terrano- oder Refosco-del-Carso-Rebe aus Friaul in einem sortenreinen Wein in der Emilia-Romagna (s. dort).

Calabrese oder **Nero d'Avola**. Sizilien.

Campolese. Abruzzen.

Canaiolo Bianco. Toskana; in Umbrien auch Drupeggio.

Canaiolo Nero. In der Toskana (s. dort) einheimische Traube, Bestandteil des Chianti; wird auch in anderen Teilen Mittelitaliens angebaut.

Cannonau. Sardinien.

Carignano. Sardinien.

Carricante. Sizilien.

Catarratto Bianco. Sizilien.

Cesanese di Affile, Cesanese Comune.. Latium.

Chardonnay. Die Traube aus dem Burgund ist seit Anfang des Jahrhunderts in Italien bekannt; die ersten Reben dieser Sorte kamen vermutlich aus der Champagne für Schaumwein. Winzer im Nordosten und in der Lombardei hielten sie für Pinot und nannten sie *giallo* (gelb) im Unterschied zum Pinot Bianco, mit dem sie oft gemeinsam im Weinberg stand. Erst 1978 wurde sie als Chardonnay erkannt und erhielt 1980 eine eigene DOC. Inzwischen ist sie die modischste und nach Trebbiano Toscano am zweitmeisten angebaute Weißweinrebe Italiens. Sortenrein wird sie als Klon aus der Champagne für Schaumwein, aber auch für mittelschweren bis leichten Stillwein angebaut. Manche Erzeuger benutzen Klone aus Burgund für gehaltvolleren Chardonnay, der sich für den Ausbau im Eichenfaß eignet.

Chiavennasca. Name einer Nebbiolo-Variante im Veltlin.

Ciliegiolo. In der Toskana (s. dort) einheimische Rebe, auch in anderen Gegenden Mittelitaliens angebaut.

Cinsaut. S. Apulien (Ottavianello).

Clairette. Die Weißweinrebe aus Südostfrankreich wird v. a. in Sardinien, der Toskana und an der Adria in Verschnitten verwendet.

Cococciola. Abruzzen.

Coda di Volpe. Kampanien. Eine offenbar nicht mit ihr verwandte gleichnamige Rebe wird in den Colli Piacentini in der Emilia angebaut.

Colorino. Toskana.

Cornallin. Valle d'Aosta.

Cortese. Im Piemont (s. dort) einheimische Sorte; spielt auch in Weißweinen der Lombardei eine Rolle.

Corvina Veronese. Venetien.

Croatina. Die alte Rebsorte unklaren Ursprungs liefert populäre milde Rotweine sortenrein oder im Verschnitt mit Barbera im Oltrepò Pavese (Lombardei) und in den Colli Piacentini (Emilia), wo sie Bonarda genannt wird. Auch in den Novara-Vercelli-Bergen im Piemont wird sie angebaut und oft mit Nebbiolo und der echten Bonarda verschnitten.

Damaschino. Sizilien.

Dolcetto. Piemont; s. auch Ligurien (Ormeasco).

Drupeggio. Name des Canaiolo Bianco in Orvieto (Umbrien).

Durella. Venetien.

Erbaluce. Piemont.

Falanghina. Kampanien.

Favorita. Piemont.

Fiano oder **Fiano di Avellino**. Kampanien; s. auch Apianum.

Forastera. Kampanien.

Fortana oder **Fruttana** oder **Ova d'Oro**. Emilia-Romagna.

Franconia oder **Blaufränkisch** oder **Limberger**. Friaul-Julisch Venetien.

Frappato di Vittoria. Sizilien.

Freisa. Piemont.

Fumin. Aostatal.

Gaglioppo. Kalabrien.

Gamay. Die Beaujolais-Traube wird hier und da angebaut (Aostatal, Venetien, Friaul, Toskana, Umbrien), leistet aber nur Mittelmäßiges und bringt nirgendwo Wein, der mit dem Original vergleichbar wäre.

Garganega. Die nach Trebbiano Toscano am meisten verbreitete italienische Rebsorte ist am bekanntesten als die Quelle für Soave (s. Venetien).

Gewürztraminer oder **Traminer Aromatico**. Die mit Tramin in Südtirol in Verbindung gebrachte Traube macht im Elsaß ihrem Namen alle Ehre. In Italien bringt die honiggelb-rötliche Traube kleinere Erträge als der dunkelschalige Traminer, aber in Südtirol sehr überzeugende Weine. In anderen Gegenden liefert sie als Traminer Aromatico eher zartduftige Weißweine (s. auch Traminer).

Girò. Sardinien.

Goldmuskateller/Moscato Giallo. Trentino-Südtirol.

Granaccia. Synonym für Granacha in Ligurien.

Granacha oder **Grenache**. Die in Spanien und Frankreich verbreitete Rebsorte ist in Italien als Cannonau (Sardinien), Granaccia (Ligurien), Guarnaccia (Kampanien) sowie Alicante bekannt.

Grauvernatsch/Schiava Grigia. Trentino-Südtirol.

Grecanico oder **Grecanico Dorato**. Sizilien.

Grechetto. Umbrien; spielt auch in Latium und der Toskana eine Rolle.

Greco. Auch als Grecanico und Grechetto in Italien verbreitete alte griechische Rebsorte, vermutlich aus der Familie Aminea. Die Traube ist meist weiß, jedoch gibt es auch dunkle Arten, die allerdings nicht unbedingt mit ihr verwandt sind. Vielleicht bestehen Verbindungen zu der Falanghina der Falerners und zu Rebsorten, die sich zur Trebbiano-Familie, Verdicchio usw. entwickelten. Es gibt auch Anzeichen, daß Reben dieses Namens von den Venezianern nach Nordostitalien und von den alten Ligurern ins Piemont und in den Nordwesten gebracht wurden.

Greco Bianco. Kalabrien.

Greco di Tufo. Kampanien.

Greco Nero. Im Süden, v. a. in Kalabrien und Sardinien, angebaute dunkle Abart(en).

Grignolino. Piemont.

Grillo. Sizilien.

Groppello. Lombardei.

Grossvernatsch/Schiava Grossa. Trentino-Südtirol.

Guarnaccia. Kampanien; s. auch Granacha.

Impigno. Apulien.

Incrocio Bruni 54. Marken.

Incrocio Manzoni 6.0.13.. Die Kreuzung von Riesling Renano x Pinot Bianco ist die vielleicht bekannteste der vielen italienischen Neuzüchtungen, die v. a. im Nordosten in den Forschungsanstalten Conegliano

Von links nach rechts: Unter den vielen in Italien gebräuchlichen Rebenerziehungssystemen trifft man 4 Typen am häufigsten an: das niedrige Alberello-System, die pergola trentina aus dem Etschtal, das vertikale Guyot-, Cordone- oder Spalliera-System und das auf heißen Ebenen viel verwendete Tendone-Hocherziehungssystem.

Veneto und San Michele all'Adige entstanden sind. Incrocio Manzoni 2.15 ist Prosecco x Cabernet Sauvignon.

Incrocio Terzo N. 1.. Lombardei.

Inzolia oder **Insolia**. Sizilien; s. auch Ansonica.

Lacrima (di Morro d'Alba). Marken.

Lacrima Nera. S. Gaglioppo (Kalabrien).

Lagrein. Trentino-Südtirol.

Lambrusco. Die von der Apenninenrebe *Vitis vinifera silvestris* abstammende Sorte wird vorwiegend in der Emilia-Romagna und der Lombardei angebaut, ist jedoch in Varianten bis in das Trentino, nach Apulien und Sizilien verbreitet.

Lambrusco a Foglia Frastagliata. Tretino-Südtirol.

Lambrusco di Sorbara, auch **Lambrusco Grasparossa, Maestri, Marani, Montericco, Salamino**. Emilia-Romagna.

Lambrusco Viadanese. Lombardei; auch Emilia-Romagna.

Lumassina. Ligurien.

Maceratino. Marken.

Magliocco Canino. Kalabrien.

Malbec. Die Bordeaux-Rebe wird im östlichen Venetien und Friaul angebaut, wo sie auch Malbech oder Malbeck heißt und zu Verschnitten mit Cabernet und Merlot sowie gelegentlich zu sortenreinen Weinen verarbeitet wird. Auch weiter südwärts bis Apulien ist sie anzutreffen.

Malvasia. Die vermutlich aus Kleinasien stammende Rebenfamilie erhielt ihren Namen nach der griechischen Stadt Monemvasia. Auf französisch heißt sie Malvoisie, auf deutsch Malvasier und auf englisch Malmsey. Sie ist offenbar mit der Muskateller-Familie verwandt und wurde von den Römern unter die Apianae, die süßen Trauben, eingeordnet. Die vielen Malvasia-Arten Italiens tragen Trauben von Hellgrün bis fast Schwarz, und ihre Weine liegen zwischen Weiß und Golden bis über Hell- zu Dunkelrot, von frisch und trocken bis süß. Im Süden fallen sie im allgemeinen schwerer aus als im Norden und in der Mitte.

Malvasia Bianca di Candia. In Latium verbreitete Sorte; dort auch als Malvasia Rossa bekannt, darüber hinaus in anderen Regionen verbreitet. Eine Seitenlinie namens Malvasia di Candia *aromatica* ist in der Emilia-Romagna (s. dort) sehr beliebt.

Malvasia del Chianti oder **Malvasia Toscana**. Toskana.

Malvasia di Casorzo. Piemont.

Malvasia di Lipari. Sizilien.

Malvasia di Schierano. Piemont.

Malvasia Istriana. Friaul-Julisch Venetien.

Malvasia Nera. Der Name steht für dunkelschalige Malvasia verschiedener Arten, u. a. den Roten Malvasier im Südtirol.

Malvasia Nera di Brindisi/Lecce. Apulien.

Malvasia Rossa/Roter Malvasier. Trentino-Südtirol.

Malvasia Sarda oder **di Sardegna**. Sardinien.

Malvoisie de Nus. Aostatal; s. auch Pinot Grigio.

Mammolo. Die in der Lombardei früher populäre Rebsorte ist heute nur noch in der Toskana (s. dort) anzutreffen.

Mantonico oder **Montonico Bianco**. Kalabrien.

Mantinoco oder **Montonico Nero**. S. Kalabrien (Gaglioppo).

Marzemino. Die früher im Norden verbreitete Rebe wächst jetzt hauptsächlich noch um Trient, s. Trentino-Südtirol.

Mayolet. Aostatal.

Merlot. Die Bordeaux-Rebe steht unter den Rotwein-Trauben Italiens hinter Sangiovese und Barbera an dritter Stelle, was sie ihrer seit der Mitte des 19. Jh.s bewährten Ertragsstärke verdankt. Angebaut wird sie in den Ebenen von Piave und Lison-Pramaggiore in Venetien sowie in Grave del Friuli für leichte, fruchtige sortenreine Weine. Bei eingeschränktem Ertrag kann sie es in Hanglagen mit dem Cabernet Sauvignon in der Klasse aufnehmen und Verschnitten Eleganz verleihen. Während im Norden ihre Beliebtheit nachläßt, hat sie in Mittelitalien für sortenreine Weine und in Verschnitten mit den Cabernets oder Sangiovese zugenommen.

Meunier oder **Pinot Meunier**. Die Traube aus der Champagne wächst kaum beachtet neben den anderen Pinots in Oberitalien. Sie trägt in Schaumweinen Frucht und Säure bei und verhilft dem Pinot Grigio zu größerer Popularität.

Molinara. Venetien.

Monica. Sardinien.

Montepulciano oder **Montepulciano d'Abruzzo**. Die auch in Mittel- und Süditalien verbreitete dunkle Sorte hat ihr Hauptanbaugebiet in den Abruzzen (s. dort).

Montù oder **Montuni**. Emilia-Romagna.

Moscadello oder **Moscadelletto di Montalcino**. Toskana.

Moscatello oder **Moscatellone**. Synonym für großbeerige Muskateller-Sorten in verschiedenen Teilen Italiens.

Moscato. Muskateller-Reben gibt es in Italien in verschiedenen Formen, Farben und Arten, die alle ein traubiges Muskataroma gemeinsam haben. Die Rebe kam in der Antike mit den Phöniciern und Griechen wahrscheinlich aus Kleinasien und mutierte zu verschiedenen Varietäten und Klonen, die meisten weiß, einige aber auch dunkel. Die Römer ordneten sie zusammen mit der Malvasia in die Familie der Apianae für süße Weine ein. Die Grundtypen sind die großbeerige Alexandria-Art (oder Zibibbo), meist Tafeltraube, aber vorgetrocknet auch zu gehaltvollem, süßem, goldenem bis bernsteinfarbenem Wein (manchmal gespritet) verarbeitet, sowie die kleinbeerige Art Moscato Bianco für leichteren weißen bis hellgoldenen Wein, oft als Schaumwein. Unter dem Namen laufen jedoch noch viele Varianten.

Moscato Bianco. Der Name steht für mehrere Arten, vorwiegend jedoch für den Moscato d'Asti oder di Canelli (s. Piemont).

Moscato di Canelli. Moscato Bianco in Piemont.

Moscato di Chambave oder **Muscat de Chambave**. Aostatal.

Moscato di Scanzo oder **Merera**. Lombardei.

Moscato di Terracina. Latium.

Moscato di Trani oder **Moscato Reale**. Apulien.

Moscato Giallo/Goldmuskateller. Trentino-Südtirol.

Moscato Nero. Dunkelschaliger Moscato in verschiedenen Arten, wird zu süßen Rotweinen verarbeitet oder als Tafeltraube angebaut.

Moscato Rosa/Rosenmuskateller. Trentino-Südtirol.

Mostosa. Weiße Rebsorte für Verschnitte an der Adria und Latium.

Müller-Thurgau. Die in Deutschland verbreitete Riesling x Sylvaner-Kreuzung bewährt sich in Oberitalien mit Weinen, die oft anmutiger und erfrischender sind als ihre nördlichen Verwandten. Die Sorte gedeiht in hohen Lagen Südtirols sehr gut, aber auch in Friaul und anderen Gegenden liefert sie bemerkenswerte Weine.

Nasco. Sardinien.

Nebbiolo. Die edle Rebe Piemonts ist auch unter den Namen Pugnet,

Picutener (oder Picotendro), Spanna und im Veltlin als Chiavennasca bekannt.

Negrara oder **Negrara Trentina**. Venetien.

Negroamaro oder **Negro Amaro**. Apulien.

Nerello Cappuccio und **Nerello Mascalese**. Sizilien.

Neretta oder **Neretto**. Piemont.

Nero Buono di Cori. Latium.

Nero d'Avola oder **Calabrese**. Sizilien.

Neyret. Aostatal.

Nieddera. S. Sardinien (Bovale Grande).

Nocera. Kalabrien, Sizilien.

Nosiola. Trentino-Südtirol.

Nuragus. Sardinien.

Olivella oder **Olivella Nera**. Synonym für Sciascinoso (s. dort).

Ormeasco. Eine Art des Dolcetto (s. Ligurien).

Ortrugo. Emilia-Romagna.

Ottavianello. Apulien.

Pagadebit oder **Pagadebito**. Emilia-Romagna.

Pampanuto. Apulien.

Passerina oder **Passarina**. Synonym für Biancame (s. Marken).

Pecorello. Kalabrien.

Pecorino. Marken.

Pelaverga. Piemont.

Peré Palummo. S. Kampanien (Piedirosso).

Pericone. Sizilien.

Petit Rouge. Aostatal.

Petite Arvine. Aostatal.

Picolit. Friaul-Julisch Venetien.

Picutener oder **Picotendro**. Nebbiolo-Variante im Aostatal und in Carema (Piemont).

Piedirosso oder **Per'e Palummo**. Kampanien.

Pigato. Ligurien.

Pignatello. Synonym für Perricone (s. Sizilien).

Pignoletto. Emilia-Romagna.

Pignola Valtellinese. Lombardei.

Pignolo. Friaul-Julisch Venetien.

Pinot. Die drei Säulen der Pinot-Familie – Noir, Blanc und Gris – kamen im Lauf der beiden letzten Jahrhunderte aus Frankreich zur Verstärkung des Weinbaus in Italien herein. Neben Nero, Bianco und Grigio gehört auch noch der Meunier und der Auxerrois zur Familie.

Pinot Bianco. Die weiße Mutation des Pinot Noir wird in Italien seit dem Anfang des 19. Jh.s angebaut. Sie wurde oft mit Chardonnay zusammen gepflanzt und verschnitten und wird mit ihm in Still- und Schaumweinen gemeinsam verarbeitet, v. a. im Nordosten mit Höhepunkten in Friaul und im Trentino-Südtirol. Trotz seiner vielfach anerkannt feineren Weine kann Pinot Bianco sich in der Popularität nicht mit Pinot Grigio messen. Synonyme u. a. Borgogna Bianco, in Südtirol Weissburgunder.

Pinot Grigio. Die Weine der bläulich-grauen Mutation des Pinot Noir haben wahrscheinlich von Italien aus in aller Welt größte Popularität erreicht. Die Rebe wird in den Tre Venezie, in der Lombardei und in vielen anderen Gegenden verbreitet angebaut. Sie erbringt vor allem sortenreinen Weißwein, aber auch Verschnitte, u. a. in *spumante*. Im Südtirol heißt sie Ruländer. Im Aostatal trägt ein Klon den Namen Malvoisie de Nus.

Pinot Meunier. (Müllerrebe). S. Meunier.

Pinot Nero. Wann der Pinot Noir nach Italien gekommen ist, steht nicht fest; vielleicht war es lange bevor er im 19. Jh. zu größerer Bedeutung gelangte. Manche meinen, er sei dieselbe Rebe wie der früher in der Lombardei heimische Pignuolo, und zwar aufgrund der bei beiden einem Pinienzapfen ähnelnden Traube sowie des opulenten Rotweins, der schon 1304 lobend erwähnt wird. Heutzutage dient der Pinot Nero hauptsächlich als Basis für Schaumwein, vor allem Klone, die in der Champagne selektiert wurden. In den Tre Venezie und der Lombardei sind auch schon gute Pinot-Nero-Rotweine entstanden; sie hatten jedoch kaum Ähnlichkeit mit echtem Burgunder, bis jetzt einige Erzeuger Klone aus Burgund einführten. Insgesamt aber sind die Italiener wie alle anderen, die es mit der kapriziösen Rebe aufnehmen, noch weit davon entfernt, den echten Burgunder in die Schranken zu fordern. Synonym im Südtirol: Blauburgunder.

Pollera Nera. Ligurien.

Prié Blanc und **Prié Rouge**. Aostatal.

Primitivo oder **Primativo**. Apulien.

Procanico. Ein in Umbrien und in den Küstenbereichen der Toskana anzutreffender Klon von Trebbiano. Obwohl er mit Trebbiano Toscano austauschbar ist und auch verwechselt wird, halten ihn die Winzer in Orvieto für besser.

Prosecco. Venetien.

Prugnolo Gentile. Klon von Sangiovese (s. Toskana).

Raboso. Venetien.

Rebo. Kreuzung von Marzemino x Merlot; wird meist im Trentino angebaut.

Refosco. Friaul-Julisch Venetien; s. auch Emilia-Romagna (Cagnina).

Rheinriesling. S. Riesling Renano.

Ribolla Gialla und **Ribolla Nera**. Friaul-Julisch Venetien (Schioppettino).

Riesling Italico. Die Herkunft dieser Rebe, die mit dem echten Riesling vom Rhein nicht verwandt ist, liegt im Dunkel. Italien ist wahrscheinlich nicht ihre Heimat. In Mitteleuropa ist die Sorte unter dem Namen Welschriesling, v. a. in Österreich und Südtirol, verbreitet. Hohe Erträge und feinduftige, angenehme Weißweine sorgen in Oberitalien für große Beliebtheit.

Riesling Renano. Der vom Rhein stammende Riesling wird seit Jahrzehnten in Nordostitalien angebaut, ist aber nicht sehr populär geworden. In Südtirol liefert er als Rheinriesling blumige trockene Weißweine, ebenso in Friaul, doch kommen beide Arten nicht an die Fülle deutscher oder elsässischer Rieslinge heran. Neuerdings macht ihm der Müller-Thurgau Konkurrenz, dessen delikat duftige Art eher nach dem italienischen Geschmack zu sein scheint.

Rondinella. Venetien.

Rosenmuskateller/Moscato Rosa. Trentino-Südtirol.

Rossese. Ligurien.

Rossignola. Venetien.

Rossola Nera oder **Rossara**. Lombardei.

Roter Malvasier/Malvasia Rossa. Trentino-Südtirol.

Roussanne. Die Traube aus dem Rhonetal wird in der Toskana und Ligurien gelegentlich in Weißweinen mitverarbeitet.

Ruchè oder **Rouchet** oder **Roche**. Piemont.

Ruländer. S. Pinot Grigio.

Sagrantino. Umbrien.

Sangiovese oder **Sangioveto**. Zur Familie Sangiovese gehören verschiedene Unterarten und Klone in den Regionen Mittel- und Süditaliens sowie teilweise auch im Norden. Insgesamt machen sie dem Trebbiano Toscano den Rang als meistangebaute Rebsorte Italiens streitig. Sangiovese ist vermutlich die in der Toskana heimische *Vitis vinifera silvestris* und wurde vielleicht schon von den Etruskern kultiviert. Im 16. Jh. ist sie erstmals als Sangiogheto belegt, wurde aber bis ins 19. Jh. meist San Gioveto oder Sangioveto genannt, und zwar sowohl in der Toskana als auch in der Romagna (die ebenfalls den Anspruch erhebt, das Geburtsland der Rebe zu sein.) Heute gilt der Name Sangiovese für verschiedene Arten mit verschieden großen Beeren. Zu den mittelgroß- bis großbeerigen Sangiovese- oder *Sangioveto-grosso*-Typen gehören Brunello di Montalcino, Prugnolo in Montepulciano sowie eine Art des Sangiovese di Romagna, wobei verschiedene Klone jeweils eigenständige Weine hervorbringen. Der Sangiovese *piccolo* wird vor allem durch den kleinbeerigen Sangioveto von Chianti vertreten, von dem es aber auch Varianten gibt.

Einige Klone haben echte Klasse; wirklich edel aber ist der Sangiovese vor allem in der mittleren Toskana und auch teilweise in der Romagna. An anderen Stellen bewährt er sich eher als Alltagstraube und außerhalb Italiens so gut wie überhaupt nicht. S. Toskana (Brunello di Montalcino, Prugnolo Gentile, Sangioveto) und Emilia-Romagna (Sangiovese di Romagna).

Sauvignon. Der Name der klassischen weißen Traube von der Gironde und der Loire wird in Italien meist ohne Zusatz genannt, doch ist es der Sauvignon Blanc (und nicht der Vert usw.), der hier angebaut wird. Bisher kommen die besten Weine dieser Art aus Friaul und Südtirol, aber auch in der Toskana, im Piemont, in Umbrien und anderen Regionen bewährt sie sich gut. Der Sauvignon hat eindeutige Persönlichkeit, da mit ihm aber viel experimentiert wird, variiert der Stil zwischen dem Feuerstein-Aroma des *fumé* von der Loire und der kühlen Frische eines trockenen weißen Bordeaux. Verschnitte mit Sémillon und Ausbau in Eichenfässern verleihen dieser Sorte, die es an manchen Stellen mit dem Chardonnay aufnehmen und ihn oft sogar übertreffen kann, weitere Dimensionen. In der Emilia auch als Spergola bekannt.

Schiava/Vernatsch. Die in Trentino-Südtirol (s. dort) vorherrschende Sorte ist auch in der Lombardei und in Venetien, meist in Verschnitten, anzutreffen.

Schiava Gentile/Kleinvernatsch oder **Mittervernatsch**, auch **Schiava Grossa/Grossvernatsch, Schiava Grigia/Grauvernatsch** und **Tschaggele**. Trentino-Südtirol.

Schioppettino oder **Ribolla Nera**. Friaul-Julisch Venetien.

Sciascinoso. Dunkle Traube, auch als Olivella oder Olivella Nera bekannt, wird im Vesuvio *rosso* in Kampanien sowie in Verschnitten in Latium mitverarbeitet.

Semidano. Sardinien.

Sémillon. Die Bordeaux-Rebe ist in Italien noch selten, wird aber in Verschnitten zum Abrunden von Sauvignon sowie manchmal allein als süßer oder trockener Tafelwein verwendet.

Serprina. Synonym für Prosecco (Venetien).

Somarello. Apulien.

Spanna. Im Nordpiemont Synonym für Nebbiolo.

Spergola. Name für Sauvignon Blanc in der Emilia.

Susumaniello. Apulien.

Sylvaner Verde/Grüner Silvaner. Trentino-Südtirol.

Syrah. Die von der Rhone bekannte, wahrscheinlich aber aus Asien stammende (nach der persischen Stadt Shiraz benannte) Rebe wird in Italien selten angebaut, obwohl sie sich nach allen Anzeichen hier ebenso bewähren würde wie andere französische Edelreben.

Tazzelenghe oder **Tacelenghe**. Friaul-Julisch Venetien.

Teroldego. Trentino-Südtirol.

Terrano. S. Friaul-Julisch Venetien (Refosco).

Tocai Friulano. Friaul-Julisch Venetien.

Tocai Italico. Die Sorte gilt als mit dem Tocai Friulano verwandte Tafeltraube, wird aber im Nordosten, v. a. in Venetien, gelegentlich auch in Wein mitverwendet.

Tocai Rosso. Venetien.

Torbato. Sardinien.

Traminer. Der Südtiroler Ort Tramin gab dieser Rebe den Namen, obwohl sie wahrscheinlich aus Griechenland stammt und von den Römern nach Norden gebracht wurde. Der Traminer ist eine ertragreiche Rebe mit rötlichen Beeren für Weißwein von geringerer Beliebtheit als Gewürztraminer. Im Hauptanbaugebiet Tre Venezie werden beide oft verwechselt und vermischt.

Traminer Aromatico. S. Gewürztraminer.

Trebbiano. Reben mit dem Namen Trebbiano, die allerdings nicht unbedingt immer miteinander verwandt sein müssen, halten in Italien rund 100 000 ha besetzt, also weit mehr als Sangiovese. Der ältere Plinius sprach von *Vinum trebulanum* aus einem Ort namens Trebulanis in Kampanien. Der Ursprung ist möglicherweise griechisch, weil einige Reben mit dem Namen Greco verwandt zu sein scheinen, vielleicht aber auch etruskisch, weil dieses Volk schon vor den Griechen in Kampanien Wein baute. Beispielsweise könnte als Herkunft auch ein etruskischer Ort namens Trebbiano in den Luni-Bergen an der Grenze zwischen Ligurien und der Toskana oder aber auch das Trebbia-Tal in der Emilia-Romagna in Frage kommen. Offenbar haben sich aber verschiedene Zweige der Familie unabhängig voneinander entwickelt. Meist erbringt der Trebbiano leichte, saftige Weine, die sich aufgrund ihrer neutralen Art für Verschnitte

eignen und selten besonderen Charakter aufweisen. Frühere Arten müssen anders gewesen sein, denn Pier de' Crescenzi beschreibt im 14. Jh. den Trebbiano als «einen edlen, haltbaren Wein». Die Rebe wird in Italien unter diesem und vielen anderen Namen sowie im Ausland, v. a. in Frankreich (als Ugni Blanc im Midi und als St-Emilion in Cognac) angebaut. Wie Jancis Robinson in *Reben, Trauben, Weine* (Hallwag, 1987) schreibt, bringt die Trebbiano-Familie weltweit wahrscheinlich mehr Wein hervor als jede andere Rebsorte. Nicht weil sie die größte Fläche einnimmt (Granacha-Grenache wird in Spanien und Frankreich stärker angebaut), sondern weil sie so ertragreich ist. In Italien ist der Trebbiano Toscano am verbreitetsten, ihm folgen Trebbiano Romagnolo, Trebbiano Giallo und Trebbiano di Soave oder Lugana. Außer den nachstehenden Unterarten s. auch Biancame/Bianchello, Lumassina (Ligurien), Greco, Procanico.

Trebbiano d'Abruzzo. Abruzzen.

Trebbiano di Lugana. Lombardei. Identisch mit Trebbiano di Soave oder Veronese in Venetien.

Trebbiano di Soave oder **Veronese**. Venetien.

Trebbiano Giallo. Latium.

Trebbiano Modenese. Emilia-Romagna.

Trebbiano Romagnolo oder **di Romagna**. Emilia-Romagna.

Trebbiano Spoletino/di Spoleto oder **Trebbiano Verde**. Umbrien.

Trebbiano Toscano. Toskana.

Trebbiano Verde. S. Umbrien (Trebbiano Spoletino).

Tschaggele. S. Südtirol (Vernatsch/SChiava).

Ughetta. Lombardei; s. Piemont (Vespolina).

Uva di Troia. Apulien.

Uva d'Oro. S. Emilia-Romagna (Fortana).

Uva Rara. Synonym für Bonarda Novarese in der Lombardei.

Veltliner. Trentino-Südtirol; auch Abruzzen.

Verdea. Emilia-Romagna; auch Lombardei.

Verdeca. Apulien.

Verdello. Der Name gilt für offenbar nicht miteinander verwandte Rebsorten in Sizilien und Umbrien.

Verdicchio. Marken.

Verdiso. Venetien.

Verduzzo Friulano. Friaul-Julisch Venetien.

Verduzzo Trevigiano. Venetien.

Vermentino. Die vermutlich zur Malvasia-Familie gehörende Sorte stammt vielleicht aus Madeira und kam über das spanische Festland und Korsika nach Italien. In Ligurien und Sardinien liefert sie eigenständige Weißweine (wie es heißt, von verschiedenen Klonen), und an den toskanischen Küsten wird sie verstärkt angebaut. Möglicherweise ist sie mit der Favorita im Piemont (s. dort) verwandt. Auch einen Vermentino Nero gibt es.

Vernaccia di Oristano. Sardinien.

Vernaccia di San Gimignano. Toskana.

Vernaccia di Serrapetrona oder **Vernaccia Nera**. Marken.

Vernatsch/Schiava. Trentino-Südtirol.

Vespaiola. Venetien.

Vespolina. Piemont; s. auch Lombardei (Ughetta).

Vien de Nus. Aostatal.

Weißburgunder. S. Pinot Bianco.

Welschriesling. S. Riesling Italico.

Zibibbo. Sizilien.

Zinfandel. S. Apulien (Primitivo).

Zum Gebrauch

Der Atlas bietet als Grundwissen über den italienischen Wein umfangreiches Material an Text, Landkarten und Bildern, das nach Belieben fortlaufend studiert oder punktweise konsultiert werden kann. Das Buch soll allerdings auch ein Reiseführer mit neuen Landkarten der Weinzonen und Vorschlägen für landschaftlich schöne Routen durch die Weinberge sein. Es ist zwar nicht so leicht mitzunehmen wie ein Taschenführer, vermittelt aber dafür einen tieferen Einblick in die unendliche Vielfalt, die den italienischen Wein so einmalig macht. Schwerpunkte sind die Weinbaugebiete selbst, ihr Klima und ihr Boden. Auch Angaben über die Weingewinnungsmethoden in den verschiedenen Zonen werden gemacht und Tips für Touristen zu Hotels, Restaurants und Sehenswürdigkeiten gegeben.

Das Buch soll dem passionierten Weinfreund ebenso nützlich sein wie dem gelegentlichen Liebhaber eines guten Tropfens. Der Text ist so angeordnet, daß man von Norden nach Süden fortschreitend ein Bild von den in 6 größere Abschnitte eingeteilten 20 Regionen Italiens vermittelt erhält (s. Karte auf S. 6). Natürlich kann man auch an jeder beliebigen Stelle nachschlagen, um Näheres über eine Region oder einen Wein zu erfahren. Auch als Einkaufshilfe ist der Atlas verwendbar, allerdings nur in beschränktem Maß, denn die hier gegebenen Informationen sind auf längere Sicht abgestimmt und nicht als aktueller Katalog gedacht. Als Anleitung zu jeder einzelnen Region wird eine Übersicht über ihre Weine gegeben, mit Anmerkungen zu Landschaft, Geschichte, Brauchtum und anderen Details, soweit sie den Wein angehen. Es schließen sich Informationen über den Weinbau und die Rebsorten sowie eine Übersicht über die geographischen Gegebenheiten der auf der jeweils beigefügten Karte der Region verzeichneten Weinzonen an. Schließlich werden die Weine der Zonen einzeln besprochen, wobei diese sich z. B. im Piemont und in der Toskana oft überschneiden. Die Kommentare sind als kritische Würdigungen gedacht und sollen unterrichten, ohne lehrhaft zu wirken. Über jeden der vielen Weintypen, die in den 232 DOC-Zonen Italiens erzeugt werden, sind mehr oder weniger ausführliche Angaben gemacht. Die jeweils zu einer DOC oder DOCG vermittelten technischen Angaben sind für besonders interessierte Leser gedacht; aber auch wer es nicht so genau nimmt, möchte vielleicht ganz gern wissen, welchen Einfluß Rebsorten, Erträge, Alkoholstärke, Säuregehalt und Alter auf die Art der Weine haben.

Die 20 Regionen Italiens sind in 94 Provinzen unterteilt, und in ihnen allen gibt es eigene Weine und Weintraditionen. Es ist nicht leicht, Allgemeingültiges für den Wein einer Region, geschweige denn für größere geographische Abteilungen festzuhalten; daher ist die Einteilung in sechs Sektoren in diesem Atlas eher eine praktische Maßnahme als eine Gruppierung im Sinne des Weinbaus. Obwohl nun die Ausnahmen gegenüber der Regel weit überwiegen, lassen sich hier und da gewisse Gemeinsamkeiten im Weinbau auch über die Regionsgrenzen hinweg erkennen.

Weinbau wird in Italien überall betrieben, allerdings von Region zu Region in unterschiedlichem Umfang. Apulien beispielsweise hat eine Rebfläche von 133 000 ha und eine Produktion von fast 12 Mio. ha Wein im Jahr, während das Aostatal nur über 900 ha Weinberge verfügt und jährlich ungefähr 40 000 hl erzeugt. Unser Hauptinteresse gilt überall jedoch der Qualität und daher den Weinzonen und -erzeugern mit besseren Weinen, mit oder ohne DOC. Deshalb wird dem Piemont, der Toskana, Friaul-Julisch Venezien und Trentino-Südtirol in diesem Atlas mehr Platz eingeräumt als anderen Regionen mit viel größerer Weinproduktion. In den einzelnen Regionen werden empfehlenswerte Erzeuger, getrennt nach Weingütern, Handelshäusern und Winzergenossenschaften genannt, und zwar z. T. nur mit Namen und Wohnort, z. T. auch mit Hinweisen auf Weinlagen und Weine.

Die Landkarten

Maßstab und Ausführlichkeit der Landkarten sind je nach der Bedeutung einer Region oder Zone unterschiedlich. Die hierin enthaltenen Karten lassen sich in vier Gruppen einteilen:

Gesamtkarten. In der Einführung (Seite 7–27) zeigen die Landkarten Italien als Ganzes mit der hier getroffenen Einteilung in 6 Sektoren, der Verteilung der DOC-Weinzonen, den durchschnittlichen Temperaturen und Niederschlagsmengen sowie den wichtigsten Straßen.

Übersichtskarten. Sie entsprechen der Einteilung in 6 Sektoren in der im Atlas gewählten Reihenfolge und vermitteln einen allgemeinen Überblick über den Sektor mit Straßen, Eisenbahnen und Geländebeschaffenheit. Außerdem sind die Regionalgrenzen eingezeichnet, so daß ein Anschluß zu den Karten der Regionen gegeben wird.

Regionalkarten. Die 20 Regionen sind auf eigenen Karten dargestellt. Dabei zeigen zwei Einsätze einerseits die Lage der Region innerhalb Italiens und andererseits die verschiedenen Weinbaubereiche in einem Farbkode, der mit den Weinzonen im Text übereinstimmt.

Die Regionalkarte zeigt alle DOC/DOCG-Bereiche, jeweils gekennzeichnet durch einen Farbsaum. Wo sich die DOC-Zonen überschneiden, sind die Grenzen in der Farbe ausgeführt, mit der auch die DOC/DOCG-Bezeichnung unterstrichen ist. Nach Möglichkeit sind die Namen in die Karte eingetragen; wo das aus Platzgründen jedoch nicht möglich ist, wird eine eingerahmte Ziffer eingesetzt, und der Name steht (unterstrichen in der betreffenden Farbe) an der Seite. Die Ziffern sind ebenfalls dem Farbkode angepaßt. So lassen sich die DOC-Zonen in der Karte leicht auffinden und mit dem erläuternden Text in Verbindung bringen.

Manche DOC/DOCG-Bereiche sind nochmals in Unterbereiche aufgeteilt, deren Grenzen dann jeweils punktiert eingezeichnet sind. Wenn kein Unterbereich angegeben ist, beziehen sich punktierte Linien auf geplante DOC-Zonen.

Detailkarten. Die wichtigsten DOC-Weinzonen Italiens sind in Detailkarten dargestellt, in denen bekannte Erzeuger oder Weinlagen, in bestimmten Fällen auch Einzellagen (z. B. in Barolo, Barbaresco) eingezeichnet sind. Die geographische Lage einer solchen DOC-Weinzone wird durch einen Blick auf die betreffende Regionalkarte deutlich. Nach Möglichkeit sind Erzeuger und Lagen von anerkannten *vini da tavola* ebenfalls auf den Detailkarten eingezeichnet. Wo dies aus Platzgründen nicht möglich ist, sind sie durch Ziffern ersetzt und in der Reihenfolge von Norden nach Süden aufgeführt. Die Weinrouten-Vorschläge in den Karten führen durch Weinbaugegenden von besonderem Interesse.

Zur leichteren Orientierung auf den Regional- und Detailkarten sind die Namen geographischer Richtpunkte (Orte, Berge, Flüsse) in Schwarz, dagegen die Weindaten (Erzeuger, bekannte Lagen, anerkannte *vini da tavola*) in Rot eingetragen. Außerdem werden in den Detailkarten die Weinerzeuger und Weinberglagen durch verschiedene Schriftarten unterschieden.

Die Grenzen der DOC/DOCG-Zonen wurden nach den neuesten und maßgeblichsten Angaben festgelegt, die zu erhalten waren. Alle Karten (mit Ausnahme der Gesamtkarten im Einführungsteil) sind in ein mit Buchstaben und Ziffern versehenes Rastersystem eingeteilt. Wichtige Punkte (Orte, Erzeuger, DOC/DOCG) sind anhand der Rasterbezeichnung im Register leicht auffindbar.

Gesetz und Etikett

Weingesetze gibt es in Italien seit der Zeit der Römer, aber sie wurden nicht immer gewissenhaft befolgt. Auch in unserem Jahrhundert wurden die Gesetze weithin mißachtet, und so tauchten italienische Weine mit zweifelhaftem Stammbaum auf den Weltmärkten auf. Verantwortungsbewußte Erzeuger waren jahrzehntelang bestrebt, die Echtheit ihrer Weine zu schützen, doch erst 1963, als die Gesetze über die *denominazione di origine controllata* über die parlamentarische Bühne gingen, begann sich die Lage zu bessern. Die nach der französischen *appellation contrôlée* aus den 30er Jahren konzipierte DOC gab dem Weinbau eine neue, sinnvolle Richtung und bildete den Schlüssel zur Statusverbesserung des italienischen Weins.

Dennoch war das System fast von Anfang an das Ziel scharfer Kritik. Das Gesetz entstand vor den modernen Konzeptionen hochwertiger Weine in Italien; daher waren die Traditionen, die es schützte, oft rückständig, und die Mentalität in der Produktion stellt allzuoft Quantität über Qualität oder Popularität über Spitzenleistung. Es gibt heute 232 DOC- oder DOCG-Zonen (das «G» bedeutet Garantie) und in ihrem Rahmen über 850 Weintypen. Und doch umfassen sie nur 10 bis 12% der Gesamtproduktion Italiens – ein weit geringerer Anteil, als er in anderen europäischen Ländern auf das Konzept des Qualitätsweins bestimmter Anbaugebiete entfällt.

Der DOC-Anteil ist in den Regionen sehr unterschiedlich. Beispielsweise entfallen im Trentino-Südtirol 55% der Produktion auf DOC-Weine, dagegen in Kampanien nur 0,5%. Fast alle sind sich einig, daß das Gesetz der Änderung bedarf. Manche finden es zu restriktiv und qualitätshinderlich, anderen ist die Handhabung der Qualitätskontrollen zu lasch, die Qualität daher zu variabel. Kritisiert wird auch, daß es zu viele kleine DOC-Zonen gibt. Das Fehlen einer breiten Identitätsbasis verhindert, daß Regionen mit hohem Prestige im Ausland eine Wirkung erzielen wie Bordelais, Burgund und Elsaß. Was aber auch immer schuld sein mag, Italien ist es nicht gelungen, ein umfassendes und glaubwürdiges Kontrollsystem zu schaffen.

Unter dem Druck interner Interessentengruppen sowie seiner Partner in der EG hat Italien gelobt, das DOC-Gesetz im Rahmen eines umfassenden Programms so zu reformieren, daß auch andere Weinkategorien dem europäischen Standard entsprechend einbezogen werden. Der Anteil der DOC/DOCG-Produktion soll auf 20% angehoben und die neue *Vino-tipico*-Gruppe auf weitere 40% der Gesamterzeugung gebracht werden. Doch selbst die ehrgeizigsten Reformer bezweifeln, daß diese Ziele in naher Zukunft erreichbar sind. *Vino da tavola* außerhalb dieser Kategorien soll theoretisch die restlichen 40% der Gesamterzeugung ausmachen. Inzwischen wird allerdings rund ⅕ des italienischen Weins im Rahmen des EG-Programms zur Überschußbeseitigung destilliert. Auch bleibt die Erzeugung von Verschnittwein und Mostkonzentrat bedeutend, weil in Italien die Verwendung von Zucker zum Anheben des Alkoholgehalts nicht erlaubt ist. Daher kommt nur ein Teil des Weins vom unteren Ende der Wertskala tatsächlich auf die Tafel Italiens. Der *vino da tavola* mit geographischer Bezeichnung umfaßt einerseits einfachste Weine, andererseits aber auch einige der Perlen des italienischen Weinbaus.

Die Erzeugung aller Weine – mit und ohne DOC – unterliegt staatlichen, regionalen und lokalen Regelungen in Übereinstimmung mit den EG-Richtlinien. Jeder Wein, der exportiert werden soll, muß einer chemischen Analyse unterzogen werden, und das Etikett muß bei Flaschenwein den Vorschriften des Importlands entsprechen. Die Gesetzesauflagen vom Pflanzen der Reben bis zur Erzeugung und zum Verkauf des Weins stellen für den Winzer eine immer größere Bürde dar – vor allem auch wegen der strengeren Handhabung seit dem Methylalkohol-Skandal von 1986. Das Herannahen des europäischen Binnenmarkts 1992 bringt wegen der neuen EG-Regelungen weitere Komplikationen. Von 1990 an gelten die nachstehenden Kategorien in der Rangfolge von unten nach oben:

Vino da tavola

Diese Kategorie gilt für Tafelwein jeglicher Herkunft. Bei Flaschenwein darf auf dem Etikett weder eine Rebsorte noch eine geographische Bezeichnung noch ein Jahrgangsdatum angegeben werden. Hierunter fällt vor allem Verschnittwein und für die Destillation von Industriealkohol bestimmter Wein. Im allgemeinen sollte man einem Wein, der nur als *vino da tavola* ohne nähere Bezeichnung etikettiert ist, mißtrauen – aber es gibt auch Ausnahmen.

Vino da tavola con indicazione geografica

Diese Kategorie setzt Tafelwein aus bestimmten geographischen Räumen gegen den namenlosen *vino da tavola* ab. Als geographischer Raum kann eine Region, eine Provinz, eine Gemarkung, ein Gemarkungsteil, eine Hügelkette oder ein Flußtal in Frage kommen. Auf dem Etikett dürfen Jahrgangsdatum, Ortsbezeichnung, Farbe oder Rebsorte und Weinart (*frizzante, amabile, novello* usw.) angegeben sein. Die in diesem Atlas genannten *vini da tavola* (abgekürzt mit *vdt*) gehören zumeist dieser Gruppe an. Ihre Herkunfts- und Typenechtheit unterliegt keiner Kontrolle; dennoch befinden sich in dieser Kategorie viele Weine des neuen Stils aus der Toskana und anderen Regionen, hinter denen die Reputation ihres Erzeugers steht – in gewissem Sinn ist dies die höchste mögliche Empfehlung. Viele Weine dieser Kategorie sind für die *Vino-tipico*-Gruppe vorgesehen.

Vino tipico

Das italienische Gegenstück zum französischen *vin de pays* und zum deutschen Landwein wurde mit jahrelanger Verspätung 1989 eingeführt. Die Kategorie soll einen Teil der Gruppe der Tafelweine mit geographischer Bezeichnung einbeziehen, wobei eine eindeutige Typenechtheit feststellbar sein muß – typisch ist nicht im Sinn von standardmäßig gemeint. Die noch festzulegenden Normen (bis zum Zeitpunkt der Drucklegung waren noch keine erarbeitet) sollen nicht so spezifisch und anspruchsvoll gefaßt sein wie für DOC-Wein. Wie *vin de pays* und Landwein ist Einbeziehung in die europäische Kategorie VDQS möglich. Kritiker fürchten jedoch, daß die Kategorie *vino tipico* zum Sammelbecken für Hunderte von unterschiedlichen Weinen wird und nicht wie das französische und deutsche Gegenstück bestimmte Regionen oder Provinzen repräsentiert, darüber hinaus auch daß eine Erweiterung der Liste der Weinbezeichnungen den bereits durch die vielen DOC-Weine überforderten Verbraucher nur noch mehr verwirrt.

Denominazione di origine controllata (DOC)

Die seit 1966 gültige Kategorie gilt für Weine von vorgeschriebenen Rebsorten aus anerkannten Weinbergen innerhalb bestimmter Zonen, deren Umfang von einer ganzen Region oder Provinz bis zu einer Gemarkung oder einem bestimmten Teil einer solchen reichen kann. Anfang 1990 gab es 232 DOC-Zonen (einschließlich der 6 DOCG); allerdings hängt die exakte Zahl von der Art der Zählung ab, da beispielsweise Valle d'Aosta nur als eine DOC gerechnet wird, obwohl die regionale Appellation 15 Weine umfaßt; dasselbe gilt für Chianti mit 7 Unterbereichen. Über 850 Weine fallen unter die derzeitigen DOC-Zonen. Aber auch hierbei hängt die exakte Ziffer wieder von der Art der Zählung ab. Manche Zonen weisen einen Classico-Bereich und andere mehrere Unterbereiche auf. Die DOC-Bestimmungen werden jeweils von den ortsansässigen Winzern im Rahmen eines Konsortiums ausgearbeitet. Nach Genehmigung durch die örtliche Handelskammer (die später die Kontrolle zu beaufsichtigen hat) und die Regionalverwaltung wird der Antrag dem vom Landwirtschaftsministerium ernannten nationalen DOC-Komitee unterbreitet. Nach dessen Genehmigung tritt die DOC durch Präsidialerlaß in Kraft.

Manche DOC-Zonen produzieren nur einen Wein, andere mehrere in verschiedenen Farben, Rebsorten oder Arten, u. a. *spumante* (Schaumwein), *frizzante* (Perlwein), *liquoroso* (gespritet oder von Natur aus alkoholstark) oder *passito* (von rosinierten Trauben). Die Regeln beziehen sich jeweils auf die zugelassenen Rebsorten und deren Anteil an der Mischung sowie auf die höchstzulässigen Erträge an Trauben und Mostausbeute. (Diese Grenzen dürfen in «Ausnahmejahren» bis zu 20% überschritten werden.) In manchen Fällen ist die Weinbereitungsmethode, die Länge und Art der Alterung (für *vecchio* oder *riserva*) vorgeschrieben. Die Bezeichnung *superiore* gilt meist für Wein mit höherem Alkoholgehalt oder Alter.

Jeder Wein muß nach dem Urteil einer seit 1990 obligatorischen Prüfungskommission bestimmten Anforderungen an Aussehen, Farbe, Geruch und Geschmack genügen. Ferner unterliegt er einer chemischen Analyse auf Alkohol-, Säure- und Extraktgehalt. Für manche Weine gelten bestimmte Restzuckerwerte für verschiedene Süßegrade, von *abboccato* über *amabile* bis *dolce* als den meistbenutzten Begriffen hierfür. Durch diese oft recht starren Regeln wird Qualität zwar begünstigt, nicht aber gesichert. Viele neuere Änderungen an einzelnen Vorschriften sind eher für Ertragserhöhung oder Einbeziehung weiterer Weintypen geeignet als für Qualitätssteigerung.

Von den vielen DOC-Zonen, die es gibt, sind nur wenige wirklich von Bedeutung. 2/3 aller DOC-Weine stammen aus 20 Zonen, während 50 andere Zonen eine Produktion von nur der Hälfte des Weinbergpotentials melden. Manche DOC-Zonen sind kaum bekannt oder stark vernachlässigt, manche praktisch nicht existent. So hat die DOC Moscato di Siracusa auf Sizilien seit Jahren keine Produktion mehr gemeldet. Obwohl es vielleicht sinnvoll wäre, solche Zonen abzuschaffen, ist bisher noch nichts dergleichen geschehen.

Die Abkürzung QbA (Qualitätswein bestimmter Anbaugebiete) ist als deutschsprachiges Gegenstück zur DOC auf Südtiroler Weinetiketten zulässig.

Denominazione di origine controllata e garantita (DOCG)

Bis Anfang 1990 waren 6 Weine auf diese höchste Stufe der DOC erhoben worden, wo durch strenge Kontrollen theoretisch die Herkunfsechtheit garantiert wird. Es handelt sich um Barolo und Barbaresco im Piemont, Brunello di Montalcino, Vino Nobile di Montepulciano und Chianti in der Toskana sowie Albana di Romagna. Andere DOC-Zonen stehen vor der Anerkennung, u. a. Carmignano in der Toskana, Orvieto und Torgiano Rosso Riserva in Umbrien, Gattinara im Piemont und Frascati in Latium. Da die DOCG als Ehrenklasse betrachtet wird, muß es für manche Erzeuger von Chianti, Vino Nobile und Albana eine Schmach gewesen sein, als ihren Weinen von der Prüfungskommission die mehrfarbigen Streifen über die Kapsel verwehrt wurden. Auf diese Weise hat die vor allem seit Erhebung von Albana in diesen Rang vielgeschmähte DOCG doch die Ausmerzung minderwertiger Weine und damit eine Anhebung des allgemeinen Qualitätsstands bewirkt.

Sonderkategorien

Bestimmte Weine dürfen mit besonderen Bezeichnungen nach nationalen oder EG-Regeln versehen werden, mit denen ihre Art näher definiert wird.

Vino novello. Ein als *novello* (entsprechend dem französischen *nouveau*) bezeichneter Wein, ob DOC, *vino tipico* oder *vdt* mit geographischer Angabe, darf frühestens am 6. November des Jahres der Ernte auf den Markt gebracht werden, muß dann aber bis spätestens am 31. Dezember desselben Jahres in Flaschen abgefüllt sein. Der Wein muß zu mindestens 30% durch Kohlensäuremaischung bereitet sein, einen Mindestalkoholgehalt von 11% aufweisen und darf höchstens 10 g/l Restzucker enthalten.

Vino spumante. Schaumwein, der bestimmten Grundanforderungen an Alkoholgehalt und Kohlensäuredruck entspricht, darf einfach als *vino spumante* bezeichnet werden.

Höhere Anforderungen, u. a. mindestens 6 Monate Alterung bei Tankgärung oder 9 Monate bei Flaschengärung sind für *vino spumante di qualità* und *DOC spumante* mit Qualifikation für VSQPRD festgesetzt. In diesen Kategorien wird der Süßegrad von extrem trocken bis süß gekennzeichnet durch *extra brut*, *brut*, *extra dry*, *secco* oder *asciutto*, *abboccato* und *dolce*. Dies sind bisher die einzigen italienischen Weine, bei denen während der Herstellung Zucker zugegeben werden darf.

Vino frizzante. Perlender Wein wird meist als *frizzante* bezeichnet. Er muß bestimmen Anforderungen genügen, um deren Anerkennung durch die EG die Italiener lange gekämpft haben.

Die Beschriftung von Etiketten für alle DOC- und sonstigen Weine ist auf bestimmte sachdienliche Angaben beschränkt, wobei sogar Schriftart und -größe vorgeschrieben sind. Obligatorische Angaben sind Weinnamen und Kategorie (DOC, *vino da tavola di Toscana*, *vino spumante di qualità* usw.), Name des Erzeugers oder Abfüllers, Abfüllungsort, Inhalt (die 0,75 l Standardflasche trägt den Buchstaben «e») sowie Alkoholgehalt in Volumenprozent. Auf dem Etikett kann auch ein Jahrgangsdatum aufgedruckt sein (obligatorisch bei den meisten DOCG- und vielen DOC-Weinen, jedoch unzulässig bei einfachem *vdt*), außerdem ein Warenzeichen, ein Wappen und das Siegel eines Konsortiums. Bei DOC- und DOCG-Weinen wird manchmal die Flaschenzahl angegeben. Sonstige Informationen dürfen auf Rückseiten-Etiketten oder angehefteten Kärtchen oder Schriftrollen gegeben werden, sie müssen aber überprüfbar sein und dürfen die Worte *riserva*, *speciale*, *superiore* usw. nicht enthalten, außer wenn der Wein nach den DOC- oder DOCG-Bestimmungen dafür qualifiziert ist. DOCG-Wein muß das amtliche Streifensiegel am Flaschenkopf tragen.

Abkürzungen

Die im Text verwendeten Abkürzungen bedeuten:

DOC/DOCG Denominazione di origine controllata/e garantita = kontrollierte bzw. kontrollierte und garantierte Herkunftsbezeichnung.

vdt   Vino da tavola = Tafelwein, meist mit geographischer Angabe.

CS   Cantina Sociale = Genossenschaftskellerei, im Südtirol auch K für Kellereigenossenschaft.

Alk.   Bei DOC-Weinen zulässiger Mindestalkoholgehalt in Volumenprozent.

S.   Säure; bei DOC-Weinen Mindestsäuregehalt in Prozent.

A.   Alterung gemäß DOC-Vorschrift in Jahren (J) bzw. Monaten (Mte).

E.   Gemäß DOC-Vorschrift höchstzulässiger Ertrag an Wein in hl/ha bzw. nach Traubengewicht in Doppelzentnern (dz). Beispiel: E. 70/100 bedeutet, daß 70 hl Wein als Ausbeute von max. 100 dz Trauben, das entspricht 9333 Standardflaschen bzw. 777 Kisten zulässig, sind. Die Spannweite der höchstzulässigen Erträge liegt in Italien zwischen 140/200 und 28/40.

Die moderne Entwicklung

Im letzten Vierteljahrhundert haben sich in den Weinbergen und Kellern Italiens drastischere Veränderungen als je im Weinbau sonstwo auf der Welt vollzogen. Bei hochwertigen Rot- und Weißweinen des neuen Stils wie bei leichten und perlenden Weinen für den populären Geschmack hat es stetige Fortschritte geben. Auf lange Sicht vielleicht wichtiger ist jedoch die Verbesserung in Klasse und Stil der traditionellen Weine. Trotzdem beginnt Italien erst, sein Qualitätspotential zu erkennen, denn die schiere Fülle von Weinen aus allen nur erdenklichen Quellen hat lange Zeit jeder Planung und jedem Fortschritt im Weg gestanden.

In den 60er Jahren überholte Italien Frankreich als größtes Weinerzeugerland der Welt und hat seitdem diese freilich etwas dubiose Führungsstellung behalten. Der Rebfläche nach steht es hinter Spanien und der Sowjetunion zwar erst an 3. Stelle, doch nur aufgrund höherer Hektarerträge. Ende der 60er und in den 70er Jahren unterstützte die EG großzügige Rebenneupflanzungen, vor allem in Süditalien, um das Einkommen der ländlichen Bevölkerung zu heben. Durch den Rückgang des Weinverbrauchs entstanden dann allerdings Überschüsse, die durch Destillation aufgefangen werden mußten.

Die Geschicke des italienischen Weins auf dem internationalen Markt nahmen einen unbeständigen Verlauf. Die Produktion stieg von 70 Mio. hl Ende der 60er Jahre bis auf 86,5 Mio. hl im Jahr 1980, weil in den 70er Jahren die Exporte wuchsen und die Fachleute einen zunehmenden Weinverbrauch voraussagten. Tatsächlich gab es Exportsteigerungen von 2 Mio. hl im Jahr 1965 auf 19,4 Mio. hl 1982. Etwa ⅔ davon gingen in Tanks nach Frankreich und Deutschland zur Weiterverarbeitung.

Um die Mitte der 80er Jahre überstieg das Angebot in Italien bei weitem die Nachfrage, weil der Weinverbrauch von zwischen 1966 und 1970 110 l je Kopf und Jahr auf 90 l zwischen 1976 und 1980 und inzwischen nochmals auf schätzungsweise 70 l zurückging. Auch die Exportmärkte in Europa und Nordamerika wuchsen nicht mehr wie erwartet. Noch schlimmer wirkt sich aus, daß die Konkurrenz schärfer geworden ist, weil Weine aus Nord- und Südamerika, Australien, Neuseeland und Osteuropa ebenfalls auf den Markt drängen. Meist war Italiens Weinexport größer als der Frankreichs, doch die damit erzielten Erlöse waren je Liter nur halb so hoch wie die französischen. Der Methylalkohol-Skandal von 1986 ließ dann den Export auf den Stand um die Mitte der 70er Jahre zurückfallen. Gegen Ende der 80er Jahre allerdings stieg er sowohl der Menge als auch dem Wert nach wieder an. Da 1988 und 1989 der Durchschnittsertrag nur knapp über 60 Mio. hl lag, hat sich die Situation etwas entspannt, so daß Italien und die EG weiter an einer Stabilisierung arbeiten können.

Auf die Destillation entfiel in den 80er Jahren rund 1/4 der Gesamtproduktion – also weit mehr als in Frankreich und anderen Ländern. Da auf die DOC-Weinproduktion nur 10 bis 12% entfallen, wird in Italien der meiste Wein als *vino da tavola* abgesetzt. Viele Kellereien, v. a. in Apulien und Sizilien, sind auch auf die Erzeugung von Verschnittwein für den Export spezialisiert. Ebenfalls regen Absatz finden Mostkonzentrate, die im italienischen Wein zur Erhöhung des Alkoholgehalts eingesetzt werden. Viele Erzeuger in Oberitalien möchten für diesen Zweck lieber Zucker verwenden, weil das Mostkonzentrat den Charakter eines Weins verändern kann, aber im Gegensatz zu anderen EG-Ländern ist Zuckerung in Italien bei Gefängnisstrafe verboten. Auch dies ist eine Diskrepanz der EG-Politik, die beseitigt werden muß.

Italien ist bestrebt, den DOC-Weinanteil an der Gesamterzeugung auf 20% anzuheben und die neue Kategorie *vino tipico* auf 40% zu bringen. Doch nicht nur durch unsicheres Verhalten der Verbraucher, sondern auch durch eine übermäßige Zersplitterung wird der qualitätsorientierte Teil des italienischen Weinbaus behindert. Italien verfügt über eine Rebfläche von insgesamt 1 Mio. ha, die sich auf 1,2 Mio. registrierte Weinberge verteilt (durchschnittlich 0,83 ha gegenüber 4,4 ha in Frankreich). Es gibt 340 000 Weinkellereien, von denen 50 000 selbst Wein abfüllen und als Flaschenwein verkaufen. Etwa ⅔ der italienischen Weinerzeugung entfallen auf Winzergenossenschaften.

Allerdings sind die Statistiken über die italienische Weinproduktion unvollständig, weil viele kleine Winzer ihre Erzeugung nicht bekanntgeben, und über den Verkauf an Direktkunden gibt es keine Unterlagen. Nur rund 11 000 Weingüter und Winzer, etwa 15% der Gesamtzahl, füllen selbst Flaschenwein ab und verkaufen ihn. Über 700 000 Winzer bearbeiten weniger als einen 1/2 ha Reben und kommen deshalb nur als Kleinerzeuger mit geringen Qualitätsansprüchen in Frage. Umfragen haben ergeben, daß nicht einmal 15% der Italiener regelmäßig ordnungsgemäß verkorkten und etikettierten Flaschenwein kaufen; die meisten fühlen sich mit einem Glasballon besser bedient. Auch diese Gewohnheit ist dem Qualitätsweinbau in vielen Teilen Italiens nicht förderlich, weil die Winzer sich nicht auf einen starken lokalen Markt stützen können.

Im Ausland haben sich vor allem noble Rotweine wie Barolo, Barbaresco, Brunello und Chianti Riserva einen guten Ruf erworben, doch auch hier ist der Markt auf eine kleine Kennerschaft begrenzt, während sich die Produktion zu helleren, harmonischeren, leichter zugänglichen Rotweinen und frischeren, fruchtigeren, duftigen Weißweinen hin verlagert hat. Die Vorliebe des Inlandsmarkts für leichte, frische, spritzige Weine hat im Ausland, wo beim Weißwein ausgeprägterer Charakter gewünscht wird, als der Soave, Frascati, Verdicchio oder Orvieto zu bieten hat, Mißfallen erregt. Inzwischen aber sind Musterbeispiele für Tiefe und Persönlichkeit in Erscheinung getreten, die ein Ende mit der Behauptung machen, Italien könne keinen trockenen Weißwein von Format produzieren.

Zwei rasch wachsende Gebiete sind in Italien trockener Schaumwein und *vino novello* (meist rot und ebenfalls trocken). Die meisten Schaumweine entstehen in Oberitalien, in den Tre Venezie, der Lombardei und im Piemont, vor allem auch in den *Metodo-classico*-Typen mit Flaschengärung. Die wichtigsten Zentren für *vino novello* sind die Toskana und die Tre Venezie. Aus der Emilia-Romagna kommen vor allem leichte perlende Weine, meist roter Lambrusco, aber auch Weißweine. Allerdings sind *vini frizzanti* und *vivaci* inzwischen überall populär.

Die große Zahl der italienischen Rebsorten bedeutet zugleich Vorteil und Bürde. Zwar kann das Land mehr eigenständige Weine hervorbringen als jedes andere – und ein Wißbegieriger könnte sein Leben lang die Weinberge Italiens durchforschen und hätte dennoch nicht alles gesehen –, für den gelegentlichen Verbraucher aber ist diese Auswahl verwirrend. Wirtschaftliche Probleme haben das Wachstum verlangsamt, die Winzer zu mehr Umsicht bei Investitionen und schnellerer Reaktion auf die Tendenzen des Weltmarkts veranlaßt. Den berühmten Sinn der Italiener für Individualität und Abenteuer aber hat die Krise nicht beeinträchtigt. Die Wahl zwischen einheimischen und ausländischen Rebsorten und zwischen traditionellen und avantgardistischen Methoden gibt den italienischen Weinerzeugern mehr Möglichkeiten als anderen. Ihre Aufgabe ist es nun, einer Welt mit immer mehr standardisiertem Geschmack den Wert der unermeßlichen Vielfalt verständlich zu machen.

	DOC-Gegenden
	Landesgrenze
	Regionsgrenze
■	Regionshauptstadt

AOSTA

TRENTO

MILANO

TRIESTE

VENEZIA

TORINO

GENOVA

BOLOGNA

SAN
MARINO

*Mar
Ligure*

FIRENZE

ANCONA

*Mar
Adriatico*

PERUGIA

Elba

L'AQUILA

ROMA

CAMPOBASSO

Sardegna

BARI

NAPOLI

Ischia

POTENZA

Capri

*Mar

Tirreno*

CAGLIARI

CATANZARO

*Isole Eolie
o Lipari*

PALERMO

Sicilia

*Mar
Ionio*

N

1 : 5,250,000

Km 0   50   100   150   200
Miles 0   25   50   75   100

Pantelleria

Weinproduktion in den Regionen

Der Nordwesten

AOSTATAL

DOC-Zonen: **1**
Gesamttrebfläche: **926 ha**
DOC-Rebfläche: **73 ha**
Jahresproduktion insgesamt: **39 500 hl**
Jahresproduktion an DOC-Wein: **2 500 hl**
Jahresproduktion der DOC-Zonen: **2 500 hl***

* Auf der Basis früherer Jahre für die Regional-DOC einschließlich der ehemaligen Zonen Donnaz und Enfer d'Arvier.

PIEMONT

DOC/DOCG-Zonen: **37**
Gesamttrebfläche: **70 460 ha**
DOC/DOCG-Rebfläche: **34 930 ha**
Jahresproduktion insgesamt: **4 060 000 hl**
Jahresproduktion an DOC/DOCG-Wein: **1 050 000 hl**
Jahresproduktion der DOC/DOCG-Zonen: Barbaresco (DOCG) 20 000, Barbera d'Alba 40 000, Barbera d'Asti 120 000, Barbera del Monferrato 82 000, Barolo (DOCG) 45 000, Boca 300, Brachetto d'acqui 1 700, Bramaterra 900, Caluso/Erbaluce und Passito 4 000, Carema 800, Colli Tortonesi 13 000, Cortese dell'alto Monferrato 9 000, Dolcetto d'Acqiu 8 000, Dolcetto d'Alba 48 000, Dolcetto d'Asti 6 000, Dolcetto d'Asti 6 000, Dolcetto delle Langhe Monregalesi 200, Dolcetto di Diano d'Alba 6 000, Dolcetto di Dogliani 12 000, Dolcetto di Ovada 17 000, Fara 900, Freisa d'Asti 5 000, Freisa di Chieri 500, Gabiano 200, Gattinara 4 000, Gavi 40 000, Ghemme 1 500, Grignolino d'Asti 14 000, Grignolino del Monferrato Casalese 9 000, Lessona 300, Malvasia di Casorzo d'Asti 1 300, Malavsia di Castelnuovo Don Bosco 1 600, Moscato d'Asti/Asti Spumante 520 000, Nebbiolo d'Alba 12 000, Roero/Arneis di Roero 5 000*, Rubino di Cantavenna 400, Ruchè di Castagnole Monferrato –, Sizzano 400.

* In der Produktion von Roero ist der neu anerkannte Arneis nicht enthalten.

LIGURIEN

DOC-Zonen: **4**
Gesamttrebfläche: **6 305 ha**
DOC-Rebfläche: **288 ha**
Jahresproduktion insgesamt: **330 000 hl**
Jahresproduktion an DOC-Wein: **7 000 hl**
Jahresproduktion der DOC-Zonen: Cinqueterre 4 500, Colli di Luni –, Riviera Ligure di Ponente –, Rossese di Dolceacqua 2 500.

LOMBARDEI

DOC-Zonen: **13**
Gesamttrebfläche: **30 392 ha**
DOC-Rebfläche: **12 888 ha**
Jahresproduktion insgesamt: **2 070 000 hl**
Jahresproduktion an DOC-Wein: **388,000 hl**
Jahresproduktion der DOC-Zonen: Botticino 1 000, Capriano del Colle 1 000, Cellatica 1 500, Colli Morenici Mantovani del Garda 3 500, Franciacorta 34 000, Lambrusco Mantovano –, Lugana 19 000*, Oltrepò Pavese 260 000, Riviera del Garda Bresciano 15 000, San Colombano al Lambro 1 500, Tocai di San Martino alla Battaglia 4 000*, Valcalepio 2 500, Valtellina 45 000.

* Ohne die Produktion der zu Venetien gehörenden Provinz Verona.

Der Nordosten

TRENTINO-SÜDTIROL

DOC-Zonen: **12**
Gesamttrebfläche: **13 850 ha**
DOC-Rebfläche: **10 590 ha**
Jahresproduktion insgesamt: **1 350 000 hl**

Jahresproduktion an DOC-Wein: **735 000 hl**
Jahresproduktion der DOC-Zonen: Alto Adige/Südtiroler 160 000, Caldaro/Kalterersee 215 000, Casteller 65 000, Colli di Bolzano/Bozener Leiten 3 000, Meranese di Collina/Meraner Hügel 11 000, Santa Maddalena/St. Magdalener 30 000, Sorni 2 000, Teroldego Rotaliano 22 000, Terlano/Terlaner 11 000, Trentino 115 000, Valdadige/Etschtaler 92 000*, Valle Isarco/Eisacktaler 9 000.

* Ohne die Produktion von Valdadige in der zu Venetien gehörenden Provinz Verona.

VENETIEN

DOC-Zonen: **13**
Gesamttrebfläche: **90 680 ha**
DOC-Rebfläche: **33 800 ha**
Jahresproduktion insgesamt: **9 000 000 hl**
Jahresproduktion an DOC-Wein: **1 700 000 hl**
Jahresproduktion der DOC-Zonen: Bardolino 210 000, Bianco di Custoza 65 000, Breganze 25 000, Colli Berici 47 000, Colli Euganei 32 000, Gambellara 55 000, Lessini Durello –, Lison-Pramaggiore 55 000, Montello e Colli Asolani 8 000, Piave 135 000, Prosecco di Conegliano-Valdobbiadene 140 000, Soave 500 000, Valpolicella (Recioto della Valpolicella/Amarone) 370 000, Lugana 6 000**, Tocai di San Martino della Battaglia 100**, Valdadige 52 000**.

* Ohne die zu Friaul-Julisch Venetien gehörende DOC Lison-Pramaggiore.
** Lugana und Tocai di San Martino alla Battaglia liegen mit Schwerpunkt in der Lombardei und Valdadige im Trentino/Südtirol. Die Zahlen gelten nur für die Provinz Verona.

FRIAUL-JULISCH-VENETIEN

DOC-Zonen: **7**
Gesamttrebfläche: **21 026 ha**
DOC-Rebfläche: **11 800 ha**
Jahresproduktion insgesamt: **1 120 000 hl**
Jahresproduktion an DOC-Wein: **433 000 hl**
Jahresproduktion der DOC-Zonen: Aquileia 25 000, Carso 700, Colli Orientali del Friuli 70 000, Collio 80 000, Grave del Friuli 190 000, Isonzo 54 000, Latisana 9 000, Lison-Pramaggiore 4 300*.

* Für den nach Friaul fallenden Teil der Zone Lison-Pramaggiore mit Schwerpunkt in Venetien.

Adriatische Apenninen

EMILIA-ROMAGNA

DOC/DOCG-Zonen: **15**
Gesamttrebfläche: **76 250 ha**
DOC/DOCG-Rebfläche: **26 070 ha**
Jahresproduktion insgesamt: **8 635 000 hl**
Jahresproduktion an DOC/DOCG-Wein: **711 000 hl**
Jahresproduktion der DOC/DOCG-Zonen: Albana di Ramagna (DOCG) 35 000, Bianco di Scandiano 8 000, Bosco Eliceo –, Cagnina di Romagna –, Colli Bolognesi 13 000, Colli di Parma 7 000, Colli Piacentini 95 000, Lambrusco di Sorbara 90 000, Lambrusco Grasparossa di Castelvetro 45 000, Lambrusco Reggiano 195 000, Lambrusco Salamino di Santa Croce 65 000, Montuni del Reno –, Pagadebit di Romagna –, Sangiovese di Romagna 98 000, Trebbiano di Romagna 60 000.

MARKEN

DOC-Zonen: **10**
Gesamttrebfläche: **31 230 ha**
DOC-Rebfläche: **9 742 ha**
Jahresproduktion insgesamt: **2 386 000 hl**
Jahresproduktion an DOC-Wein: **292 000 hl**
Jahresproduktion der DOC-Zonen: Bianchello del Metauro 18 000, Bianco dei Colli Maceratesi 4 000, Falerio dei Colli Ascolani 10 000, Lacrima di Morro d'Alba 500, Rosso Cònero 21 000, Rosso Piceno 46 000, Sangiovese dei Colli Pesaresi 16 000, Verdicchio dei Castelli di Jesi 160 000, Verdicchio di Matelica 15 000, Vernaccia di Serrapetrona 1 500.

ABRUZZEN

DOC-Zonen: **2**
Gesamtrebfläche: **30 200 ha**
DOC-Rebfläche: **8 358 ha**
Jahresproduktion insgesamt: **4 000 000 hl**
Jahresproduktion an DOC-Wein: **280 000 hl**
Jahresproduktion der DOC-Zonen: Montepulciano d'Abruzzo 196 000, Trebbiano d'Abruzzo 84 000.

MOLISE

DOC-Zonen: **2**
Gesamtrebfläche: **9 355 ha**
DOC-Rebfläche: **106 ha**
Jahresproduktion insgesamt: **531 000 hl**
Jahresproduktion an DOC-Wein: **2 830 hl**
Jahresproduktion der DOC-Zonen: Biferno 2 830, Pentro di Isernia –.

Tyrrhenisches Mittelitalien

TOSKANA

DOC/DOCG-Zonen: **23**
Gesamtrebfläche: **86 787 ha**
DOC/DOCG-Rebfläche: **29 022 ha**
Jahresproduktion insgesamt: **3 895 hl**
Jahresproduktion an DOC/DOCG-Wein: **1 200 000 hl**
Jahresproduktion der DOC/DOCG-Zonen: Bianco della Valdinievole 2 000, Bianco dell'Empolese –, Bianco di Pitigliano 30 000, Bianco Pisano di San Torpè 15 000, Bianco Vergine Valdichiana 33 000, Bolgheri, 2 500, Brunello di Montalcino (DOCG) 25 000, Candia dei Colli Apuani 500, Carmignano 4 000, Chianti (DOCG) 950 000* (Classico 275 000; Colli Aretini 25 000; Colli Fiorentini 35 000; Colli Senesi 145 000; Colline Pisane 6 000; Montalbano 20 000; Rufina 19 000), Colli di Luni –**, Colline Lucchesi 7 400, Elba 6 000, Montecarlo 9 500, Montescudaio 8 000, Morellino di Scansano 17 000, Moscadello di Montalcino 100, Parrina 3 000, Pomino 4 000, Rosso di Montalcino 13 000, Rosso di Montepulciano –, Val d'Arbia 7 000, Vernaccia di San Gimignano 39 000, Vino Nobile di Montepulciano (DOCG) 24 000.

* DOCG Chianti umfaßt die Gesamtproduktion der 7 Zonen plus 425 000 hl ohne Zonen-Namen.
Geplante DOC: Colli dell'Etruria Centrale, Val di Cornia.

UMBRIEN

DOC-Zonen: **7**
Gesamtrebfläche: **22 220 ha**
DOC-Rebfläche: **5 335 ha**
Jahresproduktion insgesamt: **1 115 000 hl**
Jahresproduktion an DOC-Wein: **164 000 hl**
Jahresproduktion der DOC-Zonen: Colli Altotiberini 6 000, Colli del Trasimeno 20 000, Colli Martani –, Colli Perugini 8 000, Montefalco 5 000, Orvieto 110 000*, Torgiano 15 000.

* Ohne DOC Orvieto aus Latium. Geplante DOC: Colli Amerini.

LATIUM

DOC-Zonen: **16**
Gesamtrebfläche: **65 625 ha**
DOC-Rebfläche: **16 550 ha**
Jahresproduktion insgesamt: **5 380 000 hl**
Jahresproduktion an DOC-Wein: **523 000 hl**
Jahresproduktion der DOC-Zonen: Aleatico di Gradoli 500, Aprilia 30 000, Bianco Capena 5 000, Cerveteri 25 000, Cesanese del Piglio 5 000, Cesanese di Affile 0, Cesanese di Olevano Romano 2 000, Colli Albani 95 000, Colli Lanuvini 15 000, Cori 2 500, Est! Est!! Est!!! di Montefiascone 22 000, Frascati 195 000, Marino 80 000, Montecompatri-Colonna 4 500, Velletri 30 000, Zagarolo 500, Orvieto 20 000.

* Rund 20 000 hl DOC Orvieto werden in Latium produziert, das übrige in Umbrien.

Die Südliche Halbinsel

APULIEN

DOC-Zonen: **24**
Gesamtrebfläche: **133 000 ha**

DOC-Rebfläche: **16 630 ha**
Jahresproduktion insgesamt: **11 900 000 hl**
Jahresproduktion an DOC-Wein: **187 000 hl**
Jahresproduktion der DOC-Zonen: Aleatico di Puglia 100, Aliezio 1 400, Brindisi 3 300, Cacc'e Mmitte di Lucera 3 100, Castel del Monte 39 000, Copertino 3 000, Gioia del Colle –, Gravina 2 100, Leverano 3 600, Lizzano –, Locorotondo 34 200, Martina Franca 12 300, Matino 3 800, Moscato di Trani 250, Nardò –, Orta Nova –, Ostuni 5 400, Primitivo di Manduria 3 100, Rosso Barletta 1 500, Rosso Canosa 750, Rosso di Cerignola 800, Salice Salentino 11 000, San Severo 54 000, Squinzano 4 000.

KAMPANIEN

DOC-Zonen: **10**
Gesamtrebfläche: **46 843 ha**
DOC-Rebfläche: **1 117 ha**
Jahresproduktion insgesamt: **2 594 000 hl**
Jahresproduktion an DOC-Wein: **13 600 hl**
Jahresproduktion der DOC-Zonen: Aglianico del Taburno –, Capri 200, Cilento –, Falerno del Massico –, Fiano di Avellino 500, Greco di Tufo 4 000, Ischia 1 100, Solopaca 3 400, Taurasi 1 200, Vesuvio 3 200.

BASILIKATA

DOC-Zonen: **1**
Gesamtrebfläche: **16 300 ha**
DOC-Rebfläche: **1 436 ha**
Jahresproduktion insgesamt: **452 000 hl**
Jahresproduktion an DOC-Wein: **7 400 hl**
Jahresproduktion der DOC-Zonen: Aglianico del Vulture 7 400.

KALABRIEN

DOC-Zonen: **8**
Gesamtrebfläche: **31 600 ha**
DOC-Rebfläche: **3 227 ha**
Jahresproduktion insgesamt: **1 146 000 hl**
Jahresproduktion an DOC-Wein: **42 000 hl**
Jahresproduktion der DOC-Zonen: Cirò 28 500, Donnici 180, Greco di Bianco 130, Lamezia 2 700, Melissa 1 800, Pollino 2 500, Sant'Anna di Isola Capo Rizzuto 190, Savluto 6 000.

Die Inseln

SARDINIEN

DOC-Zonen: **18**
Gesamtrebfläche: **65 899 ha**
DOC-Rebfläche: **8 674 ha**
Jahresproduktion insgesamt: **2 185 000 hl**
Jahresproduktion an DOC-Wein: **105 000 hl**
Jahresproduktion der DOC-Zonen: Arborea –, Campidano di Terralba 1 100, Cannonau di Sardegna 9 700, Carignano del Sulcis 4 100, Girò di Cagliari 200, Malvasia di Bosa 500, Malvasia di Cagliari 600, Mandrolisai 750, Monica di Cagliari 250, Monica di Sardegna 23 200, Moscato di Cagliari 400, Moscato di Sardegna 50, Moscato di Sorso-Sennori 100, Nasco di Cagliari 550, Nuragus di Cagliari 40 100, Vermentino di Gallura 12 800, Vermentino di Sardegna –, Vernaccia di Oristano 10 600.

SIZILIEN

DOC-Zonen: **9**
Gesamtrebfläche: **164 500 ha**
DOC-Rebfläche: **19 543 ha**
Jahresproduktion insgesamt: **11 140 000 hl**
Jahresproduktion an DOC-Wein: **270 000 hl**
Jahresproduktion der DOC-Zonen: Alcamo 22 000, Cerasuolo di Vittoria 1 400, Etna 16 100, Faro 50, Malvasia delle Lipari 200, Marsala 226 000, Moscato di Noto 10, Moscato di Pantelleria 4 200, Moscato di Siracusa 0.

* (Für einige seit 1988 neu eingerichtete DOC-Zonen liegen keine Zahlen vor.)

Reise-Informationen

Italiens Anziehungskraft auf Besucher aus aller Welt ist um so bemerkenswerter, wenn man bedenkt, daß das Land bis vor kurzem gar nicht so leicht zu erreichen war. Die Griechen waren nicht die ersten, die der unwiderstehlichen Verlockung dieses Landes erlagen und Gebirge und Meere überwanden, um dorthin zu gelangen. Heute sind selbst die entferntesten Winkel Italiens, von den schneebedeckten Alpengipfeln bis zu den kleinsten Mittelmeerinseln, auf dem Land-, See- oder Luftweg leicht zugänglich.

Der Tourismus als eine Haupterwerbsquelle Italiens hat seine Brennpunkte in Rom, Florenz und Venedig sowie in den vielen Stränden und den Ferienorten im Gebirge. Auch die italienische Küche, ob streng mediterran oder nicht, ist stets eine besondere Attraktion. Da nun aber die Italiener den Wein ebenso wie den Tourismus auf die leichte Schulter nehmen, haben sie auch die natürliche Verknüpfung der beiden Themen miteinander bisher kaum genutzt. Früher wußte der Tourist, daß er überall in Italien ein Glas oder eine Karaffe vom Wein der Gegend bekommen konnte. Zusammen mit einer schmackhaften Pasta und einer charmanten Umgebung war so gut wie jeder *vino* ein Genuß. Die Spontanität in allen Dingen des Weins war ein Teil des Vergnügens an Streifzügen durch das Land.

Doch so ist es heute nicht mehr. Wie der Fremde sicher schon bemerkt hat, ist die Einstellung zum Wein in Italien viel nüchterner geworden. Die Beliebtheit der Weine in hübschen Flaschen hat in allen Gastwirten, Hotelmanagern und Barbesitzern nicht nur den Stolz auf das heimische Getränk, sondern auch den Sinn für Profit geweckt. Bis noch vor kurzem gab es selten einen Wirt, der einen Gast, der etwa die Anmaßung besaß, etwas anderes als den eigenen *bianco* oder *rosso* des Hauses zu verlangen, mit einem Achselzucken auf ein Dutzend verstaubter Flaschen mit landesweit bekannten Warenzeichen verweisen konnte. Heute dagegen hat in Lokalen, in denen sich Weinfreunde treffen, jeder Kellner eine gut zusammengestellte Auswahl von Weinen aus der eigenen Region und darüber hinaus zu bieten.

Doch noch immer haben die Italiener nicht damit angefangen, so etwas wie einen koordinierten Weintourismus aufzubauen, wie man ihn in Frankreich und Deutschland und ganz besonders ausgeprägt in Kalifornien bereits antrifft. Das Fehlen einer weintouristischen Organisation sollte jedoch von einem Besuch der Weinregionen nicht abschrecken. Für den Anfang ist eine von Clubs oder Reiseunternehmen in anderen Ländern veranstaltete Tour durchaus zu empfehlen. Bei manchen dieser Reisen stehen sogar Wanderungen oder Radtouren durch die Weinberge im Programm, und das ist die beste Art, ein Gefühl für diese einzigartigen Landschaften zu bekommen. Der erfahrene Tourist mit Atlas und Straßenkarten in der Hand wird jedoch wahrscheinlich das Auto als das schnellste und bequemste Fortbewegungsmittel wählen. Vielleicht gibt es Sprachschwierigkeiten; wo aber Weinliebhaber zusammenkommen, verschwinden Schranken dieser Art meist schnell. Viele Weinerzeuger in Italien heißen gern Besucher willkommen und veranstalten auch spontan oder doch kurzfristig Weinproben und Besichtigungen. Oft genügt ein Anruf aus einem nahegelegenen Restaurant oder Hotel als Anmeldung.

Restaurants und Hotels

Die in diesem Atlas genannten Restaurants und Hotels bilden eine willkürliche Auswahl aus den verschiedenen Weinzonen oder ihrer Umgebung. Auf Vollständigkeit wollen die kurzen Listen keinen Anspruch erheben, und sie sollen auch einschlägigen Reiseführern

nichts vorweg nehmen. Die hier gegebenen Empfehlungen beruhen auf persönlicher Kenntnis oder breiter Anerkennung guter Leistungen von Küche und Keller. Dabei wurde besonders darauf geachtet, wie gut Speisen und Weine die jeweilige Region repräsentieren. Allerdings will der Autor nicht behaupten, in allen diesen Restaurants schon selbst gespeist oder deren Küche, Umgebung und sonstige Einrichtungen persönlich inspiziert zu haben.

Es empfiehlt sich stets, ein Zimmer oder einen Tisch telefonisch oder schriftlich vorzubestellen, insbesondere an Wochenenden und in der Hochsaison. Zu den Preisen ist zu sagen, daß heute viele Restaurants und Hotels in Italien teurer sind, als sie es nach nationalen oder internationalen Maßstäben verdienen. Man kann jedoch nicht erwarten, wie ein Fürst zu speisen, zu trinken oder zu wohnen, ohne dafür auch eine fürstliche Summe hinlegen zu müssen. Vergessen Sie aber nie, daß in Italien selbst der kleine Mann gewöhnt ist, zu erschwinglichen Preisen zu essen und zu trinken. Eine einfache *trattoria* oder *osteria* ist oft empfehlenswerter als ein blitzblankes *ristorante*.

Weinfachgeschäfte/Vinotheken

Öffentliche Weinausstellungen oder bekannte Weinfachgeschäfte, beide oft als *enoteca* bezeichnet, werden für die einzelnen Regionen empfohlen; allerdings bieten sie oft eine sehr unterschiedliche Auswahl. Jede Weinzone im Piemont hat ihre spezielle *enoteca*, meist verbunden mit einem Restaurant. In solchen Vinotheken mit reicher Auswahl kann man die Weine einer Gegend am besten kennenlernen, weil es dort meist auch einen Weinausschank gibt.

Tourenvorschläge

Auf den Karten in diesem Atlas sind verschiedene Weintouren eingezeichnet. Sie sind allerdings nicht immer entsprechend beschildert. Das Piemont verfügt über das reichste Weinstraßennetz. Die erste markierte Weinroute Italiens wurde im Oltrepò Pavese in der Lombardei festgelegt; inzwischen dürfte allerdings die Weinstraße durch die schönsten Weinbaugegenden Südtirols am meisten befahren sein. Ebenso empfehlenswert ist die Chiantigiana durch den Chianti-Classico-Bereich südlich von Florenz, die Strada del Vino durch den Prosecco-Bereich nördlich von Venedig und die kurvenreiche Straße durch das Collio in Friaul-Julisch Venetien. Im Grunde aber bietet jede beliebige Route durch die Weinberge Italiens, ob markiert oder nicht, unvergeßliche Eindrücke.

Aktivitäten um den Wein

In Italien gibt es so viele Veranstaltungen um den Wein – Weinproben, -märkte, -seminare, -feste und -kongresse –, daß es unmöglich ist, sie alle aufzuzählen. Nicht verfehlen sollte man jedoch einen Besuch der Vinitaly, die jedes Jahr im April in Verona stattfindet. Fast jeder Wein von einiger Bedeutung verfügt auch über eine Weinbruderschaft oder einen ähnlichen Fanclub, der ihn gebührend feiert, doch zu deren Veranstaltungen hat man nur mit einer Einladung Zutritt. Weinlesefeste finden dagegen im September und Oktober in vielen Weinorten Italiens statt. Es handelt sich dabei fast immer um lokale Veranstaltungen, und es macht um so mehr Spaß, wenn man zufällig hinzukommt.

Autobahn	
Hauptverkehrsstraße	
Haupteisenbahnstrecke	
Hauptfährverbindung	
Hauptflughäfen	
Landesgrenze	
Regionsgrenze	
Regionshauptstadt	
Provinzhauptstadt	

1 : 5.250.000

Km 0   50   100   150   200
Miles 0   25   50   75   100

N

Mar Ligure

Mar Adriatico

Mar Tirreno

Mar Ionio

Sardegna

Sicilia

Schön gepflegte Weinberge ziehen sich bei Barbaresco in den Langhe-Bergen Piemonts die Hänge hinauf.

Nordwesten

Die Alpen bilden um Nordwest-Italien eine gewaltige Mauer im Halbkreis entlang der Grenze zu Frankreich und zur Schweiz und gehen am oberen Ende der Po-Ebene im weiten Bogen in die ligurischen Apenninen über. Innerhalb dieses Halbkreises liegt die große Fläche der Pianura Padana mit ihren fruchtbaren Feldern und den großen Industriestädten Turin und Mailand. Seit der Etruskerzeit hingen die Weinreben hier überall wie Girlanden von den Bäumen; heute aber ist der Weinbau im wesentlichen in das Hügelland und die engen Täler bis weit hinauf in die Alpen zurückgedrängt. Der Nordwesten Italiens hat berühmte Weinbaugebiete aufzuweisen – die Langhe-, Monferrato- und Novara-Vercelli-Berge im Piemont, das Oltrepò Pavese, das Valtellina und die Franciacorta in der Lombardei.

Die vier Regionen unterscheiden sich zwar zutiefst in Größe und Art sowie in der historisch gewachsenen Einstellung der Bevölkerung zur Rebe und zum Wein, doch ist ihnen ein aus jeweils ganz eigenen Gründen entstandenes gleichartiges Qualitätsbewußtsein gemeinsam.

Keine von ihnen hat eine übermäßig große Produktion, auch nicht Piemont, die größte Region Italiens auf dem Festland. In der Weinerzeugung hat sie nur die 6. Stelle inne, in der Statur ihres Weins aber ist sie ein wahrer Gigant. Die Piemonteser vertrauen ganz auf ihre einheimischen Trauben, vor allem den Nebbiolo, der im Barolo und Barbaresco aus den Langhe-Bergen um Alba zu höchstem Ausdruck gelangt. Das nahegelegene Asti ist geradezu ein Synonym für süßen Schaumwein von der Moscato-Traube geworden. Der Dolcetto nimmt unter den Rotweinen an Beliebtheit zu, und bei den Weißweinen setzt der Gavi von der Cortese-Traube seinen Aufschwung fort, während die Barbera-Traube mit ihrer beständigen Ertragskraft nicht nur die Monferrato-Berge, sondern auch andere Gegenden im Nordwesten beherrscht. Früher waren die Nebbiolo-Weine aus den Novara-Vercelli-Bergen – der Gattinara und seine Verwandten – höher angesehen als die von Alba. Inzwischen aber sind sie in der Quantität wie im Prestige zurückgegangen. Die Lombardei ist als Region fast so groß wie Piemont, dabei noch stärker industrialisiert und bevölkert; ihr Weinbau aber ist nach und nach zurückgegangen und steht heute mit seiner Produktion an 12. Stelle. Hier hat der Nebbiolo seine alpine

Hochburg in günstigen Lagen auf Berghängen im Valtellina, wo die ersten Weinbergterrassen von den alten Ligurern angelegt worden sein mögen. Doch die einheimischen Rebsorten sind hier nicht hoch geachtet, vielmehr hat die Region eine große Schaumweinproduktion nach dem Champagnerverfahren aufgebaut, die von Pinot- und Chardonnay-Trauben vorwiegend aus Franciacorta und dem Oltrepò Pavese gespeist wird, wo allerdings auch viel Rotwein von Barbera und Bonarda entsteht.

An den Bergwänden des Aostatals und in Ligurien sind mindestens seit der Römerzeit Terrassen angelegt worden, auf denen die Rebe unter schwierigsten Umständen wachsen muß. Nicht nur die mühsame Bearbeitung der Terrassen, sondern auch der knappe Raum haben den Weinbau in diesen Gegenden stark schrumpfen lassen. Ligurien hat in der Weinerzeugung den 19. Platz unter den Regionen Italiens inne, und das Valle d'Aosta steht in allen Punkten, außer in der Beharrlichkeit, an letzter Stelle. Lange Zeit gehörte es zum Piemont. Dennoch hat es sich seine ureigenen Traubensorten bewahrt, in deren Namen der französische Dialekt aufklingt, der hier, in der

kleinsten Region Italiens, gesprochen wird: Petit Rouge und – aus den höchstgelegenen Weinbergen der Welt – Blanc de Morgex am Fuß des Montblanc. In Ligurien, der Region Genuas, sind noch einige Winzer auf den Terrassen von Cinqueterre bemüht, etwas Weißwein für die Touristen an der östlichen Riviera hervorzubringen. Mehr Bedeutung aber kommt dem milden roten Rossese di Dolceacqua sowie den ausgeprägten weißen Vermentino- und Pigato-Weißweinen von der westlichen Riviera zu.

Das Klima ist in den vier Regionen so unterschiedlich wie die Landschaft. Im Piemont und in der Lombardei trifft man in den Bergen ein gemäßigtes und windiges Lokalklima an, während es in den Ebenen und Tälern einerseits heiß, anderseits aber auch neblig feucht sein kann. Im Winter gibt es Schnee im Gebirge und bis hinab in das Hügelland. In den Alpen sind die Voraussetzungen am schwierigsten, z. B. im Valtellina, wo die Weinberge auf Terrassen in Südlagen entlang der Adda gepflanzt sind, und im Valle d'Aosta, wo sie sich in einem schmalen Streifen im Dora-Baltea-Tal vom Montblanc bis nach Piemont hinziehen. Nur die ligurische Küste bietet mit ihrem mediterranen Klima der Rebe bequeme Wachstumsbedingungen. Da aber die Apenninen hier fast überall jählings ins Meer abstürzen, ist es seit jeher schwierig gewesen, ein Plätzchen zu finden, wo sie Wurzeln schlagen kann.

Die Weine aus so unterschiedlichen Gegenden sind freilich auch in Qualität und Preis sehr verschieden. Die natürlichen Voraussetzungen sind jedoch für den Erfolg eines Weins selten so maßgeblich wie wirtschaftliche Faktoren. Der Preis für Grund und Boden ist in der fruchtbaren Po-Ebene oder in der Umgebung der großen Städte in derartige Höhen geklettert, daß sich der Weinbau dort nicht mehr lohnt. In den Bergen ist Land für den Weinbau meist knapp und seine Bearbeitung mühsam, also lohnt sich der Traubenanbau dort nur, wenn der Weinpreis die Mühe wert ist. In der Regel trinkt der Verbraucher in diesen wohlhabenden Gegenden weniger Wein, stellt aber höhere Qualitätsansprüche. Daher ist der Wein nicht mehr Alltagsgetränk, sondern Luxusgut.

Daraus resultieren größere Anstrengungen um Qualität in Weinberg und Keller. Besonders auffallende Beispiele für die damit verbundenen Veränderungen sind Franciacorta und Gavi. Noch vor 20 Jahren waren sie fast vergessene Weinquellen, heute dagegen gehören sie zu den anspruchsvollsten DOC-Zonen Italiens. Die dortigen Winzer haben bewiesen, daß auch an Orten, von deren Eignung für den Weinbau bisher nicht viel gehalten wurde, durch Investitionen in Technik und Know-how Großes bewirkt werden kann. Noch erfreulicher ist oft der Fortschritt an Stellen, deren Eignung für den Weinbau niemals in Zweifel stand. Das beste Beispiel hierfür findet man in den Langhe-Bergen des Piemonts, wo nach einer Zeit des Übergangs und der Unsicherheit Barolo und Barbaresco ihre Statur nicht nur als die edelsten, sondern auch als die am besten bereiteten Rotweine Italiens wiedergewonnen haben.

Die ersten Terrassen von Cinqueterre wurden an der Steilküste Liguriens wahrscheinlich von den Römern angelegt. Der Weinbau, der heute vor allem die Touristen versorgt, geht hier allmählich zurück.

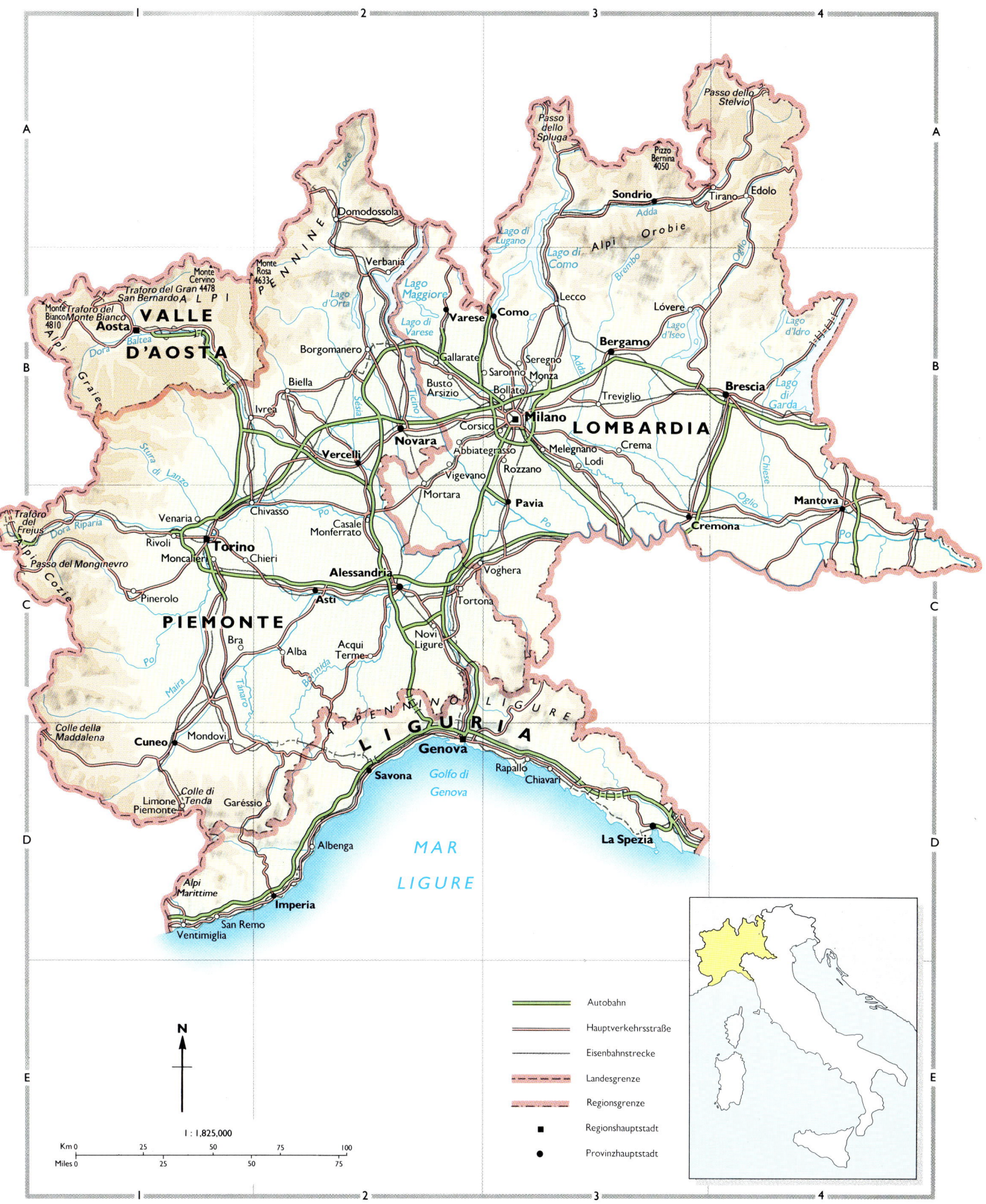

N

1 : 1,825,000

| Km 0 | 25 | 50 | 75 | 100 |
| Miles 0 | 25 | 50 | 75 |

Autobahn
Hauptverkehrsstraße
Eisenbahnstrecke
Landesgrenze
Regionsgrenze
■ Regionshauptstadt
● Provinzhauptstadt

Aostatal (Valle d'Aosta)

Hauptstadt: Aosta
Provinz: Aosta (AO)
Fläche: 3262 km² (20.).
Bevölkerung: 113 000 (20.)

Die an der Grenze zur Schweiz und zu Frankreich aufgetürmten Alpengipfel geben eine überwältigende Kulisse für die kleinste Region Italiens ab. So sehr dominiert das Gebirge im Valle d'Aosta – auf französisch Vallée d'Aoste –, daß dem Menschen wenig Raum zu beackern bleibt, am meisten noch im schmalen Tal der Dora Baltea, die von den Montblanc-Gletschern herab durch die Stadt Aosta hinaus nach Piemont fließt und dort in den Po mündet. An ihrem 90 km langen Lauf finden sich fast alle Weinberge auf Hängen und Terrassen, doch was hier insgesamt an Wein wächst – 40 000 hl im Jahr – würde nicht einmal die Tanks einiger Großkellereien in Asti füllen. Auf die 19 in der neuen großen DOC der Region zusammengefaßten Weine entfallen gemeinsam nur 3000 hl – in anderen Gegenden hat mancher einzelne Weinbaubetrieb mehr als das und gilt dort doch als klein. Und dennoch wahren die Winzer im Valle d'Aosta ihr eigenes Erbe an Weinen und Reben mit bewundernswerter Ausdauer.

Unterstützung finden sie bei der Regierung der zweisprachigen autonomen Region, die bereitwillig große Mittel in die Weinbauforschung steckt. Nicht nur die Genossenschaftskellereien sind mit modernsten Einrichtungen versehen worden, auch die einzelnen Winzer erhalten großzügige Förderung. Die meisten Weine stammen von einem runden Dutzend Traubensorten, die entweder einheimisch oder so gut akklimatisiert sind, daß sie eigene Namen und Wesenszüge angenommen haben. Das Angebot reicht aber kaum für den Bedarf der Einheimischen und schon gar nicht für die Touristen in den vielen Wintersportorten.

Die terrassierten Weinberge im Aostatal werden als Bestandteil des Landschaftsbilds ebenso sorgsam gehegt wie die Burgen an den historischen Straßen durch das Tal und wie die Buchen-, Fichten- und Tannenwälder, die an Matterhorn, Monte Rosa und Gran Paradiso bis zur Baumgrenze hinaufreichen. An den steilen Flußufern sind Felsbrocken zu Trockenmauern aufgetürmt, auf denen Säulen mit aufgelegten Balken dem Wein als Pergolen dienen.

Hier mögen schon die Salassi, das prähistorische Volk, das die Zugänge zu den beiden St.-Bernhard-Pässen bewachte, Wein gebaut haben. Sie wurden von den Römern besiegt, deren Kolonie Augusta Praetoria heute Aosta heißt. Eine in frühchristlicher Zeit begonnene Weinbautradition wurde dann von Klöstern über die Zeit der Goten, Franken, Langobarden und Burgunder hinweg weitergeführt. Die Geistlichkeit gab immer noch den Ton im Weinbau an, als die Region im 9. Jh. unter die Herrschaft Savoyens kam, und das blieb so, bis die Savoyer den italienischen Königsthron bestiegen und Aosta zu einer Provinz des Piemonts machten. 1947 erhielt das Aostatal wegen der starken französischen Volksgruppe, die hier einen Savoyer Dialekt spricht, als eine von 5 Regionen autonomen Status.

Auch heute noch sind die Priester in diesem Tal aktiv im Weinbau tätig. Der inzwischen verstorbene Abbé Alexandre Bougeat leitete, als vor einigen Jahrzehnten die höchstgelegenen Weinberge der Welt beinahe aufgegeben wurden, eine Initiative zur Rettung des Blanc de Morgex. Die Erzeugung des seltenen Malvoisie de Nus war jahrelang der eigenhändigen Arbeit von Don Augusto Pramotton zu verdanken. Das Institut Agricole Régional übt heute unter der Leitung des Kanonikus Joseph Vaudan maßgeblichen Einfluß auf den Weinbau im Aostatal aus. Erreicht wurde, daß wieder mehr junge Leute sich dem Weinbau widmen. Auch wenn sie das nur als Nebenbeschäftigung

tun, so bedeutet es doch, daß die Geistlichkeit nicht mehr allein im Kampf um die Erhaltung dieser alten schönen Tradition steht.

Der Weinbau im Aostatal

Noch vor 100 Jahren gab es im Aostatal über 3000 ha Weinberge; heute sind nur noch 900 ha amtlich registriert. Trotzdem ist die Weinproduktion heute etwas höher als damals in der Zeit vor der Reblaus. Das liegt nicht an einem besonders hohen Hektarertrag (er ist vielmehr hier mit der niedrigste in Norditalien), sondern daran, daß die alte Form der Mischkultur überall dort, wo es möglich war, durch Monokultur verdrängt worden ist. Die Weinberge gehören über 4000 *vignerons*, die ihre Arbeit meist als Nebenerwerb verrichten, denn die Durchschnittsgröße dieser Weinberge ist hier kleiner als in allen anderen Regionen. Die von früher noch vorhandenen hohen Pergolen werden weiter benutzt, weil sie einen schönen Anblick bieten, Neuanpflanzungen aber werden als die für Morgex typischen niedrigen Pergolen oder oft auch im Guyot-System angelegt.

Zwar ist die Rebfläche im Aostatal sehr klein, aber nirgendwo sonst wachsen so viele verschiedene Rebsorten auf so engem Raum. Die amtlich registrierten 22 Sorten enthalten nicht einmal einige alte Trauben, die noch in manchen Weinbergen stehen, auch nicht einige neu eingeführte und noch nicht anerkannte Reben. Dagegen haben sich Gamay, Pinot Noir, Pinot Gris, Müller-Thurgau und neuerdings auch Chardonnay bereits bewährt. Einheimische Trauben – z. B. Prié Blanc, Prié Rouge, auch die grauschalige Cornallin und Mayolet – sowie die folgenden Sorten spielen jedoch die bedeutendste Rolle:

Blanc de Morgex. Die auch als Blanc de Valdigne oder de La Salle bekannte Traube stammt vermutlich aus dem oberen Aostatal, wird aber auch mit einer Rebe aus dem Wallis in Verbindung gebracht.

Fumin. Die oft in Verschnitten mitverwendete dunkle Traube erbringt auch für sich allein einen interessanten Rotwein.

Malvoisie de Nus. Der hier beheimatete Klon von Pinot Gris (Grauburgunder) erbringt in Nus einen raren süßen Wein. Mit Malvasia ist die Sorte nicht verwandt.

Moscato di Chambave/Muscat de Chambave. Der in Chambave angebaute Klon der Muskatellertraube erbringt charaktervollen lieblichen oder trockenen Weißwein. Auch der Moscato Bianco aus Piemont ist DOC-anerkannt.

Neyret. Die einheimische Traube wird im Donnaz und Arnad-Montjovet mitverwendet.

Petit Rouge. Die wertvollste einheimische dunkle Traube liefert in Torrette, Enfer d'Arvier und Chambave charaktervolle Weine.

Petite Arvine. Die in der Schweiz unter dem Namen Arvine bekannte Traube liefert einen Weißwein mit eigentümlichem Birnenduft, den Vin du Conseil.

Picutener/Picotendro. Eine vor allem im Südosten für Donnaz und Arnad-Montjovet angebaute Nebbiolo-Variante.

Vien de Nus. Die in Nus beheimatete Traube wird im DOC-Rotwein der Stadt verwendet und in anderen Weinen mitverarbeitet.

Weitere Rebsorten:

Für Rot- oder Roséweine: Dolcetto, Freisa, Gamay, Merlot, Nebbiolo, Pinot Nero, Prié Rouge, Syrah.

Für Weißweine: Chardonnay, Cornallin, Mayolet, Moscato Bianco, Müller-Thurgau, Pinot Bianco, Pinot Grigio, Prié Blanc.

Die Weinzonen im Aostatal

Das Aostatal ist in den Alpen so eingeschlossen, daß nur ein einziger bequemer Zugang, nämlich vom Piemont her entlang dem Fluß Dora Baltea, besteht. Am anderen Ende gibt es zwei Gebirgspässe – der Große St. Bernhard nach der Schweiz und der Kleine St. Bernhard nach Frankreich – sowie einen langen Tunnel unter dem höchsten Berg Europas, dem 4810 m hohen Montblanc, aus dessen Gletschern die Dora Baltea entspringt. Von dort aus durchfließt sie das lange, schmale Tal, das für die Bevölkerung und für den Weinbau nur begrenzten Raum bietet. Natürlich nehmen davon auch andere Kulturpflanzen ihren Teil in Anspruch, doch auf den terrassierten, felsigen Steilhängen findet die Rebe in sandigem Boden über Gletschergeröll oder weiter unten im Talgrund auf Schwemmland mit Sand, Kies und Lehm einzigartige Wachstumsbedingungen.

Im Winter wird es kalt, und im Gebirge fällt viel Schnee; im Sommer dagegen wird es an manchen Stellen ausgesprochen heiß und nachts relativ kühl. In der Mitte des Tals um Aosta ist die jährliche Regenmenge fast die geringste in Mitteleuropa (500–600 mm). Daran ist die eingeschlossene Lage zwischen hohen Bergen schuld, aber auch der Föhn, der seine Feuchtigkeit längst abgeladen hat, bevor er das Tal erreicht. Im Norden erheben sich die höchsten Alpenberge: der Montblanc, das Matterhorn und der Monte Rosa. Im Süden erhebt sich die Masse des Gran Paradiso.

Das obere Tal oder Valdigne

Am oberen Lauf der Dora Baltea zwischen dem Montblanc und der Runaz-Schlucht bringen um Morgex und La Salle in den wohl höchstgelegenen Weinbergen Europas (900–1300 m) auf niedrigen Pergolen gezogene Blanc-de-Valdigne-Reben zartduftige Weißweine mit leichtem, aber ausgeprägtem Geschmack.

Das mittlere Tal

Im ungewöhnlich trockenen und heißen sommerlichen Klima zwischen Avise und Saint-Vincent wachsen Rotweine mit Körper und Finesse von der Petit-Rouge-Traube (Enfer d'Arvier, Torrette, Chambave Rouge) sowie die vielgerühmten süßen Weißweine Malvoisie de Nus und Muscat de Chambave. Die Weinberge in 500 bis 700 m Höhe bieten aber auch gute Voraussetzungen für Pinot Noir, Müller-Thurgau, Gamay und andere Sorten.

Das untere Tal

Im breiter werdenden Tal unterhalb von Saint-Vincent bis zur Grenze von Piemont bringt aus Weinbergen in 300 bis 400 m Höhe vor allem die Nebbiolo-Traube den herben, aber durchaus ansprechenden Donnaz und Arnad-Monjovet hervor.

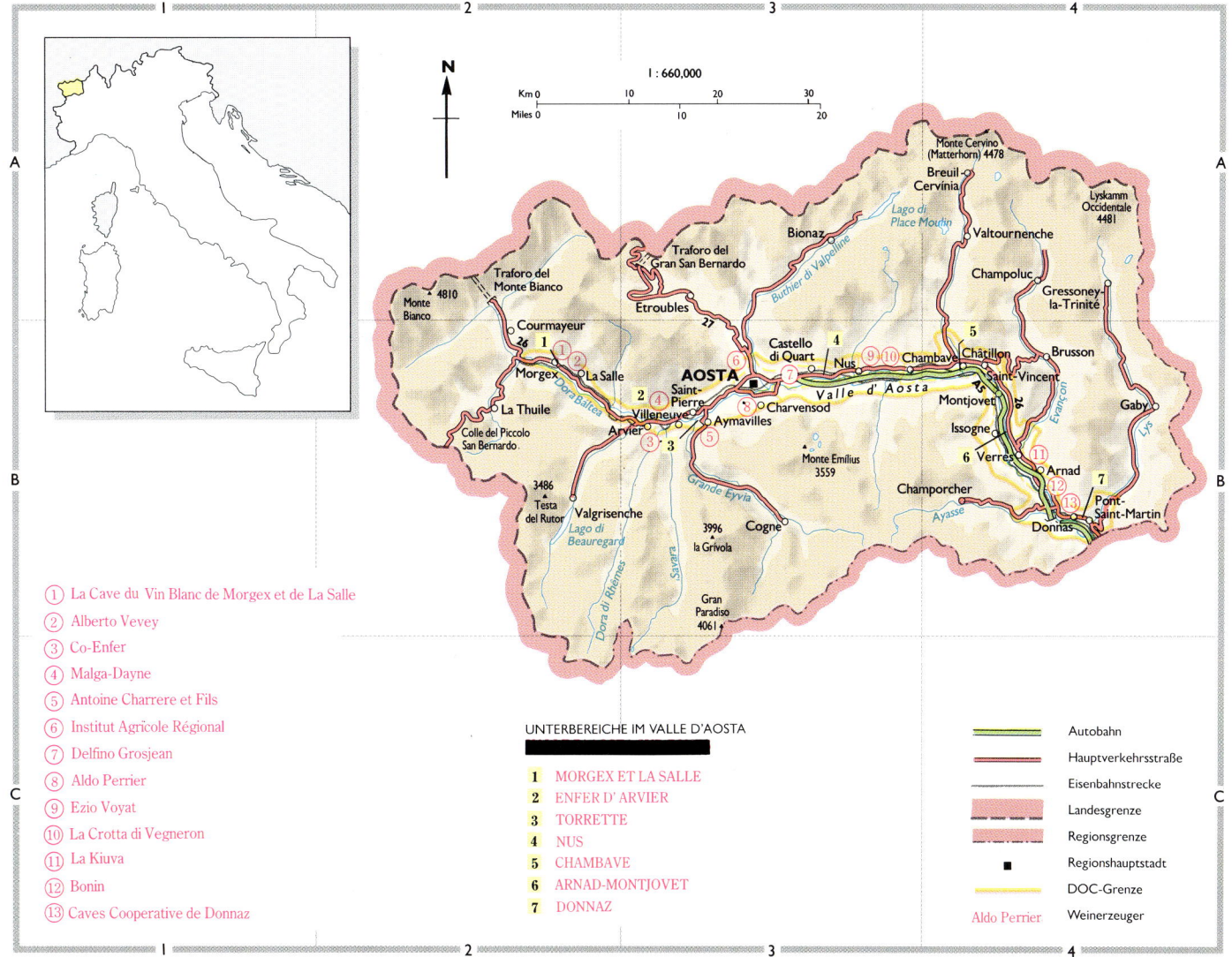

① La Cave du Vin Blanc de Morgex et de La Salle
② Alberto Vevey
③ Co-Enfer
④ Malga-Dayne
⑤ Antoine Charrere et Fils
⑥ Institut Agricole Régional
⑦ Delfino Grosjean
⑧ Aldo Perrier
⑨ Ezio Voyat
⑩ La Crotta di Vegneron
⑪ La Kiuva
⑫ Bonin
⑬ Caves Cooperative de Donnaz

UNTERBEREICHE IM VALLE D'AOSTA

1 MORGEX ET LA SALLE
2 ENFER D' ARVIER
3 TORRETTE
4 NUS
5 CHAMBAVE
6 ARNAD-MONJOVET
7 DONNAZ

Autobahn
Hauptverkehrsstraße
Eisenbahnstrecke
Landesgrenze
Regionsgrenze
Regionshauptstadt
DOC-Grenze
Aldo Perrier Weinerzeuger

Die Weine aus dem Aostatal

Die besseren Weine des Aostatals finden bei Einheimischen und Touristen reichlich Absatz, wenn auch mancher Fremde über die vielen Traubensorten mit französischen Namen in Verwirrung gerät. Das erste vollständige regionale DOC-Programm Italiens sorgt indessen hier dafür, daß die meisten Weine ein Echtheitszeichen oder die Ursprungsbezeichnung Valle d'Aosta oder Vallée d'Aoste tragen können. Das System erstreckt sich im wesentlichen auf alle Weine von anerkannten Traubensorten und kennzeichnet dabei die historischen Typen und ihre Lagen. Mancher Winzer kann mit Stolz darauf hinweisen, daß einige Flaschen aus seiner Hand bis in bekanntere Restaurants oder Vinotheken in Oberitalien gelangten, aber nötig war das noch nie, denn wie gesagt, der Absatz ist daheim rege genug. Die neue DOC scheint nun die Möglichkeit einer Markterweiterung zu bieten, wenn sich die Erzeuger zusammentun, um ein Denkmal für die Vorzüge dieses kleinen Gebietes zu errichten.

Valle d'Aosta/Vallée d'Aoste (1986)

Faßt die DOC-Zonen Donnaz (1971) und Enfer d'Arvier (1972) zu einer regionalen Appellation mit 19 Weintypen und 7 Unterbereichen zusammen.

Die regionale DOC hat für das Aostatal eine neue Ära eingeleitet, wenn sich auch die modernen Stile erst jetzt mit verbesserter Kellertechnik allmählich entwickeln. Theoretisch fallen alle trockenen Wein der Region in die 3 Kategorien Bianco/Blanc, Rosso/Rouge und Rosato/Rosé, die aus den 22 zugelassenen Traubensorten in beliebiger Zusammensetzung gewonnen werden dürfen. Dieser grundlegende Status gilt auch für die 3 wichtigsten importierten Rebsorten: Müller-Thurgau, Gamay und Pinot Nero/Pinot Noir – weiß, rot und schäumend.

Ein Hauptpunkt der DOC-Vorschrift bezieht sich auf die Kennzeichnung der traditionellen Weine und Unterbereiche in den 3 großen Anbauzonen der Region, dem oberen, mittleren und unteren Tal. Das obere Tal oder Valdigne ist die Heimat des Blanc de Morgex et de La Salle. Der Ruhm dieses kaum bekannten Weißweins ergibt sich aus der Höhenlage und der Kulisse unmittelbar vor dem Montblanc, dessen Masse die Weinberge gegen kalte Nordwinde schützt und ein manchmal geradezu mediterranes Mikroklima begünstigt. Allerdings ist in einer Höhe von über 1000 m die Frostgefahr ziemlich groß.

Das mittlere Tal erstreckt sich von Avise ostwärts bis Châtillon und umfaßt 4 Unterbereiche mit verschiedenen trocknen Rotweinen und seltenen süßen Weißweinen. West-lich von Aosta liegt der Ort Arvier, wo es in den steilen, von Felswänden umschlossenen Weinbergen so heiß wird, daß sie und ihr Wein Enfer (Inferno) genannt werden. Dieses Mikroklima brachte früher schwere, dicke, etwas bittere Weine hervor; mit neuen Techniken dürfte der Enfer aber einiges von der Finesse des benachbarten Torrette annehmen, dessen Unterbereich sich südöstlich von Aosta bis Quart ausdehnt. Beide Weine stammen von der großartigen Petit-Rouge-Traube im Verschnitt mit anderen Sorten. Torrette aus den klassischen Lagen um Saint-Pierre, Villneuve, Sarre und Aymaville ist oft leichter in Körper, Farbe und Geschmack; von manchen Erzeugern aber entwickelt er mit der Zeit bemerkenswertes Bukett. Östlich von Aosta liegt der Ort Nus, bekannt durch einen rustikalen Rotwein von der Lokaltraube Vien de Nus und einen lieblichen Weißwein, vielleicht die originellste Art von Pinot Grigio, der dort aber Malvoisie heißt. Er wird meist von rosinierten Trauben bereitet, auf italienisch *passito*, auf französisch *flétri*, doch diese seit vielen Jahren vom Ortspriester gepflegte goldene Version ist überaus selten geworden. Inzwischen bemüht sich die Genossenschaftskellerei La Crotta di Vegneron um ihre Neubelebung. Der nahegelegene Ort Chambave bietet einen sehr guten Rotwein, der auf Petit Rouge beruht, daneben zwei Moscato-Versionen – die eine hellgolden und fast trocken, die andere tiefgolden und recht süß.

Auch sie werden von der Crotta di Vegneron gut bereitet. Ezio Voyat ist der anerkannte Meister von Chambave.

Im flacheren und breiteren unteren Tal zwischen Saint-Vincent und der Grenze zum Piemont wächst der Wein auf sandigem Lehmboden, der einem Lokalklon des Nebbiolo namens Picutener oder Picotendro sehr behagt. Als wichtigster Wein entsteht hier der Donnaz (Donnas).
ZONE: Das gesamte Weinbaugebiet der Provinz Aosta mit 38 Gemeinden im Dora-Baltea-Tal zwischen Morgex und der Grenze zum Piemont. Auf dem rechten Ufer kommen Höhenlagen bis 800 m und auf dem linken Ufer zwischen Nus und der Grenze zum Piemont bis 850 m, zwischen Avise und Quart bis 1000 m und bei Morgex und La Salle bis 1300 m vor.
Bianco/Blanc. Trockener Weißwein, manchmal *vivace*. Trauben: zugelassene weiße Sorten. E. 84/120; Alk. 9; S. 0,5; A. 6 Mte.
Rosso/Rouge. Trockener Rotwein. Trauben: zugelassene rote Sorten. E. 84/120; Alk. 9,5; S. 0,5; A. 6 Mte.
Rosato/Rosé. Trockener Rosé. Trauben: wie *rosso*. E. 84/120; Alk. 9,5; S. 0,5; A. 6 Mte.
Gamay. Trockener Rotwein. Trauben: Gamay, sonstige rote Sorten bis 10%. E. 84/120; Alk. 11; S. 0,5; A. 6 Mte.
Müller-Thurgau. Trockener Weißwein. Trauben: Müller-Thurgau, sonstige weiße Sorten bis 10%. E. 77/110; Alk. 10; S. 0,4; A. 3 Mte.
Pinot Nero (Bianco/Pinot Noir (Blanc). Trockener Weißwein. Trauben: Pinot Nero, sonstige rote Sorten bis 10%. E. 59,5/85; Alk. 11,5; S. 0,5; A. 3 Mte.
Pinot Nero (Rosso)/Pinot Noir (Rouge). Trockener Rotwein. Trauben: Pinot Nero, sonstige rote Sorten bis 10%. E. 59,5/85; Alk. 11,5; S. 0,45; A. 6 Mte.
Unterbereich Morgex et La Salle: Hanglagen bis 1300 m in den Gemarkungen Morgex und La Salle im Valdigne, dem oberen Dora-Baltea-Tal.
Blanc de Morgex et de La Salle. Trockener Weißwein, oft leicht *frizzante*. Traube: Blanc de Morgex. E. 63/90; Alk. 9; S. 0,55; A. 3 Mte.
Unterbereich Enfer d'Arvier: Hanglagen in der Gemarkung Arvier auf dem rechten Dora-Baltea-Ufer und bei Monbet und Bouse auf dem linken Ufer.

La Salle im oberen Aostatal ist einer der beiden Orte der DOC Blanc de Morgex et de la Salle. Eine moderne Genossenschaftskellerei ermutigt die Winzer, ihre Arbeit in diesem Bereich – einem der wenigen reblausfreien Europas – weiterzuführen.

Enfer d'Arvier. Trockener Rotwein. Trauben: Petit Rouge; Dolcetto/Gamay/Neyret/Pinot Nero/Vien de Nus bis 15%. E. 49/70; Alk. 11,5; S. 0,5; A. 6 Mte.

Unterbereich Torrette: Hanglagen bis 1000 m auf dem linken Dora-Baltea-Ufer und bis 800 m auf dem rechten Ufer in den Gemarkungen Quart, Saint-Christophe, Aosta, Sarre, Saint-Pierre, Charvensod, Gressan, Jovençan, Aymavilles, Villeneuve und Introd.

Torrette. Trockener Rotwein, jung oder gealtert als *superiore* oder *supérieur*. Trauben: Petit Rouge; Dolcetto/Gamay/Fumin/Neyret/Pinot Nero/Vien de Nus bis 30%. E. 70/100; Alk. 11, *superiore* 12; S. 0,45, A. 6 Mte., *superiore* 8 Mte. im Faß.

Unterbereich Nus: Hanglagen bis 850 m auf den linken Dora-Baltea-Ufer in den Gemarkungen Nus, Verrayes, Quart, Saint-Cristophe und Aosta.

Pinot Grigio di Nus oder **Malvoisie/Pinot Gris de Nus**. Trockener goldener Weißwein. Traube Malvoisie de Nus (Pinot Grigio di Nus). E. 56/80; Alk. 12; S. 0,45; A. 3 Mte.

Pinot Grigio di Nus passito oder **Malvoisie/Pinot Gris flétri de Nus**. Lieblicher kupfer- bis bernsteinfarbener Wein. Traube: Malvoisie de Nus, rosiniert. E. 28/80; Alk. 16,5 (Restsüße 2%); S. 0,5; A. 2 J.

Nus Rosso/Rouge. Trockener Rotwein. Trauben: Vien de Nus Min. 50%, Petit Rouge/Pinot Nero Min. 40%. E. 56/80; Alk. 11; S. 0,55; A. 6 Mte.

Unterbereich Chambave: Hanglagen bis 750 m auf dem linken Dora-Baltea-Ufer und bis 700 m auf dem rechten Ufer in den Gemarkungen Chambave, Saint-Vincent, Pontey, Châtillon, Saint-Denis, Verrayes und Monjovet.

Moscato di/Muscat de Chambave. Trockener Weißwein. Traube: Moscato di Chambave. E. 75/100; Alk. 11; S. 0,5; A. 3 Mte.

Moscato di /Muscat de Chambave passito/flétri. Süßer gold- bis bernsteinfarbener Wein. Trauben: Moscato di Chambave, rosiniert. E. 35/100; Alk. 16,5 (Restsüße 3,5%); S. 0,7; A. 2 J. im Faß.

Chambave Rosso/Rouge. Trockener Rotwein. Trauben: Petit Rouge Min. 60%, Dolcetto/Gamay/Pinot Nero Min. 25%.

Unterbereich Arnad-Montjovet: Hänge bis 700 m im unteren Aostatal in den Gemarkungen Arnad, Montjovet, Verrès, Issogne, Challand-Saint-Victor, Hône und Champdepraz.

In den Weinbergen bei Chambave wachsen ein trockener Rouge sowie Moscato oder Muscat.

Ezio Voyat in seinem Keller in Chambave, wo er die klassischen Weine der Gegend produziert und unter selbsterfundenen Namen verkauft. Sein Passito Le Muraglie von getrockneten Moscato-Trauben ist oft vorzüglich.

Arnad-Montjovet. Trockener Rotwein, jung oder gealtert als *superiore* oder *supérieur*. Trauben: Nebbiolo/Dolcetto/Freisa/Neyret/Pinot Nero/Bien de Nus bis 30%. E. 56/80; Alk. 11, *superiore* 12; S. 0,6, *superiore* 0,55; A. 8 Mte., *superiore* 2 J. *Unterbereich Donnaz:* Hänge bis 700 m auf dem linken Dora-Baltea-Ufer in den Gemarkungen Donnaz, Perloz, Pont-Saint-Martin und Bard sowie rechts auf der Anhöhe namens Grand Vert.

Donnaz oder **Donnas**. Trockener Rotwein. Trauben: Nebbiolo; Freisa/Neyret/Vien d Nus bis 15%. E. 49/70; Alk. 11,5; S. 0,55; A. 2 J.

Andere beachtenswerte Weine

Die meisten Weine im Aostatal sind von der DOC noch nicht erfaßt. Ezio Voyat bietet die klassischen Weine von Chambave unter eigenen Namen an. Das Institut Agricole Régional liefert neuerdings auch guten Chardonnay.

WEINGÜTER/WINZER

Bonin, Arnad (AO). DOC Arnad Montjovet und Müller-Thurgau.
Antoine Charrère et Fils, Aymavilles (AO). Constantin Charrère erzeugt den schon lange hochgeachteten vdt La Sabla, vorwiegend von Petit Rouge, sowie einen leichten Rotwein «Premetta» von der seltenen gleichnamigen Traubensorte.
Delfino Grosjean, Quart (AO). Guter Torrette und Pinot Noir in *barriques*, daneben der ungewöhnliche vdt Blanc d'Ollignan.
Malga-Daynè, Villeneuve (AO). Marisa Daynè produziert von nur wenigen eigenen Reben vielversprechenden Torrette und Müller-Thurgau.
Aldo Perrier, Charvensod (AO). Gamay und sonstige DOC-Weine.
Alberto Vevey, Morgex (AO). Aus mehreren Lagen bei Morgex und La Salle erzeugt Vevey die am höchsten geschätzten «Blancs».
Ezio Voyat, Chambave (AO). Voyat und seine Familie erzeugen die klassischen Weine von Chambave, aber unter eigenen Namen: La Gazzella (trockener Moscato), Passito Le Muraglie (Moscato *passito*) und Rosso Le Muraglie (rot). Der *passito* ist oft ganz hervorragend.

WEINBAUFACHSCHULE

Institut Agricole Régional, Aosta. Die seit Jahren von Joseph Vaudan geleitete Fachschule ist führend in

der Wiederbelebung des Weinbaus der Region tätig und produziert ferner unter dem Önologen Grato Praz hervorragenden Wein. Aus den Weinbergen der Prieuré de Montfleury in Cossan kommen eindrucksvolle Pinot-Noir- und sonstige DOC-Weine, außerdem der spritzige Blanc de Cossan von dunklen Grenache-Trauben und der gehaltvolle, bukettreiche Vin du Conseil, gewonnen von Petite Arvine, einer einheimischen Traube mysteriösen Ursprungs. Er wird im Faß ausgebaut und ist der eindrucksvollste trockene Weißwein des Aostatals.

GENOSSENSCHAFTEN

La Kiuva, Arnad (AO). DOC Arnad-Montjovet.
Co-Enfer Arvier, Arvier (AO). DOC Enfer d'Arvier.
La Crotta di Vegneron, Chambave (AO). Die Kellerei unter der Leitung von Yves Burgay hat sich mit einem eindrucksvollen Angebot an DOC-Weinen aus Chambave und Nus einen Namen gemacht. Für die Zukunft bestehen gute Aussichten auf noch Besseres.
Caves Coopératives Donnaz, Donnas (AO). Donnaz und andere DOC-Weine von Mitgliedern mit 10 ha.
La Cave du Vin Blanc de Morgex et de La Salle, Morgex (AO). Der Name weist schon auf die Spezialität der Mitglieder mit 15 ha hin. Mit der Inbetriebnahme der von der Region finanzierten hochmodernen Kellerei dürften Verbesserungen zum Tragen kommen.

Reise-Informationen

RESTAURANTS/HOTELS

Cavallo Bianco, 11100 Aosta. Tel. (0165) 36 22 14. Die Brüder Paolo und Franco Vai haben die alte Post in Aosta in ein Prunkstück kreativer Küche mit einer phantastischen Weinauswahl verwandelt.
Maison de Filippo, 11013 Entrèves de Courmayeur (AO). Tel. (0165) 8 99 68. Die Familie Garin bietet in ihrem warm-rustikalen, allerdings sehr auf Touristen abgestellten Berggasthaus reichhaltige bodenständige Küche und eigenen roten Torrette.
Dora, 11026 Pont-Saint-Martin (AO). Tel. (0125) 8 20 35. Einladendes Kleinstadt-Gasthaus mit guter Küche und feinem Wein.
Casale, 11020 Saint-Cristophe (AO). Tel. (0165) 54 12 03. Fulvio und Ugo Casale und Familie bieten in ihrem kleinen, komfortablen Hotel bei Aosta freundliche Gastlichkeit und regionale Küche.

WEINFACHGESCHÄFTE/VINOTHEKEN

La Cave Valdotaine in Aosta und die Enoteca La Crotta in Courmayeur verfügen über eine ausgesuchte Auswahl an Weinen aus dem Aostatal und aus anderen Regionen.

SEHENSWERTES

Ein Besuch im Weinbaugebiet Valle d'Aosta kommt einer Fahrt an der Dora Baltea entlang gleich, wobei man eine Pause einlegen kann, wo und wann immer es einem gefällt. Die Weinberge sind von der alten (als Route des Vins markierten) Landstraße aus leichter zu erreichen als von der Autostrada von Aosta nach dem Piemont. In Aosta sind Überreste der römischen Vergangenheit zu besichtigen; weit auffallendere Zeugen der Geschichte sind jedoch die vielen Burgen und Festungen an strategischen Punkten, so z. B. Montjovet, Issogne, Saint-Pierre, Aymaville und Fénis. Saint-Vincent mit seinen geruhsamen Parks und einem Casino in der Nähe der Weinberge von Chambave ist ein schöner Ferienort im Tal. Courmayeur mit seinen Skipisten auf der Südseite des Montblanc ist ebenfalls weithin bekannt. Ganz in der Nähe liegen die höchsten Weinberge Europas bei Morgex und La Salle. Die Seitentäler führen zu Wintersportorten, u. a. dem modischen Breuil-Cervinia am Fuß des Matterhorns, aber auch zu stillen Gebirgsdörfern, wo der eigenartige Savoyer Dialekt gesprochen und in Dorfgasthöfen dicke Suppen, geräuchertes und luftgetrocknetes Fleisch, Wurst und die *fonduta*, eine Lokalversion der Fondue mit Fontina-Käse, serviert wird. Nach dem Essen erlebt man dann oft eine Geste der Gastfreundschaft: Man bekommt die *grolla* gereicht, eine handgeschnitzte Holzschale mit Deckel und Schnabel, aus der man Kaffee mit einem Schuß Grappa schlürft.

Piemont (Piemonte)

Hauptstadt: Torino (Turin)
Provinzen: Alessandria (AL), Asti (AT), Cuneo (CN), Novara (NO), Torino
(TO), Vercelli (VC).
Fläche: 25 399 km² (2.)
Bevölkerung: 4 395 000 (5.)

Ein großer Teil des Piemonts liegt, wie schon der Name besagt, am Fuß der Berge – man sieht es deutlich, wenn an klaren Tagen der gewaltige Halbkreis der schneebedeckten Alpen und Apenninen am Horizont steht. An der Spitze von Handel und Industrie der Region steht die Hauptstadt Turin heute wie schon vor Hunderten von Jahren unter den Savoyern, die mit dem großen Staatsmann Camillo Benso di Cavour Italiens Einheit erstritten, schließlich als Könige des Landes den Thron einnahmen und Cavour zum ersten Ministerpräsidenten des Königreichs machten. Von Glanz und Herrlichkeit des Hauses Savoyen künden noch heute in Turin viele Paläste, Kirchen und Museen und auch die Cafés, wo die Turiner ihren geliebten Wermut zu sich nehmen. Das moderne Turin, die Heimat der größten Automobilfabrik Europas, Fiat, ist eine Metropole, die nicht viel Gedanken auf Vergangenes verschwenden kann.

Das alte Brauchtum Piemonts wird auf dem Land bewahrt, wo in der herbstlichen Kühle Düfte von Holzrauch und gärendem Wein aufsteigen. Den herrlichsten Duft auf Erden aber verströmt die weiße Trüffel im Verein mit jungem Barolo und Barbaresco – sie alle sind Produkte des Landes um Alba, wo die Nebbiolo-Rebe auf den steilen Südhängen und runden Kuppen der Langhe-Berge wächst. Die beiden legendären Rotweine aus Alba erscheinen heute wie alte Aristokraten, denen nun der neue revolutionäre Eifer im Weinbau den Rang abzulaufen droht. Schon treten Cabernet und Chardonnay in den erlesensten Lagen auf, in den *sorì*, wo der Nebbiolo stets vor Dolcetto und Barbera den Vortritt hatte. Die Rückkehr dieser fremden Rebsorten ins Piemont hat den Trend zum Tafelwein des neuen Stils beschleunigt, vor allem zu Weißwein. Dennoch tragen gerade diese Novitäten dazu bei, daß sich im Piemont der Glaube an die alten einheimischen Trauben und ihre unvergleichlichen Weine wieder festigt.

Die bei Rotwein erneut behauptete Führungsstellung Piemonts ist der Energie und dem Ideenreichtum einer neuen Winzergeneration zu verdanken, die sich von der Art der Väter nicht abzuwenden brauchte, um zu beweisen, daß sie Besseres zustandebringen konnte. Barolo und Barbaresco, beide durch eine DOCG ausgezeichnet, erreichten in den 1980er Jahren höchste Höhen, wohl nicht nur dank einer Reihe guter Jahre, sondern auch durch Techniken, die dem langen Streit zwischen der alten und der neuen Schule ein Ende setzten. Die traditionellen Nebbiolo-Weine leben weiter, doch die Konzeptionen, die hinter ihnen stehen, haben sich inzwischen selbst bei denen gewandelt, die das nicht wollten. Auch der Dolcetto ist eindeutig besser geworden. Und sogar der überaus verbreitete Barbera hat wieder einen Stil angenommen, der lange vergessen schien. Gattinara, Carema, Ghemme und die anderen auf Nebbiolo beruhenden Rotweine im nördlichen Piemont hatten jahrelang an Boden verloren; inzwischen aber gibt es auch bei ihnen bescheidene Anzeichen für ein Comeback.

Das allseitige Interesse am Alba und an der Nebbiolo-Traube verstellt allerdings den Blick dafür, daß die meisten Rotweine der Region in den Provinzen Asti und Alessandria von anderen Trauben gekeltert werden. 75% der Gesamterzeugung im Piemont entfallen auf Rotwein, doch die Mehrheit der DOC-Weine ist weiß. Die Produktion von Asti Spumante in der weitgefaßten DOC Moscato d'Asti steht mit 520 000 hl im Jahr unter den DOC-Weinen Italiens hinter dem Chianti und unter den Schaumweinen der Welt hinter dem Champagner an zweiter Stelle. Zum größten Teil wird der Asti im industriellen Maßstab von Großkellereien in Canelli hergestellt und in alle Welt exportiert. Die Italiener allerdings bevorzugen oft den sanfteren, duftigeren Moscato d'Asti aus kleinen Weingütern. Piemont als die größte *Spumante*-erzeugende Region Italiens verarbeitet aber auch viel Pinot und Chardonnay aus der Lombardei und dem Trentino-Alto Adige zu oft trockenen Schaumweinen. Manche *Spumante*-Häuser stellen auch Wermut her, z. B. die Turiner Firmen Martini & Rossi und Cinzano. Der rasche Aufstieg des Gavi aus der Provinz Alessandria brachte das Piemont auch auf dem ungewohnten Gebiet des trockenen Weißweins neuen Ruhm. Der Arneis aus den Roero-Bergen bei Alba liegt auf ähnlichem Erfolgskurs.

Dennoch trinken die Piemontesen vorzugsweise Rotwein zum Essen. Das ist wohl auch der Grund, weshalb sie so viele verschiedene Arten erfunden haben – vom weichen Dolcetto bis zum strengen Barolo, vom herzhaften Barbera bis zum anmutigen Grignolino und zum milden Ruchè, vom perlenden, trockenen Freisa bis zum süßen, schäumenden Brachetto und Malvasia. Der Nebbiolo trägt nur einen kleinen Teil zur Weinerzeugung der Region bei. Die Barbera-Traube, die fast die Hälfte der Rebfläche einnimmt, ist die Quelle der meisten Alltagsweine, aber auch für jährlich 250 000 hl DOC-Wein, meist aus Asti und Monferrato. Auch der Dolcetto mit seinen 7 DOC-Zonen steht mengenmäßig weit vor dem Nebbiolo. Freisa und der Grignolino, deren Popularität stark zurückgegangen war, sind jetzt wieder im Kommen, und die süßen Bracchetto- und Malvasia-Rotweine haben sich inzwischen auch Freunde außerhalb Italiens gewonnen.

Die Monferrato- und Langhe-Berge gehören zu den am intensivsten genutzten Weinbaubereichen Oberitaliens; ansonsten aber hat die Weinproduktion im Piemont nur mäßige Bedeutung. In Rebfläche und Produktionsmenge steht die Region an 6. Stelle, in der DOC-Wein-Produktion, die 1/4 der Gesamterzeugung ausmacht, jedoch hinter Venetien und der Toskana auf dem 3. Rang. Piemont hat die meisten DOC- und DOCG-Zonen – 37 geografisch fest umgrenzte Bereiche mit 42 Weintypen.

Doch die Statistik kann nichts über die Stellung des Weins in der Kultur des Piemonts und über das Geschichtsbewußtsein aussagen, das die einheimischen Rebsorten nicht nur am Leben erhalten, sondern sie auch auf neue Höhen geführt hat. Nirgendwo kommt das stärker zum Ausdruck als in den Langhe-Bergen und in den Weinen der Nebbiolo-Traube. Vor 100 Jahren überschattete der Gattinara oft die Rotweine von Alba; heute aber ist die Vormachtstellung des Barolo und Barbaresco im Piemont unumstritten. Ihre Erzeuger müssen sich freilich mit der Konkurrenz aus der Toskana – dem Brunello di Montalcino, den Spitzenweinen aus dem Chianti Classico und den «Super-Tafelweinen» – auseinandersetzen. Alles in allem jedoch haben die Weine aus den Langhe-Bergen in Italien nicht ihresgleichen.

Auch die Bindungen zwischen dem Piemont und Frankreich haben Tradition. Die Geschichte des trocken ausgebauten Barolo begann in der Mitte des 19. Jh.s, als der französische Önologe Louis Oudart für die bislang stets zu süßem Wein verarbeitete Nebbiolo-Traube ungewohnte Bereitungs- und Alterungstechniken anwandte. Auch der Asti Spumante entstand erst nach 1870, als Carlo Gancia die Flaschengärung aus der Champagne mitbrachte. Die Anfänge des Weinbaus gehen zurück auf die Tauriner, ein keltisches Volk, das der Hauptstadt

Reben in den Langhe-Bergen; im Hintergrund die Alpen.

Turin den Namen gab, und auf die Ligurer, die von den Griechen die Weinbereitung gelernt hatten. Die Römer pflanzten zwar Reben in Gattinara und kannten auch andere Weine aus dem Piemont; keiner von ihnen aber war damals sonderlich beliebt. Die ersten Hinweise auf Moscato, Dolcetto und andere Trauben stammen aus dem Mittelalter, als Barden, Minnesänger und päpstliche Hofleute das Lob des hiesigen Nektars verkündeten. Doch erst im 19. Jh. kam mit französischer Technik und wachsender Bedeutung des Weinbaus für die adeligen Grundherren der piemontesische Wein zu höheren Würden. Damals wurde der Barolo zum «König der Weine und zum Wein der Könige».

Erst in neuester Zeit spaltet sich die Kennerschaft auf in Anhänger der unvergleichlichen Wucht und Komplexität des Barolo und Barbaresco und in Kritiker ihrer schwer ergründbaren herben Tiefe und Geschmackseigenart. In den 70er Jahren entwickelte sich unter der Führung von Renato Ratti und der Gebrüder Ceretto eine neue Schule, deren immer noch wuchtige, aber harmonischere Weine früher genußreif sind. Die konservativen Erzeuger waren entrüstet; bald aber machten doch viele von ihnen jene kleinen Zugeständnisse an die Modernität, die nun auch ihrem Stil zugute kommen.

Französische *barriques* traten bald nicht nur in Alba, sondern auch im nahegelegenen Asti in Erscheinung, wo Giacomo Bologna für den Barbera unerwartete Vorzüge in ihnen entdeckte. Ihr größter Befürworter ist jedoch Angelo Gaja in Barbaresco. Er führte in den Langhe-Bergen gegen alle Proteste mit großem Erfolg Cabernet und Chardonnay ein und fand schließlich viele Nachahmer. Dennoch blieb sein Glaube in die Nebbiolo-Traube unerschüttert, und er erreichte mit seinem Einzellagen-Barbaresco höchstes Prestige. In Barolo erwarb er ebenfalls ein Weingut, um seinen Ambitionen noch mehr zu frönen. Das Echo, das er in der internationalen Presse fand, kam auch den klassischen Weinen aus Alba in ihrer inzwischen verbesserten Form zugute. Heute stehen Barolo und Barbaresco unter den großen Weinen der Welt wieder ganz an der Spitze; von ihrer ureigensten Majestät haben sie bei alledem nichts eingebüßt.

Der Weinbau im Piemont

Die moderne Qualität des piemontesischen Weins stützt sich auf alte Weinbaukonzeptionen, unbeirrtes Festhalten an den einheimischen Rebsorten und vor allem auf die gesunde Überzeugung, daß Weinberge eben auf die Berge und nicht in die Ebene gehören. In den DOC-Vorschriften ist eine vernünftige Beschränkung der Erträge festgelegt, die mit zu den niedrigsten in Italien gehören. Die Anbaufläche ist in den letzten 20 Jahren um etwa 1/3 zurückgegangen, weil das zur Zersplitterung des Grundbesitzes beitragende Erbrecht die meisten Weinberge auf unter 1 ha Größe schrumpfen ließ, so daß nur wenige Winzer noch vom Ertrag ihrer Arbeit leben konnten. Dennoch hängen sie an ihrem eigenen Stück Land und nennen in ihrem Dialekt die Einzellagen liebevoll *sorì* oder *sörì* (sonnig) und *bricco* oder *bric* (Hügelkuppe).

Die Art der Rebenerziehung ist seit Jahrhunderten je nach Voraussetzungen und Rebsorten unterschiedlich. Die Ligurer führten im Süden die griechische Art der niedrigen Erziehung ein, doch mit der Zeit drangen die von den Etruskern bevorzugten Rebengirlanden auf Bäumen auch hierher vor. Im 14. Jh. war es in Asti nach einem Bericht von Pier de' Crescenzi üblich, nach griechischer Art die Stiele der Trauben zu verdrehen, um den Saftstrom abzusperren und Überreife zu erzeugen. Im Norden des Piemonts wurde die Nebbiolo-Traube flach erzogen. Jedenfalls scheint aus dem dortigen Namen dieser Traube, Spanna, hervorzugehen, daß sie eine Spanne über dem Boden gehalten wurde. Um Gattinara entwickelte sich ein System namens *quadretti maggiorini* in Form einer umgekehrten Pyramide; allerdings herrscht inzwischen auch dort der Pfahl mit Spanndraht vor. In den Langhe- und Monferrato-Bergen ist ein hochbogiges Guyot-System üblich, bei dem die Trauben in Bodennähe hängen. Die formschönste Ausnahme von den modernen Erziehungssystemen machen die hohen, auf runden Steinsäulen getragenen Pergolen von Carema.

Wie heute kam schon vor hundert Jahren der Barbera-Traube die größte Rolle zu, aber auch Nebbiolo, Dolcetto, Moscato, Freisa, Bonarda, Grignolino und Erbaluce waren durchaus bekannt. Cortese und Arneis, die erst jetzt wieder an Bedeutung gewinnen, fanden damals wenig Beachtung. Manche Piemontesen empören sich über die landfremden Rebsorten, obwohl Cabernet, die Pinots und andere französische Trauben um die Mitte des 19. Jh.s schon viel angebaut wurden. Damals verzeichnete der Marchese Leopoldo Incisa della Rocchetta allein in der Gegend um Asti 374 Rebsorten, darunter praktisch alle bedeutenderen französischen Arten, und ließ dabei – wie er selbst sagte – doch noch viele unwichtigere Sorten aus. Seltsamerweise erholten sich die fremden Rebsorten nie recht vom Reblausbefall – erst in letzter Zeit gewinnt der Chardonnay wieder an Boden. Aber auch einige Lokalsorten wie Pelaverga, Doux d'Henry, Avanà, Durasa, Averengo, Timorasso, Lambrusca di Alessandria und Plassa wurden bis auf geringe Reste ausgelöscht. Vorwiegend im Piemont beheimatete Trauben sind:

Arneis. Die in den Roero-Bergen bei Alba heimische Sorte wurde erstmals im 15. Jh. als Renesium und später als Ornesio erwähnt. Meist wurde sie zu süßen Weinen gekeltert oder mit Nebbiolo zusammen verarbeitet, bis sie vor kurzem in einem trockenen Weißwein wiederbelebt wurde, der nun zu stärkerer Anpflanzung Anlaß gibt.

Barbera. Es gibt verschiedene Versionen über die Herkunft dieser in Monferrato heimischen und inzwischen auf nahezu der halben Rebfläche des Piemonts angepflanzten Rebe. Meist wird sie sortenrein zu Rotwein verarbeitet, der in allen Varianten zwischen robust und gealtert oder leicht und jugendlich vorkommt. Es heißt, die Langobarden hätten die Rebe im 7. Jh. eingeführt; die erste Erwähnung ist im Jahr 1799 nachgewiesen. Der botanische Name lautet *Vitis vinifera Montisferratensis*. Dank ihrer Anpassungsfähigkeit und Ertragskraft ist die Barbera-Rebe in ganz Italien verbreitet, wird aber außerhalb ihrer Heimat meist mit anderen Sorten verschnitten.

Bonarda oder **Bonarda Piemontese.** Die früher weit verbreitete echte Bonarda wird im Norden (in ihren Varianten Novarese und di Gattinara) vorwiegend in DOC-Verschnitten mit Nebbiolo oder sortenrein in Tafelweinen verwendet. Im Oltrepò Pavese in der Lombardei und in den Colli Piacentini in der Emilia wird die dort viel angebaute Croatina auch Bonarda genannt.

Brachetto. Die aus Bellet bei Nizza in der Provence stammende Sorte (dort heißt sie Braquet) wird in der Gegend von Acqui angebaut und erbringt einen jetzt wieder modischen süßen, roten Schaumwein.

Cortese. Die 1798 als Curteisa erstmals erwähnte Traube aus Alto Monferrato liefert um Gavi den meistgeschätzten trockenen Weißwein des Piemonts. Sie wird ferner in den Colli Tortonesi, im Oltrepò Pavese (Lombardei) sowie als Bianca Fernanda bei Verona angebaut.

Dolcetto. Der Name kommt von den süßen Trauben dieser früh reifenden Sorte, deren Weine früher oft *amabile* waren, jetzt aber stets trocken und zunehmend beliebt sind. Sie ist schon im 16. Jh., vielleicht sogar seit dem 14. Jh., in den Langhe-Bergen erwähnt; eindeutig nachgewiesen ist sie als «Dosset» seit dem 18. Jh. durch den Conte Nuvolone. Dolcetto hat verschiedene Klone; lokale Unterschiede in der Art gehen wahrscheinlich auf Boden und Klima zurück.

Erbaluce. Die Traube für trockenen Weißwein und goldenen *passito* in Caluso ist vermutlich griechischer Herkunft. In letzter Zeit ist ihr Anbau wohl auch wegen unregelmäßiger Erträge zurückgegangen.

Favorita. Die vor allem in den Roero-Bergen beheimatete Sorte ist wahrscheinlich mit Vermentino in Ligurien verwandt. Sie liefert leichte, fragile Weißweine.

Freisa. Früher wurde die ertragreiche Sorte als Fresa oder Fresia viel angebaut. Sie geht vermutlich auf das 18. Jh. zurück. Damals waren die Klone *piccola* und *grossa* bekannt. Sie kam dann außer Mode und feiert jetzt ein Comeback vorwiegend in trockenen und süßen Schaumweinen in der DOC Asti und Chieri (Turin) sowie als *vdt* in den Langhe-Bergen.

Grignolino. Ihrer geringen Erträge wegen ist die in Monferrato heimische Rebe in den Hintergrund geraten. Ihr heller, zarter Wein wirkt unter den ausgeprägten Rotweinen des Piemonts geradezu fremd, ihr Charakter ist aber so eigenständig, daß die Winzer diese Sorte auch weiter pflegen. Die Herkunft liegt im dunkeln; vielleicht handelt es sich um die im 13. Jh. für leichte Rotweine oder *chiaretto* verbreitete Barbesino-Rebe.

Malvasia di Schierano/Malvasia di Casorzo. Die dunkle Malvasia aus den beiden Orten im Basso Monferrato bei Asti erbringt liebliche Rotweine der DOC Casorzo d'Asti und Castelnuovo Don Bosco.

Moscato Bianco oder **Moscato di Canelli.** Diese Sorte ist mindestens seit dem 16. Jh. in der Gegend von Asti heimisch und ist auch mit Canelli, dem Zentrum der *Spumante*-Industrie, eng verknüpft. Sie wird v. a. in den Langhe-Bergen bei Asti und Cuneo und im Alto Monferrato um Acqui und Strevi angebaut. Schon vor 100 Jahren wurde sie zu *spumante* und *passito* verarbeitet. Für die Wermutherstellung ist sie ebenfalls ideal, heute aber zu teuer.

Nebbiolo. Italiens edelste Rotweintraube wird im Piemont mindestens seit dem 13. Jh. kultiviert. In einer Urkunde aus Rivoli wird sie als «Nibiol» bezeichnet. Andere Hinweise lassen ihre Herkunft aus den Novara-Bergen vermuten; möglicherweise war sie sogar den Römern schon bekannt. Der Name kommt von *nebbia*, Nebel, den es zur Lesezeit Ende Oktober hier häufig gibt. Die sehr spät reifende Sorte ist überaus umweltempfindlich und gedeiht nur an bestimmten Stellen, v. a. um Alba in Barolo, Barbaresco und den Roero-Bergen sowie im Norden zwischen Carema und Gattinara und im Valtellina. Versuche mit Anpflanzungen in der Toskana, in Oregon und Australien schlugen zumeist fehl. Untersuchungen der Alba-Varianten Lampia, Michet, Rosé und Bolla lassen vermuten, daß es sich nicht um Klone, sondern um Habitat-abhängige Mutationen handelt. Im Nordpiemont gibt es die Varianten Picutener oder Picotendro (mit zarten Stielen), Pugnet (faustförmige Trauben) und Spanna.

Neretta oder **Neretto.** Die auch als Neretta Cuneense, Neretto di Bairo und im Valle d'Aosta als Neyret bekannte Sorte spielt heute im Weinbau nur noch eine geringe Rolle.

Pelaverga. Alte Rebe aus Saluzzo auf der Cuneo-Ebene, wächst in der Barolo-Zone um Verduno und erbringt hell rubinroten säuerlichen Wein.

Ruchè. Die Herkunft ist ungewiß, doch gilt die Rebe als in Castagnole Monferrato beheimatet. Sie liefert eigenständigen Rotwein, der auch Rochè oder Rouchet genannt wird. Spärliche Erträge haben zu verringertem Anbau geführt, nach der Einrichtung der DOC ist der Ruchè-Rotwein aber wieder sehr gefragt.

Vespolina. Die in den Novara-Vercelli-Bergen beheimatete Traube wird manchmal mit Nebbiolo in DOC-Rotweinen verschnitten. Im Oltrepò Pavese heißt sie Ughetta.

Weitere Rebsorten:
In der Region sind ferner anerkannt und zugelassen:
Für Rot- oder Roséwein: Aleatico, Ancellotta, Avanà, Averengo, Cabernet Franc, Cabernet Sauvignon, Croatina, Durasa, Lambrusca di Alessandria, Merlot, Moscato Nero, Pinot Nero, Sangiovese, Uva Rara.
Für Weißwein: Chardonnay, Müller-Thurgau, Pinot Bianco, Pinot Grigio, Riesling Italico, Riesling Renano, Sauvignon, Sylvaner Verde, Timorasso, Traminer Aromatico.

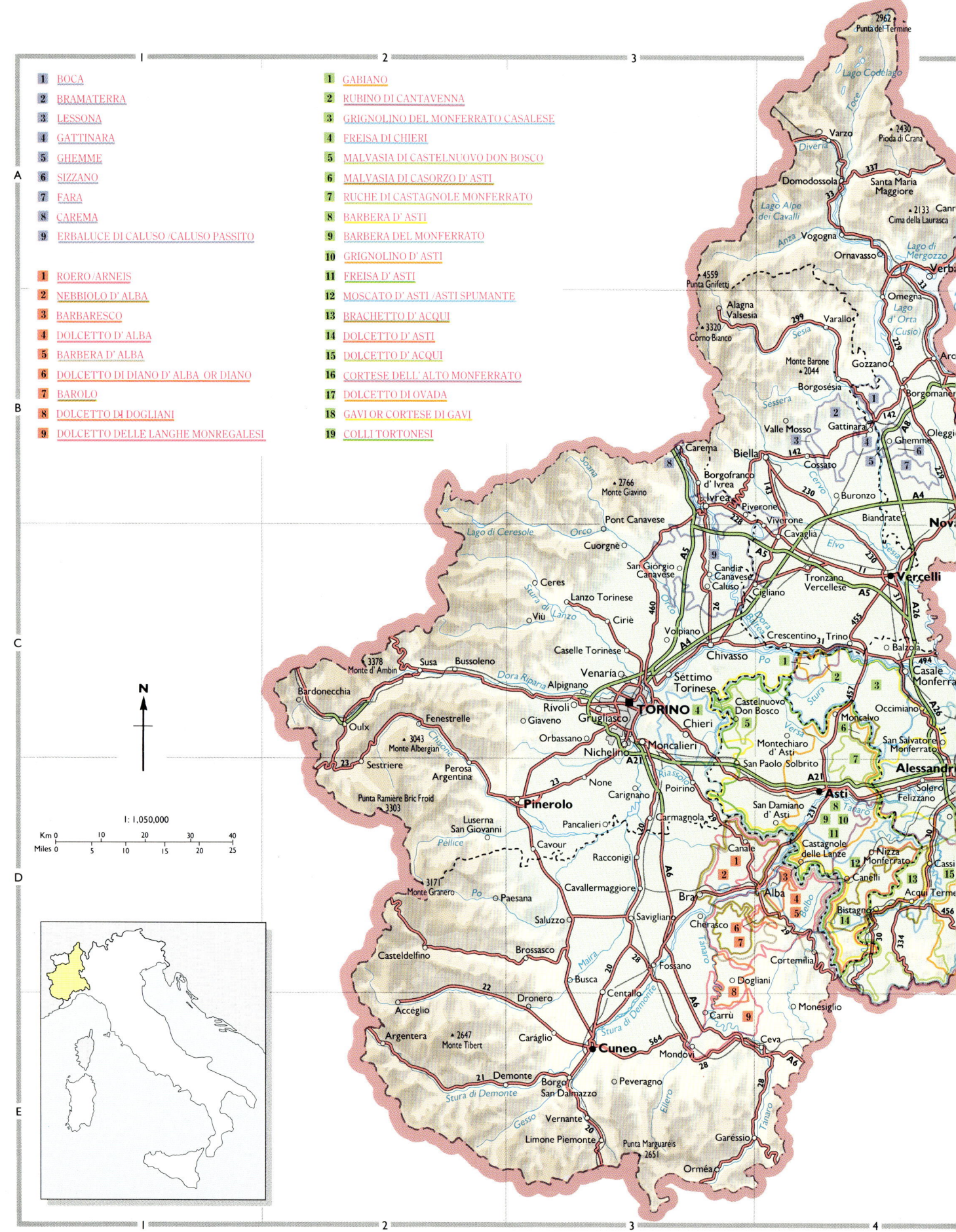

1 BOCA
2 BRAMATERRA
3 LESSONA
4 GATTINARA
5 GHEMME
6 SIZZANO
7 FARA
8 CAREMA
9 ERBALUCE DI CALUSO /CALUSO PASSITO

1 ROERO /ARNEIS
2 NEBBIOLO D' ALBA
3 BARBARESCO
4 DOLCETTO D' ALBA
5 BARBERA D' ALBA
6 DOLCETTO DI DIANO D' ALBA OR DIANO
7 BAROLO
8 DOLCETTO DI DOGLIANI
9 DOLCETTO DELLE LANGHE MONREGALESI

1 GABIANO
2 RUBINO DI CANTAVENNA
3 GRIGNOLINO DEL MONFERRATO CASALESE
4 FREISA DI CHIERI
5 MALVASIA DI CASTELNUOVO DON BOSCO
6 MALVASIA DI CASORZO D' ASTI
7 RUCHE DI CASTAGNOLE MONFERRATO
8 BARBERA D' ASTI
9 BARBERA DEL MONFERRATO
10 GRIGNOLINO D' ASTI
11 FREISA D' ASTI
12 MOSCATO D' ASTI /ASTI SPUMANTE
13 BRACHETTO D' ACQUI
14 DOLCETTO D' ASTI
15 DOLCETTO D' ACQUI
16 CORTESE DELL' ALTO MONFERRATO
17 DOLCETTO DI OVADA
18 GAVI OR CORTESE DI GAVI
19 COLLI TORTONESI

1: 1,050,000

Km 0   10   20   30   40
Miles 0   5   10   15   20   25

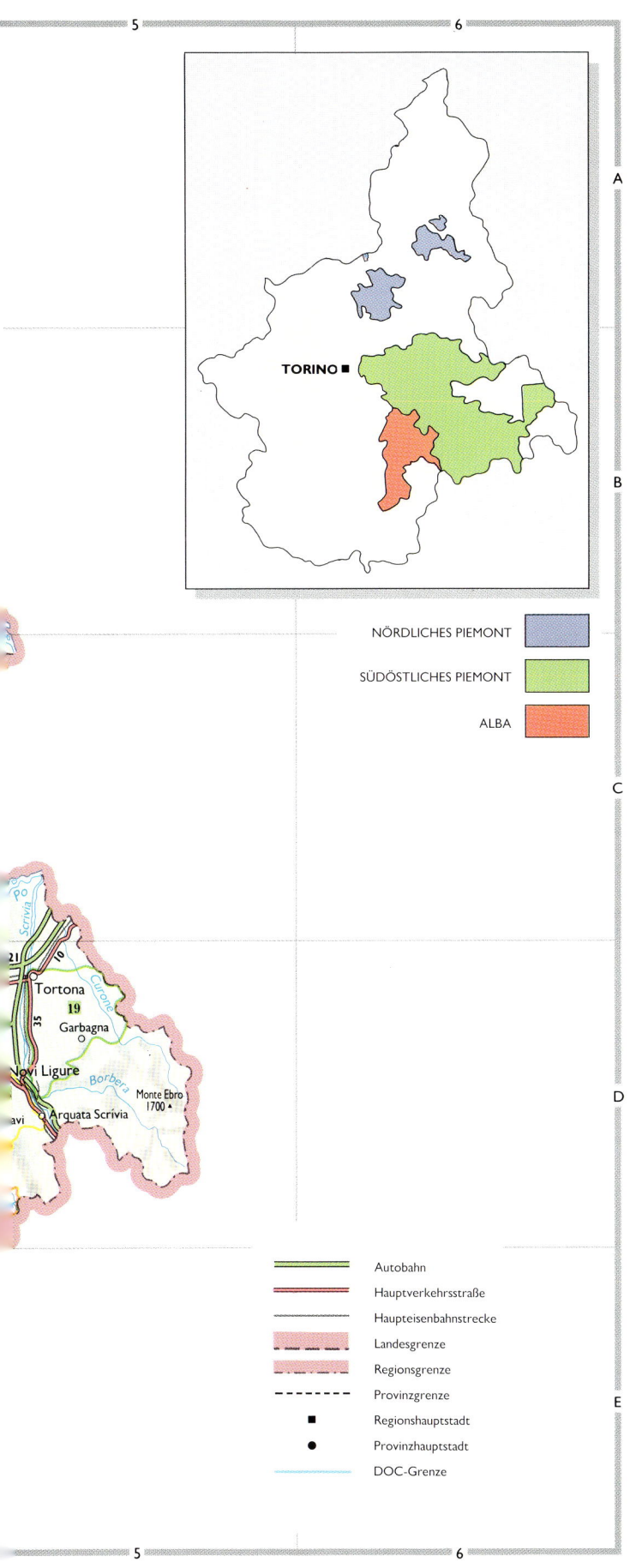

NÖRDLICHES PIEMONT

SÜDÖSTLICHES PIEMONT

ALBA

━━━━━	Autobahn
━━━━━	Hauptverkehrsstraße
━━━━━	Haupteisenbahnstrecke
━━━━━	Landesgrenze
━━━━━	Regionsgrenze
-------	Provinzgrenze
■	Regionshauptstadt
●	Provinzhauptstadt
━━━━━	DOC-Grenze

Die Weinzonen im Piemont

Das Piemont ist die größte Region auf dem italienischen Festland; da aber seine Fläche zu 43% aus Gebirge und zu 27% aus Ebenen besteht, bleibt nicht allzuviel Raum für den Weinbau in günstigen Südlagen, denn die Alpenhänge an der Grenze zur Schweiz, dem Valle d'Aosta und Frankreich wurden von den eiszeitlichen Gletschern nur selten so geformt, wie es der Weinrebe entgegenkommt. Die Apenninen jedoch, die sich nach Süden hin anschließen, sind von Gebirgsflüssen so ausgewaschen, daß in ihren Ausläufern ein gut geeignetes, nach Norden bis Turin vorstoßendes Hügelland entstand. Dort wächst in den Monferrato- und Langhe-Bergen 90% des Weins der Region. Das Klima ist theoretisch kontinental, d. h. im Winter kalt und feucht (die Winzer wünschen sich sogar Schnee) und im Sommer warm und reich an Sonnenschein. In der Praxis ist das Wetter launisch, auch im Herbst, wenn die Trauben im schützenden Nebel langsam und gleichmäßig reifen sollen. In den Alpenausläufern wuchs früher mehr Wein, ebenso in der Po-Ebene südlich von Turin um Saluzzo. Heute konzentriert sich der Weinbau im Piemont auf die Monferrato-Berge um Asti und Alessandria und auf die Langhe-Berge um Alba und Canelli. Die Böden sind in beiden Gegenden kalkreich, in der Zusammensetzung wie im Mikroklima zeigen sich jedoch feine Unterschiede. Die Barbera-Rebe gedeiht fast überall, dagegen stellen Dolcetto, Grignolino, Moscato und der höchst launische Nebbiolo hohe Ansprüche an die Lage.

Die Weinzonen im Piemont teilen sich in zwei Hauptgebiete: die Alpenausläufer und Gletschertäler im Norden mit Carema und Canavese einerseits und den Vercelli- und Novara-Bergen zwischen Biella und dem Lago Maggiore anderseits (hier wachsen Nebbiolo-Weine in 7 DOC-Zonen) sowie in das südöstliche Piemont mit den Monferrato-Bergen in den Provinzen Asti und Alessandria bis in die Hügel um Turin einerseits und Alba mit den Roero- und Langhe-Bergen in der Provinz Cuneo anderseits. Die Monferrato-Berge werden vom Tanaro in Basso und Alto Monferrato geteilt. Hier, in dem zu Asti gehörenden Teil der Langhe-Berge, liegen 19 von den insgesamt 37 DOC-Zonen des Piemonts ineinander verschachtelt. Die DOC Moscato d'Asti/Asti Spumante hat zwar ihren Schwerpunkt in der Provinz Asti, greift aber auch auf die Langhe-Berge in der Provinz Alba über. Ferner gehören die Colli Tortonesi an der Grenze zur Lombardei und die DOC Freisa di Chieri in den Turiner Bergen mit dazu.

Alba ist das bekannte Zentrum der Nebbiolo-Weinerzeugung in den Roero- und Langhe-Bergen. Außer den berühmten Barolo und Barbaresco gibt es dort auch DOC-Zonen für andere Nebbiolo-Weine sowie Barbera und Dolcetto.

Carema und Canavese

Charakteristisch für Carema sind die Terrassen an steilen Hängen, wo an Pergolen aus Steinsäulen mit Querbalken (topie) die Nebbiolo-Rebe wächst. Das kristalline Gletschergeröll im Boden der Weinberge zwischen 350 und 450 m Höhe bringt sehr feine, haltbare Weine hervor. Die Zone Caluso liegt im Canavese-Gletscherbecken beiderseits der Dora Baltea zwischen Ivrea und dem Po, mit sandigem Lehmboden über einer Kiesschicht. Hier entsteht trockener Erbaluce-Weißwein und der gehaltvolle Caluso Passito.

Die Vercelli- und Novara-Berge

Der nördliche Vorposten der Nebbiolo-(oder Spanna-)Traube umfaßt 7 DOC-Zonen in den Alpenausläufern und Hochflächen beiderseits des Flüßchens Sesia bei Vercelli und Novara. Das Klima wird hier durch die Luftströmungen zwischen der Po-Ebene, dem Lago Mag-

41

giore und dem Orta-See erwärmt. Der Boden besteht vorwiegend aus Gletschermoränen mit verschiedenen Mineralien, die sich auf die Qualität des Weins entscheidend auswirken können. Westlich der Sesia liegen die Vercelli-Berge mit Lessona, Bramaterra und Gattinara als Brennpunkte des hiesigen Weinbaus. Im Osten erstrecken sich die Novara-Berge mit Boca, Ghemme, Sizzano und Fara, deren Weine durch Mischen mit Vespolina und Bonarda meist leichter ausfallen, wobei allerdings der Ghemme dem Gattinara oft nicht nachsteht.

Monferrato Casalese

Der zu Alessandria gehörende Teil von Basso Monferrato liegt in den Bergen südlich des Po in der Gegend von Casale. Auf sandigem, kalkreichem Lehm wächst vor allem duftiger Grignolino, aber auch die Barbera-Rebe bringt in den DOC-Zonen Monferrato und Asti sowohl leichte als auch langlebige Weine.

Colli Tortonesi

In dem an das Oltrepò Pavese angrenzenden Hügelland wachsen vor allem leichte, schmackhafte Cortese- und Barbera-Weine ohne besonderen Charakter.

Gavi und Ovada

Die beiden DOC-Zonen liegen im äußersten Osten der Monferrato-Berge in einem von mediterranen Luftströmungen über die Ligurischen Apenninen gemäßigten Klima. Die Cortese-Rebe gedeiht in den Bergen von Gavi auf kalkreichem, mit Tuff und Quarz vermischtem Boden, wo sich die heißen, regenarmen Sommer für den vielgeliebten trockenen Weißwein des Piemonts günstig auswirken. In Ovada erbringt Dolcetto auf kargem, tuffsteinhaltigem Boden bei kleinen Erträgen kräftigen, langlebigen Wein.

Acqui und Alto Monferrato

Acqui Terme ist das Herz von Alto Monferrato in den Ausläufern der Apenninen. Hier wächst vor allem Barbera, aber auf kalkreichen Böden in kühlen Lagen auch Dolcetto sowie Brachetto für lieblichen Rotwein und vollmundiger Moscato mit gedämpftem Aroma, besonders in den *Passito*-Weinen von Strevi.

Asti und die Turiner Berge

Die universelle Barbera-Rebe bringt vor allem südlich des Tanaro bis zum Belbo-Tal robusten Wein. Basso Monferrato bietet kalkreiche Böden mit sandigem Lehm, auf denen Grignolino, dunkle Malvasia und Freisa (die sich auch bei Chieri in den Turiner Bergen wohlfühlt) gut gedeihen. Die seltene rote Ruchè-Traube ist in Castagnole Monferrato anzutreffen. Der Dolcetto aus Asti kann es mit dem aus Alba nur selten aufnehmen. Moscato-Trauben für Asti Spumante werden in den Alto-Monferrato-Bergen bis zum Bormida-Tal in der Provinz Alessandria angebaut; der größte Teil kommt aber aus Weinbergen um Canelli in den Langhe-Bergen und im Westen nach Alba hin. Die östlichen Langhe-Berge sind hoch und steil und begünstigen durch kühle Witterung ein volles Moscato-Aroma, während in den südlichen Monferrato-Bergen auf flacheren Hängen bei wärmerem Klima vollere Moscato-Weine entstehen.

Die Roero-Berge bei Alba

Die Hügel nördlich des Tanaro haben ziemlich sandigen, kalkreichen Boden, auf dem Nebbiolo von leichterer und fruchtigerer Art als in den Langhe-Bergen wächst. Die Weine heißen entweder Nebbiolo d'Alba oder nach der besonderen DOC Roero. Auch für die wiederaufgelebte weiße Arneis-Traube sind die Voraussetzungen hier gut. Um Govone und Alba wächst außerdem viel Barbera.

In den Weinbergen der Barolo-Zone nimmt der Nebbiolo die Südlagen (sorì) ein, während die weniger günstigen Hänge mit anderen Traubensorten besetzt sind.

Die Langhe-Berge bei Alba

Hier liegen vor allem die Zonen Barolo (südwestlich von Alba) und Barbaresco (im Osten), aber auch die Dolcetto-Zonen Dogliani und Langhe Monregalesi. Noch weiter östlich befinden sich ideale Lagen für Moscato d'Asti. Die Böden bestehen vorwiegend aus mergeligem, kalkreichem Lehm, wobei schon geringfügige Variationen in der Zusammensetzung und im Mikroklima an den Steilhängen auffallende Unterschiede in den Weinen hervorrufen können. Solche Naturphänomene sind vermutlich auch der Grund dafür, daß sich Barolo-Weine von verschiedenen Stellen der DOC-Zone in Struktur und Charakter stark voneinander unterscheiden. Aus demselben Grund ist der Barolo meist etwas robuster als der Barbaresco. Die Barbera-Rebe gedeiht an günstigen Stellen ebenfalls gut. Als guter Alltagswein wird der Dolcetto bevorzugt, der in höheren und kühleren Lagen als der Nebbiolo wächst. Freisa und Grignolino erbringen in den Langhe-Bergen recht guten Tafelwein, und auch Chardonnay und Cabernet haben sich bereits bewährt.

DAS NÖRDLICHE PIEMONT

Nur 1/10 des Weins vom Piemont wächst nördlich der Po-Ebene, obwohl die untere Flanke der Alpen zwischen Dora-Baltea- und Sesia-Tal die zweite Heimat der Nebbiolo-Traube ist. Ihr Wein aus dieser Gegend unterscheidet sich wesentlich von Barolo und Barbaresco, zum Teil schon wegen der klimatischen Besonderheiten der Alpenausläufer. Den größten Unterschied macht aber vermutlich der Boden aus: Die leicht sauren Gletschermoränen verleihen dem Wein ein ganz anderes Gepräge, als er es auf dem kalkreichen Lehm und Mergel der Langhe-Berge erhält. Auch werden im Norden die Nebbiolo-Varianten Picutener, Pugnet und Spanna oft mit anderen Trauben verschnitten, und das verändert ebenfalls den Charakter des Weins. Dennoch galten früher die Weine von Carema, Ghemme, Lessona und insbesondere Gattinara in Qualität, Langlebigkeit und Status als gleichrangig mit Barolo. Die Erzeugung ist so stark zurückgegangen, daß viele Winzer einen schweren Stand mit dem Prestige ihrer Weine haben. Aus Gattinara und anderen Orten kommen jedoch ermutigende Zeichen. Die Weinzonen Carema und Canavese liegen im Westen entlang der Dora Baltea in der Provinz Turin. Weiter im Osten befinden sich im Sesia-Tal in den Provinzen Vercelli und Novara weitere 7 DOC-Zonen.

Die Weine von Carema und Canavese

Die wohlhabende kleine Stadt Ivrea liegt zwischen Carema im Norden und Caluso im Süden, deren Weine früher bekannter waren als heute. Auf den steilen Terrassen bei Carema hat die Nebbiolo-Rebe Jahr für Jahr ihre Standhaftigkeit unter Beweis zu stellen und bringt dabei haltbare und feine Weine in kleinen Mengen hervor. Caluso liegt im Canavese-Becken, dessen Nordostrand von der Serra d'Ivrea, der größten Gletscherhalde Europas, gebildet wird. In den sanften Hügeln dieser Landschaft wächst die Erbaluce-Traube für einen frischen trockenen Weißwein und den üppig süßen Caluso Passito. Beide Weine sind bereits im Mittelalter erwähnt, doch wurden die Reben vermutlich schon von den Römern gepflanzt. In neuerer Zeit ist der Weinbau hier im Schwinden, weil die Menschen in der Industrie besser verdienen. Nur Luigi Ferrando und einige andere Winzer sorgen dafür, daß die Weine von Carema und Caluso nicht noch mehr in Vergessenheit geraten.

Carema (1967)

Dieser in winzigen Mengen produzierte und außerhalb seiner Heimat selten anzutreffende Rotwein wird oft als einer der größten Weine des Piemonts gepriesen. Vielleicht wird aber die Erzeugung von den in rund 100 Parzellen aufgeteilten 40 ha Rebfläche auch nur mit besonders schonungsvollem Wohlwollen beurteilt. Auf den Steilhängen über der Stadt sind Terrassen aus großen Steinen aufgesetzt, die auch das Sonnenstrahlen reflektieren und die Wärme bis in die Nacht hinein speichern. Auf schweren runden Steinsäulen ruhen Querbalken (topie), an denen die Rebentriebe festgebunden werden, damit der durch das Tal fegende Wind sie nicht abbrechen kann. Das Mikroklima in den 350 bis 700 m hoch gelegenen Weinbergen ist im Sommer relativ kühl und trocken; bei insgesamt unbeständiger Witterung sind sehr gute Jahrgänge jedoch selten. Dennoch bringt der hier Picutener genannte Nebbiolo an manchen Stellen vorzüglichen Wein bei stets spärlichen Erträgen hervor. Für die Weinlese sind oft Leitern nötig, und die Trauben werden in Körben die steilen Hänge hinuntergetragen.

Früher waren deshalb oft die ersten Fuhren schon in Gärung übergegangen, wenn die letzten eintrafen. Die dabei entstehende Kohlensäure-Mischung soll für die jugendliche Attraktivität des Weins verantwortlich gewesen sein. Heute ist für die DOC Carema eine Reifezeit von 4 Jahren vorgeschrieben, weshalb ein großer Teil der Nebbiolo-, Dolcetto- und Neretto-Weine jünger und ohne DOC auf den Markt gebracht wird.

Der größte Teil des heutigen Carema kommt aus der Genossenschaftskellerei Produttori Nebbiolo di Carema sowie von Luigi Ferrando; bei beiden leitet der Önologe Gaspare Buscemi die Lese und die Weinbereitung. Die Weine sind feiner und harmonischer als früher, dabei aber leichter und herber als andere Nebbiolo-Erzeugnisse. In guten Jahren, z. B. 1985, 1982, 1979 und 1978, ist ein nuancenreiches Bukett bei feiner Geschmacksnote unverkennbar. Dennoch bringen selbst feine Qualitäten wie das schwarze Etikett von Ferrando oder der Carema Carema aus der Genossenschaft nach jahrelangem Ausbau lediglich etwas mehr als halb soviel ein wie ein feiner Barolo oder Barbaresco. Die schwere Arbeit wird von den Winzern nur noch als Nebenerwerb ausgeführt, jedoch immer in der Hoffnung, daß der Wein aus der Alpenenklave eines Tages nicht nur Komplimente bekommt, sondern auch den Preis erzielt, den er verdient.

ZONE: Die Gemarkung Carema mit Weinbergen meist auf terrassierten Südwesthängen über der Dora Baltea, angrenzend an das Valle d'Aosta. Trockener Rotwein. Traube: Nebbiolo (Picutener/Pugnet/Spanna). E. 56/80; Alk. 12; S. 0,55–0,8; A. 4 J. (davon 2 J. in Eichen- oder Kastanienholzfässern von Max. 40 hl).

Erbaluce di Caluso oder Caluso (1967)

Die Erbaluce-Traube liefert ansprechenden trockenen Weißwein und *spumante*, doch sind auch die süßen goldenen Weine von Caluso und aus den Canavese-Hügeln seit dem Mittelalter berühmt. Heute findet sowohl der trockene Erbaluce di Caluso als auch der üppige Caluso Passito kaum noch einen größeren Markt vor. Der trockene Weißwein wird meist billig und im großen verkauft, weil er angeblich zu sauer ist. Allerdings widerlegt Francesco Orsolani diese Behauptung durch trockene Still- und Schaumweine von echter Finesse. Auch Colombaio di Candia produziert guten trockenen Erbaluce. Luigi Ferrando ist führend an einer gewissen Wiederbelebung der süßen Version außerhalb der DOC beteiligt. Vittorio Boratto erreicht mit goldenem, samtigem Caluso Passito, dessen Aroma an geröstete Haselnüsse erinnert, große Höhen. Diese Rarität gehört sicherlich zu den besten süßen Weinen Italiens. Die *Liquoroso*-Version ist überaus selten und sehr haltbar. Was sonst noch als «Passito» in der Gegend angeboten wird, schmeckt eher wie Moscato aus Sizilien.

ZONE: Das Canavese-Gletscherbecken, durchflossen von der Dora Baltea, in den Hügeln nördlich von Ivrea bis südöstlich von Caluso, mit 32 Gemeinden in der Provinz Torino und 3 in der Provinz Vercelli. Der größte Teil der Rebfläche befindet sich um den Candia- und Viverone-See an der Gletscherendmoräne La Serra.

Erbaluce di Caluso. Trockener Weißwein. Traube: Erbaluce. E. 84/120; Alk. 11; S. 0,7.

Caluso Spumante. Trockener weißer Schaumwein. Traube: Erbaluce. E. 84/120; Alk. 11,5; S. 0,65.

Caluso Passito. Gold- bis bernsteinfarbener Dessertwein. Trauben: Erbaluce; Bonarda bis 5%. E. 42/120 (von rosinierten oder *Passito*-Trauben), Alk. 13,5; S. 0,65; A. 5 J. (Verschnitte aus mehreren Jahrgängen sind zulässig).

Caluso Passito Liquoroso. Gold- bis bernsteinfarbener gespriteter Süßwein. Trauben: wie *passito*. E. 42/120 (von rosinierten oder *Passito*-Trauben); Alk. 17,5; S. 0,6; A. 5 J. (Verschnitte aus mehreren Jahrgängen sind zulässig).

Andere beachtenswerte Weine
Roter *vdt* von Nebbiolo und Barbera darf den Namen Canavese führen. Auch aus Roppolo und Viverone kommt achtbarer roter *vdt*.

WEINGÜTER/WINZER
Renato Bianco, Caluso (TO). Hochgeschätzter Erbaluce und Passito Macellio.
Vittorio Boratto, Piverone (TO). Der pensionierte Önologe produziert als Hobby den letzten noch rühmenswerten Caluso Passito, jedoch nur in bestimmten Jahren und von ausgewählten Trauben aus einer 0,3 ha großen Lage. Manchmal trägt Edelfäule interessante Nuancen bei. Die wenigen hundert Flaschen sind sehr teuer und gehen an exklusive Restaurants und Vinotheken.
Colombaio di Candia, Candia Canavese (TO). Guter trockener Erbaluce Vigneto Colombaio sowie Spätlese Riserva in *barriques*.
Orsolani, San Giorgio Canavese (TO). Francesco Orsolani erzeugt den feinen trockenen Erbaluce La Rustia, was «geröstet» bedeutet und auf eine Auslese hochreifer Trauben hinweist. Sein Caluso Spumante nach dem Champagnerverfahren beweist, daß die Erbaluce-Traube als Schaumwein unerwartetes Potential besitzt.

WEIN- UND HANDELS-HÄUSER
Luigi Ferrando, Ivrea (TO). Vorbildlicher Carema und avantgardistischer Erbaluce. 4 Lagen in Carema – Laure, Silanc, Siei, Piolei – mit zusammen 3 ha bringen eine Sonderabfüllung mit schwarzem Etikett und einen jugendlichen roten *vdt* Tupiun von Nebbiolo und Neretto hervor. In Caluso stehen 3 ha bei Piverone für süßen Vigneto Cariola und spätgelesenen, *barrique*-gereiften Solativa (beide ohne DOC) zur Verfügung. Diese Raritäten sind neben anderen Weinen in der Ferrando-Vinothek in Ivrea erhältlich.

GENOSSENSCHAFTEN
Produttori Nebbiolo di Carema, Carema (TO). Luciano Clerin ist der Leiter der Genossenschaftskellerei, deren 45 Mitglieder Trauben für 2/3 der DOC-Weine, u. a. die Auslese Carema Carema, liefern.
CS di Piverone, Piverone (TO). DOC Erbaluce di Caluso Bianco della Serra.

Die Weine aus den Vercelli- und Novara-Bergen

Gattinara bildet den Kern der 7 kleinen, aber historisch bedeutenden Weinzonen in den letzten Ausläufern der Alpen zu beiden Seiten des Flüßchens Sesia in den Provinzen Vercelli und Novara. Im Westen bei Biella liegen die Colli Vercellesi mit Lessona, Bramaterra und Gattinara. Auf dem Ostufer der Sesia befinden sich die Colli Novaresi mit Boca, Ghemme, Sizzano und Fara. Die von Gletschermoränen gebildeten Hügel und Hochflächen bieten ein ungewöhnliches Klima, in dem die Hitze und Feuchtigkeit der oft für den Reisanbau überfluteten Po-Ebene durch Luftströmungen aus den Alpen sowie vom Lago Maggiore und vom Orta-See gemildert werden. Die Römer legten hier schon Weinberge an, aber erst im späten Mittelalter scheint Nebbiolo bzw. Spanna größere Bedeutung erlangt zu haben. Um die Mitte des 19. Jh.s wurde der Gattinara als trockener Rotwein oft höher geschätzt als der Barolo. In der 1887 erschienenen «Carta Vinicola d'Italia» wird berichtet, daß Ghemme, Lessona und Gattinara haltbarer als Barolo gewesen und im Alter von 5 bis 10 Jahren in der Lombardei als Stärkungsmittel für Rekonvaleszente verwendet worden seien. Die praktisch rein aus Nebbiolo gewonnenen Gattinara- und Lessona-Weine galten früher als kräftiger, herber und bukettreicher als die Weine von der anderen Seite des Sesiatals, wo damals wie heute Vespaiola und Bonarda zur Geschmacksmilderung mitverarbeitet wurden.

Die Nebbiolo-Weine aus dem Norden geraten in heißen, trockenen Jahren wie 1988, 1985, 1982, 1978, 1974 und 1970 am besten, weil dann Frucht und Extrakt ein Gegengewicht zur Säure bilden. Ausgereifte Weine unterscheiden sich von Barolo oder Barbaresco durch kräftigeren Veilchen- und Teerduft sowie ein breiteres, weicheres Gefüge und einen bitteren Nachgeschmack. Die Klasse der Weine aus den Novara- und Vercelli-Bergen hängt nicht nur vom Nebbiolo-Anteil am Verschnitt, sondern auch von der Lage, Höhe und Bodenzusammensetzung des Weinbergs ab. In den letzten Jahren ist die Rebfläche infolge von Rebenkrankheiten und Landflucht stark zurückgegangen. Dennoch hatte der Gattinara in Italien viele Anhänger, bis vor etwa 10 Jahren plötzlich zuviel Wein dieses Namens zu verdächtig niedrigen Preisen auf den Markt kam. Nachdem die DOC-Zone Gattinara geschaffen worden war, wurden zunächst neue Weinberg angepflanzt; der Absatz aber ging zurück, nicht nur weil manche Kellereien Tafelweine unter dem Namen Spanna herausbrachten, der allzu deutlich nach südlicher Herkunft und nicht nach Nebbiolo schmeckte, sondern weil auch seriösere Produkte mit ihren Billigpreisen den Markt für Gattinara und andere DOC-Weine verdarben. Das Ausland scheint heute noch eher an den Gattinara zu glauben, denn der Export übersteigt den Inlandsverbrauch. In letzter Zeit zeichnet sich jedoch eine Wiederbelebung ab. Da aber die 7 DOC-Zonen in den Vercelli- und Novara-Bergen insgesamt nur 8000 hl, d. h. rund 1 Mio. Flaschen im Jahr hervorbringen, dürften sie auch weiterhin mehr vom Glanz der Vergangenheit als von den Leistungen der Gegenwart zehren.

Lessona (1976)

Im 14. Jh. war Lessona für Wein in Hülle und Fülle und später für einen dem Gattinara ähnlichen Nebbiolo bekannt. Heute steht die Familie Sella mit ihrem herben aristokratischen Wein so ziemlich allein. ZONE: Die Gemarkung Lessona in der Provinz Vercelli auf weinbauwürdigen Böden in Hanglagen. Trockener Rotwein. Trauben: Nebbiolo (Spanna); Bonarda/Vespolina bis 25%. E. 56/80; Alk. 12; S. 0,55; A. 2 J. (1 J. im Faß).

Bramaterra (1979)

Die Familie Sella produziert hier unter Beimischung von Croatina einen Wein, der als einfacher gilt als der Lessona oder Gattinara, in normalen Jahren aber oft angenehmer zu trinken ist als diese beiden. Auch Luigi Perazzi bringt regelmäßig Ähnliches zustande. ZONE: Hügellagen in 7 Gemeinden der Provinz Vercelli, vorwiegend um Roasio und Villa di Bosco auf bewaldeten Hängen in der Lage Bramaterra. Trockener Rotwein. Trauben: Nebbiolo (Spanna) 50−70%, Croatina 20−30%. Bonarda/Vespolina bis 20%. E. 49/70; Alk. 12; S. 0,5; A. 2 J. (18 Mte. im Faß), riserva 3 J. (2 J. im Faß).

Gattinara (1967)

Die Geschichte berichtet, daß die Römer die ersten Weinberge der Gegend anlegten und daß Kardinal Mercurino Arborio, ein Sohn der Stadt und Kanzler Karls V., den Wein von Gattinara an die Höfe Europas brachte. Doch der Gattinara verdankt seinen Ruhm nicht nur dem Mythos, sondern vielmehr der Tatsache, daß ihn alle Kenner bis fast auf den heutigen Tag als einen der großen Rotweine des Piemonts und Italiens anerkannt haben. Er galt als der langlebigste, robusteste und gehaltvollste der Nebbiolo-Weine aus dem Norden. An seinem Sturz aus diesen wohlverdienten Ruhmeshöhen waren verantwortungslose Abfüller schuld, die Weine aus anderen Gegenden zusammenmischten und als «Gattinara» verkauften. Aber auch viel echter Gattinara der neueren Zeit zeigt sich des Namens nicht würdig, wobei unklar bleibt, ob das mehr an mangelhafter Weinbergpflege oder Kellertechnik liegt.

Zwar sind sich die meisten Winzer einig, daß die Weine besser sein könnten, aber nicht darüber, wie das erreicht werden soll. Die Nebbiolo- oder Spanna-Traube darf allein verwendet werden, aber auch 10% Zugabe zur Milderung ihrer Säure sind zulässig, wobei manche lieber Vespolina als die anerkannte Bonarda verwenden würden. Übereinstimmung besteht lediglich darin, daß einiges geändert werden muß, um Gattinaras Reputation zu retten, und vermutlich wurde aus diesem Grund eine DOCG beantragt. Kritiker meinen jedoch, daß Gattinara nach seinen bisherigen Leistungen als DOC einen solchen Vorzug nicht verdient habe. Wenn die in der Krise stark zusammengeschrumpfte Zahl an Winzern nun ihre Produktion von jährlich 500 000 Flaschen schärferen Qualitätsmaßstäben unterstellen will, dann kann dies nur von Vorteil sein. Le Colline hat sich in den letzten 10 Jahren mit Monsecco bereits einen guten Namen gemacht, und Travaglini sowie Nervi erbringen ebenfalls gute Leistungen, am dynamischsten aber erweist sich Rosanna Antoniolo mit deutlich verbesserten Einzellagen-Weinen.

Gattinara ist als Weinzone leicht zu kontrollieren, denn es sind nur etwa 90 ha am Südhang praktisch eines einzigen Hügels nordwestlich der Stadt registriert. Alte Winzer kennen jede einzelne Parzelle und benennen sie mit eigenartigen Dialektnamen. Einige Lagen sind als Quellen für anerkannten Gattinara erwähnenswert. Rosanna Antiniolo hat Weinbergbesitz in Osso San Grato, San Francesco und Castelle. Nervi verfügt über die berühmten Lagen Molsino und Valferana, wo auch Le Colline Anteile für Monsecco besitzt. Vielleicht finden auch andere Lagen auf diesem Hang wieder zu ihrer großen Vergangenheit zurück. ZONE: Südhänge in der Gemarkung Gattinara in der Provinz Vercelli. Trockener Rotwein. Trauben: Nebbiolo (Spanna); Bonarda di Gattinara bis 10%. E. 63/90; Alk. 12; S. 0,55−0,85. Alter 4 J. (2 J. im Faß).

In der Ghemme-Zone im Nordpiemont heißt die Nebbiolo-Traube Spanna.

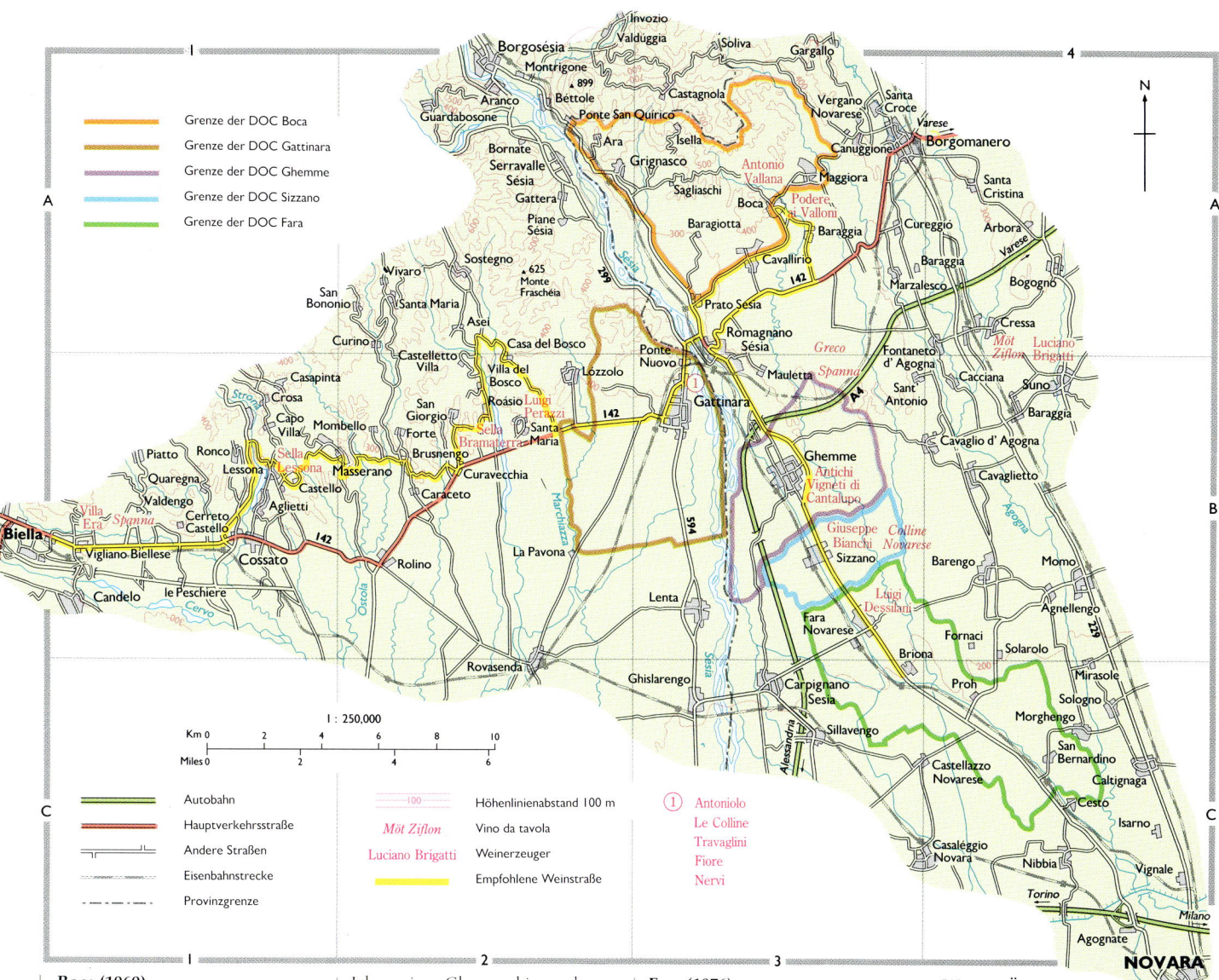

Boca (1969)

Boca und Maggiora in den bewaldeten Bergen zwischen dem Sesia-Tal
und dem Lago d'Orta sind seit der
Römerzeit durch Wein bekannt, doch
der heutige DOC-Wein ist eine Rarität.
ZONE: Hanglagen bis zu einer Höhe
von 500 m in den Gemarkungen Boca
und z. T. Maggiora, Cavallirio, Prato
Sesia und Grignasco in der Provinz
Novara. Trockener Rotwein. Trauben: Nebbiolo (Spanna) 45–70%,
Vespolina 20–40%; Bonarda Novarese (Uva Rara) bis 20%. E. 63/90;
Alk. 12; S. 0,6; A. 3 J. (2 J. im Faß).

Ghemme (1969)

Die Gemeinde am Fluß gegenüber
Gattinara brachte früher ganz ähnlichen Wein hervor; heute aber wird
so wenig Ghemme produziert, daß
ein Vergleich kaum möglich ist. Nur
die Gebrüder Arlunno von den Antichi Vigneti di Cantalupo erzeugen
einen Ghemme Collis Breclemae, der
sich würdig unter die feinsten Nebbiolo-Weine des Nordens einreiht,
und auch Le Colline kann in manchen

Jahren einen Ghemme bieten, der
dem Gattinara Monsecco des Hauses
nicht nachsteht.
ZONE: Südhänge in der Gemarkung
Ghemme und dem als Mauletta
bekannten Teil von Romagnano
Sesia in der Provinz Novara. Trocke-
ner Rotwein. Trauben: Nebbiolo
(Spanna) 65–85%, Vespolina
10–30%; Bonarda Novarese (Uva
Rara) bis 15%. E. 70/100; Alk. 12;
S. 0,6; A. 4 J. (3 J. im Faß).

Sizzano (1969)

Südwärts an der Sesia entlang enthält
das Mischungsrezept einen höheren
Anteil anderer Traubensorten; die
Weine entwickeln sich dadurch leich-
ter und sind früher trinkreif, wie
z. B. der Sizzano und Ghemme von
Giuseppe Bianchi.
ZONE: Die Gemarkung Sizzano in
der Provinz Novara auf Südhängen
mit geeigneten Böden. Trockener
Rotwein. Trauben: Nebbiolo
(Spanna) 40–60%, Vespolina
15–40%; Bonarda Novarese (Uva
Rara) bis 25%. E. 70/100; Alk. 12;
S. 0,55; A. 3 J. (2 J. im Faß).

Fara (1976)

Der oft leichteste Vercelli-Novara-
Wein zeigt dennoch in Dessilanis
Caramino die Klasse und das Steh-
vermögen eines feinen Gattinara.
Auch die CS di Fara Novarese ist
zuverlässig.
ZONE: Die Gemarkungen Fara und
Briona in der Provinz Novara auf
sanften Südlagen. Trockener Rot-
wein. Trauben: Nebbiolo (Spanna)
30–50%, Vespolina 10–30%;
Bonarda Novarese (Uva Rara) bis
40%. E. 77/110; Alk. 12; S. 0,55;
A. 3 J. (2 J. im Faß).

Andere beachtenswerte Weine

Der Name Spanna hat viel von seiner
Anziehungskraft eingebüßt, seit das
Haus Antonio Vallana keine Lagen
und Weingüter mehr auf Tafelwein-
Etiketten erwähnt; alte Flaschen
Campi Raudii und Traversagna aus
den 60er Jahren sind zwar heute
kaum zu finden, aber noch immer ein
Genuß. Der meistgepriesene echte
Spanna kommt derzeit von Villa Era.
Interessant ist auch der Möt Ziflon
von Luciano Brigatti (ohne DOC).

WEINGÜTER/WINZER

Antichi Vigneti di Cantalupo,
Ghemme (NO). Alberto und Mauri-
zio Arlunno halten den guten Namen
Ghemme mit Collis Breclemae und
Collis Carellae, Auslesen von 20 ha,
sowie mit rotem *vdt* Agamium (der
römische Name für Ghemme) auf-
recht.
Antoniolo, Gattinara (VC). Rosanna
Antoniolo ist mit ihren bemerkens-
werten Einzellagenweinen Osso San
Grato, San Franceso und Castelle von
12 ha die treibende Kraft hinter dem
Wiederaufstieg des Gattinara.
Giuseppe Bianchi, Sizzano (NO).
DOC Sizzano und Ghemme.
Luciano Brigatti, Suno (NO). Der
einzige Erzeuger des *vdt* Möt Ziflon
von Nebbiolo mit Bonarda und Vespolina produziert auch reinen Bonarda von 5 ha.
Le Colline, Gattinara (VC). Bruno
Gervi leitet das Gut, das von der
Familie Ravizza mit dem Monsecco,
dem meistgepriesenen Gattinara
unserer Zeit, berühmt gemacht
wurde. Die 18 ha Weinbergbesitz
umfassen Güter in Ghemme (für

DOC Ghemme) und in Treiso (Cascina Bordino für Barbaresco und Moscato d'Asti).

Luigi Perazzi, Roasio (VC). Feiner Bramaterra und roter *vdt* La Sassaia.

Podere ai Valloni, Boca (NO).

Sella Bramaterra, Roasio (VC). Die Familie Sella erzeugt guten Bramaterra von 9 ha ihres waldreichen Guts; daneben wenig *vdt* Orbello.

Sella Lessona, Lessona (VC). Von dem 11-ha-Gut San Sebastiano allo Zoppo produziert Fabrizio Sella vielgepriesenen Lessona.

Travaglini, Gattinara (VC). Auf 17 ha gewinnt Giancarlo Travaglini vielbeachteten Gattinara.

Villa Era, Vigliano Biellese (VC). Roberto Rivettis Spanna di Vigliano übertrifft oft die übliche Klasse der Nebbiolo-DOC-Weine aus dem Norden.

WEIN- UND HANDELS- HÄUSER

Guido Barra, Gattinara (VC). Gattinara.

Luigi Dessilani, Fara Novarese (NO). Die von Enzio Lucca geleitete Kellerei erzeugt Gattinara, Ghemme

und feinen DOC Fara namens Caramino.

Umberto Fiore, Gattinara (VC). Zuverlässiger Erzeuger und Abfüller von Gattinara und anderen Weinen aus dem Piemont.

Luigi & Italo Nervi, Gattinara (VC). Das angesehene Haus unter der Leitung von Giorgio Aliata produziert von 21 ha Gattinara, u. a. aus den Einzellagen Molsino (5 ha) und Valferana (6 ha).

Antonio Vallana, Maggiora (NO). Das lange Zeit für Spanna mit exotischen Etiketten und erstaunlicher Lebensdauer bekannte Haus hat sich zu einem kaum noch erwähnenswerten Erzeuger von Boca und anderen Weinen gewandelt.

GENOSSENSCHAFTEN

CS di Fara Novarese, Fara Novarese (NO). Zuverlässiger Erzeuger von DOC Fara und *vdt*.

CS di Gattinara. Gattinara (VC). Die Kellerei produziert fast 1/3 des heutigen Gattinara.

CS di Ghemme e Sizzano, Sizzano (NO). DOC Ghemme und Sizzano.

DAS SÜDÖSTLICHE PIEMONT

In den Provinzen Asti und Alessandria wachsen etwa 2/3 des Weins der Region, vorwiegend in den Monferrato-Bergen, die sich von den Apenninen bis zum Po über den größeren Teil des südöstlichen Piemont erstrecken. Die 19 DOC-Zonen in diesem Gebiet umfassen beide Provinzen und Freisa di Chieri in der Provinz Torino. Der Umfang der Zonen ist sehr unterschiedlich; so erstreckt sich Barbera del Monferrato über den größten Teil der Provinzen Alessandria und Asti, und auch Barbera d'Asti ist nur etwas kleiner. Moscato d'Asti (Asti Spumante) erfaßt Teile der beiden Provinzen und reicht in die Provinz Cuneo hinein. Dagegen gilt die Zone Gabiano nur für Teile von zwei Gemarkungen. Die Zonen überlappen und überschneiden sich nach geografischen oder historischen Kriterien oder nach alten Gepflogenheiten. Auf der Landkarte erscheinen sie als unentwirrbares Durcheinander, doch die Logik des Systems offenbart sich bei näherer Betrachtung.

Der Tanaro unterteilt das Hügelland in Alto und Basso Monferrato. Die Böden sind kalkreich bei von einem Tal zum anderen verschiedenem Anteil an Sand und Lehm und ebenso variablem Mikroklima. Fast alle hier angebauten Reben sind einheimisch, und sie bevorzugen bestimmte Gegenden – sogar die Barbera, die zwar überall wächst, doch nicht überall gleich gut ausfällt. Ihr meist rustikaler Wein war für den Alltagsbedarf der Piemontesen lange Zeit ideal, bis ein Geschmackswandel eine Modernisierung erzwang. Daher tritt der Barbera heute als mittelschwerer bis fester Rotwein nach dem üblichen Standard auf. Dasselbe gilt für den Dolcetto, der an manchen Stellen in beiden Provinzen und insbesondere in Ovada gedeiht. Die übrigen Rotweine von Monferrato – Freisa, Grignolino, Brachetto, Malvasia und Ruchè – sind dagegen exzentrisch oder rar.

Während die Rotweine dieser Gegend noch immer schwer abzusetzen sind, ist das bei den Weißweinen ganz anders, denn der Asti Spumante ist in aller Welt gefragt, und der Gavi ist wie die anderen Cortese-Weißweine in Italien populär. In Alto Monferrato wird viel Moscato für Asti Spumante angebaut; die gesuchtesten Trauben dieser Sorte wachsen jedoch um Canelli in höheren Lagen der Langhe-Berge. Der Hügelzug der Colli Tortonesi leitet zum Oltrepò Pavese in der Lombardei über.

Das südöstliche Piemont zählt zu den am intensivsten kultivierten Weinbaugebieten Oberitaliens. Wegen der Unterschiedlichkeit der Weinzonen ist eine einheitliche Behandlung schwierig. Deshalb werden für die Provinz Alessandria die Weingüter und -kellereien bereichsweise, für die Provinz Asti dagegen gemeinsam aufgeführt.

Die Weine von Monferrato Casalese

Der auf die Provinz Alessandria entfallende Teil von Basso Monferrato erstreckt sich am Po entlang zwischen Casale Monferrato und der Grenze zur Provinz Asti über ein oft steiles Hügelland, wo von alters her Barbera und Grignolino angebaut wurden. Da beide Trauben einiges von ihrer früheren Popularität eingebüßt haben, ist der Weinbau hier zurückgegangen. Indessen hält ein rundes Dutzend qualitätsbewußte Erzeuger weiter aus. Die für den lokalen Bedarf eingerichteten DOC-Zonen Gabiano und Rubino di Cantavenna sind weitgehend unbekannt geblieben.

Barbera del Monferrato (1970)

Die umfassendste DOC-Zone des Piemonts bietet den Erzeugern von Monferrato eine universelle Appellation für Barbera, wobei etwa 2/3 der Produktion auf die Provinz Alessandria entfallen. Früher war Barbera del Monferrato oft rustikal säuerlich oder flau und flach. Inzwischen aber entstehen hier immer ausgewogenere und gefälligere Versionen, von robust bis leicht und lebendig. Der *superiore* einiger Erzeuger kann sich unter den feinsten Rotweinen vom Piemont sehen lassen. Die DOC-Vorschrift erlaubt auch einen leicht lieblichen Typ.

ZONE: Fast das gesamte Monferrato-Gebiet unter Einschluß aller anderen DOC-Zonen in der Provinz Asti und aller außer Gabiano, Rubino di Cantavenna, Gavi und Colli Tortonesi in der Provinz Alessandria. Zur Zone gehören auch die flachen Hügel am Po um Valenza. Trockener Rotwein, auch *abboccato* und *frizzante*. Trauben: Barbera 85–90%, Freisa/Grignolino/Dolcetto 10–15%. E. 70/100; Alk. 12, *superiore* 12,5; S. 0,6; A. *superiore* 2 J.

Grignolino del Monferrato Casalese (1974)

Der Grignolino ist ein sehr heller, rostroter *chiaretto* mit zartem Duft. Dennoch ist er sehr gerbstoffreich und ruft oft ein kräftiges, pelziges Gefühl auf der Zunge hervor. Liebhaber dieser Geschmacksrichtung unterscheiden feine Nuancen in Weinen des Classico-Bereichs an der Grenze zwischen den Provinzen Asti und Alessandria in Monferrato Casalese. Die besten Lagen befinden sich auf leichtem Sandboden bei Olivola, Terruggia, Treville und v. a. Vignale Monferrato, wo die Familie Gaudio in Nuova Cappelletta als führend gilt. Die regionale Vinothek dort ermöglicht eingehendes Probieren dieses ungewöhnlichen Weins.

ZONE: Das Hügelland von Monferrato Casalese mit 34 Gemeinden in der Provinz Alessandria. Trockener, heller Rotwein. Trauben: Grignolino; Freisa bis 10%. E. 45/75; Alk. 11; S. 0,55.

Rubino di Cantavenna (1970)

Der in neuerer Zeit von einer kleinen Winzergenossenschaft ins Leben gerufene Barbera-Rotwein wird nur

in winzigen Mengen erzeugt und ist außerhalb seiner Heimat selten.

ZONE: Die Hügel am Südufer des Po in den Gemarkungen Cantavenna, Gabiano, Moncestino, Camino und Villamiroglio. Trockener Rotwein. Trauben: Barbera 75–90%, Grignolino/Freisa bis 25%. E. 70/100; Alk. 11,5; S. 0,6; A. 1 J.

Gabiano (1983)

Die Castello-di-Gabiano-Rotweine von Barbera waren früher für Wucht und Tiefe bei großer Langlebigkeit bekannt, doch ist seit Einführung der DOC für Gabiano die Produktion zurückgegangen.

ZONE: Die Hügel am Südufer des Po in den Gemarkungen Gabiano und Moncestino. Trockener Rotwein. Trauben: Barbera 90–95%, Grignolino/Freisa 5–10%. E. 56/80; Alk. 12, *riserva* 12,5; S. 0,5; A. *riserva* 2 J.

Andere beachtenswerte Weine

Der Sauvignon von Colle Manora ist ein seltenes Beispiel für den Erfolg einer fremden Rebsorte in einer Gegend, wo einheimische Trauben für DOC-Weine und *vdt* überwiegen.

WEINGÜTER/WINZER

Giulio Accornero & Figli, Terruggia (AL). Barbera, Grignolino, Freisa und Malvasia di Casorzo d'Asti.

Augustus, Alfiano Natta (AL). Barbera und Grignolino.

Cascina Alberta. Vignale Monferrato (AL). Barbera und Grignolino.

Castello di Gabiano, Gabiano (AL). Das altberühmte Weingut der Marchesi Cattaneo Adorno erzeugt den raren DOC Gabiano.

Castello di Salabue, Ponzano Monferrato (AL). Auf 16 ha gewinnt Carlo Cassinis vielgerühmten Barbera, Grignolino und *vdt* Rubello di Salabue.

Colle Manora, Quargnento (AL). Barbera d'Asti sowie sehr guter Sauvignon Mimosa und Cabernet.

Il Mongetto, Vignale Monferrato (AL). Barbera und Grignolino.

La Tenaglia, Serralunga di Crea (AL). Von 12 ha produziert Delfina Quattrocolo guten Barbera und Grignolino.

Ermenegildo Leporati, Casale Monferrato (AL). Das auf Grignolino und

Barbera spezialisierte Gut ist seit dem 13. Jh. im Weinbau tätig.

Nuova Cappelletta, Vignale Monferrato (AL). Grignolino La Collina sowie Barbera La Guerra und Montalbava von 36 ha.

Poderi Bricco Mondalino, Vignale Monferrato (AL). Amilcare Gaudio und seine Familie produzieren von 7 ha feinen Grignolino Il Mondalino und Barbera d'Asti Il Bergantino.

WEIN- UND HANDELS-HÄUSER

Livio Pavese, Treville Monferrato (AL). Zuverlässiger Erzeuger von Grignolino, Brachetto d'Acqui und anderen Monferrato-Weinen.

GENOSSENSCHAFTEN

CS di Rubino, Cantavenna di Gaviano (AL). Rubino di Cantavenna.

CS di Vignale, Vignale Monferrato (AL). Grignolino und Barbera.

Weine aus den Bergen von Tortona

Tortona liegt an dem Flüßchen Scrivia im Osten von Piemont am Rand der Apenninen-Ausläufer, die zum Oltrepò Pavese überleiten. In den Colli Tortonesi wachsen Weine von Barbera und Cortese, die eher lombardisch als piemontesisch anmuten.

Colli Tortonesi (1973)

Die Produktion war eine Zeitlang von perlendem weißem Cortese beherrscht, doch der traditionelle stille und schäumende Barbera-Rotwein bleibt die Grundlage. Manche Weine halten den Vergleich mit Monferrato oder Oltrepò Pavese aus. ZONE: Die unteren Apenninen-Ausläufer südöstlich von Tortona zwischen der Scrivia und der Grenze zur Lombardei mit 30 Gemeinden in der Provinz Alessandria.

Barbera. Trockener Rotwein, oft *vivace*. Trauben: Barbera; Freisa/Bonarda/Dolcetto bis 15%. E. 63/90; Alk. 12, *superiore* 12,5; S. 0,6; A. *superiore* 2 J. (1 J. in Eichen- oder Kastanienholzfässern).

Cortese. Trockener Weißwein, oft *vivace*, auch *spumante*. Traube: Cortese. E. 70/100; Alk. 10,5, *spumante* 11,5; S. 0,55.

WEINGÜTER/WINZER

Fratelli Massa, Monleale (AL). DOC Colli Tortonesi.

WEINKELLEREI

Cantine Volpi, Tortona (AL). Spezialist für Colli Tortonesi-Schaumwein.

Weine von Gavi und Ovada

Gavi und Ovada liegen nebeneinander im äußersten Osten der Monferrato-Berge am Fuß der Ligurischen Apenninen. In dieser Gegend, die früher zu Genua gehörte und in Brauchtum, Sprache und Klima mediterranen Einflüssen unterliegt, steht hinter vielen Ortsnamen Ligure. Trotz der geografischen Ähnlichkeiten der benachbarten DOC-Zonen sind Gavi und Ovada auf verschiedene Weinarten spezialisiert. Ovada ist seit langem für Dolcetto mit eigenständigem Charakter bekannt, während Gavi erst in letzter Zeit durch seinen inzwischen überaus beliebten Cortese-Weißwein zu Ruhm gelangt ist.

Gavi oder **Cortese di Gavi (1974)**

Der rasche Aufstieg des Gavi als Musterbeispiel eines modernen italienischen Weißweins hat dem Piemont auch auf einem bislang ungewohnten Gebiet einen guten Ruf eingebracht. Weinbau wird in Gavi auf dem kalkreichen Lehmboden der Hanglagen schon seit 972 getrieben. Das Klima wird durch Luftströmungen vom Mittelmeer her gemildert. Bis zu dem modernen Boom wuchs die Cortese-Traube hier eigentlich als Lieferant von Grundwein für die *Spumante*-Industrie in Asti. Für intensiven Weinbau gab es in der Zone wenig Anzeichen, bis in den 50er Jahren Vittorio Soldati auf seinem Weingut La Scolca den Gavi dei Gavi lancierte, der sich in den 60er und 70er Jahren zum gesuchtesten – und teuersten – trockenen Weißwein Italiens entwickelte. Nun begannen Investitionen, wie sie für andere Industriezweige in dieser Gegend nicht untypisch, im Weinbau aber selten anzutreffen sind. Die Produktion hat sich in den 15 Jahren der Gavi-Mode verdreifacht, wobei die 30 Weingüter, die diesen Wein produzieren, bei zwar hohen Preisen praktisch eine Qualitätsgarantie bieten. Allerdings bringen auch mehrere Firmen in anderen Teilen des Piemonts achtbaren Gavi hervor, doch nicht alle Marken der rund 200 Abfüller sind zuverlässig.

Ein typischer Gavi zeichnet sich durch sauberen, feinen Duft und ausgesprochen trockenen Geschmack mit kräftiger Säure aus, die durch leichte Fruchtigkeit kompensiert wird. Er ist ein vorbildlicher Fischwein, der sich von allen anderen durch eleganteren Stil unterscheidet. Der Erfolg in Italien regte den Export an, an dessen Spitze Villa Banfi mit

Parodi Ligure in der DOC-Zone Gavi im Südost-Piemont.

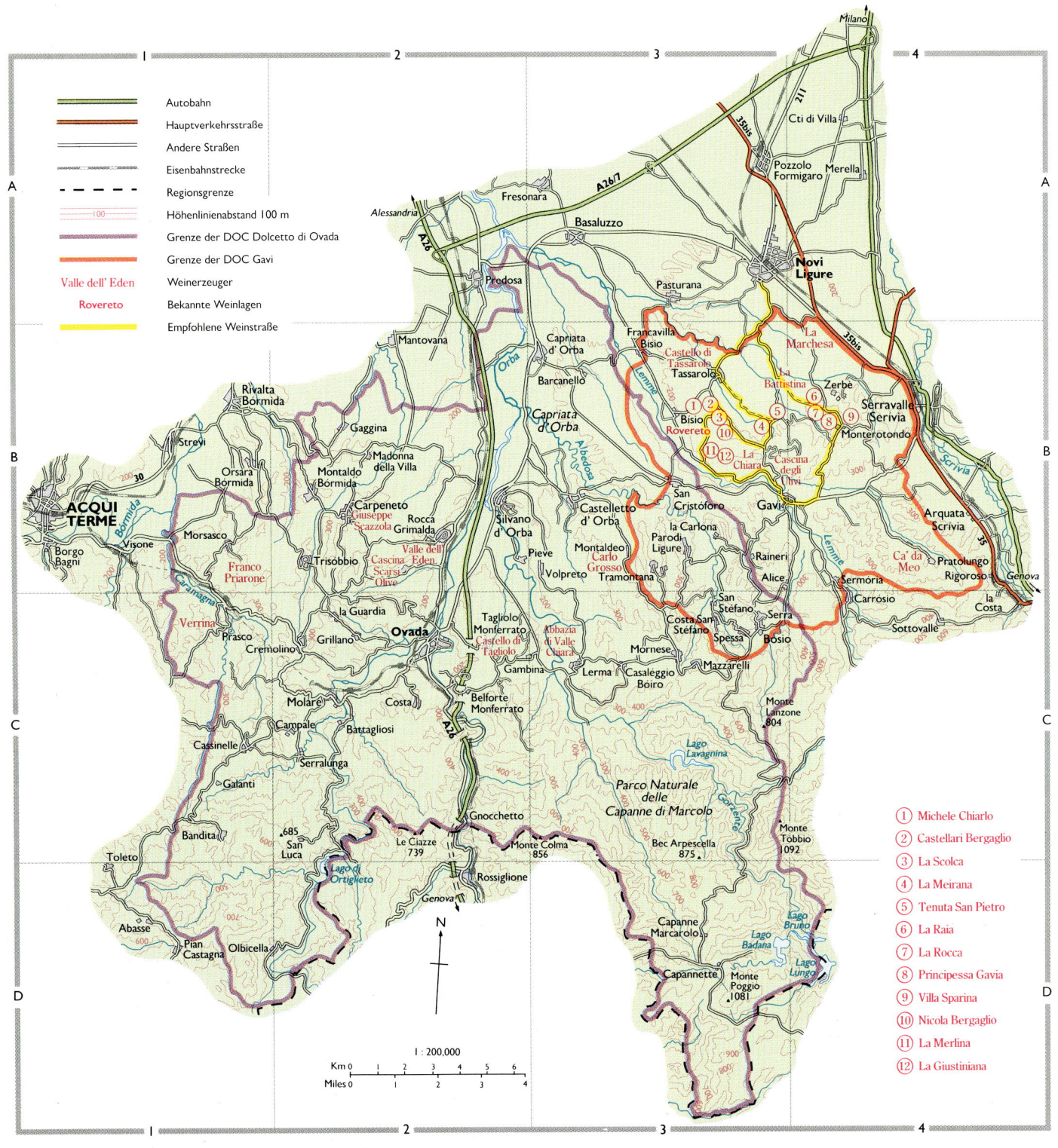

Autobahn
Hauptverkehrsstraße
Andere Straßen
Eisenbahnstrecke
Regionsgrenze
Höhenlinienabstand 100 m
Grenze der DOC Dolcetto di Ovada
Grenze der DOC Gavi
Valle dell' Eden   Weinerzeuger
Rovereto   Bekannte Weinlagen
    Empfohlene Weinstraße

① Michele Chiarlo
② Castellari Bergaglio
③ La Scolca
④ La Meirana
⑤ Tenuta San Pietro
⑥ La Raia
⑦ La Rocca
⑧ Principessa Gavia
⑨ Villa Sparina
⑩ Nicola Bergaglio
⑪ La Merlina
⑫ La Giustiniana

1 : 200,000

Km 0   1   2   3   4   5   6
Miles 0   1   2   3   4

«Principessa Gavia» aus eigenem Weinbergbesitz steht. Auch andere Weingüter haben sich kleinere Märkte im Ausland geschaffen, und viele Abfüller führen Gavi im Exportprogramm. Im Ausland aber regen sich Zweifel am Gavi, weil ihm alle sonst von einem kostspieligen Weißwein geforderten Merkmale fehlen. Manche Erzeuger bauen deshalb den für einen Weißwein ungewöhnlich tanninhaltigen Cortese nach eigenem Verständnis des internationalen Geschmacks in *barriques*

aus, wobei das Eichenholz die sowieso nur schwache Fruchtigkeit ganz überdeckt.

Viele frühere Jahrgänge von La Scolca waren vielleicht deshalb so denkwürdig, weil sie mehr als die neueren im Stil an weißen Burgunder erinnerten. Der Vigneto Alborina von Castello di Tassarolo als der vielleicht untypischste Gavi weist eine besondere Note auf. Die traditionelle Rolle der Cortese-Traube im Schaumwein wurde über dem Aufschwung der stillen Version fast vergessen; nunmehr folgen mehrere Erzeuger dem Vorbild von La Scolca mit dem Pados nach dem Champagnerverfahren. La Scolca wahrt seine alte Würde, steht aber nicht mehr haushoch über der Konkurrenz wie mit dem einstigen «Gavi dei Gavi» – eine übrigens nicht mehr zulässige Bezeichnung. Heute ist für alle der Name «Gavi di Gavi» vorgeschrieben. La Scolca liegt in der Gegend von Rovereto, wo sich die besten Lagen befinden; allerdings stehen die Hänge nördlich der Stadt bis Monte-

rotondo und Tassarolo ihnen kaum nach. Es heißt oft, daß der Boden bei modernen Weißweinen weniger Einfluß hat als die Kellertechnik. Der Triumph des Gavi scheint tatsächlich eher auf aufwendiger Keller- und Marketingtechnik zu beruhen als auf den Qualitäten der Cortese-Traube. ZONE: Die Berge westlich der Scrivia von Novi Ligure in den Apenninen bis zur ligurischen Grenze mit 11 Gemeinden in der Provinz Alessandria. Die meisten Weinberge liegen bei Gavi auf Hängen von 200 bis

450 m Höhe sowie in den Bergen in Richtung Tassarolo, Serravalle Scrivia und Pratolungo. Trockener Weißwein, auch *spumante*. Traube: Cortese. E. 70/100; Alk. 10,5; S. 0,5.

Dolcetto di Ovada (1972)

Der Dolcetto ist im oberen Orba-Tal so sehr heimisch, daß die Traube früher in der ganzen Provinz als Uva di Ovada bezeichnet wurde. Die dortigen Weine stehen dem feinen Dolcetto d'Alba und di Dogliani kaum nach, obwohl sie ganz anders geartet sind. Der Dolcetto di Ovada ist robust, sehr alkoholstark, säure- und gerbstoffreich, so daß er sich einige Jahre gut hält, wobei seine fruchtige Art sehr anmutig zur Geltung kommt. Das mag an den dort angebauten Klonen liegen; vor allem aber dürfte sich auswirken, daß Ovada, dem Wind von Ligurien ausgesetzt, ein trockeneres Klima und kargeren Boden hat als Alba. Die besten Lagen befinden sich um Rocca Grimalda, Carpeneto, Montaldo, Morsasco, Prasco, Cremolino, Tagliolo und Lerma. Ein führender Exponent des langlebigen Stils ist Giuseppe Ratto mit Weinen von der Cascina Scarsi Olivi in Rocca Grimalda. Nach dem Tod seines Nachbarn Giuseppe Poggio wird der am höchsten geschätzte Wein der Zone, der Bricco Trionzo, nicht mehr produziert. Die meisten anderen Erzeuger verkaufen den Dolcetto jung, wenn er frühen Charme aufweist, doch selbst der moderne Stil ist gut haltbar.
ZONE: Steilhänge im Südostteil von Alto Monferrato zu beiden Seiten des Orba-Tals, von der ligurischen Grenze nordwärts an Ovada vorüber bis Capriata d'Orba mit 22 Gemeinden in der Provinz Alessandria. Trockener Rotwein. Traube: Dolcetto. E. 56/80; Alk. 11,5, *superiore* 12,5; S. 0,5; A. *superiore* 1 J.

WEINGÜTER/WINZER

Abbazia di Valle Chiara, Lerma (AL). Die Schauspielerin Ornella Muti ist Besitzerin der Abtei aus dem 14. Jh., wo ein vielversprechender Dolcetto di Ovada entsteht.
Nicola Bergaglio, Rovereto di Gavi (AL). Hochangesehner Gavi aus einer Einzellage.
Ca' da Meo, Pratolungo di Gavi (AL). Maurizio Vilona produziert guten Gavi und einen Dolcetto *vdt* Bricco della Croce.
Cascina degli Ulivi, Gavi (AL). Stefano Bellotti erzeugt einen immer besseren Gavi.
Cascina Scarsi Olivi, Rocca Grimalda (AL). Der eigenwillige Giuseppe Ratto glaubt, daß der Dolcetto di Ovada jahrelange Reifezeit braucht; Gli Scarsi und Le Olive von 5 ha verleihen seiner Meinung Nachdruck.

Castellari Bergaglio, Rovereto di Gavi (AL). Auf 7 ha ihres Guts Belvedere hat Wanda Castellari Bergaglio Reben für Gavi Minaia stehen.
Castello di Tagliolo, Tagliolo Monferrato (AL). Oberto Pinelli Gentile produziert hochgeachteten Dolcetto di Ovada, Barbera und Cortese.
Castello di Tassarolo, Tassarolo (AL). Die Marchesi Spinola und der Kellermeister Giancarlo Scaglione bringen aus der Lage Vigneto Alborina feinen Gavi mit mehr Stil hervor, als die Cortese-Traube sonst aufweist.
Carlo Grosso & Figli, Montaldeo (AL). Dolcetto di Ovada.
La Battistina, Novi Ligure (AL). Von 22 ha gewinnt Giuseppe Terragno angesehenen Gavi, u. a. den faßgereiften Bricco Battistina.
La Bollina. Serravalle Scrivia (AL). Das Gut mit 60 ha Rebfläche gehört Guido Berlucchi aus Franciacorta und produziert guten Gavi sowie Cortese-Schaumweine.
La Chiara. Vallegge di Gavi (AL). Geachteter Gavi von Ferdinando und Roberto Bergaglio.
La Guardia, Morsasco (AL). Die Familie Priarone erzeugt von 30 ha feinen Dolcetto di Ovada Bricco Riccardo und Bricco Lencino.
La Giustiniana, Rovereto di Gavi (AL). 30 ha um ein altes Benediktinerkloster bringen Gavi Lugarara, Montessora und Centurionetta sowie Schaumwein hervor.
La Marchesa, Novi Ligure (AL). Außer Gavi unter dem eigenen Namen liefert das 36-ha-Gut auch Qualitäts-Gavi an Abfüller.
La Meirana, Gavi (AL). Gian Piero Broglia strebt auf seinen 30 ha mit La Meirana, Vigna Fasciola sowie Gavi di Gavi von ausgewählten Trauben höchste Qualität an.
La Merlina, Rovereto di Gavi (AL). Fausto Gemme gewinnt von 10 ha besten Lagen vielgepriesenen Gavi.
La Raja, Novi Ligure (AL). DOC Gavi.
La Rocca, Monterotondo di Gavi (AL). Auf 10 ha erzeugen die Gebrüder Coppo guten Gavi.
La Scolca, Rovereto di Gavi (AL). Das Gut, auf dem Vittorio Soldati in den 50er Jahren den Gavi lancierte, wird heute von seinem Sohn Giorgio geleitet. Er produziert von 20 ha eigenen Weinbergen und weiteren 30 ha unter Vertrag den Gavi di Gavi mit schwarzem Etikett sowie Pados-Schaumwein.
Principessa Gavia, Monterotondo di Gavi (AL). Villa Banfi produziert hier aus eigenen Weinbergen und eigener Kellerei einen hochangesehenen Gavi.
Giuseppe Scazzola, Carpeneto (AL). Dolcetto di Ovada.
Tenuta San Pietro, Gavi (AL). Maria Rosa Gazzaniga gewinnt von

15 ha in San Pietro hochgepriesenen Gavi.
Valle dell'Eden, Rocca Grimalda (AL). Dolcetto di Ovada.
Verrina, Prasco (AL). Dolcetto di Ovada.
Villa Sparina, Monterotondo di Gavi (AL). Gavi di Gavi La Villa und guter Schaumwein Villa Sparina Brut (Champagnerverfahren).

WEINKELLEREI

Michele Chiarlo, Calamandrana (AT). Die Kellerei in Rovereto produziert Gavi aus besten Lagen, u. a. den faßgereiften Fior di Rovere.

GENOSSENSCHAFT

Tre Castelli, Montaldo Bormida (AL). Guter Dolcetto di Ovada, eine Reihe von DOC-Weinen und *vdt*.

Die Weine von Acqui und Alto Monferrato

Alto Monferrato ist die Gegend südlich des Tanaro und insbesondere der höher gelegene Teil der Apenninen-Ausläufer in der Provinz Alessandria. Hier wie überall wird vorwiegend Barbera angebaut; allerdings beliefern die Weinberge im Bormida-Tal seit jeher Acqui Terme und Strevi auch mit Moscato, Brachetto und Dolcetto.

Cortese dell'Alto Monferrato (1979)

Als etwas leichtere und preiswertere Alternative zu Gavi hat sich dieser Cortese-Wein bewährt. Der Trend geht zu Schaumweinversionen.
ZONE: Das Hügelland in einem großen Teil von Alto Monferrato, vom Rand der Gavi-Zone westwärts über das Orba- und Bormida-Tal bis Canelli, mit zahlreichen Gemeinden der Provinzen Alessandria und Asti. Trockener Weißwein, auch *frizzante* oder *spumante*. Trauben: Cortese; sonstige weiße Sorten bis 15%. E. 70/100; Alk. 10; S. 0,6.

Brachetto d'Acqui (1969)

Die alte Vorliebe des Piemonts für süßen roten Schaumwein findet vollen Ausdruck im Brachetto. Noch vor 100 Jahren war er in Alto Monferrato höher geschätzt als der Moscato. Als dann trockene weiße Schaumweine in Mode kamen, mußte der Brachetto der ertragreicheren Barbera weichen und starb fast aus. Nur einige Winzer bei Strevi blieben ihm treu und sorgten so für die Grundlage einer in den 70er Jahren begonnenen Wiederbelebung. Die ersten Versionen waren rustikal; bald aber kam durch Marenco und Ivaldi, deren Weine ein Muskateller-ähnliches Aroma mit Veilchen- und Rosenduftnoten besitzen, ein feinerer Brachetto-Stil auf. Auch Villa Banfi hat in seiner Kellerei in Strevi mit einem in Italien recht beliebten Schaumwein die alte Traube wieder aufleben lassen. Neben den *Frizzante*- und *Spumante*-Versionen gibt es von Forteto della Luja in Loazzolo einen üppigen, hell rubinroten *passito* und von Scarpa mit dem Brachetto di Moirano sogar einen trockenen *vdt* von eigenständiger Klasse.
ZONE: Die Hügel um Acqui Terme, Strevi und 6 weitere Gemeinden im Bormida-Tal in der Provinz Alessandria sowie westwärts im Belbo-Tal mit 18 Gemeinden in der Provinz Asti. Süßer Rotwein, meist *frizzante*

oder *spumante*. Trauben: Brachetto; Aleatico/Moscato Nero bis 10%. E. 56/80; Alk. 11,5 (Restsüße 5,5%); S. 0,5.

Dolcetto d'Acqui (1972)

Dolcetto aus den Bergen im Bormida-Tal zeigt oft opulent fruchtige Qualitäten, wie sie für Weine aus der Umgebung von Alba typisch sind. Manchmal aber ist er robust wie ein Dolcetto di Ovada, so z. B. Villa Banfis durch Faßreife gemilderter Argusto.
ZONE: Das Hügelland von Alto Monferrato von der ligurischen Grenze durch das Bormida-Tal nordwärts über Acqui bis Sezzadio mit 23 Gemeinden in der Provinz Alessandria. Trockener Rotwein. Traube: Dolcetto. E. 56/80; Alk. 11,5, *superiore* 12,5; S. 0,5; A. *superiore* 1 J.

Andere beachtenswerte Weine

Der Moscato aus Strevi ist auch ohne DOC so eigenständig, daß er als Schaumwein und als *passito* von Ivaldi getrennt vom Moscato d'Asti gewürdigt werden muß.

WEINGÜTER/WINZER

Ca' del Mauri, Acqui Terme (AL). Dolcetto d'Acqui.
Il Cascinone, Moirano d'Acqui (AL). Geachteter Erzeuger von DOC Acqui und Asti von 50 ha.
Domenico Ivaldi, Strevi (AL). Giovanni Ivaldi gestaltet feinen Brachetto d'Acqui, Moscato di Strevi und den vielgepriesenen Moscato *passito* Casarito.
La Baccalera, Acqui Terme (AL). Dolcetto d'Acqui.
Villa Banfi, Strevi (AL). Die amerikanische Firma produziert im Piemont Asti Spumante, Brachetto d'Acqui und den faßgereiften Dolcetto d'Acqui Argusto sowie Banfi Brut (Champagnerverfahren) und Brut Pinot (Tankgärung). Im 55-ha-Besitz sind Weinberge in Gavi für Principessa Gavia enthalten.

WEIN- UND HANDELS-HÄUSER

Ca' Bianca, Alice Bel Colle (AL). Gute Auswahl an Asti-Weinen und Brachetto d'Acqui, größtenteils von 20 ha firmeneigenem Besitz.

Marenco, Strevi (AL). Feiner Brachetto d'Acqui Pineto, Dolcetto d'Acqui Marchesa, Moscato d'Asti Scrapona.

Auch in Piemont wird aus Maismehl die Polenta bereitet.

GENOSSENSCHAFTEN

Viticoltori dell'Acquese, Acqui Terme (AL). Dolcetto d'Acqui, Barbera und Grignolino.

Vecchia CS di Alice Bel Colle, Alice Bel Colle (AL). Paolo Ricagno leitet die Kellerei. Zuverlässiges Programm an DOC Asti, Monferrato und Acqui.

CS di Cassine, Cassine (AL). DOC Acqui und Monferrato.

Tre Castelli, Montaldo Bormida (AL). Guter Dolcetto d'Ovada, eine Auswahl von DOC-Weinen und *vdt*.

In den Weinbergen von Rocchetta Palafea im Süden der Provinz Asti wächst neben Barbera auch Moscato für Asti Spumante.

Die Weine von Asti und aus den Turiner Bergen

Wenn die Welt Asti sagt, meint sie *spumante*, aber eigentlich ist der Rotwein, der ebenfalls diesen Namen trägt, ein ursprünglicherer Bestandteil der Kultur dieser Landschaft. Barbera, Grignolino und Freisa sind zwar nicht die angesehensten Weine des Piemonts, doch haben auch sie ihre Geschichte, ihre Mythen und vor allem ihre treue Gefolgschaft. Astis Ruhm und Glück beruhen freilich auf dem Moscato, obwohl der nur rund 10% der Rebfläche von Monferrato einnimmt. Die *Spumante*-Produktion konzentriert sich auf Canelli und Nizza Monferrato im Belbo-Tal. Moscato-Trauben wachsen in Alto Monferrato bis hin zum Bormida-Tal in der Provinz Alessandria, die besten Lagen aber befinden sich um Canelli in den Langhe-Bergen, die sich bis in die Gegend um Alba erstrecken, wo viel feiner Moscato d'Asti in den Weingütern erzeugt wird. Der größte Teil der Asti-Spumante-Produktion entfällt freilich auf industrielle Firmen, die auch trockene Schaumweine oft von Pinot-Trauben aus der Lombardei und von Chardonnay aus dem Trentino-Alto Adige herstellen. Canelli ist auch ein Zentrum der Wermutindustrie, deren größte Firmen – Martini & Rossi sowie Cinzano – ihren Sitz in Turin haben.

Viele Weingüter, Genossenschafts- und Privatkellereien in Monferrato d'Asti produzieren Rotwein von Barbera und anderen Traubensorten. Die besten Grignolino- und Freisa-Weine kommen aus dem Basso Monferrato, das sich nördlich vom Tanaro bis in die Berge der Provinz Torino hinzieht. Dort wird der Freisa di Chieri gekeltert. Zwei weitere ganz eigene Trauben sind im Basso Monferrato die dunkle Malvasia für süßen Schaumwein um Casorzo und Castelnuovo Don Bosco sowie die Ruchè mit trockenem Rotwein bei Castagnole Monferrato. Kleine Mengen Dolcetto d'Asti kommen auch aus den Langhe-Bergen, während die überall zu findende Barbera-Traube ihren klassischen Bereich mit kräftigen und langlebigen Weinen im Belbo-Tal hat.

Das für Moscato verfügbare Land ist fast völlig ausgenützt; Neuanpflanzungen erfolgen meist mit Chardonnay für Still- und Schaumwein. Die Erzeuger, die der Rotweintradition treu geblieben sind, werden zur Anpflanzung von Barbera und anderen Sorten und zur Verbesserung ihrer Kellertechnik ermutigt.

Barbera d'Asti (1970)

Einst schien es, daß die Vielseitigkeit und Anpassungsfähigkeit der Barbera-Rebe ihr zum Nachteil gereichen könnte, denn sie wurde in den schlechtesten Lagen angepflanzt und mit hohen Erträgen strapaziert. Ihre rustikalen Weine waren oft robust, aber auch karg und streng und hatten immer viel Säure. Sie wurden manchmal perlend oder schäumend und sogar zu Weißwein verarbeitet. Selbst bessere Barbera-Weine waren nur schwer abzusetzen, obwohl sie zu den preiswertesten Rotweinen des Piemonts gehörten. Der Methylalkohol-Skandal von 1986, an dem auch als «Barbera» etikettierte Flaschen beteiligt waren, zog dann Veränderungen nach sich, die diesem Wein wieder mehr Achtung verschaffen. Eine schwungvolle Kampagne des Erzeugerkonsortiums von Asti, Alessandria und Alba wirbt für «La rosa dei Barbera». Er wird vor allem von Winzergenossenschaften und Privatkellereien erzeugt, die den Winzern anders als früher für hochwertige Trauben Prämien zahlen. Durch Verarbeitung mit Temperaturregelung werden Frucht und Duftigkeit bewahrt, und eine frühe malolaktische Gärung sorgt für Milderung der Säure und für weichere, rundere Art, die auch als *novello* ihre Anhänger hat. Die für 1 bis 2 Jahre mehr Halt-

barkeit ausgelegten Versionen zeigen auch als Schaumweine milde, überzeugende Harmonie.

Manche Erzeuger bringen schon seit Jahren Barbera d'Asti mit Tiefe und Charakter hervor. Scarpas Einzellagenweine beispielsweise konnten sich in Klasse und Langlebigkeit mit Barolo und Barbaresco oft messen. Dennoch blieb das Qualitätspotential der Barbera-Traube lange verkannt, bis Giacomo Bologna Anfang der 80er Jahre seinen faßgereiften Bricco dell'Uccellone herausbrachte. Dieser in französischen Eichenfässern ausgebaute Wein (ebenso wie der Barbera d'Alba Vignarey von Gaja) war eine Offenbarung, und das spiegelte sich in den Preisen, die Bologna für ihn wie für den ebenfalls als *vdt* Barbera di Rocchetta Tanaro ausgewiesenen neueren Bricco delle Bigotta erzielte. Andere Erzeuger hielten sich mit ihrem stilvollen Barbera d'Asti an die DOC-Bestimmungen, so Trinchero mit Vigna del Noce, Carnevale mit Il Crottino, Chiarlo mit Valle del Sole, Coppo mit Pomorosso und Rabezzana mit Il Bricco. Aus der historischen Heimat der Barbera-Rebe in den Bergen südlich des Tanaro, im Belbo-Tal über Nizza Monferrato bis Castel Boglione im Osten und Costigliole d'Asti im Westen kommen immer neue, durch Ertragsbeschränkung

① E. Leporati
② Il Mongetto
③ Nuova Cappelletta
④ Bricco Mondalino
⑤ Cascina Alberta
⑥ Ruchè del Parrocco
⑦ Tenuta dei Re
⑧ M. Marengo
⑨ Piero Bruno
⑩ G.L. Viarengo
⑪ Villa Fiorita
⑫ Il Milin
⑬ E. Baino
⑭ D. Perroncito
⑮ E. Forno
⑯ Incisa della Rocchetta
⑰ G. Carnevale
⑱ Braida-G. Bologna
⑲ A. Zuccarino
⑳ La Badia
㉑ Vignale

㉒ Cascina Croce-Brema
㉓ L. Spertino
㉔ C. Cossetti
㉕ Valfieri
㉖ R. Trinchero
㉗ A. Ferraris
㉘ Cascina Castlèt
㉙ Villa Pattono
㉚ Cascina Pesce
㉛ Bronda
㉜ La Barbatella
㉝ Bersano
㉞ Agricola Monferrato
㉟ Castello di Mombaruzzo
㊱ Scarpa
㊲ C. Guasti
㊳ La Spinetta-Rivetti
㊴ Bosca
Contratto
Coppo
Cora
Gancia
Riccadonna

㊵ Duca d' Asti-chiarlo
㊶ Ca' Bianca
㊷ Il Cascinone
㊸ D. Ivaldi
㊹ Marenco
㊺ Forteto della Luja
㊻ Ca' del Mauri
㊼ La Baccalera
㊽ Villa Banfi

——— Grenze der DOC Freisa di Chieri
——— Grenze der DOC Gabiano
——— Grenze der DOC Grignolino d'Asti
——— Grenze der DOC Grignolino del Monferrato Casalese
——— Grenze der DOC Malvasia di Cosorzo d'Asti
——— Grenze der DOC Malvasia di Castelnuovo Don Bosco
——— Grenze der DOC Rubino di Cantavenna
——— Grenze der DOC Ruchè Castagnole Monferrato

——— Grenze der DOC Moscato d'Asti
——— Grenze der DOC Barbera d'Asti
——— Grenze der DOC Barbera del Monferrato
——— Grenze der DOC Brachetto d'Acqui
——— Grenze der DOC Cortese dell' Alto Monferrato
——— Grenze der DOC Dolcetto d'Acqui
——— Grenze der DOC Dolcetto d'Asti
——— Grenze der DOC Freisa d'Asti

——— Autobahn
——— Hauptverkehrsstraße
——— Andere Straßen
——— Eisenbahnstrecke
– – – Regionsgrenze
–·–·– Provinzgrenze
A. Bertelli   Weinerzeuger
——— Empfohlene Weinstraße

1 : 355.000

Km 0   5   10
Miles 0   5

und sorgfältige Auslese verbesserte charaktervolle Weine mit und ohne Faßausbau.
ZONE: Die Berge in der Provinz Asti sowie Monferrato Casalese und Teile von Alto Monferrato in der Provinz Alessandria. Trockener Rotwein, auch *vivace*, selten *amabile*. Traube: Barbera. E. 63/90; Alk. 12, *superiore* 12,5; S. 0,6; A. *superiore* 1 J. in Eichen- oder Kastanienholzfässern.

Freisa d'Asti (1972)
Die Weine der eigenartigen Freisa-Traube haben entschiedene Anhänger und ebenso entschiedene Gegner. König Viktor Emanuel wollte bei Tisch nicht darauf verzichten, während ein Dichter im 18. Jh. gegen die «schädlichen Wirkungen» des Freisa-Weins wetterte und – allerdings vergeblich – versuchte, sein Verbot zu erreichen. Diese Doppelgesichtigkeit ist vielleicht aus der Empfindlichkeit der Freisa-Traube zu erklären, die aus einem und demselben Weinberg ganz verschiedene Weine hervorbringen kann. Gekeltert wird sie trocken oder lieblich, still oder schäumend; Farbe und Geschmack werden oft mit Erdbeeren verglichen, und manche Kenner glauben, in der trockenen Version eine Spur Salz zu entdecken. Die früher im Piemont sehr stark verbreitete Sorte war jahrzehntelang im Schwinden, weil sie als *amabile* aus der Mode kam. Neuerdings aber ist die trockene *Frizzante*-Version beliebt, und seitdem steigt der Stern der Freisa in der Provinz Asti und als *vdt* auch in Alba allmählich wieder.
ZONE: Das Hügelland in der Provinz Asti mit kalkreichen, sandigen Lehmböden, außer den Gemarkungen Cellarengo d'Asti und Villanova d'Asti. Granat- bis kirschroter Wein, trocken oder *amabile*, oft *frizzante*, auch *spumante*. Traube: Freisa. E. 56/80; Alk. 11, *superiore* 11,5; S. 0,65; A. *superiore* 1 J.

Freisa di Chieri (1974)
In den Colli Torinesi östlich von Turin ist die Freisa-Rebe seit langem beheimatet; ihr Wein ist heute sehr selten; Balbiano ist noch der einzige bekanntere Erzeuger.
ZONE: Die Colli Torinesi um Chieri sowie 11 weitere Gemeinden in der Provinz Torino. Granat- bis kirschroter Wein, trocken oder *amabile*, oft *frizzante*, auch *spumante*. Traube: Freisa. E. 56/80; Alk. 11 (*amabile* Restsüße 4%), *superiore* 11,5; S. 0,5; A. *superiore* 1 J.

Grignolino d'Asti (1973)
Der Grignolino gedeiht an mehreren Stellen der Provinz gut; im Hügelland nordöstlich von Asti erreicht er eine frühlingshafte Duftigkeit und einen delikaten, fast elegant ausge-

wogenen Geschmack. Bekannte Lagen befinden sich um Casorzo, Castagnole Monferrato, Calliano, Grazzano Badoglio und Moncalvo, und als die besten gelten die von Migliandolo, einem Ortsteil der Gemeinde Portacomaro. Die hohen Investitionen der Firma Zonin aus Venetien in den großen Weinbergen des auf Grignolino spezialisierten Castello del Poggio sind die sichersten Anzeichen für die guten Zukunftsaussichten dieses Weins.
ZONE: Das Hügelland nördlich und südlich von Asti in 35 Gemeinden sowie auf kalkreichen Sandböden nördlich des Tanaro im Basso Monferrato. Trockener heller Rotwein. Trauben: Grignolino; Freisa bis 10%. E. 52/80; Alk. 11; S. 0,5.

Malvasia di Casorzo d'Asti (1968)
Unter den Malvasia-Weinen Italiens nimmt dieser hell kirschrote, liebliche, schäumende Wein als Alternative zum Asti Spumante eine Sonderstellung ein.
ZONE: Das Hügelland mit kalkreichem Lehmboden nordöstlich von Asti in den Gemarkungen Casorzo d'Asti und Grazzano Badoglio sowie Monferrato, Olivola, Ottiglio und

Vignale Monferrato. Süßer, aromatischer Rot- oder Roséwein, meist *frizzante* oder *spumante*. Trauben: Malvasia Nera di Casorzo; Barbera/Freisa/Grignolino bis 10%. E. 77/110; Alk. 10,5 (Restsüße in 3,5%), *spumante* 11; S. 0,5–0,8.

Malvasia di Castelnuovo Don Bosco (1974)
Don Giovanni Bosco, der Gründer des für die Waisenfürsorge arbeitenden Salesianerordens, wird in seiner Heimatstadt Castelnuovo als Heiliger verehrt. Es heißt, er habe seine Pfarrkinder im Weinbau ermutigt und sie Weinberg- und Kellertechnik gelehrt. Das Prunkstück unter den Weinen seiner Heimat war damals schon der dunkle Malvasia. In Lagen auf einem Hügel namens Schierano, nach dem auch der Lokalklon der Malvasia-Rebe benannt ist, fiel er besonders gut aus. Heute erzeugt Bava diesen Rosé-Schaumwein in ausreichenden Mengen für Liebhaber in ganz Italien. Doch auch die Pilger, die zu Don Bosco wallfahrten, trinken ihren Teil davon.
ZONE: Um Castelnuovo Don Bosco in Basso Monferrato sowie in weiteren 5 Gemeinden der Provinz Asti.

Süßer, aromatischer Rot- oder Roséwein, meist *frizzante* oder *spumante*. Trauben: Malvasia di Schierano; Freisa bis 15%. E. 77/110; Alk. 10,5 (Restsüße Min 4,2%); *spumante* 11; S. 0,5.

Ruchè di Castagnole Monferrato (1987)
In Castagnole waren früher Grignolino und Barbera die Alltagsweine; Ruchè aber wurde nur zu besonderen Anlässen getrunken, weil er mit seiner feinen aromatischen Süße manchmal an alten Nebbiolo und manchmal an Marsala erinnerte. Mario Pesce von Scarpa begann in den 70er Jahren mit der Erzeugung eines Rouchet *vdt*. Manche Jahrgänge hielten sich gut, andere nicht, aber nun wurden viele Winzer auf die hier Ruchè genannte Sorte aufmerksam. Der pensionierte Dorfgeistliche Don Giacomo Cauda, selbst ein Winzer, setzte sich an die Spitze der Wiederbelebungsbestrebungen, die schließlich zu einer DOC für diesen immer beliebteren Wein führte, der als Rarität gut bezahlt wird. Längerer Ausbau wird zwar in der Vorschrift nicht gefordert, viele Erzeuger aber lassen den schon in der Jugend

ansprechend fruchtigen Wein eine Zeitlang im Faß ruhen. Im Alter nimmt die rubin-violettrote Farbe einen Orangeschimmer an, und das Bukett, das manchmal an Veilchen und Rosen erinnert, entwickelt sich wie der Geschmack auf ganz ungeahnte Weise. Ob jung oder alt, der Ruchè bietet seinen Liebhabern immer eine Fülle von überraschenden Geschmacksnuancen.

ZONE: Das Hügelland nordöstlich von Asti in den Gemarkungen Castagnole Monferrato, Grana, Montemagno, Portacomaro, Refrancore, Scurzolengo und Viarigi in Basso Monferrato. Trockener Rotwein. Trauben Ruchè; Barbera/Brachetto bis 10%. E. 63/90; Alk. 12; S. 0,5.

Dolcetto d'Asti (1974)

Dolcetto steht unter den Weinen von Asti in der Popularität an zweiter Stelle hinter Barbera. Obwohl in den östlichen Langhe-Bergen die Voraussetzungen gut zu sein scheinen, kommt der Dolcetto d'Asti selten an die vollreife Fruchtigkeit seines Namensvetters aus Alba heran.

ZONE: Die Langhe-Astigiano-Berge und ein Teil von Alto Monferrato mit 23 Gemeinden in der Provinz Asti. Trockener Rotwein. Traube: Dolcetto. E. 56/80; Alk. 11,5, *superiore* 12,5; S. 0,5; A. *superiore* 1 J.

Moscato d'Asti/Asti Spumante (1967)

Die Moscato-Traube wurde im Piemont schon 1203 erstmals erwähnt; ihre vollen aromatischen Weine traten aber erst im 17. Jh. in Erscheinung, nachdem Giovan Battista Croce, der Hofjuwelier der Herzöge von Savoyen, die schwierigen Anbau- und Kellertechniken verfeinert hatte. Der weiße Moscato wächst seit jeher besonders gut in den steilen, kühlen Langhe-Bergen zu beiden Seiten des Belbo-Tals um den Ort Canelli, dessen Namen die Rebe trägt. Dort führte Carlo Gancia um 1870 das Champagnerverfahren ein und wurde damit zum Vater des Asti Spumante, um den eine ganze Industrie entstand. Die Schaumweinproduktion wandelte sich im Lauf der Zeit, da für die Erhaltung einer gewissen Restsüße andere Methoden als die Flaschengärung praktischer sind. Die alkoholische Gärung mußte rechtzeitig abgestoppt werden, damit das feine Gleichgewicht zwischen Süße, Aroma und Schaumentwicklung gesichert wurde. Anfangs hatte selbst die Tankgärung ihre Probleme, weil die aktiven Hefen in Tuchfiltern aufgefangen werden mußten, damit der Wein stabil blieb. Viele Abfüller ließen es an der nötigen Sorgfalt fehlen, und der im scharfen Wettbewerb nach dem 2. Weltkrieg angebotene «Asti Spumante» war in der Qualität oft so billig wie im Preis.

Die DOC-Vorschriften brachten dann im Verein mit freiwilliger Qualitätskontrolle der großen Erzeuger einen Wandel, so daß der Asti Spumante sein Image als «Champagner des kleinen Mannes» ablegte und ein eigenständiger Schaumwein mit unnachahmlicher, lieblicher Geschmacksfülle wurde. Allerdings genießt er noch immer nicht die Achtung, die er eigentlich verdient. In den vergangenen 10 Jahren ist die DOC-Produktion von 350 000 auf 520 000 hl im Jahr gestiegen. In England und den USA hat der Asti Spumante inzwischen den Champagner auch deshalb überflügelt, weil sein Preis in den letzten Jahren konstant und attraktiv geblieben ist. Ein scharfer Preisanstieg war vorausgegangen, bis sich Hersteller und Anbauer auf eine Kostenkontrolle für die Moscato-Trauben einigten. Auf dem Inlandsmarkt ist der Asti nicht so erfolgreich, weil in Italien der trockene Schaumwein immer mehr Anhänger gewinnt. Zudem bevorzugen italienische Kenner den milderen, fruchtigeren, sanfter perlenden Moscato d'Asti.

Obwohl dieselben DOC-Regeln für beide gelten, bestehen doch wesentliche Unterschiede zwischen Moscato d'Asti und Asti Spumante. Temperaturregelung und Edelstahltanks haben bei beiden Verbesserungen gebracht. Auch werden die Trauben jetzt meist früher gelesen, so daß sie kräftigere Säure aufweisen und nach rascher Verarbeitung ihr Aroma besser erhalten bleibt. Nach sanftem Keltern und kurzem Klären wird der Most zentrifugiert und gefiltert, sodann in Tanks gepumpt und bis fast auf den Gefrierpunkt abgekühlt. Dadurch wird er zunächst am Gären gehindert, und der Hersteller hat die Möglichkeit, größere Mengen für die Deckung des besonders hohen Bedarfs zu Weihnachten und zum Jahreswechsel zu reservieren. Anders als der Champagner und viele andere Schaumweine, bei denen eine zweite Gärung stattfindet, entsteht der Asti Spumante nämlich in einem einzigen Produktionsvorgang, der von der Gärung bis zur Abfüllung 6 Wochen dauert. Der Most wird mit ausgewählten Hefen geimpft und gärt in großen geschlossenen Tanks, wobei die natürliche Kohlensäure in ihm erhalten bleibt. Wenn das je nach dem Stil des Hauses gewünschte Verhältnis zwischen Alkoholgehalt (7–9%) und Restsüße (3–5%) erreicht ist, wird die Gärung durch plötzliches Abkühlen gestoppt. Nach Filtern und Abfüllen wird der Asti Spumante meist sofort in alle Welt versandt, weil er möglichst frisch zum Verbraucher gelangen soll. Die Kohlensäure dient als natürliches Konservierungsmittel; trotzdem kann es bei unsachgemäßer Lagerung Probleme geben. Da aber der Asti nur selten ein Jahrgangsdatum trägt, kann der Verbraucher nicht wissen, wie alt er ist. Darum wählt man am besten eine bekannte Marke mit großem und raschem Umsatz – z. B. Gancia, Contratto, Fontanafredda, Martini & Rossi, Cinzano oder Riccadonna. Gründliche chemische und Geschmacksprüfungen des Konsortiums dienen der Kontrolle aller Kellereien.

Der Moscato d'Asti wird hauptsächlich von kleinen Weingütern aus besonders ausgewählten Lesegut hergestellt. Er ist sehr fragil und in Italien stark gefragt. Die Produktion geschieht ähnlich wie beim Asti Spumante, doch wird weniger scharf gefiltert, damit mehr Frucht in Aroma und Geschmack erhalten bleibt. Inzwischen sind fast überall Tanks vorhanden, in denen der Most gekühlt in Reserve gehalten werden kann, so daß 2 bis 3 Abfüllungen im Jahr erfolgen. Meist wird die Gärung auch schon bei einem Alkoholgehalt von 5 bis 6% und bei niedrigem Kohlensäuredruck – etwa zwischen *frizzante* und *crémant* – abgestoppt. Moscato d'Asti wird gewöhnlich mit einem normalen Korken verschlossen und erhält ein Jahrgangsdatum.

Feiner Moscato entsteht an mehreren Stellen der DOC-Zone, v. a. in den Langhe-Bergen westlich von Santo Stefano Belbo um Castiglione Tinella, Camo, Mango, Valdivilla, Moncucco und Neviglie in der Provinz Cuneo und Castiglione Lanze sowie Coazzolo in der Provinz Asti. Führende Erzeuger sind u. a. Rivetti, Dogliotti, Saracco, Bera, Traversa, Gatti, Carbonere und I Vignaioli di Santo Stefano. Der Erfolg des Moscato d'Asti hat einige Großkellereien dazu veranlaßt, sich einzuschalten.

Die DOC-Zone Moscato d'Asti/Asti Spumante erstreckt sich durch die Langhe-Berge und Alto Monferrato über Weinberge, die leicht unterschiedliche Weine hervorbringen. Oft werden 4 Unterbereiche genannt. Der erste befindet sich westlich von Santo Stefano Belbo auf kühlen Berghängen bis 550 m Höhe bei Mango in meist steilen Südlagen (*sori*). Fast die Hälfte der DOC-Produktion kommt aus der Provinz Cuneo. Der zweite Unterbereich liegt um Canelli in den Langhe-Bergen der Provinz Asti nördlich und südlich des Belbo. Dort wachsen Trauben für *spumante* auf Hängen in 200 bis 350 m Höhe, aber auch an höher gelegenen Punkten, z. B. Calosso und Loazzolo. Der dritte Unterbereich befindet sich jenseits des Belbo in Alto Monferrato. Die relativ flachen Hügel um Calamandrana, Castel Boglione, Castel Rocchero und Monteruzzo in der Provinz Asti sowie Alice Bel Colle und Ricaldone in der Provinz Alessandria erbringen vollen, geschmeidigen Moscato. Der vierte und wärmste Unterbereich umfaßt die Gegend westlich der Bormida in der Provinz Alessandria zwischen Acqui Terme und Cassine. Auf Hängen in 150 bis 200 m Höhe um Strevi wächst voller Moscato mit feinem Aroma, der sich oft besser für *passito* als für *spumante* eignet.

Viele Winzer meinen, der Mosacto von Strevi verdiene wie manche anderen Weine in diesen Gegenden eine eigene DOC-Zone. So hat Loazzolo eine DOC für Moscato *passito* auf der Grundlage von Traditionen beantragt, die weit vor den Beginn der Schaumweinproduktion in dieser Gegend zurückreichen. Die Rückwendung zur Vergangenheit bietet allen jenen neue Aussichten, die erkannt haben, daß in der Zukunft mehr liegt als nur Asti Spumante.
ZONE: Die meist steilen Hänge der Langhe- und Alto-Monferrato-Berge mit 29 Gemeinden in der Provinz Asti, 9 in der Provinz Alessandria (westlich der Bormida) und 15 in der Provinz Cuneo.
Moscato d'Asti. Süßer, aromatischer Weißwein, meist *frizzante*. Traube: Moscato Bianco. E. 82,5/110; Alk. 10,5 (Restsüße Min. 3,5%); S. 0,5.

Asti Spumante oder **Asti** oder **Moscato d'Asti Spumante.** Lieblicher bis süßer weißer Schaumwein. Traube: Moscato Bianco. E. 82,5/110; Alk. 12 (Restsüße 2,5–5%), S. 0,5.

Andere beachtenswerte Weine

In der Provinz Asti wird viel Wein ohne DOC, meist für den Alltagsverbrauch produziert. Große Erzeuger bieten leichte populäre Weine von roten Traubensorten an, so den schäumenden weißen Verbesco und den milden, oft perlenden Arengo. In Canelli, dem Zentrum der Schaumweinindustrie, werden Trauben aus

Die alte Kunst des Faßbaus wird bei Asti heute noch betrieben.

der näheren und weiteren Umgebung zusammen verarbeitet; so sind genauere Ortsangaben unmöglich.

WEINGÜTER/WINZER

(Die Erzeuger von Moscato d'Asti in der Provinz Cuneo sind unter Alba aufgeführt)
Agricola Monferrato, Nizza Monferrato (AT). Bemerkenswerter Barbera d'Asti.
Emilio Baino, Mongardino (AT). Guter Barbera d'Asti.
Baliano, Andezeno (TO). Erzeuger des seltenen Freisa di Chieri sowie Malvasia di Castelnuovo Don Bosco.
A. Bertelli, San Carlo di Costigliole d'Asti (AT). Aus der Lage Giarone gewinnen Aldo und Alberto Bertelli feinen Barbera d'Asti und überzeugenden faßgereiften Chardonnay, daneben einen Traminer «Plissé».
Bronda, Nizza Monferrato (AT). Barbera d'Asti.
Piero Bruno, Castagnole Monferrato (AT). Guter Ruchè Bricco delle Donne.
Cascina Castlét, Costigliole d'Asti (AT). Maria Borio erzeugt von 4 ha Rebfläche Barbera d'Asti Vigna Malabaila sowie 2 beachtenswerte *vdt* von Barbera: Policalpo und Passum.
Cascina Gilli, Castelnuovo Don Bosco (AT). Freisa d'Asti Vigna del Forno.
Cascina La Barbatella, Nizza Monferrato (AT). Angelo Sonvico erzeugt vielversprechenden Barbera *vdt* Vigna dell'Angelo in *barriques* sowie Grignolino.
Cascina La Spinetta-Rivetti, Castagnole Lanze (AT). Die Familie Rivetti produziert aus der Lage Bricco Quaglia den meistgepriesenen mo-

dernen Moscato d'Asti sowie guten Barbera d'Asti Ca' di Pian.
Cascina Pesce, Nizza Monferrato (AT). Mario Pesce von Scarpa gewinnt von 15 ha eine große Auswahl an Asti und Acqui-Weinen mit seiner persönlichen Note.
Castello del Poggio, Portacomaro (AT). Zonin aus Venetien produziert von 90 ha des ehemaligen Bersano-Guts DOC Grignolino, Barbera, Moscato d'Asti und andere Weine.
Castello di Mombaruzzo, Mombaruzzo (AT). DOC Asti und Cortese dell'Alto Monferrato.
Achille Ferraris, Agliano (AT). Erstklassiger Barbera d'Asti.
Enzo Forno, Montaldo Scarampi (AT). Guter Barbera und Grignolino d'Asti.
Forteto della Luja, Loazzolo (AT). Mit Unterstützung von Giacomo Bologna vereint der bekannte Önologe Giancarlo Scaglione Tradition und Innovation und erzeugt einen der meistgepriesenen süßen Weine Italiens. In fast 500 m hohen Lagen mit einer Pflanzdichte von 10 000 Stück je ha bleiben die Moscato-Trauben hängen, bis sie von Edelfäule befallen sind und einschrumpfen. Dann werden sie in einer handbetätigten Kelter sanft gepreßt. Der Wein ruht 18 Monate in kleinen Fässern und wird vor dem Filtern mehrfach abgezogen. In ihm vereint sich bei einem Alkoholgehalt von 13% und einer Restsüße von 4% die Edelfäule mit dem exquisiten Muskatellergeschmack so überzeugend, daß Giuseppe Galliano mit Borgo Maragliano, Armando Satragno mit Borgo Sambui und Giuseppe Laiolo mit Bricchi Mej diesem Vorbild gefolgt

sind und schließlich eine eigene DOC Laozzolo beantragt haben.
Incisa della Rocchetta, Rocchetta Tanaro (AT) Maria Incisa della Rocchetta (deren Bruder Mario in der Toskana den Sassicaia geschaffen hat) erzeugt Barbera und Grignolino auf dem Familiengut im Piemont.
Il Milin, San Marzanotto d'Asti (AT). Die Grappa-Firma Fratelli Rovero produziert hier auf 11 ha Barbera Giustin und Grignolino Casa Lina sowie faßgereiften Barbera *vdt* Rouvé.
La Badia, Montegrosso d'Asti (AT). Luigi Pia erzeugt guten Barbera.
Massimo Marengo, Castagnole Monferrato (AT). Vielbeachteter Ruchè.
Miravalle, Refrancore (AT). Ruchè di Castagnole Monferrato.
Moncucchetto, Casorzo d'Asti. Pietro und Carlo Biletta bringen auf 14 ha feinen Barbera d'Asti, Freisa, Grignolino und Ruchè hervor.
Domenico Perroncito, Mongardino (AT). Guter Barbera d'Asti.
Renato Rabezzana, San Desiderio d'Asti. Der Besitzer einer Vinothek in Turin erzeugt Grignolino und feinen Barbera d'Asti Il Bricco.
Ruchè del Parrocco, Castagnole Monferrato (AT). Don Giacomo Cauda erzeugt vielbeachteten Ruchè, Barbera und Grignolino.
Luigi Spertino, Mombercelli (AT). Feiner Barbera und interessante Spätlese von Grignolino «Vendemmiatardiva».
Tenuta dei Re, Castagnole Monferrato (AT). Grignolino d'Asti.
Renato Trinchero, Agliano (AT). Feiner Barbera d'Asti Vigna del Noce.

Giacomo Bologna in seinen Kellern in Rocchetta Tanaro, wo er den Bricco dell'Uccellone, einen vorbildlichen, in barriques ausgebauten Barbera, schuf.

Fratelli Vignale, Belveglio (AT). Guter Barbera und Grignolino d'Asti.
Villa Fiorita, Castello d'Annone (AT). Feiner Grignolino und Barbera d'Asti.
Villa Pattono, Costigliole d'Asti (AT). Renato Rattis Söhne Giovanni und Piero produzieren zusammen mit Massimo Martinelli faßgereiften *vdt* Villa Pattono von Barbera, Freisa und Uvalino .
Piero Zaccone, Grana Monferrato (AT). Guter Barbera d'Asti.
Agostino Zuccarino, Rocchetta Tanaro (AT). Guter Barbera d'Asti.

WEIN- UND HANDELS-HÄUSER

Antica Casa Vinicola Scarpa, Nizza Monferrato (AT). Mario Pesce hat Scarpa u. a. mit einzigartigem trockenem *vdt* Brachetto und Freisa aus den eigenen Gütern Podere Bricchi di Castelrocchero und Moirano zu einem Muster an Zuverlässigkeit gemacht. DOC-Asti-Weine und -Lagen: Barbera (Banin dell'Annunziata, Bogliona, Possabreno), Grignolino (San Defendente) und Rouchet (Bricco Rosa, Varolino). Aus Alba kommen Barolo (Le Coste di Monforte, Tettimorra), Barbaresco (Barberis, Tettineive) und Nebbiolo d'Alba (Moirane).
Antiche Cantine Brema, Incisa Scapaccino (AT). Zuverlässige Auswahl an Asti-Weinen, Vorrang Barbera, sowie Einzellagenweine, z. T. aus der Cascina Croce der Familie Brema.
Bava, Cocconato d'Asti (AT). Die Familie Bava produziert eine reiche Auswahl an Asti-Weinen unter den «Quintetto»-Etiketten mit Musikinstrumenten als Motiven sowie einen populären Malvasia di Castelnuovo Don Bosco; ferner Barbera, Grignolino und Barolo unter dem Etikett Casa Brina.
Bersano, Nizza Monferrato (AT). Die Familie Bersano entwickelte das Gut Antico Podere Conti della Cremosina und wurde damit in Asti zum Schrittmacher, wie aus dem von Arturo Bersano zu Ehren der örtlichen Weinbautraditionen zusammengestellten Museum hervorgeht. Als Firma scheint sich das Haus Bersano jetzt mit immer besseren Weinen aus Asti und Alba sowie mit Gavi aus gepachteten Weinbergen des Marchese di Raggio wieder zu erholen.
Bosca, Canelli (AT). Der langjährige Wermut- und Spumante-Hersteller (Marke Tosti) erschließt derzeit etwa 150 ha Rebflächen für den Anbau von Qualitätsweinen.
Braida – Giacomo Bologna, Rocchetta Tanaro (AT). Giacomo Bologna ist nicht nur Weinhändler, sondern auch ein kreativer, vorausschauender Mann mit großer Energie, der seine Ideen durchzusetzen weiß. Seine Bricco dell'Uccellone und Bricco della Bigotta aus Lagen bei Rocchetta Tanaro setzten neue Maßstäbe für Barbera. Die mit Hilfe des Önologen Giancarlo Scaglione erzeugten Weine des Hauses umfassen vorbildlichen Barbera Il Monello, Grignolino und Moscato d'Asti.
Giorgio Carnevale, Cerro Tanaro (AT). Giorgio und Alessandro Carnevale produzieren eine Auswahl an Asti-Weinen von unfehlbarer Klasse; u. a. feinen Barbera Il Crottino.
Cinzano, Torino. Das 1757 gegründete Wermuthaus produziert in seiner Kellerei in Santa Vittoria d'Alba berühmten Asti Spumante, u. a. Cinzano Brut und Marone Cinzano Pas Dosé sowie andere Schaumweine wie Pinot Chardonnay und Principe di Piemonte Riserva. Der Konzern besitzt ferner Col d'Orcia in Montalcino für Brunello und Rosso und – zusammen mit der Illva-Gruppe Saronno – eine Mehrheitsbeteiligung am größten Marsala-Erzeuger Savi Florio sowie zahlreiche Tochterunternehmen im Ausland.
Cocchi, Canelli (AT). Wermut, *spumante* und rarer Barolo Chinato.

Giuseppe Contratto, Canelli (AT). Das 1867 gegründete Wermuthaus war für Asti in Flaschengärung bekannt; Alberto Contratto hat nun das Programm mit Brut Riserva, Bacco d'Oro, Imperial Riserva Sabauda, Reserve for England und Riserva Novecento sowie erlesenen DOC-Weinen aus Asti und Alba ergänzt. Die Firma besitzt außerdem Weingüter für Barolo (Cascina Secolo) und Barbaresco (Cascina Alberta).
Coppo, Canelli (AT). Die Gebrüder Piero, Gianni, Paolo und Roberto Coppo haben ihrem alteingesessenen *Spumante*-Haus mit Weinen aus dem Gut La Galleria bei Asti (Grignolino Il Rotondino, faßgereifter Barbera d'Asti Pomorosso sowie Monteriolo von Chardonnay), mit Gavi von La Rocca und Schaumwein Brut Riserva Coppo neuen Glanz verliehen.
Cora, Canelli (AT). Wermuthaus mit *Spumante*-Produktion.
Clemente Cossetti & Figli, Castelnuovo Belbo (AT). Barbera Cascina Salomone und andere DOC Asti-Weine, z. T. erzeugt von 12 ha Eigenbesitz.
Michele Chiarlo – Cantine Duca d'Asti, Calamandrana (AT). Chiarlo und der Önologe Roberto Bezzato haben in Kellereien in Calamandrana, Gavi und Barolo einen Reihe von stets guten DOC Monferrato- und Alba-Weinen sowie *spumanti* und *vdt* entwickelt. Besonderes Prestige haben Barbera d'Asti Valle del Sole, Gavi Fior di Rovere, Grignolino San Lorenzo, Moscato d'Asti Rocca delle Uccellette, Barolo Vigna Rionda di Serralunga und Rocche di Castiglione, Barbaresco Rabajà und *vdt* Barilot von Nebbiolo und Barbera.
Fratelli Gancia, Canelli (AT). Das 1850 von Carlo Gancia gegründete Haus ist weiterhin führend bei *spumante* und Wermut und erweitert zugleich unter Direktor Vittorio Vallarino Gancia sein Interesse auf Kellereien und Weingüter in Piemont und Apulien. Die Produktion von jährlich 20 Mio. Flaschen in der Kellerei Santo Stefano Belbo umfaßt Asti sowie die populären Pinot di Pinot, den neueren Gancia dei Gancia sowie Castello Gancia (trockene Schaumweine). Investitionen im Weingut Torrebianco und in Rivera (siehe Apulien) werden ergänzt durch Beteiligungen an Cantine Sebaste und Abfüllungen anderer Piemont-Weine Marke Mirafiore sowie von Barolo Chinato Marke Castello di Canelli. Ferner vertreibt Gancia den Chianti Castello Vicchiomaggio und den Gavi Castello di Tassarolo.
Gilardino, Canelli (AT). Die bekannte Brennerei Carlo Micca Bocchino erzeugt auch empfehlenswerten Asti und Alba.

Clemente Guasti & Figli, Nizza Monferrato (AT). DOC-Asti-Weine, z. T. aus eigenen Weinbergen.
Martini & Rossi, Turin. Das 1863 in Turin gegründete Haus bildet die Basis der internationalen General Beverage Corporation, die in der Wermutproduktion mit ihrer Kellerei Pessione in der Welt an der Spitze steht und über Zweigunternehmen in vielen europäischen Ländern, Nord- und Südamerika, Japan und Australien verfügt. Das von der Familie Rossi di Montelera geleitete Haus führt auch in der Produktion von Asti Spumante mit jährlich etwa 17 Mio. Flaschen aus der Kellerei Santo Stefano Belbo neben Schaumwein Riesling Oltrepò Pavese aus der Lombardei und Riserva Montelera Brut. In Pessione besitzt die Firma auch ein Weinmuseum.
Riccadonna, Canelli (AT). Die von Ottavio Riccadonna geleitete Firma ist ein bedeutender Erzeuger von Wermut, Asti Spumante und trockenen Schaumweinen, u. a. President Reserve, Conte Balduino Extra Brut und Riserva Privata Angelo Riccadonna. Ferner besteht eine Beteiligung an Valfieri (siehe Alba) und an Bersano.
Scrimaglio, Nizza Monferrato (AT). Zuverlässiger Erzeuger mit beachtlichem Barbera Croutin.
Terre da Vino, Moriondo (TO). Aufstrebendes Handelshaus mit DOC-Weinen aus verschiedenen Teilen des Piemonts.
G. L. Viarengo, Castello di Annone (AT). Barbera und Grignolino d'Asti.

GENOSSENSCHAFTEN

Antiche Terre dei Galleani, Agliano (AT). Kleine, auf Barbera spezialisierte Kellerei.
Antica Contea di Castelvero, Castel Boglione (AT). Saubere Asti-Weine von Mitgliedern mit insgesamt 650 ha.
CS di Castelnuovo Calcea, Castelnuovo Calcea (AT). Barbera-Spezialisten.
I Vignöt, Costigliole d'Asti (AT). Guter Barbera und Grignolino d'Asti.
CS di Mombercelli, Mombercelli (AT). Barbera und Grignolino d'Asti.
CS Sette Colli. Moncalvo (AT). DOC-Asti-Weine.
CS di Nizza Monferrato, Nizza Monferrato (AT). Guter DOC Barbera d'Asti und Acqui.
CS di Rocchetta Tanaro, Rocchetta Tanaro (AT).
CS di Vinchio e Vaglio Serra, Vinchio d'Asti (AT). DOC Asti und Monferrato.

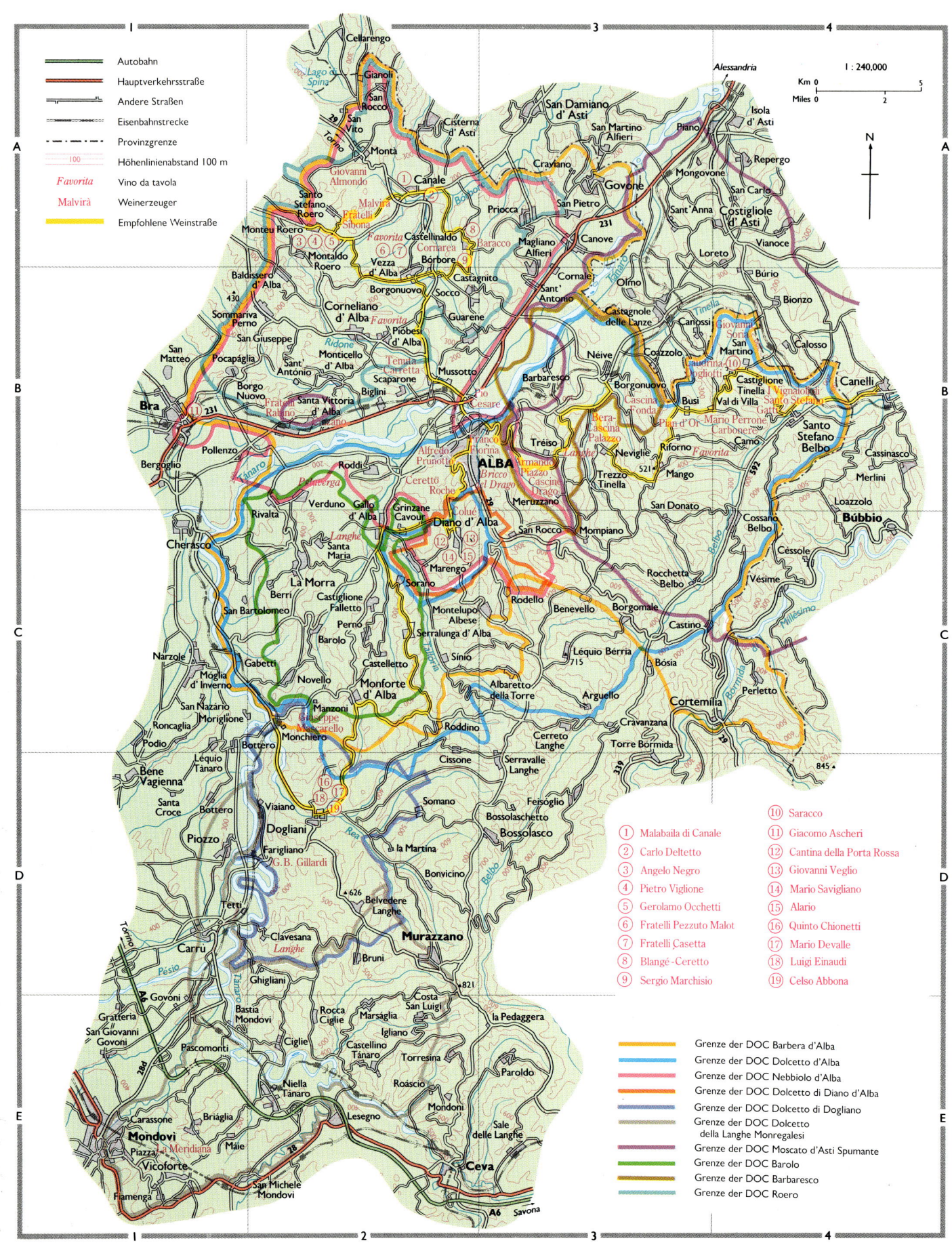

Autobahn
Hauptverkehrsstraße
Andere Straßen
Eisenbahnstrecke
Provinzgrenze
Höhenlinienabstand 100 m
Favorita Vino da tavola
Malvirà Weinerzeuger
Empfohlene Weinstraße

1 : 240,000

1 Malabaila di Canale
2 Carlo Deltetto
3 Angelo Negro
4 Pietro Viglione
5 Gerolamo Occhetti
6 Fratelli Pezzuto Malot
7 Fratelli Casetta
8 Blangé-Ceretto
9 Sergio Marchisio
10 Saracco
11 Giacomo Ascheri
12 Cantina della Porta Rossa
13 Giovanni Veglio
14 Mario Savigliano
15 Alario
16 Quinto Chionetti
17 Mario Devalle
18 Luigi Einaudi
19 Celso Abbona

Grenze der DOC Barbera d'Alba
Grenze der DOC Dolcetto d'Alba
Grenze der DOC Nebbiolo d'Alba
Grenze der DOC Dolcetto di Diano d'Alba
Grenze der DOC Dolcetto di Dogliani
Grenze der DOC Dolcetto della Langhe Monregalesi
Grenze der DOC Moscato d'Asti Spumante
Grenze der DOC Barolo
Grenze der DOC Barbaresco
Grenze der DOC Roero

ALBA

Alba am Tanaro ist mit 30 000 Einwohnern für eine Provinzhauptstadt zu klein. Es ist daher nur Verwaltungszentrum für den Ostteil der Provinz Cuneo – der größten Italiens. Für Feinschmecker dagegen ist Alba die unbestrittene Hauptstadt des Rotweins im Piemont, vor allem aber auch der weißen Trüffel. Beide haben in dieser Gegend, die den größten Teil der Langa- oder Langhe-Berge im Süden und Osten und der Roero- oder Roeri-Berge im Norden und Westen umfaßt, eine ideale Heimat gefunden. Durch seine Lage im Tal verfügt Alba über gute Verkehrsverbindungen nach Asti und Turin und entwickelte sich deshalb gegen Ende des 19. Jh.s, als nach der Bodenreform viele Winzer Trauben dort auf den Markt brachten, zu einem echten Weinzentrum. Damals verkauften die Winzer keinen Wein, weil es ihnen an Ausrüstungen und Erfahrungen mangelte und ihr Weinbergbesitz zudem klein war. Die Weinhändler aus den Gebirgsorten und die wenigen größeren Weingüter richteten sich nun nach Alba aus.

Die Reputation der Stadt nahm zu, als Barolo und Barbaresco in Italien großes Prestige zu erringen begannen. Mit der Zeit brachten sie es zur DOCG, und doch sind diese Klassiker des italienischen Weins oft weniger nach dem Geschmack der Einheimischen als Dolcetto, Barbera und andere Rotweine von der Nebbiolo-Traube, die zu den 7 DOC-Zonen von Alba gehören. Auch fremde Zungen empfinden den Gerbstoff- und Extraktreichtum der großen Nebbiolo-Weine oft als unnahbar. Gefälliger ist da schon der leichtere Nebbiolo d'Alba oder der DOC-Rotwein von Roero. Neue Techniken verleihen dem Barolo und Barbaresco inzwischen zwar milderen Geschmack und frühere Zugänglichkeit als bisher, dennoch bleiben beide selbst in ihrer Heimat Weine für besondere Gelegenheiten. Der Barbera ist dagegen ein Wein, den man jeden Tag trinken kann, obwohl manche Winzer in der DOC-Zone, die sich über große Teile der Roero- und Langhe-Berge erstreckt, aus besonderen Lagen und bei beschränkten Erträgen auch von dieser Traube gehaltvollere Weine erzeugen. Der Dolcetto mit seinen vollen und dabei mild bittersüßen Geschmackston ist der Favorit in den Langhe-Bergen, wo er in hohen Lagen der Barolo- und Barbaresco-Zone als Dolcetto d'Alba wächst, aber auch in Dogliani und Diano d'Alba und auf den entfernteren Hängen der Langhe Monregalesi. Freisa und Grignolino können in der Gegend von Alba, obwohl sie dort über keine DOC-Zone verfügen, mehr vorweisen als die entsprechenden DOC-Weine von Asti.

Die Weinberge von Alba sind ziemlich gleichmäßig auf Nebbiolo, Barbera und Dolcetto verteilt, wobei die Erzeugung der beiden ersteren Sorten stagniert, während der Dolcetto an Beliebtheit gewinnt. Die vorherrschende DOC-Sorte ist allerdings der Moscato d'Asti, vor allem in den Langhe-Bergen zwischen der Barbaresco-Zone und Santo Stefano Belbo. Trockene Weißweine haben in Alba noch nie eine große Rolle gespielt; erst die Wiederbelebung der Arneis-Traube in Roero und der Erfolg von Chardonnay, Sauvignon und Pinot als *vdt* haben Zweifel an der Behauptung aufkommen lassen, hier sei naturgegebenes Rotweinland.

Zum allmählichen Wandel mancher liebgewordenen Vorstellungen tragen auch einige führende Erzeuger bei, deren neue Maßstäbe wenig mit konservativem Denken zu tun haben. Der Weinbau von Alba stand lange unter der Herrschaft der Handelshäuser, so daß es kleinere Weingüter oder selbständige Winzer schwer hatten, einen eigenen Markt aufzubauen. Die meisten Weine, auch Barolo und Barbaresco, traten unter einem Markennamen und einer allgemeinen Bezeichnung auf. Manche Firmen aus der Gegend von Alba, aber auch in der Provinz Asti, erwarben sich einen guten Ruf für Zuverlässigkeit und manchmal sogar für erstklassige Qualität. Mancher Abfüller in den Randbereichen oder außerhalb der Zone dagegen bot auch nach der Einführung der DOC in den 60er Jahren mit süditalienischem Verschnittmaterial aufgebesserte Billigweine an.

In dem Bestreben, solchen zweifelhaften Praktiken entgegenzuwirken und die individuelle Integrität ihres Weins zu schützen, begannen gute Erzeuger, auf den Etiketten die Lagen anzugeben, aus denen sie ihren Wein produzierten. Dieses Konzept, das von Renato Ratti in der Zeit, als er das Erzeugerkonsortium Barolo und Barbaresco leitete, gefördert und von dem Weinpublizisten Luigi Veronelli propagiert wurde, setzte sich rasch durch, zunächst nur für Barolo und Barbaresco, dann aber nach und nach für fast alle besseren Weine von Alba.

Der Trend zum Einzellagenwein ist jedoch Realität und läßt den Wert des Bodens ebenso steigen wie den Preis des Weins. Auch der Wettbewerb ist hier, wo Rivalitäten zwischen Firmen und Fehden zwischen Familien

schon in ruhigeren Zeiten gang und gäbe waren, schärfer geworden und hat den patriarchalischen Aufbau des Weinhandels in Alba gesprengt. Viele Handelshäuser kaufen Weingüter und Kellereien, während sich die Winzer eine Kellerausrüstung zulegen und unter eigenem Namen Wein hervorbringen. Ein bedeutendes Ergebnis dieser Revolution ist, daß sich junge Leute, vor allem Absolventen der berühmten Weinbaufachschule in Alba, früh selbständig machen. Vor noch nicht allzu langer Zeit war Weinbauland selbst in Barolo und Barbaresco noch relativ billig zu haben; inzwischen aber hat ein Sturm auf gute Lagen eingesetzt, weil sich die Erkenntnis, daß Qualität nur mit eigenem Traubenanbau zu sichern ist, immer mehr verbreitet.

Ein Trüffelsucher mit seinem Hund.

Die Weine von Roero

Nebbiolo aus den Roero- oder Roeri-Bergen sind anders als sonstwo: leichter, heller, fruchtiger und lebhafter. Diese Eigenart wird auf den sandigen, quarzhaltigen Lehmboden in den oft von Klüften und Schluchten durchzogenen Hügeln, die eher den Monferrato-Bergen um Asti als den Langhe-Bergen ähnlich sind, zurückgeführt. Die Roero-Höhen überschreiten kaum 300 bis 350 m und sind wärmer als die Barolo-Zone; daher reifen die Trauben früher, und der Wein weist schon nach kurzer Ausbauzeit einen so angenehmen Stil auf, daß er weit über das Piemont hinaus Freunde gefunden hat. Doch die DOC-Zone, die sich auch auf Randbereiche des Barolo und Barbaresco erstreckt, suggeriert von vornherein so etwas wie zweite Klasse. Deshalb beantragten die Erzeuger eine neue DOC, die lediglich den Namen Roero trägt, und sie wurde ihnen zuerkannt. Inzwischen wurde auch der Arneis, der bisher nur als Beimischung zum Nebbiolo diente, plötzlich als sortenreiner Weißwein eigenständig, und auch ihm wurde eine eigene DOC eingeräumt. Am meisten aber gibt die steigende Beliebtheit der recht einfachen Favorita aus Roero zu erkennen, wie sehr es dieser Gegend an einheimischen Weißweinsorten fehlt.

Nebbiolo d'Alba (1970)

Die DOC-Zone gilt für Nebbiolo-Weine beiderseits des Tanaro unter Ausschluß von Barolo und Barbaresco; die Erzeugung ist jedoch seit jeher auf Roero und die Gemarkung Alba konzentriert. In der trockenen Ausführung (es gibt auch liebliche und schäumende) vereint der Nebbiolo d'Alba nach einer gewissen Reifezeit den dieser Traube eigenen Adel mit überaus angenehmer Art. Beste Beispiele hierfür sind Bruno Giacosas Valmaggiore, Prunottos Occhetti, Rattis Ochetti, Scarpas Moirane, Gajas Vignaveja und Cerettos Lantasco. Die Erzeuger nördlich des Tanaro unterscheiden zwischen Nebbiolo d'Alba mit einiger Langlebigkeit und Roero mit jugendlicherem Stil.

ZONE: Das Hügelland mit 25 Gemeinden in der Provinz Cuneo in einem Gebiet, das sich über die gesamte Roero-Zone sowie südwärts in die Gemarkungen Alba, Montelupo Albese, Sinio, Roddino und Monchiero sowie teilweise Verduno, Roddi, Grinzane Cavour, Diano d'Alba, Monforte d'Alba und Novello, soweit diese nicht zu Barolo gehören, erstreckt. Trockener Rotwein, manchmal lieblich und schäumend. Traube: Nebbiolo. E. 63/90; Alk. 12; S. 0,5; A. *secco* 1 J.

Roero/Arneis di Roero (1985/1989)

Der Name Roero allein auf dem Etikett bezeichnet den Rotwein von Nebbiolo-Trauben, dessen Erzeugung stetig bis fast auf 1 Mio. Flaschen im Jahr gestiegen ist. Bevor aber der Roero noch eine echte Identität gewann, wurde er vom Arneis überflügelt. Diese Weißweinrebe ist schon seit dem 15. Jh. als Renesium in der Gegend nachgewiesen, war aber bis vor kurzem fast ganz ausgestorben. Ihre Trauben waren gut zum Essen, und ihr Wein leistete zum Mildern des strengen Nebbiolo gute Dienste. Wie gering der Arneis geachtet wurde, läßt sich daran ermessen, daß er zwischen Nebbiolo gepflanzt wurde, weil seine Trauben früher reifen und die Wespen und Bienen von den wertvolleren Nebbiolo-Früchten weglocken. Bis etwa 1970 wurde an manchen Stellen von Arneis auch ein einfacher Weißwein gekeltert; dann aber brachten Vietti und Bruno Giacosa in kleinen Mengen einen Wein dieser Traube heraus, der viel Aufmerksamkeit fand. Die Brüder Ceretto verleihen dem neuen Wein dann zunächst in Zusammenarbeit mit Cornarea und später aus dem eigenen Weingut Blangé mehr Schwung, und inzwischen wird Arneis auch in den Langhe-Bergen neu angepflanzt. Doch der Boden von Roero ist offenbar günstiger für diese Sorte mit ihrem kargen Bukett, aber lebendigen, fruchtigen Geschmack, der sich bei langlebigeren Exemplaren mit einer Mandelnote im Abgang vereint. Blangé zeichnet sich durch großen Stil aus, doch Giacosa hat sich mit seinem manchmal als untypisch bezeichneten Arneis den meisten Beifall auch der Kenner im Ausland errungen. Erfreulich bleibt die Feststellung, daß beim Weißwein von Alba der Chardonnay nicht der einzige aufsteigende Stern ist.

ZONE: Die Roero- oder Roeri-Berge nördlich vom Tanaro zwischen Alba und Bra mit 19 Gemeinden in der Provinz Cuneo, mit Canale, Monteu Roero, Santo Stefano Roero und Vezza d'Alba als Schwerpunkt der Erzeugung.

Roero. Trockener Rotwein. Trauben: Nebbiolo, Arneis 2–5%; sonstige Sorten bis 3%. E. 56/80; Alk. 11,5, *superiore* 12; S. 0,5; A. 8 Mte.

Roero Arneis oder **Arneis di Roero.** Trockener Weißwein, auch *spumante*. Traube: Arneis. E. 70/100, Alk. 10,5, *superiore* 12; S. 0,5; A. *superiore* 1 J.

Andere beachtenswerte Weine

Viele Roero-Erzeuger bieten auch Barbera d'Alba aus der das Hügelland erfassenden Zone an. DOC Moscato d'Asti kann in der Gemarkung Santa Vittoria d'Alba, wo Cinzano seine Hauptkellerei besitzt, hervorgebracht werden. Die DOC Roero erstreckt sich nicht auf den traditionellen süßen Arneis *passito*, den manche Erzeuger ohne DOC produ-

zieren. Die Favorita-Traube ist vielleicht mit dem Vermentino aus Ligurien verwandt, doch fehlt es ihren Weißweinen, die als *vdt* aus den Gemarkungen Corneliano, Piobesi und Vezza anerkannt sind, an eigenständigem Charakter. Auch Montà verfügt über einen anerkannten roten, weißen und rosé *vdt*.

WEINGÜTER/WINZER

Giovanni Almondo, Montà (CN), Roero und Arneis.

Blangé-Ceretto, Castellinaldo (CN). Das lebhafte Aroma des Arneis-Weins aus dem Gut Blangé gibt Marcello Cerettos Stil zu erkennen.

Cornarea, Canale (CN). Von 18,5 ha Rebfläche gewinnt Francesca Rapetti hochgeachteten Roero und Arneis, u. a. einen *passito* Tarasco.

Malabaila di Canale, Canale (CN). Angesehener Arneis Pradvaj, Roero Bric Volta und Nebbiolo d'Alba Bric Merli von 8 ha.

Malvirà, Canale (CN). Roberto und Massimo Damonte produzieren guten Arneis, Roero und Favorita aus Einzellagen sowie einen vielversprechenden faßgereiften *vdt* San Guglielmo von Barbera mit Nebbiolo und Bonarda.

Angelo Negro & Figli, Monteu Roero (CN). Roero und Arneis.

Gerolamo Occhetti, Monteu Roero (CN). Feiner, mild-fruchtiger Roero.

Fratelli Pezzuto Malot, Vezza d'Alba (CN). Arneis und Roero.

Fratelli Rabino, Santa Vittoria d'Alba (CN). Feiner Nebbiolo d'Alba sowie Roero, Arneis und andere Alba-Weine zu mäßigen Preisen.

Fratelli Sibona, Santo Stefano Roero (CN). Roero und Arneis.

Tenuta Carretta, Piobesi (CN). Aus Besitzungen beiderseits des Tanaro kommen guter Roero, Arneis, Nebbiolo d'Alba und *vdt* Bracchetto.

Pietro Viglione & Figlio, Monteu Roero (CN).

WEIN- UND HANDELS-HÄUSER

Baracco, Castellinaldo (CN). Zuverlässige Alba-Rotweine, u. a. Nebbiolo Baracco di Baracho.

Fratelli Casetta, Vezza d'Alba (CN). Eine Auswahl von Alba-Weinen, darunter Arneis und Roero Vigna Pioeiro.

Carlo Deltetto, Canale (CN). Neben gutem Roero und trockenem Arneis auch der verlockende süße Arneis Bric Tupin.

Sergio Marchisio, Castellinaldo (AN). Roero und Arneis.

(Weitere Arneis-Erzeuger siehe unter Langhe.)

GENOSSENSCHAFTEN

Produttori Montaldesi Associati, Montaldo Roero (CN). Roero und Arneis.

Weine aus den Langhe-Bergen

Die Seealpen gehen an der Grenze Liguriens in die Apenninen über und bilden die Wasserscheide, von der aus die Flüsse Tanaro, Belbo und Bormida nach Norden in die Langhe-Berge des Piemonts fließen. Dort behauptet in seit dem Mittelalter bestehenden Weinbergen der Nebbiolo seine Führungsstellung gegenüber anderen Reben. Da er aber das Temperament einer Primadonna hat, brauchte er auch die rechte Bühne, um sich darzustellen, und die fand er auf den *sorì* um Alba, wo sein Wein den Namen der Orte Barolo und Barbaresco trägt. Das Klima in den unteren Langhe-Bergen wird durch Luftströmungen aus dem Tanaro-Tal gemildert. Sie sorgen im Sommer für Kühlung und führen im Herbst den Nebel herbei, der es der Nebbiolo-Traube ermöglicht, langsam zu reifen und hohen Extraktgehalt und reiche Frucht zu entwickeln; durch diese besonderen Einflüsse wird der kräftige Säure- und Gerbstoffgehalt des Weins ausgewogen.

In früherer Zeit war die Weinerzeugung in den Langhe-Bergen weitgehend Sache der Großgrundbesitzer, deren Domänen die von Burgen und Kirchen in allen Stilen und Formen gekennzeichneten Orte umgaben. Noch heute zeigen die Gemeinden zwischen den runden Hügelkuppen und schroffen Vorgebirgen ein seltsames Gemisch von Mittelalterlichkeit und Moderne und eine eigene Persönlichkeit, die sich auch in dem Wein ausdrückt, der dort wächst. Ihre Silhouetten heben sich von den Hängen der Langhe-Berge ab, auf denen die Reben in Reih und Glied stehen. Dieses einheitliche Bild steht im Gegensatz zu der Tatsache, daß die Weinberge in kleinste Parzellen aufgesplittert sind, deren Grenzen nicht einmal durch Marksteine bezeichnet werden, sondern nur im Gedächtnis ihrer Besitzer unverrückbar feststehen.

In Barolo verursachen feinste Variationen in der Zusammensetzung des kalkreichen Lehmbodens starke Unterschiede im Charakter des Weins.

Castiglione Falletto mit seiner Burg aus dem 11. Jh. verfügt über die erstklassigen Barolo-Lagen Monprivato, Villero und Rocche di Castiglione.

In einer Zeit, in der ohne Rücksicht auf DOC-Regeln alle möglichen Rebsorten herangezogen und erprobt werden, halten die Weinerzeuger in den Langhe-Bergen unerschütterlich an der Nebbiolo-Traube und an der Einmaligkeit von Barolo und Barbaresco fest. Inspirationen holen sich manche von ihnen in Burgund, das oft mit ihrem eigenen Land verglichen wird. Und oft zeigen sich in den *vignaioli* der Langhe-Berge ähnliche Züge wie bei den *vignerons* der Côte d'Or: tiefe Anhänglichkeit an bestimmte Parzellen, unbeugsamer Sinn für Tradition, kühner Wettbewerbsgeist und stolzes Bewußtsein, daß ihr Wein nicht seinesgleichen hat.

Die früheren Weine aus den Langhe-Bergen waren zwar meist süß, scheinen aber noch individualistischer gewesen zu sein als die modernen. Erst im 19. Jh. begannen Benennungen nach bestimmten Orten aufzutauchen. Barolo trat nach 1840 in den Vordergrund, als Victurine Colbert, die Gattin des Marchese Falletti, eine gebürtige Französin, ihren Landsmann Louis Oudart als Experten für die Weinbereitung heranzog. Er verwandelte den Nebbiolo in einen trockenen, faßgereiften Wein, und das gelang so überzeugend, daß der Premierminister des Piemonts, Cavour, ihn auch auf sein Schloß im nahegelegenen Grinzane berief. Mitglieder der Königsfamilie richteten nun ebenfalls Weingüter für die Erzeugung von Barolo in anderen Dörfern in den Bergen südwestlich von Alba ein. Die große Klasse des Nebbiolo war in Barbaresco ebenfalls längst bekannt, doch dieser Ortsname trat erst um 1890 in Erscheinung, als Domizio Cavazza, der Gründer der Weinbaufachschule in Alba, in der Gegend eine Winzergenossenschaft ins Leben rief.

Aber selbst in Barolo und Barbaresco gedeiht der Nebbiolo nicht überall, sondern reagiert empfindlich auf unterschiedliche Voraussetzungen. Die inzwischen in den Regeln als eigenständig behandelten Varianten Michet, Lampia und Rosé sind neueren Forschungen zufolge vielen lokalen Mutationen in Größe und Form der Trauben und Beeren unterworfen, die nicht unbedingt klonale Unterschiede bedeuten. Selbst in besten Lagen ist der Ertrag des Nebbiolo geringer als bei anderen Lokalreben. Sind die Voraussetzungen für ihn nicht gut, dann wird der früher reifende und auch in höheren und kühleren Lagen besser gedeihende Dolcetto bevorzugt, oder auch die Barbera-Rebe, die zwar sonnige Lagen liebt, aber auch an weniger guten Stellen reife Frucht bringt.

Dolcetto fällt in den Langhe-Bergen wohl von allen einfachen Alltagsweinen des Piemonts am stilvollsten aus; aber auch seine Art ist unterschiedlich. In der DOC-Zone Alba wird seine lebhaft fruchtige Beschaffenheit oft mit Beaujolais verglichen. In der Zone Dogliani zeigt der Dolcetto eine festere Struktur, die erst mit der Zeit ihren guten Stil zu erkennen gibt. In Diano d'Alba verfügt Dolcetto über die erste DOC, in der alle Weinberge dem Namen nach anerkannt sind. Auch die Barbera-Traube kann in den Langhe-Bergen, sofern sie nicht in der üblichen Weise allzu einfach behandelt wird, als Einzellagen-DOC-Wein und als faßgereifter *vdt* glänzen. Als weitere wichtige Traubensorte wird der Moscato zwischen Alba und Santo Stefano Belbo angebaut.

Im Prestige stehen zwar Barolo und Barbaresco turmhoch über allen anderen Weinen, aber gerade diese aristokratische Aura hat wirkliche Popularität verhindert. Manche Kenner in Italien räumen ihnen den Platz an der Spitze der Hierarchie unbesehen ein, und mancher Experte im Ausland, der die Größe dieser Weine preist, gibt privat zu, sie nicht recht ergründen zu können.

Zwar hat der Barolo die größere Reputation, dafür gilt der Barbaresco als zugänglicher. Vielen Erzeugern in den Langhe-Bergen wäre es wahrscheinlich lieber, wenn alle Klischees endlich beiseite gelassen und ihre Weine nach ihrem wahren Wesen beurteilt würden. Technisch-wissenschaftliche Fortschritte und eine Reihe von guten Jahren haben in letzter Zeit wesentliche Qualitätsverbesserungen gebracht, und beide Weine aus ihrer Unnahbarkeit erlöst. Dennoch haftet ihnen mindestens in Italien das Image der Steifheit an.

Die seit Jahrzehnten üblichen Bereitungsmethoden beinhalteten bis zu zweimonatiges Einmaischen in Holzfässern zusammen mit den Schalen besonders reifer Trauben, damit möglichst viel Gerbstoff und Substanz in den Wein gelangt. Sodann folgte in Eichen- oder Kastanienholzfässern eine langsame malolaktische Gärung und eine jahrelange Reifezeit, bis die ursprüngliche Strenge überwunden war. Auf diese Weise erlangten Barolo und Barbaresco aus guten Jahrgängen eine geradezu monumentale Statur mit einzigartig komplexem Bukett und Geschmack. Doch die Entfaltung in der Ausbauzeit verlief nicht immer so, wie die Erzeuger es behaupteten, und bei unrichtiger Behandlung – die nicht selten vorkam – entwickelten sich Eigentümlichkeiten in Geruch und Geschmack, mit denen selbst die treuesten Anhänger nicht einverstanden sein konnten.

Eine Reihe schlechter Jahre nach 1970 sowie nichtssagende Verschnitte von Abfüllern und dickliche Produkte aus Winzergenossenschaften, die alle unter den noblen Namen liefen, verunsicherten den Verbraucher noch weiter, und er sah sich nach anderen Quellen für Rotwein um. Gegen Ende der 70er Jahre sank der sowieso nie rege Absatz auf kritische Werte. Einige Anhänger in Italien und im Ausland hielten ihm noch die Treue, einen echten Marktzuwachs errangen Barolo und Barbaresco lange Zeit jedoch nur in der Schweiz und in Deutschland. Die Liebhaber im deutschsprachigen Europa wurden damit zu den bedeutendsten Kunden und gaben zugleich einen Anstoß zu neuen Höhen der Qualität und des Prestiges.

Hinter den Kulissen veränderte sich der Weinbau in den Langhe-Bergen dabei tiefgreifender, als man es von außen gewahrte. Die meisten Kellereien, kleine wie große, stehen heute unter der Leitung von Önologen, die aus der launischen Nebbiolo-Traube das Beste zu machen versuchen. Oft wird die Lese jetzt früher durchgeführt, wenn die Komponenten noch in besserem Gleichgewicht sind. Die bedeutendste Verbesserung bisher dürfte sein, daß die Gärung – auch die malolaktische – zumeist mit Temperaturregelung stattfindet. Selbst Traditionalisten halten inzwischen Edelstahl-Gärtanks für unerläßlich und reduzieren die Maischzeit mit den Schalen auf höchstens einen Monat, was dazu beiträgt, daß dem Wein nun bei unveränderter Größe und Substanz eine bessere Harmonie in Bukett und Geschmack zugutekommt.

Progressive Kellertechniker verkürzen die Maischzeit mit den Schalen auf etwa 10 Tage, um das sanfte Tannin zu extrahieren, das harte Tannin aber zu vermeiden. Ein zweiter Streitpunkt ist der Ausbauzeit in großen Eichenfässern, die von manchen über viele Jahre ausgedehnt wird, während andere es bei dem Minimum von 2 Jahren für Barolo und 1 Jahr für Barbaresco bewenden lassen. Wieder andere suchen Abrundung durch eine Reifezeit in kleinen Fässern, was für die alte Schule undenkbar ist. Die nach der neuen Technik bereiteten Weine sind oft leichter und milder und haben frischeren Duft und fruchtigeren Geschmack. Sie sind schon nach 1 bis 2 Jahren Flaschenlagerung genußreif, sollen aber angeblich dennoch langlebiger sein als die Weine nach der alten Schule. Die führenden Erzeuger, Gaja und Ceretto, haben mit ihrem Barolo und Barbaresco einen ganz persönlichen Stil entwickelt, der dem internationalen Geschmack sehr entgegenkommt. Gajas Methoden, die mit *barriques* arbeiten, stellen für andere Winzer in den Langhe-Bergen, vor allem für die jüngeren, das große Vorbild dar.

Ob alte Schule oder neue Technik, wenn man die wesentlichen Einflüsse von Jahrgang und Lage berücksichtigt, dann ist es nicht die Philosophie, die unter den Weinen der Langhe-Berge die eigentlichen Unterschiede ausmacht, sondern das persönliche Talent. Methoden bilden nur die Grundlage bis zu einem Punkt, über den hinaus handwerkliche oder gar künstlerische Meisterschaft die entscheidende Rolle spielt. Freilich ist die Qualität des Leseguts von ertragsbeschränkten Reben ein wesentlicher Faktor; es heißt aber, daß man die besten Kellermeister gerade an ihren Leistungen in weniger günstigen Jahren erkennt. In den letzten Jahren hat es allerdings eine Reihe von hervorragenden Ernten und damit kaum Gelegenheit gegeben, den Beweis hierfür anzutreten. Schon der 82er wurde mit Superlativen bedacht und der 85er als Jahrhundertjahrgang gepriesen. Kleinen, aber guten Ernten 1986 und 1987 folgten

Der Wein von Alba hat den Gebrüdern Ceretto, Marcello (links) und Bruno, und ihren innovativen Ideen viel zu verdanken.

dann 1988 und 1989 so außergewöhnliche Jahrgänge, daß sie dem 85er gar noch den Rang ablaufen.

Neuere Jahrgänge von Barolo und Barbaresco haben international soviel Aufsehen erregt, daß auch in Italien das Interesse wieder aufgelebt ist. Was aber nun als Anbruch einer neuen goldenen Zeit für die Weine der Langhe-Berge begrüßt wird, läßt noch manche Fragen offen. Während die warmen und trockenen Sommer zunächst die großen Jahrgänge günstig beeinflußten, gibt es doch Besorgnisse wegen der langfristigen Auswirkungen auf die Reben. Mehrere Winter ist inzwischen nur wenig Schnee gefallen, der sonst für eine dauerhafte Durchfeuchtung des Bodens sorgt.

Auch ist der Markt nicht beständig, und die Traubenpreise sind in den letzten 10 Jahren stark gestiegen. Trotzdem bleiben feine Weine, die noch nicht zu den internationalen Favoriten gehören, weiterhin erschwinglich. Sammler sind wohl bereit, für individuelle Leistungen kräftig zu zahlen, z. B. für Barbaresco von Gaja und für Barolo von Ceretto, die inzwischen fast in die Preisklasse der Spitzenweine von Bordeaux aufgestiegen sind. Andere Erzeuger haben versucht, mitzuhalten; die meisten aber widerstehen dieser Versuchung, weil sie einsehen, daß selbst die DOCG für Barolo und Barbaresco nicht dasselbe Gewicht hat wie die hochrangigen Crus von Bordeaux und Burgund.

Bei ihren engen Bindungen an Frankreich wissen die Erzeuger hier, wie wichtig der Cru-Begriff für das Image ist, und setzen diese Erkenntnis seit Jahren in ihre Einzellagenweine um. Viele, wenn auch nicht alle Erzeuger, unterstützen die Bestrebungen zur systematischen Namensangabe der Lagen von Barolo und Barbaresco. Die Grundlage dafür besteht in neuen und alten Urkunden und Akten. 1879 stellte Lorenzo Fantini, Landwirtschaftsassessor und Gutsbesitzer in Barolo, ein Verzeichnis aller Weinberge in der Umgebung von Barolo und Barbaresco auf und fügte Anmerkungen wie «posizione buona» oder «scelta» (erlesen), ganz selten sogar «sceltissima» hinzu. Zum großen Teil stimmen seine Bewertungen noch heute, obwohl manche Weinberge verschwunden und andere neu hinzugekommen sind. Renato Ratti legte vor seinem Tod 1988 eine Karte der wichtigsten Weinberge der beiden Zonen an, wobei er in Barolo einige als «erste Kategorie» oder «historische Lage» bezeichnete. Andere Publizisten führen noch mehr Weinberge auf und versuchen sogar, eine Rangfolge zu erstellen.

Nationale und regionale Behörden dämpfen solche Initiativen, vielleicht weil sie Kontroversen befürchten. 1986 erkannte jedoch die Gemeinde Diano d'Alba 77 *sorì* für DOC Dolcetto an. Dieser Schritt fand die Unterstützung der landwirtschaftlichen Provinzialbehörde und des Winzerkonsortiums Alba, die ihn als Modell für größere Projekte in Barolo und Barbaresco ansehen. Angestrebt wird die Zulassung individueller Lagennamen auf Etiketten, jedoch ohne Klassifizierung, denn selbst wenn Barolo und Barbaresco in vieler Hinsicht als die bestqualifizierten Weinzonen Italiens gelten dürfen, so sind die Kriterien für die Bewertung der einzelnen Lagen noch unzureichend.

Barolo (DOCG 1980, DOC 1966)

Der Barolo mußte seine königliche Würde über die Ära retten, in der angeblich der Wein demokratisiert werden sollte. Als Weinliebhaber wurde man also recht von oben herab belehrt, daß die noble Kargheit des Barolo nur mit tiefster Verehrung und in Gesellschaft von Wild, Rinderbraten oder reifem Käse zu genießen sei. Er sei ein Wein für die kalte Jahreszeit, so wurde versichert, den ein flackerndes Kaminfeuer ganz allmählich auf die Temperatur des Raums – oder vielleicht gar der Suppe – erwärmen müsse. Solche Rituale mögen einen Sinn gehabt haben, als die Eßzimmer des Piemonts noch keine Zentralheizung hatten und aus den Kellern der Geruch alternder Weine und feuchter Erde strömte. Die Italiener nahmen derartige Maximen – und mit ihnen den Wein – schon lange nicht mehr ab. Allenfalls legten sie sich ein paar Flaschen für ganz besondere Anlässe hin, die dann nie stattfanden. Der Barolo wurde nicht mehr als König behandelt, sondern als eine durch Tradition geheiligte Monstrosität.

Zum bürgerlichen Alltagswein konnte man ihn nicht umfunktionieren; bestenfalls war es möglich, das *Noblesse-oblige*-Image loszuwerden. Versuche in dieser Richtung sind inzwischen so weit gediehen, daß es keiner Entschuldigungen mehr bedarf, wenn Großvaters altersgeschwärzte Kastanienholzfässer durch neue *barriques* aus Frankreich ersetzt werden. Allerdings wurde vermutlich zuviel Aufhebens von Unterschieden in der Kellertechnik gemacht, wo doch alle die Individualität ihres Weins auf die Besonderheiten des Bodens gründen möchten.

Die Barolo-Zone umfaßt vorwiegend Südlagen an steilen Hängen südwestlich von Alba im mittleren Tal bei der Stadt Barolo und im östlichen Tal unterhalb von Serralunga. Da der Nebbiolo nur in den besten Lagen angebaut wird, beträgt die für ihn registrierte Rebfläche lediglich 1179 ha in 1163 Parzellen. Die DOC-Zonen für Barbera und Dolcetto d'Alba überlagern die Barolo-Zone, so daß auch für diese beiden Rebsorten eine umfangreiche Anbaufläche genutzt wird, ferner für Moscato d'Asti bei Serralunga sowie für Freisa und Chardonnay als Tafelwein. Die starke Aufsplitterung der Lagen erklärt auch die Unterschiedlichkeit in der Gesamterzeugung von jährlich 4 bis 6 Mio. Flaschen Barolo.

Junge Weine sind meist rubinrot bis brombeerfarben, doch nach einigen Jahren Reifezeit ist die typische Barolo-Farbe granatrot mit einem warm ziegelroten Schimmer am Rand. Früher war der Barolo oft sehr streng und herb, bis sich der Gerb-

stoffgehalt nach längerer Zeit milderte; heute dagegen ist er schon relativ früh rund und harmonisch bei überaus fester Art und weist in Duft und Geschmack manche Note auf, die man in kaum einem anderen Wein findet. Häufig genannte Nuancen sind Veilchen, Waldbeeren, Teer, Tabak, Vanille, Schokolade, Minze, Lakritz und Gewürze aller Art. Früher war auch oft von Trüffeln die Rede, heute aber wird jeder Hinweis auf Pilze als störend für das angestrebte saubere Image unterlassen. Grundsätzlich läuft es auf 2 Haupttypen hinaus, die von den unterschiedlichen Böden auf den beiden Seiten der Zone stammen.

Im Osten bei Monforte, Serralunga und Castiglione Falletto heißt es, hier allein wachse der echte, der heroische Barolo, während im Westen um La Morra die Ansicht besteht, der historisch wahre Barolo sei die elegante Art, wie sie auf dieser Seite wächst. Zwischen den Anhängern beider Typen tobt heftiger Streit, und nur die Winzer aus Barolo, wo schließlich alles begann, schwingen sich manchmal auf eine höhere Warte, indem sie behaupten, bei ihnen gebe es beide par excellence. Aus den genannten 5 Gemarkungen kommt der überwiegende Teil allen Barolo-Weins, und darum besteht unter den dort ansässigen Winzern immerhin Einigkeit darin, daß der Nebbiolo-Wein aus den übrigen 6 Gemeinden den Namen Barolo nicht verdiene. Von einigen Ausnahmen abgesehen, haben sie damit nicht unrecht; dafür kommt aber aus

den Randbereichen der Barolo-Zone mit der beste Dolcetto der ganzen Gegend.

Die Geologen ziehen aufgrund der vorhandenen tektonischen Unterschiede eine Trennungslinie durch das mittlere Tal entlang einem Bach namens Rio Bussia südlich der Stadt Barolo sowie am Rio Talloria dell' Annunziata im Norden. Die Bodenart westlich der steilen Hänge zwischen Barolo und La Morra nennen sie Tortonium, die im Osten an den Höhen von Monforte und Castiglione Falletto sowie auf der anderen Talseite bei Serralunga heißt Helvetium. Beide sind kalkreiche Mergelböden maritimen Ursprungs. Das bläuliche Tortonium ist reich an Magnesium und Mangan, während das weißlich-beige Helvetium mehr Eisen enthält. Grundsätzlich aber läßt sich sagen, daß aus den Weingen auf dem Tortoniumboden duftigerer, eleganterer und früher reifender Barolo kommt als vom Helvetium, das schwerere, dunklere Weine mit mehr Substanz und größerer Lebensdauer hervorbringt.

In den Tagen, als vorwiegend die Handelshäuser Barolo produzierten, wobei Weine aus beiden Gegenden gemischt wurden, kamen diese Unterschiede nicht weiter zum Vorschein; die moderne Vorliebe für Einzellagenweine jedoch bringt sie ans Licht. Die Barolo-Lagen konzentrieren sich in den 5 Gemarkungen in Höhen zwischen 250 und 450 m. Das Klima ist unberechenbar, und schon geringfügige Unterschiede in Lage, Sonneneinstrahlung und Wind-

Ein neu angelegter Weinberg bei der Kapelle Santo Stefano in Perno in der Barolo-Zone.

schutz wirken sich auf die Weine merklich aus. Man rechnet innerhalb eines Jahrzehnts mit 2 oder 3 sehr guten, 3 bis 5 guten bis mittleren und im übrigen mit mäßigen bis schlechten Jahren. Besonders wertvoll ist ein trockener, warmer September, damit der spätreifende Nebbiolo der Lese im Oktober entgegenreifen kann. Die Sonneneinstrahlung galt bis wenigstens noch vor kurzem als maßgeblicher Faktor. Die Winzer unterscheiden zwischen *sorì*, der Lage direkt nach Süden, *sorì del mattino*, der aufgehenden Sonne im Osten stärker zugewandt, und *sorì della sera*, mehr in Richtung Sonnenuntergang gelegen.

Die Landkarten zeigen historische Lagen neben erst ganz neu bekannt gewordenen und noch unbekannten. Da alle Lagen in ungeheuer viele Einzelparzellen aufgeteilt sind, können die Besitzer auf der Karte gar nicht genannt werden. Weingüter und Kellereien, die ihren Sitz in der Zone haben, sind eingezeichnet. Es folgt eine Übersicht über die wichtigsten Orte der Barolo-Zone:

La Morra. In die große Gemarkung fallen die meisten Weinberge der Zone – vorwiegend auf der *conea*, den Hängen, die sich unterhalb von La Morra nach Barolo hinziehen –, und sie erbringt etwa 1/3 der Gesamtproduktion. Hier wächst die duftige und elegante Art des Barolo,

u. a. in den Lagen Brunate, Cerequio und Rocche di La Morra, die bei Renato Ratti unter *prima categoria* rangieren. Hochangesehen sind ferner Monfalletto, La Serra (oberhalb von Brunate) und Rocchette (neben Rocche). Ratti, Cordero di Montezemolos' Monfalletto, Elvio Cognos' Marcarini und Fratelli Oddero sind in dem Ort seit langem führend. Als neue Sterne zeigen sich Roberto Voerzio und Elio Altare. Die Vinicola Piemontese, Accomasso, Gianni Voerzio und Rocche Costamagna verfügen über einen soliden Ruf. Auch das wiederauflebende Haus Batasiolo mit erlesenen Weinberglagen gehört nach La Morra.

Barolo. Die Stadt, wo der Barolo in den Kellern der Marchesi Falletti seinen Anfang nahm, ist bekannt für Weine, in denen sich die Charakteristiken der beiden Bodentypen vereinen und Eleganz und Wucht miteinander verbinden. Besonders guten Ausdruck findet dies in einer der berühmtesten Lagen der Zone, Cannubi, die sich in Boschis, Muscatel, Boschetti und Valletta unterteilt. Auch die Lagen Zonchetta, Sarmassa (oder Sarmazza) und Costa di Rose werden hoch eingestuft, ebenso wie Brunate und Cerequio, in die sich Barolo mit La Morra teilt. In der Gemeinde entstehen etwa 12% der DOCG-Erzeugung, und sie ist Sitz der historischen Firma Marchesi di Barolo sowie vieler mittlerer und kleinerer Weingüter. Guten Ruf genießen seit langem Bartolo Mascarello, Barale und die beiden Familien Rinaldi. Unter den neueren Erzeugern sind insbesondere Luciano Sandrone, Vajra, Cantina Sebaste und Scarzello zu nennen.

Castiglione Falletto. Aus der kleinen Gemeinde kommen knapp 10% der Barolo-Produktion, vorwiegend bukettreiche Weine von samtiger, mittelschwerer bis wuchtiger Art. Die wichtigsten Lagen sind Monprivato, Villero (Quelle für Monfallettos Enrico VI) sowie Rocche di Castiglione oben an der Küppe, wo Ceretto aus der neugeschaffenen Einzellage Bricco Rocche den am höchsten bezahlten Barolo im modernen Stil hervorbringt. Das kleine Haus Vietti ist dagegen für hervorragenden traditionellen Barolo u. a. aus der Lage Rocche bekannt. Ebenfalls beachtenswerte Erzeuger sind Paolo Scavino, Azelia, Brovia und Cavallotto.

Monforte d'Alba. Die Gemeinde, Sitz einer Reihe neuerdings bekannt gewordener Weingüter, ist ein aufsteigender Stern in Barolo. Die Weine von wuchtiger Struktur und ungewöhnlicher Geschmackstiefe verbessern sich stetig. In Monforte wächst etwa 1/6 der Barolo-Produktion aus Weinbergen in den hochangesehenen Lagen Bussia sowie Santo Stefano di Perno, Castelletto, Ginestra und Mosconi. Weitere bekannte Lagen sind Arnulfo, Dardi, Le Coste, Manzoni und Fontanin. In den 70er Jahren waren die einzigen bekannten Erzeuger Giacomo Conterno mit dem massiven Monfortino sowie Aldo Conterno, heute wieder führend mit Bricco Bussia. Valentino Migliorino hat Rocche dei Manzoni zu einem bedeutenden Barolo-Gut wiederaufgebaut, das stilvolle Weine aus besten Lagen in der Gemarkung hervorbringt. Unter den neueren Erzeugern hat Clerico eine führende Stellung. Grasso, Parusso und Conterno-Fantino streben rasch nach oben.

Serralunga d'Alba. Internationalen Ruf genießt Fontanafredda mit seinem großen, ehemals königlichen Gut in der Gemeinde, deren Weinberge schon früher als Quelle für wuchtigen, langlebigen, oft zum Verschneiden benutzten Barolo bekannt waren. Die Neuerwerbung von Marenca-Rivette durch Angelo Gaja lenkte neue Aufmerksamkeit auf die Südwesthänge von Serralunga, die oft als die künftige Côte-de-Nuits von Barolo bezeichnet werden. In der Gemeinde entsteht etwa 1/6 der DOCG-Erzeugung in historischen Lagen wie Lazzarito, Gabutti, Parafada, Baudana, Ceretta (Prapò), Vigna Rionda sowie den zu Fontanafredda gehörenden Weinbergen. Bekannt sind ferner Giovanni Conternos Cascina Francia, Gigi Rossos Cascina Arione, Pio Cesares Ornato und Batasiolos Boscareto und Briccolina. Eredi Virginio Ferrero ist ein geachtetes kleines Gut, Cappellano befindet sich wieder im Aufstieg.

Die Gegend nördlich und westlich der Zone ist zum größten Teil nicht gut zum Anbau für Nebbiolo für Barolo geeignet. In den Gemeinden Verduno, Roddi, Cherasco, Grinzane Cavour, Diano d'Alba und Novello gibt es nur wenige bekannte Lagen, obwohl in den letzeren beiden guter Dolcetto wächst.

ZONE: Die Langhe-Berge südwestlich von Alba mit 11 Gemeinden in den Provinz Cuneo; die angesehenen Lagen befinden sich meist auf steilen Südhängen um Barolo, Castiglione Falletto, Serralunga d'Alba, Monforte d'Alba und La Morra. Trockener Rotwein. Trauben: Nebbiolo. E. 56/80; Alk. 13; S. 0,55–0,8; A. 3 J. (2 J. im Faß), *riserva* 5 J.

Barolo Chinato, gewonnen durch Versetzen des Weins mit Chinarinde, ist nach der DOCG als bitterer *digestivo* anerkannt.

ERZEUGER IN BAROLO

Barale
Bartolo Mascarello
Brezza
Cantina Sebaste
Enrico Pira
Francesco Rinaldi
Giacomo Borgogno

Giorgio Scarzello
Giuseppe Rinaldi
Luciano Sandrone
Marchesi di Barolo
Serio & Battista Borgogno
G. D. Vajra

ERZEUGER IN LA MURRA

Accomasso
Aurelio Settimo
Batasiolo
Corino
Elio Altare
Fratelli Ferrero
Fratelli Oberto
Fratelli Oddero
Gianfranco Bovio
Gianni Voerzio

Luigi Viberti
Marcarini
Molino
Monfalletto
Renato Ratti
Roberto Voerzio
Rocche Costamagna
Silvio Grasso
Vinicola Piemontese

① Castello di Verduno
② G. B. Burlotto
③ Bel Colle
④ Terre del Barolo
⑤ Gigi Rosso
⑥ Giuseppe Cappellano
⑦ Azelia
⑧ Brovia
⑨ Paolo Scavino
⑩ Cavallotto
⑪ Eredi Virginia Ferrero
⑫ Vietti
⑬ Bricco Rocche-Ceretto
⑭ Parusso
⑮ Aldo Conterno
⑯ Gaja
⑰ Giuseppe Massolino
⑱ Josetta Safirio
⑲ Elio Grasso
⑳ Conterno-Fantino
㉑ Renzo Seghesio
㉒ Rocche dei Manzoni
㉓ Giacomo Conterno
㉔ Pira
㉕ Clerico

㉖ (Rocche Marcenasco)
   (Vigna Francesco)
   (Vigna Riccardo)
㉗ (Vigneto Arborina)
㉘ (Bianca)
   (Gallaretto)
   (Gattinera)
   (La Rosa)
   (San Pietro)
㉙ (Bricco Boschis)
㉚ (Bric del Fiasc)
㉛ (Momprivato)
㉜ (Briacca)
   (Rocche dei Brovia)
㉝ (Vigna Cicala)
   (Vigna Colonello)
㉞ (Coste di Rose)
㉟ (Bricotto Bussia)
   (Vigna Mesdi)
   (Vigna Romirasco)
㊱ (Collina Rionda)
   (Sori Vigna Riunda)
㊲ (Madonna Assunta di Castelletto)
㊳ (Casa Matè)
   (Ciabot Mentin Ginestra)
   (Sori Ginestra)
   (Vigna del Gris)
㊴ (Vigna d' la Roul)

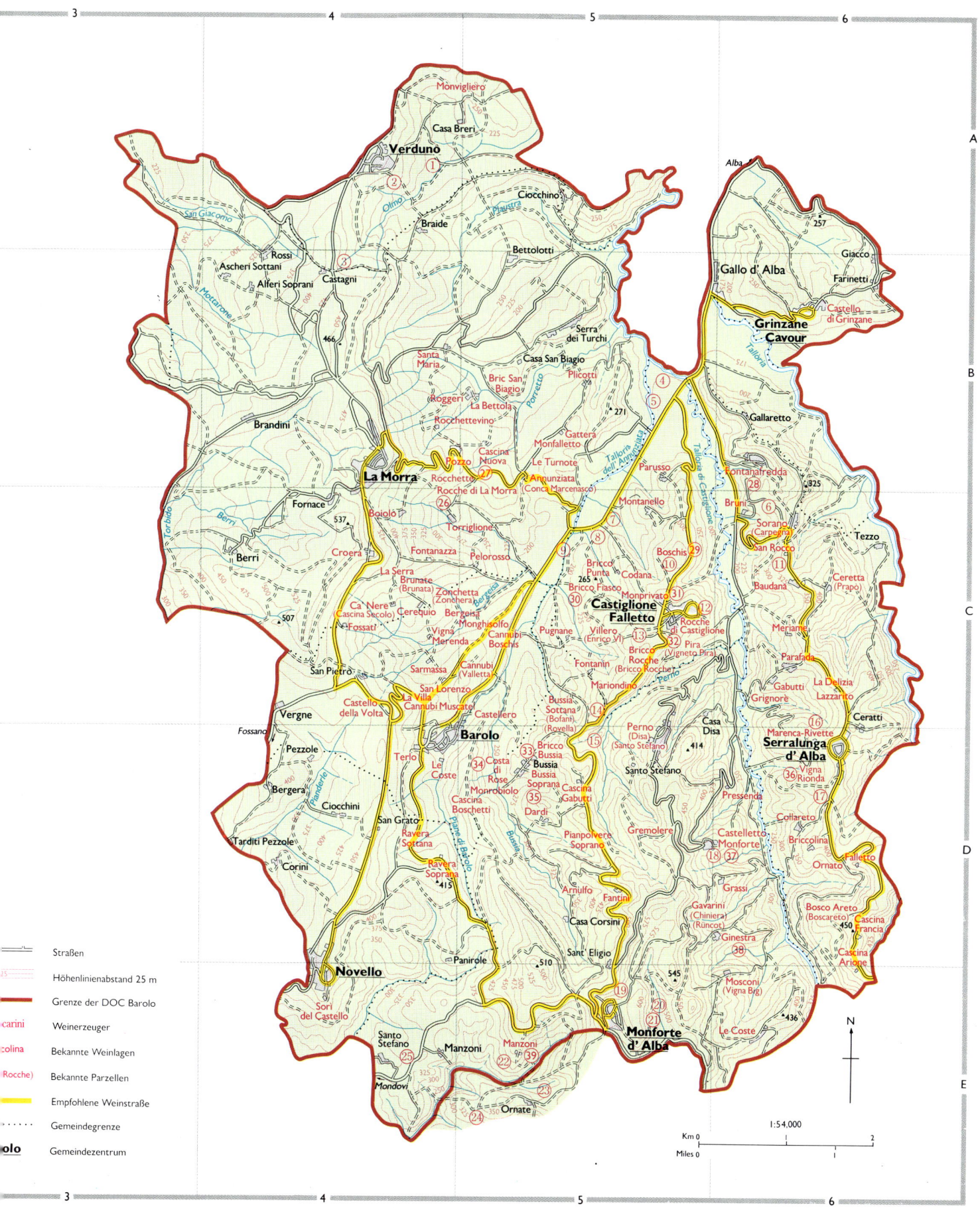

A

B

C

D

E

Straßen

Höhenlinienabstand 25 m

Grenze der DOC Barolo

carini   Weinerzeuger

colina   Bekannte Weinlagen

(Rocche) Bekannte Parzellen

Empfohlene Weinstraße

Gemeindegrenze

olo   Gemeindezentrum

1 : 54,000

Km 0   2

Miles 0   1

N

Barbaresco (DOCG 1980, DOC 1966)

Manchmal scheint es, als habe Barbaresco seinen Status als kleiner Bruder des Barolo endlich überwunden. Publizisten und Kenner in Italien preisen ihn nicht nur, sie trinken ihn sogar mehr als nur gelegentlich. Mit Experten aus dem Ausland sind sie sich darin einig, daß er gefälliger ist als der Barolo, zudem beständiger in Art und Qualität. Hie und da wird er als der feinste DOCG-Wein Italiens bezeichnet. Führende Erzeuger – Bruno Giocosa, Marchesi di Gresy, Ceretto, Castello di Neive und die Genossenschaft Produttori del Barbaresco – haben auf ihm eine großartige Reputation aufgebaut, doch erst Angelo Gaja brachte Preise und Prestige wirklich in die Höhe; sein Name ist in internationalen Weinfachkreisen bekannter als die Appellation selbst. Dennoch blieb es ihm stets bewußt, daß der Barbaresco als Wein nicht über die Größe des Barolo verfügt. Die Familie Gaja erzeugte schon seit langem keinen Barolo mehr, weil sie dort keine eigenen Weinberge besaß. 1988 kaufte nun Angelo Gaja das heruntergekommene Gut Marenco-Rivette in Serralunga d'Alba und nahm die Barolo-Produktion wieder auf. Das wurde allgemein als günstig für die Geschicke des Barolo begrüßt, wenn auch mancher Konkurrent befürchten mochte, in den Schatten des großen Gaja zu geraten.

Doch der Barbaresco behauptet sich in Preis und Prestige bisher gut gegen den Barolo. Die Mengen variieren von Jahr zu Jahr; im Durchschnitt aber macht die Barbaresco-Erzeugung mit 2,5 Mio. Flaschen nur knapp die Hälfte der Barolo-Produktion aus. Die Zone, die im Westen fast bis Alba reicht und direkt an den Tanaro stößt, hat 490 ha Nebbiolo in 482 registrierten Weinbergen. Mit Dolcetto, Barbera und Moscato sowie Chardonnay, Sauvignon und Cabernet verfügen die Winzer über ein gut abgerundetes Programm. Die Hänge um den Ort Barbaresco mit seinem Turm als Wahrzeichen gehören zu den am intensivsten kultivierten in den Langhe-Bergen. Die wichtigsten Weinberge befinden sich in etwas tieferen Lagen als in Barolo (200–350 m), auf steilen Hängen und sanft abgerundeten Kuppen. Das Klima ist etwas wärmer und trockener als in Barolo, daher reifen die Trauben früher und gleichmäßiger. Die Nebbiolo-Rebe bringt hier nicht ganz so wuchtige und feste Weine mit nicht

so viel Tannin, so daß sie auch weniger Faßreifezeit benötigen. Oft werden die Unterschiede dem Boden zugeschrieben, bei dem es sich grundsätzlich um denselben kalkreichen Mergel handelt wie in Barolo; nur der Gehalt an Spurenelementen ist auf bisher noch nicht recht erforschte Weise verschieden.

Dennoch trifft das Attribut «leicht» auf den Barbaresco nicht zu. Vielmehr vereint sich in ihm oft die Wucht und Tiefe des Nebbiolo mit ungewöhnlicher Anmut. Insgesamt aber sind die Unterschiede gar nicht so groß, und ein Barolo aus La Morra kann ohne weiteres gefälliger sein als ein Barbaresco aus Neive; selbst Winzer, die beide Weine erzeugen, können sie nicht immer auseinanderhalten. Manche, denen beide gleich großartig gelingen – Bruno Giacosa, Marcello Ceretto und Beppe Colla von Prunotto – halten den Barolo für den größeren Wein, obwohl er höhere Anforderungen stellt und wenigstens in Italien oft schwerer abzusetzen ist als der Barbaresco.

In Barbaresco arbeiten die Kellermeister vielleicht mehr als in Barolo mit ausgeklügelten Techniken an der Gestaltung ihres Weins. Gajas in *barriques* ausgebaute Einzellagenweine gelten als ausgesprochene Kunstwerke. Auch Marchesi di Gresy zählt zu den großen Namen des modernen Weinbaus.

Einigen Kritikern allerdings erscheinen die modernen Weine als nicht würdig, neben dem Barbaresco der großen alten Zeit zu stehen. Ein Meister der traditionellen Art des Barolo- ähnlichen Barbaresco ist Bruno Giacosa, dessen schwergewichtige Erzeugnisse ihm den Bei-

namen «Barolista» eingetragen haben. Die meisten Winzer in Barbaresco halten sich mit sauberen Weinen zu erschwinglichen Preisen lieber an den goldenen Mittelweg. Die Einzellagen-Riserva-Weine der Produttori del Barbaresco sind seit langem bewährt.

Auch in Barbaresco sind auf der Landkarte die althergebrachten Anbauflächen sowie die neuerlich besonders in Erscheinung getretenen Parzellen und Lagen eingezeichnet. Manche Weinberge sind in so kleine Parzellen unterteilt, daß ihre Besitzer auf der Karte nicht erwähnt werden können. Die in der Zone beheimateten Weingüter und -kellereien sind ebenfalls auf der Karte verzeichnet.

Es folgt ein Überblick über die wichtigsten Orte der Barbaresco-Zone:

Barbaresco. Das ruhige Dorf, wo Domizio Cavazza um 1890 den ersten Barbaresco kelterte, ist auch heute noch mit fast der Hälfte der Anbaufläche und den angesehensten Lagen im Hügelland südlich des Orts der Schwerpunkt der Zone. Hier schließen sich Secondine, San Lorenzo, Ghiga und Paglieri, dann Pora, Asili, Rabajà und Martinenga in 2 Reihen aneinander. Weiter im Osten liegen Ovello, Montefico und Montestefano. Eine weitere bedeutende Gruppierung in Richtung Alba umfaßt Roccalini, Como, Rio Sordo, Roncaglia und Roncaglietta mit Costa Russi sowie Sorì Tildin. Die 3 größten Weingüter – Gaja, Produttori del Barbaresco und Marchesi di Gresy mit ganz Martinenga – sind hoch angesehen, ebenso viele kleinere Erzeuger wie Luigi Bianco, Cortese, De Forville, La Spinona, Moccagatta,

Bruno Rocca, Roagna mit I Paglieri und Ceretto mit Bricco Asili.

Treiso. Das Dorf war früher Teil von Barbaresco, ist aber heute eine eigene Gemeinde mit einigen der höchstgelegenen Weinberge in der Zone, in denen außer Nebbiolo auch Dolcetto wächst. Die besten Lagen – Giacosa, Casotto, Marcarini und Pajorè – befinden sich an der Straße zwischen Treiso und Barbaresco. Empfehlenswert sind ferner Ausario, Bernardotti, Rizzi, Valeriano, Cascina Alberta von Contratto, Bordino von Le Colline und Monte Aribaldo (für Dolcetto) von Marchesi di Gresy sowie die bekannten Erzeuger Pelissero, Eredi Lodali, Meinardi, Nada, Rizzi, Vezza und Genossenschaft I Vignaioli Elvio Pertinace.

Neive. Die Gemeinde war zwar ursprünglich nicht Teil der Barbaresco-Zone, bekannt ist sie aber schon seit Mitte des 19. Jhs., als der Franzose Oudart im Castello di Neive, das jetzt als führendes Gut wieder auflebt, Nebbiolo-Weine produzierte. Hochangesehene historische Weinberge sind Albesani-Santo Stefano, Gallina, Chirrà und Cottà sowie Basarin, Messoirano, Masseria, Tetti, Gaia, Marcorino, Serraboella (mit Sorì d'Paytin) und Bricco di Neive. Bruno Giacosa ist die überragende Gestalt unter den Winzern des Orts. Weitere bekannte Häuser sind Fratelli Giacosa, Cantina del Glicine, Accademia Torregiorgi, Fratelli Cigliuti, Pasquero-Elia, Gastaldi, Punset und Busso.

Die Zone greift auch auf einen kleinen Teil der Gemarkung Alba über, wo sich ebenfalls gute Lagen, aber keine bekannten Barbaresco-Erzeuger befinden.

Die dicht mit Reben besetzten Hänge um Barbaresco in den Langhe-Bergen sind in eine Vielzahl winziger Parzellen aufgeteilt.

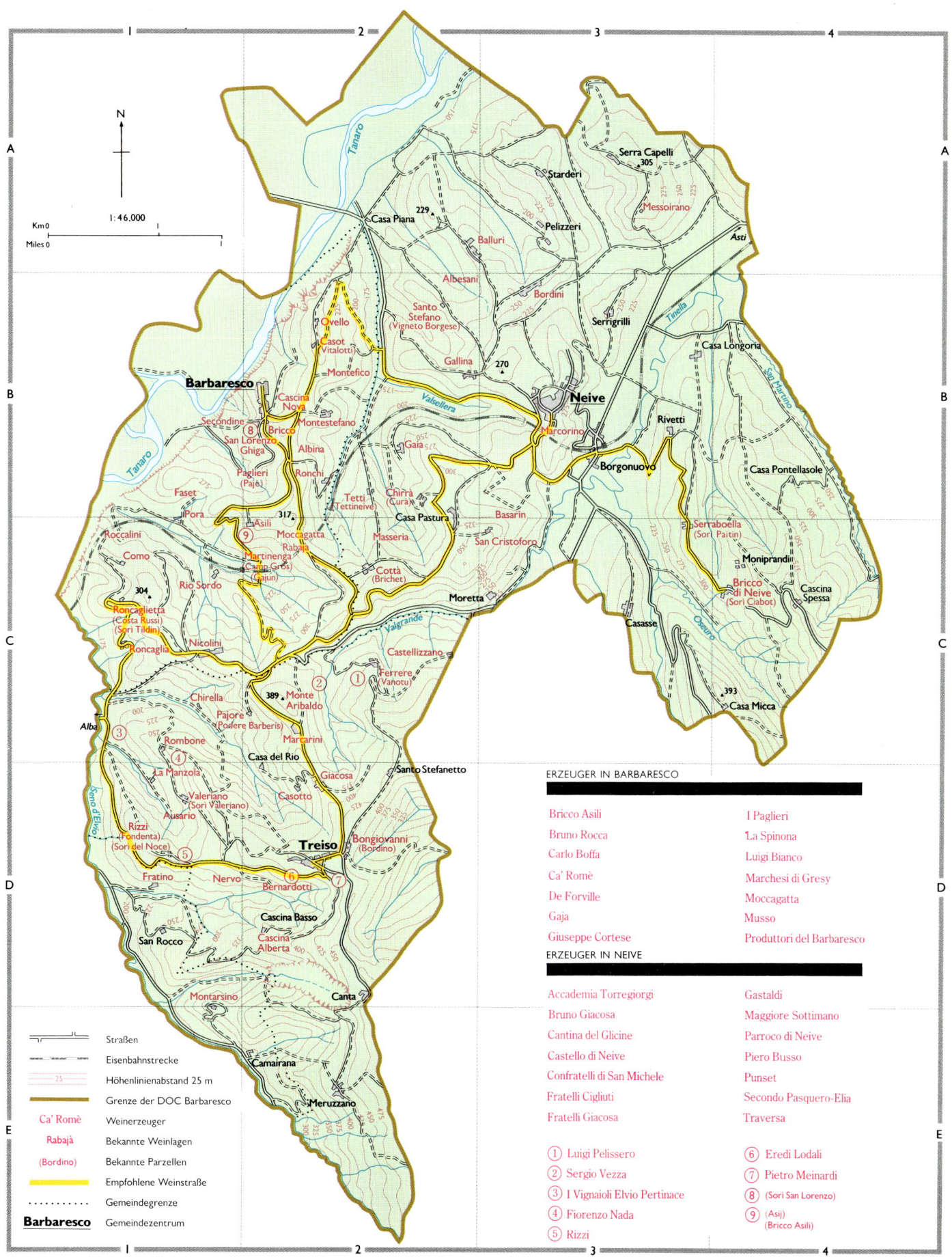

N

1 : 46,000

Km 0
Miles 0

Straßen

Tanaro

A — A

Serra Capelli
· 305

Starderi ·

Casa Piana 229 ·
Pelizzeri
Messoirano

Balluri
Bordini
Asti ·

Albesani
Serrigrilli

Santo
Stefano
(Vigneto Borgese)
Casa Longoria

Ovello
Gallina 270 ·

B — Casot
(Vitalotti)
Montefico
Valsellera
Neive
B

Barbaresco
Cascina
Nova
Montestefano
Marcorino
Rivetti

Secondine
⑧ Bricco
San Lorenzo
Ghiga
Albiria
Gaja
Borgonuovo
Casa Pontellasole

Paglieri
(Pajè)
Ronchi

Faset
Tetti
(Tettineive)
Chirrà
(Cura)
Basarin
Serraboella
(Sori Paitin)

iPora
Asili 317 ·
Casa Pastura
San Cristoforo
Moniprandi

Roccalini
⑨
Moccagatta
Rabaja
Masseria
Bricco
di Neive
(Sori Ciabot)
Cascina
Spessa

Como
Martinenga
(Camp Gros)
(Gaiun)
Cottà
(Brichet)

304 ·
Rio Sordo

C — Roncaglietta
(Costa Russi)
(Sori Tildin)
Moretta
Casasse
C

Roncaglia
Nicolini
Castellizzano
393 ·
Casa Micca

Chirella
389 · Monte
Aribaldo
②
Ferrere
(Vañotu)
①

Alba ·
Pajore
(Podere Barberis)

③
Rombone
Marcarini

④
Casa del Rio

La Manzola
Giacosa
Santo Stefanetto

Valeriano
(Sori Valeriano)
Casotto

Bricco Asili   I Paglieri

Ausario
Bruno Rocca   La Spinona

D — Rizzi
(Fondenta)
(Sori del Noce)
⑤
Bongiovanni
(Bordino)
Carlo Boffa   Luigi Bianco
D

Fratino
Nervo
⑥
Treiso
⑦
Ca' Romè   Marchesi di Gresy

Bernardotti
De Forville   Moccagatta

Cascina Basso
Gaja   Musso

San Rocco
Cascina
Alberta
Giuseppe Cortese   Produttori del Barbaresco

Montarsino
Canta
Accademia Torregiorgi   Gastaldi

Bruno Giacosa   Maggiore Sottimano

Cantina del Glicine   Parroco di Neive

Camairana
Castello di Neive   Piero Busso

Confratelli di San Michele   Punset

Fratelli Cigliuti   Secondo Pasquero-Elia

Meruzzano
Fratelli Giacosa   Traversa

Straßen   ① Luigi Pelissero   ⑥ Eredi Lodali

Eisenbahnstrecke   ② Sergio Vezza   ⑦ Pietro Meinardi

—25— Höhenlinienabstand 25 m ③ I Vignaioli Elvio Pertinace   ⑧ (Sori San Lorenzo)

Grenze der DOC Barbaresco   ④ Fiorenzo Nada   ⑨ (Asij)
                                                          (Bricco Asili)

Ca' Romè Weinerzeuger   ⑤ Rizzi

Rabajà Bekannte Weinlagen

(Bordino) Bekannte Parzellen

Empfohlene Weinstraße

Gemeindegrenze

E — **Barbaresco** Gemeindezentrum
E

Castellinaldo in den Roero-Bergen nördlich des Tanaro bringt einen leichteren Nebbiolo-Wein hervor.

ZONE: Die Gemarkungen Barbaresco, Treiso und Neive in den Langhe-Bergen östlich von Alba und die Gemarkung San Rocco Senodelvio in der Provinz Cuneo. Trockener Rotwein. Traube: Nebbiolo. E. 56/80; Alk. 12,5; S. 0,5, A. 2 J. (1 J. im Faß, *riserva* 3 J.

Barbera d'Alba (1970)

Das wiederaufgelebte Interesse an dieser lange vernachlässsigten Rebsorte hat so großartige Ergebnisse gezeigt, daß Barbera d'Alba erstmals seit Menschengedenken chic zu werden scheint. Die Traube kann auf den Hängen der Langhe-Berge offensichtlich ebenso gut gedeihen wie in ihrer Heimat Monferrato um Asti. Einige Erzeuger bringen schon seit Jahren bei Alba guten Barbera hervor; oft aber mußten sie ihn mit ihren Freunden allein trinken. Selbst hochangesehene Weingüter und Handelshäuser waren nicht imstande, die Nebbiolo- und Dolcetto-Anhänger auch für diesen Wein zu interessieren. Am Ende der 1970er Jahre versuchte Angelo Gaja den Ausbau seines Barbera Vignarey in *barriques* und stellte fest, daß er darin runder und komplexer wurde als in den üblichen Fässern. Dadurch löste er neues Interesse an gut bereiteten Barbera-Weinen aus, das sich inzwischen in Alba und Asti fest etabliert hat. Manche Winzer bauen ihn in *barriques* aus, andere in größeren Fässern; manche nennen ihn Barbera d'Alba, andere behandeln ihn als *vdt*. Immer beliebter werden Mischungen aus Barbera mit Nebbiolo. Feine Beispiele der DOC Barbera d'Alba sind u. a. Conca Tre Pile von Aldo Conterno, Pian Romualdo von Prunotto, Bussia von Vietti und Altavilla von Bruno Giacosa.
ZONE: Der größte Teil der Anbaufläche von Alba mit 54 Gemeinden in der Provinz Cuneo, ferner der gesamte Bereich Roero und ein großer Teil der Langhe-Berge, mit Ausnahme der Gegend südlich von Dogliani. Trockener Rotwein. Traube: Barbera. E. 70/100; Alk. 12, *superiore* 12,5; S. 0,6; A. *superiore* 1 J. in Eichen- oder Kastanienholzfässern.

Dolcetto d'Alba (1974)

Von allen den so charakterstarken Rotweinen der Langhe-Berge ist es wohl der Dolcetto, an dem man am leichtesten Gefallen findet. Seine Popularität erklärt sich aus der frisch-fruchtigen, vollmundigen Art, die in scharfem Gegensatz zu den strengeren Aspekten alter Nebbiolo- und Barbera-Weine steht. Er ist zwar nicht nach jedermanns Geschmack, aber weithin gilt der Dolcetto als vorbildlicher Wein für jeden Tag und idealer Begleiter zur pikanten Küche der Region. Dolcetto d'Alba schmeckt jung am besten – dann hat er tiefe Maulbeerfarbe, im Duft eine Spur frischen Traubenmost, im Geschmack volle, milde Frucht und fast schokoladeartige Süße mit einem prickelnden, bitteren Unterton. Die Dolcetto-Rebe gedeiht in hohen kühlen Lagen der Langhe-Berge und reift früh, wenn auch ungleichmäßig. Die schwierige Technik der Verarbeitung gerbstoffreicher, aber säurearmer Trauben wurde hier stetig verbessert und erbringt die populärsten DOC-Dolcetto-Weine des Piemonts.
ZONE: Der nördliche Teil der Langhe-Berge mit 35 Gemeinden in der Provinz Cuneo sowie die Barolo- und Barbaresco-Zone und die Gemarkung Alba, jedoch mit Ausnahme der DOC-Dolcetto-Zonen Diano d'Alba, Dogliani und Langhe Monregalesi. Trockener Rotwein. Traube: Dolcetto. E. 63/90; Alk. 11,5, *superiore* 12,5; S. 0,5 A. *superiore* 1 J.

Dolcetto di Diano d'Alba oder Diano (1974)

Die Bergstadt Diano ist umgeben von Weinbergen für Dolcetto, der sich von seinen Namensvettern in Alba zwar nicht so sehr im Charakter, wohl aber im Rang unterscheidet. In gewissem Sinn sind nämlich die 77 *sorì* (oder *sörì* bzw. *bric*) die ersten «Crus» nicht nur der Gegend von Alba, sondern von ganz Italien. Diesen Status erlangten sie durch Bemühungen der Gemeinde um die Festlegung geeigneten Weinbaulands und die offizielle Anerkennung der Namen bewährter Lagen. Eine Klassifizierung war und ist nicht beabsichtigt, aber jede auf einem Etikett mit Diano (der bevorzugten Appellation) benannte Lage ist ein authentisches «Cru». Dieses System dient als Modell für andere Zonen.
ZONE: Hanglagen in der Gemarkung Diano d'Alba (Provinz Cuneo). Trockener Rotwein. Traube: Dolcetto. E. 56/80; Alk. 12, *superiore* 12,5; S. 0,5; A. *superiore* 1 J.

Dolcetto di Dogliani (1974)

Dogliani behauptet, die ursprüngliche Heimat und die Hauptstadt des Dolcetto zu sein (beides ist umstritten), mußte sich aber in letzter Zeit sehr anstrengen, um seinen guten Namen zu wahren. Aus Urkunden geht hervor, daß um Dogliani im 16. Jh. auf den Westhängen im Tanaro-Tal Dolcetto angebaut wurde. Die Legende aber erzählt, der Marchese di Clavesana habe schon 1303 von seiner Burg in der Zone aus ein Edikt erlassen, daß in seinem großen Herrschaftsgebiet nur Dolcetto gepflanzt werden dürfe und daß jeder, der sich diesem Gebot widersetzte, einen Kopf kürzer gemacht werden sollte. Zu Anfang des 20. Jh.s begann Dogliani, sich mit Dolcetto eine Reputation zu machen, nachdem Luigi Einaudi, der spätere Staatspräsident Italiens, dort ein Weingut eingerichtet hatte. Im Lauf der Zeit aber nahmen billige und fragwürdige Weine überhand, während einige Erzeuger, darunter auch Einaudi, weiterhin guten Dolcetto produzierten. Viel Beifall ernteten sie damit jedoch nicht, bis am Anfang der 80er Jahre der junge Andrea Chionetti einen Einzellagen-Dolcetto herausbrachte, der als einer der feinsten seiner Art Anerkennung fand. Bis zu seinem frühen Tod führte er die

anderen Winzer, darunter auch den eigenen Vater, Quinto Chionetti, zur Erkenntnis der lange in Vergessenheit geratenen Besonderheit des Dolcetto von Dogliani. Neben Chionetti und Einaudi beschritten auch Gillardi und Pira mit Erfolg diesen Weg.
ZONE: Hanglagen der Langhe-Berge vom Rand der Barolo-Zone, südwärts am Ostufer des Tanaro entlang bis Ciglié, mit 10 Gemeinden in der Provinz Cuneo, jedoch mit Produktionsschwerpunkt in Dogliani, Clavesana und Farigliano. Trockener Rotwein. Traube: Dolcetto. E. 56/80; Alk. 11,5, *superiore* 12,5; S. 0,5; A. *superiore* 1 J.

Dolcetto delle Langhe Monregalesi (1974)

Die steilen südlichen Langhe-Berge zu beiden Seiten des Tanaro bei Mondovì waren schon früher für guten Dolcetto bekannt, obwohl nur 17 ha für diesen Wein mit seiner duftigen, fruchtigen Art zu Verfügung stehen.
ZONE: Hanglagen in den oberen Langhe-Bergen in 11 Gemeinden der Provinz Cuneo, am Ostrand der Dogliani-Zone entlang von Murazzano bis Castellino und auf der Westseite des Tanaro südwärts bis Mondovì und Vicoforte, wo das Zentrum der sehr kleinen Produktion liegt. Trockener Rotwein. Traube: Dolcetto. E. 49/70; Alk. 11, *superiore* 12; S. 0,55; A. *superiore* 1 J.

Andere beachtenswerte Weine

In den Langhe-Bergen entfallen 2/3 der Erzeugung auf DOCG und DOC-Weine, so daß für Tafelwein der höheren Preisklasse, wie er anderswo Bedeutung erlangt hat, kein Raum mehr bleibt. Der Trend aber zeigt sich dennoch. Gaja begann mit eichenfaßgereiftem Chardonnay; seine Leistungen mit Cabernet Sauvignon und Sauvignon Blanc fanden bei weitem nicht so viele Nachahmer wie Valentino Migliorini mit seinem Nebbiolo-Barbera-Verschnitt Bricco Manzoni. Neben Moscato d'Asti entstehen in der Gegend auch gute trockene Schaumweine, allerdings meist von Grundweinen aus anderen Regionen. Der Name Langhe darf für 22 verschiedene Sorten verwendet werden, und zwar von Freisa und Grignolino bis zu den hier immer mehr heimisch werdenden französischen Trauben.

WEINGÜTER/WINZER

Celso Abbona, Dogliani (CN). Dolcetto di Dogliani.

Accomasso, La Morra (CN). Lorenzo Accomasso erzeugt aus der Lage Rocchette vorbildlichen Barolo.

Alario, Diano d'Alba (CN). Aufstrebendes kleines Gut mit feinem Dolcetto di Diano.

Elio Altare, La Morra (CN). Einer der begabtesten Erzeuger in Alba besitzt auf seinem Gut Cascina Nuova bei Annunziata 5 ha Weinberge für vielgepriesenen Barolo Vigneto Arborina, Dolcetto La Pria und zwei feine in *barriques* gereifte *vdt*: Vigna Larigi von Barbera und Vigna Arborina von Nebbiolo.

Azelia, Castiglione Falletto (CN). Lorenzo und Alfonso Scavino erzeugen Barolo Bricco Fiasco und Bricco Punta sowie Dolcetto von 10 ha.

Fratelli Barale, Barolo (CN). Sergio und Carlo Barale gewinnen von 19 ha Reben guten traditionellen Barolo Castellero, Barbaresco Rabajà und Dolcetto Coste di Basarin.

Bera-Cascina Palazzo, Neviglie (CN). Die Gebrüder Valter und Attilio Bera produzieren sehr feinen Moscato und Asti Spumante sowie Barbera und Dolcetto d'Alba von 17 ha.

Luigi Bianco & Figlio, Barbaresco (CN). Guter Barbaresco Faset, Rabajà und Ronchi sowie Dolcetto und Barbera.

Carlo Boffa & Figli, Barbaresco (CN). Sauberer Barbaresco Casot und Vitalotti sowie Dolcetto.

Pietro Boschis, Dogliani (CN). Dolcetto di Dogliani.

Gianfranco Bovio, La Morra (CN). Der Besitzer des bekannten Restaurants Belvedere erzeugt auf seinem Gut bei Annunziata feinen Barolo Gattera sowie Dolcetto Dabbene und Firagnetti.

Brezza, Barolo (CN). Das Familienrestaurant wird aus eigenen Weinbergen (Bricco Sarmassa, Cannubi, und Castellero) sowie mit gutem Barbera, Dolcetto und *vdt* Nebbiolo versorgt.

Bricco Asili, Barbaresco (CN). Ceretto hat an dieser erlesenen Lage

1,2 ha Anteil und eine kleine Kellerei für Barbaresco Bricco Asili, Faset (1 ha) sowie Asij (in Pacht).

Bricco Rocche, Castiglione Falletto (CN). Ceretto baute auf dem Berg eine Kellerei für Barolo von 1 ha Bricco Rocche sowie von 5 ha Brunate in La Morra und 3 ha Prapò in Serralunga. Die begrenzte Auflage an Bricco Rocche erzielt in neuerer Zeit die höchsten Preise für Barolo.

Fratelli Brovia, Castiglione Falletto (CN). Die Familie Brovia produziert ausgesprochen wuchtige Rotweine.

Piero Busso, Neive (CN). Aufstrebender Erzeuger mit charaktervollem Barbaresco aus der Vigna Borgese im hochangesehenen Gemarkungsteil Albesani von Neive.

Carbonere, Santo Stefano Belbo (CN). Amerio Agostinos Bricco Carbonere ist eine Offenbarung unter den neueren Moscati d'Asti.

Cascina Fonda – Barbero, Mango (CN). Massimo Barbero erzeugt guten Moscato d'Asti.

Cascina Pian d'Or – Barbero, Mango (CN). Walter Barbero produziert feinen Moscato d'Asti.

Cascine Drago, San Rocco Seno d'Elvio (CN). Luciano De Giacomi, Gran Maestro del Ordine del Tartufo e dei Vini d'Alba, erzeugt guten Dolcetto sowie Barbera, Freisa und Nebbiolo; seine Spezialität ist der langlebige Bricco del Drago, ein anerkannter *vdt* von Dolcetto mit Nebbiolo.

Castello di Neive, Neive (CN). In dem Schloß, wo der Franzose Oudart um 1860 preisgekrönte Weine hervorbrachte, erzeugen Italo und Giulio Stupino von 25 ha vielbewunderten Barbaresco Santo Stefano, Messoirano und Gallina, Dolcetto Basarin, Messoirano und Bric Valtorta, Barbera Messoirano und Santo Stefano, Moscato d'Asti Marcorino, zudem *vdt* Arneis und Rocca del Mattarello, ein reiner, in *barriques* ausgebauter Barbera.

Castello di Verduno, Verduno (CN). Das frühere Gut des Königs Carlo Alberto gehört den Schwestern Burlotto, die dort Barolo und Pelaverga produzieren.

Caudrina Dogliotti, Castiglione Tinella (CN). Redento und Romano Dogliotti erzeugen von 14 ha hochgeachteten Moscato La Galeisa sowie Dolcetto d'Alba und Freisa.

Fratelli Cavallotto, Castiglione Falletto (CN). Von 15 ha ihres Guts Bricco Boschis produzieren Olivio und Gildo Cavallotto vielbeachteten Barolo sowie Barbera und Dolcetto.

Quinto Chionetti & Figlio, Dogliani (CN). Chionetti produziert vielbewunderten Dolcetto di Dogliani. Sein früh verstorbener Sohn Andrea schuf die Einzellagenweine Briccolero, San Luigi und Le Coste.

Fratelli Cigliuti, Neive (CN). Renato Cigliuti und seine Familie

erzeugen Barbaresco von barolohaften Proportionen sowie gehaltvollen Barbera und Dolcetto von 3 ha tadellos gepflegten Weinbergen bei Serraboella.

Clerico, Monfort d'Alba (CN). Domenico Clercio ist ein aufsteigender Stern in den Langhe-Bergen mit erstklassigem Barolo Ciabot Mentin Ginestra und Bricotto Bussia sowie Barbera, Dolcetto, Freisa und dem in *barriques* ausgebauten Nebbiolo-*vdt* Arte.

Colué, Diano d'Alba (CN). Massimo Oddero gilt mit seinem Dolcetto Vigna Tampa als Pionier des Einzellagenweins in Diano. Ferner erzeugt er Barolo Cannubi und Barbaresco Sorì Valeriano.

Aldo Conterno, Monforte d'Alba (CN). Einer der geachtetsten Erzeuger in den Langhe-Bergen mit hohen Lagen in Bricco Bussia für Barolo Vigna Cicala und Vigna Colonello, in Spitzenjahren zu Gran Bussia kombiniert. Die Barolo-Bestände erreichen mit der angrenzenden Vigna Romirasco 11 ha. Ebenfalls von Nebbiolo wird der feine *barrique*-gereifte *vdt* Favot bereitet. Hinzu kommen superber DOC Barbera Conca Tre Pile und Dolcetto Bussia Soprano, Freisa und Grignolino *vdt* (Langhe), demnächst auch Arneis und Chardonnay.

Giacomo Conterno, Monforte d'Alba (CN). Giovanni Conterno, der Bruder Aldos, hat das Familiengut als Bastion alter Traditionen bewahrt; besonders bekannt ist der mächtige Barolo Monfortino (von 13 ha Reben der Cascina Francia in Serralunga). Ferner solider Barbera und Dolcetto.

Conterno-Fantino, Monforte d'Alba (CN). Die Familien Conterno und Fantino besitzen 14 ha in Ginestra und Bricco Bastia für Barolo Sorì Ginestra und Vigna del Gris; ferner Dolcetto, Nebbiolo-*vdt* Ginestrino und ein *barrique*-gereifter Nebbiolo-Barbera Monprà.

Corino, La Morra (CN). Renato Corino verschafft sich mit feinem Dolcetto Ansehen.

Giuseppe Cortese, Barbaresco (CN). Guter Barbaresco Rabajà und Dolcetto.

Mario Cozzo, Dogliani (CN). Dolcetto di Dogliani von der Cascina Lasàgna.

De Forville, Barbaresco (CN). Paolo und Walter De Forville produzieren angesehenen Barbaresco, Dolcetto und Chardonnay, z. T. von eigenen 10 ha.

Mario Devalle, Dogliani (CN). Dolcetto di Dogliani Bric sur Pian.

Luigi Einaudi, Dogliani (CN). Das vom späteren ersten Präsidenten der Republik Italien gegründete Haus hat 24 ha Weinberge, die zwischen dem Gut in Dogliani mit robustem Dolcetto und der Lage Terlo in Barolo mit ausnehmend langlebigem Wein aufgeteilt ist.

Eredi Virginia Ferrero, Serralunga d'Alba (CN). Barolo von ungewöhnlicher Tiefe und Kraft aus San Rocco.

Fratelli Ferrero, La Morra (CN). Vielversprechender Barolo und Dolcetto.

Gaja, Barbaresco (CN). Angelo Gaja hat die 1859 gegründete Kellerei zum dynamischsten Weingut des Piemonts gemacht. Bekannt wurde er mit Barbaresco Sorì Tildin, Sorì San Lorenzo und Costa Russi und – zusammen mit dem Önologen Guido Rivella - durch kreativen *Barrique*-Ausbau von Cabernet und Chardonnay; nun nimmt er auch die Barolo-Erzeugung auf dem Gut Marenca-Rivette in Serralunga auf, das er 1988 kaufte und damit seinen Weinbergbesitz im Bereich Alba auf 85 ha brachte. 29 ha sind für Barbaresco bestimmt, davon 8,8 ha Cascina San Lorenzo (3,9 ha Sorì San Lorenzo) sowie 13,3 ha Cascina Roncaglietto (3,4 ha Sorì Tildin und 4,4 ha Costa Russi). Im Barolo-Gut wird eine Kellerei gebaut und eine 10 ha große Rebfläche neu angesetzt. Die Gaja-

Angelo Gaja, der dynamischste Weinerzeuger des Piemonts, hat im modernen Weinbau von Alba unbestritten eine Führerrolle.

Produktion von rund 300 000 Flaschen im Jahr kommt nur aus familieneigenen Weinbergen und umfaßt auch die stilvollen Alba-Weine Nebbiolo Vignaveja, Dolcetto Vignabajla und Barbera Vignarey.

Gastaldi, Neive (CN). Bernardino Gastaldi erzeugt vielversprechenden Barbaresco sowie hervorragenden Dolcetto d'Alba Moriolo aus Rodello.

Gatti, Santo Stefano Belbo (CN). Piero Gatti produziert aus seiner Lage Moncucco feinen Moscato d'Asti.

Gillardi, Farigliano (CN). Giovanni Battista Gillardi, Önologe bei Ceretto, erzeugt auf dem Gut seiner Familie feinen Dolcetto di Dogliani.

Elio Grasso, Monforte d'Alba (CN). Stetig verbesserte Techniken kommen Grassos Einzellagen-Barolo Rüncot, Chiniera und Case Matè aus den Weinbergen Gavarini, Ginestra und Grassi zugute, die auch erstklassigen Dolcetto, Barbera und Nebbiolo liefern.

Silvio Grasso, La Morra (CN). Zunehmend bessere Barolo und Dolcetto aus Weinbergen in L'Annunziata.

I Paglieri, Barbaresco (CN). Alfredo Roagna war schon früh ein Exponent des leichteren, feineren Barbaresco-Stils; Lesegut aus Pajò und Asili wird im einzigartigen Crichet Pajò gemeinsam verarbeitet. Opera Prima heißt ein in *barriques* ausgebauter, aus mehreren Jahrgängen zusammengestellter Nebbiolo-*vdt*. Auch der Dolcetto ist bewundernswert.

La Meridiana, Vicoforte (CN). Von 4 ha produziert Vittorio Tesio rare Kostproben des Dolcetto delle Langhe Monregalesi.

La Spinona, Barbaresco (CN). Pietro Berutti besitzt 20 ha für sauberen Barbaresco (von Faset, Albina und Ghiga), Dolcetto, Barbera und *vdt*.

Marcarini-Cogno, La Moarra (CN). Elvio Cogno, ein Pionier des modernen Stils in Barolo, erzeugt Weine von üppiger, Burgunder-ähnlicher Art von 9 ha der Lagen Brunate und La Serra im Besitz von Anna Marcarini.

Bartolo Mascarello, Barolo (CN). In den engen Kellern des Guts gibt es kein Zugeständnis an die Moderne – keine Edelstahltanks, keine *barriques*, kein Telefon. Dennoch zeigen Macarellos Weine aus berühmten Lagen wie Cannubi überwältigenden Schliff. Auf den Etiketten aber steht nur Barolo, Dolcetto d'Alba und Nebbiolo delle Langhe.

Giuseppe Massolino – Vigna Rionda, Serralunga d'Alba (CN). Die 10 ha große Lage Rionda liefert kraftvollen Barolo Sörì Vigna Riunda sowie Barbera und Dolcetto.

Pietro Meinardi, Treiso (CN). Sehr kleine Produktion an gutem Dolcetto und Barbaresco.

Moccagatta, Barbaresco (CN). Franco und Sergio Minuto erzeugen immer besseren Barbaresco sowie *barrique*-gereiften Chardonnay und Barbera.

Molino, La Morra (CN). Mauro Molino produziert vielversprechenden Barolo und feinen Dolcetto in L'Annunziata.

Monfalletto-Cordero di Montezemolo, La Morra (CN). Giovanni und Enrico Cordero bauen weiter auf der stolzen Tradition, die ihr Vater Paolo mit Barolo und Dolcetto von 16 ha Monfalletto (bei Annunziata) und 2,2 ha Villero in Castiglione Falletto, wo der vorzügliche Barolo Enrico VI. herkommt, begründete.

Musso, Barbaresco (CN). Der junge Walter Musso erzeugt Barbaresco aus den Lagen Pora und Rio Sordo sowie guten Dolcetto.

Fiorenzo Nada, Treiso (CN). Guter Barbaresco und Dolcetto.

Fratelli Oberto, La Morra (CN). Andrea Oberto produziert guten Dolcetto und vielversprechenden Barolo aus der Lage Rocche in Annunziata.

Fratelli Oddero, La Morra (CN). Alteingesessenes Familiengut mit 23 ha in besten Lagen um Alba für Barolo und Barbaresco.

Parroco di Neive, Neive (CN). Don Giuseppe Cogno und Bruder Achille als Kellermeister haben auf dem Pfarrgut moderne Ideen unter den Barbaresco-Erzeugern verbreiten helfen; die neueren Jahrgänge sind leider nicht so gut ausgefallen.

Armando Parusso, Monforte d'Alba (CN). Der junge Marco Parusso hat das Gut mit Barolo von Bussia und Mariondino in Castiglione Falletto sowie mit Barbera Pagliana und Dolcetto Mariondino wieder hochgebracht.

Secondo Pasquero – Elia, Neive (CN). Von 6 ha Sörì d'Paytin zwischen Serraboella und Bricco di Neive gewinnt die Familie Pasquero überzeugenden Barbaresco sowie Barbera und Dolcetto, ferner Moscato d'Asti und Chardonnay von Vigna Elisa.

Luigi Pelissero, Treiso (CN). Guter Barbaresco Vanotu aus Weinbergen in der Gegend von Ferrere sowie Dolcetto und Barbera.

Mario Perrone, Santo Stefano Belbo (CN). Moscato d'Asti Ca' del Re und Cascina Galletto.

Pianpolvere Soprano, Monforte d'Alba (CN). Riccardo Feocchio produziert eindrucksvollen Barolo, Barbera, Dolcetto und Grignolino.

Armando Piazzo, San Rocco Seno d'Elvio (CN). Der weithin bekannte Erzeuger produziert eine Reihe von Alba-Weinen von rund 50 ha Weinbergbesitz in verschiedenen Gegenden.

Pira, Monforte d'Alba (CN). Aufstrebender Dolcetto-Erzeuger mit Weinen aus Alba und Dogliani von Bricco dei Botti.

Enrico Pira, Barolo (CN). Das kleine Gut, wo die Gebrüder Pira ihre Trauben mit den Füßen stampften und dieses stolz auf dem Etikett verkündeten, brachte in den 60er und 70er Jahren hochgepriesenen Barolo hervor. Heute gehört es der Familie Boschis.

Punset, Neive (CN). Marina und Renzo Marcarino erzeugen merklich verbesserten Barbaresco sowie guten Dolcetto und Barbera.

Francesco Rinaldi & Figli, Barolo (CN). Luciano Rinaldi führt die Familientradition weiter mit Barolo aus den Lagen Cannubi und Brunate, der erst mit der Zeit Finesse erlangt; ferner Dolcetto.

Giuseppe Rinaldi, Barolo (CN). Traditioneller Barolo aus den Lagen Le Coste und Brunata (Teil von Brunate) sowie Dolcetto. Die Familie Rinaldi lagert ihren langlebigen Barolo noch z. T. in großen Ballonflaschen.

Rizzi, Treiso (CN). Ernesto Dellapiana gewinnt Barbaresco Fondenta und Sörì del Noce und DOC Alba-Weine von 25 ha der Cascina Rizzi.

Bruno Rocca-Cascina Rabajà, Barbaresco (CN). Rocca produziert guten Barbaresco, Dolcetto und *vdt* Nebbiolo von dem Gut Cascina Rabajà, das der berühmten Lage den Namen gegeben hat.

Rocche Costamagna, La Morra (CN). Claudia Ferreresi Locatelli baute das Gut mit 4 ha in Rocche di La Morra für Barolo Vigna Francesco und Vigna Riccardo wieder auf. Ferner Dolcetto, Barbera und *vdt* Nebbiolo.

Rocche dei Manzoni, Monforte d'Alba (CN). Valentino Migliorini steht mit seinen Innovationen in Barolo an der Spitze; weil er aber aus der Emilia kommt, finden seine Weine hier weniger Beifall als anderswo. Seine 46 ha sind zum großen Teil für opulenten, nur in besten Jahren produzierten Barolo bestimmt. Die alten Lagen Santo Stefano in Perno und Santa Maria in Castelletto wurden neu bestockt. Migliorini und der Önologe Sergio Galletti führten für den Nebbiolo-Barbera Bricco Manzoni *barriques* ein, später auch für Barolo, Chardonnay und Pinot Nero.

Josetta Safirio, Monforte d'Alba (CN). Feiner Barolo aus einer kleinen Parzelle in Castelletto.

Luciano Sandrone, Barolo (CN). Lange Erfahrung ermöglichte es Sandrone und seinem Bruder Luca, dem Barolo von 1,2 ha in Cannubi Boschis höchsten Beifall zu sichern. Ferner vorzüglicher Dolcetto und demnächst Barbera.

Saracco, Castiglione Tinella (CN). Giovanni Saracco und seine Söhne Paolo und Roberto erzeugen einen leichten Moscato im neuen Stil, aber auch eine gehaltvolle Version der alten Art, die Kennern oft mehr zusagt.

Mario Savigliano, Diano d'Alba (CN). Kleine Produktion an gutem Diano Dolcetto Sörì del Sot.

Giorgio Scarzello & Figli, Barolo (CN). Giorgio und Gemma Scarzello erzeugen merklich verbesserten Barolo von der Vigna Merenda sowie guten Dolcetto.

Paolo Scavino, Castiglione Falletto (CN). Enrico Scavino erzeugt feinen Barolo Cannubi und Bric del Fiasc sowie Dolcetto und Barbera.

Aurelio Settimo, La Morra (CN). Barolo aus den Lagen Rocche und Rocchette in L'Annunziata.

Giovanni Soria, Castiglione Tinella (CN). Guter Moscato d'Asti.

Tenute Cisa Asinari dei Marchesi di Gresy, Barbaresco (CN). Alberto di Gresy verfügt über Weinberge in 2 großen Gütern: Monte Aribaldo in Treiso (guter Dolcetto, faßgereifter Chardonnay) und La Martinenga (hocheleganter Nebbiolo-Wein). Kellermeister Piero Ballario produziert Barbaresco La Martinenga in besseren Jahrgängen und bringt in Spitzenjahren aus den 2 besten Lagen die Auslesen Gajun (z. T. *barrique*-gereift) und Camp Gros heraus. Aus dem Familiengut in Cassine in der Provinz Asti kommt Moscato d'Asti La Serra.

Traversa, Neive (CN). Giuseppe und Flavio Traversa erzeugen opulenten Moscato d'Asti und Barbaresco Sörì Ciabot.

G. D. Vajra, Barolo (CN). Aldo Vajra hat sich einen Ruf mit Barolo aus Fossati und Bricco delle Viole sowie mit feinem Barbera und Dolcetto erworben.

Giovanni Veglio & Figlio, Diano d'Alba (CN). Feiner Dolcetto Sörì Ubart und Puncia d'l Bric.

Sergio Vezza & Figlio, Treiso (CN). Achtbarer Barbaresco.

Luigi Viberti, La Morra (CN). Feiner Barbera und Dolcetto von Santa Maria.

Gianni Voerzio, La Morra (CN). Familienweingut mit frischem, jungem Dolcetto, Freisa, Barbera und Arneis; der Barolo aus La Serra ist in Spitzenjahren ebenfalls beachtenswert.

Roberto Voerzio, La Morra (CN). Der aufstrebende junge Erzeuger aus Alba produziert in seiner neuen Kellerei geschliffenen, stets überzeugenden Barolo La Serra sowie neue Weine aus den Lagen Brunate und Cerequio. Von 8 ha z. T. eigenem Besitz gewinnt er ferner Dolcetto Priavino und San Francesco Croera, den vielversprechenden Nebbiolo-Barbera-*vdt* Vigna Serra, Freisa Boiolo-Pozzo und Arneis.

WEIN- UND HANDELS-HÄUSER

Accademia Torrgiorgi, Neive (CN). Mario Giorgi bringt in Spitzenjahren Barbaresco Messoirano, Barolo Carpegna, Barbera und Dolcetto heraus.

Giacomo Ascheri, Bra (CN). Zuverlässige Alba- und Roero-Weine.

Batasiolo, La Morra (CN). Die früheren Firmen Kiola und Fratelli Dogliani machen mit Kellermeister Marco Monchiero einen Neubeginn mit 120 ha auf 7 Barolo-Gütern, genannt «I Beni di Batasiolo». Einzellagen-Barolo u. a. Boscareto und Briccolina in Serralunga, Bofani in Bussia Sottana (Monforte) und Cerequio in La Morra. Aus Serralunga kommt auch Moscato für Asti Spumante.

Bel Colle, Verduno (CN). Spezialist für Pelaverga; ferner guter Dolcetto und Nebbiolo-*vdt* Monvijé von Monvigliero.

Giacomo Borgogno & Figli, Barolo (CN). Das Haus, lange Zeit eine tragende Säule in Barolo, gehört der Familie Boschis. 20 ha u. a. erlesene Lagen in Cannubi.

Serio & Battista Borgogno, Barolo (CN). Das altbekannte Barolo-Haus mit Anteil an der Lage Cannubi läßt in letzter Zeit nach.

G. B. Burlotto, Verduno (CN). Historisches Haus, bekannt durch Barolo aus den Lagen Monvigliero und Cannubi.

Ca' Romé, Barbaresco (CN). Romano Margeno produziert klassische Weine nur in Spitzenjahren, z. B. Barbaresco Maria di Brun.

Calissano, Alba (CN). Die zum Gruppo Italiano Vini gehörende Kellerei füllt Alba- und andere Piemont-Weine ab.

Cantina del Glicine, Neive (CN). Adriana Marzi und Roberto Bruno erzielen gleichmäßige Klasse mit Barbaresco Marcorino und Curà aus den eigenen kleinen Weinbergen sowie von ausgewähltem Lesegut anderer Winzer.

Cantina della Porta Rossa, Diano d'Alba (CN). Aus einer Auswahl an Alba- und anderen Piemont-Weinen ragen die Dolcetto-«Crus» aus Diano hervor; ferner guter Barolo La Delizia aus Serralunga und Barbaresco Faset.

Cantina Sebaste, Barolo (CN). Mauro Sebaste sichert, unterstützt von Fratelli Gancia, die Führungsstellung des Hauses mit Barolo aus eigenem Besitz in Bussia Soprana sowie mit feinem Dolcetto und *vdt* Freisa, Arneis und Bricco Viole von *barrique*-gereiftem Barbera und Nebbiolo.

Giuseppe Cappellano, Serralunga d'Alba (CN). Das Haus, erster Erzeuger von Barolo Chinato, wird geleitet von Teobaldo und Roberto Cappellano, die sich um neuen Stil und Prestige für Barolo und andere Weine aus besten Lagen um Alba bemühen.

Ceretto, Alba (CN). Bruno Ceretto hat durch strategische Landkäufe das patriarchalische Handelshaus zum Spezialisten für avantgardistische Einzellagenweine umgewandelt. Sein Bruder Marcello hat als Chef-Kellermeister durch innovative Art dem Namen Ceretto Weltgeltung verschafft, und zwar mit Weinen aus Familienbesitzungen Bricco Rocche in Barolo, Bricco Asili und Faset in Barbaresco und Blangé in Roero. Neben diesen Gutsweinen produziert Ceretto auch Barolo Zonchera, Barbaresco Asij, Nebbiolo d'Alba Lantasco und Dolcetto d'Alba Rossana von Pachtland. Das Haus Ceretto führt auch die Moscato-d'Asti-Gruppe I Vignaioli di Santo Stefano und hat seinen Sitz auf das schöne Gut La Bernardina bei Alba verlegt.

Pio Cesare, Alba (CN). Das von Pio Cesare 1881 gegründete Haus wird geleitet von Pio Boffa, dessen Neuerungen u. a. Landkauf sowie Wein im neuen Stil in einem Programm von traditionellem Barolo, Barbaresco, Nebbiolo, Barbera und Dolcetto umfassen. Zum Besitz gehören die 8,5 ha Barolo-Lage Ornato in Serralunga und das 8-ha-Barbaresco-Gut in Treiso (mit faßvergorenem Chardonnay Piodilei). Kellermeister Paolo Fenocchio produziert ferner einen jungen Nebbiolo Il Nebbio und andere Piemont-Weine von zugekauftem Lesegut.

Eredi Lodali, Treiso (CN). Rita Lodali produziert guten Barbaresco und Dolcetto.

Fontanafredda, Serralunga d'Alba (CN). Das 1878 vom Conte Emanuele Guerrieri, dem Sohn König Victor Emanuels II. und der Contessa Rosa di Mirafiori e Fontanafredda, genannt La Bela Rosin, gegründete Haus ist heute im Besitz der Bank Monte dei Paschi di Siena. Der Besitz umfaßt 70 ha Rebfläche für DOC Alba, *vdt* und *spumante*, jedoch werden bei Fontanafredda auch andere Weine produziert und abgefüllt. Seit dem Jahrgang 1982 steht Barolo aus 8 Lagen auf dem Programm. Bei der Kellerei liegen Vigna Bianca, Gallaretto, Gattinera, La Rosa und San Pietro und in der Nähe von Serralunga die Lagen Vigna La Delizia und Lazzarito. Vigna La Villa gehört in die Barolo-Lage Cannubi. Kellermeister Livio Testa hat Barbaresco, Dolcetto di Diano Vigna La Lepre, Barbera, Nebbiolo und *vdt* Pinot auf bewundernswerte Höhen gebracht, ebenso Asti Spumante und die sehr feinen Schaumweine Contessa Rosa Brut und Rosé sowie Gattinera Brut.

Franco Fiorina, Alba (CN). Die Firma im Besitz von Elsa Franco und Giuseppe Fontana ist eine zuverlässige Quelle für Alba-Weine. Die ste-

Bruno Giacosa, Meister des traditionellen Stils, arbeitet dennoch mit modernen Edelstahltanks.

tige Hand des Önologen Armando Cordero bewährt sich in dem langlebigen Barolo und Barbaresco sowie in Nebbiolo, Dolcetto und Barbera der traditionellen Art.

Bruno Giacosa, Neive (CN). Giacosa hat sich eine Reputation mit leichter gewordenem traditionellem Stil geschaffen, der sich in Barolo und Barbaresco mit Wucht, Tiefe und Finesse zeigt. Das Lesegut stammt aus besten Lagen in Barbaresco und Barolo. Auch seine übrigen Alba-Weine sind hervorragend: Nebbiolo von Valmaggiore, Dolcetto von Basarin, Barbera von Altavilla und Arneis von Roero, ebenso Grignolino und Freisa. Die neueste Meisterleistung ist einer der feinsten italienischen Schaumweine: Bruno Giacosa Extra Brut von Pinot Nero und Chardonnay aus dem Oltrepò Pavese.

Fratelli Giacosa, Neive (CN). Valerio und Renzo Giacosa verbessern ständig die Qualität ihres Barbaresco Vigneto Roncaglie und Roccalini, Barolo Vigneto Pira (von Castiglione Falletto) sowie des guten Dolcetto und des feinen, *barrique*-gereiften Barbera-*vdt* Maria Gioana.

Marchesi di Barolo, Barolo (CN). Das Weingut, in dessen Kellern der ursprüngliche Barolo der Marchesi Falletti entstand, macht nach einem Niedergang seinem Name wieder Ehre. Das neue Qualitätsstreben wird in den 6 Barolo-Einzellagenweinen Cannubi, Cannubi Muscatel, Sarmassa, Coste di Rose, Valletta und Brunate von 35 ha Rebfläche anschaulich. Ferner guter Dolcetto Madonna di Como sowie eine große Auswahl an DOC-Weinen und *vdt* von Lesegut aus Alba und anderen Teilen des Piemonts.

Giuseppe Mascarello & Figlio, Monchiero (CN). Mauro Mascarello ist ein Meister des traditionellen Barolo-Stils, wobei die meistgeschätzten Weine von eigenem Besitz Monprivato in Castiglione Falletto stammen. Ferner kauft er Lesegut aus Villero, Bussia und Dardi in Monforte und La Francia in Serra-

lunga und produziert sehr guten Barbaresco, Barbera und Dolcetto.

Alfredo Prunotto, Alba (CN). Giuseppe Colla, einer der besten Kenner der Alba-Lagen, arbeitet als Kellermeister und Leiter des angesehenen Hauses, an dem die Firma A & W Investments (Antinori-Whitbread) eine Mehrheitsbeteiligung erworben hat. Colla zeigt Traditionsbewußtsein und bewundernswerten Stil in Einzellagenweinen.

Renato Ratti – Antiche Cantine dell'Abbazia dell'Annunziata, La Morra (CN). Renato Rattis Söhne und sein Neffe Massimo Martinelli erzeugen gemeinsam Weine mit dem gewohnten Flair. Geschickte Auslesen anderer Alba-Weine und Barbaresco sowie Weine mit piemontesischen Soldaten des 19. Jh.s als Etikettenmotiv für Barbera Altavilla, Dolcetto Campetto Colombé und Nebbiolo Ochetti di Monteu. Zum Familienbesitz gehört auch das Gut Villa Pattono in Costigliole d'Asti. Das in der Benediktinerabtei eingerichtete Museum kündet von Rattis Passion für die Weine der Langhe-Berge.

Roche, Alba (CN). Die Kellerei in einem Gut mit 22 ha Weinbergen südlich von Alba wird von Raffaele Ferrero mit vielversprechendem Dolcetto Vigna a Mano, Barbera Crotin und Nebbiolo Mesdì ausgebaut.

Gigi Rosso, Castiglione Falletto (CN). Luigi Rosso, der Leiter des Konsortiums für Barolo-, Barbaresco- und Alba-Weine, besitzt 32 ha Weinberge in den besten Gegenden Albas für vielbeachteten Barolo Cascina Arione von Serralunga und Moncolombetto von Diano.

Renzo Seghesio, Monforte d'Alba (CN). Barolo und Dolcetto.

Maggiore Sottimano, Neive (CN). Guter Barbaresco Brichet und Dolcetto Cottà.

Valfieri, Alba (CN). Die von Rosangela Riccadonna geleitete Firma hat Kellereien in Costigliole d'Asti für DOC Alba und Asti sowie in Cortina all'Adige für DOC Alto Adige.

Vietti, Castiglione Falletto (CN). Alfredo Currado, Tochter Elisabetta und Schwiegersohn Mario Cordero erzeugen Weine, die in Italien und vielleicht noch mehr im Ausland durch wuchtige Struktur und eleganten Stil großen Anklang finden. Die Einzellagenweine sind je nach Jahrgang unterschiedlich; als beachtlich haben sich Barolo, Barbaresco, Dolcetto, Barbera und Nebbiolo erwiesen. Auch guter Freisa sowie ein roter *vdt* Fioretto von Barbera und Nebbiolo mit Neyrano.

Vinicola Piemontese, La Morra (CN). Marco Ferrero trifft eine Auslese aus 10 ha Weinbergen der früheren Tenuta Cerequio für hochangesehenen Barolo sowie Barbaresco und Dolcetto.

GENOSSENSCHAFTEN

Produttori del Barbaresco, Barbaresco (CN). Die meistbewunderte Genossenschaft Italiens entstand 1958 auf der Grundlage der 1894 von Domizio Cavazzo, dem Vater des Barbaresco, gegründeten ursprünglichen Stadtkellerei. Celestino Vacca leitet die Gruppe von 65 Winzern, die hervorragende Qualität zu mäßigen Preisen in Weinen aus allerbesten Lagen bietet: Asili, Montefico, Montestefano, Rio Sordo, Ovello, Rabajà, Moccagatta und Pora. Produktion von 500 000 Flaschen im Jahr.

Terre del Barolo, Castiglione Falletto (CN). Die Mitglieder mit rund 800 ha Weinbergen in Barolo und Umgebung beliefern vorwiegend Abfüller, erzeugen in der Kellerei aber auch guten Dolcetto, Barbera,

Nebbiolo und Barolo, darunter Einzellagenweine aus bekannten Gegenden, u. a. der Parzelle Castello di Grinzane unterhalb des Cavour-Schlosses.

Cantina del Dolcetto di Dogliani, Dogliani (CN). Preiswerter Dolcetto.

Confratelli di San Michele, Neive (CN). Barbaresco, Dolcetto und Barbera.

I Vignaioli di Santo Stefano, Santo Stefano Belbo (CN). Die Mitglieder mit 25 ha Weinbergen erzeugen mit Unterstützung von Ceretto guten Moscato und Asti Spumante.

I Vignaioli Elvio Pertinace, Treiso (CN). Mario Barbero leitet die Winzergenossenschaft, zu deren preiswertem Barbaresco erlesene Gewächse aus Treiso – Casotto, Castellizzano, Marcarini und Nervo – zählen.

Reise-Informationen

RESTAURANTS/HOTELS

Da Cesare, 12050 Albaretto della Torre (CN). Tel. (0173) 52 01 41. Cesare Giaccones unstetes Temperament läßt die Küche der Langhe in ihren Tief- und Höhepunkten erscheinen; der Wein aber ist immer gut.

Gener Neuv, 14100 Asti. Tel. (0141) 5 72 70. Piero und Giuseppina Fassi servieren Astis Speisen und Weine in behaglich rustikalem Rahmen am Tanaro.

Da Guido, 14055 Costigliole d'Asti. Tel. (0141) 96 60 12. Guido und Lidia Alciati und ihre Söhne heben in ihrem gedämpft eleganten Kellerlokal die Küche und die Weine des Piemonts auf ein hohes Niveau.

Il Cascinalenuovo, 14057 Isola d'Asti. Tel. (0141) 95 81 66. Die Familie Ferretto vereint in ihrem modernen Hotel-Restaurant Tradition und Innovation in der Küche mit geschickt gewählten Weinen.

Belvedere, 12064 La Morra (CN). Tel. (0173) 5 01 90. Gianfranco Bovio und seine Schwester Maria Vittoria verstehen es, Hunderte von Gästen mit traditioneller Kost aus den Langhe zufriedenzustellen. Der Dolcetto und Barolo des Hauses sind zu empfehlen.

Giardino da Felicin, 12065 Monforte d'Alba (CN). Tel. (0173) 7 82 25. Der klassische Rahmen für Speisen und Weine aus Barolo, kenntnisreich interpretiert von Giorgio und Rosina Rocca und ihrem Sohn Nino. Zimmer mit Aussicht.

La Contea, 12057 Neive (CN). Tel. (0173) 6 71 26. Die gemütliche Wärme des alten Piemont herrscht in diesem Gasthaus, wo Tonino Verro den Barbaresco und die Trüffeln zur

kunstvollen Küche seiner Frau Claudia serviert.

Locanda San Martino, 15060 Pasturana (AL). Tel. (0143) 5 84 44. Michele Bergaglio präsentiert köstliche Variationen der Küche von Gavi.

Al Sorriso, 28018 Soriso (NO). Tel. (0322) 98 32 28. Ländliche Eleganz in Küche, Wein und Ambiente im freundlichen Hügelland zwischen Gattinara und dem Lago d'Orta.

Falstaff, 12060 Verduno (CN). Tel. (0172) 45 92 44. Franco Giolitto widmet sich in dieser ruhigen Ecke der Barolo-Zone mit jugendlicher Inspiration der Kochkunst.

La Pergola, 12040 Vezza d'Alba (CN). Tel. (0173) 6 51 78. Maria Occhettis Küche und Piermario Bergadanos Weine sind unerläßliche Zutaten für jeden, der in Roero gut speisen möchte.

WEINFACHGESCHÄFTE/ VINOTHEKEN

Die Region unterhält 8 Vinotheken mit ständiger Ausstellung, und zwar im Schloß Grinzane Cavour, im Schloß Barolo, in der alten Kirche San Donato in Barbaresco, im Schloß Mango, im Schloß Costigliole d'Asti, im Palazzo Calleri in Vignale Monferrato, im Palazzo Robellini in Acqui Terme und im Schloß Roppolo. Sehr zu empfehlen sind auch die Restaurants im Schloß Grinzane Cavour, in Costigliole, Vignale Monferrato und Roppolo. In vielen Weinorten findet man kommunale Vinotheken – oft Bottega del Vino genannt.

Private Weinfachgeschäfte gibt es im Piemont überall; ihr Angebot reicht von den regionalen Spezialitäten bis zu den klassischen Weinen Italiens und Frankreichs. Besonders

erwähnenswert sind La Mia Crota in Biella, Ferrando in Ivrea und Vivian in Novara. In Cannobio nahe der Schweizer Grenze befinden sich die Enoteca Bava und Conca d'Oro. Gute Fachgeschäfte in Turin sind Borio und Il Vinaio, wo es eine rare Kollektion alter Jahrgänge von Barolo, Barbaresco, Brunello und Bordeaux gibt.

SEHENSWERTES

Viel Kunstschätze und historische Monumente des Piemonts sind vor allem in Turin mit seinen Reminiszenzen an die Dynastie der Savoyer zu sehen. Die Ferienorte in den Alpen, vor allem Sestriere, brauchen nicht besonders erwähnt zu werden, und die Schönheit der Landschaft um den Lago Maggiore und den Lago d'Orta ist unüberbietbar. Weit besser als im übrigen Italien ist im Piemont der Weintourismus organisiert. Man kann ihn hier als seriöse Veranstaltung und nicht wie fast überall sonst als reine Improvisation erleben. Erstes Reiseziel ist Alba mit Barolo und Barbaresco, doch weniger glorreiche Weine kommen ebenfalls aus schönen Landschaften. Die auf den Landkarten eingetragenen Routenvorschläge sollen Anhaltspunkte geben, doch fast alle Straßen und Wege, die sich durch die Langhe- und Monferrato-Berge schlängeln, ermöglichen herrliche Wanderungen durch Weinberge, Wälder und Weiden mit Panoramablicken auf die Apenninen und die Alpen.

Alba: Barolo und Barbaresco. Die Langhe-Berge sind das ganze Jahr über schön, im grünen Kleid des Frühlings und Sommers ebensosehr wie unter der winterlichen Schneedecke. Unwiderstehlich aber ist ihre Schönheit im Herbst zur Zeit der Weinlese und der Trüffeln – der weißen *tartufi d'Alba*, die als die feinsten ihrer Art gelten. Der Trüffelmarkt in Alba findet jedes Jahr im Oktober statt – erfahrene *trifolai*, die die von Hunden aufgespürten Pilze aus der Erde holen, wissen, daß sie erst Mitte November nach dem ersten Frost am besten sind. Um dieselbe Zeit beginnt sich das Weinlaub rot und gelb zu färben, und der Nebel kriecht die Talsohlen entlang, was von höhergelegenen Punkte wie La Morra in Barolo und Treiso in Barbaresco aus ein höchst dramatischer Anblick ist. In beiden Zonen gibt es gut markierte Weinstraßen zu den bekanntesten Gütern und Kellereien. Nicht verfehlen sollte man in Barolo das Ratti-Weinmuseum in L'Annunziata unterhalb von La Morra, das Schloß in Barolo und das Schloß Grinzane, wo Cavour einst Weinbau trieb und wo heute die Weinbrüderschaft der Cavalieri del Tartufo e dei Vini d'Alba ihre Zusammenkünfte hält. Die Straße von Alba nach Neive führt

durch die Barbaresco-Zone mit ihren Weinbergen. In beiden Zonen gibt es gute Restaurants und zahlreiche ruhige Hotels; nur in der Trüffelzeit sind alle Zimmer belegt. Rechtzeitige Buchung ist deshalb anzuraten. Die Straßen durch die Zonen Roero, Diano und Dogliani verlaufen durch schöne Landschaften; besonders malerisch aber sind die hochgelegenen Moscato-Weinberge zwischen Neive und Canelli.

Canelli, Monferrato und die Turiner Berge. In Asti spielt der Wein nicht die große Rolle; die Hauptstadt des Asti Spumante ist eigentlich Canelli. Die Berghänge entlang des Belbo sind mit Moscato-Reben dicht besetzt. Die Straßen durch die Brege zwischen dem Belbo- und Tanaro-Tal durchqueren die klassische Weinbauzone Barbera d'Asti. Das Bersano-Museum in Nizza Monferrato zeigt das Handwerkszeug des Weinbaus. Nördlich des Tanaro liegt das Basso Monferrato, wo auf weiten Hängen zwischen Portocomaro und den Monferrato-Casalese-Bergen der Grignolino wächst. Auch die Hügel von Chieri bei Turin, der Heimat der populären Freisa-Traube, sind einen Besuch wert. Im nahegelegenen Pessione können Wermutliebhaber die Kellerei von Martini & Rossi besichtigen. Die Hauptattraktion ist jedoch das Weinmuseum mit vielen interessanten Gegenständen aus der Tradition des Piemonts und der Zeit der Römer, Etrusker und Griechen.

Gavi, Ovada und Acqui. Die Berge im südöstlichen Piemont an den Flüssen Bormida, Orba und Scrivia am Rand der Apenninen bilden das Alto Monferrato. Hier wachsen süßer Moscato und Brachetto um Acqui Terme und Strevi sowie trockener Dolcetto und Cortese, die um Ovada und Gavi zu höchster Vollendung gelangen. Die Orte in der Gegend von Gavi haben einen ligurischen Anstrich, der aus der Zeit stammt, als sie zu Genua gehörten. Von den vielen Weinen Piemonts ist wohl der süffige Gavi auch der am meisten mediterrane.

Der Norden: Carema und Gattinara. Die Weinbergterrassen Caremas mit ihren Säulenpergolen bieten einen ebenso dramatischen Anblick wie im nahegelegenen Aostatal. Im sanfteren Canavese-Becken südlich von Ivrea lockt eine Fahrt durch die Hügellandschaft mit Erbaluce-Weinbergen für die trockenen und süßen Weißweine von Caluso. Von dort aus führt der Weg über Biella ostwärts zum Sesia-Tal durch die nördlichen Nebbiolo-Weinberge und die Weinorte Lessona, Ghemme und Gattinara. Den höchsten Genuß an den Weinen der Gegend hat man in Restaurants mit Blick über den Lago Maggiore und den Orta-See.

Ligurien (Liguria)

Hauptstadt: Genua
Provinzen: Genova (GE), Imperia (IM), La Spezia (SP), Savona (SV)
Fläche: 5416 km² (18.)
Bevölkerung: 1 770 000 (11.)

Riomaggiore, einer der fünf Orte von Cinqueterre an der ligurischen Küste.

Genova la Superba, Norditaliens verkehrsreichster Hafen, bildet den Mittelpunkt der schmalen Region Ligurien, die gewissermaßen an den Steilwänden der in einem Bogen von der Provence zur Toskana geschwungenen Seealpen und Apenninen klebt. Die italienische Riviera, westlich von Genua heißt sie Ponente und östlich Levante, zieht als einmalig abwechslungsreicher Kontrast zwischen Gebirge und Meer Jahr für Jahr viele Touristen an. Dem Weinbau stellt die jähe Steilheit der Berghänge schwer zu bewältigende Probleme entgegen.

Liguriens Wein würde heute in Italien untergehen, könnte er nicht auf eine so glorreiche Vergangenheit zurückblicken. Die in die Klippen der Cinqueterre gehauenen Terrassen beispielsweise sagen mehr aus über den historischen Rang des Weins im Leben der Region, als es die Statistik je könnte.

Ligurien produziert nicht einmal 0,5 % des italienischen Weins, und nur knapp über 2 % seiner Geamterzeugung entfallen auf DOC-Wein.

Bis vor kurzem gab es hier nur die DOC-Zonen Cinqueterre und Dolceacqua; erst durch die Anerkennung von Riviera Ligure di Ponente und Colli di Luni wird der Anteil vergrößert. Die Ligurier trinken nicht soviel Wein wie ihre Nachbarn im Norden, nämlich etwas weniger als den Landesdurchschnitt von 65 l je Kopf und Jahr, was auf einen gesunden Sinn für Mäßigkeit und auf tieferes Verständnis dafür schließen läßt, welche Kostbarkeit der durch so mühselige Arbeit gewonnene Wein in Wahrheit ist.

Ursprünglich brachten wohl griechische Händler die Weinrebe in das von verschiedenen Ligurerstämmen bewohnte Land. Diese bauten dann später auch jenseits der Apenninen im Piemont, in der Lombardei und der Emilia, ja sogar in den Alpen im Valtellina Wein an. Im Magra-Tal, in den Luni-Bergen und vielleicht auch am Meer in den heutigen Cinqueterre hatten die Etrusker ihre Weinberge, und hier im östlichen Ligurien bauten sodann die Römer den Lunense und den Corneliae (nach dem Ort Corniglia) an.

Während nun die Weine der Levante als erste zu Ruhm und Ehren kamen, holten die von der Riviera di Ponente das später, als Genua eine oft mit Frankreich verbündete Seemacht war, reichlich nach. Der rote Rossese di Dolceacqua – ein Lieblingswein Napoleons – ist heute noch hochgepriesen, aber auch die hiesige Version des Dolcetto namens Ormeasco ist oft ebenso achtenswert. Kenner behaupten, die Pigato-Traube an der Riviera di Ponente erbringe einen besseren und charaktervolleren Weißwein, als es der inzwischen so beliebt gewordene Gavi aus früher ligurischem und heute piemontesischem Gebiet im Norden ist. Die Ligurier selbst bevorzugen allerdings den Vermentino, der in beiden Teilen der Riviera wächst. Der trockene Weißwein aus Cinqueterre steht nicht mehr so hoch in Gunst, während der süße Sciacchetrà auf Wiederbelebung hoffen darf.

Früher bedeutete der Weinbau mehr für Ligurien als heute. Durch die Landflucht ist die bäuerliche Bevölkerung, die sich inzwischen mit dem einträglicheren Treibhaus-Anbau von Blumen und Gemüse befaßt, zurückgegangen. In den Außenbezirken von Genua findet man hier und dort ein paar Weinstöcke auf noch unverbauten Grundstücken. Besonders traurig stimmt jedoch der Anblick der inzwischen von Unkraut und Gestrüpp überwucherten Weinbergterrassen der Cinqueterre. Freilich war diese Vernachlässigung eines großen Erbes hier, wo die Behörden nicht einmal Karten ihrer neuen DOC-Zonen besitzen, längst zu erwarten.

Jedenfalls hat der Wein an Bedeutung verloren, während Industrie- und Freizeitgeschäft vieles vom alten Lokalkolorit überdecken. Trotzdem werden in Ligurien immer noch 85 Weintypen von mindestens ebenso vielen meist einheimischen Traubensorten gekeltert. Die einen sehen hierin einen Triumph des Individualismus, die anderen ein Hindernis auf dem Weg zu regionaler Identität im Weinbau, in dem sich die Rivalität zwischen Ponente und Levante stets bemerkbar macht. Unterschiede bestehen in den Traubensorten ebenso wie in der Bereitungsart. Im Westen herrschen sortenreine Weine nach dem Muster des Piemonts vor, im Osten dagegen Verschnitte nach dem Vorbild der Toskana.

Bis noch vor kurzem schnitten die unwegsamen Apenninen das Land von den Nachbarregionen so sehr ab, daß es auf die Produkte des eigenen Bodens und des Meeres angewiesen war. Inzwischen sind Straßen- und Bahntunnel durch das Gebirge gebaut worden und lassen Wein aus anderen Gegenden Italiens hereinströmen. In Ligurien wurde den führenden Erzeugern klar, daß ihre Produkte besondere Klasse haben mußten, wenn sie über den lokalen Markt hinaus etwas ausrichten wollten. Das durch kühle Brisen gemilderte mediterrane Klima in den Bergen ist diesen Bestrebungen günstig.

Doch die vielen Winzer, die ihre kleinen Parzellen nur noch nebenberuflich bearbeiten, lösen sich in Methoden und Mentalität nur langsam vom Althergebrachten.

Der Weinbau in Ligurien

In dieser Region, wo handwerkliche und familiäre Weinbaubetriebe vorherrschen, hat sich ein erstaunlicher Reichtum an individuellen Stilen herausgebildet. Die Treue zu den alten Lokalreben und den traditionellen Anbaumethoden bringt aber auch große Qualitätsunterschiede mit sich. Das zeigt sich schon in den Weinbergen. Im Osten ist in den Cinqueterre seit jeher die Pergola üblich, während sich im Westen unter französischem Einfluß die buschige *Alberello*-Erziehung ausgebreitet hat. Viele Winzer bevorzugen jedoch das Guyot-System mit Pfählen und Drähten in vielen individuellen Ausbildungen.

Von den schätzungsweise rund 85 unterscheidbaren Rebsorten hat nur ein halbes Dutzend wirkliche Bedeutung. Am stärksten verbreitet ist der Dolcetto, an der Riviera di Ponente meist als Ormeaso bekannt, gefolgt bei den Rotweintrauben von Rossese und Sangiovese. Bei den weißen Trauben führt die vor allem an der Riviera di Levante angebaute Albarola, allerdings gewinnt beidseits von Genua der Vermen-

tino an Boden. Bosco und Trebbiano Toscano nehmen in den Cinqueterre mehr Raum ein als Pigato, der in der Ponente als Traube für besseren Weißwein an Beliebtheit zunimmt. Andere früher bedeutende Rebsorten sind praktisch verschwunden, u. a. Barbarossa, Rollo und der vielleicht über Kalabrien aus Griechenland gekommene Greco. Hier und da zeigt sich Interesse an Cabernet und Merlot sowie an Chardonnay und Sauvignon, doch alles in allem sind die ausländischen Rebsorten in Ligurien bislang nicht so verbreitet wie anderswo in Italien. Vorwiegend in der Region beheimatet sind:

Albarola. Die neutrale Grundsorte für den Cinqueterre-Verschnitt und einfachste Tafelweine heißt auch Erbarola.

Bianchetta Genovese. Früher hatte diese Sorte einige Bedeutung in der Coronata und im Val Polcevera bei Genua, ist aber wie die dortigen Weinberge im Schwinden.

Bosco. Die ertragreiche Sorte kam im vorigen Jahrhundert über Genua in die Cinqueterre und wurde dort zur Haupttraube. Eigene Art ist in ihr schwer zu entdecken.

Granaccia. Die ligurische Version der Granacha- oder Grenache- oder Cannonau-Traube liefert in Quiliano bei Savona einen leichten Rotwein.

Lumassina. Die vielleicht mit Trebbiano verwandte Traube erbringt bei Savona, v. a. in Quiliano, wo sie Buzzetto heißt, saftige Weißweine.

Ormeasco. Der Dolcetto-Klon stammt offenbar aus dem Ort Ormea in den Apenninen und ist Teil der DOC Riviera di Ponente. Dolcetto wurde nachweislich schon im 14. Jh. in Piemont und Ligurien angebaut.

Pigato. Die vermutlich aus Griechenland stammende Sorte wächst mindestens seit dem 17. Jh. in Ligurien, v. a. um Albenga, wo sie kräftige und schmackhafte Weißweine liefert. Der Name kommt von dem Dialektausdruck *pigau* für die fleckige Schale.

Pollera Nera. Eine alte Rebsorte der Riviera di Levante; sie spielt eine Rolle im Colli di Luni Rosso und wird auch in der Toskana angebaut.

Rossese. Die Herkunft der vielgeliebten, doch ertragsschwachen Rebsorte ist unklar; es wird behauptet, daß sie aus Frankreich stamme. In Ligurien ist sie seit dem 16. Jh. bekannt und wird heute im äußersten Westen um Dolceacqua angebaut, wo sie mittelschwere fruchtige Rotweine erbringt. Um Albenga liefert ein Klon namens R. Savonese bzw. di Campochiesa leichteren Rotwein.

Vermentino. Die offenbar im 14. Jh. über Korsika aus Spanien gekommene Rebe hat besondere lokale Züge angenommen und erbringt in der DOC Riviera di Ponente und Colli di Luni sowie in Cinqueterre hervorragende sortenreine Weißweine.

Sonstige Rebsorten

In Ligurien empfohlen bzw. anerkannt sind ferner:
Für Rot- oder Roséwein: Alicante, Barbera, Cabernet Franc, Canaiolo, Ciliegiolo, Dolcetto, Merlot, Sangiovese.
Für Weißwein: Albana, Greco, Malvasia Bianca Lunga (oder del Chianti), Moscato Bianco, Trebbiano Toscano.

Die Weinzonen von Ligurien

Dank seiner privilegierten Lage an der Südflanke der Seealpen und Apenninen kommt Ligurien als einzige oberitalienische Region voll in den Genuß der mediterranen Wärme. Doch alle Vorteile des milden Klimas für die Landwirtschaft werden durch die rauhe Bodenbeschaffenheit wieder zunichte gemacht. Bäuerliche Existenzen konnten hier nur durch Terrassieren der steilen Hänge geschaffen werden, so daß die Landschaft deutliche Spuren der menschlichen Hand trägt. Inzwischen aber müssen Weinberge und Olivenhaine wieder vor Ödland und Gestrüpp zurückweichen. An vielen Stellen der 343 km langen Küste steigt das Gebirge schroff aus dem Meer auf, an anderen hat sich aus verwittertem Gestein und Schwemmland ein Strand gebildet, der sich für die landwirtschaftliche Nutzung oder für Bauzwecke eignet. Die von der Wasserscheide aus nach Süden strömenden Gebirgsflüsse haben Schluchten und Täler in das Gestein gegraben, wo manchmal sanftere Hänge ebenfalls etwas Weinbau erlauben. Die einzigen größeren Anbauflächen finden sich im Arroscia-Tal im Westen und im Magra-Tal im Südosten, während in den Hochtälern der Flüsse Tanaro, Bormida, Scrivia und Trebbia kaum Wein wächst. Kühlende

Winde bestreichen die Küsten, wo die Sommer meist warm und trocken und die Winter mild sind. Im kühleren und feuchteren Landesinneren zeigt das Mikroklima starke Schwankungen. Die größte Gefahr für den Weinbau ist jedoch immer wieder Trockenheit.

Die westliche Riviera

Der größere Teil der Riviera di Ponente ist erst seit kurzem DOC-Land; schon länger bewährt ist dagegen Dolceacqua im Westen, wo an den warmen unteren Hängen im Nervia- und Crosia-Tal der Rossese wächst. Der rötliche kalkreiche Lehmboden, der fast an der ganzen Küste anzutreffen ist, eignet sich auch gut für Weißweintrauben, insbesondere für gehaltvollen Pigato bei Imperia sowie Albenga und feinen Vermentino u. a. bei Finale. Das obere Arrocia-Tal ist bekannt für die Dolcetto-Variante Ormeasco, die dort auf kühlen Hängen eigenen Charakter entwickelt.

Die östliche Riviera

An der Riviera di Levante wird viel Weinbau betrieben; bekanntere Zonen finden sich aber vor allem bei La Spezia. Die einst berühmten Weißweine von Cinqueterre wachsen im sanften mediterranem Klima auf Terrassen mit kalkreichem Sandboden. Im unteren Magra- und Vara-Tal liegt die ertragsstärkste Weinbaufläche der Region auf kalkhaltigem Lehmboden. Hier ist eine neue DOC für vielversprechende Vermentino-Weißweine sowie für einen vorwiegend von Sangiovese gekelterten Rotwein eingerichtet worden.

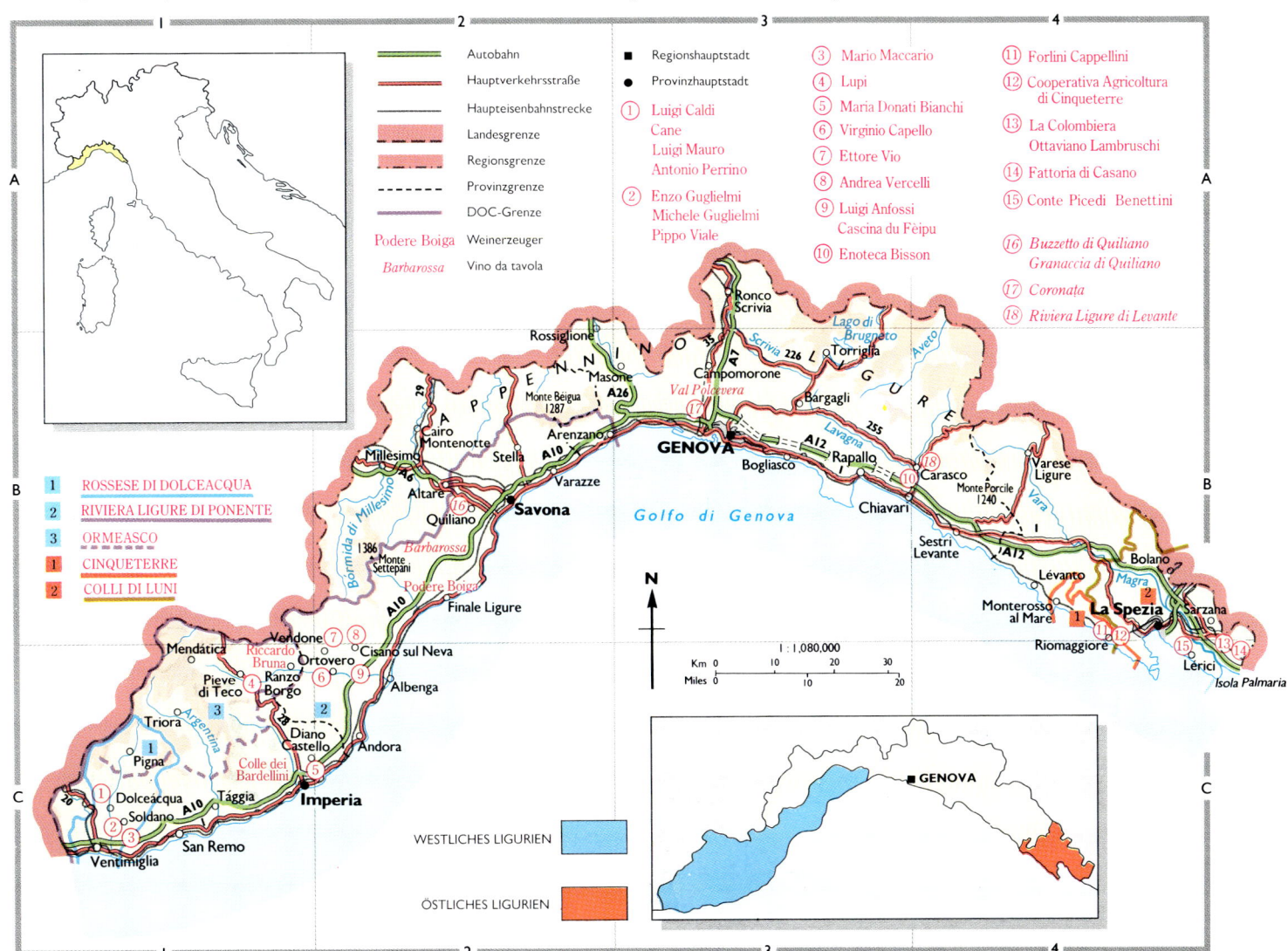

Die Weine der westlichen Riviera

An der Riviera di Ponente hat die Weinrebe ihre Heimat an den steilen Küstenhängen und in den Tälern der Seealpen und Apenninen gefunden. Diese in Gestalt und Witterungseinflüssen so unterschiedlichen Lagen bringen eine Vielfalt individueller, zwar der Menge nach wenig bedeutender, im Charakter aber sehr eigenständiger Weine hervor. Manche von ihnen hatten einst einen großen Ruf, sind inzwischen aber verschwunden, so der legendäre Moscatello von Taggia und der hellrote Barbarossa aus Pietra Ligure. Heute gelten noch 4 Rebsorten als bedeutend: die roten Rossese und Ormeasco sowie die weißen Pigato und Vermentino. Der Rossese di Dolceacqua hält bei den Rotweinen Liguriens seit langem die Spitze, während die anderen Sorten erst seit 1988 für die DOC Riviera Ligure di Ponente anerkannt sind. Der Pigato ist oft einer der charaktervollsten einheimischen Weißweine Italiens, aber auch der Vermentino wird ebenso hoch eingeschätzt. Der Ormeasco, ein ligurischer Dolcetto, kommt manchmal an die Klasse seiner Verwandten aus dem Piemont heran und überlebt sie meistens. Einige Weingüter an der westlichen Riviera haben sich mit traditionellen Weinen schon einen Ruf geschaffen, an erster Stelle das Haus Lupi, das mit Ormeasco, Pigato, Vermentino und Dolceacqua heute die Maßstäbe für Ligurien setzt. Trotz der Neuanpflanzung weißer Traubensorten geht die Rebfläche Liguriens insgesamt zurück.

Rossese di Dolceacqua oder Dolceacqua (1972)

Der Rossese wird hier schon seit dem 16. Jh. angebaut, kam aber erst durch den Besuch Napoleons 1805 im Schloß der Familie Doria in Dolceacqua zu höherem Ruhm. Der große Korse war von dem damals wahrscheinlich noch süß bereiteten Wein so begeistert, daß er seinen Gastgebern angeblich die Erlaubnis erteilte, diesem Rossese den kaiserlichen Namen zu verleihen. Das geschah dann aber doch nur selten; vielleicht war es den Winzern zu Ohren gekommen, daß der Geschmack des Kaisers in keinem Verhältnis zu seinem Selbstbewußtsein stand. Der Rossese wurde auch ohnedies zum beliebtesten Rotwein der Riviera und wird von Feinschmeckern stets als Begleiter der regionalen Spezialität Wildgeflügel oder Kaninchen, mit Oliven gedünstet, gewählt. Der Rossese von Dolceacqua gilt als der feinste: Er ist voller und milder, mit tieferem Geschmack und Bukett und schönerer rubinroter Farbe als seine östlicheren Verwandten. Manche Erzeuger streben nach geschmeidiger Beaujolais-ähnlicher Art, die nach 1 bis 2 Jahren trinkreif ist. Andere versuchen es mit Faßausbau, um der *Superiore*-Version Komplexität zu verleihen, wobei sich nach einigen Jahren Flaschenlagerung eine warme, samtige Art entfaltet. Der inzwischen verstorbene Emilio Croesi führte den Rossese auf besondere Höhen, doch seit seinem Tod sind die Weine aus dem Vigneto Curli in Perinaldo nicht mehr das, was sie einmal waren. Überhaupt fehlt es an eindrucksvollen Beispielen aus dieser Zone, deren Rebfläche allmählich abnimmt und an manchen Stellen sowieso besser für Weißwein geeignet scheint. Oft ist der Rossese hell, dünn und kurzlebig; manche Erzeuger aber bringen attraktive Weine mit viel Körper, Farbe und schöner Harmonie zuwege. Als gute Lagen sind in Dolceacqua bekannt: Arcagna, Morghe und Pozzuolo. Auch im Crosia-Tal gibt es gute Lagen. ZONE: Steilhänge an der französischen Grenze, von Ventimiglia und Bordighera an der Küste bis in die Ligurischen Alpen, mit 13 Gemeinden in der Provinz Imperia; die bis zu 600 m Höhe zugelassenen Weinberge befinden sich hauptsächlich im unteren Nervia- und Crosia-Tal um Dolceacqua, Apricale, Perinaldo und Soldano. Die DOC Riviera Ligure di Ponente überlagert die DOC Dolceacqua, so daß die Winzer zwischen beiden Bezeichnungen wählen können. Trockener Rotwein. Trauben: Rossese; sonstige rote Sorten bis 5%. E. 63/90; Alk. 12, *superiore* 13; S. 0,45; A. *superiore* 1 J.

Riviera Ligure di Ponente (1988)

Der größte Teil Westliguriens fällt in diese Zone, auf deren grünen Hanglagen feiner Pigato und Vermentino sowie ein leichter Rossese wachsen, für die 3 Unterbezeichnungen zur Verfügung stehen. Die Dolcetto-Variante Ormeasco entsteht in einem Teilbereich, der die alte Weinberge im Arroscio-Tal sowie den Ort Pornassio umfaßt, wo Lupi langlebige Weine mit Finesse hervorbringt. Von Ormeasco wird auch ein korallenroter Rosé namens Sciactrà gekeltert. Die Unterbezeichnungen beziehen sich auf bestimmte altbekannte Lagen. Bei der DOC Riviera Ligure di Ponente muß stets die Traubensorte (Pigato, Rossese und Vermentino) auf dem Etikett angegeben sein.

Dolceacqua ist Brennpunkt für den Anbau des beliebten ligurischen Rotweins Rossese.

Apricale in der DOC-Zone Rossese di Dolceacqua liegt im Nervia-Tal am Fuß der Seealpen.

Albenga oder **Albenganese** gilt für die Küstenberge um Albenga und Andora, wo vor allem Pigato wächst, der sich durch Fülle und Samtigkeit, sonnengelbe Farbe, eine Spur Wildfenchel im breitgefächerten Aroma und feine Fruchtigkeit im Geschmack auszeichnet. Cascina du Fèipu und Anfossi sind im Bereich Albenga führend. Es gibt hier auch einen besonderen Rossese-Klon mit Weinen, die eher rosé als rot ausfallen.

Finale oder **Finalese** umfaßt Finale Ligure und den Küstenbereich um Pietra Ligure und Noli; dort wächst Vermentino mit duftiger Delikatesse bei festem Körper und Geschmack. Boiga bietet ein feines Beispiel dieses Stils, aber auch an anderen Stellen der Küste gibt es guten Vermentino.

Riviera dei Fiori erstreckt sich über die gesamte «Blumenriviera» von Imperia bis zur französischen Grenze und der Einfachheit halber auch gleich auf die übrige Provinz Imperia einschließlich Ormeasco. Die Imperia-Diano-Berge sind bekannt für feinen Vermentino, besonders vorbildlich von Colle dei Bardellini. Riccardo Bruna erzeugt guten Pigato.

ZONE: Ein großer Teil des westlichen Ligurien, vom Stadtrand Genuas bis zur französischen Grenze über oft rauhes Gelände der Ligurischen Alpen und Apenninen und das obere Arroscio-Tal bis zur Grenze des Piemonts. Das Gebiet umfaßt 67 Gemeinden in der Provinz Imperia, 46 in der Provinz Savona und 2 in der Provinz Genova; es enthält einen Unterbereich für Ormeasco in den oberen Tälern von Arroscio, Impero, Carpasina, Argentina und Nervia mit 21 Gemeinden der Provinz Imperia. In 3 weiteren Bereichen haben Pigato, Rossese und Vermentino Anspruch auf eine eigene *denominazione*: Albenga oder Albenganese mit weiteren 19 Gemeinden in der Provinz Savona; Finale oder Finalese mit 15 weiteren Gemeinden in der Provinz Savona; Riviera dei Fiori in allen Gemeinden der Provinz Imperia einschließlich der Ormeasco-Orte. Die DOC-Zone Riviera Ligure di Ponente überschneidet sich mit Dolceacqua, so daß die dortigen Winzer für ihren Rossese die Wahl zwischen beiden Bezeichnungen haben.

Ormeasco. Trockener Rotwein. Trauben: Ormeasco (Dolcetto); sonstige rote Sorten bis 5%. E. 63/90: Alk. 11, *superiore* 12,5; S. 0,5; A. *superiore* 1 J.

Ormeasco Sciac-trà. Trockener Rosé. Trauben: wie Ormeasco. E. 63/90; Alk. 11; S. 0,5.

Pigato. Trockener Weißwein. Trauben: Pigato; sonstige weiße Sorten bis 5%. E. 77/110; Alk. 11; S. 0,5.

Rossese. Trockener Rotwein. Trauben: Rossese; sonstige rote Sorten bis 5%. E. 63/90; Alk. 11; S. 0,5.

Vermentino. Trockener Weißwein. Trauben: Vermentino; sonstige weiße Sorten bis 5%. E. 77/110; Alk. 11; S. 0,5.

Andere beachtenswerte Weine

Die meisten Weine von der Küste werden am Ort ohne Etikett verkauft. In der Touristensaison ist die Nachfrage größer als das Angebot. Die meisten Weine sind weiß und leicht; ein Musterbeispiel der fast limonadenhaften Art ist der oft perlende Lumassina; dennoch wählen Feinschmecker ihn als idealen Begleiter zu Pasta al Pesto. In Quiliano bei Savona heißt er übrigens Buzzetto; dort wird der rote Granaccia unter einem Standardetikett verkauft. Genua, der Angelpunkt zwischen den beiden Riviera-Zonen, hat den weißen Coronata sowie roten und weißen Val Polcevera, aber sie sind nur schwer aufzutreiben. Die meisten Weine hier werden kurz und bündig als *bianco, rosso* oder *rosato* bezeichnet.

WEINGÜTER/WINZER

Luigi Anfossi, Bastia d'Albenga (SV). Achtbarer Pigato und lebendiger Rossese.

Maria Donati Bianchi, Diano Castello (IM). Vermentino.

Riccardo Bruna, Ranzo Borgo (IM). Winzige Produktion von überaus feinem Pigato.

Luigi Caldi, Dolceacqua (IM). Guter Rossese.

Cane, Dolceacqua (IM). Giobatta Cane produziert kleine Mengen an hochangesehenem Rossese aus der Lage Vigneti d'Arcagna.

Virginio Capello, Ortovero (SV). Guter Pigato.

Cascina du Fèipu, Bastia d'Albenga (SV). Von 2,3 ha dichtgepflanzten und niedriggehaltenen Reben in Massaretti erzeugen Pippo und Bice Parodi den legendären weißen Pigato di Albenga mit ausgeprägter Statur.

Colle dei Bardellini, Sant'Agata di Imperia. Von knapp 6 ha Weinbergterrassen erzeugt das Mustergut feinen Vermentino, u. a. *riserva* U Munte, und schmackhaften Rossese.

Enzo Guglielmi, Soldano (IM). Von 2 ha in der Zona Pini produziert Guglielmi Rossese di Dolceacqua in gleichmäßiger Spitzenqualität.

Michele Guglielmi, Soldano (IM). Sauberer Dolceacqua aus einem kleinen Weinberg.

Mario Maccario, San Biagio della Cima (IM). Hervorragendes, aber noch nicht ausgeschöpftes Potential für Dolceacqua.

Luigi Mauro, Dolceacqua (IM). Aufstrebender Erzeuger von Dolceacqua.

Antonio Perrino, Dolceacqua (IM). Guter Dolceacqua.

Podere Boiga, Finale Ligure (SV). Domenico Boiga produziert guten DOC Vermentino sowie verlockenden *vdt* Lumassina.

Andrea Vercelli, Cisano sul Neve (SV). Guter Vermentino aus der Tenuta La Conca in Cenesi.

Pippo Viale, Soldano (IM). Stets guter Dolceacqua.

Ettore Vio, Vendone (SV). Zunehmend feiner Pigato.

WEIN- UND HANDELS-HÄUSER

Cantine Calleri, Albenga (SV). DOC Riviera di Ponente.

Lupi, Pieve di Teco (IM). In ihrer *enoteca* in Imperia stellten die Gebrüder Tommaso und Angelo Lupi fest, daß die Weine aus der Umgebung nur allzuoft mangelhaft waren; deshalb bauten sie 1977 eine Kellerei und erzeugten selbst Wein. Sie verarbeiteten mit Hilfe des Önologen Donato Lanati eine Auslese aus besten Lagen der Riviera di Ponente und setzten sich in der Region zügig an die Spitze. Ihr langlebiger Ormeasco di Pornassio ist vorbildlich, ebenso der Pigato Le Petraie, Vermentino Le Serre, Rossese di Dolceacqua sowie der rote *vdt* Le Braje (*barrique*-gereifter Ormeasco) und der weiße Vignamare.

Pippo und Bice Parodi erzeugen in ihrer Cascina du Fèipu einen vielbeachteten Pigato di Albenga.

Die Weine der östlichen Riviera

An der Riviera di Levante hat der Weinbau eine so glorreiche Vergangenheit, daß den Winzern gegenwärtige Fehlleistungen verziehen sein mögen. Die Entwicklung in der neuen DOC Colli di Luni läßt immerhin Hoffnung für die Zukunft der Weine des östlichen Ligurien aufkommen.

Vermutlich haben die Etrusker die ersten Weinberge am Golf von La Spezia und im Magra-Tal, wo die Römer Luni gründeten, angelegt. Der berühmteste Wein aber war stets der Cinqueterre aus den fünf Fischerdörfern an der Küste nördlich von La Spezia. Vielleicht trieben römische Sklaven dort erste Terrassen in die Felsen und schafften Erde für Pflanzen hinauf – eine mühselige Arbeit, die bis ins 18. Jh. fortgesetzt wurde. Diese Landschaft von Menschenhand inspirierte Petrarca und Lord Byron, und die meist süßen, bernsteingelben Weine fanden Liebhaber bis Frankreich und Nordamerika.

Bevor Eisenbahn- und Straßenverbindungen gebaut wurden, konnte man nur zu Fuß oder mit einem Boot hierher gelangen. Der Anblick der an den Felswänden von tief unten bis in höchste Höhen übereinandergestapelten Terrassen ist auch heute noch so atemberaubend wie damals, als man zur Zeit der Weinlese sehen konnte, wie die Winzer Körbe voller Trauben über die steilen Felswänden zu den unten wartenden Fischerbooten hinabließen. Damals gab es hier noch den Vernaccia, nach dem Ort Vernazza so benannt. Der Name wird hier nicht mehr benutzt, nur in der Toskana, den Marken und auf Sardinien gibt es noch Vernaccia-Wein von miteinander nicht einmal verwandten Rebsorten. Die Weine aus der goldenen Zeit der Cinqueterre waren vermutlich ganz ähnlich wie der heutige süße, sehr seltene Sciacchetrà. Der heute hier vorherrschende trockene Wein kann unter den Weißweinen der Region keinen führenden Rang beanspruchen. Inzwischen verliert der alte Ruhm seinen Glanz, und auf den Terrassen der Cinqueterre wuchern Unkraut und Gestrüpp doch einige Winzer bleiben ihren *pàstini*, den kleinen Parzellen Land, treu.

Cinqueterre (1973)

Es mag eine unvermeidliche Entwicklung sein, daß der Weinbau in den Cinqueterre immer weiter zurückgeht; daß aber der Wein dieser Gegend eine so zweitrangige Qualität hat, ist unentschuldbar. Am meisten schuld daran ist die rückständige Kellertechnik im größten Teil dieser Zone. Die 140 ha registrierten Weinberge in der DOC-Zone erbringen etwa 500 000 Flaschen trockenen Weißwein und vielleicht 6000 Flaschen süßen Sciacchetrà. Von den rund 400 Erzeugern können sich einige auf einen treuen Kundenstamm stützen, die übrigen aber verlassen sich darauf, daß die Touristen ihren Cinqueterre schon kaufen werden – mit oder ohne Etikett. Ebenfalls problematisch ist, daß die im DOC-Rezept zugelassenen Rebsorten vor allem nach ihrem Ertragsreichtum und nicht nach Qualität und Klasse ausgesucht wurden. Die Haupttrauben Bosco und Albarola erbringen trockenen, recht farblosen Wein mit fast neutralem Geruch und Geschmack. Dieser Cinqueterre ist leicht und fragil und muß meist innerhalb eines Jahres verbraucht werden, ehe er braun und firn wird. Die andere zur Wahl stehende Rebsorte, der Vermentino, liefert dagegen Weine von feinem Gefüge und Aroma und mit lebendigerer Frucht im Geschmack, wenn ihr Ertrag beschränkt wird.

Forlini Cappellinis duftiger trockener Weißwein findet bei den Experten Anerkennung. Unter den übrigen Winzern, die ihren Wein meist am Ort verkaufen, werden die Namen Silvano Cozzani, Vittorio Arpe, Benito Fossani und Rollandi mit Respekt genannt. Führend in den Bestrebungen, das historische Erbe der Gegend zu retten, ist jedoch Nello Capris von der Cooperativa Agricola di Cinqueterre. Seine stille Arbeit findet zwar außerhalb der Zone wenig Aufmerksamkeit, doch seine trockenen Weißweine mit Einzellagennamen geben anderen Winzern ein Beispiel, und der Sciacchetrà aus seiner Kellerei wirkt sogar noch überzeugender. Dieser Name stammt von der antiken Methode, vorgetrocknete Trauben zu pressen und den Saft nach 24 Stunden von den Schalen abzuziehen. Anschließend wurde der Wein immer wieder abgestochen und bei Vollmond im März auf Flaschen gezogen, bevor die Gärung ganz beendet war, um eine gewisse Restsüße zu behalten. Das alte Verfahren wird noch immer benutzt; allerdings kommt neue Technik diesem Wein zugute.
ZONE: Die steilen terrassierten Hänge an der Küste westlich von La Spezia mit Teilen der Gemarkung La Spezia und den Gemeinden Monterosso, Riomaggiore und Vernazza, die zusammen mit Corniglia und Manarola die 5 «terre» (Orte) bilden. Trockener Weißwein. Trauben: Bosco Min. 60%; Albarola/Vermentino bis 40%. E. 63/90; Alk. 11; S. 0,5.

Sciacchetrà. Bernsteinfarbener Wein, *amabile* oder *dolce naturale*, auch *liquoroso*. Trauben: wie Cinqueterre, jedoch *passito*. E. 31,5/90; Alk. 17 (Restsüße 3,5%, *dolce naturale* Min. 4%), *liquoroso* 16; S. 0,6; A. 1 J.

Colli di Luni (1989)

Die Erhebung zur DOC-Zone bestätigte erneut, daß man im Magra-Tal und am Golf von La Spezia seit den Zeiten der Römer den Weinbau versteht, wenngleich zwischendurch dieser produktivste Anbaubereich Liguriens im Schatten des Ruhms von Cinqueterre stand. Schon vor der DOC-Anerkennung hatten hier manche Weingüter Rotweine auf der Grundlage von Sangiovese, aber auch Vermentino-Weißweine hervorgebracht, die fast jeden Cinqueterre übertrafen und sich neben den besten Weinen der Riviera di Ponente durchaus sehen lassen konnten. Die führenden Erzeuger der Zone haben viel Geld in Ausrüstungen und technische Ausbildung investiert und setzen entschlossen auf Qualität; der gute Ruf dürfte bald folgen.
ZONE: Die Berge beidseits der Magra, von La Spezia nordwärts bis Calice al Cornoviglio, südwärts am Golf entlang bis Bocca di Magra und ostwärts bis in die Toskana, mit 15 Gemeinden in der Provinz La Spezia sowie Aulla, Fosdinovo und Podenzana in der Provinz Massa e Carrara.
Rosso. Trockener Rotwein, auch Riserva. Trauben: Sangiovese 60–70%, Canaiolo/Pollera Nera/Ciliegiolo Nero Min. 15%; sonstige rote Sorten bis 25%, außer Cabernet bis 10%. E. 70/100; Alk. 11,5, *riserva* 12,5; S. 0,5; A. *riserva* 2 J.
Bianco. Trockener Weißwein. Trauben: Vermentino Min. 35%, Trebbiano 25–40%; sonstige weiße Sorten bis 30%. E. 70/100, Alk. 11,5; S. 0,5.
Vermentino. Trockener Weißwein. Trauben: Vermentino; sonstige weiße Sorten bis 10%. E. 70/100; Alk. 11; S. 0,5.

Andere beachtenswerte Weine:

Mehr als ⅔ des ligurischen Weins entstehen östlichen von Genua. Allein die Provinz La Spezia trägt die Hälfte der Gesamterzeugung bei;

Reise-Informationen

Manarola in Cinqueterre war früher fast nur vom Meer her erreichbar. Heute werden die fünf Orte durch Bahnlinie und Straße erschlossen.

allerdings entfällt auf ihre beiden DOC-Zonen nur ein Bruchteil davon. Der Antrag auf die *Vdt*-Bezeichnung Riviera Ligure di Levante wurde abgelehnt, weil die Winzer an der Riviera di Ponente Verwechslungen mit ihrer DOC befürchteten.

WEINGÜTER/WINZER

Nanni Barbero, Fravizzola-Fosdinovo (MS). Aus Weinbergen in der Toskana, die zur DOC-Zone Colli di Luni gehören, produziert Barbero kräftigen Vermentino im alten Stil sowie Rosso del Fornello.

Conte Picedi Benettini, Baccano di Arcola (SP). Guter Colli di Luni Vermentino del Chioso.

Fattoria Casano, Ortonovo (SP). Colli di Luni Vermentino.

Forlini Cappellini, Manarola (SP). Von 5100 Weinstöcken erzeugt die Familie Forlini Cappellini einen körperreichen, duftigen Cinqueterre, der weit über den anderen steht.

La Colombiera, Castelnuovo Magra (SP). Der junge Francesco Ferro steht in den Colli di Luni mit feinem Vermentino sowie *vdt* Albachiara (weiß) und Terizzo (rot) von Sangiovese und Cabernet an der Spitze der Wiederbelebung.

Ottaviano Lambruschi, Castelnuovo Magra (SP). Guter Colli di Luni Vermentino.

WEIN- UND HANDELSHÄUSER

Enoteca Bisson, Chiavari (GE). Pier Luigi Lugano und seine Frau Wally produzieren guten Vermentino di Verici.

GENOSSENSCHAFTEN

Cooperativa Agricola di Cinqueterre, Riomaggiore (SP). Der Önologe Nello Capris leitet die Erzeugung von trockenem weißem Cinqueterre in gleichmäßig guter Qualität; am besten aber ist der sehr feine Sciacchetrà.

RESTAURANTS/HOTELS

Palma, 17021 Alassio (SV). Tel. (0182) 4 03 14. Silvio und Fiorita Viglietti sorgen für außergewöhnliche Raffinesse bei ligurischen Speisen und Weinen.

Paracucchi-Loconda Dell'Angelo, 19031 Ameglia (SP). Tel. (0187) 6 43 91. Küchenchef Angelo Paracucchi widmet sich abwechselnd seinem Restaurant **Carpaccio** in Paris und seinem modernen, komfortablen Gasthaus in Ligurien, wo er die feine italienische Kochkunst pflegt. 37 Gästezimmer.

Gino. 18030 Camporosso Mare (IM). Tel. (0184) 29 14 93. Klassische ligurische Speisen und Weine auf einer geruhsamen Terrasse.

Nannina, 18100 Porto Maurizio-Imperia. Tel. (0183) 2 02 08. Mimmo Cannas Frau Lucette verleiht in diesem gemütlichen Restaurant im Hafen von Imperia der ligurischen Küche ein französisches Flair.

Ca' Peo, 16040 Leivi (GE). Tel. (0185) 31 90 90. Franco und Melly Solari haben auf den Höhen von Leivi ein rustikales Paradies mit ländlicher ligurischer Küche und einer sehr guten Weinauswahl im Restaurant und in der Vinothek geschaffen. 5 geräumige Appartements mit Aussicht.

Splendido, 16034 Portofino (GE). Tel. (0185) 26 95 51. Ein Hotel, das seinem Namen Ehre macht: luxuriös, teuer, unvergeßlich.

Taverna del Corsaro, 19025 Portovenere (SP). Tel. (0187) 90 06 22. Pasquale und Angela Maietta bereiten Meeresfrüchte ebenso meisterlich zu, wie ihr Sohn Angelo die Weine aus den Cinqueterre, den Colli di Luni und aus anderen Gegenden für das Restaurant und die Vinothek am Strand auswählt.

Balzi Rossi, 18039 Ponte San Ludovico (IM). Tel. (0184) 3 81 32. Das luxuriöse Restaurant an der Grenze ist immer einen Aufenthalt wert, um eine feine ligurische Mahlzeit einzunehmen.

WEINFACHGESCHÄFTE/VINOTHEKEN

In Ligurien gibt es mehrere gute Fachgeschäfte; zum Teil sind sie auf den Wein der Region spezialisiert, bieten aber auch eine Auswahl aus dem übrigen Italien und aus Frankreich. In Genua sind Mantelli und die Enoteca Bar Sola (auch Restaurant) führend. Die Enoteca Lupi in Imperia bietet das Beste von der Riviera di Ponente, während die Enoteca Internazionale in Monterosso sowie die Enoteca Baroni in Lerici hauptsächlich Cinqueterre führen.

SEHENSWERTES

Genua mit seinem alten Hafen, den engen Gassen und Reminiszenzen an seinen großen Sohn Christoph Columbus hat auch viele Kunstschätze und Baudenkmäler. Die größte Attraktion Liguriens ist jedoch seine von Gebirgen und Meer bestimmte Landschaft. An der Küste wechseln Felsenriffe und Buchten ab und bieten Raum für Häfen und Strandbäder inmitten von Gärten mit Palmen, Schirmpinien und Zypressen. Rapallo und Santa Margherita an der Levante sind die mondänsten Touristenziele: die Blume der Ponente ist sicher San Remo mit seiner felsigen Steilküste, seinen Casinos und Nachtlokalen. Die Berge im Landesinneren aber haben ihren ganz besonderen Reiz, wozu vor allem gehört, daß hier weder die sommerlichen Touristenschwärme noch die entsprechenden Preise anzutreffen sind. Von den vielen berühmten Restaurants Liguriens können hier nur wenige erwähnt werden. Die Küche der Region zaubert mit Pasta, Gemüse, Kräutern, Nüssen, Käse, Olivenöl und frischen Meeresfrüchten die herrlichsten mediterranen Gerichte. Touristen kommen nach Ligurien selten allein der Weine wegen, ausgenommen im März zur «Bibe» in Genua.

Riviera di Ponente und Dolceacqua. Besondere Weinstraßen gibt es in Ligurien nicht, aber die Küstenstraße von Finale über Albenga nach Imperia verläuft an vielen Weinbergen mit Pigato und Vermentino vorbei. Eine Fahrt von Imperia oder Albenga aus, das Arroscia-Tal aufwärts nach Pieve di Teco und Pornassio führt in den hochgelegenen Ormeasco-Bereich. Dolceacqua mit seiner mittelalterlichen Burg und der graziösen Bogenbrücke bildet einen geruhsamen Kontrast zum hektischen Treiben an der Riviera. Eine Fahrt von Bordighera oder Ventimiglia aus durch die Berge und das Nervia-Tal vermittelt eine Kostprobe der stilleren und abgeschiedeneren Gegenden Liguriens.

Cinqueterre. Die Küstenorte mit ihren unvergleichlichen Weinbergterrassen sind mit der Bahn von La Spezia aus oder mit dem Auto von La Spezia nach Riomaggiore und Manarolo bzw. von der Autostrada Genua–Livorno über die Ausfahrt Deiva Marina nach Monterosso zu erreichen. Am schönsten aber erschließen sich die Cinqueterre auf dem Fußpfad zwischen den 5 Orten. Romantisch ist auch der Anblick vom Meer aus; es gibt aber keinen regelmäßigen Schiffsverkehr.

Lombardei (Lombardia)

Hauptstadt: Mailand
Provinzen: Bergamo (BG), Brescia (BS), Como (CO), Cremona (CR), Mantova (MN), Milano (MI), Pavia (PV), Sondrio (SO), Varese (VA)
Fläche: 23 856 km² (4.)
Bevölkerung: 8 882 000 (1.)

Die Lombarden sind vielleicht im Vergleich zu anderen Italienern nur mäßige Weinerzeuger; als Weinverbraucher aber sind sie einsame Spitze. Mailand, die Hauptstadt der Industrie und der Finanzen, ist auch der aktivste Weinmarkt Italiens und der Schrittmacher in allen Dingen, die mit Essen und Trinken zu tun haben. Darum ist auch die Lombardei zum bedeutendsten Erzeuger an Schaumwein nach dem Champagnerverfahren geworden, mit Franciacorta und dem Oltreprò Pavese als Hauptzentrum dieser Industrie. Ansonsten geben die Mailänder nicht viel auf den Wein ihrer unmittelbaren Umgebung; vielmehr holen sie sich Rotwein aus dem Piemont, der Toskana sowie dem Bordelais und Weißwein aus Friaul, dem Südtirol oder dem Burgund – ganz abgesehen von echtem Champagner für besondere Gelegenheiten.

In der am dichtesten bevölkerten und industrialisierten Region Italiens gilt nun einmal der Weinbau nicht als übermäßig gewinnträchtige Tätigkeit. Allerdings hängt seine relativ geringe Bedeutung auch mit der Geographie zusammen. Die weite Po-Ebene eignet sich einfach besser für Feldfrüchte und Viehweiden. Viel Raum nimmt das Gebirge ein, und am Lago Maggiore, am Luganer-, Comer- und Gardasee läßt der Tourismus dem Wein kaum eine Chance. Dennoch gibt es zwischen den kühlen Alpen- und der Apenninen-Höhen und der heißen Talsohle auch in der Lombardei noch einige Hänge, auf denen die Weinrebe zeigt, was sie leisten kann. Im Südwesten liegt das Oltrepò Pavese, der ertragreichste Weinbaubereich der Lombardei. Er liefert lediglich den Alltagswein für Mailand, und deshalb ist sein Ansehen bei weitem nicht so hoch, wie es der stark verbesserten Qualität seiner Rot- und Weißweine und seiner klassischen *spumante* nach sein sollte. Im Norden tritt das Alpental Valtellina mit seinen *Superiore*-Weinen Valgella, Sassella, Inferno und Grumello von der Nebbiolo-Traube in Konkurrenz mit Barolo. Da aber ein großer Teil der terrassierten Weinberge Schweizern gehört und darüber hinaus viel Wein in die Schweiz exportiert wird, ist der Valtellina in Zürich leichter zu finden als in Mailand. Im Osten beherbergt die Provinz Brescia 7 der 13 DOC-Zonen der Region. Ihr zur Seite liegen Bergamo (mit Valcalepio) und Mantua (mit den Colli Morenici Mantovani del Garda und Lambrusco Mantovano). Im Westen schließt sich Franciacorta als die am reichlichsten sprudelnde Schaumweinquelle Italiens an. Am Gardasee reihen sich die DOC-Zonen Lugana und Riviera del Garda Bresciano aneinander. Obwohl auf dem lombardischen Ufer der Qualitätsstand durchaus nicht geringer ist als auf der anderen Seite in Venetien, steht Brescia als Weinzentrum dennoch weiterhin im Schatten Veronas.

Hier am Gardasee sind vermutlich die ersten Weine der Lombardei entstanden, wie Funde von Spuren der *Vitis vinifera* belegen. Sie mögen Vorläufer des bei den Römern beliebten Rhaeticum gewesen sein; allerdings erhebt auch das Veltlin in den Rhätischen Alpen hierauf Anspruch. Dieser Name scheint für mehrere Weine aus dem Siedlungsgebiet der Rhäter zwischen Como und Verona gegolten zu haben. Zu den frühen Weinbauern in der Lombardei zählten ferner die Ligurer, die vielleicht die ersten Terrassen im Veltlin anlegten, sowie die Etrusker, die in der Ebene am Po ihre Reben auf Bäumen zogen.

Mailand, das Handelszentrum am oberen Ende der Ebene, diente lange als kaiserliche Residenz der Römer, die viele Handelsstraßen an Flüssen und Seen und über Alpenpässe anlegten. Später fiel es in die Hand eindringender Barbaren, zuletzt der Langobarden, die der Region den Namen und die Grundlagen für den späteren Zusammenschluß im Lombardischen Städtebund gaben. Unter den Visconti und Sforza erlangte Mailand im 14. bis 16. Jh. große Bedeutung. Dann geriet es wieder unter fremde Herrschaft – zur Zeit Napoleons war es französisch, anschließend wieder österreichisch, und schließlich wurde es nach den Unabhängigkeitskämpfen als Hauptstadt der Lombardei Teil des Vereinigten Königreichs Italien.

Die Chronisten früherer Zeiten wußten manches Gute über die Weine aus dem Veltlin, vom Gardasee, von Pavia, Bergamo, Mantua, Como, ja sogar aus Mailand zu berichten. Mit der Zeit aber legte der Weinbau der Lombardei größeren Wert auf Quantität als auf Qualität. Die Po-Ebene quoll über von Weingärten, bis Mehltau und Reblaus eine Umstellung auf weniger gefährdete Feldfrüchte erzwangen. Auch in den Bergen ging der Weinbau zurück, am deutlichsten in der Brianza nördlich von Mailand und am Comersee, wo einmal gute Alltagweine wuchsen.

Mit schwindender Produktion aber hat sich bei manchen Weinen der Lombardei in der Qualität einiges gebessert. Bei allen anerkennenswerten Verbesserungen aber müssen sich die Weinerzeuger in der Lombardei doch noch mehr anstrengen, wenn sie die obere Stufe des Inlandsmarkts erklimmen und die anspruchsvolleren Verbraucherkreise für sich gewinnen wollen.

Der Weinbau in der Lombardei

Seit einem Jahrhundert hat sich der Weinbau in der Region, wo die Ebene mit anderen Feldfrüchten inzwischen rationeller genutzt wird, in die Berge zurückgezogen und radikal verändert. In der Mitte des vorigen Jahrhunderts wuchsen im Oltrepò Pavese rund 260 Traubensorten, aber für viele von ihnen brachte die Reblaus das Ende. Durch Selektion bildeten sich nun ertragreiche Sorten wie Barbera, Croatina und Riesling Italico heraus. Um Brescia und Bergamo wurden der einst populäre Marzemino (auch Berzemino oder Barzemino) und die Schiava immer weniger. Im Veltlin dagegen behauptete sich der Nebbiolo und am Po der Lambrusco.

Schon früh begannen sich die aus Frankreich ins Land gekommenen Rebsorten Cabernet Franc, Merlot, die Pinots, neuerdings auch Cabernet Sauvignon und Chardonnay, durchzusetzen. Der Pinot Nero wird zunehmend für Schaumwein angebaut, vor allem im Oltrepò Pavese. Der Chardonnay verdrängt bei stillen und schäumenden Weinen zunehmend die früher populären Sorten Pinot Bianco und Grigio.

Aber auch die Tradition lebt noch. Im Veltlin bewährt sich der Nebbiolo auf hohen Terrassen, wo er in einem flachen Cordon-System dicht über dem die Sonnenwärme reflektierenden Boden gezogen wird. Alte Traubensorten wie Brugnola oder Prugnola, Pignola Valtellinese und Rossola Nera werden dort in kleinem Umfang ebenfalls noch gepflegt. Im Flachland der Provinz Mantova wächst nach wie vor der Lambrusco, doch wie in der benachbarten Emilia hat die Raggi- oder Bellussi-Hocherziehung das *Alberate*-System der Etrusker, d. h. auf gestutzten Ulmen oder anderen Bäumen wachsende Reben, weitgehend verdrängt. Bei Brescia und am Gardasee sind Pergolen ähnlich wie die Lauben Südtirols gebräuch-

Poggiridenti im Veltlin im Norden der Lombardei.

lich; moderne Pflanzungen aber, vor allem in Franciacorta, werden in niedriger Erziehung an Pfählen in großer Pflanzdichte angelegt. In den oft steilen Bergen des Oltrepò Pavese findet wie im benachbarten Piemont das Guyot-System in vielen Varianten Anwendung. Heute wachsen in der Lombardei nur noch einige einheimische Rebsorten, dafür wurden die aus anderen Gegenden hereingekommenen reich mit Lokalsynonymen bedacht.

Bonarda. Der Name wird im Oltrepò Pavese und in San Colombano al Lambro für die Croatina benutzt, was zu Verwechslungen mit der echten Bonarda aus dem Piemont Anlaß gibt.

Chiavennasca. So lautet im Veltlin der Name für Nebbiolo.

Groppello. Wertvolle Sorte, heute fast nur noch im Valtènesi in der Zone Riviera del Garda für DOC-Rotwein- und *Chiaretto*-Verschnitte sowie eigenständig als *vdt* zu finden. Varianten: Groppello di Mocasina, di Santo Stefano und Gentile sowie Groppellone.

Incrocio Terzi N. 1.. Eine Kreuzung von Barbera und Cabernet Franc für Rotweine in den Provinzen Brescia und Bergamo.

Lambrusco Viadanese. Diese Lambrusco-Variante ist in Viadana in der Lombardei beheimatet und auch in der Emilia verbreitet.

Moscato di Scanzo oder **Merera**. Die dunkle Verwandte der Muskateller-Familie dient bei Bergamo für eine Dessertwein-Rarität.

Rossola Nera. Aus dem Veltlin stammt diese wertvolle, heute nur noch selten angebaute, auch Rossara genannte Sorte. Offenbar handelt es sich hierbei um den ursprünglichen Roten Veltliner.

Trebbiano di Lugana. Die Sorte gilt als zur Trebbiano-Familie gehörig, hat sich aber in Lugana eigenständig entwickelt und erbringt Weißwein von beachtlicher Persönlichkeit. Bei Verona heißt sie Trebbiano di Soave oder Veronese, bei Mantua Trebbiano Nostrano.

Ughetta. Name der Vespolina aus dem Piemont im Oltrepò Pavese .

Uva Rara. Im Oltrepò Pavese gebräuchliches Synonym für die Bonarda Novarese aus dem Piemont.

Sonstige Rebsorten:

In der Region sind ferner anerkannt bzw. zugelassen:

Für Rot- oder Roséwein: Ancellotta, Barbera, Bonarda Piemontese, Cabernet Franc, Cabernet Sauvignon, Corvina Veronese, Dolcetto, Fortana, Franconia, Freisa, Lambrusco di Sorbara, Lambrusco Grasparossa, Lambrusco Marani, Lambrusco Maestri, Lambrusco Salamino, Marzemino, Merlot, Molinara, Montepulciano, Nebbiolo, Negrara Trentina, Pignola Valtellinese, Pinot Nero, Rondinella Sangiovese, Schiava Gentile, Schiava Grigia, Schiava Grossa, Schiava Lombarda, Vespolina.

Für Weißwein: Chardonnay, Cortese, Garganega, Incrocio Manzoni 6.0.13, Invernega, Malvasia Bianca di Candia, Malvasia Istriana, Moscato Bianco, Müller-Thurgau, Pinot Bianco, Pinot Grigio, Prosecco, Riesling Italico, Riesling Renano, Sauvignon, Tocai Friulano, Trebbiano Giallo, Trebbiano Romagnolo, Trebbiano Toscano, Verdea.

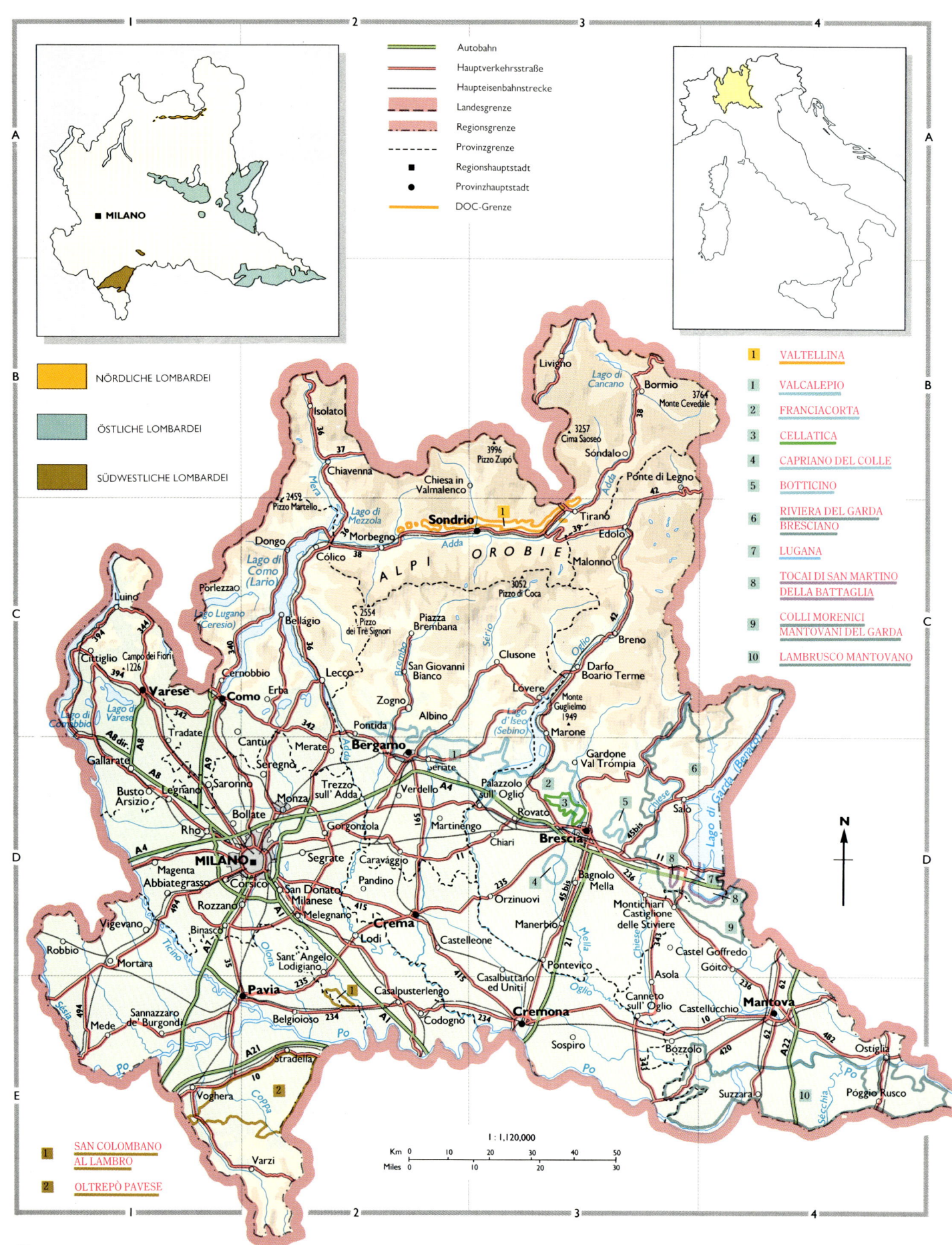

Autobahn
Hauptverkehrsstraße
Haupteisenbahnstrecke
Landesgrenze
Regionsgrenze
Provinzgrenze
■ Regionshauptstadt
● Provinzhauptstadt
DOC-Grenze

■ MILANO

NÖRDLICHE LOMBARDEI
ÖSTLICHE LOMBARDEI
SÜDWESTLICHE LOMBARDEI

1 VALTELLINA
1 VALCALEPIO
2 FRANCIACORTA
3 CELLATICA
4 CAPRIANO DEL COLLE
5 BOTTICINO
6 RIVIERA DEL GARDA BRESCIANO
7 LUGANA
8 TOCAI DI SAN MARTINO DELLA BATTAGLIA
9 COLLI MORENICI MANTOVANI DEL GARDA
10 LAMBRUSCO MANTOVANO

1 SAN COLOMBANO AL LAMBRO
2 OLTREPÒ PAVESE

1 : 1.120.000

Km 0   10   20   30   40   50
Miles 0   10   20   30

N

Die Weinzonen der Lombardei

Lebensspender für die Industrie und Landwirtschaft der Lombardei ist das Wasser, das reichlich aus den Alpen sprudelt. Es speist die vielen Seen, deren landschaftliche Schönheit Touristen aus aller Welt anzieht. Aus dem Lago Maggiore strömt der Ticino, aus dem Comersee die Adda, aus dem Iseosee der Oglio und aus dem Gardasee der Mincio zum Po hinab – sie alle treiben Kraftwerke und Fabriken an und bewässern die Felder in der fruchtbaren Ebene. Feuchtigkeit hat aber auch ihre Nachteile; so ist die Padana in der kalten Jahreszeit überaus nebelreich. Das Verhältnis zwischen Gebirge und Ebene ist in der Region ausgeglichen, und für den Weinbau bieten hügelige Bereiche, die nur 1/8 der Gesamtfläche ausmachen, gute Voraussetzungen, so vor allem an der Südflanke der Alpen, vom Gardasee bis zum Lago Maggiore. Die Seen üben auf das Mikroklima einen günstigen Einfluß aus, aber nur im unteren Gletscherbecken des Iseo- und Gardasees sind größere Weinbauzonen – Franciacorta, Riviera del Garda Bresciano und Lugana – entstanden. Eine Ausnahme bildet das Veltlin, das sich an der oberen Adda bei Sondrio nordwärts erstreckt. In der Provinz Pavia verfügt die Lombardei im äußersten Südwesten auch über ein kurzes Stück Apenninen mit dem vorgelagerten Oltrepò Pavese, aus dem die meisten Weine der Region stammen.

Oltrepò Pavese und San Colombano

Das Hügelland des Oltrepò Pavese, das südlich vom Po abrupt aufsteigt und zu den Apenninen hinzieht, hat ein mildes Klima mit einer charakteristischen heißen und trockenen Phase im Spätsommer und Herbst, die vielen Rot- und Weißweintrauben ideale Reifebedingungen gewährt. Der Boden, meist Lehm mit Kalk oder Kreide in vielen Variationen, ist in diesen schönen Hügeln, deren Potential für den Weinbau noch längst nicht ausgeschöpft ist, ebenso unterschiedlich wie das Mikroklima. Hier herrschen die Barbera- und die Croatina-Traube vor, die vor allem im Nordosten um Stradella, Broni und Rovescala für Rotwein angebaut werden. Die höheren Lagen im oberen Versa-Tal und um Rocca de' Giorgi liefern hauptsächlich Pinot Nero für Schaumwein sowie Moscato. Die Kreideböden um Montalto Pavese und Oliva Gessi begünstigen die Entstehung duftiger Weißweine, vorwiegend von Riesling Italico, doch auf den unteren Hängen bei Casteggio gedeihen auch Rotweintrauben.

Valtellina/Veltlin

Das obere Adda-Tal ist zwischen der Bernina-Gruppe und den Bergamasker Alpen eingezwängt und bietet auf einer langen Strecke ein einmaliges Habitat für die Nebbiolo-Rebe. Die DOC-Zone Valtellina liegt oberhalb von Sondrio auf südwärts gewandten Weinbergterrassen mit steinigem Lehmboden. In Höhen bis zu 800 m gibt es hier auch im Sommer scharfe Temperaturgegensätze zwischen Tag und Nacht. Luftströmungen vom Comersee her wirken sich mildernd aus und ermöglichen in den meisten Jahren das allmähliche Ausreifen der Nebbiolo-Trauben für langlebige Rotweine, die sich erst nach längerer Lagerzeit abrunden und ihr Bukett entfalten. Unwetter und Erdrutsche haben in letzter Zeit den Weinbau stark beeinträchtigt, und darüber hinaus kommt es auch immer wieder vor, daß der Sommer nicht genug Wärme bringt.

Valcalepio

Die einzige DOC-Zone der Provinz Bergamo trägt den Namen des Tals, durch das der Oglio vom Iseosee abfließt, und gilt für den größten Teil der hiesigen Weinbaufläche. Auf den leichten, kalkhalti-

gen Lehmböden im eigentlichen Valcalepio gedeiht ein guter Merlot-Cabernet-Rotwein, aber auch Pinot Bianco und Chardonnay für *vdt*. Die sonstigen Weine sind sehr einfach.

Die Brescianer Berge und Franciacorta

Der größte Teil der Weinbaufläche um Brescia fällt in die DOC-Zone Franciacorta auf der Gletschermoräne des unteren Iseobeckens, wo kühlende Luftströme aus den Brescianer Alpen ein günstiges Mikroklima für *spumante* sowie für Rot- und Weißweine schaffen. Aus der Gegend um Corte Franca und von den Hängen des Monte di Erbusco kommen mit die feinsten Schaumweine Italiens, aber auch roter *vdt* von Cabernet, Merlot und Pinot Nero sowie weißer *vdt* von Chardonnay erlangen hier ungewöhnliche Klasse. In den oft steilen, felsigen Bergen bei Brescia liegen die DOC-Zonen Cellatica und Botticino.

Riviera del Garda

Das West- und Südufer des Gardasees fällt zum großen Teil in die Provinz Brescia. Die umfangreiche DOC-Zone Riviera del Garda überschneidet sich im Süden mit Lugana und Tocai di San Martino della Battaglia. Die Anbaufläche für den herzhaften *rosso* und den saftigen *chiaretto* befindet sich vorwiegend im Valtènesi, auf dessen Steilhängen auch Weißweine wachsen, die noch nicht unter die DOC fallen. Die Zonen Lugana und San Martino erstrecken sich über die Ebenen und die flacheren Hügel im Garda-Becken.

Die Berge und Ebenen von Mantua

Die Colli Morenici Mantovani bilden die Fortsetzung des Garda-Beckens durch ein flaches Hügelland, in dem leichte und schmackhafte Rot, Weiß- und Roséweine wachsen. Der Lambrusco Mantovano kommt aus 2 Bereichen des Flachlands am Po und ist seinen Nachbarn aus der Emilia sehr ähnlich.

In ihren portini *tragen die Weinleser im Veltlin die Traubenernte zu Tal.*

Die Weine aus der südwestlichen Lombardei

Die Ebene am Po und Ticino endet 50 km südlich von Mailand in den Apenninen-Ausläufern des Oltrepò Pavese, das – wie der Name sagt – Pavia gegenüber auf der anderen Seite des Po liegt. Diese zwischen der Emilia und dem Piemont eingekeilte Südwestecke der Lombardei gehörte früher zum Piemont und heißt deshalb auch heute noch Antico Piemonte. Die Lombarden lassen sich aber ihr Recht auf dieses Stück Land, auf dessen schönen Hügeln Dörfer und die Burgen und Schlösser der Familien Sforza, Visconti und Malaspina prangen, durchaus nicht streitig machen, denn hier wächst in Hülle und Fülle feiner Wein. Mailand kauft in diesem Gebiet einen großen Teil seines Alltagsbedarfs ein, und das tut seinem Ruf als Weinland vielleicht sogar Abtrag, weil die robusten Rotweine und zartduftigen Weiß- und Schaumweine in DOC-Qualität neben den sehr einfachen Massenprodukten, die den Hauptteil des Handels ausmachen, nicht recht zur Geltung kommen. Auch Trauben und Most finden regen Absatz, vor allem von Pinot Nero. San Colombano al Lambro auf einem der wenigen Hügel bei Mailand verdankt seinen tüchtigen Winzern eine eigene DOC.

Oltrepò Pavese (1970)

In der Zone entsteht mit 1,2 Mio. hl Wein im Jahr weit über die Hälfte der Gesamtproduktion in der Lombardei. 260 000 hl entfallen auf DOC-Wein, das sind 2/3 der DOC-Wein-Erzeugung in der Region. Trotz dieses beträchtlichen Potentials haben die Weine aus der mit dem Piemont durchaus vergleichbaren Gegend kein glänzendes Image. Meist wird die Vorherrschaft schlichter Traubensorten wie Barbera, Croatina (alias Bonarda), Riesling Italico und Moscato dafür verantwortlich gemacht. Auch der hier neben Pinot Grigio und Bianco stark verbreitete Pinot Nero wird nicht zu stillem Rotwein, sondern überwiegend zu *spumante* verarbeitet. Die vielen preiswerten Alltagsweine für die Märkte der Region tragen ebenfalls nicht zu höherem Ruhm bei.

Zum großen Teil werden sie von Genossenschaftskellereien produziert, die allerdings auch hochwertige Weine im Programm haben. Die meisten der 9000 Weinbergbesitzer in der Zone sind nur im Nebenberuf Winzer – verständlich, denn auf jeden entfällt im Durchschnitt weniger als 1,5 ha. Inzwischen tritt aber eine Reihe von Weingütern mit Erzeugnissen hervor, die ihren eigenen Status und damit indirekt auch den des ganzen Oltrepò Pavese verbessern. Giorgio Odero leistete auf diesem Gebiet Pionierarbeit mit seinen Frecciarossa-Weinen, die schon in den 30er Jahren internationale Anerkennung fanden. Viel Bewunderung fanden in Italien die Weine von Angelo Ballabio in Casteggio, vor allem sein Clastidium Gran Riserva, ein Weißwein von Pinot Nero und Grigio, der nach jahrelanger Faß- und Flaschenreife erstaunliche Höhen erreichte. Ebenfalls einen guten Namen gemacht haben sich inzwischen die Weingüter Monsupello, Montelio, Mairano und Luigi Valenti, auch Tenuta Mazzolino, Doria, Tronconero, Cella di Montalto, Pietro Vercesi sowie das winzige La Muiraghina.

Der meistverkaufte DOC-Wein ist Barbera; er kann zu den feinsten seiner Art in ganz Italien zählen. Der mildere, oft perlende Bonarda-Wein hat seinen eigenen Charme. Pinot-Nero-Rotwein fällt selten eindrucksvoll aus, nur die Tenuta Mazzolino macht mit ihrem *vdt* Noir von in Burgund selektierten Klonen eine rühmliche Ausnahme. Insgesamt ist der ausdrucksvollste Rotwein aus dem Oltrepò Pavese der einfache *rosso*. Wenn das Mischungsrezept gut gelungen ist, wird die schiere Kraft der Barbera sanft eingehüllt

Das Oltrepò Pavese ist die ertragsstärkste Weinbauzone der Lombardei.

von der milden fruchtigen Art der Croatina, während Uva Rara und Ughetta dem Ganzen schöne Komplexität verleihen. Manche dieser Weine sind im ersten Jahr besonders gefällig, doch *riserva* aus guten Jahrgängen kann nach Faßausbau noch 10 Jahre lang Finesse entfalten. Aus einem einem besonderen Bereich innerhalb der Zone kommen 2 *Rosso*-Varianten namens Buttafuoco («Feuerfunken») und Sangue di Giuda («Judasblut»).

Neuerdings haben die Weißweintrauben an Boden gewonnen, vor allem der Chardonnay, der oft mit Pinot Nero zusammen zu *spumante* verarbeitet wird. Auch die beiden Rieslinge werden viel angepflanzt. Der Pinot Grigio kommt manchmal an seine Namensvettern aus den Tre Venezie heran. Allerdings sind Müller-Thurgau und Chardonnay als *vdt* häufig eindrucksvoller. Auf den Spuren der Genossenschaftskellerei Santa Maria della Versa mit ihrem vielgepriesenen La Versa Brut ist die Produktion von Schaumwein nach dem Champagnerverfahren in der

Zone stark angewachsen, und neuere Abfüllungen u. a. von Fontanachiara und Anteo lassen das Vorbild sogar schon hinter sich. In Tankgärung hergestellter *spumante* von den Pinots, Chardonnay oder Riesling ist oft ebenfalls überzeugend, doch der Markt für billigen Schaumwein ist inzwischen gesättigt.

Die Bodenbeschaffenheit, neben Höhe und Lage ein wichtiger Qualitätsfaktor, ist in der Zone sehr unterschiedlich. Der klassische Bereich für Oltrepò Rosso liegt auf den unteren Hängen mit kalkreichem Lehmboden zwischen Stradella, Broni und Canneto Pavese in den besonderen Bereichen für Buttafuoco und Sangue di Giuda. An vielen Stellen gedeiht die Barbera-Traube gut, und die besten Weine von Croatina (Bonarda) kommen aus dem Osten um Rovescala und San Damiano. Die oberen Bereiche im Süden um Santa Maria della Versa und Rocca de' Giorgi sind als gut für Pinot Nero und Moscato bekannt. In den Hügeln um Casteggio und Montalto Pavese wachsen verschiedene Weine, und bei Oliva

Gessi, Montalto und Calvignano gedeihen auf Kreideboden vor allem Riesling Italico und andere weiße Trauben. Auf der markierten Weinstraße – der ersten Italiens – trifft man überall in dieser schönen Hügellandschaft auf Weingüter, die sich um besondere Qualität bemühen, nicht zuletzt auch im Westen, wo die Weine in der Gegend der dortigen Heilquellen einen Hauch von Schwefelgeschmack enthalten.

Die Reformer warten schon mit Ungeduld auf den Tag, wenn die Chardonnay-, Sauvignon-Blanc-, Cabernet-Sauvignon- und Pinot-Noir-Klone aus Burgund in *barrique*-gereiften Weinen zeigen können, was sie vermögen. Die meisten Erzeuger jedoch arbeiten mit den traditionellen Rebsorten weiter oder experimentieren mit schon bewährten Alternativen. Das rührige Konsortium hat sich den Begriff Classese (zusammengesetzt aus Classico und Pavese) als Marke für DOC-Schaumwein nach dem Champagnerverfahren schützen lassen. Trotz aller Werbebemühungen aber hat der Name

Oltrepò Pavese noch immer nicht das Gewicht, das einem künftigen Giganten des italienischen Weinbaus eigentlich zukommt.

ZONE: Die Apenninen-Ausläufer südlich von Pavia mit 42 Gemeinden in einem dreieckförmigen Gebiet zwischen dem Piemont und der Emilia-Romagna. Buttafuoco und Sangue di Giuda sind Weine aus einem Unterbereich mit den Gemarkungen Broni, Stradella, Canneto Pavese, Montescano, Castana, Cigognola und Pietra di' Giorgi. Für alle übrigen Weine gilt die DOC-Bezeichnung Oltrepò Pavese.

Rosso. Trockener Rotwein, manchmal *vivace*, auch *riserva*. Trauben: Barbera bis 65%, Uva Rara/Ughetta (Vespolina) bis 45%, Croatina Min. 25%. E. 71,5/110; Alk. 11,5, *riserva* 12; S. 0,5; A. *riserva* 2 J.

Rosato. Trockener Rosé, manchmal *vivace*. Trauben: wie Rosso. E. 71,5/110; Alk. 10,5; S. 0,5.

Buttafuoco. Trockener Rotwein, meist *frizzante*. Trauben: Barbera bis 65%, Uva Rara/Pinot Nero/Ughetta (Vespolina) bis 45%, Croa-

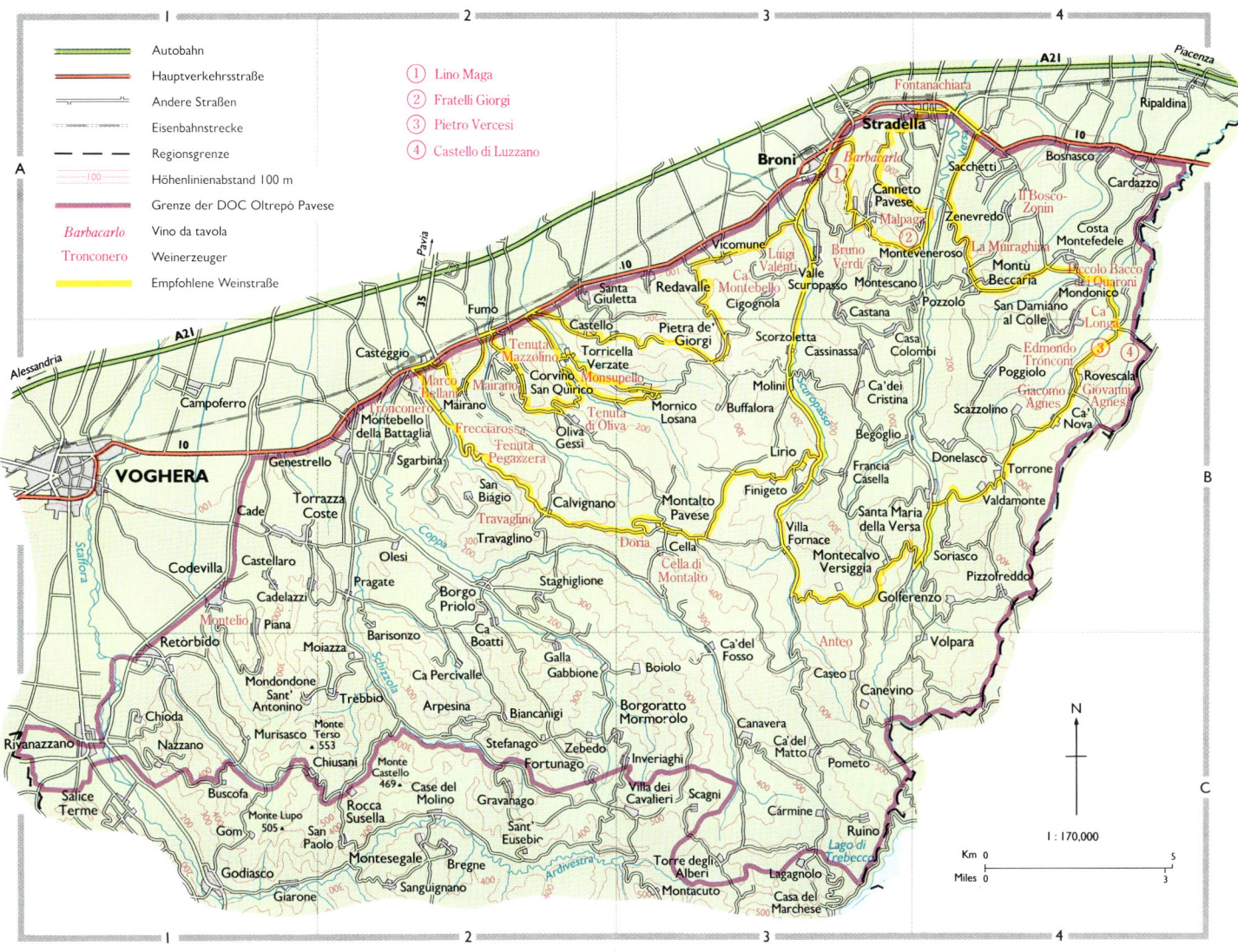

tina Min. 25%. E. 68/105; Alk. 12; S. 0,5.

Sangue di Giuda. Trockener Rotwein, meist *frizzante*, auch *abboccato*, *amabile* oder *dolce*. Trauben: wie Buttafuoco. E. 68/105; Alk. 12 (Restsüße *abboccato* oder *amabile* Min. 18 g/l, *dolce* Min. 50 g/l); S. 0,5; A. 6 Mte.

Barbera. Trockener Rotwein, auch *frizzante*. Trauben: Barbera; sonstige rote Sorten bis 15%. E. 84/120; Alk. 11,5; S. 0,5.

Bonarda. Trockener Rotwein, oft *frizzante*, auch *abboccato*, *amabile* oder *dolce*. Trauben: Bonarda (Croatina); sonstige rote Sorten bis 15%. E. 68/105; Alk. 11 (Restsüße *abboccato* oder *amabile* Min. 18 g/l, *dolce* Min. 50 g/l), S. 0,5.

Cortese. Trockener Weißwein, auch *frizzante*, *spumante*. Trauben: Cortese; sonstige weiße Sorten bis 15%. E. 71,5/110; Alk. 10,5 (*spumante* Restsüße Max. 20 g/l); S. 0,6.

Moscato. Weißwein, entweder *abboccato*, *amabile* oder *dolce*, auch *spumante*. Trauben: Moscato Bianco; Malvasia di Candia bis 15%. E. 77/110; Alk. 10 (Restsüße *abboccato* oder *amabile* Min. 18 g/l, *dolce* Min. 50 g/l, *spumante* 10, davon Min. (Restsüße Min. 50 g/l); S. 0,6.

Moscato liquoroso. Gold- bis bernsteinfarbener, gespriteter Wein, als *secco* oder «*dry*» halbtrocken, als *dolce naturale* süß. Trauben: wie Moscato. E. 77/110; Alk. *secco* oder *dry* 18–22 (Restsüße Max. 40 g/l), *dolce naturale* 17,5–22 (Restsüße Min. 50 g/l); S. 0,45.

Pinot Grigio. Trockener Weißwein, auch *frizzante*. Trauben: Pinot Grigio; Pinot Nero/Pinot Bianco/Riesling Italico/Riesling Renano bis 15%. E. 65/100; Alk. 10,5; S. 0,5.

Pinot Nero. Trockener Rotwein, auch rosé oder weiß, z. T. *frizzante*. Trauben: Pinot Nero; sonstige rote Sorten bis 15%. E. *rosso* oder *rosato* 65/100, *bianco* 60/100; Alk. 10,5 (*rosato* und *bianco* Restsüße Max. 10 g/l); S. 0,6.

Pinot Nero Spumante. Trockener Schaumwein, rosé oder weiß. Trauben: Pinot Nero; Pinot Grigio/Pinot Bianco/Riesling Italico/Riesling Renano bis 15%. E. *rosato* 65/100, *bianco* 60/100; Alk. 11,5 (Restsüße Max. 15 g/l); S. 0,6.

Riesling Italico. Trockener Weißwein, auch *frizzante* oder *spumante*. Trauben: Riesling Italico; Riesling Renano bis 15%. E. 71,5/110; Alk. 10,5 (*spumante* Restsüße Max. 25 g/l), S. 0,6.

Riesling Renano. Trockener Weißwein, auch *frizzante* oder *spumante*. Trauben: Riesling Renano; Riesling Italico bis 15%. E. 58,5/90; Alk. 11 (*spumante* Restsüße Max. 25 g/l); S. 0,6.

Andere beachtenswerte Weine: Viele gute stille und schäumende Weine des Oltrepò Pavese bleiben außerhalb der DOC, weil sie den Vorschriften nicht entsprechen oder weil ihre Erzeuger eine individuelle Identität bevorzugen, z. B. Lino Magas Barbacarlo.

San Colombano al Lambro oder San Colombano (1984)

Der einzige DOC-Wein der Provinz Milano ist ein rustikaler Rotwein ähnlich wie der Oltrepò Pavese Rosso, doch etwas weicher und dunkler, vielleicht wegen des größeren Anteils von Croatina (Bonarda) und der heißeren Witterung in der Ebene um den 144 m hohen Colle di San Colombano. Seinen Erzeugern ist es zu danken, daß die Weintradition von San Colombano nicht nur aufrechterhalten, sondern noch ausgebaut wird.

ZONE: Die sanften Hänge des Colle di San Colombano 35 km südöstlich von Mailand mit Teilen der Gemarkungen San Colombano al Lambro, Graffignana und Sant'Angelo Lodigiano sowie Miradolo Termo und Inverno e Monteleone. Trockener Rotwein. Trauben: Croatina 30–45%, Barbera 25–40%; Uva Rara 5–15%; sonstige rote Sorten bis 15%. E. 77/110; Alk. 11; S. 0,5.

Andere beachtenswerte Weine

Viele Winzer in San Colombano arbeiten mit Rebsorten, die in der DOC nicht anerkannt sind, darunter die traditionelle weiße Verdea, aber auch Chardonnay.

WEINGÜTER/WINZER

(Ohne Kommentar genannte Erzeuger bieten empfehlenswerten DOC Oltrepò Pavese an.)

Giacomo Agnes, Rovescala (PV). Oltrepò Rosso und *vdt* Gaggiarone von Bonarda und Barbera.

Giovanni Agnes-Poggiopelato, Rovescala (PV).

Anteo, Rocca de' Giorgi (PV). Das von Trento Cribellati geleitete Gut besitzt das Potential für eine Führungsstellung bei Oltrepò-Schaumwein. Weinbauberater Beppe Bassi gewinnt von 33 ha Pinot Nero und Chardonnay feinen Anteo Brut Rocca de' Giorgi und Nature (Champagnerverfahren) sowie guten Schaumwein (Charmat-Verfahren).

Marco Bellani, Casteggio (PV).

Ca' Longa, San Damiano al Colle (PV).

Ca' Montebello, Cigognola (PV). Gute Auswahl an DOC Oltrepò.

Castello di Luzzano, Rovescala (PV). Die Geschwister Giovannella und Maria Giulia Fugazza produzieren von 60 ha im Oltrepò bemerkenswerte Rotweine sowie Colli-Piacentini-Weine in der Emilia.

Cella di Montalto, Montalto Pavese (PV). Auf 25 ha erzeugt die Familie Canegallo feinen Riesling Italico und bietet *agriturismo* in der ehemaligen Benediktinerabtei an.

Doria, Montalto Pavese (PV). Die Gebrüder Adriano und Bruno Doria bauten mit Beppe Bassi die Cascina Vermietta (20 ha) mit eindrucksvollem *barrique*-gereiftem Pinot Nero (von Klonen aus Burgund), beachtlichem DOC-Rotwein Roncorosso und Bonarda, gutem Riesling und feinen *Charmat*-Schaumwein zu einem Mustergut aus.

Fontanachiara, Stradella (PV). Von 20 ha bei Stradella und 10 ha in Bosnasco, hauptsächlich mit Pinot Nero und Chardonnay besetzt, gestalten Marco Maggi und Weinbauberater Beppe Bassi nach dem Champagnerverfahren feinsten Fontanachiara Brut und Riserva.

Frecciarossa, Casteggio (PV). Das würdige Weingut «Roter Pfeil» der Familie Odero mit 15 ha hat seit Jahrzehnten eine Spitzenstellung.

Fratelli Giorgi, Canneto Pavese (PV).

La Muiraghina, Montù Beccaria (PV). Anna Gregorutti kam aus dem Collio in Friaul nach dem Oltrepò, wo sie aus ihrem winzigen Gut höchst beachtliche Weine hervorbringt.

Lino Maga, Broni (PV). Der Name Barbacarlo ist für den Eigentümer des Guts urheberrechtlich geschützt, seit er den vieldiskutierten Prozeß gegen die Einbeziehung in die DOC Oltrepò Pavese und damit zugleich seinem Wein von Croatina, Uva Rara, Ughetta und Barbera eine begeisterte Gefolgschaft gewonnen hat.

Mairano, Casteggio (PV). Fernando Bussolera produziert von 20 ha eine große Auswahl von DOC Oltrepò-Weinen unter der Marke Le Fracce, an der Spitze Cirgà Rosso.

Malpaga, Canneto Pavese (PV).

Monsupello, Torricella Verzate (PV). Von 12 ha erzeugt Carlo Boatti klassischen Oltrepò Rosso, feinen Classese Monsupello Brut und köstlich spritzigen Pinot Nero «I Germogli».

Montelio, Codevilla (PV). Die Besitzerin Anna Maria Mazza und Kellermeister Mario Maffi produzieren gute Oltrepò-Weine im traditionellen Stil sowie Müller-Thurgau von 28 ha Rebfläche.

Stefano Panigada, San Colombano al Lambro (MI). Saftiger DOC San Colombano sowie leichter roter, weißer und rosé *vdt* »Banino«.

Piccolo Bacco dei Quaroni, Montù Beccaria (PV). Altbekannte Spezialisten in Oltrepò-Rotwein.

Pietrasanta, San Colombano al Lambro (MI). Neben einem süffigen DOC San Colombano produziert Carlo Pietrasanta ein ehrgeiziges *Vdt*-Programm, u. a. della Costa (rot,

weiß und rosé) und einen Schaumwein im Champagnerverfahren.

Riccardi, San Colombano al Lambro (MI). Enrico Riccardi erzeugt DOC San Colombano sowie achtbaren weißen *vdt* Verdea della Tonsa.

San Zeno. Siehe Tenuta Il Bosco.

Tenuta di Oliva, Oliva Gessi (PV). Das Gut hat 29 ha Rebfläche auf Kreideboden, der dem superben Riesling Finesse verleiht.

Tenuta Il Bosco, Tenevredo (PV). Zonin aus Venetien produziert hier und in San Zeno bei Stradella von 110 ha DOC Oltrepò und verschiedene Schaumweine.

Tenuta Mazzolino, Corvino San Quirico (PV). Roberto Piaggi und Weinbauberater Giancarlo Scaglione produzieren eine schöne Auswahl an DOC Oltrepò, u. a. Pinot Guarnazzola und roten Terrazze di Mazzolino sowie hervorragenden, in *barriques* ausgebauten *vdt* Noir von Pinot Nero.

Tenuta Pegazzera, Casteggio (PV).

Travaglino, Calvignano (PV).

Tronconero, Casteggio (PV). Guter DOC Oltrepò, an der Spitze ein üppiger Bonarda; sowie feiner Chardonnay *vdt*.

Edmondo Tronconi, Rovescala (PV).

Luigi Valenti, Cigognola (PV). Spezialist für stets vorzüglichen Buttafuoco und Sangue di Giuda «Monterucco».

Pietro Vercesi, Rovescala (PV). Feiner Bonarda und *rosso*.

Bruno Verdi, Canneto Pavese (PV).

WEIN- UND HANDELS-HÄUSER

Angelo Ballabio, Casteggio (PV). Das seit langem durch seinen außergewöhnlichen Clastidium Gran Riserva und andere Weine berühmte Haus ist nur noch ein Schatten seiner selbst.

(Viele Weinkellereien und Handelshäuser im Piemont beziehen aus dem Oltrepò Pavese Trauben oder Grundwein für *spumante*; Fontanafredda, Gancia und Martini & Rossi gehören zu den wenigen, die das auch auf den Etiketten erwähnen.)

GENOSSENSCHAFTEN

CS di Casteggio, Casteggio (PV).

CS di Santa Maria della Versa, Santa Maria della Versa (PV). Die große Kellerei mit reichhaltigem Programm steht unter der Leitung von Antonio Duca Denari und produziert von 2000 ihrer Mitglieder über 70 000 hl Wein im Jahr. Ihr meistgeachtetes Produkt ist der Gran Spumante La Versa Brut nach dem Champagnerverfahren.

CS Torrevilla, Torrazza Coste (PV). Sauberer DOC-Wein, *spumante* und *vdt* aus den Orten Codevilla und Torrazza.

Die Weine aus der nördlichen Lombardei

Nördlich von Mailand geht die Ebene in das sanfte Hügelland der Brianza und des Varesotto über. Der ländliche Charme dieser Gegenden ist nur knapp der Einverleibung in die wuchernde Großstadt entgangen. Der Tourismus und die Erschließung von Wohnbaugebieten haben dem Wachstum der Industrie am Comersee und um Varese Einhalt geboten, ebenso an den Ufern des Lago Maggiore und des Luganersees, in die sich Italien und die Schweiz teilen. Dennoch ist auf den Hängen, auf denen hier einst leichte Weine wuchsen, nicht mehr viel Raum für die Rebe; nur um Angera am Lago Maggiore, bei Bellagio am Comersee und schließlich bei Montevecchia in der Brianza finden sich noch Reste. Nördlich und östlich von Como liefern die für den Weinbau nicht mehr geeigneten Alpenhochtäler immerhin den Käse zum Wein. An der Adda bei Sondrio im Veltlin jedoch gibt es an steilen Hängen dank der Ausdauer der hiesigen Winzer noch Weinbau von einiger Bedeutung.

Die Geschichte des Veltlins als der einzigen Gegend außerhalb des Piemonts, wo die Nebbiolo-Rebe gedeiht, ist faszinierend, wenn auch in manchen Details noch ungeklärt. Die ersten Weinberge wurden in diesem Tal vermutlich von Ligurern angelegt, die über Erfahrung im Terrassenbau verfügten – vielleicht aber auch von den Etruskern. Wahrscheinlich gab es die einheimischen Rebsorten Rossola, Pignola und Brugnola hier schon vor dem Nebbiolo, der einigen Berichten zufolge im späten Mittelalter, nach anderen Quellen aber erst während der Zeit Napoleons gegen Ende des 18. Jh.s, aufgetaucht sein soll. Wie dem auch gewesen sein mag, er entwickelte nicht nur lokalen Charakter, sondern erhielt auch einen lokalen Namen: Chiavennasca, angeblich nach der Stadt Chiavenna, andere behaupten, nach dem Dialektausdruck *ciù vinasca*, d. h. «sehr gut für Wein». Zahlreiche Weinberge sind in schweizerischem Besitz.

Valtellina/Valtellina Superiore (1968)

Das Veltlin ist schwer zugänglich, ganz gleich woher man kommt. Wintersportler und Bergwanderer benutzen meist die Straße vom Comersee her an der Adda entlang. Gleich hinter Morbegno überquert die Straße den Fluß zum Nordufer, und es öffnet sich der Blick auf ein Panorama von steilen Weinbergen vor der gewaltigen Kulisse des ewig schneebedeckten 4050 m hohen Piz Bernina. Das Bergmassiv schirmt das Tal gegen den kalten Nordwind ab, so daß sich das schmale Tal zwischen den Wänden der Bergamasker Alpen im Süden und der Adamello-Gruppe im Westen stark erwärmt und die Rebe auf Weinbergterrassen in Südlage bis in 800 m Höhe gut gedeiht. Manche Hänge sind so steil, daß die Trauben in *portini* auf dem Rücken hinuntergetragen oder gar in Kübeln an Flaschenzügen hinuntergelassen werden müssen. Neuerdings werden die Trauben mit kleinen Einschienenbahnen zur Kelter transportiert. Der Anblick von Weinreben, die sich buchstäblich an den Bergwänden festklammern, begleitet den Wanderer über Sondrio hinaus bis Tirano, von wo aus die Straße zum Stelvio-Paß und weiter in die Schweiz führt. Das Veltlin und seine Weine zeigen jene Individualität, wie sie sich nur in jahrhundertelanger Weltabgeschiedenheit entfalten kann.

Nur Rotweine auf der Grundlage der Nebbiolo-Traube sind für die DOC qualifiziert, jedoch in verschiedenen Typen. Der einfache Valtellina, der einen größeren Anteil an anderen Traubensorten aufweisen darf, ist ein robuster Wein für jeden Tag und schmeckt im Alter von 2 bis 3 Jahren am besten. Eine kraftvolle Alternative hierzu ist der Sforzato oder Sfursat, ein voller, milder Wein, der von getrockneten Trauben mit hochkonzentriertem Zucker- und Extraktgehalt gewonnen wird.

Valtellina Superiore ist die Bezeichnung für einen fast rein von Nebbiolo gekelterten und mindestens ein Jahr im Faß ausgebauten Rotwein, der zumeist den Namen eines der 4 Unterbereiche trägt: Grumello (nach einer Burg), Inferno (nach der heißesten Lage im Tal), Sassella (nach der gleichnamigen Kapelle) oder Valgella (das ist die längste zusammenhängende Weinbaufläche der Zone). Zwischen diesen Weinen, von denen der Sassella als der feinste gilt, sind durchaus Unterschiede zu bemerken; in guten Jahrgängen aber können sie alle vorzüglich sein. Die meisten Weinberge sind auf steinigem Sand- und Lehmboden angelegt, der manchmal von der Talsohle hinauftransportiert wird, um Terrassen oder Felsspalten aufzufüllen. Erdrutsche kommen hier häufig vor, wie etwa 1987, als sintflutartige Regenfälle viele Weinberge in die Tiefe spülten und das Tal überschwemmten. Die mit der Pflege der Weinberge verbundenen Mühen und Kosten dürften sicherlich mit am Rückgang der Produktion schuld sein. So ist die DOC-Wein-Erzeugung von 60 000 hl vor 10 Jahren auf inzwischen 45 000 hl zurückgegangen. Es werden unter Führung der Fondazione Fojanini mit ihrem Leiter Alberto Baiocchi Erwägungen angestellt, wie der Weinbau hier rationeller betrieben werden kann, ohne den charakteristischen Anblick der jahrhundertealten Weinberge wesentlich zu verändern.

Die Erzeugung im Veltlin basiert auf Weinkellereien, die oft auch über eigenen Weinbergbesitz verfügen und die darüber hinaus benötigten Trauben bei Winzern einkaufen. Am bekanntesten ist die Firma Nino Negri. Geleitet wurde sie bis in die 1970er Jahre vom Sohn des Gründers, Carlo, genannt «sciur Carlücio», der mit seinen Etiketten Castel Chiuro und Fracia dem Namen Valtellina in Italien zu gutem Klang verhalf. Mit abnehmender Produktion geht nun aber auch das Prestige dieser Zone, deren Wein vorwiegend in die Schweiz sowie nach Österreich, Deutschland und Großbritannien exportiert wird, allmählich wieder

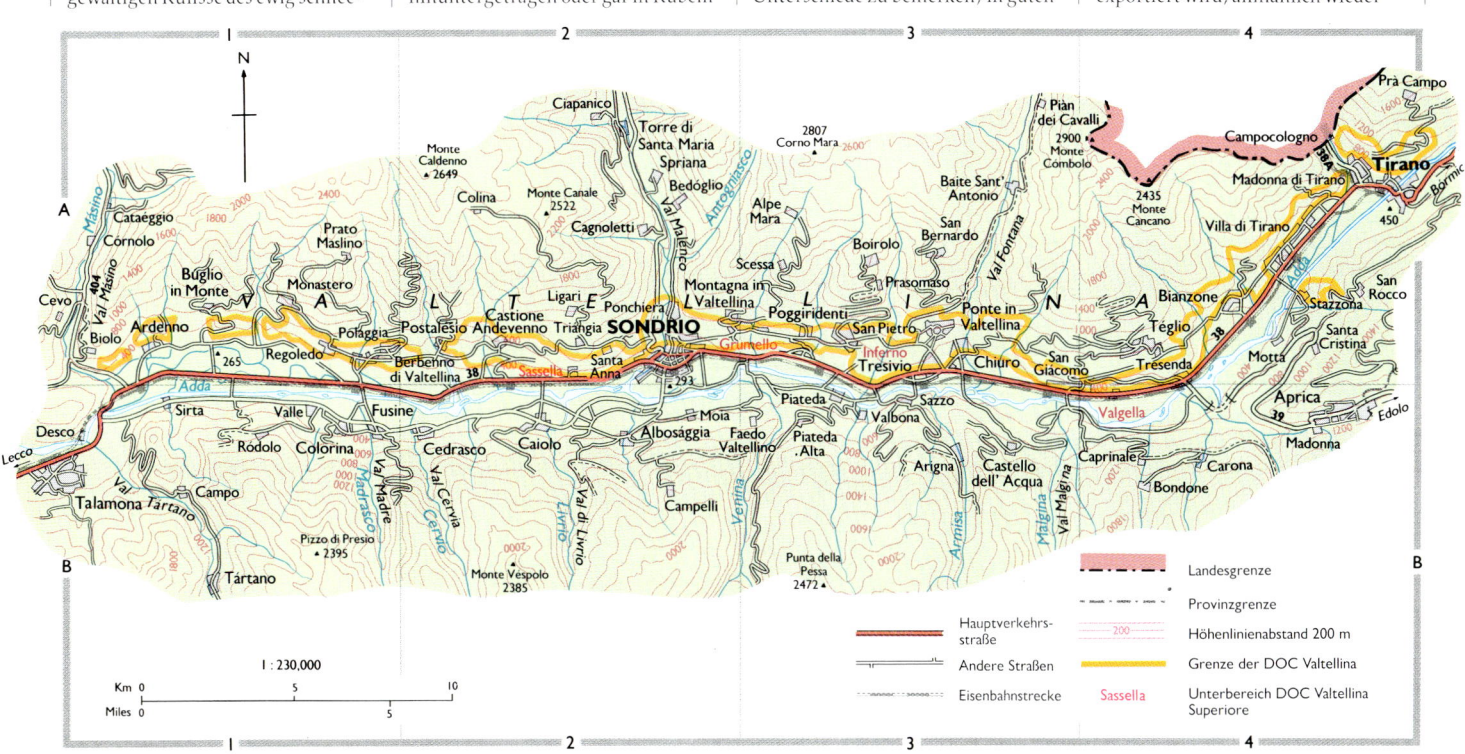

Legende:

Hauptverkehrsstraße		Landesgrenze
Andere Straßen		Provinzgrenze
Eisenbahnstrecke	200	Höhenlinienabstand 200 m
		Grenze der DOC Valtellina
	Sassella	Unterbereich DOC Valtellina Superiore

1 : 230,000

Km 0   5   10
Miles 0   5

unter. In der Schweiz gibt es mehrere Kellereien, und im benachbarten Graubünden ist der Valtellina so verbreitet, daß die Touristen ihn oft für einen einheimischen Wein halten. In Italien ist er dagegen nicht hoch geschätzt, obwohl er oft großartigen Stil aufweist, z. B. von Negri, von der Enologica Valtellinese und der Fondazione Fojanini. Erst seit kurzem gibt es auch Gutsweine. Beachtenswerte Namen sind Leuciatti für Sassella und Marsetti für Grumello.

Vom Barolo oder Barbaresco unterscheidet sich der Valtellina durch sein helleres Granat-Orange und seine herbere, nicht so vollmundige Art. Daraus auf schwächliche Konstitution schließen zu wollen, wäre falsch, denn mancher *superiore* überlebt seine berühmteren Verwandten aus dem Piemont. Mit der Zeit mildert und entfaltet sich das Aroma, im voller werdenden Bukett taucht der Duft von Alpenblumen und -kräutern auf. Oft wird der Valtellina als Einführung in den Nebbiolo empfohlen, doch muß man sich vor Verallgemeinerungen hüten, denn es gibt Weine darunter, die auch nach längerer Faßreife streng und hart bleiben oder dünn werden und verblassen. Oft stehen rückständige Methoden oder unsorgfältige Verarbeitung dahinter, vor allem bei Trauben von den unteren Hängen, wo die Erträge manchmal erstaunlich hoch sind. Alle Anzeichen deuten jedoch darauf hin, daß ein qualitätsbewußter Kern von Winzern das Prestige dieser Weinbauzone, die mehr Anerkennung verdient, wieder herzustellen versucht.

ZONE: Hänge bis 800 m Höhe, meist Weinbergterrassen in Südlage an der Adda auf einer 45 km langen Strecke zwischen Ardenno und Tirano mit Sondrio und Teilen von 12 weiteren Gemeinden. Valtellina Superiore kommt aus 4 Unterbereichen auf dem Nordufer der Adda mit den Namen Sassella (zwischen Castione Andevenno und Sondrio), Grumello (zwischen Sondrio und Montagna), Inferno (zwischen Poggiridenti und Tresivio), Valgella (zwischen Chiuro und Teglio).

Valtellina. Trockener Rotwein. Trauben: Chiavennasca (Nebbiolo) 70%; Pinot Nero/Merlot/Pignola Valtellinese/Rossola/Brugnola bis 30%. E. 84/120; Alk. 11; S. 0,5–0,75; A. 1 J.

Sforzato oder **Sfursat**. Schwerer trockener Rotwein. Trauben: wie Valtellina, jedoch *passito*. E. 84/120; Alk. 14,5; S. 0,5–0,75; A. 1 J.

Valtellina Superiore. Trockener Rotwein, auch *riserva*. Trauben: Chiavennasca (Nebbiolo); sonstige rote Sorten bis 5%. E. 70/100; Alk. 12; S. 0,5–0,7; A. 2 J. (1 J. im Faß), *riserva* 4 J.

Andere beachtenswerte Weine
Unter den vielen nicht DOC-anerkannten Weinen der Gegend finden sich Weißweine von Nebbiolo sowie Rotweine der älteren Traubensorten allein. Auch Experimente mit Pinot Nero und Merlot sowie mit ausländischen Weißweinreben.

WEINGÜTER/WINZER
Sandro Fay, San Giacomo di Teglio (SO). Guter Valgella Ca' Moréi.
Fondazione Fojanini, Sondrio. Die für die Weinbauforschung eingerichtete Stiftung wird von Alberto Baiocchi geleitet, der auf 8 ha den feinen Sassella La Castellina gewinnt.

WEIN- UND HANDELS-HÄUSER
Franco Balgera, Sondrio. Aufstrebender Betrieb mit gutem Valtellina Superiore.
Fratelli Bettini, San Giacomo di Teglio (SO).
Enologica Valtellinese, Sondrio. Geachteter Valtellina Superiore Marke Tre Leghe sowie *riserva* Antica Rhaetia und Paradiso, weißer Nebbiolo-*vdt* Roccascissa und seltener roter Rossola.
Nino Negri, Chiuro (SO). Die größte Kellerei der Zone gehört heute zum Gruppo Italiano Vini, ebenso das für Standardweine bekannte Haus Arturo Pelizzatti. Sorgfältige Auslese von 42 ha Rebfläche und fortschrittliche Technik unter Leitung des Önologen Casimiro Maule erhalten den guten Klang des Namens Negri mit *riserva* «Le Botti d'Oro».
Nera, Chiuro (SO). Giampiero Silvestrini produziert Valgella, Sassella und *riserva* Signorie sowie einen Sfursat von am Weinstock getrockneten Trauben.
Fratelli Polatti, Sondrio. Bewahrer der Tradition in Valtellina Superiore.
Rainoldi, Chiuro (SO). Valtellina Superiore, v. a. für den Export.
Tona, Villa di Tirano (SO).
Fratelli Triacca. Madonna di Tirano (SO). Die von Domenico und Gino Triacca geleitete Kellerei hat ihre vorwiegend in der Schweiz abgesetzten Valtellina-Weine durch starke Investitionen verbessert.
(Die Häuser Pola und Plozza produzieren Wein, der in der Schweiz abgefüllt und vertrieben wird.)

GENOSSENSCHAFTEN
Cantina Cooperativa Villa Bianzone, Villa di Tirano (SO). DOC-Valtellina-Weine.

Links: Die DOC-Valtellina-Zone. Oben: Hier werden Trauben mit einer Handwaage gewogen. Weinkellereien kaufen einen großen Teil des Leseguts im Veltlin auf und verarbeiten es zu Wein, der dann v. a. in die Schweiz geht.

Im unteren Teil des Tals schafft das besondere Klima ein einzigartiges Habitat für die nördlichsten Nebbiolo-Weinberge Italiens.

Weine aus Bergamo

In Bergamo ist die Weinbautradition seit dem 12. Jh. urkundlich belegt, erlebt jedoch leider einen ebensolchen Rückgang wie in den Nachbarprovinzen Milano und Como. Erst in letzter Zeit haben die Winzer in den Bergen zwischen Bergamo und dem Iseosee eine gewisse Wiederbelebung dadurch erreicht, daß sie die früher beliebten Rebsorten Gropello und Marzemino durch die in Mode gekommenen französischen Trauben ersetzten. Die neuen Weine konnten zwar bisher den alten Glanz nicht wieder herstellen, doch ist die Provinz Bergamo durch sie zu einer DOC-Zone gekommen. Inzwischen hält sich der eigenartige rote Moscato di Scanzo aus Scanzorosciate im Serio-Tal östlich von Bergamo hartnäckig.

Valcalepio (1976)

Der Name kommt von dem Tal des Oglio, wo die Conti Calepio ihre Domäne hatten. Die Weine aus dieser Gegend, die viel Ähnlichkeit mit dem benachbarten Franciacorta hat, gelten seit langem als die feinsten von Bergamo. Als DOC-Zone bezieht Valcalepio auch die weiter im Nordwesten gelegene übrige Rebfläche der Provinz mit ein. Besonders gut gelingt der Merlot/Cabernet-Sauvignon-Verschnitt der Tenuta Castello und von La Cornasella im ursprünglichen Valcalepio. Ansonsten zeigt er oft die grasig-bittere Note, wie sie für viele Weine der Bordeaux-Trauben in Oberitalien typisch ist. Der Weißwein von Pinot Bianco und Grigio ist selten mehr als erfrischend.

ZONE: Die Alpenausläufer und benachbarte Berghänge, vom Valcalepio (bei Sarnico, Castelli Calepio und Grumello del Monte) nordwärts über das Serio- und Brembo-Tal bis Almenno, mit Teilen der Gemarkung Bergamo und weiteren 46 Gemeinden.

Bianco. Trockener Weißwein. Trauben: Pinot Bianco 55–75%, Pinot Grigio 25–45%. E. 58,5/90; Alk. 11,5; S. 0,45.

Rosso. Trockener Rotwein. Trauben: Merlot 55–75%, Cabernet Sauvignon 25–45%. E. 65/100; Alk. 12; S. 0,5; A. 2 J.

Andere beachtenswerte Weine

Der in winzigen Mengen erzeugte Moscato di Scanzo hat weit über Bergamo hinaus Bewunderer seines unnachahmlichen Charakters gefunden. Er hat warme Mahagonifarbe, und sein Aroma erinnert an Gewürze, exotische Früchte und Terpentin. Bei sanfter Süße und geschmeidigem Gefüge weist er eine gewisse rustikale Art auf, die einen Teil seines Charmes ausmacht. Empfehlenswerte Erzeuger sind Celinate Rochello in Celinate di Scanzo und Il Cipresso in Scanzorosciate. Auch guter Schaumwein wird im Valcalepio erzeugt.

WEINGÜTER/WINZER

La Cornasella, Grumello del Monte (BG). Alessandro Geroli produziert guten Valcalepio und feinen Moscato di Scanzo.

Le Corne, Grumello del Monte (BG). DOC Valcalepio sowie *vdt* Chardonnay und Cuvée Perletti Brut (Champagnerverfahren).

Tenuta Castello, Grumello del Monte (BG). Der Valcalepio Marke Colle del Calvario von Carlo Zadra gilt oft als der beste seiner Art.

WEIN- UND HANDELS-HÄUSER

Perlage, Grumello del Monte (BG). Zadra von der Tenuta Castello produziert klassischen *spumante* von Chardonnay, Pinot Nero und Pinot Bianco aus Trentino-Alto Adige. Carlozadra Brut und Lombodosato ist trocken bis sehr trocken, Carlozadra Tradizione dagegen ein samtig-süßer *demisec* (Champagnerverfahren).

Die Weine von Brescia

Die Industriestadt Brescia am Fuß der Alpen ist schon lange eher durch Schußwaffen bekannt als durch ihren Weinhandel und die Rot- und Roséweine der Provinz, die von der Lokaltraube Groppello oder den hier heimisch gewordenen Sorten Marzemino und Schiava in Zusammensetzungen mit Nebbiolo, Barbera, Cabernet Franc, Merlot oder Sangiovese gewonnen werden. Erst die Schaumweine von Franciacorta und Brescia schlugen in Italien mit großer Wucht ein und machten die Zone zum größten Erzeuger von italienischem Sekt nach dem Champagnerverfahren. Der Unternehmergeist von Franciacorta könnte ein Beispiel sein für andere in der Provinz, in der 7 von 13 DOC-Zonen der Lombardei um den Garda- und Iseosee verstreut liegen. Bisher haben aber nur einige Winzer mit dem weißen Lugana vom Gardasee ähnliche Initiative bewiesen. Der einzige weitere Weißwein ist der Tocai di San Martino della Battaglia aus einem Bereich, der mit der Zone Lugana praktisch zusammenfällt, aber keine Konkurrenz für deren Wein bildet. Das steile Westufer des Gardasees ist die größte DOC-Zone der Lombardei. Die meisten Rot- und *Chiaretto*-Weine der Riviera del Garda Bresciana kommen allerdings aus einem kleinen Bereich mit schwindendem Weinbau.

Franciacorta (1967)

Die Gegend südlich vom Lago d'Iseo heißt Fanciacorta, vermutlich nach dem lateinischen Begriff Francae Curtes für die Steuerbefreiung der dortigen Klöster und Stifte. Es gibt aber auch noch andere Erklärungen für den Namen. Das gesegnete Klima und die Eignung für den Weinbau in diesem sanften Hügelland sind schon seit der Antike berühmt. Aber das Wunder von Franciacorta, wie es manchmal genannt wird, geschah in der modernen Zeit, und zwar in 2 Etappen. Zunächst schuf ein junger Önologe, Franco Ziliani, dem das Haus Guido Berlucchi seinen Ruhm verdankt, den ersten Schaumwein nach dem Champagnerverfahren in dieser Gegend. Damit leitete er die zweite Etappe der Entwicklung ein, durch die das einst idyllische Bauernland mit seinen Villen in eine zweite Champagne verwandelt wurde. Die inzwischen entstandene DOC-Zone gilt auch für einen oft eindrucksvollen stillen Weißwein und für einen gefälligen Rotwein; ihre Stärke aber liegt im Schaumwein, der hier anders als sonstwo in Italien oder auch in Frankreich überwiegend in den Weingütern erzeugt wird.

Auch das Haus Guido Berlucchi war um die Mitte der 50er Jahre noch ein Weingut. Damals überzeugte Franco Ziliani den Besitzer, daß der Pinot in seinen Weinbergen für einen Schaumwein in Flachengärung geeignet war, der es mit dem Champagner aufnehmen könnte. Die anfänglichen Experimente ließen zwar noch Zweifel offen, als aber 1960 die ersten 3000 Flaschen herauskamen, hatte Ziliani schon feste Vorstellungen für die Zukunft. In Epernay hatte er bei Moët & Chandon das Erfolgsrezept gelernt, das sich aus großem Produktionsvolumen, konstanter Qualität und wettbewerbsfähigen Preisen zusammensetzt. 1975 bereits war die Cuvée Imperiale Berlucchi der meist-verkaufte italienische «Champagner», und der Traubenbedarf konnte in der näheren Umgebung nicht mehr gedeckt werden. Also wurden Trauben im Trentino-Alto Adige, Oltrepò Pavese und Gavi im Piemont gekauft, so daß der Anteil an Franciacorta-Trauben auf 1/4 zurückging und der Anspruch auf die Benutzung der DOC entfiel. Für 1990 sieht der Absatzplan des Hauses Berlucchi 5 Mio. Flaschen Schaumwein vor, das entspricht etwa ⅓ der Gesamtproduktion Italiens.

Die übrigen Schaumweinhersteller von Franciacorta bringen es zusammen gerade auf 1,3 bis 1,5 Mio. Flaschen. Das rasch wachsende Prestige verdankt die Zone aber vor allem diesen kleinen Weingütern. Prominenten Rang erreichte zuerst Ca' del Bosco, wo Maurizio Zanella schon als Teenager Weine erzeugte und auf den Markt brachte, die im ganzen Land Maßstäbe setzten. Nachdem er zusammen mit dem französischen Kellermeister André Dubois den meistgepriesenen und teuersten Schaumwein Italiens geschaffen hatte, zog Zanella mit überaus feinen Stillweinen ohne DOC von Cabernet und Merlot, Pinot Nero sowie Chardonnay nach. Auf ähnliche Weine bauten sich die Nachbargüter Bellavista und Cavalleri einen guten Ruf. Von den 70 Weingütern in Franciacorta, die Schaumwein abfüllen, darunter 33, die ihn selbst produzieren, bietet mindestens ein Dutzend *spumante* mit besonders hohem Ansehen und immer besserer Qualität an. Vieles an diesen Aktivitäten ist noch relativ neu, und so bleibt abzuwarten, wie groß das Potential von Franciacorta auf Dauer ist.

Das untere Iseo-Becken ist eine Gletschermoräne, ein sanftes Hügelland, wo kühlende Luftströme aus den Alpen für ein mildes Klima sorgen, das durch die Masse des Monte

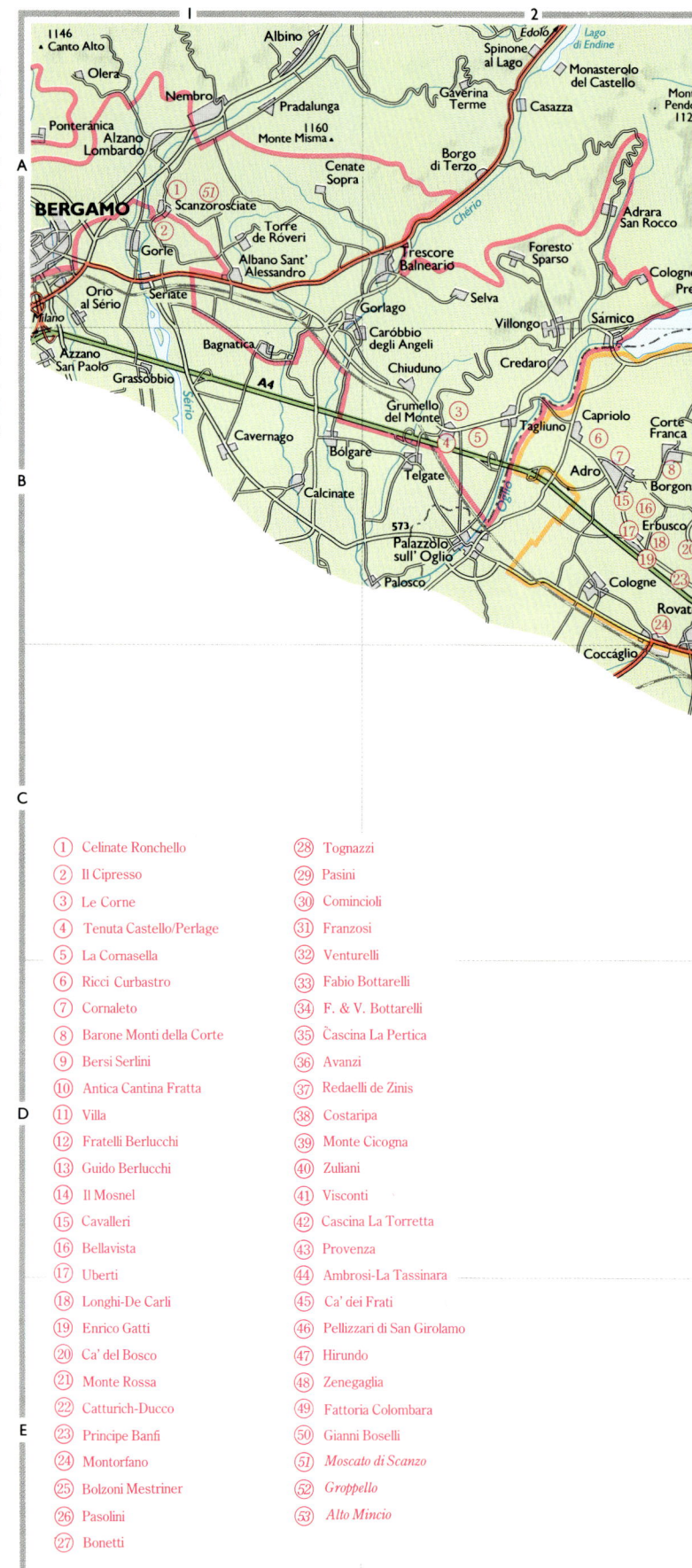

1. Celinate Ronchello
2. Il Cipresso
3. Le Corne
4. Tenuta Castello/Perlage
5. La Cornasella
6. Ricci Curbastro
7. Cornaleto
8. Barone Monti della Corte
9. Bersi Serlini
10. Antica Cantina Fratta
11. Villa
12. Fratelli Berlucchi
13. Guido Berlucchi
14. Il Mosnel
15. Cavalleri
16. Bellavista
17. Uberti
18. Longhi-De Carli
19. Enrico Gatti
20. Ca' del Bosco
21. Monte Rossa
22. Catturich-Ducco
23. Principe Banfi
24. Montorfano
25. Bolzoni Mestriner
26. Pasolini
27. Bonetti
28. Tognazzi
29. Pasini
30. Comincioli
31. Franzosi
32. Venturelli
33. Fabio Bottarelli
34. F. & V. Bottarelli
35. Cascina La Pertica
36. Avanzi
37. Redaelli de Zinis
38. Costaripa
39. Monte Cicogna
40. Zuliani
41. Visconti
42. Cascina La Torretta
43. Provenza
44. Ambrosi-La Tassinara
45. Ca' dei Frati
46. Pellizzari di San Girolamo
47. Hirundo
48. Zenegaglia
49. Fattoria Colombara
50. Gianni Boselli
51. *Moscato di Scanzo*
52. *Groppello*
53. *Alto Mincio*

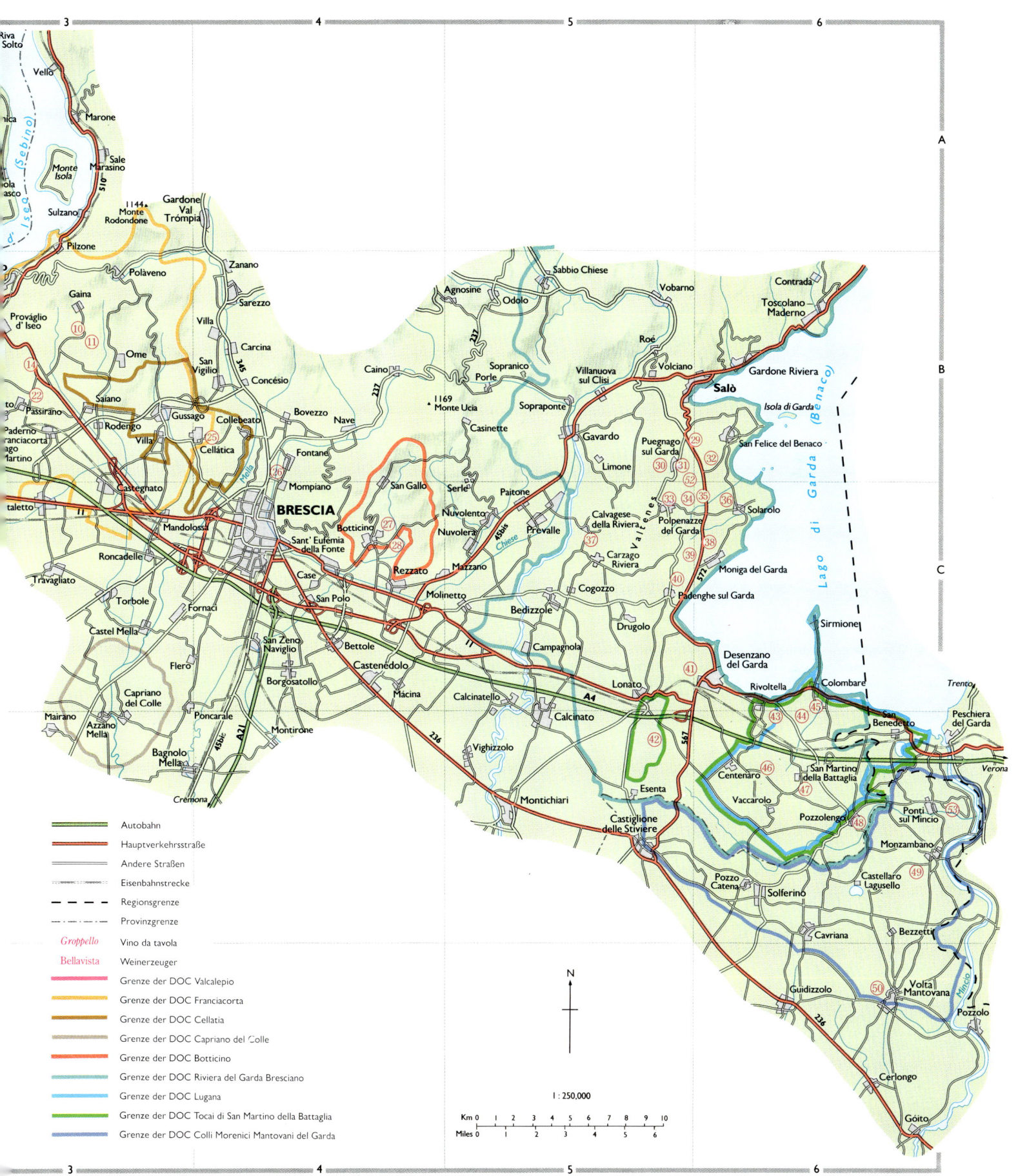

Legende:

- Autobahn
- Hauptverkehrsstraße
- Andere Straßen
- Eisenbahnstrecke
- Regionsgrenze
- Provinzgrenze
- *Groppello* — Vino da tavola
- Bellavista — Weinerzeuger
- Grenze der DOC Valcalepio
- Grenze der DOC Franciacorta
- Grenze der DOC Cellatia
- Grenze der DOC Capriano del Colle
- Grenze der DOC Botticino
- Grenze der DOC Riviera del Garda Bresciano
- Grenze der DOC Lugana
- Grenze der DOC Tocai di San Martino della Battaglia
- Grenze der DOC Colli Morenici Mantovani del Garda

1 : 250,000

Km 0 1 2 3 4 5 6 7 8 9 10
Miles 0 1 2 3 4 5 6

N

Orfano im Süden stabilisiert wird. Die meisten Weingüter liegen im westlichen Teil der Zone in 2 Bereichen nebeneinander. Die Anhöhen des Monte di Erbusco bieten bei Erbusco, Adro und Capriolo besonders günstige Voraussetzungen; der dortige Schaumwein weist Duft und Finesse auf, und die roten und weißen Stillweine besitzen ausgeprägten Charakter. An Weingütern sind hier Ca' del Bosco, Bellavista, Cavalleri, Uberti, Enrico Gatti, Cornaleto und Ricci Curbastro zu nennen. Im Bereich Corte Franca entsteht schön ausgewogener Schaumwein auf relativ fruchtbaren Böden zwischen dem See und Passirano; hier verdienen die Weingüter Monte Rossa, Bersi Serlini, Fratelli Berlucchi, Il Mosnel sowie die Weinberge von Guido Berlucchi Erwähnung. Auf den kalkreichen Hängen des Monte Orfano wächst Pinot mit gutem Aroma und schöner Säure; bedeutende Weingüter aber gibt es hier nicht. Im östlichen Teil der Zone um Monticelli liegen nicht sehr viele bekannte Weinberge, doch ist Villa als geachteter *Spumante*-Erzeuger zu nennen.

Keine andere Zone kann es alles in allem mit der stetig verbesserten Klasse dieses Schaumweins aufnehmen. Viele Erzeuger bauen ihre Grundweine inzwischen im Faß aus, wodurch Körper und Gefüge aufgefüllt und die anfänglich übermäßig starke Säure gemildert wird. Abgesehen vom *spumante* finden auch die besten Franciacorta-Stillweine von edlen Rebsorten in anderen Zonen Italiens selten ihresgleichen.

Dieser Erfolg ist den hohen Investitionen zu verdanken, die eine fachgerechte Kontrolle aller Phasen, von der Weinbergbestockung bis zum Vertrieb des fertigen Weins, ermöglichen. Da es keine hemmenden Traditionen gibt, werden hier manchmal Zielstrebigkeit und Geschäftstüchtigkeit von geradezu kalifornischen Ausmaßen an den Tag gelegt. In diesem ultramodernen Weinbauland sorgt der würdige Anblick der Sommersitze alter Adelsfamilien aus Brescia für ein Gegengewicht. In 20 Jahren hat sich die Rebfläche verzehnfacht, und die DOC-Produktion hat 35 000 hl erreicht. Davon entfallen inzwischen 2/3 auf Weißwein (mit *spumante*), während die Rotweinerzeugung stetig zurückgeht. ZONE: Das Hügelland zwischen Iseosee, Monte Orfano und Brescia mit insgesamt 22 Gemeinden; die bekannteren Weinlagen befinden sich im Westen um Corte Franca,

Weinberge in der Franciacorta-Zone, wo mit viel Unternehmungsgeist eine blühende Schaumweinindustrie entstanden ist, die nach dem Champagnerverfahren arbeitet.

Erbusco, Adro, Capriolo und Passirano.

Bianco. Trockener Weißwein. Trauben: Pinot Bianco/Chardonnay. E. 85/125; Alk. 11; S. 0,55.

Spumante. Weißer Schaumwein. Trauben: Pinot Bianco/Chardonnay; Pinot Grigio/Pinot Nero bis 15%. E. 85/125; Alk. 11,5 (Restsüße Max. 20 g/l); S. 0,6.

Rosato Spumante. Rosé Schaumwein. Trauben: Pinot Bianco/Chardonnay, Pinot Nero bis 15%; Pinot Grigio bis 15%. E. 85/125; Alk. 11,5 (Restsüße Max. 20 g/l), S. 0,6.

Rosso. Trockener Rotwein. Trauben: Cabernet Franc 40–50%, Barbera 20–30%, Nebbiolo 15–25%, Merlot 10–15%; sonstige rote Sorten bis 15%. E. 87,5/125; Alk. 11; S. 0,5–0,7; A. 8 Mte.

Cellatica (1968)

Der schmackhafte, leichte Rotwein, der um Brescia wenigstens seit dem 16. Jh. eine Favoritenrollen spielt, hat vielleicht früher einmal zu Vergleichen mit Bordeaux angeregt; heute aber kann keine Rede mehr davon sein. Mit lebendige Frucht und leicht bitterem Nachgeschmack ist er 1 bis 2 Jahre nach der Ernte am besten. Als guter Erzeuger ist Bolzoni Mestriner zu empfehlen.
ZONE: Die Berge nordöstlich von Brescia mit den Gemarkungen Cellatica, Collebeato, Gussago und Rodengo-Saiano; z. T. in Überschneidung mit der Zone Franciacorta. Trockener Rotwein. Trauben:

Schiava Gentile 35–45%, Barbera 25–30%, Marzemino 20–30%, Incrocio Terzi N.1 10–15%. E. 84/120; Alk. 11,5; S. 0,55–0,75; A. 11 Mte.

Botticino (1968)

Der zweite Haus-Rotwein Brescias scheint etwas robuster und haltbarer zu sein als der Cellatica, vielleicht wegen des etwas wärmeren Klimas im Valverde. Empfehlenswerte Erzeuger sind Miro Bonetti und Benedetto Tognazzi.
ZONE: Hanglagen im Valverde mit Teilen des Gebiets von Brescia sowie den Gemarkungen Botticino und Rezzato. Trockener Rotwein. Trauben: Barbera 30–40%, Schiava Gentile 20–30%, Marzemino 15–25%, Sangiovese 10–20%. E. 84/120; Alk. 12; S. 0,5–0,7; A. 11 Mte.

Capriano del Colle (1980)

Der Name bezeichnet vor allem einen lebhaften Rotwein von Sangiovese und Marzemino, doch auch einen herb-trockenen weißen Trebbiano hat die Zone zu bieten. Als Erzeuger ist Botti Cantine empfehlenswert.
ZONE: Die flachen Hänge am Monte Netto südwestlich von Brescia um die Gemeinden Capriano del Colle und Poncarale am Rand der Padana-Ebene.
Trockener Rotwein. Trauben: Sangiovese 40–50%, Marzemino 35-45%, Barbera 3–10%; Merlot/Incrocio Terzi N. 1 bis 15%. E. 87,5/125; Alk. 11; S. 0,5.

Trebbiano. Trockener Weißwein. Trauben: Trebbiano di Lugana (oder Soave)/Trebbiano Toscano. E. 85/125; Alk. 11; S. 0,55.

Riviera del Garda Bresciano oder Garda Bresciano (1967)

Die größte DOC-Zone der Lombardei erstreckt sich fast über das ganze Westufer des Gardasees, auch auf das Stück zwischen Salò und Limone, wo die Straße am See entlang in Tunneln geführt ist. Die wenigen Weinstöcke, die auf dieser dramatischen Uferstrecke wuchsen, sind inzwischen fast alle verschwunden. Auch im Valtènesi – früher eine bevorzugte Weinbaugegend – ist die Erzeugung stark abgesunken, weil die Rebfläche von 800 ha auf 150 ha geschrumpft ist. Der kirschrote *chiaretto* hat am See eine enthusiastische sommerliche Anhängerschaft, und auch der *rosso* ist oft gut, obwohl die Groppello-Traube, die für sich allein einen eindrucksvollen *vdt* abgibt, im bizarren DOC-Rezept meist gegenüber den anderen Traubensorten untergeht. Trotzdem meinen manche Kenner, das Valtènesi sei die beste Weinbaugegend am Gardasee, viel besser als Bardolino, weil die steilen Gletschermoränenhänge, aus deren Boden große runde Steine hervorschauen, im allgemeinen die Wirkung der Sonne und der kühlenden Brise vom Gardasee her stärker zu spüren bekommen. Anderseits wird aber auch behauptet, diese Lagen seien für Weißwein besser als für

Rotwein oder *chiaretto* geeignet. Deshalb wurde ein Antrag auf eine DOC für Riesling (Renano und/oder Italico) gestellt. Außerdem wurde beantragt, den *chiaretto* in *rosato* umzubenennen und eine *Spumante*-Version sowie einen roten *novello* vorzusehen.

ZONE: Die oft steilen Hänge am West- und Südufer des Gardasees mit 30 Gemeinden der Provinz Brescia, wobei der größte Teil der Produktion auf das Valténesi um Moniga, Manerba, Puegnano, Polpenazze, San Felice, Soiano und Padenghe in Weinbergen bis höchstens 350 m Höhe konzentriert ist. Der südliche Teil der Zone überschneidet sich mit Lugana und San Martino della Battaglia.

Rosso. Trockener Rotwein. Trauben: Groppello 30–60%, Sangiovese 10–25%, Barbera 10–20%, Marzemino 5–30%; Nebbiolo, Schiava, Cabernet Franc, Trebbiano u. a. bis 10%. E. 85/125; Alk. 11, *superiore* 12; S. 0,5; A. *superiore* 1 J.

Chiaretto. Trockener Wein, hellrot bis rosé. Trauben wie Rosso. E. 85/125; Alk. 11,5; S. 0,55.

Lugana (1967)

Der Lugana als einer von wenigen Weißweinen der Lombardei spricht mit seinem Aufstieg allen Regeln Hohn, weil er erstens aus Trebbiano gekeltert wird und zweitens auf ebenem, ziemlich schwerem Boden wächst. Oft wird behauptet, er habe seinen Erfolg nur der Tatsache zu verdanken, daß er ein Weißwein ist und aus dem vielbesuchten Ferienort Sirmione am Gardasee stammt. In Wirklichkeit aber ist es eine anmutige Persönlichkeit, die den Neuling in Sachen Wein ebenso anspricht wie den Kenner. Der stetige Zuwachs an Rebfläche zeugt jedenfalls für das Vertrauen der Winzer in ihre Zukunft. Jedenfalls hat sich die Traube vollkommen an die Verhältnisse im Gardasee-Becken angepaßt, wo sie in einem Bereich wächst, der sich von der Ebene am Seeufer südwärts in das flache Hügelland mit kalkreichem Lehmboden über Gletscherschutt erstreckt. Der See übt eine ausgleichende Wirkung auf die überaus spätreifende Rebsorte aus. Werden die Trauben jung geerntet, dann eignen sie sich mit ihrer kräftigen Säure für den immer beliebter werdenden Schaumwein. Am besten aber ist der Lugana als ein stiller Weißwein mit kräftigem Körper und Gefüge, der nach etwa 1 bis 2 Jahren Flaschenreife, wenn die meisten Trebbiano-Weine schon verblassen, recht gute Figur macht. Als immer gleichmäßige Erzeuger sind Ca' dei Frati und Visconti zu nennen, aber auch bei vielen anderen Weingütern sind alle nötigen Investitionen getätigt wor-

den, um zuverlässige Qualität zu gewährleisten.

ZONE: Das Gletscherbecken am Südende des Gardasees, von Sirmione und der Ebene im Ortsteil Lugana bis in das Hügelland mit den Gemarkungen Desenzano, Lonato, Pozzolengo und Peschiera del Garda. Die Zone fällt mit Tocai di San Martino della Battaglia und zum Teil mit Riviera del Garda zusammen. Trockener Weißwein, auch *spumante*. Trauben: Trebbiano di Lugana (Veronese); sonstige nicht-aromatische weiße Sorten bis 10%. E. 87,5/125; Alk. 11,5, *spumante* 12; S. 0,5, *spumante* 0,6.

Tocai di San Martino della Battaglia (1970)

Der Tocai aus Friaul fällt am Südende des Gardasees kaum charaktervoll aus, erbringt aber einen gefälligen, sonnengelber Farbe und saftiger Frische mit Zitrus- und Mandelnote, der sich im Sommer angenehm trinkt. Die Winzer in der DOC-Zone, die den Namen eines Schlachtfelds trägt, auf dem die Piemontesen 1859 über die Österreicher siegten, haben beantragt, die Sortenbezeichnung Tocai wegfallen zu lassen und dafür eine süße *Liquoroso*-Version aufzunehmen.

ZONE: Das Gletscherbecken am Südende des Gardasees mit dem Ortsteil San Martino della Battaglia in der Gemarkung Desenzano als Mittelpunkt eines Bereichs, der nahezu der DOC-Zone Lugana entspricht, wobei nur noch ein allein gelegenes Stück südlich von Lonato hinzukommt. Die Zone fällt außerdem mit dem Südteil der Riviera del Garda Bresciano zusammen. Trockener Weißwein. Traube: Tocai Friulano. E. 81/125; Alk. 12; S. 0,5.

Andere beachtenswerte Weine

Der Niedergang der traditionellen Rotweine von Brescia ist wohl auch der Grund dafür, weshalb die Erzeu-

ger vor allem in Franciacorta einen Neubeginn mit Cabernet Sauvignon und Pinot Nero versuchten und damit bewiesen, daß sie außer *spumante* auch andere Weine der Weltklasse hervorbringen können. Die Pinots und Chardonnay werden zunehmend auch in anderen Bereichen zu Weißwein verarbeitet.

WEINGÜTER/WINZER

Ambrosi-La Tassinara, Rivoltella del Garda (BS). Guter Lugana, auch als Schaumwein.

Barone Monti della Corte, Cortefranca (BS). Franciacorta Brut.

Bellavista, Erbusco (BS). Der Besitzer Vittorio Moretti und Kellermeister Mattia Vezzola haben das Gut in Franciacorta mit überaus stilvollen Schaum- und Stillweinen zum schärfsten Rivalen von Ca' del Bosco ausgebaut. 5 Schaumweintypen beherrschen die Produktion von fast 50 ha. In der Cuvée Bellavista und der Gran Cuvée Crémant Millesimato, die als Crème de la Crème ihrer Art gelten, wird ausschließlich Chardonnay verarbeitet; dagegen wird er in Gran Cuvée Brut Millesimato, Gran Cuvée Pas Opéré Millesimato und Gran Cuvée Rosé Millesimato mit Pinot Nero kombiniert. Die eleganten Stillweine Solesine von Cabernet Sauvignon und Merlot, Casotte von Pinot Nero und der eichenfaßgereifte Uccellanda von Chardonnay verbessern den Ruf von Bellavista noch weiter. Das Weingut, das übrigens jährlich einen Preis für Veröffentlichungen über Franciacorta vergibt, bringt ferner guten DOC *rosso* und *bianco* hervor.

Fratelli Berlucchi, Borgonato di Cortefranca (BS). Ein Pionier in Still- und Schaumweinen aus Franciacorta von 32 ha Rebfläche.

Bersi Serlini, Timoline di Cortefranca (BS). Sauberer Franciacorta Brut.

Fabio Bottarelli & Figlio, Polpenazze (BS). DOC Riviera del Garda.

In der hochmodernen Kellereianlage von Ca' del Bosco in Franciacorta baut Maurizio Zanella einen der meistbewunderten Stillweine Italiens sowie die Grundweine für seinen vielgepriesenen spumante in Eichenfässern aus.

Franco & Valerio Bottarelli, Picedo di Polpenazze (BS). DOC Riviera del Garda.

Ca' dei Frati, Sirmione (BS). Von 10 ha im Herzen von Lugana produzieren Pietro Dal Cero und seine Familie regelmäßig einen der besten Weine dieser Art, daneben auch guten DOC Riviera del Garda.

Ca' del Bosco, Erbusco (BS). Der waldreiche Besitz der Familie Zanella hat sich in eines der ausgefeiltesten Weingüter Italiens verwandelt, mit 60 ha Rebfläche und bemerkenswerten Kellereianlagen mit einem Kuppelbau neben den Gewölben, in denen der Schaumwein unter idealen Bedingungen lagert. Maurizio Zanella schuf mit seinem früheren Kellermeister André Dubois gemeinsam das meistbewunderte Schaumweinprogramm Italiens mit Brut, Cremant, exquisitem Dosage Zero und opulentem Brut Millesimato, dessen Grundwein in einer handbetätigten hölzernen Kelter gewonnen wird. Der einfache Franciacorta Rosso und vor allem der Bianco sind wesentlich verbessert; den meisten Beifall aber erhält der *vdt* von französischen Traubensorten, der es in Stil und Preis mit der Elite von Bordeaux und Burgund aufnehmen kann. Zunächst kam der von Maurizio Zanella handsignierte Cabernet Sauvignon/Merlot, dann der faßvergorene Chardonnay und schließlich «Pinèro», ein Pinot Noir von Klonen aus Burgund. Der Kalifornier Brian Larky polierte eine Zeitlang am Stil, für die Weinerzeugung aber ist stes Zanella zuständig.

Cascina La Pertica, Picedo di Polpenazze (BS). Ruggero Brunori realisiert seine Ambitionen mit DOC Riviera del Garda, *vdt* Marke Il Colombaio und Le Sincette sowie mit dem überzeugenden faßgereiften Chardonnay Le Zalte Bianco.

Cascina La Torretta-Spia d'Italia, Lonato (BS). Zuverlässiger Tocai di San Martino und Riviera del Garda sowie Chardonnay *vdt* Carato Bianco.

Catturich-Ducco, Camignone (BS). DOC Franciacorta.

Cavalleri, Erbusco (BS). Giovanni Cavalleri leitet das immer mehr bewunderte Familienunternehmen in Franciacorta mit 16 ha Rebfläche für erstklassigen Schaumwein Brut, Pas Dosé und Rosé mit Höhepunkt im Millesimato von Chardonnay und Pinot Nero. Ebenso eindrucksvoll sind die Weine im französischen Stil:

Tajardino (Cabernet-Merlot) und faßvergorener Chardonnay Seradina. Preiswert sind Franciacorta Rosso und Bianco.

Comincioli, Puegnago (BS). Höchst eindrucksvoller DOC Riviera del Garda in gleichmäßiger Qualität.

Cornaleto, Adro (BS). Von 18 ha Rebfläche produziert Luigi Lancini feinen Franciacorta Rosso und vielbewunderten Schaumwein.

Costaripa, Moniga del Garda (BS). Von 4 ha erzeugen Bruno Vezzola und seine Söhne Imer und Mattia DOC Riviera, an der Spitze ein frischer, duftiger Chiaretto di Moniga; ferner ein roter *vdt* Groppello.

Bruno Franzosi, Puegnago (BS). DOC Riviera del Garda.

Enrico Gatti, Erbusco (BS). Der junge Lorenzo Gatti und Enzo Bazzarini treten mit eindrucksvollem DOC Franciacorta in den Vordergrund.

Il Mosnel, Camignone di Passirano (BS). Emanuela Barboglio Barzanò und Familie produzieren von 27 ha geachteten DOC Franciacorta.

Longhi-De Carli, Erbusco (BS). DOC Franciacorta.

Monte Cicogna, Moniga del Garda (BS). Guter DOC Riviera del Garda von 18 ha Rebfläche.

Monte Rossa, Bornato (BS). Paola Rovetta und Sohn Emanuele Rabotto produzieren von 16 ha feinen Franciacorta-Schaumwein, u. a. Brut, Non Dosato, Rosé und Extra Brut dei Rossa Millesimato.

Pasini Produttori, Raffa di Puegnago (BS). Diego Pasini erzeugt DOC Riviera del Garda sowie roten *vdt* Groppello und den eindrucksvollen San Gioan von Groppello und Marzemino.

M. Pasolini, Brescia. Mario Pasolinis *vdt* Ronco di Mompiano von Marzemino und Merlot ist um Brescia eine Legende, und das Etikett paßt dazu.

Pellizzari di San Girolamo, Desenzano (BS). Zuverlässiger DOC Lugana, Tocai di San Martino und Riviera del Garda.

Principe Banfi, Villa di Erbusco (BS). Franciacorta-Schaumwein aus einem Gut namens Podere Pio IX Principe Banfi.

Provenza, Rivoltella del Garda (BS). Zuverlässiger Lugana aus Weinbergen der Cascina Maiolo.

Ragnoli, Colombaro (BS). Seit langem vielbewunderter Erzeuger von Franciacorta Rosso.

Redaelli de Zinis, Cavalgese Riviera (BS). DOC Riviera del Garda und *vdt* Groppello di Mocasina.

Ricci Curbastro, Capriolo (BS). Kleine Produktion an geachtetem Franciacorta Rosso, Bianco und Schaumwein.

Uberti, Erbusco (BS). Von 11 ha gewinnen die Gebrüder Uberti DOC Franciacorta u. a. den Schaumwein

Hinter der Einfahrt zu dieser Villa in der Franciacorta-Zone trifft man auf ultramoderne Kellereitechnik in einem Rahmen, der vom Glanz der alten Zeit kündet.

Francesco 1° Brut und Pas Dosé sowie *vdt* Rosso dei Frati Priori von Cabernet Sauvignon.

Villa, Monticelli Brusati (BS). Alessandro Bianchi produziert von 15 ha Rebfläche DOC Franciacorta.

Italo Zuliani, Padenghe (BS). DOC Riviera del Garda.

WEIN- UND HANDELSHÄUSER

Antica Cantina Fratta, Monticelli Brusati (BS). Guido Berlucchi und Franco Ziliani produzieren in der schönen Villa in Franciacorta mit Lagerkellern jährlich 200 000 Flaschen ihrer Schaumwein-Zweitmarke.

Avanzi, Manerba (BS). DOC Riviera del Garda.

Barbi, Roncadelle (BS). Marina und Claudio Barbi, Besitzer von Decugnano dei Barbi in Orvieto, produzieren im hiesigen Familienbetrieb auch Cellatica.

Guido Berlucchi, Borgonato di Cortefranca (BS). Das von Guido Berlucchi gegründete Haus wurde von dem dynamischen Franco Ziliani zum größten Schaumwein-Hersteller Italiens nach dem Champagnerverfahren ausgebaut. Die Firma besitzt in Franciacorta 70 ha Weinberge; in die Produktion von 5 Mio. Flaschen/Jahr gehen Pinot-Nero-Trauben aus dem Oltrepò Pavese, Chardonnay aus dem Trentino und Südtirol sowie Cortese vom firmeneigenen Gut La Bollina in Gavi (Piemont) ein. Der Bestseller Cuvée Imperiale Berlucchi Brut steht an der Spitze eines Programms, das u. a. Brut Millesimato, Grand Cremant, Pas Dosé und Max Rosé umfaßt. Ferner gehören jährlich 400 000 Flaschen stiller Bianco

Imperial von Chardonnay mit den Pinots dazu. Die Kellerei Antica Cantina Fratta ist Eigentum der Firma.

Folonari, Persico Dosimo (CR). Auf seiner Basis in Brescia ist das Familienunternehmen Folonari zu einem Giganten mit rund 350 000 hl DOC (v. a. Veronese) und *vdt* im Jahr herangewachsen. Es gehört jetzt zum Gruppo Italiano Vini; die Hauptkellerei befindet sich bei Cremona.

Hirundo, San Martino della Battaglia (BS). DOC Lugana .

Montorfano, Coccaglio (BS). Domenico De Filippo produziert guten Franciacorta Schaumwein Brut Nature von gekauften Trauben.

Premiovini, Brescia. Die im Besitz der Familie Folonari befindliche Firma kauft Weine aus verschiedenen Gegenden Italiens auf und füllt sie unter mehreren Markennamen ab: San Grato für Brescia, Pègaso für Verona, Plauto für Romagna, Contessa Matilde für Lambrusco, Nozzole füe Chianti Classico, Torre Sveva für Castel del Monte und Aglianico del Vulture, Anforio für Alba und Asti Spumante und Della Staffa für das Südtirol.

Vigneti Venturelli, Raffa di Puegnago (BS). DOC Riviera del Garda und Lugana, z. T. aus eigenem Weinbergbesitz.

Villa Mazzucchelli, Ciliverghe (BS). Piero Giacomini produziert hochgeschätzten Schaumwein Brut, Pas Dosé und Riserva del Conte.

Visconti, Desenzano (BS). Das meisterliche Können von Franco Visconti und des Önologen Gianfranco Tonon ist regelmäßig erkennbar aus dem Lugana, vom einfachen Collo Lungo bis Lugana di Lugana und schließlich dem Einzellagenwein Sant'Onorata. Das Haus produziert ferner guten *spumante* und DOC Riviera del Garda.

Zenegaglia, Pozzolengo (BS). Zuverlässiger Lugana.

Die Weine aus Mantua

Die Römer sprachen vom Rhaeticum aus den Morenici-Bergen im Garda-Becken, doch das alte Mantua erwarb sich seinen Beinamen «La Gloriosa» durch andere Dinge als den Wein. Immerhin entsteht in der Provinz Mantova ebensoviel Wein wie in Brescia.

Colli Morenici Mantovani del Garda (1976)

Der Weinbau hat nur geringen Anteil an den Feldfrüchten dieses friedlichen bäuerlichen Hügellands, wo der Einfluß Veronas in den meist einfachen, aber süffigen Rot-, Weiß- und Roséweinen erkennbar ist.

ZONE: Das Hügelland im südlichen Garda-Gletscherbecken in der Provinz Mantova, vom Mincio-Tal mit den Gemarkungen Ponti sul Mincio, Monzambano und Volta Mantovano über Cavriana und Solferino bis Castiglione delle Stiviere.

Bianco. Trockener Weißwein. Trauben: Trebbiano Giallo/Trebbiano Toscano 20–50 %, Garganega 20–40 %, Trebbiano Nostrano/Pinot Bianco 10–35 %; Riesling Italico/Malvasia di Candia bis 15 %. E. 65/100; Alk. 11; S. 0,6.

Rosso oder **Rubino**. Trockener Rotwein. Trauben: Rondinella 20-50 %, Merlot 20–40 %, Rossanella (Molinara) 20–30 %; Negrara/Sangiovese bis 15 %. E. 65/100; Alk. 11; S. 0,5.

Rosato oder **Chiaretto**. Trockener Rosé. Trauben: wie Rosso. E. 65/100; Alk. 11, Chiaretto 11,5; S. 0,5.

Lambrusco Mantovano (1987)

Die neuere DOC-Zone der Provinz bildet die Anerkennung für die lange Lambrusco-Tradition in dem zu Mantua gehörenden Teil der Po-Ebene, der an die bekannteren Bereiche Modena und Reggio in der Emilia angrenzt. Die Lambrusco-Variante Viadanese stammt aus Viadana, das auch einen robusten Wein liefert, während auf dem Sandboden des Flachlands nach Osten hin leichterer, saftiger Lambrusco wächst. Beide sind ihren Namensvettern aus der Emilia recht ähnlich.

ZONE: Die Padana-Ebene in 2 Gegenden im Süden der Provinz Mantova: dem Viadanese um Viadana und Sabbioneta mit 4 weiteren Gemeinden sowie dem Oltre Po Mantovano zwischen Suzzara und Sermide mit 13 weiteren Gemeinden zwischen dem Po und der Grenze zur Emilia-Romagna. Trockener Rotwein, *frizzante*, auch *amabile*. Trauben: Lambrusco Viadanese und andere Varianten; Ancellotta/Fortana (Uva d'Oro) bis 15 %. E. 97,5/150; Alk. 10,5; S. 0,65.

WEINGÜTER/WINZER

Gianni Boselli, Volta Mantovana (MN). DOC Colli Morenici.

Fattoria Colombara, Monzambano (MN). DOC Colli Morenici sowie *vdt* Chardonnay, Cabernet und Merlot.

GENOSSENSCHAFTEN

CS Colli Morenici Alto Mantovano, Ponti sul Mincio (MN). Saubere Weine aus den Colli Morenici sowie *vdt* Alto Mincio.

CS di Quistello, Questello (MN). Lambrusco Mantovano, der sich neben den besten seiner Art aus Modena und Reggio sehen lassen kann.

Reise-Informationen

RESTAURANTS/HOTELS

Dal Pescatore, 46013 Cannetto sull'Oglio (MN). Tel. (0376) 70304. Die Familie Santini steigert die Küche der Po-Ebene bis zur Perfektion, aber stets mit Respekt für die Ursprünge und mit passendem Wein.

Miramonti l'Altro, 25062 Concesio (BS). Tel. (030) 27 51 063. Mauro Piscini leitet das komfortable Restaurant mit einer über das in Brescia Übliche hinaus verfeinerten Küche und entsprechenden Weinen.

Al Bersagliere, 46044 Goito (MN). Tel. (0376) 6 00 07. Die Familie Ferrari vervollkommnet diesen Tempel lombardischer Gastronomie und des italienischen Weins am Mincio immer weiter.

Sassella, 23033 Grosio (SO). Tel. (0342) 84 51 40. Eine verlockende Auswahl an Gerichten und Weinen aus dem Veltlin in einer geschmackvoll eingerichteten Villa mit Gästezimmern.

Le Maschere, 25049 Iseo (BS). Tel. (030) 98 21 542. Vittorio Fusari und seine Partner haben dieses feine Restaurant als Alternative zum einfacheren *Il Volto*, Tel. (030) 98 14 62, geschaffen. Auf der Weinkarte steht das Beste aus Franciacorta und anderen Gegenden.

Vecchia Lugana, 25010 Lugana di Sirmione (BS). Tel. (030) 919012. Pierantonio Ambrosi und seine Familie setzen am Gardasee die kulinarischen Maßstäbe in ihrem Restaurant am Seeufer und in der noch romantischeren *Villa Fiordaliso* (mit Gästezimmern) in Gardone Riviera, Tel. (0365) 2 01 58.

Albergo del Sole, 20076 Maleo (MI). Tel. (0377) 5 81 42. In diesem Gasthaus (mit Zimmern) verleihen Franco und Silvana Colombani der regionalen Küche und den Weinen der Gegend neue Geschmacksdimensionen.

Al Pino da Mario, 27040 Montescano (PV). Tel. (0385) 6 04 79. Angenehmes Lokal im Oltrepò Pavese mit inspirierter Küche und gutem Wein der Gegend.

Cerere, 23026 Ponte in Valtellina (SO). Tel. (0342) 48 22 94. Zu den einzigartigen Spezialitäten des Veltlins wird hier der Wein der Gegend serviert.

L'Ambasciata, 46026 Quistello (MN). Tel. (0376) 61 82 55. Die Familie Tamani interpretiert die Küche der Bassa Mantovana in einer Weise, die zum Lambrusco der Gegend ebenso paßt wie zu Spitzenweinen Italiens.

WEINFACHGESCHÄFTE/VINOTHEKEN

Mailand ist zwar von den Quellen des Weins etwas entfernt, seine Keller aber sind wohlgefüllt mit Flaschen aus der Lombardei und anderen Gegenden, und erlesene Weinkarten trifft man in den Restaurants der ganzen Region an. Weinfachgeschäfte mit hervorragender Auswahl sind u. a. Solci, Cotti, Ronchi, Vino-Vino und N'Ombra de Vin in Mailand, Meregalli in Monza sowie Enoteca 77 in Meda und Al Portico in Ponte San Pietro (Bergamo).

SEHENSWERTES

Alle Weinzonen der Lombardei haben ihr eigenes Gesicht. Außer dem Veltlin sind sie obendrein von Mailand oder anderen Städten aus mit dem Auto leicht zu erreichen.

Oltrepò Pavese. Wenn man von Mailand aus nach Süden fährt, sollte man zu Beginn der Tour der mächtigen Certosa di Pavia einen Besuch abstatten, wo die angrenzende Enoteca Lombarda einen Querschnitt durch den Wein der Region mit Schwerpunkt auf dem Oltrepò Pavese zeigt. Die Zone, die auch von der Autostrada Turin–Piacenza aus (Ausfahrt Stradella oder Casteggio) zu erreichen ist, war die erste in Italien, die durch ihre schönen Hügel Weinstraßen ausschilderte.

Veltlin. Die Weinbergterrassen an der Adda mit den Gipfeln der Alpen als Kulisse lohnen die Fahrt vom Comersee talaufwärts oder von der Schweiz her über die Paßstraße. Das abgeschiedene Tal wird zwar in den letzten Jahren stärker von Touristen besucht, trotzdem kann man hier das alte Brauchtum noch miterleben und lokale Spezialitäten genießen. Von den Wintersportorten der Gegend ist Bormio der berühmteste.

Franciacorta. In der Hügellandschaft südlich des Lago d'Iseo liegt etwas Delikates in der Luft, das auf geheimnisvolle Weise auch in den Schaumwein der Gegend Eingang zu finden scheint. Die meisten Weingüter von Franciacorta sind nur klein und nicht in der Lage, Besucher ohne Voranmeldung zu empfangen, Berlucchi aber als die größte Firma bietet Besichtigungen und Kostproben (Ausfahrt Palazzolo oder Rovato).

Riviera del Garda und Lugana. Wein ist nur eine der Attraktionen, die den Gardasee zu einem ungeheuer beliebten Ziel für Touristen machen. Es kann sich schon lohnen, trotz aller Besucherschwärme auch einmal im Sommer den Lugana auf der Halbinsel Sirmione oder den *chiaretto* in Gardone Riviera zu kosten; dabei aber entschädigt eine Fahrt über die stillen Nebenstraßen durch die Weinberge für den Trubel am See.

San Pietro im Veltlin mit den Alpen im Hintergrund.

Tramin (Termeno) im Südtirol gab der Gewürztraminer-Traube den Namen.

Nordosten

Die drei Regionen im Nordosten sind ihrer alten Verbindungen mit der Republik Venedig wegen gemeinsam als Tre Venezie bekannt. Dort trieben die Etrusker schon Weinbau, bevor die Römer den Rhaeticum aus dem Etschtal, die Weine aus den Colli Euganei und den Pulcinum aus Carso tranken. Venedigs Einfluß war in den blühenden Ebenen und Hügeln ihres Herrschaftsgebiets Venetien und im adriatischen Becken von Friaul – Julisch Venetien stärker als in den Alpenprovinzen, dem vormals österreichischen Trentino und Südtirol. Neben deutschstämmigen und slawischen Minderheiten bringen ladinische und friulanische Sprachgruppen bunte Tupfen in die Region.

Dieses kulturelle Gemisch drückt sich im Weinbau in einer Mannigfaltigkeit aus, die es anderswo nicht gibt und die durch unterschiedliche natürliche Voraussetzungen – von der heißen Poebene bis zu kühlen Terrassen hoch in den Dolomiten – noch verstärkt wird. Hier wachsen viele einheimische Rebsorten neben Fremdlingen aus den Nachbarländern; die Grundlage für das gemeinsame Erbe der Tre Venezie gibt jedoch ein rundes Dutzend Trauben ab, die nicht nur hier, sondern in aller Welt wachsen. Sie sind in diesen Gegenden so heimisch geworden, daß die Winzer sich nicht mehr darum kümmern, woher sie einmal kamen.

Folklore hat in dieser Gegend Italiens, die aus dem Weinbau ein gewinnbringendes Gewerbe gemacht hat, immer weniger Gewicht. Jede Region – genauer gesagt, jede Provinz – hat dabei ihre eigenen Methoden, zusammen aber bestimmen die Tre Venezie das Tempo im Land. Sie produzieren etwa 15% des italienischen Weins, doch beim DOC-Wein entfallen auf sie über 35%. Venetien steht bei der DOC-Wein-Erzeugung mit Soave, Valpolicella und Bardolino an der Spitze aller Regionen. Im Trentino und Südtirol und in Friaul-Julisch-Venetien ist die verfügbare Rebfläche stärker beschränkt, doch im Anteil der DOC-Weine an der Gesamterzeugung stehen diese beiden Regionen an erster und zweiter Stelle. Auch im Export von Qualitätswein führt der Nordosten dank der alten Verbindungen zu deutschsprachigen Märkten und der wirksamen Marktstrategie Venetiens in England und Amerika.

Die drei Regionen produzieren unbestreitbar den allergrößten Teil des italienischen Weißweins, mustergültig vertreten durch Erzeugerabfüllungen aus Friaul von Weinen einheimischer Reben wie Tocai und Ribolla sowie der internationalen Edelsorten. Die kühlen Lagen an der Südflanke der Alpen verleihen den Weißweinen, vor allem denen aus Südtirol, kräftigeres Aroma und den Schaumweinen von Chardonnay und Pinot, insbesondere aus dem Trentino, große Finesse. Der Soave ist der im Ausland bekannteste trockene Weißwein Italiens; daheim aber sind Pinot Grigio und Chardonnay aus den Tre Venezie stärker gefragt. Der in Venedig beliebte Prosecco-Schaumwein setzt sich auch außerhalb Venetiens immer mehr durch.

Dennoch erzeugen die drei Regionen mehr roten als weißen Wein. Zu Valpolicella und Bardolino aus Mischungen einheimischer Trauben kommt sortenreiner Merlot und Cabernet aus dem östlichen Venetien und Friaul. Die Schiava- (oder Vernatsch-) Traube liefert in

Südtirol den hellroten Kalterersee (Caldaro) und St. Magdalener (Santa Maddalena). Der Trend geht zur leichten und fruchtigen Art beim *vino novello* und zu spritzigem Rotwein, zu Rosé und *chiaretto*. Alle Regionen bieten aber auch von einheimischen Trauben bereitete Rotweine der langlebigen Art: Lagrein aus dem Südtirol, Teroldego aus dem Trentino, Refosco und Schioppettino aus Friaul und Amarone aus Verona – er steht mit seiner reifen Korpulenz im Kontrast zu der jugendlichen Lebhaftigkeit des Valpolicella. Trotz ihrer Verbreitung in den Tre Venezie bringen die Bordeaux-Rebsorten hier selten Wein von Weltklasse. Ob sortenrein oder in Verschnitten, stets haftet Cabernet und Merlot eine dem Boden zugeschriebene, wahrscheinlich

Die in diesem Weinberg im Trentino benutzte pergola trentina *ist schon seit Jahrhunderten im Etschtal gebräuchlich.*

aber auf zu hohe Erträge zurückgehende grasige Bitterkeit an. Während bisher die Rebschulen im Land für reichen Ertrag bekannte Cabernet-Franc- und Merlot-Reben vermehrten, zeigen neuere Experimente mit Klonen aus Frankreich, vor allem Cabernet Sauvignon, bei einigen Erzeugern deutliche Verbesserungen.

Die Weißweinreben gewinnen in den Tre Venezie stetig an Boden. In Schwung kam dieser Trend mit dem Pinot Grigio, der seine Beliebtheit vielleicht weniger seiner Rasse als seinem Namen verdankt, der ihn als echten Italiener auszuweisen scheint. Dann kam der Chardonnay auf – zur freudigen Überraschung vieler Winzer, die ihn schon im Weinberg stehen hatten, jedoch für Pinot hielten. Wie viele Weißweine dieser Gegenden hat auch der Chardonnay eine leichte, gefällige Art, die einerseits den Italienern zusagt, im Ausland aber Zweifel an seiner Echtheit geweckt hat. Nur wenige der preiswerten Versionen aus den ersten Jahren zeigten Ähnlichkeit mit den wuchtigen, mit Eichenholzaroma geschwängerten Weißweinen aus Frankreich und Kalifornien. Inzwischen haben sich einige Erzeuger bei Chardonnay mit Klonen aus Burgund und Fässern aus französischer Eiche sowohl in der Qualität als auch im Preis auf das internationale Niveau geschwungen.

Doch für die meisten feinen Weißweine der drei Regionen ist Holz keine Vorbedingung. Friauls Weine haben sich mit Klarheit und Harmonie viel Anerkennung erworben, und dazu gehört vor allem Talent und nicht nur eine Portion Eichenholz. Da in Friaul die knappsten Erträge ganz Italiens üblich sind, kommt den kunstvoll aus sorgfältigen Auslesen feinster Trauben und bester Lagen gekelterten Weinen dort mit Recht ein gehobener Preis zu. Demgegenüber verfü-

gen die Winzer in Venetien und Trentino-Südtirol trotz eines hohen DOC-Wein-Anteils über Erträge von durchschnittlich 100 hl/ha. Außer in den Abruzzen und in der Emilia-Romagna wird diese Ertragsmenge selbst in den Massenproduktionsgebieten des Südens nicht übertroffen. In Venetien mag das daran liegen, daß sich ⅔ der Rebfläche in der Ebene befinden, wo Ertragsbeschränkung schwer durchführbar ist. In Südtirol dagegen müßten die steilen Hanglagen von vornherein nur den besten Rebsorten vorbehalten werden – die übermäßig hohen Erträge dort sind wahrscheinlich schuld daran, daß die Region nicht so feine Weine erzeugen kann, wie es eigentlich möglich wäre.

Allmählich jedoch kommen die Erzeuger in dieser Gegend, die über den modernsten und rationellsten Weinbau Italiens verfügt, zu der Einsicht, daß Selektion und Bescheidung in der Quantität sich in Qualität und Prestige auszahlen. So bleibt auch hier Aussicht auf noch Besseres.

Trentino-Südtirol (Tr.-Alto Adige)

Hauptstadt: Trient
Provinzen: Bolzano/Bozen (BZ), Trento (TN)
Fläche: 13 620 km² (11.)
Bevölkerung: 880 000 (16.)

Die Etsch (Adige), Italiens zweitlängster Fluß, entspringt in einem Alpensee und durchfließt auf einem Drittel ihres 410 km langen Laufs zur Adria das deutschsprachige Südtirol. Südlich von Bozen verläuft ihr Tal zwischen den Rhätischen Alpen und den Dolomiten durch das Südtiroler Unterland in die Provinz Trento, durch ein Arkadien mit schön gepflegten Apfelgärten und Terrassen voller Weinlauben. Die Provinzgrenze zwischen Salurn (Salorno) in Südtirol und Roverè della Luna im Trentino trennt zwei ganz verschiedene alpine Welten voneinander.

Südtirol – nach dem 1. Weltkrieg an Italien gefallen – genießt in der Provinz Bozen Autonomie mit zwei Amtssprachen und besonderen Rechten. In der Region, zu der auch die ebenfalls autonome Provinz Trento gehört, sind aber die deutschsprachigen Südtiroler eine Minorität. Schwierigkeiten bringt diese Puffersituation zwischen zwei Kulturen auch für das Trentino, was sich in einem gespaltenen Identitätsgefühl ausdrückt. Die Südtiroler haben sich nur schwer an das Italienische gewöhnen können, obwohl die meisten die Sprache beherrschen und die Aktionen der Fanatiker, die so oft den Frieden dieses schönen Landes stören, strikt ablehnen. An eine Rückkehr zu Österreich denken nur wenige, doch an den alten Sitten und Gebräuchen halten viele fest.

Südtirol ist die älteste Weinbaugegend im deutschsprachigen Raum Europas. Hier sollen die Römer überhaupt die Verwendung von Holzfässern für die Lagerung und den Transport ihres Weins, auch des Rhaeticum, gelernt haben. Sie fanden außerdem auf Holzgerüsten (und nicht auf Bäumen) gezogene Reben vor; diese Lauben waren die Vorläufer der *pergola trentina*, die noch heute bis hinab nach Verona gebräuchlich ist. Das Trentino leitet seinen Weinbau von den Etruskern her; eine im Cembra-Tal gefundene *situla* diente ihnen im 6. oder 7. Jh. v. Chr. als Gefäß für Trankopfer an die Götter. Die Weine der Gegend fanden im 16. Jh. während des Trientiner Konzils viel Beifall und regen Zuspruch.

Heute haben Südtirol und das Trentino, auch wenn jedes seine eigenen Wege geht, in den vielen einheimischen und fremden Rebsorten und in der Tüchtigkeit bei der Verarbeitung ihrer Frucht zu Wein reichlich Gemeinsamkeiten. Mindestens auf dem Papier verfügt die Region über den höchsten Standard in Italien. Rund 55% der Erzeugung entfällt auf DOC-Wein, und über ⅓ geht in den Export. Die Weinbaufachschulen in San Michele all'Adige und Auer sind berühmt und geachtet. Dennoch könnte man behaupten, daß beide Regionen im Weinbau weitaus Besseres leisten könnten, denn beständig gute Qualität allein ist nicht genug für mühselig aus den Felsen gehauene und mit bewundernswertem technischem Geschick sowie kostspieligen Laubenkonstruktionen versehene Terrassen. Die Alpenhänge bieten die besten Voraussetzungen für feine Rotweine und anmutige Weißweine, die zur absoluten Spitze Europas zählen könnten.

Sowohl das Trentino als auch das Südtirol haben in Italien und dem Ausland einen guten Namen für Pinot Grigio und Chardonnay, deren Beliebtheit ungebrochen ist. Doch trotz der großen Nachfrage nach diesen und anderen Weißweinen produziert die Region vorwiegend Rotweine der untersten Preiskategorie. In Deutschland, Österreich und der Schweiz tut sich Südtirol mit billigem Massenrotwein in großen Flaschen hervor, und das Trentino speist den nach Norden gerichteten Weinstrom mit vielen Tanklastzügen. In den Tälern, deren Enge nur Platz für das Beste bieten sollte, machen sich als meistangebaute Reben der Vernatsch in Südtirol und eine einheimische Lambrusco-Art im Trentino breit. Der Vernatsch (Schiava) kann freilich süffige Rotweine wie Kalterersee und St. Magdalener liefern, und dasselbe gilt im Trentino für den Marzemino. Aber Teroldego und Lagrein bieten weitaus bessere Alternativen. Auf jeden Fall sind beide ausdrucksvoller als Cabernet, Merlot und Pinot Nero, die hier nur selten überzeugend wirken. Die Vorherrschaft des Rotweins widerspricht auch der wachsenden Überzeugung, daß die Region für Weißwein prädestiniert sei. In der Zurückhaltung der Winzer beim Streben nach Optimalem kommen die Bedenken zum Ausdruck, ob die an billige Produkte gewöhnten Verbraucher bereit sein könnten, für Hochwertiges einen höheren Preis zu zahlen. Die Weinkellereien stoßen bei der Suche nach besseren Trauben auf Schwierigkeiten, weil die Winzer nicht gern ihre Erträge unter die meist zu reichlich angesetzten DOC-Grenzen senken wollen, selbst wenn ein vorteilhafterer Preis lockt. Im übrigen ist der Apfelanbau in der Region oft bequemer und rentabler. Viele Winzer haben sich zu Genossenschaften zusammengeschlossen, auf die im Trentino 3/4 und in der Provinz fast 2/3 der Produktion entfallen. Im Trentino wird der Vertrieb zum größten Teil von Càvit durchgeführt, während in Südtirol ein Genossenschaftskonsortium Einzellagen- oder Gutsweine auswählt. In beiden Provinzen weist der insgesamt hohe Qualitätstand eine breite Basis der Leistungsfähigkeit aus. Nur an Beispielen ganz hervorragender Art, die hier doch regelmäßig entstehen sollten, fehlt es leider.

Der Chardonnay dominierte hier unter den Weißweinreben, schon ehe er in den letzten 10 Jahren so überaus populär wurde. Da aber seine ursprünglich für die Schaumweinproduktion ausgewählten Klone zumeist in flachen Lagen mit hohen Erträgen genutzt werden, fällt er recht anonym im Geschmack aus. Manche neuere Beispiele aus beiden Provinzen zeigen allerdings, daß ein Burgunder Stil mit und ohne Faßreife möglich ist. Auch guter Pinot Grigio wächst hier, jedoch ist der leichte, gefällige Typ mehr gefragt als die traditionelle vollfruchtige Art. Der Pinot Bianco zeigt mitunter mehr Klasse, vor allem in älteren Jahrgängen bei Erzeugern, die noch etwas von Langlebigkeit halten. Eine unerwartete Haltbarkeit ist auch einigen der üppigsten, würzigen Weine Italiens aus den Bergen Südtirols und aus dem Cembra-Tal im Trentino eigen: Gewürztraminer, Riesling, Sylvaner und auch der hier manchmal überaus eindrucksvolle Müller-Thurgau.

Zu dem Feinsten, was weiße Trauben hier erbringen, gehören allerdings die Schaumweine nach dem zu Beginn des Jahrhunderts von Giulio Ferrari in Trento eingeführten Champagnerverfahren, das inzwischen in beiden Provinzen mit viel Geschick gehandhabt wird. Dabei kommt der Chardonnay in überzeugendem Blanc de Blanc voll zur Geltung und gewinnt in Cuvées mit Pinot Nero, Bianco und Meunier an Struktur und Komplexität. Eine Offenbarung ist im Trentino der Vino Santo von der Nosiola-Traube aus dem Valle dei Laghi. Diese Rarität gehört zu den opulentesten Dessertweinen Italiens.

Die stillen Weißweine aus dem Trentino-Südtirol stehen in Preis und Prestige weit hinter ihren Artgenossen aus Friaul zurück. Gewiß besteht der Wunsch, in höhere Preiskategorien aufzusteigen; trotzdem verlassen sich viele Erzeuger weiterhin auf die sicheren Einkünfte

Oben: Die klassischen St.-Magdalener-Weinberge liegen auf Steilhängen oberhalb von Bozen. Aus der Seilbahn, die von der Stadt auf die Höhe führt, hat man einen herrlichen Blick auf die Dolomiten.

Unten: In den Kellern von Neustift bei Brixen liegen die Eisacktaler-Weißweine aus Lagen, die zu den nördlichsten Italiens zählen.

aus dem Verkauf von Massenwein. Manche besseren Weine stammen in beiden Provinzen von Handelshäusern, die trotz ihrer Größe manchmal eine gute Auswahl treffen. Auf den Weinetiketten spielt die Identität der Weingüter eine große Rolle, obwohl weder im Trentino noch in Südtirol ein größerer Bestand an Namen vorhanden ist, die einen gewissen Status repräsentieren. In Südtirol machen Erzeugerabfüllungen nur knapp 5% der Weinproduktion aus. Land ist außerordentlich teuer, und wohlhabende kleine Bauern verkaufen keinen Fußbreit davon; daher ist es Erzeugern, die ein größeres Gut aufbauen möchten, praktisch unmöglich, eine zusammenhängende Rebfläche zu erwerben. Im Trentino entfallen 6% auf Erzeugerabfüllungen, aber es gibt eine Reihe geachteter Namen und in letzter Zeit auch mehr Unternehmungsgeist als bei den vorsichtigen Nachbarn im Norden.

Der Weinbau im Trentino-Südtirol

Die *pergola trentina* gehört seit Jahrhunderten zum typischen Bild des Weinbaus in Trentino und Südtirol. Die auf steilen Lagen meist einarmigen und im flachen Land zweiarmigen Holzkonstruktionen ermöglichen bei den vorherrschenden Sorten Vernatsch und Lambrusco üppiges Wachstum. Die weißen Sorten kommen im Schatten des Laubdachs in den Vorteil langsamer Reife. Durch die Laubengänge zieht täglich die *ora*, ein frischer Wind vom Gardasee her, und trocknet Laub und Früchte selbst auf bewässerten Feldern, wodurch

Weinlese bei Trient.

Fäule verhindert wird. Der Nachteil der Pergola besteht außer in den hohen Kosten in starker Ertragssteigerung. Einige Rotweinsorten werden zudem am vollständigen Ausreifen gehindert, was bei Cabernet und Merlot die Ursache des grasig-bitteren Geschmacks sein kann. Manche Erzeuger haben auf Pfahlerziehung umgestellt, doch nach wie vor schmücken die Weinlauben mit ihrem üppigen Blätterdach die Berghänge von Meran bis Verona.

In beiden Provinzen wächst eine gesunde Mischung internationaler Rebsorten neben einheimischen Tauben, die aber im Zurückgehen sind. Von 56 vor 100 Jahren in der Region festgestellten Rebsorten sind noch 20 vorhanden; als einzige einheimische Sorten aber spielen in Südtirol Vernatsch, Traminer und Lagrein und im Trentino Teroldego, Marzemino und Nosiola auch heute eine bedeutende Rolle. Der Vernatsch mit seinen verschiedenen Klonen nimmt ⅔ der Rebfläche von Südtirol ein. Im Trentino heißt die Traube Schiava und tritt in einigen DOC-Weinen sowie in *Vdt*-Rot- und Roséweinen in Erscheinung, doch der noch einfachere Lambrusco a Foglia Frastagliata hat hier mehr Gewicht. Cabernet, Merlot und Pinot Nero werden seit der Mitte des vorigen Jahrhunderts angebaut, scheinen aber in beiden Provinzen an Boden zu verlieren; inzwischen verdrängt der Cabernet Sauvignon den früher stärker vertretenen Cabernet Franc.

Der Aufschwung der weißen Rebsorten wird vom Chardonnay angeführt, der im Trentino schon vorherrscht und in Südtirol, wo die Bestände meist mit Pinot Bianco und Grigio gemischt waren, stetig zunimmt. Der Chardonnay für Schaumwein kam aus der Champagne; Burgunder Klone für volleren Stillwein wurden erst kürzlich eingeführt. Der Traminer, der wohl aus dem Südtiroler Ort Tramin stammt, ist hier viel verbreiteter als der Gewürztraminer, mit dem er oft verschnitten wird. Auch andere aus nördlicheren Breiten bekannte Sorten wie Riesling Renano, Sylvaner Verde und Müller-Thurgau gedeihen in Südtirol meist besser als sonst in Italien. Der Sauvignon Blanc bringt zwar an manchen Stellen erstaunlich Gutes hervor, ist aber noch sehr selten.

Das in der Weinbauforschung in Italien führende landwirtschaftliche Institut in San Michele all'Adige untersucht Methoden des Gebirgsweinbaus und versucht mit Hilfe kompakter Maschinen die mühsame Handarbeit, die viele Winzer zur Aufgabe auch guter Steillagen veranlaßt hat, zu erleichtern. Am Institut wurde auch eine Kreuzung zwischen Marzemino und Merlot namens Rebo gezüchtet. Selten geworden sind in Südtirol der Weiße Terlaner und der Blaue Portugieser. Der Kerner, die deutsche Neuzüchtung aus Riesling und Trollinger (hinter dem sich der Südtiroler Vernatsch verbirgt), spielt in weißen Tafelweinen eine gewisse Rolle. Der seltene Rotberger, ebenfalls eine Kreuzung von Riesling und Trollinger, wird zu hellen Rot- und Roséweinen verarbeitet. Die folgenden Rebsorten sind vorwiegend im Trentino und in Südtirol beheimatet:

Lagrein. Die Sorte wird im 17. Jh. erstmals von Benediktinern im Kloster Muri bei Gries erwähnt, wo sie noch heute Spitzenleistungen vollbringt. Dem Namen nach zu schließen stammt sie wahrscheinlich aus dem Lagarina-Tal im Trentino. In Südtirol erbringt sie den robusten Dunkel sowie den duftigen Kretzer, bestimmt einen der besten italienischen Rosés, und sie gedeiht auch in der Rotaliano-Ebene im Trentino.

Lambrusco a Foglia Frastagliata. Der «geschlitztblättrige» Lambrusco ist offenbar im Trentino beheimatet und nicht mit dem Lambrusco in der Emilia verwandt. Die meist angebaute rote Sorte der Provinz hat großen Anteil am Rezept des Casteller und des Valdadige Rosso sowie in Tafelweinen.

Marzemino. Die vermutlich aus Österreich stammende Sorte, die u. a. auch Berzemino heißt, wird seit dem 16. Jh. in Oberitalien verbreitet angebaut. Heute ist sie im Vallagarina im Trentino heimisch und erbringt rustikale, saftige Rotweine, die meist jung getrunken werden. An anderen Orten der Tre Venezie, in der Lombardei und in der Emilia-Romagna wird sie in Verschnitten mitverarbeitet.

Moscato Giallo oder **Goldmuskateller.** Dieser Vertreter der großen Muskatellerfamilie wird so gut wie nur in dieser Region angebaut und erbringt kleine Mengen an würzigem, lieblichem und noch kleinere Mengen an trockenem Weißwein.

Moscato Rosa oder **Rosenmuskateller.** Die vermutlich aus Dalmatien stammende seltene dunkle Traube erbringt exquisite hellrote DOC-Dessertweine vor allem in Südtirol sowie im Trentino. Auch in Friaul ist sie gelegentlich anzutreffen.

Nosiola. Die offenbar einheimische Traube Nosiola Trentina oder Spinarola liefert im Trentino, wo sie fast ausschließlich zu finden ist, Vino Santo und audrucksvolle trockene Weißweine.

Roter Malvasier. Die allmählich aussterbende Traube eines DOC-Rotweins in Südtirol ist vielleicht mit der dunklen Malvasia aus Apulien verwandt, doch ist ihr Ursprung ungewiß.

Sylvaner Verde oder **Grüner Silvaner.** Die in deutschsprachigen Ländern verbreitete Rebe liefert im Eisacktal in Südtirol oft charaktervolle, stahlige, trockene Weißweine.

Teroldego. Die Abstammung dieser Rebe ist unbekannt; der Name mag von Tiroler Gold kommen oder wegen der charakteristischen Geschmacksnote von Teer – oder schließlich auch von einer nicht mit ihr verwandten Veroneser Traube namens Terodola. Sicher ist, daß der Teroldego schon 1480 und erneut im 16. Jh. anläßlich des Trienter Konzils erwähnt wurde und nur in der Rotaliano-Ebene im Trentino edlen Rotwein hervorbringt.

Veltliner. Der früh reifende Rote Veltliner erbringt im Eisacktal kurzlebige Weine in kleinen Mengen. Die Sorte darf nicht mit dem Grünen Veltliner aus Österreich verwechselt werden; vielmehr kommt sie vermutlich aus dem Valtellina in der Lombardei, wo sie Rossola Nera heißt.

Vernatsch oder **Schiava.** Die Sorte ist vermutlich slawischer Herkunft. Die Heimat des Vernatsch ist jedoch Südtirol, wo er St. Magda-

Der Kalterersee ist nicht nur durch seinen Wein, sondern auch durch die Schönheit seiner Landschaft berühmt.

lener, Kalterersee, Meraner Hügel, Bozner Leiten, Alto Adige Vernatsch/Schiava sowie *vdt* liefert. Auch im Trentino-Schiava, Casteller und Valdadige Rosso wird er verarbeitet. Die beliebteste Art ist des hohen Ertrags wegen der Großvernatsch (Schiava Grossa). Der Grauvernatsch (Schiava Grigia) erbringt feineren Wein, ist aber schwächer im Ertrag und anfälliger für Krankheiten. Kleinvernatsch und Mittelvernatsch (Schiava Gentile) reifen früh, haben geringen Ertrag, aber schönes Bukett. Der Klon namens Tschaggele hat kleine Trauben mit größeren Beeren und erbringt bei unregelmäßiger Reife guten Wein. Schiava wird auch in der nördlichen Lombardei und um Verona angebaut. In Württemberg heißt der Großvernatsch Trollinger, früher Tirolinger.

Weitere Rebsorten: Empfohlen bzw. zugelassen sind in Trentino-Südtirol ferner:
Für Rot- oder Roséwein: Cabernet Franc, Cabernet Sauvignon, Merlot, Negrara Trentina, Pavana, Pinot Nero, Blauer Portugieser/Portoghese, Rebo.
Für Weißwein: Bianchetta Trevigiana, Chardonnay, Incrocio Manzoni 6.0.13, Kerner, Müller-Thurgau, Pinot Bianco, Riesling Italico, Riesling Renano, Sauvignon, Trebbiano Toscano.

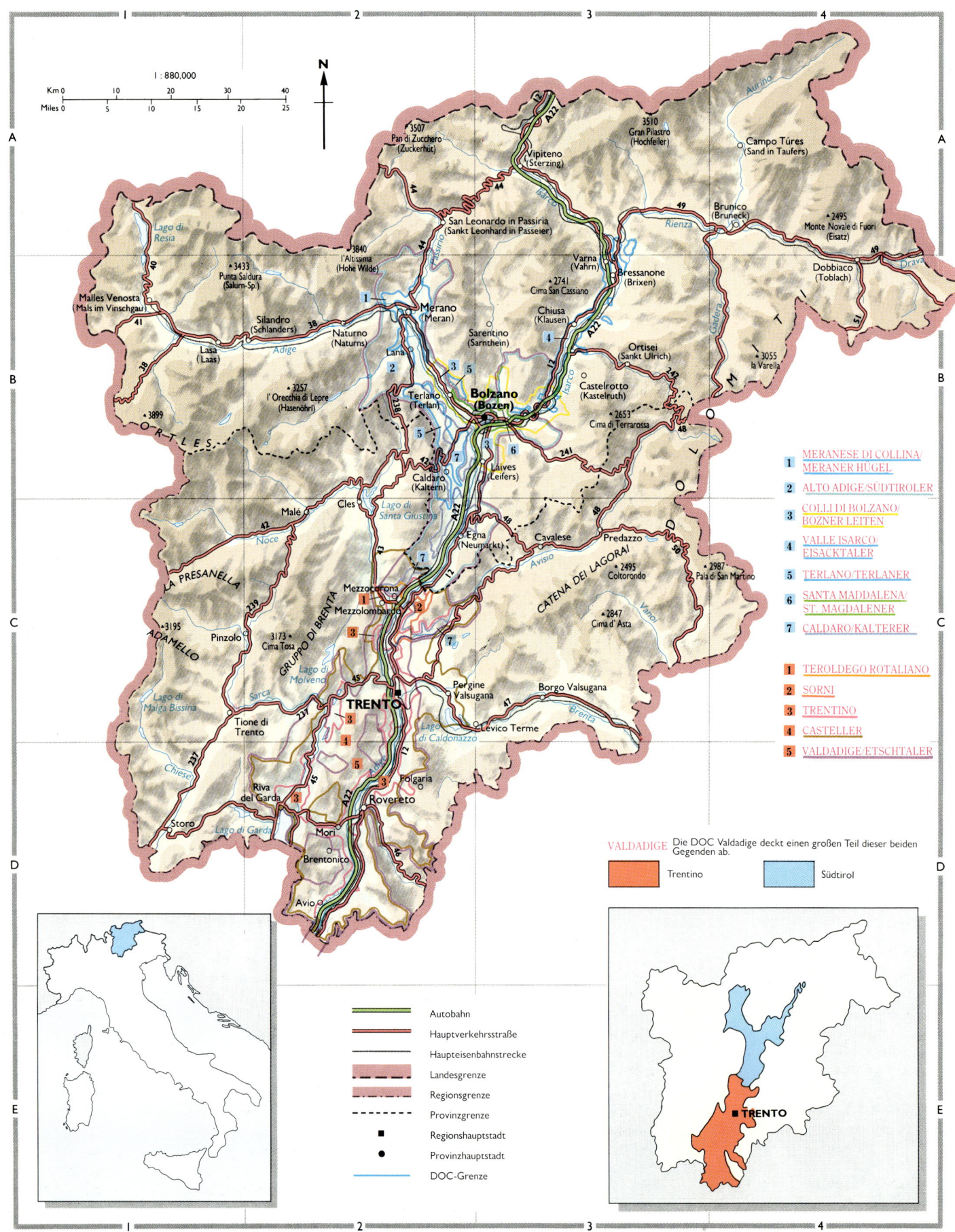

1 : 880.000

Km 0   10   20   30   40
Miles 0   5   10   15   20   25

N

MERANESE DI COLLINA/ MERANER HÜGEL
1

ALTO ADIGE/SÜDTIROLER
2

COLLI DI BOLZANO/ BOZNER LEITEN
3

VALLE ISARCO/ EISACKTALER
4

TERLANO/TERLANER
5

SANTA MADDALENA/ ST. MAGDALENER
6

CALDARO/KALTERER
7

TEROLDEGO ROTALIANO
1

SORNI
2

TRENTINO
3

CASTELLER
4

VALDADIGE/ETSCHTALER
5

VALDADIGE Die DOC Valdadige deckt einen großen Teil dieser beiden Gegenden ab.

Trentino

Südtirol

Autobahn
Hauptverkehrsstraße
Haupteisenbahnstrecke
Landesgrenze
Regionsgrenze
Provinzgrenze
■ Regionshauptstadt
● Provinzhauptstadt
DOC-Grenze

TRENTO

Die Weinzonen in Trentino-Südtirol

Italiens nördlichste Region ist von den Alpen umschlossen, deren Täler von Gletschern und Flüssen geformt wurden, bis der Mensch an seinen Hängen Terrassen baute. Die Landwirtschaft hier ist seit uralter Zeit ein Kampf mit der Natur. Nur 5% der Fläche liegen unterhalb 500 m, und nur 15% sind kultivierbar. Die meisten Weinberge liegen an den felsigen Flanken des Etsch- und Sarca-Tals oder auf schwindelnd hohen Terrassen im Eisack- und Cembra-Tal. Die Böden bestehen aus Dolomit- und Kalkgestein mit Gletscher- oder Schwemmlandablagerungen aus Kies, Sand und Lehm. Sie sind meist karg, leicht und durchlässig, also fast ideal für die Weinrebe. Das herrliche Grün in diesen Bergen ist reichlichen Niederschlägen im Sommer oder guter Wasserversorgung durch Bergbäche zu verdanken. Das Klima reicht von fast arktisch in den Höhen der Alpen und Dolomiten bis mediterran am nördlichen Ende des Gardasees. Der Winter ist in den Alpen schneereich; die Kälte kann bis ins Frühjahr hinein andauern und Frostschäden verursachen. Die meist warmen und trockenen Sommer bringen auf den Talsohlen manchmal sengende Hitze. Hohe Temperaturunterschiede zwischen Tag und Nacht verleihen den Weinen kräftiges Aroma. Fast alle Gegenden kommen in den Genuß der trocknenden und kühlenden *ora*, einer Brise, die regelmäßig nachmittags vom Gardasee bis hinauf nach Meran und Brixen weht.

Südtirol/Alto Adige

Fast alle Weinberge im Etsch- und Eisacktal liegen auf Südhängen und -terrassen. Begrenzungen in der Höhe sind nicht vorgesehen; Weinlagen zwischen 250 m bei Bozen und 1000 m bei Brixen und Fennberg bringen in den 5 wichtigsten DOC-Zonen stark unterschiedliche Verhältnisse.

Das Eisacktal/Valle Isarco

Die nördlichste DOC-Zone Italiens, Eisacktaler/Valle Isarco, besitzt auch die höchstgelegenen Weinberge auf sandigem Kiesboden zwischen Bozen und Vahrn, nördlich von Brixen. Das kühle feuchte Klima behagt Weißweinreben, v. a. Sylvaner, aber auch Müller-Thurgau. Die Rebenerziehung ist hier flacher, um die Wärme vom Boden her zu nutzen; aber auch Pfahlerziehung wird angewandt, so daß die Trauben in vollem Sonnenlicht reifen können.

Meran/Merano

Bei der Stadt wächst vor allem Vernatsch in der DOC Meraner Hügel, aber das kühle Klima über der Etsch begünstigt auch weiße Sorten und Pinot Nero. Im Westen schließt der Vintschgau (Venosta-Tal) an; hier wächst ein wenig roter und weißer *vdt*.

Terlan und das Bozener Becken

Die Weißweine von Terlano/Terlan, u. a. feiner Sauvignon und Pinot Bianco, wachsen auf sanften Hängen an der Etsch, nordöstlich von Bozen; die Zone erstreckt sich südwärts über den Kalterer See. Das Bozener Becken am Zusammenfluß von Etsch, Eisack und Talvera ist oft die wärmste Gegend Südtirols. Die Rotweine der Stadt, v. a. der St. Magdalener mit klassischen Lagen auf Steilhängen und der einfachere Bozner Leiten/Colli di Bolzano, sind berühmt. Der vielgepriesene Lagrein kommt aus sandigem, flachem Land bei Gries am Rand der Stadt. Etwas die Straße aufwärts in Richtung Terlan liegt Siebeneich; dort wächst manchmal hervorragender Merlot.

Überetsch und Kaltern/Caldaro

Überetsch, die weite, wellige Ebene jenseits der Etsch bei Bozen, liefert einen großen Teil des Weins der Provinz aus dichtbestockten Weinbergen um Eppan/Appiano, Kaltern/Caldaro und Girlan/Cornaiano. Vernatsch herrscht am Kalterersee im klassischen Bereich vor, beliefert aber auch Kellereien für die DOC Südtiroler/Alto Adige. Der Qualitätsstand ist zwar erstaunlich hoch, trotzdem könnten bei eingeschränkteren Erträgen viel feinere Weiß- und Rotweine entstehen.

Das Südtiroler Unterland

Unterhalb von Kaltern erweitert sich das Etschtal zum Südtiroler Unterland mit bekannten Weinorten an den steilen Berghängen und in der Ebene. Tramin hat dem Gewürztraminer den Namen gegeben, der hier auch bei Söll und auf Hängen darüber gedeiht. Ebenso auf der Westseite liegt Kurtatsch/Cortaccia, wo die steilen Terrassen bis Fennberg auf 1000 m Höhe reichen und der Müller-Thurgau Hervorragendes erbringt. Die Orte Margreid/Magré und Kurtinig/Cortina befinden sich in der Ebene auf Kies- und Sandboden, der Pinot und Chardonnay für Schaumwein sowie guten Cabernet hervorbringt. Auf der anderen Seite der Etsch liegen oberhalb von Neumarkt/Egna die für guten Pinot Nero, Gewürztraminer und andere Weißweine bekannten Orte Montan, Pinzon und Mazzon. Die Winzer von Salurn/Salorno sind auf die Pinots und Chardonnay spezialisiert, die um Buchholz am besten gedeihen.

Trentino

Die Rebfläche der Provinz, vorwiegend im Etsch- und Sarca-Tal, ist wärmer und trockener als im Südtirol und durch den hier wachsenden Lambrusco auch noch ertragreicher. Allerdings sind mit edleren Sorten inzwischen bessere Qualitäten entstanden.

Campo Rotaliano

Die weite Ebene am Zusammenfluß von Noce und Adige ist bekannt durch den Teroldego, der auf dem sandigen, kalkreichen Boden über Kiesschichten bei Mezzolombardo und Mezzocorona unübertroffen gedeiht, ebenso Lagrein und verschiedene Weißweinsorten. Etwas höher wachsen um Roverè della Luna Chardonnay und Pinot für Schaumweine.

Sorni und das Cembra-Tal

Die Berge östlich der Etsch zwischen San Michele und Lavis in der DOC-Zone Sorni haben unterschiedlichen Boden und variables Mikroklima, so daß verschiedene rote und weiße Rebsorten hier gedeihen. Auf hohen Punkten um Faedo entstehen guter Müller-Thurgau, Nosiola und Chardonnay. Die spektakulären Terrassen im Cembra-Tal zwischen Giovo und Faver sind aus Porphyrgesteinsmassen herausgehauen, auf denen sich die Schiava wohlfühlt, aber Pinot, Chardonnay und Müller-Thurgau erbringen doch höhere Qualität.

Vallagarina und Isera

Vallagarina zwischen Trient und Venetien hat die größte Rebfläche der Provinz mit unterschiedlichen Voraussetzungen für verschiedene Rebsorten. Auf den dunklen Basaltböden von Isera gegenüber Rovereto gedeiht Marzemino. Chardonnay und Pinots werden überall an den sandigen Ufern der Etsch und auf felsigen Terrassen an den Bergflanken angebaut. Cabernet und Merlot halten sich an manchen Orten gut, aber Lambrusco und Schiava setzen ihnen Grenzen.

Die Valle dei Laghi

Der Einfluß des Gardasees sorgt im Sarca-Tal und an den Seen von Cavedine, Toblino und Santa Massenza für ausreichend mildes Klima, so daß dort Zitronen, Oliven und die meisten Rebsorten der Provinz wachsen, die vom kalkreichen Boden profitieren. Hier weht nicht nur tagsüber die *ora*, sondern auch der Nachtwind *pelér*. Vino Santo von der Nosiola-Traube ist eine Spezialität, die vom kühlen und trockenen Mikroklima im nördlichen Teil des Tals um Calavino, Santa Massenza und Salino begünstigt wird.

Die Weine von Südtirol

Der Sinn für Ordnung, der Südtirol zu Italiens rationellster Quelle für DOC-Wein gemacht hat, ist die günstige Seite der Medaille; in manch anderer Hinsicht begegnen dem Weinbau aber Hindernisse. Die schön gepflegten Weinberge beliefern deutschsprachige Länder mit billigen Rotweinen, obwohl doch anderswo für duftige Weißweine bessere Preise zu erzielen wären. Das hartnäckige Festhalten am Vernatsch und die Ablehnung edlerer Sorten in den wunderschönen Alpentälern ist für Fremde schwer verständlich. Die Weinetiketten verwirren dadurch, daß sie entweder deutsch oder italienisch oder in beiden Sprachen zugleich beschriftet sein können.

Die Reise lohnt sich wahrhaftig, denn nirgendwo sonst trinkt sich der junge Wein so unbekümmert, und nirgendwo sonst haben die Weinberge eine so großartige Kulisse. Die Touristen, die über den Brenner oder den Reschen-Paß ins Land strömen, machen es sich in den holzgetäfelten Weinstuben gemütlich und vertilgen dort einen großen Teil des Südtiroler Weins. Die Südtiroler Weinstraße durch die dichtbestandenen Weinberge der Überetsch und das Unterland, vorüber an den Bergen und über die Ebenen beidseits der Etsch von Tramin bis zum Trentino, ist wohl die meistbefahrene derartige Touristenroute Italiens. Doch selbst wer den Tiroler Dialekt versteht, wird manchmal vor den vielen Namen und Benennungen kapitulieren und sich der Einfachheit halber an den guten alten Kalterersee und St. Magdalener halten. Es läßt sich auch kaum etwas Bezaubernderes vorstellen, als einen solchen Wein mitten in seiner Heimat am schimmernden Lago di Caldaro oder auf den steilen Terrassen bei der Kirche St. Magdalenen oberhalb von Bozen zu genießen. Andere Rotweine – vor allem Cabernet, Merlot und Lagrein – haben es mehr in sich; manchmal macht sogar der Pinot Nero Eindruck.

Doch die Winzer geben, wenn auch widerwillig, zu, daß die Zukunft im Weißwein liegt. Freilich, die blumigen Beispiele, die in den 70er Jahren die Aufmerksamkeit auf den bis dahin mißachteten italienischen Wein lenkten, haben nicht die erhofften Höhen erreicht. Die unverdrossen beibehaltenen hohen Erträge und die oft roboterhafte rationale Technik lassen stets Gutes, aber nichts Hervorragendes zustandekommen. Opportunistisches Verschneiden angeblich sortenreiner Weine (vor allem von «Pinot

Im Etschtal ist der Anteil der DOC-Weine an der Geamterzeugung höher als in anderen Gegenden Italiens.

Grigio») haben den Charakter weiter verdorben. Die natürlichen Voraussetzungen für Weißwein mancher Sorten scheinen einzigartig, doch die Wahl der Klone und der Lage ist oft nur zufällig. Anzeichen für Besonderes sind deshalb eher die Ausnahme als die Regel: Weine des brillanten, aber sprunghaften Giorgio Grai, des scharfblickenden, aber vorsichtigen Herbert Tiefenbrunner, von Paolo Foradori bei Hofstätter, von Werner Walch bei Wilhelm Walch, Dieter Rudolph bei Castel Schwanburg, Franz Stocker bei der Genossenschaft Terlan. Schließlich und endlich scheint Alois Lageder, als junger Besitzer eines alten Familienweinguts, in Südtirol die lange vakante Führung zu übernehmen. Seine Prestigeweine, alle mit DOC, sind: Chardonnay und Cabernet Sauvignon Löwengang, Sauvignon Lehenhof, Pinot Grigio Benefizium Porer und Pinot Bianco Haberlehof. Hinter ihnen steht jene große Klasse, die sie zu Mitgliedern der nationalen Elite macht. Lageder könnte ein Star im italienischen Wein sein, wenn er sich den Hauptströmungen mehr anpaßte. Da er aber nur wenige Weinberge sein eigen nennt, muß er sich mit zugekauften Trauben behelfen und wie andere phantasiereiche Erzeuger hier seine Zwecke mit einem ungewöhnlichen Maß an Geduld verfolgen.

Südtirol hat den höchsten DOC-Anteil in Italien aufzuweisen; 2/3 des Gesamtvolumens entfallen darauf. Es könnte sogar noch mehr sein, denn alle Weinberge der Provinz sind registriert. Das meiste ist Kalterersee, der unter seinem italienischen Namen Caldaro kaum vorkommt. Noch grundlegender ist die Bezeichnung Südtiroler oder Alto Adige mit 19 Weintypen von der nahezu gesamten Rebfläche mit Ausnahme des Eisacktals. Es gibt Zonenüberschneidungen: in Terlan mit Weißweinen, beim Vernatsch im Kalterersee, St. Magdalener, Bozner Leiten und Meraner Hügel sowie mit der zusätzlichen DOC Valdadige/Etschtaler (s. Trentino S. 111). Die meisten Winzer halten sich an ihre Spezialitäten, die Kellereien und Genossenschaften aber verfügen über mehr Optionen – von preiswerten bis hochpreisigen Weinen – als sie nutzen können.

Alto Adige/Südtiroler (1975)

Die umfassende Zone beinhaltet die feinen Südtiroler Weißweine sowie die einzigen DOC-Rotweine von Lagrein, Cabernet, Merlot, Pinot Nero, Malvasier und Moscato Rosa. Die Rebfläche liegt größtenteils bei Bozen, in der Überetsch, im Bereich Caldaro/Kaltern und im Südtiroler Unterland, aber auch nordostwärts vom Bozener Becken bis über Meran hinaus. Auf den meisten Weinbergterrassen steht Vernatsch, vor allem bei Kaltern, Bozen und Meran. Hier entsteht auch der feinste Gewürztraminer, Riesling Renano, Goldmuska-

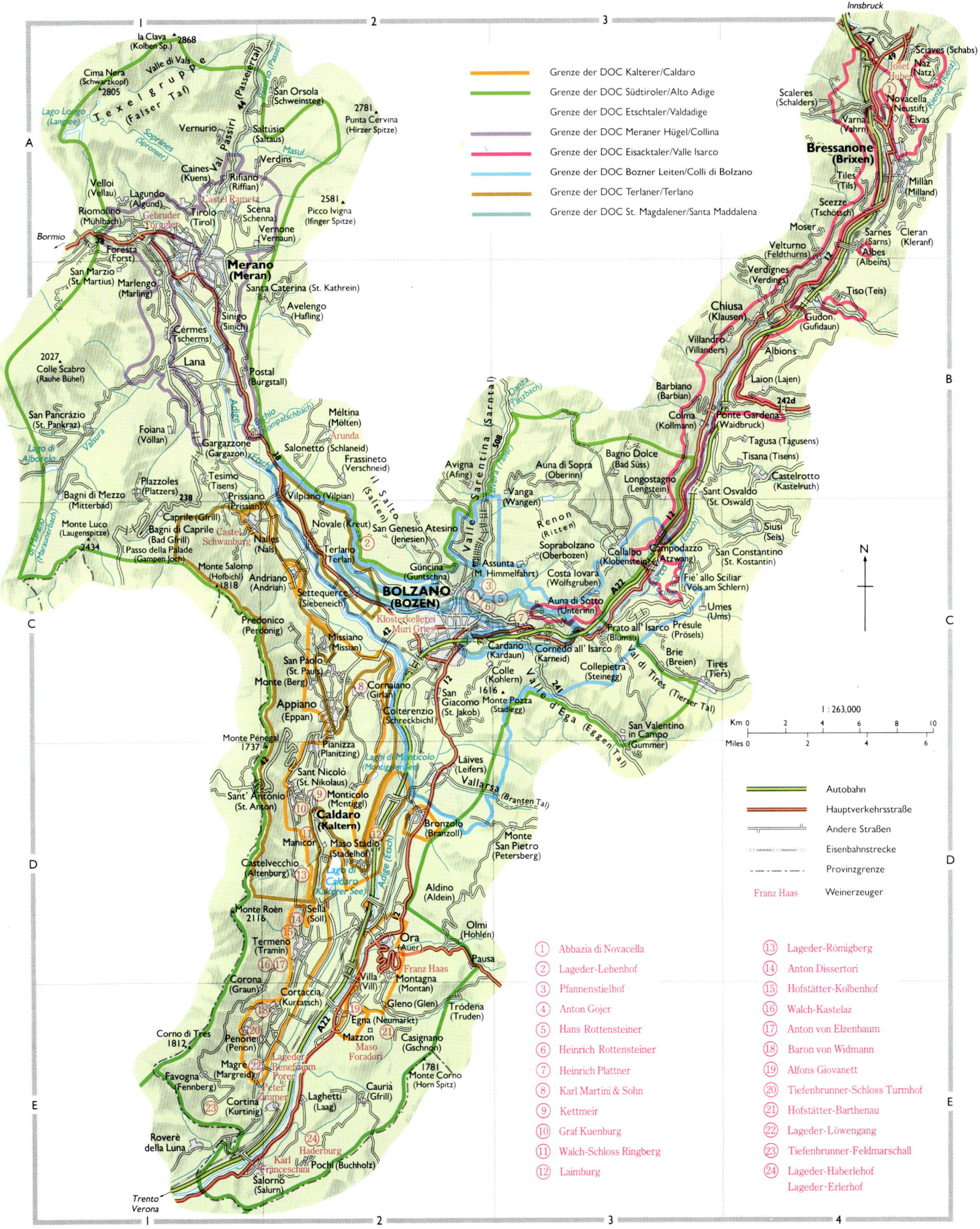

Grenze der DOC Kalterer/Caldaro
Grenze der DOC Südtiroler/Alto Adige
Grenze der DOC Etschtaler/Valdadige
Grenze der DOC Meraner Hügel/Collina
Grenze der DOC Eisacktaler/Valle Isarco
Grenze der DOC Bozner Leiten/Colli di Bolzano
Grenze der DOC Terlaner/Terlano
Grenze der DOC St. Magdalener/Santa Maddalena

1 : 263.000

Km 0   2   4   6   8   10
Miles 0   2   4   6

Autobahn
Hauptverkehrsstraße
Andere Straßen
Eisenbahnstrecke
Provinzgrenze
Franz Haas   Weinerzeuger

①   Abbazia di Novacella
②   Lageder-Lehenhof
③   Pfannenstielhof
④   Anton Gojer
⑤   Hans Rottensteiner
⑥   Heinrich Rottensteiner
⑦   Heinrich Plattner
⑧   Karl Martini & Sohn
⑨   Kettmeir
⑩   Graf Kuenburg
⑪   Walch-Schloss Ringberg
⑫   Laimburg

⑬   Lageder-Römigberg
⑭   Anton Dissertori
⑮   Hofstätter-Kolbenhof
⑯   Walch-Kastelaz
⑰   Anton von Elzenbaum
⑱   Baron von Widmann
⑲   Alfons Giovanett
⑳   Tiefenbrunner-Schloss Turmhof
㉑   Hofstätter-Barthenau
㉒   Lageder-Löwengang
㉓   Tiefenbrunner-Feldmarschall
㉔   Lageder-Haberlehof
       Lageder-Erlerhof

teller und Müller-Thurgau Italiens in allerdings nur kleinen Mengen. Das delikate, blumige Aroma und der feine Geschmack läßt sie als Begleiter zu Gerichten aller Art geeignet erscheinen. Pinot Bianco, besser bekannt als Weißburgunder, ist oft der am gleichmäßigsten gute Weißwein aus der Provinz, doch braucht er viel Zeit, bis er den Stil zeigt, den ihm Giorgio Grai zu verleihen versteht. Der üppigere Pinot Grigio/Ruländer bleibt dank der Marketing-Bemühungen von Santa Margherita weiter beliebt. Chardonnay, obwohl meist anonym im Geschmack, erweist sich vor allem in Tiefenbrunners Turmhof als von höchst erfreulicher, subtiler Eigenart. Die bisher einzige überzeugende faßgereifte Version ist Lageders Löwengang/Portico dei Leoni.

Unter den Rotweinen zeichnet sich der Lagrein aus Gries bei Bozen aus. Der Dunkel ist ein kraftvoller Rotwein mit ausgeprägtem Charakter, der Kretzer ein anmutiger Rosé, doch hat sich keiner von beiden weithin durchsetzen können. Der Cabernet zeigt hier oft einen bitter-grasigen Geschmack. Im Lauf der Zeit haben jedoch Giorgio Grai und in besonders kraftvollem Stil Castel Schwanburg sehr feinen Cabernet zustandegebracht. Der Merlot wird, wie anderswo auch, zu oft auf übermäßig hohen Ertrag getrimmt, jedoch bestimmte Jahrgänge von Siebeneich (bei Terlan) zeigen unbezweifelbare Klasse. Der Pinot Nero ist als Blauburgunder hier und dort beliebt, ähnelt aber einem echten Burgunder nur selten, am meisten noch in Hofstätters Villa Barthenau aus Lagen bei Mazzon. Den meisten Beifall findet Moscato Rosa oder Rosenmuskateller, dessen rubin-rosenrote Farbe, blumiges Aroma und exquisit fruchtige Süße im Schloß Sallegg musterfgültig verkörpert sind.

ZONE: Hänge und steinige Ebenen auf großen Teilen der Weinbaufläche in 33 Gemeinden der Provinz Bozen. Das Gebiet überschneidet sich mit allen anderen DOC-Zonen außer Valle Isarco/Eisacktaler. Die oberste Grenze für Rotweinlagen beträgt 700 m, für Weißweinlagen 900 m. Lagrein aus der Gemarkung Bozen darf Gries', d. h. Grieser Lagrein, genannt werden (der klassische Bereich). Pinot Nero/Blauburgunder aus dem Ort Mazzon darf auch Mazzoner heißen.

Die 19 Typen umfassen 17 sortenreine Weine mit je 95% der genannten Sorte und maximal 5% einer gleichfarbigen DOC-Sorte. Schiava/Vernatsch kann alle Subvarietäten mit 85%, andere rote DOC-Sorten bis zu 15% enthalten.

Cabernet. (Cabernet Sauvignon/Cabernet Franc) Trockener Rotwein.

E. 77/110; Alk. 11,5; S. 0,45; A. *riserva* 2 J.
Chardonnay. Trockener Weißwein. E. 91/130; Alk. 11; S. 0,5.
Lagrein Rosato/Lagrein Kretzer. Trockener Rosé. E. 98/140; Alk. 11,5; S. 0,45.
Lagrein Scuro/Lagrein Dunkel. Trockener Rotwein. E. 98/140; Alk. 11,5; S 0,45; A. *riserva* 1 J.
Malvasia/Malvasier. Trockener Rotwein. E. 77/110; Alk. 11,5; S. 0,45.
Merlot. Trockener Rotwein. E. 91/130; Alk. 11; S. 0,45; A. *riserva* 1 J.
Moscato Giallo/Goldmuskateller. Süßer Weißwein. E. 56/80; Alk. 11; S. 0,5.
Moscato Rosa/Rosenmuskateller. Süßer Rosé. E. 39/60; Alk. 12,5; S. 0,55.
Müller-Thurgau oder **Riesling x Sylvaner.** Trockener Weißwein. E. 91/130; Alk. 11,; S. 0,45.
Pinot Bianco/Weißburgunder. Trockener Weißwein, auch *spumante*/Sekt. E. 91/130; Alk. 11; S. 0,5.
Pinot Grigio/Ruländer. Trockener Weißwein, auch *spumante*/Sekt. E. 91/130; Alk. 11,5; S. 0,45.
Pinot Nero/Blauburgunder. Trockener Rotwein, als *spumante*/Sekt auch weiß oder rosé. E. 84/120; Alk. 11,5; S. 0,45; A. *riserva* (nur *rosso*) 1 J.
Riesling Italico/Welschriesling. Trockener Weißwein. E. 91/130; Alk. 11; S. 0,5.
Riesling Renano/Rheinriesling. Trockener Weißwein. E. 84/120; Alk. 11; S. 0,5.
Sauvignon. Trockener Weißwein. E. 84/120; Alk. 11,5; S. 0,5.
Schiava/Vernatsch. Trockener Rotwein. E. 98/140; Alk. 10,5; S. 0,4.
Spumante. Schaumwein. Trauben: Pinot Bianco/Chardonnay 70%, Pinot Nero/Pinot Grigio bis 30%. E. 91/130; Alk. 11; S. 0,45.
Sylvaner. Trockener Weißwein. E. 91/130; Alk. 11; S. 0,5.
Traminer Aromatico/Gewürztraminer. Trockener Weißwein. E. 84/120; Alk. 11,5; S. 0,45.

Valle Isarco/Eisacktaler (1974)
Der vorherrschende Sylvaner kann sich nach einigem Ausbau neben Frankenweinen sehen lassen, und in diesen Höhen zeigt sich auch der Müller-Thurgau von seiner besten Seite. Pinot Grigio und Gewürztraminer erreichen ungewöhnliche Finesse. Der Veltliner, in Italien sonst nirgendwo zu finden, liefert zarten und spritzigen Wein in kleinen Mengen. Alle Weine haben eigenen Stil, gemeinsam aber ist ihnen Klarheit der Kontur bei gedämpftem Aroma und Frische des Geschmacks, wie sie in tiefergelegenen Weinbergen nicht wächst. Die Abtei Neustift/

Novacella steht gewissermaßen als Symbol für die klassische Weinzone bei Brixen/Bressanone, wo der kleine Pacherhof mit Müller-Thurgau Spitzenleistungen vollbringt. Weiter unten im Tal hat sich die Genossenschaft in Klausen/Chiusa mit Müller-Thurgau und Sylvaner einen Namen gemacht.
ZONE: Hänge bis 800 m Höhe beidseits des Eisacks, von Bozen nordostwärts über 11 Gemeinden bis Vahrn/Varna und Natz-Schab/Naz-Sciaves. Die Weine tragen die Bezeichnung Bressanone/Brixen, wenn sie aus dieser Gemarkung kommen, bzw. Varna/Vahrn. Die 5 Typen sind sämtlich sortenrein.
Müller-Thurgau. Trockener Weißwein. E. 91/130; Alk. 10,5; S. 0,5.
Pinot Grigio/Ruländer. Trockener Weißwein. E. 70/100; Alk. 11; S. 0,5.
Sylvaner. Trockener Weißwein. E. 91/130; Alk. 10,5; S. 0,5.
Traminer Aromatico/Gewürztraminer. Trockener Weißwein. E. 70/100; Alk. 11; S. 0,5.
Veltliner. Trockener Weißwein. E. 84/120; Alk. 10,5; S. 0,5.

Meranese di Collina/Meraner Hügel oder **Meranese/Meraner (1971)**
Der alte Hauswein Merans ist wohl etwas fülliger und duftiger als Vernatsch-Rotweine sonst. Der Wein aus dem klassischen Bereich heißt Burggräfler/Burgravio.
ZONE: Die Süd- und Südwesthänge um Meran in einer Höhe von 300 bis 650 m beidseits der Etsch südwärts bis Lana und Gargazon mit 13 Gemeinden in der Provinz Bozen. Weine aus den klassischen Lagen um Schloß Tirol tragen die Bezeichnung Burggräffler/Burgravio. Trockener Rotwein. Trauben: Schiava (Grossa/Media/Piccola/Gentile/Grigia/Tschaggele). E. 87,5/125; Alk. 10,5; S. 0,4.

Terlano/Terlaner (1975)
Der Name Terlan steht schon seit langem für Weißwein, insbesondere für Weißburgunder, der früher eine Mischung von Pinot Bianco und Chardonnay war, bis beide Sorten getrennten Status erhielten – obwohl sie in den Weinbergen oft noch immer beieinanderstehen. Die besten Aussichten bietet hier der allerdings noch nicht stark angebaute Sauvignon Blanc. Die Genossenschaft in Terlan bringt mit ihm und anderen Trauben sehr Gutes zuwege, ebenso Castel Schwanburg. Lageders Lehenhof aus hohen Lagen bei Montigl bildet eindeutig eine Klasse für sich.
ZONE: Die Hänge beidseits der Etsch, nordwestlich von Bozen in den Gemarkungen Terlan, Nals und Andrian (die historische Zone). Die Zone erstreckt sich ostwärts bis Möl-

ten/Meltina und Jenesien/San Genésio und südwärts bis Eppan/Appiano und Kaltern/Caldaro. Weine aus Terlan dürfen als Classico oder Klassischer bezeichnet werden, auch bestimmte Typen aus Nals und Andrian. Die 8 Typen beinhalten 7 sortenreine Weine, die jeweils zu 90% aus der angegebenen Sorte, mit Ergänzung durch andere gleichfarbige DOC-Trauben, bestehen müssen, sowie einen als Terlano bzw. Terlaner bezeichneten Verschnitt, auch als Schaumwein.
Chardonnay. Trockener Weißwein. E. 91/130; Alk. 11; S. 0,5.
Müller-Thurgau. Trockener Weißwein. E. 91/130; Alk. 11; S. 0,45.
Pinot Bianco/Weißburgunder. Trockener Weißwein. E. 91/130. Alk. 11; S. 0,5.
Riesling Italico/Welschriesling. Trockener Weißwein. E. 91/130; Alk. 10,5; S. 0,5.
Riesling Renano/Rheinriesling. Trockener Weißwein. E. 91/130; Alk. 11,5; S. 0,45.
Sauvignon. Trockener Weißwein. E. 91/130; Alk. 12; S. 0,5.
Sylvaner. Trockener Weißwein. E. 91/130; Alk. 11,5; S. 0,5.
Terlano/Terlaner. Trockener Weißwein, auch *spumante*. Trauben: Pinot Bianco 50%, Riesling Italico/Riesling Renano/Sauvignon/Sylvaner/Müller Thurgau bis 50%, andere weiße Sorten bis 5%. E. 91/130; Alk. 11,5; S. 0,45.

Colli di Bolzano/Bozner Leiten (1975)
Die Bozener Hanglage Leiten versorgt die Stadt mit spritzigem Rotwein, der gelegentlich auch als «St. Magdalener des kleinen Mannes» bezeichnet wird. In der Süffigkeit kann er es mit der berühmten Nachbarlage jedoch durchaus aufnehmen.
ZONE: Die Berge in 7 Gemarkungen im Bozener Becken, östlich der Etsch zwischen Laives/Leifers und Terlan sowie von der Stadt südlich des Eisack über Karneid/Cornedo bis Vols am Schlern/Fiè allo Sciliar und nördlich bis Jenesien/San Genésio und Ritten/Renon. Trockener Rotwein. Trauben: Schiava; Lagrein/Pinot Nero bis 10%. E. 91/130; Alk. 11; S. 0,4.

Santa Maddalena/St. Magdalener (1971)
Die Königin des Vernatsch (ein König ist für diese Gruppe von Reben, deren italienischer Name «Sklavin» bedeutet, anscheinend nicht ernannt worden) herrscht nun schon lange im Reich des Südtiroler Rotweins. Der St. Magdalener ist zwar so zierlich von Statur wie die anderen, hat aber doch vollere Farbe, mehr Körper und Frucht bei etwas schwächerem Nachgeschmack von Bittermandeln. Die besten dieser Art

Der wehrhafte Rundbau der Michaelskapelle in der Abtei Neustift mit ihren Weinbergen.

stammen aus dem «klassischen Ursprungsgebiet», dessen Terrassen über Bozen ein Amphitheater bilden, das mit den rot- und purpurglühenden Wänden des Rosengartens die schönsten Kulissen besitzt, die man sich denken kann. Die Erzeuger erlangten bereits 1931 Schutz vor Nachahmung, ein Jahrzehnt, bevor das faschistische Regime den Santa Maddalena zu einem der drei Spitzenrotweine Italiens proklamierte. Dieser Status wird allerdings auch in der Schweiz, die den größten Teil dieses Weins abnimmt, nicht ganz für voll genommen.

ZONE: Die Hänge vom Stadtrand Bozens bis in Teile der Gemarkungen Ritten/Renon, Jenesien/San Genésio und Terlan. Nur Weine aus den historischen Lagen östlich des Flüßchens Talfer/Talvera in den Bozener Ortsteilen St. Magdalena, St. Justina, St. Peter, Leitach und Kosten dürfen als Classico oder «klassisch» bezeichnet werden. Trockener Rotwein. Trauben: Schiava (Grossa/Media/Grigia/Tschaggele); Lagrein/Pinot Nero bis 10%. E. 87,5/125; Alk. 11,5; S. 0,4.

Caldaro/Kalterer oder **Lago di Caldaro/Kalterersee (1970)**
Das populärste Mitglied des Vernatsch-Clans aus der umfangreichsten DOC-Zone der Region, ein lebhafter, hell-granatroter Wein, ist seinen Liebhabern nur als Kalterersee geläufig. Seine engere Heimat ist der aus dem Grün der Weinbergterrassen hervorschimmernde See, doch seine Rebfläche dehnt sich weit umher aus. Feinschmecker mögen ihn über die Schulter ansehen, doch als junger, frischer Rotwein könnte er nicht süffiger sein, und nichts könnte besser zu den einheimischen Gerichten wie Sauerkraut, Knödel, Wurst und Speck passen. Besonders gute Versionen kommen im Stil an den St. Magdalener heran. Der Classico/klassische Bereich ist überaus weit gefaßt, und der Zusatz *superiore* bedeutet lediglich einen Hinweis auf den geforderten Alkoholgehalt. Auslese/*scelto* besagt, daß es sich um reinen Vernatsch mit einem 1/2% Alkohol mehr handelt.

ZONE: Hänge am Kalterersee in der Überetsch und in Teilen des Unterlands mit den 9 Gemeinden in der Provinz Bozen im Classico-/klassischen Bereich. Die Zone erstreckt sich nordwärts bis Nalles und südwärts in das Trentino bis zur Rotaliano-Ebene und zum Cembra-Tal mit 8 Gemeinden in der Provinz Trento. Trockener Rotwein. Trauben: Schiava (Grossa/Gentile/Grigia); Pinot Grigio/Lagrein bis 15%. Auslese/*scelto* muß rein Schiava sein. E. 98/140; Alk. 10,5 (Auslese 11); S. 0,4.

Andere beachtenswerte Weine

Trotz des hohen DOC-Anteils gibt es noch genug Südtiroler Wein, der nicht unter die DOC fällt, z. B. der Feldmarschall, ein Müller-Thurgau von Tiefenbrunner aus so hochgelegenen Weinbergen, daß sie nicht mehr anerkannt werden. Eine Reihe von hochpreisigen Abfüllungen, v. a. Rotwein, fallen unter *vdt*, da es sich um Verschnitte handelt. Auf sie wird jeweils unter dem Namen des Erzeugers hingewiesen. Weitere Weine, meist Vernatsch, werden in großen Flaschen für den Alltagsverbrauch angeboten, z. B. der in der Schweiz beliebte *vdt* Tiroler Leiten. Der einzige Anbaubereich, der nicht in eine DOC-Zone fällt, ist der Vintschgau/Val Venosta an der oberen Etsch mit schmackhaften Weißweinen und Portugieser Rotweinen.

WEINGÜTER/WINZER

(Ohne Kommentar aufgeführte Weingüter bieten mindestens einen guten DOC-Wein-Typ an.)

Baron Georg von Widmann, Cortaccia/Kurtatsch (BZ). Andreas von Widmann erzeugt in guten Lagen des Familienbesitzes erlesenen Cabernet und Lagrein.

Anton Dissertori – Plattenhof, Termeno/Tramin (BZ). Beachtenswerter Gewürztraminer aus Weinbergen bei Söll.

Karl Franceschini, Salorno/Salurn (BZ).

Anton Gojer/Glögglhof, Bozen. Guter St. Magdalener aus dem Herzen der Zone sowie faßgereifter Lagrein Dunkel.

Haderburg, Salorno/Salurn (BZ). Die Familie Ochsenreiter erzeugt geachteten Haderburg Brut und Nature nach dem Champagnerverfahren aus Lagen bei Buchholz.

Josef Huber – Pacherhof, Bressanone/Brixen (BZ). Exzellenter Müller-Thurgau aus Lagen hoch über Neustift.

Graf Eberhard Kuenburg – Schloß Sallegg, Caldaro/Kaltern (BZ). Auslesen aus verschiedenen Lagen werden in den Kellern des schönen Schlosses zu einer Reihe von Weinen verarbeitet. Spezialität ist eine ganz exquisite Rosenmuskateller Spätlese. Auch der Kalterersee aus den Lagen Bischofsleiten und Lotterbrunnen ist sehr fein.

Maso Foradori, Mazzone (BZ). Foradori aus Mezzolombardo im Trentino erzeugt hier feinen Gewürztraminer.

Pfannenstielhof, Bozen. Eduard Pfeifer produziert guten St. Magdalener.

Heinrich Plattner, Bozen. St. Magdalener aus der Lage Waldgrieshof in St. Justina.

Heinrich Rottensteiner, Bozen. Der überaus gewissenhafte Winzer erzeugt aus klassischen Lagen beim Obermoserhof St. Magdalener, wie er im Buch steht.

Gebrüder Torggler, Meran (BZ). Meraner Hügel (Lage Haisreiner).

WEIN- UND HANDELS-HÄUSER

Abbazia di Novacella/Stiftskellerei Neustift, Varna/Vahrn (BZ). Das Stift, ein Wahrzeichen in der Landschaft des Eisacktals, füllt klassischen Müller-Thurgau und Sylvaner unter der Bezeichnung Brixner ab.

Arunda/Vivaldi, Meltina/Mölten (BZ). Josef Reiterer erzeugt vorbildlichen Brut und Extra Brut nach dem Champagnerverfahren unter dem Etikett Arunda. Seine Kellerei in 1150 m ist bestimmt die höchste der Welt.

Josef Brigl, Cornaiano/Girlan (BZ).

Castel/Schloß Rametz, Meran (BZ). Das imposante Schloß galt lange als führend in der Region. Heute erzeugt die Firma eine Reihe moderner DOC-Weine sowie Castel Monreale und Schloß Königsberg Brut (Champagnerverfahren).

Castel/Schloß Schwanburg, Nalles/Nals (BZ). Am schönen alten Familiensitz produziert Dieter Rudolph hochgeschätzten DOC Terlaner und Südtiroler sowie faßgereiften *vdt* Castel Schwanburg von Cabernet und Merlot. Die meisten Trauben stammen von 27,5 ha Hanglagen unterhalb des Schlosses; nur ein Teil wird zugekauft.

Alfons Giovanett-Castelfeder, Egna/Neumarkt (BZ). Solider Erzeuger von DOC Südtiroler, am bekanntesten durch Gewürztraminer.

Giorgio Grai, Bozen. Der in ganz Italien bekannte Önologe produziert hier Wein mit der eigenen Unterschrift statt mit den früheren Namen Bellendorf, Herrnhofer und Kehlburg auf dem Etikett. Er nimmt Auslesen klassischer Tiroler Weine so vor, daß sie mehr Geschmack und Aroma aufweisen als andere und vor allem im Lauf der Zeit noch heranreifen. Sein Pinot Bianco und sein Cabernet zeichnen sich oft besonders aus. Zum Verkaufen seiner Weine hat er allerdings keine Zeit; deshalb kann man sie nur in seiner Edy-Bar am Walther-Platz in Bozen probieren. Er ist ständig unterwegs für Gancia und viele Kellereien, die er mehr oder weniger intensiv berät.

Franz Haas, Montagna/Montan (BZ). Aufstrebender Erzeuger mit guten Weinen, an der Spitze ein Pinot Nero, z. T. aus den eigenen Lagen bei Ordenthal.

Hirschprunn, Magrè/Margreid (BZ).

J. Hofstätter, Termeno/Tramin (BZ). Paolo Foradori führt den schönen alten Familienbetrieb in Tramin mit 35 ha eigenen Weinbergen in besten Lagen und mit zugekauften Trauben von weiteren 160 ha. Hofstätter ist bekannt durch Gewürztraminer vom Kolbenhof über Tramin und Barthenau aus Mazzon. Sein Pinot Nero von Barthenau gehört zu den besten Italiens.

Kettmeir, Caldaro/Kaltern (BZ). Der geachtete Familienbetrieb wird auch nach dem Verkauf der Mehrheitsbeteiligung an Santa Margherita weiter von Franco Kettmeir geleitet. Ein volles Programm an Weinen der Region einschließlich *spumante* unter dem Kettmeir-Etikett.

Klosterkellerei Muri Gries, Bozen. Die Keller des Benediktinerklosters in Gries bei Bozen sind für ihren Lagrein berühmt, der wie die DOC Südtiroler und Terlaner stets zu den besten seiner Art gehört.

Alois Lageder, Bozen. Der große Familienbetrieb wurde 1855 vom Urgroßvater des heutigen Besitzers gegründet, der ihn inzwischen zur führenden Kellerei in Südtirol ausgebaut hat. Alois Lageder, seine Schwester Wendel und sein Schwager Luis von Delleman, der auch als Kellermeister fungiert, treffen ihre Auswahl aus dem Erntegut von eigenen 20 ha um Margreid und Kaltern sowie von Zulieferern mit etwa 400 ha. Die Weine, fast alle mit DOC, werden in der Kellerei Löwengang in Margreid bereitet und ausgebaut und im Haupthaus in Bozen abgefüllt. Löwengang – faßgereifter Chardonnay aus Buchholz und Margreid sowie Cabernet Sauvignon aus Margreid und Kaltern – und Einzellagenweine: Terlaner Sauvignon Lehenhof (in Montigl), Pinot Bianco Haberlehof (in Buchholz), Pinot Grigio Benefizium Porer (in Margreid) und Chardonnay Erlerhof (in Buchholz) sind die beiden Prestige-Serien.

Laimburg, Ora/Auer (BZ). Die Landwirtschaftsfachschule bringt unter dem Etikett Laimburg guten Wein von 31 ha Rebfläche hervor.

Oben links: Alois Lageder hat der alteingesessenen Weinfirma seiner Familie mit einer Reihe von Einzellagenweinen unter dem markanten Namen Löwengang in Südtirol eine Spitzenstellung erobert.

Oben: Giorgio Grai, einer der bekanntesten Önologen Italiens, in seiner Edy-Bar am Walther-Platz in Bozen, wo er seine eigenen Weine ausschenkt.

Anton Lindner, St. Michael-Eppan/San Michele-Appiano (BZ).

H. Lun, Bozen. Große Auswahl an Weinen, z. T. Marke Sandbichler.

Karl Martini & Sohn, Cornaiano/Girlan (BZ). Aus einer Reihe von DOC-Weinen guter Kalterersee aus den Lagen Felton und Justina.

Josef Niedermayr, Cornaiano/Girlan (BZ).

Portico dei Leoni, Bolzano. Alois Lageder und Luis von Delleman arbeiten zusammen mit Maurizio Castelli aus der Toskana in einem Betrieb nach der Art der *négociants-éleveurs*, der einen feinen, faßgereiften Chardonnay herausbringt.

Praeclarus, San Paolo-Appiano/St. Paul-Eppan. Johann Ebner produziert in seiner Kellerei Kledona vielbeachteten Praeclarus Brut und Extra Brut (Champagnerverfahren).

Hans Rottensteiner, Bozen. Guter St. Magdalener vom Premstallerhof aus einer Reihe sauberer DOC-Weine, z. T. von 16 ha eigenen Weinbergen.

J. Tiefenbrunner – Schloß Turmhof, Cortaccia/Kurtatsch (BZ). Herbert Tiefenbrunner und sein Sohn Kristof nutzen das Erntegut vom Familienbesitz bei Entiklar für einige hochgeschätzte Südtiroler Weine. Besucher der Weinstube und des Gartenlokals in Schloß Turmhof freuen sich an würzigem Weißwein und fruchtigem Rotwein zur Wurst- und Speckplatte. Die Weißweine sind bekannt für kräftiges Aroma bei Gewürztraminer, Riesling, Sylvaner, dem knochentrockenen Goldmuskateller und vor allem dem *vdt* Müller-Thurgau Feldmarschall aus den höchsten Lagen der Region auf 1000 m bei Fennberg. Chardonnay-Auslesen ergeben einen faßgereiften Wein und den vollen, aber nicht im Faß ausgebauten Turmhof. Die Rotweine umfassen eine Reihe von milden Vernatsch-Versionen, guten Lagrein und Cabernet sowie Kristofs einzigartigen Linticlarus (die beiden Trauben mit Pinot Nero kombiniert).

Vinicola Santa Margherita, Caldaro/Kaltern (BZ). Die Firma aus Venetien hat neben Kettmeir eine weitere Kellerei für DOC Südtiroler, insbesondere Pinot Grigio, errichtet, für sie bei weitem der größte Abfüller ist, ferner auch für Chardonnay und den *vdt* Luna dei Feldi von Chardonnay, Müller-Thurgau und Traminer aus Roverè della Lune im Trentino.

Anton von Elzenbaum, Termeno/Tramin (BZ). Vielbeachteter Gewürztraminer und andere Weine von 15 ha eigenen Weinbergen.

Karl Vonklausner, Bressanone/Brixen (BZ). Gute Eisacktaler-Weißweine.

Wilhelm Walch, Termeno/Tramin (BZ). Werner Walch produziert ein volles Programm an DOC-Weinen, z. T. von 20 ha eigenen Weinbergen für Erzeugerabfüllung Kastelaz und Schloss Ringberg.

Reinhold Waldthaler, Ora/Auer (BZ). Spezialist für Lagrein.

Peter Zemmer, Cortina/Kurtinig. Helmuth Zemmer produziert ein gutes DOC-Wein-Programm.

GENOSSENSCHAFTEN
(K bedeutet Kellerei-Genossenschaft)

CS Andriano/K Andrian, Andriano/Andrian (BZ).

CS San Michele/K St. Michael, Appiano/Eppan (BZ). Hans Terzer leitet die Kellerei mit einem guten Programm an DOC Südtiroler, Kalterersee, *vdt* und *spumante*, z. T. unter dem Etikett Castel San Valentino/St. Valentin.

CS San Paolo/K St. Paul, Appiano/Eppan (BZ).

CS/K Gries, Bozen.

CS Santa Maddalena/K St. Magdalener, Bozen.

CS/K Baron Josef Di Pauli, Caldaro/Kaltern (BZ).

CS Caldaro/K Kaltern, Caldaro/Kaltern (BZ).

Prima & Nuova Cantina/Erste & Neue KG, Caldaro/Kaltern (BZ).

CS Valle d'Isarco/K Eisacktaler, Chiusa/Klausen (BZ). Vielbeachtete Spezialisten für Müller-Thurgau und Sylvaner.

CS Colterenzio/K Schreckbichl, Cornaiano/Girlan (BZ). Luis Raifer steht an der Spitze von 360 Winzern mit 450 ha aus der Überetsch und anderen Orten mit einer Auswahl an DOC Südtiroler, Terlaner, St. Magdalener und Kalterersee, darunter auch Einzellagenweine.

CS Cornaiano/K Girlan, Cornaiano/Girlan (BZ). Beständige Qualität von Winzern mit 235 ha in der Überetsch, bereitet von dem bewährten Kellermeister Hartmuth Spitaler, dessen Spezialität Kalterersee ist. Seine Auslesen unter dem Etikett Optimum umfassen auch guten Riesling, Gewürztraminer und Pinot Nero.

CS Magrè-Niclara/K Margreid-Entiklar, Magreid (BZ).

CS Nalles/K Nals, Nals (BZ). DOC Terlaner.

CS Terlano/K Terlan, Terlan (BZ). Der legendäre Kellermeister Franz Stocker verleiht seinem DOC Südtiroler und Terlaner, v. a. Sauvignon, solide Qualität. Winzer mit 155 ha liefern zudem guten Grundwein für *spumante*. Eine Kollektion guterhaltener Weine.

CS Termeno/K Tramin, Termeno/Tramin (BZ).
(Die Genossenschaftsweine werden durch den Consorzio Viticoltori Alto Adige bzw. Verband der Kellereigenossenschaften Südtirols vertrieben.)

Weine aus dem Trentino

In den Weinbergen und Kellereien des Trentino spielt sich eine stille Revolution ab, nachdem der Weinbau, als sein früherer Avantgardismus zur Routine wurde, jahrelang so dahinplätscherte. Eine Ausnahme bildete nur der Schaumwein, bei dem das Vorbild Ferraris eine eifrige Gefolgschaft gefunden hatte. Vor der jetzt erst wieder zu beobachtenden Neubelebung allerdings waren die Beispiele für große Qualität doch recht rar. Einige Jahrzehnte lang hatten sich die Erzeuger lieber in die vermeintliche Sicherheit (aber auch Anonymität) der Genossenschaften zurückgezogen. Die Weintechniker in Privat- und Genossenschaftskellereien betätigten sich mit Geschick im Abschöpfen des besseren Teils des Leseguts, um damit die Nachfrage nach Weißwein zu befriedigen und den allmählichen Rückgang im Absatz von Massenrotwein zu kompensieren. Als Ergänzung zu den leichten und fruchtigen Weißweinen wurden kräftige Teroldego-, Cabernet-, Merlot- und Marzemino-Rotweine geschaffen. Der DOC-Anteil, zwar nicht so groß wie in Südtirol, war immer noch höher als im übrigen Land. Der Absatz war lebhaft, weil der Preis stimmte. Abgesehen vom Schaumwein aber entlockten nur wenige Weine aus dem Trentino den Kennern Begeisterung.

Nun beginnt eine Wiederbelebung, langsam aber sicher, den Status des Trentino anzuheben. Jeder neue Jahrgang bestätigt, daß ein realistischeres Qualitätskonzept um sich greift, nicht nur bei Winzern und Handelshäusern, sondern auch bei den meist unbeweglicheren Genossenschaften. Càvit, ein Zusammenschluß vieler Kellereien, beliefert die Weltmärkte mit einem Querschnitt durch Weiß-, Rot- und Schaumwein. In letzter Zeit sind aber auch einzelne Kellereien darangegangen, für sich selbst einen Namen aufzubauen. Der Unternehmungsgeist der Gebrüder Lunelli mit ihrer Firma Ferrari hat sich auf andere übertragen. So hat sich das Schaumwein-Gewerbe um eine Anzahl neuer Erzeuger verstärkt und das Konsortium Spumante Trento Classico gegründet.

Auch wenn die Weingüter bisher nur einen Bruchteil der Produktion repräsentieren, haben nun nach einer Zeit des Rückgangs und der Anpassung an moderne Marktverhältnisse Guerrieri Gonzaga mit San Leonardo, Bossi Fedrigotti mit Foianeghe sowie Baroni a Prato und Barone de Cles den Anschluß an ihr früheres Prestige wiedergefunden. Andere Familiengüter – u. a. Conti Martini, De Tarczal, Foradori – schaffen den Übergang reibungsloser. Inzwischen ist eine neue, von jedem lästigen Erbe beneidenswert freie Generation von *vignaioli* in Erscheinung getreten. Die ersten Schrittmacher, Pojer & Sandri, zeigten, daß bestimmte Weißweine aus dem Trentino mit der Elite aus dem Friaul in Stil und Preis konkurrieren konnten. Zeni, Simoncelli, Calovi, Fanti, Maso Cantanghel und Poli folgten ihrem Beispiel. Technisches Können verspricht Longariva, Madonna della Vittoria und Vallarom neuen Glanz zu verleihen. Auch das Istituto Agrario Provinciale in San Michele all'Adige betätigt sich als Weingut, bildet darüber hinaus aber auch den Bezugspunkt für den Weinbau im Trentino. Vorübergehend war ein Qualitätseinbruch geschehen, seit 1988 aber geht die Lehranstalt ihren vielen Schülern im Land wieder mit gutem Beispiel voran.

Die grundlegende DOC-Zone heißt Trentino. Sie überschneidet sich mit den begrenzteren Zonen Teroldego Rotaliano und Sorni und mit der großen Zone Casteller. Die Provinz Trento stellt den Großteil der Regional-Bezeichnung Valdadige.

Trentino (1971)

Die umfassende DOC erstreckt sich auf die gesamte Provinz und fast alle roten und weißen Rebsorten, darüber hinaus auch auf *spumante* und den außergewöhnlichen Vino Santo. Die Rebfläche konzentriert sich auf vier Hauptbereiche, deren erster im Norden um Roverè della Luna und den Campo Rotaliano liegt, wo sich Teroldego eine eigene DOC verdient hat und auch der dunkle und hellere Lagrein gut gedeihen. Die Ebene an der Etsch ist auch Hauptquelle für Chardonnay und Pinot für die Schaumweinherstellung. Stille Weine von Zeni, Conti Martini, Gaierhof und Foradori zeichnen sich durch Finesse aus. Der zweite Bereich erstreckt sich östlich der Etsch auf Erhebungen bei San Michele und Lavis. In ihn fällt die DOC-Zone Sorni und das Cembra-Tal mit seinen hohen Terrassen. In den Weinbergen gedeiht eine ganze Reihe von Traubensorten, mit denen das Istituto Agrario, LaVis, Maso Poli, Fanti und Bolognani beliefert werden. Bemerkenswert fallen Nosiola, Pinot Bianco und Grigio sowie Chardonnay aus, zudem kräftiger Cabernet und gefälliger Pinot Nero.

Der dritte und größte Bereich ist das Vallagarina, das Lagertal, von

Trient bis nach Venetien hinein.
Unterschiedliche Böden und Temperaturen zwischen Flußufer und Berghängen bieten Raum für verschiedenste Weine. Der alte Favorit ist hier der Marzemino. Sein fülliges, traubiges Aroma mit Bittermandelnote bei jugendlich-lebhaftem Duft kommt im Vulkanboden von Isera um Mori, Nomi, Nogaredo und Marano am schönsten zum Ausdruck.

Führende Erzeuger sind u. a.
De Tarczal, Enrico Spagnolli, Letrari, Bossi Fedrigotti, Battistotti und CS di Isera. Auch weiter talaufwärts bei Aldeno und auf der anderen Talseite um Calliano, Volano und Rovereto gedeiht der Marzemino so gut, daß sich die Erzeuger zu einem Konsortium für seine Förderung zusammengeschlossen haben. Im Vallagarina wachsen außerdem Chardonnay und Pinot für Schaum- und Stillweine sowie Nosiola, Cabernet und Merlot. Simoncelli bringt mit ihnen allen besonders gute Leistungen.

Die Valle dei Laghi nördlich vom Gardasee an der Sarca und um die Seen von Cavedine, Toblino und Santa Massenza bietet dieselbe Vielfalt und ähnliche Weine wie das Etschtal. Sein warmes, gut durchlüftetes Mikroklima eignet sich aber besonders für Vin Santo. Für seine Bereitung werden reife Trauben auf Rohrmatten (*solèri*) oder seltener in Netzen (*arèle*) an luftigen Stellen 5 bis 6 Monate lang zum Trocknen aufbewahrt. Dieser *infavatura* genannte Prozeß ruft eine als *muffa larvata* bezeichnete Art der Edelfäule in den Trauben hervor. Der von ihnen gekelterte dickflüssige Most wird in kleinen Fässern 2 bis 3 Jahre lang einer langsamen Gärung und Alterung überlassen, wobei ein kupferbis bernsteinfarbener Wein mit nachhaltiger, samtiger Süße entsteht. Der vielleicht feinste Vino Santo wird allerdings von Giovanni Poli in Edelstahltanks bereitet, wobei mehr Geschmacks- und Aromastoffe erhalten zu bleiben scheinen. Ein Konsortium von einem halben Dutzend Erzeuger produziert den größten Teil der zumeist in halben Flaschen verkauften 30 000 l jährlich. Die Herstellung ist zwar langwierig und kostspielig (der entstehende Wein entspricht etwa 1/6 des Traubengewichts), dennoch läßt der wachsende Zuspruch eine steigende Produktion erwarten. Die besten Nosiola-Spinarola-Trauben für Vino Santo kommen von Berghängen um Calavino, Toblino und Santa Massenza, wo Giovanni Poli gute Lagen besitzt.

ZONE: Hänge und Ebenen in den Tälern von Etsch, Avisio (Cembra) und Sarca sowie um die Seen von Caldonazzo und Levico, d. h. prak-

① Gaierhof
② Conti Martini
　Donati
　Elio Endrizzi
　Fratelli Dorigati
③ Foradori
④ Barone de Cles
⑤ Remo Calovi
⑥ Zeni
⑦ Pojer & Sandri
⑧ Istituto Agrario Provinciale
⑨ Masetto-Maria Teresia
⑩ Baroni a Prato
⑪ Maso Poli
⑫ Giuseppe Fanti
⑬ Bolognani
⑭ Giuseppe Sebastiani
⑮ Francesco Poli
⑯ Giovanni Poli
⑰ Fratelli Rigotti
⑱ Ferrari
⑲ Tenuta Novaline
⑳ Giuseppe Spagnolli
㉑ Riccardo Battistotti
㉒ Lagariavini
㉓ Luigi Raffaelli
㉔ Letrari
㉕ De Tarczal
㉖ Enrico Spagnolli
㉗ Conti Bossi Fedrigotti-Foianeghe
㉘ Lagariavini-Mori Vecio
㉙ La Cadalora
㉚ Vallarom
㉛ Tenuta San Leonardo

Grenze der DOC Etschtaler/Valdadige
Grenze der DOC Trentino
Grenze der DOC Sorni
Grenze der DOC Südtiroler/Alto Adige
Grenze der DOC Teroldego Rotagliano
Grenze der DOC Kalterer/Caldaro
Grenze der DOC Casteller

1 : 270,000

Km 0 2 4 6 8 10
Miles 0 1 2 3 4 5 6

Autobahn
Hauptverkehrsstraße
Andere Straßen
Eisenbahnstrecke
Provinzgrenze
Höhenlinienabstand 200 m
Longariva Weinerzeuger
Empfohlene Weinstraße

tisch die gesamte Weinbaufläche der Provinz Trento mit 47 Gemeinden. Marzemino ist auf 13 Gemeinden im Vallagarina entlang der Etsch zwischen Aldeno und Venetien beschränkt. Weine aus dem Bereich Isera dürfen diesen Namen tragen. Vino Santo ist auf 11 Gemeinden im Valle dei Laghi zwischen Vezzano und dem Gardasee beschränkt. Die 20 Typen umfassen 17 sortenreine Weine sowie Bianco, Rosso und Vino Santo.

Bianco. Trockener Weißwein. Trauben: Chardonnay 50–85%, Pinot Bianco 15–20%. E. 105/150; Alk. 11; S. 0,45.

Cabernet. (Cabernet Sauvignon/ Cabernet Franc) Trockener Rotwein. E. 91/130; Alk. 11, *riserva* 11,5; S. 0,45; A. *riserva* 2 J.

Cabernet Franc. Trockener Rotwein. E. 91/130; Alk. 11, *riserva* 11,4; S. 0,45; A. *riserva* 2 J.

Cabernet Sauvignon. Trockener Rotwein. E. 91/130; Alk. 11, *riserva* 11,5; S. 0,45; A. *riserva* 2 J.

Chardonnay. Trockener Weißwein, auch *spumante*. E. 105/150; Alk. 11; S. 0,5.

Lagrein. Trockener Rotwein (Dunkel), auch Rosé (Kretzer). E. 98/140; Alk. 11, *riserva* 11,5; S. 0,45; A. *riserva* (nur Rotwein) 2 J.

Marzemino. Trockener Rotwein. E. 91/130; Alk. 11, *riserva* 11,5; S. 0,45; A. *riserva* 2 J.

Merlot. Trockener Rotwein. E. 105/ 150; Alk. 11, *riserva* 11,5; S. 0,45; A. *riserva* 2 J.

Moscato Giallo. Süßer Weißwein, auch *liquoroso*. E. 84/120; Alk. 11,5, *liquoroso* 14; S. 0,5.

Moscato Rosa. Süßer Rosé, auch *liquoroso*. E. 70/100; Alk. 12,5, *liquoroso* 14; S. 0,5.

Müller-Thurgau. Trockener Weißwein. E. 98/140; Alk. 11; S. 0,45.

Nosiola. Trockener Weißwein. E. 98/140; Alk. 10,5; S. 0,45.

Pinot Bianco. Trockener Weißwein, auch *spumante*. E. 105/150; Alk. 11; S. 0,5.

Pinot Grigio. Trockener Weißwein, auch *spumante*. E. 98/140; Alk. 11; S. 0,45.

Pinot Nero. Trockener Rotwein, als *spumante* auch rosé oder weiß. E. 84/ 120; Alk. 11,5, *riserva* 12; S. 0,45; A. *riserva* (nur Rotwein) 2 J.

Riesling Italico. Trockener Weißwein. E. 105/150; Alk. 10,5; S. 0,5.

Riesling Renano. Trockener Weißwein. E. 98/140; Alk. 11; S. 0,5.

Rosso. Trockener Rotwein. Trauben: Cabernet 50–85%, Merlot 15–50%. E. 98/140; Alk. 11,5; S. 0,5.

Traminer Aromatico. Trockener Weißwein. E. 98/140; Alk. 11,5; S. 0,5.

Vino Santo. Süßer Weißwein. Traube: Nosiola rosiniert oder *pas-*

sito. E. 42/140; Alk. 16 (Restsüße Max. 6%); S. 0,6; A. 3 J.

Teroldego Rotaliano (1971)

Teroldego gedeiht nur auf den Kiesböden des Campo Rotaliano an malerischen Pergolen mit grünem Laubdach, eingerahmt vom Panorama der Alpen im «schönsten Weingarten Europas». Anderswo dagegen ist der Fürst unter den Reben des Trentinos ein armer Mann. Den leichten, fruchtigen Stil verkörpert Zeni mustergültig mit einem geschmeidigen Rotwein aus der Lage Pini. Der echte Teroldego ist für den Kenner jedoch ein tief rubinroter Wein mit aristokratischer Statur, mit einem Gefüge und einer Substanz, die ihm ein faszinierendes Alter sichern. Teroldego wächst in einheitlich wirkenden Weingärten in der Ebene; dennoch haben bestimmte Lagen, vor allem im Westen um Mezzolombardo, wo sich der kühlende Einfluß des Paganella-Massivs bemerkbar macht, etwas Besonderes. Der Cantina Cooperativa Rotaliana gebührt der Preis für Beständigkeit beim Teroldego, gefolgt von Conti Martini. In den letzten Jahrzehnten kommen die edelsten Versionen von Foradori. ZONE: Der Campo Rotaliano, die weite Ebene am Zusammenfluß von Etsch und Noce in den Gemarkungen Mezzolombardo, Mezzocorona und im Ortsteil Grumo von San Michele all'Adige. Trockener Rotwein. Traube: Teroldego. E. 119/170; Alk. 11,5, *superiore* 12; S. 0,45; A. *superiore* 2 J.

Rosato oder **Kretzer.** Trockener Rosé. Traube: Teroldego. E. 119/ 170; Alk. 11,5; S. 0,45.

Sorni (1979)

Maso Poli setzt hier die Maßstäbe. Auch die Genossenschaft LaVis ist stets zuverlässig. *Scelto* (Auslese) bedeutet beim Rotwein etwas höheren Alkoholgehalt. ZONE: Die Hänge nordöstlich vom Zusammenfluß von Avisio und Etsch in den Gemarkungen Giovo, San Michele all'Adige und Lavis mit dem Ortsteil Sorni.

Bianco. Trockener Weißwein. Trauben: Nosiola; Müller-Thurgau/Sylvaner Verde/Pinot Bianco bis 30%. E. 98/140; Alk. 10; S. 0,5.

Rosso. Trockener Rotwein. Trauben: Schiava (Gentile/Grigia/ Grossa) Min. 70%, Teroldego 20–30%; Lagrein bis 10%. E. 98/ 140; Alk. 10,5 (*scelto* 11); S. 0,45.

Casteller (1974)

Der rosenrote Allzweckwein hat seinen Namen nach einem Dorf bei Trient und wird in vielen Teilen der Provinz erzeugt. ZONE: Hänge nicht über 600 m und Ebenen mit Kiesböden an der Etsch von der Grenze zu Venetien nordwärts bis Lavis bei Trient mit 27 Gemeinden der Provinz Trento. Trockener Rosé oder heller Rotwein, auch leicht *amabile.* Trauben: Schiava Grossa/Gentile Min. 30%, Lambrusco a Foglia Frastagliata bis 40%, Merlot bis 20%, andere bis 10%. E. 94,5/135; Alk. 11; S. 0,45.

Valdadige/Etschtaler (1975)

Die einfachste DOC im Trentino und Südtirol versorgt die Weintrinker in Italien und weiter im Norden mit billigem Wein. Viel Pinot Grigio strömt unter dieser Bezeichnung zusam-

Ein Kellereiarbeiter beim Rütteln des Schaumweins der Firma Ferrari in Trient, die zu einem Konsortium gehört, dessen Erzeugnisse als Spumante Trento Classico auf den Markt kommen.

men, manchmal süffig, manchmal unkenntlich. Die anderen Weine zeichnen sich kaum irgendwie aus. ZONE: Die Berghänge und Ebenen entlang der Etsch von Meran im Südtirol südwärts durch das Trentino bis Sant'Ambrogio di Valpolicella in Venetien, mit 38 Gemeinden in der Provinz Trento, 33 in der Provinz Bozen und 4 in der Provinz Verona.

Bianco. Trockener Weißwein, auch *amabile.* Trauben: Pinot Bianco/ Pinot Grigio/Riesling Italico/Müller-Thurgau/Chardonnay Min. 20%; Bianchetta Trevigiana/Trebbiano Toscano/Nosiola/Vernaccia bis 80%. E. 98/140; Alk. 10,5; S. 0,5.

Rosso. Trockener Rotwein, auch *amabile.* Trauben: Lambrusco a Foglia Frastagliata Min. 30%; Schiava (in mehreren Varietäten) Min. 20%; Merlot/Pinot Nero/ Lagrein/Teroldego/Negrara bis 70%. E. 98/140; Alk. 11; S. 0,45.

Rosato. Trockener Rosé, auch *amabile.* Trauben: wie *rosso.* E. 98/140; Alk. 10,5; S. 0,45.

Pinot Grigio. Trockener Weißwein, auch *amabile.* Trauben: Pinot Grigio; andere nicht-aromatische weiße Sorten bis 15%. E. 98/140; Alk. 10,5; S. 0,5.

Schiava. Trockener Rotwein. Trauben: Schiava (Grossa/Gentile/Grigia); andere rote Sorten bis 15%. E. 98/140; Alk. 10,5; S. 0,45.

Eine Burg im Valle dei Laghi. Hier wächst die Nosiola-Traube, die den raren Vino Santo dieser Gegend liefert.

Andere beachtenswerte Weine

Obwohl es so aussieht, als ob die DOC-Zonen alles erfassen, kommt doch über die Hälfte der Weine im Trentino, darunter auch besonders feine, ohne DOC aus. Viele der oft ganz hervorragenden Schaumweine könnten die DOC in Anspruch nehmen, wenige aber tun es. Dagegen überwacht die von 15 Häusern gebildete Spumante-Trento-Classico-Gruppe ihre eigenen Qualitätsmaßstäbe sehr streng. Viele rote Vdt-Variationen von Cabernet und Merlot haben jetzt Anrecht auf die DOC Trentino Rosso, doch viele Erzeuger wie Pojer & Sandri halten sich von der DOC überhaupt fern. Im unteren Vallagarina versuchen die Winzer, einen Markt für leichten Lambrusco-*vdt* aufzubauen. Noch vor 100 Jahren erstreckte sich der Weinbau auf alle Täler des Trentino; heute werden im Valsugana, Val di Non und Val di Sole aber nur noch wenige Weine für den Lokalbedarf produziert.

WEINGÜTER/WINZER

(Ohne Kommentar aufgeführte Erzeuger bieten empfehlenswerten DOC Trentino an.)

Barone de Cles, Mezzolombardo (TN). Auf 25 ha in der Rotaliano-Ebene erzeugen Michele und Leonardo de Cles altbewährten Teroldego von Maso Ischia und Maso Scari sowie anderen DOC Trentino.

Baroni a Prato, Segonzano (TN). Chardonnay, Pinot Nero und Cabernet von 5 ha des noblen Guts hoch oben im Cembra-Tal.

Bergamini, Cognola di Trento (TN).

Remo Calovi, Faedo (TN). Guter Chardonnay und manchmal exzellenter Müller-Thurgau aus der kleinen Lage Palai dei Siori.

Conti Martini, Mezzocorona (TN). Das alte Familiengut bringt unter der Leitung von Lucia Cristina Martini feinen Teroldego und Lagrein, aber auch gute Weißweine – u. a. einen duftigen trockenen Moscato Bianco – hervor.

De Tarczal, Marano d'Isera (TN). Ruggero und Gèza Dell'Adami de Tarczal erzeugen auf 16 ha eine schöne Auswahl an DOC-Weinen, insbesondere beispielhaften Marzemino d'Isera und den *vdt* Pragiara, einen Cabernet-Merlot-Verschnitt.

Donato Mezzocorona (TN). Sauberer DOC Teroldego und Trentino.

Elio Endrizzi, Mezzocorona (TN). Oft guter Teroldego.

Giuseppe Fanti, Pressano di Lavis (TN). Guter Chardonnay, v. a. feiner trockener Nosiola.

Foradori, Mezzolombardo (TN). Von 12 ha im Campo Rotaliano erzeugen Gabriella Foradori und ihre Tochter Elisabetta mustergültigen Teroldego Vigneto Morei, aber auch guten DOC Trentino und feinen Alto Adige Gewürztraminer von Maso Foradori in Mazzon. Granato heißt ein neuartiger *vdt* von Teroldego-Trauben.

Istituto Agrario Provinciale, San Michele all'Adige (TN). Die Landwirtschaftsschule tut sich seit 1988 wieder mit Weißwein hervor, der Salvatore Maules Hand verrät. Die Rebfläche von 40 ha umfaßt besondere Lagen wie: Rauti für Pinot Grigio und Riesling Renano, San Donà für Chardonnay (auch eine faßgereifte Version), Giaroni für Pinot Bianco, Fontane Alte für Sauvignon Blanc, Pozza für Castel San Michele in weiß (von Incrocio Manzoni 6.0.13) und rot (von Cabernet-Merlot).

La Cadalora, Ala (TN). Marzemino, Pinot und Chardonnay von 4 ha.

Letrari, Nogaredo (TN). Von 9 ha erzeugt Leonello Letrari beachtenswerten Marzemino und den Cabernet-Merlot *vdt* Maso Lodron.

Fratelli Pisoni, Pergolese Sarche (TN). Der Vino Santo des Hauses ist das Beste im Programm; es umfaßt auch Pisoni Brut Trento Classico.
Pojer & Sandri, Faedo (TN). Als Pioniere hochwertiger Gutsweine streben Mario Pojer und Fiorentino Sandri auch weiterhin auf ihrem 12-ha-Gut in 750 m Höhe nach Vollkommenheit, u. a. mit *vdt* Müller-Thurgau aus der Lage Palai sowie mit Nosiola, Chardonnay (darunter die Spezialabfüllung Fayè), Pinot Nero und Schaumwein nach dem Champagnerverfahren. Der Vin dei Molini ist ein herber Rosé von Rotberger, einer Schiava-Riesling-Kreuzung.
Francesco Poli, Santa Massenza (TN). Vino Santo.
Giovanni Poli, Santa Massenza (TN). Die Spezialität Vino Santo ist üppig und elegant, ein Musterbeispiel, obwohl er nur in Edelstahltanks ausgebaut wird.
Pravis, Lasino (TN). *Vdt* aus dem Valle dei Laghi, u. a. ein guter trockener Nosiola Le Frate.
Luigi Raffaelli, Volano (TN). Gute Auswahl an DOC Trentino sowie *vdt* Salengo von Cabernet-Merlot.
Fratelli Rigotti, Padergnone (TN). Beachtenswerter Vino Santo.
Armando Simoncelli, Navicello di Rovereto (TN). Guter Erzeuger mit feinem Marzemino und anderen DOC-Weinen sowie Simoncelli Brut Trento Classico und einem guten Cabernet-Merlot-Verschnitt.
Giuseppe Spagnolli, Aldeno (TN). Spagnolli und sein Sohn Francesco, Professor in San Michele, verarbeiten Chardonnay mit hohem Pinot-Nero-Anteil zu dem hervorragenden Spagnolli Brut.
Tenuta Novaline, Mattarello (TN). DOC Trentino und Novaline Brut.
Tenuta San Leonardo, Avio (TN). Das Gut der Marchesi Guerrieri Gonzaga in Borghetto hatte früher im Trentino eine Spitzenstellung mit herzhaftem Cabernet, dessen ausgeprägter Sortencharakter aber modernen Zungen nicht zu schmecken scheint. Nach Experimenten mit 15 ha Reben hat Carlo Gonzaga mit *barriques* dem Cabernet Sauvignon und dem Cabernet-Merlot-Verschnitt Campi Sarni Finesse verliehen.
Vallarom, Avio (TN). Das Familienweingut von Attilio Scienza, Direktor von San Michele, hat sich mit Marzemino, Pinot Nero, Merlot und Cabernet Sauvignon Beifall errungen, aber der Chardonnay Spätlese ist bisher am besten gelungen.

Mario Pojer (rechts) und Fiorentino Sandri haben sich mit hochwertigen Weinen aus hohen Lagen bei Faedo im Trentino sowie mit Grappa namhaft gemacht.

Roberto Zeni, Grumo di San Michele (TN). Von 4 ha am Rand der Rotaliano-Ebene erzeugen Roberto und Andrea Zeni vielgepriesene Einzellagenweine: Pinot Bianco Sortì und Seipergole, Müller-Thurgau La Croce, Chardonnay Zaraosti, einen jugendlichen Teroldego Pini und den süßen Moscato Rosa aus einer Lage namens Rosa.

WEIN- UND HANDELSHÄUSER

Abate Nero, Gardolo (TN). Abate Nero Brut ist ein erstklassiger Schaumwein in Flaschengärung.
Riccardo Battistotti, Nomi (TN). DOC-Weine u. a. feiner Marzemino.
Bolognani, Lavis (TN). Nilo Bolognani hat sich im Trentino mit feinem weißem Nosiola, Müller-Thurgau und Chardonnay rasch eine Führungsstellung erobert.
Cassina, Trento.
Cesarini Sforza Spumanti, Trento. Spezialist für Trento Classico.

Conti Bossi Fedrigotti-Foianeghe, Rovereto (TN). Die Familie Bossi Fedrigotti führt eine alte Tradition mit einem Programm an DOC Trentino und *vdt* von 40 ha im Isera-Tal weiter. Am bekanntesten ist *vdt* Foianeghe Rosso von Merlot und Cabernet sowie Bianco von Chardonnay und Traminer.
Fratelli Dorigati, Mezzocorona (TN). Franco und Carlo Dorigate erzeugen guten Teroldego, DOC Trentino und interessanteen roten *vdt* Rebo und Grener (von Teroldego mit Cabernet), z. T. von 5 ha eigenen Weingärten im Campo Rotaliano. Siehe auch Metius.
Fratelli Endrizzi, San Michele all'Adige (TN). DOC Trentino und Teroldego.
Equipe Trentina Spumante, Mezzolombardo (TN). Equipe 5 Brut und Riserva sind seit langem tragende Säulen im Trento Classico.
Ferrari, Trento. Die 1902 von Giulio Ferrari gegründete Firma ist auch

Longariva, Rovereto (TN). Aus Marco Manicas Gut in Borgo Sacco kommen hochgeachtete DOC-Weine aus den Lagen Graminè, Perer und Alle Pergole sowie ein Cabernet-Merlot *vdt* Tre Cesure und ein voller, kupferfarbener Ruländer, gewonnen von 11 ha.
Madonna della Vittoria, Arco (TN). Iginio Mandellis neues Bilderbuch-Weingut muß sich mit seinem Programm an DOC-Weinen aus dem Trentino erst noch bewähren.
Masetto, San Michele all'Adige (TN). Trento Classico Maria Teresia Brut.
Maso Cantanghel, Civezzano (TN). Piero Zabini und Salvatore Maule erzeugen feinen faßvergorenen Chardonnay Vigna Piccola und Pinot Nero von 2 ha.
Maso Poli, San Michele all'Adige (TN). Luigi Togn produziert von 10 ha des alten Guts feinen Sorni Bianco, schmackhaften Pinot Nero und andere DOC-Weine.

Die Burg Maretsch bei Bozen beherbergt eine Vinothek mit Südtiroler Weinen.

heute unter den Gebrüdern Franco, Gino und Mauro Lunelli in der Schaumweinerzeugung nach dem Champagnerverfahren führend. Von 20 ha Eigenbesitz um Trento – Pianizza, Montalto, ai Palazzi und Villa Margon – und den Trauben bewährter Zulieferer produziert sie jährlich 75 000 Kisten v. a. Brut, vielgelobten Brut de Brut (reiner Chardonnay), Extra Brut (*pas dosé*), Brut Rosé sowie erstklassigen Giulio Ferrari Riserva del Fondatore. Die Kellereien befinden sich in Ravina, der Verwaltungssitz ist jetzt in der schön restaurierten Villa Gentilotti-Ferrari in Trient untergebracht.

Gaierhof, Roverè della Luna (TN). Luigi Togn und der Önologe Enrico Paternoster bringen eine große, abwechslungsreiche Auswahl an DOC und *vdt* in gleichmäßiger Qualität zu mäßigen Preisen hervor. Togn, ein führende Kopf im Weinbau des Trentino, ist auch Besitzer von Maso Poli und der Firma Lechthaler (Torre di Luna Pinot Grigio und Merlot).

Girelli, Trento. Große Auswahl an DOC Trentino, *vdt* und *spumanti*.

Lagariavini – I Vini del Concilio, Volano (TN). Neben einer Auswahl an DOC-Weinen mit phantasievollen Etiketten stehen Mori Vecio, ein Cabernet-Merlot aus Weinbergen in Mori, Grand Bleu Pinot *frizzante* und Concilio Brut Trento Classico.

Le Brul, Mezzocorona (TN). Salvatore Maule produziert den vielbewunderten Gran Le Brul (Champagnerverfahren).

Malpaga, Faedo (TN).

Metius, Mezzocorona (TN). Enrico Paternoster und die Gebrüder Dorigati produzieren nach dem Champagnerverfahren den Methius von Pinot Nero und Chardonnay mit außerordentlicher Finesse.

Fratelli Pedrotti, Trento. Alteingeführtes Haus mit einer Reihe von DOC-Weinen, rotem *vdt* Morlacco und Trento Classico Pedrotti Brut.

San Rocco, Trento. Schöpfer des feinen Novecento Brut nach dem Champagnerverfahren.

Giuseppe Sebastiani, Lavis (TN). Solide Auswahl an DOC-Weinen.

Enrico Spagnolli, Isera (TN). Zuverlässige Auswahl an Trentino-DOC-Weinen, u. a. feiner Marzemino und Müller-Thurgau.

GENOSSENSCHAFTEN

La Vinicola Sociale, Aldena (TN). Reiches Programm an Trentino-DOC-Weinen, *vdt* San Zeno (Merlot

mit Cabernet) und Degli Aldii Brut Trento Classico.

CS Isera, Isera (TN). Spezialist für Marzemino.

CS Lavis-Sorni-Salorno, Lavis (TN). 770 Mitglieder mit besten Hanglagen östlich der Etsch zwischen Lavis und Salorno machen LaVis zur geachtetsten Genossenschaftsmarke. Mit dem Progetto Qualità wird den Winzern Anleitung mit geeigneten Rebsorten und Klonen und in der Ertragsbeschränkung gegeben. Die Ritratti-Serie an Trentino-Chardonnay-, Cabernet-Sauvignon- und Pinot-Nero-Weinen stellt eine Auslese des Kellermeisters Fausto Peratoner dar und trägt Etiketten mit Abbildungen klassischer Kunstwerke. Ferner DOC Sorni, Caldaro und Casteller sowie Arcade-Schaumwein (Champagnerverfahren).

Cantina Produttori Mezzocorona, Mezzocorona (TN). DOC Trentino, Teroldego und Caldaro.

Cantine MezzaCorona, Mezzocorona (TN). DOC Trentino und Teroldego sowie Rotari Brut Trentino Classico.

Cantina Cooperativa Rotaliana, Mezzolombardo (TN). Die Kellerei produziert Teroldego in beständig guter Klasse, daneben DOC Lagrein und Trentino.

Cantina di Toblino, Sarche (TN). Reiches Programm an DOC-Weinen aus dem Trentino mit feinem Vino Santo.

Càvit, Trento. Càvit (Cantina Viticoltori) ist ein Zusammenschluß von 15 Genossenschaftskellereien für den Vertrieb eines großen Teils feiner Trentino-Weine unter der Leitung von Giacinto Giacomini. Eine umfangreiche Auswahl an stets zuverlässigen, oft vorbildlichen DOC-Weinen wird ergänzt durch den Cabernet-Merlot *vdt* Quattro Vicariati und ein Schaumweinprogramm, v. a. Trentino Classico Graal Ducale (Chardonnay-Pinot Nero) und Firmato (reiner Chardonnay). In Zusammenarbeit mit dem Istituto Agrario Provinciale hat die Gruppe im Programm «Progetto il Maso» eine Reihe von Gutsweinen entwickelt.

Reise-Informationen

RESTAURANTS/HOTELS
Südtirol
Elefante, 39042 Bressanone/Brixen (BZ). Tel. (0472) 3 27 50. Das schöne Gasthaus aus dem 16. Jh. mit seinen Gärten ist berühmt für die «Elefanten-Platte». Ruhige Zimmer.
Villa Mozart. 39012 Meran (BZ). Tel. (0473) 3 06 30. Andreas Hellrigls Luxus-Pension bietet kreative Tiroler Küche in einem Lokal mit österreichischem Flair; der Besitzer wirkt öfter im «Palio» in New York unter dem Namen Andrea di Merano als Küchenchef.
Pichler, 39037 Rio di Pusteria/Mühlbach (BZ). Tel. (0472) 4 94 58. Bei einheimischen Feinschmeckern gilt das kleine Restaurant als eines der besten in der Provinz.

Trentino
Maso Cantaghel, 38045 Civezzano (TN). Tel. (0461) 85 87 14. Piero und Lucia Zabini haben das gemütliche Lokal, 10 Minuten von Trient entfernt, zu einer vorbildlichen alpinen Trattoria gemacht. Ganz oben auf der reichhaltigen Weinkarte stehen eigener feiner Chardonnay und Pinot Nero.

Al Borgo, 38068 Rovereto (TN). Tel. (0464) 43 63 00. Rinaldo Dalsassos Kochkünste und die Weinkarte werden weit über Rovereto hinaus gerühmt.
Da Silvio, 38010 San Michele all'-Adige (TN). Tel. (0461) 65 03 24. Die Familie Manna hat das Chalet an der Landstraße in ein freundliches, modernes Restaurant mit schmackhafter Küche und vernünftigen Preisen verwandelt. Sorgfältige Weinauswahl.
Chiesa, Via San Marco 64, 38100 Trento. Tel. (0461) 98 55 77. Sergio Chiesa bietet die Auwahl zwischen Alt und Neu. Gute Weinkarte.

WEINFACHGESCHÄFTE/VINOTHEKEN
Südtiroler Weine werden in der regionalen Vinothek im Castel Mareccio, die in der Via Claudia de' Medici 12 in Bozen auch ein Restaurant unterhält, dargeboten. Ausgezeichnete Fachgeschäfte mit Weinbars sind die Vinoteque Alois Lageder, Viale Druso 235 in Bozen und die Enoteca Johnson & Dipoli in Neumarkt/Egna. In Trient bietet die Enoteca Lunelli, Largo Carducci 12, die eigenen Ferrari *spumanti* und eine gute Auswahl an Weinen aus dem Trentino.

SEHENSWERTES
Südtirol und das Trentino sind für Touristen aus dem ganzen deutschsprachigen Raum beliebte Reiseziele und das Tor nach Italien. Die Dolomiten – vor allem das Hauptmassiv zwischen Bozen und Cortina d'Ampezzo mit Rosengarten, Sella und Marmolada – ziehen viele Besucher an. Im lieblichen Gardena-Tal wird noch Ladinisch gesprochen. Weiter im Westen lockt das Brenta-Massiv um Madonna di Campiglio mit Seen, Skihängen und Wanderwegen.

Doch die Region bietet mehr als nur Möglichkeiten für alpine Sportbetätigung; in Südtirol wird der Weintourismus großgeschrieben. Man kann beispielsweise von Bozen aus hinaufwandern zu den Terrassen, wo der St. Magdalener wächst, oder mit der Seilbahn von Meran zum Schloß Tirol und der Weinlage Burggräffler hinauffahren. Der beliebteste Treffpunkt für Weinfreunde ist jedoch der Kalterersee in den Weingärten der Überetsch und des Unterlands. Hier verläuft die vielbefahrene Weinstraße durch Dörfer mit gotischen Kirchen und schönen alten Häusern.

Das geruhsame Trient, wo 1545 bis 1563 das berühmte Konzil zur Gegenreformation stattfand, liegt mitten in einem Gewirr von Tälern, die mit stolzen Burgruinen und prachtvollen Schlössern von einer bewegten Vergangenheit erzählen. Die bedeutendsten Weinbaubereiche des Trentino sind das Vallagarina um Rovereto und der Campo Rotaliano bei San Michele mit der berühmten Weinbau-Lehranstalt. Die steilen Terrassen im Cembra-Tal bieten ein dramatisches Landschaftsbild. Ebenso malerische Eindrücke gewinnt man bei einer Fahrt durch die Valle dei Laghi vom Gardasee die Sarca hinauf zum Toblino-See mit einem Wasserschloß auf einer Insel.

In beiden Provinzen finden fast gleichzeitig Ende April/Anfang Mai Weinmärkte statt: die seit 1896 im Stadt-Zentrum abgehaltene Bozner Weinkost und die Mostra dei Vini Trentini in Trient. Beide Veranstaltungen sind in erster Linie zwar Handelsmessen, stehen jedoch auch dem allgemeinen Publikum offen und bieten reichlich Gelegenheit, die neueren Weinjahrgänge zu probieren.

Obstmarkt in Bozen. Im milden Klima Südtirols gedeihen nicht nur Trauben und Äpfel, sondern Früchte aller Art.

Venetien (Veneto)

Hauptstadt: Venedig
Provinzen: Belluno (BL), Padova (PD), Rovigo (RO), Previso (TV), Venezia
(VE), Verona (VR), Vicenza (VI).
Fläche: 18 364 km² (8.)
Bevölkerung: 4 371 000 (7.)

Prosecco-Weinberge in Col San Martino bei Valdobbiadene nördlich von Venedig.

Venedig, die Königin der Meere, ist Brennpunkt einer üppigen Weinlandschaft. Die Ebenen an der Adriaküste und im fruchtbaren Land am Po bieten der Rebe noch mehr Raum als die Berge am Rand der Alpen vom Gardasee bis Vittorio Veneto. Die Weinerzeuger in Venetien haben nicht nur den antiquierten Weinbau ihrer Heimat in einen modernen Wirtschaftszweig verwandelt, sondern dabei auch Qualität und Quantität miteinander zu vereinbaren gewußt. Im Weinvolumen steht Venetien hinter Apulien und Sizilien an dritter Stelle, doch in der DOC-Produktion von 1,7 Mio. hl – über 1/5 der gesamten DOC-Produktion Italiens – hat es keine Rivalen. 2/3 dieser Menge stammen allein aus der Gegend um Verona, wo sich dem

klassischen Trio Soave, Valpolicella und Bardolino noch der Bianco di Custoza hinzugesellt hat. In dieser Provinz entsteht fast soviel DOC-Wein wie in der ganzen Toskana und weit mehr als im Piemont.

Als günstige Weinbaugegend ist Verona schon seit den Zeiten der Etrusker bekannt. Die Römer liebten den Rhaeticum aus dem Etschtal, der nach einer oft geäußerten Meinung der Vorläufer der grandiosen Recioto-Weine gewesen sein soll. Um Verona wachsen die Reben noch heute wie schon seit Hunderten von Jahren auf Pergolen, und die Trauben für den süßen Recioto und sein trockenes Gegenstück Amarone werden ebenfalls heute noch auf Gestellen unter luftigen Dächern getrocknet. Der Weinbau in der Region geht zurück auf die

Jahrtausendwende, als hier die Veneter siedelten. Allerdings lassen Funde am Gardasee sowie in den Colli Berici und Euganei darauf schließen, daß dort schon viel früher Trauben gepreßt wurden. In der Zeit der Republik Venedig – der Serenissima –, deren kultivierter Lebensstil heute noch in den kleineren Städten der Region und in den Villen und Gärten überall auf dem Land deutlich spürbar ist, blühte und gedieh der Weinbau, der sich in neuerer Zeit aus den Bergen in die Ebenen ausgebreitet hat und nun in Venetien mit den höchsten Erträgen Oberitaliens große wirtschaftliche Bedeutung besitzt. Die Winzer um Verona nutzten den Trend und dehnten ihre Weinbereiche über die historischen Grenzen aus, doch blieben sie – anders als viele andere in Venetien – den einheimischen Traubensorten und den traditionellen Mischungsrezepten treu. Die Weine Veronas erreichten in den 70er Jahren den Gipfel der Popularität. Ihre besondere Anziehungskraft auf Fremde verdanken sie zum Teil der süffigen Art und mäßigen Preisen, zum Teil aber auch den lyrischen Namen und den romantischen Herkunftsorten in den Bergen um die Stadt.

Der gefällige Soave verdrängte in Amerika den Chianti als meistverkaufte DOC, und der herzhafte Valpolicella setzte sich in England unter den italienischen Rotweinen an die Spitze. Viele Erzeuger von Bardolino-Rotwein und -chiaretto bieten auch den weißen Custoza aus benachbarten Lagen an. Verona machte aus diesen Weinen eine echte Industrie und sicherte ihnen zielbewußt einen festen Platz in italienischen Restaurants überall in der Welt, und die Erzeuger im übrigen Venetien folgten diesem Beispiel.

So brachte Santa Margherita den unter diesem Namen weithin bekannt gewordenen Pinot Grigio auf den Markt, während Zonin, die größte Privatkellerei Europas, Weingüter in Italien und sogar in Amerika in ihr Imperium aufnahm. Unternehmungslustige Erzeuger in Conegliano und Valdobbiadene haben den Prosecco zu einem der beliebtesten Schaumweine Italiens gemacht. Trotz der zunehmenden Nutzung fremder weißer Rebsorten und bei andauernder Vorherrschaft von Merlot und Cabernet in Rotweinen ist es nur wenigen anderen Erzeugern östlich von Verona gelungen, mit ihrem Wein außerhalb der Region größere Wirkung zu erzielen, ausgenommen nur Maculan in Breganze mit seinem hervorragenden Cabernet, seinen trockenen Weißweinen und vielgerühmten Dessertweinen.

Auf der Landkarte erscheinen die Weinzonen der Region in zwei größere Lager östlich und westlich der aus den Alpen kommenden, an Bassano del Grappa und Padua vorbeifließenden Brenta geteilt. Im östlichen Venetien befinden sich vier Zonen zwischen der Brenta und der Grenze zu Friaul. Im Westen folgen die DOC-Zonen dicht aufeinander von Padua bis zum Gardasee. Hier lassen sich deutliche Unterscheidungen zwischen den Weinen von Verona, Vicenza und Padua treffen. Die Einteilung ist in erster Linie geografisch – Klima und Boden um Verona sind anders als in den mittleren Zonen Breganze, Gambellara, Colli Berici und Colli Euganei – sie läßt sich aber auch aus der Einstellung zum Wein ableiten, denn um Verona wachsen vorwiegend einheimische Rebsorten, während nach Osten hin die fremden Rebsorten immer stärker in Erscheinung treten.

Der Merlot wird in Italien nirgendwo stärker angebaut als in den DOC-Zonen Piave und Lison-Pramaggiore, und sein Wein ist wie der populäre Cabernet ein Alltagsgetränk. Bei den Weißweinen ist der Prosecco aus den Bergen von Treviso der Spitzenreiter, gefolgt von Tocai und dem rasch aufholenden Chardonnay. Die hochangesehene Weinbauforschungsstation Conegliano Veneto hat sich um die Hebung der Qualität in diesem von privaten und genossenschaftlichen Kellereien in industrieller Größenordnung beherrschten Gebiet verdient gemacht. Im östlichen Venetien scheint allerdings der Sinn für den Weinbau in kleinem Maßstab, wie er in Friaul zu beobachten ist, zu fehlen. Einige historische Weingüter haben sich dennoch gut behauptet, so z. B. Venegazzù von Loredan Gasparini sowie Castello di Roncade, die sich beide vor einigen Jahrzehnten mit Rotweinen von den Bordeaux-Rebsorten einen Status schafften.

Veronas Weinbau hat in letzter Zeit schließlich doch an Boden verloren, vielleicht gerade deshalb, weil er mit Rotweinen zu mäßigen Preisen in den 70er Jahren so ungeheuer gewachsen war, daß er bei der Entwicklung des Inlandsmarkts zu höherpreisigen Qualitäten in den 80er Jahren den Anschluß verpaßte. Die Winzer waren vom Erfolg des Soave so eingelullt, daß sie auf die Konkurrenz aus Friaul und dem Trentino-Südtirol nicht rechtzeitig reagierten. Die traditionellen Rotweine entsprachen nicht mehr dem Geschmack in Italien. Der Valpolicella war weder so leicht, daß er im Trend lag, noch so gehaltvoll, daß er mit den Rotweinen des neuen Stils aus Piemont und der Toskana Schritt halten konnte. Der Amarone stand vor einem anderen Dilemma. Er ist einfach zu üppig für ein Publikum, das an solche Portwein-ähnliche Fülle nicht gewöhnt ist. Von allen Rotweinen Veronas schien nur der Bardolino noch im Aufwind, nachdem der erste DOC *novello* Italiens sowie der schäumende *chiaretto* geschaffen waren. Die Nachfrage nach Weißwein hält manche Kellereien vollauf beschäftigt, insbesondere soweit sie Soave- und Bianco-di-Custoza-Schaumwein im modernen Geschmack herstellen. Aber die Identitätskrise Veronas ist nicht mehr zu leugnen, und viele Häuser haben schwer zu kämpfen.

Der Trend geht zu kleinen, seriösen Erzeugern mit Weinen aus Einzellagen. In Soave haben Pieropan und Anselmi sich gegen das Kartell der Großerzeuger behauptet und ein neues Elite-Konzept geschaffen. In Valpolicella gewinnen die Familienweingüter Allegrini, Quintarelli, Speri, Tedeschi, Tommasi, Tramanal und Le Ragose an Statur. Hier besteht die Tendenz, den Amarone auf gefälligere Dimensionen zu bringen, dagegen dem Valpolicella mehr Gewicht und Ausgewogenheit zu verleihen. Oft wird Amarone-Maische dazu verwendet, um Valpolicella in einem *ripasso* genannten Verfahren zu einer zweiten Gärung zu bringen, wodurch dieser Wein mehr Charakter und Struktur gewinnt.

Das Haus Masi, das in den 70er Jahren den *Ripasso*-Prozeß mit Campo Fiorin wiederbelebt hat, setzte in Verona mit Amarone und Recioto, teils aus eigenen Weinbergen, teils aus dem Weingut Serègho Alighieri, auch in den 80er Jahren die Maßstäbe. Bolla hat den Rückgang in Verona mit Weinen im neuen Stil aus anderen Gegenden wettgemacht. Auch die alteingesessenen Häuser Bertani und Guerrieri-Rizzardi scheinen ihre Führungsstellung wieder zu festigen. Ihre Bemühungen um Besseres aus guten Lagen in den Classico-Zonen könnten den Schlüssel für die Erholung der Weine von Verona in den 90er Jahren bilden und anderen Erzeugern in Venetien den Weg weisen.

Der Weinbau in Venetien

Es mag wohl sein, daß der Standard des italienischen Weinbaus in Conegliano festgesetzt wird, doch die Winzer folgen nicht immer den weisen Lehren, die von dort ausgehen. Die Reben Venetiens schlagen einen weiten Bogen von antiken einheimischen bis zu modischen importierten Sorten, von den einfachsten bis zu den exotischsten Lokaltrauben, ja sogar bis zu Amerikanerreben, die nicht einmal zur Familie *Vitis vinifera* gehören. Es mutet seltsam an, daß in einem so sehr auf industriellen Weinbau ausgerichteten Gebiet dennoch 116 000 Weingüter, deren Rebfläche im Durchschnitt nicht einmal 1 ha beträgt, über 80 amtlich anerkannte Weintypen erzeugen. Dabei ist nicht nur die Anzahl der Weinberge, sondern seit die Mischkultur durch Monokultur ersetzt wurde, auch die Rebfläche insgesamt zurückgegangen, und oft haben landfremde Standardrebsorten traditionelle Trauben verdrängt.

Einheimische Reben herrschen an manchen Stellen noch vor, insbesondere in der Gegend von Verona, wo Corvina und Rondinella im Valpolicella und Bardolino die Mehrheit stellen, während in Soave und den Nachbarzonen die Garganega-Traube wieder Boden gewinnt. Prosecco wird in den Bergen von Treviso immer mehr angepflanzt, um die Nachfrage nach schäumenden Weißweinen zu befriedigen.

In den Weinbergen der Valpolicella-Classico-Zone bei Verona wächst der populäre Rotwein, auch in den Versionen Recioto und Amarone.

Andere Weißweintrauben wie Tocai, Verduzzo und Durella halten sich gut. Zurückgedrängt wurde dagegen der früher im Osten Venetiens stark verbreitete dunkle Raboso, und zwar von Merlot, der meistangebauten Rebsorte der Region, und von Cabernet, die aber beide hier schon seit langem nicht mehr als Fremdlinge gelten.

Ihr anhaltender Erfolg hat zusammen mit dem raschen Aufstieg von Chardonnay, der Pinots und Sauvignon manche einheimische Sorte ins Abseits gedrängt. Der in den Zentralbergen früher verbreitete Marzemino von der venezianischen Art ist heute bei Conegliano gelegentlich zu finden. Andere alte Favoriten, wie Bianchetta Trevigiana, Pavana, Pinella, Turca und Trevisana Nera, sind aber meist nur noch Kuriositäten. Im Abnehmen befinden sich auch die inzwischen nicht mehr anerkannten Amerikaner-Reben wie Clinton und Uva Fragola, die hier nach der Reblauszeit angepflanzt wurden. Mehrere in Conegliano gezüchtete Kreuzungen haben sich unterdessen in der Praxis bewährt.

Um Verona ist die traditionelle *pergola veronese* in den Hügeln wie im Flachland üblich, während in den Bergen nach Osten hin einfachere Lauben und Pfähle als Wuchshilfen verbreiteter vorkommen. In den Ebenen Ostvenetiens und an Po und Etsch sind die auch in der Emilia-Romagna verbreitete *raggi* oder *Belussi pergola* sowie das *Tendone*-System anzutreffen.

Die folgenden Rebsorten kommen hauptsächlich in Venetien vor:

Corvina Veronese. Die meistgeschätzte Rotweintraube Veronas ist nicht nur Hauptbestandteil des Bardolino und Valpolicella, sondern wird auch fast ausschließlich für Recioto und Amarone verwendet, weil sie beim Trocknungsprozeß ihre guten Eigenschaften bewahrt. Aus über 200 Klonen von Corvina, auch bekannt als Corvinone und Cruina, werden die besten ausgewählt.

Durella. Die Sorte war früher im Westen Venetiens ihrer kräftigen Säure und herben Frucht wegen für Verschnitte beliebt. Heute gibt sie die Grundlage für den als *spumante* am meisten geschätzten weißen DOC-Wein Lessini Durello ab.

Garganega. Sorgfältig behandelt, verleiht die Sorte in Hügellagen dem Soave eindeutige Persönlichkeit. Wegen ihrer Beständigkeit im Ertrag ist sie für leichten Weißwein in ganz Venetien – in Gambellara, Bianco di Custoza, Colli Berici, Colli Euganei – aber auch z. B. in der östlichen Lombardei sehr beliebt.

Incrocio Manzoni 2.15. Die von Giovanni Manzoni in Conegliano gezüchtete Kreuzung von Prosecco und Cabernet Sauvignon ist ihrer hohen Erträge wegen für leichte Rotweine gut geeignet.

Incrocio Manzoni 6.0.13. Die bekannteste Züchtung von Professor Manzoni, Riesling Renano x Pinot Bianco, hat sich für feinen Weißwein u. a. in den Tre Venezie bewährt.

Molinara. Als Mischungsbestandteil in Bardolino und Valpolicella ist die leichte, fruchtige Art dieser Sorte beliebt. Synonyme: Rossara, Rossanella.

Negrara. Die einst verbreitete Rebenfamilie ist im Schwinden begriffen; nur die Negrara Trentina kommt im Rezept von Valpolicella und Bardolino noch vor.

Prosecco. Der in den Bergen um Treviso verbreitete Prosecco Bianco (oder Tondo oder Balbi) stammt offenbar aus dem Ort Prosecco im Friaul, wo die alten Römer den Wein dieser Traube als Pulcinum schätzten. Heute ist er vor allem im östlichen Venetien für perlende Weißweine beliebt, in Friaul dagegen unter dem Namen Glera weniger stark verbreitet. Es gibt aber auch eine Theorie, daß er aus den Colli Euganei stammen soll, wo er den Namen Serprina führt.

Raboso. Es gibt zwei verschiedene Arten: Der Raboso del Piave (oder Friularo) erbringt im Osten Venetiens einen dunklen, säuerlichen

Rotwein, während der ertragsstärkere Raboso Veronese in Verschnitten verwendet wird.

Rondinella. Die ertragreiche zweite Traube (neben Corvina) für Bardolino und Valpolicella bringt Farbe, Körper und Säure in das Rezept.

Rossignola. Die lebendige Säure der in Valpolicella heimischen Traube war früher in jungen Veroneser Rotweinen beliebt; ihre Verwendung ist heute freigestellt.

Tocai Rosso. Die Herkunft dieser dunklen Sorte ist ungewiß; sie hat jedoch nichts mit den weißen Reben dieses Namens zu tun; manche Fachleute glauben, Ähnlichkeiten mit Sardiniens Cannonau feststellen zu können. Die Traube bringt in den Colli Berici lebendige leichte Rotweine.

Trebbiano di Soave. Die Sorte, auch Trebbiano Veronese genannt, ist dieselbe wie Trebbiano di Lugana in der Lombardei; um Verona

wird sie fast immer mit Garganega in Weinen der DOC Soave, Bianco di Custoza sowie in Tafelweinen verwendet.

Verdiso. Die in den Bergen um Treviso einst stark verbreitete Traube wird gelegentlich noch für säuerliche Weißweine, häufiger aber in Verschnitten mit Prosecco verwendet.

Verduzzo Trevigiano. Die nicht mit Verduzzo Friulano verwandte und vermutlich auch nicht aus Treviso stammende Traube liefert im Bereich Piave leichte, trockene Weißweine.

Vespaiola. Die auch Bresparolo und Vesparola genannte Sorte liefert in der DOC Breganze einen trockenen Weißwein, erbringt aber in den süßen Weinen Torcolato und Acininobili (ohne DOC) besonders üppige Resultate.

Weitere Rebsorten: In Venetien empfohlen bzw. zugelassen sind ferner:

Für Rot- oder Roséwein: Ancellotta, Barbera, Cabernet Franc, Cabernet Sauvignon, Ciliegiolo, Croatina, Fertilia, Freisa, Groppello Gentile, Italica, Lagrein, Lambrusco a Foglia Frastigliata, Lambrusco di Sorbara, Malbec, Marzemino, Merlot, Nigra, Pavana, Pinot Nero, Prodest, Refosco dal Peduncolo Rosso, Schiava Gentile, Schiava Grigia, Schiava Grossa, Teroldego, Trevisana Nera, Turca, Wildbacher.

Für Weißwein: Bianchetta Trevigiana, Chardonnay, Cortese, Flavis, Incrocio Bianco Fedit 51 C.S.G., Malvasia Bianca di Candia, Malvasia del Chianti, Malvasia Istriana, Moscato Bianco, Moscato Giallo, Müller-Thurgau, Nosiola, Pinella, Pinot Bianco, Pinot Grigio, Riesling Italico, Riesling Renano, Sauvignon, Sémillon, Sylvaner Verde, Tocai Friulano, Traminer Aromatico, Trebbiano Giallo, Trebbiano Romagnolo, Trebbiano Toscano, Veltliner, Verduzzo Friulano.

Die Weinzonen von Venetien

In Venetien sind Berge und Ebenen säuberlich voneinander getrennt. Die Alpen, die im Norden 1/3 der Region entlang den Grenzen zu Trentino-Südtirol, Österreich und Friaul-Julisch-Venetien einnehmen, enden ziemlich abrupt und gehen in das flache Land über, durch das Po, Etsch, Astico, Brenta, Piave und Livenza der Adria zuströmen. Venedig liegt am Ende der Pianura Veneta, die mit fruchtbarem Boden und mildem Klima die reichlichste Quelle für Wein in Oberitalien darstellt. Die Adria übt mäßigenden Einfluß auf das Klima in den Küstenebenen aus, doch weiter im Inneren wird es im Sommer heiß und manchmal anhaltend trocken. Die meisten feinen Weine Venetiens kommen aus den Alpenausläufern und den Hochebenen zwischen Gardasee und Conegliano sowie aus den Colli Berici und Euganei, die sich bei Vicenza und Padua aus der Ebene erheben. Die Barriere der Alpen staut die Wärme im Adria-Becken auf und bringt Niederschläge in den Bergen; in manchen Jahren kann es Probleme durch zuviel Feuchtigkeit und Hagelschlag geben. Aber auch wenn die Natur sich manchmal ungünstig zeigt, bringt Venetien gewöhnlich reichliche Mengen an einfachen und besseren Weinen hervor.

Gardasee: Bardolina und Custoza

Bardolino und Bianco di Custoza erstrecken sich über das wellige Hügelland im Osten der Gletschermulde. Ihr für Norditalien ungewöhnlich mildes Klima verdankt die Gegend dem Einfluß des Gardasees und dem Schutz gegen Nordwinde durch den Monte Baldo. Bardolino als Rotwein und *chiaretto* wird aus einer Mischung Veroneser Traubensorten, vorwiegend Corvina, Rondinella und Molinara (ähnlich wie Valpolicella), gekeltert. Der rote Bardolino ist in der Regel ziemlich leicht, was auf die sandigen, kieshaltigen Böden in der Classico-Zone im Norden zurückgeführt wird, denn wo Lehm im Boden vorkommt, fällt der Wein in Farbe und Körper kräftiger aus. Der Bianco di Custoza ist eine Mischung von Trebbiano, Garganega und Tocai aus den Moränenhügeln. Der südliche Teil der Zone im Mincio-Tal bekommt die Sommerhitze aus der Padana zu spüren, doch der kühlende Einfluß des Gardasees gibt den Weinen Lebendigkeit.

Die Lessini-Berge von Verona: Valpolicella, Soave und Durello

Die Monti Lessini sind ein Vulkanmassiv, das die Provinz Verona beherrscht. Es ist von Gletschern abgeschliffen und von Flüssen durchschnitten, die es nach Süden in mehrere Täler aufteilen, auf deren oft steilen Hängen die Weinbauzonen Valpolicella und Soave liegen. Valpolicella erstreckt sich vor allem auf die unteren Hanglagen; der Classico-Bereich ist auf die Südwestecke begrenzt, wo kühlende Winde vom Gardasee her die terrassierten Hänge bestreichen. Die vorwiegend von Corvina- und Rondinella-Trauben gekelterten Rotweine zeichnen sich durch jugendliche Herzhaftigkeit aus, während die *Passito*-Versionen – süßer Recioto und trockener Amarone – außergewöhnliche Wucht erreichen, wenn die Trauben bei trockenem, kaltem Wetter im Herbst und Winter hohe Konzentration erlangen. Die weiter östlich gelegenen Täler zeigen das gleiche Bodengemisch aus kalkhaltigem Tuff, ihre Weine aber sind dem Classico nicht ganz ebenbürtig. Beim Soave ist der Unterschied sogar noch ausgeprägter, weil der Classico-Bereich in den Bergen liegt, während alle anderen Teile der Zone sich über die Ebene südwestwärts zur Etsch erstrecken. Die am meisten geschätzten Weinberge von Soave Classico befinden sich an einem Bergkamm zwischen den Gemeinden Soave und Monteforte d'Alpone. Diese Lagen sind allgemein nach Süden gerichtet und kommen in den Genuß von Luftströmungen und scharfen Temperaturgegensätzen bei Tag und Nacht, die gemeinsam für kräftigere Aroma- und Geschmacksentfaltung in den auf Garganega und Trebbiano beruhenden Weinen sorgen. Die neue DOC-Zone Lessini umfaßt die östlichen Hänge des Massivs in einem weiten Bereich, der sich vom Rand der Zonen Soave und Valpolicella bis in die Provinz Vicenza erstreckt. Der rötliche, kalkhaltige Boden der besseren Lagen ist angeblich an der stahligen Eigenart des weißen Durello schuld. Die ausgeprägte Säure des Weins der Durella-Traube ist aber auch auf die kühlen Temperaturen in den hohen Lagen zurückzuführen.

Die Zentralberge: Vicenza und Padua

Die Provinz Vicenza hat drei verschiedene Weinbaubereiche. Breganze liegt auf Hochflächen an den Flüssen Agno, Astico und Brenta sowie in den Vorbergen des Asiago-Plateaus, das gegen Norden gut geschützt ist und ein warmes Klima hat. Die Weinberge auf Gletschermoränen am Astico und auf Vulkanboden in den Bergen erbringen Rotweine mit guter Statur von Cabernet sowie harmonische Weißweine von Tocai, Pinot und Vespaiolo. Gambellara liegt am Südostende der Lessini-Berge neben Soave; Unterschiede in Boden und Mikroklima bringen eindeutig andersartige Weißweine, auch Recioto und Vino Santo. Südlich von Vicenza liegen die Colli Berici, die wie die Colli Euganei südwestlich von Padua vulkanischen Ursprungs mit stark kalkhaltigen Böden sind. Die Cabernet- und Merlot-Rotweine sowie die Garganega- und Tocai-Weißweine aus hohen Lagen der Colli Euganei sowie von den Hängen um San Germano und Villaga in den Colli Berici zeigen sich schön ausgewogen. Dagegen sind die Weine aus der Ebene in beiden Zonen kaum bemerkenswert.

Die Berge von Treviso

Zwei Bergzüge nördlich und südlich des Piave sind für ihren Wein bekannt. Zwischen Valdobbiadene und Conegliano herrscht im Schutz der Alpen ein mildes Klima; unterschiedliche Stile beim hier vorherrschenden Prosecco sind vor allem auf verschiedene Böden zurückzuführen. Auf dem kies- und kalkhaltigen Boden auf der wärmeren Seite bei Conegliano wachsen sanftere und fruchtigere Weine als in den höheren Lagen um Valdobbiadene. Die feinsten Weine kommen dort von sandigen, kalkreichen Lehmböden an Steilhängen bei Cartizze. Der Bereich Montello e Colli Asolani weiter südlich ist wärmer und feuchter, weil dort die Wälder um Asolo ein Mikroklima schaffen, in dem gute Pilze wachsen. Der Wein dieser DOC-Zone ist vorwiegend Prosecco, aber auch Merlot und Cabernet erlangen auf den eisenhaltigen Lehmböden von Montello einige Statur.

Die Ebene Venetiens: Piave und Lison-Pramaggiore

Das warme, maritime Klima der von Piave, Livenza und Tagliamento durchflossenen Ebene begünstigt Rotweine mit ausgeprägter Persönlichkeit sowie leichte, oft spritzige Weißweine. Am Piave wächst der meiste Merlot Italiens auf Sand- und Lehmböden mit Kiesunterschichten im Norden und im feineren Löß zur Adria hin. Daneben gedeihen hier auch Cabernet, Raboso, Verduzzo und Chardonnay. Lison-Pramaggiore erstreckt sich zwischen Livenza und Tagliamento nordwärts bis nach Friaul hinein und hat gut durchlässige, mineralreiche Lehmböden mit hohem Kalkgehalt, auf denen Cabernet, Merlot und Tocai einigen Charakter erlangen.

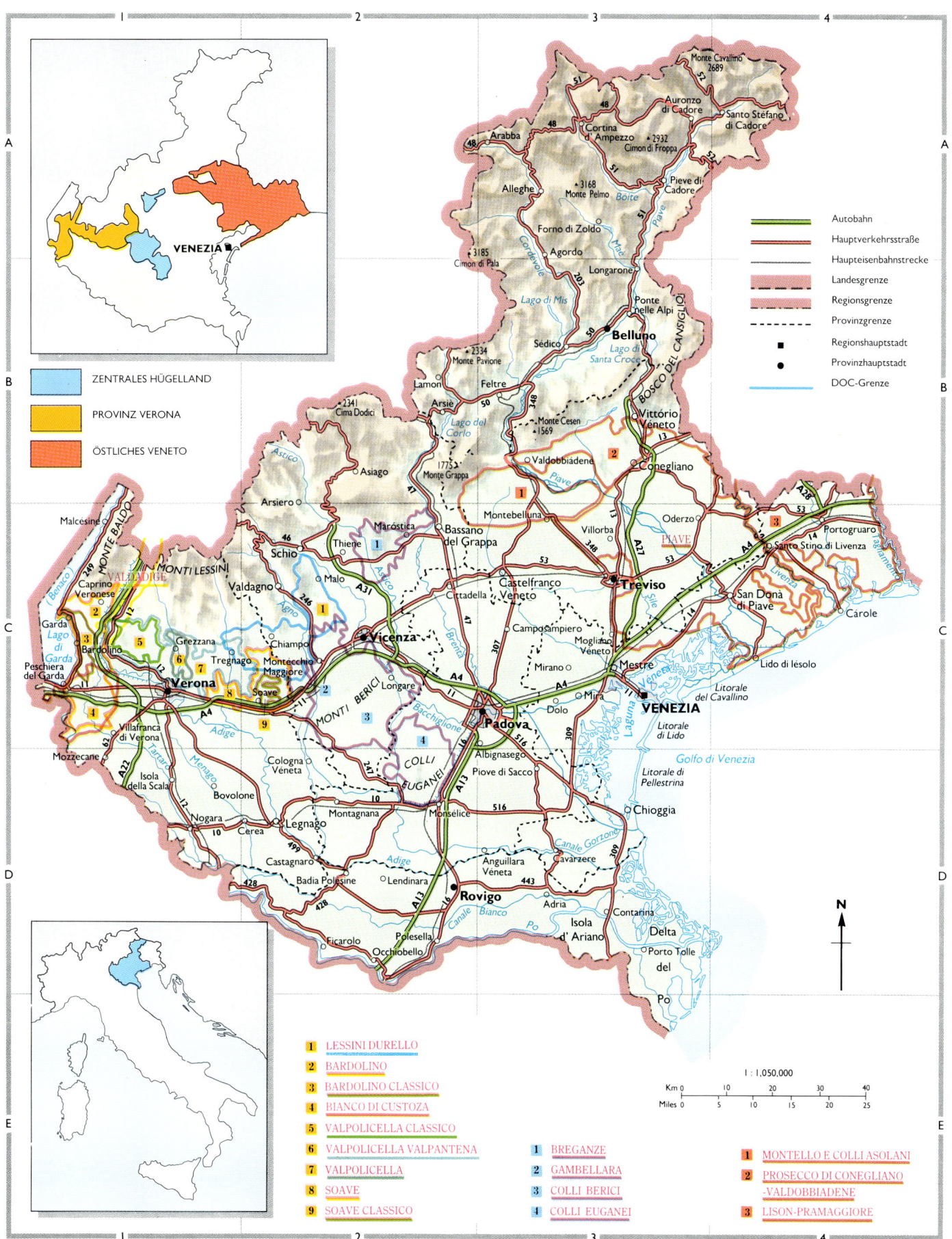

ZENTRALES HÜGELLAND

PROVINZ VERONA

ÖSTLICHES VENETO

Legende (Kartenlegende):

Autobahn
Hauptverkehrsstraße
Haupteisenbahnstrecke
Landesgrenze
Regionsgrenze
Provinzgrenze
Regionshauptstadt
Provinzhauptstadt
DOC-Grenze

1 : 1,050,000

Km 0   10   20   30   40
Miles 0   5   10   15   20   25

1 LESSINI DURELLO

2 BARDOLINO

3 BARDOLINO CLASSICO

4 BIANCO DI CUSTOZA

5 VALPOLICELLA CLASSICO

6 VALPOLICELLA VALPANTENA

7 VALPOLICELLA

8 SOAVE

9 SOAVE CLASSICO

1 BREGANZE

2 GAMBELLARA

3 COLLI BERICI

4 COLLI EUGANEI

1 MONTELLO E COLLI ASOLANI

2 PROSECCO DI CONEGLIANO -VALDOBBIADENE

3 LISON-PRAMAGGIORE

121

Die Weine von Verona

In Verona, dem aktivsten Weinzentrum Italiens, wird jedes Jahr im April die Vinitaly, der bedeutendste Weinmarkt Italiens, veranstaltet. Die Weinberge reichen bis vor die Tore der schönen Stadt an der Etsch, und die Namen der Weine vom Gardasee und den unteren Hängen der Monti Lessini kommen aus Orten mit klangvollen Namen. Soave ist am leichtesten zu erreichen, denn die Stadt mit dem weiträumigen Schloß liegt direkt an der Autostrada Mailand–Venedig. Bardolino am Gardasee ist Mittelpunkt eines sanft hügeligen Weinbereichs. Im Süden schließen sich die DOC-Zonen Bianco di Custoza sowie Lugana und Tocai di San Martino della Battaglia an, die von der Lombardei in die Provinz hineinreichen. Von den steilen Terrassen der Valpolicella-Weinberge hat man einen herrlichen Blick auf Verona – vorausgesetzt, daß man durch das Gewirr der Industrie-Vororte den Weg dorthin findet. Leider begegnet der Tourist hier wie an vielen anderen Stellen wenig Hinweisen, die ihm die Suche erleichtern, und wenn er sein Ziel erreicht hat, wenig Vorkehrungen zu seiner Bequemlichkeit. Fast scheint es, als hätte die Stadt Romeos und Julias keinen Sinn für ihr romantisches Erbe im Wein.

Der Mangel an Lokalkolorit ist nur ein Anzeichen unter vielen für den Wandel, der hier im Weinbau eingetreten ist. Verona kommt zwischen Alpen und Padana-Ebene in den Genuß eines ganz besonderen Klimas, das vom reflektierten Sonnenlicht und den kühlenden Luftströmungen vom Gardasee gleichermaßen profitiert und angeblich für den unwiderstehlichen Duft und die Beschwingtheit des Weins verantwortlich ist. In den Hügeln gibt es eine Fülle vorzüglicher Lagen, die hier *capitelli* genannt werden; doch in dem hektischen Bemühen, der Nachfrage nach ihrem Wein gerecht zu werden, haben die Veroneser leider oft vergessen, daß guter Wein im Weinberg gemacht wird. Um während des Booms in den

70er Jahren und danach konkurrenzfähig bleiben zu können, hielten die großen Häuser und Genossenschaften den Preis für Trauben niedrig. Für die Winzer lohnte sich Qualität kaum, daher mußten sie auf Quantität setzen. Infolgedessen wurden viele gute Lagen in den Bergen aufgegeben, während in den Ebenen Massenträgersorten angepflanzt wurden. Verbesserte Kellertechnik ließ eine Zeitlang das Qualitätsniveau steigen, doch es mehrten sich die Klagen, daß die einmal für ihre einzigartige Persönlichkeit bekannten Weine Veronas einander immer stärker glichen.

Mit dem Zurückgehen des DOC-Wein-Exports in den 80er Jahren versuchten viele große Häuser mit populären Weinen – in der Hauptsache Pinot Grigio und Chardonnay aus den Nachbarregionen sowie Perl- und Schaumwein – die Einbußen wettzumachen. Manche besetzten auch mit Weinen im neuen Stil, Soave, Valpolicella, Amarone und Tafelwein, höhere Preiskategorien. Da aber viele Erzeuger inzwischen im Marketing dazugelernt haben, funktioniert diese Strategie nicht immer. Von den guten alten *capitelli* aber stehen einfach nicht mehr genug in Ertrag, um die Nachfrage einer anspruchsvoller werdenden Kundschaft befriedigen zu können. Nur einige wenige Betriebe konnten die Klasse ihrer Erzeugnisse merklich verbessern und sich ein Prestige aufbauen – doch immer gehört direkter Zugang zu guten Weinberglagen als Voraussetzung dazu.

Abgesehen von verstreuten Chardonnay- und Cabernet-Beständen, stützen sich führende Erzeuger vorwiegend auf verbesserte einheimische Reben, von denen sie Weine gewinnen, die den alten Charakter in zeitgemäßer Form zum Ausdruck bringen. Dieses Ziel ist nicht leicht zu erreichen, doch die Weine einiger Weingüter in Valpolicella und Soave sind schon auf dem richtigen Weg.

Im besonderen Mikroklima am Gardasee gewinnt der Bardolino Classico als Rotwein und chiaretto *sein würziges Aroma.*

Bardolino (1968)

Klassischer Bardolino, in der Farbe hell granat-rubinrot oder als rosa *chiaretto*, zeichnete sich stets durch verlockenden Duft und feine, kirschfrische Frucht mit einem leicht bitteren Nachgeschmack aus. Die Liebhaber um den Gardasee benutzen für ihn oft die Kennzeichnung *salato* («salzig» oder eher «würzig»), was bedeutete, daß sie nicht genug davon bekommen konnten. Ursprünglich kam der Bardolino aus der hügeligen Umgebung des Orts am See und der Nachbardörfer, die heute den Classico-Bereich bilden. Der Wein aus dieser von Gletschergeröll bestehenden sandigen und kiesigen Gegend zeigte jugendliche Duftigkeit und Beschwingtheit; wo der Boden mehr Lehm enthielt, waren sie dagegen robuster und haltbarer. Die Traubenmischung ist fast gleich wie im Valpolicella. Zwar ist der Bardolino von Natur aus leichter, deswegen aber als Rotwein nicht geringer zu bewerten. Der Rosé – nach fachkundiger Meinung von Zeffiro Bocci ursprünglich Chiaretto del Garda genannt – war als erfrischender Sommerwein ebenso beliebt wie auch als idealer Begleiter zu Forellen vom Gardasee. Nach und nach aber dehnte sich die Bardolino-Rebfläche südwärts in die Hügellandschaft aus, die sie jetzt mit der DOC Bianco di Custoza teilt, und entfernte sich damit von den kostbaren Lagen am See. Solcher Zuwachs brachte der Qualität wenig Gewinn. Vor rund 10 Jahren begann der Bardolino, im Widerstreit zwischen altem und neuem Stil abzugleiten. In der Mitte der 80er Jahre wurde unter Führung von Lamberti dann schließlich in Italiens erstem amtlich anerkannten *novello* der Weg zum Erfolg wiedergefunden. Dieser dem Beaujolais Nouveau nachempfundene Wein hat eingeschlagen. Auch schäumender *chiaretto* ist in Mode gekommen. Wer jedoch in Erinnerungen an den alten Bardolino schwelgt, kann beruhigt sein, denn einige Weingüter, an ihrer Spitze der schon immer führende Guerrieri-Rizzardi, erzeugen weiter Bardolino von klassischer Dimension und einer Rasse, wie sie bei den kommerziellen Neuheiten nie zu finden ist.
ZONE: Die Berge und hügeligen Ebenen zwischen dem Südostufer des Gardasees und der Etsch, von Torre del Benaco südwärts über Peschiera del Garda bis Valeggio sul Mincio und Sommacampagna mit 16 Gemeinden in der Provinz Verona. Die Stadt Bardolino ist das Herz der Classico-Zone, die auch Affi, Cavaion Veronese, Costermano, Garda und Lazise umfaßt. Trockener Rotwein, auch *frizzante*. Trauben: Corvina Veronese 35–65%, Rondinella 10–40%, Molinara 10–20%;

In Bardolino am Gardasee findet jedes Jahr ein Fest statt zur Feier der Weinlese und des vino novello, *der wie der Beaujolais Nouveau im November herauskommt.*

Negrara bis 10%, Rossignola/Barbera/Sangiovese/Garganega bis 15%. E. 91/130; Alk. 10,5, *superiore* 11,5; S. 0,5; A. *superiore* 1 J.
Chiaretto. Trockener Rosé, auch *spumante*. Trauben: wie *rosso*. E. 91; Alk. 10,5, *spumante* 11,5; S. 0,5, *spumante* 0,6.
Novello. Junger Rotwein, der vor Jahresende nach der Lese in Flaschen abgefüllt sein muß. Trauben: wie *rosso*. E. 91/130; Alk. 10,5; S. 0,55.

Bianco di Custoza (1971)

Dieser Wein, früher als weißer Bardolino oder billige Alternative zu Soave angesehen, hat sich unerwartet gut entwickelt. Das Niveau des Soave Classico erreicht er zwar nicht, dem sonstigen Soave gegenüber aber ist sein Qualitätsstand doch ein wenig höher. Es mag daran liegen, daß die Avantgarde nicht nur Geld in Kellereien und Weinberge, sondern auch in das nötige Know-how investiert hat, das den Unterschied zwi-

schen einem gewöhnlichen und einem interessanten Weißwein ausmacht. Der Bianco di Custoza besteht zwar aus einer Mischung nicht gerade illustrer Traubensorten aus dem hügeligen Flachland um den Gardasee, aber er weist in guten Versionen Stil und Individualität auf. Beachtenswerte Gutsabfüllungen bieten Arvedi d'Emilei, Cavalchina, Fraterna Portalupi, Gorgo und Le Vigne di San Pietro.
ZONE: Hügelland und wellige Ebenen zwischen der Etsch und Lazise am Südostufer des Gardasees und südwärts zwischen dem Mincio und Villafranca mit 7 Gemeinden in der Provinz Verona. Die Zone fällt weitgehend mit dem südlichen Teil von Bardolino zusammen. Trockener Weißwein, auch *spumante*. Trauben: Trebbiano Toscano 35–45%, Garganega 20–40%, Tocai Friulano 5–30%, Cortese/Riesling Italico/Malvasia Toscana 20–30%. E. 97,5/150; Alk. 11; S. 0,45.

Valpolicella/Recioto della Valpolicella/Amarone (1968)

Veronas beliebtester Wein kommt von steilen, terrassierten Berghängen unmittelbar oberhalb der Stadt in dem als Valpolicella weltbekannten Bereich. Ursprünglich galt dieser Name nur für die Südwestecke der Monti Lessini in den Tälern von Fumane, Marano, Negrar und Novare. Der Wind vom Gardasee und aus den Ebenen an der Etsch schafft hier ein Mikroklima, das nicht nur die Entstehung junger Rotweine, sondern auch das Trocknen der Trauben für Recioto und Amarone im Herbst und Winter begünstigt. Bei der Schaffung der DOC-Zone wurde dieser Bereich ostwärts über das Valpantena und andere Täler ausgedehnt, wo die Winzer schon ein Gewohnheitsrecht auf diesen Namen hatten. Die natürlichen Voraussetzungen sind dort überall ähnlich, doch mit wenigen Ausnahmen kommen die besten Weine aus dem Valpolicella-Classico-Bereich.

Lange Zeit machte der Valpolicella dem Chianti im Ausland, vor allem in England, Konkurrenz. Als warmer, herzhafter, munterer Rotwein ohne großen Anspruch wird er nicht zuletzt wegen seines günstigen Preises geschätzt. Das Mischungsrezept, in dem die Gewichtigkeit von Corvina und Rondinella durch die leichtere, würzigere Molinara-Traube ausgewogen wird, eignet sich hervorragend für Weine mit frischem, traubigem Geschmack, die selten längere Aufbewahrung als 1 bis 2 Jahre lohnen. Neuerdings haben führende Erzeuger haltbarer Versionen dadurch hervorgebracht, daß sie den normalen Valpolicella mit Maische von Amarone, die einen höheren Anteil an Corvina enthält, ein zweites Mal gären ließen. Nino Franceschetti, der den rustikalen *Ripasso*-Prozeß modernisiert hat, bezeichnet den Vorgang als eine Hochzeit zwischen einem König und einer Bürgerlichen. Doch der Campo Fiorin, den er in Masi kreiert hat, fügt den Rotweinen von Verona eine willkommene neue Dimension hinzu. Verwirrend ist nur, daß einige dieser Weine als Valpolicella *superiore*, andere dagegen als Tafelwein geführt werden. *Ripasso* verdient eigentlich eine eigene Kategorie in der DOC.

Ebensolche Differenzierung – gegenüber dem übrigen Valpolicella sowie einer gegenüber dem anderen – verdienen der Recioto und der Amarone, obwohl sie von denselben Trauben in derselben Zone erzeugt werden. Beide Weine laufen unter der Kategorie Recioto della Valpolicella, die trockene Version heißt aber gewöhnlich nur Amarone. Angeblich soll der Name Recioto vom römischen Rhaeticum kommen; wahr-

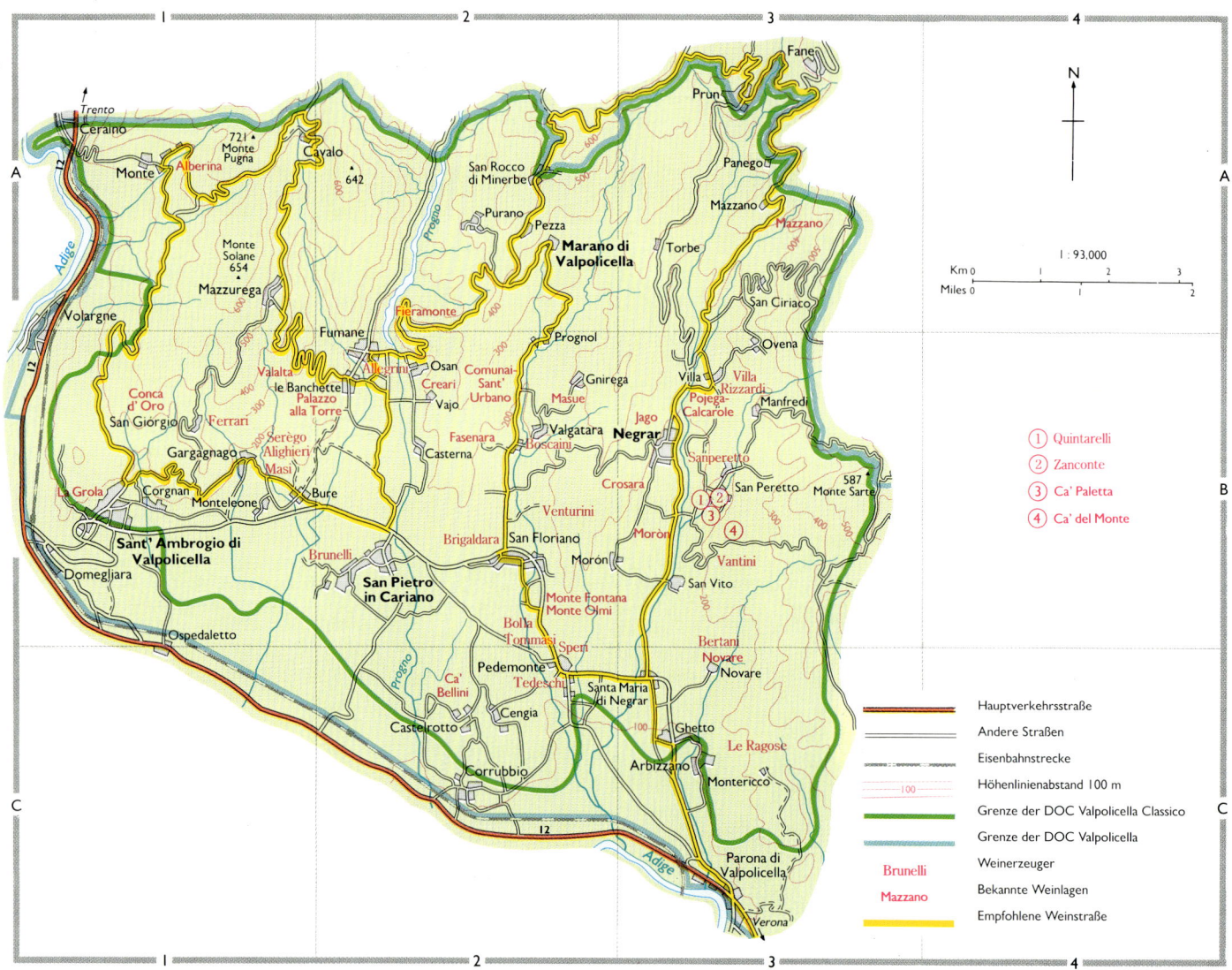

Hauptverkehrsstraße
Andere Straßen
Eisenbahnstrecke
Höhenlinienabstand 100 m
Grenze der DOC Valpolicella Classico
Grenze der DOC Valpolicella
Weinerzeuger
Brunelli   Bekannte Weinlagen
Mazzano
Empfohlene Weinstraße

① Quintarelli
② Zanconte
③ Ca' Paletta
④ Ca' del Monte

scheinlich aber stammt er eher von dem Dialektwort *recie* für die reifsten und süßesten Beeren. Heute werden Trauben für Recioto vor allem aus Südwestlagen genommen, weil dort der meiste Fruchtzucker entsteht, während Trauben für Amarone aus Ostlagen geholt werden, wo langsamere Reife mehr Ausgeglichenheit bewirkt. Die Bereitung beider Weine ist aufwendig, denn ihre Güte hängt nicht allein von der Qualität der Trauben, sondern von vielen glücklichen Umständen beim Trocknen an der Luft ab. Dieser *appassimento* genannte Vorgang wird durch kühles, trockenes Wetter von der Lese bis zum Keltern der Amarone-Trauben im Januar, beim Recioto noch einige Monate länger, begünstigt. Früher, als die süße Art noch vorherrschte, entwickelte sich in den geschrumpften Trauben meist Edelfäule, die dem Recioto eine besondere Note verlieh. Beim Amarone ist die Edelfäule weniger erwünscht, weil sie den Säuregehalt, die Farbe und die Haltbarkeit beeinträchtigen kann.

Übrigens soll der Amarone einmal aus Versehen entdeckt worden sein, als ein Recioto nicht rechtzeitig zu gären aufhörte, so daß ein trockener Wein mit einer bitteren (*amaro*) Note zustandekam. Feinster Amarone verdient viele der Superlative, die großen, langlebigen Rotweinen zugedacht werden, doch da er irgendwo zwischen Barolo und Port einzuordnen ist, erhebt sich die Frage, wozu man ihn am besten trinkt. Soll man ihn zu Wild und kräftigem Käse servieren oder nach dem Essen am Kamin genießen? Manche Erzeuger versuchen, ihn abzuschwächen, so daß er auf das Niveau anderer trockener Rotweine kommt, ohne dabei von dem außergewöhnlichen Geschmacksreichtum einzubüßen, der ihn auszeichnet. Der süße Recioto ist sogar noch portähnlicher. Eine aufgespritete Version ist tatsächlich zulässig; die besseren Beispiele aber sind von Natur aus so gehaltvoll und samtig. Eine um Verona beliebte Schaumweinversion gibt es auch. Ein Comeback für beide

Weine wird erwartet, im Augenblick aber ist die Produktion von 1,5 Mio. Flaschen im Jahr noch schwer abzusetzen. Die Vielfalt der Typen im Valpolicella ist ebenso verwirrend wie die hinter ihnen stehenden Weltanschauungen. Die Rivalitäten zwischen den Weingütern und den sogenannten kommerziellen Verwertern geht über die einfache Trennung zwischen Großen und Kleinen hinaus. Einige große Häuser wie Bertani und Bolla produzieren seit Jahren besten Valpolicella und Amarone aus anerkannten Lagen. Andererseits gibt es unter den kleinen Winzern auch solche, deren Leistungen zu wünschen übrig lassen. Durch die Debatte um die Ursprungsechtheit entstehen Differenzen schon deshalb, weil die Weingüter in Valpolicella mehr zu gewinnen und zu verlieren haben als die Handelshäuser. Deshalb erzeugt Giuseppe Quintarelli bereits Weine von beträchtlich größerem Gewicht als bisher, während andere sich dem von Masi vorgegebenen und von Tedeschi, Speri, Tommasi, Vantini

und Ferrari mitgetragenen modernen Trend zum *novello* anschließen. Unter einem Dutzend hervorragender Weingüter in Valpolicella gibt Allegrini den Ton an; er investiert tatkräftig in gute Lagen und feinere Techniken.

Der verstärkte Nachdruck auf Weinlagen hat die kontroverse Frage aufgeworfen, ob sich Namen nur auf bestimmte Parzellen oder auch auf Stellen beziehen, wo früher einmal Weinstöcke gestanden haben oder auch nicht. Eine Umfrage unter erfahrenen Winzern hat einen Konsens darüber zutage gefördert, welche Lagen im Bereich Valpolicella dem Resultat oder dem Potential nach die besseren sind und als Kern einer künftigen Klassifizierung dienen können.

Im Westen liegt in der Gemarkung Sant'Ambrogio bei Monte eine Gegend namens Alberina, ferner das größtenteils aufgegebene Conca d'Oro bei San Giorgio und die unbestrittene, heute blühende Spitzenlage La Grola. Im nächsten Tal befinden sich oberhalb der Gemeinde Fumane die Lagen Valalta, Palazzo della Torre, Fieramonte und nahebei Creari und Comunai-Sant-Urbano. Im Tal unterhalb von Marano liegt Fasenara neben Valgatara. Auf den unteren Hängen der Gemarkung San Pietro in Cariano liegen Ca' Bellini bei Castelrotto und – oberhalb von Pedemonte – Monte Fontana und Monte Olmi. Im Negrar-Tal nach Osten hin schließen sich angesehene Classico-Lagen an. Nordwestlich von Negrar sind es Masue und Jago (Alto und Basso) und im Süden Crosara und Moròn. Auf der Ostflanke des Negrar-Tals reihen sich von Norden nach Süden Mazzano, Pojega (oder Poiega) und Calcarole, Ca' Paletta und Ca' del Monte, Tramanal und Novare. Hoch über Arbizzano befinden sich die restaurierten Terrassen von Le Ragose und Le Sassine, die wie andere fast vergessene *capitelli* von Valpolicella langsam ihren alten Ruf wiedererlangen.

ZONE: Die oft steilen Hänge in den unteren Tälern der Monti Lessini bei Verona, vom Ufer der Etsch und dem historischen Valpolicella-Bereich ostwärts über das Pantena-, Squaran-to- und Ilasi-Tal bis Montecchia di Crosara im Alpone-Tal nördlich von Soave. Von den 19 in die Zone fallen-den Gemeinden der Provinz Verona gehören in den Classico-Bereich: Fumane, Marano, Negrar, San Pietro in Cariano und Sant' Ambrogio. Auch Valpantena (zwischen Verona und Grezzana) darf auf Etiketten angegeben werden. Trockener Rot-wein, meist jung, oder als *superiore* oder *ripasso* etwas gealtert. Trauben: Corvina Veronese 40–70%, Rondi-nella 20–40%, Molinara 5–25%; Negrara Trentina/Rossignola/Bar-bera/Sangiovese bis 15%. E. 84/120; Alk. 11, *superiore* 12; S. 0,5; A. *superiore* 1 J.

Recioto della Valpolicella. Süßer Rotwein, auch *spumante* oder *liquo-roso*. Trauben: wie Valpolicella, jedoch rosiniert oder *passito*. E. 48/120; Alk. 14 (Restsüße 2%), *liquo-roso* 16; S. 0,55.

Recioto della Valpolicella Ama-rone oder **Amarone.** Trockener Rot-wein, auch mit süßem Unterton. Trauben: wie Valpolicella, jedoch rosiniert oder *passito*. E. 48/120; Alk. 14 (Restsüße Max. 0,4%); S. 0,55.

Valpolicella-Valpantena. Zulässi-ger Name für alle Weintypen im Pantena-Tal.

Links: In Valpolicella und Soave wird aus vorgetrockneten Trauben der starke, süße Recioto gewon-nen. In den 4 bis 6 Monaten nach der Lese liegen die Trauben auf Gestellen in luftigen Räumen, wobei kühles und trockenes Wetter wichtig ist, damit keine Fäulnis entsteht und die Aussichten auf guten Wein verdirbt.

Unten: Fumane liegt in einem der 5 Täler von Valpolicella, die heute als Classico-Bereich der großen DOC-Zone gelten. In den Wein-bergen an den steilen, oft terras-sierten Hängen wachsen der feine Classico Superiore und der volle trockene Amarone.

125

Soave (1968)

Soave liegt bequem erreichbar an der Autostrada Mailand–Venedig, von der aus man schon über die Weinfelder in der Ebene hinweg die Stadt am Berghang liegen sieht. Ihr Wahrzeichen ist eine mittelalterliche Burg, deren zinnenbewehrte Mauern in die Stadtmauer übergehen und bis in die Weinberge hineinreichen. Begrüßt wird man auf der Einfallstraße von einer modernen Anlage mit der riesigen Aufschrift «Soave Bolla». Der Name Soave geht angeblich auf die

Schwaben zurück, die sich im Mittelalter hier niederließen. Zufällig bedeutet das italienische Wort *soave* aber auch sanft oder lieblich und wird oft benutzt, um den Charakter des Weins dieser Gegend zu kennzeichnen. Der Engländer Charles G. Bode beschrieb 1956 den Soave treffend so: «Er schmeckt, wie ein sonnig-klarer Himmel schmecken würde, wenn man ihn trinken könnte.» Sein Buch «Wines of Italy» kam noch vor der technischen Umwälzung heraus, die das enorme Exportwachstum in den

70er Jahren ermöglichte. Der damalige Boom führte auch zur Ausdehnung der Zone aus den Bergen des Soave Classico hinaus in die Ebene zur Etsch, wobei die ursprünglichen Trauben Garganega und Trebbiano di Soave durch den ertragreicheren Trebbiano Toscano ersetzt wurden. Damit führte Soave sozusagen den italienischen Weißwein in die moderne Ära der leichten, frischen, fruchtigen, immer gleichmäßigen und preiswerten Art. Bolla errang sich einen weltweiten Ruf. Schließ-

lich aber trugen die vielen Erzeuger und Abfüller, die den Strom von Soave in alle Welt speisten, gerade durch ihren Eifer zum Niedergang seiner Popularität bei. Nur der maßvolle Preis und die sich mehrenden Schaumwein-Versionen hielten die Nachfrage noch eine Zeitlang rege.

Kenner in Italien hatten den Soave immer schon als zu ausdruckslos sowie übermäßig standardisiert und kommerzialisiert abgelehnt. Ausländische Experten, die längst die Meinung gefaßt hatten, Italien sei nicht imstande, Weißweine mit ausgeprägter Persönlichkeit hervorzubringen, waren überzeugt, der Soave sei das Beste, was von diesem Land zu erwarten sei. Wer sich aber die Mühe macht, die derzeitige Auswahl durchzuprobieren, müßte bemerken, daß dem Soave Classico zum Teil schon ein achtbarer Platz in der neuen Hierarchie italienischer Weißweine zusteht.

Der Soave-Classico-Bereich hebt sich eindeutig als überlegen von der übrigen Zone ab, die in der Ebene liegt und rund 3/4 des Weins hervorbringt. Die Unterschiede in Boden und Mikroklima machen viel aus; ebenso wichtig aber ist die Arbeit vieler Winzer, denen Wein mehr bedeutet als nur die Produktion von Trauben in Massen. Leonildo Pieropan brachte den ersten Einzellagen-Soave-Classico, Vigneto Calvarino, 1971 in die Flasche, und 1978 folgte Vigneto La Rocca. Auch den ersten modernen Recioto von Soave, Le Colombare, bereitete er – einen elegant zurückhaltenden süßen Wein. Roberto Anselmi brachte das Einzellagen-Konzept mit Capitel Foscarino, Capitel Croce und süßem Recioto dei Capitelli, die ihren vielgerühmten Stil zum Teil dem Ausbau in *barriques* verdanken, weiter voran. Anselmi hat ausgewählte Lagen mit traditionellen Klonen der ertragsschwachen Garganega in hoher Pflanzdichte bestockt (10 000–13 000 Reben/ha), weil er glaubt, daß das Streben nach dem Bestmöglichen im Soave vor allem auf den Verhältnissen im Weinberg beruht und nicht auf virtuoser Kellertechnik. Er ist überzeugt, daß Garganega, ergänzt durch die altehrwürdige einheimische Trebbiano-Variante trotz aller Verführungen durch Chardonnay die Grundlage bleiben muß. Pieropan hatte in aller Stille Pionierarbeit in der Suche nach höherer Qualität und Integrität in Soave geleistet; dagegen rückte Anselmi sie mit seinem ansteckenden Überschwang ins volle Scheinwerferlicht. Diese beide allein widersetzten sich dem allgemein gestellten Antrag auf Erhöhung der Ertragsgrenzen für Soave, die schließlich vom nationalen DOC-Ausschuß abgelehnt wurde. Das

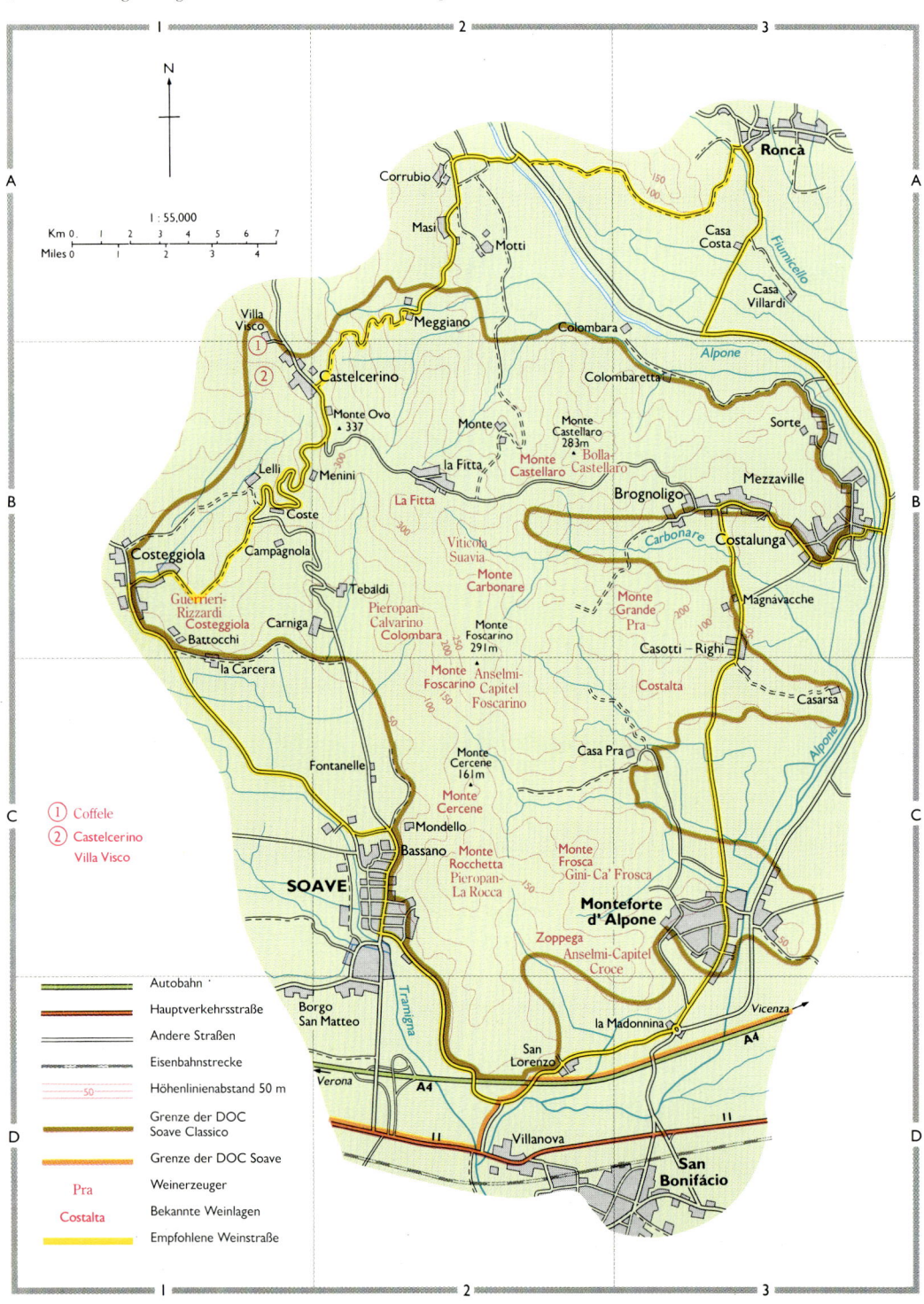

Legende:
- Autobahn
- Hauptverkehrsstraße
- Andere Straßen
- Eisenbahnstrecke
- 50 Höhenlinienabstand 50 m
- Grenze der DOC Soave Classico
- Grenze der DOC Soave
- **Pra** Weinerzeuger
- *Costalta* Bekannte Weinlagen
- Empfohlene Weinstraße

① Coffele
② Castelcerino
　 Villa Visco

1 : 55,000

brachte ihnen die Feindschaft ihrer Winzerkollegen ein, die durchaus nicht zugeben wollen, das Anselmi und Pieropan für ein würdiges Image des Soave mehr getan haben als alle anderen zusammen.

Nun ist es aber nicht so, daß sie die einzigen hochangesehenen Erzeuger von Soave Classico wären. Bertani und Guerrieri-Rizzardi erzeugen aus ihren Lagen dort Weine von unbeirrbarer Würde. Bollas Qualitätsstand im Soave Classico übertrifft sich im Castellaro selbst; leider ist die Menge dieses Weins nicht ausreichend, um die verdiente Breitenwirkung zu erzielen. Die Cantina Sociale, als größter Erzeuger, hat Zugang zu besten Lagen und kann Auslesen für Spezialabfüllungen treffen. Andere haben vielbeachtete Einzellagenweine zu bieten, und auch anderswo wird respektabler Soave Classico hervorgebracht, selbst wenn die Lagennamen auf den Etiketten nicht immer echt sind. Hier wie in Valpolicella gibt es Bestrebungen zu einer festen Registrierung der Einzellagennamen als ersten Schritt zu einer sinnvollen Klassifizierung.

Alle seit längerem bewährten Weinberge Soaves liegen im Classico-Bereich auf den oft steilen Süd- und Südwest-Hängen zwischen den Orten Soave und Monteforte d'Alpone in Höhen von 100 bis 350 m.

Der Boden ist unterschiedlich, z. T. kalkreicher Lehm, z. T. durchsetzt mit Gletschergeröll, großen abgerundeten Steinen, aus denen sich Trockenmauern um die Weinberge bauen lassen. Erfahrene Winzer heben 13 Lagen hervor, die als besser gelten können, beginnend mit Monte Foscarino, dessen zentrale Lage einen guten Bezugspunkt für die Umgebung abgibt. Im Süden schließen Monte Cercene, Monte Frosca, Zoppega und Monte Rocchetta bei der historischen Burg von Soave an. Im Osten liegen Monte Grande und Costalta, im Westen Colombara und der Ort Costeggiola. Im Norden befinden sich Monte Carbonare, Monte Castellaro und die Hänge bei den Orten La Fitta und Castelcerino. ZONE: Die oft steilen Hänge östlich von Verona über den Orten Soave und Monteforte d'Alpone; Weine aus Lagen zwischen Tramigia und Alpone dürfen die Bezeichnung Classico tragen. Ferner 8 Gemeinden in der Provinz Verona, vorwiegend in der Ebene nördlich der Etsch entlang der Autostrada Verona-Venedig. Trockener Weißwein, auch *spumante*. Trauben: Garganega; Trebbiano di Soave/Trebbiano Toscano bis 30%. E. 98/140; Alk. 10,5, *superiore* 11,5; S. 0,5; A. *superiore* 8 Mte.

Die Stadt Soave mit ihrer Burg auf dem Berghang, wo die Classico-Zone beginnt. Die Soave-Weinberge dehnen sich bis weit in die Ebene aus.

Recioto di Soave. Süßer Weißwein, auch *spumante* und *liquoroso*. Trauben: wie Soave, jedoch rosiniert oder *passito*. E. 56/140; Alk. 14 (Restsüße 2,5%), *liquoroso* 15; S. 0,55.

Lessini Durello (1987)
Die neue nördliche Nachbar-DOC-Zone Soaves in den Lessini-Bergen beruht auf einer Rebsorte, die in dieser Gegend schon seit langem für die Herstellung von *spumante* benützt wird. Weine aus der bis in die Provinz Vicenza hineinreichenden Zone sind dagegen kaum bekannt. Die Traube heißt Durella, der Wein jedoch Durello; aus beiden Namen spricht jene stahlige Härte, die für die erfrischende Qualität der rustikalen Weißweine aus den Lessini-Bergen typisch ist. Festigkeit und Säure machen Durella zu einer idealen Grundlage für *spumante*, der unter der DOC viel erhoffen läßt. ZONE: Die Südosthänge der Monti Lessini, vom Rand der Zonen Soave und Gambellara nordwärts bis beinahe Schio mit 21 Gemeinden in der Provinz Vicenza und 7 in der Provinz Verona. Trockener Weißwein, auch *spumante*. Trauben: Durella; Garganega/Trebbiano di Soave/Chardonnay/Pinot Nero bis 15%. E. 112/

160; Alk. 10, *superiore* und *spumante* 11; S. 0,7, *spumante* 0,8.

Andere beachtenswerte Weine
Die Weine der in die Provinz Verona hineinreichenden DOC-Zonen, Lugana und Tocai di San Marino della Battaglia (Lombardei) und Valdadige (Trentino-Südtirol) werden unter den betreffenden Regionen besprochen. Weine ohne DOC gibt es in Verona ebenfalls in Menge, z. B. *Ripasso*-Rotweine aus Valpolicella und weitere Spezialitäten von einheimischen Traubensorten, daneben auch vielversprechende Cabernets und Chardonnays. In Valpolicella stehen süße Weißweine ohne DOC von Allegrini, Masi, Quintarelli und Tedeschi auf gleicher Stufe mit besten Recioto-di-Soave-Versionen. Stetigen Zuwachs haben auch die oft achtbaren Schaum- und Perlweine.

WEINGÜTER/WINZER
Allegrini, Fumane (VR). Das von Giovanni Allegrini gegründete Gut wird von seinen Kindern Walter, Marilisa und Franco weitergeführt. Die Kellerei in Corte Giara produziert zunehmend geachtete Weine aus 50 ha besten Lagen in Valpolicella Classico.

Anselmi, Monteforte d'Alpone (VR). Roberto Anselmi beweist unerwartete Klasse und Vielseitigkeit des Soave aus eigenen 25 ha in den Lagen Monte Foscarino, Monte Cercene und Zoppega sowie von Zulieferern mit 30 ha. Soave Capitel Foscarino und faßgereifter Capitel Croce aus der Lage Zoppega bringen neuen Stil zum Ausdruck; der einfache Soave Classico aus seiner Hand ist schon vorbildlich. Der in *barriques* ausgebaute Recioto dei Capitelli ist einer der meistbewunderten Dessertweine Italiens.

Arvedi d'Emilei, Cavalcaselle (VR). Pietro Arvedi und seine Familie produzieren von 30 ha um das alte Gut feinen Bianco di Custoza und Bardolino.

Brigaldara, San Floriano (VR). Bekannt für guten Valpolicella und Amarone.

Giuseppe Brunelli, San Pietro in Cariano (VR). Valpolicella und *vdt*.

Ca' del Monte, Negrar (VR). Luigi Zanconte erzeugt guten Valpolicella und Amarone.

Cavalchina, Sommacampagna (VR). Guter Bianco di Custoza, Bardolino und *vdt*.

Coffele, Soave (VR). Giuseppe Coffeles Villa Visco in Castelcerino besitzt beste Soave-Lagen, doch deren Potential kommt noch nicht voll zur Geltung.

Colle dei Cipressi, Calmasino di Bardolino (VR). Bardolino von 26 ha.

Ferrari, Gargagnago (VR). Aleardo Ferrari mit guten Valpolicella und oft großartigen Recioto und Amarone.

Fongaro, Roncà (VR). Sauberer Lessini Durello aus dem Gut Motto Piane.

Fratelli Fraccaroli, San Benedetto di Lugana (VR). Guter Lugana.

Fraterna Portalupi, Custoza (VR). Charaktervoller Bianco di Custoza und Bardolino.

Umberto Giarola, Palazzolo (VR). Bardolino und Bianco di Custoza.

Gini, Monteforte d'Alpone (VR). Erzeuger von Soave Classico Ca' Frosca aus der Einzellage Monte Frosca und von Recioto Col Foscarin.

Girasole, Lazise (VR). Guter Bardolino und Valpolicella.

Gorgo, Custoza (VR). Roberto Bricolo erzeugt von 30 ha feinen Bianco di Custoza und Bardolino.

Guerrieri-Rizzardi, Bardolino (VR). Von ihrer Villa am See aus leitet Cristina Guerrieri-Rizzardi mit ihrer Familie die Produktion höchst anmutiger Veroneser Weine von 150 ha in Bardolino, Valpolicella und Soave, die alle in getrennten Kellereien verarbeitet werden. Einzellagenweine: Bardolino (Tacchetto), Soave (Costeggiola) und Valpolicella (Villa Rizzardi Poiega) sowie roter *vdt* Castello Guerrieri (von fast vergessenen Lokaltrauben), weißer

Bianco San Pietro (Chardonnay, Sémillon, Garganega, Tocai) und halbtrockener Moscato Dògoli.

Il Maso, Negrar di Valpolicella (VR). Zonins Weingut für Valpolicella Classico und Amarone.

Le Fraghe, Affi (VR). Bardolino von 20 ha.

Le Ragose, Arbizzano di Negrar (VR). Maria Marta und Arnaldo Galli produzieren vielbewunderten Valpolicella Classico, Amarone sowie schäumenden Recioto auf 12 ha schöngepflegten Terrassen, außerdem *vdt* Le Ragose Bianco und roten Le Piane und Le Sassine.

Le Tende Lazise (VR). Bardolino und Bianco di Custoza.

Le Vigne di San Pietro, Sommacampagna (VR). Der junge Carlo Nerozzi erzeugt feinen Bardolino und Bianco di Custoza (auch *spumante*), aber sein ganzer Stolz ist ein Cabernet Sauvignon *vdt* Refolà von 5 ha.

Marcato, Roncà (VR). Guter Soave aus Weinbergen bei Barche, daneben eindrucksvoller stiller und schäumender Lessini Durello.

Antonio Menegotti, Villafranca (VR). Bianco di Custoza und Bardolino.

Montecorno, Sona (VR). Guter Bardolino und Bianco di Custoza.

Pieropan, Soave (VR). Leonildo und Teresita Pieropan heben sich seit ihrem ersten Einzellagenwein Vigneto Calvarino und dem ersten modernen Recioto Le Colombare von 8 ha bei Colombara von der Masse in Soave ab. Der Vigneto La Rocca von 3 ha in Rocchetta wird oft als ihr Spitzen-Soave gerühmt. Weitere Weinberge aus dem Familienbesitz sowie Trauben von ausgewählten Winzern in den Bergen erbringen regelmäßig guten Soave Classico und *vdt* Riesling Italico. Die Weine sind oft kräftiger in Farbe, Struktur und Geschmack als üblich, teils wegen stark eingeschränkter Erträge, teils auch, weil der Wein nicht gefiltert, sondern nach einem eigenen Idealbild eines guten Soave ausgebaut wird.

Fratelli Poggi, Affi (VR). Guter Bardolino von 40 ha.

Graziano Pra, Monteforte d'Alpone (VR). Aufstrebender Erzeuger von Soave Classico mit feinem Einzellagenwein Monte Grande.

Quintarelli, Cerè di Negrar (VR). Giuseppe Quintarelli ist mit seinen eigenwilligen Methoden, u. a. lan-

gem Gärprozeß in alten Fässern ohne Abstechen und Filtrieren, zu einer legendären Gestalt geworden. Sein Valpolicella (ein *ripasso*), Recioto und Amarone aus der Lage Monte Ca' Paletta werden ob ihrer Individualität einmal gelobt, ein andermal kritisiert, denn keine Flasche ist bei ihm wie die andere – möglicherweise, weil jede einzelne von Hand mit einem Schlauch gefüllt wird. Wenn alles gut geht, sind Quintarellis Weine ohnegleichen in Fülle, Komplexität und Preis – nicht nur die Rotweine, sondern auch der Amabile di Cerè, ein goldener *passito* von ausgelesenen Garganega- und anderen Trauben. Kritik hat ihm die Verwendung von Cabernet Franc im Valpolicella und in seinem *vdt* Alzero eingetragen.

Sanperetto, Negrar (VR). Von 7 ha ausgewählten Weinbergen erzeugt Roberto Mazzi Valpolicella Poiega, Recioto La Calcarole und Amarone Punte di Villa.

Serègo Alighieri, Gargagnago (VR). Von 30 ha um eine Villa, die seit Jahrhunderten ein Wahrzeichen von Valpolicella ist, gewinnt Pieralvise Serègo Alighieri, ein Nachkomme Dantes, Trauben für Weine, die bei Masi gekeltert werden. Die besondere Finesse von Serègho Alighieris Valpolicella, Amarone Vaio Armoron und Recioto Casal dei Rochi ist zum Teil darauf zurückzuführen, daß diese Weine in Fässern aus Kirschholz ausgebaut werden.

Fratelli Speri, Pedemonte (VR). Carlo Speri besitzt 40 ha Weinberge in besten Lagen der Zone Valpolicella Classico; aus den Lagen Comunai-Sant'Urbano und Monte Fontana erzeugt er Amarone.

Fratelli Tedeschi, Pedemonte (VR). Renzo Tedeschi produziert aus Weinbergen der Familie und von zugelieferten Trauben mit die besten Veroneser Weine zu vernünftigen Preisen: Valpolicella Capitel delle Lucchine und Capitel dei Nicalò, Soave Monte Tenda, *vdt* Capitel San Rocco Bianco und Rosso delle Lucchine sowie der üppige weiße Vin de la Fabriseria. Seine Spitzenweine sind Amarone della Fabriseria, Amarone Capitel Monte Olmi und Recioto Capitel Monte Fontana.

Tommasi Pedemonte (VR). Von 35 ha produziert Dario Tommasi Valpolicella, Recioto und einen Amarone, der seinesgleichen sucht; ferner Soave, Bardolino und Bianco di Custoza. Die Marke Villa Girardi gehört ihm ebenfalls.

Giuseppe Quintarelli bei der Weinlese bei Cerè di Negrar in der Valpolicella-Classico-Zone. Durch ausgefallene Kellertechniken verleiht er seinen Weinen markante Individualität.

Tramanal, Arbizzano di Negrar (VR). Der Arzt Domenico Vantini hat sein winziges Weingut zu einem der meistbewunderten in Valpolicella ausgebaut. Besonders bekannt ist sein Amarone, dessen Geschmack an Maraschino-Kirschen und Eukalyptus erinnert.

Massimo Venturini, San Floriano (VR). Valpolicella und Amarone teilweise aus Lagen bei Masue.

Viticola Suavia, Soave (VR). Von 10 ha erzeugt Giovanni Tessari den vielgerühmten Einzellagen-Soave Monte Carbonare.

WEIN- UND HANDELSHÄUSER

Bertani, Verona. Das 1857 von Cavaliere G. B. Bertani gegründete Haus ist auch heute noch unter Gaetano und Giovanni Bertani ein tragender Pfeiler des Veroneser Weins. Sein Ruhm beruht auf dem unfehlbaren Secco-Bertani Valpolicella-Valpantena, einem feinen Soave Le Lave und insbesondere dem hervorragenden Amarone in jahrzehntealten Jahrgängen. Wären die Bertani dem Trend gefolgt, dann hätten sie den Amarone, der aus familieneigenen Weinbergen bei Novare produziert wird, in einen Einzellagenwein verwandelt. So aber sind sie dem Rezept und der Marke des Hauses treu geblieben. Die Veroneser DOC-Weine, die in den alten Kellereien in Grezzana di Valpantena sowie in Valpolicella und in Monteforte d'Alpone (Soave) bereitet werden, sind Muster an Zuverlässigkeit. Ergänzt wird das Programm durch einen roten *vdt ripasso* Catullo und einen vielversprechenden, in *barriques* ausgebauten Chardonnay.

Bolla, Verona. Der Name steht in weiten Teilen der Welt für Soave, obwohl sich die 1883 gegründete Familienfirma unter Giuseppe Bolla und seinem Neffen Pierluigi Bolla ein umfangreiches Programm an Weinen aus ganz Italien zugelegt hat und mit über 2,5 Mio. Kisten im Jahr eine bedeutende Rolle im Weinhandel spielt. Zwei Kellereien verarbeiten Soave, darunter den feinen Castellaro und Vigneti di Frosca, und ein dritter Betrieb in Pedemonte erzeugt u. a. den geachteten Valpolicella Classico Jago und Amarone Cantina del Nonno. Die Trauben werden zum größten Teil von einem «Club» von über 400 Winzern geliefert, die aus der Fondazione Sergio Bolla Zuwendungen für die Förderung des einheimischen Weinbaus erhalten. Die Tochterfirma Valdo stellt in Valdobbiadene Schaumwein her.

Paola Boscaini & Figli, Valgatara (VR). Die große Familienkellerei wird von Dario Boscaini geleitet, der zugleich Direktor des angesehenen landwirtschaftlichen Instituts in Verona ist. Das Programm an Veroneser DOC-Weinen umfaßt Bardolino Le Canne, Soave Monteleone, Valpolicella, Recioto und Amarone Marano, Recioto Ca' Nicolis, Amarone Ca' de Loi; ferner Alto Adige Chardonnay und Pinot Grigio.

Fratelli Farina, Pedemonte (VR). Guter Valpolicella und Amarone.

Lamberti, Lazise (VR). Der große Erzeuger von Veroneser DOC-Weinen gehört zum Gruppo Italiano Vini. Sonderabfüllungen sind Bardolino Le Primule, Valpolicella Le Primule und Soave I Ciliegi.

Masi, Gargagnano (VR). Sando Boscaini leitet den Familienbetrieb, der in Verona in den 80er Jahren das Tempo diktierte. 1989 löste der bekannte Önologe Lamberto Paronetto den Kellermeister Nino Franceschetti ab, der den *Ripasso*-Prozeß im Campo Fioron wiederbelebt und den Amarone (Mazzano, Campolongo di Torbe), den Recioto (Mezzanella) und den süßen weißen Campociesa geschaffen hatte. Masi besitzt 40 ha Rebfläche in Valpolicella und hat in Pertica di Costermano Land für Bardolino La Vegrona und in Monteforte d' Alpone für Soave Col Baraca gepachtet. Das Programm umfaßt einfache und leichte DOC-Weine sowie den stilvollen weißen *vdt* Masianco (Garganega-Sauvignon). Masi keltert auch die Weine von Serègho Alighieri. Der internationale Masi-Preis wird jährlich für besondere Leistungen im Weinbau vergeben.

Giacomo Montresor, Verona. Großer Erzeuger von Veroneser DOC-Weinen und *vdt*.

Fratelli Pasqua, Verona. Das alteingesessene Haus hat Weine der «neuen Generation» eingeführt, z. T. von 85 ha, u. a. Abfüllungen Marke Soave Costalunga, Amarone Vigneti Casterna und Cabernet *vdt* Morago.

Santa Sofia, Pedemonte (VR). Das einstige legendäre Gut ist zum Warenzeichen für Veroneser DOC-Weine geworden, u. a. für einen Valpolicella Montegradella.

Santi, Illasi (VR). A.G. Santi, heute Teil von Gruppo Italiano Vini, füllt eine Reihe von Weinen aus ganz Venetien ab.

Sartori, Negrar (VR). Großer, zuverlässiger Abfüller von Weinen aus Verona.

Scamperle, Fumane di Valpolicella (VR). Großer Abfüller von Veroneser Wein.

Fratelli Zeni, Bardolino (VR). Bardolino, Valpolicella und Amarone, z. T. aus eigenen Weinbergen.

Zenato, San Benedetto di Lugana (VR). Veroneser DOC-Weine und Lugana, z. T. von 16 ha eigenen Weinbergen.

GENOSSENSCHAFTEN

CS Valpolicella, Negrar (VR). Trotz Zugriff zu besten Lagen von Valpolicella kaum bemerkenswerte Qualität.

CS di Soave, Soave (VR). Die größte Kellerei Veronas bezieht Trauben von 630 Winzern mit 2 500 ha und produziert jährlich 300 000 hl Wein. Zuverlässiger Soave Costalta, Monte Foscarino und Castelcerino. Ferner andere Veroneser DOC-Weine, *vdt* und *spumanti*.

Die Weinberge bei der Villa Serègo Alighieri in Gargagnano (Valpolicella Classico), wo die Nachfahren Dantes seit Jahrhunderten Weinbau treiben, wurden vor kurzem von Pieralvise Serègo Alighieri erweitert.

Weine aus den Zentralbergen: Vicenza und Padua

Veronas Erfolg mit einheimischen Rebenmischungen wiederholt sich nicht im Weinbau in den Nachbarprovinzen Vicenza und Padua, wo fremde Rebsorten und sortenreine Weine vorherrschen. Zwar hat die Garganega-Traube, in die sich Soave und Gambellara schon lange teilen, hier einige Bedeutung, und die weiße Durella-Traube aus den Lessini-Bergen ist Verona und Vicenza gemeinsam. Auch hat die Provinz Vicenza in der Vespaiola aus Breganze und im roten Tocai aus den Colli Berici zwei echte Lokalreben, und in den Colli Euganei (Provinz Padua) sind die Winzer der Serprina, in der sie den echten Prosecco sehen, treu geblieben und keltern süßen Wein von der einzigen in Venetien als DOC anerkannten Moscato-Sorte. Im übrigen aber geht der Trend zu internationalen Rebsorten: zu Merlot, den Cabernets und Pinots, Sauvignon und dem noch nicht anerkannten Chardonnay. Kaum ein Erzeuger in Venetien oder in ganz Italien versteht so überzeugend mit diesen edlen Trauben umzugehen wie Maculan, der damit dem Namen Breganze einen besonderen Klang verliehen hat. Aber auch an anderen Stellen gibt es vereinzelt aussichtsreiche Resultate, insbesondere in den Colli Euganei. Die Genossenschaften, u. a. die vielleicht größte derartige Kellerei in Europa, Longio in den Colli Berici, haben großen Anteil an der Produktion. Aber nur wenige machen mit Qualität Eindruck. Die größte private Kellerei Italiens, Zonin in Gambellara, beweist, daß Quantität und Qualität keine Gegensätze sein müssen; sie gehört in die Provinz Vicenza.

Breganze (1969)

Der Wein von Breganze ist in den letzten 10 Jahren vor allem dank dem energischen Fausto Maculan, dessen Name im In- und Ausland immer mehr Respekt genießt, aus dem Dunkel hervorgetreten. Auch andere Erzeuger haben ihren Qualitätsstand mit der traditionellen weißen Vespaiolo-Traube, mit Pinot Bianco und einem vermutlich lokalen Klon von Tocai sowie mit DOC-Rotweinen angehoben. Maculan hat jedoch offenbar den Abstand zur Konkurrenz nicht nur mit seinen DOC-Weinen, sondern auch mit hervorragendem *vdt* und Dessertwein vergrößert. Er hat alle Zweifel ausgeräumt und gezeigt, daß Boden und Mikroklima in den Weinbergen am Fuß des Asiago-Plateaus gute Möglichkeiten bieten.

ZONE: Die flachen Hügel und kieshaltigen Ebenen am Fuß des Asiago-Plateaus, südwärts im Astico-Tal in Montecchio Precalcino und ostwärts über Breganze und Maróstica bis zum Ufer der Brenta gegenüber Bassano del Grappa, mit 13 Gemeinden in der Provinz Vicenza. Neben Bianco und Rosso sind 5 sortenreine Weine vorgesehen; Cabernet kann aus Cabernet Franc oder Cabernet Sauvginon oder beiden bestehen.

Bianco. Trockener Weißwein. Trauben: Tocai; Pinot Bianco/Pinot Grigio/Riesling Italico/Sauvignon/Vespaiolo bis 15%. E. 91/140; Alk. 11; S. 0,55.

Rosso. Trockener Rotwein. Trauben: Merlot; Marzemino/Groppello Gentile/Cabernet Sauvignon/Cabernet Franc/Pinot Nero/Freisa bis 15%. E. 91/140; Alk. 11; S. 0,6.

Cabernet. Trockener Rotwein. E. 84,5/130; Alk. 11,5, *superiore* 12; S. 0,6.

Pinot Bianco. Trockener Weißwein. E. 84,5/130; Alk. 11,5, *superiore* 12; S. 0,55.

Pinot Grigio. Trockener Weißwein. E. 84,5/130; Alk. 10,5, *superiore* 12; S. 0,55.

Pinot Nero. Trockener Rotwein. E. 84,5/130; Alk. 11,5, *superiore* 12; S. 0,55.

Vespaiolo. Trockener Weißwein. E. 84,5/130; Alk. 11,5, *superiore* 12; S. 0,55.

Gambellara (1970)

Die Weine von Gambellara gelten zwar oft als Ersatz für Soave, verdienen aber eigenen Status. Trotz aller Ähnlichkeit bei den Traubensorten haben die beiden Nachbarzonen ihre ganz selbständige Persönlichkeit, die von erfahrenen Kennern auch stets erkannt wird. Anderseits kommt der Gambellara aus seiner Zone zu wenig heraus, als daß Vergleiche leicht möglich wären. Nach und nach steigt die Produktion an Flaschenwein jedoch und holt endlich gegenüber Soave auf. Zonin, als der führende Erzeuger, bietet im Originalabfüllung einen trockenen Il Giangio und einen Recioto *spumante*, der sich mit seiner frischen, halbtrockenen, allerdings nicht gerade traditionellen Art schon viele Anhänger gewonnen hat. Auch einen seltenen Vin Santo hat Gambellara aufzuweisen. Als voller, süßer Dessertwein wird er in dieser Firma seit dem 17. Jh. gekeltert.

ZONE: Hügelland und Ebenen südwestlich von Vicenza in den Gemarkungen Gambellara, Montebello Vicentino, Montorso Vicentino und Zermeghedo. Trockener Weißwein. Trauben: Garganega; Trebbiano di Soave/Trebbiano Toscano bis 20%. E. 98/140; Alk. 10,5, *superiore* 11,5; S. 0,5.

Recioto di Gambellara. Süßer Weißwein, auch *spumante*. Trauben: wie trockener Weißwein, jedoch rosiniert oder *passito*. E. 56/140; Alk. 12; S. 0,5.

Vin Santo di Gambellara. Gold- bis bernsteinfarbener Dessertwein. Verwendete Trauben: wie trockener Weißwein, jedoch rosiniert oder *passito*. E. 56/140; Alk. 14; S. 0,5; A. 2 J.

Colli Berici (1973)

Anscheinend befürchten die Einwohner von Vicenza, der Tourismus könne den Charme der Colli Berici zerstören, und wollen deshalb diese schöne Gegend und vor allem ihren Wein, der außerhalb der Stadt Palladios nur selten anzutreffen ist, für sich allein behalten. Für Ausnahmen sorgen nur einige Weingüter: Conti da Schio in Costozza mit seit langem bekanntem Cabernet und Alfredo Lazzarini mit vielgerühmtem Merlot und Pinot Nero von Villa dal Ferro. Der Geschmack der Einheimischen bevorzugt dagegen Garganega und Tocai Rosso, der nur in dieser Zone DOC-Würden genießt. Garganega (auch Garganego) kann eine Familienähnlichkeit mit Soave haben, während der himbeerfarbene Tocai Rosso mit seinem lebendigen Aroma und Geschmack ein ganz und gar eigenständiger Wein ist. Verwunderlich erscheint die Anspruchslosigkeit, die in den Weinen dieser schönen Landschaft herrscht. Der Cabernet aus Costozza versteckt sich heute in der Menge, und auch die Rotweine aus der Villa dal Ferro gehören nicht mehr in die Spitzengruppe. Wohl rühren sich einige Weingüter, darunter Ca' Bruzzo, doch die fast völlige Herrschaft der großen Genossenschaftskellerei Cantine dei Colli Berici bringt nur eine große Menge Wein von einfacher Qualität hervor.

ZONE: Die Berghänge und breiten Täler von Vicenza südwärts um die aus der Ebene aufsteigenden Colli Berici zwischen Longare und Lonigo und westwärts um Montecchio Maggiore, Sovizzo und Monteviale mit 28 Gemeinden in der Provinz Vicenza.

Cabernet. Trockener Rotwein. Trauben: Cabernet Sauvignon/Cabernet Franc. E. 78/120; Alk. 11, *riserva* 12,5; S. 0,45; A. *riserva* 3 J.

Garganega oder **Garganego.** Trockener Weißwein. Trauben: Garganega; Trebbiano di Soave bis 10%. E. 98/140; Alk. 10,5; S. 0,55.

Merlot. Trockener Rotwein. Traube: Merlot. E. 91/130; Alk. 11; S. 0,55.

Pinot Bianco. Trockener Weißwein. Trauben: Pinot Bianco; Pinot Grigio bis 15%. E. 78/120; Alk. 11; S. 0,5.

Sauvignon. Trockener Weißwein. Trauben: Sauvignon; Garganega bis 10%. E. 78/120; Alk. 11; S. 0,55.

Tocai Bianco. Trockener Weißwein. Trauben: Tocai Bianco; Garganega bis 10%. E. 84/120; Alk. 11; S. 0,55.

Tocai Rosso. Trockener Rotwein. Trauben: Tocai Rosso; Garganega bis 15%. E. 78/120; Alk. 11; S. 0,5.

Colli Euganei (1969)

Die Kuppen der Colli Euganei erheben sich majestätisch aus dem Flachland bei Padua; seit undenklichen Zeiten wird nicht nur ihre zauberhafte Schönheit, sondern auch ihr Wein von den Poeten besungen. Manche entdecken darin ein Feuer, das aus dem vulkanischen Boden der Berge zu stammen scheint, wo die Voraussetzungen für den Weinbau eindeutig besser sind als in der Ebene. Am besten bekräftigte dies der Dichter Petrarca im 14. Jh. dadurch, daß er sich im Alter in diese Berge zurückzog und dort Wein baute. In neuerer Zeit richtet sich hier der Wein nach dem Geschmack der Einheimischen (und der Venezianer) auf milden, perlenden Stil ein. Die populärsten Typen, der Bianco, der Rosso und der süße Moscato, werden oft als Schaumweine bereitet. Auch die andernorts meist trockenen Cabernet, Merlot, Pinot Bianco und Tocai präsentieren sich hier eher *abboccato*. Im Bianco vereinen sich die traditionellen Trauben Serprina (Prosecco), Pinella und Garganega mit internationalen Varietäten. Der *rosso* ist im Grund die Bordeaux-Mischung, ergänzt durch Barbera und Raboso. Die Qualität scheint hier raschere Fortschritte zu machen, als dies in anderen Zonen Venetiens der Fall ist. Zum Teil ist das der Arbeit eines starken Erzeuger-Konsortiums zu verdanken. Manche Weingüter in den Bergen – unter ihnen befinden sich Villa Sceriman, La Montanella und Cecilia Baone – scheinen ihre Produktion auf ein anspruchsvolleres Publikum abzustimmen.

ZONE: Die Berghänge der Colli Euganei mit dem 603 m hohen Monte Venda südwestlich von Padua mit 17 Gemeinden der Provinz bis hinaus in die Ebene. Neben Weiß- und Rotwein umfaßt die DOC 5 sortenreine Weine, die jedoch mit Trauben gleichfarbiger Sorten abgerundet werden dürfen.

Bianco. Trockener Weißwein, auch *amabile, spumante.* Trauben: Garganega 30–50%, Serprina (Prosecco) 10–30%, Tocai Friulano/Sauvignon 20–40%; Pinella/Pinot Bianco/Riesling Italico/Chardonnay bis 20%. E. 84/120; Alk. 10,5, *superiore* 12, *spumante amabile* 11 und *secco* 12; S. 0,5.

Rosso. Trockener Rotwein, auch *amabile, spumante.* Trauben: Merlot 60–80%, Cabernet Sauvignon/

Cabernet Franc/Barbera/Raboso Veronese 20–40%. E. 98/140; Alk. 11, *superiore* und *spumante* 12; S. 0,55.

Cabernet. Trockener Rotwein. Trauben: Cabernet Franc/Cabernet Sauvignon Min. 90%. E. 84/120; Alk. 11,5, *superiore* 12,5; S. 0,55; A. *superiore* 1 J.

Merlot. Trockener Rotwein. Traube: Merlot Min. 90%. E. 98/140; Alk. 11, *superiore* 12; S. 0,55; A. *superiore* 1 J.

Moscato. Süßer Weißwein, auch *spumante*. Traube: Moscato Bianco Min. 95%. E. 78/120; Alk. 10,5; S. 0,55.

Pinot Bianco. Trockener Weißwein, auch *abboccato*. Traube: Pinot Bianco Min. 90%. E. 84/120; Alk. 11, *superiore* 12; S. 0,5.

Tocai Italico. Trockener Weißwein, auch *abboccato*. Traube: Tocai Italico Min. 90%. E. 84/120; Alk. 11, *superiore* 12; S. 0,5.

Andere beachtenswerte Weine

Das mittlere Venetien besitzt eine Fülle von Weinen ohne DOC, vom einfachen *frizzante* bis zu feinen *spumanti*, Variationen der Bordeaux-Reben, Chardonnay und den hervorragenden süßen Weinen von Maculan. Eine Spezialität der Colli Euganei ist der perlende süße Moscato Fior d'Arancio. In der Provinz Rovigo in der Po-Ebene gibt es keine DOC-Zone und nur ein wenig *vdt* für den örtlichen Verbrauch.

WEINGÜTER/WINZER

Ca' Bruzzo, San Germano dei Berici (VI). Von 17 ha produzieren Aldo Bruzzo und seine Frau Sarah Wallace, eine Amerikanerin, überzeugenden Tocai Rosso sowie andere DOC Colli Berici, ferner *vdt* Chardonnay Rosé «California Blush».

Castello di Belvedere, Villaga (VI). Colli Berici DOC.

Cecilia di Baone, Terralba di Baone (PD). Aufstrebendes Gut mit DOC Colli Euganei, Don Noè Spumante Brut und Moscato Fior d'Arancio.

Conti A. & D. da Schio, Costozza di Longare (VI). Von 17 ha in den Colli Berici produzieren Alvise und Giulio da Schio den leider heute nicht mehr so großartigen Costozza Cabernet Franc, ferner Pinot Bianco und *vdt*.

Il Giangio, Gambellara (VI). DOC Gambellara-Weingut der Firma Zonin.

La Montanella, Monselice (PD). Guter DOC Colli Euganei und Moscato Fior d'Arancio von 13 ha.

Maculan, Breganze (VI). Fausto Maculan und seine Schwester Franca gewinnen vielgerühmte Weine von 30 ha Familienbesitz und zugelieferten Trauben. Besonders eindrucksvoll unter den DOC Breganze-Weinen ist der Cabernet aus der 1-ha-

In der Maculan-Kellerei in Breganze hängen Vespaiola-Trauben von der Decke des Trockenraums herab. Aus ihnen werden die berühmten süßen Weine Torcolato und Acininobili mit Edelfäule gewonnen.

Lage Fratta, wo fast gleich viel alte Cabernet Sauvignon- und Franc-Reben ungeheuer gehalt- und stilvollen Wein hervorbringen, an den nur der reine Cabernet Sauvignon Palazzotto herankommt. Weitere DOC-Weine: Bianco (Breganze di Breganze), Rosso (Brentino), Pinot Bianco und trockener Vespaiolo. Auch *vdt*, v. a. der neu herausgekommene Ferrata (Chardonnay und Cabernet Sauvignon), weißer Prato di Canzio (Tocai-Pinot Bianco); auch ein exquisiter Rosé Costa d'Olio von Pinot Nero. Ins Programm gehört ferner Accademia Brut (Tankgärung). Die Spitzenleistung Maculans ist aber süßer Wein ohne DOC von rosinierten Vespaiola-Trauben:

Torcolato, ein in *barriques* ausgebauter Recioto, und der noch üppigere Acininobili, eine Auslese mit Edelfäule, zwar anders als Sauternes, aber dennoch nicht weniger köstlich. Dindarello heißt ein eigenwilliger süßer Weißwein von Moscato Fior d'Arancio.

Alessandro Piovene, Villaga (VI). DOC Colli Berici und *vdt* Bianco Toara von Garganega.

Villa dal Ferro, San Germano dei Berici (VI). Alfredo Lazzarini brachte in den 70er Jahren ein neues Qualitätskonzept in die Colli Berici, und zwar mit überaus rassigen Weinen von 12 ha um seine alte Villa. Alle sortenreinen Weine tragen Lagennamen: Bianco del Rocolo (Pinot

Bianco), Busa Calcara (Riesling Renano), Campo del Lago (Merlot), Costiera Grande (Tocai), Le Rive Rosse (Cabernet), Rosso del Rocolo (Pinot Nero). Jetzt alle mit DOC.

Villa Magna, Sandrigo (VI). DOC Breganze von 45 ha.

Villa Sceriman, Vó Euganeo (PD). Die Familie Soranzo hat dem 25-ha-Gut in den Colli Euganei mit feinen DOC-Weinen und *spumanti* von Moscato Rosa, Moscato Fior d'Arancio, Marzemino und Prosecco eine Spitzenstellung verschafft.

WEIN- UND HANDELS-HÄUSER

Zonin, Gambellara (VI). Die seit 1821 in Gambellara ansässige Familie Zonin hat zunächst mit Massenproduktion und dann mit anspruchsvollen Gutsweinen die größte private Kellereifirma Italiens aufgebaut. Die Gebrüder Zonin – Gianni (Generaldirektor), Giuseppe (Geschäftsführer) und Gaetano (Verkaufsdirektor) – leiten die Produktion von 3,2 Mio. Kisten im Jahr, die zu 1/4 aus 10 unabhängigen Weingütern mit 730 ha Rebfläche in Oberitalien und der Toskana stammen. (Außerdem gehört Zonin auch Barboursville Vineyards in Virginia, USA.) Die Kellerei in Gambellara produziert eine Reihe von sortenreinen DOC- und *Vdt*-Weinen sowie *spumanti*, u. a. Riserva Domenico Zonin (Champagnerverfahren). Die Weingüter Il Giangio in Gambellara, Il Maso in Valpolicella, Ca' Bolani und Ca' Vescovo in Aquileia (Friaul), Castello del Poggio in Asti (Piemont), Il Bosco und San Zeno in Oltrepò Pavese (Lombardei), Castello d'Albola in Chianti Classico sowie Abbazia Monte Oliveto und Il Palagio in San Gimignano (Toskana) werden von 16 Önologen betreut.

GENOSSENSCHAFTEN

Bartolomeo da Breganze, Breganze (VI). DOC Breganze und *vdt* von 1200 ha im Besitz der Mitglieder.

CS di Gambellara, Gambellara (VI). Große Produktion von DOC Gambellara und Colli Berici sowie *vdt*.

Cantina dei Colli Berici, Lonigo und Barbarano (VI). Der 1989 durchgeführte Zusammenschluß der zwei Genossenschaftskellereien in den Colli Berici schuf Europas größtes Weinproduktionsunternehmen mit rund 750 000 hl im Jahr von 4000 ha Rebfläche. Davon ist nur wenig DOC Colli Berici, und er unterscheidet sich auch kaum von den Massen an *vdt* und *spumanti*.

CS Cooperativa dei Colli Euganei, Vò Euganeo (PD). Große Produktion, u. a. zuverlässiger DOC Colli Euganei, *vdt* und *spumanti*.

Weine aus dem östlichen Venetien: Venedig und Treviso

Der Osten Venetiens von der Brenta bis zur Grenze des Friaul ist Venedigs Domäne. Hierzu gehören die fast gänzlich flache Provinz Venezia, die fast nur gebirgige Provinz Belluno und die mit Bergen und Tälern reich gesegnete Provinz Treviso. Die formellen Weinkarten Venedigs sind mit Weinen aus weiter Ferne auf eine anspruchsvolle Kundschaft abgestellt; wenn aber die Einheimischen ihre *ombretta* zu sich nehmen, verlangen sie einen Wein aus der Umgebung. Die berühmte Stadt mit ihren Kanälen nimmt sich zwar durchaus nicht wie ein Weinzentrum aus, ihr Hinterland aber – die Ebenen an der Küste nach dem Friaul hin und die Hügel bis zu den Alpen bei Treviso – sind angefüllt mit Reben für Weine, die Venedig ganz seine eigenen zu nennen liebt. Der populärste *Ombretta*-Wein ist Prosecco, ein trockener bis lieblicher, perlender oder schäumender Weißwein aus den Hügeln von Conegliano, Valdobbiadene, Montello und Colli Asolani. Die meisten Rotweine Venetiens und ein wachsender Anteil der Weißweine kommen aus Flachland, das in Italien sonst meist für den Getreideanbau genutzt wird. In den Zonen Piave und Lison-Pramaggiore dominiert der Merlot, gefolgt von Cabernet. Die besten dieser Rotweine sind ordentlich und haltbar, wecken aber außerhalb des Veneto Orientale keine große Begeisterung. An Cabernet und Merlot wird ein grasiger Beigeschmack kritisiert, und selbst solche Weine, in denen er fehlt, können sich mit Artgenossen aus dem Médoc, der Toskana oder Kalifornien nicht messen. Das Mischen der Bordeaux-Rebsorten Cabernet und Merlot mit anderen ist hier nicht so verbreitet.

Prosecco di Conegliano-Valdobbiadene (1971)
Der sanfte Prosecco fühlt sich so wohl in der heiteren Art von Conegliano und Valdobbiadene, als sei er schon immer hier daheim gewesen. Die Weine aus den Colli Trevigiani sind seit den ersten Tagen der venezianischen Republik bekannt, und der Prosecco wurde schon von den Römern als die Traube für Pulcinum in Friaul gepriesen. Doch bis zum Ende des 19. Jh.s, als die Traube von den Conti Balbi Valier vor der Reblaus gerettet wurde, war der Prosecco hier nur zweitrangig. Seine große Stunde schlug erst, als sein Wein zu perlen begann. Der Vater des modernen Prosecco war Antonio Carpenè, der in Conegliano das Champagnerverfahren einführte und mit Carpenè Malvolti das Haus gründete, das den Ruhm dieses Weins bis Venedig und weit darüber hinaus verbreitete. Er regte auch die Errichtung der Weinbau-Forschungsanstalt in Conegliano an. Die um den Prosecco entstandene Industrie hat neue, rationellere Methoden der Tank- und Flaschengärung entwickelt, während das eigentliche Champagnerverfahren vorwiegend für Chardonnay- und Pinot-Schaumweine angewandt wird. Der Prosecco-Stil hat sich nach und nach von einem lieblichen, sonnengoldenen *frizzante* zu einem praktisch trockenen, klaren, vollschäumenden *spumante* gewandelt. Die Produktion erreicht inzwischen 140 000 hl im Jahr, und damit steht der Prosecco hinter Asti Spumante bei den Schaumweinen Italiens auf dem zweiten Platz. Seine wachsende Beliebtheit in Italien läßt für den Export wenig übrig.

Auf den Etiketten dürfen die Namen Conegliano und Valdobbiadene stehen, was aber selten vorkommt, denn der vom Soligo geteilte Bereich hat zwei Hälften mit ausgeprägtem Lokalstolz. Die Hügel im Osten laufen in die warme Ebene aus, was in den Conegliano-Weinen angeblich eine milde, fast ölige Weichheit hervorruft. Nach Westen zu gewinnt der Prosecco bei unterschiedlichem Mikroklima auf oft steilen Hängen eine delikate, trocken-frische Art, die für Valdobbiadene steht. Wahrhaft *superiore* ist der Wein von Cartizze, der von 108 ha Steilhängen in einem Dreieck zwischen den Orten San Pietro di Barbozza, Santo Stefano und Saccol am Rand von Valdobbiadene stammt. Diese privilegierten Weinberge könnten eine amtlich anerkannte Lage darstellen – was heute noch selten ist –, doch leider wird infolge der großen Nachfrage beim Cartizze nicht ausreichend auf Ertragsbeschränkung geachtet.

Früher war der in Flaschengärung hergestellte Prosecco meist *frizzante* und *amabile*, wenn auch Perligkeit und Lieblichkeit von einem Jahr zum anderen verschieden stark ausfielen. Heute wird in der Regel Tankgärung im sogenannten «Charmat-Lungo»-Verfahren angewendet, bei dem der Wein lange auf der Hefe bleibt; hierbei wird der Prosecco vollschäumend und *brut* mit höchstens einem Anflug von Lieblichkeit bereitet. Die Versionen *amabile* und *dolce* sind zwar zugelassen, aber selten anzutreffen. Manche Hersteller sind dem alten Stil treu geblieben, beispielsweise Primo Franco mit Rustico. Die Bevorzugung des Prosecco als Schaumwein bringt es mit sich, daß er in der stillen Version, die mit zu den überzeugendsten Weißweinen Italiens gehören kann, selten geworden ist. Für den Weintourismus sind die Colli Trevigiani besser eingerichtet, als es in Italien sonst üblich ist. Es gibt hier eine gut ausgeschilderte Strada del Vino Prosecco und eine Menge Veranstaltungen und Festlichkeiten um den Wein, beispielsweise die jährlich stattfindende Mostra Nazionale dello Spumante in Valdobbiadene.

ZONE: Die Berge nordwestlich von Treviso, von Valdobbiadene ostwärts nach Conegliano und Vittorio Veneto zwischen den Alpen und dem Piave, mit 15 Gemeinden in der Provinz Treviso. Prosecco kann entweder unter dem Namen Conegliano oder Valdobbiadene oder unter beiden gemeinsam erscheinen. Wein aus bestimmten Lagen von San Pietro di Barbozza in der Gemarkung Valdobbiadene darf die Bezeichnung Cartizze oder Superiore di Cartizze führen. Trockener Weißwein, auch *amabile* oder *dolce*, meist *frizzante* oder *spumante*. Trauben: Prosecco; Verdiso/Pinot Bianco/Pinto Grigio/Chardonnay bis 15% oder Verdiso allein bis 10%. E. 84/120; Alk. 10,5, *spumante* 11% (*dolce* Restsüße Max. 6%); S. 0,5.

Superiore di Cartizze oder **Cartizze.** Alle Typen aus dem festgelegten Bereich richten sich nach den Prosecco-Vorschriften, jedoch muß der Alkoholgehalt bei Stillwein und *frizzante* 11% und bei *spumante* 11,5% betragen.

Montello e Colli Asolani (1977)
Begüterte Venezianer hatten hier ihre Villen, die ihnen im Sommer

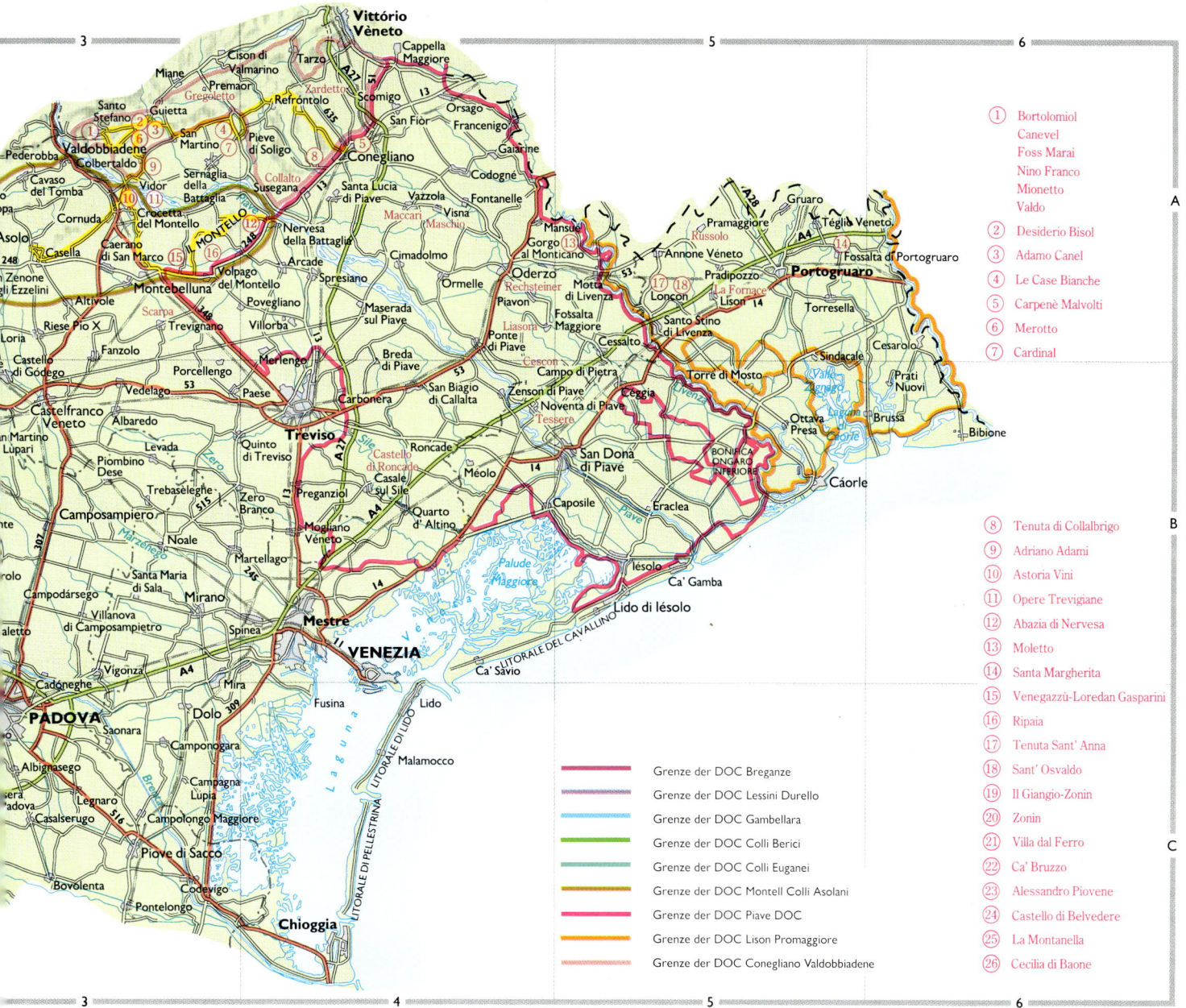

Grenze der DOC Breganze
Grenze der DOC Lessini Durello
Grenze der DOC Gambellara
Grenze der DOC Colli Berici
Grenze der DOC Colli Euganei
Grenze der DOC Montell Colli Asolani
Grenze der DOC Piave DOC
Grenze der DOC Lison Promaggiore
Grenze der DOC Conegliano Valdobbiadene

① Bortolomiol
  Canevel
  Foss Marai
  Nino Franco
  Mionetto
  Valdo
② Desiderio Bisol
③ Adamo Canel
④ Le Case Bianche
⑤ Carpenè Malvolti
⑥ Merotto
⑦ Cardinal
⑧ Tenuta di Collalbrigo
⑨ Adriano Adami
⑩ Astoria Vini
⑪ Opere Trevigiane
⑫ Abazia di Nervesa
⑬ Moletto
⑭ Santa Margherita
⑮ Venegazzù-Loredan Gasparini
⑯ Ripaia
⑰ Tenuta Sant' Anna
⑱ Sant' Osvaldo
⑲ Il Giangio-Zonin
⑳ Zonin
㉑ Villa dal Ferro
㉒ Ca' Bruzzo
㉓ Alessandro Piovene
㉔ Castello di Belvedere
㉕ La Montanella
㉖ Cecilia di Baone

Zuflucht vor der brütenden Hitze an der Lagune boten und sie mit frischen Produkten des Landes und Wein versorgten. Die schönsten Stellen befanden sich in den Hügeln bei Asolo und Maser. Noch besser aber gedeiht der Wein an den sanften Hängen von Il Montello, wo die Familie Loredan Gasparini in Venegazzù das berühmteste aller Weingüter dieser Gegend aufbaute. Neuere beachtenswerte Güter sind Abazia di Nervesa und Fernando Berta. Im ganzen gesehen hält die Zone jedoch nicht, was sie verspricht.

ZONE: Die Hänge an zwei Hügelketten bei Montebelluna zwischen dem Piave und der Ebene, Il Montello (bei Volpago, Giavera und Nervesa della Battaglia) und Colli Asolani (zwischen Cornuda und Monte Grappe; Mittelpunkt Asolo), mit 17 Gemeinden in der Provinz Treviso.

Cabernet. Trockener Rotwein. Trauben: Cabernet Franc/Cabernet Sauvignon; Malbec bis 15%. E. 70/100; Alk. 11,5, *superiore* 12; S. 0,5; A. *superiore* 2 J. (1 J. im Faß).
Merlot. Trockener Rotwein. Trauben: Merlot; Cabernet Franc/Cabernet Sauvignon/Malbec bis 15%. E. 84/120; Alk. 11, superiore 11,5; S. 0,5; A. *superiore* 2 J. (1 J. im Faß).
Prosecco Trockener Weißwein, meist *frizzante* oder *spumante*. Trauben: Prosecco; Pinot Bianco/Pinot Grigio/Riesling Italico/Verduzzo Trevigiano/Bianchetta Trevigiana bis 15%. E. 84/120; Alk. 10,5, *spumante* 11; S. 0,5.

Piave (1971)
Die breite Uferlandschaft am Piave ist Italiens Hauptquelle für Merlot und für viel Cabernet. Die Bordeaux-Rebsorten sind um Oderzo, Motta di Livenza, Roncade, Monastier und Ponte di Piave schon seit einem Jahrhundert heimisch und erbringen hier Weine von ausgeprägter Persönlichkeit. Der individuellste Rotwein der Gegend ist jedoch der einheimische Raboso. Bei den Weißweinen zeichnen sich die vorherrschenden Sorten Verduzzo und Tocai durch frische Säure und jugendliche Fruchtigkeit aus. Die ebenfalls in der DOC-Liste enthaltenen 3 Pinot-Sorten bringen auf dem Kiesboden im Norden duftigere und frischere Weine als vom sandigen Lehmboden nahe der Adria. Die Forschungsanstalt Conegliano hat auch hier zu höherem Qualitätsstand beigetragen, doch zeigen die Rotweine heute nicht die Tiefe und Komplexität alter Jahrgänge des *vdt* Castello di Roncade Villa Giustinian. ZONE: Die Ebene im Piave-Becken, von der Adria nordwärts über Cone-

gliano hinaus zwischen Treviso und dem Flüßchen Livenza, mit 50 Gemeinden in der Provinz Treviso und 12 in der Provinz Venezia. Die 8 Weintypen sind sortenrein mit Min. 95%.

Cabernet. (Cabernet Franc/Cabernet Sauvignon) Trockener Rotwein. E. 77/110; Alk. 11,5, *riserva* 12,5; S. 0,5; A. *riserva* 3 J.
Merlot. Trockener Rotwein. E. 91/130; Alk. 11, *vecchio* 12,5; S. 0,48; A. *vecchio* 3 J.
Pinot Bianco. Trockener Weißwein. E. 84/120; Alk. 11; S. 0,5.
Pinot Grigio. Trockener Weißwein. E. 77/110; Alk. 11,5; S. 0,48.
Pinot Nero. Trockener Rotwein, a. leicht *amabile*. E. 84/120; Alk. 11,5, *riserva* 12,5; S. 0,48; A. *riserva* 2 J.
Raboso. (Raboso del Piave/Raboso Veronese) Trockener Rotwein. E. 91/140; Alk. 11,5; S. 0,65; A. 3 J.

Tocai Italico. Trockener Weißwein.
E. 77/110; Alk. 11; S. 0,5.
Verduzzo. (Verduzzo Trevigiano/
Verduzzo Friulano) Trockener Weiß-
wein. E. 84/120; Alk. 11; S. 0,5.

Lison-Pramaggiore (1986)

(Unter Einbeziehung der DOC Tocai
di Lison, Pramaggiore Cabernet und
Merlot, 1971, sowie Hinzufügung
neuer Typen.) Lison und Pramaggiore wären wahrscheinlich unbe-
kannte Landstädtchen in der Ebene
Venetiens geblieben, hätten nicht
seine Winzer besondere Initiative
entwickelt. Es hatte zwar schon länger schmackhaften, preiswerten
Cabernet und Merlot in Pramaggiore
gegeben; zu größerer Bedeutung
gelangten sie aber erst durch den
jährlich stattfindenden Weinmarkt
mit einer Prämiierung von Weinen
aus ganz Italien. Obwohl sich der
Tocai aus Lison nie mit den feinsten
dieser Art aus dem Friaul messen
konnte, ist er dennoch ein Klassiker.
1986 wurden die sich überschneiden-
den Zonen zu einer einzigen zusammengefaßt, wobei zu den drei
ursprünglichen Weintypen noch
einige hinzukamen. Damit ja keine
Absatzmöglichkeit verloren geht,
dürfen alle, auch die Cabernets,
schäumend bereitet werden. Allerdings muß man den Weinen von
Lison-Pramaggiore gerechterweise
bescheinigen, daß sie stets eine
Sprosse höher stehen als andere
Weine aus der Ebene. Die Rotweine
(darunter inzwischen auch Refosco)
sind oft voller und haltbarer und die
Weißweine (Tocai, Chardonnay, die
Pinots und Sauvignon) eleganter als
die Konkurrenz. Hierzu trägt der
durchlässige kalkhaltige Lehmboden
der Weinberge zwischen den Flüssen
Tagliamento und Livenza viel bei,
aber auch der hohe Stand der Kellertechnik, z. B. bei Santa Margherita
und in eher handwerklicher Art bei
Russolo. Ein anderer Vorteil ist der
besonders günstige Preis dieser
Weine.
ZONE: Die Ebene im östlichen
Venetien zwischen den Flüssen
Tagliamento und Livenza, von der
Adriaküste nordwärts bis nach
Friaul-Julisch-Venetien hinein, mit
11 Gemeinden in der Provinz Venezia, 2 in der Provinz Treviso und 5 in
der Provinz Pordenone. Lison und
Pramaggiore sind kleine Weinstädte
in der Nähe von Portogruaro. Der
Tocai di Lison Classico stammt aus
dem Bereich der früheren DOC-
Zone. Die 12 Typen sind sortenrein
mit Min. 90 %, evtl. ergänzt durch
andere Trauben gleicher Farbe, außer
beim Tocai di Lison Classico, der zu
100 % aus Tocai bestehen muß. Alle
Typen, ob weiß oder rot, dürfen des
weiteren auch als *spumante* bereitet
werden.

Cabernet. (Cabernet Franc/Caber-
net Sauvignon) Trockener Rotwein.
E. 84/120; Alk. 11, *riserva* 11,5; S.
0,5; A. *riserva* 3 J.
Cabernet Franc. Trockener Rot-
wein. E. 84/120; Alk. 11, *riserva*
11,5; S. 0,5; A. *riserva* 3 J.
Cabernet Sauvignon. Trockener
Rotwein. E. 84/120; Alk. 11, *riserva*
11,5; S. 0,5; A. *riserva* 3 J.
Cabernet Sauvignon. Trockener
Rotwein. E. 84/120 ; Alk. 11, *riserva*
11,5; S. 0,5; A. *riserva* 3 J.
Chardonnay. Trockener Weißwein.
E. 91/130; Alk. 11; S. 0,5.
Merlot. Trockener Rotwein. E. 91/
130; Alk. 11, *riserva* 11,5; S. 0,45;
A. *riserva* 2 J.
Pinot Bianco. Trockener Weißwein.
E. 84/120; Alk. 11; S. 0,5.
Pinot Grigio. Trockener Weißwein.
E. 70/1100; Alk. 11; S. 0,5.
Refosco (Refosco dal Peduncolo
Rosso). Trockener Rotwein. E. 84/
120; Alk. 11; S. 0,5.
Riesling Italico. Trockener Weiß-
wein. E. 84/120; Alk. 11; S. 0,5.
Sauvignon. Trockener Weißwein.
E. 84/120; Alk. 11; S. 0,5.
Tocai Italico. Trockener Weißwein.
E. 84/120; Alk. 11, Tocai di Lison
Classico 11,5; S. 0,5.
Verduzzo. Trockener Weißwein.
E. 91/130; Alk. 11; S. 0,5.

Andere beachtenswerte Weine

Das östliche Venetien ist auf Perl-
und Schaumweine spezialisiert, die
außer von Prosecco auch von den
Pinots und Chardonnay im Champagnerverfahren hergestellt werden;
daneben gibt es *Frizzante-* und
Vivace-Typen aller Rebsorten. Die
Alltagsweine, ob in Standardflaschen
oder größeren Behältnissen, sind

stets preiswert. Der Stern des Marzemino ist verblaßt, doch in Refrontolo
bei Conegliano soll er im Rahmen
einer neubeantragten DOC wiederbelebt werden. Kuriositäten sind der
spritzige weiße Verdiso, halbtrockener Buschino und der trockene rote
Wildbacher. Der in Bordeaux stets
eine geringere Rolle spielende Malbec oder Malbech schwingt sich hier
zum Star auf. Santa Margherita
übertrifft mit ihm die meisten DOC
Cabernets und Merlots. Die Provinz
Belluno besitzt keine DOC, doch aus
den Weinbergen in der Gegend von
Cadore am Piave und unterhalb der
Dolomiten bei Cortina d'Ampezzo
kommen Prosecco, Merlot sowie
andere *vdt* von selteneren Rebsorten
wie Pavana, Trevisana Nera und
Turca.

WEINGÜTER/WINZER

Abazia di Nervesa, Nervesa della
Battaglia (TV). Vielversprechender
Cabernet, Merlot und Prosecco aus
einem Gut, das in der DOC Montello
e Colli Asolani wiederbelebt wird.
Castello di Roncade, Roncade (TV).
Auf 30 ha nimmt Vincenzo Ciani
Bassetti mit Villa Giustinian Riserva
nach dem Bordeaux-Rezept eine alte
Familientradition neu auf. Ferner
DOC Piave und *spumante*.
Collalto, Susegana (TV). Eine große
und abwechslungsreiche Produktion
mit gutem Piave Cabernet.
La Fornace, Lison (VE). Lison-Pra-
maggiore DOC.
Le Case Bianche, Pieve di Soligo
(TV). Von 45 ha erzeugt Alvise Or-
landi Prosecco di Conegliano Brusolè,
ferner Schaumweine und interessan-
ten *vdt* Wildbacher und Camoi
(Cabernet Sauvignon-Wildbacher);

Ombra oder *ombretta heißt das
Gläschen Weißwein, das die Venezianer als Aperitif oder als Erfri-
schung irgendwann tagsüber zu
sich nehmen. Die hübsche Sitte soll
im Schatten des Glockenturms von
San Marco entstanden sein.*

außerdem Gutsweine unter dem Eti-
kett Orlandi.
Liasora, Ponte di Piave (TV). Auf
40 ha entstehen DOC Piave sowie der
seltene halbtrockene weiße Buschino
von einer einheimischen Rebsorte
dieses Namens.
Moletto, Motta di Livenza (TV).
DOC Piave.
Rechsteiner, Piavon di Oderzo (TV).
Auf 45 ha erzeugt das Gut der Barone
Stepski-Doliwa mit den besten DOC
Piave und *vdt* Chardonnay.
Ripaia, Selva di Montello (TV).
Fernando Bertas *vdt* Roveto ist ein
Cabernet Franc.
Scarpa, Trevignano (TV). Tobia und
Afra Scarpa produzieren Corbulino
Bianco (Pinot Bianco-Chardonnay)
und Rosso (ein Bordeaux-Verschnitt
mit Pinot Nero), die den Stempel
ihres Freundes Giorgio Grai tragen.
Tenuta di Collalbrigo, Conegliano
(TV). Alberto Cosulich produziert
unter dem Etikett Museo del Vino
stillen Prosecco und *vdt* Rosso di
Collalbrigo (Cabernet-Merlot).
Tessere, Noventa di Piave (VE).
Piave DOC.
*Venegazzù-Conte Loredan Gaspa-
rini*, Venegazzù di Volpago (TV).
Von 60 ha in Il Montello, aus dem
früheren Gut der Familie Loredan
Gasparini, die zwei Dogen in Venedig
stellte, kommen einige der berühmtesten Weine Veneziens. Der klassi-

sche Venegazzù della Casa nach dem Bordeaux-Rezept trägt entweder ein weißes oder das noch prestigeträchtigere schwarze Etikett für Riserva von 40- bis 45jährigen Reben. Das Gut im Besitz von Giancarlo Palla liefert ferner bemerkenswerten Cabernet, Pinot Bianco, Pinot Grigio und einen guten Loredan Gasparini Brut nach dem Champagnerverfahren.

WEIN- UND HANDELS-HÄUSER

Adriano Adami, Colbertaldo di Vidor (TV). Geachteter Spezialist für Prosecco di Valdobbiadene (Vigneto Giardino) und Superiore di Cartizze.

Astoria Vini, Crocetta del Montello (TV). Prosecco, Cartizze und Astoria Brut (Champagnerverfahren).

Desiderio Bisol & Figli, Santo Stefano di Valdobbiadene (TV). Bekannt für feinen Prosecco FOL, Cartizze und Bisol Brut Riserva (Champagnerverfahren).

Bortolomiol, Valdobbiadene (TV). Prosecco und Cartizze.

Adamo Canel & Figli, Col San Martino (TV). Guter Prosecco und Cartizze, z. T. von eigenen Reben.

Canevel, Valdobbiadene (TV). Zuverlässiger Prosecco und Cartizze.

Cantina Sant'Osvaldo, Loncon di Annone Veneto (VE). Lison-Pramaggiore und andere Weine.

Cantine Torresella. Siehe Santa Margherita.

Cardinal, Pieve di Soligo (TV). Kellermeister Gianni Bignucolo produziert DOC Prosecco und Cartizze, Pinot-Bianco-Schaumwein sowie hellroten Cardinal Brut von Lagrein-Trauben.

Carpenè Malvolti, Conegliano (TV). Die 1868 von Antonio Carpenè gegründete und heute noch im Besitz der Familie befindliche Firma ist führend im Prosecco di Conegliano. Die Produktion von 300 000 Kisten in zwei Kellereien umfaßt u. a. angesehenen Carpenè Malvolti Brut (nach dem Champagnerverfahren).

Enoteca Prof. Cescon, Campo di Pietra (TV). Ivan Cescons ausgeklügelte Techniken kommen am besten im Piave Raboso zum Ausdruck.

Foss Marai, Valdobbiadene (TV). Prosecco und Cartizze.

Nino Franco, Valdobbiadene (TV). Kellermeister Primo Franco erzielt bei schäumendem und stillem Cartizze und Prosecco attraktiven Stil und erfreut die Freunde des traditionellen Prosecco mit seinem Rustico.

Gregoletto, Premaor di Miane (TV) Guter Prosecco di Conegliano.

Maccari, Visnà (TV). DOC Piave.

Maschio, Visnà (TV). Große Produktion an *vdt* und Schaumwein, u. a. DOC Prosecco sowie Maschio

dei Cavaliere (Champagnerverfahren).

Merotto, Col San Martino (TV). Bewundernswerter Prosecco und Cartizze neben Merotto Brut (Champagnerverfahren).

Mionetto, Valdobbiadene (TV). Prosecco und Cartizze.

Opere Trevigiane, Crocetta del Montello (TV). Opere ist ein feiner *spumante classico* der aufstrebenden Firma im Besitz der Familie Moretti. Ferner DOC Prosecco und andere Weine der Marke La Gioiosa.

Russolo, Pramaggiore (VE). Iginio Russolos Kreativität kommt im *vdt* Borgo di Peuma (Cabernet-Merlot-Refosco) und Casali Bearzi (Raboso-Malbec) zum Vorschein; ferner gute DOC-Weine, v. a. Lison-Pramaggiore.

Santa Margherita, Fossalta di Portogruaro (VE). Der Aufstieg des von der Familie Marzotto gegründeten Hauses begann mit dem 1960 herausgebrachten Pinot Grigio, gefolgt von dem ebenso populären Chardonnay. Der von Arrigo Marcer geleiteten Firma gehören auch die Cantine Torresella und eine Mehrheitsbeteiligung an Kettmeir im Südtirol; die gemeinsame Produktion von 700 000 Kisten/Jahr umfaßt eine große Auswahl an Weinen aus den Tre Venezie. Die DOC-Weine und *vdt* von

Chef-Kellermeister Giorgio Mascarin sind bekannt für saubere Qualität und bemerkenswerte Gleichmäßigkeit.

Tenuta Sant'Anna, Loncon di Annone Veneto (VE). DOC Lison-Pramaggiore und Grave del Friuli sowie Schaumwein, z. T. von eigenen Reben.

Valdo, Valdobbiadene (TV). Die zur Firma Fratelli Bolla in Verona gehörende Kellerei erzeugt Prosecco, Cartizze und andere Schaumweine.

Zardetto, Scomigo di Conegliano (TV). Zino Zardetto, ein eifriger Befürworter des «Charmat-Lungo»-Verfahrens, beweist dessen Qualität mit Prosecco di Conegliano und Cartizze sowie Zardetto Brut.

GENOSSENSCHAFTEN

CS Montelliana e del Colli Asolani, Caonada di Montebelluna (TV). Zuverlässiges Programm an DOC-Weinen und *vdt* der Umgebung.

CS di Ponte a Piave, Ponte a Piave (TV). DOC Piave.

CS di Valdobbiadene, San Giovanni di Bigolino (TV). Preiswerter Prosecco und Cartizze.

Fattoria di Ogliano, Ogliano (TV). Gianni Spinazzè geht in den Bergen von Conegliano mit rotem *vdt* Capo del Monte und weißem Campitello seine eigenen Wege.

Im östlichen Venetien steht diese Grappa-Brennerei, wie es sie in solcher Größe nicht oft gibt, denn Grappa wird meist von kleinen Betrieben gebrannt. Anders als Weinbrand wird sie nicht von fertigem Wein, sondern ähnlich wie der französische Marc von flüssigen Trestern und Gärrückständen gewonnen. Lange Zeit war sie im italienischen Alpenraum als billiger, klarer Tresterschnaps beliebt, inzwischen aber hat sie nicht nur in Italien anspruchsvolle Liebhaber gefunden, die besonders auf die dunkle, faßgealterte Version aus sind. Vor allem Grappa von edlen Traubensorten, aus bekannten Weingütern oder -lagen und in kupfernen Brenngeschirren in kleinen Mengen gebrannt, findet reißenden Absatz zu manchmal exorbitanten Preisen. Allerdings kann eine gute Grappa auch ebenso charaktervoll im Aroma sein wie ein Wein. Höchstes Prestige als Erzeuger genießt Nonino aus Friaul mit seinem Grappa-Programm rein aus bestimmten Traubensorten, darunter als Rarität auch Picolit. Seine und andere Grappa-Produkte aus den Tre Venezie, dem Piemont und der Toskana bilden heute bereits wie alter Cognac und Armagnac begehrte Sammlerobjekte.

Reise-Informationen

RESTAURANTS/HOTELS

Villa Michelangelo, 36057 Arcugnano (VI). Tel. (0444) 55 03 00. Schöne Villa mit komfortablen Zimmern und einem guten Restaurant in den friedlichen Colli Berici.

La Montanella, 35032 Arquà Petrarca (PD). Tel. (0429) 71 82 00. Schmackhafte ländliche Speisen und Weine mit bezaubernder Aussicht über die Colli Euganei.

Villa Cipriani, 31011 Asolo (TV). Tel. (0423) 5 54 44. Venezianische Grazie in einer Renaissance-Villa in einem zauberhaften Bergstädtchen. Küche, Wein und Preise der Luxusklasse.

Aurora, 37011 Bardolino (VE). Tel. (045) 72 10 038. Frischer Fisch aus dem Gardasee, Weine aus der Umgebung und eine herrliche Aussicht.

Da Lino, 31053 Pieve di Soligo (TV). Tel. (0438) 8 21 50. Lino Toffolin verleiht der berühmten Küche von Treviso eine persönliche Note und bedient große Reisegruppen zu maßvollen Preisen. Komfortable Zimmer.

Dalla Rosa Alda, 37010 San Giorgio Valpolicella (VR). Tel. (045) 77 01 018. Dieser Treffpunkt der Winzer von Valpolicella bietet gute Veroneser Küche und klassische Weine.

Alfredo – Relais El Toulà, Via Collalto 26, 31100 Treviso. Tel. (0422) 54 02 75. Das Original El Toulà und wohl das beste in der von Alfredo Beltrame gegründeten Kette rustikal-schicker Restaurants.

Ca' Masieri, 36070 Trissino (VI). Tel. (0445) 96 21 00. In dem schönen Landgasthaus servieren Angelo Vassena und Gianni Zarantonello die Kreationen von Küchenchef Gianfranco Minuz sowie erlesene Weine aus Vicenza und Verona. Ruhige Zimmer.

Antica Locanda Mincio, 37067 Borghetto di Valeggio sul Mincio (VR). Tel. (045) 7 95 00 59. Romantischer Platz unter einer Pergola am rauschenden Mincio. Guter Bianco di Custoza und andere Weine der Gegend.

Il Desco. Via Dietro San Sebastiano 7, 37121 Verona. Tel. (045) 59 53 58. Im Spitzenrestaurant von Verona passen sich die Kochkünste von Elio Rizzo und die feine Weinauswahl von Natale Spinelli in eine künstlerische Atmosphäre ein.

WEINFACHGESCHÄFTE/ VINOTHEKEN

Die Enoteca Regionale Vini Veneti in Pramaggiore bietet nicht nur eine große Auswahl an Wein, sondern auch gastronomische Veranstaltungen zur Förderung der Region. Von den vielen privaten *enoteche* des Landes sind Angelo Rasi in Padua, La Caneva in Jesolo, Istituto Enologico Italiano in Verona und Al Volto in Venedig besonders zu empfehlen.

SEHENSWERTES

Venedig zieht Touristenmassen in die überlaufenste Region Italiens, aber Venetien hat mehr zu bieten als nur die Schönheiten der Lagunenstadt. In den Städten der Region finden sich die größten Schätze oberitalienischer Kunst und Architektur in geruhsamer Umgebung, so daß man sie ungestört genießen kann. Das Landschaftsbild ist sehr abwechslungsreich, und überall in den Hügeln wie in den Ebenen findet man als Wahrzeichen Venetiens und seiner ländlichen Kultur die herrlichen Villen Palladios und anderer Baumeister. Die bewaldeten Berge von Treviso, Padua und Vicenza überragen die üppig grüne Ebenen, die sich zur Adria hinziehen, und als Kulisse stehen dahinter die Alpen und Dolomiten, wo neben Cortina d'Ampezzo noch viele andere Ferienorte im Sommer (wie im Winter) auf Besucher warten. Weinberge trifft man überall in der produktivsten Weinregion Italiens an, doch die drei folgenden Bereiche bieten dem Weinliebhaber am meisten:

Verona. Hier wird jedes Jahr im April die große Weinmesse Vinitaly veranstaltet, auf der Weine aus aller Welt zu sehen und zu probieren sind. Die Provinz Verona bietet mehr hochwertigen Wein als ihre Nachbarn, doch wer sich am Soave, Valpolicella und Bardolino dort erfreuen will, wo er wächst, darf die Landkarte nicht aus der Hand legen, denn mit dem Weintourismus steht es hier noch nicht zum besten.

Colli Berici und Colli Euganei. Exkursionen von Vicenza und Padua aus durch die benachbarten Berge sind landschaftlich ebenso reizvoll wie im Hinblick auf den Wein. In den Colli Berici stehen schöne Villen auf waldigen Berghängen, und die Colli Euganei sind voller warmer Quellen, Schlösser und Klöster. In der mittelalterlichen Stadt Arquà Petrarca verlebte der Dichter Petrarca seine letzten Jahre.

Die Berge um Treviso. Im Bereich Conegliano-Valdobbiadene ist der Weintourismus gut organisiert. Die Routen durch die Weinberge sind deutlich markiert, ebenfalls die Gaststätten und Fachgeschäfte, in denen man die Weine der Gegend kosten kann. In eine Rundfahrt durch dieses schöne Hügelland sollte man auch Montello und die Colli Asolani einbeziehen, wo Palladios Villa Barbaro in Maser die Hauptattraktion bildet.

Die Lagunenstadt Venedig bildet den Schwerpunkt für ein großes, ertragreiches Weinbauland.

Friaul-Julisch-Venetien

Hauptstadt: Triest
Provinzen: Gorizia (GO), Pordenone (PN), Trieste (TS), Udine (UD)
Fläche: 7847 km² (17.)
Bevölkerung: 1 220 000 (15.)

Friaul-Julisch-Venetien tat, als die neue Kellertechnik ins Land kam, einen großen Schritt vorwärts und zeigte einer erstaunten Welt, daß in Italien eben doch großartiger Weißwein entstehen kann. So wurde nun Friaul zum Hort des *vino bianco*, und das Verdienst dafür gebührt dem Geist seiner Menschen ebensosehr wie der milden Natur seiner Hügel an der Grenze zu Jugoslawien. Die Südflanke der Alpen bietet Italien zwar eine ganze Reihe solch herrlicher Stellen für den Weinbau, aber in Friaul haben es die Winzer besonders gut verstanden, die Voraussetzungen optimal zu nutzen.

Was die Italiener am Wein aus Friaul besonders schätzen, entstand ursprünglich in den 70er Jahren im Collio Goriziano aus der Hand von Mario Schiopetto. Die Grundzüge der sortenreinen Weine scheinen heute vielleicht etwas allzu geradlinig; damals aber waren sie die reinsten Offenbarungen an Frische, Frucht, Lebendigkeit, Sauberkeit und Charakter. Größere Weinkellereien, etwa die Firma der Gebrüder Marco und Livio Felluga oder die EnoJulia (jetzt EnoFriulia) von Vittorio Puiatti, verbreiteten diesen Stil in ganz Italien und stellenweise im Ausland. Der Pinot Grigio gewann ihm weite Popularität, aber Chardonnay, Sauvignon, Pinot Bianco und auch die alten Favoriten Tocai Friulano und Ribolla Gialla zeigen oft mehr Charakter. Auch die Dessertweine – der legendäre, wenn auch überbewertete Picolit und der verjüngte Verduzzo – sowie die immer zahlreicher werdenden Schaumweine weisen die Art Friauls eindeutig auf. Die traditionell weichen und fruchtigen Rotweine nehmen inzwischen an Gewicht und Komplexität in einer Weise zu, die einem anspruchsvolleren Publikum durchaus zusagen dürfte.

Der Erfolg brachte auch die kleinen Winzer im Collio dazu, diesem Beispiel zu folgen. Namen wie Gradnik, Jermann, Gravner, Princic, in denen sich die österreichische und jugoslawische Bevölkerungskomponente spiegeln, bezeichnen heute Sterne am Firmament des Weinbaus im Collio. Bald aber weitete sich die Basis auf die ebenso gesegneten Colli Orientali del Friuli aus. Die Gaben der Natur beschränkten sich auch nicht nur auf das Hügelland: in der an das Collio angrenzenden Ebene tat sich rasch mit dem Bereich Isonzo eine neue Arena für Italiens Weins auf. Mehrere Erzeuger von Grave del Friuli, Aquileia und Latisana tragen viel zum Image der Region bei.

Der Stil von Friaul ist zwar noch in der Entwicklung, hat aber längst Eigenständigkeit. Viele Winzer glauben, ihr Weißwein sei noch zu zart und könne durch malolaktische Gärung oder gar Faßreife nichts gewinnen; deshalb streben sie mehr nach natürlichem Ausdruck der Traube in einer fein abgestimmten Ausgewogenheit, die nicht leicht zu erreichen ist, denn sie setzt optimale Reife der Frucht und sorgfältige Verarbeitung durch einen kreativen Taktiker voraus, der sich um jedes Detail kümmern kann. Wenn alles das zusammentrifft – und der Jahrgang gut ist, dann entsteht kaum irgendwo anders exquisiterer Wein als in Friaul. Andernfalls bleibt er leicht und für Zungen, die an Kräftigeres gewöhnt sind, sogar anonym.

Nun sind die feinsten Weine Friauls für italienische Begriffe ziemlich teuer, und zudem hat gerade ihre delikate Art im Ausland insbesondere bei Experten, denen ein Weißwein ohne Eichenholzaroma nichts gilt, keinen großen Eindruck gemacht. Deshalb verwenden manche Erzeuger, an der Spitze Walter Filiputti, der in den Colli Orientali und im Collio mehrere Weingüter wiederaufgebaut hat, für den Ausbau *barriques*, um den Weißweinen wie auch den Rotweinen von Cabernet, Merlot und einheimischen Reben neue Dimensionen zu verleihen. Eindrucksvolle Beispiele sind Tafelweine in phantasievoller Sortenkombination, aber nirgendwo artet die Suche nach mehr Tiefe und Nuancierung ins Übermaß aus oder läßt eichenholz-strotzende, übervolle Weine entstehen wie einstmals in Kalifornien. In Friaul legt man Wert auf Weine, die unbeschwerten Genuß bieten und gute Begleiter zu Speisen sind.

Friaul-Julisch-Venetien, eine der fünf autonomen Regionen, ist eine noch junge politische Einheit. Sowohl Friaul als auch Julisch-Venetien berufen sich historisch auf Julius Cäsar, dessen Legionen nach langem Kampf das Territorium eroberten und ihren Vorposten Aquileia zur zweiten großen Stadt des Imperiums ausbauten. Friaul (von lat. *forum Julii*, das heutige Cividale) besteht aus den Provinzen Udine und Pordenone zwischen der Adria und der Grenze zu Österreich. Seit frühesten Zeiten leben hier die Furlani, die zur rätoromanischen Sprachgruppe gehören. Julisch-Venetien, ein ehemals byzantinisches Territorium, das später zum venezianischen Imperium kam, erstreckt sich heute auf die Provinzen Gorizia und Trieste im Südosten, wo eine bedeutende slowenische Minderheit lebt.

Ethnische Gegensätze gehören zum Alltagsleben eines Landes, das wegen seiner Offenheit gegenüber Land und Meer zur Eroberung einlud, seitdem Veneter und Kelten dort im 6. und 5. Jh. v. Chr. siedelten. Nach den Römern, den Byzantinern und unterschiedlichen Barbaren gewann Venedig die Herrschaft. Bevor die Region teils 1866, teils nach dem 1. Weltkrieg endgültig italienisch wurde, waren Görz und Triest Teile des österreichisch-ungarischen Kaiserreichs und dessen Tor zur Adria. Nach dem 2. Weltkrieg war das Schicksal Triests erneut ungewiß, bis es 1954 schließlich zu Italien zurückkehrte. Dagegen wurde die Halbinsel Istrien an Jugoslawien abgetreten und mit ihr ein großer Teil der Provinz Gorizia mit viel gutem Weinbauland.

Schon in der Vergangenheit hatte der Wein vom Friaul seine glorreichen Augenblicke, beispielsweise als Plinius den Pulcinum pries, der als Vorgänger des Prosecco gilt, und die europäischen Höfe im 18. Jh. den Picolit bevorzugten, der damals von einem gewissen Fabio Asquini in Mengen von rund 100 000 Flaschen im Jahr exportiert wurde. Für die meisten Winzer Friauls aber kam der große Erfolg erst in unseren modernen Zeiten. Ihre Großväter pflanzten nach den Verheerungen des 1. Weltkriegs neue Reben, und ihre Väter verkauften hier und dort ein wenig Wein an die Wirtshäuser der Umgebung; sie selbst aber dürfen nun voll Stolz darauf schauen, wie ihr Wein zum Wohlstand ganz Italiens beiträgt. Es waren nämlich die Winzer von Friaul, denen die Erkenntnis zu verdanken ist, daß guter junger Weißwein einen anständigen Preis wert ist.

Andere Italiener eifern diesem Stil nach, freilich selten mit gleichem Erfolg. Doch auch in Friaul ist es nur eine Minderheit, die Höchstleistungen vollbringt. Oft hat ein Winzer zu viele Weintypen im Programm und kann sich den einzelnen nicht mehr voll widmen. Die Vorliebe der Italiener für Weißwein, der schon einige Monate nach der Ernte trinkfertig ist, führt häufig zu allzu früher Abfüllung. Und da schließlich die Preise auch in ungünstigen Jahren hoch sind und mancher unwerte Erzeuger vom Trend profitiert, kommt es

137

gelegentlich vor, daß der Wein aus Friaul auf Ablehnung stößt. Die Vorräte der Spitzenerzeuger aber sind stets ausverkauft, schon bevor sie in der Flasche sind. Auf den Vorwurf der Preistreiberei antworten sie mit dem Hinweis, daß nur ein guter Erlös neue Investitionen in bessere Technik und sorgfältigere Pflege der Weinberge, in bessere Klone, Beschränkung der Erträge und Auslese bei der Ernte ermöglicht – alles Dinge, die den Unterschied zwischen gutem und vorzüglichem Wein ausmachen.

Das große Geld fließt aber nicht überall. Die meisten Weine Friauls wachsen in der großen Ebene zwischen der Adria, Venetien und den Hügeln im Osten, und zwar mehr rote als weiße. Es sind fast alles Weine für jeden Tag, doch auch hier bleibt das Image der Seriosität gewahrt. Auf Grave del Friuli entfällt fast die Hälfte aller DOC-Weine der Region, größtenteils Merlot, aber immer mehr auch Weißwein. Selbst in den Küstenzonen Aquileia und Latisana wachsen noch Rot- und Weißweine, die es manchmal mit denen aus den Bergen aufnehmen können.

Großen Anteil an den Qualitätsbestrebungen Friauls hat das Weinbauförderungszentrum in Udine, das unter der Leitung von Piero Pittaro, der auch Präsident des italienischen Önologenverbands ist, Bildungs- und Werbe-Einrichtungen in der «Casa del Vino» bietet. Fast 40% der Produktion Friauls entfallen auf DOC-Wein – einen höheren Anteil hat nur Trentino-Südtirol. Die Erträge sind stärker eingeschränkt als in den anderen Regionen – der Durchschnitt liegt insgesamt bei 53 hl/ha, in den 7 DOC-Zonen sogar bei unter 40 hl/ha. Damit hat sich Friaul-Julisch-Venetien ein in Italien einmaliges hochklassiges Image verschafft.

In der Rebenzüchtung hat sich die Region an die Spitze gesetzt. Über die Hälfte der in Italien gepflanzten Jungreben stammt aus Friaul, zumeist aus den Vivai Cooperativi di Rauscedo, der mit rund 20 Mio. Jungpflanzen im Jahr größten Rebschule der Welt. Größte Sorgfalt wird darauf verwendet, nur beste Klone aus italienischen, französischen und deutschen Weinbergen zu vermehren.

Der Weinbau in Friaul-Julisch-Venetien

Die Veneter und andere frühe Völker bauten hier schon lange Wein an, bevor die Römer den weißen Pulcinum, den Vorläufer des heute in Venetien so erfolgreichen Prosecco, kennenlernten. Doch den Römern schmeckte auch der Rotwein – das war vermutlich Refosco. Im Mittelalter verzeichneten die Mönche Rebsorten, die es bis heute noch gibt: Ribolla, Pignolo, Malvasia Istriana und Verduzzo. Auch die seltenen roten Trauben Schioppettino und Tazzelenghe gelten als einheimisch. Die Abstammung des vielgeliebten Tocai Friulano ist trotz der Entdeckung interessanter Verbindungen nach Ungarn noch immer nicht ganz geklärt. Und ebensowenig ist bekannt, woher der sagenumwobene Picolit stammt.

Die Eignung der Region für den Weinbau wurde im 16. Jh. vom Statthalter Venedigs dadurch bestätigt, daß er verbot, Reben zu roden, indem er erklärte, der Wein sei «die große Stärke und Erwerbsquelle der vornehmen Stadt Udine und des gesamten Landes Friaul». Auch heute werden die Reben mit größter Sorgfalt gepflegt, schon deshalb, weil kleine Winzer das Bild bestimmen. Nur etwa ¼ der Rebfläche befindet sich auf oft terrassierten Hanglagen mit noch geringeren Erträgen als in der Ebene. Die Erzeuger im Collio und in den Colli Orientali streben bei verringerten Erträgen eine überdurchschnittliche Pflanzdichte von 3200 je ha an – auch das spricht für Qualität. Das in den Bergen Friauls verbreitetste Rebenerziehungssystem ist *cappuccina*, ein doppelbogiger Cordon. In der Ebene bei Casarsa wurde dagegen ein für maschinelle Ernte in Italien zunehmend verwendetes System entwickelt, das den Namen dieses Orts trägt.

Seltsam mag es erscheinen, daß fremde Rebsorten in dieser Region vorherrschen, die doch über so viele eigene verfügt. Anderseits sind Merlot, Cabernet und Pinot auch in Friaul schon seit über 100 Jahren heimisch. Vor der Reblaus verzeichnete die Region 217 einheimische

und 139 importierte Sorten. Heute sind nur noch ein Dutzend einheimische Trauben und etwa doppelt soviel Fremdreben in Gebrauch.

Um die Jahrhundertwende herrschten dunkle Sorten vor, heute aber haben die Weißweinreben gleichen Anteil. Der Merlot nimmt noch immer 1/3 der Rebfläche in der Region ein, obwohl er wie Cabernet Franc (dem zunehmend Cabernet Sauvignon vorgezogen wird) und Refosco neuerdings an Boden verloren hat. Bei den weißen Rebsorten, auf die inzwischen 2/3 aller DOC-Weine entfallen, besetzt der Tocai 1/5 der Fläche, muß aber Raum an Chardonnay, die Pinots und Sauvignon abgeben. Die alten einheimischen Sorten Ribolla Gialla, Schioppettino und Pignolo erleben ein Comeback, und auch für den Prosecco, der im Collio Glera heißt, besteht Interesse.

Folgende Rebsorten sind hauptsächlich in Friaul-Julisch-Venetien beheimatet:

Franconia. Der Blaufränkisch oder Limberger stammt vermutlich aus Kroatien und ist in Österreich und Jugoslawien stark verbreitet. In Italien wächst er unter dem Namen Franconia vorwiegend in Friaul und erbringt einen hellen Rotwein mit Himbeernote.

Malvasia Istriana. Der in Istrien und in Friaul seit dem Mittelalter angebaute Klon der um das Mittelmeer verbreiteten Sorte bringt feine, trockene Weißweine mit einem Hauch des für Malvasia typischen Bittermandel- und Aprikosen-Aromas.

Picolit. Die mit größter Sicherheit einheimische, auf die Zeit der Römer zurückgehende Sorte wurde früher in den Bergen stark angebaut und lieferte den beliebtesten Dessertwein der Region. Heute ist ihr Ruhm im Verblassen, obwohl die Schwäche beim Fruchtansatz durch horrende Preise für den Wein wettgemacht wird. Der Name kommt vermutlich von den kleinen Beeren oder Trauben.

Pignolo. Diese im 18. Jh. für vorzüglichen Rotwein bekannte Sorte war schon im Aussterben, wurde jetzt aber von Winzern in den Colli Orientali wiederbelebt. Der Pignolo liefert heute fruchtige, duftige Weine; er ist mit der gleichnamigen Rebe (auch Pignol, Pignola, Pignolone), die vorwiegend in der Lombardei angebaut wird, nicht verwandt.

Refosco. Reben dieser Familie erbrachten vermutlich in der Römerzeit die Weine von Carso (Karst) und Istrien. Refosco ist seit Jahrhunderten wegen seiner gefälligen und haltbaren Rotweine beliebt. Refosco dal Peduncolo Rosso ist höher angesehen als Refosco Nostrano oder Terrano. In der Romagna, wohin der Refosco von den Byzantinern gebracht worden sein dürfte, ist er als Cagnina bekannt. In Savoyen trägt er den Namen Mondeuse Noire. Auch in Nord- und Südamerika wird Refosco angebaut.

Ribolla Gialla. Nach jahrzehntelangem Niedergang erlebt die Sorte im Collio und in den Colli Orientali ein Comeback in mittelschweren Weißweinen mit sonnengelber Farbe und schöner Zitrussäure, die im Alter milder und voller wird. Die Sorte gilt seit dem 13. Jh. als hier beheimatet, ist aber auch in Jugoslawien als Rebula und in Griechenland als Robola verbreitet. Ribolla Verde ist eine seltene Art, Ribolla Nera heißt meist Schioppettino.

Schioppettino. Die alte Ribolla Nera trägt in den Colli Orientali, wo sie ein Comeback feiert, diesen Namen, der eigentlich Schrot bedeutet und vermutlich auf das starke Prickeln des jungen Weins anspielt. Rotweine im neuen Stil werden nach einiger Reifezeit geschmeidig, ja sogar elegant.

Tazzelenghe oder **Tacelenghe.** Diese kuriose Traube erbringt einen so sauren Rotwein, daß er – wie der Name besagt – in die Zunge schneidet. Einigen Erzeugern in den Colli Orientali gelingt es, ihn zu zähmen.

Terrano. Die Carso-Variante des Refosco Istriano, in der Gegend allgemein nur Terran genannt.

Tocai Friulano. Trotz ihrer rätselhaften Abstammung (vielleicht kam diese Rebe einmal aus Ungarn hierher) ist diese Sorte die bevorzugte Weißweinrebe der Winzer von Friaul. Tocai (in der Sprache der

slawischen Nachbarn bedeutet das Wort «hier») ist jedenfalls mit dem Tokay d'Alsace (Pinot Gris, Ruländer) oder den Reben für den ungarischen Tokajer (v. a. Furmint) durchaus nicht verwandt. Anderseits wird spekuliert, daß Furmint, eine auch in Piemont und Südfrankreich angebaute Sorte, von der Familie Formentini aus Friaul nach Ungarn gebracht wurde. Der Tocai Friulano gedeiht am besten im Collio und in den Colli Orientali, wo er frische, lebendige Weißweine von ausgeprägter Persönlichkeit erbringt, ist aber auch in Venetien (neben seinen Verwandten Tocai Italico und Tocai Rosso) sowie in der Lombardei und südwärts bis Latium verbreitet.

Verduzzo Friulano. Die alte Sorte weist zwei ganz unterschiedliche Klone auf, *verde* (grün) für trockenen, frischen Wein in der Ebene sowie *giallo* (gelb) oder Verduzzo di Ramandolo für goldene Dessertweine in den Colli Orientali. Der Verduzzo Trevigiano in Venetien ist offenbar nicht mit ihm verwandt.

Die Weinberge von Rosazzo in der Zone Colli Orientali del Friuli liegen in Sichtweite der Alpenausläufer. Die Hügel wie das benachbarte Collio Goriziano bieten besonders gute Lagen für Weißwein; aber auch der Rotwein verdient Beachtung.

Weitere Rebsorten: In Friaul – Julisch-Venetien sind ferner anerkannt bzw. zugelassen:

Für Rot- oder Roséwein: Ancellotta, Cabernet Franc, Cabernet Sauvignon, Gamay, Lambrusco Maestri, Malbec, Marzemino, Merlot, Moscato Rosa, Piccola Nera, Pinot Nero, Raboso Piave, Raboso Veronese.

Für Weißwein: Chardonnay, Garganega, Malvasia Lunga del Chianti, Moscato Giallo, Müller-Thurgau, Pinot Bianco, Pinot Grigio, Prosecco, Riesling Italico, Riesling Renano, Sauvignon, Sémillon, Sylvaner Verde, Traminer Aromatico.

1 : 690,000

Km 0   10   20   30
Miles 0   10   20

PREALPI CARNICHE

PREALPI GIULIE

2780 Monte Coglians
2052 Osternig
2190 Monte Sérnio
2753 Iöf di Montasio
1958 Monte Pláuris
2548 Cima Monfalcon di Montanàia
2471 Col Nudo

Forni Avoltri
Paluzza
Paularo
Malborghetto
Tarvisio
Ovaro
Móggio Udinese
Forni di Sopra
Ampezzo
Tolmezzo
Cláut
Tramonti di Sotto
Gemona del Friuli
Pinzano al Tagliamento
Búia
Tarcento
Maniago
San Daniele del Friuli
Tricésimo
Faedis
Cantoni
Vivaro
Spilimbergo
Fagagna
Tavagnacco
Remanzacco
Cividale del Friuli
Aviano
Borgo Magredo
Tauriano
Plozner
Durandi
San Giórgio della Richinvelda
Mereto di Tomba
Campofórmido
Udine
Pradamano
Manzano
Giacomell
Pighin
Risano
Cormons
Gorizia
Polcenigo
Roveredo in Piano
Fontanafredda
Cordenons
Casarsa della Delizia
Sacile
Pordenone
Codróipo
Vigneti Pittaro
Talmassons
Palmanova
ISONZO
Duchi Badoglio Rota
San Vito al Tagliamento
Prata di Pordenone
Azzano Décimo
Rivignano
AQUILEIA
CARSO
Fagnigola
LISON-PRAMAGGIORE
Morsano al Tagliamento
Valdérie
Teôr
San Giórgio di Nogaro
Cervignano del Friuli
Monfalcone
LATISANA
Aldo Taglia
Latisana
Palazzolo dello Stella
Ausa-Corno
Aquiléia
Aurisina
Lignano Sabbiadoro
Lignano Riviera
Grado
TRIESTE
Golfo di Panzano
Golfo di Trieste
Múggia

GRAVE DEL FRIULI

Laguna di Marano
Laguna di Grado

Colli Orientali del Friuli

1 COLLI ORIENTALI DEL FRIULI
2 COLLIO
CARSO SUB-ZONE
3 TERRANO DEL CARSO

① San Cipriano
② Vigneti Le Monde
③ Isola Augusta
④ Sergio Pevere
⑤ Ca' Bolani
⑥ Obiz
⑦ Ca' Vescovo

ADRIATISCHES BECKEN

ÖSTLICHES GRENZLAND

Autobahn
Hauptverkehrsstraße
Eisenbahnstrecke
Landesgrenze
Regionsgrenze
Provinzgrenze
Regionshauptstadt
Provinzhauptstadt
DOC-Grenze
Plozner   Weinerzeuger

TRIESTE

Die Weinzonen von Friaul-Julisch-Venetien

Friaul-Julisch-Venetien ist in der Mitte geteilt. Die Karnischen und Julischen Alpen im Norden, die 43% der Fläche einnehmen, fallen wie ein Amphitheater zum adriatischen Tiefland ab (die Pianura Veneta mit 38% der Fläche), und dazwischen liegen auf 100 bis 500 m hohen Hügeln die Spitzenweinzonen Collio und Colli Orientali sowie das Carso-Plateau an der jugoslawischen Grenze. Die obere, von Tagliamento und Isonzo durchflossene Ebene umfaßt die große Zone Grave del Friuli sowie den besten Teil von Isonzo. Die Tiefebene an der Adria besteht zum größten Teil aus den Zonen Aquileia und Latisana sowie einem Stück von Lison-Pramaggiore, dessen Hauptteil in Venetien liegt. Die Luftströmungen zwischen der Adria und den Alpen, die ein mildes, manchmal feuchtes Klima schaffen, sind so kräftig, daß die Winzer in den Bergen von ihrer «Klimaanlage» reden. Das Mikroklima ist je nach Höhe, Sonneneinstrahlung und Windeinwirkung unterschiedlich. Die Karnischen Alpen sind die regenreichste Gegend Italiens, was sich auf die durchschnittliche Niederschlagsmenge der Region von 1600 mm auswirkt, die weit über dem nationalen Mittelwert von 960 mm liegt. Die Sommer sind in den Küstenebenen heiß und trocken, jedoch kommt längere Dürre selten vor. Im Winter wird es in den Weinbauzonen nicht sehr kalt, außer wenn die *bora* vom Balkan her über Triest oder die *tramontana* von den 7 Monate im Jahr schneebedeckten Gipfeln der Alpen her weht. In den Hügeln fällt manchmal Schnee, in der Ebene selten; Spätfröste aber verursachen kaum je Probleme.

Colli Orientali del Friuli

Die Weinberge in den sanften Hügeln mit ihrem Flysch, Schichten von lockerem Mergel und Sandstein, sind oft terrassiert. In der Ebene herrscht mit Sand und Kies vermischter Lehm vor. Der Unterschied im Mikroklima zwischen den südlichen Hügeln um Corno di Rosazzo und Buttrio, die dem Einfluß der Adria ausgesetzt sind, und den kühleren, feuchteren Ausläufern der Alpen oberhalb von Cividale und Nimis ist beträchtlich. Im südlichen Teil konzentriert sich die Rebfläche besonders stark auf eine Zone mit gleich viel Weiß- und Rotwein. Trockene Weißweine – Tocai, Ribolla, die Pinots, Chardonnay und Sauvignon – geraten vor allem gut unter Voraussetzungen, die ein kräftiges Aroma bei einiger Haltbarkeit begünstigen. Süßer Picolit gedeiht in der Gegend zwischen Rocca Bernarda, Bosco Romagno und Prepotto, während klassischer Verduzzo aus Ramandolo im äußersten Norden kommt. Die Rotweine aus den Colli Orientali haben oft mehr Kraft und Farbe als die aus dem benachbarten Collio, vor allem in Kombinationen von Cabernet und Merlot aus den südlichen Hügeln; allerdings ist der Schioppettino u. a. aus Prepotto meist charaktervoller.

Collio Goriziano

Die Hügel sind in Gestalt und Bodenbeschaffenheit ähnlich wie die Colli Orientali; allerdings ist die Zone kompakter, und ihre besseren Weinberge liegen fast ausschließlich auf Mergel- und Sandsteingemisch, dem sogenannten Flysch di Cormons, um den gleichnamigen Ort. Der lockere, durchlässige Boden ist stark mit Mineralien durchsetzt und daher der Entstehung duftiger, harmonischer Weißweine von außergewöhnlicher Finesse sowie von angenehm weich-aromatischen Rotweinen sehr günstig. Das Klima ist ziemlich einheitlich, wobei allerdings die Hügel im Süden mit einer Höhe von 100 m zwischen Gorizia, Farra d'Isonzo und Cormons wärmer und trockener

sind als die Höhen an der jugoslawischen Grenze, die bei San Floriano 276 m erreichen. Der größte Teil der Produktion entfällt auf Weißwein, an der Spitze Tocai, gefolgt von Pinot Bianco und Grigio und zunehmend von Chardonnay und Sauvignon. Die Rotweine, Cabernet Franc und Merlot, sind meist mild und fruchtig; manche aber entfalten sich erst nach einiger Reifezeit.

Isonzo

Die Beschaffenheit des Bodens ist stark unterschiedlich. In den Hochebenen im südlichen Collio und im östlichen Grave del Friuli besteht er aus Kies und Kalkgeröll und im Isonzo-Becken bei Monfalcone aus Schwemmland. Das milde maritime Klima ist im Norden etwas kühler und regnerischer. Die Rot- und Weißweine aus den oberen Bereichen zeigen schönes Aroma und im allgemeinen mehr Persönlichkeit als andere Weine aus der Ebene. Die Rebsorten sind ähnlich wie im Collio, und die Weine haben genug Klasse, um sich neben denen aus den Hügeln sehen lassen zu können.

Carso

Die als Karst bekannte Hochfläche besteht weitgehend aus kreideweißem Kalkstein, der im Süden um Triest mit Sand und Mergel vermischt ist. Der poröse Boden ist von unterirdischen Wasserläufen und einem Netzwerk von Höhlen durchzogen. Diese geologische Formation heißt auf italienisch *carsico*. Das Klima ist in den Klippen am Golf von Triest mild, an der jugoslawischen Grenze in dem kleinen Bereich Terrano del Carso in einer Höhe von 200 bis 500 m dagegen oft rauh und windig; das Wetter kann plötzlich umschlagen. Den Weinen, Rotwein von Terrano oder Refosco und Weißwein von Malvasia, werden wegen des hohen Mineralgehalts im Boden Heilkräfte nachgesagt.

Grave del Friuli

Die Weinberge der großen Zone liegen fast ausschließlich auf der Hochfläche, wo der Gletscher- und Schwemmlandboden am Tagliamento und ostwärts nach Udine hin vorwiegend aus Geröll, dagegen weiter im Westen um Pordenone aus sandigem Löß besteht. Der bis in die Alpenausläufer hineinreichende östliche Teil ist kühler und feuchter als der westliche mit seinem maritimen Klima. Die große Produktion wird von leichtem bis mittelschwerem Rotweinen bei steigendem Anteil an Weißwein beherrscht. Die Qualitäten liegen zwischen einfach und sehr gut, wobei die besseren Weine aus dem breiten Flußtal des Tagliamento kommen, vor allem von dem kargen, kieshalten Boden, dem die Zone ihren Namen verdankt.

Aquileia

Gletscher- und Schwemmlandböden von kieshaltigem Lehm im Norden bis zu sandigem Löß im Süden finden sich um Aquileia. Das milde, maritime Klima ist im Norden etwas kühler. Die Rot- und Weißweine sind überaus süffig, fruchtig und duftig; die besseren kommen von kalkhaltigen Böden.

Latisana

Der Boden ist meist sandiger Löß, manchmal vermischt mit Kies, z. T. auf trockengelegtem Land, das sich in die Adria hinaus erstreckt. Im maritimen Klima entstehen auf den fruchtbaren Böden vorwiegend leichte, gefällige Rotweine.

Weine von der Ostgrenze: Collio und Colli Orientali

Die Hügel von Görz entlang der jugoslawischen Grenze, nordwestlich von Tarcento, stehen im Mittelpunkt der italienischen Weinszene. Das Collio Goriziano stiehlt dabei die ganze Schau und nimmt auch den Colli Orientali del Friuli den größten Teil des Scheinwerferlichts weg. Diese Führungsstellung ist kein Vermächtnis der Vergangenheit, sondern eine Ehre, die sich die neue Generation von Winzern dieser Gegend selbst errungen hat. Über den Erfolg staunen sie zwar selbst noch, aber an der hervorragenden Eignung ihrer Domäne für Weißweine haben sie keine Zweifel. Dennoch ist die Meinung, die Colli Orientali seien in gewisser Weise zweitrangig, völlig unbegründet. Das Collio bekam seinen DOC-Rang zuerst und erzeugt mehr aufsehenerregende Weißweine als die Nachbarzone. Der Hauptvorteil ist dabei wohl der kurze einprägsame Name. Allmählich aber beginnen auch die Winzer in den Colli Orientali, sich ein Image zu schaffen, und das mit umso mehr Berechtigung, weil es hier die feinsten Dessertweine Friauls, Picolit und Verduzzo, und eindeutig haltbarere Rotweine gibt.

Obwohl die Provinzgrenzen das Collio Goriziano und Gorizia einerseits sowie die Colli Orientali del Friuli und Udine andererseits einander zuordnen, haben doch beide Zonen in Beschaffenheit und Bestandteilen den gleichen Boden. Die besseren Weine wachsen auf Flysch – Mergel und Sandstein, durchsetzt mit kalkreichen Meeresfossilien –, der sich in dicker Schicht absetzte, als das Land aus dem Meer aufstieg. Die Geologen unterscheiden den ziemlich lockeren Flysch di Cormons vom kompakteren Flysch di Stregna, beide nach Orten in dieser Gegend benannt. Die Bauern nennen die krümelige Erde einfach *ponca*. Dieser herrlich leicht zu bearbeitende Boden wird allerdings im Winter vom Regen leicht weggespült; deshalb wurden überall an den Hängen Terrassen gebaut, die ein sehr schönes, kultiviertes Bild ergeben, jedoch teuer zu unterhalten sind. Sie sind meist nach Süden gelegenen und heißen *ronchi*.

Das durch die Luftströmungen zwischen der Adria und den Julischen Alpen temperierte Klima zeigt auf diesen Hängen von einer Stelle zur andern komplizierte Unterschiedlichkeiten. Durch die große Zahl an anerkannten Rebsorten hat der Winzer hier viele Möglichkeiten, und mancher versteht sie virtuos zu nützen. Doch die mit der Pflege vieler verschiedener Rebsorten verbundene Mühe hat wieder andere dazu veranlaßt, sich nur auf die besten zu konzentrieren. Die Vorliebe für Weißweine begünstigte früher den goldenen Tocai, doch neuerdings wächst die Nachfrage nach Chardonnay, Pinot Grigio und Bianco, Sauvignon und Ribolla Gialla. Im Collio wachsen mindestens fünfmal soviel Weiß- wie Rotweine. In den Colli Orientali, wo sich die Anzeichen mehren, daß die Rotweine die Vorherrschaft des Weißweins zu brechen imstande sind, beträgt das Verhältnis nur etwa 1:2. Trotz der großen Erfolge der sortenreinen DOC-Weine sind es einige Verschnitte ohne DOC, die am meisten bewundert werden.

Die Weinberge im Collio Goriziano (kurz Collio) sind oft auf Terrassen, den sogenannten ronchi, *angelegt, deren Namen als Lagenbezeichnungen dienen.*

Collio Goriziano oder Collio (1968)

Es ist kaum zu glauben, daß noch vor zwei Jahrzehnten die meisten Winzer hier ihre Trauben an industrielle Kellereien lieferten oder selbstgekelterten Wein in Korbflaschen billig verkauften. Denn eine wachsende Zahl der wohlhabenden kleinen Weingüter auf diesen schmucken Terrassen könnte in einem «Who's Who» des italienischen Weins einen prominenten Platz einnehmen. Hier ist die Heimat des Tocai Friulano, der noch immer den Löwenanteil der Rebfläche für sich beansprucht. Viele Fremde lernten jedoch den Namen Collio durch Pinot Grigio kennen, der vor etwa 10 Jahren als frischer, heller Wein internationalen Ruhm erntete. Sein Erfolg überraschte die Friauler, denen er doch als eine ihrer minderen Sorten erschien. Es war Mario Schiopetto, der die Blicke der Welt erstmals auf das Collio lenkte. Er hat stets beim Pinot Bianco mehr Stil bewiesen, dem er eine sonst selten anzutreffende samtige Opulenz zu verleihen verstand. Die jüngere Generation bevorzugt den Chardonnay, der allerdings noch nicht DOC-anerkannt ist. Freilich erinnert sich Vittorio Puiatti, schon 1972 einen Jahrgang dieses Weins abgefüllt zu haben. Chardonnay zeigt heute feinste Klasse – z. B. der von Josko Gravner, der mit Spätlese, kleinen Fässern und viel Fleiß auch beim Sauvignon Blanc ähnliche Höhen erreicht. Diese Sorte liegt zwar nicht so sehr im Trend wie Chardonnay, gilt aber ihres Charakter und ihrer Subtilität wegen als besser für diese Gegend geeignet. Obwohl Rotwein hier eher nebenbei gekeltert wird, dürfte es doch kaum einen süffigeren und gefälligeren Merlot geben als den Russiz Superiore von Marco Felluga. Die große Beachtung der Fremdsorten hat von den einheimischen abgelenkt, und doch ist der Tocai nicht nur in der Umgebung mit Recht beliebt. Bei beschränktem Ertrag und sorgfältiger Bereitung können seine Weine ebenso rassig sein wie die Fremdlinge. Seine Anhänger sind nicht nur die Alten. Der junge Nicola Manferrari von Borgo del Tiglio meistert mit seinem Ronco della Chiesa den Tocai so vorzüglich, daß Kenner in ihm Birnen, Lakritze, Kräuter und Zitrusfrüchte entdeckt haben. Inzwischen kann man mit Sicherheit annehmen, daß gewiß jede achtbare Rebsorte im Collio gedeiht, so daß im italienischen Teil dieser Landschaft auch noch manches gebessert werden könnte. Umso mehr gilt das für den Teil, der heute in Jugoslawien liegt. Was von dem dort gekelterten slowenischen Brda bis jetzt bekannt wurde, war sehr mäßig. Unter den derzeitigen Rebsortenbeständen im Collio findet sich manches Exzentrische. Es ist aber ein Jammer, daß im Collio auf so gutem Land so viele Möglichkeiten ungenutzt bleiben.

Die derzeitige Beurteilung des Collio-Weins richtet sich offenbar mehr nach dem kellertechnischen Können als dem Potential des Bodens. Die genaue Festlegung der «crus» ist noch so neu, daß es eine Zeitlang dauern wird, bis sich ihr wirklicher Wert auf dem Markt herausstellt. In den nächsten 10 bis 20 Jahren, wenn große neu angelegte Weinberge in Ertrag kommen und bereits bestehende Lagen besser genutzt werden, dürfte sich vieles klären. Ohne nun eine Rangliste aufstellen zu wollen, sind es doch einige Bereiche, Weingüter und Weinberge wert, daß auf ihre qualitative Eignung besonders hingewiesen wird.

Das Collio zerfällt in zwei Lager, die durch eine gedachte Linie von der Kuppe des Monte Quarin (bei Cormons) zum Monte Calvario (bei Gorizia) getrennt sind. Die Hänge südlich davon zeigen unterschiedliche Bodenbeschaffenheit: Flysch di Cormons mit Mergel, Sand und Quarz abwechselnd. Dagegen ist das Klima in Lagen zwischen 50 und 120 m ziemlich gleichmäßig. Die von der Adria hereinströmende Luft begünstigt frühen Austrieb und frühe Reife und damit die Entstehung gehaltvoller Weißweine sowie kräftiger, dunkler Rotweine. Die stärkste Konzentration von Weingütern findet sich auf den Südhängen des Colle della Croce zwischen Cormons und Capriva, von Pradis (Prin-

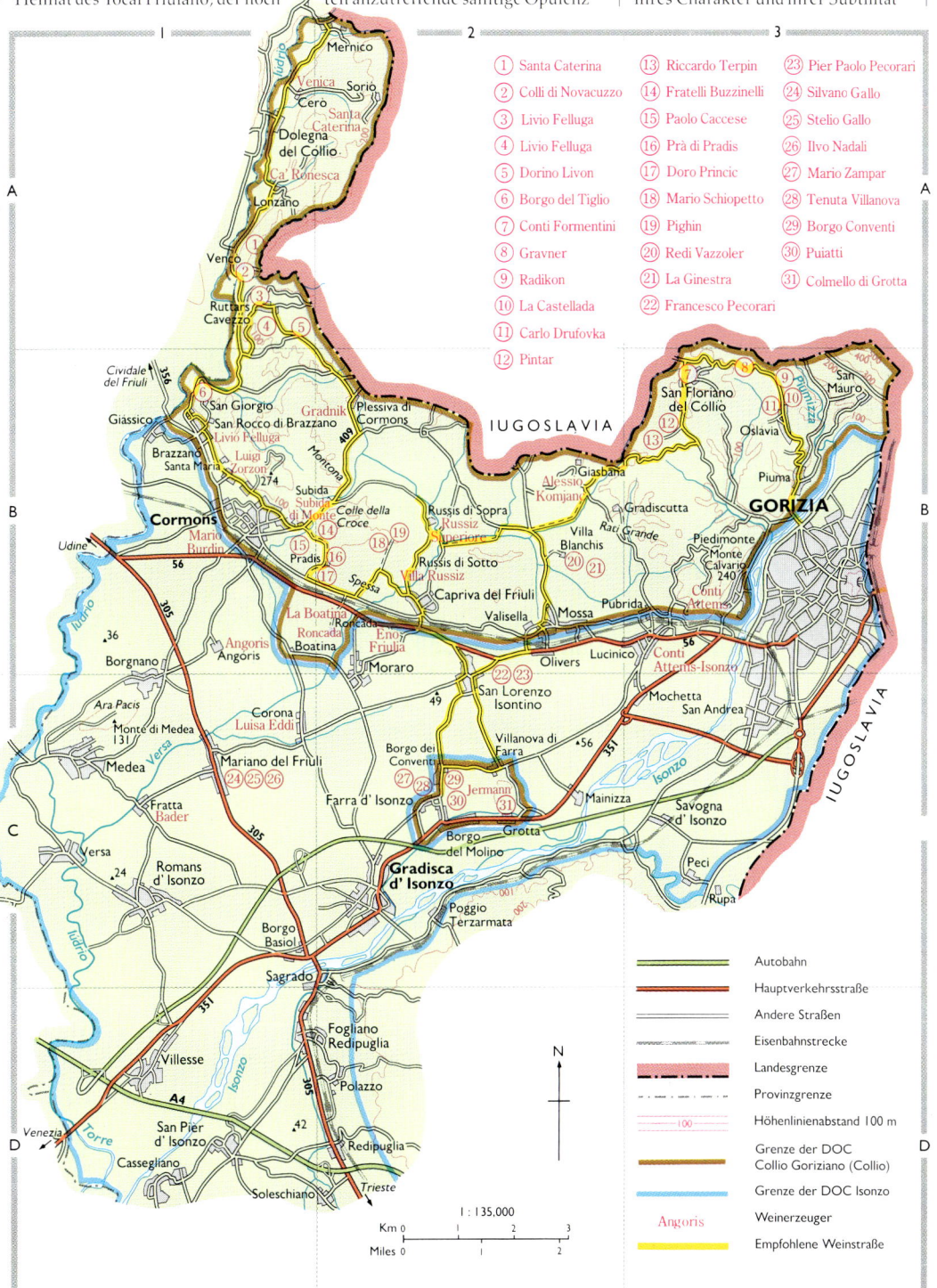

1 Santa Caterina
2 Colli di Novacuzzo
3 Livio Felluga
4 Livio Felluga
5 Dorino Livon
6 Borgo del Tiglio
7 Conti Formentini
8 Gravner
9 Radikon
10 La Castellada
11 Carlo Drufovka
12 Pintar
13 Riccardo Terpin
14 Fratelli Buzzinelli
15 Paolo Caccese
16 Prà di Pradis
17 Doro Princic
18 Mario Schiopetto
19 Pighin
20 Redi Vazzoler
21 La Ginestra
22 Francesco Pecorari
23 Pier Paolo Pecorari
24 Silvano Gallo
25 Stelio Gallo
26 Ilvo Nadali
27 Mario Zampar
28 Tenuta Villanova
29 Borgo Conventi
30 Puiatti
31 Colmello di Grotta

1 : 135,000

		Autobahn
		Hauptverkehrsstraße
		Andere Straßen
		Eisenbahnstrecke
		Landesgrenze
		Provinzgrenze
100		Höhenlinienabstand 100 m
		Grenze der DOC Collio Goriziano (Collio)
		Grenze der DOC Isonzo
Angoris		Weinerzeuger
		Empfohlene Weinstraße

Km 0 1 2 3
Miles 0 1 2

143

Die DOC-Zone Collio liegt am Südrand des jugoslawischen Brda-Gebiets, in dem sich viele gute Weinlagen befinden.

cic, Caccese, Prà di Pradis) ostwärts über Spessa (Schiopetto, Pighin) bis Russis di Sopra (Russiz Superiore) und Russis di Sotto (Villa Russiz). Weiter südlich bietet der einzeln stehende Monte Fortin unvergleichliche Lagen (Jermann, Borgo Conventi, Tenuta Villanova).

Das nördliche Lager besteht aus zwei Hauptsektoren, einer im Osten auf den Höhen bei Gorizia, der andere im Westen zwischen Cormons und Mernicco an der Grenze zu den Colli Orientali. Hier ist in den Weinbergen überall Flysch mit kalkreichen Ablagerungen vorhanden. Die allgemein höheren Lagen und der Einfluß von Luftströmungen aus dem Gebirge machen diese Gegend kühler und feuchter; daher reifen die Trauben später, was einem verstärkten Aroma der Weißweine zugute kommt. Auf den östlichen Erhebungen zwischen 100 und 275 m befinden sich beachtenswerte Stellen um

Oslavia (Gravner, La Castellada, Radikon) sowie zwischen San Floriano und Gradiscuta (Formentini, Komjanc, Pintar). Im Westen sind ebenfalls in 100 bis 200 m die interessanten Punkte im Judrio-Tal bei Brazzano (Borgo del Tiglio), Plessiva (Gradnik), Ruttars und Vencó (Livio Felluga, Livon, Santa Caterina) und Dolegnano (Ca' Ronesca, Venica) zu finden.

ZONE: Die Hügel am Südrand des Collio (Brda) zur jugoslawischen Grenze hin zwischen den Flüssen Isonzo und Judrio in der Provinz Gorizia. Der Hauptteil erstreckt sich von der Gemarkung Oslavia westwärts über San Floriano del Collio, Gorizia, Mossa, San Lorenzo Isontino, Capriva del Friuli und Cormons, dann nordwärts bis Dolegna del Collio. Ein alleingelegener Abschnitt befindet sich am Monte Fortin bei Farra d'Isonzo, 8 km südwestlich von Gorizia.

Von den 11 Typen sind alle bis auf den Collio Bianco sortenreine Weine.

Cabernet Franc. Trockener Rotwein. 77/110; Alk. 12; S. 0,5–0,75.

Collio Bianco. Trockener Weißwein. Trauben: Ribolla Gialla 45–55%, Malvasia Istriana 20–30%, Tocai 15–25%. E. 77/110; Alk. 11; S. 0,5–0,75.

Malvasia. Trockener Weißwein. E. 77/110; Alk. 11,5; S. 0,45–0,75.

Merlot. Trockener Rotwein. E. 77/110; Alk. 12; S. 0,5–0,7.

Pinot Bianco. Trockener Weißwein. E. 77/110; Alk. 12,5; S. 0,45–0,7.

Pinot Grigio. Trockener Weißwein. E. 77/110; Alk. 12; S. 0,5–0,75.

Pinot Nero. Trockener Rotwein. E. 77/110; Alk. 12,5; S. 0,45–0,65.

Riesling Italico. Trockener Weißwein. E. 77/110; Alk. 12; S. 0,5–0,75.

Sauvignon. Trockener Weißwein. E. 77/110; Alk. 12,5; S. 0,5–0,75.

Tocai Friulano. Trockener Weißwein. E. 77/110; Alk. 12; S. 0,4–0,65.

Traminer. Trockener Weißwein. E. 71,5/110; Alk. 12; S. 0,5–0,7.

Andere beachtenswerte Weine
Im Collio gibt es eine Vielzahl guter Verschnitte und sortenreiner Weine ohne DOC, obwohl die meisten Erzeuger ein Kernprogramm an DOC-Weinen besitzen. Die führende Ausnahme ist Jermann, der nach seinem sensationellen Vintage Tunina alle seine Weine, auch die sortenreinen, zu *vdt* deklarierte. Die meisten anderen Spitzenerzeuger verfügen über einen oder mehrere *vdt*. Auch Schaumweine, die meisten auf der Basis von Chardonnay und Pinot, aber auch von anderen Sorten wie Ribolla, treten vermehrt in Erscheinung. Besonders zu erwähnen sind Puiatti Extra Brut (Champagnerverfahren) und Livio Felluga Brut (Tankgärung). Der originellste Wein aus dem Collio ist der Vino della Pace. Er wird von der Genossenschaftskellerei in Cormons von über 400 Rebsorten aus aller Welt bereitet, die in einem Weinberg beisammen stehen. Jedes Jahr entwerfen drei berühmte Künstler neu die Etiketten für die Flaschen, die sodann an Staatsoberhäupter versandt werden.

WEINGÜTER/WINZER

Borgo Conventi, Farra d'Isonzo (GO). Auf 12 ha hat sich Gianni Vescovo einen guten Ruf mit Sauvignon und faßgereiftem *vdt* Braida Nuova Rosso geschaffen.

Borgo del Tiglio, Brazzano di Cormons (GO). Von 3 ha produziert Nicola Manferrari hervorragenden Tocai aus der Lage Ronco della Chiesa, feinen Malvasia und guten *vdt* Rosso della Centa von Merlot und Cabernet.

Mario Burdin, Cormons (GO). Sauberer DOC Collio und Isonzo.

Fratelli Buzzinelli, Cormons (GO). DOC Collio und *vdt* Müller-Thurgau.

Ca' Ronesca, Dolegna del Collio (GO). Sergio Comunello besitzt Weinberge im Collio und in den Colli Orientali, von denen sein Kellermeister Fabio Coser höchst überzeugende Weißweine gewinnt.

Castello di Spessa, Spessa di Capriva (Go). Wiederauflebendes Weingut mit großem Potential.

Paolo Caccese, Pradis di Cormons (GO). Collio-Weiß- und -Rotweine in immer besserem Stil von 3 ha.

Colli di Novacuzzo, Vencó (GO).

Conti Attems, Lucinico (GO). Auf 30 ha um Piedimonte del Calvario gewinnt Douglas Attems, langjähriger Leiter des Erzeuger-Konsortiums Collio in Zusammenarbeit mit Collavini guten DOC Collio und Isonzo,

letzteren unter dem Namen des alten Familienguts Podgora.

Conti Formentini, San Floriano del Collio (GO). Die Familie, die 1520 dieses Gut gründete, soll die Tokajer-Traube Formentin oder Furmint nach Ungarn gebracht haben. Von über 100 ha produziert Michele Formentini DOC Collio und *spumante*.

Carlo Drufovka, Oslavia (GO).

Livio Felluga, Brazzano di Cormons (GO). Von 15 ha im Collio (Ruttars und Vencó) und 89 ha in den Colli Orientali (Rosazzo und Oleis) produzieren Livio Felluga und seine Söhne Maurizio und Andrea in ihrer Kellerei Brezzano Weine, deren voller Stil international Beifall gefunden hat. DOC-Weine sind u. a. feiner Tocai, Einzellagen-Sauvignon di Rolat aus dem Collio und ein rarer Pinot Grigio *ramato*. Besonders hoch geschätzt wird der weiße *vdt* Terre Alte.

Gradnik, Plessiva di Cormons (GO). Der inzwischen verstorbene Gradimir Gradnik gewann für seine Weine von 9 ha einen guten Ruf, den seine Tochter Wanda aufrechtzuerhalten versteht. Neben feinen DOC-Collio-Weinen produziert sie einen Picolit.

Gravner, Oslavia (GO). Von 11 ha sorgfältig gepflegten Weinbergen, die zum Teil nach Jugoslawien hineinreichen, gewinnt Josko Gravner hervorragende DOC-Collio-Weine sowie roten *vdt* Rujno von Cabernet und Merlot und den kuriosen Weiß-

wein Vinograd Breg von Glera (der hiesige Name für Prosecco), Ribolla, Malvasia und Pagadebit. Seine Weine werden zum größten Teil im Faß ausgebaut. Sein Lieblingswein aber ist Ribolla Gialla, den er als festen, langlebigen Weißwein ausbaut.

Jermann, Villanova di Farra (GO). Bei Silvio Jermann ist alles anders als gewohnt. Als junger Mann erfand er in den 70er Jahren den Vintage Tunina von spätgelesenem Sauvignon und Chardonnay mit Ribolla, Malvasia und Picolit, inzwischen aus einer 3-ha-Lage. Dieser Wein beeinflußte die Entstehung feiner weißer Verschnitte bei anderen Erzeugern, die jedoch dem Vorbild nur selten gleichkommen. Seine 23 ha am Monte Fortin sind Nord-, Ost- und Westlagen, keine nach Süden wie sonst üblich; also reifen die Trauben später. Für seine sortenreinen Weine, die zu den besten im Collio zählen, nimmt er die DOC nicht in Anspruch. Weitere Innovationen sind Engelwhite (reiner Pinot Nero), Vinnae (Ribolla mit Riesling und Malvasia) und süßer Rosé Vigna Bellina (Moscato Rosa). Seine lange gehegte Abneigung gegen faßgereifte Weißweine führte schließlich zu einem Verschnitt von 86er und 87er Chardonnay.

Il Carpino, San Floriano del Collio (GO).

Alessio Komjanc, San Floriano del Collio (GO).

La Boatina, Cormons (GO).

La Castellada, Oslavia (GO). Giorgio und Nicolò Bensa haben dieses kleine Gut zu einem der vielversprechendsten im Collio gemacht.

La Ginestra, Mossa (GO).

Dorino Livon, siehe Colli Orientali.

Francesco Pecorari, San Lorenzo Isontino (GO). Von Weinbergen in den Zonen Collio und Isonzo produziert Pecorari manches Gute.

Pighin, Capriva del Friuli (GO). Livio und Fernando Pighin besitzen in Capriva 27 ha Weinberge, von denen sie ihre bekannten DOC Collio-Weine und weißen *vdt* Soreli von Tocai, Pinot Bianco und Sauvignon produzieren.

Pintar, San Floriano del Collio (GO).

Prà di Pradis, Pradis di Cormons (GO). Ein beachtenswertes Weingut.

Doro Princic, Pradis di Cormons (GO). Sandro Princic erzeugt seit langem auf seinem Familiengut bemerkenswerte DOC-Weine von Tocai und Pinot Bianco und kombiniert diese Trauben mit Ribolla in einem feinen *vdt* Vedute di Pradis.

Radikon, Oslavia (GO). DOC-Collio-Weine und ein *vdt* Slatnik von Chardonnay, Tocai und Sauvignon.

Roncada, Cormons (GO). Von 17 ha produzieren Silvia und Lina Mattioni DOC-Collio-Weine und *vdt*.

Russiz Superiore, Capriva (GO). Marco Felluga und sein Sohn Roberto produzieren von 60 ha ter-

Oben: In Josko Gravners kleiner Kellerei bei Oslavia im Collio stehen modernste kellertechnische Ausrüstungen, er aber betont die große Bedeutung einer sorgfältigen Weinbergpflege.
Rechts: Die Erzeuger im Collio und in ganz Friaul bieten oft mehrere rote und weiße Weine von einheimischen und ausländischen Traubensorten an.

rassierten Weinbergen des Musterguts in Russis di Sopra höchst stilvolle Collio-Weine. Die klassischen Weißweine sowie die gefälligen Rotweine von Merlot, Cabernet Franc und Pinot Nero zeigen unfehlbar gleichmäßige Qualität. Zwei weiße *vdt* finden großen Beifall: der trockene Roncuz von Pinot Bianco, Tocai, Sauvignon und Riesling Italico und ein lieblicher, eichenholzduftiger Verduzzo.

Santa Caterina, Scriò di Dolegna (GO). Von 50 ha bei Scriò und Vencó erzeugt Gianfranco Fantinel eindrucksvollen DOC Collio nebst *vdt* Franconia, Picolit, Ribolla Gialla und Schioppettino.

Mario Schiopetto, Spessa di Capriva (GO). Mario Schiopetto, ein Philosoph, dessen Pioniertaten für den Weißwein im Collio schon Legende sind, strebt weiter nach Reinheit und Finesse in seinen Weinen von 16 ha, die er vom Erzbistum Gorizia gepachtet hat. Unter seinen DOC-Weinen zeichnen sich der Pinot Bianco und der Tocai öfter aus als die anderen. Sein Programm an *vdt* umfaßt Ribolla und Riesling Renano, den einzigartigen Blanc des Rosis (Tocai, Pinot Bianco, Ribolla) und Rivarossa (Cabernet Sauvignon, Merlot, Pinot Nero).

Subida di Monte, Cormons (GO). Saubere DOC-Weine von 7 ha.

Tenuta Villanova, Farra d'Isonzo (GO). Von 80 ha produziert das alte Gut DOC Isonzo und Collio, letzteren unter dem Etikett Montecucco.

Riccardo Terpin, San Floriano del Collio (GO).

Mario Schiopetto, ein Pionier des Weißweinstils von Friaul, bemüht sich auf seinem Gut im Collio unverändert um Perfektion.

Redi Vazzoler, Mossa (GO). Von 15 ha bei Blanchis gewinnt Redento Vazzoler unter Anleitung von Walter Filiputti merklich verbesserte DOC-Collio-Weine. Auch feiner weißer *vdt* Ghiaie Bianche von Tocai, Pinot Bianco und Müller-Thurgau, der von Cinzano-Col d'Orcia in Montalcino (Toskana) vertrieben wird.

Venica, Dolegna del Collio (GO). Gute Collio-Weine, serviert in der Trattoria der Familie Venica in Cerò.

Villa Russiz, Capriva (GO). Das Istituto A. Cerutti ist ein Waisenhaus, das zum Teil aus den Erlösen guter Collio-Weine finanziert wird. Direktor Edino Menotti. 30 ha.

Luigi Zorzon, Brazzano di Cormons (GO).

WEIN- UND HANDELSHÄUSER

Fabio Berin, Mossa (GO).

Collavini. Siehe Colli Orientali.

Comini, Cormons (GO). DOC Collio, Colli Orientali und Aquileia.

EnoFriulia, Capriva del Friuli (GO). Vittorio Puiatti leistete mit seiner 1967 gegründeten Firma EnoJulia Pionierdienste für den Weinstil von Friaul. Heute liefert EnoFriulia ein komplettes Programm an Weinen, meist *vdt* aus den Hügeln Friauls und anderen erstklassigen Lagen der Tre Venezie, stets in guter Qualität und zu angemessenem Preis. S. Puiatti.

Marco Felluga, Gradisca d'Isonzo (GO). Die eindrucksvolle Reihe von DOC-Collio-Weinen unter dem Eti-

kett Marco Felluga beruht auf Trauben, die von Winzern mit 150 ha Rebfläche im Rahmen von langfristigen Verträgen geliefert werden. Auch ein neuer weißer *vdt* läuft unter dieser Marke.

Puiatti, Farra d'Isonzo (GO). Vittorio Puiatti hat sein altes Familiengut in eine Weinkellerei der Spitzenklasse verwandelt und verarbeitet hier gemeinsam mit seinem Sohn Giovanni ausgewählte Trauben zu DOC Collio und *vdt* von beachtlichem Stil. Aus Chardonnay, Pinot Bianco und Pinot Nero entstehen die weißen *vdt* Nuvizial und Puiatti Bianco, zudem der feine Puiatti Extra Brut (Champagnerverfahren).

Giovanni Scolaris, San Lorenzo Isontino (GO).

Valle. Siehe Colli Orientali.

Vinicola Udinese. Siehe Colli Orientali.

GENOSSENSCHAFTEN

Cantina Produttori Vini del Collio e dell'Isonzo, Cormons (GO). Mitglieder in den Zonen Collio und Isonzo liefern die Trauben für DOC, *spumanti* und *vdt*. Die große Produktion umfaßt auch DOC Aquileia aus der Landwirtschaftsschule in Villa Chiozza. Kellermeister Luigi Soini schuf den einmaligen Vino della Pace.

Brda Cooperativa Viticoltori, San Floriano del Collio (GO).

Die sanften Hänge um Capriva del Friuli im südlichen Collio bringen gehaltvolle Weißweine sowie kräftige dunkle Rotweine hervor.

Colli Orientali del Friuli (1970)

Die Winzer hier stört es, wenn behauptet wird, die Colli Orientali seien nichts weiter als ein Anhängsel des Collio. Die Zone ist zwar ausgedehnter und nicht so gleichmäßig, aber die meisten guten Lagen befinden sich in den südlichen Hügeln, die ganz ähnliche Voraussetzungen aufweisen wie das Collio. Unparteiische Beobachter bestätigen, daß die Weißweine, die den beiden Zonen gemeinsam sind – Tocai, die Pinots, Sauvignon –, auch vergleichbare Klasse

haben, aber das ist den Winzern in den Colli Orientali nicht genug. Sie weisen zunächst darauf hin, daß sie mehr Rotweintypen bieten können, u. a. die Lokaltraube Schioppettino und den Stolz der Region, Refosco, und daß ihr Merlot ebenso wie ihr Cabernet mehr Wucht und Langlebigkeit besitzen. Bei Weißwein können die Colli Orientali auf den vielgepriesenen, aber auch viel zu teuren Picolit sowie auf die einheimische Rebsorte Ribolla Gialla, auf Chardonnay und Riesling Renano und

schließlich den unübertrefflichen Verduzzo in Ramandolo Classico stolz sein. So darf man sagen, daß nur durch ein Mißgeschick in Gestalt einer Provinzgrenze die Colli Orientali auf eine scheinbar niedrigere Stufe gestellt sind.
Die Weingüter in den Colli Orientali blühen und gedeihen dessenungeachtet. Doch selbst wenn ihre Spitzenweine in die gleiche Preiskategorie fallen wie die feinsten aus dem Collio, so ist doch das Prestige nicht dasselbe. Es fehlt ein führender Kopf,

zumal seit den Veränderungen in der Abbazia di Rosazzo im Jahr 1989. Walter Filiputti hatte die alte Abtei zum führenden Gut ausgebaut. Der einflußreiche Buchautor, Journalist, Kellermeister und Manager verlor seinen Posten nicht nur bei der Abbazia di Rosazzo, sondern auch bei Ronco del Gnemiz und Vigne dal Leon, obwohl die Weine dieser Güter im In- und Ausland Anklang fanden. Besonders verdient gemacht hat sich Filiputti um die Wiederbelebung einheimischer Rebsorten wie Ribolla

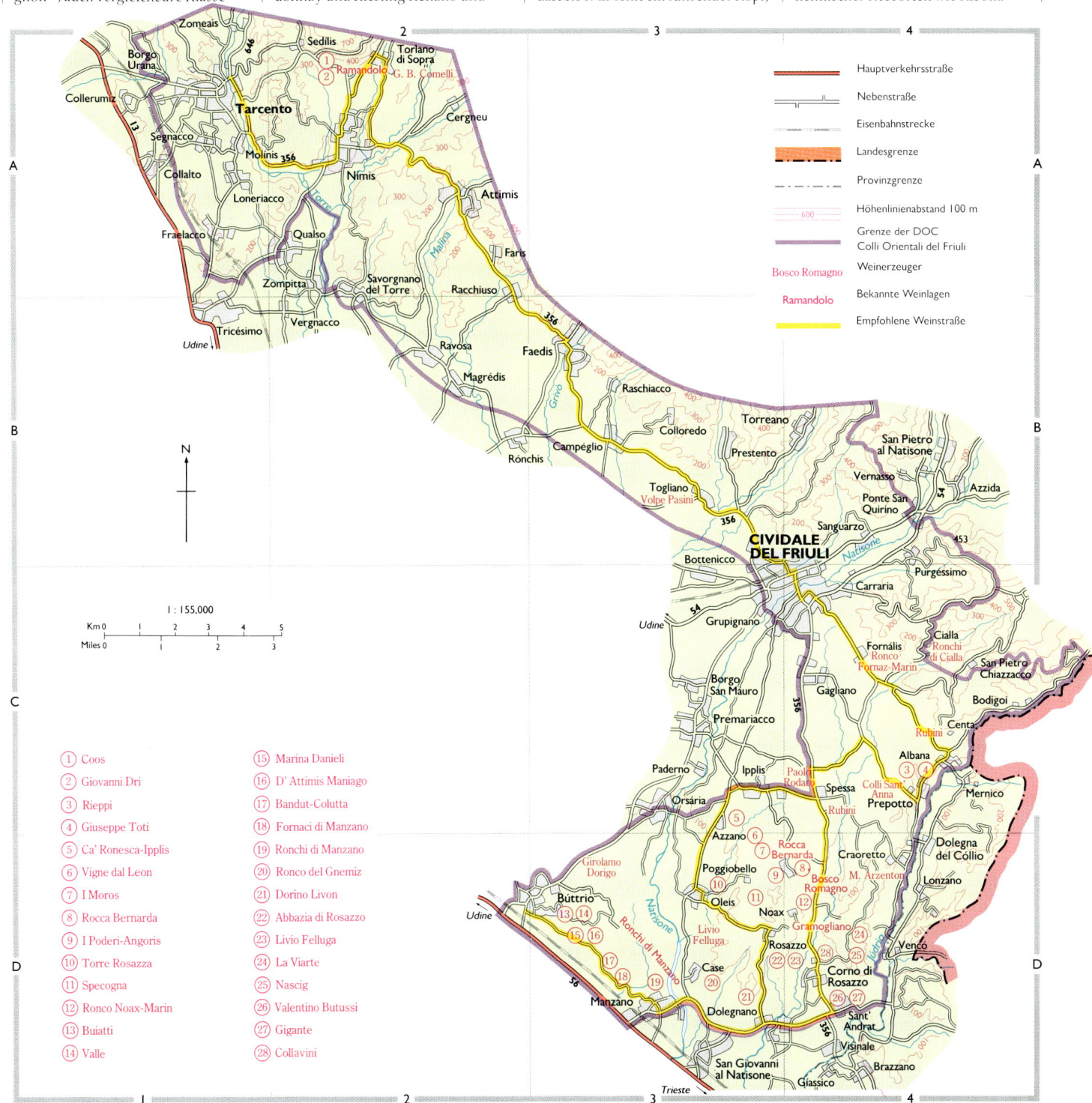

1 Coos
2 Giovanni Dri
3 Rieppi
4 Giuseppe Toti
5 Ca' Ronesca-Ipplis
6 Vigne dal Leon
7 I Moros
8 Rocca Bernarda
9 I Poderi-Angoris
10 Torre Rosazza
11 Specogna
12 Ronco Noax-Marin
13 Buiatti
14 Valle

15 Marina Danieli
16 D' Attimis Maniago
17 Bandut-Colutta
18 Fornaci di Manzano
19 Ronchi di Manzano
20 Ronco del Gnemiz
21 Dorino Livon
22 Abbazia di Rosazzo
23 Livio Felluga
24 La Viarte
25 Nascig
26 Valentino Butussi
27 Gigante
28 Collavini

Gialla, Verduzzo, Picolit, Schioppettino, Tazzelenghe und Pignolo. Seine neueste Aufgabe ist nun, das Gut Torre Rosazza in die führende Position zu bringen und Redi Vazzoler im Collio zu unterstützen.

Die Vielseitigkeit der Colli Orientali ist auch auf das Klima zurückzuführen, das von milden adriatischen Einflüssen an der Südflanke bis zu kühleren und feuchteren Bedingungen in den Ausläufern der Alpen variiert. Die besten Weinberge an der Südflanke der Colli Orientali liegen an drei deutlich getrennten Hügelgruppen: die erste im Westen bei Manzano und Buttrio mit guten Voraussetzungen für Ausgewogenheit und Finesse bei Weiß- und Rotweinen. Die bedeutenderen Erzeuger dort sind Dorigo, Valle, Marina Danieli, Fornaci di Manzano, Ronchi di Manzano, Buiatti und D'Attimis Maniago. Die zweite Gruppe zwischen San Giovanni al Natisone und Ipplis um die Kuppe des Monte Santa Caterina umfaßt die Weinberge von Rosazzo, Rocca Bernarda und Ipplis. Die Gegend ist von früher her durch Picolit bekannt, bringt aber auch den wuchtigsten Merlot Friauls und feine trockene Weißweine hervor. Prominente Güter sind Abbazia di Rosazzo, Torre Rosazza, Vigne dal Leon, Ronco del Gnemiz, Specogna, Livio Fellugas Besitzungen in Oleis und Rosazzo, Ca' Ronescas Weinberge in Ipplis, Rocca Bernarda, Marins Ronco Noax, I Moros sowie Angoris I Poderi. Die größere östliche Gruppe reicht von Corno di Rosazzo nordwärts über die Weinberge von Gramogliano und Novacuzzo, Bosco Romagno (bekannt für Picolit), Prepotto und Albana (Spezialität Schioppettino). Bedeutende Erzeuger sind Nascig, Gigante, Butussi und Lui in Gramogliano; La Viarte in Novacuzzo; Arzenton und Bosco Romagno in Bosco Romagno; Rubini und Rodaro in Spessa; Colli Sant'Anna in Sant'Anna sowie Riepi und Toto in Albana. Von hier aus nordwärts liegen die Weinberge vereinzelt bei Cialla (Ronchi di Cialla), Fornalis (Marins Ronco Fornaz) sowie bei Cividale in Togliano, wo Volpe Pasini hervorragenden Wein erzeugt. In größerer Konzentration befinden sich im Norden nur noch die Weinberge von Ramandolo, das dem süßen Verduzzo Giallo den Namen gibt. Durch die DOC haben die Winzer dort das exklusive Recht, ihren Wein Ramandolo Classico zu nennen; anderseits haben alle Winzer in den Colli Orientali Anspruch auf die einfache Bezeichnung Ramandolo für ihren Verduzzo in süßer oder *Amabile*-Version.

ZONE: Flache Hügel in einer langgezogenen Kette um die Ebene von Udine von Buttrio und Manzano ost-wärts bis zum Judrio, nordwärts bis Cividale sowie nordwestlich entlang den Ausläufern der Julischen Alpen bis Tarcento, mit 14 Gemeinden in der Provinz Udine. Die meisten Weinberge liegen im südlichen an das Collio angrenzenden Bereich. Der Unterbereich Ramandolo Classico ist auf Teile der Gemarkungen Nimis und Tarcento begrenzt. Die 20 Typen umfassen 17 sortenreine Weine zu jeweils 90 %, gegebenenfalls ergänzt durch andere DOC-Sorten gleicher Farbe. Ramandolo muß zu 90 % aus Verduzzo Friulano und Rosato zu 90 % aus Merlot bestehen.

Cabernet. (Cabernet Franc/Cabernet Sauvignon) Trockener Rotwein. E. 77/110,; Alk. 11; S. 0,5; A. *riserva* 2 J.

Cabernet Franc. Trockener Rotwein. E. 77/110; Alk. 11; S. 0,5; A. *riserva* 2 J.

Cabernet Sauvignon. Trockener Rotwein. E. 77/110; Alk. 11; S. 0,5; A. *riserva* 2 J.

Chardonnay. Trockener Weißwein. E. 77/110; Alk. 11; S. 0,5.

Malvasia Istriana. Trockener Weißwein. E. 77/110; Alk. 11; S. 0,6.

Merlot. Trockener Rotwein. E. 77/110; Alk. 11; S. 0,5; A. *riserva* 2 J.

Picolit. Dessert-Weißwein, *amabile* oder *dolce*. E. 28/40; Alk. 15; S. 0,5; A. *riserva* 2 J.

Pinot Bianco Trockener Weißwein. E. 77/110; Alk. 11,5; S. 0,5.

Pinot Grigio. Trockener Weißwein. E. 77/110; Alk. 11,5; S. 0,5.

Pinot Nero. Trockener Rotwein. E. 77/110; Alk. 11; S. 0,5; A. riserva 2 J.

Ramandolo und **Ramandolo Classico.** Dessert-Weißwein, *amabile* oder *dolce*. E. 56/80; Alk. 14; S. 0,5.

Refosco dal Peduncolo Rosso. Trockener Rotwein. E. 77/110; Alk. 11; S. 0,5.

Ribolla Gialla. Trockener Weißwein. E. 77/110; Alk. 11; S. 0,5.

Riesling Renano. Trockener Weißwein. E. 77/110; Alk. 11; S. 0,5.

Rosato. Trockener Rosé. E. 77/110; Alk. 11; S. 0,5.

Sauvignon. Trockener Weißwein. E. 77/110; Alk. 11,5; S. 0,5.

Schioppettino. Trockener Rotwein. E. 77/110; Alk. 11; S. 0,5.

Tocai Friulano. Trockener Weißwein. E. 77/110; Alk. 11; S. 0,45.

Traminer Aromatico. Trockener Weißwein. E. 71,5/110; Alk. 11; S. 0,5.

Verduzzo Friulano. Trockener Weißwein, auch *amabile* oder *dolce*. E. 77/110; Alk. 11,5; S. 0,5.

Andere beachtenswerte Weine

Das Comeback der einheimischen Rebsorten Pignolo und Tazzelenghe sowie des Außenseiters Franconia (Blaufränkisch) bringt in die Rezepte des modernen *vdt* ein wenig gute alte Würze. Viel Anklang finden Terre Alte von Livio Felluga und Ronco delle Acacie von Abbazia di Rosazzo, inzwischen aber bieten auch andere Erzeuger eigene Kreationen an.

WEINGÜTER/WINZER

Abbazia di Rosazzo, Monzano (UD). Von 12 ha um die Abtei aus dem 11. Jh. kommen vielbeachtete DOC-Weine und die einzigartigen weißen *vdt* Ronco delle Acacie (Tocai, Pinot Grigio, Ribolla), Ronco di Corte (Sauvignon, Pinot Bianco), roter Ronco dei Roseti (Franconia, Tazzelenghe, Refosco, Cabernet, Merlot) und ein wenig Pignolo. Franco Bernabei, bekannt durch seine Arbeit in der Toskana, übernahm die Kellertechnik, nachdem Walter Filiputti ausgeschieden war.

Mario Arzenton, Cividale (UD). Gute DOC-Weine von 11 ha bei Bosco Romagno.

Bandut, Manzano (UD). Die Weine tragen das Etikett Colutta.

Bosco Romagno, Spessa di Cividale (UD).

Livio & Claudio Buiatti, Buttrio (UD).

Valentino Butussi, Corno di Rosazzo (UD).

Colli Sant'Anna, Spessa di Cividale (UD).

G. B. Comelli, Torlano (UD). Bekannt für Ramandolo Classico.

Fratelli Coos, Ramandolo (UD). Guter Ramandolo Classico.

Marina Danieli, Buttrio (UD). Wiederaufstrebendes Gut um die prächtige Villa Florio Maseri. Marina Danieli, eine Schülerin von Giorgio Grai, produziert hier stilvolle DOC Colli Orientali und Grave.

Gianfranco D'Attimis Maniago, Buttrio (UD). Die Tenuta Sottomonte bringt seit Jahrhunderten hochgeachteten Wein hervor.

Girolamo Dorigo, Vicinale di Buttrio (UD). Girolamo Dorigo hat in 18 ha Weinberge und in eine Kellerei viel investiert, um damit in die Spitzengruppe von Friaul aufzurücken.

Die Weinberge an den unteren Hängen der Colli Orientali del Friuli bei Manzano befinden sich im wärmsten und trockensten Teil der bis in die Ausläufer der Alpen hineinreichenden Zone.

Die Qualität ist gut und wird immer besser, doch die Namen sind verwirrend. Montsclapade gilt für einen roten *vdt* (Cabernet, Merlot, Malbec), einen Schaumwein und mehrere Colli Orientali DOC-Weine; Ronc di Juri für einen weißen *vdt* (Ribolla, Tocai, Sauvignon, Chardonnay), mehrere DOC-Weine sowie für *vdt* Pignolo und Tazzelenghe.

Giovanni Dri, Ramandolo (UD). Von 6 ha erzeugt Dri überaus bewunderten Ramandolo Classico, ein wenig Picolit und Refosco sowie den in *barriques* ausgebauten *vdt* Roncat Bianco von Verduzzo und Picolit.

Livio Felluga. Siehe Collio.

Fornaci di Manzano, Manzano (UD).

Arturo & Adriano Gigante, Corno di Rosazzo (UD).

I Moros, Rocca Bernarda (UD).

I Poderi. Siehe Angoris unter DOC Isonzo.

La Viarte, Novacuzzo (UD). Giuseppe Ceschin produziert ein beachtliches Programm an DOC-Weinen in dem Gut, dessen Sauvignon sich vor keinem anderen zu verstecken braucht.

Le Due Torre, Prepotto (UD). Aufstrebendes Gut; bietet Weine mit Kraft und Finesse.

Dorino Livon, Dolegnano (UD). Livons 3 Kellereien produzieren von besten Lagen in den Colli Orientali (Masarotte und Cumini), im Collio (Ruttars, Cavezzo und Trussio) und in Grave (Medeuzza) DOC-Weine von bemerkenswerter Qualität zu vernünftigen Preisen. Ferner *vdt* und *spumante*.

Giovanni Marin, Fornalis di Cividale (UD). Von 20 ha in Ronco Fornaz und Ronco Noax gewinnt Marin feinen DOC-Wein und *vdt* unter den Lagennamen.

Nascig, Corno di Rosazzo (UD). Angelo und Giuseppe Nascig produzieren beachtlichen DOC und *vdt* Franconia aus den Lagen Prà di Corte und Vigna del Broili in Gramogliano.

Lina & Paolo Petrucco, Buttrio (UD). Aufstrebendes Weingut.

Rieppi, Albana di Prepotto (UD). Spezialist für Schioppettino.

Rocca Bernarda, Rocca Bernarda (UD). Das Gut, das früher im Besitz der Familie Perusini für seinen Pico-

lit berühmt war, wird jetzt von den Maltesern betrieben.

Paolo Rodaro, Spessa di Cividale (UD).

Ronchi di Cialla, Cialla di Prepotto (UD). Das Weingut von Paolo und Dina Rapuzzi hat mit Verduzzo und Schioppettino von 8 ha viel Beifall errungen.

Ronchi di Manzano, Manzano (UD).

Rondo del Gnemiz, San Giovanni al Natisone (UD). Von 6 ha produziert der Besitzer Enzo Palazzolo gute DOC-Weine sowie *vdt* Müller-Thurgau, feinen faßgereiften Chardonnay und Ronco del Gnemiz von Cabernet Sauvignon und Franc.

Rubini, Spessa di Cividale (UD). Das alteingesessene Gut Leone Rubinis verfügt über 40 ha Weinberge in Spessa und Borgo Centa bei Prepotto. Seine beiden Weinserien, v. a. DOC, gehören zu den preiswertesten in den Hügeln Friauls.

Specogna, Rocca Bernarda (UD). Der Picolit ragt aus dem DOC-Sortiment heraus.

Torre Rosazza, Poggiobello di Manzano (UD). Das historische Gut mit 84 ha in besten Lagen wird von der Generali-Versicherungsgruppe wieder aufgebaut; Walter Filiputti ist für den Wein zuständig. Die ersten DOC-Weine waren vielversprechend, ebenso der *vdt* Ronco della Torre von Cabernet und Merlot. In *barriques* ausgebaute Neuheiten sind der weiße Ronco delle Magnolie (Pinot Bianco und Chardonnay) und der sortenreine L'Altro Merlot.

Giuseppe Toti, Albana di Prepotto (UD). Schioppettino und Franconia.

Valle, Buttrio (UD). Luigi Valle produziert ein wenig von allem, was Collio und Colli Orientali zu bieten

haben, u. a. DOC-Weine und *vdt* vorwiegend von 65 ha eigenen Weinbergen. Neben einem normalen preiswerten Programm bietet er die Reihe Araldica u. a. mit dem *vdt* Araldo Rosso von Cabernet, Merlot und Refosco.

Vigne dal Leon, Rocca Bernarda (UD). Von 6 ha erzeugt Tullio Zamò vielbewunderte weiße DOC-Weine sowie Kostproben von Schioppettino, Tacelenghe und Rosso di Vigne dal Leon von Merlot und Cabernet.

Volpe Pasini, Togliano di Torreano (UD). Die Familie Volpe Pasini erzeugt feinste Colli-Orientali-Weine von 30 ha um das Gut, das früher die Sommerresidenz der Patriarchen von Aquileia war. Der Name Zuc di Volpe steht für erlesene DOC-Weine, unter denen der Tocai und der Pinot Bianco oft herausragen.

WEIN- UND HANDELS-HÄUSER

Collavini, Corno di Rosazzo (UD). Manlio Collavini und seine Söhne produzieren stets zuverlässige DOC-Weine aus den Colli Orientali, dem Collio und Grave, ferner einen faßgereiften weißen *vdt* Conte di Cuccanea von Chardonnay, Ribolla und Pinot Bianco. Besonders gut sind drei Schaumweine: Ribolla Gialla und Il Grigio von Pinot und Chardonnay (*Charmat-lungo*-Verfahren) sowie Applause Nature von Chardonnay und Pinot Nero (Champagnerverfahren). Collavini hat vor kurzem die Produktion und den Vertrieb des Collio-Guts von Conte Attems übernommen.

Vinicola Udinese, Udine. Saubere DOC Colli Orientali, Grave, Collio und Carso sowie *vdt* und *spumante*.

Weine von der Ostgrenze: Isonzo und Carso

An der Ostgrenze Friauls zwischen Gorizia und Triest liegen zwei weitere DOC-Zonen, die einander zwar überschneiden, aber doch grundverschieden sind: Zuerst Isonzo am gleichnamigen Fluß von Gorizia bis fast zu dessen Mündung im Golf von Triest. Die Weinberge liegen vorwiegend im Flachland; trotzdem weisen Teile der Zone Merkmale auf, die ihre Weine von anderen aus der Ebene abheben.

Die duftigen Rot- und Weißweine übertreffen manchmal sogar die aus dem benachbarten Collio. Carso ist eine Zone für sich. Das kreideweiße Plateau vom Ufer des Isonzo bis hinab nach Triest hat in seinen Weinbergen eine alte Refosco-Art aufzuweisen, die als Terrano bekannt ist.

Isonzo oder Isonzo del Friuli (1975)

Die Zone verdankt ihren Status einigen Winzern, die einfach nicht hinnehmen wollen, daß eine Ebene von Natur aus schlechteres Weinbauland sein soll als die Berge, und tatsächlich haben sie mit die verlockendsten Cabernet- und Merlot-Weine Friauls zu bieten. Die Weißweine allerdings, an ihrer Spitze der weitverbreitete Tocai, konnten bisher nicht mit der

natürlichen Statur ihrer Vettern aus dem Collio aufwarten. Sehr bald aber brachten Stelio Gallos Chardonnay und Sauvignon die Meinung der Experten ins Wanken. Inzwischen ziehen weitere Erzeuger nach. Den Erfolg verdanken sie ihrer harten Arbeit; vielleicht aber hat das Isonzo-Tal auch an manchen Stellen gute Voraussetzungen, die anderen nur auf Massenertrag bedachten Erzeugern nicht aufgefallen sind. Der

Weinberge in der DOC-Zone Carso bei Triest.

nördliche Teil – oberhalb des Zusammenflusses von Isonzo, Judrio und Torre – ist dem südlichen Collio benachbart und genießt dasselbe Mikroklima. Der Boden ist jedoch ganz anders.

Die Erweiterung der DOC auf 20 Typen gibt den Erzeugern mehr Wahlmöglichkeiten, als sie vernünftigerweise nutzen können. Die besten Merlots und Cabernets der Zone Isonzo kommen aus der Nordwestecke bei Cormons und Capriva und um den Monte di Medea. Die Weißweine, vorbildlich verkörpert durch Sauvignon, Chardonnay und die Pinots, gedeihen am besten auf kieshaltigem Boden an der Nordflanke der Zone. Beachtenswerte Weingüter sind in Lucinico (Attems), in San Lorenzo Isontino (Francesco und Pier Paolo Pecorari), auf den unteren Hängen des Monte Fortin (Colmello di Grotta, Tenuta Villanova, Zampar) und insbesondere um Mariano del Friuli (Stelio und Silvano Gallo) zu finden. Die Weinberge liegen südwärts bis Sagrado

und Villesse, wo leichte, aber ansprechende Weine wachsen, dicht beieinander. Die Weine aus dem sandigen Flußtal westlich von Monfalcone sind lediglich süffig. Der Streifen, der sich im Osten mit Carso überschneidet, umfaßt Redipuglia und Cave di Selz. Die kalkhaltigen Böden dort eignen sich gut für frische, gefällige Weißweine und weiche, duftige Rotweine. ZONE: Das Isonzo-Becken zwischen der Adria-Küste und Gorizia mit 20 Gemeiden in dieser Provinz. Aus der Ebene im Norden erheben sich der Monte Fortin und der Monte di Medea.

Bianco. Trockener Weißwein, auch *amabile, frizzante*. Trauben: Tocai Friulano 40–50%, Malvasia Istriana/Pinot Bianco 25–30%, Chardonnay 25–30%. E. 91/130; Alk. 10,5; S. 0,45.

Cabernet. (Cabernet Franc/Cabernet Sauvignon) Trockenere Rotwein. E. 84/120; Alk. 11; S. 0,5.

Cabernet Franc. Trockener Rotwein. E. 84/120; Alk. 11; S. 0,5.

Cabernet Sauvignon. Trockener Rotwein. E. 84/120; Alk. 11; S. 0,5.

Chardonnay. Trockener Weißwein. E. 84/120; Alk. 11; S. 0,45.

Franconia. Trockener Rotwein. E. 84/120; Alk. 11; S. 0,5.

Malvasia Istriana. Trockener Weißwein. E. 91/130; Alk. 10,5; S. 0,45.

Merlot. Trockener Rotwein. E. 91/130; Alk. 10,5; S. 0,5.

Pinot Bianco. Trockener Weißwein. E. 84/120; Alk. 11, S. 0,45.

Pinot Grigio. Trockener Weißwein. E. 84/120; Alk. 11; S. 0,45.

Pinot Nero. Trockener Rotwein. E. 84/120; Alk. 11; S. 0,5.

Pinot Spumante. Weißer Schaumwein, trocken oder *amabile*. Trauben: Pinot Bianco, Pinot Nero/Chardonnay bis 15%. E. 84/120; Alk. 11; S. 0,5.

Refosco dal Peduncolo Rosso. Trockener Rotwein. E. 84/120; Alk. 11; S. 0,5.

Riesling Italico. Trockener Weißwein. E. 84/120; Alk. 11; S. 0,45.

Riesling Renano. Trockener Weißwein. E. 84/120; Alk. 11; S. 0,45.

Rosso. Trockener Rotwein, auch *amabile, frizzante*. Trauben: Merlot 60–70%, Cabernet Franc/Cabernet Sauvignon 20–30%, Refosco dal Peduncolo Rosso/Pinot Nero bis 20%. E. 91/130; Alk. 11; S. 0,5.

Sauvignon. Trockener Weißwein. E. 84/120; Alk. 11; S. 0,45.

Tocai Friulano. Trockener Weißwein. E. 91/130; Alk. 10,5; S. 0,45.

Traminer Aromatico. Trockener Weißwein. E. 84/120; Alk. 11; S. 0,45.

Verduzzo Friulano. Trockener Weißwein. E. 91/130; Alk. 10,5; S. 0,45.

Andere beachtenswerte Weine

Die erweiterte DOC dürfte alles erfassen, doch bisher verkaufen einige Erzeuger ihre hochwertigen *vdt* ohne DOC.

WEINGÜTER/WINZER

Angoris, Cormons (GO). Die große Tenuta Angoris unter der Leitung von Luciano Locatelli hat 120 ha Rebfläche für DOC Isonzo, *vdt* und *spumante*.

Bader, Romans d'Isonzo (GO).

Colmello di Grotta, Farra d'Isonzo (GO). Neues Gut mit 7 ha für DOC Isonzo.

Conti Attems. Siehe Collio.

Luisa Eddi, Corona di Mariano (GO). Schmackhafter Cabernet und Merlot von 12 ha.

Silvano Gallo, Mariano del Fruili (GO). Von 5 ha feine, preiswerte Isonzo Rot- und Weißweine.

Stelio Gallo, Mariano del Friuli (GO). Stelio Gallos Sohn Gianfranco zeigt auf 5 ha Flachland, was in der Zone Isonzo möglich ist. Bei hoher Pflanzdichte (bis 7000 je ha) schränkt er den Ertrag weit unter die zulässigen Grenzen ein und erzielt damit Weißweine, wie es in den Bergen kaum bessere gibt. Seine DOC Isonzo und *vdt* von Chardonnay sind beispielhaft; noch großartiger ist aber in letzter Zeit der Sauvignon aus der Lage Pière geraten. Mit dem amerikanischen Weingiganten Gallo gab es Streitigkeiten um die Benützung des Namens für den geringen Export nach USA; deshalb wird dort das Etikett Masut verwendet.

Ilvo Nadali, Mariano del Friuli (GO).

Francesco Pecorari. Siehe Collio.

Pier Paolo Pecorari, San Lorenzo Isontino (GO). Von 6 ha an der Collio-Grenze produziert Pecorari höchst eindrucksvolle DOC-Isonzo-Weine und feinen *vdt* Chardonnay.

Sant'Elena, Gradisca d'Isonzo (GO).

Tenuta Villanova. Siehe Collio.

Mario Zampar, Farra d'Isonzo (GO).

WEIN- UND HANDELS-HÄUSER

Gianni Vescovo, Farra d'Isonzo (GO). Der Besitzer von Borgo Conventi im Collio bietet auch DOC Isonzo-Weine und *vdt*, z. T. aus eigenen Weinbergen, an.

GENOSSENSCHAFTEN

Cantina Produttori Vini del Collio e dell'Isonzo. Siehe Collio.

Carso (1986)

Die höchst exotische DOC-Zone umfaßt zwei herbe, robuste, rubinviolettrote Weine von der einheimischen Terrano- oder Terran-Rebe (einer Refosco-Variante) und einem lebendigen weißen Malvasia, der hier eine zarte Note von Honig und Bittermandel zeigt. Der höhere Teil des Plateaus ist mit Kalksteinfelsen übersät und von unterirdischen Wasserläufen durchzogen. Es ist hier oft kühl und windig, so daß die Weinberge, von denen die besten zum Teil in Jugoslawien liegen, spärliche Erträge abwerfen. Im maritimen Klima am Isonzo und am Golf von Triest entstehen meist bescheidene Rotweine, aber an manchen Stellen gedeiht auch die Malvasia-Rebe. Der Klassiker dieser erdnahen Rasse ist der Terrano del Carso.

ZONE: Der Westrand des Carso-Plateaus an der Grenze zu Jugoslawien, vom Isonzo bei Gorizia (wo sie sich mit der Zone Isonzo etwas überschneidet) südwärts über Monfalcone, am Golf von Triest entlang bis zum Rand der Halbinsel Istrien, mit 6 Gemeinden in der Provinz Gorizia und 6 in der Provinz Trieste. Der Unterbereich Terrano umfaßt die Gemarkungen Aurisina, Monrupino, Sgonico und Triest.

Carso. Trockener Rotwein. Trauben: Terrano (Refosco Nostrano) 70%; andere rote Sorten bis 30%. E. 70/100; Alk. 10,5; S. 0,6.

Terrano del Carso. Trockener Rotwein. Trauben: Terrano (Refosco Nostrano) 85%; Piccola Nera/Pinot Nero bis 15%. E. 70/100; Alk. 10; S. 0,7.

Malvasia del Carso. Trockener Weißwein. Trauben: Malvasia Istriana 85%; andere weiße Sorten bis 15%. E. 70/100; Alk. 10,5; S. 0,55.

WEINGÜTER/WINZER

Teodora Gabrovec Incante, Prepotto di Duino (TS).

Edy Kante, San Pelagio (TS). Vielversprechender DOC Carso, ferner feiner *vdt* Sauvignon und die Kuriosität Vitovska von einer einheimischen Weißweintraube.

Daniele Lupinz, Prepotto di Duino (TS).

Giusto Vodopivec, Coludrofa di Sgonico (TS).

Weine aus dem adriatischen Tiefland

Die Pianura Friulana ist die weite Ebene, die sich von Venetien über den Tagliamento hinweg ostwärts bis zum Isonzo erstreckt. Hier wächst der meiste Wein der Region. Die unterschiedliche Bodenbeschaffenheit sorgt für beträchtliche Abwechslung. Der obere kühlere und feuchtere Teil zu den Alpen hin weist mehr Gletschergeröll und Schwemmland auf als die Zonen Aquileia und Latisana an der Adria, wo Sandboden vorherrscht. Die einst unbestrittene Vorherrschaft der Rotweinreben, vor allem von Merlot, wird durch immer stärkere Neuanpflanzungen weißer Sorten in Frage gestellt. Die Weinberge in der Ebene sind größer, fruchtbarer und auch leichter zu bearbeiten als die *ronchi* in den Bergen. Bereitet werden die Weine meist in genossenschaftlichen und privaten Großkellereien. Einige Weingüter heben sich mit ihren Weinen jedoch aus der Masse heraus. (Die in die Provinz Pordenone hineinreichende DOC-Zone Lison-Pramaggiore wird unter Venetien ausführlich besprochen.)

Grave del Friuli (1970)

Grave del Friuli ist ein Born preiswerten Weins. Die bei weitem größte Zone Friauls bringt etwa 2/3 der Gesamtproduktion und über die Hälfte der DOC-Weine der Region hervor, die es mit manchen großen und viel teureren Gewächsen aus den Bergen im Osten aufnehmen können. Fast die Hälfte der Gesamterzeugung entfällt noch immer auf Merlot, bei den Rotweinen gefolgt von den Cabernets und dem einheimischen Refosco. Bei den Weißweinen hält der Tocai die Spitzenstellung, verliert jedoch immer mehr Boden an Pinot Grigio, Sauvignon und natürlich auch an Chardonnay, der hier erstmals in Italien DOC-Rang erlangt hat. Aber auch Riesling Renano und Traminer Aromatico gedeihen an kühlen Stellen des nördlichen Teils gut. Pino Nero wird häufig zu Schaumwein, meist in Tankgärung, verarbeitet.

Grave del Friuli hat wie Graves in Bordeaux seinen Namen vom kieshaltigen Boden. Es handelt sich meist um Gletschergeröll aus den Alpen, das sich am Lauf der Flüsse Tagliamento, Livenza, Meduna, Torre, Judrio und Natisone abgelagert hat. Die Zone erstreckt sich zwar über die Ebene bis in die Ausläufer der Alpen, doch die Berghänge sind selten für den Weinbau nutzbar. Dagegen gedeiht die Rebe in der Lößebene im Südwesten, bringt dort aber meist nur einfachen Wein. Die besten Weinlagen der Zone befinden sich auf dem kargsten, *magredi* genannten Boden, dessen für andere Feldfrüchte zu magere Krume rissig wird wie alte Ölfarbe, wenn sie austrocknet. Hier liegen die meisten guten Weinberge am Tagliamento in einem Dreieck, das von den Orten Spilimbergo, Bertiolo und Casarsa gebildet wird, sowie auf dem Westufer in der Provinz Pordenone bei San Martino, San Giorgio della Richinvelda, Tauriano, Barbeano und Rauscedo. Auf dem Ostufer konzentrieren sie sich in der Provinz Udine um Codroipo, Bertiolo und Rivolto. Dort wachsen überaus frische und fruchtige Weißweine. Westlich vom Tagliamento herrscht sandiger Lehmboden vor, und das Klima ist unter dem Einfluß der Adria wärmer und trockener. Die Weine dieser Gegend erreichen nicht so viel Stil wie die aus den besten *Magredi*-Lagen.

ZONE: Der große, vom Tagliamento durchschnittene Bereich umfaßt weite Teile des oberen Tieflands von Friaul sowie der Alpenausläufer mit 58 Gemeinden in der Provinz Udine und 36 in der Provinz Pordenone. Die 15 Weintypen umfassen 14 sortenreine Weine und Rosato. Die sortenreinen Weine dürfen bis zu 15% anderer DOC-Trauben gleicher Farbe enthalten. In Rotweinen darf auch Refosco Nostrano mitverarbeitet werden. Weine mit mindestens 1% mehr Alkohol als dem geforderten Mindestgehalt dürfen als *superiore* bezeichnet werden.

Cabernet. (Cabernet Franc/Cabernet Sauvignon). Trockener Rotwein. E. 84/120; Alk. 11; S. 0,5.

Cabernet Franc. Trockener Rotwein. E. 84/120; Alk. 11; S. 0,5.

Cabernet Sauvignon. Trockener Rotwein. E. 84/120; Alk. 11; S. 0,5.

Chardonnay. Trockener Weißwein. E. 91/130; Alk. 10,5; S. 0,5.

Merlot. Trockener Rotwein. E. 91/130; Alk. 11; S. 0,5.

Pinot Bianco. Trockener Weißwein. E. 84/120; Alk. 11; S. 0,5.

Pinot Grigio. Trockener Weißwein. E. 91/130; Alk. 11; S. 0,5.

Pinot Nero. Trockener Rotwein. E. 84/120; Alk. 11; S. 0,5.

Refosco dal Peduncolo Rosso. Trockener Rotwein. E. 91/130; Alk. 11; S. 0,5.

Riesling Renano. Trockener Weißwein. E. 84/120; Alk. 11; S. 0,5.

Rosato. Trockener Rosé. Trauben: Merlot 70–80%, Cabernet Franc/Cabernet Sauvignon/Refosco dal Peduncolo Rosso/Pinot Nero 20–30%. E. 84/120; Alk. 11; S. 0,5.

Sauvignon. Trockener Weißwein. E. 84/120; Alk. 11; S. 0,45.

Tocai Friulano. Trockener Weißwein. E. 91/130; Alk. 11; S. 0,5.
Traminer Aromatico. Trockener Weißwein. E. 84/120; Alk. 11; S. 0,5.
Verduzzo Friulano. Trockener Weißwein, auch *amabile, dolce, frizzante*. E. 91/130; Alk. 11; S. 0,5.

Andere bemerkenswerte Weine
Einige Weine ohne DOC, die aus der Menge der einfachen *vdt* und *spumanti* herausragen, wie Truola und Fondreta von San Cipriano, werden unter den Namen ihrer Erzeuger erwähnt.

Aquileia oder **Aquileia del Friuli (1975)**
Der Bereich trägt den Namen der alten Römerstadt, an deren Stelle heute ein bescheidenes Landstädtchen liegt. Er besteht aus einer weiten Ebene, die sich für andere Feldfrüchte besser eignet als für den Wein. An manchen Stellen sind jedoch in die goldgelben Getreidefelder grüne Weinberge eingestreut, deren Erzeugnisse sich sehen lassen können. Die meisten bewährten Lagen – Ca' Bolani, Ca' Vescovo, Borgo Gortani – sind in der Nähe von Cervignano. Aber auch auf trockengelegtem Land bei der Lagune können Weine mit unerwartet lebendigem Aroma entstehen. Die Weine von Aquileia sind leicht bis mittelschwer.
ZONE: Die Ebene von der Grado-Lagune nordwärts über Aquileia, Cervignano del Friuli, Palmanova und 14 weitere Gemeinden in der Provinz Udine.
Von den 14 Weintypen sind 13 sortenreine Weine, in denen 10% andere DOC-Trauben gleicher Farbe enthalten sein dürfen.
Cabernet. (Cabernet Franc/Cabernet Sauvignon) Trockener Rotwein. E. 84/120; Alk. 11; S. 0,5.
Cabernet Franc. Trockener Rotwein. E. 84/120; Alk. 11; S. 0,5.
Cabernet Sauvignon. Trockener Rotwein. E. 84/120; Alk. 11; S. 0,5.
Chardonnay. Trockener Weißwein, auch *spumante brut*. E. 84/120; Alk. 11, *spumante* 12; S. 0,5.
Merlot. Trockener Rotwein. E. 91/130; Alk. 10,5; S. 0,5.
Pinot Bianco. Trockener Weißwein. E. 84/120; Alk. 11; S. 0,5.
Pinot Grigio. Trockener Weißwein. E. 91/130; Alk. 10,5; S. 0,5.
Refosco dal Peduncolo Rosso. Trockener Rotwein. E. 91/130; Alk. 10,5; S. 0,5.
Riesling Renano. Trockener Weißwein. E. 91/130; Alk. 10,5; S. 0,5.
Rosato. Trockener Rosé. Trauben: Merlot 70–80%, Cabernet Franc/Cabernet Sauvignon/Refosco Nostrano/Refosco dal Peduncolo

Rosso 20–30%. E. 91/130; Alk. 10,5; S. 0,5.
Sauvignon. Trockener Weißwein. E. 84/120; Alk. 11; S. 0,45.
Rocai Friulano. Trockener Weißwein. E. 91/130; Alk. 10,5; S. 0,45.
Traminer Aromatico. Trockener Weißwein. E. 70/100; Alk. 11; S. 0,45.
Verduzzo Friulano. Trockener Weißwein. E. 84/120; Alk. 11; S. 0,5.

Andere beachtenswerte Weine
Chardonnay und Pinot werden zu Schaumwein verarbeitet, der nicht immer unter die DOC fällt.

Latisana oder **Latisana del Friuli (1975)**
Im maritimen Klima und auf dem sandigen Lehmboden gedeiht die Rebe so gut, daß manche Sorten ohne weiteres das Doppelte des für die DOC zugelassenen Ertrags bringen. Einige Erzeuger halten sich an die Ertragsbegrenzung und erzielen bescheidene, gefällige DOC-Weine. Weißwein wächst auf kalkreichem Kiesboden am Tagliamento von Varmo südwärts über Latisana bis Pertegada. Die Rotweinreben werden auf Lehmboden um Palazzolo della Stella, Muzzano und Teòr mit der Sommerhitze besser fertig als die weißen Sorten. Der am meisten verbreitete Merlot ist oft vollmundig; Cabernet und Refosco fallen fester aus. Alle sind aber jung am besten.
ZONE: Die Ebene vom trockengelegten Marschland an der Adriaküste bei Lignano nordwärts am Tagliamento entlang über Latisana bis Gradiscutta und ostwärts über das Flüßchen Stella und den Cormors-Kanal hinweg, mit 12 Gemeinden in der Provinz Udine. Die 13 Weintypen umfassen 12 sortenreine Weine sowie Rosato. Die sortenreinen Weine dürfen bis zu 15% andere Trauben der gleichen Farbe enthalten.
Cabernet. (Cabernet Franc/Cabernet Sauvignon) Trockener Rotwein. E. 84/120; Alk. 11; S. 0,5.
Cabernet Franc. Trockener Rotwein. E. 84/120; Alk. 11; S. 0,5.
Cabernet Sauvignon. Trockener Rotwein. E. 84/120; Alk. 11; S. 0,5.
Chardonnay. Trockener Weißwein. E. 84/120; Alk. 11; S. 0,5.
Merlot. Trockener Rotwein. E. 91/130; Alk. 10,5; S. 0,5.
Pinot Bianco. Trockener Weißwein. E. 91/130; Alk. 11; S. 0,45.

Pinot Grigio. Trockener Weißwein. E. 84/120; Alk. 10,5; S. 0,5.
Refosco dal Peduncolo Rosso. Trockener Rotwein. E. 91/130; Alk. 10,5; S. 0,5.
Rosato. Trockener Rosé. Merlot 70–80%, Cabernet Franc/Cabernet Sauvignon/Refosco Nostrano/Refosco dal Peduncolo Rosso 20–30%. E. 91/130; Alk. 10,5; S. 0,5.
Sauvignon. Trockener Weißwein. E. 84/120; Alk. 11; S. 0,45.
Tocai Friulano. Trockener Weißwein. E. 91/130; Alk. 10,5; S. 0,45.
Traminer Aromatico. Trockener Weißwein. E. 84/120; Alk. 11; S. 0,45.
Verduzzo Friulano. Trockener Weißwein. E. 91/130; Alk. 10,5; S. 0,45.

Andere beachtenswerte Weine
Aus den flachen und fruchtbaren Weinbergen kommen Tafel- und Schaumweine einfacher Art.

WEINGÜTER/WINZER
Borgo Magredo, Tauriano (PN). Von etwa 100 ha klassischen *Magredi*-Lagen entwickelt die Generali-Versicherungsgruppe mit Hilfe von Walter Filiputti ein neues Programm an DOC-Grave-Weinen.
Ca' Bolani, Cervignano del Friuli (UD). Das große Gut, das einst den Conti Bolani gehörte, befindet sich heute zusammen mit dem nahegelegenen Ca' Vescovo im Besitz der Firma Zonin aus Venetien. Die Rebfläche beträgt zusammen 180 ha, v. a. für stilvollen DOC Aquileia.
Ca' Vescovo. Siehe Ca' Bolani.
Cantoni, Tricesimo (UD).
Marina Danieli. Siehe Colli Orientali.
Duchi Badoglio Rota, Codroipo (UD). Francesco Badoglio, der Enkel des Marschalls Pietro Badoglio, der Italien nach Mussolinis Absetzung regierte, produziert von 110 ha sauberen DOC-Wein und *spumante*.
Durandi, San Giorgio della Richinvelda (PN).
Giacomelli, Pradamano (UD).
Isola Augusta, Palazzolo della Stella (UD). Die Familie Bassani erzeugt auf 40 ha saubere Latisana-Rotweine sowie Tocai und *spumante*.
Obiz, Cervignano del Friuli (UD). DOC-Aquileia-Weine und Obiz Brut *spumante* von 20 ha.
Sergio Pevere, Palazzolo della Stella (UF).
Pighin, Risano (UD). Sauberer DOC Grave, roter *vdt* Baredo (Cabernet, Merlot, Refosco) von 170 ha als Ergänzung zur Produktion von Pighin im Collio.
Plozner, Barbeano (PN). Das Gut ist in Italien als Pionier für Chardonnay (inzwischen DOC) sowie als Erzeuger von gutem Cabernet und Pinot Grigio bekannt geworden.

Valderie, Teòr (UD).
Vigneti Le Monde, Fagnigola (PN).
Die Familie Pistoni erzeugt guten
Cabernet Sauvignon und andere
DOC-Grave-Weine.
Vigneti Pittaro, Rivolto di Codroipo
(UD). Piero Pittaro, Präsident der
Associazione Enotecnici Italiani und
des regionalen Entwicklungsgremi-
ums, besitzt 52 ha für DOC Grave,
Schaumwein nach dem Champa-
gnerverfahren, einzigartigen *vdt*
Agresto sowie Apicio.
Aldo Zaglia, Latisana (UD).

WEIN- UND HANDELS-
HÄUSER

Antonutti, Colloredo di Prato (UD).
DOC Grave und Collio sowie *vdt*.
Cantine Bidoli, San Daniele del
Friuli (UD).
Fantinel, Pradamano (UD). DOC
Grave, *vdt* und *spumante*, z. T. von
firmeneigenen 50 ha.
Mangilli, Flumignano di Talmasons
(UD). DOC Grave, Collio und Colli
Orientali.
Pradio, Bicinicco (UD).
San Cipriano, Sacile (PN). Die
Familie Lot erzeugt DOC Grave,
außerdem ein wenig weißen Truola
und roten Fondreta.
Villa Frattina, Ghirano (PN).
(Weitere DOC-Grave-Erzeuger sind
Collavini, Valle und Vinicola Udi-
nese in der Provinz Udine sowie Rus-
solo, Santa Margherita und Tenuta
Sant' Anna im Veneto.)

GENOSSENSCHAFTEN

Viticoltori Friulani – La Delizia,
Casarsa della Delizia (PN). Noè Ber-
tolin leitet die Jahresproduktion von
120 000 hl DOC Grave und Aquileia
sowie *vdt* und *spumanti* von Mitgliedern (Rebfläche 1500 ha). Qualität
und Preis sind gut.
*CS Cooperativa del Friuli Orien-
tali*, Cervignano del Friuli (UD). Die
Kellerei erbringt einen größeren Teil
der Produktion von Aquileia sowie
vdt und *spumanti*.
CS di Codroipo, Codroipo (UD).

Reise-Informationen

RESTAURANTS/HOTELS
Zorutti, Borgo Ponte 9, 33043 Civi-
dale del Friuli (UD). Tel. (0432)
73 11 00. Klassisches Restaurant;
Grill- und Pilzgerichte.
Al Cacciatore della Subida, 34071
Subida di Cormons (GO). Tel. (0481)
6 05 31. Ein umgebautes Jagdhaus
bietet feine ländliche Küche und Col-
lio-Weine. Ruhige Zimmer.
Felcaro, 34071 Cormons (GO). Tel.
(0481) 6 02 14. Feine regionale Küche
in einer ehemaligen Habsburger-
Villa mit Garten und angenehmen
Zimmern.
Al Giardinetto 34071 Cormons
(GO). Tel. (0481) 6 02 57. Die Fami-
lie Zappolatti hat ihre Trattoria zum
Lieblingslokal der Winzer im Collio
gemacht.
Da Toni, 33030 Gradiscutta di
Varmo (UD). Tel. (0432) 77 80 03.
Elegante, aber bodenständige Küche
mit gutem Wein des Hauses und
Spitzenweinen aus ganz Friaul.
Bidin, 33054 Lignano Sabbiadoro
(UD). Tel. (0431) 7 19 88. Ausge-
zeichnet zubereiteter frischer Fisch
aus der Grado-Lagune und dazu eine
schöne Auswahl an Weinen.
Carso da Bozo, 34016 Monrupino
(TS). Tel. (040) 22 71 13. Im Herzen
von Carso, gute slowenisch-italieni-
sche Küche und feine Weine der
Region.
Trattoria Blanch, 34070 Mossa
(GO). Tel. (0481) 8 00 20. Gute
Gerichte der Gegend und Collio-
Weine in einem schönen Waldgast-
haus.
Del Doge, 33033 Passariano del
Codroipo (UD). Tel. (0432) 90 65 91.
Das prachtvolle Intérieur in der Villa
Manin, dem Landsitz der veneziani-
schen Dogen, stiehlt sogar der feinen
Küche und den Weinen die Schau.
Antica Trattoria Boschetti, 33019
Tricesimo (UD). Tel. (0432) 85 12 30.
Die alte Post, von Giorgio Trentin,
elegant restauriert, wird von Ken-
nern allgemein als das feinste Re-
staurant Friauls anerkannt. Superbe
Weinliste sowie komfortable Zim-
mer.

Straßenmarkt in Udine.

WEINFACHGESCHÄFTE/
VINOTHEKEN
Die Enoteca La Serenissima in Gradisca d'Isonzo war die erste Ausstellung regionaler Weine in Italien. Die
sorgfältig getroffene Auswahl kann
auch glasweise probiert werden. In
Udine ist in der Via Vittorio Veneto
65 vor kurzem die Casa del Vino als
Zentrum für die Förderung des regionalen Weinbaus mit Vinothek und
Bibliothek eröffnet worden.
Private Weinfachgeschäfte von Ruf
sind u. a. die Enoteca Volpe Pasini in
Udine, Via Rialto 12, und die Enoteca
Bere Bene in Triest, Viale Ippodromo
2/3 b.

SEHENSWERTES
Der am Wein interessierte Besucher
wird sich zweifellos geradewegs in
das Collio und die Colli Orientali
begeben wollen. Hier gibt es, wie in
allen DOC-Zonen der Region, zahlreiche Weinstraßen. In dem ruhigen
Weinstädtchen Cormons, dem Mittelpunkt der Zonen in den Hügeln,
und in seiner Umgebung gibt es
schöne ländliche Gasthäuser. Ganz
in der Nähe liegt Udine mit seiner
Piazza della Libertà im venezianischen Renaissance-Stil sowie Cividale del Friuli mit seinem byzantisch-
romanischen Tempel, dem Tem-
pietto, und die alte Stadt Gorizia, das
ehemalige Görz. Die anderen Weinzonen können mit eigenen Attraktionen aufwarten, so Carso mit dem
alten Hafen Triest, Grave del Friuli
mit der Bergstadt San Daniele und
ihren herrlichen Ausblicken. In
Aquileia gibt es die Reste der einstigen großen Römerstadt zu bewundern, außerdem die flache Grado-
Lagune mit ihren Inseln, wo es in
leichten Imbißbuden den *boreto alla
gradese* (einen Fischeintopf) und frische Meeresfrüchte vom Grill gibt.
Latisana hat mit Lignano Sabbiadoro
einen der populärsten Badeorte an
der Adria. Am schönsten aber ist
doch das Leben in kleinen und großen
Ortschaften auf dem Land.
Die Friauler sind bekannt dafür, daß
sie Wein und *grappa* mit gutem
Essen, aber auch für sich allein, gern
in Fröhlichkeit genießen. In der
osteria, in der es Wein, Spirituosen,
Kaffee und den neuesten Klatsch
gibt, trifft man sich zum *tajut*, einem
Gläschen Tocai. In vielen Gasthäu-
sern sorgt der *fogolar*, die offene Feu-
erstelle mit einem um den Kamin
drapierten Vorhang, für eine behag-
liche Atmosphäre. Hier kann man
sich im Winter die Hände wärmen
und zuschauen, wie der Wirt am Grill
hantiert. In der *trattoria* bekommt
man kräftige ländliche Kost, aber die
vielen Akzente aus den Nachbarländern – Gulasch, Knödel, Paprika,
Strudel – geben der Küche der Region
ein kosmopolitisches Gepräge.

Die Weinberge im friedlichen Loreto Aprutino in den Abruzzen bringen Montepulciano und Trebbiano hervor.

Adriatische Apenninen

Es scheint etwas weit hergeholt zu behaupten, daß vier Regionen, die sich über mehr als die halbe Länge der Adriaküste aneinanderreihen, so etwas wie eine Einheit im Weinbau bilden. Was hat das ganz auf die Lombardei ausgerichtete Piacenza in der Emilia mit dem Campobasso in Molise zu tun, wo ein Klima herrscht wie in Apulien? Lokale Identitäten, Brauchtum und Dialekte verändern sich nicht nur an den Regionsgrenzen, sondern oft auch dazwischen schon. Doch trotz dieser offenbaren Unterschiede gibt es viel Gemeinsames.

Alle vier Regionen liegen auf der adriatischen Seite der Apenninen, aus denen relativ kurze, gerade Flüsse zum Meer strömen und die Gebirgsflanke in ein fast symmetrisches Muster aufteilen, das mit den wirren Konturen auf der tyrrhenischen Seite scharf kontrastiert. Kalkhaltiger Lehm herrscht in den Ausläufern vor, andere Bodenkomponenten variieren dagegen von Ort zu Ort. Fast jeder Hang erweist sich für den Weinbau als günstig, so daß die lange Kette der DOC-Zonen von den Colli Piacentini in der Emilia bis zum Biferno in Molise nur ab und zu durch ein Flußtal unterbrochen wird.

Die Apenninen wirken als Puffer und sorgen für von der Adria beeinflußte Witterung, so daß der Unterschied in Niederschlägen und Temperaturen zwischen dem 45. und dem 42. Breitengrad nicht sehr groß ist. In der Höhe ist es kühl und feucht, aber unwirtlich sind selbst die Gebirgsgegenden der Matelica in den Marken und der Provinz L'Aquila in den Abruzzen kaum. Der Winter ist an der Adria oft streng, wenn der Wind vom Balkan herüberweht und Niederschläge in Schnee verwandelt. Die Sommer aber sind meist mild. Wenn keine anhaltende Dürre herrscht, können die Erträge reichlich ausfallen; in den flachen Hügeln der südöstlichen Abruzzen und in der Ebene der Emilia-Romagna sind sie oft die höchsten in Italien.

Großen Anteil an der Weinerzeugung haben die Genossenschaften, in der Emilia-Romagna sogar bis zu 70%; Riunite in der Emilia und Corovin in der Romagna erreichen gigantische Ausmaße. Gruppo Coltiva, ein nationaler Genossenschaftsverband, hat die Privatkellereien von Gruppo Italiano Vini an sich gezogen und ist nun einer der größten Weinkonzerne der Welt. Indessen streben mehr und mehr Weinerzeuger in den Ausläufern der Apenninen hochwertige Qualität bei einheimischen und fremden Traubensorten an. Der Standard hat sich weithin gebessert, ohne das volle Potential auszuschöpfen.

Zu den Feldfrüchten der kleinen Bauernhöfe in den Abruzzen gehört immer auch der Wein, wie hier bei Bisenti in der Provinz Teramo.

Freilich darf man die Gemeinsamkeiten zwischen den vier Regionen nicht übertreiben. Die einzigen Rebsorten, die sie in größerem Umfang miteinander, aber auch mit dem ganzen mittleren und südlichen Italien teilen, sind Sangiovese, Trebbiano und Malvasia. Die Verteilung ist allerdings ungleich. Sangiovese gedeiht in der Romagna und in den Marken, wird aber in der Emilia ignoriert und in den Abruzzen kaum beachtet, weil dort der einheimische Montepulciano den Löwenanteil hat. Malvasia ist in der Emilia der große Star, anderswo aber steht sie im zweiten Glied. Trebbiano ist immer und überall Trebbiano, außer in den Abruzzen, wo *ein* Erzeuger etwas Besonderes aus ihm macht.

Als Renato Ratti seine erste «Carta Enografica d'Italia» zeichnete, faßte er die Marken, die Abruzzen und Molise (mit Apulien) als «Vini Adriatici» zusammen, die Emilia-Romagna aber gliederte er in die «Vini Centrali» ein. Die in der Weinerzeugungsmenge in Italien an 4. Stelle stehende Region produziert 60% ihres Weins im adriatischen Küstenstreifen. Die beiden Teilregionen gehen auch im Weinbau ihre eigenen Wege. Die Emilia gehört zum Norden, dessen Schwerpunkt Mailand ist; daher hat ihr Weinbau Gemeinsamkeiten mit dem Oltrepò Pavese in der Lombardei. Zwei Kuriositäten sind ihr dagegen ganz eigen: die Lambrusco-Rebe, die vor allem in der Ebene gedeiht, und die Neigung zu Perlen im Wein aller Farben. Nicht umsonst nennt sich die andere Teilregion «Pianeta Romagna», denn auf diesem Stern für sich gibt es auch einen eigenen Sangiovese und Trebbiano. Doch das strahlendste Licht ist Albana, nur wenig getrübt durch die dubiose Erhebung zum ersten weißen DOCG-Wein Italiens.

Die Marken, die Abruzzen und Molise gehören eigentlich zu Mittelitalien, doch sie haben sich stets eigenständig gehalten. In den Marken ist der Verdicchio als vielversprechende Weißweintraube Italiens neu erstanden, auch wenn seine wahre Klasse noch immer so wenig bekannt ist wie die des Rosso Cònero. In den Abruzzen ist die Wahl der Rebsorten eindeutig: Montepulciano für oft lobenswerten Rot- und Roséwein und Trebbiano in meist einfachen Weißweinen. Die Region ist wie Molise, das lange Zeit zu ihr gehörte, in der Einstellung zum Wein nach Süden ausgerichtet.

Das kleinste Glied in der Kette der Weinbaugebiete an der Adriaküste ist die Republik San Marino (s. S. 170).

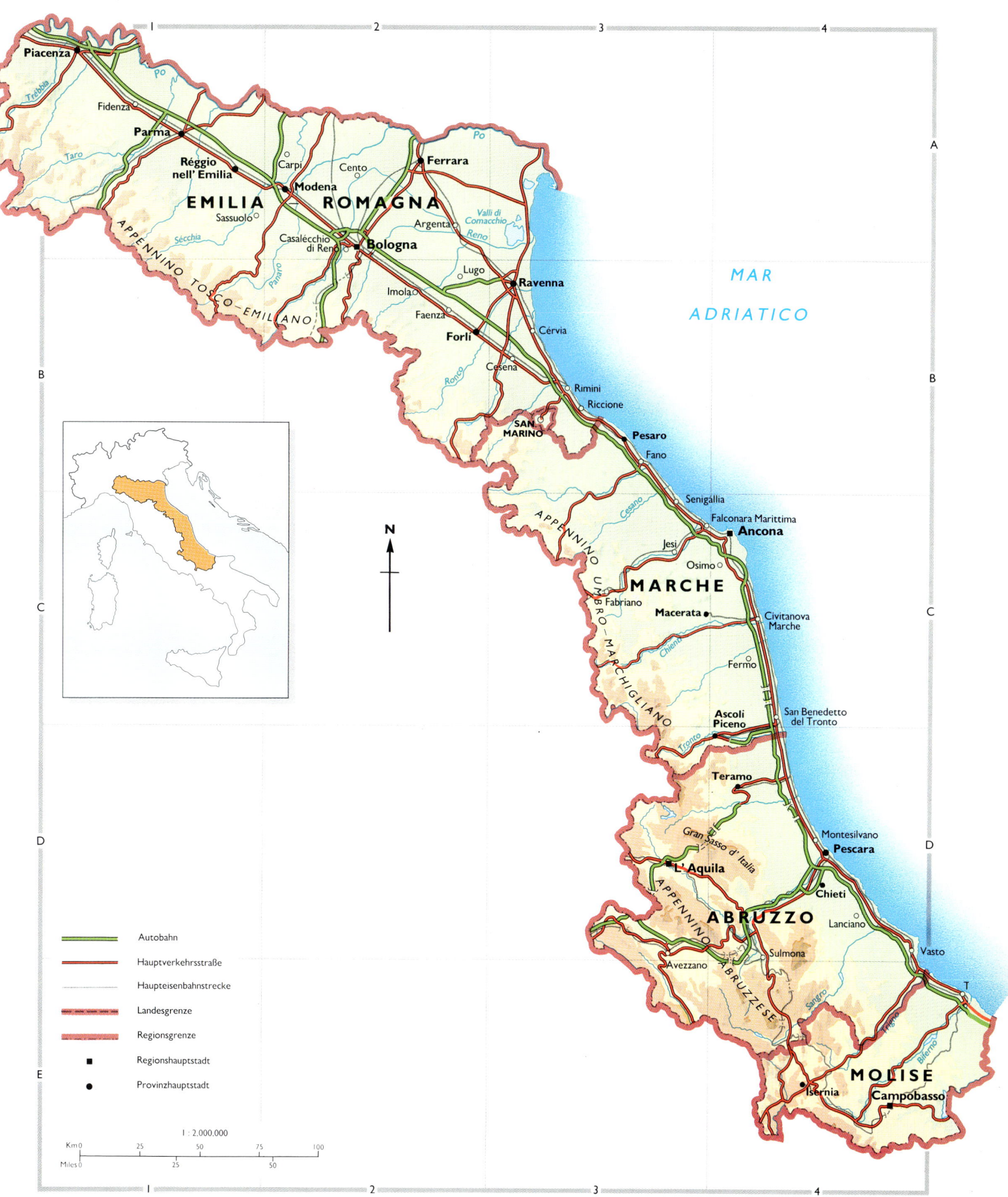

Emilia-Romagna

Hauptstadt: Bologna
Provinzen: Bologna (BO), Ferrara (FE), Forlì (FO), Modena (MO), Parma (PR), Piacenza (PC), Ravenna (RA), Reggio Emilia (RE).
Fläche: 22 124 km² (6.)
Bevölkerung: 3 940 000 (8.)

Die Emilia und die Romagna haben gerade soviel Gemeinsamkeit, daß ein Bindestrich sie vereinen kann; ihre Bewohner jedoch sind stolz auf die jeweilige Andersartigkeit. Der Wein teilt die Region ebenfalls. Die Emilia westlich von Bologna nach Piacenza hin wird oft «die Rote» genannt – unter politischen Aspekten –, aus dem Blickwinkel des Weins könnte man sie aber auch «die Perlende» nennen, denn der Lambrusco und alles, was sonst noch dort wächst, perlt und schäumt. Die Romagna, von Bologna ostwärts zur Adria, ist den Rotweintrinkern als das Land des Sanzves (Sangiovese) vertraut, obgleich ihm der weiße Albana mit seinem unglaublichen Aufstieg zur DOCG die Schau gestohlen hat.

Wann die Emilianer und die Romagnolen ihre getrennten Wege einzuschlagen begannen, weiß man nicht genau. Dagegen weiß man, daß die Ligurer als frühe Bewohner des Waldlands zwischen dem Po und den Apenninen im Westen Wein bauten, während im Osten die Umbrer das nämliche taten. Die Etrusker zähmten die Wildreben, die im Lambrusco ihren Gipfel erreichten, und hinterließen als Vermächtnis die Baumreben und die Pergolen in der weiträumigen Padana.

Die Römer benannten beide Sektoren: Romagna nach ihrer langen Herrschaft dort und Emilia nach der Straße, die sie von Rimini nach Piacenza bauten. Als wichtiger Handelsweg hielt die Via Aemilia die Region in Zeiten politischer Zerrissenheit zusammen. In der Renaissance blühte die Emilia unter der Herrschaft der Este in Modena, Reggio und Ferrara und der Visconti in Parma und Piacenza. Die Romagna zersplitterte sich nach dem Fall Ravennas als Hauptstadt von Byzanz in zahllose Kleinstaaten auf.

Im Weinbau hat die Vorherrschaft der Genossenschaften in beiden Teilregionen den Sinn für Identität nicht gebrochen. Wenn regionale DOCs überhaupt entstehen, dann getrennt für beide. Die Romagna hat bereits solche: Albana, Sangiovese, Trebbiano di Romagna, ebenso neuerdings Cagnina und Pagadebit. Die Weine aus den Bergen stehen unter dem Schutz des Ente Tutela Vini Romagnoli, dessen politischer Einfluß sich an der Erhebung von Albana di Romagna zur DOCG gegen alle Irritationen und Proteste erwiesen hat. Doch die Albana-Befürworter sehen die «Garantie» als Fundament an, auf dem die Romagna ein neues seriöses Weinbau-Image bauen kann.

In der Emilia gelten Farbe und Herkunft wenig, denn fast alles, was sich *vino* nennt, perlt oder schäumt. In vier DOC-Zonen aus der Ebene dominiert der Lambrusco. Dagegen zeigen die Weine aus den Ausläufern der Apenninen mehr Eigenständigkeit; sie sind heute auch meist ganz oder beinahe ganz trocken und nicht mehr *amabile* wie früher. Ohne Perlen kommen aber auch sie nicht aus.

Die Emilianer lieben ihren Lambrusco, weil er sich fröhlich und gefällig trinkt und weil er angeblich Elemente enthält, die der Verdauung förderlich sind und die Cholesterinbildung hemmen, und das ist viel wert bei der köstlichen, aber schweren Küche mit Pasta, Prosciutto, Salami, Butter, Rahm und Käse. Zwar ist der Lambrusco in seiner Heimat meist trocken, trotzdem wurde die süße Version nicht, wie oft behauptet wird, für den Export nach Amerika erfunden. Es gibt beide Arten schon seit dem 13. Jh. Allerdings wurde der Lambrusco amabile für den Geschmack des amerikanischen Markts neu belebt.

Lobend sei erwähnt, daß die Emilia-Romagna in den letzten Jahren ihre Rebfläche stark verringert hat; dennoch beruht ein zu großer Teil der Erzeugung weiterhin auf der Ebene. Die meisten Weinfelder dort liefern, abgesehen von Lambrusco, vor allem Mostkonzentrat, Traubensaft und Grundwein für Wermut und Brandy.

Der Weinbau in der Emilia-Romagna

Das unterschiedliche Erbe der Emilia und der Romagna drückt sich auch in ihren Weinen aus. In der Emilia sind noch Spuren griechischer und ligurischer Einflüsse vorhanden, Reminiszenzen an das alte Rom treten überall, aber besonders in der Romagna hervor. Die Vorliebe der Etrusker für Üppigkeit und Fülle hat sich vorwiegend in den Niederungen in der Rebenerziehung erhalten.

In der Emilia ging man von *alberate* (der Erziehung auf Bäume) über zu *raggi* oder *bellussi*, der doppelten Lambrusco-Pergola. Neuerdings wird sie durch das kostengünstigere Genfer-System mit einem T-förmigen Pfahl verdrängt. Die Romagnolen haben ihre *pergoletta* mit kreuzförmigem Pfahl. Alle Systeme begünstigen große Erträge; der Durchschnitt von 113 hl/ha steht nur hinter den Abruzzen zurück. Aber die Rebfläche in den Ebenen ist im Abnehmen, während sie in den Bergen, wo vertikale Systeme in Guyot- und Cordon-Varianten Anwendung finden, zunimmt.

Bei den roten Rebsorten herrscht in der Emilia der Lambrusco und in der Romagna der Sangiovese vor; beide verlieren aber wie Barbera und Croatina (Bonarda) Boden an die Weißweinsorten. Der Trebbiano Romagnolo, unterstützt vom noch ertragreicheren Trebbiano Toscano, dominiert bei diesen; nur in den Bergen der Emilia steht die Malvasia di Candia unumstritten an erster Stelle. Es gibt auch einen Trend zu Sauvignon, Pinot und Riesling (v. a. Italico) sowie Cabernet, die alle hier schon mindestens seit dem vorigen Jahrhundert angebaut werden. Der aufsteigende Stern ist jedoch der Chardonnay. Nirgendwo sonst werden so viele alte Lokalrebsorten neu belebt. In der Romagna sind Pagadebit, Cagnina, Canina, Malise, Barbarossa und Albana Nera Beispiele dafür. In den Colli Piacentini wird seit undenklichen Zeiten die Marsanne-Traube angebaut; hier heißt sie heute noch Champagne. Das war auch bis vor einiger Zeit der Name ihrer Weine. Dagegen stehen Rebsorten wie Alionza, Aleatico di Bertinoro, Biancale di Rimini, Fogarina, Occhio di Gatto, Negretto und Rossola nicht mehr auf der amtlichen Liste.

Die folgenden Rebsorten sind vorwiegend in der Emilia-Romagna heimisch:

Albana. Aus über 20 Klonen nennt Gianfranco Bolognesi als führende Autorität im Weinbau der Romagna den meistangebauten Gentile sowie della Bagarona, della Compadrona, della Gatana und della Serra. Trotz der Anerkennung als DOCG Albana di Romagna zeigen die in süßen Versionen oft charaktervollen Weine jedoch bei trockenem Ausbau keine große Klasse. Dialektname: Aibàna; die dunkle Variante Albana Nera ist selten.

Ancellotta. Die dunkle Traube aus der Emilia verleiht dem Lambrusco kräftigere Farbe.

Barbarossa. Mario Pezzi hat in Bertinoro diese Rebe isoliert und gewinnt von ihr überzeugenden Rotwein. Der kaiserliche Name bezieht sich auf die Form der roten Traube. Mit der Barbarossa in Ligurien ist sie nicht verwandt.

Bonarda. Name der Croatina in den Colli Piacentini und Colli di Parma.

158

Cagnina oder **Terrano.** Die als Cagnina di Romagna zu DOC-Würden erhobene, von den Byzantinern ins Land gebrachte Rebe heißt in Friaul Terrano oder Refosco. Oft wird sie mit der nicht mit ihr verwandten Canina (oder Canena) Nera verwechselt.

Fortana oder **Fruttana** oder **Uva d'Oro.** Die in Emilia als Fortana oder Fruttana bezeichnete Sorte soll dorthin aus Piacenza oder Parma gekommen sein, während es in der Romagna von der dortigen Uva d'Oro heißt, sie stamme von der Côte d'Or in Burgund. Sie liefert rustikalen, säuerlichen Rotwein, u. a. DOC Bosco Eliceo Fortana.

Lambrusco. Der Name kommt von lat. *labrusca* oder *lambrusca*, einer Spezies von *Vitis vinifera silvestris*. Diese Wildrebe aus den Apenninen wurde vermutlich zuerst von den Etruskern oder Ligurern kultiviert. Die Lambrusco-Familien zählt mehrere Unterarten, die zumeist für perlenden Wein angebaut werden. Am angesehensten sind: **Sorbara** (nach dem gleichnamigen Ort bei Modena); **Grasparossa** (aus Castelvetro bei Modena, benannt nach den roten Stielen); **Salamino** (aus Santa Croce bei Carpi, benannt nach den salamiförmigen Trauben); **Maestri**, **Marani** oder **Montericco** (für Ertragreichtum bekannt) sowie **Viadanese**. **Lambrusco a Foglia Frastagliata** wächst vorwiegend im Trentino. Die in Nordamerika beheimatete *Vitis labrusca* ist nicht mit Lambrusco verwandt.

Malvasia di Candia aromatica. Die Sorte ist griechischen Ursprungs; sie erbringt in den Bergen um Piacenza und Parma Weine mit ausgeprägtem Aroma. Die in Latium verbreitete Malvasia di Candia ist hier weniger geschätzt.

Montuni oder **Montù.** Zwischen Bologna und Modena beheimatete Traube für weißen DOC Montuni del Reno. In der Romagna heißt sie Bianchino.

Ortrugo. Achtbare Traube der Colli Piacentini; dort liefert sie einen trockenen, perlenden und sortenreinen Weißwein. Der Name bedeutet *altra uva* (andere Traube), weil sie normalerweise mit Malvasia verschnitten wird.

Pagadebit oder **Pagadebito.** Die .in Apulien als Bombino Bianco bezeichnete weiße Sorte wurde in der Romagna neu belebt und in den DOC-Rang erhoben. Der Name bezieht sich auf die bei jeder Witterung gleichmäßigen Erträge, die es dem Bauern ermöglichen, seine

Ein Weinberg in Marzeno bei Faenza in der Romagna. Die Gegend ist berühmt für roten Sangiovese und weißen Albana.

«Schulden zu bezahlen», auch wenn die sonstige Ernte mißrät. Die Rebe wächst unter verschiedenen Namen an der ganzen Adria-Küste.

Pignoletto. Weiße Traube in den Colli Bolognesi, vermutlich dort einheimisch, obwohl manche behaupten, sie komme vom Rhein.

Sangiovese di Romagna. Der «Sanzves» ist den Romagnolen so lieb und wert, daß sie seine Herkunft aus der Toskana glatt bestreiten und vielmehr behaupten, er komme vom Monte Giove bei Sant'Arcangelo di Romagna. Die beiden vorherrschenden Klone unterscheiden sich von den toskanischen Varianten von Chianti, Montalcino und Montepulciano, was auf eine unabhängige Entwicklung hinweist. Die Sangiovese-Weine im alten Stil waren hier ziemlich rauh und derb; neuere Beispiele zeigen dagegen unbezweifelbare Rasse.

Spergola. Traditioneller Name des Sauvignon Blanc in der Emilia.

Trebbiano Modenese. Wird in Modena zu Wein, aber auch anstelle von Trebbiano di Spagna zu Weinessig (*aceto balsamico*) verarbeitet.

Trebbiano Romagnolo. Trotz seiner nachgewiesenen Abstammung aus der Antike ist der hiesige Trebbiano ein zwar eigenständiges, aber kaum vornehmes Mitglied der Familie. Seine reichen Erträge haben ihm hinter dem toskanischen Verwandten den zweiten Platz auf der Popularitätsliste Italiens eingebracht. Außer in Wein der DOC Trebbiano di Romagna und in Verschnitten bewährt er sich auch für Brandy und Wermut.

Verdea. In den Colli Piacentini verbreitete weiße Traube, offenbar mit Paradisa (Romagna) und Colombana (Toskana) verwandt.

Weitere Rebsorten: In der Emilia-Romagna sind ferner empfohlen bzw. zugelassen:

Für Rot- oder Roséwein: Canina Nera, Ciliegiolo, Dolcetto, Marzemino, Montepulciano, Pinot Nero, Raboso Veronese, Sgavetta, Tosca oder Uva Tosca.

Für Weißwein: Bervedino, Biancame, Moscato Bianco, Mostosa, Müller-Thurgau, Pinot Bianco, Pinot Grigio, Ribolla Gialla, Tocai Friulano, Trebbiano Toscano.

Die Weinzonen der Emilia-Romagna

Der Po bildet nicht nur großenteils die Nordgrenze zur Lombardei und zum Veneto, sondern auch die Hauptschlagader der Emilia-Romagna. Im Val Padana vergißt man leicht, daß die Region über das längste Stück der Apenninen verfügt (290 km an der Grenze zu Ligurien und zur Toskana) und daß mehr als die Hälfte über 100 m hoch liegt (der höchste Punkt ist der Monte Cimone mit 2165 m). 2/3 der Rebfläche liegen in der Ebene, wo es auch im Sommer oft regnet, trotzdem aber mit Bewässerung für große Erträge gesorgt wird.

Die Ebenen der Emilia

Das Val Padana erscheint nur oberflächlich als monoton. Die meisten Lambrusco-Weinfelder liegen im Lehmboden um Modena und Reggio auf Sand- und Kiesbetten. Die Zonen Sorbara, Salamino di Santa Croce und großenteils Reggiano erstrecken sich nordwärts zum Po. Sorbara ist die klassische Quelle für tief rubin- bis rosarote Weine, deren Frische und Finesse gelobt wird. Die Zonen Grasparossa di Castelvetro und Reggiano ziehen sich nach Süden auf kalkreichem Sandboden in die flachen Hügel hinein, wo der Lambrusco tiefere Farbe, kräftigeres Aroma und festere Struktur erreicht.

Die Berge der Emilia

Die Berge um Piacenza, Parma, Reggio und Bologna haben ein ziemlich gleichförmiges Klima mit kalten, schneereichen Wintern und heißen Sommern. Schon leichte Veränderungen im Sand- und Lehmboden können Unterschiede bewirken. Auf den kalkreichen Böden im Val Tidone bei Ziano gedeihen Barbera und Bonarda für den Gutturnio sowie weiße Trauben für DOC- und Tafelweine. Im Val Trebbia wachsen weiße Malvasia und Ortrugo auf den Kieshängen von Rivergaro bis Bobbio, insbesondere bei Travo. Im Val d'Arda liefern dieselben Sorten duftigen Monterosso und andere Weißweine auf den kargen, schwach sauren Böden von Castell'Arquato, Bacedasco und Vigoleno. In den Colli di Parma sind die sandigen Hänge von Sala Baganza für würzigen Malvasia bekannt. Südlich von Reggio zeigt der Chardonnay im Bianco di Scandiano untypische weiche Art. Die Weine von den oft steilen Hängen der Colli Bolognesi reichen von saftigen Weißweinen bis zu eleganten Rotweinen.

Die Ebenen der Romagna

Vom Schwemmland im heißen Po-Delta kommen ausdrucksschwache, doch für Verschnitte und zur Destillierung brauchbare Weine. Der Trebbiano di Romagna wächst zumeist im Flachland um Ravenna und erbringt dort bei hohen Erträgen einfachen Wein.

Die Berge der Romagna

Das Potential an aussichtsreichen Weinlagen auf den Berghängen ist noch kaum genutzt. Die besten Weine wachsen auf Hängen in etwa 10 bis 25 km Entfernung vom Meer, wo das Aroma durch Temperaturschwankungen erhöht wird. Variationen im mergelig-sandigen Boden markieren die besseren Lagen. Der feinste Albana stammt aus Weinbergen im sogenannten *spungone romagnolo* – einer Muschelkalkschicht mit organischen Rückständen in den niederen Hügeln von Bertinoro westwärts bis Imola. Der Sangiovese-Superiore-Bereich erstreckt sich über die ganze Zone außer den unteren und oberen Teilen, wobei die kraftvollsten und besten Weine aus den Hanglagen im Ronco-, Rabbi- und Montone-Tal, von den sogenannten Rocche bei Forlì, Faenza und Cesena sowie vom Rubicone kommen. Die Weine östlich vom Rubicone und westlich vom Montone sind meist leichter, zeigen aber die gleiche Finesse.

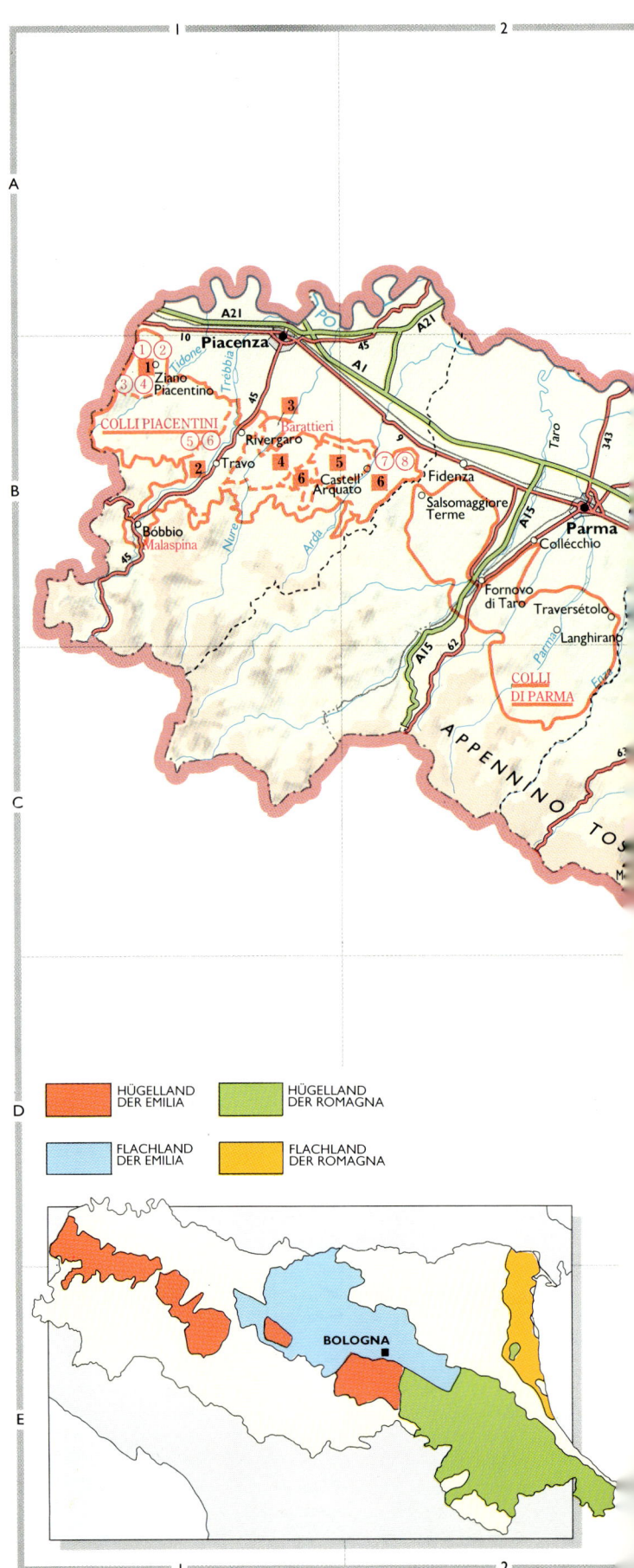

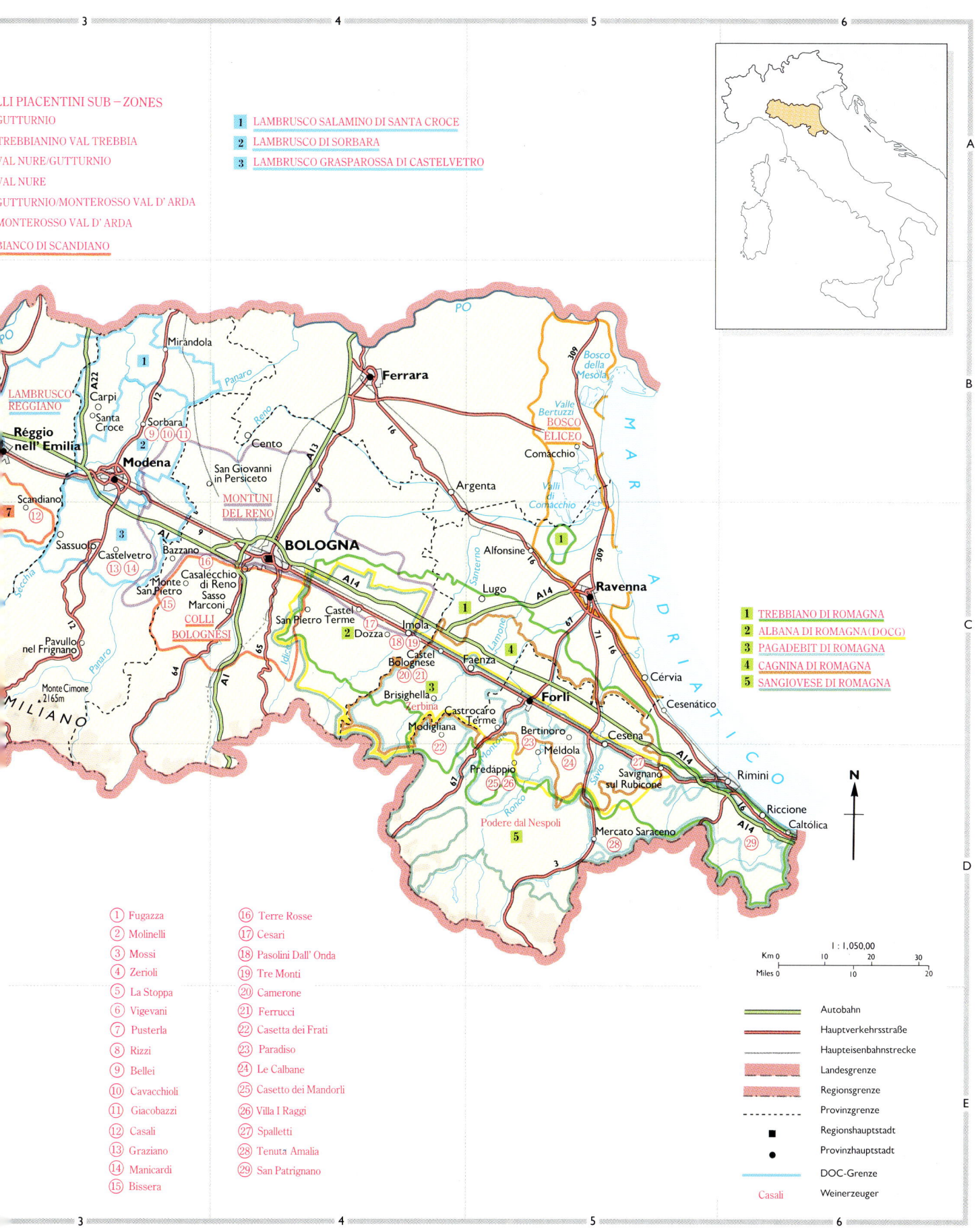

LLI PIACENTINI SUB – ZONES

GUTTURNIO

TREBBIANINO VAL TREBBIA

VAL NURE/GUTTURNIO

VAL NURE

GUTTURNIO/MONTEROSSO VAL D' ARDA

MONTEROSSO VAL D' ARDA

BIANCO DI SCANDIANO

1	LAMBRUSCO SALAMINO DI SANTA CROCE
2	LAMBRUSCO DI SORBARA
3	LAMBRUSCO GRASPAROSSA DI CASTELVETRO

LAMBRUSCO REGGIANO

MONTUNI DEL RENO

COLLI BOLOGNESI

1	TREBBIANO DI ROMAGNA
2	ALBANA DI ROMAGNA (DOCG)
3	PAGADEBIT DI ROMAGNA
4	CAGNINA DI ROMAGNA
5	SANGIOVESE DI ROMAGNA

BOSCO ELICEO

① Fugazza
② Molinelli
③ Mossi
④ Zerioli
⑤ La Stoppa
⑥ Vigevani
⑦ Pusterla
⑧ Rizzi
⑨ Bellei
⑩ Cavacchioli
⑪ Giacobazzi
⑫ Casali
⑬ Graziano
⑭ Manicardi
⑮ Bissera

⑯ Terre Rosse
⑰ Cesari
⑱ Pasolini Dall' Onda
⑲ Tre Monti
⑳ Camerone
㉑ Ferrucci
㉒ Casetta dei Frati
㉓ Paradiso
㉔ Le Calbane
㉕ Casetto dei Mandorli
㉖ Villa I Raggi
㉗ Spalletti
㉘ Tenuta Amalia
㉙ San Patrignano

	Autobahn
	Hauptverkehrsstraße
	Haupteisenbahnstrecke
	Landesgrenze
	Regionsgrenze
	Provinzgrenze
■	Regionshauptstadt
●	Provinzhauptstadt
	DOC-Grenze
Casali	Weinerzeuger

1 : 1,050,00

Km 0   10   20   30
Miles 0   10   20

Weine aus den Ebenen der Emilia

Der Lambrusco regiert in den Ebenen der Provinz Modena mit ihren drei DOC-Zonen: Sorbara, Castelvetro und Sante Croce. Reggia Emilia mit seiner DOC Lambrusco Reggiano beherrscht nicht nur die Produktion und den Export, sondern konkurriert mit Modena auch in der Qualität. Schließlich hat jeder Gastronom noch seine eigene Quelle für *Lambròsc*, der nicht vom Fließband kommt. Die traditionelle Flaschengärung ist weitgehend durch Tankgärung ersetzt, bei der zwar stabiler, aber nicht mehr so charaktervoller Wein entsteht. Der Rückgang im Export von Lambrusco und anderen perlenden Weinen hat sich auf die Giganten Riunite und Giacobazzi spürbar ausgewirkt und die Bauern dazu veranlaßt, anstatt Reben lukrativere Feldfrüchte anzubauen. Eine katastrophale Entwicklung wurde zum Glück durch stärkeren Absatz in Deutschland, England und zum Teil auch in Italien verhindert.

Lambrusco di Sorbara (1970)

Der klassische Lambrusco war früher für rubin- bis purpurrote Farbe und tiefes Aroma bekannt – eine Anpassung an den modernen Geschmack zeigt sich bei Francesco Bellei und Cavacchioli (mit Vigna del Cristo) in Roséweine von herrlich fruchtiger Frische. Der *amabile* wird meist exportiert.
ZONE: Die Ebene mit 10 Gemeinden um Sorbara nördlich von Modena. Perlender Rot- oder Roséwein, trocken oder *amabile*. Trauben: Lambrusco di Sorbara 60%, Lambrusco Salamino 40%. E. 98/140; Alk. 11; S. 0,7.

Lambrusco Salamino di Santa Croce (1970)

Meist rubin- bis purpurrot, der Trend geht jedoch zu leichterem, frischerem Roséwein. Der bessere Lambrusco dieser Zone ist von dem aus der Nachbarzone Sorbara kaum zu unterscheiden.
ZONE: Die Ebenen im Norden der Provinz Modena bis zur Grenze der Lombardei mit 11 Gemeinden einschließlich Santa Croce bei Carpi. Perlender Rotwein, trocken oder *amabile*. Trauben: Lambrusco Salamino; andere Lambrusco-Arten oder Uva d'Oro bis 10%. E. 105/150; Alk. 11; S. 0,7.

Lambrusco Grasparossa di Castelvetro (1970)

Bei kleinen Winzern in dieser mengenmäßig an letzter Stelle stehenden DOC-Zone bekommt man noch Lambrusco als einen echten, dunklen, robusten und vollwürzigen Rotwein und nicht als süßen Sprudel. Deshalb sind die Weine von Graziano, Manicardi und Villa Barbieri auch stets ausverkauft.
ZONE: Die Ebenen zwischen Modena und den Ausläufern der Apenninen mit den Gemarkungen Castelvetro, Castelfranco Emilia, Maranello, Sassuolo, Spilamberto, Vignola sowie 8 weiteren. Perlender Rotwein, trocken oder amabile. Trauben: Lambrusco Grasparossa; andere Lambrusco-Arten oder Uva d'Oro bis 15%. E. 98/140; Alk. 10,5; S. 0,6.

Lambrusca Reggiano (1971)

Der am meisten produzierte Lambrusco fällt sehr unterschiedlich aus. Der Wein aus der Ebene ist meist hellrot; eine *Amabile*-Version wird für den Export produziert; aus höheren Lagen kommt eine rundere und vollere Art, mehr nach dem Vorbild von Modena. Führende kleine Erzeuger: Venturini Baldini und Moro. In der Massenproduktion dominiert Riunite.
ZONE: Die Ebenen und flachen Hügel in 20 Gemarkungen der Provinz Reggio Emilia. Perlender Rot- oder Roséwein, trocken oder *amabile*. Trauben: Lambrusco Marani/Lambrusco Salamino/Lambrusco Montericco/Lambrusco Maestri; Ancellotta bis 20%. E. 97,5/150; Alk. 10,5; S. 0,7.

Montuni del Reno (1988)

Meist spritziger Weißwein mit lokaler Bedeutung, trocken bis lieblich.
ZONE: Große Ebenen, durchflossen vom Reno und seinen Nebenflüssen, in der Provinz Bologna und 5 Gemar-

Hochrankende Lambrusco-Reben im Spätherbst nach der Weinlese in San Prospero bei Modena in der Emilia.

kungen in der Provinz Modena. Trockener Weißwein, auch *amabile* und *frizzante*. Trauben: Montuni; andere nicht-aromatische weiße Sorten bis 15%. E. 126/180; Alk. 10,5; S. 0,65.

Andere beachtenswerte Weine

Neben Strömen von *amabile* ohne DOC aus kommerziellen Kellereien gibt es noch einige unbedeutende Weine aus den Provinzen Parma und Bologna. An den scharfen Geschmack des dunklen schäumenden Fortana aus Parma muß man sich erst gewöhnen. Unter den stets perlenden Weißweinen findet man Alionza von der gleichnamigen Traube sowie Variationen von Malvasia, Sauvignon, Chardonnay usw., die in den Bergen meist besser ausfallen.

WEINGÜTER/WINZER

Francesco Bellei, Bomporto (MO). Giuseppe Bellei erzeugt hochangesehenen DOC Lambrusco di Sorbara sowie Pinot-Chardonnay-Schaumwein nach dem Champagnerverfahren von 15 ha.
Vittorio Graziano, Castelvetro (MO). DOC Lambrusco Grasparossa und *vdt* Bianco di Castelvetro von 3 ha für eine treue Anhängerschaft.
Enzo Manicardi, Castelvetro (MO). Mit Recht hochangesehener Erzeuger von DOC Lambrusco Grasparossa.
Moro, Sant'Ilario d'Enza (RE). Rinaldo Rinaldini produziert feinen DOC Lambrusco Reggiano und den vielbewunderten Picòl Ross.
Venturini & Baldini, Roncolo di Quattro Castella (RE). Feiner körperreicher Lambrusco Reggiano und Cuvée di Pinot nach dem Champagnerverfahren von 35 ha Rebfläche.
Villa Barbieri, Savignano sul Panaro (MO). Casimiro Barbieri produziert ausgesuchten DOC Lambrusco Grasparossa di Castelvetro aus der Lage Magazzeno.

WEIN- UND HANDELS-HÄUSER

Cavacchioli, San Prospero (MO). Großer, vielbewunderter Erzeuger von mehreren Lambrusco-DOC-Weinen, u. a. Vigna del Cristo aus Sorbara und Lambrusco Bianco nach dem Champagnerverfahren.
Chiarli 1860, Modena. Originelles Lambrusco-Haus mit klassischen DOC-Weinen, z. T. von eigenen 70 ha.
Colombini, Castelvetro (MO). Mittelgroßes, angesehenes Haus mit DOC Lambrusco.
Gruppo Coltiva-Gruppo Italiano Vini, Modena. Das Konsortium Gruppo Coltiva hat 1986 Gruppo Italiano Vini aufgekauft und wurde damit zu einem der größten Wein-

Der ganze Stolz der Emilia ist ein besonderes Produkt der Rebe: Essig. Allerdings sollte man den echten aceto balsamico *eher eine Würze, ja einen Likör oder Magenbitter nennen, denn als solcher wird er manchmal genommen. Die ältesten Vertreter der Art sind 50, 100, 150 Jahre und mehr alt – neben alten Weinen und Spirituosen stehen sie im Wert fast auf gleicher Stufe, doch verkauft werden sie höchst selten. Der Begriff* balsamico *beschreibt seit der Mitte des 18. Jh.s, als die Familie Este in Modena und Reggio herrschte, das balsamische Holzaroma. Noch heute findet man in vielen Häusern eine* acetaia, *einen luftigen Dachspeicher voller kleiner Fässer und Steingutkrüge. Die Herstellung von* aceto balsamico *ist weniger ein Handwerk als eine Kunst, eine Passion, ein Kult. Übrigens wurde Aceto Balsamico Tradizionale von Modena und Reggio Emilia zur ersten DOC Italiens für Essig erhoben, und zwar wird er nicht von Wein, sondern von eingedicktem Traubenmost auf komplizierte Art bereitet, wobei kein Zusatz gestattet, dafür aber Alterung bis zu 12 Jahren in Holzfässern vorgeschrieben ist. Am Ende kommt dabei eine konzentrierte, dunkel-bernsteingoldene Flüssigkeit mit exotisch süß-saurer Note zustande. Die DOC soll das traditionelle Naturprodukt gegen Imitationen schützen, die aus Weinessig mit karamelisiertem Zucker, Kräutern und Gewürzen hergestellt werden. Der Stolz auf den außergewöhnlichen Essig gipfelt in einem jedes Jahr im Juni in der Stadt Spilamberto stattfindenden Palio. Anerkannte Meisterkoster ermitteln aus über 700 Proben den Sieger, der dann am Johannistag verkündet wird.*

konzerne der Welt. Die 45 000 Coltiva-Mitglieder bringen in 107 Kellereien über 7 000 000 hl im Jahr hervor, das entspricht rund 10% der Gesamtproduktion Italiens. Die 3 000 000 hl Flaschenweine umfassen 150 Typen aus 50 DOC-Zonen aus fast allen Regionen Italiens. Gruppo Italiano Vini repräsentiert 20 Privatfirmen, u. a. die bekannten Marken Folonari, Fontana Candida, Bigi, Melini, Conti Serristori, Lamberti, Negri, Santi und Turà.
Contessa Matilde, Modena. Etabliertes Lambrusco-Haus, gehört zur Premiovini-Gruppe.
Fini, Modena. DOC Lambrusco und andere Weine werden für das Familien-Restaurant in Modena und als Ergänzung zu einer Reihe von Feinkost-Erzeugnissen angeboten.
Giacobazzi, Nonantola (MO). Großerzeuger und -abfüller von DOC Lambrusco und anderen Weinen, meist leicht und perlend. Früher im USA-Export an zweiter Stelle hinter Riunite, heute auch auf anderen Märkten vertreten.
Oreste Lini & Figli, Correggio (RE). DOC Lambrusco und andere perlende Weine (Rosé Labrusca u. a.).

GENOSSENSCHAFTEN

CS di Castelfranco Emilia, Castelfranco Emilia (MO). DOC Lambrusco und perlender weißer Alionza.
CIV-Consorzio Interprovinciale Vini, Modena. Abfüller von immensen Weinmengen aus der Region, darunter Lambrusco und andere DOC- und *Vdt*-Weine.
Gruppo Coltiva. Siehe Wein- und Handelshäuser.
Riunite, Reggio Emilia. Cantine Riunite ist ein Genossenschaftsbetrieb, auf den rund die Hälfte des italienischen Weinexports nach den USA entfällt. Er stand an der Spitze des Booms mit süßem Lambrusco und anderem Perlwein, der mit 11 Mio Kisten Export 1981 seinen Höhepunkt erreichte. In den Umsätzen der letzten Jahre spiegelt sich der Rückgang des italienischen Weinexports nach den USA. Ende der 80er Jahre entfiel nur noch knapp 1/5 des Riunite-Exports auf Lambrusco, während Fruchtsaft-Mischgetränke auf Weinbasis einen Teil des Rückgangs auffingen. Unter Generaldirektor Walter Sacchetti, der seit Ende der 60er Jahre mit dem größten amerikanischen Importeur Villa Banfi zusammenarbeitet, kompensiert Riunite die Verluste z. T. durch Erschließung neuer Märkte in Europa. Neben Lambrusco Reggiano (meist lieblich) und DOC Bianco di Scandiano erzeugt Riunite weißen und rosé *vdt* und *spumante*.
CS di Sorbara, Sorbara (MO). DOC Lambrusco di Sorbara.

Weine aus den Bergen der Emilia

In den Ausläufern der Apenninen südlich von Piacenza, Parma, Reggio, Modena und Bologna liegt etwas Besonderes in der Luft, das sich in der ausnehmenden Saftigkeit des Prosciutto und der Salami niederschlägt. Die sanften Hänge und terrassierten Hügel eignen sich auch ebensosehr für den Weinbau, doch die Weine, die dort entstehen, sind für den seriösen Weintrinker von heute etwas zu perlig und lieblich. Nicht nur die duftige Malvasia und die lebhafte Barbera, auch Sauvignon, Merlot, Pinot Grigio und Pinot Nero kommen *frizzante* daher! In den Colli Piacentini wird ein trockener Wein als *amaro* (bitter) und ein Stillwein als *morto* (tot) bezeichnet. Die Colli Bolognesi und die Colli Piacentini gehören zu den wenigen Zonen Italiens, die von der EG Sondererlaubnis zum Anpflanzen neuer Reben erhielten. Einige Erzeuger, so die Familie Vallania in den Colli Bolognesi, haben mit der Tradition gebrochen und produzieren trockenen Stillwein mit unleugbarer Statur. Dennoch kann der Liebhaber exzentrischer Weine hier mit einem Glas schäumendem Cabernet Sauvignon oder süßem Chardonnay auf seine Kosten kommen.

Colli Piacentini (1984)

Umfaßt die früheren DOC-Zonen Gutturnio dei Colli Piacentini (1967), Monterosso Val d'Arda (1974) und Trebbianino Val Trebbia (1975) mit der neuen DOC Val Nure und 7 sortenreinen Weinen. Piacenza steht in der Emilia etwas höher im Kurs, weil seine Rebfläche nur in den Bergen liegt und anfangs noch zum Antico Piemonte gehörte, das sich auch auf das angrenzende, recht ähnliche Oltrepò Pavese in der Lombardei erstreckte. Seine Geschichte geht zurück auf die Ligurer, deren Weinbau unter griechischem Einfluß stand; von den Römern aber stammt der Name Gutturnio (von *gutturnium* – Kanne) für den hochwertigen Rotwein. In sortenreiner Version ist Barbera immer trocken und Bonarda halbtrocken. Die erstaunliche Popularität der Colli Piacentini beruht aber nicht auf den Rotweinen, sondern auf den lebhaften Weißweinen von den aromatischen Malvasia di Candia und Ortrugo.
Trebbianino Val Trebbia und Monterosso Val d'Arda sind die eingeführten Namen; am beliebtesten ist Malvasia allein, mit oder ohne DOC. Fortschrittliche Weingüter wie La Stoppa, Vigevani, Fugazza erzeugen trockene stille Weine von großer Klasse; ihr Beispiel macht aber kaum Schule. Jede Veränderung zu universelleren Stilen hin hätte deshalb mehr mit Prestige als mit wirtschaftlicher Notwendigkeit zu tun.
ZONE: Hänge in den Apenninen-Flußtälern von Tidone, Trebbia, Nure und Arda in der Provinz Piacenza. Es gibt 4 Unterzonen: **Gutturnio** (in 3 Sektoren und 9 Gemeinden im Tidone-, Nure-, Chero- und Arda-Tal); **Monterosso Val d'Arda** (in 6 Gemeinden u. a. Castell'Arquato im Arda-Tal); **Trebbianino Val Trebbia** (in den Gemeinden Bobbio, Coli, Travo, Rivergaro und Gazzola an der Trebbia); **Val Nure** (in den Gemeinden San Giorgio Piacentino, Vigolzone und Ponte dell' Olio im Nure-Tal).
Gutturnio. Rotwein, trocken oder *amabile*, auch *frizzante*. Trauben: Barbera 55–70% und Bonarda (Croatina). E. 78/120; Alk. 12; S. 0,55.
Monterosso Val d'Arda. Weißwein, trocken oder *amabile*, auch *frizzante* oder *spumante*. Trauben: Malvasia di Candia aromatica 30–50%, Trebbiano Romagnolo/Ortrugo 20–35%, Moscato Bianco 10–30%; Bervedino/Sauvignon bis 20%. E. 63/90; Alk. 11; S. 0,55.
Trebbianino Val Trebbia. Weißwein, trocken oder *amabile*, auch *frizzante* und *spumante*. Trauben: Ortrugo 35–50%, Malvasia di Candia aromatica/Moscato Bianco 10–30%, Trebbiano Romagnolo/Sauvignon 15–30%; andere weiße Sorten bis 15%. E. 63/90; Alk. 11; S. 0,5, *spumante* 0,55.
Val Nure. Weißwein, trocken oder *amabile*, auch *frizzante* und *spumante*. Trauben: Malvasia di Candia aromatica 30–50%, Ortrugo 20–35%, Trebbiano Romagnolo 20–35%; andere weiße Sorten bis 15%. E. 70/100; Alk. 11; S. 0,55.
Barbera. Trockener Rotwein, auch *frizzante*. Trauben: Barbera; andere rote Sorten bis 15%. E. 85/130; Alk. 11,5; S. 0,6.
Bonarda. Rotwein, trocken, *amabile* oder *dolce*, auch *frizzante*. Trauben: Bonarda; andere rote Sorten bis 15%. E. 85/130; Alk. 11; S. 0,55.
Malvasia. Weißwein, trocken, *amabile* oder *dolce*, auch *frizzante* und *spumante*. Trauben: Malvasia; andere weiße Sorten bis 15%. E. 84/120; Alk. 10,5; S. 0,55.
Ortrugo. Trockener Weißwein, auch *frizzante* und *spumante*. Trauben: Ortrugo; andere weiße Sorten bis 15%.
Pinot Grigio. Trockener Weißwein, auch *frizzante* und *spumante*. Trauben: Pinot Grigio; andere weiße Sorten bis 15%. E. 63/90; Alk. 11; S. 0,55.
Pinot Nero. Trockener Rotwein, auch *frizzante* und *spumante* (weiß oder rosé). Trauben: Pinot Nero; andere rote Sorten bis 15%. E. 63/90; Alk. 11; S. 0,55.
Sauvignon. Trockener Weißwein, auch *frizzante*. Trauben: Sauvignon; andere weiße Sorten bis 15%. E. 70/100; Alk. 11; S. 0,55.

Colli di Parma (1983)

Die Idee, daß zu dem exquisiten Parmaschinken ein schäumender Weißwein schmeckt, stammt natürlich aus der Heimat des *prosciutto*, der mit Recht berühmter ist als der regionale Wein, obwohl der hiesige Malvasia dem aus den Colli Piacentini in der Finesse nicht nachsteht, und auch hier ist die Nachfrage weit größer als das Angebot. Der *rosso*, der eine gewisse Ähnlichkeit mit Gutturnio aufweist, hat ebenfalls seine Liebhaber. Dagegen ist der Sauvignon recht selten.
ZONE: Die Ausläufer der Apenninen mit den Tälern von Stirone, Taro, Baganza, Parma und Enza mit 14 Gemeinden u. a. Salsomaggiore Terme, Medesano, Collecchio, Sala Baganza, Felino, Langhirano und Traversétolo.
Rosso. Trockener Rotwein, auch *frizzante*. Trauben: Barbera 60–75%, Bonarda (oder Croatina) 25–40%; andere dunkle Sorten bis 15%. E. 70/100; Alk. 11; S. 0,65.
Malvasia. Trockener Weißwein, auch *amabile* und *spumante*. Trauben: Malvasia di Candia aromatica; Moscato Bianco bis 15%. E. 71,5/110; Alk. 10,5; S. 0,6.
Sauvignon. Trockener Weißwein, auch *frizzante*. Trauben: Sauvignon. E. 49/75; Alk. 11,5; S. 0,6.

Bianco di Sandiano (1977)

Der Sauvignon wird hier schon so lange angebaut, daß er den Namen Spergola trägt; er liefert einen einfachen perlenden Wein, der in lieblicher Version verlockender zu sein scheint als in trockener. Ein großer Teil der bescheidenen Erzeugung geht in den Export.
ZONE: Die flachen Hügel und Ebenen am Südrand der Po-Ebene um Scandiano sowie weitere 5 Gemeinden in der Provinz Reggio.
Frizzante. Perlender Weißwein, *secco*, *dolce* oder *amabile*. Trauben:

Sauvignon (Spergola); Malvasia di Candia oder Trebbiano Romagnolo bis 15%. E. 84,5/130; Alk. 10,5 (*amabile* Min. 5,5% sowie Restsüße); S. 0,65.

Spumante. Weißer Schaumwein, *secco, brut* oder *semisecco.* Trauben: wie *frizzante.* E. 84,5/130; Alk. 11; S. 0,65.

Colli Bolognesi – Monte San Pietro/Castelli Medioevali (1975)

Noch vor 10 Jahren waren die Weine aus den Colli Bolognesi selbst in Bologna schwer abzusetzen. Sie waren meist perlend mit einem Hauch Süße und galten deshalb als nachgemachter Lambrusco. Nach und nach kamen die Bologneser aber doch darauf, daß die trockenen stillen Weine von diesen oft steilen Hängen echte Statur haben. Das Verdienst dafür gebührt Enrico Vallania, dessen Weine aus dem Gut Terre Rosse noch zu seinen Lebzeiten den lokalen und nationalen Markt eroberten. Unter den sortenreinen Weinen aus den Colli Bolognesi findet sich der einheimische Pignoletto. Am populärsten ist der ganz ähnliche Riesling Italico, der in der Spätleseversion Elisabetta Vallania von Terre Rosse einiges Format zeigt. Auch Sauvignon, Pinot Bianco und Pinot Grigio bringen stilvolle Weine hervor. Bei den Rotweinen dominiert herzhafter Barbera; die Spitze hält der Cabernet Sauvignon vom Weingut Terre Rosse.

ZONE: Die Ausläufer der Apenninen bei Bologna, von der Zena zum Panaro und südwärts beiderseits am Reno entlang bis Marzabotto mit 13 Gemeinden in der Provinz Bologna sowie Savignano sul Panaro in der Provinz Modena. Der Colli Bolognesi kann nach der historischen Bergstadt «Monte San Pietro» oder nach der Straße von Casalecchio di Reno nach Bazzano «Castelli Medioevali» genannt werden.

Barbera. Trockener Rotwein, auch *riserva.* Trauben: Barbera; Sangiovese bis 15%. E. 84/120; Alk. 11,5, *riserva* 12,5; S. 0,5; A. *riserva* 3 J. (1 J. im Faß).

Bianco. Trockener Weißwein, auch *amabile.* Trauben: Albana 60–80%, Trebbiano Romagnolo Min. 20%; andere weiße Sorten bis 20%. E. 91/130; Alk. 11 (*amabile* Restsüße 4–20 g/l); S. 0,5.

Cabernet Sauvignon. Trockener Rotwein, auch *riserva.* Trauben: Cabernet Sauvignon; Merlot bis 15%. E. 70/100; Alk. 12, *riserva* 12,5; S. 0,45; A. *riserva* 3 J. (1 J. im Faß).

Merlot. Trockener bis halbtrockener Rotwein. Trauben: Merlot; andere dunkle Sorten bis 15%. E. 84/120; Alk. 11,5 (Restsüße Max. 5 g/l); S. 0,5.

Pignoletto. Trockener Weißwein, auch *amabile* und *frizzante.* Trauben: Pignoletto; andere weiße Sorten bis 15%. E. 84/120; Alk. 11 (*amabile* Restsüße 4–20 g/l); A. 0,5.

Pinot Bianco. Trockener bis halbtrockener Weißwein. Trauben: Pinot Bianco; Trebbiano Romagnolo bis 15%. E. 77/110; Alk. 12 (Restsüße Max. 5 g/l); S. 0,45.

Riesling Italico. Trockener bis halbtrockener Weißwein. Trauben: Riesling Italico; Riesling Renano/Trebbiano Romagnolo bis 15%. E. 84/120; Alk. 12 (Restsüße Max. 5 g/l); S. 0,45.

Sauvignon. Trockener bis halbtrockener Weißwein. Trauben: Sauvignon; Trebbiano Romagnolo bis 15%. E. 84/120; Alk. 12 (Restsüße Max. 5 g/l); S. 0,5.

Andere beachtenswerte Weine

Neben den DOC-Versionen werden von allen verfügbaren Traubensorten und nach allen bekannten Methoden *Spumante-* und *Frizzante*-Weine hergestellt. Ferner gibt es beachtliche *vdt* und viele Kuriositäten.

WEINGÜTER/WINZER

Al Pazz, Monteviglio (BO). DOC Colli Bolognesi.

Conte Otto Barattieri, Vigolzone (PC). Guter DOC Colli Piacentini und *vdt* von 40 ha.

Calzetti, San Vitale Baganza (PR). Colli Di Parma Malvasia und Sauvignon.

Cantine Romagnoli, Villò di Vigolzone (PC). Von über 90 ha Rebfläche ein komplettes Programm von DOC Colli Piacentini sowie *vdt* und *spumante.*

Casali, Pratissolo di Scandiano (RE). DOC Bianco di Scandiano und Lambrusco sowie *vdt.*

Fugazza, Ziano Piacentino (PC). Giovanna und Maria Giulia Fugazza produzieren Gutturnio aus Lagen in den Colli Piacentini (s. a. Castello di Luzzano in Oltrepò Pavese).

La Stoppa, Ancarano di Rivargaro (PC). Führendes Gut in den Colli Piacentini im Besitz von Raffaele Pantaleoni. Von 24 ha außer ein wenig DOC-Wein auch guter roter *vdt* La Stoppa und Pantaleoni Brut nach dem Champagnerverfahren.

La Tosa, Vigolzone (PC). Stefano Pizzamiglio produziert in dem aufstrebenden Gut feine Colli Piacentini-Weine.

Alberto Lusignani, Vigoleno di Vernasca (PC). DOC Colli Piacentini, Chardonnay und rarer Vin Santo di Vigoleno.

Malaspina, Bobbio (PC). Colli-Piacentini-Weine und Cabernet von 23 ha.

Giancarlo Molinelli, Ziano Piacentino (PC). Ein Programm von Colli-Piacentini-Weinen, *spumanti* und sogar ein süßer Picolit.

Mossi, Ziano Piacentino (PC). Luigi Mossi produziert feinen Malvasia in einer Auswahl an DOC Colli Piacentini, *vdt* und Schaumweinen.

Pusterla, Vigolo Marchese (PC). Gutturnio und Monterosso DOC Colli Piacentini im Traditionsstil.

Fratelli Rizzi, Castell'Arquato (PC). Guter Monterosso Val d'Arda.

Tenuta Bissera, Monte San Pietro (BO). Bruno Negroni erzeugt guten DOC Colli Bolognesi und *spumante.*

Terre Rosse, Zola Predosa (BO). Enrico Vallania führte in den 60er und 70er Jahren in den Bergen um Bologna trockenen Stillwein ein und bepflanzte 19 ha rötlichen Lehmboden, sogenannte *terra rossa.* Sein Cabernet Sauvignon errang stets große Anerkennung, obwohl er nie im Faß ausgebaut wurde, und sein Chardonnay, Pinot Bianco und Grigio sowie Sauvignon konnten es ohne weiteres mit Weinen aus Venetien aufnehmen. Nun haben seine Witwe Adriana, Sohn Giovanni und Tochter Elisabetta eigene Kreationen hinzugefügt.

Vigevani/Tenuta Castello di Ancarano, Ancarano di Rivergaro (PC). Das Gut der Familie Vigevani in den Colli Piacentini wird vom Lehrstuhl für Weinbau an der Università del Sacro Cuore von Piacenza unter Professor Mario Fregoni beaufsichtigt. Er leitet Experimente auf 25 ha Rebfläche in 5 Parzellen mit Standard-DOC-Rebsorten sowie Chardonnay und Müller-Thurgau. Cabernet Sauvignon und Franc, Malbec und Merlot werden zu stillen und perlenden Rotweinen verschnitten. Kellereinrichtung für avantgardistische Techniken.

Vigneto Bagazzana, Zola Predosa (BO). Carlo Gaggioli erzeugt guten DOC Colli Bolognesi von 7 ha.

Zerioli, Ziano Piacentino (PC). Auf 56 ha führen Arrigo Zerioli und seine Familie mit einer großen Auswahl an DOC Colli Piacentini, *vdt* und Zerioli Brut nach dem Champagnerverfahren eine sehr alte Tradition fort.

GENOSSENSCHAFTEN

Cantina Cooperative Colli di Scandiano, Scandiano (RE). DOC Bianco di Scandiano.

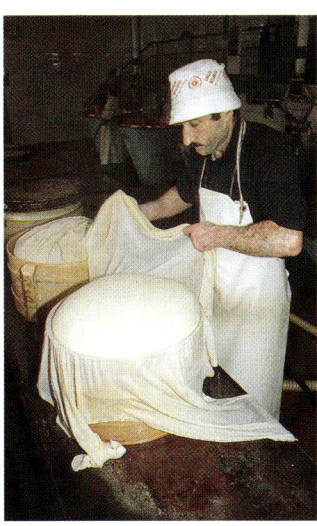

Von links nach rechts: Der berühmteste Käse Italiens ist der Parmigiano Reggiano oder Parmesan, der überall auf die Pasta gerieben wird; in seiner Heimat aber wird er oft zu Würfeln geschnitten und zu Lambrusco oder anderem Wein verzehrt. Die Produktionsmethode für den in einer genau umgrenzten Zone zwischen Parma, Reggio, Modena, Bologna und Mantua in der Lombardei bereiteten echten Parmesan und die zweijährige Reifezeit werden ebenso scharf überwacht wie die Erzeugung eines DOC-Weins.

Weine aus den Ebenen der Romagna

Die meisten Erzeuger im Flachland um Ravenna und Ferrara begnügen sich damit, Trauben für Verschnittweine und Branntwein zu produzieren. Das trockengelegte Marschland an der Comacchio-Lagune war früher dichter Wald (*bosco*). Der Rotwein von Fortana-Reben, der an seinem Rand wuchs, war damals recht beliebt. Nun sind Wald und Wein so gut wie verschwunden, doch die Legende gab Anlaß zur Schaffung einer bescheidenen DOC namens Bosco Eliceo. In den Ebenen wächst auch viel DOC Trebbiano di Romagna. Da die Zone sich aber in die Apenninen hinein erstreckt, wird sie bei den Bergen der Romagna näher besprochen.

Bosco Eliceo oder Bosco (1989)

Der fruchtige Rotwein von der Fortana- (oder Uva- d'Oro-)Traube hat einen herben Biß und schmeckt deshalb ausgezeichnet zu Aal aus der Comacchio-Lagune. Der Merlot scheint in dieser Küstenlandschaft fehl am Platz, doch Sauvignon Blanc bewährt sich vielleicht besser als der ortsübliche Bianco.
ZONE: Dünen und Marschland an der Adriaküste zwischen Po und Ravenna; Produktionsschwerpunkt sind Bosco della Mésola und die Lagunen Bertuzzi und Comacchio mit 6 Gemeinden in der Provinz Ferrara und 2 in der Provinz Ravenna.
Bianco. Trockener Weißwein, auch *frizzante* oder *vivace, abboccato* oder *amabile.* Trauben: Trebbiano Romagnolo; Sauvignon/Malvasia di Candia bis 30%. E. 105/150; Alk. 10,5; S. 0,6.
Fortana. Trockener Rotwein, auch *frizzante* oder *vivace, abboccato* oder *amabile.* Trauben: Fortana; andere dunkle Sorten bis 15%. E. 105/150; Alk. 10,5; S. 0,6.
Merlot. Trockener Rotwein, auch *vivave.* Trauben: Merlot; andere dunkle Sorten bis 15%. E. 105/150; Alk. 10,5; S. 0,5.
Sauvignon. Trockener Weißwein, auch *frizzante* oder *vivace, abboccato* oder *amabile.* Trauben: Sauvignon; andere weiße Sorten bis 15%. E. 105/150; Alk. 11; S. 0,6.

Weine aus den Bergen der Romagna

Die Romagnolen sind stolz auf die Erzeugnisse ihrer Heimat. Die traditionellen Weine aus den Bergen – kräftiger Sangiovese und matter Albana – waren meist gefällig, doch kaum jemand, der von weiter herkam als Bologna oder Rimini, verfiel darüber in Verzückung. In letzter Zeit allerdings hat sich durch bessere Techniken und die Nutzung höherer Lagen, wo bei kleineren Erträgen Weine mit mehr Kraft, Duft und Anmut entstehen, einiges getan. Der Sangiovese hat zwar mehr zu bieten als der Albana; dennoch hat sich der Ente Tutela Vini Romagnoli hinter den Weißwein gestellt und ihm allem anfänglichen Spott zum Trotz die DOCG erkämpft. Zur allgemeinen Verwunderung übernahm 1987 der höchstens als gefällig beurteilte Albana gewissermaßen das Banner des italienischen Weißweins. Das Verdienst dafür gebührt dem Konsortium, das als Symbol den Passatore, einen bärtigen Briganten aus dem 19. Jh. führt, der schon damals der Obrigkeit zu schaffen machte. Die Romagnolen, denen man höchstens Übereifer vorwerfen kann, sehen in der Erhebung ihres Albana einen wichtigen Schritt zu höherem Prestige – und Umsatz – für alle ihre Weine, einschließlich Sangiovese und Trebbiano, insbesondere auch für die neuen DOC-Weine Cagnina und Pagadebit di Romagna. Auch soll die Romagna zu einem Schwerpunkt des Weintourismus werden, wozu die Weinstraßen durch die DOC-Zonen und die Vinotheken beitragen. Der exklusive Club Viticoltori di Romagna zeichnet die Gutsweine seiner Mitglieder mit einem Etikett am Flaschenhals aus.

Albana di Romagna (DOCG 1987)

Die DOC Albana di Romagna (1967) gilt jetzt nur noch für Schaumwein. Trotz dem neuen Status für den Albana lassen Legenden vermuten, daß seine ferne Vergangenheit großartiger war als die jüngere. So wird erzählt, der Albana habe Galla Placidia, der Tochter eines römischen Imperators im 5. Jh., den Ausruf entlockt: «Berti in oro!» («Aus Gold möchte ich dich trinken») – wodurch der Weinort Bertinoro zu seinem Namen kam. Zuverlässigeren Bericht haben wir aus dem späten Mittelalter, als Pier de' Crescenzi ihn als «sehr stark und mit edlem Geschmack, wohl geeignet für lange Aufbewahrung und dabei recht subtil» beschrieb. Bertinoro ist noch heute der Mittelpunkt, wenn es auch in den Bergen zwischen Imola und Cesena noch andere gute Lagen gibt. Bis noch vor kurzem hatte jeder *contadino* sein Fleckchen Aibàna für einen leicht lieblichen und perlenden Erfrischungstrunk an Sommerabenden. Moderne Techniken haben dem ein Ende gesetzt. Die DOCG verlangt von den Albana-Erzeugern, endlich zu zeigen, was in ihrem Wein steckt. Bisher ist noch wenig Erfolg zu sehen, vielleicht weil die Optionen allzu weitgefaßt sind. Trockene Versionen sind selten bemerkenswert. Sie haben bestenfalls einen angenehmen Pfirsichduft und sanfte Frucht auf der Zunge, die in einen vagen Nachgeschmack von gebrannten Mandeln übergeht; schlimmstenfalls sind sie flach mit aufdringlichem Marzipangeschmack. Der Oxidationsanfälligkeit wird durch Kaltbehandlung entgegengewirkt. Die spät reifende Sorte mit ihren großen, goldenen Trauben wird ihrer Süße wegen oft als «Zuckerfabrik» bezeichnet. Der zulässige Ertrag von 91 hl/ha scheint hoch gegriffen, doch die Pflanze verträgt scharfen Rückschnitt nicht. Als beste Variante ist Albana Gentile bekannt, aber die Fachleute haben den Klon L19 als besonders aussichtsreich ermittelt. Großen Einfluß auf die Qualität hat die Lage. Größere Höhen begünstigen kleinere Erträge und langsame Reife und damit harmonischen Ausdruck des Aromas. Eine gewisse Süße scheint der Art des Albana am meisten entgegenzukommen. De Crescenzis Wort vom «recht subtilen» Albana paßt am besten auf leicht liebliche stille oder perlende Versionen von heute, weniger dagegen auf den Schaumwein. Eine Offenbarung ist die wundervoll samtige *passita* der Fattoria Zerbina aus Lagen bei Marzeno Faenza, wo der Herbstnebel Edelfäule hervorruft. Der Wein namens Scaccomatto bricht mit der Tradition, denn er wird auf der Hefe vergoren und in kleinen Fässern ausgebaut. Dieser nach Edelfäule duftende Albana ist es garantiert wert, aus Gold getrunken zu werden.
ZONE: Die Berge, von der Via Emilia in den Ausläufern der Apenninen zwischen Ozzano dell'Emilia am Rand von Bologna südostwärts bis Savignano sul Rubicone bei Rimini, mit 21 weiteren Gemeinden in den Provinzen Bologna, Ravenna und Forlì. Bertinoro und die Berge bei Forlì sind für Albana *amabile* bekannt; *secco* ist westlich davon bis Dozza verbreitet. Traube: Albana.
Secco. Trockener Weißwein, auch *spumante*.* E. 91/140; Alk. 11,5; S. 0,5.
Amabile. Lieblicher Weißwein, auch *spumante*.* E. 91/140; Alk. 12 (Restsüße 12–45 g/l); S. 0,5.
Dolce. Süßer Weißwein. E. 91/140; Alk. 12 (Restsüße 45–80 g/l). S. 0,5.
Passita. Lieblich bis süß, gold- bis bernsteinfarben. E. 70/140; Alk. 15,5 (Restsüße Min. 15 g/l). S. 0,45; A. 6 Mte.

* Schaumwein-Versionen von *secco* und *amabile* dürfen als DOC, jedoch nicht als DOCG bezeichnet werden.

In den Hügeln über Parma herrscht ein mildes Klima, das ideale Voraussetzungen für den luftgetrockneten Parmaschinken bietet. Der Prosciutto di Parma reift nämlich mindestens ein Jahr in einem gut durchlüfteten Raum. In hauchdünne Scheiben geschnitten, gibt er dann mit Melonen oder Feigen ein antipasto *ab, dessen Krönung ein Glas perlender, lieblicher Malvasia aus den Colli di Parma bildet.*

ZONE: Die Berge von Bologna südostwärts bis fast zur Grenze der Marken, mit 42 Gemeinden in den Provinzen Bologna, Ravenna und Forlì. *Superiore* gilt für Weine mit einem Alkoholgehalt von min. 12% aus einem großen Teil der DOC-Zone unter Ausschluß der Ebenen nördlich der Via Emilia und der oberen Apenninen-Höhen. Trockener Rotwein, auch *superiore* und *riserva*. Traube: Sangiovese. E. 71,5/110; Alk. 11,5, *superiore* 12; S. 0,5; A. 6 Mte, *riserva* 2 J.

Trebbiano di Romagna (1973)

Während der Albana nach Höherem strebt, bleibt der Trebbiano mehr denn je der Alltagsweißwein der Romagna. Die wenigen Weine aus den Bergen haben neben der säuerlichen Frische auch einen Anflug von Blumen und Frucht. Für den Trebbiano aus der Ebene spricht seine Sauberkeit und Unaufdringlichkeit. ZONE: Ein weiter Bereich von den Vorbergen der Apenninen bis in die Po-Ebene nördlich von Lugo, mit 54 Gemeinden in den Provinzen Bologna, Forlì und Ravenna, einschließlich der Isola di Savarna in der Gemarkung Ravenna. Trockener Weißwein, bzw. trockener, lieblicher oder süßer Schaumwein. Traube: Trebbiano Romagnolo. E. 84/140; Alk. 11,5; S. 0,5.

Cagnina di Romagna (1989)

Die Wiederbelebung dieses lieblichen, violetten bis purpurroten Weins ist lebendiger Frische und sauberer Herbheit zu verdanken, die sich am besten innerhalb einiger Monate nach der Lese zeigen. Die Cagnina-Traube ist dieselbe wie der Terrano-Klon von Refosco in Friaul, fällt in der Romagna aber wärmer und voller in der Art aus. ZONE: Die Berge und Ebenen beiderseits der Via Emilia zwischen Castel Bolognese und dem Rubicone, mit 16 Gemeinden in der Provinz Forlì und 5 in der Provinz Ravenna. Lieblicher bis süßer Rotwein. Trauben: Cagnina (Terrano/Refosco); andere Sorten bis 15%. E. 84,5/130; Alk. 11 (Restsüße Min. 40 g/l); S. 0,5.

Sangiovese di Romagna (1967)

Der wackere Rotwein aus der Romagna besetzt die Klassen vom Mittelgewicht abwärts, doch selbst seine Federgewichte schlagen noch herb zu. Früher war die Domäne des Lokalfavoriten eher Kraft als Stil, doch neuerdings zeigen manche Flaschen, daß die Toskana kein Monopol auf anmutigen Sangiovese besitzt. Der *superiore* umfaßt einen zu großen Bereich für eine eindeutige Aussage, denn in ihn fallen 5 eigenständige Berggegenden bei Cesena, Faenza, Forlì, Imola und Rimini. Jede hat ihre sogenannten *rocche* (Weinorte). Die Rocche Forlivesi – Bertinoro, Predappio, Civitella, Meldola und Castrocaro – zeichnen sich durch tief rubinroten, kraftvollen und haltbaren «Sanzves» aus, an der Spitze der Einzellagenwein Vigna delle Lepri der Fattoria Paradiso. Die Rocche Faentini – Castelbolognese, Faenza, Brisighella und Modigliana – erweisen sich als fast ebenso wuchtig und stilvoll, wie die Weine der Fattoria Zerbina und von Ferrucci zeigen. Die Rocche Cesenati – Savignano und Mercato Saraceno – liefern Weine von ausgewogener Feinheit, vorbildlich vertreten durch den Rocca di Ribano von Spalletti. Imola und Rimini sind für leichteren, gefälligeren Wein bekannt. Die Weinstraßen der Romagna führen zu vier Sangiovese-Arten – *allegro, gentile, forte* und *nobile* (s. S. 170).

Die Piazza in Bologna, der Hauptstadt der Emilia-Romagna.

Pagadebit di Romagna (1989)

In der trockenen Version kann der sanfte Weißwein ebensoviel Klasse aufweisen wie der Albana, hat dabei aber als Gegengewicht zum Mandelgeschmack mehr Frucht. Der *amabile* ist so delikat, daß er als Aperitif geeignet ist. Bertinoro, die traditionelle Heimat des Pagadebit, gilt als besondere *denominazione*.

ZONE: Das Hügelland südlich der Via Emilia von Imola südostwärts bis Cattolica an der Grenze der Marken, mit 24 Gemeinden in der Provinz Forlì und 5 in der Provinz Ravenna. Wein aus Bertinoro mit min. 11,5% Alkohol darf den Ortsnamen auf dem Etikett führen. Trauben: Pagadebit (Bombino Bianco); andere weiße Sorten bis 15%.

Secco. Trockener Weißwein, auch *frizzante*. E. 98/140; Alk. 10,5, Bertinoro 11,5; S. 0,45, Bertinoro 0,5.

Amabile. Lieblicher Weißwein, auch *frizzante*. E. 98/140; Alk. 11, Bertinoro 11,5 (Restsüße jeweils 40 g/l); S. 0,45, Bertinoro 0,5.

Andere beachtenswerte Weine

Jedes Weingut bietet mindestens einen besonderen und stets originellen *vdt*. Vorbildliche Beispiele sind Barbarossa von Fattoria Paradiso, Marzeno di Marzeno und Vicchio von Fattoria Zerbina, Domus Caia von Ferrucci, Liano und Malise von Cesari, Calbanesco von Le Calbane, Borgo dei Guidi von Podere dal Nespoli sowie Rosso della Trafila von Casetta dei Frati. Die Romagna ist auch eine bedeutende Quelle für manchmal sehr guten *vino novello*. Die vielen einfachen *vdt* und *frizzanti* bilden eine unüberschaubare, wachsende Menge.

WEINGÜTER/WINZER

Camerone, Castelbolognese (RA). Von 18 ha in Biancanigo erzeugt Giuseppe Marabini eine gute Auswahl an DOC- und Schaumwein der Romagna.

Casetta dei Frati, Modigliana (FO). Guter Sangiovese superiore und der einzigartige Rosso della Trafila von einer unbekannten Rebsorte in einer 10-ha-Lage.

Casetto dei Mandorli, Predappio Alta (FO). Gute Auswahl an Romagna-DOC-Weinen, u. a. Sangiovese Superiore und Cagnina.

Castelluccio, Modigliana (FO). Gianmatteo Baldi erzeugte mit die feinsten Weine der Romagna, bis er sein Weingut schloß. Was von seinen roten Einzellagen-*vdt* Ronco Casone, Ronco dei Ciliegi und Ronco delle Ginestre sowie vom Sauvignon Blanc Ronco del Re noch übrig ist, hat Sammlerwert.

Cesari, Castel San Pietro Terme (BO). Umberto Cesari nutzt den Ertrag aus seinen Besitzungen Paroline und La Macolina (60 ha) sowie zugekaufte Trauben zur Bereitung seiner vorzüglichen Romagna-DOC-Weine, *vdt* und *spumanti*. Neuerdings hat er ein signiertes Programm, bestehend aus Albana Colle del Re und rotem *vdt* Liano sowie weißem Malise — einer Mischung dieser seltenen Traubensorte mit Chardonnay,

Brisighella mit seiner Burg liegt in einem Tal, dessen Mikroklima für die Weinrebe geradezu geschaffen scheint.

Pignoletto und Trebbiano –, herausgebracht.

Colombina, Bertinoro (FO). Romagna-DOC-Weine.

Fratelli Conti, Faenza (RA). Romagna-DOC-Weine und *spumanti*.

Fattoria Paradiso, Bertinoro (FO). Mario und Rina Pezzi haben die geistige Führung bei der allmählichen Wiederbelebung der DOC-Weine und *vdt* in der Romagna inne. Aus insgesamt 18 ha Einzellagen erzeugen sie u. a. mustergültigen Sangiovese Superiore Vigna delle Lepri und Albana, trocken und *amabile*.

Fattoria Zerbina, Marzeno Faenza (RA). Vincenzo Geminiani und Tochter Cristina bringen unter Anleitung des Önologen Vittorio Fiore von alten und neuen Rebsorten Weine hervor, die zu neuartigen Qualitätskonzeptionen in der Romagna beitragen können. Ihr 87er Albana Passita zeigt Dimensionen, wie sie aus dieser DOCG bisher unbekannt waren.

Stefano Ferrucci, Castelbolognese (RA). Von 12 ha Rebgelände um Domus Caia, die restaurierte römische Wachstation, jetzt Mittelpunkt des Weinguts, schafft Ferrucci Weine mit Stil und Originalität.

Guarini Matteucci, Forlì. Volles Programm an Romagna-DOC, *vdt* und *spumante*.

Le Calbane, Meldola (FO). Cesare Raggi produziert guten Sangiovese Superiore, doch sein Stolz ist ein *vdt*, der dunkle, warme Calbanesco.

Roberta Nanni, Rimini (FO). Romagna-DOC-Weine.

Nicolucci, Predappio (FO). Sangiovese di Predappio *vdt*.

Pasolini Dall'Onda, Imola (BO). Saubere Romagna-DOC-Weine von 30 ha in Montericco, Quelle eines feinen halbsüßen *vdt* Albana Villa Montericco.

Picchi, San Colombano di Meldola (FO). Romagna-DOC-Weine.

Podere dal Nespoli, Civitella di Romagna (FO). Feiner Sangiovese Superiore und Trebbiano aus der Lage Vigna del Prugneto.

San Patrignano, Ospedaletto di Coriano (FO). Junge Leute in einem Zentrum für Drogenrehabilitation produzieren guten Sangiovese Superiore und Trebbiano sowie *vdt* und *spumanti* von 45 ha.

Spalletti – Tenuta di Savignano, Savignano sul Rubicone (FO). Die Familie Colonna Spalletti ist ständig

Spitzenerzeuger von Sangiovese Superiore von 36 ha.

Tenuta Amalia, Villa Verrucchio (FO). Guter Sangiovese Superiore und *vdt* von 60 ha.

Tenuta del Monsignore, San Giovanni in Marignano (FO). Romagna-DOC-Weine und *vdt* von 25 ha.

Tre Monti, Imola (BO). Unter dem Etikett Tarsallo guter Albana (20 ha).

Treré, Faenza (RA). Romagna-DOC-Weine und *vdt* von 23 ha.

Villa I Raggi, Predappio Alta (FO). Sangiovese Superiore.

WEIN- UND HANDELS-HÄUSER

Carla Foschi, Cesena (FO). Feiner Sangiovese Superiore.

Samorì, Bertinoro (FO). Vielversprechendes neues Haus mit Romagna-DOC-Weinen aus der Gegend.

Luciano Tamburini, Santarcangelo di Romagna (FO). Romagna-DOC-Weine.

GENOSSENSCHAFTEN

Corovin, Forlì. Das Genossenschaftskonsortium der Romagna verfügt über ungeheure Reserven an DOC, *vdt* und Schaumweinen aus ihren Kellereien, die von 35 000 Mitgliedern beliefert werden.

CS di Forlì, Forlì. Bemerkenswerter DOC Sangiovese Superiore.

Cantina Produttori Predappio, Predappio (FO) Sangiovese Superiore.

CS Ronco, Ronco (FO). Große Produktion an Romagna-DOC-Weinen, u. a. aus Einzellagen, sowie *vdt*.

Reise-Informationen

RESTAURANTS/HOTELS

Gigiolè, 48013 Brisighella (RA). Tel. (0546) 8 12 09. Tarcisio Raccagnis Talente haben das Gasthaus in Brisighella bekannt gemacht. Es lohnt sich, über Nacht zu bleiben und am nächsten Tag Küche und Wein in La Grotta, im Besitz seines Bruders Nerio, Tel. (0546) 8 18 29, zu probieren.

La Frasca, 47011 Castrocaro Terme (FO). Tel. (0543) 76 74 71. Gianfranco Bolognesi als führende Autorität im Weinbau der Romagna wählt ebenso geschickt unter anderen Weinen Italiens und Frankreichs die richtigen Begleiter zu den inspirierten Variationen der klassischen Romagnoler Küche und kreativer Fischgerichte, die seine Frau Bruna zuzubereiten versteht.

Picci, 42025 Cavriago (RE). Tel. (0522) 5 72 01. Raffaele Piccirilli erzielt mit Pilzen, Trüffeln, *aceto balsamico* und Wein interessante Effekte in der Küche von Reggio.

Villa Maria Luigia-di Ceci, 43044 Collecchio (PR), Tel. (0521) 80 54 89. Spezialitäten aus Parma mit Schinken aus Collecchio und Wein von den Berghängen ringsum, im schattigen Garten einer Villa serviert.

San Domenico, 40026 Imola (BO). Tel. (0542) 2 90 00. Gian Luigi Morini und Küchenchef Valentino Marcattilii haben eines der meistbe-

wunderten Restaurants mit Weinkeller in Italien geschaffen.

Fini, Rua Frati Minori 54, 41100 Modena. Tel. (059) 22 33 14. Ein Stützpfeiler der Gastronomie in der Hauptstadt des Lambrusco.

Ristorante della Piazza, 29029 Rivergaro (PC). Tel. (0523) 95 81 55. Echte einheimische Küche von Giuseppina, die sich auf köstliche Pasta versteht, und Ratschläge von Germano, der sich mit Wein aus den Colli Piacentini auskennt.

Osteria di Rubbiara, 41015 Rubbiara (MO). Tel. (059) 54 90 19. Italo Pedroni und seine Familie bereiten erstklassige Pasta und besten *aceto balsamico* in ihrem Landgasthaus mitten in den Lambrusco-Weinbergen.

Al Portone, 42019 Scandiano (RE). Tel. (0522) 85 59 85. Verfeinerte ländliche Küche und dazu guter Wein, nicht nur Lambrusco.

Locanda della Colonna, 40020 Tossignano (BO). Tel. (0542) 9 10 06. Interessante Kombinationen alter und neuer Gerichte und reichhaltige Weinkarte.

Weinberg in den Apenninen-Ausläufern in der Romagna; im Hintergrund Brisighella.

SEHENSWERTES

Die Via Emilia verläuft ganz in der Nähe der meisten DOC-Zonen in der Region. Allerdings hat man auf weniger stark verstopften Straßen mehr Muße, die Landschaft zu betrachten. Lambrusco wächst fast nur in der Ebene auf Weinfeldern, die eher Obstbaumplantagen ähneln. In den Zonen Sorbara, Castelvetro und Santa Croce gibt es markierte Straßen. Die schönsten Weinberge finden sich in den Hügeln.

Die Berge der Emilia. In den Colli Piacentini trifft man im Val Tidone höchst intensiv bewirtschaftete Weinberge an; die Täler von Arda und Trebbia sind sehr malerisch. In der schönen mittelalterlichen Stadt Castell'Arquato stehen in der *enoteca* die Weine der Gegend zum Probieren bereit. Parmas Oper ist durch Namen wie Verdi und Toscanini berühmt geworden, aber auch schöne Villen und Schinken, Salami und Parmesankäse haben zum Ruhm der Stadt beigetragen. Die Dörfer in den

Bergen südlich von Reggio, Modena und Bologna bieten einen erholsamen Kontrast zur Betriebsamkeit der Städte.

Die Berge der Romagna. Die gastfreundlichen Romagnolen lieben Wein, Essen, Musik und Fröhlichkeit. Der Ente Tutela Vini Romagnoli hat ein System von Weinstraßen und Vinotheken geschaffen, wie es außer in Piemont keines mehr in Italien gibt. Die markierten Routen sind jeweils unter ein Thema gestellt: Albana Amabile (um Bertinoro und Forlì); Albana Secca (zwischen Forlì und Dozza); Sangiovese Allegro (zwischen Faenza und Dozza); Sangiovese Forte (durch die Berge über Forlì); Sangiovese Nobile (von Forlimpopoli bis Savignano sul Rubicone); Sangiovese Gentile (von Sant'Arcangelo über San Marino nach Cattolica). Die größte Weinausstellung in der Emilia-Romagna befindet sich in der Enoteca Regionale im Schloß von Dozza.

Die Weine von San Marino

Die meisten Weinerzeuger San Marinos (60 km^2) gehören dem Consorzio Vini Tipici di San Marino an, in dessen moderner Kellerei der Önologieberater Vittorio Fiore die Produktion eines großen Teils der jährlich rund 20 000 hl Wein von 225 ha Rebfläche leitet. Nur das Consorzio darf nach Genehmigung durch eine staatliche Prüfungskommission die *vini a identificazione di origine* von San Marino mit den Sortennamen Sangiovese, Biancale und Moscato herausbringen. Sangiovese in drei Versionen bildet das Rückgrat: ein einfacher Rotwein, ein *superiore* und ein *rosato*. Die Lokalsorte Biancale di Rimini ist eine bessere Art von Trebbiano. Der Schwerpunkt liegt jedoch hauptsächlich auf süßem, perlendem Moscato; Experimente mit fremden Rebsorten wie Pinot und Chardonnay sind im Gang. Im Lauf der letzten 10 Jahre hat sich die Qualität soweit gebessert, daß sie es mit den angrenzenden DOC-Weinen in der Romagna und den Marken aufnehmen kann. Der Wein von San Marino scheint in den Normalflaschen (die weitgehend die traditionellen Großflaschen verdrängt haben) besseren Anklang als früher zu finden, denn er ist inzwischen zum Hauptexportartikel nach vielen Ländern Europas und sogar nach Japan geworden. Der größte Teil jedoch gelangt nur bis an die Badestrände der Adria, die vom zackigen Gipfel des Monte Titano aus zu sehen sind.

Marken (Marche)

Hauptstadt: Ancona
Provinzen: Ancona (AN), Ascoli Piceno (AP), Macerata (MC), Pesaro e
Urbino (PS)
Fläche: 9694 km² (15.)
Bevölkerung: 1 426 000 (13)

Das Wort sanft scheint für die Marken geradezu erfunden zu sein, denn kein anderes beschreibt die Landschaft, das Klima, den Lebensrhythmus treffender. Auch für den Wein gilt es, obwohl nun freilich die Ansicht, der populäre Verdicchio sei nichts weiter als zahm, durch das Hervortreten eines lang verborgenen Wesenszugs, den man eher vornehm nennen darf, in Frage gestellt wird. Auch der Rosso Cònero scheint in einer Metamorphose begriffen, doch ist sein Umfang so gering, daß er kaum je als regionaler oder gar nationaler Wein weithin in Erscheinung tritt.

Aber selbst die Alltagsweine hier zeigen eine Klasse, die über ihre Preisklasse hinausgeht. Wahrscheinlich ist es kein Zufall, daß die Marchigiani, die je Kopf mehr Wein trinken als andere Italiener, um einiges länger leben, wenn auch freilich noch andere Gründe hinter ihrer strotzenden Gesundheit stecken mögen. Das Wetter ist oft angenehm in diesen stillen Hügeln, und selbst wenn es regnet oder schneit, trocknet eine Brise von der Adria oder aus den Apenninen alles bald wieder. Die Küche, ausgeglichen zwischen Produkten des Landes und des Meeres, behandelt alles mit mediterranem Geschick. Überhaupt ist das Tempo des Lebens hier gemächlich, aber am wichtigsten ist, wie man von alten Leuten immer wieder hört, die regelmäßige Dosis *vino*, die Leib und Seele zusammenhält.

Wann die Ureinwohner der Marken zum ersten Mal Wein bereiteten, ist nicht bekannt. Fossile Reste von *Vitis vinifera* aus der Eisenzeit sind um Ascoli Piceno gefunden worden. Eine Landwirtschaft im etruskischen Stil blühte hier vor der Eroberung durch die Römer im 3. Jh. v. Chr. Vorher hatten die gallischen Senonen das Gebiet nördlich des Esino besiedelt, und die Picenter beherrschten den Süden. Die Römer liebten den Wein von Picenum, vor allem den Praetutier aus den südlichen Marken und den nördlichen Abruzzen, und staunten über die Fruchtbarkeit des kreidehaltigen Lehmbodens. Die Griechen siedelten in einem günstigen natürlichen Hafen, dort wo heute die Hauptstadt Ancona liegt. Sie transportierten Wein in irdenen Amphoren, deren Form später die Flasche inspirierte, die den Verdicchio berühmt machte.

Eine sehr alte Verdicchio-Legende rankt sich um den Westgotenkönig Alarich, der im 4. Jh. sein Heer mit diesem Wein für den Zug gegen Rom gestärkt haben soll. Glaubwürdiger sind da schon Berichte aus dem 14. Jh., als die mit dem Namen *marche* bezeichneten Feudalherrschaften in das Heilige Römische Reich eingegliedert wurden.

Im Lauf der Jahrhunderte zog der Verdicchio vor allem Lob als ein guter Wein zu Fisch auf sich, eine internationale Wirkung aber erzielte er erst in den 1950er Jahren, als Fazi-Battaglia – noch heute der Marktführer – die grüne Amphore mit der Schriftrolle am Hals einführte. Diese charakteristische Flasche wurde neben flackernden Kerzen auf karierten Tischdecken und von der Decke baumelnden Fischernetzen bald festes Inventar in italienischen Restaurants überall auf der Welt.

Gegen Ende der 70er Jahr aber lehnten seriöse Weintrinker die Amphore so entschieden ab wie die Chianti-Flasche. Die Umsätze fielen, die Überschüsse stiegen. Es war nun verdienstvoll von den führenden Erzeugern, daß sie nicht versuchten, den Absatz zu steigern, sondern die Qualität zu verbessern. Manchen gelang das sehr gut, und bald war nicht mehr zu übersehen, daß Mittelitalien eine eigene, wahrhaft edle weiße Rebsorte besitzt. Heute bieten alle gro-ßen und viele kleinen Weingüter Verdicchio in Normalflaschen an. Seine Qualität ist so beständig gestiegen, daß selbst der Verdicchio, der noch in Amphorenflaschen verkauft wird, eine Stufe über den populären Weißweinen Italiens steht.

Der Wiederaufstieg des Verdicchio hat den am Anfang der 80er Jahre ins Wanken geratenen Weinbau wieder gefestigt. Während aber die Weißweine der Region sich gefangen haben, sind die Rotweine merklich im Niedergang. Der im Rosso Piceno besonders deutlich vorherrschende Sangiovese erlangt in den Marken keinen besonderen Stil. Der Montepulciano, die Grundlage des oft superben Rosso Cònero, ist nicht ertragreich genug.

Aggressives Marketing könnte vielleicht eine Wende bringen, aber das liegt den Leuten dort nicht. Vielleicht ist es auch besser so, weil sie ihren guten Wein auf diese Weise selbst trinken und sich mit ihm gesund erhalten können.

Der Weinbau in den Marken

Der scheinbar vorherrschende Verdicchio beansprucht doch nur 10% der Rebfläche in der Region. Die Rotweintrauben Sangiovese und Montepulciano und die Weißweintraube Trebbiano Toscano werden weit stärker angebaut. Im zentralen Hügelland zwischen Jesi und Matelica gewinnt der Verdicchio jedoch mit besseren Klonen an Boden.

Die wachsende Vorliebe für Weißwein begünstigt nicht nur Verdicchio und den unvermeidlichen Trebbiano, sondern ebenso Biancame (auch als Bianchello oder Passerina bekannt). Wie an anderen Stellen Mittelitaliens wird ferner die weiße Malvasia angebaut. Außerdem fördern die Regionalbehörden den Anbau von Pinot Bianco und Grigio sowie der noch nicht zugelassenen Sorten Chardonnay und Sauvignon. Dagegen fallen die roten Sorten Sangiovese und der ertragsschwächere Montepulciano zurück.

Die Rebenerziehung erfolgt fast ausschließlich im *Doppio-capovolto*-System, das dem Verdicchio entgegenkommt. Der in den Castelli di Jesi mit 105 hl/ha angesetzte zulässige Ertrag wird zwar als zu hoch kritisiert, die Fachleute erkennen aber an, daß eine Beschränkung unter 85–90 hl/ha undurchführbar ist, weil zu scharfer Rückschnitt beim Verdicchio zu übermäßigem Laubtrieb und Beerenabstoßung führt. Die folgenden Rebsorten sind vorwiegend in den Marken beheimatet:

Bianchello. Lokalname der Biancame in der DOC Bianchello del Metauro.

Incrocio Bruni 54. Kreuzung zwischen Verdicchio und Sauvignon, sparsam verwendet, da kaum mit den guten Eigenschaften beider Sorten.

Lacrima (di Morro). Die dunkle Traube wird für Aleatico gehalten, aber die Herkunft ist ungewiß. In den Marken wird sie seit dem 18. Jh. angebaut und liefert heute den fragilen DOC-Wein Lacrima di Morro d'Alba. Auch als Galloppo oder Gallioppa bekannt.

Maceratino. Im Schwinden begriffene Sorte, vielleicht zur Greco-Familie gehörig oder ein Klon von Verdicchio, wird als Mischungsbestandteil im DOC Bianco dei Colli Maceratesi verwendet.

Passerina. Synonym für Biancame in den Marken, der Romagna und Latium. Spielt eine Rolle in den DOC Falerio dei Colli Ascolani und Rosso Piceno.

Pecorino. Zurückgehende Sorte, die mit schöner Säure und Frucht früher schmackhafte Weißweine lieferte, heute aber nur noch im Rezept für DOC Falerio dei Colli Ascolani eine kleine Rolle spielt. Wird auch in den Abruzzen sowie in Umbrien und Latium angebaut.

Verdicchio. Das runde Dutzend Varianten der alten Sorte scheint direkt von der antiken Greco-Trebbiano-Familie abzustammen. Heute wird der Verdicchio Bianco mit seinen Klonen trotz Anfälligkeit für Krankheiten erfolgreich in den Marken und dort vorwiegend in den Zonen Castelli di Jesi und Matelica angebaut. Durch Klonauswahl scheint Qualitätsverbessserung gesichert. Verwandtschaft besteht offenbar zwischen dem Verdicchio und dem Trebbiano in Lugana (Lombardei) und Soave (Veneto).

Vernaccia di Serrapetrona oder **Vernaccia Nera.** Früher als Quelle perlender Rotweine in der Provinz Macerata beliebt, heute nur noch als Kuriosität in Serrapetrona mit eigener DOC erhalten.

Sonstige Rebsorten: Neben Barbera und Merlot werden Cabernet Sauvignon, Chardonnay oder Sauvignon Blanc immer beliebter. Weitere in den Marken empfohlene oder zugelassene Rebsorten:

Für Rot- oder Roséwein: Aleatico, Alicante, Cabernet Franc, Canaiolo Nero, Carignano, Ciliegiolo, Gaglioppo, Maiolica, Pinot Nero.

Für Weißwein: Albana, Bombino Bianco, Grechetto, Malvasia Bianca di Candia, Malvasia Toscana oder Chianti, Montonico oder Mantonico Bianco, Mostosa, Pinot Bianco, Pinot Grigio, Riesling Italico, Tocai Friulano, Vermentino.

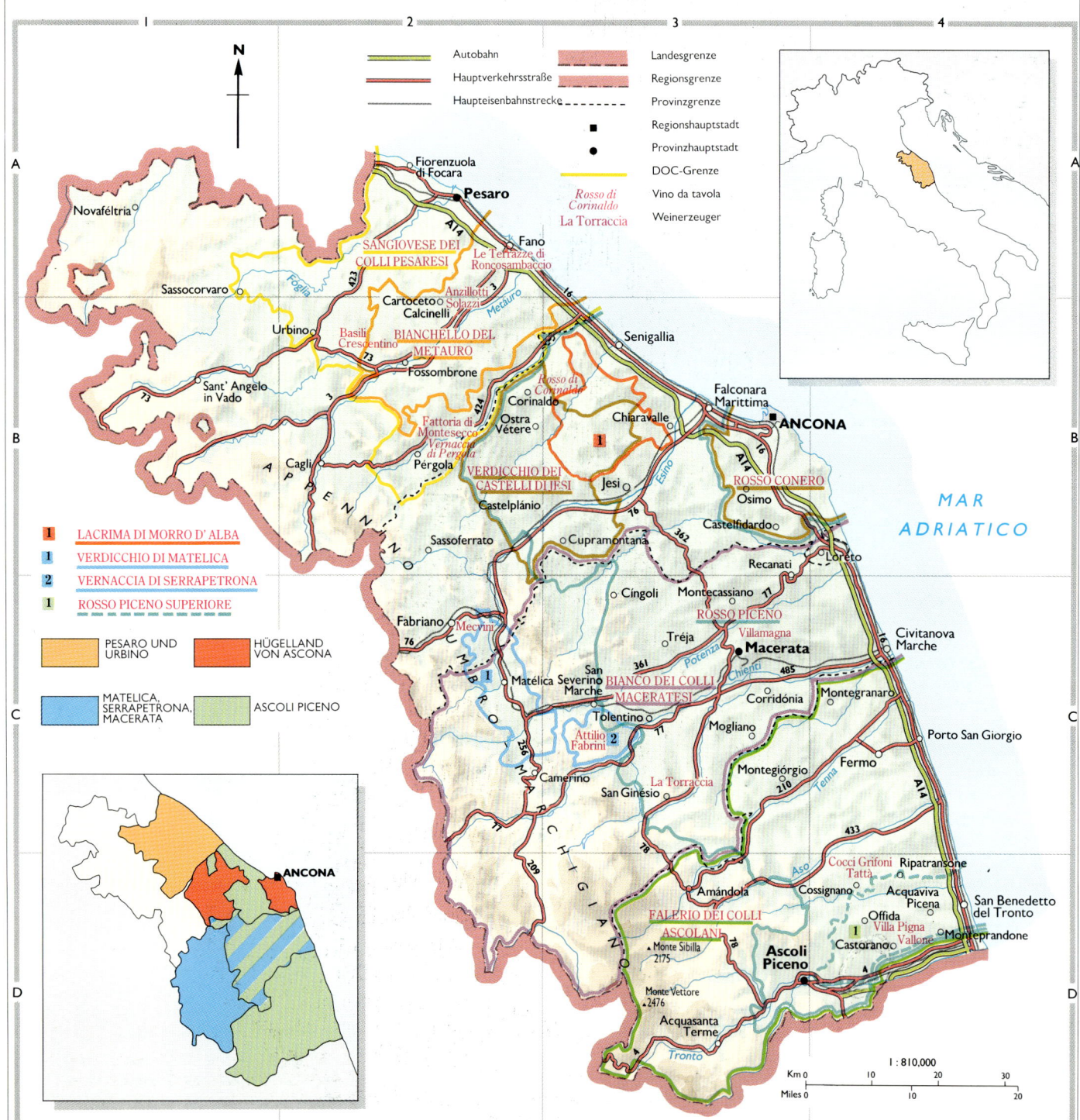

Die Weinzonen in den Marken

Die Landkarte der Marken suggeriert Symmetrie, obwohl ein Drittel der Fläche hügelig und der Rest gebirgig ist. Zwischen den hohen Apenninen und der Adria liegt ein durchschnittlich 30 km breiter Streifen Hügelland, wo sich der größte Teil der Rebfläche befindet. Die höheren Hänge sind zwar oft steil, allgemein aber herrscht sanfte Harmonie in diesen Hügeln, die von einem Dutzend Flüssen in so gleichmäßigen Abständen durchzogen sind, daß sie ein Streifenmuster bilden. Zwei bedeutende Weinzonen liegen etwas abseits: Verdicchio di Matelica in einer warmen Nische in den Apenninen und Rosso Cònero auf einem Massiv, das als einzige Erhebung aus der sonst flachen, geradlinigen 173 km langen Küste bei Ancona vorspringt. Mergeliger oder sandiger Lehm herrscht in den für den Weinbau gut geeigneten Hügeln vor; Unterschiede im Gehalt an Gestein, fossilen und mineralischen Bestandteilen bewirken Qualitätsvarianten. Das Klima ist beneidenswert beständig; nur hohe, im Winter schneebedeckte Lagen sind gelegentlich kalt und feucht. Im Sommer wird die sonnig-milde adriatisch-apenninische Konstellation hie und da durch Gewitter unterbrochen oder durch anhaltende Trockenheit gestört.

Pesaro e Urbino

Die DOC Sangiovese dei Colli Pesaresi erstreckt sich über das Hügelland der Provinz. Bekannte Lagen befinden sich jedoch auch an der Küste nahe der Grenze zur Romagna bei Fiorenzuola di Focara, Pesaro und Fano sowie im Foglia- und Metauro-Tal. Das warme und trockene Klima und der sandige Lehmboden behagen dem Sangiovese, dessen Wein herzhaft, in den kühleren Bergen um Urbino und im Montefeltro-Gebiet aber leichter und säuerlicher ausfällt. In der Zone Bianchello del Metauro im Flußtal auf Lehmboden mit Sand und Kies bringt die Biancame-Traube leichten, frischen Weißwein.

Die Berge um Ancona

Die DOC-Zone Verdicchio dei Castelli di Jesi reicht bei Morro d'Alba, wo in der trockenen Ebene der kuriose rote Lacrima wächst, bis auf 10 km an die Adria heran. Das klassische Verdicchio-Anbaugebiet liegt jedoch westlich von Jesi, 20–30 km vom Meer entfernt, in zwei 200–500 m hohen Bergzügen beiderseits des Esino. Im vorherrschenden kalkreichen Lehmboden sind fossile und mineralische Ablagerungen maßgebliche Qualitätsfaktoren. Ebenso von Bedeutung ist die Lage – in höheren Gegenden meist nach Süden, um volle Reife zu gewährleisten – sowie der Feuchtigkeitsgehalt des Bodens in diesem Gebiet, wo häufig Trockenheit herrscht. Durch die Nähe der Apenninen besteht von Ort zu Ort ein unterschiedliches Hagelrisiko, daher verteilen die Erzeuger ihre Weinlagen, damit die Gefahr verringert wird, die gesamte Ernte auf einmal zu verlieren. Die DOC-Zone Rosso Cònero erstreckt sich über den größten Teil des 572 m hohen Massivs und der angrenzenden Berge. Für den Weinbau werden Hänge genutzt, die vor dem Wind von der Adria her geschützt sind. Der kreidehaltige Lehmboden ist kalkreich und läßt die Montepulciano-Rebe fast überall in sonnigem, trockenem Mikroklima gedeihen.

Matelica, Serrapetrona und Macerata

Die Zone Matelica liegt zwischen zwei Apenninen-Kämmen in einem Tal, das früher ein Salzwassersee war. Daher ist der sandige Lehm reich an Mineralsalzen und Kalk, Eisen und Magnesium. Die besten Weinberge liegen östlich des Esino auf flachen Hängen in 300–450 m Höhe. Trotz dieser Höhenlage wird es im Sommer heiß. Luftströmungen aus dem Potenza- und Chienti-Tal verhindern stockende Feuchtigkeit. Die durchschnittliche Regenmenge in diesem 30–50 km

Lavendel am Cònero-Massiv bei Anconca in der DOC-Zone Rosso Cònero.

von der Adria entfernten Gebiet ist mit 1250–1500 mm etwas höher als in den Castelli di Jesi, die etwa 20 km nordöstlich beginnen. Diese Voraussetzungen in Matelica sind der Entstehung von Verdicchio mit reichlich Kraft und schöner Säure bei betonter Frucht und Würze günstig. Serrapetrona liegt südöstlich von Matelica am Chienti in Bergen, in denen früher der inzwischen selten gewordene dunkle Vernaccia-Wein wuchs. Die Macerata-Berge sind mit Sangiovese besetzt, der zu Rosso Piceno verarbeitet wird, während Trebbiano und Maceratino den einfachen Bianco dei Colli Maceratesi und andere Weißweine erbringen. Auch der Verdicchio gedeiht im sandigen Lehmboden gut, bringt aber kaum Wein von Klasse hervor.

Ascoli Piceno

Die Berge zwischen der Adria und den Sibillinischen Apenninen (hier liegt der Monte Vettore, mit 2476 m der höchste Gipfel der Marken) haben etwas Majestätisches. Wie der Schriftsteller Giovanni Poli schreibt, ist die Gegend der Rebe günstig und «läßt sie in Paradeformation aufmarschieren». Auch fruchtbar ist sie, denn hier entsteht mehr als die Hälfte des Weins der Region von an Pfählen und auf Lauben gezogenen Reben. Aus einem begrenzten Bereich zwischen Ascoli und dem Meer kommt der Rosso Piceno Superiore. Der Falerjo dei Colli Ascolani erfaßt ein größeres Gebiet, doch auf den sandigen, im Sommer hartgebrannten Lehmhängen wächst mit Sangiovese und Trebbiano, die leider die würdigeren Montepulciano und Pecorino verdrängt haben, keine große Klasse mehr.

Die Weine aus dem Norden: Pesaro e Urbino

Die Berge zwischen dem Hafen Pesaro und der Stadt der Künste, Urbino, haben ländlichen Charme, der im Kontrast zur Strandatmosphäre an der Küste steht. Der Wein hier ähnelt den Rot- und Weißweinen aus der Romagna, ist jedoch etwas rustikaler, wie man am Sangiovese dei Colli Pesaresi erkennt. Der Bianchello del Metauro ist indessen als Wein zu Fisch immer stärker gefragt. Einige unkonventionelle Tafelweine aus der Gegend um Pergola haben mehr Kreativität zu bieten als die DOC-Weine.

Sangiovese dei Colli Pesaresi (1972)

Der bescheidene Vetter des Sangiovese di Romagna hat in seiner traubigen Herzhaftigkeit bestenfalls einen milden Kern zu bieten, ist aber oft karg und rauh. Das Consorzio-Etikett zeigt ein Porträt von Gioacchino Rossini aus Pesaro.
ZONE: Die Berge zwischen der Adria und der Montefeltro-Kette in den Apenninen mit einem großen Teil der Provinz Pesaro e Urbino mit bekannten Lagen in den Hügeln an der Adria sowie im Foglia- und Metauro-Tal. Trockener Rotwein. Trauben: Sangiovese; Ciliegiolo/Montepulciano bis 15%. E. 77/110: Alk. 11,5; S. 0,5.

Bianchello del Metauro (1969)

Die Popularität dieses Weißweins ist wahrscheinlich seiner zitronenhaften Frische wegen vor allem bei den Sommertouristen ungeheuer groß. Man sollte ihn aber durchaus nicht immer leicht nehmen, denn manche Erzeuger verleihen ihm einen gewissen zurückhaltenden Stil. Er gelangt als lebendig-spritzige Alternative zum Verdicchio zunehmend in die Welt hinaus, sogar bis nach Übersee.
ZONE: Die Hügel am Metauro mit 18 Gemeinden in der Provinz Pesaro e Urbino. Am besten sind die Südlagen am Fluß. Trockener Weißwein. Trauben: Biancame (Bianchello genannt); Malvasia Toscana bis 5%. E. 98/140; Alk. 11,5; S. 0,55–0,8.

Andere beachtenswerte Weine

Der entlegene Bereich um Pergola wäre vielleicht unbemerkt geblieben, hätte nicht Massimo Schiavi mit Bravour und ungewöhnlichem Wein aus seiner Fattoria di Montesecco weithin Aufsehen erregt. Die Fattoria Ligi-Montevecchio und die Fattoria Sant'Onofrio produzieren ganz in der Nähe noch gute Beispiele des einst berühmten roten Vernaccia di Pergola.

WEINGÜTER/WINZER

Anzillotti Solazzi, Fano (PS). Vielbeachteter DOC Bianchello del Metauro aus Weinbergen bei Calcinelli.
Basili Crescentino, Canavaccio di Urbino (PS). DOC Bianchello und Sangiovese.
Ciardiello & Evalli, Gradara (PS). DOC Sangiovese dei Colli Pesaresi.
Fattoria di Montesecco, Montesecco di Pergola (PS). Massimo Schiavi erzeugt mit natürlichen Methoden drei unnachahmliche weiße *vdt*: trockenen Tristo di Montesecco, aromatischen Jubilé und üppigen Gallia Togata (eine Art ländlicher Sauternes).
Fattoria Ligi-Montevecchio, Pergola (PS). *Vdt* Vernaccia di Pergola.
Fattoria Mancini, Pesaro. DOC Sangiovese dei Colli Pesaresi.
Fattoria Sant'Onofrio, Pergola (PS). *Vdt* Vernaccia di Pergola.
Le Terrazze di Roncosambaccio-Giovanetti, Fano (PS). Süffige DOC Bianchello und Sangiovese.

GENOSSENSCHAFTEN

CS dei Colli Pesaresi, Colbordo (PS). DOC Sangiovese dei Colli Pesaresi.
Cooperativa Vitivinicola Colli Metaurensi (COVIM), Montemaggiore al Metauro (PS). DOC Bianchello und Sangiovese.

Der Rosso Cònero von der Montepulciano-Traube wird von Kennern zunehmend geschätzt. Allerdings gibt es immer weniger davon, denn die Weinberge am Stadtrand von Ancona sind als Bauland wertvoller.

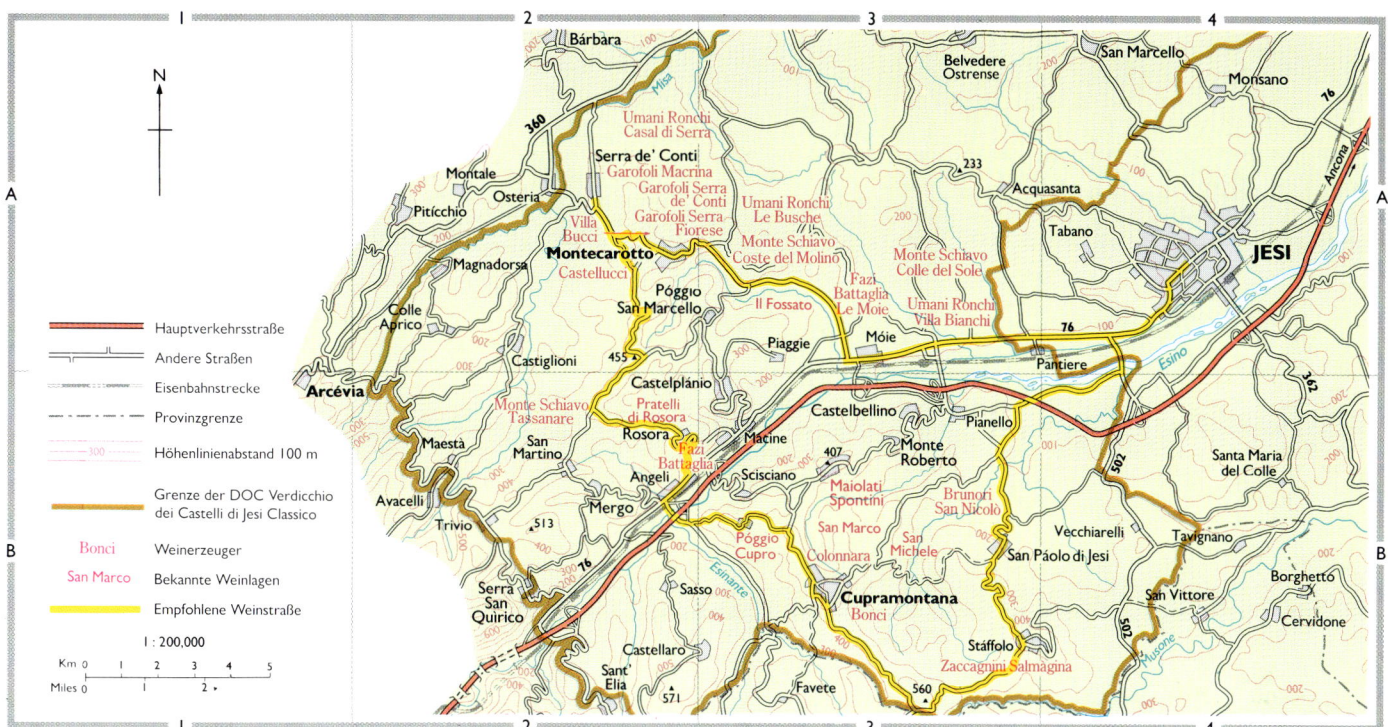

Die Weine aus den Bergen um Ancona: Castelli di Jesi und Monte Cònero

Der Ruf Anconas als Weinstadt ist durch die Wiederbelebung des Verdicchio dei Castelli di Jesi und mit dem Auftauchen des Rosso Cònero rasch gewachsen. Keiner dieser beiden Weine gehört bis jetzt zur Elite Italiens, doch dürfen beide schon auf höhere Würden hoffen. Die Zone Monte Cònero liegt an der Küste dicht bei Ancona, Jesi dagegen 30 km weiter westlich am Esino. Allerdings sind es in beiden oft die gleichen Erzeuger, die nach besserer Qualität streben. Die Zone Verdicchio di Matelica liegt zum Teil in der Provinz Ancona, mit dem Zentrum jedoch in Macerata. Die Zone Rosso Piceno erstreckt sich weit über die Provinz, hat aber in dieser Gegend wenig Beachtliches zu bieten.

Verdicchio dei Castelli di Jesi (1968)

Die Geschicke des Verdicchio sind verknüpft mit Fazi-Battaglia in Aufstieg und Niedergang und nun in der Erholung, die dauerhaft zu werden verspricht, weil auch andere Häuser sich dem Streben nach neuem höheren Prestige angeschlossen haben. Selbst der in seinem nostalgischen Wert ungebrochene Amphorenwein hat sich in 10 Jahren deutlich verbessert. Der erste Schritt war kühle Gärung; er brachte mehr Aroma und Frucht zum Vorschein. Um Qualität bemühte Erzeuger beschränken den Ertrag, ernten die Trauben in ausgeglichenem Reifezustand, keltern sie sofort, mischen weder Malvasia noch Trebbiano bei und achten bei der Bereitung darauf, daß die Temperatur nicht zu warm wird und das Aroma tötet noch zu kühl ausfällt und die Entwicklung des Charakters behindert. Manche arbeiten mit Spätlese und kalter Maischung mit Schalen, um bessere Struktur zu erreichen. Auch Faßgärung und Alterung auf der Hefe werden versucht.

Die größeren Häuser haben Einzellagen-Verdicchio und Spezial-Cuvées eingeführt, u. a. Le Moie von Fazi-Battaglia, Macrina und Serra del Conte von Garofoli, Casal di Serra und Villa Bianchi von Umani Ronchi, Coste del Moline und Il Pallio di San Floriano von Monte Schiavo; alle werden in Standardflaschen verkauft. Auch kleine Erzeuger steigern ihre Qualität, zunächst Brunori mit dem San Niccolò, dann Fratelli Bucci mit dem vielgerühmten Villa Bucci und schließlich Salmàgina von Zaccagnini.

Bei aller Individualität haben diese Weine den eindeutigen Sortencharakter gemeinsam, der allerdings manchmal schwer zu fassen ist, weil es Verdicchio von leicht und frisch mit blaß grün-gelber Farbe bis reichhaltig und vollmundig mit Goldton gibt. Der Alkoholgehalt kann auf 11% beschränkt werden, erreicht bei 12–12,5% jedoch ein besseres Verhältnis zu Frucht und Säure und

beeinträchtigt selbst mit einem Prozent mehr die Frische noch nicht. Im Duft erinnert Verdicchio an reife Äpfel oder Pfirsiche, Quitten, Kiwi, ja sogar Orangenmarmelade, doch das Aroma beugt sich keinem Schema, weil es nicht wie das von Riesling oder Sauvignon auffällig, sondern eher wie beim Chardonnay oder Pinot Bianco gedämpft ist. Es ist ein sogenanntes *aroma di bocca*, da es sich auf der Zunge am besten entfaltet. Auf jeden Fall wirkt es auch in Schaumwein-Versionen, in Tank- oder Flaschengärung, gewinnend. Sie entsprechen auch der Tradition, denn früher wurde der Verdicchio fast immer *frizzante* bereitet. Cupramontana behauptet sogar, Schaumwein in Flaschengärung hergestellt zu haben, bevor dies in der Champagne geschah.

Manche Kenner sind vom faßgereiften Verdicchio beeindruckt. Zunächst wurde der Villa Bucci in Fässern von jugoslawischer Eiche ausgebaut, dann Garofolis Serra Fiorese in französischen *barriques*, und Le Busche von Umani Ronchi schließlich wurde in kleinen Fässern auf der Hefe gealtert. Es ist jedoch noch zu früh, um zu entscheiden, ob dem Faß eine bedeutende Rolle zukommt. Schon hat sich der Verdicchio Anerkennung als der aussichtsreichste italienische Weißwein von einer einheimischen Rebsorte errungen. Doch die Erzeuger sind der einhelligen Meinung, daß noch Besseres zu erwarten ist.

ZONE: Die Berge vorwiegend westlich von Jesi bis in die Ausläufer der Apenninen mit 23 Gemeinden in der

Provinz Ancona. Die Classico-Zone erstreckt sich auf den gesamten Bereich mit Ausnahme der Gegend über dem Miso- und Triponzio-Tal; die besten Lagen befinden sich in 200–500 m Höhe beiderseits des Esino zwischen Serra de' Conti und Staffolo. Trockener Weißwein, auch *spumante* Trauben: Verdicchio; Malvasia Toscana/Trebbiano Toscano bis 15%. E. 105/150; Alk. 11,5; S. 0,5–0,7.

Lacrima di Morro d'Alba (1985)

Der durch die DOC vor dem Niedergang gerettete purpur- bis karminrote Wein mit seinem etwas fuchsigen Aroma und seinem reifen Pflaumengeschmack bleibt doch wohl eine lokale Kuriosität. Da er rasch verblaßt, wird seine Zukunft vor allem als *novello* gesehen.

ZONE: Die Berge in den Gemarkungen Morro d'Alba, Belvedere Ostrense, Monte San Vito, Ostra, San Marcello und Senigallia. Trockener Rotwein, auch lieblich oder perlend. Trauben: Lacrima; Montepulciano/Verdicchio bis 15%. E. 98/140; Alk. 11; S. 0,5.

Rosso Cònero (1967)

Die Überlegenheit des Montepulciano über den Sangiovese an der Adria kommt in diesem Rotwein so recht zum Vorschein. Er ist schon lange durch seine lebendige Kraft, tief rubinrote Farbe und vollen, runden Geschmack bekannt, wobei ihm kräftiger Gerbstoffgehalt jahrelange Haltbarkeit verleiht. Mario Marchetti wacht über die Tradition und achtet darauf, daß kein Sangiovese in

175

die Mischung gelangt. Neuere Weine aus dem Massiv zeigen mehr Reichtum in Bukett und Geschmack, als man erwarten durfte. Garofolis Piancarda setzte den Maßstab für Einzellagenweine, die nach dem Erfolg von Umani Ronchis Cùmaro auf der International Wine Challenge 1988 in London erneut Aufmerksamkeit erregten. Unter 2480 Weinen errang der 85er Cùmaro als einziger roter eine Trophäe, die als Sonderpreis über die Medaillen hinaus für drei weitere vergeben wird. Feine Erzeugerabfüllung von Alessandro Moroder und Le Terrazze lassen für alle, die ihre kostbaren Lagen bewahren und dem Montepulciano die Treue halten, eine große Zukunft voraussahnen.

ZONE: Das Cònero-Massiv und angrenzende Hänge in den Gemarkungen Ancona, Camerano, Offagna, Sirolo, Numana, Osimo und Castelfidardo. Trockener Rotwein, auch *superiore*. Trauben: Montepulciano; Sangiovese bis 15%. E. 98/140; Alk. 11,5, *superiore* 12,5; S. 0,6–0,8; A. *superiore* 2 J.

Andere beachtenswerte Weine
Verdicchio und Rosso Cònero spielen zwar die dominierende Rolle, daneben verdienen aber auch einige Tafelweine Erwähnung. Von Montepulciano kann auch feiner Rosé gekeltert werden, wie Garofolis preisgekrönter Kòmaros und der Schaumwein Donna Giulia von Le Terrazze beweisen. Als vorbildliche Innovation mit neuartigen Rotweinen kann Fratelli Buccis Tenuta di Pongelli von Sangiovese, Montepulciano und Cabernet gelten. Merlot zeigt im Rosso di Corinaldo der Cantina Sociale Val di Nevola beachtliche Klasse. Die meisten Kellereien beliefern den regionalen Alltagsbedarf in großen Flaschen und durchaus löblicher Qualität.

WEINGÜTER/WINZER
Fratelli Bonci, Cupramontana (AN). Verdicchio Classico, auch *spumante*.
Fratelli Bucci, Ostra Vetere (AN). Ampelio Bucci produziert mit Hilfe von Giorgio Grai hochangesehenen Verdicchio Classico, die Spitzensorten unter dem Etikett Villa Bucci. Von den 12 ha Rebfläche kommt auch der einzigartige rote *vdt* Tenuta di Pongelli.
Castellucci, Montecarotto (AN). Verdicchio Classico.
Le Terrazze, Numana (AN). Paolo Terni erzeugt guten Rosso Cònero sowie duftigen Rosé-Schaumwein Donna Giulia.
Marchetti, Ancona. Mario Marchetti produziert auf 6 ha bei Pinocchio am Rand von Ancona hochgeachteten traditionellen Rosso

Cònero; sein Sohn Maurizio zeigt sich dagegen mit Villa Bonomi Rosso Cònero, *spumante* und *vdt* progressiver.
Moroder, Montacuto (AN). Alessandro Moroder gewinnt auf seinem kleinen Gut am Rand von Ancona zunehmend stilvollen Rosso Cònero.
Fratelli Zaccagnini, Staffolo (AN). Verdicchio Classico, darunter der Einzellagenwein Salmàgina, von 15 ha Rebfläche.

WEIN- UND HANDELS-HÄUSER
Bianchi, Siehe Umani Ronchi.
Brunori, Jesi (AN). Giorgio Brunori produziert mit Hilfe seines Vates Mario geschätzten Verdicchio in einer Kellerei, die aus dem Hinterhof des Familien-Weingeschäfts in Jesi neben seine 3,5 ha Rebfläche in San Paolo di Jesi verlegt worden ist. Einzellagen: u. a. 1,2 ha San Nicolò mit Spitzen-Verdicchio (rund 12 000 Flaschen im Jahr). Mit Trauben von vier Winzern wird die Produktion von 50 000 Flaschen einfachem Verdicchio Classico bestritten.
Fazi-Battaglia «Titulus», Castelplanio Stazione (AN). Die 1949 gegründete Firma führte in den 50er Jahren die Amphorenflasche ein und ist seither Marktführer. Durch komplette Neuordnung der Kellereibetriebe wurde stetige Qualitätsverbesserung zur Wiederbelebung des Verdicchio erreicht. Im Besitz der Firma befinden sich Kellereien und Weinberge (rund 250 ha), meist im Verdicchio-Classico-Bereich. Mit zugekauften Trauben wird die Verdic-

chio-Produktion auf über 3 500 000 Flaschen gebracht, davon werden rund 40% exportiert. Die Spitzensorte Le Moie, der berühmteste Einzellagen-Verdicchio, wird von einer 36-ha-Lage bei Moie als Auslese gewonnen. Zur Produktion gehören ferner DOC Rosso Cònero und Rosso Piceno sowie *vdt*.
Gioacchino Garofoli, Castelfidardo (AN). Der Familienbetrieb ist führend in der Qualität bei Rosso Cònero aus eigenen Weinbergen und mit Verdicchio von zugekauften und in der Kellerei in Serra de' Conti verarbeiten Trauben aus Lieferverträgen. Kellermeister Carlo Garofoli vollbringt Spitzenleistungen mit dem Einzellagen-Verdicchio Macrina, mit faßgereiftem Serra Fiorese sowie mit Schaumweinen in Tank- und Flaschengärung, mit dem Garofoli Brut Riserva als Spitzensorte. Aus der 21-ha-Lage Piancarda entsteht Rosso Cònero, u. a. faßgereifter Piancarda, aber auch der in *barriques* ausgebaute Grosso Agontano und der jugendliche Guasco sind bewundernswert. Von Montepulciano wird ferner ein guter Rosé *vdt* «Kòmaros» gewonnen.
Mecvini, Fabriano (AN). Enzo Mecella produziert Wein aus verschiedenen Teilen der Region, u. a. DOC Verdicchio aus Matelica und Jesi, sowie Rosso Cònero und einen faßgereiften Verdicchio «Antica di Casa Fosca».
Serenelli, Ancona. Alberto Serenelli erzeugt typischen Rosso Cònero sowie eine in kleinen Fässern ausgebaute Auslese «Varano».

Umani Ronchi, Osimo Scalo (AN). Der von Gino Umani Ronchi gegründete Betrieb produziert feinen Verdicchio und Rosso Cònero unter den Brüdern Massimo und Stefano Bernetti, deren getrenntes Familiengut 80 ha in den Castelli di Jesi und 20 ha am Monte Cònero umfaßt. Der Verdicchio von 10 ha in Casal di Serra zeichnet sich aus, aber auch die Villa Bianchi von 15 ha in Moie und sogar die Amphorenweine sind vorbildlich. Der faßgereifte Le Busche ist vielversprechend. Der Verdicchio wird in Castelbellino und der Rosso Cònero in der Hauptkellerei in Osimo bereitet. Die Firma verfügt über drei sehr gute Rosso-Cònero-Versionen: Casal di Serra, San Lorenzo aus einer 6-ha-Lage und den erstklassigen Cùmaro (der griechische Name für Cònero) aus einer 3-ha-Lage. Auch DOC Bianchello del Metauro und Montepulciano d'Abruzzo werden abgefüllt. Die Exportmarke heißt Bianchi.

GENOSSENSCHAFTEN
Vinimar, Camerano (AN). Warenzeichen der Associazione delle Cantine Cooperative delle Marche für meist preiswerte Weine aus verschiedenen Genossenschaftskellereien in der Region.
CS Val di Nevola, Corinaldo (AN). DOC Verdicchio Classico und Rosso Piceno sowie *vdt* u. a. Rosso di Corinaldo.
Colonnara, Cupramontana (AN). Von rund 300 ha um Cupramontana erzeugt der Önologe Carlo Pigini Campanari guten Schaumwein in

Tank- und Flaschengärung sowie stillen DOC Verdicchio Classico «Cuprese».

Monte Schiavo, Moie di Maiolati Spontini (AN). Die außergewöhnliche Genossenschaft, hinter der die Landmaschinenfabrik Pieralisi steht, arbeitet so rationell wie Privatkellereien der Spitzenklasse, mit denen sie auch in der Qualität konkurriert. Von 35 Mitgliedern mit 145 ha werden Verdicchio Classico und *spu-*

mante sowie Rosso Cònero erzeugt. Neben dem Amphoren-Verdicchio stehen Sonderabfüllungen: Colle del Sole von 30 ha, Coste del Molino von 18 ha, Il Pallio di San Floriano (von spätgelesenen Trauben aus der 23-ha-Lage Il Fossato) sowie *spumante* Vigna Tassanare in Tankgärung.

Cantina Cooperative tra Produttori del Verdicchio, Montecarotto (AN). Sauberer Verdicchio Classico, u. a. Marke Moncaro.

Weine aus Matelica, Serrapetrona und Macerata

Die Provinz Macerata steigt von einem schmalen Küstenstreifen zu einem gewaltigen Apenninen-Massiv auf, in dessen Ausläufern, verborgen vor den forschenden Blicken der Weinfans, die Weinberge des seltenen Verdicchio di Matelica und des fast ausgestorbenen Vernaccia di Serrapetrona liegen. In der kurzen Weinliste von Macerata spielt der kaum bekannte Bianco dei Colli Maceratesi und ein Teil Rosso Piceno – allerdings in einigen der besseren Vertreter – eine besondere Rolle. Nur wenige Erzeuger haben sich außerhalb der unmittelbaren Umgebung einen Namen gemacht.

Verdicchio di Matelica (1967)

Diese zweite Verdicchio-Zone ist kleiner und stärker aufgesplittert als die Castelli di Jesi und bringt auch nur einen Bruchteil der Gesamterzeugung hervor. Von den beiden Verdicchio-Versionen scheint der aus Matelica etwas mehr Gewicht zu besitzen, und deshalb meinen wohl auch viele, daß der echte Verdicchio – mit Geschmackstiefe und Haltbarkeit durch kräftige Säure – eigentlich aus Matelica stammt. Der erstaunliche 1982er der Fratelli Bisci sprach sehr dafür, doch leider kam kein so guter Jahrgang mehr nach. Die Spitzenstellung im Matelica hat La Monacesca mit Verdicchio in stets gleichbleibender Qualität inne, aber auch Cavalieri di Benedetti macht rasche Fortschritte.

ZONE: Das hochgelegene Apenninental zwischen Fabriano und Camerino mit 6 weiteren Gemeinden in den Provinzen Macerata und Ancona; beste Lagen bei Matelica und Cerreto d'Esi auf Südwesthängen am Esino. Trockener Weißwein, auch *spumante*. Trauben: Verdicchio; Malvasia Toscana/Trebbiano Toscano bis 15%. E. 91/130; Alk. 12; S. 0,5–0,7.

Vernaccia di Serrapetrona (1971)

Perlender Rotwein von Vernaccia war früher im Westen der Marken häufig, ist aber heute außer in der Umgebung von Serrapetrona, wo er seit dem 15. Jh. erzeugt wird, kaum noch anzutreffen. Die noch heute erfolgreichste Art ist der traditionelle süße Stil; es gibt aber auch trockene Versionen. Beide zeichnen sich durch tiefe purpur- bis karminrote Farbe und ein würziges Aroma mit einer bitteren Note im sonst breiten und

weichen Geschmack aus. Attilio Fabrini erzielt mit Flaschengärung bei beiden Typen elegante Ergebnisse.

ZONE: Die Berge um Serrapetrona und Teile der Gemarkungen Belforte del Chienti und San Severino Marche. Trockener roter Schaumwein, auch *amabile* oder *dolce*. Trauben: Vernaccia di Serrapetrona; Sangiovese/Montepulciano/Ciliegiolo bis 15%. E. 70/120; Alk. 11,5 (*amabile* oder *dolce* Restsüße Min. 16 g/l); S. 0,55.

Bianco dei Colli Maceratesi (1975)

Der leichte und flüchtige Weißwein kann in seiner Jugend erfrischend sein.

ZONE: Berge bis 450 m Höhe in der Provinz Macerata und in der Gemarkung Loreto in der Provinz Ancona. Trockener Weißwein. Trauben: Trebbiano Toscano 50–70% mit Maceratino; Malvasia Toscana/Verdicchio bis 15%. E. 98/140; Alk. 11; S. 0,55.

Andere beachtenswerte Weine

Attilio Fabrinis Verdicchio Pian delle Mura in stiller und schäumender Version sowie Villamagnas Verdicchio di Montanello und Monsanulus stehen über einer ansonsten sehr schlichten Produktion an Tafelweinen.

WEINGÜTER/WINZER

Fratelli Bisci, Cerreto d'Esi (AN). Gelegentlich erstaunlicher Verdicchio beweist, daß die Gebrüder Bisci in ihren Weinbergen mitten in den Wiesen von Matelica eine Grundlage für legendären Wein besitzen.

Attilio Fabrini, Serrapetrona (MC). Fabrini nutzt mit viel Geschick alte und neue Methoden für die Herstellung seines hochgeschätzten Vernaccia di Serrapetrona. Von der 14-ha-Lage Pian della Mura bei San Severino gewinnt er zudem Verdicchio für einen würdigen Schaumwein in Flaschengärung und einen stillen *vdt*, daneben etwas DOC Bianco dei Colli Maceratesi.

Fattoria dei Cavalieri di Benedetti, Matelica (MC). Stetig sich verbessernder Erzeuger von Verdicchio di Matelica von 18 ha, u. a. aus der Einzellage Podere Fornacione.

Fattoria La Monacesca, Matelica (MC). Der junge Aldo Cifola hat auf dem Familiengut eine ultramoderne Kellerei aufgebaut, um seinen Verdicchio di Matelica auf nie gekannte Höhen zu bringen. Die 18 ha Weinberge sollen durch Experimente mit Klonen und Pflanzdichte nach und nach erneuert werden. Der Wein wird in Matelica bereitet und in Civitanova Marche abgefüllt.

La Torraccia, Passo Sant'Angelo (MC). Piero Costantini, der in Rom eine *enoteca* betreibt und den guten Frascati Villa Simone erzeugt, bringt in seinem Gut in den Marken feinen Rosso Piceno zustande.

San Biagio della LI.RA., Matelica (MC). Verdicchio di Matelica.

Villamagna, Montanello di Macerata. Von 15 ha Rebfläche des alten Guts am Rand von Macerata produziert Valeria Compagnucci Compagnoni den vielleicht feinsten Rosso Piceno, der allerdings seines Standorts wegen nicht *superiore* genannt werden darf. Ihr DOC Bianco dei Colli Maceratesi steht jedoch eindeutig hinter den *vdt* Verdicchio di Montanello und Monsanulus zurück.

GENOSSENSCHAFTEN

CS di Matelica e di Cerreto d'Esi, Matelica (MC). Verdicchio di Matelica.

Produttori Vitivinicoli di Matelica, Matelica (MC). Verdicchio di Matelica.

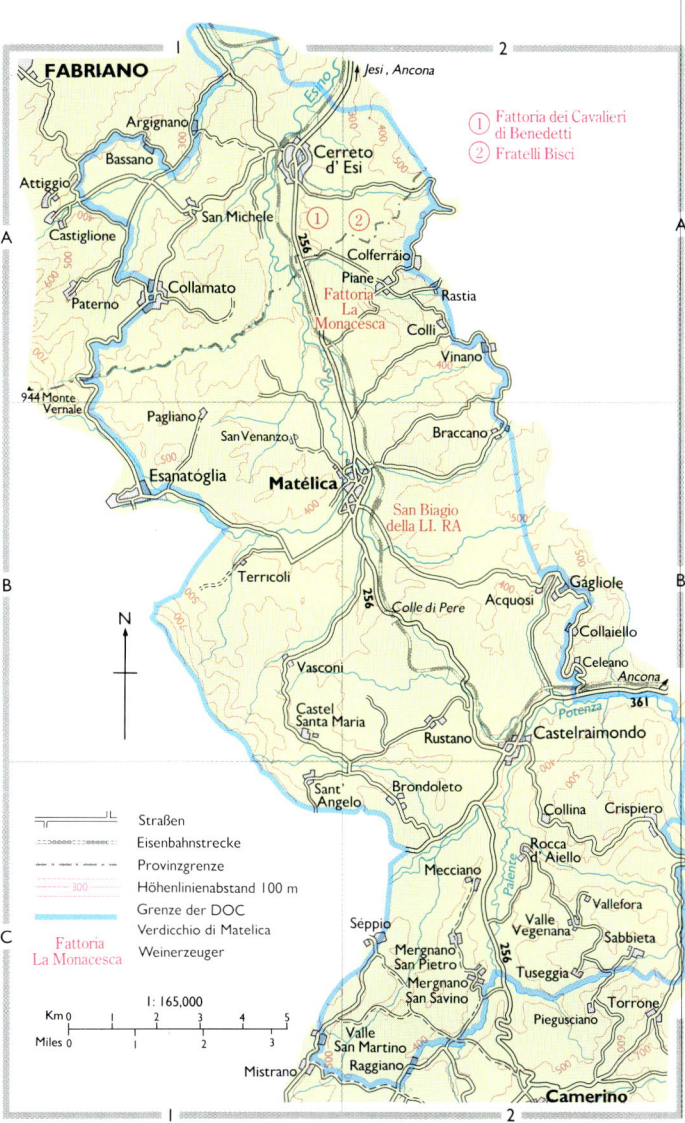

Weine aus Ascoli Piceno

Die kleinen Mengen an Verdicchio aus den hochgelegenen Weinbergen bei Matelica haben oft ebensoviel Klasse wie die beliebteren Weine aus den Castelli di Jesi.

Die stattlichen Hügel der Provinz Ascoli Piceno bringen über die Hälfte des Weins der Marken hervor, doch nur wenig davon verdient ein Lob. Die DOC-Zone Rosso Piceno, die sich nordwärts über einen großen Teil der Provinz erstreckt, gilt nur in einem kleinen Bereich östlich von Ascoli als *superiore*. Der weiße Falerio dei Colli Ascolani ist ansprechend.

Rosso Piceno (1968)
Die größte DOC-Zone der Region steht mit ihrem Wein hinter dem Verdicchio dei Castelli di Jesi an zweiter Stelle in der Produktion, doch bleibt die Suche nach Besonderem meist vergebens. In der Mischung dominiert Sangiovese; wenn aber der Rosso Piceno einmal Klasse zeigt, dann ist das gewöhnlich einer kräftigen Dosis Montepulciano zu verdanken. Leider aber geht diese Sorte in einer Gegend, wo sich Produktivität mehr lohnt als Prestige, immer stärker zurück. Villa Pigna, Cocci Grifoni und Tattà erzeugen guten, preiswerten *superiore*, doch der beste Wein dieses Namens kommt seit einem Jahrzehnt von Villamagna.
ZONE: Die Berge zwischen der Adria und den Apenninen von der Grenze zu den Abruzzen nordwärts über Senigallia hinaus in den Provinzen Ascoli Piceno, Macerata und Ancona, unter Ausschluß der DOC-Zonen Rosso Cònero und Lacrima di Morro d'Alba. Die Bezeichnung *superiore* gilt für 13 Gemeinden in den Bergen nördlich des Tronto zwischen Ascoli und der Küste. Trockener Rotwein, auch superiore. Trauben: Sangiovese Min. 60%, Montepulciano bis 40%; Passerina/Trebbiano bis 15%. E. 84/140; Alk. 11,5, *superiore* 12; S. 0,55–0,8; A. *superiore* 1 J.

Falerio dei Colli Ascolani (1975)
Dieser Weißwein hätte vielleicht eigenständigen Charakter, wenn er auf dem früher geschätzten Pecorino und nicht auf dem allzu gängigen Trebbiano Toscano beruhen würde (manchmal achtbarer Fischwein).
ZONE: Die Berge in der Provinz Ascoli Piceno. Trockener Weißwein. Trauben: Trebbiano Toscano bis 80%, Passerina/Verdicchio/Pecorino/Pinot Bianco bis 25%/Malvasia Toscana bis 7%. E. 84/140; Alk. 11,5; S. 0,5.

Andere beachtenswerte Weine
Villa Pignas Vellutato, ein reiner Montepulciano, ist dem Rosso Piceno ganz eindeutig überlegen. Das Weingut hat wie andere die Produktion an Schaumwein gesteigert, um die recht starke Nachfrage befriedigen zu können.

WEINGÜTER/WINZER
Cocci Grifoni, San Savino di Ripatransone (AP). Auf dem schönen Familiengut macht Guido Cocci Grifoni stetige Fortschritte mit Rosso Piceno Superiore und Falerio von 25 ha.
Tattà, Porto San Giorgio (AP). Guter Rosso Piceno und Montepulciano *vdt* aus Weinbergen bei Cossignano und Ripatransone.

Vallone, Monsampolo del Tronto (AP). Rosso Piceno Superiore und Falerio.
Villa Pigna, Offida (AP). Costantino Rozzi und sein Bruder Elio produzieren auf dem 250 ha großen Besitz guten Rosso Piceno Superiore, den noch besseren *vdt* Vellutato von Montepulciano, Falerio sowie Schaumweine in Flaschen- und Tankgärung. Rozzi, ein Industrieller, sieht das Weingut mehr als ein Hobby an, aber Kellermeister Pasquilino Gabriele nimmt seine Arbeit sehr ernst. Costantino Il Grande, wie er in Ascoli heißt, verschenkt viel von seinem Wein an Freunde, bekannte Persönlichkeiten, Journalisten, Politiker. «Er ist meine Visitenkarte», sagt er. «Und wußten Sie schon, daß der Präsident der Republik zum Lunch Villa-Pigna-Weine servieren läßt?»

GENOSSENSCHAFTEN
Consorzio Agrario Provinciale, Ascoli Piceno. Rossi Piceno Superiore und Falerio Marke Picenum.

Reise-Informationen

RESTAURANTS/HOTELS

Symposium, 61030 Cartoceto (PS). Tel. (0721) 89 83 20. Lucio Pompili bietet in einem alten Bauernhaus innovative Küche und feine Weine.

Il Pescatore, 61010 Castel di Mezzo (PS). Tel. (0721) 60 71 00. Immer frischer Fisch in einer Taverne am Strand. Gute Weinkarte.

Da Ilario, 60015 Falconara Marittima (AN). Tel. (071) 91 60 005. Kreative Gerichte und regionale Weine, ausgewählt von Ilario Berardi.

Villa Amalia, 60015 Falconara Marittima (AN). Tel. (071) 91 20 45. Lamberto Ridolfi wählt mit Sorgfalt Weine der Marken und aus anderen Gegenden zu Meeresfrüchten in traditioneller und innovativer Zubereitung durch seine Frau und seine Mutter Amalia.

Osteria dell'Arancio, 63013 Grottammare (AP). Tel. (0735) 63 10 59. Leichte Mahlzeiten zu einer Reihe feiner Weine.

Ristorante Floriani, 62100 Montanello di Macerata. Tel. (0733) 429267. Schmackhafte ländliche Kost zu den Weinen von Villamagna.

Teresa-Hotel Principe, Viale Trieste 180, 61100 Pesaro. Tel. (0721) 3 00 96. Immer beliebter werdendes Restaurant in einem Strandhotel.

Emilia, 60020 Portonovo (AN). Tel. (071) 80 11 45. Guter Fisch und Verdicchio in einem freundlichen Hotel in den Bergen mit Swimmingpool, Tennisplatz und schöner Aussicht.

Fortino Napoleonico, 60020 Portonovo (AN). Tel. (071) 80 11 24. Eine alte Festung ist heute ein Strandhotel mit schönem Restaurant unter der Leitung des italienischen Meisterkellners Gualberto Compagnucci.

Riccardone's, 60019 Senigallia (AN). Tel. (071) 6 47 62. Riccardo Gigli stimmt Meeresfrüchte und andere Delikatessen auf die Spitzenweine der Region ab.

WEINFACHGESCHÄFTE/ VINOTHEKEN

Enoteca Internazionale Bugari, Lungalbula Montello 18, San Benedetto del Trono (AP). Teodoro Bugari bietet in seiner Vinothek das Beste aus den Marken und den Abruzzen neben einer Auswahl aus aller Welt, die zu eifrigem Studium einlädt.

Enoteca dei Vini Marchigiani. Regional geförderte Vinothek in der Altstadt von Jesi.

SEHENSWERTES

Die Hauptattraktion der Marken sind die Sandstrände, die zwar nicht so berühmt wie die bei Rimini, aber trotzdem oft überfüllt sind. Gleich hinter den Dünen jedoch liegen Dörfer an Straßen, die sich durch Weideland, Wald und Weinberge schlängeln und weit von allen Menschenmassen Erholung bieten.

Castelli di Jesi. Zwei Weinstraßen durch die klassische Verdicchio-Zone schlagen Ivano Carotti und Mario Livieri in ihrem Führer zu den Castelli di Jesi vor. Die eine führt auf dem Südufer des Esino durch San Paolo di Jesi, Staffolo, Cupramontana, Maiolati Spontini und Castelbellino. Die andere verläuft auf dem Nordufer mit einer Rundfahrt bergauf, von Moie über Montecarotto und Serra de' Conti und wieder zurück ins Tal bei Castelplanio und Serra San Quirico, dann wieder bergauf nach Arcevia. Von dort aus empfehlen sie einen Besuch der Grotte di Frasassi, eine der sehenswertesten Höhlen Italiens.

Monte Cònero. Die Weinberge des Rosso Cònero sind nur ein Teil der Attraktionen auf dem Massiv. Ein Besuch lohnt sich auch in Portonovo mit seinem Hafen am Fuß der Felsklippen sowie in Badia di San Pietro mit schönem Blick auf die Adria.

Urbino. Unter allen Bergstädten der Region ist diese die künstlerischste. Die Ausstellungen im Palazzo Ducale und in der Nationalgalerie zeigen Werke von zwei großen Söhnen der Stadt, Raffael und Bramante. In der Nähe liegt Acqualagna, im Herbst der größte Markt für weiße Trüffeln außerhalb von Alba im Piemont.

Abruzzen (Abruzzi)

Hauptstadt: L'Aquila
Provinzen: L'Aquila (AQ), Chieti (CH), Pescara (PE), Teramo (TE).
Fläche: 10 749 km² (14.)
Bevölkerung: 1 250 000 (14.)

In den Abruzzen-Bergen trifft man überaus ertragreiche Weinberge an.

Im Bergland der Abruzzen kommt man nicht leicht weit herum. Seine Bewohner galten lange als weltfremde Eigenbrötler oder querköpfige Hinterwäldler – das wurde man hier wohl ganz von selbst – bis das Auto und die Massenmedien Wandel schafften. Einst lebten hier verschiedene Völkerstämme, deren italienisierten Namen man noch heute begegnet: Aequi, Marsi, Paeligni, Vestini, Marrucini und Sabini. Die Prätutier, der Picenter-Stamm in den Küstenbergen, scheinen das Wort Aprutium, das zu Abruzzo wurde, geprägt zu haben. Der als Praetutier bezeichnete Wein galt bei den Römern als besonders fein.

Die unter sich meist uneinigen Abruzzen-Bewohner trotzten dennoch allen späteren Ankömmlingen, ob Griechen, Römer, Staufer, Aragonesen oder Bourbonen. Allerdings tat die lange, spanische Herrschaft doch ihre Wirkung. In Sprache, Brauchtum und Küche stehen die Abruzzen ihren südlichen Nachbarregionen am nächsten. Der Weinbau hat hier viel Gemeinsames mit Apulien, das nur durch das kleine Molise von den Abruzzen getrennt ist. Die reichliche Traubenproduktion wird eher als Obst angesehen denn als Quelle für feinen Wein. Dabei könnten in den sonnigen Bergen hervorragende Weine entstehen, nicht nur von der einheimischen Montepulciano-Traube, sondern von vielen edlen Sorten.

Wenige Erzeuger haben es bisher mit besserem Wein versucht, und noch wenigeren war Erfolg beschieden. Vielleicht ein Dutzend Kelle-

reien hat sich Respekt verdient, aber nur *ein* Weingut bietet über lange Zeit bewährte erstklassige Qualität. Dem Montepulciano von Edoardo Valentini mag in Spitzenjahrgängen hier und dort ein Rivale entstehen, doch sein goldener Trebbiano ist so einzigartig, daß sich bereits zahllose Legenden und Gerüchte um ihn ranken. Valentini – viele nennen ihn den «Herrn der Reben» – lacht nur darüber.

Die Winzer hier sind seit jeher Traubenanbauer und nicht Weiner-zeuger; deshalb haben sich die meisten auch den Genossenschaften angeschlossen, die heute 2/3 des Weins der Abruzzen produzieren, aber nur zwei solche Kellereien – Cantina Tollo und Casal Thaulero – haben auf dem Gebiet des Qualitätsweins bisher Größeres geleistet. Der Durchschnittsertrag von 133 hl/ha ist der höchste in Italien; ein großer Teil der Erzeugung stammt aus der Gegend südlich von Chieti, die zu den fünf produktionsstärksten Provinzen Italiens zählt.

Durch Bewässerung wird der Ertrag auf den sonnigen Hängen weit über das qualitativ vertretbare Maß hochgetrieben. Auf einer kleineren für Weintrauben registrierten Rebfläche als in den Marken entsteht so in den Abruzzen eine um 2/3 höhere Menge, und auf der halben Rebfläche von Toskana oder Piemont wird deren Produktion oft übertroffen. Tafeltrauben werden hier für Trinkwein und nicht nur für die Destillation zugelassen.

Nur ein Bruchteil der Produktion entfällt auf DOC-Wein. Wenn man bedenkt, daß der Trebbiano d'Abruzzo kaum bemerkenswert und

Inmitten einer dürren Landschaft bei Atri wächst hier der Montepulciano.

In der Provinz Chieti werden die riesigsten Erträge Italiens erreicht, nicht nur bei Montepulciano und Trebbiano, sondern auch bei den Tafeltraubensorten Regina und Regina dei Vigneti, die hier ebenfalls für die Weinbereitung zugelassen sind. Die hohe Erziehung herrscht vor, ausgenommen in den höheren Lagen im Inneren und im Norden, wo unter kühleren Witterungsbedingungen niedrigere Erziehung bei kleineren Erträgen unumgänglich ist und – wenigstens theoretisch – höhere Qualität ermöglicht. Das traditionelle *Testucchio*-System (Erziehung auf gestutzte Bäume) ist nur noch selten anzutreffen.

Früher gab es zahlreiche populäre Lokalrebsorten, vor allem die weiße Campolese und Cococciola, doch was von ihnen noch übrig ist, spielt im Weinbau eine geringe Rolle. Montonico (oder Mantonico) stammt angeblich aus der Provinz Teramo; die Sorte ist heute in Kalabrien verbreiteter. Der weiße Pecorino aus den Marken heißt hier Pecorino Bianco zur Unterscheidung vom dunklen Pecorino. Von amtlicher Seite werden Experimente mit Cabernet und Merlot für Rotwein und mit Chardonnay, Sauvignon, Pinot Bianco und Grigio sowie Riesling für Weißwein durchgeführt, doch bisher sind noch keine bemerkenswerten Ergebnisse dabei herausgekommen. Die folgenden Rebsorten sind vorwiegend in den Abruzzen beheimatet.

Campolese. Siehe Trebbiano d'Abruzzo.

Cococciola. Früher hochgeachtete Sorte, heute kleinerer Bestandteil im Trebbiano d'Abruzzo.

Montepulciano oder **Montepulciano d'Abruzzo.** Der Name stellt eine zu reichlich Verwirrung Anlaß gebende Verbindung mit der Stadt in der Toskana her, wo der Vino Nobile zu Hause ist. Die Theorie, es handle sich um einen aus der Toskana hereingebrachten Sangiovese, der sich im Lauf der Zeit stark verändert habe, ist durch biochemische Untersuchungen widerlegt. Dadurch hat die Vermutung, daß die Rebe in den Abruzzen entstanden ist und ihren Namen von Wollhändlern aus der Toskana bekam, an Gewicht gewonnen. Ihre Rotweine werden ihrer vollen, milden Art wegen bewundert. Der Säuregehalt ist gering, dagegen sorgt ein kräftiger Gerbstoffanteil oft für gute Haltbarkeit. Die Traube liefert auch den kirschroten Cerasuolo. Dieser in den Marken, in Molise, Apulien und Latium verbreitete Rosé gewinnt vor allem im Süden stetig an Beliebtheit. Unter den meistangebauten Rebsorten Italiens steht Montepulciano mit 36 500 ha (etwa die Hälfte der Rebfläche liegt in den Abruzzen) an 7. und unter den Rotweinrebsorten an 5. Stelle hinter Sangiovese, Barbera, Merlot und Negroamaro.

Passerina oder **Passarina.** Der hier übliche Name für Biancame; die früher verbreitete Verschnittsorte darf im Trebbiano d'Abruzzo mitverwendet werden.

Trebbiano d'Abruzzo. Manche meinen, diese mysteriöse Rebsorte sei früher als Campolese bezeichnet worden. Damit würde sie mit Bombino Bianco in Apulien verknüpft, was allerdings unwahrscheinlich ist. Edoardo Valentini, der den einzigen besseren Wein dieser Art erzeugt, erklärt, die Sorte wachse seit jeher in den Weinbergen seiner Familie in Loreto Aprutino, wo ihr die lokalen Voraussetzungen einmaligen Charakter verleihen. Da er seine Reben eifersüchtig bewacht, haben die Wissenschaftler bisher keine Möglichkeit gehabt, ihrer Abstammung nachzuspüren. Es ist nicht einmal sicher, daß der echte Trebbiano d'Abruzzo überhaupt ein Trebbiano ist.

der hellrote Cerasuolo leider selten ist, dann bleibt fast nur noch der rote Montepulciano zu beachten. Manche Erzeuger möchten eine Aufteilung der regionalen DOC in kleinere Bereiche durchsetzen, damit die besseren stärker herausgestellt werden können. Das wäre zu begrüßen, auch wenn dieser Rotwein, der zur Spitzengruppe Italiens zählen könnte, nur zu oft durch hohe Erträge und mangelhafte Kellertechnik beeinträchtigt wird. Zum Glück ist der Montepulciano von Natur aus gefällig, und das ist gut so, denn sonst hätten die Abruzzen vorerst kaum etwas Besonderes an Wein zu bieten.

Der Weinbau in den Abruzzen

Der Traubenanbau ist in den Küstenbergen der Abruzzen dank fruchtbarer Weinberge schon seit langem gewinnbringend. Heute wird hier das hohe *Tendone*-System angewendet, während vor der Reblauszeit die buschige *Alberello*-Erziehung üblich war. Die vorzügliche einheimische Montepulciano-Rebe dominiert bei weitem, nicht nur für DOC-Rotwein und Cerasuolo, sondern auch als Verschnittsorte für Weine im Norden. Der Trebbiano Toscano ist als Quelle des DOC Trebbiano d'Abruzzo und für leichte Tafelweine verbreitet. Dann folgt Sangiovese, der gewöhnlich mit Montepulciano verschnitten wird, weil er allein selten etwas Besonderes leistet.

Weitere Rebsorten: Die Liste der in den Abruzzen amtlich anerkannten Rebsorten ist ziemlich umfangreich; trotzdem spielen Fremdreben kaum eine Rolle im Wein der Region. Empfohlen bzw. zugelassen sind in den Abruzzen u. a.:
Für Rot- oder Roséwein: Barbera, Ciliegiolo, Dolcetto, Maiolica, Malbec (oder Malbeck), Merlot, Pinot Nero.
Für Weißwein: Bombino Bianco, Malvasia del Chianti, Montonico (oder Mantonico) Bianco, Mostosa, Pecorino Bianco, Pinot Bianco, Pinot Grigio, Riesling Italico, Riesling Renano, Sylvaner Verde, Tocai Friulano, Traminer Aromatico, Veltliner, Verdicchio Bianco.

Die Weinzonen in den Abruzzen

Die Abruzzen sind von den Apenninen beherrscht, die hier mit dem 2914 m hohen Corno Grande im Gran-Sasso d'Italia-Massiv und mit dem 2795 m hohen Monte Amaro im Maiella-Gebirge ihre höchsten Gipfel haben. Die gesamte Region gilt als ein zu 65% gebirgiges und zu 35% hügeliges Hochland. Auch die wenigen flachen Gegenden – das Tirino-Tal zwischen Sulmona und Ofena und die größere Piana di Fucino-Ebene – liegen beruhigend hoch über dem Meeresspiegel. Die Region wird durch die Apennini Abruzzesi von Latium und Umbrien im Westen abgeschottet und durch den Tronto und sein tief eingeschnittenes Tal nach Norden zu den Marken hin begrenzt. Die Klimabedingungen schwanken von kühl und feucht im hochgelegenen Inneren, das den Einflüssen des Meeres von beiden Seiten ausgesetzt ist, bis beständig wärmer und trockener hinab zur 129 km langen Adriaküste. Weinbau wird zum Teil in hohen Lagen betrieben. Der größte Teil der Rebfläche liegt jedoch in den kegeligen Hügeln auf kalkreichem Lehmboden entlang der Adria, wo auch während der üblichen Sommertrockenheit Luftbewegung herrscht. Da vor allem Wert auf Massenproduktion gelegt wird, drängen sich die Weinfelder im sanften Küstenhügelland der Provinz Chieti im Südosten, wo bewässerte Weinlauben im warmen Klima üppig gedeihen.

Provinz Teramo

Die Nordprovinz bietet günstige Voraussetzungen für Montepulciano mit kalk- und eisenhaltigen sandigen Lehmböden. Die Weine aus den Bergen zwischen dem Tronto- und Vibrata-Tal um Torano Nuovo, Controguerra, Ancarano, Colonella, Corropoli und Nereto sind meist in Farbe, Körper, Alkohol und Tannin kräftiger, reifen dafür aber langsam. Die Berge zwischen Teramo und Roseto degli Abruzzzi um Notaresco und Morro d'Oro bringen etwas leichteren Montepulciano hervor. Qualitätsbewußte Erzeuger bevorzugen Pfahlerziehung gegenüber dem an der Küste vorherrschenden *Tendone*-System.

Provinz Pescara

Die Berghänge um Città Sant'Angelo und die höheren Lagen von Penne erhalten viel Lob für ihre Weine. Den besten Wein erzeugt allerdings Valentini in Loreto Aprutino. Seine Triumphe mit Trebbiano und Montepulciano sind vielleicht ebensosehr seinem persönlichen Stil wie dem mäßig kühlen Bergklima und dem kalkreichen Lehmboden zuzuschreiben. Weiter südlich zeigt auch der lehmige

Sand- und Kiesboden an den Hängen des Pescara-Tals bei Scafa, Torre de' Passeri, Tocco da Casauria und Bolognano gute Eignung für feinen Montepulciano.

Provinz Chieti

Die weiten Weinfelder mit hoch- und breiterzogenen Reben auf dem oft lockeren, kieshaltigen Lehmboden in den Küstenbergen hinter Ortona zwischen Tollo und Lanciano gehören zu den ertragreichsten Italiens. Nur wenige Erzeuger bringen hier brauchbaren Wein von Montepulciano und Trebbiano hervor. Die Weine aus dem Agro di Vasto zwischen den Flüssen Sangro und Trigno verkaufen sich zwar gut, doch es fehlt ihnen an interessanten Geschmacksnuancen.

Provinz L'Aquila

In den Apenninen ist der Weinbau im Schwinden, obwohl von den Südhängen des Morrone-Gebirges im Peligna-Tal und den Steinterrassen um Navelli und Ofena ein seit langem für seine frische, duftige Art berühmter Cerasuolo kam. Die hier noch verbliebenen Reben, ob buschig, an Pfählen oder an Spanndrähten gezogen, werden niedrig gehalten, damit sie vom kieshaltigen, kalkreichen, karstigen Boden Wärme aufnehmen. Nur bei Ofena kann es an geschützten Stellen so heiß werden, daß die Gegend «il forno» (der Ofen) der Abruzzen genannt wird. Die kargen Bedingungen auf der Fucino-Hochebene und dem Marsica-Plateau sowie im Aterno-Tal begünstigen die Entstehung interessanter Weine, trotz oft rustikaler Methoden.

Weine aus den Abruzzen

Montepulciano d'Abruzzo (1968)

Manche Erzeuger bringen hier durchaus majestätischen Montepulciano mit großer Langlebigkeit zuwege, der sich durch tief rubinrote Farbe, robuste Struktur und kräftigen, durch eine in Rotweinen Mittelitaliens seltene Rundheit gemilderten Gerbstoffgehalt auszeichnet. Der seltene Cerasuolo ist einer der überzeugenderen Rosés Italiens und vielleicht der einzige Wein, der es mit der pikanten Küche der Abruzzen aufnehmen kann, z. B. *maccheroni* und Pepperoni oder Gemüsesuppe, mit Essig und Zwiebeln auf kleinem Feuer gegart.
ZONE: Berghänge in allen vier Provinzen, jedoch bis höchstens 500 m, nur Südhänge dürfen bis 600 m hoch liegen. Der größte Teil des Montepulciano kommt zwar aus Chieti, die feineren Versionen aber stammen aus den Provinzen Teramo und Pescara; guter Cerasuolo kommt in kleinen Mengen aus den Hochtälern um L'Aquila. Trockener Rotwein, auch *vecchio*. Trauben: Montepulciano; Sangiovese bis 15%. E. 98/140; Alk. 12, *vecchio* 13,5; S. 0,5–0,75; A. 4 Mte., *vecchio* 2 J.
Cerasuolo. Trockener Rosé. Trauben: wie *rosso.* E. 98/140; Alk. 12; S. 0,5–0,75.

Emidio Pepe läßt seinen Montepulciano und Trebbiano in den Kellern seines Weinguts bei Torano Nuovo nur in Flaschen und nicht in Fässern reifen.

Trebbiano d'Abruzzo (1972)

Die meisten Vertreter dieser DOC fallen in das übliche Trebbiano-Schema eines glanzlosen, jung und gut gekühlt zu Meeresfrüchten angenehmen Weißweins. Daneben gibt es aber auch noch den Wein von Valentini, der alles aufweist, was ein Trebbiano sonst nie hat: Farbe, Körper, komplexes Aroma, tiefen, nachhaltigen Geschmack und eine unglaubliche Langlebigkeit. Da es hier kaum etwas Vergleichbares gibt, wird oft gesagt, er sei weißem Burgunder ähnlich, allerdings eher in der Klasse als in der Art.
ZONE: Berghänge in allen vier Provinzen, auch sind höhere Lagen als für den Montepulciano d'Abruzzo zugelassen; qualitative Unterschiede von einem Ort zum anderen sind nicht ausgeprägt. Trockener Weißwein. Trauben: Trebbiano d'Abruzzo bzw. Trebbiano Toscano; Malvasia Toscana/Cococciola/Passerina (Biancame) bis 15%. E. 122/175; Alk. 11,5; S. 0,5.

Andere beachtenswerte Weine

Die Vorherrschaft des Montepulciano sowie der Trebbiano-Varianten lassen in den Abruzzen wenig Raum für Neuheiten; allerdings produziert jede größere Kellerei auch Tafelwein sowie Perl- oder Schaumwein für den örtlichen Absatz. Die traditionellen süßen Moscato-Weine sind so gut wie verschwunden, ebenso der früher beliebte *vin cotto* (eingekochter Wein), der durch Eindicken von Most

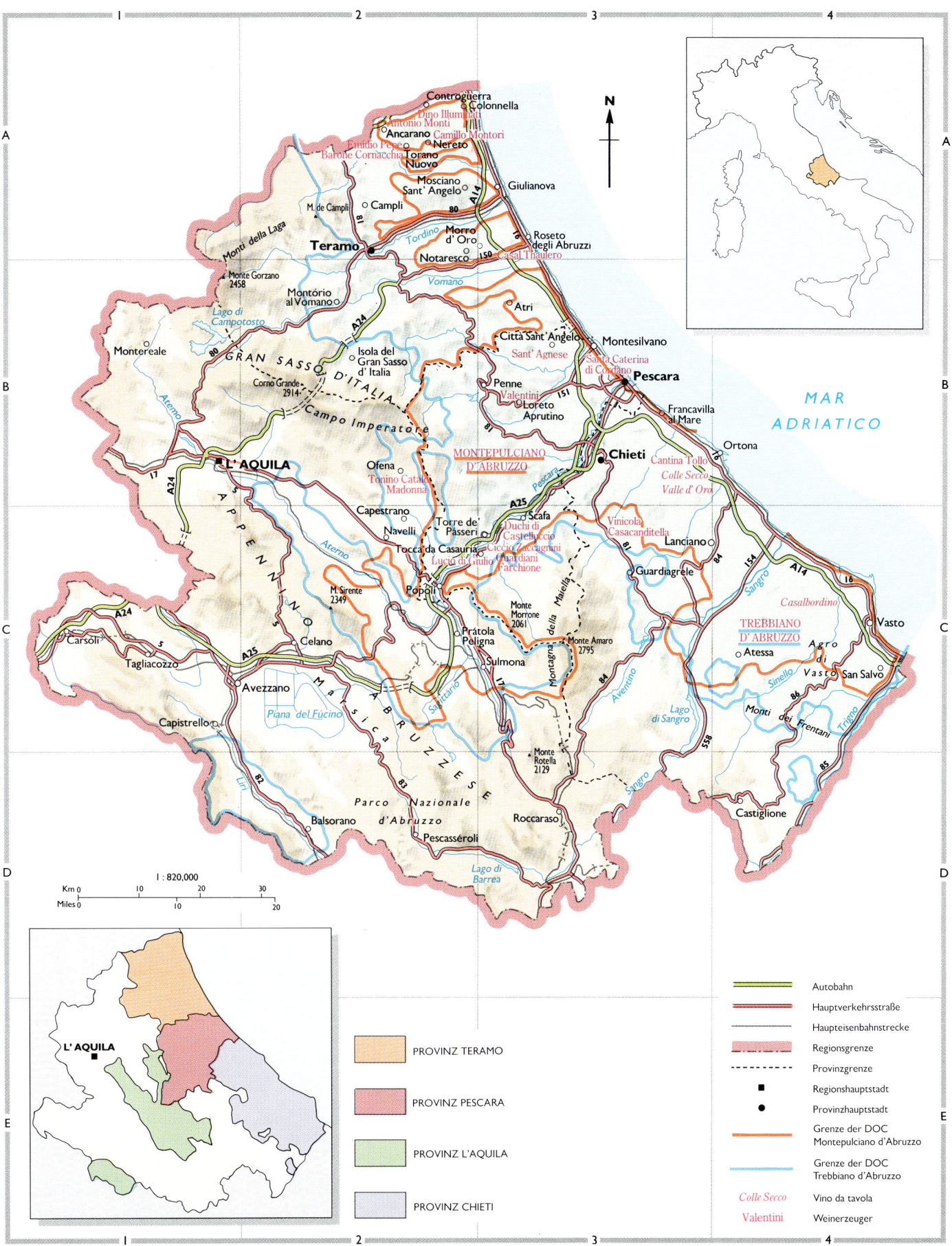

N

MAR
ADRIATICO

1 : 820.000

Km 0   10   20   30
Miles 0   10   20

PROVINZ TERAMO

PROVINZ PESCARA

PROVINZ L'AQUILA

PROVINZ CHIETI

Autobahn

Hauptverkehrsstraße

Haupteisenbahnstrecke

Regionsgrenze

Provinzgrenze

Regionshauptstadt

Provinzhauptstadt

Grenze der DOC
Montepulciano d'Abruzzo

Grenze der DOC
Trebbiano d'Abruzzo

Colle Secco   Vino da tavola

Valentini   Weinerzeuger

und anschließendes Vergären mit frischen Trauben gewonnen wurde, wobei ein sirupähnlicher dunkel goldbräunlicher Wein mit karamelartigem Geschmack entstand. Dieser *vin cotto* darf nicht mehr verkauft werden, ist aber als *digestivo* für den Hausgebrauch noch üblich.

WEINGÜTER/WINZER

Barone Cornacchia, Torano Nuovo (TE). DOC-Weine im traditionellen Stil von 30 ha.

Tonino Cataldi Madonna, Ofena (AQ). Kleine Produktion an DOC Montepulciano, auch feiner Cerasuolo.

Lucio di Giulio, Tocco di Casauria (PE). DOC Montepulciano Cantalupo.

Duchi di Castelluccio, Scafa (PE). DOC Montepulciano und Trebbiano.

Guardiani Farchione, Tocco di Casauria (PE). DOC Montepulciano.

Dino Illuminati, Contraguerra (TE). Die 60 ha Rebfläche der Fattoria Nicò liefern ein vollständiges Programm an DOC-Weinen sowie *vdt* Ciafrè (weiß) und Nicò (rot), dazu perlenden Nicolino und Schaumwein Diamante d'Abruzzo (Flaschengärung).

Antonio Monti, Contraguerra (TE). Guter DOC Montepulciano.

Camillo Montori, Contraguerra (TE). Von 30 ha Rebfläche eine beachtenswerte Auswahl, an ihrer Spitze DOC Montepulciano Poderi di Fonte Cupra.

Emidio Pepe, Torano Nuovo (TE). Manchmal monumentaler DOC Montepulciano und ungewöhnlicher Trebbiano nach Pepes einmaligen Methoden.

Sant'Agnese, Città Sant'Angelo (PE). DOC Montepulciano und *vdt*.

Santa Caterina di Cordano, Montesilvano Colle (PE). DOC Montepulciano.

Valentini, Loreto Aprutino (PE). Von etwa 60 ha Rebfläche in den

Lagen Castelluccio, Camposacro und Colle Cavaliere erzeugt Edoardo Valentini fülligen, fein ausgebauten Montepulciano, herzhaften Cerasuolo und den vielleicht einzigen Trebbiano, dem je Größe nachgesagt worden ist. Die unnachahmliche Persönlichkeit seiner Weine beginnt schon im Weinberg zu wachsen, wo er ein selbsterfundenes *Tendone*-System betreibt. Valentini fühlt sich mit seinen Weinen so innig verbunden, daß er offenbar nur ungern etwas davon hergibt. Seine Produktion von 10 000 Flaschen Montepulciano, 25 000 Trebbiano und 5000 Cerasuolo entspricht ungefähr 5% des Ernteguts (den größten Teil der Trauben verkauft er). 1989 bot er noch 77er und 79er Montepulciano sowie nach dem letzten 84er den ersten 85er Trebbiano an. Alle Nuancen seines exzentrischen Betriebs verzeichnet er in handgeschriebenen Journalen, die in seinem Arbeitszimmer im *palazzo* der Familie verwahrt sind, während er in den stattlichen Korridoren und Treppenhäusern Stapel mit Flaschen reifender Jahrgänge an den Wänden aufgereiht hat. Im Keller darunter gewinnt er seine Weine nach Verfahren, die – wie er schwört – ebensosehr auf dem Wissen der alten Römer wie auf modernen Techniken beruhen.

Ciccio Zaccagnini, Bolognano (PE). Kleines Gut mit wachsendem Ruf unter der Leitung von Marcello Zaccagnini, desssen Castello di Salle in die Spitzengruppe des Montepulciano d'Abruzzo aufgestiegen ist. Außerdem erzeugt er einen seltenen Nebbiolo *vdt* «Capsico».

WEIN- UND HANDELSHÄUSER

Vinicola Casacanditella, Casacanditella (CH). Giuseppe Di Camillo strebt nach modernem Stil in den DOCs Montepulciano Rosso und Rosa della Quercia sowie in den *vdt* Angelo Bianco und Rosso.

GENOSSENSCHAFTEN

Casal Thaulero, Roseto degli Abruzzi (TE). Kellermeister Giulio Silvestri erzielt saubere Qualität in DOC Montepulciano, u. a. Sonderabfüllung Orsetto Oro. Der *vdt* Abbazia di Propezzano ist ein in kleinen Fässern ausgebauter reiner Montepulciano.

Cantina Tollo, Tollo (CH). Der unter dem Önologen Umberto Svizzeri erreichte Fortschritt macht die große Genossenschaftskellerei zu einem Muster an Zuverlässigkeit mit höchst süffigen DOC Montepulciano (am besten ist Rocca Ventosa) und Trebbiano sowie einem Programm an sauberen *vdt* Valle d'Oro und Colle Secco.

Reise-Informationen

RESTAURANTS

Venturini, 66100 Chieti. Tel. (0871) 6 58 63. Gemüse in geschickter Zubereitung für regionale Gerichte. Gute Weinkarte.

Beccaceci, 64022 Giulianova Lido (TE). Tel. (085) 80 03 550. Ein Tempel der Meeresfrüchte in einem Badeort an der Adria.

Tre Marie, Via Tre Marie 3, 67100 L'Aquila. Tel. (0862) 2 01 91. Küche und Weine der Abruzzen in monumentaler Fülle.

La Bilancia, 65014 Loreto Aprutino (PE). Tel. (085) 82 89 321. Herzhafte Pasta und Grillgerichte in rustikaler Umgebung. Einfache Zimmer.

Il Corsaro, 66054 Porto di Vasto (CH). Tel. (0873) 5 01 13. Claudio und Michela Crisci servieren feinste Meeresfrüchte und erlesene Weißweine in einer stillen, romantischen Klause am Meer.

WEINFACHGESCHÄFTE/ VINOTHEKEN

Enoteca Templi Romani, Via Priscilla 13, 66100 Chieti. Adriano Scioli und Roberta Fiannini wählen Weine aus den Abruzzen und anderen Gegenden mit kompromißloser Strenge.

SEHENSWERTES

In den Abruzzen sind Schätze der Kunst und Architektur über das ganze Land in Städten, Dörfern, Klöstern und Kirchen verstreut. Die Hauptattraktion für Touristen sind jedoch die Berge: Wintersport oder Wandern in dem von der schön gelegenen Hauptstadt L'Aquila gut erreichbaren Gran-Sasso- oder Maiella-Massiv. Vielleicht begegnet man einem der im Nationalpark noch vereinzelt lebenden Wölfe und Bären oder sogar einem der noch seltener gewordenen Weine aus dem Gebirge. Vor allem der herrlich rustikale Cerasuolo von Navelli und Ofena ist empfehlenswert. In den Küstenorten an der Adria – manche mit Sandstränden, manche auf Felsenklippen – geht es geruhsam zu, wenn man nicht gerade im August dorthin kommt.

Ganz links: Montepulciano-d'Abruzzo-Trauben.

Links: Edoardo Valentini wird in den Abruzzen «Herr der Reben» genannt.

Molise

Hauptstadt: Campobasso
Provinzen: Campobasso (CB), Isernia (IS)
Fläche: 4 438 km² (19.)
Bevölkerung: 334 000 (19.)

Die Region war so lange weltabgeschieden, daß sogar die Herkunft ihres Namens unbekannt ist – er soll auf eine vornehme Familie im Mittelalter zurückgehen. In den Sannio-Bergen um Isernia saßen lange die Samniten, deren oskische Sprache über den ganzen Süden der Halbinsel verbreitet war; sie wurden später von den Römern unterworfen.

Hinweise auf Wein aus den Sannio-Bergen finden sich schon beim Älteren Plinius, seither aber scheint aus Molise in dieser Hinsicht nicht mehr viel nach draußen gedrungen zu sein. Das Bergvolk behielt durch die Jahrhunderte seinen rustikalen Wein für sich selbst, der in den 1980er Jahren wenigstens symbolische Anerkennung erlangte.

Ein einziges Weingut, Masseria Di Majo Norante, sorgt dafür, daß Molise auf der Weinlandkarte Italiens überhaupt eingezeichnet ist. Mit den DOC-Zonen Biferno und Pentro wurde ein amtlicher Status geschaffen, doch nur wenige Winzer scheinen etwas damit anfangen zu können. Was nicht als einfacher Wein im Land getrunken wird, wandert unweigerlich in die Verschnittbottiche der Nachbarregionen Abruzzen oder Apulien. In Molise spielen Trauben und Wein in der Landwirtschaft neben Viehzucht, Getreide, Gemüse und sonstigen Feldfrüchten eine untergeordnete Rolle.

Es ist erstaunlich, daß Di Majo Norante nationales (oder sogar internationales) Format erreicht, obwohl seine Weinberge in einer heißen, fruchtbaren Ebene liegen, die bislang als ungeeignet für den Weinbau galt. Des Rätsels Lösung ist in hervorragender Kellertechnik zu sehen.

Die DOC-Zonen von Molise richten sich nach den Provinzen – Biferno entspricht Campobasso, und Pentro steht für Isernia.

Der Weinbau in Molise

Molise verfügt als letzte Bastion einer bäuerlichen Familientradition über eigene rustikale Rebsorten, deren Namen allerdings in den amtlichen Listen nicht mehr verzeichnet sind. Die Rebfläche ist sehr stark aufgesplittert – über 90% der Weinberge haben weniger als einen 1/2 ha, und nur zwei Weingüter besitzen mehr als 20 ha. Unter den Rotweinrebsorten hat allerdings der Montepulciano die Vorherrschaft, gefolgt von Sangiovese (*piccolo* und *grosso*), Barbera, Bombino Rosso und dem vielversprechenden Aglianico. Bei den weißen Sorten dominiert der Trebbiano Toscano.

Als Erziehungssystem herrscht *tendone* vor, insbesondere bei den Neuanpflanzungen an der Küste, wo der Weinbau sich ausweitet, aber auch in den Bergen, wo die bisherige Pfahl- und *Alberello*-Erziehung weitgehend verdrängt wurde. Die Durchschnittserträge sind in Molise viel bescheidener als in den Abruzzen und in Apulien.

Zu den empfohlenen bzw. anerkannten Rebsorten gehören ferner:
Für Rot- oder Roséwein: Bovale Grande, Cabernet Franc, Cabernet Sauvignon, Ciliegiolo, Pinot Nero.
Für Weißwein: Incrocio Manzoni 6.0.13, Garganega, Malvasia del Chianti, Moscato Bianco, Pinot Bianco, Pinot Grigio, Riesling Italico, Riesling Renano, Sauvignon, Sylvaner Verde, Traminer Aromatico, Veltliner.

Die Weinzonen in Molise

Einen großen Teil des Inneren von Molise nimmt das rauhe und karge Sannio-Gebirge ein, das die Wasserscheide zwischen Adria und Tyrrhenischem Meer bildet. Hier erreichen die Apenninen im Matese-Massiv an der Westgrenze zu Latium in der Provinz Isernia eine Höhe von 2000 m. Das Klima ist relativ kühl und feucht, doch die Hochebene bei Venafro öffnet sich zum Volturno-Tal in Kampanien und wird vom Tyrrhenischen Meer her erwärmt. Im Nordosten, in der Provinz Campobasso, haben Trigno, Biferno und Fortore die Frentani-

und Daunia-Berge zu sanften Hängen abgeschliffen, wo ein mildes Klima herrscht. Das kleine Stück Küstenebene bei Termoli schließt sich an die im Sommer oft heiße und trockene Capitanata-Ebene in Apulien an. Über die Hälfte der Region ist gebirgig, doch in den flacheren Bergen bieten sich gute Weinlagen an. Neuanpflanzungen erfolgten jedoch nur im fruchtbaren Flachland an der Küste.

Provinz Isernia

Hier, in der noch unbekannten DOC Pentro, hat der moderne Weinbau noch nicht Einzug gehalten. Lehm und Schiefer mit Kalkablagerungen finden sich in den Sannio-Bergen. In den Tälern am Oberlauf von Sangro, Trigno und Verrino sowie in der Ebene um den Volturno

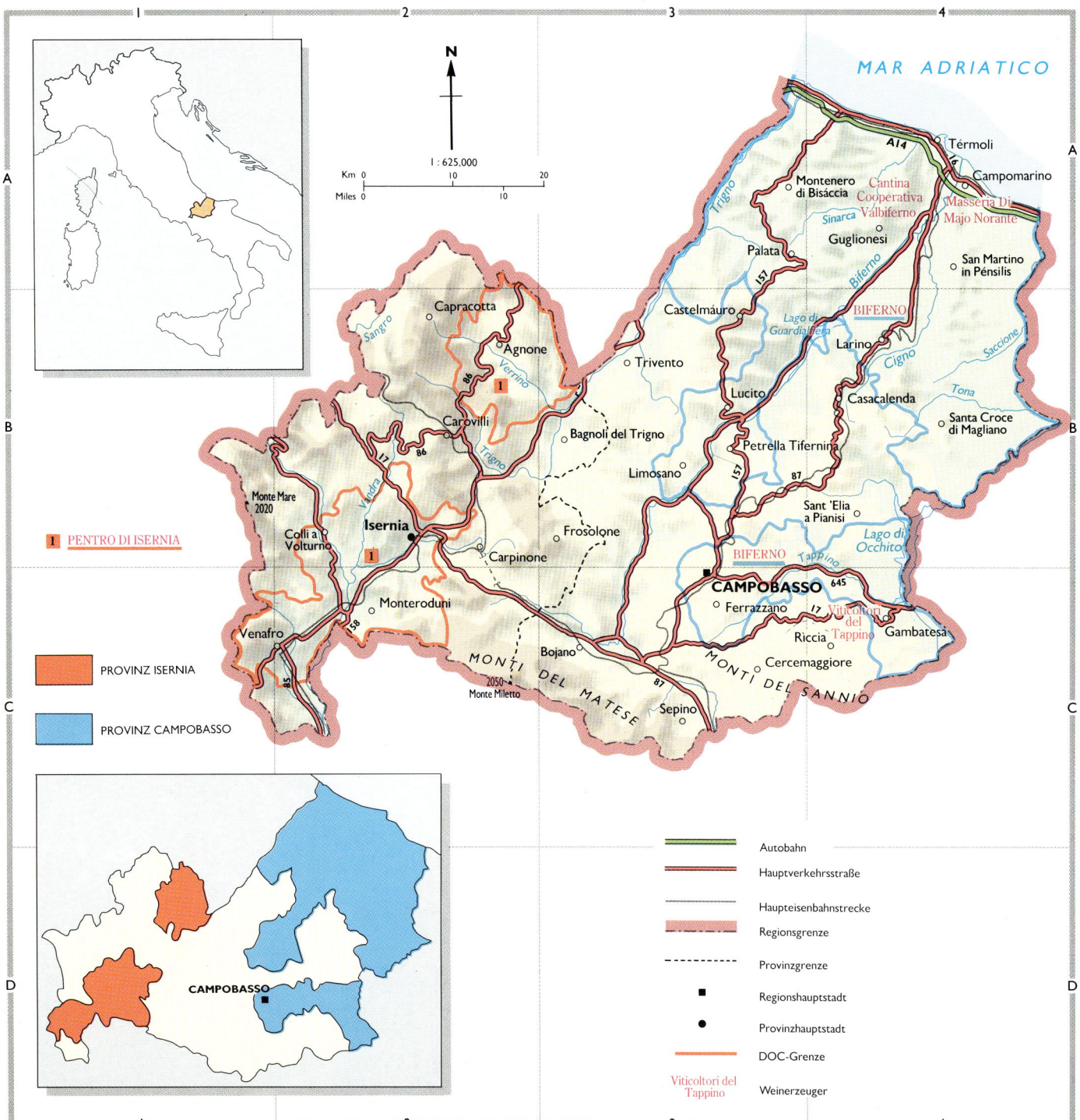

und seine Nebenflüsse gibt es Schwemmlandböden mit Sand und Kies. Im Sommer ist es mild und trocken, im Winter dagegen manchmal bitter kalt.

Provinz Campobasso

Die flacheren Berge in der Provinz Campobasso sind in Form und Bodenart ziemlich gleich – ein Gemisch aus Lehm, Sand und Kalkgestein –, gut geeignet für hochwertigen Wein. Hier wurde die DOC-Zone Biferno eingeführt, um einen Anreiz zur Qualitätsverbesserung zu schaffen. Das Klima im Inneren ist mild, zur Küste hin wird es heißer und trockener. Am besten bewährte sich hier der rote Montepulciano, aber auch weiße Sorten könnten in den Bergen gedeihen.

Reise-Informationen

RESTAURANTS/HOTELS
Squaloblù, 86039 Termoli (CB). Tel. (0875) 8 32 03. Eines der besten Meeresfrüchte-Restaurants an der Adria; es verdankt seinen Ruf den genialen Kochkünsten von Bobo und Rita Vincenzi und der guten Weinauswahl von Mario D'Aurizio.

SEHENSWERTES
Molise ist ein Paradies für Einzelgänger. Die Sandstrände an der Adria sind selten überfüllt, die Berge und Täler das ganze Jahr über vom Touristenrummel weitgehend verschont. Überreste samnitischer und römischer Kultur gibt es in Sepino, Venafro, Larino und Pietrabbondante.

Weinlese auf dem Spitzengut Di Majo Norante in Campomarino.

Die Weine von Molise

Biferno (1983)
Die noch geringe Erzeugung läßt in den Bergen gutes Potential erkennen; allerdings kommt bisher bemerkenswerter Wein nur aus der Küstenebene bei Campomarino, und zwar allein mit dem Rosso von Di Majo Norante.
ZONE: 42 Gemeinden in der vom Biferno durchflossenen Provinz Campobasso mit vier getrennten Bergbereichen in einer Höhe von höchstens 500 m für Rot- und Roséwein sowie 600 m für Weißwein.
Bianco. Trockener Weißwein. Trauben: Trebbiano Toscano 65–70%, Bombino Bianco 25–30%, Malvasia Toscana 6–10%. E. 78/120; Alk. 10,5; S. 0,6.
Rosso. Trockener Rotwein, auch *riserva*. Trauben: Montepulciano 60–70%, Trebbiano Toscano 15–20%, Aglianico 15–20%; andere Sorten bis 5%. E. 84/120; Alk. 11,5, *riserva* 13; S. 0,5; A *riserva* 3 J.

Rosato. Trockener Rosé. Trauben: wie *rosso*. E. 60/120; Alk. 11,5; S. 0,6.

Pentro di Isernia oder Pentro (1984)
Bisher hat sich noch kein Winzer um die DOC Pentro gekümmert, daher läßt sich auch nichts darüber sagen.
ZONE: Berge in zwei getrennten Bereichen, der eine im hochgelegenen Verrino-, der andere im oberen Volturno-Tal, mit 16 Gemeinden in der Provinz Isernia.
Bianco. Trockener Weißwein. Trauben: Trebbiano Toscano 60–70%, Bombino Bianco 30–40%; andere Sorten bis 10%. E. 71/110; Alk. 10,5; S. 0,6.
Rosso. Trockener Rotwein. Trauben: Montepulciano 45–55%, Sangiovese 45–55%; andere Sorten bis 10%. E. 77/110; Alk. 11; S. 0,5.
Rosato. Trockener Rosé. Trauben: wie *rosso*. E. 55/110; Alk. 11; S. 0,6.

Andere beachtenswerte Weine
Die meisten aussichtsreichen Weine der Region fallen nicht unter die DOC: Montepulciano del Molise, Ramitello Bianco von der Falanghina-Traube und ein noch experimenteller Rotwein von der Aglianico-Traube – alle aus dem Weingut Di Majo Norante. Im Vernaccia di Serra Meccaglia erweist sich die Traubensorte Vernaccia di San Gimignano als dem Trebbiano weit überlegen. Überall in der Region gibt es noch weitere Weine ohne DOC, manche auch schäumend und süß.

WEINGÜTER/WINZER
Masseria Di Majo Norante-Ramitello, Campomarino (CB). Das große Gut im Besitz von Luigi Di Majo und unter der Leitung seines Sohnes Alessio umfaßt die einzige eingeführte Privatkellerei in Molise. Eine Auslese von 50 ha Bewässerungsland ergibt jährlich 200 000 Flaschen, deren unerwarteter Stil den deutlichen Stempel des Önologieberaters Giorgio Grai trägt. Das Weinprogramm des Guts teilt sich auf in die Marke Molì für DOC Biferno Bianco und Rosso und die Marke Ramitello für den erstklassigen *vdt* Montepulciano del Molise Riserva. Der DOC Biferno Rosso zeichnet sich durch volle, subtile Montepulciano-Art aus. Der *vdt* Ramitello Bianco von der Falanghina-Traube ist ein trockener Weißwein mit echtem Charakter, wie er im Süden selten ist.

GENOSSENSCHAFTEN
VI.TA.-Viticoltori del Tappino, Gambatesa (CB). Ehrgeiziges Unternehmen mit DOC Biferno Marke Serra Meccaglia und Rocca del Falco sowie u. a. *vdt* Vernaccia di Serra Meccaglia und Schaumwein. *Cantina Cooperativa Valbiferno*, Guglionesi (CB). DOC Biferno und *vdt*.

187

Die mittelalterliche Stadt Pitigliano in der Provinz Grosseto in der Toskana ist berühmt für ihren Weißwein.

Tyrrhenisches Mittelitalien

Die Apenninen schwingen sich in graziösem Bogen weg von der tyrrhenischen Küste über die Toskana, Umbrien und Latium und lassen Raum für eine Ansammlung von Hügeln und Bergen, deren Vielgestaltigkeit einen Teil ihrer Schönheit ausmacht. Die Etrusker als frühe Weinbauern nutzten die felsigen Hänge, doch die Römer, die ja immer alles besser wußten, bevorzugten die sonnigen Ebenen. Erst später setzte sich wieder die Erkenntnis durch, daß die Berge zwischen Florenz und Rom für die Entstehung feiner Weine besonders prädestiniert sind. Die Rebe muß jedoch streng in Zucht genommen werden, und das bedeutet Beschränkungen, die nicht viele Winzer hinzunehmen bereit sind. Hieraus erklärt sich vielleicht, daß das Herzstück Italiens, der reichlich sprudelnde Born der Kunst, der Politik und der Religion, im Weinbau nicht immer alle Erwartungen erfüllte.

Selbst heute noch ist trotz aller Schwüre das Qualitätsbewußtsein im mittleren tyrrhenischen Raum überaus ungleichmäßig. Manchmal scheint es, die Toskaner allein wüßten, daß sich das Streben nach höchster Qualität lohnt. Sie haben sich an die Spitze des Weinbaus in Italien gesetzt, indem sie die Last der Tradition über Bord warfen und moderne Weinstile zunächst imitierten, dann jedoch in Form individualistischer Tafelweine aus namhaften Weingütern neu erfanden. Neuheit allein ist freilich nicht alles, wie die inzwischen verbesserten, altehrwürdigen Rotweine beweisen: Chianti, Brunello di Montalcino, Vino Nobile und Carmignano. Ihr Wiederaufstieg ist zum Teil einem Teamgeist zu verdanken, der den Toskanern niemals zugetraut worden wäre.

Vereinzelte individuelle Leistungen gibt es auch an anderen Orten. Die meist weißen, stets dem Frascati ähnelnden Weine Latiums verdanken ihre Einheitlichkeit den Genossenschaften, die von nur 2/3 der Rebfläche der Tosakana 40% mehr Wein gewinnen. Umbrien, das sich den Leistungen der Toskana anschließen könnte, zeigt sich lax; nur Orvieto hat sein altes Format zum Teil zurückgewonnen. Ziffern drücken die Unterschiede klar aus: In der Toskana entfällt über 1/3 der Produktion auf DOC-Wein, in Umbrien knapp 1/6 und in Latium weniger als 1/10.

Freilich gehen die Regionen seit jeher ihre eigenen Wege. Latium war immer von Rom beherrscht. Die Toskana brachte unter den

Die Landschaft der Toskana strahlt behagliches Selbstbewußtsein aus, weil hier die Bauernhöfe mit Vieh, Obst, Gemüse, Öl, Brot und Wein noch fast alles hervorbringen, was ihre Bewohner brauchen.

Medici das Licht der Renaissance in die Welt. Umbrien, das «grüne Herz Italiens», ist die Heimat des Nationalheiligen Franz von Assisi. Zur Zeit der Römer und Etrusker hatten die Regionen wohl mehr Gemeinsames als heute, obwohl unverkennbare geistige Bindungen bestehen.

Das etruskische Kernland lag zwischen dem Arno, dem Tiber und dem Meer. Von dort aus breiteten sie sich nach Norden und Süden aus. Die Römer unterwarfen und saugten sie auf, ehrten aber ihren Namen. Toskana kommt von Tuscia, lateinisch für Etrurien; das Tyrrhenische ist das Etruskische Meer. Die Etrusker gaben dem Weinbau ein Gepräge von Fülle. Auf dem malerischen Land sind gestutzte Weiden und Pappeln am Rand der Felder noch immer mit Rebengirlanden geschmückt. Nur ist an steilen Felsenhängen, die im Inneren der Toskana und Umbriens auch kühl und feucht sein können, eine große Ernte kaum zu erzielen.

Ein weiteres Vermächtnis der Etrusker scheint, wenn hier auch die Meinungen auseinandergehen, in den Rebsorten Trebbiano und Sangiovese zu bestehen, die sich Italien erobert haben. Trebbiano kann auf Spitzenklasse keinen Anspruch erheben. Die meist neben ihm angepflanzte Malvasia zeigt sowohl in trockenem Wein als auch in Vin Santo mehr Charakter. Der Grechetto in Umbrien hat ausgesprochenen Stil, doch die Zukunft gehört Chardonnay, Sauvignon und den Pinots, die sich überall durchsetzen.

Der Sangiovese dagegen wird oft als edle Traube genannt, mindestens seine in der Toskana beheimateten Klone Brunello, Sangioveto und Prugnolo Gentile. In anderen Gegenden, außer in Umbrien und der Romagna, zeigt sich der Sangiovese als eine Alltagssorte für Verschnitte. Der Sagrantino in Umbrien und der Cesanese in Latium sind ihm auf heimatlichem Boden oft überlegen. Eine weithin angebaute Sorte ist auch Montepulciano d'Abruzzo, der allerdings auf der tyrrhenischen Seite der Apenninen nur selten so Gutes hervorbringt wie auf der adriatischen. Freilich wechseln in den uneinheitlichen Hügelländern die Verhältnisse oft so radikal, daß eine Sorte, die in einem Weinberg gut gedeiht, im nächsten nebenan schon kümmern kann.

Die oft schwache Leistung einheimischer Rotweintrauben hat den Aufstieg des Cabernet Sauvignon und neuerdings auch des Merlot begünstigt. Der Cabernet bringt in allen drei Regionen tiefe und harmonische Weine ohne die grasig bittere Art, die ihm in Norditalien oft anhaftet. In der Toskana hat sich die Sorte teilweise so gut eingebürgert, daß manche Winzer sie besser einzuschätzen wissen als den Sangiovese. Alles in allem hat sich die Weinbereitung stark verbessert – in den Kellern bleibt nur noch wenig dem Zufall überlassen. Als Hindernis für große Klasse erweist sich in den drei Regionen eher ein gewisser Mangel an Sorgfalt im Weinberg. Winzer, die nicht mit Cabernet und Chardonnay den bequemen Weg gehen, sondern mit heimischen Reben arbeiten wollen, müssen Sorten auswählen, die mit dem Habitat im Einklang stehen. Denn in den Hügeln des Kernlands ist das Höchste, was man von einem Wein verlangen darf, daß er mit seiner Umwelt harmonisiert.

Autobahn

Hauptverkehrsstraße

Haupteisenbahnstrecke

Regionsgrenze

Regionshauptstadt

Provinzhauptstadt

1 : 1,675,000

Km 0   25   50   75

Miles 0   25   50

N

Toskana (Toscana)

Hauptstadt: Florenz
Provinzen: Arezzo (AR), Firenze (FI), Grosseto (GR), Livorno (LI), Lucca (LU), Massa Carrara (MS), Pisa (PI), Pistoia (PT), Siena (SI).
Fläche: 22 992 km^2 (5.)
Bevölkerung: 3 577 000 (9.)

Südlich von Siena ist das Land geprägt von den weiten Weinbergen auf flachen Hügeln.

Nach einer langen Zeit selbstgenügsamer Chianti-Produktion ist die Toskana zum Land der Neuerungen im italienischen Weinbau geworden. Der Schwerpunkt liegt in den Hügeln um Florenz und Siena, in Weinbergen, die mit Olivenhainen und Wäldern abwechseln und sich um Burgen und Villen drängen, wo Mensch und Natur in einer uritalienischen Landschaft in Harmonie miteinander leben. Die Renaissance des Weinbaus begann, als die Toskaner erkannten, wie sehr ihre patriarchalische Weinindustrie unmodern geworden war. Geld und Energie kamen freilich zum Teil von außen, denn kleine und große Weingüter wechselten die Besitzer, als eine Generation in Piemont und Venetien geschulter Önologen, manche auch aus Frankreich oder Kalifornien der neuen Nachfrage nach kunstvoll gestylten Weinen, ob Originale oder regenerierte Klassiker, nachzukommen suchten.

All das ging auf Kosten des traditionsreichen Chianti-Weins, der einst mit seinem strohumflochtenen *fiasco* der Welt kund tat, daß auch Italien auf seine eigene Art ein Weinland war. Die alte Flasche und das alte Brauchtum sind geschwunden, doch der Chianti bleibt der Kern toskanischer Weinkultur und der mengenmäßig größte unter den DOC-Weinen Italiens. Doch die Scheinwerfer sind jetzt auf anderes gerichtet: auf den Aufstieg des Brunello di Montalcino, die Wiedererweckung des Vino Nobile di Montepulciano und die Verjüngung von Weißweinen wie dem Vernaccia di San Gimignano und vielleicht am meisten auf den Aufschwung jener unabhängigen Tafelweine, die manchmal etwas arrogant «Super-Toskaner» genannt werden.

Eine Klasse von Weinerzeugern, die mit Trebbiano und Sangiovese und den guten alten Fässern aufgewachsen ist, pflegt nun den Gedankenaustausch über Cabernet, Chardonnay und französische *barriques*. Doch die Revolution hat auch bei den Toskanern, die von sich behaupten dürfen, daß ihr Weinbau über lange Zeit nicht seinesgleichen hatte, zu innerer Einkehr geführt. Die Rolle vornehmer Familien auf diesem Gebiet legt Zeugnis für eine große Vergangenheit ab. Ricasoli kann seine Tradition zurückverfolgen bis 1141, Frescobaldi bis 1300, und auch hinter Antinori stehen 600 Jahre Tradition.

Die Etrusker bauten hier ein blühendes Weingewerbe auf. Die Römer, denen schwererer Wein aus dem Süden lieber war, vernachlässigten es sodann, bis schließlich fremde Eindringlinge dem Bacchuskult ein Ende setzten. Später erweckten die Mönche den Weinbau in den Waldbergen wieder, und der Wein wurde in den mittelalterlichen Städten Florenz, Siena, Pisa, Lucca und Arezzo zum einem Teil des täglichen Lebens. Mit der Ausbreitung der Renaissance gelangte auch der Wein der Toskana in alle Gegenden Europas. Neben dem viel exportierten Florentiner Rotwein und Vermiglio gab es süßen Weißwein, vor allem den vielgerühmten Vin Santo.

1716 richtete das Großherzogtum Toskana mit Carmignano, Chianti, Pomino und Val d'Arno di Sopra die wohl ersten amtlichen Weinbaubereiche Europa ein. Im 19. Jh. jedoch übernahmen die Franzosen trotz der neuen Chianti-Rezeptur von Bettino Ricasoli und der Schaffung des Brunello di Montalcino durch Ferruccio Biondi Santi die Führung im Prestige und gaben sie nie wieder ab. Anstatt wie erhofft zum Bordeaux Italiens aufzublühen, versank der Chianti im Massengeschmack.

Die steigende Nachfrage führte zu einem größeren Anteil weißer Trauben im Rezept neben Sangiovese, und die Abfüller streckten den Vorrat mit Wein aus anderen Gegenden. Vor 10 Jahren fiel der Chianti nach langer Expansion in eine Krise des Überangebots. Die mit einer DOCG eingeleiteten Gegenmaßnahmen schränkten die Menge ein und brachten den guten Chianti wieder auf den Weg der Ehrbarkeit. Die Erholung ist jedoch noch nicht vollständig. Man könnte sagen, das Weinbaugebiet hätte nie über die Chianti-Classico-Zone bei Siena ausgedehnt werden dürfen. Inzwischen jedoch sind Fragen nach dem Ursprung rein akademisch. Chianti ist offiziell in 7 Zonen sanktioniert, die sich über einen großen Teil der Toskana erstrecken, einschließlich Carmignano, Pomino, Rufina, San Gimignano, Montepulciano und Montalcino, wo der historische Wert anderer Weine wiederentdeckt wurde.

In einer Ära hektischer Diversifizierung bauen nur noch wenige Erzeuger auf Chianti allein. Große Kellereien bieten Populäres: weißen Galestro, rubinroten *novello*, roten Sarmento. Doch Massenweine haben in einer Region, wo bescheidene Erträge auf bergigem Grund mengenmäßig nur den 8. Platz in Italien ermöglichen, ihre natürlichen Grenzen. In Weingütern, wo Klöster, Burgen oder Bauernhöfe zu stattlichen Villen umgebaut wurden, entstehen dagegen viele feine Weine.

Die Statistik weist der Toskana nach dem Veneto die 2. Stelle in der DOC-Wein-Produktion sowie 3 von insgesamt 6 DOCG-Zonen – Chianti, Brunello und Vino Nobile – zu. Carmignano und Pomino haben sich als erstklassige DOC-Zonen erwiesen, und an der Küstenflanke sind weitere von Massa-Carrara und Lucca im Nordwesten über Pisa und Livorno bis zur Insel Elba und der Maremma von Grosseto eingerichtet worden.

Der Brunello hat durch unglaubliche Langlebigkeit und hohe Preise die Vormachtstellung des Barolo erschüttert, und der Vino Nobile, den einst der Dichter Redi zum König aller Weine proklamierte, wird nach langem Niedergang seinem Ruf wieder gerecht. Trotzdem ist es schwierig, die Märkte für diese königlichen Weine aufzubauen. Vor allem im Ausland erweisen sich hohe Preise und das Fehlen klarer Begriffe in Art und Stil als hinderlich, und überdies sind die vielen neuen oder radikal veränderten Weingüter und Lagen noch wenig bekannt.

Inzwischen feiern Kultweine Triumphe. Der Sassicaia, ein reiner Cabernet ohne offiziellen Status, hat vielleicht mehr dazu beigetragen, die Welt davon zu überzeugen, daß Italien edle Rotweine hervorbringen kann, als es die majestätischen, für fremde Zungen jedoch oft unergründlichen Brunello und Barolo je fertiggebracht haben. Der Erfolg des Sassicaia inspirierte Antinori zu dem Sangiovese-Cabernet-Verschnitt Tignanello, mit dem ein neuer Rotweinstil aufkam. Hieraus entwickelten sich weitere Cabernet-Sangiovese-Mischungen und die noch stilvolleren reinen Sangiovese- oder Sangioveto-Weine sowie Merlots, Pinot Noirs und Weißweine von Chardonnay, Sauvi-

gnon, Vernaccia und schließlich Trebbiano – alle selbstverständlich in *barriques* ausgebaut.

Viele, auch kleine Weingüter heuerten einen der neuerdings zahlreichen «fahrenden Kellermeister» an, um einen *vino da tavola* aus einer Einzellage oder von ausgelesenen Trauben zu kreieren. Geschmückt mit einem eingängigen Namen, abgefüllt in modischen Flaschen und ausgestattet mit Künstleretiketten werden sie dann ganz oben auf die Preisliste gesetzt, weit über jedem DOCG-Chianti.

Nur ist zweifelhaft, ob diese Virtuosen die Welt lange blenden können. Selbst die Befürworter großen Wandels wollen nicht zu

In den Weinbergen der Toskana regiert der Sangiovese.

allzufernen Horizonten schweifen, weil sonst nur die Renegaten wieder mit Vorschriften zur Räson gebracht werden müssen. Man sollte jedenfalls immer im Auge behalten, daß es in erster Linie um die Restaurierung des Chianti geht, denn das ist der Name, der in aller Welt für die Toskana steht.

Der Weinbau in der Toskana

Trotz der fast völligen Umgestaltung der meisten Weinbaubereiche in der Toskana in den letzten 25 Jahren bieten viele ländliche Gegenden noch immer ein freundlich antiquiertes Bild. Vielleicht liegt es daran, daß noch heute nur etwa 1/10 eines Gutsgeländes der Rebe zugeteilt wird, während Oliven und andere Feldfrüchte den größeren Anteil behauptet haben. Da die Güter meist groß sind, besitzen die toskanischen Winzer dennoch vergleichsweise umfangreiche Rebflächen (1,15 ha gegenüber dem Landesdurchschnitt von 0,86 ha).

Erst seit kurzem wird nach schlechten Erfahrungen besser auf die Wahl der Rebsorten oder Klone geachtet. Der vorherrschende Sangiovese gilt zwar oft als edel, obwohl manche Zweige dieser Familie nicht recht standesgemäß sind. Inzwischen wird bei Neuanpflanzungen ernsthafte Selektion betrieben. Der Sangioveto ist für Chianti, der Brunello für Montalcino und der Prugnolo für Montepulciano in Mode. Andere einheimische Rotweintrauben, vor allem Canaiolo Nero, der übliche Partner von Sangiovese im Chianti, sowie Colorino und Ciliegiolo, sind dagegen im Schwinden. Indessen setzt der Cabernet Sauvignon, gefolgt vom Merlot, seinen Aufstieg fort. Bei den weißen Trauben gedeiht der unverwüstliche Trebbiano Toscano als Quelle leichter Weine nach Galestro-Art und bleibt unbeeindruckt von dem Trend, ihn und die würdigere Malvasia del Chianti aus Rotweinverschnitten zu verdrängen. Die Vernaccia-Traube ist in San Gimignano neubelebt worden, und der Chardonnay sowie der ebenso vielversprechende Sauvignon Blanc setzen sich für hochwertige Weißweine immer mehr durch. Die Pinots, Rieslinge und Traminer werden meist für Verschnitte benutzt.

Die Toskana hatte schon immer einheimische und längst eingebürgerte fremde Rebsorten in erstaunlicher Menge aufzuweisen. Großherzog Cosimo III., ein Medici und passionierter Weinfreund, soll um die Mitte des 18. Jh.s von den in der Toskana verzeichneten 211 Rebsorten 150 eingeführt haben, unter ihnen auch Cabernet, der in Carmignano «Uva francesca» genannt wurde. Forschungen in San Felice in Chianti förderten 250 lokale Rebsorten zutage, die bei den Winzern scherzhaft *viziati* («Lausbuben») heißen. Manche sind Kuriositäten mit komischen Namen, andere aber besitzen soviel eigene Art, daß ihre Vermehrung für neue Weine angezeigt erscheint.

Die Rebenerziehung geschieht in der Toskana fast immer vertikal nach dem Guyot- oder Cordon-System mit *Capovolto*-Bogen oder nach der niedrigen Einpfahlmethode von Chianti. Neupflanzungen sind in Casarsa, vor allem von Villa Banfi in Montalcino für maschinelle Ernte angelegt worden, die sich jedoch als unpraktisch erwiesen hat, weil zwei- bis dreimal gelesen werden muß, wenn die Trauben bei Vollreife eingebracht werden sollen. Auch Rebzeilen nach etruskischer Art sind hier und da noch zu sehen. In Küstennähe wurden bis vor kurzem die Reben niedrig auf pyramidenförmig zusammengestellten Stäben gezogen, wie es auf Elba noch zu sehen ist. Die Pflanzdichte beträgt in der Toskana durchschnittlich 2000 bis 3000 je ha; manche Güter experimentieren jedoch auch mit 4000 bis 8000 und mehr. Folgende Rebsorten sind vorwiegend in der Toskana beheimatet:

Sonnenuntergang über dem Hügelland bei Siena (mit Monte Amiata).

Das Landleben in den Bergstädtchen der Toskana ist heute noch geruhsam.

Brunello di Montalcino. Dieser Sangioveto oder Sangiovese grosso, dessen Name auf die dunkel- oder mittelbraune Färbung der reifen Trauben hinweist, wurde um 1840 in Montalcino entdeckt, von Ferrucio Biondi Santi isoliert und sortenrein zu Rotwein verarbeitet. Mit der Zeit sind verschiedene «Brunello»-Reben aufgetaucht. Neuerdings wurden in den Weinbergen Biondi Santis vier Klone festgestellt; einer mit der Bezeichnung BBS11 wird vermehrt. Die spätreifende Pflanze ist krankheitsresistent und wuchskräftig; daher praktizieren Spitzenerzeuger scharfen Rückschnitt und Ausdünnung.

Canaiolo Bianco. Der früher populäre weiße Canaiolo ist heute außer in Orvieto (Umbrien), wo er Drupeggio heißt, selten.

Canaiolo Nero. Im 18. Jh. als Canaiuolo oder Canajolo bekannt und für Chianti von größerer Bedeutung als Sangioveto. Da die Sorte aber weder ertragreich noch eigenständig ist, findet sie in Mittelitalien nur noch als Verschnittmaterial Verwendung. Sie ist zwar im Rückgang, könnte aber für die *Vino-novello*-Produktion, für die sie sich ihrer Milde wegen besser eignet als Sangiovese, neu belebt werden.

Ciliegiolo. Früher populäre Traube mit kirschroter Beerenschale (daher der Name). In Mittel- und Süditalien sparsam verwendet.

Colorino. Die dunklen, dickschaligen Beeren wurden zur Verwendung im Chianti *governo* vorgetrocknet und als Körper- und Farbspender ohne vorherrschende Note benutzt. Die ertragsschwache Verschnittsorte ist leider fast ausgestorben.

Malvasia del Chianti. Volle, weiße Malvasia-Sorte, seit langem in süßen Weinen und Vin Santo und als mildernde Beimischung zu Chianti bekannt. Mit Sorgfalt behandelt ergibt sie charaktervollen, trockenen Weißwein. Gehört mit einer Anbaufläche von 12 000 ha vorwiegend in Mittel- und Süditalien zu den verbreitetsten Weißweintrauben. Wird auch als Malvasia Toscana bezeichnet.

Mammolo. Die Rebe, deren Name von *mammola* (Veilchen) kommt, ist in der Toskana seit dem 17. Jh. bekannt. Heute spielt sie eine kleine Rolle im Vino Nobile und manchmal im Chianti. Heißt auch Mammolo Nero oder Mammolone di Lucca.

Moscadello. Alte Moscato-Art, lange bekannt als Grundlage für den süßen Moscadello oder Moscadelleto von Montalcino. Sie ist dort selten geworden, weil sie vom Moscato Bianco aus Piemont aus dem DOC-Rezept verdrängt wurde.

Prugnolo Gentile. Dieser Sangiovese wurde in Montepulciano am Anfang des 18. Jh.s als Quelle für den als Vino Nobile bezeichneten Rotwein bekannt. Ihr voller, gerbstoffreicher Wein unterscheidet sich oft von anderem Sangiovese; es steht nicht fest, ob es sich um *grosso* (wie allgemein angenommen) oder um *piccolo* handelt. Studien hierüber sind im Gang. Die Montepulciano-d'Abruzzo-Rebe wird oft mit Prugnolo verwechselt, wahrscheinlich aber nur wegen der Gleichheit des Ortsnamens, denn eine Verwandtschaft besteht nicht. Synonyme u. a.: Prugnolo Rosso, Pignolo, Tignolo, Uva Canina.

Sangioveto. Der Name Sangioveto oder San Gioveto ist älter als Sangiovese für offenbar in der Toskana beheimatete Rebsorten – *piccolo* oder *forte* bzw. *grosso* oder *dolce* – obwohl der Hinweis auf die Größe der Trauben oder Beeren nicht immer stimmt. Solche Ungenauigkeiten in der Namensanwendung haben beträchtliche Verwirrung gestiftet, ganz abgesehen davon, daß auch der Sangiovese di Romagna und andere verwandte Sorten verbreitet sind. Viele Chianti-Classico-Erzeuger (die zum Teil dem Club del Sangioveto angehören) treten für die Selektion und Verwendung des Typs *piccolo* ein.

Trebbiano Toscano. Dieser als zuverlässig und ertragsstark bekannte Klon hat sich in ganz Italien durchgesetzt. Für sich allein ergibt er meist dünne und neutrale Weine, mit würzigeren Traubensorten aber läßt er sich gut mischen. Seit der Reblaus liegt der Schwerpunkt auf dem Ertrag, und darin ist der Trebbiano Toscano unschlagbar.

Vernaccia di San Gimignano. Die seit dem 13. Jh. in San Gimignano nachgewiesene Traube ist ungewisser Herkunft, möglicherweise griechisch, auf jeden Fall aber nicht mit anderen Rebsorten gleichen Namens in Sardinien, den Marken oder Ligurien verwandt. Die Weine waren früher mehr für Langlebigkeit bekannt als heute. Die ertragreiche Vernaccia wird in Mittel- und Süditalien angebaut.

Weitere Rebsorten: Die einst überaus große Auswahl an Rebsorten hat sich in der Toskana stark verringert: dennoch sind in der Region noch mehr Sorten am Rand erhalten als in anderen.

Als weitere Sorten sind in der Toskana empfohlen oder zugelassen:

Für Rot- oder Roséwein: Aleatico, Alicante, Alicante Bouschet, Ancellotta, Barbera, Barsaglina, Bonamico, Bracciola Nera, Cabernet Franc, Cabernet Sauvignon, Caloria, Canina Nera, Colombana Nera, Foglia Tonda, Gamay, Groppello di Santo Stefano, Groppello Gentile, Malvasia Nera di Brindisi, Malvasia Nera di Lecce, Mazzese, Montepulciano, Pinot Nero, Pollera Nera, Schiava Gentile, Syrah, Teroldego, Vermentino Nero.

Für Weißwein: Albana, Albarola, Ansonica, Biancone di Portoferraio, Clairette, Chardonnay, Durella, Grechetto, Greco, Livornese Bianca, Malvasia Bianca di Candia, Moscato Bianco, Müller-Thurgau, Pinot Bianco, Pinot Grigio, Riesling Italico, Riesling Renano, Roussanne, Sémillon, Sylvaner Verde, Traminer Aromatico, Verdea, Verdello, Verdicchio Bianco, Vermentino oder Vermentino Bianco.

San Gimignano ist für seine Türme und seinen Weißwein berühmt.

Autobahn
Hauptverkehrsstraße
Eisenbahnstrecke
Regionsgrenze
Provinzgrenze

Regionshauptstadt
Provinzhauptstadt
DOC-Grenze
Val di Cornia Vino da tavola
Sorbaiano Weinerzeuger

1 : 1,100,000

Km 0   10   20   30
Miles 0   10   20

① Fattoria di Fubbiano
② La Badiola
③ Tenuta di Maria Teresa
④ Carmignani G. 'Fuso'
   Cerruglio
   Fattoria del Buonamico
   Fattoria Maionchi
   Fattoria Michi
   Franceschini
   Vigna del Greppo
⑤ Il Colle

⑥ Chigi Saracini
⑦ Sestano
⑧ Sassicaia-Tenuta San Guido
⑨ Ornellaia
⑩ Antinori-Belvedere
⑪ Grattamacco
⑫ Avignonesi-La Selva
⑬ Mario Baldetti
⑭ Alta Valle della Greve
⑮ Colline fra Siena e Firenze

Isola d' Elba
Portoferraio   *Aleàtico di Portoferraio*
ELBA
Porto Azzurro

1 BIANCO DELLA VALDINIEVOLE
2 BIANCO DELL' EMPOLESE
3 CARMIGNANO
4 POMINO
5 VERNACCIA DI SAN GIMIGNANO
6 BIANCO VERGINE VALDICHIANA
7 BRUNELLO DI MONTALCINO
  ROSSO DI MONTALCINO
  MOSCADELLO DI MONTALCINO
8 VINO NOBILE DI MONTEPULCIANO
  ROSSO DI MONTEPULCIANO

1 CANDIA DEI COLLI APUANI
2 COLLINE LUCCHESI
3 MONTECARLO
4 BIANCO PISANO DI SAN TORPE
5 MONTESCUDAIO
6 BOLGHERI
7 MORELLINO DI SCANSANO
8 BIANCO DI PITIGLIANO
9 PARRINA

ZENTRALES HÜGELLAND   KÜSTENZONE

Die Weinzonen der Toskana

Die Toskana erstreckt sich von den Bergen zum Meer über ein in Form und Flora abwechslungsreiches Hügelland. Doch trotz der Unterschiede im Detail zeigt das Ganze außergewöhnliche Harmonie. Die toskanisch-emilianischen Apenninen mit über 2000 m hohen Gipfeln schwingen sich von Ligurien hinüber bis zu den Marken. Der im Monte Amiati (1738 m) gipfelnde Zug verläuft von den Monti del Chianti südwärts entlang der Grenze zu Umbrien und Latium zum Argentario-Gebirge. In den Tälern von Chiana, Ombrone und Arno fangen sich Wärme und Feuchtigkeit. 2/3 der Fläche bilden jedoch Berghänge zwischen 100 und 500 m, die selbst während der sommerlichen Trockenheit von kühlendem Wind bestrichen werden. Um Florenz und Siena liegt das mit Oliven und Reben in Mischkultur bebaute eigentliche Weinbauland. Trotz der großen Rebflächen im Chianti Classico, bei Montalcino und Montepulciano nehmen Wälder weit mehr Platz auf den Hügeln der Toskana ein. Auch an der tyrrhenischen Küste und auf Elba herrscht die Rebe durchaus nicht vor. In den zentral gelegenen Hügeln sind die Bedingungen für den Weinbau günstiger, weil es dort kühler ist als an der Küste, wo sich trotzdem an manchen Stellen unerwartetes Potential zeigt. An anderen dagegen gibt es keine bemerkenswerten Weine, z. B. in den felsigen Colline Metallifere und im trockenen Buschland der Maremma.

Die Berge um Florenz: Montalbano-Carmignano, Rufina-Pomino

Die Hänge der breiten Täler am unteren Arno und seiner Nebenflüsse Elsa und Pesa sind maritimen Einflüssen stärker ausgesetzt als die oft steilen Waldberge östlich von Florenz am oberen Arno und am Sieve. Die Weine von den sandigen Lehmböden im Westteil der Colli Fiorentini und von Montalbano sind leicht, doch Chianti riserva von kalkreichem Gelände um Barberino und Tavarnelle sowie Impruneta bei Florenz hat oft Statur. Carmignano an der kühleren Ostflanke von Montalbano ist für Rotweine mit Format und Langlebigkeit bekannt. Östlich von Florenz liegen vor der Apenninenwand von Mugello die sandigen kalkreichen Hänge der Colli Fiorentini und von Rufina, wo der Chianti eine Kraft und Lebensdauer erreicht wie sonst nur in privilegierten Teilen des Classico-Bereichs. In dem in Rufina eingesprengten Pomino entstehen Rot- und Weißweine von großer Finesse. Weiter oben am Arno, wo er sich zwischen Pratomagno und den Monti del Chianti hindurchzwängt, nachdem er das weite Valdarno Superiore durchquert hat, wachsen kargere und strengere Weine auf schwereren Lehmböden. Die Valdinievole-Zone in der Provinz Pistoia zieht sich mit einfachem *bianco* von der fruchtbaren Sohle des Arno-Tals bis in die Ausläufer der Apenninen.

Chianti Classico

Die Unterschiede in Wein, Mikroklima und Terrain sind auf den oft steilen Hängen zwischen 250 und 550 m ausgeprägt. Die größten und langlebigsten Weine kommen aus dem südlichen Teil, dem ursprünglichen Chianti um Castellina, Gaiole und Radda. Die Böden sind dort meist kalkreich und steinig, die unteren Ränder um Siena sind mit mineralreichen Ablagerungen vermischt und erbringen Wein von ungewöhnlicher Statur. Der nördliche und östliche Teil der Provinz Firenze ist kühler und feuchter, die Böden sind unterschiedlicher, von Kalkstein über Sand, Lehm und Schiefer bis Marschland und dem hocherwünschten lockeren Mergel, der als *galestro* bezeichnet wird.

Aus den Weinbergen von Montalcino kommt der überaus langlebige Brunello.

Das Greve-Tal und die Hügel ringsum bringen vor allem schlichten, fruchtigen Wein hervor, aber auch feine Riserva entsteht insbesondere um Panzano. Die Witterung in den Bergen ist unbeständig. Neben den traditionellen Chianti-Rebsorten gedeihen in dieser Gegend Cabernet, Chardonnay, Sauvignon und selbst Pinot Noir.

Colli Senesi und Val d'Arbia

Die Chianti-Zone Colli Senesi erstreckt sich über große Teile der Provinz Siena. Boden und Mikroklima sind unterschiedlich (siehe San Gimignano, Montalcino und Montepulciano). Allgemein kommt der bessere Chianti aus Bereichen mit sandigem, kalkreichem Tuffgestein ohne schweren Lehm. Die meisten Val-d'Arbia-Weißweine stammen aus dem südlichen Teil des Chianti Classico, der sich mit seinen warmen und trockenen Verhältnissen für Rotwein besser eignet. Die Zone erstreckt sich bis in die Tonmoore (*crete*) und westlich von Siena in die Felsenberge von Montagnola, wo nur wenig Wein wächst.

San Gimignano

Die guten Hanglagen der Gemarkung bestehen zumeist aus leichtem, fast kreidig-beigem bis grauem Boden mit kalkreichem Lehm und Tuff, an anderen Stellen aus gelblichem Sandboden. Die besten Lagen befinden in den höchsten Teilen der Zone um die Stadt. Von wärmeren Hängen im Elsa-Tal kommt auch guter Vernaccia. Der Chardonnay ist ebenfalls vielversprechend, doch wird die uralte Reputation der Stadt für Weißwein durch immer besser werdenden Chianti und neuerdings auch erstklassigen reinen Sangiovese oder Cabernet in den Hintergrund gedrängt.

Montalcino

Die ausgedehnte Gemarkung bildet ein Hügelland zwischen den Tälern von Orcia und Ombrone, die sich an der Südwestecke der Zone, etwa 40 km vom Meer entfernt, vereinigen. Das gemäßigte Klima bekommt in heißen, trockenen Sommern den Einfluß des tyrrheni-

Oft wachsen Reben und Oliven noch gemeinsam in den Hügeln.

schen Meers zu spüren. Die Masse des nahegelegenen Monte Amiata schirmt die Weinberge gegen Hagel und Sturm ab. Zu den begünstigten Teilen der Zone gehören die kühleren oberen Bereiche (400–550 m) um die befestigte Stadt, wo sehr langlebiger Brunello wächst. Der Boden in den bekannten Lagen Il Greppo, Barbi und Colle al Matrichese ist vorwiegend *galestro*, ebenso in den tieferen Lagen Montosoli und Canalicchio, mit meist robusteren Weinen. Viele neue Anpflanzungen liegen im wärmeren Südosten der Gemarkung um Sant'Angelo in Colle, Pian delle Mura, Argiano und Camigliano. Die sandigen Lehmböden dort sind mit Kalkstein und *galestro* gemischt, so daß kräftiger, festgefügter Brunello entsteht. Früher wurden oft Weine aus verschiedenen Lagen miteinander gemischt, dagegen bemüht man sich heute um Individualität.

Montepulciano

Die Gemarkung zieht sich quer durch das obere Chiana-Tal, das sich nach Osten zum Trasimenischen See hin öffnet und im Schutz der Berge im Westen warm, aber gut durchlüftet ist – ein seit langem als günstig für die Rebe bekanntes Habitat. Die meisten Vino-Nobile-Weinberge liegen auf sanften Hängen, die von 250 m am Talrand bis etwa 600 m um die Stadt Montepulciano ansteigen. Der sandige Lehmboden ist in den für kraftvolle und feste Weine bekannten Lagen Argiano, Cervognano, Gracciano und Caggiole mit Meeresablagerungen reichlich durchsetzt. Höhere Lagen bei Pietrose bringen Wein mit schönem Bukett hervor. Auf der anderen Talseite wächst bei Valiano ausgewogener Vino Nobile mit viel Finesse.

Colli Aretini und Valdichiana

Der Chianti Colli Aretini und der Bianco Vergine Valdichiana kommen aus breiten Tälern, wo es im Sommer heiß und im Winter kalt und oft ziemlich feucht ist. Das Hügelland besteht aus sandigem Lehmboden mit Meeresablagerungen und Schwemmland. In beiden Zonen wuchsen früher delikate Trebbiano- und Malvasia-Weißweine, deren Tradition heute nur noch vom Bianco Vergine aufrechterhalten wird. In den Colli Aretini reift der Sangiovese manchmal an den kühlen Osthängen des Pratomagno und der Chianti-Berge nicht voll aus.

Der Nordwesten: die Apuanischen Berge und Lucca

Die Apuanischen Alpen verweisen das maritime Klima auf die Küste im Westen, wo zwischen den Marmorbrüchen von Massa und Carrara auf mineralreichem sandigem Lehmboden milder weißer Candia wächst. Luftströmungen aus dem warmen Arno-Tal umspülen die Colline Lucchesi, wo im sanften Klima auf Sandboden leichter, duftiger *rosso* und *bianco* wachsen. Montecarlo liegt tiefer und ist wärmer. Hier liegen Weinberge auf kalkreichen, sandigen Südhängen, so daß bei guten Reifebedingungen saubere Weißweine und manchmal feine Rotweine entstehen.

Die Küstenberge: Colline Pisane, Bolgheri und Elba

Die Berge von Pisa um Casciana Terme bilden die wärmste der 7 Chianti-Zonen. Die Weine von sandigem Lehmboden sind meist leichter als die übrigen. Der Bianco Pisano di San Torpè kommt größtenteils von Schwemmland am Arno, wo er im warmen Klima leicht und flüchtig ausfällt. Die gemäßigte Bergzone Montescudaio besteht aus mineralreichem sandigem Lehm und bringt duftige, mittelschwere Rot- und Weißweine hervor. Bolgheri produziert die feinsten Weine an der Küste: den Sassicaia, Ornellaia und Grattamacco. Der Boden dort ist steinig, kalkhaltig, ein mit Meeresablagerungen durchsetzter Lehm, auf dem Rotweine mit außergewöhnlicher Wucht und Finesse, vor allem von Cabernet-Trauben, entstehen. Die Jahrgänge fallen im warmen maritimen Klima sehr gleichmäßig aus. Die Insel Elba begünstigt durch ihre Lage Luftströmungen, die zu Dürre führen können. Der eisenreiche Boden und das Inselklima lassen auf Elba ausgeprägt charaktervolle Rot- und Weißweine, v. a. süßen Aleatico, entstehen.

Die Maremma

In der Maremma südlich von Grosseto wechselt der vorwiegend kalkhaltige Boden von Parrina und Morellino di Scansano zu vulkanischem Boden in der Bianco-di-Pitigliano-Zone nördlich des Bolsena-Sees über. Parrina ist heiß und trocken, was sich in einem robusten Weincharakter niederschlägt. Das kühlere Klima im höhergelegenen Inneren um Scansano und Pitigliano verleiht den Rot- und Weißweinen stärkeres Bukett.

Weine aus dem mittleren Hügelland

Der Chianti als tragende Säule des toskanischen Weins wankt unter der Last der Neuerungen. Doch wenigstens ein paar Erzeuger stützen ihn entschlossen. Neben dem historischen Wert des Namens ist dies auch der magischen Physiognomie des Hügellands um Florenz und Siena zu verdanken, das sich noch immer wie eine Kulisse für Renaissancegemälde ausnimmt. Die Bezeichnung Chianti entstand vermutlich aus dem Namen einer etruskischen Familie und galt zunächst für die Gegend um Radda, Gaiole und Castellina im Süden des heutigen Chianti-Classico-Bereichs. Die Feudalherren, die im 13. Jh. den Chianti-Bund bildeten, hatten sicher ihre Weinberge dort; ein Wein dieses Namens wird aber erstmals 1404 erwähnt, als Francesco Datini, Kaufmann aus Prato, in Vignamaggio einen Weißwein kaufte. Mit wachsender Popularität des Chianti dehnten sich die Weinberge nach Norden über Greve und San Casciano, durch die Florentiner Berge ostwärts bis Arezzo, südwärts weit über Siena hinaus und westwärts bis fast an die tyrrhenische Küste bei Pisa aus. Mit der Zeit ging die

Identität von Chianti als Landschaft fast verloren, weil der Name ausschließlich für einen Rotweintyp aus einem großen Gebiet mit 7 Zonen und Randbereichen stand.

Doch als Wein steht der Chianti im mittleren Hügelland der Toskana nicht allein. Seine Domäne überschneidet sich oder trifft zusammen mit anderen DOC- oder DOCG-Zonen, wo auch andere Weinbezeichnungen zulässig sind. Dabei handelt es sich um Carmignano, Pomino, Vernaccia di San Gimignano, Val d'Arbia, Montepulciano, Montalcino und Bianco Vergine Valdicchiana. Sie alle haben eigene Regeln nicht nur für trockene, sondern auch für andere Weine bis zum Spumante und Vin Santo. Die vielen DOC-Weine werden in geographischer Reihenfolge, ausgehend von den Provinzen Florenz und Pistoia über den Chianti-Classico-Bereich bis zu den Provinzen Siena und Arezzo, besprochen. Die meisten Winzer erzeugen darüber hinaus auch Tafelwein, oft unter Kollektivbezeichnungen wie Galestro, Sarmento oder Predicato; andere Namen beziehen sich dagegen auf Lagen oder Orte oder sind reine Phantasie. Diese individualistischen *vdt* werden jeweils unter dem Namen des Erzeugers geführt.

Die Vielzahl der Möglichkeiten hat inzwischen das Hauptaugenmerk von dem nach wie vor vielgestaltigen Chianti abgelenkt. Da noch immer keine Einigkeit darüber besteht, ob der Chianti vornehm daherkommen soll wie alter Pauillac oder so spritzig wie junger Beaujolais, hat der Verbraucher oft die Wahl zwischen allen erdenklichen Typen. Gekeltert wird der Chianti aus einer Traubenmischung, in der immer mehr der Sangiovese oder Sangioveto dominiert, begleitet vom dunklen Canaiolo und den umstrittenen, immer öfter fallengelassenen weißen Sorten Malvasia und Trebbiano. Die alte Praxis, weiße Trauben in rotem Wein mitzuverarbeiten, wurde von Baron Bettino Ricasoli bei der Entwicklung des Rezepts in seinem Castello di Brolio um die Mitte des 19. Jh.s festgeschrieben.

Der «Eiserne Baron» berücksichtigte dabei, daß die Malvasia-Traube in jung trinkreifen Weinen den Kraftüberschuß des Sangiovese mildert. Andere Winzer nutzten daraufhin den ertragreicheren Trebbiano, um ihren Chianti zu strecken. Eine kuriose Sitte war in der Toskana der *governo*; er bestand in der Beimischung getrockneter Trauben (oder ihres Mosts) zum neu vergorenen Wein, um eine zweite Gärung hervorzurufen. Die meisten Winzer nutzten diesen *governo all'uso toscano*, um ihren jungen Chianti süßer, runder und leicht prickelnd zu machen, manche aber auch als Stärkung für längere Reife. Nun mögen diese früher vernünftigen Praktiken heute exzentrisch erscheinen; dennoch gehören weiße Rebsorten nach wie vor zum Mischungsrezept, und der *governo* feiert ein gewisses Comeback. Manche Önologen sind fest überzeugt, daß der Wein dadurch voller und robuster wird.

Es ist ein Wunder, daß der Chianti und seinesgleichen oft so gut sind, wenn man all die Fehler und Irrtümer bedenkt, die bei der Umstellung der Weinberge in den 60er und 70er Jahren begangen wurden. Die Abschaffung der strohumflochtenen Flasche, in der 1970 ⅔ des Chianti abgefüllt wurden, während es heute nur noch knapp ¹⁄₁₀ ist, ging mit einem Rückgang seiner Popularität einher. Die Krise erreichte vor rund 10 Jahren ihren Höhepunkt, als die Kritiker bemerkten, daß es so manchem neuerdings angeblich würdigen Chianti in der Bordeaux-Flasche an Substanz und Statur mangelte, teilweise weil allzu hastig gepflanzte Weinberge nun zu tragen begannen. Die seither eingetretenen Fortschritte sind vor allem besseren Weinbereitungstechniken, aber auch der Aufstufung zur DOCG im Jahr 1984 zu verdanken. Die Produktion wurde stark reduziert, und zwar durch Ausscheiden ungeeigneter Lagen, durch Herabsetzung der Ertragsgrenzen und des Anteils weißer Trauben im Rezept sowie durch die Einführung einer Geschmacksprüfung, damit untypische und geringwertige Weine ausgeschlossen werden können.

Die Nutznießer der DOCG sind vor allem die Erzeuger und Abfüller von Chianti Classico, deren bevorzugter Status ein historisches Privileg ist. Die Preise für ihre Trauben und Weine sind weit mehr gestiegen als bei den anderen. Die meisten Chianti-Classico-Erzeuger und -Abfüller gehören zum sogenannten Consorzio Gallo Nero (nach ihrem Emblem, dem schwarzen Hahn). Andere sind Mitglieder der Vereinigung, die einen Putto als Zeichen führt. Die Mitgliedschaft ist jedoch freiwillig. Die großen Häuser Antinori, Ricasoli und Ruffino gehören keinem der beiden Verbände an. Chianti-Classico-Erzeuger, die den körperreichen Riserva-Typ bevorzugen, streben eine getrennte DOCG an, um sich von der Masse abheben zu können.

Oben: Der schwarze Hahn ist das Symbol des Konsortiums Chianti Classico.

Links: Bauernhaus in den Hügeln bei Pienza in der DOC-Zone Chianti Colli Senesi.

199

Chianti (DOCG 1984, DOC 1967)

Chianti ist eine Weinbezeichnung mit vielen Verzweigungen. Die anerkannten Weine aus den 7 Unterzonen heißen Classico, Colli Aretini, Colli Fiorentini, Colli Senesi, Colline Pisane, Montalbano, Rufina. Ein Wein, der aus einer dieser 7 Zonen oder der breiteren DOCG-Zone stammt, darf auch einfach als Chianti bezeichnet werden. Er muß den nachstehenden Vorschriften in bezug auf Anteile der Traubensorten, Höchstertrag, Alkoholgehalt und Alterung entsprechen. In den einzelnen Unterzonen gelten spezifischere Regeln. Die Erzeuger von Classico und Rufina erfüllen die Regeln sowieso; viele in den anderen Zonen kümmern sich aber nicht weiter darum. Die 7 Unterzonen und ihre Regeln werden hier in geografischer Reihenfolge umrissen.
ZONE: Hänge bis 550 m (in Ausnahmefällen bis 650 m) in 5 Provinzen und 103 Gemeinden (19 in Arezzo, 34 in Firenze, 16 in Pisa, 8 in Pistoia, 26 in Siena). Trockener Rotwein. Trauben: Sangiovese 75–90%, Canaiolo Nero 5–10%, Trebbiano Toscano/Malvasia del Chianti 5–10%. E. 70/100: Alk. 11,5, riserva 12,5; S. 0,5. A. 6 Mte., riserva 3 J. Weine, die mit «governo all'uso del Chianti» bereitet sind, müssen einen entsprechenden Vermerk auf dem Etikett tragen und dürfen nur innerhalb eines Jahres verkauft werden.

Vin Santo

Der heißgeliebte Nektar der Toskana ist der Vin Santo, der goldene «heilige Wein», der auf fast jedem Bauernhof mit viel Sorgfalt bereitet und meist nicht verkauft, sondern dem Eigenverbrauch zu besonderen Gelegenheiten vorbehalten wird. Es wird zwar behauptet, der echte toskanische Vin Santo müsse ganz oder fast ganz trocken sein, aber süße Versionen waren sicher für die heilige Messe besser geeignet. Da jedoch der immer individuelle Stil oft mehr aus Zufall als Absicht zustandekommt, werden alle Schattierungen von trocken bis süß anerkannt. Der komplizierte Prozeß beginnt damit, daß ausgesuchte Trauben (meist weiße Malvasia, Trebbiano oder Grechetto oder auch andere Sorten, sogar rote) zum Trocknen auf Regalen ausgelegt oder an Dachbalken aufgehängt werden. Bei diesem appassimento, das der Konzentration von Zucker und Extrakt dient, sollen angeschimmelte Trauben ausgeschieden werden. Nach Weihnachten werden die Trauben dann gekeltert, und ihr Most

Sorano in der südlichen Toskana liegt in der DOC-Zone Bianco di Pitigliano.

wird in kleine Kastanien- oder Eichenholzfässer, sogenannte caratelli gefüllt, wobei meist etwas madre (dicker Rückstand eines früheren Weins) beigemischt wird, um die erforderlichen Hefen für die lange Gärung einzubringen, die sich in den vinsantai – luftigen, der Sommerhitze und Winterkälte ausgesetzten Räumen – abspielt. Traditionsgemäß werden die caratelli mit Zement verschlossen und erst wieder geöffnet, wenn der Wein nach 2 bis 6 Jahren reif ist. Moderne Önologen wollen jedoch den Vorgang kontrollieren können und halten sich den Zugang zu den Fässern offen.

Wenn alles gut geht, ist der Vin Santo ein üppiger Aperitif oder Dessertwein. Dazu wird Mandelgebäck, sogenannte cantucci, serviert, das in den Vin Santo eingetaucht wird. Der außergewöhnlich konzentrierte Occhio del Pernice von Avignonesi steht an der Spitze, aber auch andere Erzeuger haben Ausgezeichnetes zu bieten. Brolio, Frescobaldi und Antinori produzieren Vin Santo in ziemlich großem Stil. Doch es gibt auch Imitationen, meist von Moscato-Trauben aus Sizilien, die Menge. Bäuerlicher Vin Santo kann sehr fein, aber auch sehr derb sein. Da der Vin Santo bereits in 7 Zonen – Carmignano, Pomino, Montescudaio, San Torpè, Valdinievole, Val d'Arbia und Empolese – anerkannt ist, dürfte die geplante DOC Colli dell'Etruria Centrale als regionale Appellation gedacht sein. Obwohl die Produktion nach einer Zeit des Rückgangs wieder aufzuleben scheint, ist bei dem umständlichen Verfahren eine größere kommerzielle Erzeugung nicht zu erwarten.

Andere beachtenswerte Weine

Colli dell'Etruria Centrale ist dazu bestimmt, den Erzeugern von DOCG Chianti die Möglichkeit zu geben, leichte, frische, trockene Weine und Vin Santo als DOC-Produkte herauszubringen. Es sind 4 Typen in einem Gebiet anerkannt, das sich in den Provinzen Arezzo, Firenze, Pistoia und Siena mit dem Verbreitungsgebiet des Chianti deckt. Es sind dies:
Rosso. Trockener Rotwein. Trauben: Sangiovese Min. 75%; Canaiolo/andere rote Sorten bis 25%, Cabernet/Merlot bis 10%. E. 84/120; Alk. 10,5–11,5; S. 0,5.
Rosato. Trockener Rosé. Trauben: wie rosso. E. 78/120; Alk. 10,5; S. 0,5.
Bianco. Trockener Weißwein. Trauben: Trebbiano Toscano/Malvasia del Chianti/Vernaccia di San Gimignano Min. 50%, Pinot Bianco und Grigio/Chardonnay/Sauvignon 10–50%. E. 78/120; Alk. 9,5; S. 0,55.

Vin Santo. Gold- bis bernsteinfarbener Dessertwein, *secco* oder *amabile*. Trauben: wie *bianco*, jedoch *passito*. E. 42/120; Alk. 16; S. *secco* 0,4, *amabile* 0,45.

Die Produktion eines Teils der kommerziellen *vdt* der Toskana untersteht der Aufsicht durch Ente Tutela Vini dei Colli della Toscana Centrale, ein Konsortium großer Handelshäuser, Genossenschaften und Weingüter. Die Weine werden nach Regeln bereitet, die den DOC-Vorschriften ähnlich sind, und müssen eine Geschmacksprüfung bestehen, bevor sie unter ihrem Namen verkauft werden dürfen. Hierzu gehört einfacher Rosso und Bianco dei Colli della Toscana Centrale sowie Galestro und Sarmento. Sie alle können von der DOC Colli dell'Etruria Centrale erfaßt werden. Der Galestro, ein Weißwein mit höchstens 10,5% Alkohol, muß kühl vergoren werden. Er beruht auf Trebbiano und darf zur Aroma- und Geschmacksstärkung bis 40% andere Traubensorten enthalten, z. B. Chardonnay, die Pinots, Sauvignon und Riesling. Der Sarmento ist das rote Gegenstück hierzu – er beruht auf Sangiovese und Canaiolo – und soll kühl serviert werden. Die bessere Predicato-Version fällt nicht unter die neue DOC. Ambrogio Folonari von Ruffino war führend an der Gründung der Gruppe beteiligt, um die definierbaren unter den neuartigen Weinen zur amtlichen Anerkennung zu bringen. Trotz guter Beispiele läßt die Teilnahme zu wünschen übrig. Einige Predicato-Weine verkauften sich zwar gut, doch scheint die archaische Namensgebung für die 4 Gruppen das Publikum zu verwirren:
Predicato del Muschio. Für Weißwein von Chardonnay oder Pinot Bianco mit bis zu 20% Riesling, Müller-Thurgau oder Pinot Grigio.
Predicato del Selvante. Für Weißwein von Sauvignon Blanc mit den gleichen Zusatzsorten wie Muschio.
Predicato di Biturica. Für Rotwein von Cabernet mit bis zu 30% Sangiovese und 10% anderen roten Trauben.
Predicato di Cardisco. Für Rotwein von Sangiovese mit bis zu 10% anderen roten Trauben.

Die Toskana ist führend in der *Vino-novello*-Produktion und regelt Bereitung und Vertrieb im Rahmen eines Verbands, in dem 5 der 10 größten Produzenten zusammengefaßt sind: Antinori, Villa Banfi, Frescobaldi, Ruffino und Castello d'Albola.

Terrassierte Berghänge mit Wein und Oliven in der DOC-Zone Carmignano und Chianti Montalbano westlich von Florenz.

Weine aus den Florentiner Bergen

Florenz, von den Römern gegründet, bezieht seinen Wein mit gutem Ruf aus den Bergen um die Stadt. Das Großherzogtum Toskana benannte im Jahr 1716 vier Weinbereiche besonderer Güte, davon drei in der Umgebung von Florenz: Carmignano, Pomino und Val d'Arno di Sopra. Der vierte, Chianti, lag um Siena und erweiterte sich erst später zu dem Koloß, der sich bis vor die Mauern von Florenz ausstreckt. In neuerer Zeit wird Florenz als Weinzentrum von Siena überschattet, das die DOCG-Zonen Brunello, Vino Nobile und größtenteils auch Chianti Classico in seinen Provinzgrenzen umfaßt. Doch die Florentiner, die sich ihren Erzrivalen niemals beugen können, haben den alten Glanz von Carmignano und Pomino wieder aufpoliert und Rufina sowie die Colli Fiorentini in die vordersten Ränge des Chianti geschoben. Die einst vielgeliebten süßen Weißweine aus dem oberen Arno-Tal sind leider verschwunden.

Chianti Colli Fiorentini

Als der Wein noch in Flaschen ohne Etiketten verkauft wurde und die meisten Einwohner der Stadt noch echte Florentiner waren, stammte fast alles, was dort Chianti hieß, aus den bezaubernden Bergen um Florenz. Adel und Bürgerschaft hatten ihre *fattorie*, von denen sie mit Wein, Olivenöl und frischen Früchten des Landes versorgt wurden. Jede Trattoria in Florenz hatte ihren eigenen «Chianti» und garantierte für seine Echtheit (allerdings nur mündlich, ohne amtliches Siegel). Der Wandel im Lebensstil der Stadt und die Krise um den Chianti haben alles verändert. Heutzutage müssen Winzer nicht nur geschäftstüchtig, sondern auch fleißig sein, wenn sie von ihrer Arbeit leben wollen. Die Entwicklung, die mancher *fattoria* das Leben schwer gemacht hat, brachte insgesamt jedoch Verbesserungen, und so

zählen die besten Weine der Colli Fiorentini heute zur Spitze von Chianti. ZONE: Die Hügel um Florenz sowie 14 weitere Gemeinden in der Provinz, nordöstlich oberhalb Fiesole und südöstlich beidseits des Arno bis Figline und Pian di Scò, dann südlich in einem Streifen entlang dem Chianti-Classico-Bereich, westlich bis Montelupo und südwärts zwischen dem Pesa- und Elsa-Tal bis Barberino. Die Hänge im Westteil sind relativ offen und meist wärmer und trockener als die steilen, bewaldeten Hügel über dem oberen Arno-Tal. Trockener Rotwein. Trauben: Sangiovese 75–90%, Canaiolo Nero 5–10%, Trebbiano Toscano/Malvasia del Chianti 5–10%, sonstige rote Sorten bis 10%. E. 56/80; Alk. 11,5, *riserva* 12,5%; S. 0,5–0,75. A. 8 Mte., *riserva* 3 J.

Andere beachtenswerte Weine

Weißer *vdt* nach der Art des Galestro neben Rosé und Spumante. Z. B. bieten Fattoria Montellori, Il Corno und Carla Guarnieri Tafelweine mit besonderem Stil.

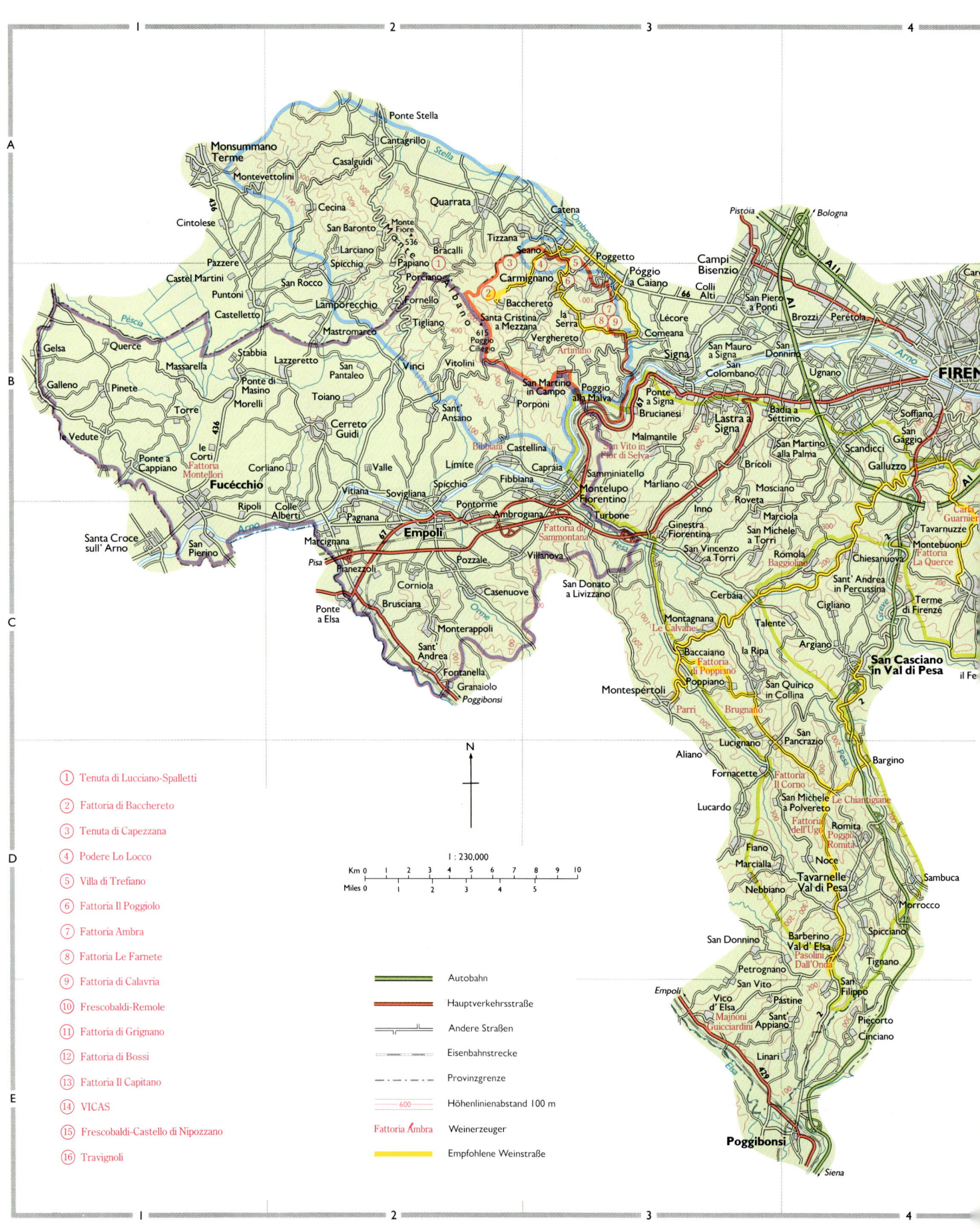

① Tenuta di Lucciano-Spalletti

② Fattoria di Bacchereto

③ Tenuta di Capezzana

④ Podere Lo Locco

⑤ Villa di Trefiano

⑥ Fattoria Il Poggiolo

⑦ Fattoria Ambra

⑧ Fattoria Le Farnete

⑨ Fattoria di Calavria

⑩ Frescobaldi-Remole

⑪ Fattoria di Grignano

⑫ Fattoria di Bossi

⑬ Fattoria Il Capitano

⑭ VICAS

⑮ Frescobaldi-Castello di Nipozzano

⑯ Travignoli

N

1 : 230,000

Km 0 1 2 3 4 5 6 7 8 9 10

Miles 0 1 2 3 4 5

	Autobahn
	Hauptverkehrsstraße
	Andere Straßen
	Eisenbahnstrecke
	Provinzgrenze
600	Höhenlinienabstand 100 m
Fattoria Ambra	Weinerzeuger
	Empfohlene Weinstraße

Grenze der DOC Carmignano

Grenze der DOCG Chianti Montalbano

Grenze der DOC Bianco dell'Empolese

Grenze der DOCG Chianti Colli Fiorentini

Grenze der DOCG Chianti Rufina

Grenze der DOC Pomino

Chianti Montalbano

Der Chianti ist unterschiedlich, je nachdem, ob er aus dem sonnigen Westen oder den höheren Lagen im waldreicheren Osten kommt. Die Weine aus dem Westen um Vinci waren früher als überaus wuchtig und schwer bekannt; heute wird jedoch meist milder, fruchtiger, jung trinkreifer Chianti angestrebt. Die Güte des Carmignano wird durch eine eigene Kategorie anerkannt.

ZONE: Die Hänge der zu den Apenninen gehörenden, südostwärts zum Arno verlaufenden Montalbano-Berge in den Gemarkungen Carmignano, Capraia e Limite und Vinci sowie Larciano, Monsummano Terme, Serravalle Pistoiese und Pistoia. Trockener Rotwein. Trauben: Sangiovese 75–90 %, Canaiolo Nero 5–10 %, Trebbiano Toscano/Malvasia del Chianti 5–10 %, sonstige rote Sorten bis 10 %. E. 70/100; Alk. 11,5, riserva 12,5; S. 0,5–0,75; A. 6 Mte., riserva 3 J.

Carmignano (1975, Rosato und Vin Santo 1983)

Der Wein von Carmignano war schon jahrhundertelang vor dem großherzoglichen Erlaß von 1716 bekannt. Im 14. Jh. priesen Franceso Datini, Kaufmann von Prato, und sein Begleiter Ser Lapo Mazzei den «schäumenden Carmignano» als einen der angesehensten und teuersten Rotweine von Florenz. Besonders geschätzt ist seit jeher der Wein von Capezzana, einer von vielen Medici-Villen in den Bergen im Westen von Florenz. Schließlich wurde der Carmignano, wie andere Weine auch, vom Chianti überflügelt, bis sein guter Name jetzt durch Ugo Contini Bonacossi von Capezzana wiederhergestellt wurde. Von anderen Sangiovese-Rotweinen der Toskana hob sich der Carmignano schon früh durch die Beimischung von Cabernet ab, der hier im 18. Jh. als uva francesca angebaut wurde. Der Name Carmignano ohne Zusatz bezieht sich auf Rotwein; hinzukommen sind auch Rosé und Vin Santo. Die DOC Carmignano gilt als die zuverlässigste Italiens, da nur ein von Experten geprüfter Wein diese Bezeichnung tragen darf. Die kaum je erreichte maximale Produktion an Rotwein beläuft sich auf 500 000 Flaschen von 11 Weingütern. Carmignano Rosato heißt manchmal auch Vin Ruspo. Mit der beste DOC Vin Santo der Toskana stammt von Capezzana, Bacchereto und Il Poggiolo. Von der Traubenmischung für den Rotwein darf auch ein leichterer Wein gekeltert werden, der unter dem Namen Barco Reale fruher und billiger verkauft wird. Da inzwischen die wohlverdiente DOCG für Carmignano beantragt ist, könnte Barco Reale die Nachfolge als DOC antreten.

ZONE: Die Hänge an der Ostflanke der Montalbano-Berge innerhalb der früher mit einer 45 km langen Mauer umgebenen Medici-Domäne Barco Reale in der Gemarkung Carmignano sowie ein Teil von Poggio a Caiano. Trockener Rotwein. Trauben: Sangiovese 45–65 %, Canaiolo Nero 10–20 %, Cabernet Franc/Cabernet Sauvignon 6–10 %, Trebbiano Toscano/Canaiolo Bianco/Malvasia del Chianti 10–20 %, sonstige Sorten bis 5 %. E. 56/80; Alk. 12,5; S. 0,5; A. 20 Mte., riserva 3 J. (2 J. in Eichen- oder Kastanienfässern).

Rosato. Trockener Rosé. Trauben: wie rosso. E. 77/110; Alk. 11,5; S. 0,5.

Vin Santo. Gold- bis bernsteinfarbener Dessertwein, secco, semisecco oder dolce. Trauben: Trebbiano Toscano 65–75 %, Canaiolo Bianco/Malvasia del Chianti 15–35 %, sonstige weiße Sorten bis 10 % (vorgetrocknet). E. 38,5/110; Alk. 17 (Restsüße secco 3 %, semisecco 4 %, dolce 5 %); S. 0,6; A. 3 J. im Faß (caratelli Max. 2 hl) in «Vinsantai».

Bianco dell'Empolese (1989)

Wenig bekannter Trebbiano aus den Bergen um Empoli. Auch Vin Santo.

ZONE: Hänge beidseits des unteren Arno in den Gemarkungen Empoli, Cerreto Guidi, Fucecchio, Vinci, Capraia e Limite und Montelupo Fiorentina. Trockener Weißwein. Trauben: Trebbiano Toscano Min. 80 %; sonstige weiße Sorten bis 20 %, Malvasia del Chianti bis 8 %. E. 84/120; Alk. 10,5; S. 0,55.

Vin Santo. Gold- bis bernsteinfarbener Dessertwein, trocken oder amabile. Trauben: wie bianco, jedoch passito. E. 42/110; Alk. 17; S. 0,55; A. 3 J. in caratelli.

Bianco della Valdinievole (1976)

Der trockene Weißwein und Vin Santo aus der Gegend von Montecatini hat wohl deshalb so wenig Erfolg, weil sich die Kurgäste feinere Weine leisten können.

ZONE: Die Berge zwischen den Tälern von Nievole und Pescia zum Arno-Tal hin, westlich von Montalbano um Montecatini Terme mit 8 weiteren Gemeinden in der Provinz Pistoia. Trockener Weißwein. Trauben: Trebbiano Toscano Min. 70 %, Malvasia del Chianti/Canaiolo Bianco/Vermentino bis 25 %, sonstige weiße Sorten bis 5 %. E. 75/130; Alk. 11; S. 0,48.

Vin Santo della Valdinievole.

Bernsteinfarbener Dessertwein, secco, semisecco oder dolce. Trauben: wie bianco, jedoch rosiniert. E. 45/130; Alk. 17 (Restsüße secco 3 %, semisecco 4 %, dolce 5 %); S. 0,48; A. 3 J. in caratelli.

Andere beachtenswerte Weine

Viele Erzeuger von Chianti Montalbano und Carmignano produzieren auch *vdt*, insbesondere die Tenuta di Capezzana. Eine DOC ist für den leichten Rotwein Barco Reale geplant.

Chianti Rufina

Schon lange vor der Einbeziehung in den Chianti war der Wein von Rufina bekannt für mehr Stärke, Extrakt und Festigkeit sowie bessere Transportfähigkeit als andere toskanische Weine. Dies resultiert aus günstigen Voraussetzungen auf dem kalkreichen Sandboden der unteren Apenninenhänge in einer geschützten, tagsüber warmen und nachts kühlen Lage. Durch Beimischung südlicher Weine oder Konzentrate zum Chianti wurde der gute Ruf geschädigt, doch inzwischen haben sich die Erzeuger wieder auf echte Gutsweine besonnen. Als kleinste der 7 Chianti-Zonen steht Rufina heute an 2. Stelle hinter Classico. Das von Frescobaldi im Castello di Nipozzano gegebene historische Vorbild wird weitgehend befolgt. Dort und in der nahegelegenen Tenuta di Pomino pflanzte in den 1840er Jahren der Marchese Vittorio degli Albizi Cabernet und Pinot als Ergänzung zu den Lokalrebsorten. Seine Weine waren nicht nur transportfähig, sie wurden auch im Ausland preisgekrönt. Das Haus Frescobaldi, dem die Güter durch Heirat zufielen, setzen die Tradition mit hochangesehenem Chianti, u. a. Montesodi Riserva aus einer kleinen Lage bei Nipozzano, fort.
ZONE: Das Sieve-Tal südwärts an den Mugello-Bergen entlang, über Dicomano bis zum Arno bei Pontassieve. Rufina ist der Mittelpunkt dieser Enklave, deren Hänge bei Londa und Pelago bis zu den Apenninen reichen. Trockener Rotwein. Trauben: Sangiovese 75–90 %, Canaiolo Nero 5–10 %, Trebbiano Toscano/Malvasia del Chianti 5–10 %, rote Sorten bis 10 %. E. 56/80; Alk. 11,5, *riserva* 12,5; S. 0,5–0,75; A. 8 Mte., *riserva* 3 J.

Pomino (1983)

Die Wiedererweckung des historischen Weinbaubereichs ist das Verdienst des Hauses Frescobaldi, das mit seiner Tenuta di Pomino das Monopol der Produktion dieses höchst süffigen modernen Weins aus den vielleicht höchstgelegenen Weinbergen der Toskana besitzt. Das großherzogliche Dekret von 1716

definierte Pomino als die Gegend östlich vom Sieve und schloß dabei einen Teil der heutigen Rufina-Zone ein; die DOC ist jedoch auf den Ort Pomino beschränkt, wo das meiste Land Frescobaldi gehört. Die Bemühungen anderer Erzeuger, die Zone auf ihre historische Größe zu erweitern, sind gescheitert. Das Dekret von 1716 bescheinigte wie die poetischen Lobeshymnen jener Zeit dem Wein von den *Galestro*-Böden höchste Güte, ohne bestimmte Traubensorten zu nennen. Vittorio degli Albizis Einsichten bezüglich französischer Rebsorten werden von Frescobaldi geschickt genutzt. Pinot und Chardonnay dominieren im *bianco*, auch im Pomino Il Benefizio, dem offenbar ersten faßvergorenen modernen Weißwein der Toskana. Der auf Sangiovese beruhende *rosso* wird mit Cabernet, Merlot und Pinot Nero aufbereitet. Dieselben Rebsorten ergeben auch die beiden Vin-Santo-Typen.
ZONE: Die Südwesthänge bis 700 m am Consuma-Paß in den Apenninen um den Ortsteil Pomino in der Gemeinde Rufina.

Bianco. Trockener Weißwein. Trauben: Pinot Bianco/Chardonnay 60–80 %, Trebbiano Toscano bis 30 %, andere weiße Sorten bis 15 %. E. 73,5/105; Alk. 11; S. 0,55.

Rosso. Trockener Rotwein. Trauben: Sangiovese 60–75 %, Canaiolo Nero/Cabernet Sauvignon/Cabernet Franc 15–25 %, Merlot 10–20 %, andere rote Sorten bis 15 %. E. 73,5/105; Alk. 12, *riserva* 12,5; S. 0,55; A. 1 J., *riserva* 3 J. (18 Mte. in Eichen- oder Kastanienfässern).

Vin Santo bianco. Gold- bis bernsteinfarbener Dessertwein, *secco*, *semisecco* oder *dolce*. Trauben: wie *bianco*, jedoch rosiniert. E. 31,5/105; Alk. 15,5; S. 0,55; A. 3 J. in *caratelli*.

Vin Santo rosso. Granatroter Dessertwein, *secco*, *semisecco* oder *dolce*. Trauben: wie *rosso*, jedoch rosiniert. E. 31,5/105; Alk. 15,5; S. 0,55; A. 3 J. in *caratelli*.

Andere beachtenswerte Weine

Frescobaldi hält seine Weine möglichst im DOC-Rahmen, doch weichen bei dem umfangreichen Programm auch einige davon ab. Die meisten übrigen Erzeuger produzieren die üblichen Varianten an *vdt* und Vin Santo. *Vdt* della Val di Sieve (*indicazione geografica*) gilt für *bianco*, *rosato* und *rosso*.

WEINGÜTER/WINZER

Chianti Colli Fiorentini
(Ohne Kommentar genannte Erzeuger bieten guten Chianti an.)
Baggiolino, La Romola (FI). Ellen Fantoni Sellon produziert von 15 ha guten Chianti und den *vdt* Poggio Brandi.
Brugnano, San Casciano Val di Pesa (FI). Guter Chianti aus dem Weingut Conte Lodovico Guicciardini.
Castello del Trebbio, Santa Brigida (FI). Zum legendären Schloß der Familie Pazzi gehören 100 ha für Chianti und andere Weine.
Castello di Poppiano, Montespertoli (FI). Ferdinano Guicciardini erzeugt in diesem historischen Weingut feinen Chianti.
Castelvecchio, San Casciano Val di Pesa (FI).
Fattoria Altomena, Pelago (FI).
Fattoria dell'Ugo, Tavarnelle Val di Pesa (FI). Franco Amici Grossi bringt

Weinberge in der DOC-Zone Chianti Rufina in den Apenninen-Ausläufern östlich von Florenz.

von 38 ha sehr guten jungen Chianti hervor.

Fattoria di Petriolo Rignano sull'Arno (FI).

Fattoria di Sammontana, Montelupo Fiorentino (FI). Andrea und Michele Dzieduszycki produzieren altbewährten Chianti von 30 ha in Sammontana.

Fattoria Il Corno, San Casciano Val di Pesa (FI). Von 60 ha um ihre imposante Villa gewinnen Antonio und Maria Teresa Frova guten Chianti und *vdt*, u. a. reinen Sangiovese «Fossespina» in *barriques*.

Fattoria La Chiusura, Montelupo Fiorentino (FI).

Fattoria La Querce, Impruneta (FI). Von 7,6 ha stets guter, manchmal hervorragender Chianti.

Fattoria La Tancia, Tavarnelle Val di Pesa (FI).

Fattoria Lucignano, San Casciano Val di Pesa (FI).

Fattoria Montellori, Fucecchio (FI). Auf 50 ha bei Cerreto Guidi wetteifern Giuseppe Nieri und sein Sohn Alessandro im traditionellen und modernen Stil: neben gutem Chianti vielversprechender *barrique*-gereifter Castelrapiti Rosso (Cabernet-Sangiovese) und Bianco (Chardonnay) sowie Montellori Brut (Champagnerverfahren).

Fattoria Pagnana, Rignano sull'Arno (FI).

Carla Guarnieri, Pozzolatico (FI). Von 12 ha des Weinguts Antiche Terre de' Ricci kommt stilvoller Chianti und *vdt* Sangiovese «Terricci».

I Mori, Ginestra Fiorentina (FI).

Le Calvane, Montagnana Val di Pesa (FI). Von 14 ha guter Chianti Il Quercione und weißer *vdt* Sorbino.

Lilliano, Antella (FI). Historisches Weingut mit 21 ha, produziert guten Chianti.

Majnoni Guicciardini, Vico d'Elsa (FI). Chianti und *vdt* von 21 ha.

Parri, Montespertoli (FI). Luigi Parri erzeugt auf den Gütern Ribaldaccio, Il Monte und Corfecciano Urbana guten Chianti.

Pasolini Dall'Onda-Enoagricola Barberino Val d'Elsa (FI). Die Familie Pasolini produziert auf 60 ha Chianti, auch eine beachtenswerte Riserva Montòli sowie *vdt*.

Poggio Romita, Tavarnelle Val di Pesa (FI). Angiolo Sestini erzeugt feinen Chianti.

San Jacopo, Reggello (FI).

San Vito in Fior di Selva, Montelupo Fiorentino (FI). Laura und Roberto Drighi produzieren auf 22 ha süffigen Chianti und *Vdt*-Weißwein.

Santi'Isidoro, Impruneta (FI).

Tenuta di Calzaiolo, San Casciano Val di Pesa (FI). Chianti Colli Fiorentini und *vdt* von 14 ha.

Torre a Cona, San Donato in Collina (FI). Immer besserer Chianti von 11 ha unterhalb der schönen Villa der Familie Rossi di Montelara von Martini & Rossi.

Torre a Decima, Molino del Piano (FI). Manchmal hervorragender Chianti und *vdt* von 150 ha.

Montalbano und Carmignano

(Ohne Kommentar genannte Erzeuger bieten guten Carmignano an)

Artimino, Carmignano (FI). Die Medici-Villa Ferdinanda mit ihren 100 Kaminen ist der Verwaltungssitz des angesehenen Guts mit 75 ha für Carmignano und Chianti sowie *vdt*.

Bibbiani, Capraia e Limite (FI). Guter Chianti Montalbano von einer Villa mit schönen Gärten und einer auf die Langobarden im 8. Jh. zurückgehenden Geschichte.

Fattoria Ambra, Carmignano (FI). Die Familie Rigoli erzeugt guten Carmignano von 6 ha.

Fattoria di Bacchereto, Carmignano (FI). Von Weinbergen um ein altes Jagdhaus der Medici gewinnt die Familie Bencini Tesi guten Carmignano, u. a. Le Vigne di Santuaria Riserva, ferner Chianti Montalbano, der zu guter Hausmannskost in der Cantina di Toia, einem zum Besitz gehörenden Gasthaus, serviert wird.

Fattoria di Calavria, Carmignano (FI).

Fattoria Il Poggiolo, Carmignano (FI). Giovanni Cianchi Baldazzi erzeugt von 32 ha feinen Carmignano, Vin Ruspo und Vin Santo.

Fattoria Le Farnete, Carmignano (FI).

Podere Lo Locco, Seano di Carmignano (FI). Die Familie Pratesi produziert guten Carmignano in sehr kleinen Mengen.

Tenuta di Capezzana, Seano di Carmignano (FI). Ugo Contini Bonacossi und seine Familie produzieren die Carmignano-Klassiker von 106 ha auf Hängen um ihre Medici-Villa. In den Kellern liegen rote Riserve und Vin Santo aus einem halben Jahrhundert. Carmignano kommt aus den Gütern Villa di Capezzana und Villa di Trefiano. Contini Bonacossi gründete den Weinerzeugerverband VIDE und wurde «König des Carmignano» genannt, weil er u. a. den rosé Vin Ruspo und den roten Barco Reale schuf. Der Rotwein Ghiaie della Furba (der Name bezieht sich auf den Kies in den Weinbergen am Furba-Bach) besteht aus Cabernet und Merlot und wird manchmal mit Graves verglichen. Chardonnay wird in einem sortenreinen Weißwein sowie im Rezept für den Brut Villa di Capezzana nach dem Champagnerverfahren verwendet.

Tenuta di Lucciano-Spalletti, Quarrata (PT). Chianti Montalbano und *vdt* von 45 ha.

Villa di Trefiano Siehe Tenuta di Capezzana.

Chianti Rufina und Pomino

(Ohne Kommentar genannte Erzeuger bieten guten Chianti Rufina an.)

Casellino, Rufina (FI).

Castello di Nipozzano, Montesodi, Remole, Tenuta di Pomino siehe Marchesi de' Frescobaldi unter «Wein- und Handelshäuser».

Colognole, Rufina (FI). Die Marchesa Spalletti, früher Poggio Reale,

Eine traditionelle Einrichtung ist in Florenz die vineria, *eigentlich eine Mauernische, wo man auf einer Marmortheke ein Glas Chianti serviert bekommt. Populär sind die* vinerie *auf der Piazza dell'Olio, in der Via dei Cimatori, der Via dei Neri und unter dem Bogen von San Pierino.*

produziert im alten Familiengut feinen Chianti Rufina.

Fattoria di Bossi-Marchese Gondi, Pontassieve (FI). Die Marchesi Gondi erzeugen von 16,5 ha guten Chianti Rufina, Vin Santo und *vdt*.

Fattoria di Grignano, Pontassieve (FI). Ein Teil des früher immensen Guts der Marchesi Gondi mit 40 ha Chianti Rufina.

Fattoria di Vagliano, Rufina (FI).

Fattoria Il Capitano, Pontassieve (FI).

Le Coste, Rufina (FI). Antonio Grati erzeugt Chianti Rufina von 10 ha.

Selvapiana, Rufina (FI). Eine stetige Entwicklung des Stils durch Besitzer Francesco Giuntini und Kellermeister Franco Bernabei hat dieses Rufina-Gut nach Klasse und Wert in die vorderste Reihe der Chianti-Erzeuger gebracht. Im Streben nach Qualität hält Giuntini auf seinen 27 ha den Ertrag sehr klein. Der neue Stil drückt sich in der Riserva Bucerchiale aus, aber auch das traditionelle

WEIN- UND HANDELS-HÄUSER

Chianti Rufina und Pomino

Marchesi de' Frescobaldi, Florenz. Die illustre Florentiner Familie, die seit 1300 im Weinbau tätig ist, hat mit den Gütern in Rufina und Pomino insgesamt 8 Besitzungen mit 500 ha Rebfläche, die fast den gesamten Traubenbedarf für das umfangreiche Weinprogramm decken. Die Brüder Vittorio, Ferdinando und Leonardo Frescobaldi teilen sich in die Aufgaben des Unternehmens, das unter dem Kellermeister Luciano Boarino nach dem allgemeinen Niedergang der Chianti-Häuser nun wieder stetig an Prestige gewinnt. Der wichtigste Besitz ist Castello di Nipozzano, wo von 125 ha Chianti Rufina Riserva, darunter der hochgepriesene Einzellagen-Wein Montesodi, entsteht. Die 75 ha große, durch die DOC Pomino wiederbelebte Tenuta di Pomino bringt einen feinen

Oben: Das Portal der Medici-Villa der Tenuta di Capezzana.

Rechts: Weinberge umgeben die Villa des Guts Selvapiana.

Gepräge beweist sich an jahrzehntealten Jahrgängen. Ferner *vdt*: ein guter Rosato und Borro Lastricato, ein Weißwein von Pinot Bianco und Grigio; auch Vin Santo.

Tenuta di Poggio, Rufina (FI). Von 25 ha gewinnt Vittorio Spolveri guten Chianti Rufina.

Travignoli, Pelago (FI). Giampiero und Giovanni Busi erzeugen guten Chianti Rufina.

Villa Vetrice, Rufina (FI). Grato und Umberto Grati erzeugen von 100 ha aus den Besitzungen Galiga und Vetrice feinen Chianti Rufina und Vin Santo unter dem Etikett Villa Vetrice.

Rotwein und zwei Weißweine, u. a. Il Benefizio, hervor. Remole bei Pontassieve liefert einen leichteren Chianti Rufina von 55 ha neben der Abfüllanlage für alle Frescobaldi-Weine. Auch auf dem *Vdt*-Sektor ist Frescobaldi führend mit Predicato di Biturica Mormoreto und Predicato del Selvante Vergena sowie Galestro, Sarmento und dem populären *novello* Nuovo Fiore. Der feine Frescobaldi Brut nach dem Champagnerverfahren wird in Trentino-Alto Adige von dort gewachsenem Pinot und Chardonnay hergestellt. Die Firma ist auch im Besitz des Weingutes Castelgiocondo in Montalcino.

I. L. Ruffino. Siehe Chianti Classico. Das große Haus hat seinen Verwaltungssitz in Pontassieve.

Spalletti, Rufina (FI). Das historische Haus, bis vor kurzem im Besitz von Cinzano, hat schließen müssen. Die Familie Spalletti verlor auch ihre schöne Villa Poggio Reale – ein vielgepriesener Chianti Rufina Riserva trug ihren Namen. Das dazugehörige Weinmuseum besteht noch.

GENOSSENSCHAFTEN

VICAS, Pontassieve (FI). Von den Trauben von 190 Mitgliedern im Sieve- und Arno-Tal erzeugte Direktor Carlo Casadei zunächst rosé und weißen *vdt* als Ergänzung zu Chianti. Seit 1986 entsteht in der Kellerei eindrucksvoller Rufina Marke Montulico, vor allem von den bekannten Weingütern Parga, Doccia, Valiano, Monte und Terra Rossa.

Le Chiantigiane, Tavarnelle Val di Pesa (FI). Eine Gruppe von 10 Genossenschaften mit einer Gesamtproduktion von 135 000 hl; Abfüller von Chianti, etwas Chianti Classico und anderer DOC- und Vdt-Weine (u. a. Galestro).

Cantine Leonardo, Vinci (FI). Chianti und *vdt*, u. a. Galestro Marke Leonardo, von Mitgliedern mit 500 ha.

Mitte links: Der bekannte Chianti Rufina wird zusammen mit Olivenöl und anderen Produkten in einem Laden an der Straße verkauft.

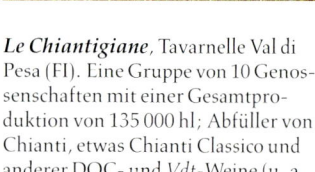

Rechts: Straßenmarkt in Florenz.

Chianti-Classico-Weine

Das zauberhaft schöne Land zwischen Florenz und Siena ist das Reich des Chianti Classico. Trotz aller Burgen und Schlösser hat das Leben hier einen überaus geruhsam-rustikalen Anstrich. Kaum 1/10 der 70 000 ha Fläche ist Rebland. Man kann weit durch Wälder oder mit Buschwerk bewachsene Felspartien wandern, ohne einem Weinstock zu begegnen. Das Bild trügt jedoch, denn viele der Kellereien, von denen es gestern noch hieß, sie seien hoffnungslos antiquiert, brodeln heute von neuen önologischen Ideen.

Vor nicht allzu langer Zeit flüchten die Besitzer von bilderbuchschönen Weingütern dem Chianti, weil er seine Identität, seinen Stolz und vor allem seine Märkte verloren hatte. Die Krise vertiefte sich, Weingüter wurden verkauft, und Winzer hielten verzweifelt Ausschau nach Überlebensmöglichkeiten. Manche fanden die Antwort in Tafelweinen der gehobenen Preisklasse nach dem Vorbild des Tignanello von Antinori, einer Mischung aus Sangiovese und Cabernet unter dem Namen einer Lage des Guts Santa Cristina im Chianti Classico. Der von Piero Antinori und dem Önologen Giacomo Tachis konzipierte Wein war im Grund nicht so neuartig, denn Mischungen von Sangiovese mit Rebsorten aus Bordeaux waren schon um die Jahrhundertwende in der Toskana üblich gewesen. Doch der Tignanello leitete wie kaum ein anderer Wein den neuen Stil des italienischen Rotweins, ausgebaut in kleinen Fässern – gewöhnlich aus französischer Eiche – ein. Er gab auch Anstoß zu der häufigen, freilich umstrittenen Beimischung von Cabernet zum Chianti. Anschließend brachte Antinori den Solaia heraus, in dem mehr Cabernet Sauvignon als Sangiovese enthalten ist. Diese Tendenz erreicht im Sammarco aus dem Castello dei Rampolla ihren Gipfel.

Mehr als nur ein paar Chianti-Erzeuger sind dem Zauber des Cabernet erlegen. Andere aber meinten, es sei auf lange Sicht weniger lohnend, die universellen Eigenschaften der französischen Rebsorte zu nutzen als vielmehr die noch unbekannten Höhen des Sangioveto zu erforschen. Winzer, die freiwillig den Ertrag beschränkten und aus den besten Lagen eine Auslese trafen, haben die edlen Züge der einheimischen Rebsorte wiederentdeckt. Die Auferweckung geht zurück auf das Jahr 1977, als Sergio Manetti von Monte Vertine mit seinem Le Pergole Torte den ersten in kleinen Fässern ausgebauten reinen Sangioveto herausbrachte. Andere folgten, vor allem jene Weingüter, in denen Maurizio Castelli, Vittorio Fiore und Franco Bernabei die Leitung übernahmen. Weitere Önologen und Weinerzeuger setzten mit immer besseren Sangiovese/Sangioveto-Produkten und stilvolleren Chianti-Versionen neue Maßstäbe

Der Chianti Classico erholte sich bald wieder von der Krise. Seit der Einführung der DOCG im Jahr 1984 stiegen die Trauben- und Weinpreise stark an. Da der Chianti Classico wieder im Kommen und anderseits für die Mode der «Super-Toskaner» kein Ende abzusehen ist, gehen die Weingutsbesitzer dort großen Zeiten entgegen.

Chianti Classico

Classico steht eine Stufe höher als der übrige Chianti, nicht nur aus historischen Gründen, sondern auch wegen strafferer Organisation und besserer Qualität. Der Antrag auf eine eigene DOCG ist gerechtfertigt, nicht als Zeichen der Überlegenheit, sondern als Chance, die hinter dem Status stehende Substanz nachzuweisen. Problematisch ist nur, daß der Chianti Classico kein einheitlicher sondern ein vielfältiger Wein ist. Eine DOCG kann die Art der Weine von verschiedenen Orten nur theoretisch definieren und bewerten. So sehr ein derartiger Leitfaden auch gebraucht wird, das Gesetz ist nicht dazu geeignet, den Typ und den Wert verschiedener Weine aus unterschiedlichen Gemarkungen, Lagen oder Weingütern differenziert zu behandeln. Die Väter der DOC erinnern immer wieder daran, daß Italien nicht Frankreich,

die Toskana nicht das Bordelais und das Chianti Classico nicht das Haut-Médoc ist. Dennoch gibt es über die flüchtigen Anhaltspunkte aus Geschmacksprüfungen und summarischen Einstufungen hinaus Möglichkeiten, einen Chianti von einem anderen zu unterscheiden.

Zunächst sind da historische und geographische Aspekte. Das eigentliche Chianti war und ist in gewissem Sinn heute noch die Gegend um Radda, Gaiole und Castellina in der Provinz Siena. Auf diesem Gebiet des ehemaligen Chianti-Bunds schrieb der Baron Ricasoli in Brolio, einem der vielen seit langer Zeit durch Wein bekannten Schlösser und Dörfer, das Rezept auf Dauer fest. Im Chianti «Storico» oder «Geografico» bestehen die Böden entweder aus kalkreichem *alberese* oder lockerem *galestro*. Die Hänge öffnen sich zum weiten, einst von einem See bedeckten

Becken von Siena hin, wo der warme, trockene Einfluß des tyrrhenischen Klimas gleichmäßige Reife begünstigt. Diese Umweltbedingungen bringen kraftvolle, langlebige Riserva-Weine hervor. Die Einbeziehung von Castelnuovo Berardenga brachte weitere Classico-Ressourcen mit wünschenswerten Zügen ein. Sand und Meeresablagerungen in schichtweisem Aufbau werden für das erhöhte Bukett des Chianti aus der Gegend von San Gusmé im Osten und Vagliagli im Westen verantwortlich gemacht. Der Classico-Status konnte auch dem südlichen Teil der Gemarkung Greve in der Provinz Florenz nicht verweigert werden, denn dort, in Vignamaggio, wurde der erste Wein – ein Weißwein – unter dem Namen Chianti verkauft, und aus dem nahegelegenen Lamole stammt wahrscheinlich der Sangioveto *piccolo*. Im Nachbarort Panzano entsteht besonders komplexe und feine Chianti Riserva in günstigem Klima und auf dem gutem Boden von SW-Hängen über dem Pesa-Bach.

Die Ausweitung des Classico-Bereichs auf den Norden der Zone wird von Puristen getadelt. Es handelt sich um die Gegend von Dudda und San Polo in den Monti del Chianti, westwärts über Strada und Mercatale bis San Casciano, Tavarnelle und Barberino. Dieser breite Bereich, der von den Bergen zwischen den Tälern von Pesa, Greve, Ema und Arno eingeschlossen ist, hat ein kühleres und feuchteres Klima als der «Storico»-Bereich, und seine Weine haben bekanntermaßen ein anderes Gepräge. Um die Jahrhundertwende wurden die Weine aus dem historischen Chianti-Bereich deutlich von den «dunkleren und rusikaleren» Rotweinen aus dem Val di Greve unterschieden. Doch in der erweiterten Chianti-Classico-Zone sind die Voraussetzungen von einem Ort zum anderen sowieso stark unterschiedlich.

Doch die Vielfalt der Natur ist im Chianti selten so launenhaft wie der menschliche Einfluß. Es heißt, früher seien die Weine individualistischer gewesen als heute, doch oft genug dürften sich hinter den Unterschieden eher Mängel als Tugenden versteckt haben. Der abgenutzte Begriff Tradition stand im Weinbau nur allzuoft für Rückständigkeit oder Schlamperei. Die Regeln der früheren Weinbautechnik waren zwar nicht unbedingt falsch, ihre Durchführung aber wirkte sich oft ruinös aus: in überhitzter Gärung, mit unkontrollierten Hefen und Bakterien und langer Lagerung in alten, unsauberen Fässern. Die Behauptung, die neue Önologie habe den Chianti zum Normprodukt gemacht, ist Unsinn. Die Wissenschaft hat

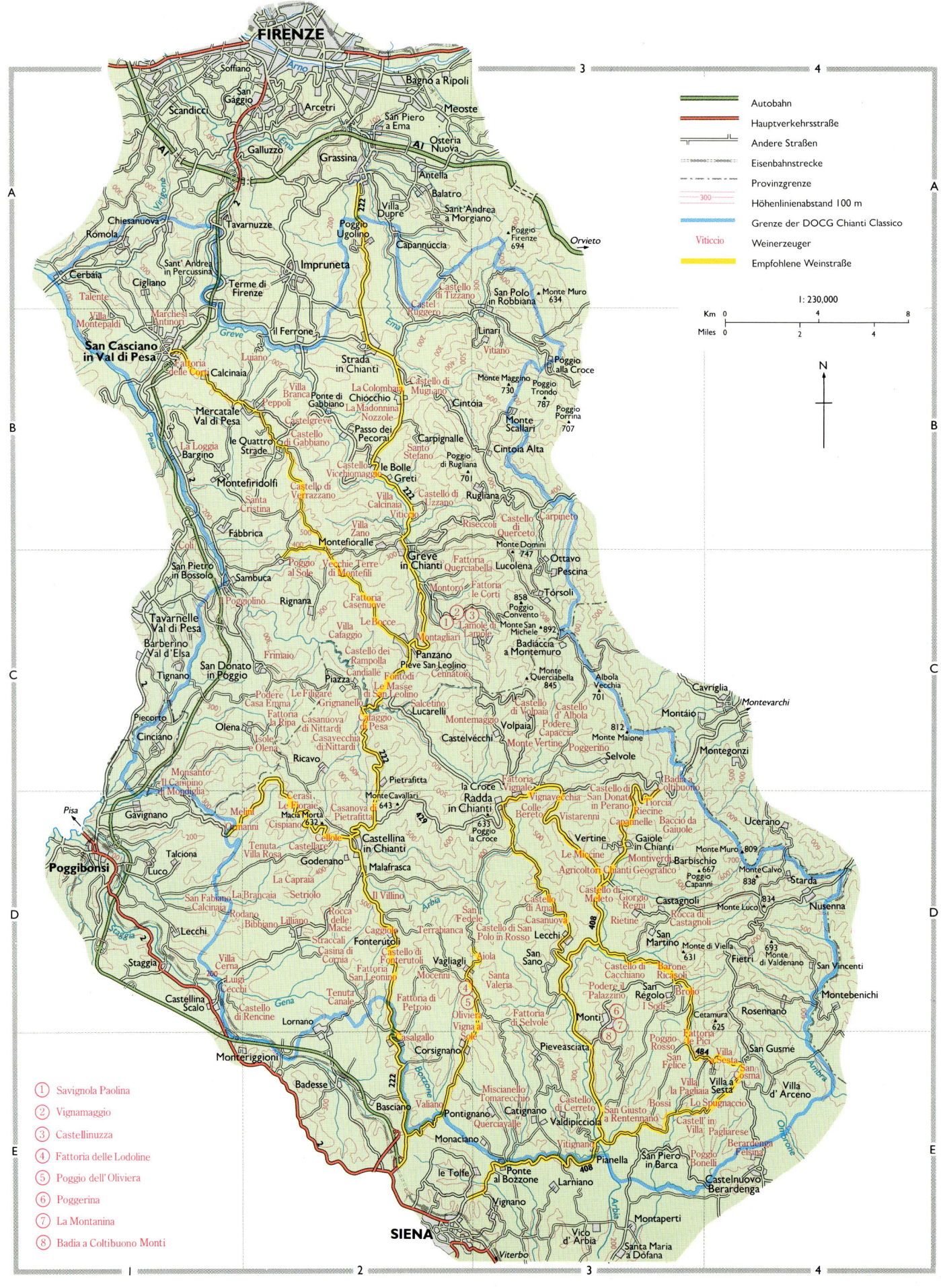

Legende:

- Autobahn
- Hauptverkehrsstraße
- Andere Straßen
- Eisenbahnstrecke
- Provinzgrenze
- 300 Höhenlinienabstand 100 m
- Grenze der DOCG Chianti Classico
- *Viticcio* Weinerzeuger
- Empfohlene Weinstraße

1: 230,000

Km 0   4   8
Miles 0   2   4

N

① Savignola Paolina
② Vignamaggio
③ Castellinuzza
④ Fattoria delle Lodoline
⑤ Poggio dell'Oliviera
⑥ Poggerina
⑦ La Montanina
⑧ Badia a Coltibuono Monti

nicht nur für mehr Zweckdienlichkeit, sondern auch für weitere Horizonte gesorgt und Erzeugern mit Phantasie und Kreativität mehr Möglichkeiten denn je zuvor in die Hand gegeben.

Die schlimmsten Fehler sind in den Weinbergen gemacht worden. Bei den chaotischen Anpflanzungen der letzten Zeit wurde teilweise der einheimische Sangioveto, teilweise aber auch Sangiovese *grosso* oder Brunello angesetzt. Schätzungsweise ist aber die dominierende Variante im Chianti der Sangiovese di Romagna, der hier selten so Gutes leistet wie im wärmeren Klima seiner Heimat. Da aber fast 2/3 der Weinberge von Chianti Classico in den nächsten Jahren zur Neubestockung fällig sind, besteht eine gute Chance zum Neubeginn, und man darf diesmal die richtige Wahl erhoffen. Trotz allem ist durch Ertragsbeschränkung und Auslese schon vieles verbessert worden. Die wachsende Zahl feiner Gutsweine läßt Fortschritte erkennen. Aber es bleibt künftigen Generationen vorbehalten, einen Chianti Classico der feinsten Art zu genießen.

Sinnvoller wäre schon der eindeutige Bezug auf das jeweilige Weingut wie im Haut-Médoc. Doch bei allen Veränderungen und Neuerungen ist Chianti Classico dafür noch nicht reif.

ZONE: Das Hügelland südlich von Florenz bis nördlich von Siena zwischen den Monti del Chianti im Osten und dem Pesa- und Elsa-Tal im Westen, ganz oder teilweise mit 9 Gemeinden: Greve, San Casciano, Tavarnelle und Barberino sowie Radda, Gaiole, Castellina, Castelnuovo Berardenga und Poggibonsi. Trockener Rotwein. Trauben: Sangiovese 75–90%, Canaiolo Nero 5–10%, Trebbiano Toscano/Malvasia del Chianti 2–5%, sonstige rote Sorten bis 10%. E. 52,5/75; Alk. 12, *riserva* 12,5; S. 0,5; A. 8 Mte., *riserva* 3 J.

Andere beachtenswerte Weine

Die DOC-Zone Val d'Arbia erstreckt sich an der Südflanke von Chianti Classico und in das Hügelland von Siena (Beschreibung siehe dort). Einige Erzeuger von Bianco und Vin Santo Val d'Arbia sind in die folgende Liste, in der auch zahlreiche *vdt* mit Schwerpunkt auf feinerer Art enthalten sind, zusätzlich aufgenommen worden.

WEINGÜTER/WINZER

(Ohne Kommentar genannte Erzeuger bieten guten Chianti Classico an.)

Aiola, Vagliagli (SI). Senator Giovanni Malagodi ist der Besitzer dieses Weinguts (26 ha), das Chianti, Bianco Val d'Arbia und einen Sangiovese-*vdt* «Logaiolo» produziert.

Baccio da Gaiuole, Gaiole (SI).

Badia a Coltibuono, Gaiole (SI). Das Weingut von Piero Stucchi-Prinetti und Familie umfaßt auch die Abtei mit Kellern aus dem 11. Jh. in Coltibuono, wo mit die ältesten Weine in Chianti bereitet worden sein dürften; ferner 60 ha Reben in Monti, die wohl auch zu den ältesten in Chianti gehören. Der an der Universität von Kalifornien geschulte Leiter, Roberto Stucchi-Prinetti, und sein Berater Maurizio Castelli erzeugen Chianti Riserva, dessen ungewöhnliche Haltbarkeit von dem kraftvollen *vdt* Sangioveto noch übertroffen wird. Auch feiner Vin Santo. Eine Trattoria auf dem Gelände bietet bodenständige Gerichte und Wein.

Badia a Passignano. Siehe Marchesi L. & P. Antinori unter «Wein- und Handelshäuser».

Berardenga-Fattoria di Felsina, Castelnuovo Berardenga (SI). Der Leiter Giuseppe Mazzocolin und der Kellermeister Franco Bernabei haben diesem Weingut den Beinamen «Château Margaux von Chianti» erworben. Von 50 ha erzeugen sie opulenten Chianti, v. a. die *riserva* Vigneto Rancia und Sangiovese-*vdt* Fontalloro, der durch Bernabeis Arbeit an Statur gewinnt.

Bibbiano, Castellina (SI).

Bossi, Castelnuovo Berardenga (SI).

Brolio oder *Castello di Brolio*, Gaiole (SI). In diesem Schloß gab der Baron Bettino Ricasoli dem Chianti sein modernes Gesicht, und er schuf viele großartige Weine seiner Zeit. Der heutige Baron Bettino Ricasoli ist noch immer Besitzer des Schlosses mit 250 ha Weinbergen, darunter mit die erlesensten Chianti-Lagen, doch die Familie hat nur noch einen Anteil an der Firma, der die Marken Brolio und Barone Ricasoli gehören.

Die alte Abtei Badia a Coltibuono ist ein Wahrzeichen der Chianti-Classico-Landschaft und Sitz eines führenden Weinguts.

Oben: Alceo Di Napoli an seinem Schreibtisch im Castello dei Rampolla, dessen Chianti wohl ebenso berühmt ist wie der Cabernet-Sangiovese-Rotwein Sammarco.

Links: Kapelle an der Straße nach Badia a Passignano in Chianti Classico.

Rechts: In dem Dorf Volpaia liegt das Castello di Volpaia mit seinen Weinbergen, die zu den höchstgelegenen im Chianti-Classico-Bereich gehören.

Cafaggio di Pesa, Castellina (SI).
Caggiolo, Castellina (SI). Die Gebrüder Ezio und Pietro Rivella erzeugen auch superben Chianti.
Candialle, Panzano (SI). Der Schweizer Besitzer Gerd von Bentheim erzeugt von 3 ha feinen Chianti.
Capannelle, Gaiole (SI). Raffaele Rossetti besitzt nur etwas mehr als 2 ha Reben für seinen stark gefragten *vdt* Capannelle Rosso, Bianco und Chardonnay.
Casalgallo, Quercegrossa (SI).
Casanova di Pietrafitta, Castellina (SI).
Casanuova, Lecchi (SI).
Casanuova di Nittardi, Castellina (SI).
Casavecchia di Nittardi, Castellina (SI). Vielbeachteter Chianti von etwa 2 ha eines Bauernhofs, der früher der Familie von Michelangelo Buonarotti gehörte.
Casina di Cornia, Castellina (SI). Antoine Luginbuhl und Duccio Fontani produzieren von 5 ha bekömmlichen Chianti.
Castellare (di Castellina), Castellina (SI). Der Verleger Paolo Panerai und seine Frau Fioretta haben dem Weingut mit auffallend etikettierten Weinen von Kellermeister Maurizio Castelli neuen Glanz verliehen. 20 ha

liefern feinen Chianti und den hochangesehenen *vdt* I Sodi di San Niccolò (Sangioveto mit Malvasia Nera). Der Vin Santo ist ebenfalls beachtenswert.
Castellinuzza, Lamole-Grebe (FI).
Castell'in Villa, Castelnuovo Berardengo (SI). Von 54 ha erlesenen Reben gewinnt die aus Griechenland gebürtige Prinzessin Coralia Pignatelli della Leonessa auch in schlechten Jahren exzellenten Chianti, daneben auch Bianco Val d'Arbia, Vin Santo und den eindrucksvollen Sangiovese-*vdt* Balsastrada.
Castello d'Albola oder **Pian d'Albola**, Radda in Chianti (SI). Von 52 ha um die Burg aus dem 10. Jh. im Besitz von Zonin aus dem Veneto kommen Chianti, Bianco Val d'Arbia und der *novello* Sant'Ilario.
Castello dei Rampolla, Panzano (FI). Von 36 ha in 350–400 m Höhe um das fürstliche Schloß bei Santa Lucia in Faulle treffen Alceo Di Napoli und Familie ihre Auslese für immer guten Chianti, doch ihr ganzer Stolz ist der Cabernet-Sangiovese Sammarco.
Castello di Ama, Lecchi (SI). Das Weingut unter der Leitung von Silvano Formigli hat in der Classico-Zone eine Führungsrolle übernommen, indem es den Schwerpunkt auf

Chianti legt, aber auch *vdt* von unübertroffener Klasse hervorbringt. Von 85 ha um den bekannten Weinort Ama trifft der Önologe Marco Pallanti seine Auswahl für exzellenten Chianti Riserva aus den Einzellagen Bellavista, La Casuccia und San Lorenzo. An *vdt* wird feiner Sauvignon, Pinot Grigio und Chardonnay unter der Bezeichnung Colline di Ama angeboten. Mit Beratung durch Léon Patrick von Mouton-Rothschild hat der junge Kellermeister Pallanti eindrucksvollen Merlot Vigna l'Apparita sowie den bisher besten Pinot Noir der Toskana, Vigna Il Chiuso, produziert und verspricht damit für die Zukunft allerhand Gutes.
Castello di Cacchiano, Gaiole (SI). Das Schloß bei Brolio befindet sich seit 1150 im Besitz der Familie Ricasoli-Firidolfi. Von seinen 30 ha gewinnen Elisabetta Ricasoli Balbi Valier und Giovanni Ricasoli überzeugenden Chianti (Zweitetikett Castello di Montegrossi) und einen feinen roten *vdt* Vigneto Selice.
Castello di Cerreto, Pianella (SI). Das Weingut, dessen großes Potential leider stark vernachlässigt wird, gehört dem Modeschöpfer Emilio Pucci.
Castello di Fonterutoli, Castellino (SI). Lapo Mazzei, langjähriger Prä-

sident des Corsorzio Gallo Nero, leitet das großartige, seit 1435 im Familienbesitz befindliche Gut. Von 34 ha produzieren seine Söhne Filippo und Francesco und der Önologe Franco Bernabei feinen Chianti, u. a. den *vdt* Concerto, einen der besten Cabernet-Sangiovese der Toskana.
Castello di Gabbiano, Mercatale Val di Pesa (FI). Kellermeister Franco Bernabei gewinnt guten Chianti und neuerdings zwei *vdt* – den reinen Sangiovese «Ania» sowie den Sangiovese mit Cabernet und Merlot «R & R» – eine vielversprechende Kombination. Eindrücklich auch der Chardonnay Ariella.
Castello di Meleto, Gaiole (SI). Das Schloß mit 190 ha besten Lagen könnte ein Chianti-Gut der Spitzenklasse sein, doch sein Potential wird von der Gruppe Viticola/Le Storiche Cantine, die auch Castello di Monte-

Piero Antinori hat mit viel Tatkraft das alte Florentiner Haus Marchesi L. & P. Antinori im italienischen Weinbau in eine Spitzenstellung mit großem Ruf für Tradition im Verein mit Innovation erhoben. Auf den Gütern der Familie in der Toskana und in Orvieto (Umbrien) wachsen sowohl klassische Weine beider Regionen als auch die berühmten Tafelweine Tignanello, Solaia und Cervaro della Sala.

Colle Bereto, Radda (SI). Chianti und ein Sangiovese-Cabernet *vdt* «Il Tòcco» von 6 ha.
Fattoria Casenuove, Panzano (FI). Pietro Pandolfini erzeugt von 24 ha bekannten Chianti.
Fattoria delle Corti, San Casciano Val di Pesa (FI). Bescheidener Chianti von über 50 ha im historischen Weingut Principe Corsini.
Fattoria delle Lodoline, Vagliagli (SI).
Fattoria di Petroio, Quercegrossa (SI). Von 15 ha erzeugen Pamela und Gian Luigi Lenzi stark verbesserten Chianti.
Fattoria di Selvole, Vagliagli (SI).
Fattoria La Ripa, San Donato in Poggio (FI).
Fattoria Le Corti, Greve (FI). Von 7 ha bescheidener Chianti und vielversprechender *vdt* Masso Tondo.
Fattoria Le Pici, San Gusmè (SI). Gunnar Lüneburg produziert auf 9 ha feinen Chianti.
Fattoria Querciabella, Greve (FI).
Fattoria San Leonino, Castellina (SI). Durch den Kauf dieses Guts mit 50 ha kam Lionello Marchesi als erster in den gleichzeitigen Besitz von Weingütern in Chianti Classico, Montalcino (Val di Suga) und Montepulciano (Trerose).
Fattoria Vignale, Radda (SI). Feiner Chianti von 18 ha aus dem Weingut von Roberto Bracali, wo auch ein komfortables Hotel (Relais Fattoria

rinaldi/La Pesanella und Castello di San Donato in Perano mit ihren ebenfalls wenig empfehlenswerten Weinen kontrolliert, leider nicht gut genutzt.
Castello di Monterinaldi. Siehe Castello di Meleto.
Castello di Mugnana, Greve (FI).
Castello di Querceto, Greve (FI). Von 45 ha um die Langobardenburg am Sugame-Paß produziert Alessandro François feinen Chianti und *vdt* Sangiovese La Corte, weißen Le Giuncaie und Vin Santo.
Castello di Rencine, Castellina (SI).
Castello di San Donato in Perano. Siehe Castello di Meleto.
Castello di San Polo in Rosso, Gaiole (SI). Cesare und Katrin Canessa und der Önologe Maurizio Castelli gewinnen von 22 ha feinen Chianti und den vielgepriesenen reinen Sangioveto *vdt* Cetinaia sowie

die erwähnenswerten Bianco und Rosato d'Erta.
Castello di Tizzano, San Polo (FI).
Castello di Uzzano, Greve (FI). Briano Castelbarco Albani Masetti und Marion de Jacobert haben den Stil des Chianti von den 47 ha des historischen Guts modernisiert; eindrucksvoller aber ist ihr roter *vdt* Vigna Niccolò da Uzzano.
Castello di Verrazzano, Greve (FI). Von 42 ha produziert die Familie Cappellini guten Chianti und roten *vdt* Sassello.
Castello di Volpaia, Radda in Chianti (SI). Carlo und Giovannella Stianti Mascheroni haben die Keller und Weinberge in dem mittelalterlichen Ort Volpaia zu einem der meistdiskutierten Chianti-Weingüter gemacht. Maurizio Castelli produziert von 37 ha in ungewöhnlich hoher Lage (430–600 m) Weine von

feiner Duftigkeit, neben Chianti auch roten *vdt* Coltassala (Sangioveto und Mammolo) und Balifico (dieselben Trauben sowie Cabernet).
Castello Vicchiomaggio, Greve (FI). Von 22 ha um das hochaufragende Schloß produziert der englische Besitzer John Matta mit Vittorio Fiore vielbeachteten Chianti, u. a. *riserve* Prima Vigna und Vigna Petri sowie *vdt* Ripa delle More.
Castel Ruggero, Antella (FI).
Cellole. Siehe San Fabiano Calcinaia.
Cennatoio, Panzano (FI). Von 8,3 ha produzieren Leandro Alessi und Kellermeister Alfonso Garberoglio beachtenswerten Chianti. Zugekaufter Chianti wird unter dem Etikett Luca della Robbia abgefüllt.
Cerasi-Fattoria Concadoro, Castellina (SI).
Cispiano, Castellina (SI).

Vignale) und ein Zentrum für historische Studien der Zone untergebracht sind. Im teuren Restaurant werden die Vignale-Weine angeboten.

Fontodi, Panzano (FI). Das von Marco und Giovanni Manetti geleitete Gut erzeugt unter dem Önologen Franco Bernabei feinen Chianti und manchmal außergewöhnlichen *vdt* von 33 ha, u. a. den vielgerühmten reinen Sangioveto «Flaccianello della Pieve» sowie einen faßgereiften Weißwein «Meriggio» von Traminer, Pinot Bianco und Sauvignon sowie «Solstizio», eine opulente Spätlese von denselben Sorten.

Frimaio, San Donato in Poggio (FI).

Grignanello, Castellina (SI).

Il Campino di Mondiglia, Barberino Val d'Elsa (F).

Il Poggiolino, Sambuca Val di Pesa (FI). Von 6 ha gewinnen Carlo und Maria Grazia Pacini guten Chianti und Sangiovese *vdt* «Roncaia».

Il Villino, Castellina (SI).

I Sodi, Gaiole (SI).

Isole e Olena, Barberino Val d'Elsa (FI). Paolo De Marchi aus Piemont gewinnt von seinem 36-ha-Besitz feinen Chianti und den vielgepriesenen Sangiovese *vdt* Cepparello sowie exzellenten Vin Santo. Unter dem Etikett «Collezione De Marchi» bietet er einen guten Chardonnay und einen neuen Cabernet Sauvignon an. Vielleicht als erster in Chianti pflanzte er auch Syrah und erntete 1989 den ersten Jahrgang.

La Brancaia, Castellina (SI). Bruno und Brigitte Widmer gewinnen auf 5 ha feinen Chianti.

La Capraia, Castellina (SI). Der Besitzer Calogero Calì baut das Gut wieder neu auf; sein Chianti und

andere Weine werden in Rocca di Castagnole bereitet.

La Colombaia, La Madonnina, Chiocchio (FI). Die Gebrüder Triacca und Oliviero Masini haben ihre zwei Weingüter unter dem Namen Notorius zusammengeschlossen und erzeugen dort von 80 ha guten Chianti.

La Loggia, Montefiridolfi (FI). Auf 12 ha produziert Giulio Baruffaldi guten Chianti «Terra dei Cavalieri» sowie *vdt* und *spumante*.

La Montanina, Monti (SI).

Lamole di Lamole, Greve (FI). Die Gruppe Antiche Fattorie Fiorentine der Familie Toscano produziert manchmal überzeugenden Chianti, u. a. die *riserva* Campolungo und Vin Santo von 22 ha des Guts Pile e Lamole. Abfüllung von Classico aus dem Weingut Salcetino in Lucarelli und Chianti «Marsilio Ficino» aus dem Weingut Il Poggio in Gaville.

Le Bocce, Panzano in Chianti (FI). Guter Chianti von 16 ha.

Le Filigare, San Donato in Poggio (FI). Kellermeisterin Gabriella Tani produziert von 7 ha guten Chianti und einen stilvollen roten *vdt* «Podere Le Rocce».

Le Fioraie, Castellina (SI).

Le Masse, Panzano-Greve (FI). Von 3 ha erzeugt der Schotte Norman Bain mit der Hilfe von Franco Bernabei angesehenen Chianti.

Le Miccine, Gaiole (SI).

Lilliano, Castellina (SI). Das altehrwürdige Gut der Familien Berlingieri und Ruspoli könnte ein echtes «Spitzen-Château» sein, doch seine Weine von rund 50 ha werden diesem Anspruch nicht ganz gerecht.

Lo Spugnaccio, Castelnuovo Berardenga (SI).

Luiano, Mercatale Val di Pesa (FI).

Miscianello Tomarecchio, Vagliagli (SI). Guter Chianti und Bianco Val d'Arbia von 7 ha.

Mocenni, Vialaggli (SI). Guter Chianti und Bianco Val d'Arbia von 18 ha.

Das mittelalterliche Castello di Gabbiano, dessen runde Türme über dem Greve-Tal stehen, ist ein Chianti-Classico-Weingut.

Monsanto, Barberino Val d'Elsa (FI). Fabrizio Bianchi aus Mailand erzeugt von 45 ha sehr feinen Chianti, u. a. die Riserva Il Poggio aus einer 5-ha-Lage, ein oft ganz hervorragender Wein, sowie den langlebigen Sangioveto Grosso aus der Lage Vigneti di Scanni. Die *vdt*-Rotweine von Monsanto heißen Tinscvil und Nemo. Guter Vin Santo.

Montagliari, Panzano (FI). Von 40 ha gewinnt Giovanni Cappelli guten Chianti, mittelguten roten *vdt* Brunesco di San Lorenzo und oft exzellenten Vin Santo unter Cappellis Namen. Er ist auch Leiter von So.Co.Vi.Ch., dem Abfüller von Chianti La Quercia.

Monte Vertine, Radda (SI). Sergio Manetti und sein Berater Giulio Gambelli erzeugten den ersten in *barriques* ausgebauten reinen Sangioveto der Toskana: Le Pergole Torte 1977, gefolgt von Il Sodaccio mit einem Schuß Canaiolo. Manetti produziert nur *vdt* von rund 8 ha. Sein Vin Santo ist großartig.

Montemaggio, Radda (SI). Der Verleger Giampaolo Bonechi besitzt 13 ha hohe Lagen, wo der Önologe Vittorio Fiore guten Chianti «Montemaggio» und von zugekauften Trauben «Castello di Radda» erzeugt.

Montiverdi, Gaiole (SI).

Montoro, Greve (FI).

Nozzole, Greve (SI). Das Weingut der Familie Folonari umfaßt 75 ha für Chianti, u. a. Podere della Forra.

Oliviera, Vagliagli (SI). Mario Bandini erzeugt guten Chianti von 3 ha.

Ormanni, Poggibonsi (SI).

Pagliarese, Castelnuovo Berardenga (SI). Von 25 ha gewinnt die Familie Sanguinet mit dem Berater Vittorio Fiore guten Chianti, Bianco Val d'Arbia, Vin Santo und roten *vdt* Camerlengo.

Peppoli, Mercatale Val di Pesa (FI). Antinori gewinnt von den 60 ha der früheren Villa Terciona einen Chianti in der alten Sangiovese-Canaiolo-Tradition, ausgebaut in großen Fässern.

Podere Capaccia, Radda (SI). Von 3 ha guter Chianti und Sangioveto *vdt* Querciagrande, der die Hand des Kellermeisters Vittorio Fiore verrät.

Podere Casa Emma, Barberino Val d'Elsa (FI). Guter Chianti von 11 ha.

Podere Il Palazzino, Monti (SI). Von 6 ha erzeugen Alessandro und Andrea Sderci feinen Chianti und den reinen Sangioveto *vdt* Grosso Senese sowie Vin Santo.

Die Weinberge von Castello di Uzzano bei Greve in Chianti.

Poggerina, Monti (SI). Francesco Giorgi erzeugt guten Chianti aus der kleinsten registrierten Lage (0,1375 ha) des Consorzio Gallo Nero.

Poggerino, Radda (SI).62

Poggio al Sole, Sambuca Val di Pesa (FI). Aldo Torrini und die Önologin Gabriella Tani produzieren von 7 ha vielbeachteten Chianti, Vin Santo und den weißen Gewürztraminer *vdt* «Vino della Signora».

Poggio Bonelli, Castelnuovo Berardenga (SI).

Poggio dell'Oliviera, Vagliagli (SI). Brunaldo Bandini erzeugt guten Chianti von 2,2 ha.

Poggio Rosso, Castelnuovo Berardenga (SI). Auf einem Besitz San Felices verarbeitet Enzo Morganti ausgewählten Sangioveto zu ausgezeichnetem Chianti Riserva.

Querciavalle, Vagliagli (SI). Von 10 ha erzeugen die Gebrüder Losi feinen Chianti und Bianco Val d'Arbia.

Giorgio Regni-Fattoria Valtellina, Gaiole (SI). Giorgio und Giuseppina Regni produzieren von 2,2 ha guten Chianti und roten *vdt* Convivio.

Riecine, Gaiole (SI). Der Engländer John Dunkley und seine italienische Frau Palmina kauften das Gut 1971 und machten es mit seinen 2,2 ha in hoher Lage zu einem der angesehensten in Chianti. Berater Carlo Ferrini hilft bei der Erzeugung von vorbildlichem Classico und reinem Sangioveto *vdt* La Gioia di Riecine sowie etwas Bianco.

Rietine, Gaiole (SI).

Riseccoli, Greve (FI).

Rocca delle Macìe, Castellina (SI). Die von dem Filmproduzenten Italo Zingarelli geleitete Firma verfügt über 220 ha Rebfläche in Chianti, bei breiter Produktionspalette. An der Spitze stehen der Chianti Fizzano *riserva* und der rote *vdt* Ser Gioveto. Ferner Orvieto Classico von Podere di Caiano.

Rocca di Castagnoli, Castagnoli (SI). Der Besitzer Calogero Calì und der Leiter Walter Filiputti erzeugen feinen Chianti von fast 150 ha Reben hier und in La Capraia. Die Produktion, u. a. Val d'Arbia und Chardonnay, wird demnächst durch reinen Sangiovese und Cabernet *vdt* ergänzt.

Rodano, Castellina (SI). Vittorio Pozzesi erzeugt auf 18 ha feinen Chianti.

Salcetino. Siehe Lamole di Lamole.

San Cosma, San Gusmè (SI). Bent Myhre produziert guten Chianti von 6 ha.

San Fabiano Calcinaia, Poggibonsi (SI). Kellermeister Giuseppe Bassi gestaltet immer feineren Chianti aus zwei Weingütern: San Fabiano Calcinaia (20 ha) und Cellole bei Castellina (15 ha). Vielversprechender *vdt* «Cerciolo», rot von Cabernet und

weiß von Chardonnay mit Sauvignon.

San Fedele, Radda (SI).

San Felice, Castelnuovo Berardenga (SI). Das Weingut im Besitz der Firma Agrel befindet sich in einem alten Dorf mit 190 ha Rebfläche, wo Experimente mit einheimischen Klonen stattfinden. Der junge Önologe Leonardo Bellaccini gestaltet hier mit die feinsten Rotweine des Bereichs: Chianti und *riserva* Il Grigio, reinen Sangioveto Vigorello sowie Predicato di Biturica. Ferner Bianco Val d'Arbia und Vin Santo sowie *vdt* Chardonnay. San Felice unter der Leitung von Enzo Morganti bietet feinen Chianti Poggio Rosso Riserva und den deutlich verbesserten Chianti von Villa La Pagliaia an. Unter dem Etikett Pagni läuft ein handelsüblicher Chianti.

San Giusto a Rentennano, Monti (SI). Von 24 ha bei einem alten Zisterzienserkloster erzeugen Francesco Marini di Cigala und Familie beachtenswerten Chianti und 8000 Flaschen Percarlo, einen überaus kraftvollen reinen Sangioveto als Auslese aus zwei Einzellagen, mit Ausbau in *barriques*. Der Vin Santo ist echt und vorzüglich.

Santa Cristina, Montefiridolfi (FI). Das Antinori-Gut gab lange Zeit einem Chianti Classico den Namen; jetzt aber trägt ihn ein roter *vdt*. Zu

den mehr als 100 ha Rebfläche gehören die Original-Lagen Tignanello und Solaia (siehe Marchesi L. & P. Antinori).

Santa Valeria, Vagliagli (SI). Auf 6 ha in privilegierter Lage erzeugen der Modeschöpfer Alberto Procovio und der Önologe Carlo Ferrini feinen Chianti.

Santo Stefano, Greve (FI).

Savignola Paolina, Vagliagli (SI). Nach dem Tod der verehrungswürdigen *vignaiola* Paolina Fabbri unsichere Zukunft dieses kleinen Weinguts.

Setriolo, Castellina (SI). Desmond und Antoinette Crawford produzieren guten Chianti von 2 ha.

Talente, San Casciano Val di Pesa (FI). Guter Chianti von 3 ha.

Tenuta Canale, Castellina (SI). Von 7 ha gewinnt Andrea Aiello guten Chianti Tenuta Canale.

Tenuta Villa Rosa, Castellina (SI). Von 37 ha erzeugt die Familie Lucherini oft guten Chianti.

Terrabianca, Vagliagi (SI). Von 15 ha produzieren der Schweizer Besitzer Roberto Guldener und Vittorio Fiore feinen Chianti Scassino und Vigna della Croce, *vdt* Campaccio und Piano della Cappella.

Tiorcia, Gaiole (SI). Angelo Acconcia erzeugt sympathischen Chianti.

Valiano, Vagliagli (SI). Anständiger Chianti von 56 ha.

Bauernhaus bei Castellina.

Vecchie Terre di Montefili, Gerve (FI). Roccaldo Acuti und der Önologe Vittorio Fiore haben das angesehene kleine Gut mit 11 ha für feinen Chianti, vielgerühmten roten *vdt* Bruno di Rocca und den neuartigen, faßvergorenen weißen *vdt* Vigna Regis von Chardonnay mit Sauvignon Blanc und Traminer aufgebaut.

Vigna al Sole, Vagliagli (SI). Ademo Bandini erzeugt von 3 ha guten Chianti.

Vignamaggio, Greve (FI). Der neue Besitzer Gianni Nunziante erneuert die Keller sowie 32 ha Weinberge und führt zusammen mit dem Önologen Franco Bernabei das historische Gut (wo Mona Lisa geboren wurde) wieder in die Chianti-Spitzengruppe.

Vignavecchia, Radda (SI). Von 24 ha erzeugt die Familie Beccari guten Chianti und roten *vdt* Canvalle.

Villa Antinori. Der Markenname der Marchesi L. & P. Antinori beruht auf einem Weingut bei Florenz, das der Familie nicht mehr gehört.

Villa a Sesta, San Gusmè (SI). Das Weingut bei einem hübschen Dorf hat den Besitzer gewechselt.

Villa Branca, Mercatale Val di Pesa (FI). Einfacher Chianti Santa Lucia von 60 ha des Weinguts der Familie

Branca, die Fernet Branca herausbrachte.

Villa Cafaggio, Panzano (FI). Von 30 ha erzeugt Stefano Farkas vielbeachteten Chianti und angesehenen roten *vdt* Solatio Basilica und San Martino.

Villa Calcinaia, Greve (FI). Das Weingut, seit 1523 im Besitz der Familie Capponi, produziert Chianti und *vdt* von 40 ha.

Villa Cerna, Castellina (SI). Luigi Cecchi und Familie erzeugen auf einem alten Herrensitz mit 80 ha Weinbergen besten Chianti Riserva sowie *vdt* Spargolo.

Villa Montepaldi, San Casciano Val di Pesa (FI). Die frühere Medici-Villa bringt Mittelklasse-Chianti von 33 ha hervor.

Villa Zano, Greve (FI). Das Weingut von Ruffino-Folonari mit 76 ha ist Hauptquelle für Chianti Aziano und Riserva Ducale.

Vistarenni, Gaiole (SI). Die Leiterin Elisabetta Tognana und der Önologe Gaspare Buscemi produzieren angesehenen Chianti und Bianco Val d'Arbia sowie Vin Santo auf den 40 ha des Gutes.

Vitiano, San Polo in Chianti (FI).

Viticolo, Greve (FI). Chianti und reiner Sangioveto *vdt* Prunaio von 15 ha.

Vitignano, Pianella (SI). Das Weingut mit 19 ha für Chianti besitzt noch unerschlossenes Potential.

WEIN- UND HANDELSHÄUSER

Barone Ricasoli-Brolio, Gaiole in Chianti (SI). Die Familie Ricasoli treibt in ihrem Castello di Brolio, das als das älteste Weingut der Welt gelten darf, seit 1141 Weinbau. Großen Ruhm erwarb Baron Bettino Ricasoli um die Mitte des 19. Jh.s durch die Festlegung des Chianti-Rezepts, womit er Brolio für über ein Jahrhundert die Führungsstellung in Chianti sicherte. Nach einem Rückgang infolge einer unglücklichen Verbindung mit Seagram's ist die Firma im Besitz einer Gruppe unter Führung des Engländers Roger Lambert mit erstklassigem Chianti Classico und anderen Weinen wieder im Schwung. Die Weine mit dem Etikett Brolio kommen von dem Gut, in dessen Weinbergen sich die Lage Torricella für den faßgereiften, zur Malvasia-Spitzengruppe gehörenden Weißwein befindet. Neben Chianti umfaßt die Erzeugung feinen Vin Santo und *vdt* Brolio Bianco und Rosato. Das Barone-Ricasoli-Etikett gilt für einen jungen Chianti San Ripolo und andere Weine aus den Weinbergen von Brolio und anderen. Neuzugänge sind der weiße *vdt* Nebbiano von Sauvignon Blanc und Riesling Italico sowie der Rosé Tramonto.

Carpineto, Dudda (FI), Giovanni Carlo Sacchet ist ein zuverlässiger Lieferant von Chianti, Orvieto und anderen Weinen.

Luigi Cecchi & Figli, Castellina Scalo (SI). Die Firma, im Besitz und unter der Leitung von Luigi Cecchi und seiner Söhne Cesare und Andrea, verarbeitet jährlich rund 50 000 hl, u. a. Chianti, Brunello, Vino Nobile, Vernaccia, Orvieto sowie Galestro und andere *vdt*.

Coli, Tavarnelle Val di Pesa (FI). Chianti Classico Marke Coli und Della Badesse sowie *vdt*.

Conti Serristori, Sant'Andrea in Percussina (FI). Die Firma, im Besitz von Gruppo Italiano Vini und unter der Leitung von Nunzio Capurso, hat ihren Hauptsitz auf den ehemaligen Gütern der Conti Serristori mit dem Albergaccio, wo Niccolò Machiavelli im Exil lebte. Sein Name erscheint auf dem Machiavelli Riserva aus der 22 ha großen Lage Vigna di Fontalle sowie auf dem roten *vdt* Ser Niccolò. Ferner Vernaccia di San Gimignano, verschiedene *vdt* und Vin Santo.

Fossi, Compiobbi (FI). Andrea und Gianfranco Fossi erzeugen Chianti Classico (300–500 hl).

Marchesi L. & P. Antinori, Florenz. Die Familienfirma, die 1985 ihr 600jähriges Jubiläum feierte, ist unter der aufgeklärten Leitung von Piero Antinori Italiens angesehenstes Weinhandelshaus geworden. Sein Vater Niccolò legte das Fundament mit Chianti und Orvieto von unfehlbarer Zuverlässigkeit. Zur Spitze aber gelangte Antinori mit den neuartigen *vdt* Tignanello und Solaia im Anschluß an den erfolgreichen Sassicaia zu Beginn der 70er Jahre. Neuen Glanz haben die weißen *vdt* Cervaro und Borro aus Orvieto in Umbrien gebracht. Der Hauptsitz ist der Renaissance-Palazzo Antinori in Florenz, während der Chef-Kellermeister Giacomo Tachis sein Zentrum in den Kellern von San Casciano im Chianti Classico eingerichtet hat. Das Weingut Santa Cristina gibt jetzt einem *vdt* den Namen. Durch die Marke Villa Antinori mit der Riserva del Marchese und Peppoli bleibt Antinori in der Chianti-Classico-Spitzengruppe. Gepachtete Weinberge und Keller des Weinguts Badia a Passignano bei Sambuco Val di Pesa

Das Castello di Brolio der Familie Ricasoli ist ein Monument des Chianti.

bereichern das Programm. Ein weiterer Besitz in Bolgheri liefert einen DOC Rosé. Die *Vdt*-Palette wird abgerundet durch Villa Antinori Bianco, Galestro «Capsula Viola», Samento und sowie durch den populärsten *novello* Itaiens, San Giocondo.

Melini, Poggibonsi (SI). Das zum Gruppo Italiano Vini gehörende, von Nunzio Capurso geleitete Haus hat 126 ha Rebfläche als Basis für Chianti Classico unter den Markennamen La Selvanella und Terrarossa sowie den roten *vdt* Coltri und den Chardonnay *vdt* Granaio. Das Programm umfaßt Vino Nobile, Vernaccia sowie *vdt*.

I. L. Ruffino, Pontassieve (FI). Die von Ilario und Leopoldo Ruffino gegründete Firma gehört seit 1913 der Familie Folonari in Brescia. Sie zählt zu den größten Erzeugern und Abfüllern von Chianti Classico sowie von einfachem Chianti. Einen neuerlichen Prestige-Gewinn haben Weine wie Predicato del Muschio Vigneto La Pietra und Biturica Vigneto Il Borgo, beide unter dem Etikett Cabreo, sowie ein eindrucksvoller Pinot Nero namens Nero del Tondo eingebracht. Ruffino verfügt über vier Besitzungen im Chianti Classico sowie über das Familien-Weingut Nozzole. Ambrogio Folonari, die treibende Kraft hinter dem Predicato, beaufsichtigt die Weinerzeugung, die sich auf Galestro, Sarmento, den populären Rosatello bis zum *vdt* Libaio (Chardonnay mit Sauvignon) aus San Gimignano erstreckt. Die Firma produziert ferner Brunello Il Greppone Mazzi und ist Orvieto-Classico-Abfüller.

Straccali, Castellina (SI). Chianti Classico.

Vinattieri, Gaiolet (SI). Das *Négociant-éleveur*-Unternehmen von Maurizio Castelli und Roberto Stucchi-Prinetti ist spezialisiert auf *vdt* Vinattieri Rosso (Sangioveto-Brunello) und Rosso II (mit Cabernet) sowie auf Vinattieri Bianco (Chardonnay-Basis) aus dem Südtirol.

GENOSSENSCHAFTEN

Agricoltori Chianti Geografico, Gaiole (SI). Mitglieder mit insgesamt 300 ha bringen rund 20 000 hl Chianti Classico hervor; daraus trifft Kellermeister Vittorio Fiore eine Auslese für Contessa di Radda und die *riserva* Tenuta Montegiachi. Weitere 10 000 hl sonstige Weine umfassen DOC Vernaccia di San Gimignano und Bianco Val d'Arbia sowie *vdt* Galestro und Sarmento.

Castelgreve/Castelli del Grevepesa, Mercatale Val di Pesa (SI). Die 650 ha der Mitglieder liefern jährlich 30 000 hl Chianti Classico). Der rote *vdt* Coltifredi ist ein Predicato di Cardisco (z. T. als Castelgreve abgefüllt und verkauft).

Das alte Siena wird manchmal als Italiens Weinhauptstadt bezeichnet.

Weine aus den Bergen von Siena

Siena ist unbestritten in seiner Stellung als Hauptstadt des Weins in Italien. Nicht einmal Alba in Piemont, wo Barolo und Barbaresco regieren, kann sich im weinhistorischen Rang mit Siena messen, in dessen Provinz der Chianti seinen Ursprung hat, aber auch der Brunello di Montalcino, der Vino Nobile di Montepulciano und der Vernaccia di San Gimignano. Sein Status ist durch die neuen roten DOCG-Weine von Montepulciano und Montalcino (dort wurde auch der Moscadello wiederbelebt) und den Weißwein von Val d'Arbia gefestigt. In den Hügeln um die Stadt entstehen manche der meistgerühmten Tafelweine, deren mögliche Größe über die üblichen Sangiovese-Variationen hinaus noch kaum erprobt ist. Zur Bedeutung Sienas trägt auch die zentrale Lage auf der Halbinsel und seine Anziehungskraft für Touristen bei. Trotzdem spielt in Siena, abgesehen von dem, was die Enoteca Italiana im Keller der alten Medici-Festung zeigt, der Wein bei weitem keine so große Rolle wie die herrlichen Kunstschätze oder auch das bizarre Palio-Pferderennen.

Chianti Colli Senesi

Der Chianti aus den Colli Senesi könnte es durchaus mit den größten und besten seiner Art aufnehmen, doch die Beweise dafür bleibt er leider weitgehend schuldig. In Montalcino, Montepulciano und San Gimignano bemühen sich die Winzer fast nur um die großen Weine, die den Namen dieser Städte tragen, während der Chianti auf einem Nebengleis bleibt. Dabei ist Colli Senesi von den 7 Chianti-Zonen nach dem Classico mengenmäßig die zweitstärkste.
ZONE: Der umfangreichste Chianti-Bereich ist aufgeteilt in 3 Sektoren mit 23 Gemarkungen in der Provinz Siena. Der eine erstreckt sich von San Gimignano südöstlich über Poggibansi und Siena entlang der Südflanke des Chianti Classico bis Castelnuovo Berardenga. Der zweite verläuft von Murlo, südlich von Siena, bis Montalcino und der dritte von Sinalunga südostwärts im Valdichiana über Montepulciano und Chianciano Terme bis Chiusi. Trockener Rotwein. Trauben: Sangiovese 75–90%, Canaiolo Nero 5–10%, Trebbiano Toscano/Malvasia del Chianti 5–10%, andere rote Sorten bis 10%. E. 70/100; Alk. 11,5, *riserva* 12, 5; S. 0,5–0,75; A. 6 Mte., *riserva* 3 J.

Val d'Arbia (1986)

Historischen Ruhm erlangte das Flüßchen Arbia im Jahr 1260, als Siena und Florenz sich bei Monte Aperti eine Schlacht lieferten, daß – wie Dante sagt – «die Wasser sich rot von Blut färbten». Heute gibt es einer DOC-Zone den Namen, die den offiziellen Status für einen einfachen Weißwein und etwas Vin Santo darstellt. Die Zone erfaßt noch zwei weitere nur wenig Wein produzierende Sektoren – die öden *crete* südöstlich von Siena und die bewaldeten Hügel westlich der Stadt um Sovicille und Monteriggioni –, deren Erzeuger unter Chianti Classico und Colli Senesi eingeordnet sind.
ZONE: Ein weites Hügelland um Siena, durchflossen von der Arbia und anderen Nebenflüssen des Ombrone, von den Chianti-Classico-Gemeinden Radda, Gaiole, Castellina und Castelnuovo Berardenga südwärts über Asciano, Monteroni d'Arbia, Murlo und Buonconvento durch die Berge westlich von Siena bis Monteriggioni und Sovicille.
Bianco. Trockener Weißwein. Trauben: Trebbiano Toscano 75–85%, Malvasia del Chianti 15–25%, andere weiße Sorten (außer Moscato Bianco) bis 15%. E. 84,5/130; Alk. 11; S. 0,55.

Vin Santo. Bernsteinfarbener Dessertwein, *secco*, *semisecco* oder *dolce*. Trauben: wie *bianco*, jedoch rosiniert. E. 45,5/130; Alk. 17 (Restsüße *secco* 3%, *semisecco* 4%, *dolce* 5%); S. 0,55; A. 3 J. in *caratelli*.

Andere beachtenswerte Weine

Unter den Weinen ohne DOC aus den Hügeln von Siena sind die von La Suvera, das bei Pievescola außerhalb der DOC-Zone liegt, besonders nennenswert.

WEINGÜTER/WINZER

(Hier sind Erzeuger aufgeführt, die sich in erster Linie auf Chianti oder *vdt* konzentrieren. Die Erzeuger von Montalcino, Montepulciano, San Gimignano und Chianti Classico sind getrennt verzeichnet.)

Amorosa, Sinalunga (SI). Aus Weinbergen um das mittelalterliche Dorf, wo sein Hotel-Restaurant steht, gewinnt Carlo Citterio körperreichen Chianti, einen kräftigen Sangioveto *vdt* «Borgo Amorosa» sowie leichten «Amorosa Bianco».

Castello di Monteriggioni, Monteriggioni (SI). Chianti Colli Senesi und Classico von 41 ha.

Castelpugna, Valdipugna, Siena. Die Conti Fumi Cambi Gado erzeugen von 11 ha am Rand von Siena sehr guten Chianti.

Chigi Saracini, Castelnuovo Berardenga (SI). Guter Chianti und Bianco Val d'Arbia von 40 ha eines Guts im Besitz der Musikakademie Chigiana von Siena.

Fattoria Montemorli, Poggibonsi (SI). Sergio Conforti erzeugt geachteten Chianti von 16,5 ha.

Fattoria Roscarter, Colle Val d'Elsa (SI). Chianti Rosso di Casavecchia von 55 ha.

Ficomontanino, Chiusi (SI). Von 3,5 ha produziert die Önologin Gabriella Tani feinen Chianti Colli Senesi.

Il Poggiolo, Monteriggioni (SI). Von 19 ha gewinnen Federico und Francesco Bonfio feinen Chianti, u. a. Le Portine und Villa Poggiolo.

La Muraglia, Monteriggioni (SI). Chianti.

La Suvera, Pievescola (SI). Von 9 ha *terra rossa* auf dem Besitz der Marchesi Ricci Paracciani Bergamini produziert der Önologe Vittorio Fiore Chianti-ähnlichen *vdt* Rango Rosso und den bemerkenswert langlebigen Trebbiano-Malvasia-Weißwein Rango Bianco sowie den Schaumwein Cuvée Italienne Brut.

Sestano, Castelnuovo Berardenga (SI). Chianti Terra della Ragnaia von 23 ha um das schöne Gut.

Tenuta Trecciano, Sovicille (CI). Pietro Rivella produziert guten Chianti und *vdt* von 15 ha.

Links und unten: Viele der engen und steilen Gassen Sienas führen zur Piazza del Campo, wo man vom Campanile des Rathauses einen herrlichen Blick über die Stadt und ihre Umgebung hat. Zweimal in jedem Sommer findet hier der Palio statt, ein berühmtes Pferderennen auf der Piazza, die es mit ihrer Muschelform den Reitern schwer macht, ihre Pferde sicher zu lenken und sich ohne Sattel auf ihnen zu halten. Der wilde Wettstreit zwischen den contrade *(Stadtviertel) macht dieses große Fest in mittelalterlichen Kostümen zu einem unvergleichlichen Spektakel.*

Weine aus San Gimignano

Vernaccia di San Gimignano (1966)

Dieser Wein ragt unter den DOC-Weißweinen der Toskana nicht allein deshalb hervor, weil die Vernaccia-Traube eine Stufe über den anderen Lokalsorten steht, sondern vor allem, weil die Stadt selbst sich so herrlich auftürmt. Das rasche Wachstum der Produktion seit der Einrichtung dieser ersten DOC-Zone Italiens im Jahr 1966 (von 700 hl auf 40 000 hl jährlich) stützt sich auf allmähliche Verbesserungen der Kellertechnik. Zwar streben einige Erzeuger echte Klasse an, der allgemeine Trend läuft jedoch auf die Vergrößerung der Rebfläche und die Steigerung der Erträge hinaus, um den zugkräftigen Namen recht auszubeuten. Ein großer Teil der Erzeugung wird von den Touristen verbraucht, die scharenweise in die Stadt mit ihren mittelalterlichen «Wolkenkratzern» strömen. Die Vernaccia-Traube wird seit mindestens 1286, als ihr Wein Urkunden zufolge höhere Preise brachte als beispielsweise Greco, in San Gimignano angebaut. Michelangelo Buonarotti schrieb 1643 vom Vernaccia-Wein: «Er küßt, schmeichelt, beißt und schmeißt». Jahrhunderte später herrscht immer noch keine Einigkeit über den Charakter des Vernaccia und wie er am besten zum Ausdruck gebracht werden kann. Die Fachleute geben zu, daß die Rebsorte besser ist als Trebbiano, doch davon allein wird sie noch nicht edel. Es mangelt an der unumgänglichen Klonauswahl, nicht aber an Gerüchten, daß die Menge mit Trebbiano gestreckt und die Typencharakteristik mit Chardonnay verfälscht werde. Studien zeigen, daß die besten Lagen sich unmittelbar um die Stadt sowie bei Pietrafitta befinden, wo der Vernaccia Riserva Züge des Vin Santo annimmt, doch das Können des Kellermeisters ist offenbar wichtiger als die Lage. Der meistgerühmte Vernaccia, Terra di Tufo von Teruzzi & Puthod, der in französischen Fässern komplex ausgebaut wird, kommt jedenfalls nicht aus den privilegierten Lagen. Die meisten Erzeuger streben einen harmonischen modernen Stil an, wie er zuerst von Riccardo Falchini gestaltet wurde und von Montenidoli, Pietraserena und Le Colonne vorzüglich zum Ausdruck gebracht wird. Der *spumante* gewinnt an Popularität, wenn er auch – zumal in Tankgärung – nicht gerade großartig ausfällt. Feine Weine ohne DOC entstehen hier und dort in dem Bereich. Eine Spaltung des Konsortiums hat dazu geführt, daß viele Erzeuger eigene Wege gehen; dennoch wurde eine DOCG beantragt. Welche Auswirkungen die Errichtung großer Güter durch die Firmen Zonin und Cecchi auf den nationalen und internationalen Markt haben wird, ist noch nicht klar.

ZONE: Gute Hügellagen nicht über 500 m in der Gemarkung San Gimignano. Trockener Weißwein. Traube: Vernaccia di San Gimignano. E. 77/110; Alk. 11; S. 0,5; A. *riserva* 1 J.

Spumante. Trockener weißer Schaumwein. Trauben: Vernaccia di San Gimignano, Chardonnay/Pinot Bianco/Pinot Nero bis 15%. E. 77/110; Alk. 11,5, S. 0,65.

Andere beachtenswerte Weine

Viele Vernaccia-Erzeuger produzieren auch guten Chianti, v. a. Colli Senesi. Vielversprechende *vdt* von Falchini, Cusona, Teruzzi & Puthod und Montenidoli sind besonders erwähnenswert.

WEINGÜTER/WINZER

(Alle Güter liegen in San Gimignano.)

Abbazia Monte Oliveto. Die Firma Zonin entwickelt dieses Gut und die Fattoria Il Palagio für Vernaccia unter dem Etikett Abbazia Monte Oliveto sowie für Chianti und den *novello* Sant'Ilario.

Castello di Montauto. Das 30-ha-Gut ist für Luigi Cecchi die Basis für den wachsenden Vernaccia-Markt.

Castelvecchio di Libaio. Ruffino baut hier Chardonnay und Sauvignon Blanc für seinen populären *vdt* Libaio an.

Riccardo Flachini-Il Casale. Auf der Basis von vielbeachtetem Vernaccia und Chianti hat Falchini seine Kellerei und die Weinberge (32 ha) für *vdt* sowie Falchini Brut (Champagnerverfahren) von Vernaccia, Pinots und Chardonnay und feinen Vin Santo ausgebaut. Der rote Paretato von Sangiovese mit Cabernet wird noch übertroffen durch den Predicato del Muschio und den vorzüglichen reinen Cabernet Sauvignon

«Campora». Zweitetikett für Vernaccia: Vigna a Solatio.

Fattoria di Cusona. Das Weingut geht auf das 10. Jh. zurück und ist seit dem 15. Jh. durch Vernaccia bekannt. Damals gehörte es den Bardi, heute aber der Familie Guicciardini. Heutige Besitzer sind Roberto Guicciardini und Girolamo Strozzi, der den Betrieb leitet. Auf Initiative des Önologen Vittorio Fiore baut er 70 ha Rebfläche und die alten Keller neu auf und produziert Vernaccia sowie Chianti, Vin Santo, *spumante* und eindrucksvollen Sangiovese *vdt* «Sòdole».

Fattoria di Pancole. Vernaccia und Chianti von 17 ha.

Fattoria Il Paradiso. Graziella und Vasco Cetti produzieren Vernaccia, Chianti und reinen Sangiovese *vdt* «Paterno II» von 13 ha.

Giulio Frigeni. Vernaccia und Chianti von 14 ha.

Le Colonne. Von 3,5 ha gewinnen Sergio Picciolini und der Önologe Vittorio Fiore einen vielversprechenden faßgereiften Vernaccia riserva.

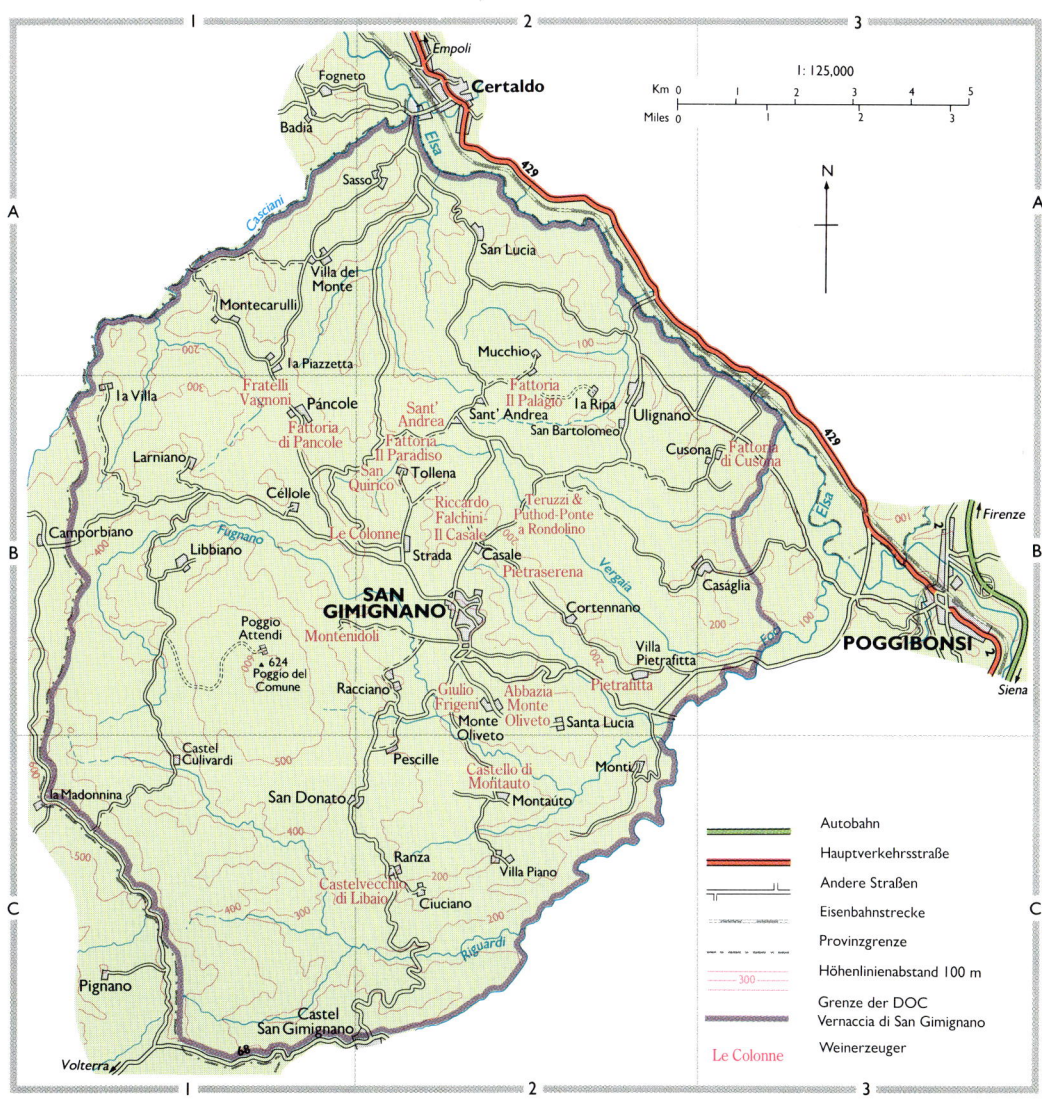

Die Silhouette von San Gimignano ist einzigartig in der Toskana, obwohl heute nur noch 14 von den 72 Türmen der alten rivalisierenden Familien stehen.

Montenidoli. Von 6 ha produziert die unermüdliche Elisabetta Fagiuoli einen Vernaccia mit echter Finesse, guten Chianti Colli Senesi «Sono Montenidoli», den weißen *vdt* Vinbrusco und *rosato*.
Pietrafitta. Auf 40 ha strebt der Önologe Sergio Conforti in dem für Wein der traditionellen Art bekann-

ten Gut schönere Ausgewogenheit und Frische im Vernaccia und Chianti an.
Pietraserena. Von 16,5 ha guter Vernaccia; Spitzenlage ist Vigna del Sole.
San Quirico. Von 33 ha in Pancole gewinnt Andrea Vecchioni oft eindrucksvollen Vernaccia.

Sant'Andrea. Vernaccia und Chianti.
Teruzzi & Puthod. Enrico Teruzzi und seine Frau Carmen Puthod brachten aus Mailand moderne Kellereitechnik und ein kreatives Marketing-Konzept nach San Gimignano mit. Von 34 ha in Ponte a Rondolino und La Ripa und 3,5 ha Pachtland

produziert Teruzzi Vernaccia-Weine namens Carmen und Terra di Tufo. Der letztere, der sich durch einen Hauch Eiche und ein briefmarkengroßes Etikett auszeichnet, ist der teuerste und gesuchteste Vernaccia. Ferner roter *vdt* Terra Peperino (von Sangiovese, Montepulciano und Colorino), Galestro «für Reiche» und Schaumwein Sarpinello (Champagnerverfahren). Einmalig für Italien dürfte sein, daß alle Weine schon vor der Ernte verkauft sind.
Fratelli Vagnoni. Vernaccia und Chianti Colli Senesi von 15 ha in Pancole.

WEIN- UND HANDELS-HÄUSER
(Vernaccia muß in den Gemeindegrenzen bereitet werden; manche Firmen füllen auch außerhalb der Zone unter eigenem Etikett ab, u. a. Luigi Cecchi, Barone Ricasoli, Melini, Conti Serristori und die Genossenschaft Agricoltori del Chianti Geografico.)

GENOSSENSCHAFTEN
Società Cooperativa Cantina di San Gimignano, San Gimignano (SI). Bedeutender Lieferant von Vernaccia für Abfüller.

Auch der Vernaccia-Weißwein, zum Beispiel der aus den Weinbergen des Weinguts Abbazia Monte Oliveto, hat den Namen San Gimignano bekannt gemacht.

Weine von Montalcino

Die großartige Weinstadt der Toskana hat etwas Abweisendes, Distanziertes an sich. Sie hat sich vom allgemeinen Gang der Dinge vornehm abseits gehalten. Ersten Ruhm gewann sie als Festung durch ihre Lage auf einer Felsklippe mit weitem Blick über die einsamen Täler von Orcia und Ombrone und über die Via Cassia, die von Rom nordwärts über Monte Amiata nach Siena führt. Hinter ihren Mauern hielten die letzten Sieneser Flüchtlinge gegen die Florentiner und Spanier aus, bis Montalcino durch Vertrag an die Toskana der Medici fiel. Danach lag das Hauptaugenmerk auf dem Wein, der einst als schwarz, scharlach- oder purpurrot beschrieben wurde. Der Brunello-Klon von Sangiovese grosso wurde hier schon 1842 bemerkt, also Jahrzehnte bevor Ferruccio Biondi Santi den ersten Wein dieses Namens kelterte. Ruhm erwuchs ihm nur langsam, denn erst in den 1960er Jahren, als sich die außergewöhnliche Güte der Biondi-Santi-Jahrgänge von 1888 und 1891 herumsprach, zog der Brunello allgemeinen Beifall auf sich. Nun nahmen sich weitere Erzeuger der Sache an, und es kamen auch Investoren von außerhalb. Weite neue Weinberge haben die Landschaft verändert, vor allem in der Südwestecke der Gemarkung, wo die in amerikanischem Besitz befindliche Villa Banfi Hügel abtragen ließ und einen Weinbergbetrieb schuf, der wie ein Stück Kalifornien wirkt. Innerhalb von zwei Jahrzehnten hat sich die Rebfläche von Montalcino vervielfacht. Trotz unkontrolliertem Wachstum, das den Wein zu verwässern und den Markt zu stören drohte, ist es den Erzeugern gelungen, den Absatz an Brunello umsichtig zu erweitern und bei solidem Format die Preise stabil zu halten. Erfreulich ist die Schaffung des Rosso di Montalcino, einer jugendlichen Version des Brunello, sowie einer ganzen Reihe neuer Tafelweine. Sogar der fast verschwundene Moscadelletto hat als DOC Moscadello di Montalcino ein Comeback gefeiert. Für den Weinbau eignet sich die umfangreiche Gemarkung vor allem auf den Hängen, wo die Rebe immer noch weniger Platz einnimmt als Weideland, Getreidefelder und die Wälder der immergrünen Steineiche (*Quercus ilex*). An Rebsorten wächst hier inzwischen die Elite der Welt, doch nichts hat bisher die Vorherrschaft des Brunello in Frage gestellt.

Brunello di Montalcino (DOCG 1980, DOC 1966)

Der Wein strahlt ein Image von Majestät und Geheimnis aus, das die einen anlockt, ihn für die anderen aber unnahbar macht. Die Familie Biondi Santi kultivierte diese Aura und erhob lange Zeit gewissermaßen exklusiven Anspruch auf den Brunello. Ferruccio Biondi Santi isolierte den Brunello-Klon von Sangioveto grosso in seinen Weinbergen in Il Greppo und kelterte 1888 und 1891 davon Weine, die noch heute Bewunderung finden. Den Grundstein legte sein Großvater mütterlicherseits, Clemente Santi, der schon 1865 mit einem «Vino rosso scelto (brunello)» einen Preis errang. Ferruccios Sohn Tancredi baute die Brunello-Legende in Italien in diesem Jahrhundert weiter aus, jedoch nicht mit Ungeduld, sondern indem er die alten Jahrgänge auf die Fachwelt einwirken ließ. Der große Ruhm aber kam erst in der letzten Generation, als Tancredis Sohn Franco den Preis in aller Ruhe heraufsetzte, bis er in der Welt des Weins auffiel. Sein Brunello wurde mit Verwunderung aufgenommen und seiner Wucht und Langlebigkeit halber gepriesen. Am Preis entzündete sich Kritik, doch Ablehnung gab es selten, denn wer Zweifel äußerte, wurde daran erinnert, daß die *riserva* ein Vierteljahrhundert braucht, bis sie zeigt, was in ihr steckt. Auch andere Weingüter begannen in den 50er und 60er Jahren, Brunello abzufüllen. Die von Giovanni Colombini

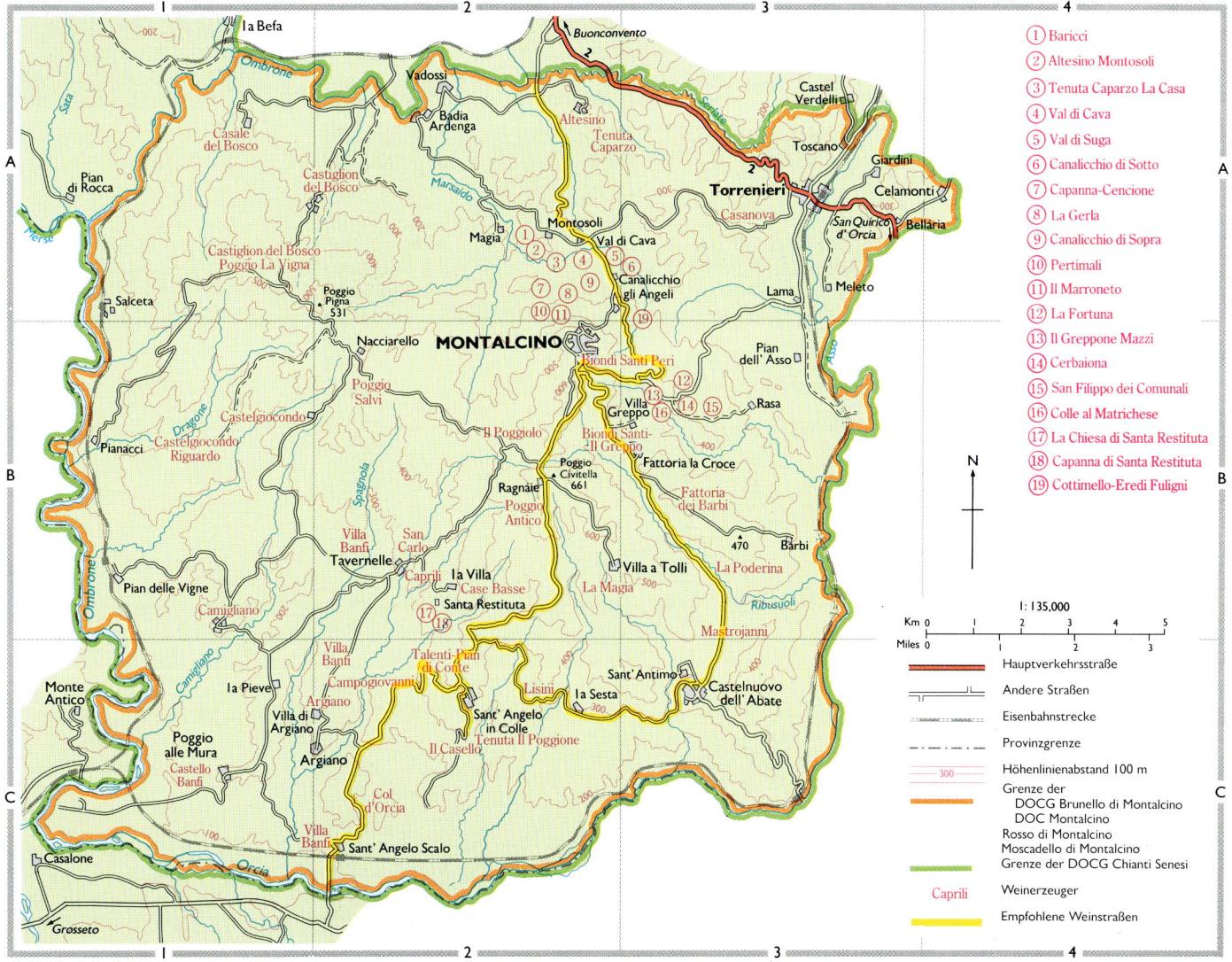

(Barbi), Emilio Costanti (Colle al Matrichese) sowie von der Tenuta Il Poggione gebotenen Alternativen übertrafen manchmal das Original, doch bis in die Mitte der 70er Jahre stammten die geringen Mengen, die außerhalb der Toskana verkauft wurden, meistens von Biondi Santi.

Dann kam der Boom, der die Brunello-Rebfläche von knapp 80 ha im Jahr 1968 auf fast 1000 ha 1988 und die Produktion von 2000 auf beinahe 40 000 hl anschwellen ließ (allerdings wird nicht alles als DOCG abgefüllt und verkauft). Die neue Konkurrenz gräbt Biondi Santi und der alten Garde weitgehend das Wasser ab. Der Verbraucher stöhnt noch immer über die Preise, doch in Montalcino ist der seltene Fall eingetreten, daß es sich die Erzeuger leisten können (oder vielmehr müssen), in Weinberg und Keller jene Opfer zu bringen, die für große Klasse nötig sind. Neben gigantischen Investitionen in großen Firmen wie Villa Banfi, Col d'Orcia und Castelgiocondo hat sich eine bunte Menge an kleineren Weingütern aufgetan, die von Weinbauern, ortsansässigen Geschäftsleuten oder immer mehr auch von Stadtbewohnern, die aufs Land flüchten, betrieben werden. Trotz der Konfusion über so viele neue Etiketten setzt sich der Brunello in der Fachwelt auch dort durch, wo bisher Zweifel geherrscht haben. Der Markt für feinen Brunello zu tragbaren Preisen

Oben: Die alte Festung Montalcino ist heute die erste unter den Weinstädten der Toskana.
Links: Das alte Schloß Poggio alle Mura wurde, nachdem es in den Besitz der amerikanischen Firma Villa Banfi übergegangen war, in Castello Banfi umbenannt.

wurde zunächst von Il Poggione, dann von Villa Banfi und schließlich auch von anderen erweitert. Die aufstrebenden Weingüter Lisini, Altesino, Tenuta Caparzo, Talenti-Pian di Conte, Baricci, Caprili und Mastrojanni haben sich hohes Lob errungen, am extravagantesten freilich das kleine Case Basse, dessen Brunello von den Fachleuten oft am höchsten eingestuft wird. Trotz aller Fortschritte ist es jedoch nicht so, daß der Brunello bald überall zu haben sein dürfte. Der Markt für große, langlebige Rotweine hat sich längst als scharf umgrenzt erwiesen. Der Absatz scheint sich um etwa 1 500 000 Flaschen jährlich einzupendeln; das ist etwa halb soviel wie bei Barbaresco und ein Viertel von Barolo. Inzwischen aber hat der preisgünstigere Rosso di Montalcino den Brunello mengenmäßig überholt. Er bringt den Erzeugern willkommene rasche Einkünfte aus den oft beträchtlichen Investitionen.

Brunello unterscheidet sich gegenüber anderen Sangiovese-Rotweinen der Toskana vor allem dadurch, daß er stets reinrassig ist, während Chianti und Vino Nobile Mischungen darstellen. Montalcino liegt näher am Meer und ist deshalb wärmer und trockener als Montepulciano, Chianti Classico oder Rufina; daher liegt die Reife früher, und die Jahrgänge sind gleichmäßiger. Der Brunello hat meist mehr Körper, Struktur und Farbe sowie längere Lebensdauer als die anderen.

Die Gemarkung Montalcino ist so umfangreich, daß in ihren Hügeln unterschiedliche Bedingungen herrschen, und doch so gleichmäßig, daß die Weine von den verschiedenen Brunello-Klonen ein gemeinsames Gepräge erhalten. Das ungefähr quadratische Gebiet zwischen Ombrone, Orcia und Asso steigt in vier Haupthängen pyramidenförmig zum Scheitelpunkt des 667 m hohen Poggio Civitella auf. Die Zone liegt hinter den Maremma-Bergen, vom Tyrrhenischen Meer getrennt, dessen kühlende Brise die trockene Sommerhitze mildert. Die Masse des nahegelegenen Monte Amiata schirmt gegen Hagel- und Sturmschäden ab. Da die meisten Weinberge noch neu sind, werden sich besondere Lagen erst mit der Zeit herauskristallisieren. Wenn demzufolge auch bisher Einstufungen nicht möglich sind, so haben doch einige Gegenden, Weingüter und Parzellen schon besondere Eignung bewiesen.

Zuerst ist hier Il Greppo von Biondi-Santi östlich der Stadt mit den am höchsten gelegenen Weinbergen (400–500 m) zu nennen. Costanti und Barbi sind Nachbarn auf diesem oft steilen Gelände mit *Galestro*-Boden. Die Kühle hier oben begünstigt langsame Reife des Brunello, der durch seine herbe Struktur lange Reife braucht, bis das volle Bukett sich entfaltet. Zwei zunehmend bekannt werdende Lagen, Montosoli und Canalicchio, befinden sich im Norden und Osten der Stadt auf tiefer gelegenen Hängen, wo sich vollreife Qualitäten entwickeln. In der Südwestecke um Sant' Angelo in Colle, Argiano, Pian della Mura und Camigliano sind umfangreiche Neupflanzungen angelegt worden. Hier liegen die großen Besitzungen von Villa Banfi, Il Poggione, Castelgiocondo und Col d'Orcia, daneben einige kleine, aber angesehene Güter wie Case Basse um die Kirche Santa Restituta. Der Boden besteht aus Lehm und Sand mit Muschelkalk, in höheren Lagen herrscht dagegen *galestro* vor. An wieder anderen Stellen schaffen im schweren Lehmboden, insbesondere im Norden, Mergel und sandige Kalkstein-Ablagerungen günstige Voraussetzungen in einzelnen Lagen wie Castelnuovo dell'Abate, Altesino und Castiglione del Bosco.

Der Brunello di Montalcino festigt mit Hilfe einiger Dutzend Weingüter von großer Klasse seine Vorrangstellung unter den DOC-Weinen der Toskana immer weiter. Bei raschem Wachstum und radikaler Veränderung liegt die Frage nach der Zukunft nahe, die bei überaus hohem Preis und einer klar umrissenen Definition gesichert erscheint. Es geht also eigentlich darum, wer heute einen Brunello bieten kann, der im Jahr 2090 genußreif sein wird. Allen, die etwa meinen, sie seien dann noch da und könnten in den Genuß kommen, sei gesagt, daß der sicherste Tip wohl Biondi Santi lautet.

ZONE: Die Hänge in der umfangreichen Gemarkung Montalcino in der Provinz Siena. Trockener Rotwein. Traube: Brunello di Montalcino. E. 56/80 (im Alter 52/80); Alk. 12,5; S. 0,55; A. 4 J. (3,5 in Eichen- oder Kastanienholzfässern), *riserva* 5 J.

Rosso di Montalcino (DOC 1984)
Italiens erste Alternative zu einer DOCG ermöglicht es den Erzeugern, Trauben aus einer und derselben Lage entweder für Brunello oder für diesen jüngeren DOC-Wein zu verwenden. In guten Jahren kann also eine Auslese für den Ausbau zu Brunello getroffen und der Rest der Trauben zu Rosso di Montalcino verarbeitet werden. In mittelmäßigen Jahrgängen kann Rosso allein entstehen, der schon nach einem Jahr preiswerter abgegeben wird. Dadurch kommt der Erzeuger in den Genuß rascherer Erlöse, und der Verbraucher hat die Chance, die Güte der Brunello-Traube kennenzulernen, ohne ein Vermögen dafür ausgeben zu müssen. Rosso di Montalcino ist durchaus ein Genuß. Sein Prototyp stammte von Il Poggione, bekannt für ungezügelte Kraft und frische Fruchtigkeit. Die Produktion ist inzwischen größer als die Brunello-Erzeugung, weil andere Weingüter sich ebenfalls an diesem Rotwein, der zu den erfreulichsten in der Toskana gehört, beteiligen.

ZONE: Die Hänge der großen Gemarkung Montalcino in der Provinz Siena. Trockener Rotwein. Traube: Brunello di Montalcino. E. 70/100; Alk. 12; S. 0,5; A. 1 J.

Moscadello di Montalcino (DOC 1985)
Die DOC stellt weniger eine Wiederbelebung als eine Neufassung des einst hochgepriesenen Süßweins dar. Die ursprüngliche Moscadelletto-Rebe, vermutlich eine Mutation von Moscato, war in Montalcino schon im Mittelalter bekannt, dann verschwand sie aber infolge Anfälligkeit für Krankheiten fast vollständig. An ihre Stelle ist der Moscato Bianco getreten, der auch die Grundlage für Asti Spumante abgibt. Der von Villa Banfi herausgebrachte Moscadello di Montalcino ist zwar dem würzigen, perlenden Moscato d'Asti ähnlich, jedoch bei weitem nicht so erfolgreich wie dieser. Banfi stellt auch einen volleren *liquoroso* mit dem Namen «B» her, der mehr Eindruck macht. Die echte alte Moscadelletto-Rebe ist übrigens amtlich nicht mehr zugelassen.

ZONE: Die Hänge in der großen Gemarkung Montalcino in der Provinz Siena. Süßer Weißwein, auch *frizzante*. Trauben: Moscato Bianco, andere weiße Sorten bis 15%. E. 65/100; Alk. 10,5 (Restsüße Min. 3,5%); S. 0,5.

Liquoroso. Gespriteter süßer Weißwein. Trauben wie oben, jedoch *passito*. E. 65/100; Alk. 19 (Restsüße 3%): S. 0,5; A. 6 Mte. nach dem Spriten.

Andere beachtenswerte Weine
Viele Weingüter produzieren *vdt*, oft von Brunello, mit Ausbau in *barriques*. Villa Banfi führte Cabernet,

Oben: Brunello-Reben auf dem Gut Poggio Antico.
Unten: Die Kellerei von Villa Banfi ist technisch vorbildlich.

221

Chardonnay und Sauvignon ein, die zunehmend auch von anderen verwendet werden. Die Erzeuger haben auch das wenig benutzte Recht auf die DOC Chianti Colli Senesi. Neben Montalcino liegt Monte Antico in der Provinz Grosseto mit einem auf Sangiovese beruhenden Rotwein in beachtlicher Qualität von Castello di Monte Antico.

WEINGÜTER/WINZER

(Alle Weingüter liegen in der Gemarkung Montalcino.)

Altesino. Der Leiter Claudio Basla und die Önologen Angelo Solci und Pietro Rivella produzieren feinen Brunello und Rosso von 14 ha in Altesino und 6 ha in Montosoli. Der *vdt* Palazzo Altesi wird mit Kohlensäuremaischung bereitet und in *barriques* ausgebaut; er hat fruchtigen, Burgunder-ähnlichen Charakter. Im Alte d'Altesi sind Brunello und Cabernet Sauvignon kombiniert. Bemerkenswert auch der *vdt* Bianco di Montosoli und ein Moscadello passito «Ambro d'Altesi».

Argiano. Von den restlichen 20 ha Rebfläche des einst riesigen Guts der Familie Gaetani Lovatelli bei Sant' Angelo in Colle gewinnt Cinzano unter der Leitung von Maurizio Castelli einen bemerkenswerten Brunello.

Baricci. Von 3 ha in der vielgepriesenen Lage Colombaio di Montosoli produziert Nello Baricci oft ausgezeichneten Brunello und guten Rosso.

Biondi Santi – Il Greppo. Das Weingut, auf dem der Brunello entstand, wird manchmal als der erste Grand Cru Italiens genannt. Trotz ehrfurchtgebietender, neid- und wuterregender Preise drängten finanzielle Probleme die Familie 1988 zur Bildung einer Gesellschaft mit Calogero Calì, die sich um die kommerzielle Seite der Biondi-Santi-Weine kümmert. Das wurde zuerst als das Ende einer Institution angese-

Franco Biondi Santi und sein Gut Il Greppo, wo sein Großvater den ersten Brunello di Montalcino produzierte. Im Keller liegen noch etliche Flaschen der berühmten Jahrgänge 1891 und 1888.

hen, doch Franco Biondi Santi und sein Sohn Jacopo behielten in Il Greppo das Heft in der Hand und kelterten ihren Brunello, als wäre nichts geschehen. Das Gut, dessen Name von den steilen Böschungen auf dem Gelände stammt, liegt 2 km südlich von Montalcino an einem von jahrhundertealten Zypressen gesäumten Weg. In den Kellern der Villa, in einem Gewölbe eingeschlossen, liegen alte Jahrgänge – darunter die letzten Flaschen des 1888ers und 1891ers, letzterer noch immer käuflich zu erwerben. Die Flaschen werden alle 25 Jahre mit Wein aus demselben Jahrgang aufgefüllt und wieder neu verkorkt. In einem benachbarten neuen Keller finden sich Zugeständnisse an die moderne Zeit wie Edelstahltanks und eine pneumatische Presse, die erst vor kurzem eine handbediente Holzkelter (*torchio*) ersetzte. In Il Greppo in 400 bis 500 m Höhe sowie im nahegelegenen Gut Pieri liegen 20 ha Brunello. Die in niedrigem Cordon erzogenen Reben sind in weiten Abständen gepflanzt (2222 je ha), und die Erträge werden durch scharfen Rückschnitt und Ausdünnung unterhalb der zulässigen Grenzen gehalten. Besonders erlesene Südlagen auf *Galestro*-Boden tragen die Namen Chiusa, Greppo, Greppino, Pievecchia, Scarnaquoia und Pieri. Der Brunello *annata* wird von 10- bis 25jährigen Reben nur in besonders guten Jahren bereitet (die Jahrgänge 84, 76 und 72 wurden ausgeklammert). Brunello *riserva* wird von über 25jährigen Reben und auch nur bei besonders guter Qualität gewonnen. Die Produktion übersteigt selten 50 000 Flaschen, davon 15 000 *riserva*. Die Preise stehen Spitzenweinen von Bordeaux übrigens kaum nach.

Camigliano. Von 60 ha bei dem Dörfchen Camigliano im heißesten Teil der Zone produziert die Familie Ghezzi einen Brunello, dessen Struktur es an Gleichmäßigkeit fehlt.

Campogiovanni. Guter Brunello von einem Gut mit 6,8 ha Rebfläche bei Sant'Angelo in Colle im Besitz von San Felice.

Canalicchio di Sopra. Von 4,5 ha in Canalicchio erzeugt Primo Pacenti sauberen Brunello und Rosso. Das Gut hat er mit seinem Bruder Rosildo geteilt, der seinen Brunello einfach Canalicchio nennt.

Canalicchio di Sotto. Silvano und Maurizio Lambardi gewinnen von 3 ha Brunello und Rosso.

Capanna-Cencione. Von 10 ha bei Santa Restituta produziert die Familie Cencioni guten Brunello und Rosso.

Capanna di Santa Restituta – Fattoi e Monicci.

Caprili. Alfo Bartolommei gehörte zu den ersten Winzern in Montalcino, die von einem 7-ha-Gelände bei Santa Restituta, dessen besondere Güte sich im Wein bemerkbar macht, ihren Brunello gewinnen.

Casale del Bosco. Silvio und Emilia Nardi produzieren von 45 ha im NW der Zone Brunello und Rosso.

Casanova. Von 12 ha oberhalb von Torrenieri erzeugt die Familie Neri stetig besser werdenden Brunello und Rosso.

Case Basse. Von 6,3 ha in Villa Santa Restituta produziert der Börsenmakler Gianfranco Soldera aus Mailand einen Brunello, der seit einiger Zeit durch ungewöhnliche Konzentration der Komponenten, vereint mit milder, fast üppiger Frucht, höchsten Beifall erntet. Auch der Rosso und der *vdt* «Intistieti», ein reiner Brunello aus der besten Lage des Guts, sind vorzüglich.

Castelgiocondo. Das große Gut um das alte Schloß gehört der Familie Frescobaldi. Es verfügt über den größten Bestand an Brunello-Reben (160 von 220 ha), doch die Produktion ist auf eine Auslese aus der 45 ha großen Lage Riguardo abgestellt. Der Brunello zeigt geschmeidige, fruchtige Züge, ebenso der höchst erfreuliche Rosso Campo ai Sassi. Die von Luciano Boarino geleitete Produktion erbringt mehrere *vdt*.

Castiglione del Bosco. Das mitten im Wald gelegene Dörfchen Castiglione del Bosco verfügt über 35 ha, die zwischen Poggio La Vigna und Badia Ardenga aufgeteilt sind. Der Önologe Maurizio Castelli hat den neueren Brunello und Rosso stark verbessert.

Cerbaiona. Von knapp 1,5 ha bei Cerbaiona gewinnt Diego Molinari guten Brunello und Rosso.

Col d'Orcia. Das Weingut bei Sant' Angelo mit 69 ha Rebfläche befindet sich im Besitz von Cinzano. Verwalter Edoardo Virano und Berater Maurizio Castelli haben Keller und Weinberge neu aufgebaut. Guter Rosso und Chianti Colli Senesi Gineprone sowie Moscadello, Vin Santo und ein *novello* «Novembrino».

Colle al Matrichese – Poderi Emilio Costanti. Der Brunello von Emilio Costanti aus den 1960er und frühen 70er Jahren ließ durch Wucht, Langlebigkeit und Anmut die Konkurrenz oft hinter sich. Seine Neffen Andrea und Riccardo Costanti und der Önologe Vittorio Fiore halten dieses Niveau mit Brunello von 7 ha in Villa Il Colle mit Einzellagen-*riserva* Paretaio, Vignanova, Baiocco und Piano, jeweils in einem 30-hl-Faß. Die Jahresproduktion von 20 000 Flaschen beinhaltet etwas roten *vdt* Vermiglio und guten Chianti Colli Senesi.

Cottimello-Eredi Fuligni. Von 3,5 ha gewinnen Maria Flora Fuligni und Roberto Guerrini immer besseren Brunello und Rosso.

Fattoria dei Barbi-Proprietà Colombini. In den 50er Jahren belebte Giovanni Colombini die Weinbautradition der Familie neu und konkurrierte zuweilen mit dem Brunello seines Nachbarn Tancredi Biondi Santi. Heute fördern seine Tochter Francesca Colombini Cinelli und deren Tochter Donatella Montalcino seine Weine auf das nachhaltigste. Zu ihren Initiativen zählt der jährlich vergebene internationale Barbi-Colombini-Preis für Literatur über Montalcino. Die Weine von 34 ha gehören oft zur Spitze. Unter dem Önologen Giancarlo Arrigoni ergeben sich Anzeichen für einen Aufschwung. Der 85er und 88er sind fein ausgefallen, vor allem der Vigna del Fiore aus einer 2-ha-Lage. Die Barbi-Weinberge – 17 Parzellen in 170 bis 500 m Höhe – erbringen in verschiedenen Weinen unterschiedliche Ergebnisse. Bemerkenswert sind der Rosso di Montalcino Sole dei Barbi, der rote *vdt* Brusco dei Barbi, der ähnliche Bruscone dei Barbi Spätlese, der weiße Bianco del Beato sowie guter Vin Santo.

Il Casello. Pierluigi Talenti gewinnt Brunello und Rosso von 7 ha in Sant' Angelo in Colle, im Besitz der Familie Franceschi von der Tenuta Il Poggione.

Il Greppone Mazzi. Der an Il Greppo von Biondi Santi angrenzende 8-ha-Besitz wird von der Familie Folonari (Firma Ruffino) für guten Brunello genutzt.

Il Marroneto. Ein Juwel von einem Brunello aus einem Gut, das die Familie Mori allmählich auf 1,5 ha erweitert.

Il Poggiolo. Von 4 ha südwestlich von Montalcino gewinnt die Familie Cosimi hochgeachteten Brunello und Rosso.

La Chiesa di Santa Restituta. Roberto Bellini aus der Lombardei und der Önologe Pietro Rivella gewinnen von 16,5 ha in einer der besten Lagen von Montalcino bei der alten Kirche immer besser werdenden Brunello und Rosso.

La Fortuna. Die Familie Zannoni dehnt ihre Weinberge östlich von Montalcino auf 9 ha aus, um größere Mengen eines bereits feinen Brunello und eines guten Rosso zu gewinnen.

La Gerla. Von 4 ha in Montosoli bringen der Besitzer Sergio Rossi aus Mailand und der Önologe Vittorio Fiore immer besser werdenden Brunello und Rosso hervor.

La Magia. Die Familie Schwarz aus Südtirol erzeugt Brunello und Rosso von 16 ha in hohen Lagen bei Poggio Civitella.

La Poderina.

Lisini. Nach einigem Auf und Ab in den 70er Jahren ist die Fattoria di Sant'Angelo in Colle, wo die Gebrüder Lisini mit dem Önologen Franco Bernabei stilvollen Brunello und Rosso von 12 ha produzieren, wieder klar im Aufstieg.

Mastrojanni. Von 12 ha des Podere Loreto in Castelnuovo dell'Abate erzeugen Gabriele und Antonio Mastrojanni aus Rom und der Önologe Pino Zardetto aus Venedig immer eindrucksvolleren Brunello und Rosso.

Pertimali.

Poggio Antico. Von 20 ha Hanglagen zwischen Montalcino und Sant'Angelo in Colle kommt stetig verbesserter Brunello, Rosso und *vdt* Brunello Altero (im Gutsrestaurant zu Wildschwein serviert).

Poggio Salvi. Das Weingut von Pierluigi Tagliabue umfaßt 11 ha, wo Jacopo Biondi Santi bei der Arbeit am Brunello und Rosso berät.

San Carlo.

San Filippo dei Comunali. Von 5 ha bei der Kirche San Filippo Neri, östlich von Montalcino, produziert Ermanno Rosi guten Brunello und Rosso.

Talenti-Pian di Conte. Pierluigi Talenti (von Il Poggione) hat ein eigenes Gut mit 2,7 ha für erstklassigen Brunello und Rosso.

Tenuta Caparzo. Nuccio Turone aus Mailand und der Önologe Vittorio Fiore produzieren Brunello, Rosso und *vdt* von 16 ha neben Altesino und 6,5 ha in Montosoli (Quelle des vielgepriesenen Einzellagenweins Brunello La Casa). Der rote *vdt* Ca' del Pazzo vereinigt Brunello und Cabernet in *barriques*.

Tenuta Il Poggione. Der Leiter und Önologe Pierluigi Talenti hat den großen Ruf dieses Guts im Besitz von Clemente und Roberto Franceschi mit konstant erstklassigem Brunello und Rosso aufgebaut. Talenti, der sich auf sein Gut Pian di Conte zurückgezogen und Fabrizio Bindocci den Platz geräumt hat, schreibt den Erfolg der idealen Lage der Weinberge – 51 ha in 150–450 m Höhe um Sant'Angelo in Colle – und sorgfältiger Auslese zu. Weine, die den Qualitätsstand nicht erreichen, werden im Faß verkauft. So konnte Il Poggione im Lauf der letzten 20 Jahre mustergültige Gleichmäßigkeit mit gutem Brunello auch 1984, '76 und '72 erreichen, und zwar stets zu vernünftigen Preisen. Der feine Rosso ist noch preiswerter.

Val di Cava.

Val di Suga. Das erste toskanische Weingut von Lionello Marchesi aus Mailand (neben Tre Rose in Montepulciano und La Capraia im Chianti Classico) umfaßt 23 ha nordöstlich von Montalcino mit geachtetem Brunello und Rosso.

Villa Banfi. Die größte Weinimportfirma in den USA hat ihr wichtigstes Gut in Italien dem prominenten Önologen Ezio Rivella unter-

stellt, der sich mit dem gebürtigen Schweizer Pablo Hari in die Weinbereitung teilt. Trotz anfänglicher Zweifel an dem kolossalen Projekt hat Villa Banfi Montalcino Geld und Arbeitsplätze gebracht und zugleich die ortsüblichen Weinbereitungskonzepte erweitert. Ursprünglich sollten zwar sowohl hochwertige als auch populäre Weine für den amerikanischen Markt hier erzeugt werden, doch Villa Banfi hat sich für Prestige mit bestem modernem Brunello, gutem Rosso Centine und einer Reihe von *vdt* entschieden, die in Italien und Europa Beifall finden. Das Weingut umfaßt 2 850 ha auf Hängen zwischen 250 und 400 m, die aus dem Orcia-Tal unterhalb von Pian della Mura (heute Castello

Banfi) und Sant'Angelo Scalo (mit der hochmodernen Banfi-Kellerei) nordwärts über das Dörfchen Tavernelle aufsteigen. Die Rebfläche, zu 80% aus künstlichen Seen bewässert, hat 800 ha: 150 mit Brunello, 160 mit Cabernet, 140 mit Chardonnay, 120 mit Moscato, 60 mit Sauvignon Blanc – ferner Pinot Grigio, Sémillon, Pinot Nero, Montepulciano und Syrah. Alle Sorten sind in verschiedenen Höhen angepflanzt, um Reife in bestimmten Abständen und damit gleichmäßige Ergebnisse zu erzielen. Die Erziehung nach dem Casarsa-System ist für maschinelle Ernte vorgesehen, doch die meisten Trauben werden von Hand gelesen.

WEIN- UND HANDELSHÄUSER

(Brunello muß innerhalb der Gemeindegrenzen von Montalcino bereitet werden; der Vertrieb erfolgt unter den Etiketten verschiedener Häuser, u. a. Luigi Cecchi.)

Links: Pablo Hari, ein gebürtiger Schweizer, unterstützt als Chefönologe bei Villa Banfi (unten) den Direktor Ezio Rivella. Trotz der beträchtlichen Größe der Kellerei liegt hier der Schwerpunkt eindeutig auf Qualität, nicht nur bei Brunello, sondern auch bei Chardonnay und Cabernet.

Weine von Montepulciano

Die Stadt Montepulciano windet sich einen Bergvorsprung über dem Chiana-Tal hinauf, auf dessen weiten Südwesthängen sich die Weinberge des Vino Nobile, des Doyens aller toskanischen Weine, erstrecken. Der Weinbau ist hier seit dem 8. Jh. nachgewiesen, jedoch zogen in der Umgebung nicht nur die Etrusker schon viel früher ihren Wein, sondern auch die Römer, die den Berg Mons Politianus nannten. Die einstige Hochburg Sienas kam dann unter den Einfluß von Florenz, als der Dichter Poliziano aus Montepulciano Freund und Kanzler von Lorenzo de'Medici wurde. Er tat viel für die Stadt, deren schöne Kirchen und *palazzi* ihr den Beinamen «Perle des 16. Jh.s» eintrugen. Der Beiname Nobile für diesen adeligen Wein kam im 18. Jh. in Gebrauch. Er war schon ein echter Aristokrat, als der Chianti noch nach Anerkennung strebte, gut zwei Jahrhunderte, bevor der Brunello di Montalcino überhaupt erfunden wurde. Heute indessen kann der Vino Nobile zwar mit dem Chianti Classico in Prestige und Preis durchaus konkurrieren, doch dem Brunello ist er in beiderlei Hinsicht unterlegen. Dieser Vorsprung der Nachbarn hat die Winzer von Montepulciano dazu veranlaßt, ihren Vino Nobile wieder in die Höhe zu bringen und den Rosso di Montalcino zum Vorbild für die eigene Alternativ-DOC Rosso di Montepulciano zu nehmen. Neben den ebenfalls vorhandenen Optionen Chianti und Bianco Vergine della Valdichiana produzieren manche Weingüter überzeugende Tafelweine. Die meisten allerdings halten sich vor allem an den Vino Nobile und seinen historischen Adel, den er dem Brunello voraus hat. Manchmal werden beide wie Barolo und Barbaresco in einem Atemzug genannt, doch die Unterschiede in den DOCG-Regeln sind ausgeprägter. Beide beruhen auf Sangiovese-Klonen, doch der Brunello steht in seinem Wein allein, während im Vino Nobile der Prugnolo Gentile die Hauptrolle in einer Mischung spielt. Auch bestehen trotz der benachbarten Lage zwischen den Gemarkungen von Montalcino und Montepulciano beträchtliche Unterschiede in Klima und Boden. Nur selten schwingt sich der Vino Nobile zur heroischen Wucht des Brunello auf, doch zeigt er oft ein Gefüge wie dieser und dabei eine Komplexität und Finesse wie ein Chianti Riserva – und mit diesen vereinten Eigenschaften wächst ihm auch heute noch ein Adel zu, wie ihn ein Wein aus der Toskana nur erreichen kann.

Vino Nobile di Montepulciano (DOCG 1983, DOC 1966)

Als wäre das Leben unter der Last alter Legenden nicht schon schwer genug gewesen, wurde dem Vino Nobile 1983 auch noch die erste DOCG aufgebürdet. Wie zu erwarten war, fiel das Debut niederschmetternd aus. Kritiker behaupteten, es habe sich gegenüber früher, als fehlerhafte Gärung und zu lange Lagerung in überalterten Fässern zu vorschnellem Verblassen führte, nichts geändert. Seither aber hat sich beim Vino Nobile alles zum Besseren gewendet, insbesondere dank einer neuen Winzergeneration und dem Zustrom von Önologen und Kapital von außerhalb. Etwa ein Dutzend Weingüter bietet frischere, ausgewogenere Weine mit dunklerer Farbe und tieferem Bukett und Geschmack als je zuvor an, deren Schliff auf Langlebigkeit schließen läßt.

Dabei ist der Vino Nobile aber durchaus nicht in Gefahr, uniform zu werden, denn zwischen den 40 Weingütern bestehen deutliche Unterschiede. Auch herrscht trotz oft uralter Konflikte und Rivalitäten doch weitgehende Einigkeit darüber, daß es mit den Geschicken des Vino Nobile aufwärts geht und daß ein besserer Qualitätsstand allen gemeinsam nützt. Die meisten Erzeuger gehören dem Consortium

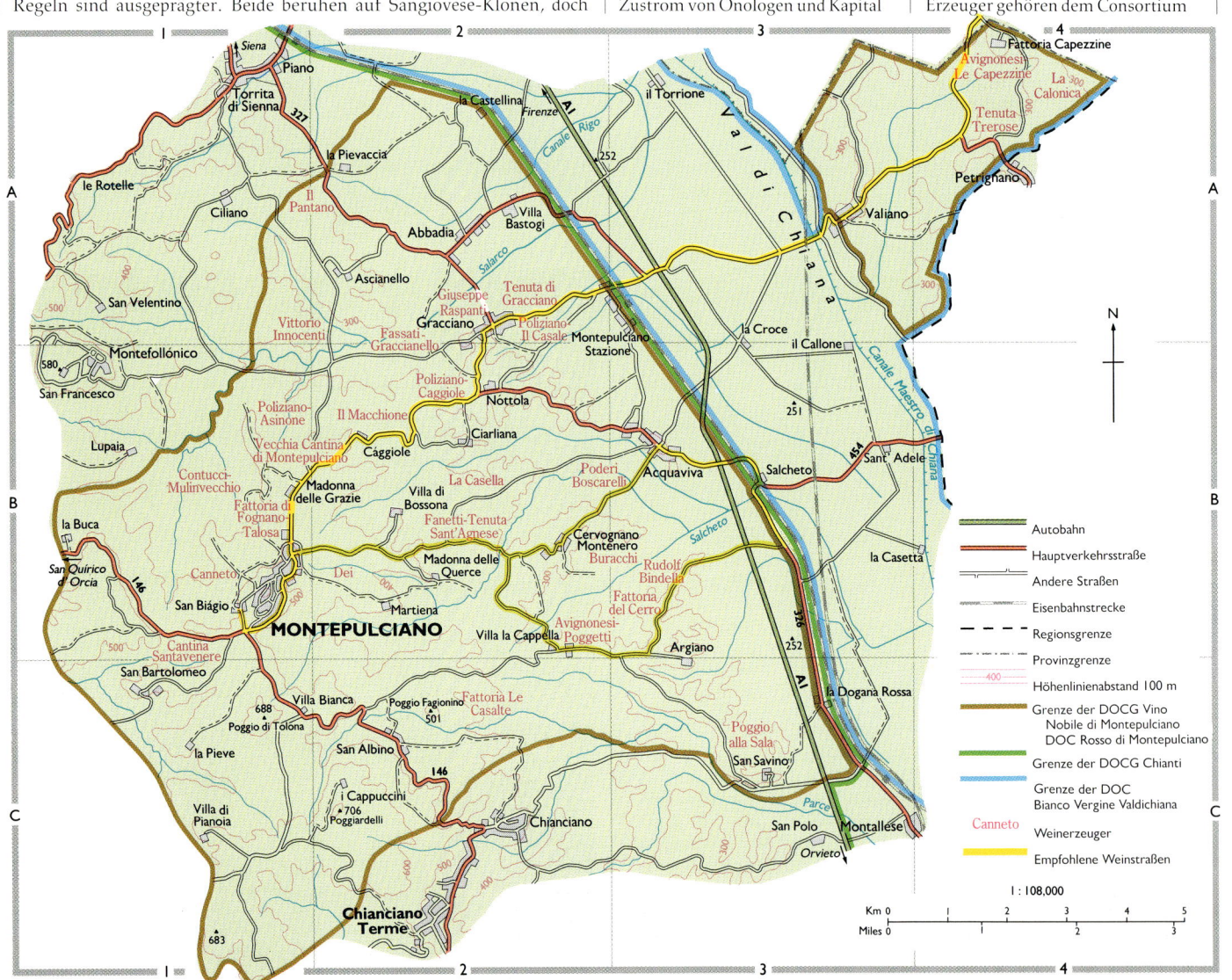

an, das die Produktion von 1 500 000 Flaschen im Jahr überwacht – das ist weniger als die Hälfte des Potentials der 740 ha an registrierten Weinbergen. Die neue Alternative, DOC Rosso di Montepulciano, ermöglicht es, für den Vino Nobile nur die besten Trauben auszuwählen. Der Prugnolo Gentile könnte eigenständigen Wein erbringen, doch wird seine Strenge in der Jugend durch die sanfte Art des Canaiolo gemildert, und traditionsgemäß wird oft Mammolo beigemischt, um das Bukett zu bereichern. Bis vor kurzem noch verlangte das Mischungsrezept mindestens 10% weiße Trauben, wobei der Anteil bis zu 25% gehen konnte, wenn die volle erlaubte Dosis an Trebbiano, Malvasia und Grechetto – hier Pulcinculo genannt – angewendet wurde. Durch eine kluge Regeländerung wurde die Beimischung von weißen Sorten nun freigestellt.

Obwohl die Progressiven die Oberhand über die Traditionalisten gewonnen haben, stehen in vielen Kellern noch alte Kastanienholzfässer, nur wird von ihrem angeblich günstigen Einfluß nicht mehr so viel geschwärmt. Die besseren Erzeuger achten darauf, daß die heute üblichen Fässer aus slawonischer Eiche regelmäßig erneuert werden; auch mit *barriques* sind Versuche im Gange. Doch der Vino Nobile im alten Stil ist nicht völlig verschwunden. Alte Flaschen von Bologna Buonsignori, Contucci, Tenuta di Gracciano und Fanetti zeigen oft jenes aristokratische Air der Erschlaffung, wie es müden Pauillacs eigen ist. Selbst wenn man sie noch genießen kann, sind sie doch von einem Jahrgang zum anderen – von einer Flasche zur anderen – so unterschiedlich, daß man daraus weder eine Vino-Nobile-Persönlichkeit noch den Stil eines Hauses ableiten könnte. In den 70er Jahren kamen die Poderi Boscarelli in aller Stille mit Weinen von solcher Tiefe und Kraft heraus, wie sie den anderen fehlte. Darauf folgte Avignonesi mit Vino Nobile und anderen modernen Weinen, die dem abgenutzten Begriff «elegant» neues Leben einhauchten. Als das am stärksten verbesserte Weingut ragt Poliziano, dessen Glanz lange abgeblaßt wirkte, neu hervor; daneben Contucci, ein altes Familiengut, das der konservativen Form abgeschworen hat. Investitionen von außen haben Namen wie Trerose, Fattoria del Cerro, Fattoria di Fognano und Fassati hochgebracht. Aber auch kleine Erzeuger wie Bindella und Le Casalte haben Wirkung erzielt. Die treibende Kraft jedoch bleibt die Vecchia Cantina di Montepulciano, die mit über 300 Mitgliedern etwa die Hälfte des Vino Nobile und einen großen Teil der anderen Weine produziert. Noch

Oben: Montepulciano mit seiner herrlichen Renaissance-Architektur, beispielhaft vertreten durch den Palazzo Comunale (links), verdankt einen Teil seines Ruhms dem königlichen Vino Nobile. Schon die Etrusker und Römer bauten hier Wein, dem schließlich von 200 Jahren das Adelsprädikat zuwuchs.

gehört der Vino Nobile zu den preiswertesten Weinen der Toskana.

Die Rebfläche ist zwar stetig, aber bei weitem nicht so schnell wie in Montalcino gewachsen; daher hat Montepulciano noch Raum für weitere Expansion. Am stärksten bepflanzt sind die sanften, offenen Südosthänge zwischen der Stadt und dem Valdichiana. Das Vino-Nobile-Konsortium tut sich in der Toskana mit Studien über das Verhalten der Reben in unterschiedlichem Boden und Mikroklima hervor. Dabei sind fünf bevorzugte Bereiche im Lehm- und Sandboden des Chiana-Beckens ermittelt worden, wo frühere Seen und Ströme organische und maritime Ablagerungen hinterlassen haben: *Argiano* mit den Orten Argiano (Weingüter bzw. Lagen: Avignonesi

Poggetti, Fattoria del Cerro, Bindella), Cervognano (Boscarelli, Buracchi), Madonna della Querce (Fanetti) und Acquaviva.
Caggiole mit Caggiole (Poliziano Caggiole, Il Macchione), Ascianello (Il Pantano, Innocenti), Ciarliana (La Casella), Gracciano (Fassatis Graccianello, Raspanti, Tenuta di Gracciano, Poliziano).
Canneto mit Canneto (Canneto), Pietrose (Contucci Mulinvecchio, Fattoria Fognano-Talosa, Polizianos Asinone) und Bossano.
Casalte mit Casalte (Le Casalte), Martiena (Dei) und Paterno.
Valiano mit Valiano (Avignonesis Le Capezzine, Trerose, La Calonica).

Die Fachleute sind sich einig, daß die Weine auf dem rötlichen Boden von Argiano oft schönere Harmonie

und Finesse erlangen, Weine aus den hohen Lagen von Canneto und Pietrose sich durch ihr Bukett auszeichnen, während aus den tieferen Lagen von Gracciano Weine mit kräftigerem Körper und fester Struktur kommen. Valiano auf der anderen Seite des Tals bietet aufstrebenden Weingütern bestes Potential. Noch ist man von einer Einstufung der Lagen weit entfernt, doch ist wenigstens eine Basis für das Bestreben der Erzeuger gegeben, den Vino Nobile zu dem zu machen, was sein Name besagt.
ZONE: Die Hänge von 250–600 m in der Gemarkung Montepulciano in der Provinz Siena. Trockener Rotwein. Trauben: Prugnolo Gentile 60–80%, Canaiolo Nero 10–20%, andere Sorten bis 20%, jedoch höchstens 10% weiße Sorten. E. 56/80

225

(im Alter 52/80); Alk. 12,5; S. 0,5; A. 2 J. in Eichen- oder Kastanienfässern, *riserva* 3 J.

Rosso di Montepulciano (1989)

Die neue DOC gibt den Erzeugern die Möglichkeit, statt Vino Nobile einen leichteren, jünger trinkreifen Rotwein herauszubringen; die Vorstellungen darüber, wie frisch und jung er sein soll, gehen noch auseinander. Zum Teil dienen Sarmento oder *vino novello* als Vorbilder. Andere richten sich nach dem Rosso di Montalcino mit Ausbau über einige Jahre, um einen tieferen Wein zu erzielen. ZONE: Hänge bis zu 600 m in der Gemarkung Montepulciano. Die Lagen können mit Vino Nobile übereinstimmen oder getrennt registriert sein. Trockener Rotwein. Trauben: Sangiovese (Prugnolo Gentile) 60–80%, Canaiolo Nero 10–20%, andere Sorten bis 20%, jedoch höchstens 10% weiße Sorten. E. 70/100; Alk. 11; S. 0,5; A. 6 Mte.

Andere beachtenswerte Weine

Chianti Colli Senesi oder Chianti allein steht zwar immer hinter Vino Nobile, manche Erzeuger aber bieten gute Beispiele zu günstigen Preisen. Andere erzeugen Bianco Vergine oder leichten *vdt*. Erstklassige *vdt* entstehen von Prugnolo Gentile oder Cabernet, Chardonnay und Sauvignon.

WEINGÜTER/WINZER

(Alle Weingüter liegen in der Gemarkung Montepulciano. Ohne Kommentar genannte Erzeuger bieten empfehlenswerten Vino Nobile an.)

Avignonesi. Das neue Image des Vino Nobile verdankt diesem jungen, dynamischen Unternehmen viel, dessen Weine kaum ihresgleichen haben. Auch das Verpackungsdesign ist einzigartig. Die Brüder Alberto und Leonardo Avignonesi leiten die Firma zusammen mit dem Önologen Ettore Falvo, der sein Hauptquartier im Palazzo Avignonesi in Montepulciano aufgeschlagen hat. Trauben von drei Gütern werden verarbeitet: Poggetti (15 ha) und Le Capezzine (6 ha) für Vino Nobile, Rosso di Montepulciano, Chianti und roten *vdt* Grifi (von Lokalreben mit Cabernet) und La Selva (60 ha), vorwiegend bestockt mit weißen Traubensorten sowie Cabernet und Merlot. Die Produktion umfaßt guten Bianco Vergine und trockenen Malvasia *vdt* sowie Chardonnay «Il Marzocco» und Sauvignon Blanc «Il Vignola», die zu den feinsten sortenreinen Weinen Mittelitaliens gehören. Der Stolz des Hauses ist Vin Santo «Occhio del Pernice», der zwar nicht wirklich typisch, aber allgemein als Bester seiner Rasse anerkannt ist.

Oben: *Ettore Falvo, hier mit seinem Sohn, ist der Kellermeister des Hauses Avignonesi, das den Grundstein für den Wiederaufstieg des Vino Nobile gelegt hat.*

Mitte: *Weinberge für Vino Nobile di Montepulciano.*

Unten: *Avignonesi bietet an seinem Firmensitz in Montepulciano Weine von drei Weingütern an.*

Rudolf Bindella. In seinem Mustergut Vallocaia in Argiano erzeugt der Schweizer Importeur Bindella erstklassigen Vino Nobile. In Vorbereitung ist ein reiner Prugnolo *vdt* «Vallocaia».

Buracchi.

Canneto.

Cantina Santavenere.

Dei.

Contucci. Alamanno Contucci, der Vorsitzende des Konsortiums, hat den früher traditionellen Stil seines Weins von 21 ha aus seinem Gut Mulinvecchio in Pietrose nördlich von Montepulciano allmählich gewandelt. Neuere Abfüllungen von Vino Nobile Riserva aus den Kellern des Renaissance-Palazzo der Familie an der Piazza Grande sind überzeugend. Auch Chianti und Vin Santo.

Fanetti. Der Vino-Nobile-Pionier Adamo Fanetti setzte von den 20er bis in die 70er Jahre hier die Maßstäbe. Sein Sohn Giuseppe hält die Tradition auf 18 ha besten Lagen der Tenuta Sant'Agnese hoch, doch die Weine, auch Chianti und *vdt*, sind wenig bemerkenswert.

Fassati. Die zum Fazi-Battaglia-(Fabat)-Konzern gehörende Firma hat 35 ha Weinberge in Graccianello hinzuerworben und eine neue Kellerei gebaut, wo Amedeo Esposito sauberen Vino Nobile und Chianti produziert.

Fattoria del Cerro. Die SAI Agricola, der landwirtschaftliche Zweig einer großen Versicherungsgesellschaft, erzeugt besten Vino Nobile und Chianti von 117 ha bei Aquaviva. Zum Teil wird die Produktion unter dem Etikett Cantine Baiocchi verkauft.

Fattoria di Fognano-Talosa. Von 35 ha in Fognano am Nordrand von Montepulciano produziert die von Ottorino De Angelis geleitete Firma sauberen Vino Nobile.

Fattoria Le Casalte. Paola Silvestri gewinnt von 8 ha in Casalte guten Vino Nobile und Chianti.

Il Macchione-Francavilla Agricola.

Il Pantano.

Vittorio Innocenti.

La Calonica. Von 30 ha bei Valiano produziert Fernando Cattani guten Vino Nobile und Bianco Vergine.

La Casella. Alfio Carpini erzeugt von 5 ha sauberen Vino Nobile.

Poderi Boscarelli. Paola De Ferrari Corradi produziert von 9 ha besten Lagen bei Cervognano einen Vino Nobile, der in den letzten Jahren oft zur Spitzengruppe zählte; daneben auch guten Chianti Colli Senesi. Der Önologe Maurizio Castelli half bei der Entstehung des in *barriques* ausgebauten Prugnolo *vdt* «Boscarelli».

Poggio alla Sala. Das Gut bei San Savino hat den Besitzer gewechselt.

Poliziano. Der dynamische Federico Carletti hat das nach dem großen Sohn der Stadt benannte Gut in die Spitzengruppe gebracht. Von über 80 ha um die Kellerei in Gracciano sowie in Caggiole und in der höheren Lage Asinone in Pietrose erzeugen Carletti und Maurizio Castelli wunderbaren Vino Nobile, guten Chianti, Bianco Vergine und Vin Santo. Nach Polizianos Gedichten heißen die *vdt* «Elegìa» (reiner Sangiovese) und «Le Stanze» (vorwiegend von Cabernet). Carletti hat neue Weinberge für Rosso di Montepulciano bestimmt. Zweitetikett: Giovampaola.

Giuseppe Raspanti & Figli. Guter Vino Nobile aus Gracciano.

Tenuta di Gracciano. Die Familie Della Seta Ferrari Corbelli erzeugt oft eindrucksvollen Vino Nobile im alten Stil.

Tenuta Trerose. Der Geschäftsmann Lionello Marchesi aus Mailand errichtete das Gut mit über 40 ha in Valiano für einen als erstklassig gedachten Vino Nobile. Der erste Jahrgang (1985), war vielversprechend, ebenso der faßgereifte Chardonnay Salterio.

WEIN- UND HANDELS-HÄUSER

Gattavecchi. Die Qualität aus dem alteingesessenen Gut scheint sich zu verbessern. (Vino Nobile muß innerhalb der Gemeindegrenzen von Montepulciano bereitet werden; Abfüller außerhalb der Zone sind Luigi Cecchi, Melini, Bigi, Granducato.)

GENOSSENSCHAFTEN

Vecchia Cantina di Montepulciano. Im größten Erzeugerbetrieb der Zone sind rund 300 Winzer mit über 1000 ha zusammengefaßt. Der Leiter Aldo Trabalzini achtet auf klare Qualitätsmaßstäbe für Vino Nobile. Die Produktion umfaßt ferner große Mengen an Chianti, Bianco Vergine und *vdt*.

Weine aus den Bergen von Arezzo

Die Provinz Arezzo, die den größeren Teil des einst für süßen Weißwein bekannten oberen Arno-Tals umfaßt, zeichnet sich mit Chianti nicht besonders aus. Nicht weil es den Hängen am Pratomagno und den Monti del Chianti an Eignung fehlt, sondern weil nur wenige Winzer sich um Qualität bemühen. Daran scheint sich seit 1903, als eine zuverlässige Quelle die Aretini-Rotweine (damals hießen sie noch nicht Chianti) rauh und bitter nannte, kaum etwas geändert. Dagegen wurden die Weißweine von Cortona im Valdichiana sogar in der Schweiz geschätzt. Größtenteils aber bleibt die Provinz Arezzo eine eigentümlich unterentwickelte Ecke der Welt des Weins. Einige Ausnahmen ragen weit heraus, besonders dynamisch das Weingut Villa Cilnia am Rand von Arezzo und die Vino-Nobile-Firma Avignonesi mit ihren Valdichiana-Weißweinen.

Chianti Colli Aretini
Die Zone wird auf Etiketten kaum vermerkt, weil ihr Name Fremden nur wenig sagt. Allgemein bemüht man sich um frühe Trinkreife; da aber der Chianti hier oft streng ausfällt, beschränkt sich die Anhängerschaft meist auf die engere Heimat. Manche Weingüter eifern dem Vorbild von Villa Cilnia nach und streben nach modernem Stil. Manchmal findet sich ein Chianti von einiger Tiefe und Haltbarkeit wie eine *riserva* aus dem Chianti Classico.
ZONE: Die Hänge um Arezzo und 13 weitere Gemeinden im oberen Arno-Tal zwischen den Monti del Chianti und dem Pratomagno-Gebirge, südwärts bis in das an Chianti Classico angrenzende Ambra-Tal und bis zum Nordrand des Valdichiana. Trockener Rotwein. Trauben: Sangiovese 75–90%, Canaiolo Nero 5–10%, Trebbiano Toscano/Malvasia del Chianti 5–10%, andere rote Sorten bis 10%. E. 70/100; Alk. 11,5, riserva 12,5; S. 0,5–0,75; A. 6 Mte., *riserva* 3 J.

Bianco Vergine Valdichiana (1972)
Die Etrusker begründeten an den sanften Hängen des Chiana-Tals eine der Bevorzugung des Rotweins in Chianti zuwiderlaufende Weißwein-Tradition. Früher fand die zarte Mandelnote des Bianco Vergine mehr Beachtung als heute. Neben der Produktion der Genossenschaften, die anscheinend nur eine billigere Alternative zu Galestro darstellen soll, nehmen sich Erzeugerabfüllungen von Baldetti, Fattoria di Manzano und vor allem von Avignonesi geradezu üppig aus.
ZONE: Das flache Hügelland im Chiana-Tal, vom Stadtrand von Arezzo südwärts zwischen Cortona und Montepulciano bis Chiusi, mit 6 Gemeinden in der Provinz Arezzo und 4 in der Provinz Siena. Trockener Weißwein, manchmal leicht *amabile* oder *frizzante*. Trauben: Trebbiano Toscano 70–85%, Malvasia del Chianti 10–20%, andere weiße Sorten 5–10%. E. 91/130; Alk. 11; S. 0,6; A. 5 Mte.

Andere beachtenswerte Weine
Die Weine ohne DOC von Avignonesi und Villa Cilnia verdienen Preise für Originalität, aber auch die Fattoria di Manzano hat Eigenständiges zu bieten. Die meisten Chianti-Erzeuger haben einen weißen Hauswein, und die meisten Bianco-Vergine-Erzeuger einen interessanten roten.

WEINGÜTER/WINZER
Avignonesi-La Selva, Cignano di Cortona (AR). Das bekannte Vino-Nobile-Haus besitzt 60 ha bei Cortona, erzeugt dort Bianco Vergine und weißen *vdt* (siehe Montepulciano).
Mario Baldetti, Terontola (AR). Guter Bianco Vergine.
Aldo Casagni, Rigutino (AR). Bianco Vergine, guter *vdt* Rosato di Rigutano und feiner, doch rarer Vin Santo von 10 ha.
Fattoria dell'Albereto, Subbiano (AR). Guter Chianti Colli Aretini.
Fattoria di Manzano, Manzano di Cortona (AR). Massimo D'Alessandro produziert von 40 ha Bianco Vergine und auch *vdt*.
I Selvatici, Montevarchi (AR). Chianti.
Montepetrognano, Quarata (AR). Die Familie Cherici gewinnt Chianti Montepetrognano und Caparbio von 7 ha.

San Fabiano, Arezzo. Von 50 ha am Rand von Arezzo erzeugen die Conti Borghini Baldovinetti traditionellen Chianti.
Savoia Aosta, San Giustino Valdarno (AR). Von Weinbergen seiner Tenuta del Borro produziert Amadeo di Savoia, Duca d'Aosta, ein Mitglied der ehemaligen italienischen Königsfamilie, schlichten Chianti und *vdt*.
Villa Cilnia, Pieve a'Bagnoro Montoncello (AR). Giovanni Bianchi aus Mailand baute am Rand von Arezzo in den 70er Jahren eine Kellerei, pflanzte zu 36 ha Reben auch fremde Sorten und verfügt jetzt über eine Reihe von Weinen. Sein Chianti Colli Aretini ist ungewöhnlich voll, rund und süffig. An weißen *vdt* bietet er den duftigen Poggio Garbato, faßgereiften trockenen Campo del Sasso und süßen Sassolato.
Villa La Selva, Monte Benichi (AR). Die Familie Carpini und der Önologe Vittorio Fiore erzeugen sauberen Chianti und Vin Santo.

GENOSSENSCHAFTEN
CS di Cortona, Camucia di Cortona (AR). Von 520 Mitgliedern 80 000 hl Bianco Vergine und *vdt* jährlich.
Cantina Vini Tipici dell'Aretino, Ponte a Chiani (AR). Chianti und Bianco Vergine.

WEINE AUS DEM KÜSTENBEREICH

Der Küstenbereich teilt sich in drei Teile: der Nordwesten, die Küstenberge und die Maremma. Die Weine von der toskanischen Küste standen lange Zeit im Schatten der glorreicheren Erzeugnisse aus dem Landesinneren, obwohl es feststeht, daß die Etrusker an einigen Punkten am Ligurischen und Tyrrhenischen Meer schon früher als im Binnenland Weinberge anlegten. Die Weine von der Küste sind heute durch eine Reihe von DOC-Zonen anerkannt. Wäre aber der Sassicaia nicht gewesen, dann gäbe es sicher heute noch Zweifel, ob sich das milde Klima für den Weinbau überhaupt besonders eignet. Neuerdings wird von der Grenze Liguriens bis nach Latium diese alte Kunst wiederentdeckt.

Der Nordwesten: die Apuanischen Berge und Lucca

Die Apenninen, die Ligurien an der Küste entlang durchziehen, weichen im Nordwesten der Toskana mit den toskanisch-emilianischen Bergen und den hochragenden Apuanischen Alpen ins Landesinnere zurück. Die Etrusker bauten in den Apuanischen Bergen Wein dort an, wo heute die Marmorsteinbrüche von Massa und Carrara liegen. Die modernen Weine aus dieser Gegend gelangen kaum über die Strände von Versilia hinaus. Das stolze Lucca hat die Rotweine aus seinen grünen Hügeln und den weißen Montecarlo, der als einziger aus der nordwestlichen Toskana einen internationalen Ruf genießt, lange für sich allein behalten. Die neue DOC Colli di Luni hat ihren Schwerpunkt in Ligurien und greift nur ein wenig in die Toskana über.

Candia dei Colli Apuani (1981)
Dieser Weißwein ist außerhalb seiner Heimat selten anzutreffen, doch der weiche, duftige Candia von Scurtarola verdient Aufmerksamkeit.
ZONE: Ein Streifen Hügelland von der Grenze Liguriens von Carrara und Massa nach Montignoso zwischen den Apuanischen Alpen und der Via Aurelia. Candia ist ein Dorf bei Massa. Trockener Weißwein, auch leicht *amabile*. Trauben: Vermentino Bianco 70–80%, Albarola 10–20%, Trebbiano Toscano bis 20%, Malvasia del Chianti bis 5%. E. 56/80; Alk. 11,5; S. 0,55.

Colline Lucchesi (Rosso 1968, Bianco 1986)

Die Chianti-ähnlichen Rotweine aus den olivenbedeckten Hügeln Luccas sind schon lang ihrer jugendlichen Frische wegen bekannt. Manche halten sich aber auch ein paar Jahre. Der neu in die DOC aufgenommene *bianco* muß sich erst noch bewähren. ZONE: Berge von 100–500 m Höhe östlich und westlich des Serchio-Tals in den Gemarkungen Lucca, Capannori und Porcari.

Rosso delle Colline Lucchesi. Trockener Rotwein. Trauben: Sangiovese 45–60%, Canaiolo 8–15%, Trebbiano Toscano 10–15%, Ciliegiolo/Colorino 5–15%, Vermentino/Malvasia Toscana 5–10%. E. 84/120; Alk. 11,5; S. 0,55.

Bianco delle Colline Lucchesi. Trockener Weißwein. Trauben: Trebbiano Toscano 50–70%, Greco/Grechetto 5–15%, Vermentino Bianco 5–15%; Malvasia del Chianti bis 5%. E. 77/110; Alk. 11; S. 0,5.

Montecarlo (Bianco 1969, Rosso 1986)

Der Montecarlo hat vor anderen toskanischen Weißweinen einen Vorsprung, weil in ihm der einfache Trebbiano eine Reihe interessanter Partner hat, die ihm Farbe, Aroma und eine gewisse Persönlichkeit verleihen. Die Fattoria del Buonamico setzte den Maßstab, dem andere inzwischen nacheifern. Hier entstehen auch eindrucksvolle Rotweine. ZONE: Flache Südlagen um Montecarlo sowie Teile der Gemarkungen Altopascio, Capannori und Porcari.

Bianco. Trockener Weißwein. Trauben: Trebbiano Toscano 60–70%, Sémillon/Pinot Grigio/Pinot Bianco/Vermentino/Sauvignon/Roussanne 30–40%. E. 70/100; Alk. 11,5; S. 0,5.

Rosso. Trockener Rotwein. Trauben: Sangiovese 50–75%, Canaiolo Nero 5–15%, Ciliegiolo/Colorino/Malvasia Nera/Syrah 10–20%. E. 70/100; Alk. 11,5; S. 0,55.

Andere beachtenswerte Weine

Die Rotweine von Montecarlo übertreffen manchmal die Weißweine, wie die Fattoria di Buonamico mit Rosso di Cercatoia, einem Chianti-ähnlichen Wein mit dem Stil eines Burgunders, aber auch der opulente Sassonero von Carmignani beweist.

WEINGÜTER/WINZER

Carmignani G. «Fuso», Montecarlo (LU). «Fuso» Carmignani bringt Leben in den Montecarlo Bianco sowie in den *Vdt*-Rotwein Sassonero von Sangiovese, Syrah sowie Malvasia Nera und in den weißen Pietrachiara, alle von 4 ha.

Cerruglio-Attilio Tori, Montecarlo (LU). Montecarlo Bianco und Rosso.

Fattoria del Buonamico, Montecarlo (LU). Feiner Montecarlo Bianco und Rosso von 15 ha; noch besser aber ist Vasco Grassis Rosso di Cercatoia, ein *vdt* von Sangiovese und anderen Sorten.

Fattoria di Fubbiano, San Gennaro (LU). Angesehener Colline Lucchesi Rosso und Bianco von 12 ha.

Fattoria Maionchi, Montecarlo (LU). Guter Rosso delle Colline Lucchesi.

Fattoria Michi, Montecarlo (LU). Von 17 ha guter Montecarlo Bianco und ein ansprechender weißer *vdt* von Roussanne.

Romano Franceschini, Montecarlo (LU). Guter Montecarlo Bianco.

Il Colle, Porcari (LU). Guter Rosso delle Colline Lucchesi.

La Badiola, San Pancrazio (LU). Vielversprechender neuer Rosso delle Colline Lucchesi Vigna Flora.

Scurtarola, Massa. Pierpaolo Lorieri ist ein eifriger Erzeuger des raren Candia dei Colli Apuani.

Tenuta di Maria Teresa, San Marino di Vignale (LU). Vittorio Rossi di Montelera (von Martini & Rossi) entwickelt in dem schönen Gut mit Villa Weine der DOC Colline Lucchesi.

Vigna del Greppo, Montecarlo (LU). Guter Montecarlo Bianco und Rosso.

Die Küstenberge von Pisa bis Elba

Hier in den Bergen der Provinzen Pisa und Livorno steht unter den Weinen der Sassicaia an vorderster Stelle. Der Status dieses großen italienischen Cabernet-Weins hat sich noch gefestigt durch den Aufschwung, den zwei Weingüter in der Oase von Bolgheri genommen haben: Grattamacco und Ornellaia. Anzeichen für gutes Potential hat sich an der Küste stellenweise durch Tafelweine gezeigt, die mit Cabernet und anderen Rebsorten aus dem Sangiovese-Trebbiano-Schema ausbrechen. Die DOC-Weine der Gegend, angefangen mit den Chianti- und Trebbiano-Versionen von Pisa und dann weiter südwärts über Livorno bis in die nördliche Maremma und über das Meer nach Elba, lassen davon selten etwas erkennen.

Chianti Colline Pisane

Das milde Klima dieser sonnigen Hügel bringt die oft leichtesten und kurzlebigsten Weine der 7 Chianti-Zonen hervor, nur hier und dort zeigt sich einmal eine *riserva* mit Statur. ZONE: Flache Hügel südlich des Arno zwischen San Miniato und Casciana Terme mit 8 weiteren Gemeinden in der Provinz Pisa. Trockener Rotwein. Trauben: Sangiovese 75–90%, Canaiolo Nero 5–10%, Trebbiano Toscano/Malvasia del Chianti 5–10%. E. 70/100; Alk. 11,5, riserva 12,5; S. 0,5–0,75; A. 6 Mte., riserva 3 J.

Bianco Pisano di San Torpè (1980)

Der sommerliche Weißwein aus dem Flachland um Pisa ist schon seit der Römerzeit bekannt, nur unterscheidet sich seine moderne Version kaum vom übrigen Trebbiano-Clan. Hier und dort gibt es populären Vin Santo. ZONE: Die Ebene am Arno zwischen Cascina und San Miniato, südwärts ins Hügelland um Casciana Terme und Terricciola mit 17 Gemeinden in der Provinz Pisa sowie Collesalvetti (Livorno). Trockener Weißwein. Trauben: Trebbiano Toscano Min. 75%, andere weiße Sorten bis 25%. E. 84/120; Alk. 11; S. 0,55.

Vin Santo Bernsteinfarbener Dessertwein, *secco* oder *amabile*. Trauben: wie *bianco*, jedoch rosiniert. E. 42/120; Alk. 17; S. 0,6; A. 4 J. in *caratelli*.

Montescudaio (1977)

Die frischen Rot- und Weißweine der trockenen Hügel sind in der Gegend so beliebt, daß sie kaum hinausgelangen; nur die Einzellagenweine der Fattoria di Sorbaiano haben Aufmerksamkeit erregt. Vin Santo ist selten zu finden. ZONE: Die Hügel nördlich und südlich des Cecina-Tals zwischen den Städten Cecina und Volterra in der Gemarkung Montescudaio und 6 weiteren in der Provinz Pisa.

Bianco. Trockener Weißwein. Trauben: Trebbiano Toscano 70–85%, Malvasia del Chianti/Vermentino 15–30%, andere weiße Sorten bis 10%. E. 84/120; Alk. 11,5; S. 0,6.

Rosso. Trockener Rotwein. Trauben: Sangiovese 65–85%, Trebbiano Toscano/Malvasia del Chianti 15–25%, andere rote Sorten bis 10%. E. 77/110; Alk. 11,5; S. 0,5.

Vin Santo. Bernsteinfarbener Dessertwein. Trauben: wie *bianco*, jedoch rosiniert. E. 42/120; Alk. 17; S. 0,6; A. 3 J. in *caratelli*.

Bolgheri (1984)

Vielleicht eingeschüchtert durch die Größe des Sassicaia (weiterhin ein *vdt*), haben die Winzer hier eine DOC für Weiß- und Roséwein erlangt. Antinoris Rosé di Bolgheri aus den Lagen Vigneto Scalabrone und Grattamacco verleihen der Zone Glaubwürdigkeit. ZONE: Die Küstenebene südlich von Bolgheri zwischen der Via Aurelia und den Colline Metallifere in der Gemarkung Castagneto Carducci.

Bianco. Trockener Weißwein. Trauben: Trebbiano Toscano 75–90%, Vermentino 10–25%, andere weiße Sorten bis 15%. E. 70/100; Alk. 10,5; S. 0,55.

Rosato. Trockener Rosé. Trauben: Sangiovese 80–95%, Canaiolo 5–20%, andere rote Sorten bis 15%. E. 70/100; Alk. 10,5; S. 0,55.

Elba (1967)

Die drittgrößte Insel Italiens ist seit der Zeit der Etrusker für kräftigen Wein von eisenhaltigem Boden bekannt. Schon Plinius schrieb über ihn, und Napoleon lernte ihn im Exil schätzen. Portoferraio und Marciana lieferten körperreichen Weißwein von Procanico und Biancone und vollen Rotwein von Sangioveto. Die heutigen Versionen beruhen mehr auf Trebbiano und Sangiovese und sind leichter, dem Geschmack der Touristen angepaßt. Dennoch bieten einige Erzeuger trockenen Wein mit Charakter. Der traditionelle süße rote Aleatico und der goldene Moscato sind selten geworden. ZONE: Die Insel Elba (Provinz Livorno).

Bianco. Trockener Weißwein, auch *spumante naturale*. Trauben: Procanico/Trebbiano Toscano, andere weiße Sorten bis 10%. E. 67,5/90; Alk. 11; S. 0,55–0,7.

Links und unten: Die Piazza dei Miracoli in Pisa mit der Kathedrale und dem schiefen Turm. Die Touristen- und Universitätsstadt liegt inmitten eines Hügellands mit den DOC-Zonen Colline Pisane, San Torpè und Montescudaio.

Rosso. Trockener Rotwein. Trauben: Sangiovese Min. 75%, Canaiolo Nero/Trebbiano Toscano/Biancone bis 25%. E. 63/89; Alk. 12; S. 0,5–0,7.

Andere beachtenswerte Weine

Eine DOC ist für Val di Cornia in den Gemarkungen Campiglia Marittima, Suvereto, San Vincenzo und Piombino in der Provinz Livorno anerkannt. Der Rosso und Rosato beruhen auf Sangiovese, der Bianco ist von Trebbiano und Vermentino zu bereiten. Auch guter *vdt* wird hier erzeugt: ein leichter Weißwein Corniello sowie Rot- und Weißwein, der nach bestandener Geschmacksprüfung den Namen Ghimbergo tragen darf. Bianco di Nugola ist ein anerkannter *vdt* aus der Umgebung von Livorno. Am feinsten sind jedoch drei Weine ohne DOC aus Bolgheri und Castagneto Carducci: Sassicaia, Grattamacco und Ornellaia (siehe unten). In den Bergen von Pisa produziert die Tenuta di Ghizzano den vorzüglichen roten Veneroso. Der Stolz von Elba war stets der süße rote Aleatico di Portoferraio; die wahrscheinlich beste moderne Version erzeugt Enrico Terloni. Auf Capraia und Pianosa, weiteren zur Toskana gehörenden Inseln, wächst schlichter, süffiger Wein.

WEINGÜTER/WINZER

Acquabona, Portoferraio, Elba (LI). Verjüngtes Weingut mit gutem DOC Elba.

Arrighi, Porto Azzurro, Elba (LI). Von 3 ha gewinnt Sergio Arrighi guten DOC Elba, der im Hotel-Restaurant Belmare der Familie serviert wird.

Jacopo Banti, Campiglia Marittima (LI). Guter weißer *vdt* Corniello und roter Ciliegiolo aus dem Val di Cornia.

Fattoria di Piedivilla, San Pietro Belvedere (PI). Chianti und Bianco Pisano di San Torpè.

Fattoria di Sant'Ermo, Casciana Terme (PI). Chianti und Bianco Pisano di San Torpè.

Fattoria Usiglian del Vescovo, Palaia (PI). Chianti.

Grattamacco, Castagneto Carducci (LI). Pier Mario Meletti Cavallari hat einen heruntergewirtschafteten Bauernhof in ein weithin anerkanntes Weingut verwandelt. Zuerst brachte er den Grattamacco Bianco heraus, der beweist, daß Trebbiano und Malvasia große Klasse zeigen können, wenn der Ertrag drastisch eingeschränkt wird. Das Gut bringt auch etwas DOC Bolgheri hervor, doch der beste Wein von den bald 7,5 ha Rebfläche ist der Grattamacco Rosso – Sangiovese und Malvasia Nera mit Cabernet Sauvignon –, ein *vdt*, der sich neben dem Sassicaia sehen lassen kann.

Le Macchiole, Bolgheri (LI). Immer besserer DOC Bolgheri von 5 ha.

Marchesi L. & P. Antinori, Bolgheri (LI). Das große Gut Belvedere mit rund 50 ha Rebfläche ist Quelle des beliebten Bolgheri Rosato.

Ornellaia, Bolgheri (LI). Lodovico Antinori entwickelte in aller Stille dieses Gut in den oberen Bereichen des Familienbesitzes neben Sassicaia und brachte 1988 den weißen Poggio alle Gazze von Sauvignon Blanc mit Sémillon und den roten Ornellaia von Cabernet Sauvignon, Merlot und Cabernet Franc heraus. André Tschelistschew aus Kalifornien entwarf die futuristische Kellerei und die 25 ha Rebgelände in Wald- und Weideland, das vorher nie mit Reben bepflanzt war. Weitere Berater waren der Rebzüchter Mario Fregoni und der Antinori-Önologe Giacomo Tachis. Der französische Önologe Jacques Puisais beriet den ansässigen Weinproduzenten Federico Staderini bei der Erzeugung des weißen 1988er Poggio alle Gazze, der von den Experten hoch gelobt wurde. Der Rotwein, von dem Antinori erklärt, er sei keine Neuauflage des Sassicaia (Merlot macht den Unterschied aus), wird allem Anschein nach ebenso einmalig.

Podere Morazzano, Montescudaio (PI). Rosso und Rosato di Morazzano *vdt*.

Poggio Cosmiano, Peccioli (PI). Das Gut der fürstlichen Familie Aldobrandini produziert Bianco Pisano San Torpè sowie *vdt*.

Sassicaia-Tenuta San Guido, Bolgheri (LI). 1944 pflanzte Mario Incisa della Rocchetta auf einem Hang namens Castiglioncello Stecklinge aus dem Château Lafite-Rothschild, weil er sehen wollte, wie sich der Cabernet mitten im Gestrüpp am Tyrrhenischen Meer machen würde. Die ersten Weine waren derb, praktisch ungenießbar. Doch jedes Jahr legte der Marchese ein paar Flaschen zurück, und mit der Zeit begannen sie Stil aufzuweisen. In seinem Neffen Piero Antinori fand sich ein Bewunderer, der mit der Hilfe des Önologen Giacomo Tachis und von Professor Peynaud aus Bordeaux Vorschläge zum Ausbau eines der ersten und sicher des einflußreichsten modernen italienischen Weins in *barriques* ausarbeitete. 1968 brachte Antinori die ersten 3000 Flaschen heraus. In den 70er Jahren errang sich der Wein großes Prestige bei Weinproben, bei denen er für Bordeaux oder kalifornischen Wein der Spitzenklasse, keinesfalls aber für italienischen Wein gehalten wurde. Bald geriet er zur Legende und mußte seinen Anhängern in Europa und Nordamerika, wo die Fans ihn einfach «Sass» nannten, zugeteilt werden. Seit Mario Incisas Tod 1983 hat sein Sohn Niccolò die Abfüllung nach Bolgheri verlegt und persönlich die Leitung des Vertriebs für die durchschnittlich 100 000 Flaschen im Jahr übernommen. Die Rebfläche ist in drei Teilabschnitten auf 23 ha erweitert worden. Die 1,6-ha-Lage Castiglioncello befindet sich 15 km vom Meer entfernt in 330–350 m Höhe. Sassicaia di Sotto und das angrenzende Mandrioli umfassen 9 ha; Aianova ist 12,5 ha groß, in Parzellen 7–8 km von der Küste in 60–90 m

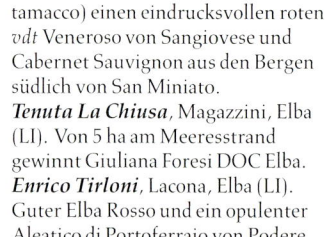

Höhe. Der Bestand setzt sich aus 75% Cabernet Sauvignon und 25% Cabernet Franc zusammen, wobei die Reben in Castiglioncello 30 Jahre und in den tieferen Lagen 20 Jahre alt sind. Die Gärung geht in Edelstahltanks bei 12- bis 14tägiger Maischung mit den Schalen vor sich. Anschließend erfolgt 18- bis 22monatiger Ausbau in *barriques* aus französischer oder jugoslawischer Eiche in klimatisierten Kellern.

Sorbaiano, Montecatini Val di Cecina (PI). Auf 12 ha verleihen Febo Picciolini und der Önologe Vittorio Fiore der DOC Montescudaio mit dem Einzellagen-Wein Rosso del Miniere und dem faßvergorenen Lucestraia Bianco sowie mit traditionellem Vin Santo neues Leben.
Tenuta di Ghizzano, Ghizzano di Peccioli (PI). Die Familie Venerosi Pesciolini erzeugt mit Hilfe von Pier Mario Meletti Cavallari (siehe Grat-

tamacco) einen eindrucksvollen roten *vdt* Veneroso von Sangiovese und Cabernet Sauvignon aus den Bergen südlich von San Miniato.
Tenuta La Chiusa, Magazzini, Elba (LI). Von 5 ha am Meeresstrand gewinnt Giuliana Foresi DOC Elba.
Enrico Tirloni, Lacona, Elba (LI). Guter Elba Rosso und ein opulenter Aleatico di Portoferraio von Podere L'Isolella.

Der Sassicaia als der erste in französischen barriques *ausgebaute Cabernet wurde zur Legende.*
Oben: Niccolò Incisa della Rocchetta vor seiner Villa auf der Tenuta San Guido in Bolgheri.
Mitte: Kurz vor der Weinlese.
Links: Fässer für den Ausbau des Weins.
Unten: Weinberge in der DOC-Zone Bianco di Pitigliano.

Die Weine aus der Maremma

Die Provinz Grosseto hat viele bekannte Badeorte am Meer – Punta Ala, Castiglion della Pescaia, die Insel Giglio und die Halbinsel Argentario mit den Häfen Porto Ercole und Porto Santo Stefano. Die eigentliche Maremma liegt landeinwärts, wo das Wildschwein seit den Zeiten der Etrusker die Wälder durchstreift. Die DOC-Zonen Scansano und Pitigliano überschneiden sich mitten in Etrurien, wo das Grün der Weinberge vom sommerlichen Braun der Hügel absticht. Ihre Weine haben wie die von Parrina über der Halbinsel Argentario das Herz der Urlauber erobert und auch draußen Aufmerksamkeit gefunden. Doch es gibt Anzeichen, daß die Maremma zu Größerem imstande ist.

Morellino di Scansano (1978)
Der Sangiovese kann im Morellino um Scansano seine Persönlichkeit in der Maremma entfalten. Der Name kommt von *morello* (= schwärzlich), obwohl moderne Versionen rosen- oder rubinrot sind. Der wachsende Erfolg dieses Weins liegt in der ihm eigenen Güte, die selbst in derben ländlichen Versionen zum Vorschein kommt. Erik Banti arbeitet mit französischen Fässern und verleiht so seinen Einzellagenweinen Klasse. Manche behaupten, hier wachse ein neuer Brunello heran, aber bis dahin hat der Morellino noch einen weiten Weg. Zone: Die Hügel südöstlich von Grosseto zwischen dem Ombrone- und Albegna-Tal, von der Via Aurelia ostwärts über Scansano bis Roccalbegna und Magliano in 7 Gemeinden der Provinz Grosseto. Trockener Rotwein. Trauben: Sangiovese, andere rote Sorten bis 15%. E. 84/120; Alk. 11,5, *riserva* 12; S. 0,5; A. *riserva* 2 J. (1 J. im Faß).

Bianco di Pitigliano (1966)
Dieser Weißwein gilt als Ersatz für Orvieto, und wahrhaftig ist die Ähnlichkeit zwischen beiden mehr als nur vage. Auch die Stadt Pitigliano liegt malerisch auf einer Felsenplatte, in deren Tuffsteinsockel seit prähistorischen Zeiten Weinkeller getrieben worden sind. Die Rebsortenmischung ist ebenfalls beinahe gleich. Freilich hat der Bianco di Pitigliano denn doch nicht ganz die Klasse des Orvieto. Bisher hat nur der Lunaia von La Stellata wirklichen Stil erreicht.
ZONE: Die Felsenhänge und Schluchten um Pitigliano und Sorano, von der Grenze zu Latium über Manciano und das Albegna-Tal bis Scansano. Trockener Weißwein. Trauben: Trebbiano Toscano/Procanico 65–70%, Greco (Grechetto)/Malvasia Bianca Toscana/Verdello zusammen 30–35%, jede einzelne jedoch Max. 15%. E. 87,5/125; Alk. 11,5; S. 0,55–0,7.

Parrina (1971)

Die gefälligen Weine von Parrina waren auf Argentario längst heimisch, bevor die Strände in Mode kamen. Indessen sorgt der stetig gute Wein von Spinola in La Parrina dafür, daß man in den *trattorie* auf dem Land ebenso zufrieden damit ist wie der Jet-set in seinen Segeljachten. ZONE: Die Hänge von Poggio di Leccio um La Parrina über der Halbinsel Argentario, Gemarkung Orbetello.

Bianco. Trockener Weißwein. Trauben: Trebbiano Toscano/Procanico, Ansonica/Malvasia del Chianti bis 20%. E. 84/120; Alk. 11,5; S. 0,5.

Rosso. Trockener Rotwein. Trauben: Sangiovese, Canaiolo Nero/Montepulciano/Colorino bis 20%. E. 77/110; Alk. 11,5, *riserva* 12,5; S. 0,5; A. *riserva* 3 J.

Rosato. Trockener Rosé. Trauben: wie *rosso*. E. 77/110; Alk. 11; S. 0,5.

Andere beachtenswerte Weine

Die einst hochgeschätzte Ansonica- oder Anzonica-Traube wächst heute vor allem auf der Insel Giglio; sie

liefert gold- bis bernsteinfarbenen Wein, dessen volles Aroma gut zu Fischsuppe paßt. Eine weitere Rarität ist Alicante, am besten von Erik Banti. Aus dem Weingut Meleta kommen originelle *vdt*. Überall in der Maremma entstehen saubere Tafelweine in rot, weiß und rosé.

WEINGÜTER/WINZER

Erik Banti, Montemerano (GR). Erik Banti hat sich mit seinem guten Morellino di Scansano aus den Lagen Ciabatta, Aquilaia und Piaggie sowie mit würzigem, vollem Alicante von 10,5 ha Rebfläche an die Spitze gesetzt. Probieren kann man diese

Oben: Pitigliano an der Grenze zu Latium liegt geradezu halsbrecherisch auf einem Tuffsteinfelsen.

Links: Sovana geht auf etruskische Ursprünge zurück.

Weine in Bantis *enoteca-trattoria* L'Antico Frantoio in Montemerano.

Bargagli, Scansano (GR). Bargaglino Bianco di Pitigliano.

Coliberto, Massa Marittima (GR). Neues Weingut mit vielversprechendem rotem *vdt* Morello und weißem Coliberto di Coliberto.

Fattoria Le Pupille, Magliano in Toscana (GR). Morellino di Scansano.

La Stellata, Mancione (GR). Von 4 ha gewinnen Clara Divizia und Manlio Giorni hochgepriesenen Bianco di Pitigliano «Lunaia».

Mantellassi, Magliano in Toscana (GR). Ezio Mantellassi erzeugt sauberen Morellino di Scansano.

Meleta, Roccaterighi (GR). Der Schweizer Peter Max Suter hat neue

Keller gebaut, wo der Önologe Marco Stefanini guten *vdt* Rosso della Rocca und Lucertolo Bianco entwickelt.
Motta, Alberese (GR). Aufstrebendes Weingut mit gutem Morellino di Scansano.
Sellari-Franceschini, Scansano (GR). Morellino di Scansano.
Tenuta La Parrina, Albinia (GR). Saubere Qualität in DOC Parrina «Vino Etrusco» aus dem 60-ha-Weingut von Franca Spinola.

GENOSSENSCHAFTEN

Consorzio Vini Toscani Montepescali, Montepescali (GR). Preiswerter Maremma *vdt* in weiß und rot.
CS Cooperativa di Pitigliano, Pitigliano (GR). Die größte Genossenschaftskellerei der Toskana mit ihren über 1000 Mitgliedern und 1500 ha produziert zuverlässigen Bianco di Pitigliano, darunter eine koschere Version, sowie *vdt*.
Cantina Cooperativa del Morellino di Scansano, Scansano (GR). Morellino di Scansano, Bianco di Pitigliano und *vdt* von Mitgliedern mit 300 ha.

Schilfgras für das Umflechten der Flaschen und für Körbe wird in Sovana in der Provinz Grosseto getrocknet.

Reise-Informationen

RESTAURANTS/HOTELS

(Viele Weingüter und Bauernhöfe vermieten Zimmer mit Verpflegung im «Agriturismo»-System.)
Da Delfina, 50042 Carmignano (I). Tel. (055) 87 18 074. In Artimino kocht Carlo Cioni nach den Rezepten seiner Mutter Delfina verfeinerte bodenständige Gerichte. Dazu Carmignano und andere erlesene Weine.
Vicolo del Contento, 52020 Castelfranco di Sopra (AR). Tel. (055) 91 49 277. Angelo und Lina Redditi bieten kreative toskanische Küche mit geschickt ausgewählten Weinen.
La Tenda Rossa, 50020 Cerbaia (FI). Tel. (055) 82 61 32. In einem stillen Städtchen am Rand des Chianti Classico bietet Silvano Santandrea Küche und Weine der Spitzenklasse zu entsprechenden Preisen an.
Arnolfo, 53034 Colle di Val d'Elsa (SI). Tel. (0577) 92 05 49. Der junge Gaetano Trovato führt sein Kellerlokal mit phantasievoller Küche, ausgewählten Weinen und viel Elan.
La Biscondola, 50024 Mercatale Val di Pesa (FI). Tel. (055) 82 13 81. Feinste Florentiner *bistecca* auf einer Terrasse in den Wäldern des Chianti Classico.
La Cucina di Edgardo, 53024 Montalcino (SI). Tel. (0577) 84 82 32. Edgardo und Franca Sandoli behandeln die bodenständige Küche mit Phantasie und bieten feinste Weine dazu.

La Chiusa, 53040 Montefollonico (SI). Tel. (0577) 66 96 68. Dania Luccherinis Meisterhand in ländlicher Sieneser Küche hat dem schönen Restaurant mit Fremdenzimmern und Blick auf Montepulciano großen Ruhm gebracht. Ihr Ehemann Umberto serviert Wein, weise Sprüche und gewichtige Rechnungen.
Al Vipore, 55100 Pieve Santo Stefano (LU). Tel. (0583) 5 92 45. Cesare Casella hat die familiäre Atmosphäre seiner Trattoria mit schöner Aussicht gewahrt, garniert aber seine traditionellen Gerichte und Weine mit genialen Einfällen.
La Mora, 55029 Ponte a Moriano (LU). Tel. (0583) 5 71 09. Sauro Brunicardi und Familie geben der bekömmlichen Kost aus der Garfagnana einen Hauch Eleganz und bieten dazu eine eindrucksvolle Reihe von Weinen aus der *enoteca* nebenan.
Antica Posta, 50026 San Casciano in Val di Pesa (FI). Tel. (055) 82 01 16. Alessandro Panzani und Küchenchef Stefano Chiesura bieten feinste und überaus teure Gerichte mit bestens darauf abgestimmten Weinen.
La Cisterna, 53037 San Gimignano (SI). Tel. (0577) 94 03 28. Freundliches Hotel in der Stadtmitte mit schönem Blick auf die Weinberge und anständiger Küche.
Gambero Rosso, 57027 San Vincenzo (LI). Tel. (0565) 70 10 21. Fulvio und Emanuela Pierangelini füh-

ren eines der schönsten Meeresfrüchte-Restaurants am Tyrrhenischen Meer in heiterer Umgebung über dem Hafen.
L'Amorosa, 53048 Sinalunga (SI). Tel. (0577) 67 94 97. Carlo Citterio hat eine romantische Zuflucht mit ausgewogener Küche, guten (zum Teil eigenen) Weinen und ruhigen Zimmern aufgebaut.
Romano, 55049 Viareggio (LU). Tel. (0584) 3 13 82. In einem Badeort mit vielen guten Restaurants haben Romano und Franca Franceschini ein Mekka für Freunde von Meeresfrüchten und Weißwein, darunter der eigene Montecarlo, eingerichtet.

WEINFACHGESCHÄFTE/VINOTHEKEN

Die Enoteca Italia von Siena in der Fortezza Medicea bietet eine beeindruckende Flaschengalerie und eine hübsche Probierbar. Ähnliche *enoteche* findet man in der Fortezza in Montalcino, in Carmignano und in Terricciola bei Pisa. Das Weinmuseum in der Villa Poggio Reale in Rufina lohnt einen Besuch. In der Enoteca Pinchiorri in Florenz kann man die vielleicht großartigste Sammlung zeitgenössischer Weine aus aller Welt bewundern und im feinen Restaurant auch durchprobieren. Viele Weinfachgeschäfte in der Toskana bieten reiche Auswahl, so u. a.:

Enoteca Trinci, Agliana bei Pistoia.
Enoteca Nebraska, Camaiore bei Viareggio. Auch Restaurant.
Enoteca Porrini, Castiglione della Pescaia.
Bottiglieria Bussotti, Florenz.
Enoteca Internazionale De Rham, Florenz.
Enoteca Ombrone, Grosseto. Auch Restaurant.
Enoteca Gallo Nero, Greve in Chianti. Große Auswahl an Chianti Classico.
Il Gusto, Lucca.

Enoteca Peri, San Giovanni Valdarno.
Le Bollicine, Siena. Auch Restaurant.
Puntodivino, Viareggio. Auch Restaurant.

SEHENSWERTES

Wer die Toskana kennenlernen will, muß viel Zeit mitbringen. Allein für Florenz braucht man eine Woche und hat doch nur die Oberfläche angekratzt. Nimmt man Pisa, Lucca, Siena, Prato, Arezzo und die vielen anderen Schönheiten urbaner Kultur hinzu, wo bleibt dann noch Zeit für das Land und den Wein? Nun weiß man, daß die ländliche Toskana selbst ein Kunstwerk, die Gestalt gewordene Liebe eines Volks zu seinem Land, in genialer Vollkommenheit ist. Die klar geschnittenen Hügel mit ihren Olivenhainen, Weinbergen und Wäldern zu betrachten, ist für sich schon ein Genuß – sie zu durchforschen wird zum unvergeßlichen Erlebnis. Freilich muß man sich auf mehr Kurven und Steigungen gefaßt machen, als die Landkarte zeigt, und man darf auch nicht vergessen, daß es hier von einem Punkt zum anderen doppelt solange dauert wie an anderen Orten.

Am besten besucht man die Toskana im Frühling, wenn die Wildblumen blühen und es sanften *Pecorino*-Käse mit frischen *fave* (Bohnen) und jungem Chianti gibt, oder auch im Herbst, wenn es überall nach gären-

dem Most riecht und die in Rot und Gold flammenden Wälder Pilze und Wild liefern. Im Sommer ist es in den Hügeln ebenfalls angenehm, während die Strände von Versilia bis Argentario gedrängt voll sind und die Städte, vor allem Florenz, vor Hitze brodeln. Viele bevorzugen die Wintermonate, weil sie dann die Museen für sich allein haben und Holzrauch und Bratenduft gute Dinge vom offenen Herd versprechen. Der organisierte Weintourismus steckt hier noch in den Anfängen; daher ist Improvisation oft lohnender als methodische Planung. Besuchenswert sind neben Carmignano, Rufina und Pomino, Lucca und Montecarlo,

Bolgheri, Pitigliano und der Insel Elba vor allem:

Chianti Classico. Die Weinstraße La Chiantigiana (SS 222) führt von Florenz über Greve, Panzano und Castellina nach Siena. Eine vollständige Tour umfaßt Radda, Gaiole, Brolio, Castelnuovo Berardenga, Vagliagli und San Casciano, nicht zu vergessen Badia a Coltibuono im Osten und Badia a Passignano im Westen. Im September veranstaltet das Consorzio Gallo Nero in Greve eine Weinmesse.

Montalcino und Montepulciano. Die beiden Bergstädte liegen in der Provinz Siena 25 km voneinander entfernt. Montalcino bildet eine mit-

telalterliche Kulisse für die Brunello-Weinberge, während Montepulciano seinen Vino Nobile in einem Renaissance-Rahmen darbietet. Zwischen ihnen liegt der Ort Pienza, der beide Städte mit gut abgelagertem *Pecorino*-Käse versorgt.

San Gimignano. Früher gab es hier 72 Türme, heute sind es nur noch 14. Der Touristenstrom durch das Manhattan der Toskana reißt nicht ab und sorgt für hohe Umsätze in Vernaccia-Wein und Souvenirs. Aber selbst wenn das Gedränge beängstigend wird, verliert die Stadt nichts von ihrem unwiderstehlichen Charme.

Oben links: Renaissance-Portal in Montepulciano.

Oben rechts: Gemüsemarkt in Florenz.

Unten: Weinberge vor den Mauern von San Gimignano.

233

Umbrien (Umbria)

Hauptstadt: Perugia
Provinzen: Perugia (PG), Terni (TR)
Fläche: 8456 km^2 (16.)
Bevölkerung: 817 000 (17.)

Ein Weinberg im Orvieto-Classico-Bereich.

Die grünen Hügel Umbriens stehen denen der Toskana weder in der Schönheit noch in der Eignung für den Weinbau nach. Der Tiber und seine Nebenflüsse haben die von den Apenninen eingerahmte umbrische Landschaft zu einem weiten sanften Hochland geformt, in dessen kalkreichen Böden sich bei kühlem Klima edle Rebsorten wohlfühlen können. Dennoch wird mit der Ausnahme von Orvieto in Umbrien das Weinbaupotential bisher kaum genutzt.

Die alte bäuerliche Weintradition schwindet allmählich, während ein ehrgeiziges Entwicklungsprogramm das für den Weinbau geeignete Land mit DOC-Zonen überzieht (demnächst 8), die mit einem Anteil von 15% an der Gesamterzeugung über dem Landesdurchschnitt liegen. Zieht man aber Orvieto ab, dann entfallen auf die übrigen Zonen nur noch 5% DOC-Wein – das entspricht den Verhältnissen im Süden. Solche herbe Kritik scheint berechtigt, wenn man bedenkt, daß der Wein wie das feine Olivenöl in der Landwirtschaft Umbriens so gering geachtet wird und weit hinter Getreideanbau,

Viehzucht und Tabak steht. Etwa die Hälfte des Weins der Region wird heute von Genossenschaften oder Konsortien verarbeitet. Hochwertiger Wein hat sich wider Erwarten nicht in größerem Umfang eingestellt. Wo es doch geschehen ist, zeigen die eindrucksvollen Resultate, daß Umbrien nur individuelle Initiative braucht, um bei feinem Wein ein Wort mitsprechen zu können.

Orvieto hat sich den Weltmarkt erobert, in anderen Gegenden aber folgten die Winzer seinem Beispiel nicht, weil sie daran gewöhnt sind, daß die Kunden zu ihnen kommen. Trotz der Vorzüge einer zentralen Lage auf der Halbinsel mit Zugang zu den großen Straßen und Schienenverbindungen und einem lebhaften Tourismus hat sich Umbrien mit seinem Wein weitgehend aus den Hauptströmungen Italiens herausgehalten.

Liebhaber ländlicher Genüsse wissen, daß sie hier so gut essen und trinken können wie nur sonstwo in Italien. Die geruhsame Umwelt scheint alles, was in ihr wächst, mit Harmonie und Grazie zu erfüllen.

Der legendäre Orvieto, der einst am päpstlichen Hof in Rom und in aller Welt vielgepriesene süße, goldene Wein, ist inzwischen zu einem auspolierten trockenen Weißwein geworden. Der Übergang von der alten zur neuen Art sorgte eine Zeitlang für Image-Probleme, doch der Orvieto Classico hat seine Weltklasse-Attribute offenbar wiedergewonnen. Auf Weißwein entfallen im Umbrien 4/5 der DOC-Produktion. Doch der überzeugendste Beweis großer Klasse ist Lungarotti in Torgiano mit seinem Rubesco Riserva gelungen, der sich in Eleganz und Langlebigkeit mit den besten Rotweinen der Toskana oder aus Piemont und Bordeaux messen kann. Der wuchtige Sagrantino von Montefalco bestätigt die starke Stellung des umbrischen Rotweins.

Weinbau gibt es hier seit der Zeit vor den Römern, als noch Etrusker und Umbrer zu beiden Seiten des Tibers saßen. Das beweisen etruskische Grabbeigaben von Perugia bis Orvieto. Den römischen Eroberern war der Wein Umbriens zu unstet. Erst im späten Mittelalter und in der Renaissance, als die umbrischen Städte zu hohem Glanz kamen, wurde dem Wein von Spoleto, Todi, Assisi, Narni, Spello, Montefalco und Terni auch in Schriften Aufmerksamkeit gezollt – hohes Lob aber zog nur der Orvieto auf sich.

Umbrien wird auffallender physikalischer und kultureller Ähnlichkeiten wegen oft mit der Toskana verglichen, aber auch mit Latium wegen der zeitlosen Verbindungen durch den Tiber und die Via Flaminia. Die Umbrer freilich halten Abstand nach beiden Seiten. So haben sie sich ihr Sanktuarium mit seinen grünen Wäldern und Feldern und seinen mittelalterlichen Städten besser intakt halten können als die Nachbarn. Wird das mit dem Wein auch gehen? Die Antwort dürfte in Orvieto zutage treten. Nachdem sie in einer Generation die Extreme von «alt» und «neu» überwunden haben, scheinen sich die Weinerzeuger dort eine Zukunft in der Mitte zu suchen,

indem sie zeitgemäßen Stil anstreben, ohne die Grazie zu opfern, die dem Wein Umbriens von der Natur so reichlich verliehen ist.

Der Weinbau Umbriens

Aus Tradition wurde noch gegen Ende der 80er Jahre über die Hälfte des in Umbrien angebauten Weins in Mischkultur, zum Teil noch auf Bäume gezogen. Doch damit dürften Neuerungen rasch aufräumen. Neuanpflanzungen sind nur in DOC-Zonen erlaubt, und zwar in Monokultur mit vertikal zwischen Zementpfosten gespannten Drähten. Die Erziehung geschieht meist im Cordon-System oder dem in Orvieto gebräuchlichen *doppio capovolto* (Doppelbogen).

Es wird Wert auf verbesserte Klone traditioneller Rebsorten gelegt, außer den in Mittelitalien üblichen auch Garganega, Tocai, Barbera, Merlot und Gamay. Die meisten Weißweinsorten sind Varianten von Trebbiano, so auch der Procanico, der aber als Hauptraube von Orvieto gegenüber dem Trebbiano Toscano (über die Hälfte des Weißweinrebenbestands) an Boden verloren hat. Da jedoch der Procanico dem Orvieto mehr Festigkeit, Haltbarkeit und Klasse verleiht, ist sein Comeback fällig. Leider ebenfalls vernachlässigt wurde der einheimische Trebbiano Spoletino, doch der aufsteigende Stern unter den Weißweinsorten ist der Grecchetto, der sich gegen den Ansturm von Chardonnay und Sauvignon behauptet.

Bei den Rotweintrauben dominiert der Sangiovese, unterstützt vom Ciliegiolo, Canaiolo und Montepulciano. Manche Winzer finden jedoch den einheimischen Sagrantino interessanter. Andere geben Merlot, Cabernet oder gar Pinot Noir den Vorzug. Als Kuriositäten werden hier und da Dolcetto und Nebbiolo aus Piemont angebaut. Die folgenden Rebsorten sind vorwiegend in Umbrien beheimatet.

Drupeggio. In Umbrien gebräuchlicher Name für Canaiolo Bianco; er gehört ins Orvieto-Rezept, ist aber wegen Ertragsschwäche und Zweifeln an seiner Klasse zurückgegangen.

Grecchetto. Gilt als einheimisch, obwohl der Name eine Verbindung mit der Greco-Trebbiano-Familie anzudeuten scheint. Die Traube ergibt Wein mit ausgeprägter Persönlichkeit, kann aber durch Klonauswahl noch verbessert werden. Ursprünglich wurde sie um Todi angebaut, gewinnt aber inzwischen auch um Perugia und Orvieto an Boden, wo sie Norchiello genannt wird. In der östlichen Toskana heißt sie Pulcinculo und im nördlichen Latium Greghetto.

Sagrantino. Die eigenständigste Rotweintraube Umbriens wird, nachdem sie wegen geringer und unregelmäßiger Erträge in Ungnade gefallen war, jetzt um Montefalco wiederbelebt. Ob die Sorte einheimisch ist oder vor langer Zeit ins Land kam, ist ungewiß, jedenfalls wird ihre Klasse überaus gelobt. Sie erbringt kraft- und charaktervollen Wein, sowohl in der süßen *Passito*-Version als auch trocken, im Faß ausgebaut.

Trebbiano oder **Trebbiano Spoletino.** Der nach seiner Heimat Spoleto benannte Klon erbringt dort seit langem einen Weißwein mit besonderem Trebbiano-Charakter. Aber der früher reifende und ertragreichere Trebbiano Toscano hat ihn zurückgedrängt.

Verdello. Als Bestandteil der Weißweinrezepte von Orvieto, Torgiano und Colli Trasimeno bringt diese Sorte Alkoholstärke und feine Säure ein. Sie ist vielleicht mit Verdicchio verwandt, hat aber mit der sizilianischen Verdello-Traube nichts zu tun.

Weitere Rebsorten: In Umbrien sind u. a. folgende Rebsorten zugelassen oder empfohlen:

Für Rot- oder Roséwein: Barbera, Cabernet Franc, Cabernet Sauvignon, Canaiolo Nero, Cesanese Comune, Ciliegiolo, Colorino, Dolcetto, Gamay, Merlot, Montepulciano, Pinot Nero, Sangiovese, Vernaccia Nera.

Für Weißwein: Biancame, Canaiolo Bianco, Garganega, Malvasia Bianca di Candia, Malvasia del Chianti, Pecorino, Pinot Bianco, Riesling Italico, Tocai Friulano, Verdicchio Bianco, Vernaccia di San Gimignano.

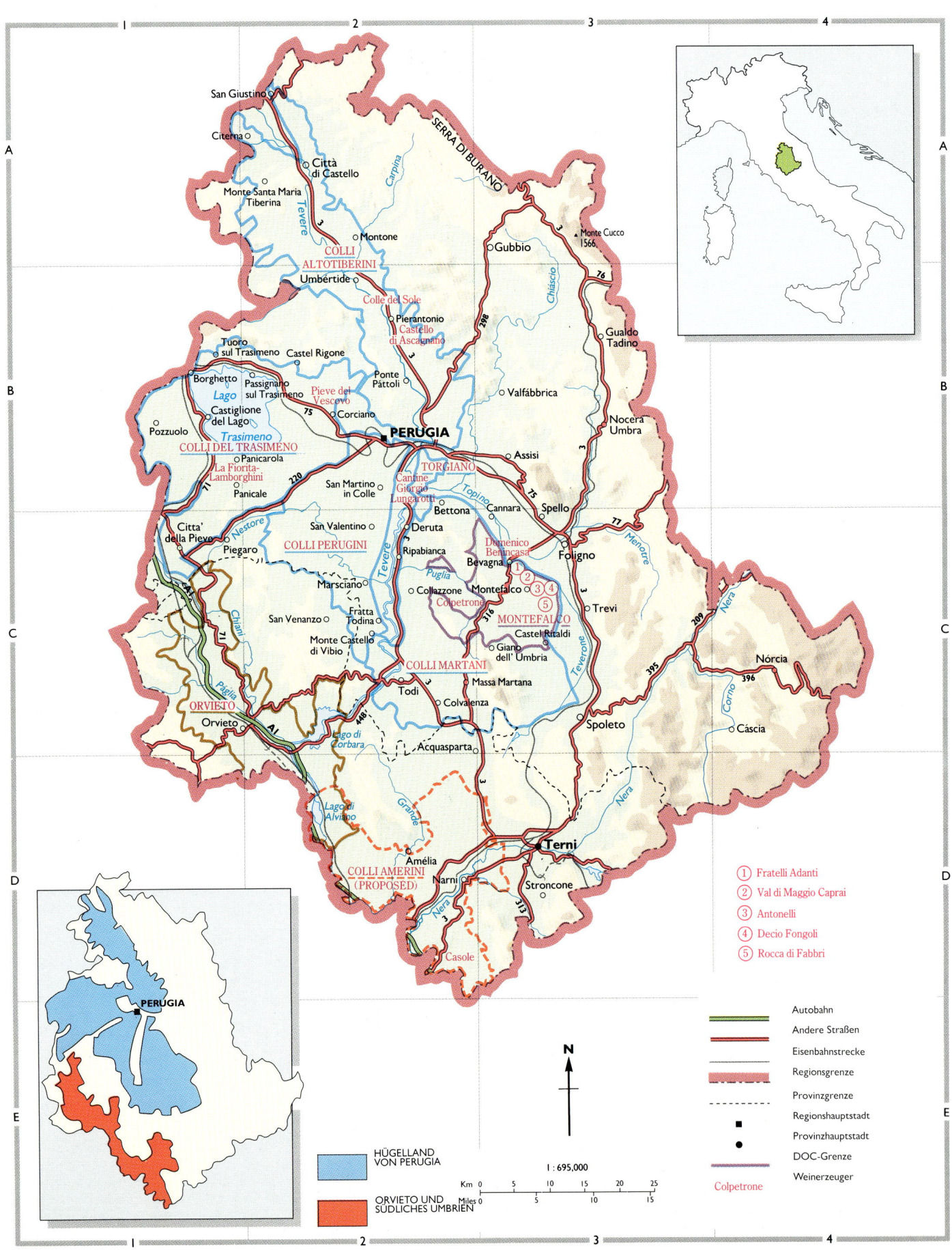

SERRA DI BURANO

San Giustino
Citerna
Città di Castello
Monte Santa Maria Tiberina
Montone

COLLI ALTOTIBERINI
Umbértide
Colle del Sole
Pierantonio
Castello di Ascagnano

Gubbio
Monte Cucco 1566

Gualdo Tadino

Tuoro sul Trasimeno
Castel Rigone
Borghetto
Passignano sul Trasimeno
Pieve del Vescovo
Ponte Páttoli
Valfábbrica
Nocera Umbra

Lago
Trasimeno
Castiglione del Lago
Pozzuolo
Corciano
COLLI DEL TRASIMÉNO
Panicarola
La Fiorita-Lamborghini
Panicale

PERUGIA
Assisi
TORGIANO
Cantine Giorgio Lungarotti
San Martino in Colle
Bettona
Cannara
Spello

San Valentino
Deruta
Ripabianca
COLLI PERUGINI
Citta' della Pieve
Piegaro
Marsciano
Collazzone
Puglia
Domenico Benincasa
Bevagna
① ② ④
③ ⑤
Montefalco
Colpetrone
Foligno
Trevi

Fratta Todina
San Venanzo
Monte Castello di Vibio
MONTEFALCO
Castel Ritaldi
Giano dell'Umbria
COLLI MARTANI
Nórcia

ORVIETO
Orvieto
Lago di Corbara
Todi
Colvalenza
Massa Martana
Spoleto
Cáscia

Acquasparta

Lago di Alviano

Amélia
Narni
COLLI AMERINI (PROPOSED)
Stroncone
Terni

Casole

① Fratelli Adanti
② Val di Maggio Caprai
③ Antonelli
④ Decio Fongoli
⑤ Rocca di Fabbri

PERUGIA

N

Autobahn
Andere Straßen
Eisenbahnstrecke
Regionsgrenze
Provinzgrenze
Regionshauptstadt
Provinzhauptstadt
DOC-Grenze
Weinerzeuger
Colpetrone

1 : 695,000

Km 0   5   10   15   20   25
Miles 0   5   10   15

HÜGELLAND VON PERUGIA

ORVIETO UND SÜDLICHES UMBRIEN

Die Weinzonen Umbriens

Die Apenninen umschließen Umbrien als ein grünes Hochland im Herzen der Halbinsel mit reichlich Wasser in Seen, Flüssen und Quellen, jedoch ohne eigene Meeresküste. Trotzdem ist der Einfluß des Tyrrhenischen Meers bestimmend, weil die Apenninen nach den Marken hin im Norden und Osten eine Mauer und Wasserscheide bilden, von der aus der Tiber und seine Nebenflüsse nach Rom hinströmen, so daß den Witterungseinflüssen von Süden und Westen her ein Weg geöffnet wird. Die in den Sibillini- und Reatini-Bergen im Südosten bis zu 1700 m hohen Gipfel fallen rasch zu Hügeln und Hochebenen mit Flüssen und Seen ab. Der Trasimenische See ist der viertgrößte Italiens. An manchen Stellen findet sich im sanften Hügelland ein Mikroklima, das sich für Weinbau auf höchster Stufe eignen würde, aber kaum je dafür genutzt wird. Die meisten Weinberge haben kalkreichen Lehm- und Sandboden, der manchmal ähnlich kreideweiß erscheint wie in der Champagne. Die gesamte Region liegt über 100 m hoch (jedoch nur 30% über 500 m); in den kalten Monaten gibt es reichlich Regen, und die Sommer sind sonnig, aber durch Wind gekühlt, so daß die Weinberge nie überhitzt werden und auch der Trockenheit die näher am Meer fühlbare Intensität fehlt.

Die Berge von Perugia

Die 6 DOC-Zonen von Perugia liegen im oder beim Tiber- und Topino-Tal sowie um den Trasimenischen See. Die Colli Altotiberini mit oft steilen Hängen am Tiber nördlich von Perugia bringen v. a. frische Roséweine hervor. Die Colli del Trasimeno ziehen sich um den flachen See, der mildernde Einflüsse auf die mittelschweren Rotweine aus dem Hügelland im Südwesten und auf die kräftigen Weißweine aus den steileren Bergen im Osten ausübt. Die Zone Torgiano gegenüber Perugia erstreckt sich über flache Hänge (180–300 m) mit sandigem, kalkreichem Lehmboden über Tuffgestein. Das relativ warme Klima begünstigt die Entstehung festgefügter Rotweine und voller, duftiger Weißweine. In den Colli Perugini, westlich des Tibers zwischen Perugia und Todi, wird das Potential für Rot- und Weißweine nur wenig genutzt. Montefalco, das sich mit der neuen DOC-Zone Colli Martani überschneidet, ist durch wuchtige Sagrantino-Rotweine von Mergel-, Sand- und Schieferböden bekannt, und auch der Grechetto zeigt im kühlen Mikroklima am Martana-Massiv schöne Klasse.

Orvieto und das südliche Umbrien

Orvieto Classico liegt in einem Becken zwischen Hängen und Einschnitten zu beiden Seiten von Paglia und Tiber auf Kalkböden, dessen Beige bei Sommertrockenheit fast weiß erscheint. Die Hitze in diesem Tal wird durch Winde gemildert, die über den Corbara-See hereinstreichen. Feuchtigkeit im Herbst ruft Nebel und die Edelfäule hervor, die süßen Weinen besondere Geschmacksnuancen verleiht. Die historischen Lagen von Orvieto befinden sich hauptsächlich in der Nähe der Stadt, die auf einem vulkanischen Tafelberg über der Paglia liegt. Neuerdings sind Anpflanzungen auf Südwesthängen am linken Paglia-Ufer und um den Corbara-See angelegt worden. Im Sand- und Lehmboden bildet Muschelkalk die Qualitätsgrundlage nicht nur für die Orvieto-Rebsorten, sondern auch für Fremdlinge wie Chardonnay, Sauvignon und Pinot Nero. Der Teil der Orvieto-Zone nördlich vom Classico-Bereich liegt höher und ist nicht stark angebaut. Das ins Latium hineinreichende Stück liegt auf vorwiegend vulkanischem Boden und bringt Weine hervor, die dem Est! Est!! Est!!! ähnlicher sind als dem Orvieto Classico. Die neuere Zone Colli Amerini erstreckt sich östlich des Tibers und in das Nera-Tal nach Terni über sonnige Hügel mit süffigem Landwein.

La Badia, eine alte Abtei am Rand von Orvieto, beherbergt ein Hotel und Restaurant sowie Keller für Weine aus den Weinbergen ringsumher.

Die Weine von Perugia

Perugia könnte ein Weinzentrum von hohem Ruf sein. Drei DOC-Zonen – Colli Altotiberini, Colli Perugini und Torgiano – reichen fast bis an die Stadt heran. Drei weitere – Colli Trasimeno, Montefalco und Colli Martani – liegen gerade jenseits der Hügel ringsumher. Doch die Weinerzeuger in diesem Land, dessen Potential mit dem benachbarten Siena vergleichbar ist, haben bisher erstaunlich wenig getan, um es zu nutzen. Der Name Lungarotti ist den Weinfreunden der Welt allerdings geläufiger als die DOC-Zonen Perugias. Auch andere Weingüter haben sich schon einen gewissen Namen gemacht, so Arquata von Adanti, Val di Maggio von Caprai in Montefalco und La Fiorita von Lamborghini in den Colli del Trasimeno. Doch den meisten Winzern behagt es in der Ruhe und Bequemlichkeit, die die Belieferung des lokalen Geschmacks sicherstellt.

Colli Altotiberini (1980)

Die Weine dieser bukolischen Hügel pries der Jüngere Plinius bei einem Sommeraufenthalt in einer Villa über dem Tiber. Anstatt aber nach weltweiter Anerkennung zu streben, sind die Winzer völlig damit zufrieden, Verwandte und Bekannte mit überaus süffigen Weinen zu versorgen. Der einst vielgerühmte *bianco* ist gerade noch schlicht zu nennen.

Der *rosso* fällt dank der Merlot-Traube milder und fruchtiger aus als die meisten Landrotweine. Am besten aber ist oft der *rosato*, insbesondere von Colle del Sole.
ZONE: Die Berge beiderseits des oberen Tiber-Tals, von der Grenze zur Toskana über Città di Castello und Umbertide bis an den Rand von Perugia mit 8 Gemeinden in der Provinz.

Bianco. Trockener Weißwein. Trauben: Trebbiano Toscano 75–90%, Malvasia del Chianti bis 10%; weitere weiße Sorten bis 15%. E. 77/110; Alk. 10,5; S. 0,6.

Rosso. Trockener Rotwein. Trauben: Sangiovese 55–70%, Merlot 10–20%, Trebbiano Toscano/Malvasia del Chianti bis 10%; weitere Sorten bis 15%. E. 77/110; Alk. 11,5; S. 0,6.

Rosato. Trockener Rosé. Trauben: wie *rosso*. E. 77/110; Alk. 11,5; S. 0,6.

Colli del Trasimeno (1972)

Das breite Becken des größten Sees in Mittelitalien hat genug Weinberge, um mengenmäßig den zweiten Platz unter Umbriens DOC-Zonen zu besetzen. Doch die Weine, so gut sie auch sein mögen, haben sich nie weithin durchgesetzt. Die besseren Weißweine können sich mit Orvieto oder Torgiano messen. Der Rotwein hat in der Jugend attraktive Fruchtigkeit. Lamborghini und Pieve del Vescovo sind zuverlässige Erzeuger.

ZONE: Die Berge um den Trasimenischen See mit 9 Gemeinden in der Provinz Perugia.

Bianco. Trockener Weißwein. Trauben: Trebbiano Toscano 60–80%, Malvasia del Chianti/Verdicchio/Verdello/Grechetto bis 40%. E. 87,5/120; Alk. 11; S. 0,55.

Rosso. Trockener Rotwein. Trauben: Sangiovese 60–80%, Ciliegiolo/Gamay bis 40%; Trebbiano Toscano/Malvasia del Chianti bis 20%. E. 87,5/120; Alk. 11,5; S. 0,55.

Torgiano (1968)

Die Torre di Giano (Turm des Janus, des zweigesichtigen römischen Gottes der Tore, der auch dem Januar den Namen gegeben hat) beherrscht die anmutige Silhouette dieser Bergstadt, die Umbriens erste und bedeutendste DOC-Zone beherbergt. Ihre Reputation gehört von Anfang an gewissermaßen Giorgio Lungarotti persönlich, wenn auch andere Winzer den Namen verwenden dürfen. Der einfache *rosso* und *bianco* ist gut und preiswert, doch die Lungarotti-Markenweine Rubesco und Torre di Giano sind bekannter als die DOC-Versionen. Einen internationalen Status erwarb sich der Rubesco Riserva Monticchio mit seinen besten Jahrgängen (1971, 1975), die mit Spitzenweinen aus Bordeaux verglichen worden sind. Der Torre di Giano Riserva Il Pino war einer der ersten modernen faßgereiften Weißweine Italiens mit echtem Stil.

ZONE: Die Hügel östlich des Tiber in der Gemarkung Torgiano, vom Südostrand Perugias über die Orte Miralduolo und Brufa über den Chiascio-Bach hinweg südwärts bis Ponte Nuovo.

Bianco. Trockener Weißwein. Trauben: Trebbiano Toscano 50–70%, Grechetto 15–35%; Malvasia Toscana/Malvasia di Candia/Verdello bis 15%. E. 81/125; Alk. 11,5; S. 0,5–0,7.

Rosso. Trockener Rotwein, auch *riserva*. Trauben: Sangiovese 50–70%, Canaiolo 15–30%; Trebbiano Toscano bis 10%, Ciliegiolo/Montepulciano bis 10%. E. 78/120; Alk. 12, *riserva* 12,5; S. 0,5–0,7; A. *riserva* 3 J.

Colli Perugini (1982)

Das Bergpanorama jenseits des Tiber, Torgiano gegenüber, verspricht wegen höherer und kühlerer Lagen noch schöneres Aroma in Rot- und Weißweinen. Doch die meisten zeigen nur biedere Schlichtheit. Auch ohne DOC entwickelten die Winzer hier vor 100 Jahren größere Initiative, als die Conti Faina in Collelungo unterirdische Stollen für die Weinlagerung bauten. Heute ist dieser Weinkeller nicht mehr in Gebrauch.

ZONE: Die Berge westlich des Tiber, vom Rand Perugias südwärts fast bis Todi mit 6 Gemeinden in der Provinz Perugia und San Venanzo in Terni.

Bianco. Trockener Weißwein. Trauben: Trebbiano Toscano 65–85%, Verdicchio/Grechetto/Garganega 15–35%; Malvasia del Chianti bis 10%. E. 84/120; Alk. 11; S. 0,5.

Rosso. Trockener Rotwein. Trauben: Sangiovese 65–85%, Montepulciano/Ciliegiolo/Barbera 15–35%; Merlot bis 10%. E. 84/120; Alk. 11,5; S. 0,55.

Rosato. Trockener Rosé. Trauben: wie *rosso*. E. 72/120; Alk. 11,5; S. 0,55.

Colli Martani (1989)

Die neueste DOC-Zone von Perugia verspricht einiges, denn im friedlichen Hochland zwischen Todi und Foligno ist guter Landwein Tradition.

ZONE: Die Berge des Martana-Massivs zwischen dem Tiber- und Topino-Clitunno-Tal, von Bettona südwärts bis Spoleto mit Gualdo Cattaneo, Giano dell'Umbria und Teilen von 12 weiteren Gemeinden in der Provinz Perugia. Der Bereich überschneidet sich mit der kleineren DOC-Zone Montefalco.

Grechetto. Trockener Weißwein. Trauben: Grechetto; andere weiße Sorten bis 15%. E. 77/110; Alk. 12; S. 0,5.

Trebbiano. Trockener Weißwein. Trauben: Trebbiano Toscano; andere weiße Sorten bis 15%. E. 84/120; Alk. 11; S. 0,5.

Sangiovese. Trockener Rotwein, auch *riserva*. Trauben: Sangiovese; andere rote Sorten bis 15%. E. 84/120; Alk. 11,5, *riserva* 12; S. 0,5; S. 1 J. *riserva* 2 J. (1 J. im Faß).

Montefalco (1980)

Die DOC-Zone ist durch den Sagrantino im Aufschwung begriffen. Traditionell ein süßer *passito*, der noch vor 10 Jahren im Aussterben begriffen schien, ist der Sagrantino jetzt als trockener Rotwein mit ununterdrückbarer Persönlichkeit wiedererstanden. Die Traube gilt zwar als uralte Einheimische, nachgewiesen ist sie auf den Höhen von Montefalco jedoch erst seit dem vorigen Jahrhundert. Die heutige trockene Version erinnert mit ihrer üppigen Fülle und umwerfenden Stärke an Amarone. Doch auch die süße, gehaltvolle *Passito*-Version mit einem leicht herben Biß wird hier noch aufrechterhalten. Es muß sich erst herausstellen, ob dieser Wein so langlebig und großartig ist, wie seine Anhänger behaupten. Auf den Hängen über der Clitunno-Ebene zwischen Foligno und Spoleto haben sich in den letzten 10 Jahren mehrere Weingüter hervorgetan, am meisten Adanti mit Sagrantino in beiden Versionen sowie mit anderen Weinen. Der Montefalco Rosso ist oft süffig, aber sehr unterschiedlich. Durch die neue DOC Colli Martani wird auch der manchmal eindrucksvolle Grechetto in die Palette aufgenommen.

ZONE: Die Hänge um Montefalco sowie Teile von Bevagna, Castel Ritardi, Giano dell'Umbria und Gualdo Cattaneo. Die Zone überschneidet sich mit Colli Martani.

Rosso. Trockener Rotwein. Trauben: Sangiovese 65–75%, Trebbiano Toscano 15–20%, Sagrantino 5–10%; Ciliegiolo/Montepulciano/Merlot/Barbera/Malvasia del Chianti bis 15%. E. 91/130; Alk. 11,5; S. 0,6.

Sagrantino. Trockener Rotwein. Trauben: Sagrantino; Trebbiano Toscano bis 5%. E. 52/80; Alk. 12,5; S. 0,55.

Sagrantino passito. Süßer Rotwein. Trauben wie Sagrantino, jedoch rosiniert oder *passito*. E. 36/80; Alk. 14; S. 0,6; A. 1 J.

Andere beachtenswerte Weine

In der Provinz Perugia gibt es Weine ohne DOC in Hülle und Fülle, die einen modern, die anderen rustikal. Als trockene Rotweine sind Rosso d'Arquata von Adanti, San Giorgio und Cabernet von Lungarotti sowie Merlot di Spello von Veneri besonders zu erwähnen. Kuriositäten sind der dunkle, süße Vernaccia di Cannara, Nebbiolo und Doletto aus Gubbio und der Scacciadiavoli («Teufelsaustreiber») aus Foligno. Auch bei Weißwein stehen Lungarotti und Adanti an der Spitze, ersterer mit Chardonnay, *spumanti* und dem einzigartigen Solleone, der andere mit Grechetto und Bianco d'Arquata. Beide produzieren feinen Vin Santo.

WEINGÜTER/WINZER

Fratelli Adanti, Bevagna (PG). Von 18 ha Rebfläche in der Lage Arquata hat ein talentierter Kellermeister namens Alvaro das Gut in der Montefalco-Zone mit feinem Sagrantino, trocken und *passito*, und einem guten DOC-Rotwein an die Spitze gebracht. Der Stolz des Hauses ist jedoch der *vdt* Rosso d'Arquata von Barbera, Canaiolo, Merlot und Cabernet. Adanti produziert auch guten Vin Santo und die besten trockenen Weißweine der Gegend: einen reinen Grechetto und einen Grechetto mit Trebbiano als langlebigen Bianco d'Arquata.

Antonelli, Montefalco (PG). DOC Montefalco, auch feiner Sagrantino sowie Grechetto und anderer *vdt* von 10 ha.

Paolo Bea, Montefalco (PG). Zu der kleinen Produktion an DOC Montefalco zählt ein gigantischer Sagrantino *passito*.

Domenico Benincasa, Bevagna (PG). DOC Montefalco und *vdt* von 45 ha.

Castello di Ascagnano, Pierantonio di Umbertide (PG). DOC Altotiberini und *spumante* von 36 ha.

Colle del Sole, Pierantonio di Umbertide (PG). Carlo Polidori und seine Tochter Lauretta produzieren von 30 ha Rebfläche DOC Colli Altotiberini, v. a. feinen *rosato* und einen guten roten *vdt* Rubino.

Colpetrone, Gualdo Cattaneo (PG). In Filippo Fabbris kleiner Produktion an DOC Montefalco findet sich eindrucksvoller Sagrantino.

Fattoria Belvedere, Castiglione del Lago (PG). DOC Colli del Trasimeno.

Decio Fongoli, San Marco di Montefalco (PG). Von 10 ha gelegentlich feiner Sagrantino di Montefalco.

La Fiorita, Panicale (PG). Der Autofürst im Ruhestand, Ferruccio Lamborghini, leitet ein kostspieliges Hobby-Weingut mit 75 ha Rebfläche für DOC Colli del Trasimeno (v. a. roter Sangue di Miura), rosé *vdt* und *spumante*.

La Querciolana, Panicale (PG). DOC Colli del Trasimeno, Etikett «Grifo di Boldrino».

Morolli, Petrignano del Lago (PG). DOC Colli del Trasimeno.

Silvio Nardi, San Giustino (PG). DOC Colli Altotiberini.

Pieve del Vescovo, Corciano (PG). Guter DOC Colli del Trasimeno aus der Lage Il Lucciaio.

Rocca di Fabbri, Montefalco (PG). DOC Montefalco und *vdt*, u. a. Grechetto dell'Umbria von 92 ha.

Sasso Rosso, Capodacqua (PG). *Vdt* Assisi.

Fratelli Sportoletti, Spello (PG). *Vdt* Grechetto dell'Umbria und Assisi von 20 ha.

Silvestro Sposini, Marsciano (PG). DOC Colli Perugini und *vdt*, Etikett «Castello di San Valentino».

Tili, Capodacqua (PG). *Vdt* Assisi und gute Grechetto dell'Umbria von 13 ha.

Ugo Vagniluca, Frontignano di Todi (PG). Roter Castello di Almonte und *vdt* Grechetto di Todi.

Val di Maggio-Arnaldo Caprai, Montefalco (PG). DOC Montefalco, u. a. feiner, trockener Sagrantino sowie *vdt* Grechetto dell'Umbria und Schaumwein von 25 ha.

Ruggero Veneri, Spello (PG). Kleine Produktion an *vdt* Merlot und Gran Merlot di Spello, mit die besten Beispiele dieser Sorte in Mittelitalien.

Villa Antica, Città delle Pieve (PG). Auf dem 20-ha-Gut der Familie Di Lauro erzeugt Kellermeister Vittorio Fiore DOC Colli del Trasimeno sowie Orvieto Classico von zugekauften Trauben.

WEIN- UND HANDELS-HÄUSER

Cantine Giorgio Lungarotti, Torgiano (PG). Das illustre Weinhaus setzt sich aus familieneigenem Landbesitz und einer Weinkellerei zusammen. Es ist durch eine reiche Palette an DOC Torgiano sowie weißem und rotem *vdt* und *spumante* bekannt geworden. Lungarotti und seine Stieftochter Maria Teresa Severini leiten den Betrieb gemeinsam mit dem technischen Direktor Angelo Valentini und dem Önologieberater Corrado Cantarelli. Die Produktion von jährlich 270 000 Kisten beruht auf firmeneigenen 250 ha und wird zu über 50% exportiert. Anfangs wurde die Reputation auf die DOC Torgiano Rubesco aufgebaut, dessen *riserva* aus der 12-ha-Lage Monticchio zu den feinsten Rotweinen Italiens zählt, aber auch auf dem weißen Torre di Giano, der in der faßgereiften *riserva* aus der 10-ha-Lage Il Pino große Klasse erreicht. Das Programm wird durch roten *vdt* Rosciano, weißen Buffaloro, rosé Castel Grifone und süßen Vin Santo abgerundet. In den 70er Jahren führte Lungarotti

Cabernet Sauvignon zunächst in einem sortenreinen *vdt* aus Lagen bei Miralduolo und dann im Verschnitt mit Torgiano-Rebsorten im überzeugenderen San Giorgio ein. Ein Pinot Grigio wird ebenfalls erzeugt; im Kommen aber ist Chardonnay in einer faßgereiften Version sowie als Schaumwein, verschnitten mit Pinot Noir, im Lungarotti Brut (Champagnerverfahren) und Rondò (Tankgärung).

GENOSSENSCHAFTEN

CS del Trasimeno, Castiglione del Lago (PG). DOC Colli del Trasimeno und *vdt* von Mitgliedern mit über 900 ha.

CS Colli Perugini, Marsciano (PG). DOC Colli Perugini.

CS dei Colli Spoletini, Petrognano (PG). DOC Montefalco und Colli Martani sowie *vdt*.

Co.Vi.P., Ponte Pattoli (PG). Das Konsortium von Winzergenossenschaften füllt Weine aus allen 6 DOC-Zonen Perugias sowie *vdt* ab.

CS Tudernum, Todi (PG). Grechetto di Todi und andere *vdt* von Mitgliedern mit 650 ha.

Weine aus Orvieto und dem südlichen Umbrien

Die Provinz Terni verfügt über nur eine DOC-Zone, Orvieto, die allerdings 2/3 aller DOC-Weine Umbriens erfaßt. Die Eignung der Gegend für den Weinbau war schon vor der Römerzeit bekannt, aber erst seit kurzem wird das Potential über den legendären *abboccato* hinaus genutzt. Eine DOC ist inzwischen für die Colli Amerini in den Bergen am Tiber und seinem Nebenfluß Nera, der durch Terni, Narni und Amelia nach Orte fließt, vorgeschlagen. Alle diese Städte sind schon von früher her für guten Wein bekannt. Es bleibt aber abzuwarten, ob die neue DOC den Standard hebt.

Orvieto (1971)

Orvieto thront majestätisch auf einer Felsenplatte, auf deren breiten Schultern das Geschick des umbrischen Weins gelegen haben mag, seit die Etrusker ihre Keller in das Tuffgestein gruben. Schon im späten Mittelalter muß der Orvieto einen besonderen Status gehabt haben, denn damals verlangten Pinturicchio und Luca Signorelli gewisse Rationen an goldenem Wein als Teil ihrer Honorars für Malereien im Dom. Höchste Gnadenerweise kamen auch von den Päpsten, die sich manchmal nach Orvieto zurückzogen, wenn ihnen der Heilige Stuhl in Rom zu ungemütlich wurde. Doch am meisten verehrte ihn Gregor XVI., der in seinem Testament verfügte, sein Körper solle vor dem Begräbnis mit Orvieto gewaschen werden. Der sanfte *abboccato* muß herrlich gewesen sein, wenn die Herbstnebel im Paglia-Tiber-Becken an den Trauben Edelfäule hervorriefen. Bis nach dem 2. Weltkrieg gehörten die breite,

strohumflochtene Pulcinella-Flasche und der süße, goldene Orvieto zusammen. Die DOC ermutigte dann zur Anlage neuer Weinberge und Keller, mit denen der Übergang zum trockenen Weißwein kam. Bald wurde die Pulcinella- wie die Chianti-Flasche als ungeeignet für schnellarbeitende Abfüllanlagen und als nicht mehr dem neuen Image gemäß verdrängt. Doch selbst eine an geschmack-, geruch- und farblosen trockenen Wein gewöhnte Kundschaft merkte, daß dieser neue Orvieto in der Standardflasche nur einer unter vielen war.

Das Comeback, wenn es auch rascher als erwartet eintrat, ist freilich noch nicht gesichert. Die Qualität des Orvieto Classico mit seinen hervorragenden Lagen hat sich stetig gebessert. Trockene Weine von Spitzenerzeugern zeigen Klasse, die wirklichen Überraschungen aber sind durch süße, nach Edelfäule duftende Weine gekommen. Beim Wiederaufbau der Märkte für beide Arten

Die goldenen Weine von Orvieto schmeckten Päpsten und Poeten.

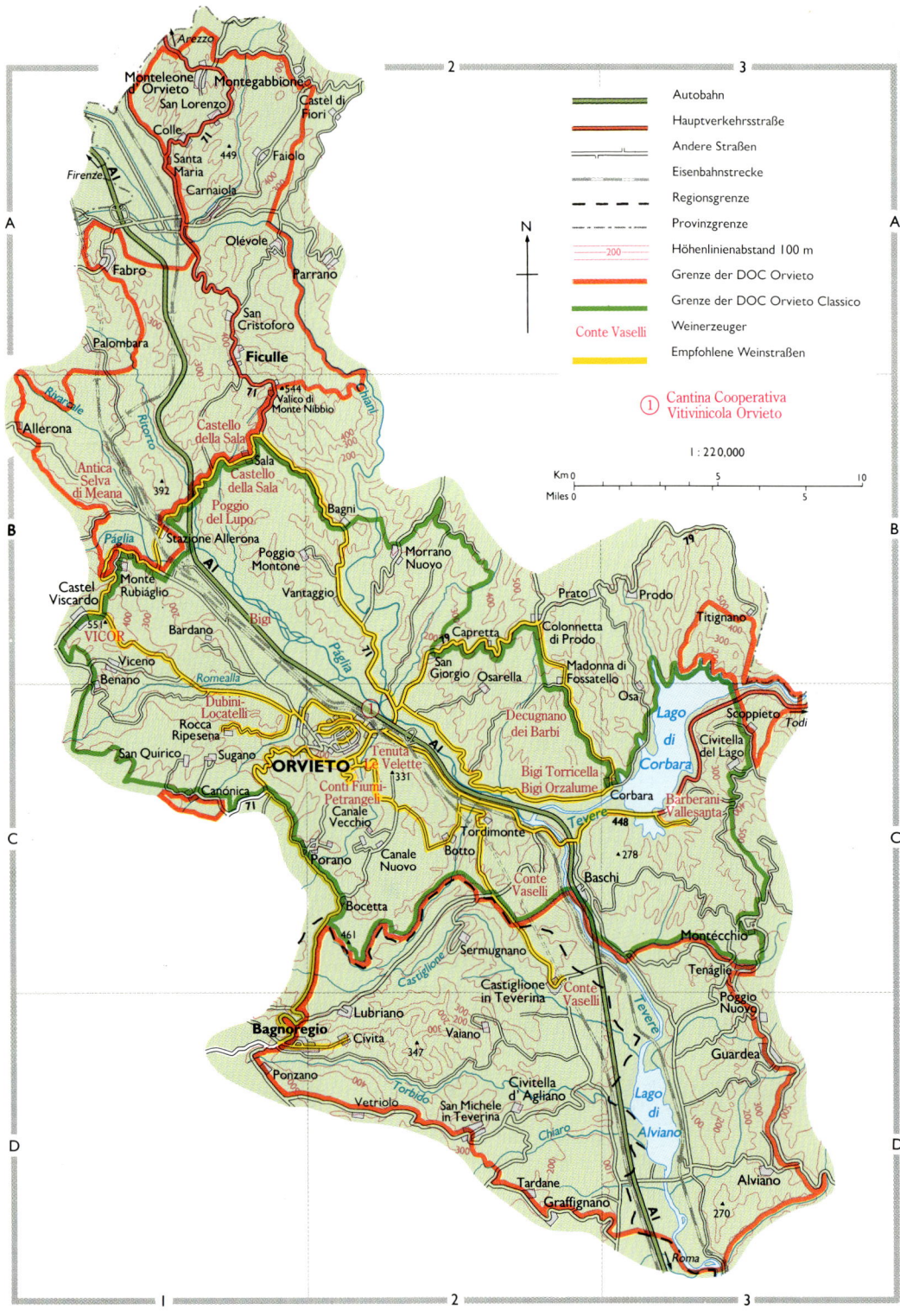

Autobahn
Hauptverkehrsstraße
Andere Straßen
Eisenbahnstrecke
Regionsgrenze
Provinzgrenze
Höhenlinienabstand 100 m
Grenze der DOC Orvieto
Grenze der DOC Orvieto Classico
Weinerzeuger
Empfohlene Weinstraßen

Conte Vaselli

① Cantina Cooperativa Vitivinicola Orvieto

1:220.000

Km 0 .... 5 10
Miles 0 5

Orvieto-Lieferquellen aus. Barbi, eine Familienfirma in der Lombardei, der auch Decugnano dei Barbi gehört, ist ebenfalls Orvieto-Abfüller.

Es besteht Grund zu der Annahme, daß die nicht zugelassenen Sorten Chardonnay, Pinot und Sauvignon dazu benutzt werden, den Lokaltrauben ein wenig mehr Lebendigkeit zu verleihen. Doch führende Erzeuger bleiben dabei, daß die Zukunft des Orvieto daheim liegt. Sie verweisen auf Procanico und Grechetto, deren Charakter durch kleinere Erträge und Lese bei Vollreife zur Geltung gebracht werden kann. Obwohl die trockenen Arten noch vorherrschen, mehren sich die Anzeichen, daß der Orvieto als süßer Wein mit einem Hauch Edelfäule am besten zur Geltung kommt. Neuerdings hat man traditionellen *abboccato* durch die süßeren Versionen *amabile* und *dolce* ergänzt.

ZONE: Die Berge zwischen 100 und 500 m um Orvieto an der Paglia mit Nebenfluß Astrone, nordwestlich bis Monteleone di Orvieto, und am Tiber südöstlich bis Alviano mit 11 Gemeinden in der Provinz Terni sowie 5 einschließlich Bagnoregio in Latium (Provinz Viterbo). Der Classico-Bereich liegt in der Mitte zu beiden Seiten der Paglia und am Corbara-See zwischen Baschi und Civitella del Lago, unter Ausschluß des nördlichen Teils am Astrone und des südlichen Teils in Latium. *Secco, abboccato, amabile* oder *dolce*. Trauben: Procanico/Trebbiano Toscano 40–65%, Verdello 15–25%, Grechetto/Drupeggio und andere weiße Sorten 20–30%; Malvasia Toscana bis 20%. E. 71,5/110; Alk. 11,5 (*abboccato* Restsüße 4–12 g/l, *amabile* 12–45 g/l; *dolce* Min. 45 g/l); S. 0,5.

Colli Amerini (vorgeschlagene DOC)
Die Zulassung für vier Weine dieser Zone steht bevor: Bianco (von Trebbiano Toscano mit anderen), Rosso und Rosato (beide von Sangiovese mit anderen) und Malvasia (basiert auf Malvasia Toscana).

Andere beachtenswerte Weine
Unter den vielen Orvieto-Weinen ohne DOC haben die Neuerungen von Antinori im Castello della Sala den breitesten Beifall gefunden. Marrano von Bigi ist ebenfalls hervorragend. Viele Erzeuger bieten roten *vdt* an. Bemerkenswert sind Decugnano Rosso von Decugnano dei Barbi, Santa Giulia von Conte Vaselli und Lago di Corbara, ein anerkannter *vdt*, am besten von Barberani. Decugnano dei Barbi erzeugt Schaumwein nach dem Champagnerverfahren. Erwähnenswerte Weingüter sind ferner Castello di Montoro und Casole.

haben es Erzeuger und Abfüller jedoch versäumt, gemeinsam vorzugehen, wie es erforderlich wäre, um den Namen Orvieto Classico wieder in die Spitzengruppe des italienischen Weins aufrücken zu lassen. Inzwischen wurde der DOCG-Status beantragt, der freilich keine Garantie für Brillanz bedeutet. Was in Orvieto außer Einigkeit fehlt, ist ein anerkannter Spitzenreiter. Antinori könnte diese Stellung einnehmen, doch bisher sind die besten Bemühungen im Castello della Sala auf

Tafelweine gerichtet, die mehr Glanz und Kostbarkeit beanspruchen als die DOC. Bigi hat feine Einzellagenweine hervorgebracht, doch die industrielle Größenordnung dieser Firma ist ihrem Prestige abträglich. Zwei Weingüter haben sich hervorgetan, von denen aber noch keines das nötige Charisma aufbringt: Decugnano dei Barbi und Barberani Vallesanta.

Viele der 750 Winzer in der Zone gehören Genossenschaften an, auf die etwa 2/3 der Produktion entfal-

len. Unter den Abfüllern dominierten lange Zeit toskanische Firmen, die Orvieto Classico zusammen mit Chianti anbieten. Manche erzeugen selbst Orvieto oder überwachen seine Bereitung aus gekauften Trauben. Antinori ergänzt auf diese Weise die Produktion von Castello della Sala. Melini wird von Bigi beliefert, da beide Firmen zum Gruppo Italiano Vini gehören. Rocca delle Macìe erzeugt Wein auf einem eigenen Gut. Önologen von Ruffino, Ricasoli und Cecchi üben eine Kontrolle über

WEINGÜTER/WINZER

Antica Selva di Meana, Allerona (TR). DOC Orvieto Classico.

Barberani-Vallesanta, Baschi (TR). Luigi Barberani und sein Kellermeister Maurizio Castelli erzeugen von 25 ha am Corbara-See Orvieto Classico und *vdt* unter den Etiketten Barberani und Vallesanta. Moderner trockener Orvieto Classico ist mustergültig durch den Einzellagenwein Castagnolo vertreten; Pulicchio beweist als *amabile* Stil; Calcaia zeichnet sich durch Edelfäule aus; ein faßgereifter Sauvignon namens Pommaio verspricht Gutes.

Casole, Otrìcoli (TR). Elio und Alberto Cuccarini erzeugen zusammen mit Salvatore Maule aus dem Trentino in ihrem aufstrebenden Gut *vdt* Casole Bianco und Rosso.

Castello della Sala, Sala (TR). Das Antinori-Schloß in Umbrien mit 130 ha Rebfläche ist unter Gutsdirektor Renzo Cottarella zum Nervenzentrum von Orvieto geworden. Die *vdt* unter dem Etikett Castello della Sala werden angeführt von Cervaro della Sala (Chardonnay und Grechetto, in kleinen Fässern auf der Hefe vergoren und gelagert) und Borro della Sala «Fumé» (Sauvignon Blanc und Procanico). Cottarella und der Önologe Giacomo Tachis entwickelten den Muffato della Sala, einen süßen Wein mit Edelfäule von Sauvignon, Grechetto und Drupeggio. Auch ein süßer Gewürztraminer ist vielversprechend. Orvieto Classico von 45 ha (u. a. aus der Einzellage Campogrande) wird durch zugekaufte Trauben ergänzt und unter der Marke Antinori angeboten.

Castello di Montoro, Montoro Umbro (TR). Die Familie Patrizi Montoro erzeugt auf ihrem 150-ha-Gut bei Narni einen bekannten *rosso* sowie weiteren *vdt*.

Conte Vaselli, Castiglione in Teverina (VT). Die 130 ha Rebfläche des Guts liegen vorwiegend in Latium, reichen jedoch bis in die Orvieto-Classico-Zone, wo der *vdt* Santa Giulia von Sangiovese mit fremden Sorten als eindrucksvoller, früher als langlebig bekannter *vdt* entsteht.

Conti Fiumi-Petrangeli, Orvieto (TR). Orvieto Classico und roter *vdt*, serviert im eigenen Restaurant La Badia.

Decugnano dei Barbi, Orvieto (TR). Claudio und Marina Barbi erzeugen Orvieto mit einzigartigem Stil von 18 ha am Corbara-See. Der «Pourriture Noble» mit Edelfäule setzte neue Maßstäbe. Der Schaumwein Decugnano Brut nach dem Champagnerverfahren wird von Chardonnay und Lokaltrauben hergestellt und reift in einer alten Grotte auf dem Gut.

Dubini-Locatelli, Orvieto (TR). 1988 begann Giovanni Dubini mit der Verarbeitung des Ertrags von 18 ha in Rocca Ripesena zu vielversprechendem Orvieto Classico unter dem Etikett Palazzone.

Poggio del Lupo, Allerone (TR). Orvieto Classico.

Tenuta Le Velette, Orvieto (TR). Stetig verbesserter Orvieto Classico und *vdt* von 95 ha.

WEIN- UND HANDELS-HÄUSER

Bigi, Orvieto (TR). Die 1881 von Luigi Bigi aus der Toskana gegründete Firma gehört heute zum Gruppo Italiano Vini. Sie verarbeitet den Ertrag von 70 ha zu Orvieto Classico, doch schließt die Produktion von über 3 Mio. Kisten/Jahr auch DOC Est! EST!! Est!!! und Aleatico di Gradoli aus Latium sowie *vdt* ein. Die Einzellagen-Weine Torricella (trocken) und Orzalume (süß) waren Mitte der 80er Jahre beispielhaft für Orvieto, aber andere Erzeuger ziehen inzwischen gleich.

GENOSSENSCHAFTEN

VICOR, Castel Viscardo (TR). Orvieto Classico und *vdt*.

Cantina Colli Amerini, Fornole di Amelia (TR). Orvieto Classico und *vdt* von den Colli Amerini.

Cantina Cooperativa Vitivinicola Orvieto, Orvieto (TR). Der größte Orvieto-Classico-Erzeuger füllt seine besten Weine unter der Marke Cardeto ab.

Reise-Informationen

RESTAURANTS/HOTELS

Buca di San Francesco, 06081 Assisi (PG). Tel. (075) 81 22 04. Giovanni und Graziella Betti vereinen Kreativität und Tradition.

Enoteca Altotiberina, 06012 Città di Castello (PG). Tel. (075) 85 53 089. Colli-Altotiberini-Weine, rustikale Küche und Pizza, alles gut und preiswert.

Villa Roncalli, 06034 Foligno (PG). Tel. (0742) 67 02 91. Sandra Scolastras Küche ist unvergleichlich in ihrer Echtheit, dazu servieren ihr Mann Angelo und ihre Tochter Maria Luisa den Wein in einem schönen Speisesaal. Auch Gästezimmer.

Vissani, 05023 Lago di Corbara-Baschi (TR). Tel. (0744) 95 02 06. Giancarlo Vissani, sicher der provokativste Restaurateur Italiens, erfindet Menüs, die – von seiner Frau kunstvoll zubereitet – im Hotel-Restaurant am See serviert werden. Die erstaunliche Weinkarte bietet eine Auswahl aus allen Gegenden, nur nicht aus Orvieto. Weniger kostspielig geht es im «äußeren» Restaurant *Il Padrino* zu.

La Badia, 05018 Orvieto (TR). Tel. (0763) 9 03 59. Ein feines Hotel mit Swimmingpool in einer mittelalterlichen Abtei unter Oliven und Reben. Orvieto und Rotwein von Conti Fiumi-Petrangeli passen gut zur ländlichen Küche im Restaurant.

Villa Ciconia, 05018 Orvieto (TR). Tel. (0763) 9 06 77. Das Villa-Hotel mit Garten ist beispielhaft für den altehrwürdigen Stil Umbriens. Bodenständige Küche und ausgesuchte Weine.

Le Tre Vaselle, 06089 Torgiano (PG). Tel. (075) 98 24 47. In wenigen Hotels ist Altes und Modernes so elegant miteinander vereinigt wie in diesem Lokal der Familie Lungarotti, deren Weine der verfeinerten bodenständigen Küche den Rahmen geben.

WEINFACHGESCHÄFTE/VINOTHEKEN

Enoteca Provinciale, Via Rocchi 16, Perugia. Eine vollständige Auswahl von Weinen der Provinz im Zentrum von Perugia.

Enoteca Vino Vino, Corso Vecchio 201, Terni. Renzo Franceschini bietet ein wenig vom Besten von Umbrien bis zum Napa-Tal in seinen drei Vinotheken hier, in Orvieto und in Rieti (Latium).

SEHENSWERTES

Obligatorisch für jede Weintour ist ein Aufenthalt in Orvieto, das übrigens leicht zu erreichen ist, denn es liegt an der Autostrada del Sole und an der Bahnstrecke Rom–Florenz. Auf einer schattigen Terrasse vor einem Glas Wein zu sitzen und in Muße die herrliche Fassade des Doms zu betrachten, ist ein ebenso unvergeßliches Erlebnis wie der Anblick der Stadt im Abendlicht von der Straße nach Bolsena aus. Davon abgesehen ist das ganze «grüne Herz Italiens» eine einzige Augenweide. Die Reste alter Kulturen – der Umbrer, Etrusker und Römer – vermitteln wie die reichen Schätze an Kunst und Architektur aus Mittelalter und Renaissance starke Eindrücke von einer großen Vergangenheit. All das ist in Perugia und Assisi, in Todi, Spello, Gubbio und Spoleto (mit seinem Fest der beiden Welten im Juni und Juli) in Fülle zu finden. Weinfreunde, die ihr Hauptquartier in Le Tre Vaselle in Torgiano aufschlagen, können dort das höchst instruktive Museo del Vino besichtigen. Ausflüge zum Trasimenischen See, in das obere Tiber-Tal und nach dem durch schwarze Trüffeln und Schinken berühmten Norcia sind empfehlenswert. Die günstigsten Besuchszeiten liegen im späten Frühjahr und im Herbst.

Latium (Lazio)

Hauptstadt: Rom
Provinzen: Frosinone (FR), Latina (LT), Rieti (RI), Roma (RM), Viterbo (VT)
Fläche: 17 203 km^2 (9.)
Bevölkerung: 5 102 000 (3.)

Unter den Metropolen der Welt hält Rom, was den Weinbau angeht, gewiß die Spitze. Es ist nicht nur Mittelpunkt der Industrie des Landes, sondern erzeugt auch mehr Wein und hat eine größere Rebfläche als andere Hauptstädte. In seine Grenzen fallen Teile von 4 DOC-Zonen – Frascati, Marino, Colli Albani und Cerveteri – und in seine Provinz 7 weitere. Irgendwie aber findet dies bei der Bürgerschaft, die seit den großen Tagen des alten Roms auf ihren Lorbeeren auszuruhen scheint, nicht die rechte Würdigung.

Vielleicht ist das verständlich, denn der Glanz des früheren Weinbaus ist hier noch übermächtig. Im späten Mittelalter und zu Beginn der Renaissance gab es am Hof der Päpste einen Kreis von Kennern, die sich mit den Weinen Frankreichs, anderer Gegenden Italiens und der Campagna Romana gleich gut auskannten. Im 16. Jh. tat Papst Paul III. den französischen Wein in Acht und Bann und ließ seinen Weinkämmerer Sante Lancerio eine großartige Übersicht über den italienischen Wein jener Zeit erstellen. Über viele Jahrhunderte dichteten Roms Poeten Oden an die Weine der Castelli Romani, unter denen der Frascati den obersten Rang einnahm. Neuerdings freilich erscheint der Status Roms als Weinbaustadt ein wenig verwässert. Die Politiker, Diplomaten und Bürokraten, die sich in den Lokalen Roms mit Touristen drängen, bevorzugen Weine aus anderen Gegenden. Echte Römer – also nicht die neu zugezogenen, die die Hauptstadt in einen immerwährenden Verkehrsstau verwandeln – erklären gern, Frascati oder Marino sei *er mejo vino*, aber auch sie trinken Weißwein aus Friaul oder Rotwein aus der Toskana.

Latium als produktivste Region Mittelitaliens quillt über von Weißwein. Auf ihn entfallen 90% der Gesamtproduktion. Aber trotz der weltweiten Reputation des Frascati und des Est! Est!! Est!!! di Montefiascone haftet den Weinen der Region ein Alltagsimage an – und die Preise sind entsprechend. Der Fremde verbindet den Namen Latium nicht in erster Linie mit Wein. Rom ist übermächtig in dieser Region, die aus 5 Provinzen ohne historischen Zusammenhalt gebildet wurde. Vor den Römern hausten nordwestlich des Tiber die Etrusker und in den Bergen im Nordosten die Sabiner. Aequi, Hernici, Volsker und Samniter lebten in den Apenninen, währen sich im Westen die Latiner breit machten. Die Stämme im Süden und Osten gründeten den Latinerbund, der sich dann mit Etrurien zur ersten römischen Republik vereinigte und zur Keimzelle des Imperiums wurde. Als aber Rom zusammenbrach und Langobarden und Byzantiner sich um sein Gebiet stritten, gingen die Völker ringsum ihre eigenen Wege. Das Land wurde aufgeteilt zwischen den dort ansässigen Aristokraten, die sich bis in das 16. Jh. hinein, als die Region schließlich im Vatikanstaat aufging, bitter bekriegten. Latium als eine politische Einheit ist ein lose gefügtes modernes Konzept.

Vielleicht erklärt der Mangel an Identität, weshalb der von Winzergenossenschaften bestimmte Weinbau in Latium nicht soviel Dynamik besitzt wie in anderen großen Weinbauregionen. Erstaunlich ist, daß die am höchsten geschätzten Weine Latiums ausnahmslos Rotweine vorwiegend von Cabernet und Merlot sind: Fiorano, Colle Picchioni und Torre Ercolano. Die seriösen Weißweinerzeuger stecken in einer Klemme. Viele meinen, die traditionellen Sorten Malvasia und Trebbiano sollten entgegen dem allgemeinen Drang zum Chardonnay weiter gepflegt werden. Doch die meisten Weißweine Latiums haben sich völlig verändert.

In den alten Tagen kamen aus den üppig grünen Weinbergen der Castelli Romani milde, vollmundige, gold- bis bernsteinfarbene Weine, deren volles Aroma herrlich zu der pikant würzigen *cucina romana* paßte. Sie waren aber so unstabil, daß sie oft die kurze Reise bis Rom nicht überstanden. Die neue Kellertechnik bringt helle, ausgewogene reine Weißweine hervor, die unbedenklich in die weite Welt gesandt werden können. Ihr Erfolg auf den Weltmärkten, insbesondere in Deutschland, England und Amerika, scheint von einem niedrigen Preis abhängig zu sein. In Latium selbst sind die meisten Erzeuger auf Quantität versessen. Da in den Castelli Romani und auf den Ebenen ringsumher die Erträge nur so in die Höhe schnellen, ist etwas dem Frascati Ähnliches immer billig zu haben.

Nur manche Erzeuger bringen jene unverwechselbare Persönlichkeit zustande, die bestimmte Malvasia-Klone bei eingeschränktem Ertrag zeigen. Von ihnen haben es aber auch wiederum nur wenige zu der Wertschätzung gebracht, die einen guten Preis einträgt. Die Weinexperten der Welt finden an den Weißweinen Latiums selten etwas Besonderes. Und selbst daheim ist ihnen die Anhängerschaft untreu geworden. Die echten Römer hängen, wie es scheint, an den guten alten Zeiten.

Der Weinbau Latiums

Der Weinbau befindet sich hier seit Jahrzehnten im Umbruch, weil er sich aus Jahrhunderte alter rustikaler Tradition zur Moderne wandeln mußte. Die Umstellung auf Monokultur brachte in den letzten 10 Jahren einen Rückgang der Rebfläche von 98 000 ha auf 65 000 ha, doch die Produktion ist durch Bewässerung und Hochspalier-Erziehung etwas gestiegen. Der von Cato und Columella so ausführlich beschriebene Weinbau der alten Römer war mehr von den Etruskern geprägt als von den Griechen, deren buschige Rebenerziehung hier nie solche Verbreitung fand wie im Süden. Um Rom erzog man die Reben vertikal, später im Cordon- und Guyot-System. Auch auf Bäume werden noch Reben gezogen, wie es einst die Etrusker taten.

In den Castelli Romani entwickelte sich das *Canocchia*-System mit Stabspalieren und einer Pflanzdichte von 10 000 je Hektar. Inzwischen sind weiträumigere Pflanzungen nach dem Guyot- oder Cazanave-System üblich. Auch das *Tendone*-System kommt vor. Außer auf den Ebenen in Aprilia sind überall in Latium die Weinberge durch die Aufteilung großer herrschaftlicher Güter in kleine Parzellen zersplittert. In Frascati gibt es 2556 registrierte Winzer mit 2 820 ha. Die meisten haben höchstens einen halben Hektar und betreiben Weinbau nur als Nebenerwerb. Lediglich 7 Weingüter in Frascati weisen eine Rebfläche von über 30 ha auf.

In Latium werden noch mehr als 200 Rebsorten angepflanzt, aber nur ein Dutzend von ihnen hat einige Bedeutung. Verschiedene Trebbiano- und Malvasia-Arten sind überall zu finden. Der Trebbiano Toscano hat so zugenommen, daß er der Malvasia Bianca di Candia in der Ertragsmenge – wenn auch nicht in der Anbaufläche – nahekommt. Neuerdings hat die ertragsschwächere, aber typischere Malvasia del Lazio bei den Erzeugern in den Castelli Romani, die nach ausgeprägterem Charakter ihrer Weißweine streben, wieder an Beliebtheit gewonnen. Die gute einheimische Rotweintraube Cesanese hat es schwer, sich gegen Sangiovese und Montepulciano und neuerdings gegen die schon hier bewährten Cabernets und Merlot zu

Weinberge bei Cisterna di Latina in den Albaner Bergen, wo die DOC-Zonen Velletri, Cori und Aprilia zusammenstoßen.

behaupten. Allerdings ist der aussichtsreichste Vertreter, der Chardonnay, noch nirgendwo anerkannt, ebensowenig die ebenfalls erfolgversprechenden Sorten Sauvignon Blanc und Sémillon. Die folgenden Trauben sind vorwiegend in Latium beheimatet.

Abbuoto. Mit San Giuseppe Nero und Negroamaro im heute seltenen roten Cècubo, dem Caecuber der alten Römer, verwendet.

Bellone. Der ältere Plinius beschrieb die Vorläufersorte als «nur Saft», was die Beliebtheit in den Castelli Romani und Capena erklärt.

Cesanese. Die charaktervolle rote Traube hat zwei Klone: Cesanese Comune und den kleinbeerigen Cesanese di Affile, der feinere Wein erbringt. Beide sind in den drei DOC-Zonen in den Ciociaria-Bergen, wo sie sich aus der antiken Alveola entwickelt zu haben scheinen, gleichrangig. In den Rotweinen von Cerveteri, Cori und Velletri dienen sie als Unterstützung.

Malvasia del Lazio oder **Malvasia Puntinata.** Die in den Castelli Romani traditionsreiche Malvasia hat Boden an die Malvasia Bianca di Candia und den Trebbiano Toscano verloren, doch manche Erzeuger bringen sie u. a. für typischen Fracati wieder hoch.

Moscato di Terracina. Lokale Muskatellersorte, früher im süßen, goldenen Wein von Terracina verwendet, heute vorwiegend Tafeltraube.

Nero Buono di Cori. Lokalsorte im Rezept für DOC Cori.

Trebbiano Giallo. Die zur Greco-Trebbiano-Familie gehörende Sorte wird noch immer für viele Weißwein-Verschnitte benutzt. Synonyme: Greco oder Rossetto am Bolsena-See.

Trebbiano Verde. Die in Weißweinen der Castelli Romani gelegentlich benutzte Sorte scheint dieselbe zu sein wie Trebbiano Spoletino in Umbrien.

Weitere Rebsorten: In Latium ferner empfohlen oder zugelassen: *Für Rot- oder Roséwein:* Aleatico, Alicante, Barbera, Bombino Nero, Cabernet Franc, Cabernet Sauvignon, Canaiolo Nero, Carignano, Ciliegiolo, Grechetto Rosso, Greco Nero, Merlot, Montepulciano, Olivella Nera oder Sciascinoso, Pinot Nero, Sangiovese, Syrah.

Für Weißwein: Bonvino (Bombino Bianco), Grechetto, Malvasia del Chianti, Montonico Bianco, Moscato Bianco, Mostosa, Passerina, Pecorino, Pinot Bianco, Riesling Italico, Tocai Friulano, Trebbiano di Soave, Trebbiano Romagnolo, Trebbiano Toscano, Verdello, Verdicchio Bianco, Vernaccia di San Gimignano.

1 ALEATICO DI GRADOLI
2 EST! EST!! EST!!! DI MONTEFIASCONE
3 BIANCO CAPENA
1 ZAGAROLO
2 MONTECOMPATRI-COLONNA
3 MARINO
4 COLLI LANUVINI
1 CESANESE DI AFFILE
2 CESANESE DI OLEVANO ROMANO
3 CESANESE DEL PIGLIO

	Autobahn
	Hauptverkehrsstraße
	Haupteisenbahnstrecke
	Regionsgrenze
	Provinzgrenze
■	Landes- und Regionshauptstadt
●	Provinzhauptstadt
	DOC-Grenze
Genazzano	Vino da tavola
Collefiorito	Weinerzeuger

MAR TIRRENO

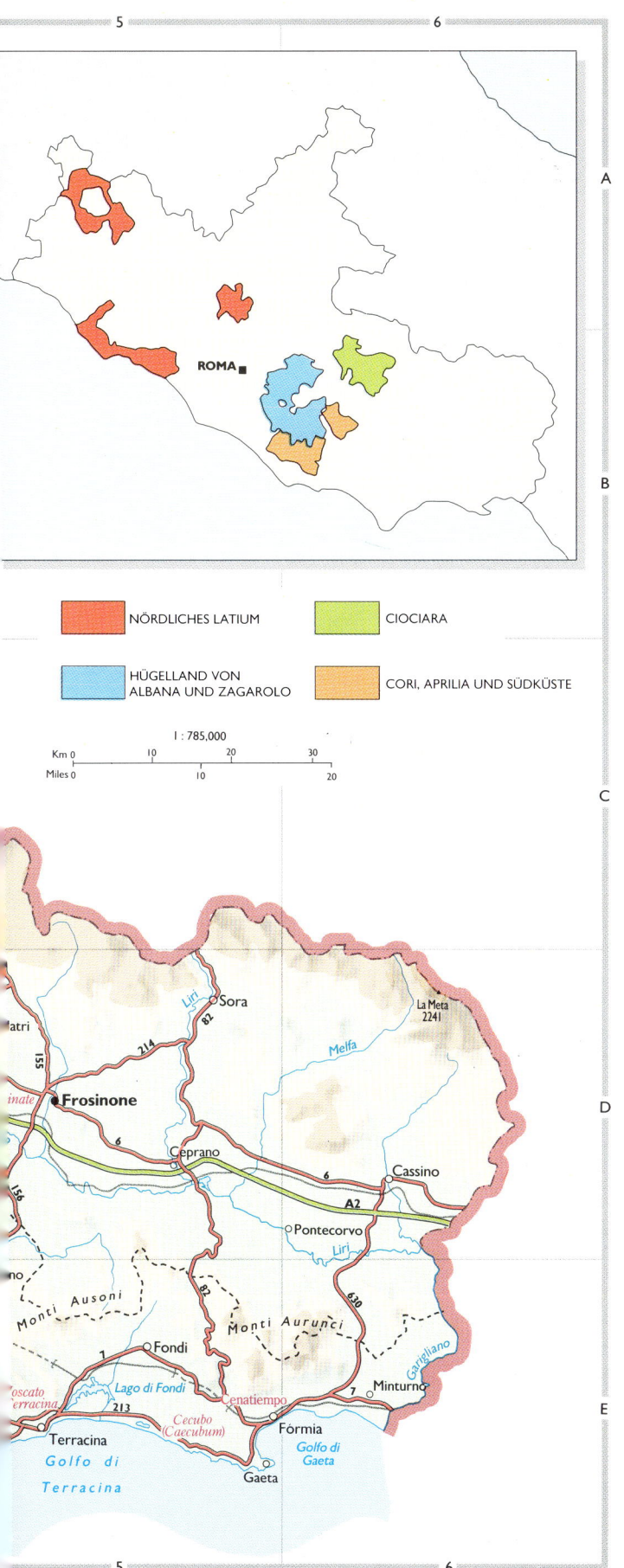

NÖRDLICHES LATIUM

CIOCIARA

HÜGELLAND VON ALBANA UND ZAGAROLO

CORI, APRILIA UND SÜDKÜSTE

1 : 785,000

Km 0   10   20   30
Miles 0   10   20

Die Weinzonen in Latium

Latium stößt an alle fünf anderen zentralen Regionen an, mit denen es sich in eine Reihe von Rebsorten teilt. Am meisten hat es mit dem südlichen Nachbarn Kampanien gemeinsam: den fruchtbaren Vulkanboden und das tyrrhenische Klima im Schutz der Apenninen. Allerdings ist in Kampanien der Weinbau zerstreut; dagegen hat Latium seine günstigere Struktur (54% Berge, 20% Ebenen) genutzt und ist die größte Weinquelle Mittelitaliens geworden. Die Region mit ihrer Küste von 327 km Länge (mit den Ponza-Inseln im Golf von Gaeta) erstreckt sich über Ebenen und die Täler von Tiber, Aniene und Sacco sowie über Berge verschiedenster geologischer Beschaffenheit. Das Klima variiert von trocken und heiß an der Küste bis zunehmend kühler und feuchter im Inneren, wo die Sommertrockenheit selten problematisch wird. Reben gedeihen überall außer in den Apenninen, wo der mit 2216 m höchste Berg der Region, der Monte Terminillo, liegt. In der Antike kamen von der Südküste die schweren Caecuber und Falerner; die Römer bevorzugten dann allerdings die milden Weißweine aus den Bergen, vor allem von den Kratern von Vulsino (Bolsena-See), Cimino (Lago di Vico), Sabatino (Bracciano-See) und vor allem aus den Castelli Romani von Albano. Heute sind nur noch die Castelli Romani und der Bolsena-See von Bedeutung, und in den einstigen Pontinischen Sümpfen um Aprilia stehen weite Rebenfelder.

Der Norden: Bolsena, Cerveteri, Capena und die Sabiner Berge

Der Bolsena-See ist umgeben von Tuffhängen, wo Weinberge in lockerem Basaltboden von beträchtlicher Fruchtbarkeit angelegt sind. Zwar erhebt Montefiascone mit dem Est! Est!! Est!!! großen Anspruch, doch die besten Trebbiano- und Malvasia-Weine kommen aus der Umgebung von Bolsena, wo der Sonnenschein vom Seespiegel in die Weinberge reflektiert wird. Um Gradoli am steilen Nordwestufer wächst ein wenig Aleatico. In den warmen, trockenen Küstenbergen von Cerveteri ist der kalkhaltige Lehm mit Vulkanasche von den Höhen der Tolfaberge vermischt. Diese Gegend eignet sich besser für Rotwein von Sangiovese und Montepulciano als für die üblichen Weißweine. Capena mit seinen ostwärts zum Tiber auslaufenden Hängen hat ähnliche Weine wie Frascati. In den kühlen Sabiner Bergen mit ihrem sand- und kalkhaltigem Lehmboden über Felsgestein ist das Potential an kräftigen Weinen noch kaum genützt.

Die Castelli Romani und Zagarolo

Die 6 DOC-Zonen der Albaner Berge ziehen sich zu drei Vierteln um den großen Vukan Tuscolano, dessen Krater im Albano- und Nemi-See noch zu erkennen sind. Der Boden besteht überwiegend aus verwittertem Basalt und tuffhaltigem Lehm. Die Weinberge erstrecken sich bis in die Hügel, wo auch Schwemmland vorkommt. Der Frascati stammt von Böden vulkanischen Ursprungs mit reichem Kali- und Phosphorgehalt, aber wenig Stickstoff und Kalk. Dies gilt für die DOC-Zonen der Castelli Romani allgemein. Höhe und Lage sind wichtige Qualitätsfaktoren. In Frascati und Montecompatri-Colonna ist es in Nordlagen und bei der größeren Entfernung zum Meer etwas kühler und feuchter. Dadurch bekommen Weine aus Lagen zwischen 200 und 400 m eine fruchtige Beschwingtheit. In Marino und den Colli Albani erbringen Westlagen in 100 bis 250 m Höhe recht üppige Weine, doch frühe Lese und Massenverarbeitung geben ihnen trockene und leichte Art. Cabernet und Merlot gedeihen, wie der Fiorano beweist, in Marino und der tiefer gelegenen Campagna Romana. In den Colli Lanuvini und Velletri ist es heißer und trockener, in hohen Lagen (300–400 m) können jedoch duftige, fruchtige Weine entstehen. Zagarolo erstreckt sich auf das Hügelland zwischen den Albaner und Prenestini Bergen auf vulkanischem und kalkhaltigem Lehmboden. Was hier an Wein wächst, ist mit den Castelli Romani vergleichbar.

Die Ciociaria-Berge

Die Weinlagen auf südwestwärts zum Sacco-Tal hin gerichteten Hängen in den drei Cesanese-DOC-Zonen liegen zwischen 350 und 700 m. Die Mauer der Ernici- und Affilani-Berge hält in mildem Mikroklima mit reichlicher Frischluftzufuhr die Einflüsse des tyrrhenischen Meers zurück. Der Boden aus kalkhaltigem Lehm und Dolomitgestein trägt vor allem Rotweinreben wie Barbera, Cabernet und Merlot, aber auch Weißwein könnte hier gedeihen.

Cori, Aprilia und die südlichen Küstenberge

Cori erstreckt sich auf den Lepini-Bergen bis in niedrigere Lagen, wo sich kalkhaltiger Lehm und vulkanischer Boden vermischen. Die mäßig warmen, trockenen Bedingungen wären günstig für Wein mit einiger Tiefe, aber die DOC-Weiß- und Rotweine entsprechen der üblichen leichten Art. Aprilia umfaßt Ebenen mit vorwiegend sandigem oder kieshaltigem Schwemmland mit Vulkangestein. Die breit hingelagerten, bewässerten Weinfelder mit Trebbiano, Merlot und Sangiovese erbringen eher Quantität als Qualität. Die heißen trockenen Küstenberge von Terracino und Formia waren früher für schwere Weine, Caecuber und Moscato di Terracina, bekannt. Heute wachsen hier Massen- und Verschnittweine oder Tafeltrauben.

Weine aus dem nördlichen Latium

Der Tiber teilt das nördliche Latium in zwei unterschiedliche Teile. Im Osten liegen die Sabiner Berge in der Provinz Rieti. Nach Westen erstrecken sich die Kraterseen von Bolsena, Vico und Bracciano sowie die Südflanke der Maremma in den Provinzen Viterbo und Roma. Hier wird überall Wein gekeltert, oft noch in Grotten, die in den Tuffstein getrieben sind, DOC-Zonen aber gibt es nur im westlichen Teil. Die Weinberge des legendären Est! Est!! Est!!! di Montefiascone ziehen sich um den Bolsena-See, der auch die Heimat des Aleatico von Gradoli ist. Hier schließt der nach Latium hereinreichende Teil der DOC-Zone Orvieto an; sie liegt aber eigentlich in Umbrien. Die Cerveteri-Zone erstreckt sich über die Küstenberge ins Etruskerland Tuscia. Bianco Capena umfaßt die Hügel nördlich von Rom zwischen dem Tiber und dem Bracciano-See. Rieti ist die einzige Provinz Mittelitaliens, die keine DOC-Zone hat. Die geringe Achtung der Römer vor den Sabiner Weinbergen drückt sich in dem alten Spruch aus: «Wer würde schon bleiernen Wein aus einem goldenen Pokal trinken?» Allerdings bevorzugte der damalige Geschmack schwere, sirupsüße Weine aus den warmen Küstengegenden.

Aleatico di Gradoli (1972)

Die einst verehrte Aleatico-Rebe hat hier am See Zuflucht gefunden und liefert einen würzigen, purpurroten Dessertwein. Die einfache Version ist jung, sanft und fruchtig; der *liquoroso* hat soviel Statur, daß er als «Portwein des kleinen Mannes» gelten kann.
ZONE: Die Vulkanhänge am Nordwestufer des Bolsena-Sees in den Gemarkungen Gradoli, Grotte di Castro, Latera und San Lorenzo Nuovo (Provinz Viterbo). Süßer Rotwein, auch *liquoroso*. Traube: Aleatico. *Liquoroso* meist von rosinierten bzw. *Passito*-Trauben. E. 63/90; Alk. 12 (Restsüße 2,5%), *liquoroso* 17,5 (Restsüße 2,5%): S. 0,45; A. 6 Mte.

Est! Est!! Est!!! di Montefiascone (1966)

Die Geschichte von dem deutschen Bischof (oder Fürsten) namens Fugger (oder Defuk) und seinem Diener Martin, der das begeisterte Est! Est!!Est!!! an einem Gasthaus in Montefiascone im Jahr 1111 angeschrieben haben soll, ist von den Lokalhistorikern zurechtgerückt und auf einen Ritter namens Deuc bezogen worden, der in Montefiascone das Heer des Kaisers Heinrich V. verließ und zwei Jahre später dort starb. In den nachfolgenden Jahrhunderten ist oft vom Wein von Montefiascone die Rede gewesen, aber immer nur als von einem süßen, goldenen Moscato oder Moscatellone und durchaus nicht etwa von dem blassen Trebbiano-Malvasia von heutzutage. Auch erwähnen zuverlässige Quellen den Ausdruck Est!Est!!Est!!! erst seit ziemlich kurzer Zeit. Gleich, ob nun der Ausruf von Martin oder aus modernem Mund kam, er ist das einzige, was an diesem ansonsten bescheidenen Weißwein bemerkenswert scheint. Für Touristen gibt es die flache *Pulcianella*-Flasche, die besten Vertreter dagegen – Falesco und Mazziotti – präsentieren sich in gewöhnlichen Flaschen.
ZONE: Die Vulkanhänge am Bolsena-See in den Gemarkungen Montefiascone, Bolsena, San Lorenzo Nuovo, Grotte di Castro, Gradoli, Capodimonte und Marta (Provinz Viterbo). Trockener oder *Abboccato*-Weißwein. Trauben: Procanico/Trebbiano Toscano 65%, Malvasia Bianca Toscana 20%, Rossetto (Trebbiano Giallo) 15%. E. 91/130; Alk. 11; S. 0,5–0,7.

Cerveteri (1975)

Das einstige Caere war Mittelpunkt der Etrusker-Kultur, deren Weinbau den römischen stark beeinflußte. Heute ergibt hier eine verwirrende Mischung an Traubensorten den einfachen weißen Cerveteri; dieser ist an der Küste populärer als der DOC-Rotwein, der immerhin zu den besseren Latiums zählt.
ZONE: Ein langgezogenes Hügelland im Tolfa-Gebirge entlang der Küste, von Rom bis zur Nordwestecke der Provinz mit den Gemeinden Cerveteri, Ladispoli, Santa Marinella, Tolfa, Allumiere, Civitavecchia und Tarquinia.
Bianco. Trockener Weißwein, auch *abboccato*. Trauben: Trebbiano Toscano/Trebbiano Romagnolo/Trebbiano Giallo Min. 50%, Malvasia di Candia/Malvasia del Lazio bis 35%, Bellone/Bombino/Tocai/Verdicchio bis 15%. E. 108/150; Alk. 11; S. 0,45.
Rosso. Trockener Rotwein. Trauben: Sangiovese und Montepulciano Min. 60% (jeweils mindestens 25%), Cesanese bis 25%, Carignano/Canaiolo Nero/Barbera bis 30%. E. 95/140; Alk. 12; S. 0,5.

Bianco Capena (1975)

Roms Umgebung im Norden war in der Antike bekannt für ihren Wein. Cicero pries die üppigen Weinberge um Capena. Heute sind sie nicht mehr so berühmt, doch der Bianco Capena kann sich mit den Castelli Romani durchaus messen.
ZONE: Die Berge nördlich von Rom zwischen der Via Flaminia und dem Tiber mit den Gemeinden Capena, Morlupo, Fiano Romano und Castelnuovo di Porto (Provinz Roma). Trockener oder *Abboccato*-Weißwein, auch *superiore*. Trauben: Malvasia di Candia/Malvasia del Lazio/ Malvasia Toscana bis 55%, Trebbiano Toscano/Trebbiano Romagnolo/Trebbiano Giallo Min. 25%, Bellone/Bombino bis 20%. E. 112/160; Alk. 11, *superiore* 12 (*abboccato* 4–20 g/l Restsüße); S. 0,45.

Andere beachtenswerte Weine

Gute Weine gibt es im Norden von Latium reichlich. Anerkannte *vdt* wie Bolsena Rosso und Grechetto di Gradoli vom Bolsena-See, Colli Cimini und Colli Etruschi Viterbese um den Lago di Vico sind leicht anzutreffen. Aus den Randbezirken Roms kommen die Weine von Mentana-Monterotondo und einige angesehene Rotweine: der milde Baccanale von Campagnano di Roma, der robustere Torre in Pietra und der opulente Maccarese (von der Ebene am Meer beim Flughafen Fiumicino). Allerdings werden die Reben von der wachsenden Stadt allmählich verdrängt. Weine aus den Sabiner Bergen dürfen die Bezeichnung Colli Sabini tragen.

WEINGÜTER/WINZER

Collefiorito, Rocca Sinibalda (RI). Von 5 ha Weinbergen nahe der alten Stadt bringt der Engländer Colin Fraser ansprechenden leichten *vdt* hervor, v. a. einen duftigen Pinot Bianco namens Rigogolo. Im roten Nibbio und im Rosé Cardellino vereint er Sangiovese und Montepulciano.
Mazziotti, Bolsena (VT). Italo Mazziotti war der erste Erzeuger, der dem Est Est Est (er läßt die Ausrufezeichen weg), mit frischem, ausgewogenem Wein aus der herrlichen Lage Colle Bonvino (20 ha) am Bolsena-See ein modernes Image verlieh.

WEIN- UND HANDELS-HÄUSER

Falesco, Montefiascone (VT). Riccardo Cottarella aus Orvieto erzeugt einen Est! Est!! Est!!! von unerwartet kräftiger Substanz.

GENOSSENSCHAFTEN

CS Cooperativa Cerveteri, Cerveteri (RM). Große Produktion von DOC Cerveteri und *vdt*.
CS Cooperativa Feronia, Feronia (RM), Respektabler DOC Bianco Capena und *vdt*.
CS Cooperativa Gradoli, Gradoli (VT). DOC Aleatico di Gradoli und *vdt*.
Cantina di Montefiascone, Montefiascone (VT). Est! Est!! Est!!! und *vdt* Colli Etruschi.

Weine der Castelli Romani, Colli Albani und von Zagarolo

Die Albaner Berge produzieren 4/5 der DOC-Weine Latiums, fast alle weiß, in 6 Zonen um das Vulkanmassiv, von Montecompatri-Colonna im Norden bis Velletri im Süden. Zwar sind die Namen untereinander austauschbar, doch galt Castelli Romani ursprünglich für den Bereich um Frascati, während Colli Albani für die Hänge um die Kraterseen von Albano und Nemi stand. Diese Höhen mit ihren Wäldern und Weinbergen sind seit den Zeiten des Imperiums das Mekka der Römer. Viel Land, das den Aristokraten in Rom gehörte, wurde durch die Bodenreform in kleine Besitztümer aufgesplittert; daher gibt es wenige große Weingüter, und nur wenige Erzeuger können vom Weinbau leben. Die meisten Winzer verkaufen ihre Trauben an Genossenschafts- oder Privatkellereien, weil der einst blühende Markt für «Bauernwein» praktisch verschwunden ist.

In den alten Tagen traf man sich in den Castelli in der Osteria, wo der Hauswein einen Sonntagnachmittag verschönerte und das Scoppa- oder Boccia-Spiel ebenso begleitete wie die *porchetta*, Spanferkel mit Bauernbrot. Die *cantine* waren oft Grotten, in denen der Wein aus riesigen Kastanienholzfässern gezapft wurde. Der Besucher nahm sich einen Glasballon oder eine Flasche Frascati, Marino, Montecompatri oder sonst einen Wein vom Albano- und Nemi-See oder aus den Orten an der Via Appia mit nach Hause. Zagarolo, der Nachbarbereich im Nordosten an den unteren Hängen der Prenestina-Berge gehörte mit dazu.

In der Stadt sind die Castelli-Weine nicht mehr konkurrenzlos. Bis noch vor kurzem wurden offene Weißweine in Glaskaraffen stets als Frascati bezeichnet, ob sie von dort kamen oder nicht. Scherze über verwässerten Wein enthielten oft genug mehr als nur ein Körnchen Wahrheit. Manche Osteria gehörte einem Winzer aus den Castelli, und da er seinen Wein billig anbieten mußte, war Wasser die einzige Möglichkeit, einen bescheidenen Gewinn zu erzielen. Außerdem wurde der Wein sowieso oft mit anderen Getränken gemischt. Als die Römer wohlhabender wurden, leisteten sie sich gern auch verläßlicheren Wein aus anderen Gegenden. Die Castelli-Weine holten hier nicht wieder auf, aber weiter abgelegene Märkte scheinen die Einbuße mehr als wett gemacht zu haben. Frascati führte den Exportboom der 70er Jahre an, der durch Heißabfüllung möglich wurde, weil damit die für die Malvasia- und Trebbiano-Weine bestehende Oxidationsgefahr beseitigt wird. Neuerdings gibt es auch Kaltverfahren, bei dem die Fruchtigkeit und Ausgewogenheit der modernen Weine besser bewahrt bleibt. Die Billigpreispolitik sichert den Castelli-Weinen allerdings eher Popularität als Prestige.

Frascati (1966)

Die Vorherrschaft des Frascati unter den Weinen der Umgebung beruht auf dem Namen der Stadt und auf den Weinbergen in den sanften Hügeln nordwärts zur Campagna Romana hin. Über die Hälfte der Castelli-Romani-DOC-Weine entfallen auf diese Zone mit ihrem etwas kühleren und feuchteren Klima und dunklem fruchtbarem Boden, die ihm allgemein gute Qualität sichern. Oft wird der Frascati als die Lokomotive des Castelli-Weins bezeichnet, doch selbst loyale Anhänger sind überrascht zu erfahren, daß als nächstes Ziel eine DOCG angesteuert wird. (Freilich, wenn Albana di Romagna eine verdient, warum dann nicht Frascati?) Der stereotype Frascati von heute ist trocken und klar mit einer Reinheit, die auf die Herkunft vom Trebbiano Toscano zurückzuführen ist; vollere Versionen – Conte Zandotti, Villa Simone, Santa Teresa von Fontana Candida und Colle Gaio von Colli di Catone – zeigen dagegen eine sanfte Harmonie, die von der traditionellen Malvasia stammt. Vor noch nicht langer Zeit war der Frascati meist ein weicher, lieblicher *abboccato*, aber am meisten geschätzt war der süße *cannellino*, vor allem, wenn er einen Hauch Edelfäule aufwies. Der *cannellino* von heutzutage ist meist fade, doch versuchen manche Winzer, ihn wiederzubeleben.
ZONE: Der nördliche Abschnitt der Castelli Romani um Frascati, Grottaferrata, Monteporzio Catone und Montecompatri, über die Autostrada del Sole Rom-Neapel hinweg nordwärts bis zur Via Casalina in der Gemarkung Rom. Trockener Weißwein, auch *amabile*, *cannellino* oder *dolce*, *superiore* und *spumante*. Trauben: Malvasia Bianca di Candia/Trebbiano Toscano Min. 70%; Malvasia del Lazio/Greco bis 30%. Der *cannellino* wird von hochreifen, vorzugsweise edelfaulen Trauben bereitet. E. 105/150; Alk. 11 (*amabile* Restsüße 1–3%, *cannellino* oder *dolce* 3–6%), *superiore* 11,5 (Restsüße 3–6%); S. 0,45.

Montecompatri-Colonna (1973)

Die Zone, praktisch ein Anhängsel von Frascati, erzeugt ähnlichen Wein, der an Ort und Stelle getrunken wird. Er trägt einen der beiden Namen oder beide gemeinsam.
ZONE: Die Nordostecke der Castelli Romani zu beiden Seiten der Autostrada del Sole Rom-Neapel in den Gemarkungen Montecompatri, Colonna und z. T. Rocca Priora und Zagarolo (Provinz Roma). Trockener Weißwein, auch *amabile*. Trauben: Malvasia Bianca di Candia/Malvasia Puntinata bis 70%, Trebbiano Toscano/Trebbiano Verde/Trebbiano Giallo Min. 30%; Bellone/Bonvino bis 10%.
E. 108/150; Alk. 11,5, *superiore* 12,5; S. 0,45.

Marino (1970)

Dieser Wein hat unter den *cognoscenti* der Gegend eine treue Anhängerschaft, die ihn als milder, voller und kräftiger in der Farbe als Frascati schätzen, wodurch er den alten Castelli-Weißweinen näherkommt. Seit vielen Jahren wird nun aber auch der Marino von der Genossenschaftskellerei Gotto d'Oro bereitet und unterscheidet sich kaum noch vom Frascati. Beide sind schön ausgewogene moderne Weißweine, weiter aber nichts. Vom Marino gibt es jedoch eine Ausnahmeversion, den Colle Picchioni Oro von Paola Di Mauro, die einen Teil der alten Charakterstärke mit einer durch 1- bis 2jährige Ausbauzeit gewonnenen Finesse vereint.
ZONE: Der Westteil der Castelli Romani (Provinz Roma), von Marino und Castelgandolfo über die Via Appia Antica in flacheres Land in der Gemarkung Rom. Trockener Weißwein, auch *amabile* und *spumante*. Trauben: Malvasia Rossa (Malvasia Bianca di Candia) bis 60%, Trebbiano Toscano/Trebbiano Verde/Trebbiano Giallo 25–55%, Malvasia del Lazio (Malvasia Puntinata) 15–45%; Bonvino/Cacchione bis 10%. E. 115,5/165; Alk. 11, *superiore* 11,5; S. 0,45.

Reben in der DOC-Zone Marino in den Castelli Romani.

Colli Albani (1970)

Diese Zone steht mengenmäßig hinter Frascati auf dem zweiten Platz. Die meist von Genossenschaften produzierten Weine sind anonym, aber preiswert.

ZONE: Die Hänge im Westteil der Colli Albani, vom Albano-See und den Gemarkungen Castelgandolfo, Albano Laziale und Ariccia an der Via Appia Antica südwestwärts in die Gemarkungen Rom und Pomezia. Trockener Weißwein, auch *abboccato*, *amabile*, *dolce* und *spumante*.

Trauben: Malvasia Rossa (Malvasia Bianca di Candia) bis 60%, Trebbiano Toscano/Trebbiano Romagnolo/ Trebbiano Giallo/ Trebbiano di Soave 25–50%, Malvasia del Lazio (Malvasia Puntinata) 5–45%; andere weiße Sorten bis 10%. E. 115,5/165; Alk. 11, *superiore* 11,5; S. 0,45.

Colli Lanuvini (1971)

Die Produktion in dieser Zone mit dem wärmsten und trockensten Klima ist begrenzt, doch einige Erzeuger haben Verbesserungen im Stil bei einer Klasse erzielt, die sonst nur in kühleren Gegenden bei Frascati übertroffen wird.

ZONE: Der südwestliche Teil der Colli Albani an Hängen vom Nemi-See und Genzano an der Via Appia Antica, südwärts über Lanuvio fast bis Aprilia. Trockener Weißwein, auch *amabile*. Trauben: Malvasia Bianca di Candia/Malvasia Puntinata bis 70%, Trebbiano Toscano/Trebbiano Verde/Trebbiano Giallo Min. 30%; Bellone/Bonvino bis 10%. E. 101/140; Alk. 11,5; S. 0,45.

Velletri (1972)

Den einzigen DOC-Rotwein aus den Bergen gibt es in 2 Versionen, wobei die trockene der dem modernen Geschmack ganz zuwiderlaufenden *amabile* vorgezogen wird. Der Weißwein entspricht dem Colli-Albani-Typ.

ZONE: Die Südosthänge der Colli Albani, vom Rand des Monte Artemisio zwischen dem Nemi-See und Lariano südwärts über die Gemarkungen Velletri und Cisterna.

Bianco. Trockener Weißwein, auch *amabile*, *dolce*, *spumante*. Trauben:

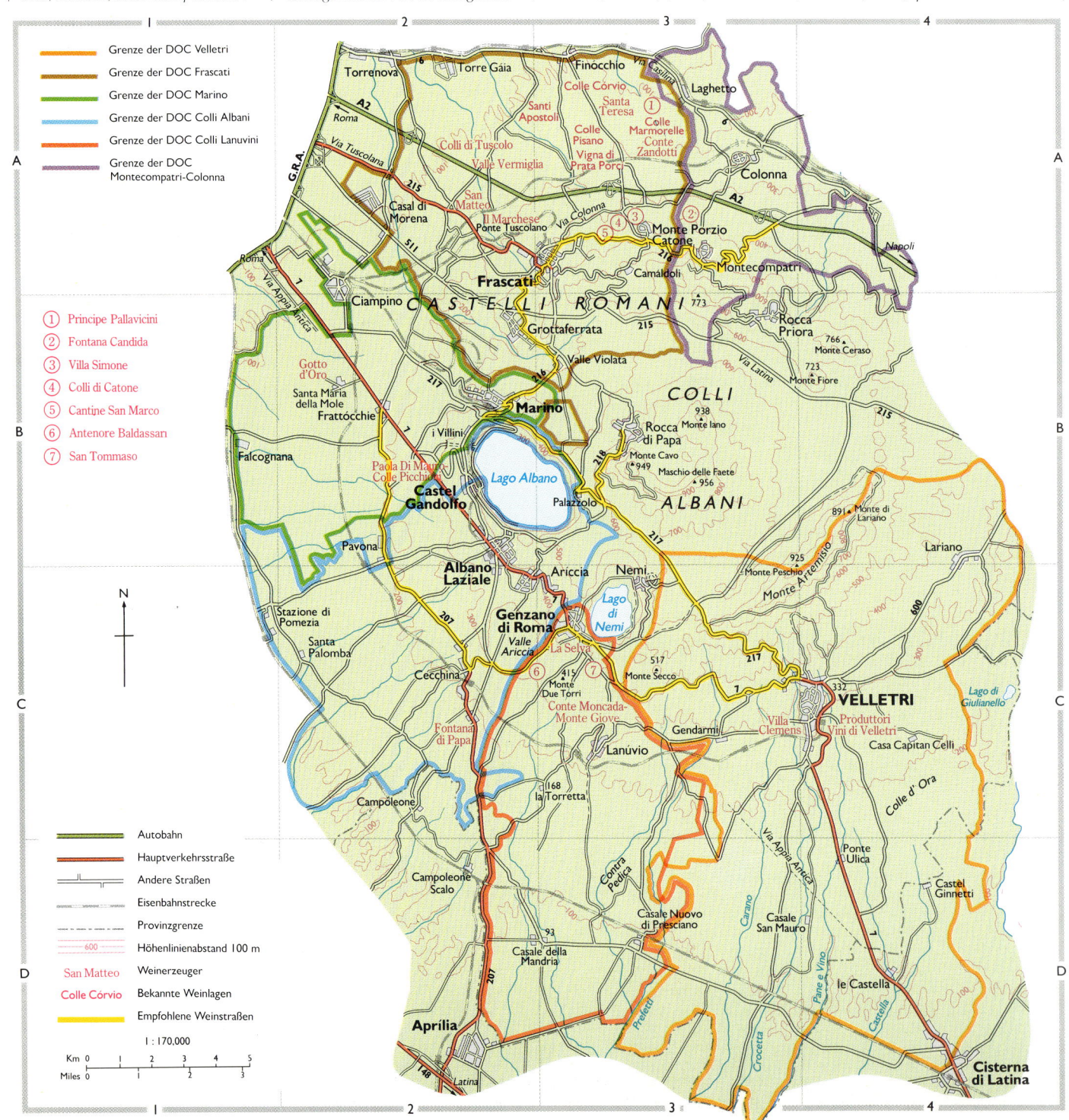

Legende:

Grenze der DOC Velletri
Grenze der DOC Frascati
Grenze der DOC Marino
Grenze der DOC Colli Albani
Grenze der DOC Colli Lanuvini
Grenze der DOC Montecompatri-Colonna

① Principe Pallavicini
② Fontana Candida
③ Villa Simone
④ Colli di Catone
⑤ Cantine San Marco
⑥ Antenore Baldassarri
⑦ San Tommaso

Autobahn
Hauptverkehrsstraße
Andere Straßen
Eisenbahnstrecke
Provinzgrenze
600 Höhenlinienabstand 100 m
San Matteo Weinerzeuger
Colle Córvio Bekannte Weinlagen
Empfohlene Weinstraßen

1 : 170.000

Km 0 1 2 3 4 5
Miles 0 1 2 3

Malvasia Bianca di Candia/Malvasia Puntinata bis 70%, Trebbiano Toscano/Trebbiano Verde/Trebbiano Giallo Min. 30%; Bellone/Bonvino bis 10%. E. 112/160; Alk. 11 (*amabile* Restsüße 4–20 g/l und *dolce* Min. 20 g/l), *secco superiore* 11,5; S. 0,45.

Rosso. Trockener Rotwein, selten *amabile*. Trauben: Sangiovese 20–45%, Montepulciano 30–35%, Cesanese Comune/Cesanese di Affile Min. 15%; Bombino Nero/Merlot/Ciliegiolo bis 10%. E. 104/160; Alk. 12, *riserva* 12,5 (Restsüße *amabile* und *amabile riserva* 4–20 g/l); S. 0,5; A *riserva* 2 J.

Zagarolo (1973)

Der wenige DOC-Wein dieser Zone unterscheidet sich kaum von den Nachbarn in den Castelli Romani, ist aber auch nur selten als Flaschenwein anzutreffen.

ZONE: Die Hügel nordöstlich der Castelli Romani im Tal unterhalb der Prenestini-Berge mit den Gemeinden Zagarolo und Gallicano nel Lazio. Trockener Weißwein, auch *amabile*. Trauben: Malvasia Bianca di Candia/Malvasia Puntinata bis 70%, Trebbiano Toscano/Trebbiano Verde/Trebbiano Giallo Min. 30%; Bellone/Bonvino bis 10%. E. 108/150; Alk. 11,5, *superiore* 12,5; S. 0,45.

Weitere beachtenswerte Weine

Die Castelli Romani und Umgebung produzieren mehr Tafel- als DOC-Wein, zum großen Teil als leichte Weiß- und Roséweine oder als roten *vino novello*. Es gibt aber einige Weine mit echter Klasse, v. a. den vielgerühmten *vdt* Fiorano und neuerdings den roten Colle Picchioni. Fast jede Kellerei führt einen durch Tankgärung gewonnenen Schaumwein als Hausspezialität in ihrem Programm.

WEINGÜTER/WINZER

Antenore Baldassari, Genzano (RM). Guter Colli Lanuvini DOC.
Conte Moncada- Monte Giove, Lanuvio (RM). DOC Colli Lanuvini, einer der besten Gutsweine aus den Bergen.
Conte Zandotti – Tenimento San Paolo, Via Colle Mattia, Roma. Enrico Massimo Zandotti führt eine seit 1734 bestehende Familientradition in Frascati-Wein (25 ha) fort. Allerdings haben er und der Önologe Ivo Straffi moderne Techniken in der Kellerei eingeführt, die in den Gewölben einer alten römischen Wasserzisterne unter der Villa San Paolo untergebracht ist.
Paola Di Mauro – Colle Picchioni, Frattocchie di Marino (RM). Von nicht ganz 4 ha Weinbergen bringen Paola Di Mauro und ihr Sohn Armando DOC Marino sowie roten

vdt Colle Picchioni hervor, die dem Weingut einen hohen Ruf eingetragen haben.
Fiorano, Via di Fioranello, Roma. Auf nur 2,5 ha Flachland an der alten Via Appia am Rand von Rom produziert Alberico Boncompagni Ludovisi, Fürst von Venosa, einen der feinsten Weine von Latium an einer ganz unwahrscheinlichen Stelle. Mit der Hilfe des önologischen Beraters Tancredi Biondi Santi pflanzte er vor Jahrzehnten Bordeaux-Reben für

den inzwischen legendär gewordenen Fiorano Rosso (von Merlot und Cabernet) sowie Sémillon für einen exquisit süßen Weißwein.
Il Marchese, Frascati (RM). Guter Frascati Superiore von 40 ha Weinbergen.
Panfilio Nati, Zagarolo (RM). Von 10,5 ha geradezu vorbildliche DOC Zagarolo.
Principe Pallavicini, Colonna (RM). Von 55 ha guter Frascati Superiore sowie *vdt* Marke Marmorelle.

Oben: Nemi liegt über einem Kratersee in den Colli Albani.

Unten: Gladiolen bei Cisterna in der Provinz Latina.

Villa Simone, Monteporzio Catone (RM). Piero Costantini, dem die angesehene *enoteca* in Rom gehört, produziert von einer Auslese aus 6 ha Rebfläche feinsten Frascati Superiore.

WEIN- UND HANDELS-HÄUSER

Cantine San Marco, Monteporzio Catone (RM). DOC Frascati Superiore.
Colli di Catone, Monteporzio Catone (RM). Antonio Pulcini erzeugt gleichmäßig guten Frascati Superiore unter den Etiketten Colli di Catone, Villa Catone und Villa Porziana. Seine zwei Frascati-Spezialversionen bestehen rein aus Malvasia.
Colli di Tuscolo, Vermicino (RM). Große Frascati-Produktion mit Superiore «De Santis» und «Vigneti Carlo Micara» sowie *vdt*.
Fontana Candida, Frascati (RM). Die größte Privatkellerei der Zone, Produktion über 60 000 hl/Jahr, gehört zum Gruppo Italiano Vini. Neben viel Frascati Superiore auch Einzellagenwein Santa Teresa, eine Auslese von Franceso Bardi aus einem 10-ha-Weinberg, der beständig unter den Spitzenweißweinen der Castelli zu finden ist.
San Matteo, Velletri (RM). Angesehener Frascati Superiore.
Villa Clemens, Velletri (RM). Der unermüdliche Önologieberater Ivo Straffi, der seit Jahren den Stil des Weins aus den Bergen prägt, hat eine eigene Kellerei gegründet, wo er mustergültigen DOC Velletri Bianco und Frascati sowie einen roten *vdt* «Zeus» erzeugt.

GENOSSENSCHAFTEN

CS Cooperativa Colli Albani, Ariccia (RM). Große Produktion an DOC Colli Albani und Marino Marke Fontana di Papa.
CS Cooperativa Gotto d'Oro, Frattocchie di Marino (RM). Aus 1100 ha Weinbergen der Mitglieder erzielt Kellermeister Manlio Erba gleichmäßig gute Qualität mit DOC Frascati und Marino Marke Gotto d'Oro.
Cooperativa La Selva, Genzano (RM). Empfehlenswerter DOC Colli Lanuvini.
CS Cooperativa San Tommaso, Genzano (RM). Guter DOC Colli Lanuvini.
Consorzio Produttori Vini di Velletri, Velletri (RM). Große Produktion an DOC Velletri und *vdt*.
Società Cooperativa Gabinia Zagorolo (RM). DOC Zagarolo.

Weine aus der Ciociaria

Die Ciociaria erhebt sich links der Autostrada Rom–Neapel im Sacco-Tal von Valmontone bis hinter Frosinone. Die Ausläufer der zu den Apenninen gehörenden Ernici-Berge sind durch die schöne Lage der Orte Anagni und Alatri, vor allem aber durch das gute Landleben – etwa *pasta alla ciociaria* mit einer Sauce von Schinken und Wurst und mit dem überaus auffälligen und gehaltvollen Cesanese-Rotwein – bekannt geworden. Früher war der Cesanese süß und perlend, am besten jung zu trinken, solange er fruchtig und duftig war. Neuerdings wird er trocken und ohne Perlen bereitet, wobei er eine üppige, warme Art entwickelt wie ein Amarone. Die wenigen Cesanese-Weine, die es noch gibt, sind höchst probierenswert.

Cesanese di Olevano Romano (1973)

Die Genossenschaft bringt noch etwas Cesanese hervor, aber mehr trockenen als süßen und perlenden.
ZONE: Die Südhänge in einem Tal zwischen den Prenestini- und Ernici-Bergen in den Gemarkungen Olevano Romano und Gennazzano. Trockener Rotwein, auch *amabile* oder *dolce*, *frizzante* oder *spumante*. Trauben: Cesanese di Affile/Cesanese Comune; Sangiovese/Montepulciano/Barbera/Trebbiano Toscano (Passerano)/Bombino Bianco (Ottonese) bis 10%. E. 81/125; Alk. 12 (*amabile* Restsüße 1,1–3,5%, *dolce* Min. 3,5%, vergorener Alk. Min. 10%); S. 0,55.

Cesanese di Affile (1973)

Dieser Cesanese aus den höchstgelegenen Weinbergen der Ciociaria war vielleicht der authentischste, doch die meisten Winzer haben aufgegeben, und deshalb ist er in den letzten Jahren verschwunden.
ZONE: Die hohen Hänge der Affilani-Berge um Affile, Roiate und Arcinazzo Romano. Es gelten dieselben Regeln wie für den Cesanese di Olevano Romano.

Cesanese del Piglio (1973)

Dieser Cesanese hat noch einen gewissen Ruf dank der Initiative der Genossenschaft, die sich über Rom hinaus einen Markt aufgebaut hat. Der Nachdruck liegt auf der trockenen Art, die eine gewisse Lagerung verträgt, ebenso die perlende *Amabile*-Version von Massimi Berucci.
ZONE: Die Südhänge der Ernici-Berge in der Provinz Frosinone, von den Höhen in den Gemarkungen Piglio, Serrone und Acuto bis zur Talsohle zwischen Paliano und Anagni.

Die DOC-Zone Cori mit den Lepini-Bergen im Hintergrund.

Andere beachtenswerte Weine

Die Ciociaria ist die Quelle manchmal überraschend guter rustikaler Weine von Cesanese, Barbera sowie von weißen Traubensorten. Der rote Torre Ercolana von Colacicchi genießt weit über Rom hinaus Ansehen. Anerkannter *vdt* kommt u. a. aus Genazzano und aus der Gegend von Frosinone unter der Bezeichnung Frusinate.

WEINGÜTER/WINZER

Antonio Bertacco, Paliano (FR). Kleine Produktion an gutem Cesanese del Piglio.
Cantina Colacicchi, Anagni (FR). Von 3,5 ha Rebfläche erzeugt Bruno Colacicchi jährlich rund 8000 bis 9000 Flaschen Torre Ercolana von Cabernet und Merlot mit Cesanese und baut ihn im Faß aus. Der Wein wurde von seinem Onkel Luigi Colacicchi, einem Dirigenten, erfunden. Torre Ercolana und der Romagnano Bianco von Malvasia sind nur bei Trimani in Rom zu haben.
Massimi Berucci, Piglio (FR). Kleine Produktion an Cesanese der Spitzenklasse, Marke Casal Cervino.

GENOSSENSCHAFTEN

CS Cesanese, Olevano Romano (RM). Cesanese di Olevano Romano und *vdt*.
CS Cesanese del Piglio, Piglio (FR). DOC Cesanese del Piglio in sauberer Qualität.

Weine von Cori, Aprilia und der südlichen Küste

Die Provinz Latina erstreckt sich vom Rand der Albaner Berge über die Pontinische Ebene bis zur Halbinsel Circeo und entlang der Küste bis Terracina und Gaeta. Die alten Römer bevorzugten den Caecuber und Falerner aus den Küstenbergen im Südosten; die modernen Weinerzeuger haben es aber lieber mit bequemeren Bereichen auf trockengelegtem Sumpfland im Nordwesten zu tun.

Cori (1971)

Der Weißwein ist ungefähr derselbe wie der von Velletri, der Rotwein dagegen zeichnet sich durch eine Lokaltraube, Nero Buono di Cori, aus. Von beiden Arten wird nur wenig erzeugt.
ZONE: Die Berge am Nordwestrand der Monti Lepini bis in das Teppia-Tal mit den Gemeinden Cori und Cisterna (Provinz Latina).

Bianco. Trockener Weißwein, auch *amabile* oder *dolce*. Trauben: Malvasia di Candia bis 70%, Trebbiano Toscano bis 40%; Trebbiano/Giallo/Bellone bis 30%. E. 112/160; Alk. 11; S. 0,45.
Rosso. Trockener Rotwein. Trauben: Montepulciano 40–60%, Nero Buono di Cori 20–40%, Cesanese 10–30%. E. 112/160; Alk. 11,5; S. 0,5.

Aprilia (1966)

Die Produktion von sauberem, ausgewogenem Trebbiano und achtenswert fruchtigem Merlot ist in Genossenschaften zusammengefaßt; das Mustergut Casale del Giglio kommt der Spitzenklasse am nächsten. ZONE: Die Pontinische Ebene zwischen den Colli Albani und der Küste in den Gemarkungen Aprilia, Cisterna und Latina sowie Nettuno.
Merlot. Trockener Rotwein. Trauben: Merlot; weitere rote Sorten bis 5%. E. 91/140; Alk. 12; S. 0,5.
Sangiovese. Trockener Rosé. Trauben: Sangiovese; weitere rote Sorten bis 5%. E. 84/140; Alk. 11,5; S. 0,5.
Trebbiano. Trockener Weißwein. Trauben: Trebbiano; weitere weiße Sorten bis 5%. E. 90/150; Alk. 11; S. 0,45.

Andere beachtenswerte Weine

Bei hohen Erträgen entstehen auf der Pontinischen Ebene große Massen an gewöhnlichem *vdt* sowie Schaumwein. Einfache Weißweine, die gut zu Fisch passen, gibt es auf Circeo und auf den Ponza-Inseln. An den Hängen bei Terracina wächst goldener Moscato. Die einst berühmten Caecubum-Weinberge bei Formia sind arg geschrumpft und liefern nur noch winzige Mengen Cècubo von einem einzigen Erzeuger.

ERZEUGER/WINZER

Casale del Giglio, Borgo Montello (LT). Dino Santarelli und seine Familie liegen mit feinem Trebbiano «Satrico» und elegantem Merlot von 180 ha Rebfläche in Aprilia auf hohem Qualitätsniveau. Ein von führenden Weinwissenschaftlern Italiens auf 30 ha geleitetes gentechnisches Projekt soll neue Rebsorten und Erziehungssysteme für die Verbesserung des Weinbaus in der Ebene erproben.
Prato di Coppola, Borgo Sabotino (LT). Roter, weißer und rosé *vdt* von Circeo.

WEIN- UND HANDELSHÄUSER

F. Centatiempo & C., Formia (LT). Ausdauernder Erzeuger von Cècubo (von Abbuoto-, San-Giuseppe- und Negroamaro-Trauben) sowie Falerner, beides *vdt* mit Kraft, tiefer Farbe und schönem Stil.
Tres Tabernae, Cisterna (LT). DOC Aprilia.

GENOSSENSCHAFTEN

CS Cooperativa Colli del Cavaliere, Aprilia (LT). Großer Erzeuger von DOC Aprilia und *vdt*.
Cooperativa Enotria, Aprilia (LT). Aprilia DOC und *vdt* von Mitgliedern mit rund 900 ha.
CS di Cori, Cori (LT). DOC Cori Marke Cincinnato.

Reise-Informationen

RESTAURANTS/HOTELS

Da Picchietto, 01023 Bolsena (VT). Tel. (0761) 79 91 58. Trattoria mit handgemachter Pasta, gegrilltem Aal und anderen Seefischen sowie Est! Est!!Est!!!.
Da Nazareno, 00052 Cerveteri (RM). Tel. (06) 99 52 382. Familienlokal mit guter Küche und frischen Meeresfrüchten, Cerveteri und anderen Weinen.
Cacciani, 00044 Frascati (RM). Tel. (06) 94 20 378. Wohlabgerundete Menüs mit u. a. feinsten Castelli-Weinen auf schattiger Terrasse.
La Vecchia Osteria, 00030 Làbico (RM). Tel. (06) 95 10 032. In dem geschmackvoll eingerichteten Restaurant an der Via Casalina zwischen den Castelli Romani und Ciociaria bietet Antonello Colonna eine kreative Küche und eine reichhaltige Weinkarte.

Fontana Candida – Da Micara, 00040 Monte Porzio Catone (RM). Tel. (06) 94 25 714. Schmackhafte römische Küche und guter Frascati des Hauses, aber auch eine reiche Auswahl an sonstigen Weinen.
Pino al Mare, 00050 Santa Severa (RM). Tel. (0766) 74 00 27. Modernes Hotel am Strand mit einem für frischen Fisch und Weißwein bekannten Restaurant.
Laocoonte – Da Rocco, 04029 Sperlonga (LT). Tel. (0771) 5 41 22. Kunstvoll zubereiteter frischer Fisch in einem hübschen Bergdorf über dem Meer.
Da Benito, 00049 Velletri (RM). Tel. (06) 96 32 220. Frische Meeresfrüchte sind hier die Spezialität, aber Porcini-Pilze, Pecorino-Käse und Walderdbeeren aus den Velletri-Bergen stehen ebenfalls auf der Speisekarte.

SEHENSWERTES

Jeder Besuch Latiums beginnt oder endet in Rom, der Hauptstadt der Künste, der Geschichte und der Religion – eine einzigartige Bühne des Lebens. Berufene Führer durch die Ewige Stadt gibt es viele, so daß hier nur auf einige exzellente Vinotheken hinzuweisen bleibt – Trimani, Cavour, Costantini, Al Parlamento, L'Antica Vasca u. a. Restaurants mit einer Weltklasse-Weinkarte sind nicht sehr häufig. Die obligatorische Weintour führt durch die Castelli Romani, vielleicht mit einem Abstecher nach der Ciociaria. In der Cerveteri-Zone und am Bolsena-See sind etruskische Funde zu bewundern.
Castelli Romani und Ciociaria. Die Berge haben ihren Zauber noch nicht verloren, auch wenn sie nicht mehr wie früher Oasen der Stille sind. Frascati hat üppige Weinberge, Patriziervillen und die Ruinen des römischen Tusculum, Castelgandolfo die päpstliche Sommerresidenz, Marino sein Erntefest im Oktober mit sprudelndem Weinbrunnen. In den Kraterseen von Albano und Nemi spiegeln sich die einstigen Vulkankegel. Rocca di Papa bietet monumentale Ausblicke über die römische Landschaft. In Velletri und Nemi sind die Herbstwälder voller Kastanien und Pilze. Überall gibt es geräumige, auf großen Wochenendansturm eingerichtete Restaurants, in denen man unter der Woche geruhsam speist. Der leichte Zugang zur Autostrada del Sole und der belebten Via Appia haben Teile der Landschaft in Vororte Roms verwandelt. Wer die Hauptverkehrswege verläßt, kann jedoch den Charme der Castelli Romani noch erleben. Eine Fahrt von Palestrina und seinem mystischen Fortuna-Tempel nach Anagni mit seinem herrlichen Duomo führt durch die drei DOC-Cesanese-Zonen und durch heitere Landschaften.
Cerveteri. Die DOC-Zone bietet etruskische Fundstätten in Cerveteri und Tarquinia sowie die Seebäder Ladispoli, Santa Severa, Santa Marinella und den Hafen Civitavecchia. Die alte Stadt Caere ist verschwunden, doch in der Nekropole Banditaccia nördlich von Cerveteri hat sich etruskische Kunst in Grabmälern erhalten.
Bolsena-See. Die hohen Kraterwände bieten einen großartigen Blick über den größten Vulkansee Italiens und die Landschaft Tuscia mit ihren lebendigen Erinnerungen an die Etrusker. Östlich des Sees liegt in der DOC-Zone Orvieto die mittelalterliche Ortschaft Civita di Bagnoregio auf einem Felsen über dem Tiber.

Die Küste Latiums in der Gegend, wo der Caecuber der alten Römer wuchs.

Die Solopaca-Weinzone in Kampanien liegt in den Ausläufern der Apenninen nordöstlich von Caserta.

Südliche Halbinsel

Absatz, Spitze und Knöchel des italienischen Stiefels bieten, umspült vom Mittelmeer, auf der Landkarte ein verwirrendes Bild. Wenn dieser Anblick schon eine Odyssee befürchten läßt, so sei dem Wanderer gesagt, daß ihm auch auf den heute leichter als zu Homers Zeit ergründbaren Wegen noch manches begegnen wird, was so unbegreiflich ist wie damals.

Das Geschick des Weins nimmt unter den vielen Rätseln einen bedeutenden Platz ein. Der sonnige Süden ist dem Wein günstig, das ersieht man schon daraus, daß es hier seit der Bronzezeit Weinbau gibt. An der großen Tradition haben von den Oskern und Griechen bis zu den Staufern und Bourbonen viele gebaut, doch der moderne Mensch hat alles durch seine Gleichgültigkeit verfallen lassen.

Die Alten staunten über die Eignung der südlichen Halbinsel für den Wein. Als um 2000 v. Chr. phönikische Händler nach Apulien kamen, fanden sie vermutlich schon einen rustikalen Weinbau vor. Dann breitete sich der Dionysoskult mit den Griechenkolonien in Apulien, Kalabrien, der Basilikata, Kampanien und Sizilien aus; der Geschichtsschreiber Herodot sprach vom Land des Weins – Oinotria. Die Römer holten sich aus Campania Felix den sagenumwobenen Falerner, waren aber auch dem Wein von Tarentum im heutigen Apulien durchaus nicht abhold.

In unserer Zeit haben die Oden an Oinotria ihren Schmelz verloren, denn in keinem anderen Teil Italiens ist soviel Potential vergeudet worden oder ungenutzt geblieben. Trotz technischer Fortschritte ist der Status der Weine aus dem Süden gesunken, seit das Königreich Neapel und Beider Sizilien 1860 unterging. Die DOC ist hier meist nicht ernst zu nehmen, denn weniger als 2% des Weins fallen darunter. Triumphe des Weinbaus im Mezzogiorno sind um so löblicher, weil sie so selten sind. Es braucht mehr als Können und Fleiß, wenn Exzellentes entstehen soll; es gehört auch der Mut dazu, gegen den Status quo und den Strom der Mittelmäßigkeit anzukämpfen. Wer das kann, bildet eine Klasse für sich.

Die Trägheit und Korruption, die alle Entwicklungsgelder in die Hände der Unterwelt spielt, wird oft gerügt. Siziliens Mafia, Kalabriens 'Ndrangheta und Kampaniens Camorra machen so viel Schlagzeilen, daß es oft heißt, ganz Süditalien sei in Verbrecherhand. In schlechten Zeiten schieben die Weinbauern gern alles auf korrupte

Politiker und Beamte. Was aber auch schuld sein mag, die Unzulänglichkeiten des Weins stechen unter der gleißenden Sonne des Südens in die Augen.

Überschußproduktion ist ein Teil des Problems. Generationen von Weinbauern haben, oft mit EG-Zuschüssen, Massenträgersorten angepflanzt, die zumeist aber nur alkohol-, körper- und farbstarke, billige, in Norditalien, Frankreich und Deutschland willkommene Verschnittweine bringen. Doch der Überschuß ist nur ein Grund dafür, daß im Süden so wenig Exzellentes entsteht. Auch die Abgelegenheit spielt eine Rolle. Viele Gegenden im Süden könnten feinen Wein hervorbringen, doch die an Glasballons gewöhnte Kundschaft will keine kleinen Flaschen. Aber ohne Beweise für Erstklassigkeit im eigenen Land ist es schwer, im fernen Mailand oder München oder gar auf der anderen Seite des Globus im Elitemarkt Fuß zu fassen. Gewissenhafte Erzeuger verbessern dennoch immer mehr ihre Weinberge und suchen nach hochwertigen Trauben. Die Konzeption des Guts- oder Einzellagenweins setzt sich, nachdem generationenlang Kellereien und Winzer getrennte Funktionen erfüllten und mehr auf Alkohol als auf harmonische Ausgewogenheit achteten, langsam durch.

Dennoch muß betont werden, daß diese so beharrlichen Regionen ihre eigene Art und Auffassung vom Wein haben. Apuliens Ebenen bringen mehr Wein hervor als irgendeine andere Region – die Menge übersteigt jedes vernünftige Maß. In den Bergen der Basilikata, Kam-

paniens und Kalabriens sind die Mengen mäßiger – wenn nur die Qualität besser wäre. Dennoch ist die Behauptung, der Mezzogiorno sei nur für Verschnittweine gut, barer Unsinn. Mögen sie auch in den heißen Ebenen noch üppig gedeihen, sie geraten doch in den Schatten von Weinen aus den Apenninen, wo es Hänge so kühl wie Almwiesen gibt.

Das Mikroklima und die Bodenbeschaffenheit sind im Süden von einem Ort zum anderen sehr unterschiedlich, je nach dem Einfluß von Gebirge und Meer. Hinter der Qualität der Bergweine stehen die Höhenlage und die Einwirkung von Sonne und kühlender Brise. Für die Weine von der Küste ist die Nähe des Wassers günstig – freilich macht es etwas aus, ob es sich um das Adriatische, Ionische oder Tyrrhenische Meer handelt, weil jedes seine eigenen Strömungen und Winde hat, die vom Balkan oder der Sahara beeinflußt sind.

Am Ende aber ist stets der Mensch maßgeblich. Früher waren die Weinbereitungsmethoden von einem Tal zum anderen verschieden. Heute ist bei aller altväterischen Verschrobenheit in Methoden, Brauchtum und Rebenwahl die Weinbereitung im Süden oft in privaten Kellereien oder Genossenschaften auf moderne Konzepte abgestellt. Als Folge davon fehlen nun die lokalen Besonderheiten, die einen Wein von einem anderen unterscheiden. Wenn sie doch einmal zum Durchbruch kommen, dann ist der Wein aus dem Süden so eigenständig wie andere in Europa auch.

Der Ort Casalabate südlich von Brindisi liegt in der DOC-Zone Squinzano. Diese Küste ist seit der Antike das Tor nach Griechenland.

MAR
ADRIATICO

Lago di Lésina
Lago di
Varano
Vieste

Promontorio del
Gargano

San Severo
Manfredónia
Golfo di
Manfredónia
Lago di
Occhito
Lucera
Foggia
Barletta

Cerignola
Andria
Molfetta
Bari
Mola di Bari

Sessa
Aurunca
Canosa
di Puglia
Corato
Monópoli

Benevento
Melfi
PUGLIA
Ariano
Irpíno
Volturno
Caserta
Gravina
in Puglia
Fasano
CAMPANIA
Avellino
Altamura
Gioia
del Colle
Martina
Franca
Brindisi
Aversa
Ofanto
Giugliano
Vesuvio
1279
Bradano
Matera
Grottáglie
Mesagne
Napoli
Sele
Potenza
Basento
Francavilla
Fontana
Pozzuoli
Torre
del Greco
Taranto
Lecce
Isola d'Ischia
Salerno
Eboli
Battipáglia
BASILICATA
Manduria
Isola
di Capri
Metaponto
Golfo
di Salerno
Sala Consilina
Agrópoli
Nardo
Otranto
Agri
Sant'Arcangelo
Gallipoli
Vallo
della Lucánia
Golfo
di
Taranto
Lagonegro
Sinni
Sapri
Golfo di
Policastro
Lao
Trebisacce
Castrovillari

MAR
Crati
Rossano
Cetraro
Ciró Marina
N
Páola
Neto
Cosenza
TIRRENO
Amantea
CALABRIA
Crotone
Nicastro
Golfo di
Sant'Eufémia
Catanzaro
Golfo
di
Squillace
Vibo
Valentia
MAR
IONIO
Mésima
Monasterace
Palmi
APPENNINO
Locri
Stretto di Messina
**Réggio
di Calabria**

1 : 2,000,000
Km 0   25   50   75   100
Miles 0   25   50

	Autobahn
	Hauptverkehrsstraße
	Haupteisenbahnstrecke
	Regionsgrenze
■	Regionshauptstadt
●	Provinzhauptstadt

Apulien (Puglia)

Hauptstadt: Bari
Provinzen: Bari (BA), Brindisi (BR), Foggia (FG), Lecce (LE), Taranto (TA)
Fläche: 19 347 km² (7.)
Bevölkerung: 4 005 000 (7.)

Apulien ist der Koloß im Weinbau Italiens: Es produziert mehr Trauben und Wein als irgendeine andere Region. Die Durchschnittserzeugung von 11 900 000 hl (im Rekordjahr 1986 waren es 14 380 000 hl) übertrifft die Gesamtproduktion Deutschlands. Die Bezeichnung «Weinkeller Europas» paßt auf Apulien, doch ist keine große Ehre mehr damit verbunden.

Seinen Namen hat das Land nach den Apuli, einem Stamm der Osker, eines der vielen frühen Völker, die hier siedelten. Die hügeligen Ebenen sind schon seit den Phönikern und Griechen Stätten des Weinbaus. Die Römer priesen vor allem den Wein von Tarentum, wo nach den Worten von Horaz «ewiger Frühling» herrscht. Auch nach dem Sturz des römischen Reichs blieb Apulien eine aktive Weinregion. Unter wechselnder Herrschaft – von Byzantinern und Sarazenen über Langobarden, Goten, Normannen bis zu Staufern, Venezianern, Aragonesen und Bourbonen – war es stets eine übersprudelnde Quelle von Wein und Olivenöl.

Problematisch wurde es erst, als die Nachfrage nach den Verschnittweinen aus Salento und der Capitanata in den 1980er Jahren plötzlich fiel und sich die Region dem höherwertigen Wein zu widmen gelobte. Diesem Vorsatz folgten jedoch keine Taten; vielmehr stieg die Produktion Apuliens in den 80er Jahren so stark, daß sie Sizilien überflü-

gelte. Offenbar ist es schwer, auf diesen bequem bestellbaren Ebenen, wo Trauben größeren Gewinn bringen als in anderen Regionen, auf Überproduktion zu verzichten.

Auch die Statistik zeigt, daß die Weinerzeuger ihr Qualitätsgelöbnis nicht gehalten haben, das allerdings in einer Region, die jährlich mehr Wein destilliert als in Form von DOC-Wein verkauft, sowieso unrealistisch war. Da auf die DOC nur ein Bruchteil der riesigen Produktion Apuliens entfällt, fragt man sich, was mit den übrigen 98,5 % geschieht. Die Verschnittwein-Lieferungen sind zurückgegangen, ebenso die Destillierung. Nun wird viel Traubensaft zu konzentriertem Most verarbeitet, den die Italiener anstelle von Zucker zum Stärken ihres Weins verwenden sollen. Auch trinken die Apulier mehr Wein als andere Bewohner des Südens, darunter Weißweine von Murge sowie Rosé und Rotwein aus Salento, die ohne DOC besser sind als andere mit ihr. Aber selbst wenn man annimmt, daß noch viel Tafelwein in Flaschen und Glasballons verkauft wird, bleiben noch immer 1,2 Mia. l im Jahr an Überschuß.

Man fragt sich auch, weshalb Apulien bei nur 1/6 der DOC-Weinproduktion ebenso viele DOC-Zonen aufweist wie die Toskana. Das wirkt nicht glaubwürdig und zeigt nur, daß die führenden DOC-Zonen – Castel del Monte, Locorotondo, San Severo, Martina Franca, Salice Salentino – keinen großen Eindruck machen. Die anderen guten Weine der Gegend bleiben noch mehr im Dunkel. Mit nur wenigen Ausnahmen scheuen die Erzeuger Apuliens die Opfer, die es kostet, ihrem Wein zu mehr Prominenz zu verhelfen.

Einiger Fortschritt ist dennoch erzielt worden. Die Familie Leone De Castris, die seit über drei Jahrhunderten bei Salento Massenwein produzierte, kam 1929 mit Flaschenwein heraus. Ein halbes Jahrhundert dauerte es, einen internationalen Markt für diese achtbaren Weine aufzubauen. Auch andere private Weingüter verzeichnen bescheidene Erfolge, z. B. Conti Zecca, Cosimo Taurino, Giuseppe Calò und Attilio Simoninis Favonio. Rivera bringt in Zusammenarbeit mit Gancia aus Piemont Weine von verschiedenen Traubensorten auf dem Murge-Plateau hervor und beweist damit, daß höhere Klasse in Apuliens Reichweite ist.

Angesehene Weinforschungszentren bestehen in Barletta und Bari, doch ihre wohlgemeinten Ratschläge scheinen bisher nicht viel bewirkt zu haben. Seit der Reblauszeit steigen die Erträge. Genossenschaften bewältigen die Massenproduktion, ohne groß auf Qualität zu achten. Diese Mentalität muß sich erst ändern, wenn das Ziel, 30 bis 40% des Weins von Apulien in den 90er Jahren als Flaschenwein abzusetzen, nicht verfehlt werden soll.

Der Weinbau in Apulien

Die Rebfläche Apuliens ist kleiner als die Siziliens, die Erzeugung aber oft größer. Die Durchschnittserträge von 90 hl/ha sind die höchsten im Süden, werden aber von den Abruzzen, der Emilia-Romagna, dem Veneto und Trentino-Alto Adige übertroffen. Überall wachsen Reben, am dichtesten jedoch an den flachsten Stellen: auf der Capitanata im Norden, in der Terra di Bari in der Mitte und in Salento im Südosten.

Carlo De Corato produziert bei Rivera in der Provinz Bari mit die angesehensten Weine Apuliens.

Apulien verfügt über die größte Auswahl an Rebsorten im Süden, davon viele alteingesessene wie Primitivo (in Kalifornien Zinfandel), aber neuerdings auch interessante Außenseiter wie Chardonnay, die Pinots, Sauvignon Blanc und Cabernet. Es gibt viermal soviel Rotweinrebsorten wie weiße. Die Schwergewichte erbringen die dunklen Verschnittweine von Salento: Negroamaro (40 000 ha), Primitivo (30 000 ha) und Malvasia Nera (10 000 ha). Die hochgeachtete Uva di Troia wird meist im Norden angebaut. Der Trend geht jedoch zu Weißweinsorten, einheimischen wie fremden. Unter ihnen steht an der Spitze Verdeca mit 7000 ha, gefolgt von Bianco d'Alessano. Bombino Bianco und Trebbiano Toscano sind im Norden stark vertreten. Die fast überall anzutreffende Malvasia Bianca bildet die Basis für die meisten Weißweine von Salento.

Die vorherrschende Erziehungsform ist *alberello* (breitbuschig), die schon seit der Zeit der Griechen in Salento und im Itria-Tal angewandt wird. In den Zentralbergen wird eher hocherzogen, weil dadurch langsamere Reife und besseres Aromas in hochwertigen Weinen erzielt werden kann. Das *Tendone*-System mit Spanndrahtspalieren wird für Weintrauben immer mehr benutzt, muß aber sorgfältig kontrolliert werden, damit es zu Qualität anstelle von Quantität führt. Das *Casarsa*-System nimmt ebenfalls zu, weil es die maschinelle Ernte erleichtert.

Die folgenden Rebsorten wachsen ausschließlich oder vorwiegend in Apulien.

Bianco d'Alessano. Obwohl vermutlich eine alte Rebe von Salento, ist die Sorte heute mehr im Itria-Tal daheim, wo sie gemeinsam mit Verdeca den DOC Locorotondo und Martina Franca einen Goldschimmer verleiht.

Bombino Bianco. Früher die ertragreichste weiße Rebsorte Apuliens, bekannt für weichen, neutralen Wein; sie hat an den noch ertragreicheren Trebbiano Toscano Boden verloren. Trotz unsicherer Herkunft scheint der Bombino (Synonyme u. a. Bambino, Bonvino, Buonvino, Colatamburo) mit Pagadebit in der Romagna und Campolese in den Abruzzen verwandt zu sein.

Bombino Nero. Die dunkle Verwandte von Bombino Bianco. Die Trauben dieser ertragreichen Sorte reifen ungleichmäßig und eignen sich daher besonders für Rosé, z. B. Castel del Monte Rosato.

Impigno. Die Stütze der DOC Ostuni Bianco wurde nach dem Spottnamen für Bauern um die Jahrhundertwende Impigno (Faulpelz) getauft.

Malvasia Nera di Brindisi/Lecce. Die Klone der dunklen Malvasia tragen zum Aroma der vielen Rotweine von Salento bei; meist werden sie der Sorte Negroamaro beigemischt.

Moscato di Trani oder **Moscato Reale.** Diese weiße Moscato-Sorte ist die zugelassene Grundlage für den süßen DOC-Wein Moscato di Trani, doch wird oft Moscatello Selvatico, eine Lokalsorte mit kräftigem Muskateller-Aroma, mit beigemischt.

Negroamaro oder **Negro Amaro.** Schwarz und bitter bedeutet der Name der Hauptsorte von Salento, die auf den heißen Ebenen große Erträge bringt. Früher ergab sie nur Verschnittwein; mit Respekt behandelt, liefert sie eigenständige Rotweine und exquisite Rosés.

Ottavianello. Der Abkömmling des Cinsaut aus dem Midi kam über die Stadt Ottaviano in Kampanien nach Apulien. In der DOC Ostuni Ottavianello erbringt er leichten, kirschroten Wein.

Pampanuto. Einheimische Sorte meist für Verschnitte wie DOC Castel del Monte Bianco.

Primitivo. Die Herkunft dieser vieldiskutierten Rebe ist ungewiß, die Anzeichen deuten auf Österreich-Ungarn hin. Die Benediktinermönche in Gioia del Colle in Apulien nannten im 17. Jh. die Sorte ihrer frühen Reife wegen Primitivo oder Primativo. Vereint mit Stärke war diese Eigenschaft günstig für das Verschneiden mit spätreifenden roten Sorten im Norden. Als zweitmeist angebaute Sorte Apuliens liefert sie auch süße und trockene Weine der DOC Manduria und Gioia del Colle.

In der Zone Castel del Monte an Hochspalieren gezogene Reben liefern die Trauben für den Weißwein der Gegend.

Susumaniello. Die aus Dalmatien stammende Traube wird um Brindisi wegen ihrer hellrubin-violetten Farbe und guten Säure für Verschnitte geschätzt.

Uva di Troia. Obwohl es in Apulien tatsächlich einen Ort namens Troia gibt, meinen die Fachleute, daß die Sorte von den alten Griechen aus Troja in Kleinasien mitgebracht wurde. Die überzeugende rote Traube bildet die Basis für viele DOC-Weine, v. a. Castel del Monte Rosso. Synonyme: Sumarello und Uva della Marina.

Verdeca. Die weiße Lieblingssorte Apuliens stammt offenbar aus dem Itria-Tal und erbringt grünlichen Wein mit recht neutralem Aroma und Geschmack. Sie bewährt sich als Basis für Wermut und in Verschnitten, meist mit Bianco d'Alessano in der DOC Locorotondo und Martina Franca.

Weitere Rebsorten: Weitere in mindestens einer der fünf Provinzen Apuliens zugelassene Rebsorten sind:

Für Rot- (oder Rosé-) Wein: Aglianico, Ancellota, Barbera, Cabernet Franc, Cabernet Sauvignon, Ciliegiolo, Lacrima, Lambrusco Maestri, Malbec, Merlot, Montepulciano, Notar Domenico, Somarello, Piedirosso, Pinot Nero.

Für Weißwein: Asprinio, Chardonnay, Cococciola, Fiano, Francavilla or Francavidda, Garganega, Greco, Incrocio Manzoni 6.0.13, Malvasia del Chianti, Montonico Bianco, Moscato Bianco, Mostosa, Pinot Bianco, Riesling Italico, Riesling Renano, Sauvignon, Sémillon, Traminer Aromatico, Trebbiano Giallo, Trebbiano Romagnolo, Trebbiano Toscano, Vermentino.

Die Weinzonen Apuliens

Die langgezogene Region Apulien bildet Sporn (das Gargano-Gebirge) und Absatz (die Halbinsel Salento) des italienischen Stiefels und zieht sich bis zum östlichsten Punkt Italiens, Capo d'Otranto. Es ist auch die flachste Region mit 53% Ebene, 45% Hochflächen und Hügelland und nur 2% Gebirge. Die Küste am Adriatischen und Ionischen Meer ist 830 km lang (mit den Trémiti-Inseln). 18% der Fläche Apuliens sind landwirtschaftlich genutzt, vorherrschend für Weinbau, Oliven und Getreide. Die Halbinsel Salento und die Bari- und Capitanata-Ebenen im Norden sind die wichtigsten Weinbaubereiche der weinreichsten Region Europas, aber auch das höhergelegene Murge-Plateau ist mit Reben besetzt. Die Sommer sind meist heiß und trocken: allerdings entstehen Wetterschwankungen durch Luftströmungen, die von der Adria her über die Murge- und Gargano-Höhen gegen die hohen Apenninen ziehen. Regen ist von Mitte Frühjahr an bis Mitte Herbst selten; daher muß aus dem Grundwasser und aus Rückhaltebecken in den Apenninen bewässert werden. Die stärksten Regenfälle verzeichnet Le Murge, aber auch in Salento gibt es beim Zusammenprall von Winden aus der Adria und dem Ionischen Meer gelegentlich Gewitter und Hagel. Trotzdem zügelt Trockenheit die Überproduktion.

Die Ebenen im Norden: La Capitanata

Wein- und Getreideanbau wechseln sich auf der Capitanata-Ebene und in den Daunia-Hügeln ab, wo das Spiel der Winde zwischen Adria und Apenninen das trocken-heiße Klima etwas mäßigt. Das Gemisch aus kalkhaltigem Lehm und Sand läßt leichte Weißweine und mittelschwere Rotweine der DOC San Severo, Lucera, Orta Nova und Cerignola entstehen. Würdige Weine bringen Favonio und Torre Quarto hervor.

Die Ebene von Bari und das Zentralplateau: Terra di Bari und Le Murge

Das wellige Le-Murge-Plateau bietet in der Zone Castel del Monte die günstigsten Voraussetzungen in Apulien, obwohl der Weinbau dort nicht so ertragreich ist wie in der Küstenebene Terra di Bari, wo der Moscato di Trani und die Rotweine von Barletta und Canosa herstammen. Das milde Klima auf dem Plateau begünstigt die neuen weißen Sorten ebenso wie traditionelle Rot- und Roséweine. Die besseren Lagen von Castel del Monte befinden sich auf rötlich-braunem Lehmboden, der sich in 300 bis 680 m Höhe in Kalksteinnischen angesammelt hat.

Die Trulli-Region

Die flachen Hügel, Täler und Schluchten der südöstlichen Murge-Ebene und des Itria-Tals weisen roten Boden über Kalkgestein auf. Beim Aufeinandertreffen von warmen Luftströmen aus der Adria und dem Ionischen Meer kann im Sommer Regen entstehen, wodurch dem weißen DOC von Locorotondo und Martina sowie dem roten und weißen Ostuni gute Erträge gesichert sind. Bei Gioia del Colle dominieren ähnliche rote Sorten wie in Castel del Monte.

Die Halbinsel Salento

Die weite Ebene leitet über in die sanften Hügel der Tavoliere di Lecce, Murge Tarantine, Terra d'Otranto und Murge Salentine; die 9 DOC-Zonen liegen jedoch hauptsächlich im Norden und Osten der Halbinsel auf flachem Land mit rotem Boden über Kalkgestein. In den trockenen, heißen Sommern verzögern wüstenähnlich kühle Nächte die Reife und bringen in einigen Weinen schönes Aroma hervor. Trockenheit bringt trotz heftiger Sommergewitter oft Probleme.

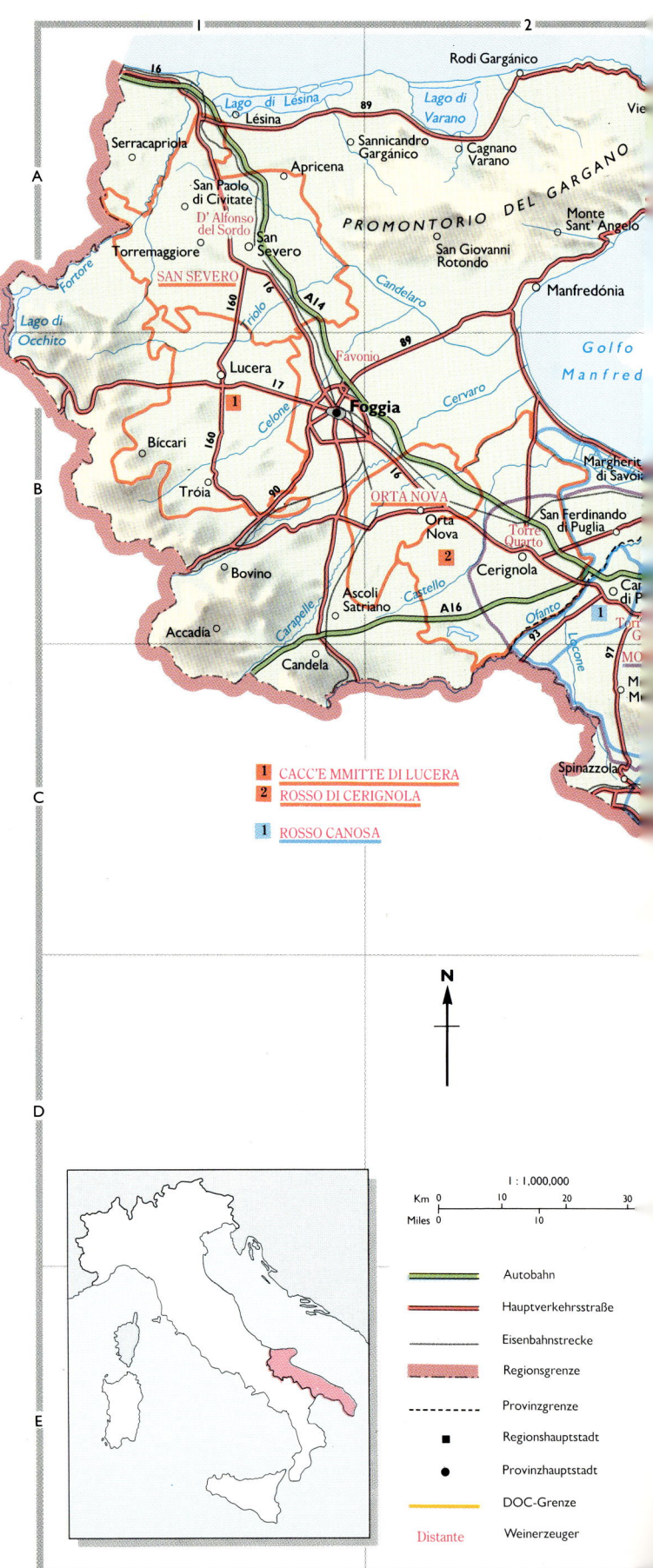

1 CACC'E MMITTE DI LUCERA
2 ROSSO DI CERIGNOLA

1 ROSSO CANOSA

N

1 : 1,000,000

Km | 0 | 10 | 20 | 30
Miles | 0 | | 10

———— Autobahn
———— Hauptverkehrsstraße
———— Eisenbahnstrecke
▦▦▦ Regionsgrenze
------ Provinzgrenze
■ Regionshauptstadt
● Provinzhauptstadt
———— DOC-Grenze
Distante Weinerzeuger

NÖRDLICHE EBENE

MITTLERES APULIEN

BEREICH TRULLI

HALBINSEL SALENTO

BARI

MAR ADRIATICO

Barletta
Trani
Bisceglie
Andria
Molfetta
Giovinazzo
Santa Lucia
Corato
Terlizzi
Bitonto
BARI
Mola di Bari
Modugno
Triggiano
Valenzano
Polignano a Mare
Monópoli
Ruvo di Puglia
CASTEL DEL MONTE
Grumo Appula
Sannicandro di Bari
Conversano
Casamássima
GIOIA DEL COLLE
Turi
Putignano
Fasano
Acquaviva delle Fonti
Sammichele di Bari
Borgo Canale
GRAVINA
Altamura
Gioia del Colle
Noci
Albérobello
Ostuni
Gravina in Puglia
Santéramo in Colle
Locorotondo
Distante
Martina Franca
MARTINA FRANCA
OSTUNI
Castellaneta
Céglie Messápico
San Vito dei Normanni
Brindisi
Laterza
Massafra
Vallone
BRINDISI
Ginosa
Palagiano
Grottáglie
Francavilla Fontana
Latiano
Mesagne
Villa Valletta
Isole Coradi O Chéradi
Mare Piccolo
Mare Grande
Taranto
San Giorgio Iónico
Oria
San Pietro Vernótico
Francesco Candido
Capo San Vito
Vinícola Savese
Manduria
Cosimo Taurino
Squinzano
Lizzano
Sava
San Pancrazio Salentino
San Cataldo
Giovanni Soloperto
Sálice Salentino
Campi Salentina
Lecce
Capo dell'Ovo
Veglie
Vérnole
Porto Cesareo
Leverano
Copertino
Martano
Nardò
Galatina
Otranto
Máglie
Poggiardo
Gallipoli
Alézio
Matino
Casarano
Ugento
Presicce
Gagliano del Capo

1 Botta
2 Nugnes
3 Marasciuolo
4 Leone De Castris
5 Baroni Malfatti
6 Conti Zecca
7 Baroni Bacile di Castiglione
8 Niccolò Coppola
9 Giuseppe Calò
10 Michele Calò

1 LOCOROTONDO

1 LIZZANO
2 PRIMITIVO DI MANDURIA
3 SALICE SALENTINO
4 SQUINZANO
5 COPERTINO
6 LEVERANO
7 NARDO
8 ALEZIO
9 MATINO
ALEATICO DI PUGLIA
umfaßt alle DOC-Zonen

Die regionale DOC

Aleatico di Puglia (1973)

Dieser feine rote Dessertwein kommt fast ausschließlich aus der Gegend um Bari, daher wird angestrebt, die regionale DOC abzuschaffen und die sehr kleine Produktion im ursprünglichen Bereich einzugrenzen.
ZONE: Alle 5 Provinzen Apuliens; die wenigen noch angebauten Aleatico-Reben stehen jedoch sämtlich in der Gegend von Gioia del Colle südlich von Bari.
Dolce naturale. Süßer Rotwein, auch *riserva*. Trauben: Aleatico, Negroamaro/Malvasia Nera/Primitivo bis 15%. E. 52/80; Alk. 15 (Restsüße 2%); S. 0,4; A. *riserva* 3 J.
Liquoroso. Süßer Rotwein, auch *riserva*. Trauben wie *dolce naturale*, kann aber rosinierte Trauben enthalten und gespritet sein. E. 52/80; Alk. 18,5 (Restsüße 2,5%); S. 0,4; A. *riserva* 3 J.

Weine auf den Ebenen im Norden: La Capitanata

Anspruchsvolle Liebhaber stimmen den Kritikern zu, die behaupten, die Ebenen Nordapuliens seien besser für Getreide geeignet, denn nur wenige Weine zeigen hier echte Klasse. Die einfachen Rebsorten Trebbiano, Bombino Bianco, Montepulciano und Sangiovese bringen Alltagswein hervor. Die DOC-Weine, allen voran San Severo, sind sauber, ausgewogen, ohne großen Anspruch. Ausnahmen (ohne DOC) sind Favonio und Torre Quarto, die vorwiegend von französischen Rebsorten stammen.

San Severo (1968)

Die ertragreichste DOC der Region mit einfachen, süffigen und preisgünstigen Rot-, Rosé- und Weißweinen.
ZONE: Die Ebene in der Provinz Foggia, v. a. die Gemarkung San Severo sowie 7 weitere.
Bianco. Trockener Weißwein, auch *spumante*. Trauben: Bombino Bianco/Trebbiano Toscano je 40–60%; Malvasia Bianca/Verdeca bis 20%. E. 98/140; Alk. 11; S. 0,45–0,65.
Rosso. Trockener Rotwein. Trauben: Montepulciano, Sangiovese bis 30%. E. 84/120; Alk. 11,5; S. 0,45–0,65.
Rosato. Trockener Rosé. Trauben: wie *rosso.* E. 84/120; Alk. 11,5; S. 0,45–0,65.

Cacc'e Mmitte di Lucera (1976)

Der Dialektname kommt von der alten Sitte, in den noch gärenden Wein Trauben zu schütten und das, was überläuft, zu trinken.
ZONE: Die Ebene in der Provinz Foggia, v. a. die Gemarkungen Lucera, Biccari und Troia. Trockener Rotwein. Trauben: Uva di Troia 35–60%; Montepulciano/Sangiovese/Malvasia Nera 25–35%; Bombino Bianco/Malvasia del Chianti 15–30%. E. 91/140; Alk. 11,5; S. 0,45.

Orta Nova (1984)

Wenig beachteter Rot- und Rosé-wein.
ZONE: Die Ebene in der Provinz Foggia, v. a. die Gemarkung Orta Nova, Ordona und z. T. 4 weitere.
Rosso. Trockener Rotwein. Trauben: Sangiovese, Uva di Troia/Montepulciano bis 40%; Lambrusco Maestri/Trebbiano Toscano bis 10%. E. 105/150; Alk. 12; S. 0,45.

Rosato. Trockener Rosé. Trauben: wie *rosso.* E. 97,5/150; Alk. 11,5; S. 0,45.

Rosso di Cerignola (1974)

Potentiell interessanter, aber seltener Rotwein von der Uva di Troia.
ZONE: Die Ebenen in der Provinz Foggia, v. a. die Gemarkung Cerignola und 3 weitere. Trockener Rotwein, auch *riserva*. Trauben: Uva di Troia Min. 55%; Negroamaro 15–30%; Sangiovese/Barbera/Malbec/Montepulciano/Trebbiano Toscano bis 15%. E. 98/140; Alk. 12, *riserva* 13; S. 0,5; A. *riserva* 2 J. (im Faß).

Andere beachtenswerte Weine

Zwei Weingüter zeichnen sich mit Weinen aus, deren Güte weit über der Norm liegt: Favonio und Torre Quarto.

WEINGÜTER/WINZER

Favonio – Attilio Simonini, Località Donadone, Foggia. Attilio Simonini aus dem Veneto leistet Pionierdienste mit landfremden Reben und sehr kleinen Erträgen von 16 ha Cabernet Franc, Chardonnay, Pinot Bianco, Pinot Rosso und Trebbiano Toscano, alle *vdt* von der Capitanata. Neuzeitliche Weinberg- und Kellertechnik erbringt lebendige, blumige Weißweine und volle, harmonische Rotweine.
Aldo Pugliese, San Severo (FG). DOC San Severo.
Torre Quarto, Cerignola (FG). Das große Gut war früher Besitz der Herzöge von Rochefoucauld, die 1847 die Kellerei gründeten und Malbec aus ihrer Heimat Frankreich anpflanzten. Dann gehörte es der Familie Cirillo-Farrusi, die von Malbec und Uva di Troia den langlebigen Torre Quarto Rosso sowie weißen und Rosé *vdt* erzeugte. Nach der Übernahme durch ERSAP, das regionale Entwicklungsamt, ist die Zukunft ungewiß.
Torricelli, Cerignola (FG). Rossi di Cerignola DOC.

WEIN- UND HANDELSHÄUSER

Cantine D'Alfonso del Sordo, Contrada Sant'Antonio, San Severo (FG). Spitzenerzeuger von DOC San Severo, z. T. von eigenen Trauben.
Federico II, Lucera (FG). DOC San Severo und *vdt*.

GENOSSENSCHAFTEN

CS Svevo, Lucera (FG). Großer Erzeuger von DOC Cacc'e Mmitte di Lucera und *vdt* von über 400 Winzern.

Name und Symbol der DOC-Zone Castel del Monte kommen von der Burg aus dem 13. Jh. mit ihren 8 achteckigen Türmen.

Unten: Dieser Brunnen bei Lecce in Salento ist auf der heißen, trockenen Ebene ein willkommener Wasserspender. Ganz rechts: Viele Weinberge von Castel del Monte liegen auf Lehmnischen über Kalkgestein.

Die Weine aus Zentralapulien: Terra di Bari und Le Murge

Die Provinz Bari bietet Voraussetzungen für hochwertigen Wein aus der Hochebene Le Murge und an manchen Stellen der Küstenebene Terra di Bari. Die hiesige Qualität wird am besten von dem modernen Weinhaus Rivera mit dem DOC Castel del Monte und modernen weißen Tafelweinen demonstriert.

Rosso Barletta (1977)
Die auch rein zu verwendende Uva di Troia erbringt diesen nach dem Hafen Barletta benannten Rotwein. Er schmeckt schon jung gut, kann aber als *invecchiato* 5–6 Jahre reifen. ZONE: Die Küstenebene und die Hügel in den Gemarkungen Barletta, Andria und Trani (Provinz Bari) sowie z. T. 2 weitere in Foggia. Trockener Rotwein, auch *invecchiato*. Trauben: Uva di Troia; Montepulciano/Sangiovese bis 30%, Malbec bis 10%. E: 105/150; Alk. 12; S. 0,5; A. *invecchiato* 2 J. (1 J. im Faß).

Rosso Canosa (1979)
Aus dem einst für seinen Wein berühmten Canosa (röm. Canusium) kommt dieser fast mit dem Castel del Monte Rosso gleiche Rotwein. ZONE: Die Hügel um Canosa di Puglia in der Provinz Bari. Trockener Rotwein, auch *riserva*. Trauben: Uva di Troia, Montepulciano bis 35%; Sangiovese bis 15%, sonstige Sorten bis 5%. E. 98/140; Alk. 12, *riserva* 13; S. 0,5; A. *riserva* 2 J. (1 J. im Faß).

Moscato di Trani (1975)
Goldener Dessertwein von Moscato-Trauben aus der Gegend von Trani. ZONE: Die Küstenebene und Le Murge landeinwärts von Trani mit z. T. 9 weiteren Gemeinden in der Provinz Bari und 2 in Foggia.
Dolce naturale. Süßer Weißwein. Trauben: Moscato di Trani oder Moscato Reale, sonstige weiße Sorten bis 15%. E. 78/120; Alk. 15 (Restsüße Min. 2%); S. 0,45; A. 5 Mte.
Liquoroso. Süßer Weißwein. Trauben: wie *dolce naturale*, der Grundwein darf gespritet werden. E. 78/120; Alk. 18 (Restsüße Min. 2%); S. 0,45; A. 1 J.

Castel del Monte (1971)
Apuliens eindrucksvollste DOC-Weine kommen aus dieser felsigen, kargen Gegend, wo nur an manchen Stellen genug Boden für den Rebenanbau vorhanden ist. Der *rosato* ist einer der beliebtesten Weine Italiens, doch der *rosso* ist grandioser. Der *riserva* mit tiefer Farbe und opulenter Note kann sich herrlich entfalten, vor allem der Falcone von Rivera. ZONE: Die Hügel von Le Murge um Castel del Monte zwischen Bitonto, Andria, Minervo Murge und 7 weitere Gemeinden in Bari.
Bianco. Trockener Weißwein. Trauben: Pampanuto; sonstige weiße Sorten bis 35%. E. 105/150; Alk. 11, S. 0,45.
Rosso. Trockener Rotwein, auch *riserva*. Trauben: Uva di Troia; Sangiovese/Montepulciano/Aglianico/Pinot Nero bis 35%. E. 98/140; Alk. 12, *riserva* 12,5; S. 0,45; A. *riserva* 3 J. (1 J. im Faß).
Rosato. Trockener Rosé. Trauben: Bombino Nero; Uva di Troia/Montepulciano/Aglianico/Pinot Nero bis 35%. E. 91/140; Alk. 11; S. 0,4.

Gravina (1984)
Um Gravina an der Grenze zur Basilikata wächst dieser wenig bekannte trockene oder liebliche Weißwein. ZONE: Die Hügel von Le Murge in der Provinz Bari; Schwerpunkt; die Gemeinden Gravina in Puglia, Altamura und 2 weitere. Trockener Weißwein, auch *amabile*. Trauben: Malvasia del Chianti 40–65%; Greco di Tufo/Bianco di Alessano 35–60%; Bombino Bianco/Trebbiano Toscano/Verdeca bis 10%. E. 105/150; Alk. 11 (*amabile* Restsüße 4–20 g/l); S. 0,5.

WEINGÜTER/WINZER
Bruno – Tenuta Torre d'Isola, Minervino Murge (BA), DOC Castel del Monte.
G. Jatta, Ruvo di Puglia (BA). DOC Castel del Monte.
Santa Lucia, Corato (BA). Aufstrebendes Weingut mit DOC Castel del Monte.
Fratelli Nugnes, Trani (BA). Kleine Produktion an feinem DOC Moscato di Trani Dolce Naturale.
Tenuta Torrebianco, Andria (BA). Das neue Gancia-Gut mit 100 ha bewässerter Rebfläche debütierte mit Chardonnay-Tafelweinen Preludio No. 1 und Cantico aus der Hand des Beraters Giorgio Grai. Weitere Weine sind geplant. Die Weinberge in 200 m Höhe umfassen 44 ha Chardonnay, 10 ha Aglianico; andere in kühlster Lage wurden mit Sauvignon Blanc, Pinot Bianco und Nero bestockt.

WEIN- UND HANDELS-HÄUSER
Felice Botta, Trani (BA). DOC Aleatico del Puglia, Castel del Monte und Moscato di Trani.
Chiddo Vini, Bitonto (BA). Castel del Monte DOC und *vdt*.
Gennaro Marasciuolo, Trani (BA). Feiner DOC Moscato di Trani und Castel del Monte sowie *vdt*.
Rivera, Andria (BA). Carlo De Corato erzeugte bereits den besten Rosé- und Rotwein von Castel del Monte (Il Falcone), als Gancia 50% Beteiligung erwarb und ihn zu neuen Horizonten führte. Die Pinot und Sauvignon *vdt* von Rivera wurden preisgekrönt. Die sortenreinen Weißweine und ein Rosé rein von Aglianico tragen die Marke Vigna al Monte.
Vinicola Palumbo, Rutigliano (BA). DOC Castel del Monte und *vdt*.

GENOSSENSCHAFTEN
Centrale Cantine Cooperativa di Puglia, Lucania e Molise, Bari. Eine Gruppe von Genossenschaften der drei Regionen mit jährlich 2 500 000 hl DOC und *vdt*.
CS di Barletta, Barletta (BA). Guter DOC Rosso Barletta sowie große Mengen an *vdt* und Schaumwein.
Cooperativa Agraria Nicola Rossi, Canosa (BA). Rosso Canosa und *vdt*.

Weine aus der Trulli-Region: Itria-Tal, Gioia del Colle und Ostuni

Südlich von Bari, nahe der Provinzgrenze zu Taranto und Brindisi, verengt sich das Murge-Plateau in Tälern und Schluchten des Flusses Itria in einer Gegend, die vor allem durch die *trulli* benannten Steinbehausungen bekannt ist. Hier ist ein Zentrum moderner Weißweinerzeugung entstanden, für das die DOC Locorotondo und Martina Franca beispielhaft sind. Früher wurden hier Verdeca- und Bianco-d'-Alessano-Trauben für Verschnittweine und Wermut angebaut. Am Rand des Trulli-Distrikts liegt Gioia del Colle, eine Bergstadt mit vorwiegend Rotwein, sowie das malerische Ostuni mit eigenartigen Rot- und Weißweinen.

Gioia del Colle (1987)
Die noch neue DOC ehrt eine Weintradition in einer Bergstadt, die fast so hübsch ist wie ihr Name. Der Primitivo wurde hier erstmals nachgewiesen und heißt deshalb auch Primitivo di Gioia. Aleatico gedeiht am besten in den umgebenden Hügeln.
ZONE: Die Berge um Gioia del Colle und 15 Gemeinden in der Provinz Bari.
Bianco. Trockener Weißwein. Trauben: Trebbiano Toscano; andere weiße Sorten 30–50%. E. 78/130; Alk. 10,5; S. 0,5.
Rosso. Trockener Rotwein. Trauben: Primitivo 50–60%, Montepulciano/Sangiovese/Negroamaro 40–50%, Malvasia Nera bis 10%; E. 84/120; Alk. 11,5; S. 0,45.
Rosato. Trockener Rosé. Trauben: wie *rosso*. E. 72/120; Alk. 11; S. 0,5.
Aleatico. Süßer Rotwein, auch *riserva* und *liquoroso dolce*. Trauben: Aleatico; Negroamaro/Malvasia Nera/Primitivo bis 15%. E. 52/80; Alk. 15 (*riserva* Restsüße 2%), *liquoroso dolce* 18,5 (Restsüße 2,5%); S. 0,45; A. 5 Mte., *riserva* 2 J. (1 J. im Faß).
Primitivo. Trockener Rotwein, auch *amabile* und *riserva*. Trauben: Primitivo. E. 52/80; Alk. 13 (*amabile* und *amabile riserva* Restsüße Max. 10 g/l), *riserva* 14; S. 0,45; A. *riserva* 2 J.

Locorotondo (1969)
Manchmal als der Spitzenweißwein Apuliens gepriesen, doch kann es ihm an Charakter mangeln. Subtile Frucht und Mandeln im Abgang.
ZONE: Die Berghänge in den Gemarkungen Locorotondo, Cisternino und Fasano in den Provinzen Bari und Brindisi. Trockener Weißwein, auch *spumante*. Trauben: Verdeca 50–65%, Bianco di Alessano 35–50%; Fiano/Bombino Bianco/Malvasia Toscana bis 5%. E. 91/130; Alk. 11, S. 0,45–0,65.

Martina Franca oder Martina (1969)
Die nach einer der schönsten Bergstädte Apuliens benannte Zone ist eng mit Locorotondo verwandt.
ZONE: Die Berghänge um Martina Franca und Alberobello sowie z. T.

3 weitere Gemeinden in den Provinzen Taranto, Brindisi und Bari. Trockener Weißwein, auch *spumante*. Trauben: Verdeca 50–65%, Bianco di Alessano 35–50%; Fiano/Bombino Bianco/Malvasia Toscana bis 5%. E. 91/130; Alk. 11; S. 0,45.

Ostuni (1972)
Individualität zeichnet den fragilen Bianco und den kirschroten Ottavianello aus der alten Stadt nordwestlich von Brindisi aus. Die Rebsorten Impigno und Ottavianello (Cinsaut) sind in dieser Zone geradezu einzigartig.
ZONE: Die Küstenberge und Ebenen um Ostuni sowie 6 weitere Gemeinden in der Provinz Brindisi.
Bianco. Trockener Weißwein. Trauben: Impigno 50–85%, Francavilla 15–50%; Bianco d'Alessano/Verdeca bis 10%. E. 77/110; Alk. 11; S. 0,45.
Ottavianello. Trockener Rotwein. Trauben: Ottavianello; Negroamaro/Malvasia Nera/Notar Domenico/Susumaniello bis 15%. E. 77/110; Alk. 11,5; S. 0,5.

WEIN- UND HANDELSHÄUSER
Borgo Canale, Selva di Fasano (BR). Guter DOC Locorotondo und Martina Franca sowie *vdt*.
Cantina Calella, Locorotondo (BA). DOC Locorotondo und *vdt*.
Distanti Vini, Cisternino (BR). Feinste Qualität in DOC Locorotondo, Martina Franca, Brindisi und *vdt*.
Lippolis, Alberobello (BA). DOC Martina Franca und Aglianico del Vulture sowie *vdt*.
Miali, Martina Franca (TA). DOC Castel del Monte, Martina Franca und Aglianico del Vulture sowie *vdt*.

GENOSSENSCHAFTEN
CS Cooperativa di Alberobello, Alberobello (BA). DOC Martina Franca und *vdt*.
CS Cooperativa di Locorotondo, Locorotondo (BA). Angesehene Gruppe von fast 1300 Winzern mit 120 000 hl beachtlichem DOC Locorotondo, auch *spumante*, sowie rotem, weißem und rosé *vdt*.
CS di Ostuni, Ostuni (BR). DOC Ostuni.

Die trulli, eigenartige Steinbehausungen in der Gegend von Locorotondo, sind von Reben umgeben.

Die Weine von Salento

Südöstlich der *trulli*-Gegend öffnet sich die Murge-Ebene zur Halbinsel Salento hin, einer Fläche, die sich über Brindisi, Taranto und Lecce bis zum östlichsten Ende Italiens bei Otranto und Capo Santa Maria di Léuca erstreckt. Die Szenerie mit Kakteen und Palmen, in deren Schatten weißgetünchte Dörfer und Bauernhöfe hinter Steinmauern liegen, sieht fast nordafrikanisch aus, wären da nicht die Reben in sauberen grünen Reihen auf dem ziegelroten Boden. Salento ist die Quelle für starken dunklen Primitivo, Negroamaro und Malvasia Nera. Die Erzeuger, die ihm Eigenständigkeit geben möchten, hatten es schwer mit dem Nachweis, daß ein so wuchtiger Rotwein auch Anmut haben kann. Nun aber entstehen hier mit die feinsten Rosés Italiens in einem komplizierten Verfahren, bei dem nach kurzem Vergären mit der Schale die Hälfte des Mosts abgezogen und zu korallenroten, rosa und lachsfarbenen trockenen Köstlichkeiten verarbeitet wird.

Primitivo di Manduria (1975)
Apuliens alter Verschnittwein wird hier und da zu einem sanften Riesen gezähmt, der opulent und trocken oder vollmundig und süß eine gewisse Ähnlichkeit mit Zinfandel nicht verleugnen kann, auch wenn es in Apulien noch nicht wie in Kalifornien gelungen ist, ihm eine gewisse Finesse zu verleihen. Die *Naturale*-Versionen sind nach einem Jahr tief violett und meist gut. Die gespritete Version kann nach 4–5 Jahren einen Orangeschimmer und einige Komplexität erlangen. Die führenden Erzeuger, Vinicola Savese und Soloperto, nutzen die Spitzenlagen um Sava und Manduria. Die potentielle Produktion ist gestiegen, es wird jedoch geschätzt, daß nur 10 000 bis 12 000 Flaschen DOC-Wein jährlich verkauft werden.
ZONE: Die Ebene und das Hügelland von Murge Tarantine, v. a. um Manduria und Sava, mit 14 weiteren Gemeinden in den Provinzen Taranto und Brindisi. Traube: Primitivo.

Secco. Trockener Rotwein. E. 63/90; Alk. 14; S. 0,5; A. 9 Mte.

Amabile. Lieblicher Rotwein. E. 63/90; Alk. 14 (Restsüße Max. 10 g/l); S. 0,5; A. 9 Mte.

Dolce naturale. Süßer Rotwein. E. 63/90; Alk. 16 (Restsüße 3%); S. 0,5; A. 9 Mte.

Liquoroso secco. Trocken, gespritet. E. 63/90; Alk. 18 (Restsüße 1,5%); S. 0,5; A. 2 J.

Liquoroso dolce naturale. Süß, gespritet. E. 63/90; Alk. 17,5 (Restsüße 2,5%); S. 0,5; A. 2 J.

Lizzano (1989)
Jüngste DOC in Salento in 6 Versionen.
ZONE: Ebene und Hügelland von Murge Tarantine in den Gemarkungen Lizzano, Faggiano und z. T. Taranto.
Bianco. Trockener Weißwein. Trauben: Trebbiano Toscano 40–60%, Chardonnay/Pinot Bianco Min. 30%, Sauvignon/Bianco di Alessano bis 25%, Malvasia Bianca Lunga bis 10%. E. 104/160; Alk. 10,5; S. 0,55.
Rosso. Trockener Rotwein. Trauben: Negroamaro 60–80%, Montepulciano/Sangiovese/Bombino Nero/Pinot Nero bis 40%, Malvasia Nera di Brindisi oder Lecce bis 10%. E. 98/140; Alk. 12; S. 0,5.
Rosato. Trockener Rosé. Trauben: wie rosso. E. 91/140; Alk. 12; S. 0,55.
Malvasia Nera. Trockener Rotwein. Trauben: Malvasia Nera di Brindisi oder Lecce 85%, Negroamaro/Montepulciano/Sangiovese/Pinot Nero bis 15%. E. 98/140; Alk. 12; S. 0,5.
Negroamaro rosso. Trockener Rotwein. Trauben: Negroamaro 85%, Malvasia Nera di Brindisi oder Lecce/Montepulciano/Sangiovese/Pinot Nero bis 15%. E. 98/140; Alk. 12; S. 0,5.

Negroamaro rosato. Trockener Rosé. Trauben: wie Negroamaro rosso. E. 91/140; Alk. 12; S. 0,55.

Brindisi (1980)
Der Rotwein zählt zu den besten von Salento. Der rosato ist gefällig.
ZONE: Ebene und Hügelland in den Gemarkungen Brindisi und Mesagne.
Rosso. Trockener Rotwein und riserva. Trauben: Negroamaro; Malvasia Nera di Brindisi/Susumaniello/Montepulciano bis 30%, Sangiovese bis 10%. E. 105/150; Alk. 12, riserva 12,5; S. 0,5; A. riserva 2 J.
Rosato. Trockener Rosé. Trauben: wie rosso. E. 105/150; Alk. 12; S. 0,5.

Salice Salentino (1976)
Diese DOC in Salento verdankt ihren Ruf der gleichmäßigen Weinqualität ihrer führenden Erzeuger Leone De Castris und Cosimo Taurino.
ZONE: Die Ebenen in den Provinzen Lecce und Brindisi, v. a. die Gemeinde Salice Salentino und 6 weitere.
Rosso. Trockener Rotwein und riserva. Trauben: Negroamaro; Malvasia Nera di Brindisi oder Lecce bis 20%. E. 84/120: Alk. 12,5; S. 0,5; A. 8 Mte., riserva 2 J. (1 J. im Faß).
Rosato. Trockener Rosé, auch invecchiato. Trauben: wie rosso. E. 84/120; Alk. 12; S. 0,5; A. 8 Mte., invecchiato 1 J.

Squinzano (1976)
Die einstige Verschnittweinquelle erbringt einen manchmal überzeugenden DOC rosso und einen kräftigen rosato.
ZONE: Die Ebenen in der Provinz Lecce mit den Gemeinden Squinzano, San Pietro Vernotico und 7 weiteren.

Rosso. Trockener Rotwein, auch riserva. Trauben: Negroamaro; Malvasia Nera di Brindisi oder Lecce bis 30%, Sangiovese bis 15%. E. 98/140; Alk. 12,5; S. 0,5; A. riserva 2 J. (6 Mte. im Faß).
Rosato. Trockener Rosé. Trauben: wie rosso. E. 42/140; Alk. 12,5; S. 0,5.

Leverano (1980)
Der rosato und der noch stilvollere rosso aus der Vigna del Saraceno von Conti Zecca ragen heraus.
ZONE: Die Ebene in der Gemeinde Leverano, Provinz Lecce.
Bianco. Trockener Weißwein. Trauben: Malvasia Bianca; Bombino Bianco/Trebbiano Toscano bis 35%. E. 97,5/150; Alk. 11; S. 0,5.
Rosso. Trockener Rotwein, auch riserva. Trauben: Negroamaro; Malvasia Nera di Lecce/Sangiovese/Montepulciano bis 35%, Malvasia Bianca bis 10%. E. 105/150; Alk. 12, riserva 12,5; S. 0,5; A. riserva 2 J.
Rosato. Trockener Rosé. Trauben: wie rosso. E. 67,5/150; Alk. 11,5; S. 0,5.

Copertino (1977)
Stämmiger rosso und rosato aus dem Herzen von Salento; großartig die Gutsweine von Barone Bacile di Castiglione.
ZONE: Die Ebenen in der Provinz Lecce, v. a. Copertino und 5 weitere Gemeinden.
Rosso. Trockener Rotwein, auch riserva. Trauben: Negroamaro; Malvasia Nera di Brindisi oder Lecce/Montepulciano bis 30%, Sangiovese bis 15%. E. 98/140; Alk. 12, riserva 12,5; S. 0,5; A. riserva 2 J.
Rosato. Trockener Rosé. Trauben: wie rosso. E. 49/140; Alk. 12; S. 0,45.

Nardò (1987)
Die neu in die DOC-Liste von Salento aufgenommenen Nardò rosso und rosato sind profillos.
ZONE: Die Ebenen in der Provinz Lecce, v. a. die Gemeinden Nardò und Porto Cesareo.
Rosso. Trockener Rotwein, auch riserva. Trauben: Negroamaro; Malvasia Nera di Brindisi oder Lecce/Montepulciano bis 20%. E. 126/180; Alk. 11,5, riserva 12,5; S. 0,5; A. riserva 2 J.
Rosato. Trockener Rosé. Trauben: wie rosso. E. 81/180; Alk. 11,5; S. 0,5.

Alezio (1983)
Die Zone östlich von Gallipoli hat zwar mit rosso und rosato Qualitätspotential bewiesen, doch bislang am besten sind die vdt von Calò.
ZONE: Die Ebenen in der Provinz Lecce, v. a. Alezio und 3 weitere Gemeinden.
Rosso. Trockener Rotwein, auch riserva. Trauben: Negroamaro; Malvasia Nera di Lecce/Sangiovese/Montepulciano bis 20%. E. 98/140; Alk. 12, riserva 12,5; S. 0,5; A. riserva 2 J.
Rosato. Trockener Rosé. Trauben: wie rosso. E. 49/140; Alk. 12; S. 0,55.

Matino (1971)
Die älteste DOC von Salento mit ihrem ausdruckslosen rosso und rosato aus den östlichsten Weinbergen Italiens hat sich nie hervorgetan.
ZONE: Die Ebenen in der Provinz Lecce, v. a. die Gemeinde Matino.
Rosso. Trockener Rotwein. Trauben: Negroamaro; Malvasia Nera/Sangiovese bis 30%. E. 84/120; Alk. 11,5; S. 0,5.
Rosato. Trockener Rosé. Trauben: wie rosso. E. 78/120; Alk. 11,5; S. 0,45.

WEINGÜTER/WINZER
Barone Bacile di Castiglione, Copertino (LE). DOC Copertino und vdt von 200 ha.
Francesco Candido, San Donaci (BR). DOC Salice Salentino, ein wenig Aleatico di Puglia und ein guter roter vdt Cappello di Prete.
Niccolò Coppola, Alezio (LE). Guter DOC Alezio aus der Lage San Nicola Li Cuti sowie vdt Salento.
Leone De Castris, Salice Salentino (LE). Salvatore Leone De Castris, Rechtsanwalt und Professor für Nationalökonomie, hat seinem ultramodernen großen Weingut durch stets gleich hohe Qualität eine Spitzenstellung in Süditalien verschafft. Von 400 ha Rebfläche produziert es feinen DOC Salice Salentino und den legendären Rosé-Tafelwein Five Roses. Eine der größten Privatkellereien Italiens.

Cosimo Taurino, Guagnano (LE). Von 70 ha Rebfläche produziert der Apotheker Cosimo Taurino zusammen mit dem Önologen Severino Garofano langlebigen DOC Brindisi Patriglione, *vdt* Notarpanaro und feinen DOC Salice Salentino sowie *vdt* Chardonnay und Salento.

Agricola Vallone, Brindisi. Das Weingut mit 140 ha gehört Vittoria und Maria Teresa Vallone. Sie bringen feinen DOC Brindisi und Salice Salentino aus der Lage Vigna Flaminio sowie Sauvignon del Salento und anderen *vdt* hervor.

Conti Zecca, Leverano (LE). DOC Leverano aus der Lage Vigna del Saraceno sowie der *vdt* Salento «Donna Marzia» sind Produkte des 300 ha Weinguts der Familie Zecca.

WEIN- UND HANDELS-HÄUSER

Giuseppe Calò & Figlio, Alezio (LE). Giuseppe Calò und sein Sohn Mino verarbeiten Trauben sorgfältig ausgewählter örtlicher Winzer zu Rosa del Golfo aus der Lage Scaliere Mazzì, der als Italiens feinster Rosé gilt. Sehr gut sind auch der rote Portulano (insbesondere die *riserva* Quarantale) und der weiße Bolina – sämtlich *vdt* Salento.

Michele Calò & Figli, Tuglie (LE). DOC Alezio und *vdt* Salento.

Baroni Malfatti, Veglie (LE). Großer Familienbetrieb mit DOC Salice Salentino und *vdt* Salento von 150 ha Rebfläche.

Renna, Squinzano (LE). DOC Squinzano und *vdt*.

Vinicola Savese, Sava (TA). Die Gebrüder Pichierri produzieren in ihrem kleinen Betrieb mit den besten DOC Primitivo di Manduria.

Giovanni Soloperto, Manduria (TA). DOC Primitivo di Manduria und *vdt* Salento, z. T. von eigenen Reben.

Antica Casa Vinicola Antonio Valletta, San Pietro Vernotico (BR). DOC Squinzano und Martina Franca Marke Villa Valletta, z. T. von 110 ha firmeneigenen Reben. Auch *spumante* und *vdt* Salento.

Venturi, Copertino (LE). DOC Copertino und Leverano und *vdt*, z. T. von eigenen Reben.

Vignali, Galatone (LE). DOC Salice Salentino und Locorotondo.

GENOSSENSCHAFTEN

CS Cooperativa di Copertino, Copertino (LE). Große Produktion, u. a. guter DOC Copertino und *vdt* Salento.

CS Cooperativa, Leverano (LE). DOC Leverano und *vdt* Salento.

CS di Salento, Sannicola (LE). DOC Alezio und Primitivo di Manduria sowie *vdt* Salento.

CS di Squinzano, Squinzano (LE). DOC Squinzano und *vdt* Salento.

Dattelpalmen bewachen das Tor eines Bauernhofs in Salice Salentino bei Lecce.

Reise-Informationen

RESTAURANTS/HOTELS

Il Poeta Cantadino, 70011 Alberobello (BA). Tel. (080) 72 19 17. Gute regionale Küche und reichhaltige Weinkarte.

Del Corso, Corso Federico di Svevia 76, 70022 Altamura (BA). Tel. (080) 84 14 53. Ausgezeichnete apulische Küche, hervorragender Keller.

Ostello di Federico, Castel del Monte, 70031 Andria (BA). Tel. (0883) 8 30 43. Geruhsames Hotel bei der Burg; regionale Küche.

Bacco, Via Sipontina 10, 70051 Barletta (BA). Tel. (0883) 3 83 98. Kreative traditionelle Küche; Meeresfrüchte.

Vecchia Canosa, 70053 Canosa (BA). Tel. (0883) 96 30 74. Gute bodenständige Küche in rustikaler Umgebung.

Cicolella, Viale 24 Maggio 60, 71100 Foggia. Tel. (0881) 3890. Komfortables Hotel mit guter regionaler und nationaler Küche und Weinkarte.

Cicolella in Fiera Zweigbetrieb von Cicolella auf dem Messegelände.

Marechiaro, 73014 Gallipoli (LE). Tel. (0833) 47 61 43. Die frischesten Meeresfrüchte mit Salento-Wein auf einem Pier am Meer.

Gino e Gianni, Via 4 Finite 2, 73100 Lecce. Tel. (0832) 4 58 88. Kunstvolle regionale Küche, gute Weinauswahl.

La Pergola, 73050 Santa Maria al Bagno (LE). Tel. (0833) 82 30 08. Einfach zubereitete Fischgerichte, große Portionen zu günstigen Preisen.

Fagiano, 72010 Selva di Fasano (BR). Tel. (080) 79 91 57. Reichhaltige Auswahl an Speisen und guten Weinen.

Sierra Silvana, 72010 Selva di Fasano (BR). Tel. (080) 79 93 22. Zimmer in Einzelpavillons im Garten. Swimmingpool und Tennis.

WEINFACHGESCHÄFTE/VINOTHEKEN

Enoteca Gianni Dell'Olio, 71042 Cerignola (FG).

Enoteca Internazionale, Via Cesare Battisti 23, 73100 Lecce. Vorzügliche Auswahl an apulischen, anderen italienischen sowie ausländischen Weinen und Spirituosen, auch im Ausschank mit Imbiß.

SEHENSWERTES

Apulien, oft Italiens Tor nach Griechenland genannt, hat mehr als andere Regionen noch unentdeckte Schätze an Kunst und Architektur zu bieten. Die Landschaft besteht aus Ebenen, Hügelland und Schluchten von schlichter Schönheit, und die Städte sind voll von Erinnerungen an die Griechen, Römer, Sarazenen, Normannen, Staufer und Spanier. Die Kathedralen in Barletta und Trani sind Meisterwerke romanischer Baukunst.

Castel del Monte. Die achteckige Burg mit ihren 8 Türmen wurde 1240 von Kaiser Friedrich II. auf einer Anhöhe bei Bari erbaut.

Das Gargano-Massiv. An die Capitanata-Ebene schließt der Sporn am Stiefel Italiens an, ein waldbedecktes Küstengebirge, dessen weiße Klippen steil ins Meer abfallen.

Salento. Die Städte Otranto und Gallipoli zeigen griechischen Charme, und Taranto und Brindisi vereinen Antike und Moderne. Doch das Juwel von Salento ist Lecce, ein Monument barocker Architektur.

Die Trulli. Das Itria-Tal ist ein Märchenland voller eigenartiger Steinkuppeln, deren Ursprünge einerseits prähistorischen Völkern, anderseits den Rosenkreuzern zugeschrieben werden. Alberobello ist die Hauptstadt des *Trulli*-Lands. Nicht verfehlen sollte man die weißleuchtenden, in das Grün von Olivenhainen und Weinbergen eingebetteten Städte Gioia del Colle, Martina Franca, Cisternino, Locorotondo und Ostuni. Die *grotte* in Castellana sind die eindrucksvollsten Höhlen Apuliens.

Kampanien (Campania)

Hauptstadt: Neapel
Provinzen: Avellino (AV), Benevento (BN), Caserta (CE), Napoli (NA), Salerno (SA).
Fläche: 13 595 km² (12.)
Bevölkerung: 5 650 000 (2.)

Wer etwas Angenehmes über die Weine Kampaniens zu schreiben gedenkt, muß entweder von der Schönheit der Weinberge schwärmen oder in längst vergangenem Glanz schwelgen, wie ihn Horaz, Vergil und Plinius der Ältere beschreiben. Moderne Leistungen sind so rar, daß man mit Fug und Recht sagen kann, die besseren Weinerzeuger (wenigstens im kommerziellen Rahmen) seien an den Fingern einer Hand herzuzählen. Über die Hälfte des Potentials von jährlich 1,8 Mio. Flaschen DOC-Wein kommt von einem einzigen Familienbetrieb, Mastroberardino. Die häufige Nennung dieses Namens mag aufdringlich erscheinen, doch wo sonst in Italien steht ein einzelner Erzeuger so weit über der Masse? Oder, anders betrachtet, wo sonst in Italien ist die Masse so ungeheuer träge?

Das Schlimme an dieser Mittelmäßigkeit ist, daß es keinen verständlichen Grund dafür gibt. Selbst Trägheit und Gleichgültigkeit können allein nicht erklären, warum ein in der Vergangenheit so ehrenwert genutztes Potential jetzt fast unerkannt bleibt. Trauben und Wein machen nur 5% des landwirtschaftlichen Einkommens in dieser Region aus, die den geringsten Anteil an DOC-Wein hat. Aber nicht nur hochwertiger Wein wird vernachlässigt. Kampanien ist eine der wenigen Regionen, die mehr Wein ein- als ausführen. Möglich, daß die Berghänge schwer zu bearbeiten sind oder die Felder für andere Früchte benötigt werden, um die wachsende Bevölkerung zu ernähren, dennoch scheinen hier die Hindernisse kleiner zu sein als in anderen Regionen, wo im Weinbau weit mehr geleistet wird.

Kampanien war früher berühmt für seinen Wein. Die Römer sprachen von «Campania felix», dem glücklichen Land, weil hier in der Vulkanerde mit reichlich Wasser und Sonne alles gedeiht. Der Name allerdings stammt von den Campani, den Bewohnern von Capua, die schon da waren, als die Griechen am Golf von Neapel Reben pflanzten. Der Falerner, der Lieblingswein der Römer, wuchs an der Nordseite beim heutigen Mondragone. Auch die Weine vom Vesuv, von Avellino, Sorrento und den Inseln Ischia und Capri waren den Alten lieb und wert. Sante Lancerio, der Papst Paul III. mit Wein versorgte, schrieb in seiner Chronik im 16. Jh. mehr über die Weine des Königreichs Neapel als über die des übrigen Italien. Diese Reputation hielt sich bis ins 19. Jh., doch mit dem Sturz des Königreichs Beider Sizilien 1860 begann ein Niedergang, dem bis jetzt nur eine schwache Erholung gefolgt ist.

Die Griechen und Römer, die den Weinbau an der heißen, fruchtbaren Küste erstaunlich hoch entwickelten, wären sicher überrascht zu sehen, daß heute die feinsten Weine Kampaniens aus dem kühlen Hochland von Irpinia um Avellino kommen. Der internationale Erfolg des Fiano di Avellino, Greco di Tufo und Taurasi ist fast ganz Mastroberardino zu verdanken, der auch den Vesuv-Wein wieder aufgewertet hat. Schmackhafte Weine wachsen auf der Insel Ischia, bei Solopaca, an der Küste von Amalfi und in den Bergen, wo früher der Falerner herkam.

Wenn es an der Küste zwischen Baia Domizia und Sorrent aussichtsreiche Stellen für den Weinbau gegeben hat, sind sie wohl für immer verloren, denn dort erheben sich heute Hochhäuser und qualmende Fabrikschlote. Inmitten dieser trüben Szenerie liegt über der Bucht, die den Alten als Bild von Himmel und Hölle zugleich Ehrfurcht einflößte, das Babylon des verlorenen Paradieses, Neapel.

Weinberge in der Greco-di-Tufo-Zone mit dem Weingut Mastroberardino im Hintergrund.

Der Weinbau Kampaniens

Kampanien ist die Heimat einiger beliebter «archäologischer Reben», z. B. Aglianico, Fiano und Greco di Tufo bei Avellino sowie Falanghina bei Falerno und auf Capri. Früher wurden die Reben an Bäumen, Stangen, Pergolen und auf Hausdächern gezogen und zeigten dabei erstaunliche Wuchskraft. Die Etrusker ließen ihre Asprinio-Reben in fruchtbarem Boden bei Aversa in Pappeln hinaufranken. Eine moderne Anbauversion, die *alberata aversana*, verwendet Drähte, die zwischen Bäumen gespannt sind.

Heute sind die meisten Weinberge in sauberen Zeilen an den Berghängen angelegt. Die vertikale Erziehung herrscht in mehreren Varianten vor. In der kühlen Umgebung von Avellino hängen beim *Guyot-avellinese*-System die Trauben an einem tiefgespannten Draht, damit sie die von der Erde reflektierte Wärme aufnehmen können. In den Ebenen wird das *Tendone*-Spalier für ertragreiche Wein- und Tafeltrauben benutzt. Auch das *Alberello*-System (in Büschen) kommt vor. Auf den Steinterrassen von Amalfi, Capri und Sorrent sind auf Säulen Holzbalken aufgelegt, auf denen die Reben malerisch – wie auf den Pergolen im Valle d'Aosta – ranken.

265

An der steilen Küste bei Amalfi werden die Weinreben schon seit den klassischen Zeiten auf Pergolen gezogen.

Trotz der bekannten Fruchtbarkeit seiner Vulkan- und Schwemm-landböden sind die Weinernten in Kampanien im Durchschnitt relativ klein, weil viele Weinberge aufgegeben und neue an Stellen ange-pflanzt werden, wo sonst nichts wächst.

Die Aglianico-Traube, die mehrere DOC-Rotweine liefert und auch in der Basilikata heimisch ist, wird auf Seite 276 näher beschrieben. Sciascinoso ist wichtiger Bestandteil des Vesuvio Rosso und wird in Verschnitten hier wie in Latium viel verwendet. Die folgenden Reb-sorten sind vorwiegend in Kampanien beheimatet:

Asprinio. Die Etrusker, die diese Spezies von *Vitis silvestris* ins Flachland brachten, nutzten sie hauptsächlich zur Essiggewinnung. Mit der Zeit aber wurde ihr herber, spritziger Weißwein in Neapel beliebt (vom 16. bis zur Mitte des 20. Jh.s). Neuerdings ist Asprinio oder Asprino außer Mode geraten, doch Neupflanzungen deuten auf ein gewisses Comeback hin.

Biancolella. Bestandteil der DOC-Weißweine von Capri und Ischia, wo die Sorte für sich auch einen guten Tafelwein erbringt.

Coda di Volpe. Der Ältere Plinius taufte diese Sorte nach der Form der Traube *Cauda vulpium* (Fuchsschwanz). Sie ist wichtiger Be-standteil des DOC Vesuvio Bianco und darf auch in Greco di Tufo enthalten sein. Synonyme: Caprettone, Pallegrello.

Falanghina. Vermutlich griechischen Ursprungs (Falanghina Greco) und vielleicht die Rebe des weißen Falerners der Römer, heute Quelle des DOC Falerno del Massico und Capri. Die sehr spätreifende Sorte findet auch anderswo im Süden Anklang.

Fiano. Den Römern war sie wegen ihrer Anziehungskraft auf Bienen (*apis*) als *Vitis apiana* bekannt. Der um Avellino angebaute Fiano gilt als eine der markantesten Weißweintrauben Italiens, die jedoch ihrer kleinen Erträge wegen anderswo nicht viel gepflanzt wird.

Forastera. Die Hauptstütze des Ischia Bianco soll angeblich vor 200 Jahren von Sardinien und Korsika nach Ischia gelangt sein.

Greco di Tufo. Der Klon von alten griechischen Reben liefert bei Avellino einen der feinsten Weißweine Italiens. Die früher promi-nente Greco-Familie wird auch anderswo in Kampanien verwendet.

Guarnaccia. Die Haupttraube der DOC Ischia Rosso heißt anderswo auch Alicante. Sie ist verwandt mit Cannonau in Sardinien, in Spa-nien auch Granacha und in Frankreich Grenache.

Piedirosso oder **Palombina** oder **Per'e Palummo.** Die dunkle Sorte ist Hauptbestandteil der DOC-Rotweine Capri, Vesuvio (dort heißt sie Palombina) und Ischia (dort heißt sie Per'e Palummo und liefert einen gleichnamigen Tafelwein). Der Name «Rotfüße» leitet sich vom roten Holz her. Andere Synonyme: Piede di Colombo (Taubenfuß).

Weitere Rebsorten: Als landfremde Rebsorten sind Sangiovese und Trebbiano Toscano am prominentesten – Hauptbestandteile im DOC Solopaca Rosso und Bianco – gefolgt von der in Verschnitten beliebten Barbera. Apuliens Verdeca ist für den Vesuvio Bianco wichtig, und der Primitivo gehört in den DOC Falerno del Massico. Andere in den 5 Provinzen empfohlene bzw. zugelassene Rebsorten sind:

Für Rot- (oder Rosé)-Wein: Aleatico, Cesanese Comune, Greco Nero, Lambrusco Maestri, Malvasia Nera, Merlot, Montepulciano, Uva di Troia.

Für Weißwein: Bombino Bianco, Malvasia di Candia, Mantonico oder Montonico Bianco, Moscato Bianco, San Lunardo.

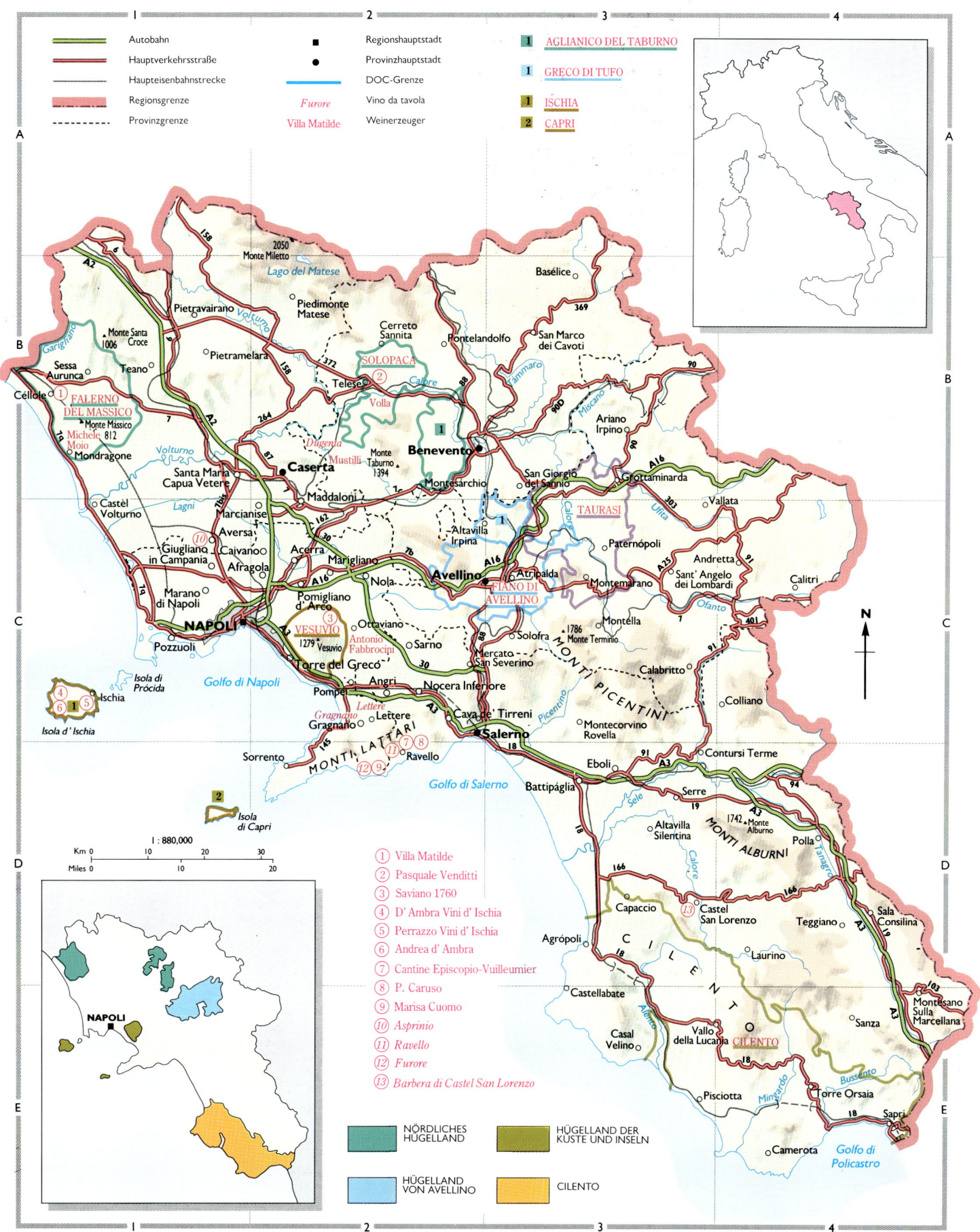

Autobahn
Hauptverkehrsstraße
Haupteisenbahnstrecke
Regionsgrenze
Provinzgrenze

Regionshauptstadt
Provinzhauptstadt
DOC-Grenze
Furore Vino da tavola
Villa Matilde Weinerzeuger

1 AGLIANICO DEL TABURNO
1 GRECO DI TUFO
1 ISCHIA
2 CAPRI

① Villa Matilde
② Pasquale Venditti
③ Saviano 1760
④ D' Ambra Vini d' Ischia
⑤ Perrazzo Vini d' Ischia
⑥ Andrea d' Ambra
⑦ Cantine Episcopio-Vuilleumier
⑧ P. Caruso
⑨ Marisa Cuomo
⑩ *Asprinio*
⑪ *Ravello*
⑫ *Furore*
⑬ Barbera di Castel San Lorenzo

NÖRDLICHES HÜGELLAND
HÜGELLAND DER KÜSTE UND INSELN
HÜGELLAND VON AVELLINO
CILENTO

1 : 880.000
Km 0   10   20   30
Miles 0   10   20

Die Weinzonen Kampaniens

Ungewohnte Produktivität entfaltet Kampanien in einem kleinen Bereich zwischen den kühlen Höhen der Apenninen und der sonnenheißen Küste, in deren Länge von 460 km die Inseln Capri und Ischia enthalten sind. Von den Berghängen hinter der weit ausladenden Stadt Neapel kommen Gemüse, Obst und Getreide in verschwenderischer Fülle, aber kaum Wein. Mehr als die Hälfte der Region besteht aus 100 bis 500 m hohen Bergen. Aus den Campano-Apenninen im Nordosten kommen die Flüsse Volturno und Calore, und in den Silento-Bergen im Südosten entspringt der Sele. Die Bergmassen des Vesuvs und des Lattari-Gebirges zwischen Sorrent und Salerno verursachen oft bizarre Wetterumschläge im Golf von Neapel und landeinwärts. Früher waren viele Berghänge terrassiert, moderne Weinberge werden jedoch auf nicht so steilen Stellen angelegt. Das Klima ist sehr unterschiedlich, von heiß und trocken in Küstennähe bis kühler und feuchter in größerer Höhe im Inneren. An der Küste herrscht oft Trockenheit, in den Bergen dagegen gibt es reichlich Niederschlag.

Die Berge im Norden

In den hochgelegenen Weingärten der Sannite- und Taburno-Berge von Benevento beteht der Boden meist aus Lehm, vermischt mit Vulkan- und Kalkgestein. Der Calore hat fruchtbares Schwemmland in das Tal bei Solopaca gespült; dort entstehen leichte Weißweine von Trebbiano und mittelschwere Rotweine von Sangiovese. Die hohe Taburno-Zone wird von frischen Brisen gekühlt und erhält auch im Sommer genug Regen, was der Aglianico-Rebe viel Potential gibt.

Die Irpinia-Berge von Avellino

Die waldigen Höhen tragen Weinberge mit Vulkanboden, vor allem nördlich und östlich von Avellino. Der Greco di Tufo wächst auf kalkreichem, sandigem Tuffgestein, und in den klassischen Weinbergen von Fiano und Taurasi ist der Boden lockerer und mit mehr Kalkgestein durchsetzt. Das Chiusano-Massiv mit dem 1422 m hohen Monte Tuoro beeinflußt das Wetter in der Taurasi-Zone, wo die meisten Weinberge an den Hängen des Calore-Tals liegen. Die besten Lagen der drei Zonen befinden sich in 400 bis 700 m Höhe, wo kühle Witterung langsame Reife begünstigt. Scharfe Kontraste zwischen den Tages- und Nachttemperaturen tragen zum kräftigen Aroma der Weißweine und zum vollen, komplexen Bukett des Taurasi bei. Die Greco-Trauben werden meist Ende September gelesen, anschließend der Fiano und dann der Aglianico, der manchmal erst im Dezember bei Schnee geerntet wird.

Die Küstenberge und die Inseln

Die Nordküste des Golfs von Neapel besteht in den DOC-Zonen Ischia und Vesuvio aus schwarzer Vulkanerde, doch hier spielt der Weinbau hinter profitableren Feldfrüchten nur die zweite Rolle. Dagegen ist die Ittari-Kette auf der Halbinsel Sorrent (die in Capri wieder aus dem Meer aufsteigt) aus hartem Kalkgestein gebildet und mußte terrassiert werden, um Weinbau zu ermöglichen. Das heiße, trockene Klima am Golf begünstigt Rotweine, doch die Weinbauern stellen sich schon seit langem auf die Nachfrage nach leichten Weißweinen ein. Von hochgelegenen Terrassen über Sorrent und Amalfi kommen duftige Weine jeder Farbe, wie so manche Flasche von Ravello und der Rotwein von Gragnano und Lettere, soweit es ihn überhaupt noch gibt, beweist.

Cilento

Felsige Berghänge machen den Weinbau mühsam, aber der kalkreiche Boden und das milde Binnenklima lassen robuste Rotweine und herzhafte Rosés von Aglianico- und Primitivo-Trauben entstehen.

Tabak wird in Solopaca in der Benevento verbreitet angebaut.

Oben: Weinernte in Solopaca.

Links: Gestrüpp bedeckt die Hänge des Massico-Massivs, wo die Römer ihren vielgeliebten Falerner zogen.

Weine aus dem Norden: Falerno, Solopaca und Taburno

Das nördliche Kampanien wird von den Apenninen und ihren Ausläufern beherrscht, die sich von der Grenze zu Latium und Molise südostwärts über Benevento über den breiten Tälern des Volturno und Calore hinziehen. Das früher kaum bekannte Solopaca erregt immer mehr Aufmerksamkeit, ebenso wie die noch geringe Produktion an Falerno del Massico. Aglianico del Taburno oder kurz Taburno ist noch nahezu unbekannt.

Falerno del Massico (1989)
Der Falerner ist nahe der Grenze zu Latium in drei Weinen wiedererstanden. Der *rosso* von Aglianico-Trauben erweist sich bei manchen Erzeugern als körperreich und über einige Jahre ausbaufähig. Der *bianco* von der Falanghina-Traube verspricht ebensoviel. Der Primitivo, außerhalb Apuliens eine rare Traube, zeigt bei Michele Moio wuchtige Kraft.
ZONE: Die Hänge des Monte Massico und der Berge zwischen Mondragone und Sessa Aurunca sowie 3 weitere in der Provinz Caserta.
Bianco. Trockener Weißwein, Traube: Falanghina. E. 70/100; Alk. 11; S. 0,5.
Rosso. Trockener Rotwein, auch *riserva* oder *vecchio*. Trauben: Aglianico 60–80%, Piedirosso 20–40%; Primitivo/Barbera bis 20%. E. 70/100; Alk. 12,5; S. 0,6; A. 1 J., *riserva* oder *vecchio* 2 J. (1 J. im Faß).

Primitivo. Trockener bis lieblicher Rotwein, auch *riserva* oder *vecchio*. Trauben: Primitivo; Aglianico/Piedirosso/Barbera bis 15%. E. 70/100; Alk. 13; S. 0,6; A. 1 J., *riserva* oder *vecchio* 2 J. (1 J. im Faß).

Solopaca (1974)
Im fruchtbaren Tal zu Füßen des Monte Alto Rotondo wächst schon lange Wein, doch kaum von besonderer Klasse. Der moderne Nachdruck auf Trebbiano und Sangiovese läßt nicht viel erwarten. Wenige Erzeuger sind über Kampanien hinaus bekannt.
ZONE: Das Calore-Tal zwischen den Taburno- und Sannite-Bergen um die Gemeinde Solopaca und 10 weitere in der Provinz Benevento.
Bianco. Trockener Weißwein. Trauben: Trebbiano Toscano 50–70% und Malvasia di Candia 20–40%; Malvasia Toscana/Coda di Volpe/andere weiße Sorten bis 10%. E. 105/150; Alk. 12; S. 0,45.

Rosso. Trockener Rotwein. Trauben: Sangiovese 45–60%, Piedirosso 20–25%, Aglianico 10–20%; Sciascinoso/andere rote Sorten bis 10%. E. 91/130; Alk. 11,5; S. 0,45.

Aglianico del Taburno oder Taburno (1987)
Die Waldberge östlich des Monte Alto Rotondo im Taburno-Massiv bei Benevento scheinen der Aglianico-Traube günstig, auch wenn man in der Flasche noch nichts davon merkt.
ZONE: Die Hänge des Taburno-Massivs südlich des Calore um die Gemeinden Monte Taburno, Torrecuso und 10 weitere in der Provinz Benevento.
Rosso. Trockener Rotwein, auch *riserva*. Trauben: Aglianico; Piedirosso/Sciascinoso/Sangiovese bis 15%. E. 91/130; Alk. 11,5; S. 0,5; A. 1 J., *riserva* 3 J.
Rosato. Trockener Rosé. Trauben: wie *rosso*. E. 91/130; Alk. 11,5; S. 0,5; A. 5 Mte.

Sonstige beachtenswerte Weine
Der meiste Wein ohne DOC aus den Bergen im Norden wird im Land getrunken oder als Faßwein verkauft. Die Rotweine sind meist rustikal und nur gelegentlich außergewöhnlich. Die Weiß- und Roséweine sind oft schwer und firn oder aber nichtssagend, meist *frizzante*.

WEINGÜTER/WINZER
Michele Moio, Mondragone (CE). Schwerer Primitivo unter der DOC Falerno del Massico.
Mustilli, Sant'Agata dei Goti (BN). Familienbetrieb mit gutem *vdt* Marke Santa Croce von typischen kampanischen Rebsorten. Weißer Falanghina ebenso hervorragend wie Aglianico und Greco.
Pasquale Venditti, Castelvenere (BN). Stetig wachsende Qualität in DOC Solopaca und rotem und weißem *vdt*.
Villa Matilde, Cellole (CE). Guter DOC Falerno del Massico und *vdt*.
Volla, Solopaca (BN). Maria Teresa Perlingieri bringt von 8 ha feinen DOC Solopacca Rosso hervor.

WEIN- UND HANDELS-HÄUSER
Ocone, Ponte (BN). DOC Solopaca und *vdt*.

GENOSSENSCHAFTEN
La Guardiense, Guardia Sanframondi (BN). Großer Erzeuger von DOC Solopaca, *vdt* und *spumante* von Winzern mit zusammen fast 1500 ha.
CS di Solopaca, Solopaca (BN). DOC Solopaca und *vdt* von Sannio.

Weine von Avellino: Fiano, Greco und Taurasi

Schon den Römern schmeckten die Weine von Avellino (Abellinum) an der Via Appia, sie fanden aber die Berge von Hirpinia (nach dem Sabiner Wort *hirpus* = Wolf) zu wild für Weinbau. Erst viel später entwickelte dieser sich im heutigen Irpinia, wurde jedoch in den 1920er und 30er Jahren von der Reblaus verwüstet und von den Erdbeben 1980 erneut beschädigt. Daß Irpinia der angesehenste Weinbaubereich in Kampanien, ja im Mezzogiorno ist, verdankt es der Familie Mastroberardino und ihrem unerschütterlichen Glauben an die antiken Reben Fiano, Greco und Aglianico. Heute sind der Fiano di Avellino und Greco di Tufo moderne trockene Weißweine, doch mit einem Charakter, der sie über die Masse hinaushebt. Der Taurasi wird manchmal «der Barolo des Südens» genannt. Klima, Boden und Vegetation von Irpinia zeigen große Ähnlichkeit mit der Heimat des Nebbiolo in Piemont um Alba, so daß die Parallele durchaus gegeben ist. Taurasi und Barolo entfalten sich über viele Jahre auch mit ähnlicher Grazie, jedoch zu eigener großartiger Persönlichkeit.

Fiano di Avellino (1978)

Manche Kenner bezeichnen ihn als den feinsten trockenen Weißwein. In seinem zarten Aroma sind delikate Nuancen von Birnen und Gewürzen und im nachhaltigen Geschmack geröstete Haselnüsse zu entdecken. Fiano von Mastroberardino hält sich mindestens 3 bis 6 Jahre und entfaltet dabei Tiefe und Komplexität, die jeder Behauptung, italienischer Weißwein sei von Natur fragil, widersprechen. Der Vignadora von Montefalcione läßt die Konkurrenz weit hinter sich. Die klassischen Fiano-Lagen befinden sich um Lapio nordöstlich von Avellino. Dieser Wein heißt auch Fiano di Lapio. Auch der Name «Apianum» ist zulässig.

Greco di Tufo (1970)

Dem Fiano durchaus ebenbürtig und von manchen Kennern wegen der reineren Frucht und des frischeren Geschmacks mit gerösteten Mandeln im Nachklang bevorzugt. Er reift auch fast genauso schön heran wie der Fiano, ist aber im Alter von 2 bis 3 Jahren als Begleiter zu Fisch am eindrucksvollsten. Die Rebe, ein Klon des von den Griechen mitgebrachten Greco, gedeiht im vulkanischen Tuffboden um die Bergdörfer Tufo, Santa Paolina, Montefusco und Chianche. Mengenmäßig liegt Greco di Tufo mit 4000 hl/Jahr an der Spitze der DOC-Zonen Kampaniens. Fast die ganze Produktion stammt von Mastroberardino.

ZONE: Die Berge nördlich von Avellino um den Ort Tufo sowie weitere 7 Gemeinden in der Provinz. Trocke-ner Weißwein, auch *spumante*. Trauben: Greco di Tufo; Coda di Volpe bis 15%. E. 70/100; Alk. 11,5: S. 0,5.

Taurasi (1970)

Der vielgerühmte Rotwein hat aufgrund seiner wuchtigen Struktur und des reichen Tannin- und Extraktgehalts, die von der sehr spät reifenden Aglianico-Traube stammen, ein großes Haltbarkeitspotential. Die in der Jugend rubinrote Farbe nimmt im Alter Mahagonitöne an, und in Bukett und Geschmackstiefe entwickeln sich bemerkenswerte Nuancen. Legendär ist die 68er *riserva* von Mastroberardino, die noch immer in voller Entfaltung ist, während neuere Jahrgänge schon nach 4 Jahren Rundheit und Harmonie erreichten. Die Einzellage Radici bringt seit 1986 eine neue Dimension in das Bukett. Zwar sind auch Piedirosso, Sangiovese und Barbera im Rezept vorgesehen, doch die führenden Erzeuger halten sich an reinen Aglianico, der

ZONE: Die Berge um Avellino mit 25 weiteren Gemeinden in der Provinz. Trockener Weißwein. Trauben: Fiano; Greco/Coda di Volpe/Trebbiano Toscano bis 15%. E. 70/100; Alk. 11,5; S. 0,5.

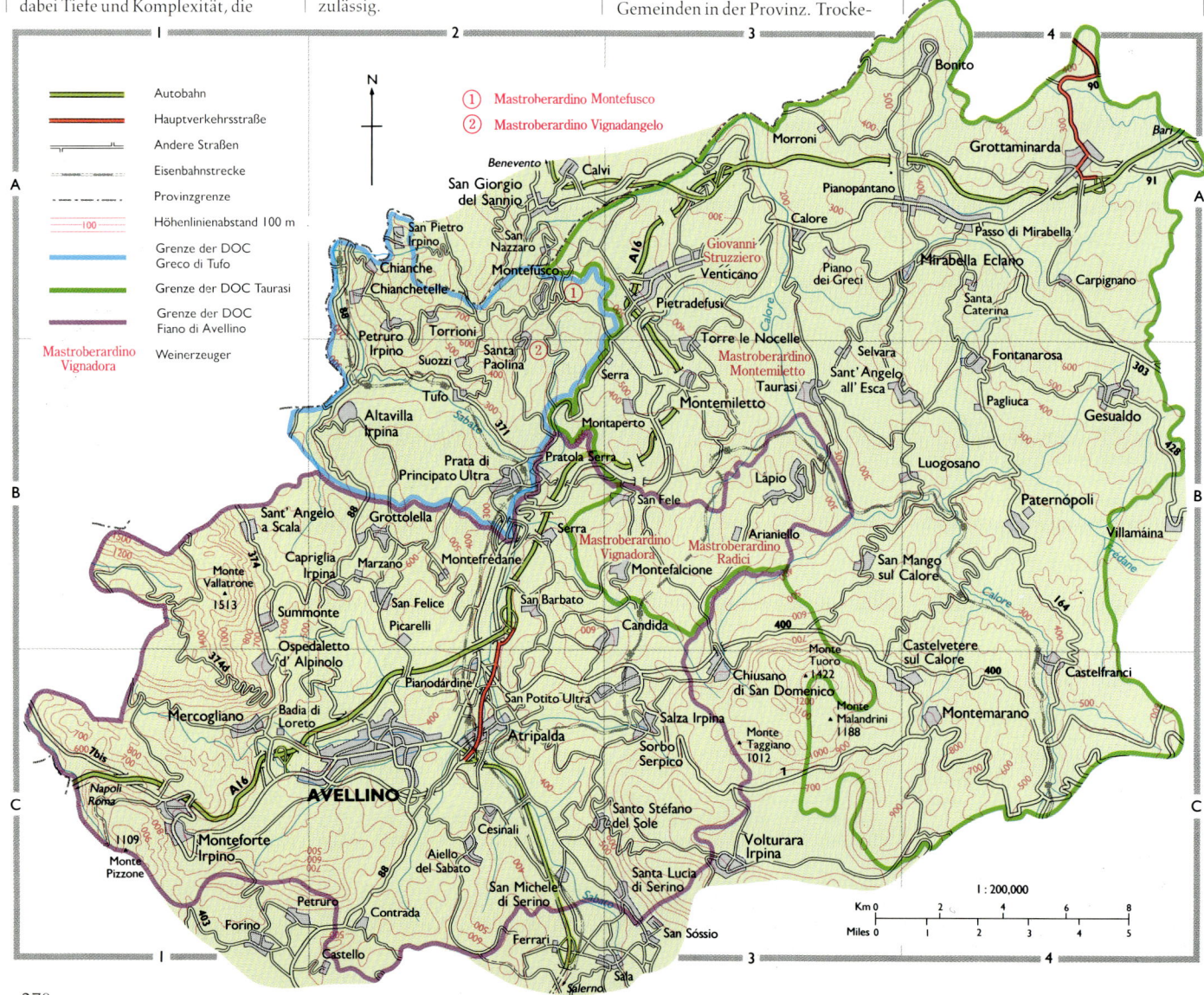

1 Jahr in Fässern aus slavonischer Eiche reift und dann abgefüllt wird. ZONE: Die Berge um den Ort Taurasi nordöstlich von Avellino mit 16 weiteren Gemeinden in der Provinz. Trockener Rotwein, auch *riserva*. Trauben: Aglianico; Piedirosso/Sangiovese/Barbera bis 30%. E. 77/110; Alk. 12; S. 0,6; A. 3 J. (1 J. im Faß), Riserva 4 J. (1 J. im Faß).

Andere beachtenswerte Weine

Mastroberardino gewinnt hier seinen Rosé Lacrimarosa von Aglianico, ebenso neuerdings den Plinius, einen festen Weißwein mit einem Anteil Coda-di-Volpe-Trauben. Die meisten anderen Irpinia-Weine werden in Großflaschen oder Glasballons im Land abgesetzt.

WEINGÜTER/WINZER

Mastroberardino, Atripalda (AV). Der meistbewunderte Erzeuger des Südens führt eine Familientradition aus dem frühen 18. Jh. fort, obwohl die Firma erst 1878 gegründet wurde. Die Gebrüder Antonio (Tonino) und Walter Mastroberardino und ihre Söhne Carlo und Paolo lassen die wenigen Konkurrenten mit Fiano, Greco und Taurasi weit hinter sich. Dem DOC Vesuvio Lacryma Christi haben sie neues Leben eingehaucht und die feinen *vdt* Lacrimarosa und Plinius geschaffen. Die Arbeitsteilung ist klar: Tonino erzeugt den Wein, Walter ist Verkaufsleiter, Paolo betreut die Weinberge, Carlo hat das internationale Marketing unter sich. Die Durchschnittsproduktion von 900 000 Flaschen macht die Hälfte der DOC-Weinerzeugung Kampaniens aus. Der Markt für hochwertigen Wein wird fast ganz von Mastroberardino beherrscht. Die Keller wurden nach ihrer Zerstörung durch das Erdbeben 1980 völlig renoviert. Dabei wurden ultramoderne Ausrüstungen installiert und Philosophie und Stil beim weißen Fiano und Greco geändert, die bis 1982 in Holzfässern, dann aber in temperaturgeregelten Edelstahltanks untergebracht wurden. Früher wurden alle Trauben angekauft; erst vor 12 Jahren kam durch Erwerb von 100 ha Land in den Bergen nördlich und östlich von Avellino eigener Weinbergbesitz in von früher her als gut bekannten Lagen zustande, die aber nach dem Reblausbefall aufgegeben worden waren, darunter 10 ha «Vignadora» bei Montefalcione für Fiano, 40 ha «Vignadangelo» bei Santa Paolina und 8 ha bei Montefusco für Greco. Ein 30-ha-Besitz bei Lapio umfaßt die Lage Radici für Taurasi, und weitere 13 ha bei Montemiletto liefern v. a. Aglianico. Lieferverträge bestehen für nochmals 150 ha. Das starke Wachstum auf fruchtbaren Böden erfordert scharfen Rückschnitt, damit bei Greco und Aglianico die Erträge auf 35 bis 40 hl/ha beschränkt bleiben. Der ertragsschwache Fiano kommt selten auf 35 hl/ha. Alle Weine werden in der Kellerei in Atripalda bereitet.

Giovanni Struzziero, Venticano (AV). Aufstrebender Weinerzeuger mit gelegentlich eindrucksvollem DOC Fiano, Greco sowie vor allem Taurasi.

Vadiaperti, Montefredane (AV). DOC Fiano di Avellino.

Weine aus den Küstenbergen und den Inseln

«Ich wollte, die Weine von Neapel kämen der Landschaft wirklich gleich», schrieb Charles G. Bode 1956 in «Wines of Italy». Da es mit beiden abwärts geht, würde er sie heute eher vergleichbar finden. Einige Ausnahmen können kaum entschuldigen, was in Neapel und Umgebung als *vino* ausgegeben wird. Zwei der drei DOC-Zonen, Ischia und Vesuvio, keinesfalls aber Capri, lassen gelegentlich einen Geschmack davon aufkommen, was sein könnte, wenn der Weinbau noch so ernsthaft betrieben würde wie früher. Erfreuliche Überraschungen sind unter den Tafelweinen aus den Bergen von Sorrent und Amalfi anzutreffen. Doch ihre Zukunft ist ebenso zweifelhaft wie die des neapolitanischsten aller Weine, des spritzigen weißen Asprinio aus dem Flachland um Aversa.

Ischia (1966)

Die Ehre, Italiens zweite DOC-Zone gewesen zu sein, hat die Weinerzeuger offensichtlich nicht inspiriert. Die Produktion ist in den letzten Jahren zurückgegangen. Der Rotwein kann mild und süffig sein, der normale Weißwein ist recht gut zu Fisch, und der *bianco superiore* hält manchmal, was der Name verspricht. Der Spitzenerzeuger D'Ambra bemüht sich jedoch mehr um Tafelwein. ZONE: Die Vulkanhänge auf der Insel Ischia in den Gemarkungen Barano, Casamicciola Terme, Forio, Lacco Ameno und Serrara Fontana.
Bianco. Trockener Weißwein. Trauben: Forastera 65%, Biancolella 20%, weitere weiße Sorten 15%. E. 72/100; Alk. 11; S. 0,5–0,6.
Bianco superiore. Trockener Weißwein. Trauben: Forastera 50%, Biancolella 40%, San Lunardo 10%. E. 56/80; Alk. 12; S. 0,45–0,55.
Rosso. Trockener Rotwein. Trauben: Guarnaccia 50%, Piedirosso (Per'e Palummo) 40%, Barbera 10%. E. 72/100. E. 72/100; Alk. 11,5; S. 0,5–0,65.

Vesuvio (1983)

Die Rebe hatte auf dem Vulkanaschenboden des Vesuv bemerkenswerte Höhen erklommen, schon ehe Pompeji im Jahr 79 n. Chr. unterging. Seit der Antike waren die Geschicke des Weins hier so launisch wie der eruptive Berg. Der Lacryma Christi war einmal der meistimitierte Wein Italiens, nur wußten die Imitatoren offenbar nicht so recht, um was es ging, und das verdarb ihm den guten Ruf. Die DOC-Vorschrift bringt allmählich wieder Ordnung, vor allem dank Mastroberardino, dessen volle Rotweine und feingestimmte Weißweine aus den besten Lagen um Boscotrecase kommen. Die DOC-Varianten sind so kompliziert, daß kaum jemand damit zurechtkommt. Vesuvio gilt für den einfachen Weiß-, Rosé- und Rotwein, während Lacryma Christi del Vesuvio (nachstehend LCV abgekürzt) 4 Versionen (dazu 4 Schaumweine) nach besonderer Vorschrift hat. ZONE: Die unteren Hänge des Vesuv mit 15 Gemeinden in der Provinz Napoli.
Rosso. Trockener Rotwein. Trauben: Piedirosso; Sciascinoso bis 50%, Aglianico bis 20%. E. 70/100; Alk. 10,5; S. 0,5.
LCV rosso. Trockener Rotwein, auch *spumante*. Trauben: wie *rosso*. E. 65/100; Alks 12, S. 0,5.
Rosato. Trockener Rosé. Trauben: wie *rosso*. E. 70/100; Alk. 10,5; S. 0,5.
LCV rosato. Trockener Rosé, auch *spumante*. Trauben: wie *rosso*. E. 65/100; Alk. 12; S. 0,5.
Bianco. Trockener Weißwein. Trauben: Verdeca; Coda di Volpe bis 65%, Falanghina/Greco bis 20%. E. 70/100; Alk. 11; S. 0,45.
LCV bianco. Trockener Weißwein, auch *spumante*. Trauben: wie *bianco*. E. 65/100; Alk. 12; S. 0,5
LCV liquoroso. Gespriteter Weißwein. Trauben: wie *bianco*. E. 65/100; Alk. 12; S. 0,5.

Unter den Augen ihrer Ahnen prüfen Antonio Mastroberardino und sein Sohn Carlo die Qualität des Weins aus der eigenen Kellerei Atripalda in der Provinz Avellino.

Capri (1977)

Der kalkreiche Boden Capris könnte Weine mit Klasse hervorbringen, vor allem von der Falanghina-Traube. Da aber kaum jemand auf der wohlhabenden Insel noch Zeit und Platz für Weinbau übrig hat, ist ein echter DOC Capri kaum aufzutreiben.
ZONE: Die sehr kleine Rebfläche auf der Insel Capri.
Bianco. Trockener Weißwein. Trauben: Falanghina mit Greco bis 50%; Biancolella bis 20%. E. 84/120; Alk. 11; S. 0,5.
Rosso. Trockener Rotwein. Trauben: Piedirosso; andere Sorten bis 20%. E. 91/130; Alk. 11,5; S. 0,45.

Andere beachtenswerte Weine

Viele Weine, die an der Meeresküste Kampaniens wachsen, kommen ohne amtliche Beglaubigung aus. Freilich sollte man den meisten Tafelweinen aus dem Weg gehen, doch einige sind durchaus nicht schlechter als der DOC-Standard. Beispiele dafür sind die D'Ambra-Weine von Ischia: trockener weißer Biancolella (von der Tenuta Frassitelli) und Forastera, roter Per'e Palummo (aus der Lage Vigneto Montecorvo), der Schaumwein Kalimera (von Biancolella- und Chardonnay-Trauben) und süßer Amber Drops. Die Küste bei Amalfi bietet Rot-, Weiß- und Roséwein von Ravello, der ebenso charmant sein kann wie der Anblick der Weinlauben auf den Felsterrassen bis hinab zum Golf von Salerno. Auch der Ort Furore kann interessanten Wein vorweisen. Besonders schade ist es um die Rotweine von Lettere und Gragnano, die leider ausgerechnet dort liegen, wo sich Neapel am stärksten ausweitet. Für beide Weine war eine DOC beantragt, doch nur Lettere hält

für seinen rubin-, purpur- oder kirschroten, stets perlenden und in der Jugend süffigen Wein noch daran fest. Der purpurrote, perlende, liebliche Gragnano ist ausgesprochen rar geworden.

WEINGÜTER/WINZER

Andrea D'Ambra. Serrara Fontana, Ischia (NA). Aus einer kleinen Lage auf Ischia gewinnt der Önologe Andrea D'Ambra den Schaumwein Kalimera nach dem Champagnerverfahren.
Antonio Fabbrocini, Terzigno (NA). DOC Lacryma Christi del Vesuvio.
Antonio Pentangelo, Lettere (NA). Kleine Produktion an *vdt* Lettere.

WEIN- UND HANDELS-HÄUSER

Cantine Episcopio – Pasquale Vuilleumier, Ravello (Salerno). Guter roter, weißer und rosé *vdt* Ravello Marke Episcopio.
P. Caruso, Ravello (SA). Angenehmer roter, weißer und rosé *vdt* Ravello Marke Gran Caruso.
Marisa Cuomo, Furore (SA). Vdt Divina Costiera.
D'Ambra Vini d'Ischia, Forio d'Ischia (NA). Nach einem Niedergang in Qualität und Prestige brachte Mario D'Ambra die Spitzenkellerei wieder hoch, und seine Nachfahren führen das Werk fort. Eine gründliche Modernisierung hat dem DOC Ischia und noch mehr dem von Andrea D'Ambra geschaffenen *vdt* neuen Stil verliehen.
Perrazzo Vini d'Ischia, Ischia Porto (NA). DOC Ischia und *vdt*.
Saviano 1970, Ottaviano (NA). DOC Vesuvio und *vdt* sowie etwas Gragnano.

Weine von Cilento

Südöstlich von Salerno, jenseits der Schwemmland-Ebene des Sele, Eboli gegenüber, liegen die niedrigen Cilento-Berge, deren wilde Schönheit sich seit der Zeit, als die Griechen hier Paestum bauten, nicht geändert hat. Die Rebe hat es an den felsigen Hängen schwer, doch die Weine von Aglianico- und Primitivo-Trauben sind tiefer als andere südlich von Avellino.

Cilento (1989)

DOC für 4 Weintypen, darunter ein Aglianico-Rotwein aus einem Bereich, der ursprünglich Teil von Lukanien bzw. der Basilikata war.
ZONE: Eine Reihe von Bergen an der Südküste von Kampanien zwischen Agropoli und der Grenze zur Basilikata am Golf von Policastro mit 60 Gemeinden in der Provinz Salerno.
Aglianico. Trockener Rotwein. Trauben: Aglianico; andere rote Sorten bis 15%. E. 70/100; Alk. 12; S. 0,6; A. 1 J.
Rosso. Trockener Rotwein. Trauben: Aglianico 60–75%, Piedirosso/

Primitivo 15–20%, Barbera 10–20%; andere rote Sorten bis 10%. E. 70/100; Alk. 11,5; S. 0,6.
Rosato. Trockener Rosé; Sangiovese 70–80%, Aglianico 10–15%, Primitivo/Piedirosso 10–15%. E. 50/100; Alk. 11; S. 0,6.
Bianco. Trockener Weißwein. Trauben: Fiano 60–65%, Trebbiano Toscano 20–30%, Greco Bianco/Malvasia Bianca 10–15%; andere weiße Sorten bis 10%.

GENOSSENSCHAFTEN

CS del Cilento, Rutino (SA). DOC Cileno.

Reise-Informationen

RESTAURANTS/HOTELS

Trattoria Da Gemma, 84011 Amalfi (SA). Tel. (089) 87 13 45. Familien-Trattoria mit vorzüglichen Fischgerichten und Weinen.

Trattoria Martella, Via Chiesa Conservatorio 10, 83100 Avellino. Tel. (0825) 3 11 17. Bodenständige Küche und feiner Avellino-Wein.

La Capannina, 80073 Capri (NA). Tel. (081) 83 70 732. Gutes Essen, große Auswahl an Weinen der näheren und weiteren Umgebung, gastfreundliche Aufnahme.

Le Ginestre, Via Vesuvio 7, 80056 Ercolano (NA). Tel. (081) 73 95 206. Ländliche Küche mit Vesuvio-, Gragnano- und Lettere-Weinen.

Giardini Eden, 80070 Ischia Ponte (NA). Tel. (081) 99 39 09. Recht gemütliches Lokal mit guten Fischund Gemüsegerichten und Weinen von Ischia.

Dante's Tavern, 82016 Montesarchio (BN). Tel. (0824) 83 43 60. Gute Küche, feine Weine mit unerwartetem französischem Akzent.

Hotel Caruso Belvedere, 84010 Ravello (SA). Tel. (089) 85 71 11.

Gutes Essen in prächtiger Umgebung mit Gran-Caruso-Hausweinen.

Hotel Palumbo, 84010 Ravello (SA). Tel. (089) 85 72 44. Luxushotel mit schönem Blick, gutem Essen und Episcopio-Hauswein.

Don Alfonso 1890, 80064 Sant' Agata sui Due Golfi, Massa Lubrense (NA). Tel. (081) 87 80 026. Kampaniens Spitzenrestaurant bietet erlesene Meeresfrüchte und gut ausgewählte Weine.

La Favorita-o'Parrucchiano, Corso Italia 71, 80067 Sorrento (NA). Tel. (081) 87 81 321. Große Auswahl an regionalen Gerichten und Weinen, auf einer Veranda serviert.

SEHENSWERTES

Kampanien hat viele Touristenattraktionen: Geschichte, Kunst, Musik, Badestrände, und eine Landschaft, wie man sie in Italien kaum dramatischer findet. Wer sich jedoch dem Weinstudium verschrieben hat, ist anderswo besser aufgehoben – aber einen Besuch bei Mastroberardino in Atripalda sollte er dennoch

nicht verfehlen. Wenn freilich auch niemand nach Capri oder Amalfi fährt, um dort Wein zu studieren, so hindert doch auch nichts daran, außer der Schönheit der Szenerie auch einen guten Tropfen zu genießen.

Ischia. Hier hat der Weinbau noch eine echte Heimat. Die Weinberge am steilaufragenden Monte Epomeo sind einzigartig malerisch.

Massico. An den Berghängen bei Mondragone in Nordkampanien wuchs einst der Falerner der Römer, der jetzt im DOC Falerno del Massico wieder auflebt.

Paestum. Am Rand des Cilento-Massivs im Südosten stehen die noch gut erhaltenen griechischen Tempel von Paestum.

Ravello. Aus den steilaufgetürmten Weinbergterrassen um diese Märchenstadt kommen die erfreulichsten Weine der Küste von Amalfi.

Vesuv, Pompeji und Herculaneum. Die Bedeutung des Weins für die Antike wird in dem vor kurzem entdeckten Keller deutlich, wo die Kunst der Weinbereitung schon vor 2000 Jahren einen beachtlich hohen Stand erreicht hatte. Auch das große dem Dionysos-Kult gewidmete Gemälde in der Villa dei Misteri in Pompeji ist sehr aufschlußreich.

Oben: Die alte Bergstadt Ravello ist berühmt für herrliche Blicke und die Weine aus den Weinbergen ringsum.

Links: Auf den grünenden und blühenden Ebenen der Region wachsen schon seit der Römerzeit Früchte, Gemüse und Korn in Hülle und Fülle.

Rechts: Schafe auf der Weide in den Lattari-Bergen hinter Amalfi.

Basilikata (Basilicata)

Hauptstadt: Potenza
Provinzen: Matera (MT), Potenza (PZ)
Fläche: 9992 km² (14.)
Bevölkerung: 619 000 (18.)

Die Matera-Ebene in der Basilicata geht allmählich in die bewaldeten Bergen auf.

Die Basilikata ist schon seit dem 6. oder 7. Jh. v. Chr., als die Griechen dort unter anderem die Vorfahren der Aglianico-Rebe anpflanzten, durch Wein bekannt. Doch in dieser Region, seit jeher eine der ärmsten Italiens, sichert der Traubenanbau wie der von Oliven und Obst oder die Viehzucht gerade das Existenzminimum. Die Römer nannten dieses Land Lukanien, Basilikata wurde es später von den Byzantinern getauft. Bis heute sind beide Namen gebräuchlich, aber seit 1932 lautet die offizielle Bezeichnung «Basilicata».

Noch vor kurzem war der Weinbau des Landes nur ein Anhängsel Apuliens und belieferte die Nachbarregion diskret mit Aglianico und anderen Weinen für Verschnittzwecke. Die Apulier geben es nicht gern zu, aber oft genug war der Aglianico vom Monte Vulture in der Basilicata das Beste an den Weinen, die sie als ihre eigenen verkauften. 1971 wurde dem Aglianico del Vulture eine DOC zuerkannt, und nun begannen die Winzer dieser Gegend zunächst fast widerwillig, ihren Wein selbst auf den Markt zu bringen. Bisher hat er weniger Beifall gefunden, als er verdient, doch dürfen die Winzer wenigstens mit Befriedigung feststellen, daß der Aglianico del Vulture Höhen erreicht, von denen Apulien nur träumen kann.

Die Basilikata verfügt nur über die eine DOC-Zone Aglianico del Vulture, auf die mit 1 Mio. Flaschen im Jahr knapp 2% der Gesamtproduktion in der Region entfallen. Vielleicht könnte im Hochland mehr und noch besserer Wein wachsen, aber es herrscht hier unter den Winzern starke Zurückhaltung, die sich leicht aus der Mühsal erklären läßt, die es kostet, will man den oft sehr kalten Höhenlagen und ihrem kargen Boden etwas abtrotzen. Oft werden die Trauben hier erst im November gelesen, denn der Aglianico reift sehr spät. Das schmale Lob, das die Winzer sich mit harter Arbeit verdienen müssen, steigt ihnen deshalb kaum zu Kopf. Da wenig Aussicht auf mehr Aglianico-Wein aus der Region besteht, muß man schon selbst dorthin fahren, wenn man einen der feinsten Rotweine Italiens probieren möchte.

Die Rebfläche der Region ergibt ein fast mittelalterliches Bild. Selbst in der Vulture-Zone sind die 1192 registrierten DOC-Lagen im Durchschnitt jeweils nur 1 ha groß. Diese Aufsplitterung und die mühsame Handarbeit in den Weinbergen, die so steil sind, daß man zum Teil nur zu Fuß oder mit dem Maulesel hingelangen kann, verursachen einen stetigen Rückgang der Produktion aus Hochlagen. Manche Winzer sind in den Norden abgewandert, andere ohne Nachfolger geblieben. Noch vor 20 Jahren schlängelte sich die unasphaltierte Straße von Rionero nach Ripacandida durch einen blühenden Weingarten, der auf dem steilen Terrain von San Savino, wo auch heute noch der beste Wein der Zone wächst, am üppigsten war. Inzwischen ist sie zwar mit buckligem Asphalt versehen, aber sie durchschneidet nur noch unansehnliches Gestrüpp, das immer mehr Weinberge verschlingt.

Neue Weinberge werden auf sanfteren Hängen um Venosa gepflanzt, wo der Aglianico nur an besonderen Stellen an die Finesse der Weine von Rionero und Barile herankommt. Bisher konnte die geringere Traubenqualität durch bessere Kellertechnik ausgeglichen werden. Aber Donato D'Angelo, der führende Weinerzeuger in der Zone, warnt, daß dies nicht mehr lange so weitergehen kann. Deshalb müssen die Kellereien, die sich bisher allein auf ein enges Verhältnis zu den Winzern stützten, eigenen Weinbergbesitz erwerben. Dieser Bruch mit der Tradition wäre nicht so schwerwiegend, wären nicht Weinbergfachleute sowieso eine aussterbende Rasse.

Der Weinbau in der Basilikata

Die Basilikata hat keine ausschließlich zu ihr gehörende Rebsorte, doch ist der Aglianico mit den Hängen des Monte Vulture so stark verwurzelt, daß er als einheimisch gelten darf.

In der Vulture-Zone werden die Reben wie fast überall in der Basilikata vertikal in Varianten des Guyot-Systems erzogen. An den steilen Hängen um Rionero und Barile werden die Jungtriebe an Stäben gezogen, so daß die Trauben ziemlich tief hängen und die vom Boden reflektierte Wärme absorbieren können. Der Abstand zwischen den Rebzeilen beträgt meist einen Meter, die Pflanzweite oft nur einen halben Meter, so daß eine überaus hohe Bestandsdichte von 20 000 Stück je Hektar zustande kommt.

Im Flachland um Metapone wird wie in Apulien das *Alberello*- oder *Tendone*-System angewandt. Der überaus geringe Durchschnittsertrag der Basilikata von 28 hl/ha erklärt sich zum Teil daraus, daß viele noch registrierte Weinberge nicht mehr bewirtschaftet werden.

Außer Aglianico und Aglianicone spielen die rote und weiße Malvasia und der Asprinio aus Kampanien eine Rolle im Weinbau der Basilikata. In den zwei Provinzen sind u. a. die folgenden Rebsorten empfohlen bzw. zugelassen:

Für Rot- oder Roséwein: Aleatico, Bombino Nero, Ciliegiolo, Malvasia Nera di Basilicata, Montepulciano, Primitivo, Sangiovese.

Für Weißwein: Asprinio Bianco, Bombino Bianco, Chardonnay, Fiano, Malvasia Bianca di Basilicata, Moscato Bianco, Pinot Grigio, Trebbiano Toscana.

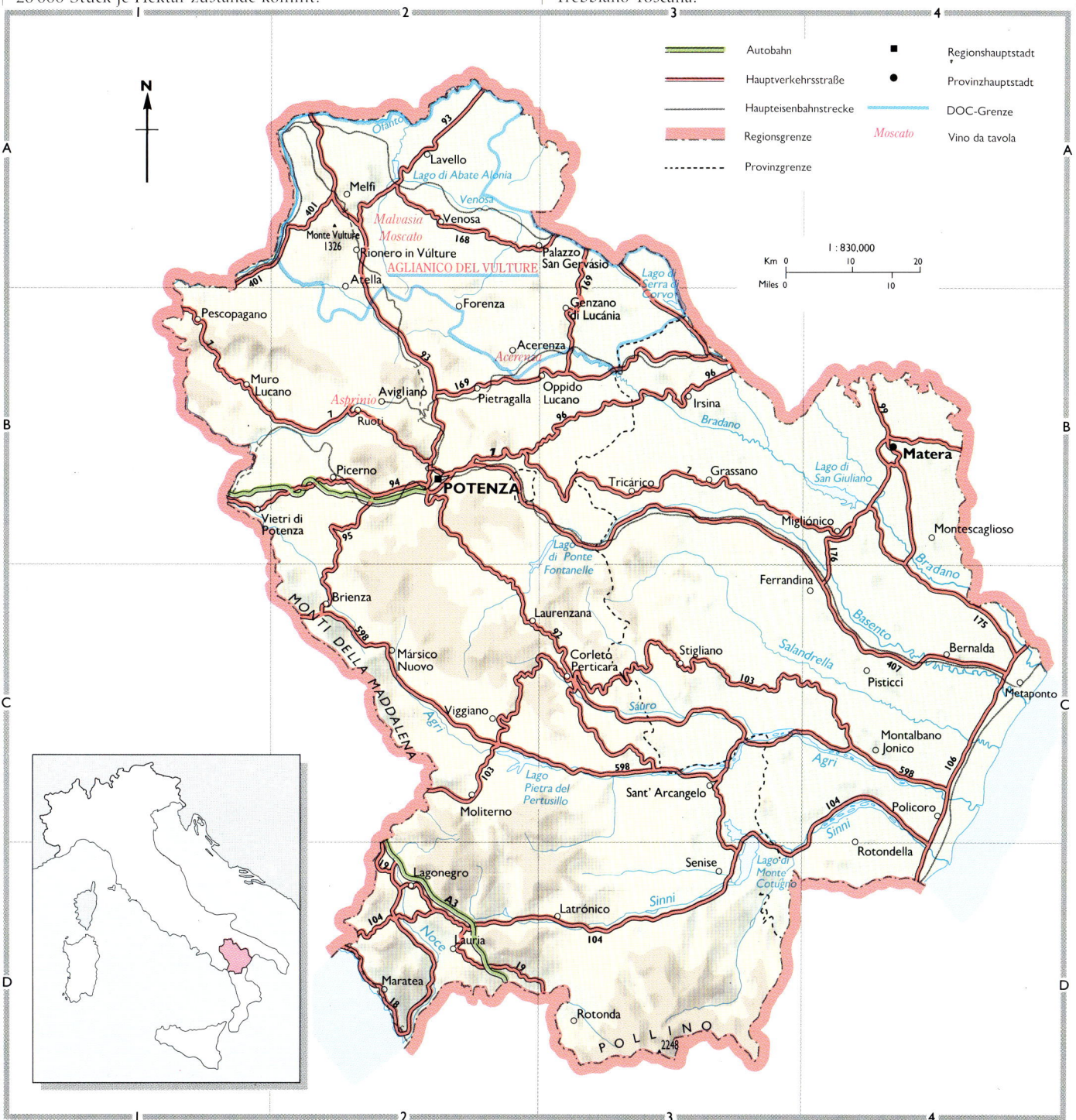

275

Die Weinzonen der Basilikata

In der Basilikata werden am Monte Vulture die Aglianico-Reben sehr dicht gepflanzt und an Stäben gezogen.

Die Basilikata ist ein von Apulien, Kampanien und Kalabrien eingeschlossenes Hochland im Herzen der südlichen Halbinsel. Sie verfügt über nur ein kurzes Stück Küste am Ionischen sowie einem steilen Felsabsturz ins Tyrrhenische Meer. Die Landschaft wird von den Lukanischen Apenninen und ihren öden Plateaus so stark beherrscht, daß nur 8% in den Tälern und trockengelegten Sümpfen an der ionischen Küste als Ebene gelten. Die DOC-Zone Aglianico del Vulture liegt im äußersten Norden der Region. Alle weiteren Weinbaubereiche befinden sich bei Matera in Flußtälern und den Küstenebenen um Metaponto. Das Klima ist unterschiedlich. Warme Luftströmungen von Westen her werden von den Apenninen abgeblockt, während das Hochland von Winden aus dem Balkan bestrichen wird. Im Gebirge gibt es reichlich Niederschlag, zwischen Dezember und März als Schnee. Die Berge um Matera sind milder und trockener.

Monte Vulture

Die Zone besteht aus zwei geologisch verschiedenen Bereichen, der eine auf der steilen Ostseite des Vulkans, der andere auf den bis fast zur Grenze Apuliens reichenden Hochflächen um Venosa. Am Monte Vulture ist die Lavaschicht stellenweise bis 4 m dick. Der pulverige dunkelbraune Boden über Tuffgestein enthält Vulkanasche und Kali. Im Osten ist der Lehm oft zu schwer für den Weinbau; nur bei Venosa enthält er Kalzium, Stickstoff und organische Substanzen. Infolge der Höhenlage von durchschnittlich 600 m am Monte Vulture und 500 m bei Venosa ist das Klima ungewöhnlich streng. Im Winter ist es sehr kalt, im Frühjahr feucht und kühl. Heiße und trockene Perioden werden oft von Regen unterbrochen, der im Spätsommer erfreulich, vor oder während der Lese Ende Oktober aber schädlich sein kann.

Matera und die ionischen Küstenebenen

Hier wird in den Flußtälern von Bradano, Basento, Agri und Sinni und im fruchtbaren trockengelegten Sumpfland um Metaponto Wein angebaut. Das Klima ist oberhalb von 100 m gemäßigt und darunter warm; in höheren Lagen gibt es stärkere Niederschläge. Die Rotweine von Aglianico- und Montepulciano-Trauben sind meist robust, jedoch nur selten fein; den leichten Weißweinen von Malvasia und Trebbiano fehlt es oft an Charakter.

Die Weine der Basilikata

Aglianico del Vulture (1971)

Junge und ältere Versionen sind meist trocken, gelegentlich aber auch *amabile*, als *spumante* ebenfalls lieblich. In den ersten beiden Jahren ist die trockene Version stets hart und verschlossen, mit einem Anklang an Brombeeren in Geschmack und Farbe. Im Alter wandelt sie sich zu rubin- bis granatrot und bekommt ein milderes und reicheres Bukett. *Vecchio* und *riserva* halten sich oft 7 bis 10 Jahre und länger. Unter den Erzeugern steht die Firma Fratelli D'Angelo an erster Stelle.
Von den drei bedeutendsten Bereichen erbringt San Savino zwischen Rionero und Ripacandida oft den elegantesten Aglianico aus zwei Lagen (knapp 30 ha) in 560 bis 670 m Höhe: La Mezzana unterhalb und Piano dell'Altare oberhalb der Straße. Der zweite Bereich liegt östlich von Barile in den zwei Lagen Gorizza (rund 15 ha) und Macarico (etwas größer). In kleinen Parzellen befinden sich die Weinberge zwischen Olivenbäumen auf Südosthängen in 500 bis 600 m Höhe. Die Weine kommen denen aus San Savino gleich, haben aber oft geringfügig mehr Alkoholgehalt. Der dritte Bereich liegt östlich von Venosa auf dem Plateau bei Masseria Sant'Angelo. Die Anhöhe Serra Dolente (430 m) bringt Aglianico mit Körper, Struktur und Geschmacksfülle hervor (oft Verschnittwein).

Östlich von Venosa und Masseria Sant'Angelo befinden sich die größten Rebenbestände der DOC-Zone Aglianico del Vulture, doch die Erzeugnisse der meist bewässerten Weinberge werden faßweise an Abfüller in Apulien und Kampanien verkauft.
ZONE: Die Hänge am Monte Vulture, v. a. die Gemarkungen Rionero in Vulture und Barile, sowie das Hochplateau im Osten bei Venosa. Die große Zone umfaßt außerdem 12 Gemeinden in der Provinz Potenza. Trockener Rotwein, auch *vecchio* und *riserva*. Traube: Aglianico. E. 70/100; Alk. 11,5, *vecchio* und *riserva* 12,5; S. 0,6; A. 1 J., *vecchio* 3 J. (2 J. im Faß), *riserva* 5 J. (2 J. im Faß).
Amabile. Süßer Rotwein. E. 70/100; Alk. 11,5 (Restsüße Max. 10%); S. 0,6; A. 1 J.
Spumante. Roter Schaumwein, meist süß. E. 70/100: Alk. 11,5; S. 0,6.

Andere beachtenswerte Weine

Im Vulture-Gebiet entsteht bemerkenswert duftiger Moscato und Malvasia. Die Produktion des früher beliebten Moscato aus Ginestra ist leider im Rückgang. Spritziger weißer Asprinio ist eine seltener werdende Spezialität von Ruoti an der Grenze zu Kampanien. Auf der kleinen Ebene an der ionischen Küste entstehen saubere Tafelweine von Aglianico, Sangiovese und Montepulciano und Traubensorten aus dem benachbarten Apulien.

WEINGÜTER/WINZER

Donato Botte, Barile (PZ). DOC Aglianico del Vulture sowie Moscato.
Giuseppe Botte, Barile (PZ). DOC Aglianico del Vulture.
Fattoria La Vigna-Carbone, Melfi (PZ). DOC Aglianico del Vulture.

WEIN- UND HANDELSHÄUSER

Fratelli D'Angelo, Rionero in Vulture (PZ). Donato und Lucio D'Angelo haben ihren Familienbetrieb zur unbestrittenen Spitzenkellerei in der Basilikata gemacht. Ihr Aglianico gehört zu den feinsten Rotweinen Süditaliens. Die Produktion beläuft sich auf 13 000 bis 15 000 Kisten DOC Aglianico jährlich. Hinzu kommen Moscato- und Malvasia-Schaumweine. Donato D'Angelo versucht unermüdlich, den Aglianico weiterzuentwickeln. Mit dem Canneto, einer in kleinen Fässern ausgebauten Auslese der Jahrgänge 1985, 1987 und 1988, ist ihm das gelungen. Dieser *vdt* zeigt so eindrucksvolle Harmonie und Tiefe, daß die Produktion 20 000 Flaschen übersteigen kann. Der Betrieb hat keinen eigenen Weinbergbesitz, sondern kauft Trauben bei Winzern in den besten Bereichen um Rionero und Barile sowie in Sant'Angelo bei Venosa.
Armando Martino, Rionero in Vulture (PZ). DOC Aglianico del Vulture, Malvasia und Moscato *spumanti*.
Fratelli Napolitano Rionero in Vulture (PZ). DOC Aglianico del Vulture, Malvasia, Moscato und Aleatico.
Paternoster, Barile (PZ). Gute Qualität in DOC Aglianico del Vulture, Malvasia, Moscato, auch *spumante*.
Francesco Sasso, Rionero in Vulture (PZ). Guter DOC Aglianico del Vulture und Malvasia.

GENOSSENSCHAFTEN

Consorzio Viticoltori Associati del Vulture, Barile (PZ). DOC Aglianico del Vulture und andere Weine von einer großen Winzergruppe.
CS di Metapontino, Metaponto (MT). *Vdt* Metapontum und Montepulciano di Basilicata.
Società Cooperativa Vinicola del Vulture, Rionero in Vulture (PZ). DOC Aglianico del Vulture, *spumante* und *vdt*.
Riforma Fondiaria di Venosa, Venosa (PZ). DOC Aglianico del Vulture, Malvasia und Moscato.

Map legend:

- Straßen
- Eisenbahnstrecke
- Regionsgrenze
- Höhenlinienabstand 100 m
- 600
- Grenze der DOC Aglianco del Vulture
- *Paternoster* Weinerzeuger
- *Serra Dolente* Bekannte Weinlagen

Map labels:

Canosa di Puglia, Gaudiano, Masseria Viggiani, Villaggio Gaudiano, Foggia, Leonessa, Masseria Parasacco, Masseria Ginistrelli, Ofanto, Lampeggano, Celano, Masseria Casella, Lavello, 464 Monte Cervaro, Masseria Catapane, Masseria Menolecchia, Olivento, 93, Villa Mariannina, Boreano, Lago di Abate Alonia, Venosa, Masseria Grimolizzi, Canosa di Puglia, MELFI, Fattoria La Vigna Carbone, l'Incoronata, 168, Matinella, Masseria Lupara, Spinazzola, Altamura, Rapolla, Macarico Gorizza, La Reseca 675, Venosa, Serra Dolente, Masseria Nardozza, Palazzo San Gervásio, 97, Foggianello, Monte Vulture 1326, Barile, Ginestra, Serra la Croce 813, Masseria Sant' Angelo, 168, Masseria Tufaroli, Masseria Madama Giúlia, Masseria Monte Poto, Monticchio Bagni, 1262 Monte San Michele, San La Mezzana Savino, Ripacandida, Masseria Don Antónío, Maschito, Grotte Cassano, 169, Laghi di Monticchio, Rionero in Vúlture, Piano dell' Altare, Masseria Cicória, Masseria Trípputi, Lago di Serra di Corvo, 167, Sant' Andrea, Atella, Banzi, Genzano di Lucánía, Monte Muscillo 581, Monte Sérico 542, Collégio di Siano, Masseria D'Errico, Altamura, Potenza, Forenza, San Zaccaria, Piano Viorano, Taccone, Altamura, Fiumarella, Masseria Civiello, Pánni, la Fiumarella, Acerenza, Bradano, Sciaráffi, Brádano, 966, Polosa, Oppido Lucano, 969, Potenza

Weinerzeuger (numbered list):

1. Donato Botte
2. Giuseppe Botte
3. Paternoster
4. Fratelli D' Angelo
5. Armando Martino
6. Fratelli Napolitano
7. Francesco Sasso

N

1 : 320,000
Km 0 1 2 3 4 5 6 7 8 9 10
Miles 0 1 2 3 4 5

Reise-Informationen

RESTAURANTS/HOTELS

Il Castagneto, 85025 Melfi (PZ). Tel. (0972) 2 43 63. Handgemachte Pasta, Fleisch und Wild vom Grill und Wein der Gegend.
Marziano, 85020 Monticchio Laghi (PZ). Tel. (0972) 73 10 27. Gute Küche und sehr schöne Aussicht auf die Seen und Wälder von Monticchio.
La Pergola, 85020 Rionero in Vulture (PZ). Tel. (0972) 7 21 19. Einfaches Hotel und Restaurant mit guter, bodenständiger Küche.

SEHENSWERTES

Der Monte Vulture ist ein guter Mittelpunkt für eine Weinreise auf nicht gar so ausgetretenen Pfaden. Die bekannteren Aglianico-Kellereien befinden sich in Rionero und Barile auf der Südostseite des Vulkans. Ganz in der Nähe liegen die kleinen Seen von Monticchio mit einem Kloster mitten im Wald. In Barile, wo der Wein in jahrhundertealten in das Tuffgestein getriebenen Höhlen lagert, findet jährlich im Oktober ein Aglianico- und Maronen-Fest statt.

In der Landschaft um den erloschenen Vulkan Monte Vulture wächst in steilen Weinbergen der Aglianico del Vulture.

Kalabrien (Calabria)

Hauptstadt: Catanzaro
Provinzen: Catanzaro (CZ), Cosenza (CS), Reggio di Calabria (RC)
Fläche: 15 080 km² (10.)
Bevölkerung: 2 130 000 (10.)

Der Wein Kalabriens muß eine illustre Vergangenheit haben; weshalb sonst würden dort so viele Winzer noch tief in ihr leben? Sicherlich hat es auch stolze Augenblicke gegeben. Die Sage erzählt, daß der Anblick der Weinberge an der ionischen Küste den Griechen den Namen Oinotria («Land des Weins») eingegeben habe. Diese Vorstellung ist aber inzwischen so antiquiert wie die Weine Kalabriens selbst.

Dennoch, Geschichten hört man viel lieber als Kassandrarufe über die Zukunft des Weins. Und daher meinen die Traditionsbewahrer: Warum etwas ändern, was dem Kunden gefällt? Verwunderlich daran ist nur, daß es den Kunden tatsächlich so gefällt. Der Grund ist vielleicht, daß Kalabrien weniger produziert, als die eigene Bevölkerung (zusammen mit den Sommertouristen) konsumiert. Daher ist der beschränkten Anzahl Flaschen (oder auch Glasballons) eine getreue Klientel sicher. Der Wein spielt in der Wirtschaft des Landes eine geringe Rolle. Viel größer ist die Bedeutung von Olivenöl, Zitrusfrüchten, Getreide und Gemüse mit mediterranem Flair wie Tomaten, Paprika und Auberginen.

Dabei hat der Wein in Kalabrien eigentlich gute Chancen, denn das schöne Hochland bietet die gemäßigten Bedingungen, die fast allen Reben behagen. Der Girò als der einzige Wein mit weltweitem Ruf hat die meisten Anteile am Status quo. Aber allen Sagen zum Trotz war der Girò nicht immer der Größte. Auch ist es durchaus nicht gewiß, ob er wirklich der Nachfolger des Krimisa ist, wenn die beiden auch einiges gemeinsam haben.

Noch vor 100 Jahren lieferte Kalabrien mit die besten Verschnittweine Italiens, und der Cirò war einer von den bekannteren. Jahrhundertelange Mißwirtschaft aber stürzte die Region schließlich in Armut und Korruption, so daß Auswanderer in rauhen Mengen nach Ame-

Die rauhe Landschaft Kalabriens ist an der Küste dürr und in den Gebirgen bewaldet, so daß wenig landwirtschaftliche Nutzfläche bleibt.

rika gingen. Manche von ihnen vergaßen aber die Weine der alten Heimat nicht. Dank seines eingängigen Namens war der Girò unter den ersten, die sie sich leisteten. Vermutlich war es auch um diese Zeit, daß die alten Sagen wieder aufkamen (oder erfunden wurden).

Zweifellos hat der Cirò die Vorliebe Kalabriens für Rotwein, der gegenüber Weißwein mit nicht weniger als 8:1 überwiegt, beeinflußt. Allerdings muß man berücksichtigen, daß *rosso* hier die verschiedensten Farbtöne, vom hellen Rubinrot eines guten jungen Cirò oder Savuto bis zum Rosen- und Kirschrot der Hochlandweine aus Pollino und Donnici und zum Bräunlich-Karmesinrot, das den meisten nach einiger Zeit eigen ist, umfaßt.

Die wenigen Erzeuger in Kalabrien, denen die wachsende internationale Nachfrage nach Weißwein aufgefallen ist, haben sich entsprechend eingerichtet. Im Cirò-Bereich bekam der DOC-Weißwein von Greco-Bianco-Trauben neuen Stellenwert. (Eine andere Greco-Sorte erbringt bei der Stadt Bianco im Süden einen ungewöhnlichen Süßwein, allerdings nur in ganz kleinen Mengen.) Studien werden mit Weißweinreben getrieben, unter denen die internationalen Elitetrauben großen Raum einnehmen. Doch die Experimente sind vereinzelt, ebenso die Erzeuger, die sich ihnen widmen, obwohl sie Gefahr laufen, als Verräter an der bequemen Sache des Lebens in der Vergangenheit beschimpft zu werden.

Der Weinbau Kalabriens

Die Vorherrschaft der Rotweintrauben in Kalabrien wird von dem mysteriösen Gaglioppo angeführt, der über 7000 ha bzw. ein Viertel der Rebfläche in Anspruch nimmt. Wie andere alte Rebsorten verfügt auch der Gaglioppo über verwirrend viele Typen und Namen. Die Verschnittpartner Greco Nero und Magliocco kommen zusammen dem Gaglioppo etwa gleich. Auch Außenseiter wie Nerello und Sangiovese spielen eine Rolle. Die wichtigste weiße Sorte ist Greco Bianco, doch der Trebbiano Toscano holt rasch auf.

Außer in Cirò und einigen Küstengegenden gehört der Weinberg stets zum Bauernhof und nimmt deshalb meist nur zerstreute, durchschnittlich 1 ha große Parzellen ein. Inzwischen sind jetzt viele von Mischkultur auf Monokultur umgestellt worden. Die von den Griechen überkommene buschige *Alberello*-Erziehung ist noch verbreitet, doch auch vertikale Systeme sind gebräuchlich. Das *Tendone*-Spaliersystem verbessert die Erträge in heißem Klima, die in Kalabrien zu den geringsten Italiens gehören.

Da Rotwein auf dem Markt weniger gefragt ist als Weißwein, experimentieren amtliche Stellen bei Cosenza mit Chardonnay, Pinot Bianco, Riesling, Traminer Aromatico und Sauvignon. Aber auch Merlot und Cabernet bieten gute Aussichten. Die folgenden traditionellen Sorten sind unverändert die Hauptrauben:

Gaglioppo. Die antike Rebe, ob einheimisch oder griechischen Ursprungs, ist die wichtigste Traubensorte für Cirò und die meisten anderen Rotweine. Allerdings zirkuliert eine verwirrende Vielfalt von Typen unter diesem Namen. Gaglioppo wird oft mit roten und weißen Trauben anderer Sorten verschnitten, aber bestimmte Klone erbringen für sich allein volle, dunkle Weine. Die Wissenschaft untersucht mögliche Verbindungen mit Aglianico, wie der Gaglioppo an manchen Stellen auch heißt. Weitere Synonyme sind Arvino, Lacrima Nera, Magliocco und Mantonico Nero.

Greco Bianco. Der von den Griechen eingeführte Greco ist vielleicht auch Vorläufer anderer Sorten wie Grechetto, Grecanico usw. Weißer Greco hat Stil sowohl als trockener (Cirò Bianco) als auch als süßer Weißwein (Greco di Bianco), jedoch werden verschiedene Klone ebenfalls Greco genannt.

Greco Nero. Trotz des Namens ist umstritten, ob diese Sorte ursprünglich wirklich aus Griechenland kam. Sie wird meist mit Gaglioppo verschnitten, kann aber auch für sich saubere Rotweine erbringen. In Sardinien, Sizilien und Kampanien wird sie ebenfalls angebaut und heißt mancherorts Marsigliana.

Die Weinberge im Sila-Gebirge liegen an den Hängen zwischen Feldern, Wäldern und Weiden.

Lacrima Nera. Siehe Gaglioppo.

Magliocco Canino. Die dunkle Sorte wird oft mit Gaglioppo verschnitten, mit dem sie verwandt zu sein scheint.

Mantonico oder **Montonico Bianco.** Die antike Rebe (das griechische Wort bedeutet «prophetisch») wird um Bianco am Ionischen Meer angebaut und erbringt Sherry-ähnlichen Wein. Um Cosenza gibt es eine gleichnamige Sorte, die jedoch mit dieser nicht verwandt ist. Manche behaupten, der Mantonico sei aus den Abruzzen hierher gekommen. Mantonico Nero ist ein Synonym für Gaglioppo.

Weitere Rebsorten: Für Süßweine sind seit langem Muskatellersorten beliebt (v. a. Moscato Bianco, aber auch Zibibbo und der rote Moscato d'Amburgo), aber auch verschiedene Arten Malvasia. Nerello Mascalese und Cappuccio aus Sizilien sind die wichtigsten Trauben im DOC Lamezia Rosso. Der Lokalrotwein Pellaro von Reggio di Calabria wird von Alicante (Garnacha) gewonnen, der seltsamerweise in der Region nicht zugelassen ist. In einer oder mehreren der drei Provinzen sind darüber hinaus folgende Sorten zugelassen bzw. empfohlen:

Für Rot- oder Roséwein: Barbera, Cabernet Franc, Cabernet Sauvignon, Calabrese, Castiglione, Malvasia Nera di Brindisi, Merlot, Nocera, Pecorello, Prunesta, Sangiovese.

Für Weißwein: Chardonnay, Guardavalle, Guarnaccia, Bianca, Incrocio Manzoni 6.0.13 (Riesling x Pinot Bianco), Malvasia Bianca, Pinot Bianco, Riesling Italico, Riesling Renano, Sémillon, Traminer Aromatico.

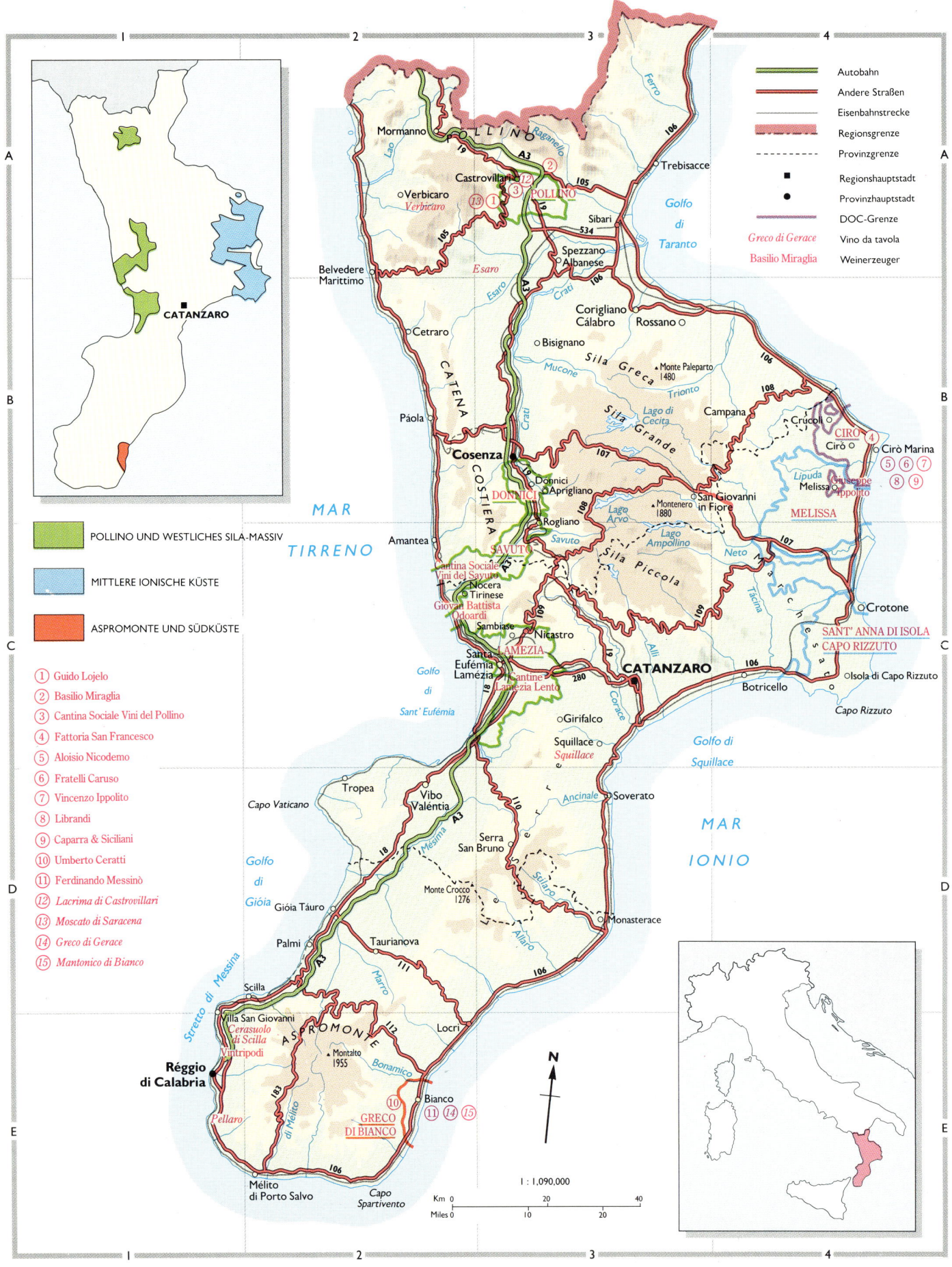

CATANZARO

POLLINO UND WESTLICHES SILA-MASSIV

MITTLERE IONISCHE KÜSTE

ASPROMONTE UND SÜDKÜSTE

① Guido Lojelo
② Basilio Miraglia
③ Cantina Sociale Vini del Pollino
④ Fattoria San Francesco
⑤ Aloisio Nicodemo
⑥ Fratelli Caruso
⑦ Vincenzo Ippolito
⑧ Librandi
⑨ Caparra & Siciliani
⑩ Umberto Ceratti
⑪ Ferdinando Messinò
⑫ *Lacrima di Castrovillari*
⑬ *Moscato di Saracena*
⑭ *Greco di Gerace*
⑮ *Mantonico di Bianco*

Autobahn
Andere Straßen
Eisenbahnstrecke
Regionsgrenze
Provinzgrenze
■ Regionshauptstadt
● Provinzhauptstadt
DOC-Grenze
Greco di Gerace Vino da tavola
Basilio Miraglia Weinerzeuger

N

1 : 1.090.000

Km 0   20   40
Miles 0   10   20

Die Weinzonen Kalabriens

Der südlichste Teil der italienischen Halbinsel, die Spitze des Stiefels, ist von der Basilikata durch das Pollino-Gebirge und von Sizilien durch die Straße von Messina getrennt. Die Apenninen beherrschen die Landschaft. Mit über 90% steilem Hochland und 742 km zerklüfteter Küste am Tyrrhenischen und Ionischen Meer bleibt nicht mehr viel Platz für Weinbau. Der Gebirgszug erstreckt sich vom Pollino-Massiv an der tyrrhenischen Küste entlang und ist durch die Täler der Flüsse Crati und Savuto vom Sila-Gebirge getrennt. Die Le-Serre-Berge im Süden verbinden das breite Sila-Massiv mit dem Aspromonte an der Spitze Kalabriens. Das einzige Flachland liegt nahe der Küste: die Sibari-, Sant'Eufemia- und Gioia-Tauro-Ebenen sowie das wellige Marchesato zwischen Cirò und Catanzaro. Jeder Weinberg hat hier sein eigenes Mikroklima. Manche Stellen an der ionischen Küste, die direkt dem *maestrelle*-Wind aus Nordafrika ausgesetzt sind, haben subtropisches Klima, während die Sila- und Aspromonte-Höhen alpinen Charakter besitzen. Hohe Weinlagen, die im Sommer genügend Regen erhalten, sind frostgefährdet.

Pollino, Sila und Lamezia

Pollino ist ein sich senkendes Plateau an der Südseite des Gebirges mit lockerem, durchlässigem Lehmboden, Mergel und Sandstein. Donnici und Savuto an den steilen, oft terrassierten Westhängen des Sila-Massivs haben ähnlichen Boden. In allen drei Zonen sind die Sommer sonnenscheinreich mit scharfen Temperaturgegensätzen zwischen Tag und Nacht und mit gelegentlichen Regenfällen. Die Winter sind kalt und feucht, oft fällt Schnee. Pollino wird von Luftströmungen aus dem Golf von Tarent erwärmt. In Donnici und im oberen Teil von Savuto ist das Klima recht streng; das untere Tal unterliegt günstigen Einflüssen des Tyrrhenischen Meers. Der Rotwein, meist von Gaglioppo, fällt hier duftig und frisch aus. Lamezia auf der Sant'Eufemia-Ebene hat Schwemmlandboden mit Kies und Sand und maritimes Klima: kühler Winter, regenreiches Frühjahr, heißer, trockener Sommer.

Die mittlere ionische Küste

Cirò liegt östlich des Sila-Massivs in Küstenbergen. Die Hänge sind zum Teil terrassiert, damit der lockere, mit Sand und Mergel vermischte Lehmboden nicht abrutscht. Das angrenzende Melissa ist meist flacher und erstreckt sich bis in das hügelige Marchesato. Sant' Anna di Isola Capo Rizzuto liegt am südöstlichen Ende des Marchesato, teilweise auf Schwemmland mit Sand und Kies. Die Winter sind kühl und feucht, die Sommer heiß und trocken, manchmal mit längerer Dürre; nur die höheren Cirò-Lagen haben ein milderes Klima und erhalten gelegentlich Schauer. Hier dominiert der Gaglioppo; er wird wie der Greco Bianco früh gelesen, damit er etwas säurereicher ist.

Aspromonte und die Südküste

Die weit verstreuten Weinberge liegen vorwiegend auf Plateaux oder Terrassen. Die Greco-Traube entwickelt im heißen, trockenen Klima bei Bianco hohen Zucker- und Extraktgehalt. Auf der milderen Westseite entlang der Straße von Messina ist das Gelände um Reggio und Scilla stark zerklüftet, doch die Ebenen in Richtung Palma und Gioia Tauro an der kalabrischen Riviera tragen weite Weingärten. Hier entstehen Rot- und dunkle Roséweine, u. a. von Alicante.

Das Pollino-Gebirge im Hintergrund gibt der hochgelegenen Weinzone um Castrovillari den Namen.

Die Weine von Pollino und dem westlichen Sila-Gebirge

In den hohen Lagen von Pollino, Donnici und Savuto entstehen fast nur helle Rotweine, vorwiegend von Gaglioppo und Greco Nero, die zwar als «Rosso» definiert sind, aber eher an Chiaretto oder Cerasuolo erinnern. Ihre jugendliche Frische und Duftigkeit läßt vermuten, daß die Gegend auch für Weißwein geeignet wäre. Die verbreitete helle Farbe ist allerdings weniger dem kühlen Klima als der kurzen Maischzeit mit den Schalen sowie der Beimischung von weißen Trauben (20–25%) zuzuschreiben. DOC-Weine trifft man selten an, denn viele gute Lagen sind leider aufgegeben worden. In Lamezia kommt der gewöhnliche Rotwein aus der heißen Küstenebene südwestlich vom Sila-Massiv.

Pollino (1975)

Der süffige Gebirgswein variiert in der Farbe von Hellrubin- bis Kirschrot, kann aber stärker sein, als man ihm ansieht. Die robustere *Superiore*-Version ist bedingt lagerfähig.
ZONE: Die Berge an der Südflanke des Pollino-Gebirges, ostwärts auslaufend in die Sibari-Ebene mit den Gemeinden Castrovillari, Frascineto, San Basile, Saracena, Cassano Ionio und Civita (Provinz Cosenza). Trockener Rotwein, auch *superiore*. Trauben: Gaglioppo 60–80%, Greco Nero bis 40%; Malvasia Bianca/Mantonico Bianco/Guarnaccia Bianca bis 20%. E. 77/110; Alk. 12, *superiore* 12,5; S. 0,5; A. *superiore* 2 J.

Donnici (1975)

Der Lokalrotwein von Cosenza kann nach Chiaretto-Art lebendig und leicht sein; am besten schmeckt er jung und frisch. Werden nur dunkle Sorten verwendet, kann der Donnici Wucht und Farbe mit Anmut vereinen. Die Weinberge in den lieblichen Hügeln werden leider zunehmend aufgegeben, und der Wein wird immer seltener.
ZONE: Die Berge an der Westflanke der Sila Grande, am Südrand von Cosenza mit 9 weiteren Gemeinden der Provinz. Trockener Rotwein. Trauben: Gaglioppo 60–90%, Greco Nero 10–20%; Malvasia Bianca/Mantonico Bianco/Pecorello bis 20%. E. 84/120; Alk. 12; S. 0,5.

Savuto (1975)

Potentiell die besten Gebirgsrotweine Kalabriens mit Stilvarianten vom rubinroten *superiore* bis zu einer hell-kirschroten Version. Der Schwerpunkt der kleinen Produktion liegt in den wärmeren niederen Teilen des Tals zwischen Olivenhainen am Tyrrhenischen Meer; die besten Lagen befinden sich auf den terrassierten Hängen um Rogliano. Leider sind sie fast nie zu kaufen.
ZONE: Steile Lagen im Savuto-Tal und an der tyrrhenischen Küste mit 14 Gemeinden in der Provinz Cosenza und 6 in Catanzaro. Trockener Rotwein, auch *superiore*. Trauben: Gaglioppo 35–45%, Greco Nero/Nerello Cappuccio/Magliocco Canino 30–40%, Sangiogese bis 10%, Malvasia Bianca/Pecorello bis 25%. E. 77/110; Alk. 12, *superiore* 12,5; S. 0,5; A. *superiore* 2 J.

Lamezia (1979)

Das Sila-Massiv bildet die Kulisse für die niedrig gelegenen Weinberge um Lamezia Terme und Nicastro. Das laue tyrrhenische Klima und die Nerello-Traube ergeben zusammen einen recht ausdruckslosen Rotwein.
ZONE: Die Ebenen und Hügel am Golf von Sant'Eufemia mit Lamezia Terme und 8 weiteren Gemeinden in der Provinz Catanzaro. Trockener Rotwein. Trauben: Nerello Mascalese/Nerello Cappuccio 30–50%, Gaglioppo 25–35%, Greco Nero 25–35%; andere Sorten bis 5%. E. 84/120; Alk. 12; S. 0,5.

Andere bemerkenswerte Weine

Besondere Weine werden in dieser Gebirgsgegend immer seltener. In der Pollino-Zone lohnt sich die Suche nach dem traditionellen Moscato di Saracena von vorgetrockneten Moscatello-Trauben; unter den Erzeugern hält Guido Lojelo die Spitze. Castrovillari war einst berühmt für Lacrima von einem Klon der Gaglioppo-Rebe und anderen Sorten. Die Familie Alìa serviert in ihrem schönen Restaurant zwei Versionen: die eine hell granatrot, die andere kirschrot, beide mit vollem blumigem Bukett und Geschmack. Anerkannter roter und weißer *vdt* trägt den Namen Esaro bzw. Verbicaro. Experimente der landwirtschaftlichen Versuchsstation mit Chardonnay, Merlot, Cabernet, Incrocio Manzon 6.0.13 und Greco Bianco haben um Cosenza Erfolge gebracht, doch die kommerzielle Produktion wird noch auf sich warten lassen.

WEINGÜTER/WINZER

Istituto Professionale di Stato per l'Agricoltura F. Todaro, Rende und Scigliano (CS). Zwei Abteilungen der Landwirtschaftsfachschule verkaufen Wein aus eigenen Weinbergen, u. a. DOC Savuto, Esaro und Verbicaro.

Guido Lojelo, Saracena (CS). Ein pensionierter Professor erzeugt kostbaren Moscato di Saracena.

Basilio Miraglia, Frascineto (CS). DOC Pollino und *vdt*.

Giovan Battista Odoardi, Nocera Tirinese (CZ). Der Arzt Odoardi besitzt 60 ha mustergültige Weinberge in der Savuto-Zone. Seine vielversprechenden Weine bedürfen noch der Verfeinerung. Der DOC Savuto ist jung wohlschmeckend, aber fragil. Die roten, weißen und rosé Tafelweine Marke Scavigna sind in der Gegend populär. Der süße Valeo von einer mysteriösen Moscato-Sorte hat ein wildes, fast fuchsiges Aroma, findet aber auch seine Liebhaber.

WEIN- UND HANDELS-HÄUSER

Pasquale Bozzo, Donnici Inferiore (CS). DOC Donnici und *vdt*, z. T. von eigenen Reben.

GENOSSENSCHAFTEN

CS Vini del Pollino, Castrovillari (CS). Preiswerter DOC Pollino und *vdt*.

Cantine Lamezia Lento, Lamezia Terme (CZ). DOC Lamezia und *vdt*.

CS Vini del Savuto – Dr. Giambattista Longo, Savuto di Cleto (CS). DOC Savuto und *vdt*.

Die Stadt Cirò ist Mittelpunkt der Classico-Zone und Standort vieler Kellereien.

Weine der mittleren Ionischen Küste

Fast die Hälfte des kalabrischen Weins wächst in den östlichen Ausläufern des Sila-Gebirges und in den Küstenebenen des Marchesato. Die große Mehrzahl ist Rotwein von Gaglioppo, der Hauptraube des Cirò Rosso. Nur in diesem Teil Kalabriens gibt es trockene Weißweine von Format, vor allem den Cirò von Greco Bianco. Die DOC-Weine der Nachbarzone Melissa ähneln dem Cirò. Von Sant'Anna di Isola Capo Rizzuto läßt sich nur sagen, daß er vollmundig ist (allerdings kaum zu finden).

Cirò (1969)

Der Ruf des Cirò beruht noch immer mehr auf Sagen als auf der Realität. Der DOC-Status brachte den Namen wieder in Erinnerung und bildete erwünschten Anreiz zu Verbesserungen, doch nur wenige Erzeuger haben etwas getan. In der Classico-Zone gedeiht der Gaglioppo, aber sein variabler Charakter entzieht sich der Definition. Die Ertragsbeschränkungen werden selten strikt gehandhabt. Frühere Lese und bessere Kellertechniken bringen mehr Ausgewogenheit in die Rot- und Weißweine. Nur *riserva* aus Spitzenjahrgängen hält sich länger als 3 bis 4 Jahre. Die Classico-Zone gilt nur für *rosso*. Der *rosato* ist in der Gegend beliebt; der *bianco* von Greco Bianco wirkt mit subtilem, blumigem Aroma und fruchtigem Geschmack oft überzeugend. Die Weine von

Ippolito, Aloisio, Librandi, Enotria und Caparra & Siciliani sind gleichmäßig gut.

ZONE: Die Hügel am Ionischen Meer in den Gemarkungen Cirò und Cirò Marina sowie Teile von Crucoli und Melissa (Provinz Catanzaro).

Bianco. Trockener Weißwein. Trauben: Greco Bianco; Trebbiano Toscano bis 10%. E. 97/135; Alk. 12; S. 0,55–0,85.

Rosso. Trockener Rotwein, auch *riserva*. Trauben: Gaglioppo; Trebbiano Toscano/Greco Bianco bis 5%. E. 80/115; Alk. 13,5; S. 0,45–0,8; A. 9 Mte., *riserva* 3 J.

Rosato. Trockener Rosé. Trauben: wie *rosso*. E. 80/115; Alk. 13,5; S. 0,45–0,8.

Melissa (1979)

Die preiswerten Rot- und Weißweine dieser Zone ähneln dem Cirò, können mit der Spitzengruppe aber nicht mithalten.

ZONE: Die Hügel des Marchesato landeinwärts zwischen Cirò und Crotone in der Gemarkung Melissa sowie in 13 anderen der Provinz Catanzaro.

Bianco. Trockener Weißwein. Trauben: Greco Bianco 80–95%, Trebbiano Toscano/Malvasia Bianca 5–20%. E. 84/120; Alk. 11,5; S. 0,5.

Rosso. Trockener Rotwein, auch *superiore*. Trauben: Gaglioppo 75–95%, Greco Nero/Greco Bianco/Trebbiano Toscano/Malvasia Bianca 5–25%. E. 77/110; Alk. 12,5, *superiore* 13; S. 0,5; A. *superiore* 2 J.

Sant'Anna di Isola Capo Rizzuto (1979)

Wie der Name besagt, war Isola di Capo Rizzuto früher eine Insel; heute ist es ein stiller Ort mitten im trockengelegten Sumpfland. Hier wachsen schlichte Rot- und Roséweine in kleinen Mengen.

ZONE: Die Hügel und Ebenen des Marchesato landeinwärts von Kap Colonna und Rizzuto in den Gemarkungen Isola di Capo Rizzuto, Crotone und Cutro (Provinz Catanzaro). Außerdem trockener Rot- oder Roséwein.

Trauben: Gaglioppo 40–60%, Nocera/Nerello Mascalese/Nerello Cappuccio 40–60%; Malvasia Bianca/Greco Bianco bis 35%. E. 84/120; Alk. 12; S. 0,6.

Andere beachtenswerte Weine
Auch die Küstenebenen Kalabriens bringen selten mehr als nur winzige Mengen Verschnittwein hervor. Die kommerzielle Produktion außerhalb der DOC besteht aus trockenem *vdt*, der zumeist im Land verkauft wird. Manche Cirò-Erzeuger beschäftigen sich mit Weinen im neuen Stil, z. B. Bianco di Calabria von der Fattoria San Francesco. In Squillace südlich von Catanzaro gibt es delikaten Weißwein.

WEINGÜTER/WINZER
Fattoria San Francesco, Cirò (CZ). Die Familie Siciliani erzeugt auf dem alten Weingut San Francesco mit über 100 ha Rebfläche vielgerühmten Cirò *rosso*, *rosato* und *bianco*.
Aloisio Nicodemo, Cirò Marina (CZ). Guter Cirò Marke Aloisio von den Tenute Pirainetto.

WEIN- UND HANDELS-HÄUSER
Fratelli Caruso, Cirò Marina (CZ). DOC Cirò und *vdt*.
Giuseppe Ippolito, Torre Melissa (CZ). DOC Melissa.
Vincenzo Ippolito, Cirò Marina (CZ). Antonio und Salvatore Ippolito erzeugen guten DOC Cirò und *vdt*, z. T. von 70 ha eigenem Weinberg-besitz.
Librandi, Cirò Marina (CZ). Traditioneller Stil in DOC Girò und *vdt*, z. T. aus eigenen Weinbergen von Antonio Cataldo Librandi.

GENOSSENSCHAFTEN
Caparra & Siciliani, Cirò Marina (CZ). Winzer mit zusammen über 200 ha Weinbergen erzeugen DOC Girò und saubateren, preiswerten *vdt*.
Enotria Produttori Agricoli Associati, Cirò Marino (CZ). DOC Girò von etwa 70 Winzern.
CS Sant'Anna, Isola di Capo Rizzuto (CZ). DOC Sant'Anna di Isola Capo Rizzuto und *vdt*.
CS Cooperativa Torre Melissa, Torre Melissa (CZ). DOC Cirò und Melissa sowie *vdt*.

WEIN- UND HANDELS-HÄUSER
Vintripodi, Archi (RC). *Vdt* Pellaro, Arghillà und «della Magna Graecia».

GENOSSENSCHAFTEN
Cooperativa Agricola Calabro Ionica Bianchese (CACIB), Bianco (RC). DOC Greco di Bianco und Mantonico di Bianco.

Reise-Informationen

RESTAURANTS/HOTELS
Villa Franca, 89034 Bovalino Marina (RC). Tel. (0964) 6 14 02. Frische Produkte von Land und Meer, gut und preiswert zubereitet.
Alìa, 87012 Castrovillari (CS). Tel. (0981) 4 63 70. Lucia, Pinuccio und Gaetano Alìas einzigartige Küche hat dem feinen Restaurant die wohlverdiente Anerkennung eingebracht. Unter den Weinen befindet sich der eigene Lacrima di Castrovillari.
Il Camino, 88071 Cirò (CZ). Tel. (0962) 3 21 97. Schmackhafte ländliche Küche und Cirò. Gute Pizza.
La Calavrisella, Via Gerolamo De Rada 11A, 87100 Cosenza. Tel. (0984) 2 80 12. Echte Spezialitäten von Cosenza und kalabrische Weine.

L'Aragosta, 88047 Marina di Nocera Tirinese (CZ). Tel. (0968) 9 15 35. Frische Meeresfrüchte und Wein aus Savuto.

SEHENSWERTES
Die Hauptattraktionen Kalabriens sind die schönen Berg- und Küstenlandschaften. Das Sila-Massiv zwischen Cosenza und der ionischen Küste heißt wegen des alpinen Charakters, seiner Wälder und Seen auch «die kleine Schweiz. (DOC-Zonen Donnici und Savuto). Cirò liegt zwischen den antiken Städten Sybaris und Kroton. Die lange Küste ist schroff (im Westen und Süden) bis sanft (im Nordosten). Im Juli und August sollte man sie meiden.

Die Weine von Aspromonte und der Südküste

Die schroffen Klüfte von Aspromonte sind eigentlich eher als Räuber- und Banditen-Nester bekannt. Hier und dort aber bringt ein Weinberg an den unteren Hängen einen Wein hervor, der so gut ist, daß er sich nicht zu verstecken braucht. So gehört der Greco aus der Stadt Bianco zu den Spitzen-Dessertweinen Italiens. Leider gibt es davon so wenig, daß die Liebhaber ihn gern geheimhalten möchten. An anderen Stellen des Massivs und in den Bergen weiter im Norden wird nur *vdt* produziert.

Greco di Bianco (1980)
Die abgelegene Küstenstadt Bianco gibt diesem berückenden honig- bis bernsteinfarbenen Süßwein mit seinen unvergleichlichen Zitrusfrucht- und Kräuternuancen in Duft und Geschmack den Namen. Er wird von halbgetrockneten Greco-Bianco-Trauben gewonnen und vereint Kraft und Geschmacksfülle mit zungenschmeichelnder Milde. Der Spitzen-DOC-Erzeuger, Ceratti, taucht die Trauben vor dem Keltern in kochendes Wasser, um den Wein ohne Schwefeln zu stabilisieren. Der traditionelle Name Greco di Gerace erscheint noch auf den Etiketten von Ferdinando Messinò, dessen Wein (ohne DOC) den anderen durch intensiveres Bukett und nachhaltigeren Geschmack überlegen ist.
ZONE: Die Berge hinter der Stadt Bianco mit Teilen der Gemarkung Casignana in der Provinz Reggio di Calabria. Süßer Weißwein. Trauben: Greco Bianco; andere weiße Sorten bis 5%. Die Trauben werden vor dem Keltern rosiniert. E. 45/100; Alk. 17 (Restsüße Min. 3%); S. 0,6; A. 1 J.

Andere beachtenswerte Weine
Die Stadt Bianco ist ebenfalls bekannt für den Greco di Gerace und Mantonico di Bianco (ohne DOC). Aus Pellaro am Kap südlich von Reggio kommt ein starker kirschroter Alicante. Die Alicante-Trauben liefert auch den Cerasuolo di Scilla, einen hellen Rosé aus dem alten Scylla an der Straße von Messina. Die Städte Palma und Gioia Tauro an der kalabrischen Riviera bringen leichten, in der Gegend beliebten Rot- und Rosé-wein hervor.

WEINGÜTER/WINZER
Umberto Ceratti, Caraffa di Bianco (RC). Adolfo und Stefano Ceratti führen die Tradition ihres Vaters Umberto mit exquisitem DOC Greco di Bianco und etwas Mantonico di Bianco fort.
Ferdinando Messinò, Bianco (RC). Messinò produziert in seinem kleinen Weingut den feinsten Wein von Bianco, den Greco di Gerace ohne DOC; daneben auch überzeugenden Mantonico di Bianco.
Vincenzo Oliva, Pellaro (RC). *Vdt* Pellaro.

Kalabrien, durch geographische Beschaffenheit und Entfernung vom übrigen Italien weit abgeschieden, wurzelt tief in seiner Vergangenheit.

Die Gebirge im noch unerschlossenen Inneren Sardiniens sind mit Korkeichenwäldern bedeckt.

Die Inseln

Sardinien und Sizilien sehen es nicht gern, wenn man sie als Zwillinge darstellt. Sogleich wird darauf hingewiesen, daß es von Cagliari nach Palermo über das Tyrrhenische Meer weiter ist als von Rom nach Venedig und daß die sardische Insel Asinara und Capo Passero auf Sizilien weiter auseinanderliegen als die Dolomiten und der Vesuv. Auffälliger noch als diese Entfernungen ist die kulturell-geistige Kluft zwischen den Bewohnern der beiden Inseln.

Doch es gibt auch Gemeinsames. So haben sie beide das Schicksal von Völkern in strategisch wichtigen Gegenden durchlitten, immer wieder unter fremde Herrschaft zu geraten. Eindringlinge mußten sie beide seit der frühesten Zeit bis ins letzte Jahrhundert, als sie endlich Teile Italiens wurden, erdulden. Mit der Zeit übten sich die Inselbewohner weidlich in passiver Abwehr und entwickelten dabei in Sprache, Sitten und Einstellungen eine ganz eigene, für Fremde unergründliche Art.

Die Insularität trennt sie voneinander, noch mehr aber von dem übrigen Italien. Die meisten Menschen auf den Inseln sprechen italienisch, viele aber auch sardisch oder sizilianisch – beides ganz eigene Sprachen. Deshalb erhielten sie auch als zwei von fünf Regionen einen Sonderstatus.

Ihre Weine sind Spiegel dieser Autonomie. Nirgendwo sonst in Italien hat sich bei den Rebsorten und bis vor kurzem auch in ihrer Nutzung soviel Eigenständigkeit erhalten. Das Klima trägt viel dazu bei. Sizilien und Sardinien sind die einzigen Teile Italiens mit über 7 Stunden mittlerer Sonnenscheindauer am Tag. Es stimmt zwar nicht, daß es auf den Inseln überall heiß ist, doch selten hindert etwas die Trauben am vollen Ausreifen, außer wenn es nicht feucht genug ist. Früher waren beide Inseln auf starke, oft gespritete Weine spezialisiert, die das natürliche Gepräge des Mittelmeers zeigten. Sizilien verband sich den wechselnden Geschicken des Marsala, Sardinien der Eigenart von Cannonau und Vernaccia di Oristano. Auf beiden Inseln wuchsen Moscato und Malvasia, doch entwickelten sich freilich unterschiedliche Stile. Wie überall im Mezzogiorno lebten die Winzer hier von Verschnittweinen.

Dann kam der große Wandel, der aus Sardinien und Sizilien Muster moderner Önologie machte. Man darf behaupten, daß sich in den

Mit seiner 1850 km langen Küste ist Sardinien die zweitgrößte Insel Italiens und des Mittelmeers. Rechts: Ruinen uralter nuraghi *gibt es viele auf Sardinien.*

letzten 25 Jahren der Weinbau hier radikaler verändert hat als irgendwo sonst auf der Welt – doch muß man beifügen, daß sich vorher seit dem Risorgimento kaum etwas getan hatte. In beiden Regionen erhielten die Winzer nun Zuschüsse, wenn sie rationellere, produktivere Methoden annahmen. Die Genossenschaften wurden zur Erzeugung von mäßig starken Weinen mit Standardbukett und -geschmack ausgerüstet. Als die Markttrends deutlich hervortraten, wurde verstärkt Wert auf trockene, oft perlende Weißweine gelegt. Doch auf den Inseln wie anderswo im Mezzogiorno hat sich diese Strategie nicht so recht bewährt.

Sizilien, das über die größte Rebfläche aller Regionen Italiens verfügt, steht in der Durchschnittserzeugung hinter Apulien an zweiter Stelle. Sardinien liegt in beiderlei Hinsicht im Mittelfeld aller Regionen. Nur wenige Erzeuger auf beiden Inseln kümmern sich groß um die DOC. Die Genossenschaften herrschen vor; in Sizilien entfallen 90% auf sie, in Sardinien 60%. Manche ihrer Weine sind bewundernswert und erzielen respektable Preise, die meisten aber verlieren sich im Meer des Massenweins und bringen die Kosten kaum ein.

Der Unternehmergeist wird stark gefördert; die angesehensten Weingüter und Kellereien auf Sardinien wie auf Sizilien sind Privatbetriebe. Manche produzieren trockenen Tafelwein, der die Behauptung widerlegt, in diesen Breiten gedeihe nichts Vorzügliches. Dennoch bleibt der Eindruck, daß das sonnige maritime Klima für Dessert- und Aperitifweine besonders günstig ist, denn selbst unter einer modernen Politur schimmert bei den besseren Weinen der Inseln altmodische Charakterstärke durch.

Sardinien (Sardegna)

Hauptstadt: Cagliari
Provinzen: Cagliari (CA), Nuoro (NU), Oristano (OR), Sassari (SS).
Fläche: 24 090 km² (3.)
Bevölkerung: 1 638 000 (12.)

Im sardischen Wein kann man stöbern wie in einem Straßenbasar. Zwischen billigen Novitäten und unter Antiquitäten zweifelhafter Herkunft findet man hier und da ein wahres Kunstwerk. Wer aber den heutigen Geschmack teilt, ist anderswo besser aufgehoben.

Der Wein gehört zu den Kuriositäten, denen die Insel ihre Autonomie verdankt. Geologisch ist Sardinien der älteste, geographisch der abgelegenste Teil Italiens. Seine Eigenart hat ihre Wurzeln in einer langen Geschichte. Vielleicht brauchten die Ureinwohner vor 150 000 Jahren nicht die 180 km breite Wasserfläche zu überwinden, die heute Sardinien und das Festland trennt, sondern konnten über Landbrücken nach Korsika, Elba und zur Toskana gelangen. Noch heute sprechen viele Inselbewohner das Sardo, die vom Latein abstammende, mit spanischen, baskischen und arabischen Worten durchsetzte Landessprache; dagegen ist der Dialekt von Gallura im Norden eher mit dem Korsischen verwandt.

Die Frühgeschichte ist in Rätsel gehüllt. Noch immer weiß man nicht, weshalb die *nuraghi,* die uralten Steintürme, gebaut wurden oder woher der Name der Insel kommt (vielleicht von einem mysteriösen Volksstamm aus Kleinasien, den Shardanen). Ebenfalls rätselhaft ist, warum die Sarden, obwohl sie über die längste Meeresküste in Italien verfügen (mit den Inseln 1850 km), von der Steinzeit bis heute ein Bergvolk geblieben sind – Hirten, Bauern, Räuber.

Wein bauen die Sarden schon seit dem 9. Jh. v. Chr., als ihnen die Phöniker diese Kunst beibrachten. Unter der Herrschaft der einander ablösenden Karthager, Römer, Vandalen, Byzantiner, Moslems, Genueser und Pisaner wurde über die Weinernten nur wenig aufgezeichnet. Auftrieb bekam der Weinbau jedoch, als im 13. Jh. spanische *conquistadores* die Insel einzunehmen versuchten. Niemand hat Sardinien je wirklich erobert, viele aber blieben lange genug, um zu erfahren, daß man die Inselbewohner nicht aus ihren Bergen locken kann. Die Aragonier blieben besonders lange, und so kam der Wein der Insel zu einem spanischen Flair, das auch nicht verlorenging, als

Die rauhe felsige Landschaft der Halbinsel Gallura im Norden.

das Haus Savoyen 1720 das Königreich Sardinien errichtete und es dann 1860 in das Königreich Italien einbrachte.

Vorwiegend von iberischen Rebsorten gewannen die Sarden Weine, die dem Sherry (Vernaccia di Oristano und Nasco), dem Port (süßer roter Cannonau, Girò und Monica) und dem Madeira (Malvasia di Bosa und Cagliari) ähnelten. Sie verkörperten den scheinbar umwandelbaren sardischen Geschmack, bis sich vor einigen Jahrzehnten auch auf der Insel die Erkenntnis breitmachte, daß die Welt draußen leichte, frische Weine wollte. Die Winzer wurden nun zu Genossenschaften zusammengeschlossen, die hastig moderne Anlagen bauten, um den neuen Markt zu beliefern. Erstaunlich ist, daß das reinste Beispiel dieser neuen Weinrasse von der vielleicht ältesten Rebsorte Sardiniens, dem Nuragus, gewonnen wird, die in der Campidano-Ebene bei Cagliari den höchsten zugelassenen Ertrag aller DOCs erbringt. Als trockener, fast «klinisch reiner» Weißwein schließt sich der Nuragus wie die meisten sardischen Neuheiten nun den gesichtslosen Legionen Süditaliens an.

Die Hersteller moderner Weine geben nur ungern zu, daß es schwer ist, auf Fließbändern ein Image erster Klasse aufzubauen, während die Erzeuger traditioneller Weine die wissenschaftlichen Methoden nur langsam annehmen. Beide könnten von Sella & Mosca lernen, deren großes Gut bei Alghero gewissermaßen das Prüfgelände für die Zukunft der Weine Sardiniens darstellt. Hier gab es vor ein paar Jahren Probleme, als leichte Weine der neuen Welle in ähnlichem, wenn auch klarerem Stil als bei den Genossenschaften produziert wurden. Erst als Sella & Mosca zu echten Charakteren zurückfand – Torbato Terre Bianche, Anghelu Ruju, Tanca Farrà – ging es bald wieder besser.

Der meiste sardische Wein, auch viel DOC, wächst auf der Campidano-Ebene, aber in anderen Gegenden, insbesondere in Alghero, entsteht mehr Charakter. Das Tirso-Becken ist die Heimat der klassischen Vernaccia di Oristano, die Berge im Osten liefern wuchtigen Cannonau, die Planargia-Berge einen einsamen Malvasia, und Gallura im Norden ist stolz auf seinen Vermentino.

Sardinien ist DOC-bewußter als der Süden sonst, aber die Weine der Insel sind nun einmal schwer abzusetzen. Vielleicht ließe sich der Name Sardegna, der bereits für vier sortenreine DOC-Weine steht – Cannonau, Monica, Moscato und Vermentino – mit Recht auch auf 14 weitere Zonen ausdehnen, doch die echten Kostbarkeiten Sardiniens finden nur bei Weinliebhabern Anerkennung, die es fertigbringen, sich durch viel Orthodoxes zum Bizarren durchzuarbeiten.

Der Weinbau Sardiniens

Die in Sardinien angebauten Rebsorten sind Relikte aus verschiedenen Epochen. Manche bewährten sich durch ausgeprägten Charakter für traditionelle Dessert- und Aperitifweine, andere durch die ihnen eigene Alkoholstärke, die am Ende des 19. Jh. Sardinien zu einer reichlichen Quelle von Verschnittweinen machte (diese Rolle hat es inzwischen an Apulien und Sizilien abgegeben). Manche sind einheimisch, die meisten jedoch aus fernen Gegenden des Mittelmeers, vor allem aus Spanien, ins Land gekommen.

Selbst nach der Reblaus behielt Sardinien seine traditionellen Rebsorten, inzwischen fast ganz in Monokultur, bei. Die althergebrachte breite Erziehung (alberello) herrscht noch vor, doch in den Bergen setzt sich die Hocherziehung immer mehr durch. Vor allem auf der Campidano-Ebene und in Oristano sind Neuanpflanzungen auf flachen trockenen Feldern mit Spalieren und Bewässerung entstanden, die eher Quantität als Qualität begünstigen. Es gibt Weingüter mit großen Flächen; das meiste Land gehört jedoch kleinen Winzern, die ihre Trauben an die Genossenschaft abliefern oder an Privatkellereien verkaufen.

Die Anbaufläche für rote und weiße Sorten ist ungefähr gleich, wobei der Trend die weißen bevorzugt. Die verbreitetste weiße Sorte ist der ertragreiche Nuragus, auf den ein Drittel der Anbaufläche

entfällt. Weit dahinter folgt der Vermentino, der trotz spanischer Abstammung hier ganz heimisch geworden ist. Bei Rotweinreben führt der Cannonau mit etwa 1/5 der Anbaufläche, gefolgt von Monica und Carignano mit je rund 10 %. Als rein oder doch vorwiegend sardische Rebsorten gelten:

Bovale. Spanischer Herkunft (Bobal oder Monastrell). Bovale Sardo erbringt die herben DOC-Rotweine Campidano di Terralba und Mandrolisai. Lokalname auch Muristellu. Bovale Grande heißt manchmal auch Nièddera, wird wie der Sardo verbreitet angebaut, jedoch vorwiegend für Verschnitte verwendet.

Cannonau oder **Cannonao.** In Spanien Garnacha, in Frankreich Grenache, die meistangebaute Sorte der Welt. Erreicht unter der DOC Cannonau di Sardegna eigenständige Art in starken, trockenen und süßen Rotweinen. Wird auch als Rosé und weißer Tafelwein gekeltert. Verbindungen bestehen zu Guarnaccia in Kampanien und Granaccia in anderen Gegenden. In Italien ist auch der Name Alicante für Weine und Reben der Garnacha-Familie gebräuchlich.

Carignano. Der aus Spanien stammende und in Frankreich und Kalifornien verbreitete Carignan wird hauptsächlich im Südwesten Sardiniens und auf den Inseln Saint'Antioco und San Pietro angebaut und zu DOC-Rot- und -Roséweinen Carignano del Sulcis verarbeitet. Auch unter dem Namen Uva di Spagna bekannt.

Girò. Die um 1400 aus Spanien eingeführte gute, aber ertragsschwache, inzwischen seltene Sorte erbringt Port-ähnliche Rotweine unter der DOC Girò di Cagliari.

Malvasia Sarda oder **di Sardegna.** Eine eigene Abart der Malvasia, wahrscheinlich von den Byzantinern aus Griechenland eingeführt. Beweist in den Malvasia-Weinen DOC Bosa und Cagliari sanfte Persönlichkeit.

Monica. Die früher populäre, jetzt immer rarer werdende Sorte stammt aus Spanien, doch ist die Abstammung unklar. Sie erbringt geschmeidigen Rotwein, meist trocken als DOC Monica di Sardegna, seltener süß als DOC Monica di Cagliari.

Nasco. Die alte, offenbar einheimische Sorte erbringt in der Campidano-Ebene trockene und süße Weißweine unter der DOC Nasco di Cagliari.

Nièddera. Siehe Bovale.

Nuragus. Vermutlich phönikischen Ursprungs (wird von anderen für einheimisch gehalten), benannt nach den Nuragen, den prähistorischen Steintürmen auf Sardinien. Wird hauptsächlich zu neutralem weißem DOC Nuragus di Cagliari verarbeitet.

Torbato. Die rare, vermutlich mit dem französischen Tourbat verwandte Sorte wurde um 1500 aus Spanien eingeführt. In Alghero angebaut, erbringt die feinsten trockenen Weißweine Sardiniens.

Vernaccia di Oristano. Die sagenumwobene Rebe ist seit jeher im Tirso-Tal heimisch und erbringt den typischsten sardischen Wein, Vernaccia di Oristano. Eine Theorie besagt, sie sei von den Römern hier angepflanzt worden, doch ist sie mit anderen Vernaccia-Sorten nicht verwandt.

Andere Rebsorten: In jüngster Zeit wird auch Chardonnay (obschon nicht zugelassen) angebaut. In den 4 Provinzen empfohlen sind:
Für Rot- (oder Rosé-)Wein: Aglianico, Albaranzeuli Nero, Aleatico, Alicante Bouschet, Ancellota, Barbera, Barbera Sarda, Bombino Nero, Cabernet Franc, Cabernet Sauvignon, Caddiu, Cagniulari, Canaiolo Nero, Caricagiola, Dolcetto, Gaglioppo, Greco Nero oder Grego Nieddu, Malvasia Nera, Merlot, Montepulciano, Nebbiolo, Nieddu Mannu, Pascale di Cagliari, Pinot Nero, Sangiovese.
Für Weißwein: Albaranzeuli Bianco, Arvesiniadu, Biancolella, Clairette, Falanghina, Forastera, Garganega, Malvasia di Candia, Moscato Bianco, Pinot Bianco, Pinot Grigio, Retagliado Bianco, Riesling Italico, Riesling Renano, Sauvignon Blanc, Semidano, Traminer Aromatico, Trebbiano Romagnolo, Trebbiano Toscano, Vernaccia di San Gimignano.

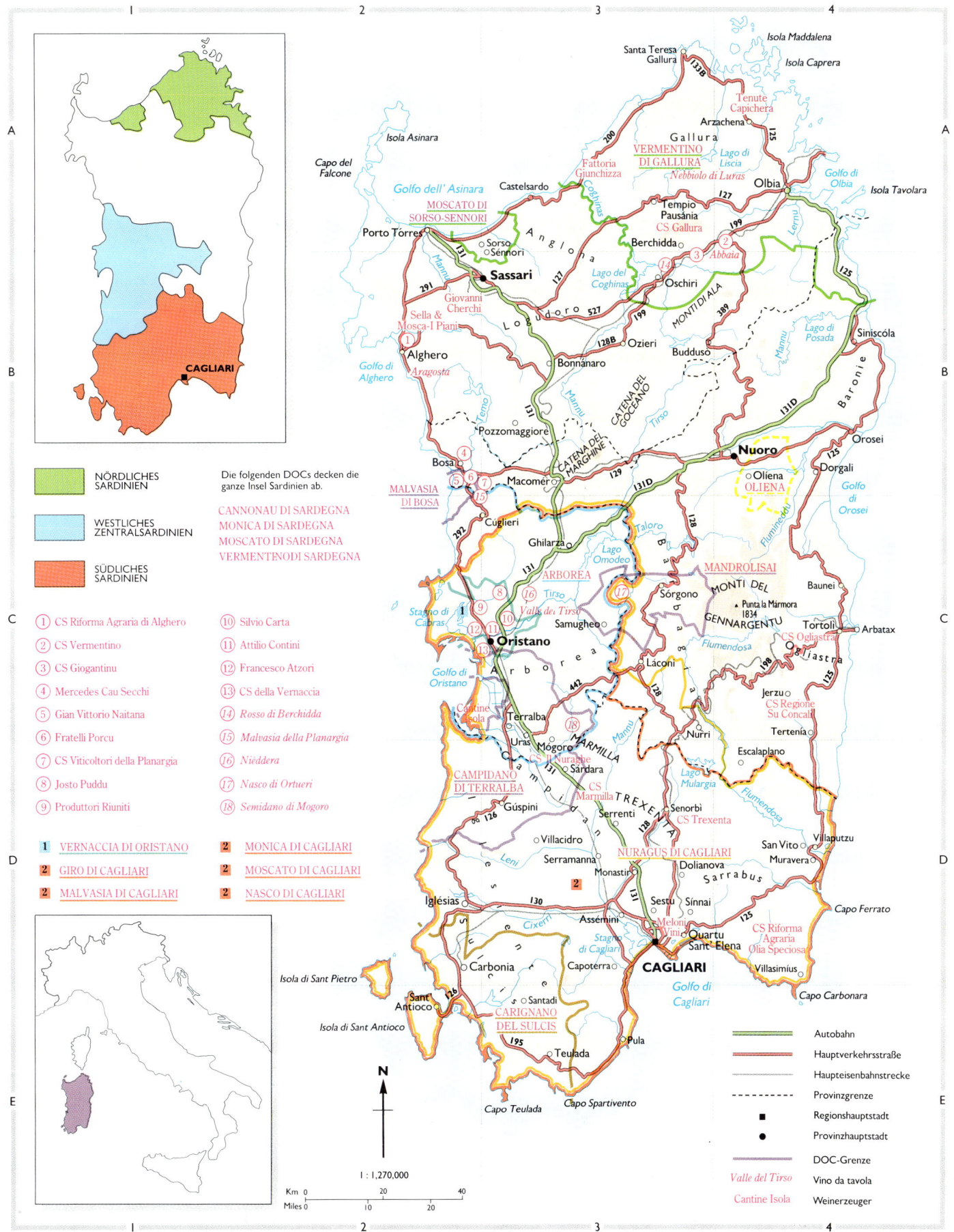

NÖRDLICHES
SARDINIEN

WESTLICHES
ZENTRALSARDINIEN

SÜDLICHES
SARDINIEN

Die folgenden DOCs decken die
ganze Insel Sardinien ab.

CANNONAU DI SARDEGNA
MONICA DI SARDEGNA
MOSCATO DI SARDEGNA
VERMENTINODI SARDEGNA

① CS Riforma Agraria di Alghero
② CS Vermentino
③ CS Giogantinu
④ Mercedes Cau Secchi
⑤ Gian Vittorio Naitana
⑥ Fratelli Porcu
⑦ CS Viticoltori della Planargia
⑧ Josto Puddu
⑨ Produttori Riuniti

⑩ Silvio Carta
⑪ Attilio Contini
⑫ Francesco Atzori
⑬ CS della Vernaccia
⑭ Rosso di Berchidda
⑮ Malvasia della Planargia
⑯ Nièddera
⑰ Nasco di Ortueri
⑱ Semidano di Mogoro

1 VERNACCIA DI ORISTANO
2 GIRO DI CAGLIARI
2 MALVASIA DI CAGLIARI

2 MONICA DI CAGLIARI
2 MOSCATO DI CAGLIARI
2 NASCO DI CAGLIARI

Autobahn
Hauptverkehrsstraße
Haupteisenbahnstrecke
Provinzgrenze
Regionshauptstadt
Provinzhauptstadt
DOC-Grenze
Valle del Tirso   Vino da tavola
Cantine Isola   Weinerzeuger

N

1 : 1.270.000

Km 0   20   40
Miles 0   10   20

Die Weinzonen Sardiniens

Sardinien und Korsika gehörten, bevor sich die Alpen und Apenninen bildeten, zu einer Bergkette, die sich später senkte und die beiden Inseln als zweit- und drittgrößte (nach Sizilien) im Mittelmeer stehen ließ. Heute sind sie durch die schmale Straße von Bonifacio getrennt. Sardinien besteht zu 85 % aus Gebirgen und Hochflächen; das Granit- und Vulkangestein ist durch Erosion abgetragen und meist mit Weideland, Gestrüpp und Wald bedeckt. Das Hochland eignet sich für Weinbau, wird aber selten dafür genutzt. Die meisten Weinberge liegen tiefer, vor allem in der sanft hügeligen bis flachen Campidano-Ebene zwischen Cagliari und Oristano und in der Ebene von Alghero. Die Lage Sardiniens im Mittelmeer sichert reichlichen Sonnenschein; die Temperaturen sind auf der warmen, den Winden aus Nordafrika ausgesetzten Süd- und Westseite und der höhergelegenen, die kühleren Winden vom Tyrrhenischen Meer zugänglichen Nord- und Ostseite unterschiedlich. Starker Wind ist der Rebe unzuträglich. Deshalb wird die flache *Alberello*-Erziehung angewandt; neue Weinberge werden oft im Windschatten von Bergen oder Bäumen angelegt. Probleme entstehen durch Trockenheit; die jährliche Regenmenge schwankt zwischen 450 mm an der Südküste und 700 mm im inneren Hochland. Neuere Weinberge werden deshalb bewässert.

Der Norden: Gallura, Anglona und Alghero

In den Bergen von Gallura und Anglona wächst der Wein meist in 300 bis 500 m Höhe auf Sand-, Kalk- und Lehmgemisch über Granitgestein. Gallura ist stark bewaldet, ziemlich kühl und ausreichend feucht, so daß Vermentino- und Moscato-Weißweine mit schöner Säure und Duftigkeit entstehen. In hochgelegenen Weinbergen um Tempio Pausania und Monti bringen buschig erzogene Reben mäßige Erträge. Die Anglona-Berge sind etwas wärmer und trockener und eignen sich gut für Rot- (vorwiegend Cannonau) und Weißweine. Die Ebene nördlich von Alghero zwischen den Nurra- und Anglona-Bergen ist größtenteils trockengelegtes Marschland mit unterschiedlichen Böden, von grauem Vulkangestein über Schwemmsand und Kies bis zu rötlichem Kalk, und daher mit unterschiedlichen Weinstilen. Die Witterung ist heiß und trocken; deshalb wird der Wein viel an Spalieren gezogen, um durch verzögerte Reife frische, harmonische Weißweine von Torbato und Vermentino sowie volle, geschmeidige Rotweine vor allem von Cannonau zu erzielen. Ertragsbeschränkung ist zur Qualitätssicherung erforderlich.

Die Berge im Osten: Cannonau und Mandrolisai

Das Gennargentu-Massiv bildet die Cannonau-Achse, wo die Weinberge der Umgebung durch Nordostwinde gekühlt werden. Das Klima schwankt von mäßig warm und trocken in den Küstenbergen von Baronìe, Ogliastra und Sarrabus bis kühler und etwas feuchter im höhergelegenen Inneren der Barbagia. Dort ist Mandrolisai ein Rotwein von Bovale Sardo und Cannonau. Die buschig erzogenen Reben bringen auf verwittertem, mit Kalk, Sand, Lehm und Vulkanablagerungen vermischtem Granit kleine Erträge.

West-Zentralsardinien: Planargia und Oristano

Die einzelnen Weinzonen bieten eigene Verhältnisse. Malvasia di Bosa kommt aus den oft steilen Planargia-Bergen mit vulkanischem, kalkhaltigem Lehmboden und mildem Klima, wo in warmen, trockenen Jahren buschig erzogene Reben kleine, konzentrierte Erträge liefern. Vernaccia di Oristano wächst im Tirso-Becken auf kalkreichem Schwemmsand und Kries in oft heißem und trockenem Klima, das ideale Reifebedingungen für die buschig erzogenen Reben bietet.

Die Zonen Arborea und Terralba überschneiden sich in sandigen Ebenen und trockengelegtem Marschland, wobei manche Weinberge bis in die niedrigen Hügel reichen. Nuragus, Trebbiano, Bovale und Sangiovese erbringen bei vertikaler und Spalier-Erziehung zunehmend höhere Erträge für trockenen Wein.

Der Süden: Cagliari – Campidano und Sulcis

Die Campidano-Ebene erstreckt sich von Cagliari nordwestwärts nach Oristano zwischen den Marmilla-Trexenta- und Iglesiente-Bergen. Der vorherrschende Nuragus wächst oft auf fruchtbarem Boden, während die Regen für trockenen roten Monica und Cannonau auf kargeren Hanglagen besser gedeihen. Sulcis, die Südwestecke Sardiniens und die Inseln Sant'Antioco und San Pietro, hat vorwiegend sandigen Lehmboden. Der Wind von Nordafrika kühlt sich über dem Meer ab; trotzdem ist Cagliari eine der heißesten Städte Italiens. Das Klima eignet sich am besten für Dessert- oder Aperitifweine wie Malvasia, Girò, Nasco und Moscato. Nuragus und Carignano (in Sulcis) gedeihen gut in der Wärme, bringen aber Wein mit wenig Charakter.

In den Gallura-Bergen um Tempio Pausania wachsen vor allem Vermentino-Trauben für Weißwein.

Regionale DOC-Weine

Cannonau di Sardegna (1972)

Der starke Rotwein Sardiniens tritt in vielen Formen auf, doch scheint sich die trockene Version mehr und mehr durchzusetzen, während die früher beliebtere süße Art sich kaum noch halten kann. Trotz der hellgranat- bis magahoniroten Farbe ist selbst die leichteste Art, der *secco*, kein Schwächling. Nach einem Jahr Faßreife hat er Wärme und Kraft wie ein älterer Rotwein und braucht nur selten länger zu lagern. Die volleren, haltbareren Versionen *amabile*, *dolce* und *liquoroso* werden von vorgetrockneten Trauben gewonnen und sind daher süßer, stärker und dunkler, rubin- bis granatrot. Der Dichter Gabriele D'Annunzio gab dem Cannonau von Oliena den Namen Nepente (nach dem opiumähnlichen Rauschmittel der alten Griechen), aber als Abstinenzler beschrieb er damit nur die Wirkung des Weins auf seinen Kollegen Trilussa. Der *rosato* erinnert manchmal an Grenache-Rosés von der Rhône. ZONE: Die ganze Insel; die Erzeugung erfolgt weitgehend in den Barbagia-, Baronìe- und Ogliastra-Bergen in der Provinz Nuoro (Wein aus Oliena und Orgosolo darf als Oliena oder Nepente di Oliena bezeichnet werden), in den Sarrabus-Bergen im Osten der Provinz Cagliari (Wein aus Muravera, San Vito, Villaputzo und Villasimius darf als Capo Ferrato bezeichnet werden), in den Anglona-Bergen und in der Ebene bei Alghero in der Provinz Sassari.
Rosso. Trockener Rotwein, auch *amabile* und *riserva.* Trauben: Cannonau; Bovale Grande/Bovale Sardo/Carignano/Pascale di Cagliari/Monica bis 10%/Vernaccia di San Gimignano bis 5%. E. 72/110; Alk. 13,5; S. 0,4; A. 1 J. im Faß, *riserva* 3 J. (1 J. im Faß).
Rosato. Rosé, auch *amabile.* Trauben: wie *rosso.* E. 72/110; Alk. 13,5; S. 0,4.
Superiore naturale. Trockener Rotwein, auch *amabile* und *dolce.* Trauben: wie *rosso*, jedoch rosiniert bzw. *passito.* E. 72/100; Alk. 15 (*amabile* Restsüße 10–25 g/l und *dolce* Min. 2%); S. 0,4; A. 2 J. im Faß.
Liquoroso. Gespriteter Rotwein, auch *secco* und *dolce naturale.* Trauben: wie *rosso*, jedoch rosiniert bzw. *passito.* E. 72/110; Alk. 18 (*secco* Restsüße Max. 10 g/l, *dolce naturale* Min. 50 g/l); S. 0,35; A. 1 J. im Faß.

Monica di Sardegna (1972)

Der typisch trockene Monica-Stil hat in Sardinien mehr Freunde als die meist süße DOC Monica di Cagliari. Beide sind anderswo nicht oft anzutreffen. Meist weich und leicht; jung rubinrot, später purpur, aber selbst als *superiore* nicht übermäßig haltbar. Es gibt eine perlende Version. ZONE: Die ganze Insel, wird aber meist in der Campidano-Ebene angebaut. Trockener bis lieblicher Rotwein, auch *frizzante naturale* und *superiore.* Trauben: Monica; andere rote Sorten bis 15%. E. 105/150; Alk. 11, *superiore* 12,5; S. 0,45, A. 6 Mte., *superiore* 1 J. im Faß.

Moscato di Sardegna (1980)

Ein bisher nicht in größerer Menge erzeugter *spumante*, dabei hätte er durch delikates Moscato-Aroma und fruchtige Süße gutes Potential. ZONE: Die ganze Insel, Produktionsschwerpunkt in den Anglona- und Gallura-Bergen im Norden. Tempo Pausania (oder Tempio) gilt für Wein aus dieser Gemarkung, Gallura für Wein vom nördlichen Vorgebirge. Süßer weißer Schaumwein. Trauben: Moscato Bianco, andere weiße Sorten bis 10%. E. 91/130; Alk. 11,5 (Restsüße 3,5%), S. 0,5.

Vermentino di Sardegna (1989)

Der noch nicht ganz festgelegte Vermentino, trocken, süß oder schäumend, verspricht einer von vielen charakter- und ausdruckslosen Weinen zu werden – wenn der Ertrag von 130 hl/ha zugrundeliegt. Bei stärker beschränktem Ertrag kann der traditionelle Vermentino-Charakter zum Vorschein kommen. ZONE: Die ganze Insel, jedoch meist im Norden angebaut. Trockener Weißwein, auch *amabile* und *spumante.* Trauben: Vermentino, sonstige weiße Sorten bis 15%. E. 130/200; Alk. 10,5 (*amabile* Restsüße 4–20 g/l), *spumante* 11; S. 0,45.

ERZEUGER VON CANNONAU DI SARDEGNA

Die folgenden Erzeuger sind auf den vorwiegend im Osten der Insel produzierten Cannonau di Sardegna spezialisiert, wo es keine anderen DOC-Weine gibt. Die Erzeuger von Monica, Moscato und Vermentino di Sardegna bieten meist auch andere DOC-Weine an und sind unter den jeweiligen Zonen verzeichnet.

GENOSSENSCHAFTEN

CS della Riforma Agraria Olia Speciosa, Castiadas (CA). Die Kellerei im Bereich Sarrabus östlich von Cagliari produziert guten Cannonau di Sardegna Capo Ferrato und *vdt.*
CS di Dorgali, Dorgali (NU). In den Baronìe-Bergen am Golf von Orosei, einer der größten und besten Erzeuger von Cannonau in mehreren DOC-Typen sowie Cannonau di Dorgali (ohne DOC) und anderen *vdt.*
CS Regione Su Concali, Jerzu (NU). Großer DOC-Cannonau-Erzeuger, Marke Jerzu; ferner *vdt* von Winzern in den Ogliastra- und Barbagia-Bergen.
CS di Oliena, Oliena (NU). Kellerei in den Barbagia-Bergen mit angesehenem Cannonau di Sardegna «Nepente di Oliena».
CS Ogliastra, Tortolì (NU). Guter DOC Cannonau und *vdt* aus den Ogliastra-Bergen.

Weine aus dem Norden: Gallura, Sassari und Alghero

Nordsardinien ist durch seine Badestrände berühmter geworden als durch Wein. Allerdings schmeckt den Touristen an der Costa Smeralda der Weißwein der Gegend zu frischen Langusten durchaus, vor allem der Vermentino, dessen schillernder Charakter sich in den kühlen Bergen von Gallura um Tempio Pausania am schönsten ausprägt. Der duftigste Moscato Sardiniens kommt aus den Gallura- und Anglona-Bergen nördlich von Sassari. Hier gibt es nur zwei DOC-Zonen, Vermentino di Gallura und Moscato di Sorso-Sennori, doch auch der neue Vermentino und der Moscato di Sardegna wachsen zum großen Teil hier. Ein offenes Geheimnis ist, daß die besten Weine Nordsardiniens, vor allem die von Sella & Mosca, unter keine DOC fallen. Aus den Wäldern von Gallura bezieht Italien auch seinen Kork.

Vermentino di Gallura (1975)

Wie viele andere italienische Weißweine ist auch der Vermentino an den modernen Geschmack angepaßt worden, damit er sich besser verkauft. Der alte, heroische Stil ist aber noch nicht ganz verschwunden. Sehr charaktervoll hat er sich im *superiore* der Genossenschaft Giogantinu erhalten, ebenso im Aghiloia von der Genossenschaft Vermentino, die auch einen guten modernen Wein namens S'Eleme zu bieten hat. Hochangesehen ist auch die Lage Vigne di Piras der CS Gallura.
ZONE: Die Waldberge von Gallura mit 17 Gemeinden in der Provinz Sassari und 2 in Nuoro. Trockener Weißwein, auch *superiore*. Trauben: Vermentino, andere weiße Sorten bis 5%. E. 98/140, Alk. 12, *superiore* 13,5; S. 0,45.

Moscato di Sorso-Sennori (1972)

Der traditionelle süße Moscato aus Sassari hat Honigfarbe und in der gespriteten Version ebensolche Süße, doch es gibt kaum genug für den örtlichen Bedarf.
ZONE: Die niedrigen Küstenberge in den Gemarkungen Sorso und Sennori in der Provinz Sassari. Süßer Weißwein, auch *liquoroso dolce*. Trauben: Moscato Bianco. E. 54/90, Alk. 15 (Restsüße 2%), *liquoroso dolce* 10 (Restsüße 3%); S. 0,35; A. 5 Mte.

Andere beachtenswerte Weine

Guter moderner Vermentino entsteht auch ohne DOC in Alghero und in Usini von Giovanni Cherchi. Sella & Mosca erzeugt in Alghero mit den feinsten Tafelwein Sardiniens: weißen Torbato, roten Tanca Farrà und süßen roten Anghelu Ruju (siehe unten). Kuriositäten sind der rote Cagnulari von Cherchi sowie der Nebbiolo di Luras der CS Gallura. Rotweine von der Pascale-Traube sind der Rosso di Berchidda aus der CS Giogantino und der Abbàia aus der CS del Vermentino, die im Rosé Thaòra dieselbe Sorte verarbeitet.

Ihre ganze Geschichte hindurch haben sich die Sarden gegen Veränderungen gesträubt, die ihnen Landfremde aufzwingen wollten.

WEINGÜTER/WINZER

Giovanni Cherchi, Usini (SS). Kleiner Winzer mit feinem Vermentino di Usini aus der Lage Tuvaoes und mit dem einzigartigen roten Cagnulari, beide *vdt*.
Fattoria Giunchizza, Trinità di Agultu (SS). Vermentino di Gallura.
Sella & Mosca, Alghero (SS). Gegründet 1899 von Emilio Sella und Edgardo Mosca; anfänglich wurde Marschland mit Wein bepflanzt. Heute eines der größten modernen Weingüter Italiens, in Sardinien seit langem führend. Unter Direktor Mario Consorte wird besonderer Nachdruck auf hochwertige Produkte gelegt, z. T. ohne DOC von 400 ha Weinbergen mit dem Lagenamen I Piani in der Ebene nördlich von Alghero, wo die ersten hochherzogenen Reben der Insel standen. Bestseller sind Vermentino, Rosé (von Cannonau) und Cannonau di Alghero. Torbato di Alghero, ein trockener Weiß- und Schaumwein, erreicht in der Lage Terre Bianche (benannt nach dem weißen Kreideboden) neue Höhen. Der rote Tanca Farrà ist ein origineller Verschnitt von Cannonau und Cabernet Sauvignon. Der Cannonau hat seinen Zenit in einer süßen Version, Anghelu Ruju (Roter Engel), benannt nach einer auf dem Gutsgelände gefundenen prähistorischen Begräbnisstätte. Die Trauben werden auf Rohrmatten vorgetrocknet und dann in einem Verfahren verarbeitet, das den feinsten Port Italiens erbringt.
Tenute Capichera, Arzachena (SS). Aufstrebendes Weingut mit feinem Vermentino di Gallura.

GENOSSENSCHAFTEN

CS Giogantinu, Berchidda (SS). Ausdrucksvoller Vermentino di Gallura *superiore* Marke Giogantinu sowie *vdt*.
CS del Vermentino, Monti (SS). Die große Produktion umfaßt den angesehenen Vermentino di Gallura S'Eleme und Aghiloia superiore sowie den roten vdt Abbaia und den Rosé *vdt* Thaòra.
CS della Riforma Agraria di Alghero, Santa Maria La Palma (SS). Produktionsschwerpunkt ist der Aragosta *vdt* von Vermentino.
CS Gallura, Tempio Pausania (SS). Feiner Vermentino di Gallura aus der Lage Vigne di Piras und DOC Moscato di Sardegna sowie *vdt*, darunter der rare Nebbiolo di Luras.

Weine von Planargia, Mandrolisai und Oristano

West-Zentralsardinien bietet mit dem seltenen Malvasia di Bosa und dem einst überaus beliebten Vernaccia di Oristano zwei der besten Aperitifweine Italiens. Beide sind nur allzu oft mit Sherry verglichen worden, doch Kenner wissen, daß sie sich ganz sardisch mit nur einem winzigen spanischen Akzent ausdrücken. Die Rebsorten sind sardisch, und die Etappen des langen Bereitungs- und Alterungsvorgangs folgen einem eigenen Schema. Die Weinberge unterliegen starkem maritimem Einfluß, aber damit enden die Ähnlichkeiten schon. Der Vernaccia di Oristano kommt aus dem weiten Tirso-Becken und der Malvasia di Bosa von den steilen Planargia-Bergen im Norden. Der Malvasia della Planargia (ohne DOC) kann dem Bosa gleichkommen. Mandrolisai liegt abseits im felsigen Zentrum der Insel und hat Rot- und Roséwein mit eigenem Charakter. Die anderen DOC-Weine der Gegend, Terralba und Arborea, enttäuschen. Zwei erlesene Weine ohne DOC, Semidano di Mogoro und Nasco di Ortueri, zeigen, was erreicht werden kann, wenn eine große Genossenschaft unter der Masse von Trauben etwas Besonderes entdeckt.

Malvasia di Bosa (1972)

Von den vielen Malvasia-Weinen Italiens ist dieser der gefragteste, vor allem in der goldenen *Secco*-Version. Wie der Malvasia di Cagliari wird er von der sardischen Abart dieser Rebe gekeltert. Bei beiden erinnert der Geschmack an Haselnüsse und grüne Oliven, aber der Bosa ist oft delikater und feiner im Duft. *Dolce* und *liquoroso* sind ausgeprägter, aber nicht so fein. Die Erzeugung an den steilen Kreidehängen von Planargia ist klein und im Stil sehr unterschiedlich. Malvasia di Bosa von Salvatore Deriu Mocci aus der Lage Campeda galt lange als der feinste, aber auch Weine von kleinen Winzern, darunter Malvasia della Planargia ohne DOC sind heute hoch angesehen.

ZONE: Die Planargia-Berge an der Küste südlich von Bosa mit den Gemeinden Magodamas, Modolo, Tresnuraghes sowie 3 Orten in den Provinzen Nuoro und Oristano. Traube: Malvasia Sarda.
Secco. Trockener Aperitif-Weißwein. E. 56/80; Alk. 15 (Restsüße Max. 0,5%); S. 0,35; A. 2 J.
Dolce naturale. Süßer Aperitif-Weißwein. E. 56/80; Alk. 15 (Restsüße Min. 2%); S. 0,35; A. 2 J.
Liquoroso secco. Trockener gespriteter Weißwein. E. 56/80; Alk. 17,5 (Restsüße Max. 1%); S. 0,35; A. 2 J.
Liquoroso dolce naturale. Süßer gespriteter Weißwein. E. 56/80; Alk. 17,5 (Restsüße Min. 2,5%), S. 0,35; A. 2 J.

Mandrolisai (1982)

Mandrolisai ist der Name einer Gegend in den kahlen Barbagia-Bergen in der Mitte der Insel, wo Bovale Sardo mit Cannonau zusammen zu einem gefälligen leichten Rot- und Roséwein verarbeitet wird. Er ist meist jung am besten; nur der rote *superiore* hält sich ein paar Jahre.
ZONE: Die Barbagia-Berge in Zentralsardinien zwischen dem Gennargentu-Massif und dem Omodeo-See, außerdem Sorgono und 5 weitere Orte in der Provinz Nuoro sowie Samugheo in Oristano.
Rosso. Trockener Rotwein, auch *superiore*. Trauben: Bovale Sardo Min. 35%, Cannonau 20–35%, Monica 20–35%; andere Sorten bis 10%. E. 84/120; Alk. 11,5, *superiore* 12,5; S. 0,45; A. *superiore* 2 J. (1 J. im Faß).
Rosato. Trockener Rosé. Trauben: wie *rosso*. E. 78/120; Alk. 11,5; S. 0,45.

Vernaccia di Oristano (1971)

Dieser Vernaccia ist seit mindestens dem 16. Jh. nachgewiesen; damals war er auf dem Festland und sogar in Griechenland sehr beliebt. Heute scheint dieser typischste aller sardischen Weine ohne seine eigene Schuld nicht mehr zeitgemäß. Aber er hat in Sardinien noch ein paar Freunde, die ihn als Aperitif und zu traditionellen Gerichten schätzen.

Auf der Tirso-Ebene werden die Vernaccia-Reben flach über dem Boden gezogen, so daß sie die vom sandigen Kalksteinboden reflektierte Hitze in sich aufsaugen. Dadurch erhält ihr Wein die nötige Stärke und Standfestigkeit für einen langwierigen Bereitungs- und Alterungsprozeß. Aus vollreifen Trauben wird ein Wein mit hohem Alkoholgehalt gewonnen, der dann in kleinen Fässern in den *magazzini* (Ziegelbauten mit Luft- und Lichtöffnungen) lagert. Da die Fässer nicht ganz gefüllt werden, entwickelt sich auf dem Wein eine Florhefeschicht, die den Verderb verhindert und zugleich das Bukett und den Geschmack günstig beeinflußt. Da eine solche Praxis auch in Südostspanien üblich ist, wird der Vernaccia-Charakter oft als «Sherry-ähnlich» bezeichnet. Die Unterschiede in Trauben und Klima sowie das Fehlen des beim Sherry gebräuchlichen *Solera*-Systems machen der Vernaccia di Oristano jedoch eigenständig. Am typischsten sind die *Naturale*-Versionen, insbesondere der faßgereifte *superiore* und *riserva* von Contini, beide mit Nuancen von gerösteten Nüssen, Gewürzen und welkenden Blumen. Die gespritete Art, sowohl trocken als auch süß, ist weicher und voller, aber nicht so ausgeprägt.
ZONE: Das Tirso-Becken und die Ebene um die Lagune Stagno di Cabras nördlich von Oristano und 14 weitere Gemeinden in der Provinz. Trockener Aperitif-Weißwein, auch *superiore, riserva, liquoroso* und *liquoroso secco*. Traube: Vernaccia di Oristano. E. 52/65; Alk. 15, *liquoroso* 16,5 (Restsüße 50–80 g/l), *liquoroso secco* 18 (Restsüße Max. 40 g/l), S. 0,5; A. 2 J. im Faß, *superiore* 3 J. im Faß, *riserva* 4 J. im Faß.

Arborea (1987)

Die DOC ist zwar noch zu neu für ein Urteil, doch verspricht sie nichts weiter als leichten Sangiovese und Trebbiano, mit dem Italien schon überschwemmt ist.
ZONE: Benannt nach der Stadt Arborea, erstreckt sich jedoch auf viele Gemeinden in den Ebenen und Hügeln der Provinz Oristano.
Sangiovese. Trockener Rotwein, auch *rosato*. Trauben: Sangiovese Min. 85%; andere rote Sorten. *Rosato* von ohne Schalen vergorenen Trauben. E. 126/180; Alk. 11; S. 0,45.
Trebbiano. Trockener Weißwein, auch *amabile* und *frizzante naturale*. Trauben: Trebbiano Romagnolo/ Trebbiano Toscano Min. 85%; andere weiße Sorten. E. 126/180; Alk. 10,5; S. 0,45.

Die Korkproduktion ist für die Bauern in den Bergen noch immer ein wichtiger Nebenerwerb.

Campidano di Terralba oder Terralba (1976)

Rubin- bis karminroter Wein ohne großen Gehalt. Jung recht erfrischend.
ZONE: Große Strecken welliges und hügeliges Land im Norden des Campidano-Grabens mit Terralba und 22 weiteren Gemeinden in den Provinzen Oristano und Cagliari. Trockener Rotwein. Trauben: Bovale Sardo/ Bovale di Spagna; Pascale di Cagliari/ Greco Nero/Monica bis 20%. E. 105/ 150; Alk. 11,5; S. 0,45; A. 5 Mte.

Andere beachtenswerte Weine

Von den vielen Weinen ohne DOC in West-Zentralsardinien sind nur wenige außerhalb bekannt, u. a. Tafelweine aus dem Tirso-Tal wie roter und rosé Nièddera von Vernaccia-Erzeugern sowie leichte und perlende Verschnitte der Genossenschaften. Aus der Masse strahlen einige Juwele hervor, einer davon der lebendige, sanfte Aperitif Malvasia della Planargia von Naitana. Zwei große Genossenschaften bieten Raritäten an: trockener, sanft verführerischer weißer Semidano di Mogoro aus der Kelerei Il Nuraghe und der subtil süße Nasco di Ortueri von Samugheo.

WEINGÜTER/WINZER

Francesco Atzori, Cabras (OR).
DOC Vernaccia di Oristano und roter Nièddera *vdt*.

Mercedes Cau Sechi, Bosa (NU).
DOC Malvasia di Bosa.

Gian Vittorio Naitana, Magomadas (NU). Feiner *vdt* Malvasia della Planargia von 1,5 ha aus Teilen der Lagen Vigna Murapiscados, Vigna Su Filigalzu und Vigna Giagonìa. Der Wein hat nicht genug Alterung für die DOC Malvasia di Bosa; wird von dem Weinpublizisten Gilberto Arru hervorgehoben.

Fratelli Porcu, Modolo (NU). Sehr kleine Erzeugung an DOC Malvasia di Bosa.

Produttori Riuniti, Baratili San Pietro (OR). Vernaccia di Oristano von 50 ha.

WEIN- UND HANDELS-HÄUSER

Cantine Isola, Terralba (OR). Cannonau di Sardegna und verschiedene Schaumweine.

Silvio Carta, Baratili San Pietro (OR). Guter Vernaccia di Oristano.

Attilio Contini, Cabras (OR). Bewunderter Spitzenerzeuger von Vernaccia di Oristano, meist von 70 ha Familien-Weinbergen um Stagno di Cabras. Die Ende des vorigen Jahrhunderts gegründete Firma gehört den Gebrüdern Antonio, Paolo und Salvatore Contini. Einige

Riserva-Abfüllungen erreichen Höhen, die ähnliche Weine in Italien kaum kennen. *Vdt* u. a. ein Rosé von Nièddera und ein trockener Weißwein namens Contina von Vernaccia.

Josto Puddu, San Vero Milis (OR). DOC Vernaccia di Oristano, Malvasia della Planargia sowie *vdt*, u. a. roter Nièddera und weißer Semidano, teilweise aus eigenen Weinbergen.

GENOSSENSCHAFTEN

CS Fra Vitivinicoltori della Planargia, Flussio (NU). DOC Malvasia di Bosa und lieblicher Malvasia della Planargia spumante.

CS Il Nuraghe, Mogoro (OR). Großer Erzeuger von Nuragus di Cagliari und anderen DOC und *vdt* von Winzern mit über 1200 ha. Das Juwel ist jedoch der rare weiße Semidano di Mogoro.

CS della Vernaccia, Oristano. Große Produktion an Vernaccia di Oristano Marke Sardinian Gold.

CS di Samugheo, Samugheo (OR). DOC-Weine von Mandrolisai und Campidano sowie Nasco di Ortueri Marke Tormedusa. Hochgelegene Weinberge mit kalkreichem Boden bringen diesen exquisit süßen, bernsteinfarbenen Wein hervor, der jeden DOC Nasco di Cagliari aussticht.

CS del Campidano di Terralba, Terralba (OR). DOC und *vdt* von Winzern mit fast 1000 ha Reben.

Weine von Cagliari – Campidano und Sulcis

Die wellige Campidano-Ebene nordwestlich der Hauptstadt ist das Weinfaß Sardiniens. Über die Hälfte des sardischen Weins kommt aus der Provinz Cagliari, zum großen Teil als DOC der 6 Sorten mit dem Provinznamen sowie aus den Zonen Carignano del Sulcis und teilweise Arborea. Von den DOC-Weinen wird nur der trockene weiße Nuragus in größeren Mengen produziert. Die anderen DOC Cagliari sind entweder Dessert- oder Aperitifweine, manche davon etwas Besonderes, so die Spezialitäten Girò und Nasco, doch wie andere ihrer Art büßen sie im Anbau und im Absatz an Beliebtheit ein. Hier wie in anderen «bequemen» Weinbaugegenden Italiens konzentrieren sich die Erzeuger auf leichten, perlenden Wein. In der Campidano-Ebene und ihrer Umgebung wird die Produktion von den vielen, oft großen Genossenschaften beherrscht. Experimente mit edlen Rebsorten lassen sich in Hanglagen vielversprechend an.

Girò di Cagliari (1972)

Der zwar leichte, aber würzige Ersatz für Port ist im Aussterben begriffen. Als sehr gefällig erweist sich der sanfte *dolce naturale;* in der Regel bevorzugen die Liebhaber jedoch den intensiveren Geschmack des *liquoroso riserva*.

ZONE: Die Provinz Cagliari und mehrere Gemeinden in Oristano; die sehr kleine Produktion kommt vorwiegend aus der Campidano-Ebene. Traube: Girò, evtl. rosiniert oder *passito*.

Dolce naturale. Süßer Rotwein. E. 72/120; Alk. 14,5 (Restsüße Min. 2,5%); S. 0,4; A. 9 Mte.

Secco. Trockener Rotwein. E. 72/120; Alk. 14 (Restsüße Max. 0,5%); S. 0,4; A. 9 Mte.

Liquoroso. Gespriteter Rotwein, auch *dolce naturale, secco* und *riserva*. E. 72/110; Alk. 14, *dolce naturale* und *secco* 17,5 (*dolce naturale* Restsüße Min. 2,5% und *secco* Max. 1%); S. 0,35; A. 9 Mte., *riserva* 2 J. (1 J. im Faß).

Malvasia di Cagliari (1972)

Ein gold- bis bernsteinfarbener Malvasia mit weitgespanntem Bukett und Mandelaroma, am besten als trockener Aperitif. Auch eine süße und eine gespritete Version.

ZONE: Die Provinz Cagliari und mehrere Gemeinden in Oristano. Traube: Malvasia Sarda, evtl. rosiniert oder *passito*.

Secco. Trockener Weißwein. E. 72/110; Alk. 14 (Restsüße Max. 0,5%); S. 0,45; A. 9 Mte.

Dolce. Süßer Weißwein. E. 72/110; Alk. 14 (Restsüße Min. 2%); S. 0,45; A. 9 Mte.

Liquoroso. Gespriteter Weißwein, auch *secco, dolce naturale* und *riserva*. E. 72/110; Alk. 14, *secco* und *dolce naturale* 17,5 (*secco* Restsüße Max. 1% und *dolce naturale* Min. 2%); S. 0,35; A. 9 Mte., *riserva* 2 J. (1 J. im Faß).

Monica di Cagliari (1972)

Rotwein von flacherzogenen Reben und daher stark konzentriert. Anders als Monica di Sardegna ist die Cagliari-Version fast immer süß, obwohl sie auch trocken zugelassen ist. Nur der *liquoroso riserva* ist länger haltbar.

ZONE: Die Provinz Cagliari und mehrere Gemeinden in Oristano; die kleine Produktion kommt vorwiegend aus der Campidano-Ebene. Traube: Monica, evtl. rosiniert oder *passito*.

Dolce naturale. Süßer Rotwein. E. 72/110; Alk. 14,5 (Restsüße Min. 2,5%); S. 0,4; A. 9 Mte.

Secco. Trockener Rotwein. E. 72/110; Alk. 14 (Restsüße Max. 0,5%); S. 0,4; A. 9 Mte.

Liquoroso. Gespriteter Rotwein, auch *dolce naturale, secco* und *riserva*. E. 72/110; Alk. 14, *dolce naturale* und *secco* 17,5 (*dolce naturale* Restsüße Min. 2,5% und *secco* Max. 1%); S. 0,3; A. 9 Mte, *riserva* 2 J. (1 J. im Faß).

Moscato di Cagliari (1972)

Goldener Dessertwein mit starkem, beim älteren *liquoroso riserva* noch intensiverem Aroma.

ZONE: Die Provinz Cagliari und mehrere Gemeinden in Oristano. Traube: Moscato Bianco, evtl. rosiniert oder *passito*.

Dolce naturale. Süßer Weißwein. E. 72/110; Alk. 16 (Restsüße Min. 3%); S. 0,4; A. 5 Mte.

Liquoroso dolce naturale. Gespriteter süßer Weißwein, auch *riserva*. E. 72/110; Alk. 17,5 (Restsüße Min. 2,5%); S. 0,35; A. 5 Mte., *riserva* 1 J.

Nasco di Cagliari (1972)

Nasco wächst nur in Sardinien und erbringt hell gold- bis bernsteinfarbenen Wein von exquisit gedämpfter Eigenart.

ZONE: Die Provinz Cagliari und mehrere Gemeinden in Oristano; die kleine Produktion kommt vorwiegend aus der Campidano-Ebene. Traube: Nasco, evtl. rosiniert oder *passito*.

Dolce naturale. Lieblicher Weißwein. E. 72/110; Alk. 14,5 (Restsüße Min. 2,5%); S. 0,4; A. 9 Mte.

Secco. Trockener Weißwein. E. 72/110; Alk. 14 (Restsüße Max. 0,5%); S. 0,4; A. 9 Mte.

Liquoroso. Gespriteter Weißwein, auch *dolce naturale, secco* und *riserva*. E. 72/110; Alk. 14, *dolce naturale* und *secco* 17,5 (*dolce* Restsüße Min. 2,5% und *secco* Max. 1%); S. 0,35; A. 9 Mte., *riserva* 2 J. (1 J. im Faß).

Nuragus di Cagliari (1975)

Der vielleicht von den Phönikern eingeführte und nach den uralten Steintürmen (*nuraghi*) benannte Nuragus ist zu einem für moderne Massenproduktion typischen geschmacklosen Weißwein geworden.

Der Nuragus di Cagliari hat den höchsten zulässigen Ertrag aller DOC-Weine – 140 hl/ha mit 20% Zugabe in «außergewöhnlichen» Jahren. Wird dies ausgenützt, dann entsteht eine Art Zitronenwasser; der *amabile* ist selten.

ZONE: Provinz Cagliari und zahlreiche Gemeinden in Oristano und Nuoro, Produktionsschwerpunkt in der Campidano-Ebene. Trockener Weißwein, auch *amabile* und *frizzante*. Trauben: Nuragus 85–95%, Trebbiano Toscano oder Romagnolo/Vermentino/Clairette/Semidano 5–15%. E. 140/220; Alk. 10,5; S. 0,45.

Carignano del Sulcis (1975)

Früher lieferte Carignano starken Verschnittwein; jetzt ist er zu einer gerade noch interessanten DOC gezähmt worden. Der *rosso* ist jung, schön fruchtig, jedoch robust genug für 2–3 Jahre Ausbau zum *invecchiato*. Der schlichte *rosato* ist jung am besten.

ZONE: Die Südwestecke von Sardinien in den Bergen um Capo Teulada mit den Inseln Sant' Antioco und San Pietro und 15 Gemeinden in der Provinz Cagliari.

Rosso. Trockener Rotwein, auch *invecchiato*. Trauben: Carignano; Monica/Pascale/Alicante Bouschet bis 15%. E. 104/160; Alk. 11,5; S. 0,45; A. 5 Mte., *invecchiato* 11 Mte.

Rosato. Trockener Rosé, auch *invecchiato*. Trauben: wie *rosso*. E. 88/160; Alk. 11,5; S. 0,45; A. 5 Mte., *invecchiato* 11 Mte.

Andere beachtenswerte Weine

Viele Erzeuger bieten Tafel- und Schaumweine, jedoch meist nur von lokaler Bedeutung, an. Das Consorzio Interprovinciale per la Frutticoltura arbeitet an der Verbesserung sardischer Reben und prüft Fremdsorten wie Chardonnay, Sauvignon, die Cabernets und Pinots.

Reise-Informationen

WEINGÜTER/WINZER
Meloni Vini, Selargius (CA). DOC-Cagliari-Weine sowie Cannonau und Vermentino di Sardegna von 250 ha Fläche.

WEIN- UND HANDELS-HÄUSER
Zedda Piras, Cagliari. DOC Cagliari und *vdt.*

GENOSSENSCHAFTEN
CS di Dolianova, Dolianova (CA). Große Produktion, u. a. guter Cannonau und Monica di Sardegna, DOC Cagliari und *vdt* aus dem Bereich Parteolla (Campidano).
CS Marmilla, Sanluri (CA). Kellerei unter der Leitung des Önologen Enzo Biondo für über 1800 Winzer in den Marmilla-Bergen. Gute DOC-Cagliari-Weine, Cannonau und Monica di Sardegna sowie *vdt* Marke Marmilla.
CS di Santadi, Santadi (CA). Guter DOC Carignano del Sulcis und *vdt.*
CS di Sant'Antioco, Sant'Antioco (CA). Große Produktion.
CS della Trexenta, Senorbi (CA). Sauberer DOC Nuragus di Cagliari und *vdt* aus den Trexenta-Bergen.
CS del Campidano di Serramanna, Serramanna (CA). Große Produktion an DOC Cagliari und Sardegna sowie *vdt.*
CS di Villacidro, Villacidro (CA). DOC Cagliari und *vdt.*

RESTAURANTS/HOTELS
La Lepanto, 07041 Alghero (SS). Tel. (079) 979116. Strandhotel mit gutem Restaurant. Regionale Küche, u. a. *aragosta* (Langusten). Reiche Weinauswahl.
Grazia Deledda, 07021 Arzachena (SS). Tel. (0789) 98988. Kreative Küche mit sardischen Fisch- und Fleischgerichten in schönem Rahmen. Gute Weinkarte. Zimmer mit Blick über die Baia Sardinia.
Dal Corsaro, Viale Regina Margherita 28, 09124 Cagliari. Tel. (070) 664318. Das Spitzenrestaurant der Hauptstadt mit eindrucksvoller Auswahl an Gerichten und Weinen der Region.
Hotel Is Morus, 09010 Santa Margherita di Pula (Cagliari). Tel. (070) 921424. Schönes Strandhotel unter Pinien mit gutem Freizeitangebot und feinem Restaurant; Spezialität Meeresfrüchte.
Su Gologone, 08025 Oliena (NU). Tel. (0784) 287512. Rustikales Hotel mit bodenständiger Küche vom offenen Feuer. Herzhafter Cannonau, andere Weine der Gegend.
Il Faro, Via Bellini 25, 09170 Oristano. Tel. (0783) 70002. Das beste Restaurant in Oristano mit Spitzenleistungen in traditioneller sardischer Küche.
Da Franco, 07020 Palau (SS). Tel. (0789) 709558. Erstklassige regionale und nationale Gerichte und Weine auf einer Terrasse über dem Fischerhafen.
Canne al Vento-da Brancaccio, 07028 Santa Teresa Gallura (SS). Tel. (0789) 754219. Gemütliches Familienrestaurant mit guten Speisen und Weinen.

WEINFACHGESCHÄFTE/VINOTHEKEN
Antica Enoteca Cagliaritana, Scaletta Santa Chiara 21, 09124 Cagliari. Eindrucksvolle Auswahl an Weinen und Spirituosen aus Sardinien, Italien und dem Ausland.

SEHENSWERTES
Trotz der Ausweitung der Badestrände ist die Küste Sardiniens großenteils noch so unberührt wie das einsame, kräuterduftende Landesinnere. Wo Stadterschließung und Tourismus noch nicht hingekommen sind, gewähren Brauchtum, Handwerk und Küche einen Blick in die Vergangenheit. Regelmäßige Flug- und Fährverbindungen bestehen zwischen Cagliari und Olbia an der Costa Smeralda und dem italienischen Festland.
Gallura und die Costa Smeralda. Den Norden Sardiniens bildet ein Gebirgszug, an dessen Felsküste und Inseln sich die ultraschicke Costa Smeralda mit den Badeorten Arzachena, Porto Cervo, Baia Sardinia und Cala di Volpe hinzieht. Sehenswert sind die Häfen Santa Teresa Gallura und Palau sowie die Maddalena-Inseln, wo sich auf Caprera das Haus und das Grab Giuseppe Garibaldis befinden.
Gennargentu-Massiv. Von dem Gebirgszug südlich von Nuoro aus, wo einst Sardiniens legendäre Banditen hausten, hat man eine herrliche Aussicht über den Osten der Insel.
Nuraghi. Die in prähistorischer Zeit ohne Mörtel erbauten runden Steintürme sind einzigartige Zeugen der Vergangenheit Sardiniens. Schöne Beispiele sind östlich von Nuoro bei Serra Orrios und mit den Nuraghi Losa, Santa Barbara und Sant-Antine zwischen Oristano und Sassari erhalten.

Die sardische Küche bietet Pasta, Gemüse, Wild, Geflügel, Käse und verschiedenes Brot. Die Campidano-Ebene im Süden ist die reiche Kornkammer der Insel und das Zentrum des Weinbaus.

Sizilien (Sicilia)

Hauptstadt: Palermo
Provinzen: Agrigento (AG), Caltanissetta (CL), Catania (CT), Enna (EN),
Messina (ME), Palermo (PA), Ragusa (RG), Siracusa (SR), Trapani (TP).
Fläche: 25 708 km² (1.)
Bevölkerung: 5 084 000 (4.)

Sizilien mit seiner zerklüfteten Küste, seinen brodelnden Vulkanen und steinigen Berghängen, wo Oliven, Getreide, Zitrusfrüchte, Kräuter und Reben im Sonnenschein gedeihen, ist das Symbol des Mittelmeers. Die größte Insel in diesem Meer trägt unauslöschliche Erinnerungen an den nicht immer freundlichen Besuch aller Völkerschaften ringsumher: Phöniker, Karthager, Griechen, Sarazenen, Araber, ganz zu schweigen von den Römern und was sonst noch alles kam. Trotzdem hat sich Sizilien niemals als Schmelztiegel bewährt, als «Verschnittbottich» aber einige kuriose *cuvées* hervorgebracht, die nicht alle auf den Namen Marsala hören.

Es klingt seltsam, daß die größte Region Italiens mit der umfangreichsten Rebfläche und in manchen Jahren der höchsten Weinernte den niedrigsten Je-Kopf-Verbrauch an Wein hat, aber die Sizilianer verstehen schon seit den Tagen von Magna Graecia, mit Widersprüchen zu leben. Die Griechen nannten die Insel zunächst ihrer Dreiecksform wegen Trinacria und gaben ihr erst später ihren endgültigen Namen nach dem Bergvolk der Siculi. Ein blühender Weinhandel ging schon von den griechischen Städten Syrakus mit dem gepriesenen Pollio und Akragas (Agrigent) sowie Taormina am Ätna aus. Die Römer jedoch, trotz der Vorliebe Julius Cäsars für den süßen Mamertino, verwandelten einen großen Teil der Insel in Kornfelder. Die Vandalen und Goten taten auch nichts für den Wein, und dann wurde er unter den Moslems tabu. Jahrhundertelang wurden nun die Trauben zu Rosinen getrocknet, die in Italien zu Ehren der Sultane «uve sultane» hießen. Normannen, Staufer und schließlich die Bourbonen bereiteten sodann das Terrain für die Engländer vor, die am Ende des 18. Jh.s den Marsala schufen und damit Sizilien zur Hauptquelle gespriteter Weine machten.

Dem Ruf der Insel für guten Dessert- und Aperitifwein waren der Moscato di Pantelleria und der Malvasia delle Lipari ebenfalls förderlich, wenn das nun auch vor lauter Eifer der Region für die leichten, spritzigen Weine von heute untergeht. Bei alledem sind die modernen Weine Siziliens doch noch die zuverlässigsten im Süden, auch wenn es den weißen als der wachsenden Mehrheit oft an Identität und den roten an Politur fehlt. Die DOC-Idee hat sich in Sizilien nicht durchgesetzt (es entfallen darauf nur 2,5% der Weinproduktion), dafür setzt die Region eigene Maßstäbe mit dem «Q», das sie für nachgewiesene Qualität als Etikettenaufdruck vergibt.

Obwohl 9/10 der Produktion aus den Genossenschaften kommen, stammen 8 von 10 verkauften Flaschen aus privaten Kellereien und Weingütern, die für fast alle Prestigeweine verantwortlich zeichnen: Corvo, Regaleali, Florio, Pellegrino, Rapitalà, Donnafugata, Hauner und Vecchio Samperi. Sie und einige andere sorgen in Sizilien für einen bewundernswerten Qualitätsstand und beweisen damit die Berechtigung des Mottos «Il corraggio della qualità». Es gehört wahrhaftig Courage dazu, den Ertrag einzuschränken und in einer Region, deren Reputation auf starken Weinen in Massen beruht, nach großer Klasse zu streben. Überdies muß ein ehrlich bemühter Winzer außer den im Süden sonst üblichen Barrieren auch noch die Vorurteile jener überwinden, die alles Sizilianische mit der Mafia verknüpfen.

Das Musterbeispiel für Siziliens Bestrebungen, die Qualität und das Image seines Weins zu heben, war die Rettung des Marsala. Fast in einem Verzweiflungsakt wurden die veralteten Vorschriften umgestoßen und der einst so strahlende Süßwein wieder auf den heilsamen

Oben: Ein Aroma von Sonne und Meer durchzieht die mannigfaltigen Fischgerichte der sizilianischen Küche.
Unten: Die Fischerei ist ein wichtiger Zweig der Wirtschaft Siziliens.

Weg gebracht. Aber selbst in den Tagen herber Kritik blieb der Marsala stets Siziliens ganzer Stolz. Nach wie vor beherrscht er die DOC-Produktion und macht den Hafen, dessen Namen er trägt, zu einem der belebtesten Weinzentren Italiens.

Die Ebene, die am östlichen Horizont Marsalas in ein Hügelland übergeht, trägt den wohl üppigsten Rebenbestand der Welt und verleiht Trapani dem Weinvolumen nach die Führung unter den 94 Provinzen Italiens. Die Nachbarprovinz Agrigento hat keine DOC, trägt aber maßgeblich zu der Weinschwemme bei, die im letzten Jahrzehnt vor allem durch Destillieren bewältigt wurde. Riesige Traubenmengen aus den Provinzen im Westen werden zu Most und Konzentraten zur Aufbesserung italienischer Weine verarbeitet, weil die Erzeuger im Norden dafür keinen Zucker verwenden dürfen, obwohl sie es gern wollten. Dagegen hat auf der Ostseite der Insel, wo sich die DOC Etna und weitere 5 der 9 DOC-Zonen befinden, die Rebfläche trotz der theoretischen Vorzüge höherer und kühlerer Lagen abgenommen.

Der Weinbau Siziliens

Sizilien hat die größte Rebfläche aller Regionen, betont durch eine außergewöhnliche Bestandesdichte in der Provinz Trapani und einem großen Teil von Agrigento. Dagegen steht es hinter Apulien an zweiter Stelle in der Produktion von Wein- und Tafeltrauben, die in beiden Regionen die Hauptquelle für Destillierwein bilden. Die sizilianische Rebfläche ist fast gänzlich eine Monokultur; heute aber wird nur noch auf der Hälfte der Fläche die einst vorherrschende buschige Erziehung praktiziert, die kleine Erträge für starke Dessert-, Aperitif- oder Verschnittweine hervorbrachte. Viele neue Weinfelder sind im Vertikal- oder Spaliersystem mit Bewässerung angelegt und liefern reichliche Erträge für leichten, trockenen, meist weißen Tafelwein.

Trotzdem bevorzugen die Sizilianer ihre traditionsreichen Rebsorten, die entweder immer hier heimisch gewesen oder seit der Antike gepflanzt worden sind. Weiße Rebsorten herrschen im Verhältnis von fast 3:1 vor. Der in Marsala und Alcamo verbreitete Catarratto Bianco steht mit 85 000 ha oder über 40% der gesamten Rebfläche bei weitem an erster Stelle und ist hinter Trebbiano und Sangiovese die drittmeist angebaute Rebsorte Italiens. Die zweite Stelle unter den weißen Sorten hat sich der Trebbiano Toscano erobert, weit vor Grillo, Inzolia, Grecanico, Carricante und der Muskateller-Wein- und Tafeltraube Zibibbo. Der Erfolg des Trebbiano ist leicht zu erklären: Er bringt im Durchschnitt den dreifachen Ertrag des Catarratto, also auf einem knappen Drittel des Raums dieselbe Menge.

Die wichtigste dunkle Traube ist mit über 25 000 ha der Calabrese (oder Nero d'Avola), der erstklassige Weine erbringen kann, dicht gefolgt von den Nerello-Sorten Mascalese und Cappuccio. Die ebenfalls beachtenswerte einheimische Perricone-Traube hält sich gut gegen «landfremde» dunkle Sorten wie Sangiovese und Barbera.

Die folgenden Rebsorten sind ausschließlich oder vorwiegend auf Sizilien beheimatet:

Ansonica oder **Anzonica.** Siehe Inzolia.

Calabrese oder **Nero d'Avola.** Obwohl diese Sorte offenbar aus Kalabrien stammt, wird sie auf Sizilien für Rotwein am meisten angebaut. Ihre adelige Klasse macht sich in Corvos Duca Enrico und Regealis Rosso del Conto bemerkbar. Die Traube erbringt für sich allein robuste Weine, verleiht aber auch Verschnitten Stärke und Farbe. Die Namen Calabrese und Nero d'Avola sind gleichberechtigt; der Dialektname lautet Calavrisi.

Carricante. Die Hauptrebsorte der DOC Etna Bianco mit ihrem Vulkanboden. Wird auch Catanese Bianco genannt.

Catarratto Bianco. Die alte Rebsorte gibt es in zwei Arten: Lucido und die einfachere Comune. Als wichtigste Traube der DOC Alcamo vereint sie Körper und Stärke mit milder Art, wodurch sie die bevorzugte Basis für Marsala und Wermut abgibt. In der DOC Etna Bianco spielt sie die zweite Rolle, ebenso im weißen Corvo und Regaleali.

Im warmen Klima des Südostens wächst der bekannte Moscato von Syrakus und Noto.

Damaschino. Die vielleicht aus Syrien stammende Rebe hat wegen ihres Mangels an Säure und Stärke an Boden verloren, liefert aber bei richtiger Behandlung Weißweine mit Finesse.

Frappato di Vittoria. Im Rezept der DOC Cerasuolo di Vittoria bringt die Traube helle Rotweine von erstaunlicher Lebendigkeit und Haltbarkeit hervor.

Grecanico oder **Grecanico Dorato.** Die einst hochgepriesene, offenbar aus Griechenland stammende Rebe hat als Quelle leichter, frischer, fester Tafelweißweine in Westsizilien an Bedeutung verloren.

Grillo. Die vermutlich im vorigen Jahrhundert aus Apulien eingeführte Sorte wurde früher für Marsala bevorzugt und gilt noch immer als charaktervoller als der ertragreichere Catarratto.

Inzolia oder **Insolia.** Die offenbar landeseigene Sorte wird trotz ihrer Fragilität für trockenen Tafelwein der sanften Art und im modernen Marsala-Rezept verwendet. In Sizilien und der Toskana heißt sie auch Ansonica oder Anzonica; stellenweise 'Nzolia.

Malvasia di Lipari. Die von den Griechen im 6. Jh. v. Chr. auf die Äolischen (oder Liparischen) Inseln gebrachte Malvasia-Art hat sich hier auf dem vulkanischen Boden eigenständig entwickelt. Sie war schon fast ausgestorben, wurde aber in der DOC Malvasia delle Lipari wiederbelebt.

Nerello. Nerello Mascalese und Cappuccio stehen hinter Calabrese an zweiter Stelle der Rotweintrauben Siziliens. Mascalese zeigt in DOC- und Tafelweinen gute Klasse. Cappuccio wird meist nur in Verschnitten verwendet.

Nero d'Avola. Siehe Calabrese.

Perricone oder **Pignatello.** Lebendigkeit, Farbe und Stärke machen diese Sorte geeignet für Verschnitte, aber auch für sortenreine Weine namens Pignatello.

Zibibbo. Der großbeerige Moscato oder Moscatellone kam als Alexandria-Muskateller aus Nordafrika. Er ist meist Tafeltraube, wird aber auch in Süßweinen mit verarbeitet.

Andere Rebsorten: Der große Nachdruck auf Weißwein hat zur Anpflanzung vieler noch nicht anerkannter Sorten geführt, u. a. Sauvignon, Pinot Bianco und Grigio sowie Chardonnay. Auch die Cabernets, Merlot und Pinot Nero sind vertreten, ebenso Lambrusco und Nebbiolo in kleinen Mengen. Weitere in einer oder mehreren Provinzen anerkannte Rebsorten sind:

Für Rot- (oder Rosé-)Wein: Alicante, Barbera, Cabernet, Catanese Nero, Corinto Nero oder Passolina di Lipari, Gaglioppo, Mantonico oder Montonico Nero, Nocera, Sangiovese.

Für Weißwein: Albanello, Mantonico oder Montonico Bianco, Minnella Bianca, Moscato Bianco, Moscato Giallo, Trebbiano Toscano, Verdello.

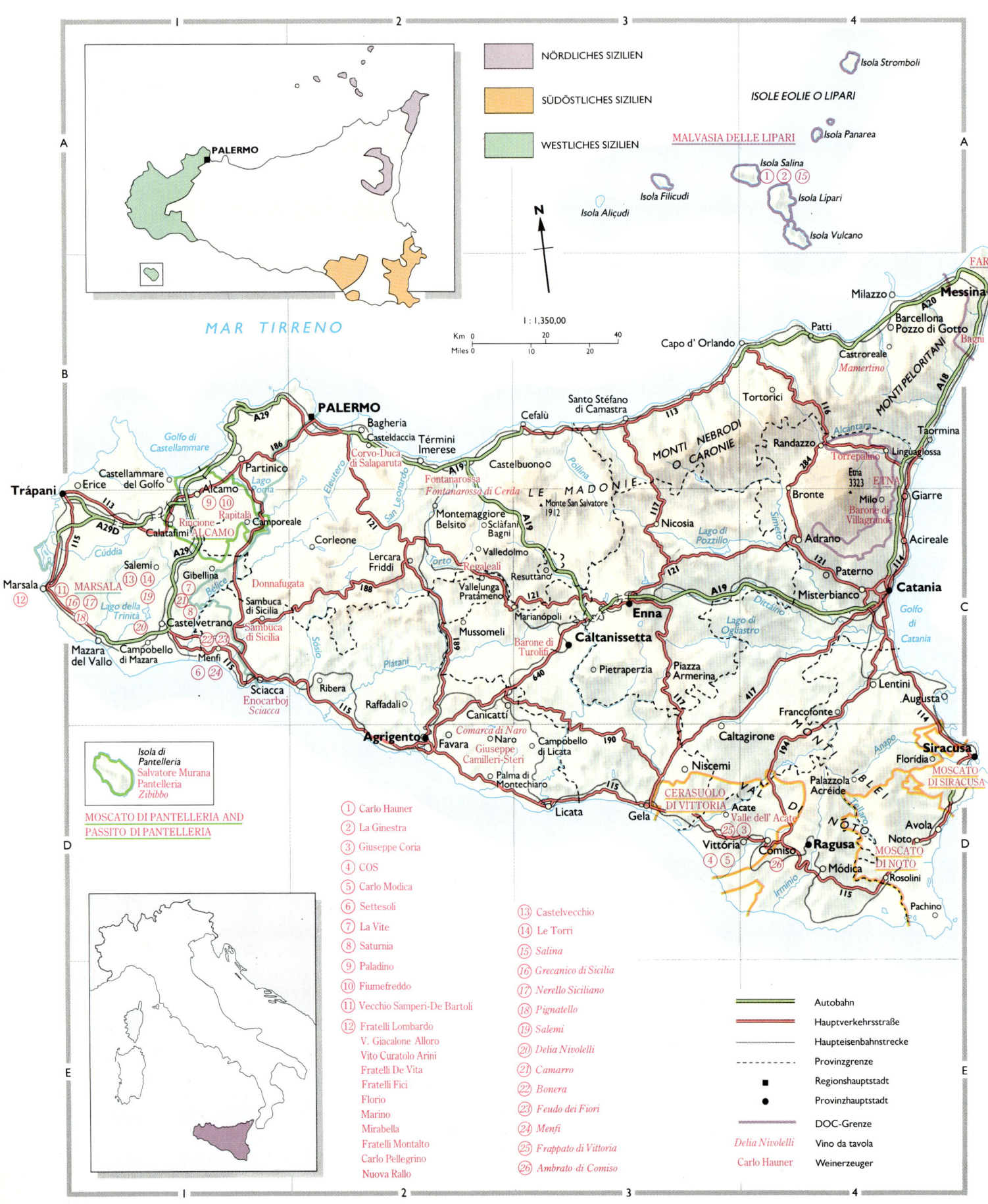

NÖRDLICHES SIZILIEN

SÜDÖSTLICHES SIZILIEN

WESTLICHES SIZILIEN

Isola Stromboli

ISOLE EOLIE O LIPARI

MALVASIA DELLE LIPARI

Isola Panarea

Isola Salina ① ② ⑮ Isola Lípari

Isola Filicudi

Isola Aliçudi

Isola Vulcano

N

1 : 1.350,00

Km 0   20   40
Miles 0   10   20

MAR TIRRENO

PALERMO

Isola di
Pantelleria
Salvatore Murana
Pantelleria
Zibibbo

MOSCATO DI PANTELLERIA AND
PASSITO DI PANTELLERIA

FARO

Milazzo   Messina
Barcellona
Pozzo di Gotto
Patti   Bagni
Capo d' Orlando   Castroreale
Mamertino   MONTI PELORITANI
Santo Stéfano   Tortorici   Taormina
di Camastra   Randazzo   Linguaglossa
Cefalù   MONTI NEBRODI   Alcántara   Torrepalino
Castelbuono   O CARONIE   Etna   ETNA
LE MADONIE   3323
Monte San Salvatore   Bronte   Milo di
1912   Nicosia   Villagrande
Valledolmo   Giarre
Montemaggiore   Lago di   Adrano   Acireale
Belsito   Sclàfani   Pozzillo
Bagni   Paterno
Lercara   Regaleali   Catania
Friddi   Resuttano
Vallelunga   Misterbianco   Golfo
Pratameno   di
Marianópoli   Lago di   Catania
Mussomeli   Oguastro
Enna
Caltanissetta
Barone di   Piazza   Lentini
Turolifi   Pietraperzia   Armerina   Augusta
Francofonte
Caltagirone   Siracusa
Floridia
Comarca di Naro   MONTI   Palazzola   MOSCATO
Naro   Niscemi   Acréide   DI SIRACUSA
Giuseppe   IBLEI   Avola
Camilleri-Steri   Campobello   CERASUOLO   DI   Noto
di Licata   DI VITTORIA   Acate   NOTO
Palma di   Valle dell' Acate   MOSCATO
Montechiaro   ⑤ ③   DI NOTO
Licata   Gela   Vittória   Módica   Rosolini
Comiso   Ragusa
⑥ ⑤   ㉖   Pachino

PALERMO
Bagheria
Casteldaccia
Términi   Corvo-Duca
Imerese   di Salaparuta
Fontanarossa
Fontanarossa di Cerda

Golfo di Castellammare
A29
Castellammare   A19
del Golfo   Partinico   Castelbuono
Erice   Alcamo   Lago
Trápani   ⑨ ⑩   Poma
Rapitalà   Camporeale
Rincione   Corleone
Calatafimi   ALCAMO
A29D   A29
Cúddia   Montelepre
Salemi   Gibellina   Donnafugata
MARSALA   ⑬ ⑭   Sambuca
Marsala   ⑲   di Sicilia
⑪ ⑯ ⑰   ㉑   Sambuca
⑫   Lago della   ⑦   di Sicilia
⑱   Trinità   ⑧   Castelvetrano
Mazara   ⑳   ㉒ ㉓
del Vallo   Campobello   Menfi
di Mazara   ⑥ ㉔   Sciacca
Enocarboj
Sciacca
Raffadali
Ribera
Canicattí
Agrigento   Favara

① Carlo Hauner
② La Ginestra
③ Giuseppe Coria
④ COS
⑤ Carlo Modica
⑥ Settesoli
⑦ La Vite
⑧ Saturnia
⑨ Paladino
⑩ Fiumefreddo
⑪ Vecchio Samperi-De Bartoli
⑫ Fratelli Lombardo
   V. Giacalone Alloro
   Vito Curatolo Arini
   Fratelli De Vita
   Fratelli Fici
   Florio
   Marino
   Mirabella
   Fratelli Montalto
   Carlo Pellegrino
   Nuova Rallo

⑬ Castelvecchio
⑭ Le Torri
⑮ Salina
⑯ Grecanico di Sicilia
⑰ Nerello Siciliano
⑱ Pignatello
⑲ Salemi
⑳ Delia Nivolelli
㉑ Camarro
㉒ Bonera
㉓ Feudo dei Fiori
㉔ Menfi
㉕ Frappato di Vittoria
㉖ Ambrato di Comiso

Autobahn
Hauptverkehrsstraße
Haupteisenbahnstrecke
Provinzgrenze
Regionshauptstadt
Provinzhauptstadt
DOC-Grenze
Delia Nivolelli   Vino da tavola
Carlo Hauner   Weinerzeuger

Die Weinzonen Siziliens

Sizilien, von Italien durch die Straße von Messina getrennt, ist die größte und bevölkerungsreichste Insel im Mittelmeer. Die dreieckförmige Hauptinsel ist Mittelpunkt einer Konstellation, zu der Pantelleria und Ustica sowie die Liparischen (Äolischen), die Ägadischen und Pelagischen Inseln gehören. Insgesamt hat die Region eine 1500 km lange Küste am Tyrrhenischen, Ionischen und Sizilianischen Meer (das letztere flankiert von den Straßen von Sizilien und Malta). Die Südseite der Hauptinsel besteht fast ganz aus dürren Hügeln; hier sind bewässerte Weinberge von Gestrüpp und Kakteen umgeben. Der Norden wird von den sizilianischen Apenninen beherrscht, wo Weideland und Kornfelder im Osten auf den Höhen des Nebrodi-Gebirges in Wald übergehen.

Der Ätna (3340 m) ist neben dem Stromboli und dem Vulcano auf den Liparischen Inseln ein aktiver Vulkan. Siziliens Boden ist weitgehend vulkanischen Ursprungs. Nur 15 % des Lands liegen unterhalb 100 m, hauptsächlich um Catania, Capo Passero und Gela, aber auch ein großer Teil der Provinz Trapani, wo neben dem Marsala enorme Mengen Verschnitt- und Tafelwein wachsen. Die Bereiche im Süden und Osten um Marsala, Agrigento und Ragusa sind direkt den Winden, die von Afrika herüberwehen, ausgesetzt. Zwischen Juni und September fällt wenig Regen, daher stellt sich häufig Trockenheit ein und macht Bewässerung von etwa 50 % der Weinberge in der Region unumgänglich.

Die Berge im Norden und Osten sind kühler und feuchter, erhalten aber dennoch genug Sonnenschein für langsame, gleichmäßige Reife der Trauben. In den Bergen im Nordosten fällt viel Regen und Schnee; die höchsten Gipfel sind meist den Winter hindurch schneebedeckt.

Frappato-di-Vittoria-Reben werden um die Stadt Vittoria angebaut und hauptsächlich zu einem kirschroten Wein namens Cerasuolo verarbeitet.

Der Nordosten: Etna, Messina und Lipari

Siziliens kühlste DOC-Zone Etna liegt auf vulkanischem Boden in 300 bis 700 m Höhe über Catania, oft der heißesten Stadt Italiens. Begünstigt von Sonnenschein und sanften Brisen, erbringen die buschig erzogenen Carricante-Reben Weißwein mit schöner Frucht und Säure, doch die Nerello-Mascalese-Rotweine begeistern nur selten. Die Hänge der angrenzenden Peloritani-Berge über Messina bringen dennoch in der Rotwein-DOC Faro, ebenfalls von Nerello, nicht dasselbe Potential zuwege. Lipari ist eine Welt für sich. Buschig geschnittene Reben auf dem aschgrauen Boden von Salina liefern gehaltvollen Malvasia mit einmaligem Aroma.

Der Südosten: Siracusa und Ragusa

Die trockenen Ebenen und unteren Hänge der Monti Iblei zwischen Siracusa und Gela bringen vorwiegend Verschnitt- oder Tafelwein von niedrig gehaltenen Reben auf kalkreichem Lehmboden hervor. Der gehaltvolle DOC Moscato di Noto und der kirschfarbene DOC Cerasuolo di Vittoria tragen nur einen Bruchteil zur Gesamtproduktion bei.

Zentral- und Südsizilien: Agrigento und Caltanissetta

Durch Bewässerung sind die heißen Hänge der Provinz Agrigento zu einer Quelle für Tafel- und Weintrauben von hocherzogenen Reben geworden. Die Qualität ist außer im Sciacca und Ribera im Westen und auf dem Comarca-di-Naro-Plateau kaum beachtenswert. Die kühlen Höhenlagen im Zentrum der Insel bieten gute Voraussetzungen, insbesondere auf den Tuff-, Kalk und Lehmböden des Weinguts Regaleali (500–700 m).

Der Westen: Marsala und Alcamo

Die leicht hügelige Ebene der Provinz Trapani trägt den größten zusammenhängenden Rebenbestand Italiens: für die DOC Marsala und Alcamo sowie für Tafel- und Verschnittweine. Die Marsala-Zone hat zwei Bodenarten. Im Classico-Bereich, von der Küste zwischen Paceco und Mazara del Vello ostwärts bis Calatafimi, Salemi und Castelvetrano, ist es der hell rötlich-braune dürre und karge *sciare*. Im heißen, trockenen Klima ist nur vertikale oder buschige Erziehung zugelassen, die konzentrierte Weine von dem vorherrschenden Catarratto sowie von Grillo und Inzolia und den roten Trauben Perricone und Calabrese erbringt. In höheren Lagen im Osten um Gibellina und Partanna bringt sandiger Lehm in fruchtbarerem, feuchterem Land größere Erträge mit weniger Substanz. Die Alcamo-Zone ist reich an Lehm und Kalkstein sowie milden Catarratto-Weißweinen.

Die Insel Pantelleria

Auf der Insel Pantelleria sind auf dem wenigen kultivierbaren Land an der felsigen Küste, wo sich die Asche von etwa 50 erloschenen Vulkanen mit Sand und Geröll in Senken abgelagert hat, buschig geschnittene Zibibbo-Reben für Moscato angepflanzt. Sie sind durch Mauern gegen den Wind aus der Sahara geschützt, der sich auf dem Weg über 70 km Meer nur wenig abkühlt. Kleiner Ertrag bei großer Süße und viel Extrakt ergibt die unvergleichliche Fülle des Moscato von der Insel.

Die Weine aus dem Nordosten: Lipari, Messina und Etna

Die vielleicht großartigste Aussicht, die man in Italien genießen kann, ist der Blick an einem klaren Wintertag von der kalabrischen Riviera auf das Panorama vom Vulkan Stromboli bis zur Straße von Messina mit dem schneebedeckten Ätna im Hintergrund. Es überrascht kaum, daß die Geschichte Nordostsiziliens in mythischen Nebel gehüllt ist. Die Sage erzählt, der junge Bacchus habe am Fuß des Ätna die erste Rebe gepflanzt und von ihr den ersten Wein gekeltert, und der Mamertiner von den Bergen über Milazzo sei Julius Cäsars Lieblingswein gewesen. Heute steht es um den Weinbau hier nicht mehr so gut. Etna, die erste DOC Siziliens, ist nie zur Spitze aufgerückt, und der Faro, Messinas einst so großer Rotwein, ist sehr klein geworden. Die Wiederbelebung des lange dahinsiechenden Malvasia delle Lipari ist vor allem das Werk des Designers Carlo Hauner aus Mailand, der ihn zu einer modernen Legende gemacht hat.

Malvasia delle Lipari (1974)

Der unnachahmliche Malvasia von Reben, die einst die Griechen auf die Äolischen Inseln brachten, war im Niedergang, bis Carlo Hauner ihn im Alleingang wiederbelebte. Heute kämpfen der einfachere Capo Salina und der stärkere, süßere *passito* um die Gunst der Liebhaber, wobei Kenner den ersteren oft bevorzugen. Die Bernsteinfarbe mit Orangeton und das berückende Bukett erinnern an reife Aprikosen, mit Nuancen von Zitrusfrüchten, Kräutern und Wildblumen. Der *liquoroso* ist selten.
ZONE: Die gesamte Liparische Inselgruppe, Schwerpunkt der kleinen Produktion in Salina. Süßer Weißwein. Trauben: Malvasia di Lipari mit 5–8% Corinto Nero, evtl. rosiniert oder *passito*. E. 63/90; Alk. 11,5 (vergoren Min. 8%); S. 0,4.
Passito oder **dolce naturale.** Süßer Weißwein. E. 40/90; Alk. 18 (Restsüße Min. 6%); S. 0,4; A. 9 Mte.
Liquoroso. Gespritete Version. E. 54/90; Alk. 20 (Restsüße Min. 6%); S. 0,4; A. 6 Mte.

Faro (1977)

Dieser Wein, einst fast so berühmt wie der Leuchtturm, der ihm den Namen gab, ist nur noch ein Schatten seiner selbst. Schade, denn wer sich an seine große Zeit erinnert, bestätigt, daß er zu den erfreulichsten Rotweinen Siziliens gehörte.
ZONE: Die Berghänge in der Gemarkung Messina von Capo Peloro mit dem Leuchtturm («Faro») südwestlich bis zum Fuß des Monte Poverello. Trockener Rotwein. Trauben: Nerello Mascalese 45–60%, Nerello Cappuccio 15–30%, Nocera 5–10%; Calabrese/Gaglioppo/Sangiovese bis 15%. E. 70/100; Alk. 12; S. 0,5; A. 1 J.

Etna (1968)

Die Theorie, daß Vulkanboden besonders gut für den Weinbau sei, bestätigt sich am Ätna kaum. Die modernen Weine, die dort in beträchtlichen Mengen wachsen, machen der großartigen Szenerie nicht viel Ehre. Der Rotwein kann in den ersten Jahren fest und süffig sein, doch der Rosé von denselben Trauben ist nur ein blasser Abglanz. Am besten ist meist der fast ganz von Carricante gewonnene *bianco superiore*. Beim Barone di Villagrande, dem seit langem führenden Erzeuger der Zone, zeigt er einigen Glanz.
ZONE: Die Vulkanhänge am Ätna auf einem hochgelegenen Streifen im Halbkreis um die Ostseite, von Randazzo im Norden über Linguaglossa, Sant'Alfio und Nicolosi bis Paternò im Süden, mit 14 Gemeinden in der Provinz Catania. Bianco superiore nur aus der Gemarkung Milo.
Bianco. Trockener Weißwein. Trauben: Carricante Min. 60% mit Catarratto Bianco Comune oder Lucido; Trebbiano/Minnella Bianca/sonstige weiße Sorten bis 15%. E. 63/90; Alk. 11,5; S. 0,6–0,75.
Bianco superiore. Trockener Weißwein, Trauben: Carricante Min. 80% mit Catarratto Bianco Comune oder Lucido; Trebbiano/Minnella Bianca/sonstige weiße Sorten. E. 63/90; Alk. 12; S. 0,55–0,7.
Rosso. Trockener Rotwein. Trauben: Nerello Mascalese Min. 80% mit Nerello Cappuccio; weiße Sorten bis 10%. E. 63/90; Alk. 12,5; S. 0,55–0,7.
Rosato. Trockener Rosé. Trauben wie *rosso*. E. 63/90; Alks 12,5; S. 0,55–0,7.

Andere beachtenswerte Weine

Die meisten Winzer auf den Liparischen Inseln bringen trockenen Tafelwein hervor, für den Carlo Hauners Salina Rosso und Bianco gute Beispiele sind. Sehr kleine Mengen an bernsteinfarbenem lieblichem Mamertino von weißen Trauben entstehen in der staatlichen Cantina Sperimentale in Milazzo. Viele Erzeuger in der DOC Etna produzieren auch einfachen *vdt*, Schaum- und Dessertwein.

WEINGÜTER/WINZER

Bagni, Santa Margherita di Messina (ME). Fast exklusive Produktion von DOC Faro aus einer 2 ha Lage im Besitz von Giacomo Currò.
Carlo Hauner, Lingua di Salina (ME). Der Designer aus Mailand kam 1963 als Tourist hierher und kaufte ein Bauernhaus, wo er malen und Wein machen konnte. Er brauchte Zeit und Geduld, um seinen Weinberg auf 22 ha auszubauen und die Tücken der lokalen Malvasia-Sorte zu meistern, doch dann trat Hauner mit einem der höchstgepriesenen Dessertweine Italiens hervor und bewies, daß Kenner für echte Einmaligkeit einen hohen Preis zu zahlen bereit sind.

WEIN- UND HANDELSHÄUSER

Barone di Villagrande, Milo (CT). In hohen Lagen am Südhang gewinnt Carlo Nicolosi Asmundo DOC Etna, u. a. einen vielbewunderten *bianco superiore*.

GENOSSENSCHAFTEN

Cooperativa La Ginestra, Malfa (ME). Kleine Winzergruppe auf der Insel Salina mit gutem, rustikalem Malvasia delle Lipari.
CS Torrepalino, Solicchiata (CT). DOC Etna und *vdt* von Winzern mit zusammen 165 ha.

Oberes Bild: Zitronenbäume bei Noto in der Provinz Siracusa.
Unteres Bild: Die Lagen für DOC Etna Bianco Superiore befinden sich in der Gemarkung Milo mit dem Spitzen-Weingut Barone di Villagrande.

Weine aus dem Südosten: Siracusa, Noto und Vittoria

Diese heiße Ecke Siziliens war einst bekannt für opulenten Moscato und unerwartet starke, kirschrote Tafelweine, doch wie die Glorie von Magna Graecia sind auch sie nur noch Ruinen. Den Erzeugern fällt es auch schwer, die einst vielgerühmten Verschnittweine von Pachino abzusetzen. Liebhaber von Kuriositäten kommen bei Giuseppe Coria in Vittoria mit seinen ausgefallenen Weinen voll auf ihre Kosten.

Moscato di Siracusa (1973)

Die DOC schreibt einen Wein von gelber bis altgoldener Farbe mit Bernsteintönen, ein delikates, charakteristisches Aroma und süßen, samtigen Geschmack vor; es wird aber schon seit Jahren nichts mehr produziert. Das alte Syrakus lohnt einen Besuch nicht wegen des Weins. ZONE: Die Küstenberge in der Gemarkung Siracusa. Süßer Weißwein. Traube: Moscato Bianco, evtl. rosiniert oder *passito*. E. 49/70; Alk. 16,5 (Restsüße 2,5%); S. 0,5.

Moscato di Noto (1974)

Von diesem üppigen Süßwein entstehen nur ein paar hundert Flaschen, meist nur experimentell in der staatlichen Kellerei in Noto. ZONE: Die Hügel in den Gemarkungen Noto, Rosolini, Pachino und Avola in der Provinz Siracusa. Traube: Moscato Bianco.

Naturale. Süßer Weißwein. E. 81/125; Alk. 11,5 (Restsüße Max. 3,5%); S. 0,45.

Spumante. Süßer weißer Schaumwein. E. 81/125; Alk. 13 (Restsüße Max. 3,5%); S. 0,5.

Liquoroso. Süßer gespriteter Weißwein. E. 81/125; Alk. 22 (natürlicher Alkohol vor dem Spriten Min. 16%, davon Max. 6% als Restsüße zugelassen); S. 0,4; A. 5 Mte.

Cerasuolo di Vittoria (1973)

Der lokaltypische Rotwein hat den Namen von seiner kirschroten Farbe; er sieht aus wie ein dunkler Rosé, hat aber mehr Kraft und Lebendigkeit. Schmeckt jung gut zu hellem Fleisch wie Kalb und Geflügel. ZONE: Die Berge landeinwärts von der Küste zwischen Ragusa und Gela, Mittelpunkt Vittoria, und 4 weitere Gemeinden in der Provinz Ragusa sowie Caltagirone und Licodia Eubea in Catania und Gela und Niscemi in Caltanissetta. Trockener Rotwein. Trauben: Frappato Min. 40%, Calabrese Max. 60%, Grosso Nero/Nerello Mascalese bis 10%. E. 65/100; Alk. 13; S. 0,5.

Andere beachtenswerte Weine

Die bemerkenswertesten Weine der Gegend produziert Giuseppe Coria in Vittoria (siehe unten). Die ganze Umgebung gehörte früher zu den ertragreichsten und geschätztesten Weinbaubereichen Siziliens. Heute sind noch gute Lokalweine um Acate, Niscemi, Mazzarone und Caltagirone zu finden. Der einst berühmte ist selten geworden. Auf der Ebene um Pachino entsteht sauberer *vdt*; dieser ist nach Ausbau im Faß einer der kräftigsten Rosés Italiens.

WEINGÜTER/WINZER

Giuseppe Coria, Vittoria (RG). Ein Oberst im Ruhestand ist einer der begeistertsten Winzer Siziliens. Von 3 ha in Villa Fontane produziert er vollen Moscato, gealterten Solicchiato Bianco von halbgetrockneten Trauben und den noch haltbareren rötlich-bernsteinfarbenen Stravecchio Siciliano von Cerasuolo. Nach jahrzehntelanger Lagerung ist der *stravecchio* unglaublich üppig. Der Perpetuo wird jährlich aus einem bestimmten Faß abgezogen, worauf dieses nach Solera-Art mit dem neuesten Jahrgang aufgefüllt wird. Der Cerasuolo di Villa Fontane von Coria ist etwas stärker als die DOC-Version.

COS, Vittoria (RG). Das aufstrebende Gut trägt die Anfangsbuchstaben der Namen seiner Besitzer – Cilia, Occhipinti, Strano – besonders auf dem Etikett eines eindrucksvollen DOC Cerasuolo di Vittoria.

WEIN- UND HANDELSHÄUSER

Cantina Sperimentale di Noto, Noto (SR). Das staatliche önologische Forschungszentrum produziert etwas DOC Moscato di Noto.

Carlo Modica, Vittoria (RG). Guter DOC Cerasuolo di Vittoria.

GENOSSENSCHAFTEN

CS Valle dell'Acate, Acate (RG). Guter DOC Cerasuolo di Vittoria und *vdt* aus einer von Giuseppe Coria beaufsichtigten Kellerei.

In der Provinz Agrigento wächst Wein überall in der Umgebung der alten Stadt mit ihren Tempeln aus der griechischen Zeit.

Weine aus Zentral- und Südsizilien

Manche der feinen Weine Siziliens und eine Unmenge minderwertiger Produkte kommen von den sonnenverbrannten Hängen in der Mitte und im Süden. Die Provinzen Agrigento, Caltanissetta und Enna verfügen über keine eigene DOC, nur Caltanissetta hat Anteil an einer Ecke der DOC Cerasuolo di Vittoria, bringt ferner den vielgerühmten Libecchio hervor und ist auch an dem Spitzenweingut der Region in Regaleali beteiligt, wo die Familie Tasca d'Almerita beweist, daß im Hochland Siziliens ebenso duftiger, komplexer und eleganter trockener Wein entstehen kann wie in nördlicheren Breiten. Während die einsamen Höhen von Enna wenig zu bieten haben, trägt Agrigento stark zum Überschuß an «Wein» von Tafeltrauben bei. In der Massenproduktion dieser Provinz verbergen sich aber auch einige würdige Tafelweine.

WEINGÜTER/WINZER
Regaleali/Conte Tasca d'Almerita, Vallelunga (CL). Vor über 20 Jahren begann Giuseppe Tasca mit der Verbesserung des Weins aus seinem Gut Regaleali, einem früheren Feudalbesitz in den Provinzen Caltanissetta und Palermo. Er ging davon aus, daß das Mikroklima in 500 bis 700 m Höhe ähnlich sein müsse wie an den unteren Hängen der Alpen und Apenninen. Die Weinberge wurden neu angepflanzt und erweitert (auf inzwischen 300 ha), die Keller wieder hergerichtet. Heute tragen drei Generationen der Familie Tasca zur Erzeugung erstklassiger trockener *vdt* bei. Beispielhaft für die Weißweine ist der Nozze d'Oro von Sauvignon Blanc und Inzolia mit Größe, Tiefe und Frische in Aroma und Geschmack. Die Rot- und Roséweine werden von Nerello Mascalese und Perricone gekeltert und erreichen im vornehmen Rosso del Conto aus der Lage Casavecchia großen Stil.
Giuseppe Camilleri, Naro (AG). In der Comarca-di-Naro-Ebene zieht Camilleri auf 17 ha Lambrusco und Barbera neben Nero d'Avola für den Steri Rosso und den einzigartigen

Riserva Speciale. Von Trebbiano, Inzolia und Vernaccia di San Gimignano entsteht ein frischer, süffiger Weißwein.

WEIN- UND HANDELS-HÄUSER
Barone di Turolifi, Caltanissetta. Die Fratelli Averna, Erzeuger eines bekannten Amaro, bringen auch einen Libecchio Bianco und Rosso *vdt* unter einem von dem sizilianischen Künstler Renato Guttuso entworfenen Etikett heraus.

GENOSSENSCHAFTEN
CS Settesoli, Menfi (AG). Die immense Produktion von Winzern mit zusammen 4000 ha umfaßt die bewundernswerten *vdt* rot, weiß und rosé Marke Settesoli und die angesehenen Marken Feudo dei Fiori und Bonera aus Menfi. Direktor Diego Planeta ist Präsident des regionalen Weinbauinstituts.
CS Sambuca di Sicilia, Sambuca di Sicilia (AG). *Vdt* Cellaro bildet die Spitze der großen Produktion.
CS Enocarboj, Sciacca (AG). Große Produktion an *vdt* Marke Carboj und Anteo.

Das traditionelle und das moderne Gesicht der Weinerzeugung im Weingut Regaleali an der Grenze der Provinzen Palermo und Caltanissetta.

Weine aus Westsizilien und Pantelleria

Gut über die Hälfte der Weinproduktion Siziliens stammt aus den Bergen zwischen Palermo und der Westspitze von Kap Lilibeo mit dem alten Hafen Marsala, der dem weltberühmten Wein den Namen gab. Die DOC Marsala steht nicht nur nach dem Prestige, sondern auch in der Menge an der Spitze. Die Weingärten um die Stadt tragen viel dazu bei, daß Trapani die weinreichste aller 94 Provinzen Italiens und Marsala der wichtigste Hafen für den Weinversand nach Norditalien und Frankreich bleibt. Die beiden anderen DOC-Weine der Provinz haben ebenfalls einen guten Namen, Alcamo durch feuersteinduftigen trockenen Weißwein und die Insel Pantelleria für ihren fülligen Moscato. Der größte Teil der guten trockenen Tafelweine Siziliens entsteht jedoch in den Provinzen Trapani und Palermo außerhalb der DOC, wo das Spitzengut Duca di Salaparuta vor allem als Corvo bekannt ist.

Alcamo oder Bianco Alcamo (1972)
Manche Erzeuger mißachten die Norm und bringen Weißweine von respektabler Klasse und Eigenart hervor, insbesondere die Weingüter Rapitalà und Rincione; an den anderen ist außer der etwas uncharakteristischen Reinheit nicht gerade viel zu loben.
ZONE: Die Berge um Alcamo am Golf von Castellamare zwischen Monreale und Calatafimi und 11 Gemeinden in den Provinzen Trapani und Palermo.
Trockener Weißwein. Trauben: Catarratto Bianco Comune/Catarrato Bianco Lucido; Damaschino/

Grecanico/Trebbiano Toscano bis 20 %. E. 84/120; Alk. 11,5; S. 0,45.

Marsala (1969)
Der alte Hafen Marsala, dessen Name einst arabisch Marsah-el-Allah lautete, ist die Hauptstadt des sizilianischen Weinbaus. Seine flachen Kellereien geben ihm eher den Anstrich einer Industriestadt als eines Weinzentrums. Vor noch nicht allzu langer Zeit entlockte der Name Marsala seriösen Weinliebhabern, die sich an seinen weinfremden Zutaten stießen, nur ein Achselzucken. Neuerdings aber haben die *Vergine*- und *Superiore*-Versionen mancher Firmen wieder an Statur gewonnen.

Der Weinklassiker kann auf Wurzeln in der Antike verweisen, als die Römer aus eingedicktem Most ähnliche Süßweine bereiteten. Auch der Einfluß der langen spanischen Herrschaft ist aus den traditionellen Sherry-ähnlichen Alterungsmethoden ersichtlich.

Vor 100 Jahren war der Marsala der in der Welt bekannteste Wein Italiens. Dann verlor er langsam an Beliebtheit, doch blieb er in der Küche vom Kalbskotelett bis zur Zabaglione unentbehrlich. Der unnachahmliche Geschmack hat zu Mischungen mit Eiern, Kaffee, Marzipan und süßen Cremes angeregt, die seinen Ruf als seriösen Wein fast zunichte machten. Erst in den letzten Jahrzehnten hat der Marsala seinen Platz auf der Tafel Italiens zurückerobert, doch international muß er gegenüber Sherry und Port noch viel Boden gutmachen. Die DOC war der Ausgangspunkt für die Erholung, aber ihre Vorschriften gingen nicht weit genug. So arbeitete eine kleine Gruppe von Erzeugern mit im Mezzogiorno ungewohnter Umsicht und Initiative am Wiederaufbau des Prestiges und brachte schließlich 1986 eine neue Form zuwege.

Die Regeln beschränken Bereitung, Alterung und Abfüllung auf die DOC-Zone und schreiben vor, daß eingedickter Most und der beizumischende Alkohol von bestimmten dort kultivierten Traubensorten stammen müssen. Früher waren Teile der Provinzen Palermo und Agrigento mit in die Anbauzone einbezogen, und Alterung und Abfüllung fanden außerhalb der Insel statt. Nun ist bei ihm als einzigem Wein Italiens Abfüllung in der DOC-Zone vorgeschrieben – und das wurde von der EG beanstandet. Neu sind auch die Bezeichnungen *oro*, *ambra* und *rubino*. *Oro* und *ambra* gelten für weißen Marsala, dessen Farbe von Honiggelb über Altgold bis Bernsteinfarben variiert. Bei den Traubensorten herrscht Catarratto vor, obwohl Grillo als der Klassiker gilt. Der seltene *rubino* nimmt die Tradition des dunklen Marsala auf, der in der Jugend rubinrot, im Alter aber bernsteinfarben ist.

Abgeschafft wurde die DOC-Sorte Marsala Speciali, die den gewürzten Typen vorbehalten war. Erlaubt ist dagegen die populäre Eiercreme- oder Zabaglione-Version namens *cremovo*, wobei es auf dem Etikett «cremovo zabaione vino aromatizzato» oder «cremovo vino aromatizzato» heißen muß, wenn der Marsala-Gehalt mind. 80% beträgt. Auf Produkten mit mind. 60% lautet die Aufschrift «preparato con l'impiego di vino Marsala» mit Angabe des Typs. Bei weniger als 60% darf Marsala als Zutat erwähnt werden.

Die Produktions- und Alterungsmethoden sind bei DOC Marsala je nach Typ verschieden, die Vorschrift erlaubt jedoch soviel Flexibilität, daß die Firmen einen eigenen Stil herausbringen können. Das Verfahren ist schon beim einfachen *fine*, der keine Faßreife braucht und meist für Koch- und Verschnittzwecke verwendet wird, sehr kompliziert. So wird die Verwendung von Mostkonzentrat oder *cotto* (eingedicktem Most) und *sifone* oder *mistella* (Mischungen von süßem Most und Weingeist) genau definiert. Das wichtigste am feinen Marsala ist jedoch die Alterung. Sie geschieht in Eichenfässern der Region, die fast bis zu den Dachbalken der gut durchlüfteten *cantine* aufgestapelt sind. Manche lagern hier ein Jahrzehnt und länger und dienen dann als *lieviti* (Basis für Mischungen). Eigene Herstellungsstile kommen in den trockenen, lieblichen und süßen Versionen von *superiore* und *riserva* sowie in den immer trockenen *vergine* und *soleras* zum Ausdruck. Bei der letzteren Version wird ein ähnliches System wie das Sherry-Solera angewandt, d. h. junger Wein wird mit älterem in einem Faß gemischt, doch meist entsteht der Vergine durch Kombinieren von Weinen aus verschiedenen Fässern und Altersklassen. Der trockene *superiore riserva* ist oft am eingängigsten, am ausdrucksvollsten aber ist stets der *vergine* oder *soleras* mit Nuancen von Gewürzen, Vanille, Zitrusfrüchten, Karamel und Holz.

Die Produktion des Marsala ist auf 225 000 hl abgesunken, und damit fällt er der Menge nach kaum noch unter die ersten zehn DOC-Weine, während er vor ein paar Jahren noch Dritter oder Vierter war. Von den potentiell 187 500 Kisten entfällt viel auf den im Faß zur Weiterverarbeitung verkauften *fine*. Die Produktion an ausgereiftem *superiore* und *vergine* bleibt beschränkt. Florio ist die größte Firma, dagegen sind Pellegrino und Rallo unter den großen Firmen am angesehensten, keine aber kommt an das Image der Firma Marco De Bartoli heran, die sich mit kleinen Mengen aus dem Gut Vecchio Samperi höchsten Beifall errungen hat.

ZONE: Ein großes Gebiet mit Ebenen und Hügeln von Marsala aus bis weit in die Provinz Trapani, ohne die Gemarkungen Alcamo, Favignana (Ägadische Inseln) und Pantelleria. Die Produktion ist in Marsala konzentriert, wo die meisten Firmen Kellereien haben. Trauben: Für *oro* und *ambra* aller Typen: Grillo/Catarratto (alle Klone)/Inzolia/Damaschino. Höchstertrag für Grundwein 75/100; für *rubino* aller Typen: Perricone/Calabrese/Nerello Mascalese; die obigen weißen Sorten bis 30%. Höchstertrag (rot) für Grundwein 67,5/90.

Fine. In *oro*, *ambra* oder *rubino*, auch *secco*, *semisecco* und *dolce*. Andere Bezeichnung: Italy Particular (IP). Sifone und Mostkonzentrat werden in allen Arten verwendet, *cotto* ist jedoch nur im *ambra* zugelassen. E. siehe Trauben; Alk. 17*; S. 0,35; A. 1 J.

Superiore. In *oro*, *ambra* oder *rubino*, auch *secco*, *semisecco*, *dolce* und *riserva*. Andere Bezeichnungen: Superior Old Marsala (SOM), London Particular (LP) und Garibaldi Dolce (GD). Sifone und Mostkonzentrat werden in allen Arten verwendet, *cotto* ist jedoch nur im *ambra* zugelassen. E. siehe Trauben; Alk. 18*, S. 0,35, A. 2 J. im Faß, *riserva* 4 J. im Faß.

Vergine oder **Soleras.** In *oro*, *ambra* oder *rubino*, auch *secco*, *stravecchio* und *riserva*. Gespritet mit Weingeist, aber Mostkonzentrat, *cotto* oder *sifone* sind nicht zugelassen. E. siehe Trauben; Alk. 18*; S. 0,35; A. 5 J. im Faß, *stravecchio* oder *riserva* 10 J. im Faß.

* *Secco* Restsüße unter 40 g/l, *semisecco* 40–100 g/l und *dolce* über 100 g/l.

Moscato di Pantelleria und **Passito di Pantelleria (1971)**
Der herrlichste Moscato Italiens kommt von der sonnendurchglühten Vulkaninsel, die Tunis am nächsten liegt. Die exotische Umgebung hat zu Mythen Anlaß gegeben, seit die Phöniker mit den ersten Zibibbo-Reben kamen und deren Wein ihrer Liebesgöttin Tanit weihten. Die windgepeitschten Moscato oder Moscatellone-Reben tragen dicke, zuckersüße Trauben, die für die *Passito*-Versio-

Oben: Faßalterung ist für feinen Marsala unentbehrlich.

Links: Marco De Bartoli hat sein kleines Weingut Vecchio Samperi zur Quelle des höchstgerühmten Marsala gemacht.

nen durch Trocknen an der Sonne konzentriert werden (so entstehen auch Italiens kostbarste Rosinen). Die Genossenschaft Agricoltori Associati erzeugt einen lieblichen *spumante* «Solimano», doch der Star ist der ungeheuer opulente *passito extra* «Tanit». Marco De Bartolis *passito naturalmente dolce* «Bukkarum» ist ein überaus verführerischer Dessertwein voll Süße und Grazie. In der DOC-Vorschrift stehen zwar verwirrend viele goldene bis bernsteinfarbene Versionen, aber sie sind selten anzutreffen.

ZONE: Die Insel Pantelleria in der Provinz Trapani. Traube: Zibibbo, evtl. rosiniert oder *passito*.

Naturale. Süßer Weißwein, auch *spumante, naturalmente dolce* und *liquoroso*. E. 49/70; Alk. 12,5*, *naturalmente dolce* 17,5*; S. 0,45.

Passito. Süßer Weißwein, auch *naturalmente dolce, liquoroso* und *extra*. E. 28/70; Alk. 14*, *liquoroso* 21,5*, extra 23,9; S. 0,40; A. *extra* 1 J.

* *Naturale*: vergorener Alk. einschließlich Restsüße Min. 8%; *naturalmente dolce* Min. 13%. *Passito*: vergorener Alk. Min. 14% plus 11% Restsüße. *Liquoroso*: vergorener Alk. einschl. Restsüße Min. 15%, *extra* Min. 15,5%.

Andere beachtenswerte Weine

Die bekannteste Marke Siziliens ist Corvo. Sie steht für trockenen weißen und roten *vdt* von Duca di Salaparuta sowie für Schaum- und Süßweine und einen besonders köstlichen Rotwein Duca Enrico. Marco de Bartolis Vecchio Samperi und der süße Inzolia di Samperi haben einen neuen Marsala-Stil geschaffen. Frischer, trockener *vdt* hat sich durchgesetzt. Sortenreine Weine gibt es von den Trauben Grecanico und Damaschino (weiß) und Pignatello (rot). Die meisten Marsala-Firmen bieten auch *vdt* und *spumanti* sowie Süßwein, Brandy und Likör an. Moscato von Pantelleria und anderer Herkunft wird oft in Vin Santo und anderen Verschnitten verwendet, die in großen Flaschen mit Kapselverschluß auf den Markt kommen.

WEINGÜTER/WINZER

Donnafugata, Contessa Entellina (PA). Gabriella Anca Rallo und ihr Mann Giacomo produzieren neben Marsala feinsten trockenen sizilianischen *vdt* von 70 ha im hochgelegenen Belice-Tal südlich von Palermo. Der preisgekrönte Donnafugata Bianco und Rosso enthält typische sizilianische Rebsorten mit landfremden für Aroma und Charakter. Der Weißwein aus der Einzellage Vigna di Gabri besteht rein aus Anzonia. Weitere Produkte sind Rosé, Chardonnay und neuerdings

Der dorische Tempel von Segesta geht auf das Jahr 430 v. Chr. zurück.

weißer Damaskino von der alten Damaschino-Traube.

Fontanarossa, Cerda (PA). Roter, weißer und rosé *vdt* Cerdèse.

Fratelli Lombardo, Marsala (TP). Guter DOC Marsala Superiore und andere Weine, zumeist von 425 ha eigenem Besitz.

Salvatore Murana, Pantelleria (TP). Winzer mit kleiner Produktion an Moscato di Pantelleria und *vdt*.

Rapitalà, Camporeale (PA). Das Gut in der Alcamo-Zone gehört der Firma Adelkam und wird von dem Franzosen Hugues de la Gatinais und seiner sizilianischen Frau Gigi geführt. Von 150 ha in 300–535 m Höhe bringt es 125 000 Kisten DOC Alcamo von ungewöhnlicher Tiefe und Nuancierung sowie 40 000 Kisten *vdt* Rapitalà Rosso hervor.

Rincione, Calatafimi (TP). Pietro Paolo Papè, Principe di Valdina, erzeugt von 120 ha eine Auslese moderner Weine.

Vecchio Samperi – De Bartoli, Marsala (TP). Marco de Bartoli, der liebenswürdige Botschafter des Marsala, hat sein 15 ha Gut Vecchio Samperi revolutioniert und produziert nun die höchstgerühmten Weine Westsiziliens. Nachdem er bei bekannten Marsala-Firmen gearbeitet hatte, machte er sich 1978 selbständig und brachte den Vecchio Samperi heraus, fast ein Marsala Solera, aber nicht aufgespritet. Seine kleine Produktion an 20jährigem Vecchio Samperi und Marsala Superiore Riserva hat eine alte Tradition auf neue Höhen geführt. Ferner erzeugt er einen süßen Weißwein Inzolia di Samperi aus der Lage Vigna Miscia und einen trockenen Josephine Doré. Auf Pantelleria kauft und trocknet er Trauben für seinen samtigen Moscato Passito «Bukkarum».

WEIN- UND HANDELS-HÄUSER

V. Giacalone Alloro, Marsala (TP). Großes, angesehenes Marsala-Haus.

Vito Curatolo Arini, Marsala (TP). Sauberer DOC Marsala von einer 1875 gegründeten Firma.

Duca di Salaparuta, Casteldaccia (PA). Die 1824 von Edoardo Alliata di Villafranca gegründete Firma ist heute im Besitz des Ente Siciliano per la Promozione Industriale, der aus ihr das Vorbild der Region gemacht hat. Ihre wegen ihrer Klasse und Gleichmäßigkeit hochangesehenen Corvo-Weine erbringen einen Umsatz von rund 10 Mio. Flaschen im Jahr, davon etwa 40% Export. Trauben aus allen Teilen der Insel werden von Kellermeister Franco Giacosa sorgfältig ausgelesen und in der computergesteuerten Kellerei in Casteldaccia verarbeitet. Die Weißweine – Prima Goccia und Colomba Platino – bestehen aus Inzolia, Trebbiano und Catarratto, der Rotwein Vino Fiore aus Nerello Mascalese, Perricone und Nero d'Avola. Im Jahrgang 1984 entstand der neue Duca Enrico, rein von Nero d'Avola aus hohen Lagen in östlichen Zentralsizilien. Nachdem er in kleinen Fässern vollendet herangereift war, waren alle Zweifel, ob Sizilien trockenen Rotwein mit Anmut und Komplexität aus eigenen Rebsorten erzielen könne, beseitigt. Die Firma produziert ferner Schaumwein, den Marsala-ähnlichen Stravecchio di Sicilia und den einzigartigen gespriteten Rotwein Ala, der in Kirschholzfässern lagert.

Fratelli De Vita, Marsala (TP). DOC Marsala.

Fratelli Fici, Marsala (TP). Schöne Auswahl mit feinem Marsala Vergine.

Florio, Marsala (TP). 1833 gründete Vincenzo Florio das Unternehmen, das ihm den Titel «König von Marsala» eintrug, weil er die englischen Pioniere überflügelte. 1929 ging die Firma in der Cinzano-Gruppe auf, die sie mit Woodhouse und Ingham zur heutigen S. A. V. I. Florio & Co. zusammenfaßte. Das Programm des größten DOC-Marsala-Erzeugers (über 300 000 Kisten) wird angeführt von dem lieblichen ACI 1840 und dem trockenen Riserva Egadi, beide *superiore*. Brandy und Likör gehören ebenfalls dazu.

Marino Grandi Vini Siciliani, Marsala (TP). DOC Marsala und Alcamo sowie trockener *vdt*: weißer Verdello Siciliano und roter Nerello Siciliano.

Mirabella, Marsala (TP). Eine relativ junge, dynamische Firma mit einem bewundernswerten Marsala Vergine. Zweite Marke Cudia.

Fratelli Montalto, Marsala (TP). DOC Alcamo und Marsala sowie *vdt*.

Carlo Pellegrino, Marsala (TP). Die 1880 gegründete Firma produziert mit den besten Marsala Superiore sowie *vdt* von Grecanico- und Pignatello-Trauben.

Diego Rallo & Figli, Marsala (TP). 1860 gegründet; eines der geachtetsten Marsala-Häuser mit 120 ha Weinbergen und 90 000 Kisten DOC sowie einer größeren Produktion an *vdt* und *spumante*. Der Marsala Vergine 1860 hält im feinen Programm die Spitze.

GENOSSENSCHAFTEN

Cooperativa Agricola Fiumefreddo, Alcamo (TP). DOC Alcamo und *vdt*.

CS Paladino, Alcamo (TP). DOC Alcamo und *vdt*.

Agricoltori Associati di Pantelleria, Pantelleria (TP). Rund 1300 Winzer beliefern den größten Hersteller von DOC Moscato di Pantelleria mit Trauben. Spezialitäten: Passito Extra «Tanit» und *spumante* «Solimano».

Cooperativa Agricoltori Saturnia, Partanna (TP). Vdt rot, weiß und rosé Marke Draceno.

CS La Vite, Partanna (TP). Vdt rot und weiß und Marke Donzelle.

Cooperativa Agricola Aurora, Salemi (TP). DOC Alcamo und *vdt* Marke Castelvecchio.

Cooperativa Agricola Le Torri, Salemi (TP). Große Produktion an frischem *vdt*, angeführt vom weißen Conte di Salemi.

Consorzio Agrario Provinciale di Trapani, Trapani. Vdt Marke Segesta und Trabino.

Reise-Informationen

RESTAURANTS/HOTELS

La Funtanazza, 91011 Alcamo (TP) in Monte Bonifato, 6 km südlich der Stadt. Tel. (0924) 2 53 14. Gute ländliche Kost und freundliche Bedienung in einem Hotel am Hang mit Blick über Alcamo und den Golf von Castellamare.

Filippino, 98055 Isola di Lipari (ME). Tel. (090) 98 11 002. Das renommierte Restaurant bietet frischen Fisch und sizilianischen Wein auf einer Terrasse am Meer.

Zio Ciccio, 91025 Marsala (TP). Tel. (0923) 98 19 62. Restaurant am Strand mit frischem Fisch aus dem Meer und bestem sizilianischem Weißwein.

Mazzarò Sea Palace, 98030 Mazzarò (ME). Tel. (0942) 2 40 04. Luxushotel an der Bucht von Taormina mit eigenem Strand und beheiztem Swimmingpool.

Hotel Cossyra, Contrada Mùrsia, 91017 Pantelleria (TP). Tel. (0923) 91 11 54. Angenehmes Hotel mit Strand und gutem Restaurant mit Fisch und anderen Spezialitäten.

Alberto, Via Gibellina 95, 98100 Messina. Tel. (090) 71 07 11. Traditionelle und neuartige Küche. Gute Weine der Gegend.

Jonico'a Rutta e Ciauli, Riviera Dionisio il Grande 194, 96100 Siracusa. Tel. (0931) 6 55 40. Das Restaurant auf einer Klippe über dem Ionischen Meer bietet gute sizilianische Spezialitäten und Weine.

Trattoria Minosse, Via Mirabella 6, 96100 Siracusa. Tel. (0931) 6 63 66. Familienlokal in Ortigia, im Herzen der alten Stadt. Gute Gemüse- und Fischgerichte.

Giova Rosy Senior, 98039 Taormina (ME). Tel. (0942) 2 44 11. Frische Pasta und Fisch, tadellos zubereitet und auf einer schattigen Terrasse serviert.

SEHENSWERTES

Die Sizilianer haben das touristische Potential ihrer üppigen Weinberge noch nicht erfaßt: Marsala in ehrfurchtgebietender Weite, Etna in atemberaubender Schönheit der Lage und Aussicht, Lipari und Pantelleria in ihrer Beharrlichkeit. Die meisten Touristen kommen nach Sizilien wegen der Antike, der Sonne und dem Meer. Für das griechische Erbe gibt es in ganz Italien keine schöneren Beispiele. Zwischen Villa San Giovanni in Kalabrien und Messina verkehren Fährschiffe, ebenso von Neapel, Genua und Cagliari nach Palermo, Catania und Trapani. Tägliche Flugverbindungen gibt es von Palermo und Catania nach vielen Städten Italiens und Europas.

Agrigento. In der alten Griechenstadt Akragas ist der Sonnenuntergang im Tal der Tempel einmalig.

Ätna und Taormina. Eine Bezwingung des Ätna per Auto, Seilbahn oder gar zu Fuß ist höchst denkwürdig, vor allem, wenn er gerade Feuer speit. An klaren Tagen sieht man über halb Sizilien und über das Meer bis Lipari und Kalabrien. In der mittelalterlichen Stadt Taormina zwischen dem Berg und dem Meer läßt sich vor und nach der Klettertour ein angenehmer Aufenthalt einlegen.

Lipari (Äolische Inseln). Die sieben Inseln bieten Vulkane, schwarze Sandstrände und kristallklares Wasser mit einer reichen Unterwasserfauna. Weinliebhaber finden den Ausflug nach Salina schon wegen Hauners Malvasia lohnend. Ein Fährdienst verbindet Lipari mit Milazzo, Messina und anderen Häfen.

Marsala. Trotz der nüchternen Industriewelt am Hafen sind die Kellereien doch interessant. Florio, die größte, bietet ein Weinmuseum und Betriebsführungen; doch auch die anderen können nach Anmeldung besichtigt werden. Auf einer Fahrt von Marsala nordostwärts nach Segesta und dann südwärts nach Selinus (Selinunte) und zurück sieht man nicht nur zwei der schönsten griechischen Tempel, sondern auch eindrucksvolle Weinfelder.

Pantelleria. Die sonnendurchglühte Insel ist mit schwarzen Stränden, frischem Fisch, süßem Moscato und ihrem arabischem Flair ein exotisches Refugium. Im Sommer bestehen Fähr- und Flugverbindungen nach Trapani und Palermo.

Siracusa und Noto. Die alte Heimat des Archimedes war der Stolz von Magna Graecia. Überreste der antiken Stadt, dies es mit dem Glanz Athens aufnahm, sind überall zu erblicken. Diese Gegend Siziliens ist auch durch die Barockarchitektur der *palazzi* in dem Syrakuser Stadtviertel Ortigia und der Weinstadt Noto im Südwesten bekannt.

Der Name Marsala ist arabischen Ursprungs; die Stadt verdankt ihren Ruhm dem gleichnamigen Wein und der Tatsache, daß Garibaldi hier im Jahr 1860 landete.

Glossar

Die Kenntnis einiger italienischer Weinfachausdrücke dürfte beim Lesen eines Etiketts oder bei Fahrten und Wanderungen durch die Weinbaugebiete von Nutzen sein.

Abboccato. Lieblich, vollmundig.

Acidità. Säure; der jeweils angegebene Säuregehalt bezieht sich auf erwünschte Weinbestandteile (unerwünscht sind dagegen die sog. flüchtigen Säuren – *acidità volatile* – und Essigsäure).

Acidulo. Säuerlich, sehr frisch.

Alberello. Busch, eine durch scharfen Rückschnitt erzielte Form freistehender oder an Pfählen befestigter Weinstöcke. Im Süden am verbreitetsten, jedoch im Schwinden begriffen.

Alcool. Alkohol; auf Etiketten in Volumenprozent angegeben. *Alcool svolto* deutet auf abgestoppte Gärung bei süßen Weinen hin.

Amabile. Lieblich; meist mit mehr Restsüße als *abboccato*, aber weniger als *dolce*.

Amaro. Bitter; Bezeichnung eines Likörtyps sowie des Geschmacks bestimmter Weine, wobei die Begriffe *amarognolo* oder *ammandorlato*, die eher den Eindruck von gebrannten Mandeln erwecken, etwas freundlicher klingen.

Amarone. Siehe Recioto.

Ambra oder **ambrato.** Bernsteinfarben; die goldene bis hellbräunliche Farbe bestimmter abgelagerter Weine; bei Marsala ein bestimmter Typ.

Annata. Jahrgang.

Aroma. Vor allem der Duft des jungen, fruchtigen Weißweins.

Aromatico. Bezeichnung für Weine mit ausgeprägtem Aroma, z. B. Moscato oder Riesling.

Asciutto. Knochentrocken bei Stillwein – bei Schaumwein dagegen halbtrocken.

Assaggio oder **degustazione.** Weinprobe.

Azienda agricola/agraria/vitivinicola. Gut/Weingut; nach dem Gesetz darf ein solches höchstens die Hälfte der von ihm verarbeiteten Trauben bzw. unter eigenem Namen angebotenen Weine hinzukaufen und darf nur Weine aus eigener Ernte als Erzeugerabfüllung deklarieren.

Barrique. Kleines Eichenfaß, meist französischer Herkunft, wird in Italien zunehmend für den Ausbau von Weinen benutzt.

Bianco. Weiß.

Bicchiere. Trinkglas.

Bollicini. Perlen im *frizzante* oder *spumante*. Bei feinperligen, durch Flaschengärung gewonnenen Schaumweinen ist auch der französische Ausdruck *perlage* gebräuchlich.

Botte. Faß (auch *fusto*). Ein *bottaio* ist ein Küfer.

Bottiglia. Flasche.

Bouquet. Bukett; die Gesamtheit der Düfte eines Weins.

Bricco, auch **bric.** Piemontesische Bezeichnung für einen Weinberg auf einer Hügelkuppe.

Brut. Trockener Schaumwein. Extra Brut bedeutet sehr trocken, v. a. bei Schaumwein ohne abschließende *Liqueur*-Dosis (*pas dosé* oder *nature*).

Ca'. Kurz für *casa* = Haus; kommt in Namen oberitalienischer Weingüter häufig vor.

Campo. Feld, auch Weinberg.

Cantina. Kellerei.

Cantina Sociale oder **cooperativa.** Genossenschaftskellerei.

Capitel. Einzellage in den Bergen um Verona.

Carato. Kleines Faß, manchmal statt *barrique* gebraucht. Noch kleiner ist das *caratello*, ein traditionsgemäß für Vin Santo benütztes Faß.

Casa vinicola oder **azienda vinicola.** Weinhandelshaus (*commerciante*), dessen Erzeugung hauptsächlich aus zugekauften Trauben bestritten wird.

Cascina. Bauernhaus; im Nordwesten für Weingut gebräuchlich.

Castello. Schloß; der Ausdruck darf theoretisch nur auf DOC/DOCG-Weinetiketten benutzt werden, es gibt jedoch Ausnahmen.

Cerasuolo. Kirschrot; Bezeichnung für bestimmte Roséweine.

Champenois oder **metodo champenois.** Champagnerverfahren; der Ausdruck *méthode champenoise* und seine Übersetzungen sind nach EG-Recht dem französischen Champagner vorbehalten, daher werden in Italien die Begriffe *metodo classico* oder *metodo tradizionale* gebraucht.

Charmat oder **metodo charmat.** Die in Frankreich auch als *cuve close* bekannte Methode der Schaumweinherstellung durch Tankgärung. *Charmat lungo* bezeichnet eine längere Gärung mit den Traubenschalen.

Chiaretto. Traditioneller Ausdruck für Roséwein.

Chilogrammo. Kilogramm, kurz auch *kilo*.

Clàssico. Engerer Bereich innerhalb einer Weinzone (z. B. Chianti Clàssico, Soave Clàssico) und der Wein aus diesem Bereich. Bei Schaumweinen bedeutet *metodo clàssico* Flaschengärung.

Colle oder **Collina.** Pl. *colli* oder *colline*; Hügel.

Commerciante. Handelshaus oder Abfüller, arbeitet vorwiegend mit gekauften Trauben bzw. Weinen.

Consorzio. Freiwilliges Winzerkonsortium für die Produktionsaufsicht und -kontrolle sowie für die Weinwerbung.

Cordone, auch *spalliera,* das klassische System der Rebenerziehung an zwischen Pfählen gespannten Drähten.

Costa, auch *costiera* Küste, Berghang; Gegenstück zum französischen Ausdruck *côte*.

Crémant. Der französische Ausdruck für sanft schäumenden Wein ist auch in Italien gebräuchlich.

Cru. Der auf italienischen Etiketten nicht zulässige Ausdruck ist als Bezeichnung für besondere Lagen verbreitet.

DOC. Denominazione di origine controllata (s. «Gesetz und Etikett»).

DOCG. Denominazione di origine controllata e garantita (s. «Gesetz und Etikett»).

Dolce. Süß; Wein mit höchster Restsüße.

Dry. Bei Schaumwein (auch *extra dry*) eher lieblich; trocken ist «brut» oder «extra brut».

Enologia. Önologie, die Wissenschaft vom Wein. *Enologo* = Önologe oder Kellermeister; kann auch allgemein für Weinfachmann stehen. *Enotecnico* = Kellertechniker oder Kellerwirt; nach 5jähriger Ausbildung an einer Weinbaufachschule.

Enoteca. Vinothek; Weinausstellung oder Weinfachgeschäft. Als die ältesten Vinotheken könnte man die *tabernae vinariae* der Römer bezeichnen.

Etichetta. Etikett.

Ettaro. Hektar, Abkürzung ha.

Ettolitro. Hektoliter, Abkürzung hl.

Fattoria. Landwirtschaftliches Gut; der vor allem in Mittelitalien gebräuchliche Ausdruck bezeichnet einen größeren, aus mehreren *poderi* bestehenden Besitz (s. Podere).

Fermentazione. Gärung, sowohl die alkoholische als auch die malolaktische. Auf Schaumweinetiketten bedeutet die Angabe *fermentazione naturale*, daß der Kohlensäuregehalt nicht auf künstlichem Weg erzeugt ist.

Fiasco. Die inzwischen seltener gewordene strohumflochtene Chiantiflasche, ebenso die *pulcinella* von Orvieto.

Frizzante. Schwach schäumender bzw. perlender Wein mit geringerem Kohlensäuredruck als *spumante;* entspricht dem französischen *pétillant*. *Frizzantino* perlt noch schwächer.

Governo. *Governo all'uso toscano* war früher v. a. beim Chianti ein verbreitetes Verfahren, bei dem mit rosinierten Trauben eine Zweitgärung eingeleitet wurde, die dem Wein eine gewisse Spritzigkeit verlieh.

Granato. Granatrot.

Gusto. Geschmack.

Imbottigliato da/messo in bottiglia da. Abgefüllt von; folgt der Name eines Winzers oder Weinguts oder die Angabe «all' origine», dann handelt es sich um eine Erzeugerabfüllung.

Invecchiato. Gealtert; bei DOC-Weinen in Verbindung mit einer Zeitangabe in Monaten oder Jahren.

Liquoroso. Wein mit hohem Alkoholgehalt; meist, jedoch nicht immer, gespritet.

Litro. Liter; Flaschengrößen werden meist in Milliliter angegeben; die Standardgröße ist 750 ml.

Macerazione carbonica. Kohlensäuremaischung; ein Verfahren, bei dem unzerquetschte Trauben unter dem Druck der aus der Gärung stammenden Kohlensäure in geschlossenen Behältern aufplatzen und ihren Saft abgeben; dient vorwiegend der Erzeugung von *vino novello*.

Marchio. Marke; *marchio registrato* oder *depositato* – eingetragenes Warenzeichen.

Marsalato oder **maderizzato**. Maderisiert; eine bei Dessert- oder Süßweinen oft erwünschte Madeira-ähnliche Art, die durch langsame Oxidation entsteht; bei anderen Weinen unerwünscht.

Maso. Im Trentino und bei Verona gebräuchlicher Ausdruck für Gut oder Besitz.

Masseria. Im Süden der Halbinsel gebräuchlicher Ausdruck für Gut oder Besitz.

Metodo clàssico oder **tradizionale**. S. *champenois*.

Monte. Berg.

Morbido. Weich, rund und mild.

Mosto. Most oder Traubensaft; *mosto concentrato* Mostkonzentrat, *mosto cotto* eingedickter Most (für Marsala), *mosto fiore* Vorlaufmost aus leicht angequetschten Trauben.

Oro. Gold; auch Bezeichnung eines Marsala-Typs.

Paglierino. Helles Strohgelb.

Passito. Starker, meist süßer Wein von rosinierten Trauben. Im Aostatal auch *flétri*.

Pastoso. Mild, lieblich.

Pergola. Rebenspalier; am bekanntesten ist die *pergola trentina* im oberen Etschtal.

Podere. Meist kleinerer landwirtschaftlicher Besitz (s. Fattoria).

Poggio. Hügel.

Produttore. Erzeuger.

Profumo. Duft.

QbA. Qualitätswein bestimmter Anbaugebiete; für Südtiroler Wein zugelassene Bezeichnung.

Quintale. Doppelzentner (100 kg); in Italien häufig als Maß für den Hektarertrag gebräuchlich. Von 1990 an muß nach EG-Vorschrift die Angabe in Kilogramm bzw. Tonnen erfolgen (s. Tonnellata).

Recioto. Ein vorwiegend um Verona gebräuchlicher Ausdruck für einen aus rosinierten Trauben gewonnenen starken, oft süßen, als Amarone auch trockenen Wein.

Resa. Ertrag, bei Trauben und Wein.

Riserva. Nur bei DOC- und DCOG-Wein nach bestimmter Alterung zulässige Bezeichnung. *Riserva speciale* bedeutet längere Alterung.

Ronco. Der in Friaul und gelegentlich in der Romagna benutzte Ausdruck für einen terrassierten Weinberg (Plural *ronchi*), ist auch als Namensbestandteil von Weinen gebräuchlich.

Rosato. Rosé.

Rosso. Rot.

Rubino. Rubinrot.

Sapore. Geschmack.

Secco. Trocken bei Stillwein; bei Schaumwein eher lieblich; *semisecco* bedeutet halbtrocken.

Serra. Besonders geschützte, sonnenreiche Lage.

Solera oder **soleras**. Bei Sherry gebräuchliches Verfahren des allmählichen Verschneidens von älterem mit jüngerem Wein durch Auffüllen der Fässer; aus Spanien nach Sardinien und Sizilien eingeführt (Marsala-Typ).

Sommelier. Weinkellner; in Italien gibt es eine rührige Associazione Italiana Sommeliers.

Sorì oder **sörì**. Piemontesischer Ausdruck für eine vor allem der Mittagssonne zugewandte Hanglage; wird dem Weinbergnamen oft vorangestellt.

Spumante. Trockener bis lieblicher Schaumwein mit einem Kohlensäuredruck von mindestens 3 Atmosphären, hergestellt durch Flaschen- oder Tankgärung. In Südtirol ist die Benutzung des deutschen Ausdrucks Sekt zulässig.

Superiore. Bei DOC-Weinen eine über die allgemeine Norm hinausgehende Version (höherer Alkoholgehalt, längere Alterung); beim Sangiovese di Romagna Wein aus einem bestimmten Bereich.

Tappo di sughero. Korken. *Sa di tappo* bedeutet verkorkt.

Tendone. Ein vorwiegend im heißen Flachland gebräuchliches Hochspalier für Reben.

Tenuta. Landwirtschaftliches Gut.

Tonnellata. Tonne (1000 kg); gemäß EG-Vorschrift für die Angabe des Hektarertrags anstatt dem bisher üblichen *quintale* (Doppelzentner) verbindlich.

Uva. Traube (auch *grappolo d'uva*).

Uvaggio. Die Mischung verschiedener Traubensorten, z. B. im Chianti oder Valpolicella.

Vecchio. Alt; bei bestimmten DOC-Weinen nach einer bestimmten Alterung als Bezeichnung zulässig. *Stravecchio*, sehr alt, wird mehr bei Spirituosen als bei Wein benutzt.

Vendemmia. Weinlese.

Vigna oder **vigneto**. Weinberg.

Vignaiolo/viticoltore/coltivatore. Winzer, Traubenanbauer, auch Weinerzeuger.

Vino da arrosto. Robuster älterer, gut zu dunklem Bratenfleisch passender Rotwein, z. B. Barolo, Brunello.

Vino da taglio. Meist starker roter Verschnittwein.

Vino da tavola. Tafelwein, Kategorie für die meisten nicht DOC-qualifizierten Weine; im Text gebrauchte Abkürzung *vdt* (s. «Gesetz und Etikett»).

Vino novello. Neuer, meist roter Wein, entspricht dem französischen *nouveau*. Laut Gesetz muß er noch im Jahr der Lese in Flaschen abgefüllt werden.

Vino tipico. Neu geschaffene Kategorie für typischen Wein bestimmter Anbaugebiete (s. «Gesetz und Etikett»).

Vite. Weinrebe. *Viticoltura* = Weinbau.

Vitigno. Rebsorte. *Monovitigno* oder *varietale* steht für sortenreinen Wein.

Vitis vinifera. Botanischer Name der Weinrebe. Es gibt mehrere Familien und Tausende von Sorten.

Vivace. Lebhaft; Synonym für *frizzante*, viel gebrauchte Bezeichnung für perlenden Wein.

VQPRD. EG-Abkürzung für Qualitätswein bestimmter Anbaugebiete, in Italien DOC/DOCG.

VSQPRD. Abkürzung für Schaumwein bestimmter Anbaugebiete.

Zucchero. Zucker. *Residui* ist der Ausdruck für Restzucker, *zuccheraggio* bedeutet Zuckerung (des Mosts zur Erhöhung des Alkoholgehalts).

Bibliographie

Burton Anderson, *The Mitchell Beazley Pocket Guide to Italian Wines*, revidierte Ausgabe, Mitchell Beazley: London, 1987. – Deutsche Ausgabe: *Italiens Weine*, Taschenführer, Hallwag: Bern und Stuttgart, 4. Auflage, 1990.

Burton Anderson, *Vino, The Wines and Winemakers of Italy*, Little, Brown & Co: Boston, 1980.

R. W. Apple Jr., *Apple's Europe*, Atheneum: New York, 1986.

Nicola Dante Basile, *Il Vino in Italia*, Edizione del Sole 24 Ore: Mailand, 1988.

Nicolas Belfrage, *Life Beyond Lambrusco*, Sidgwick & Jackson: London, 1985.

Alexis Bespaloff, *The New Frank Schoonmaker Encylopedia of Wine*, Morrow: New York, 1988.

Alexis Bespaloff, *New Signet Book of Wine*, New American Library: New York, 1986.

Charles G. Bode, *Wines of Italy*, Peter Owen: London 1956; Dover: New York, 1974.

Gianfranco Bolognesi, *I Vini del Sole Romagna*, Editori del Sole: Mailand, 1983.

Samuel Chamberlain, *Italian Bouquet*, Gourmet: New York, 1973.

Oz Clarke, *Webster's Wine Price Guide*, Websters/Mitchell Beazley: London, 1989.

Oz Clarke, *Wine Factfinder and Taste Guide*, Websters/Mitchell Beazley: London, 1989.

Philip Dallas, *Italian Wines*, Faber: London, 1983.

De Agostini, *Grande Atlante d'Italia*, Instituto Geografico De Agostini: Novara, 1987.

Riccardo Di Corato, *2214 Vini d'Italia*, Sonzogno: Mailand, 1985.

Riccardo Di Corato, *Guida all'Italia dei Vini*, Touring Club Italiano: Mailand, 1985.

Sandro Doglio, *Mangiare e Bere in Piemonte e in Valle d'Aosta*, City 2: Genua, 1987.

Lorenzo Fantini, *Monografia sulla viticoltura ed enologia nella Provincia di Cuneo*, Neuauflage, Ordine dei Cavalieri del Tartufo e dei Vini di Alba, 1973.

Walter Filiputti, *Terre, Vigne & Vini del Friuli-Venezia Giulia*, Gianfranco Angelico Benvenuto: Udine, 1983.

Robert Finigan, *Essentials of Wine*, Knopf: New York, 1987.

Raymond Flower, *Chianti*, revidierte Auflage, Croom Helm: London, 1988.

Mario Fregoni, *Storia Antica sulle Origini della Vite e della Viticoltura*, in Vorbereitung.

Mario Fregoni, *Viticoltura Generale*, Reda: Rom, 1985.

Gambero Rosso, Vini d'Italia, revidierte Auflage, Le Guide del Gambero: Rom, 1989. – Deutsche Ausgabe: *Vini d'Italia*, Hallwag: Bern und Stuttgart, 2. Auflage, 1990.

David Gleave, *The Wines of Italy*, Salamander: London, 1989. – Deutsche Ausgabe: *Die Weine Italiens*, Stocker-Schmid: Dietikon/Zürich, 1990.

Victor Hazan, *Italian Wine*, Alfred A. Knopf: New York, 1982.

Edward Hyams, *Dionysus, A Social History of the Wine Vine*, Sidgwick & Jackson: London, 1987.

Hugh Johnson, *The Story of Wine*, Mitchell Beazley: London, 1989. – Deutsche Ausgabe: *Hugh Johnsons Weingeschichte*. Hallwag: Bern und Stuttgart.

Hugh Johnson, *The Word Atlas of Wine*, 3rd edition; Mitchell Beazley: London, 1986. – Deutsche Ausgabe: *Der große Weinatlas*, Hallwag: Bern und Stuttgart, 22. Auflage, 1989.

Hugh Johnson, *Wine Companion*, 2nd edition, Mitchell Beazley: London, 1986.– Deutsche Ausgabe: *Der große Johnson*, Hallwag: Bern und Stuttgart, 3. Auflage, 1989.

La Guida d'Italia 1990, Le Guide dell'Espresso: Mailand, 1989.

Alexis Lichine, *Encyclopedia of Wines & Spirits*, 4th edition, Cassell: London, 1985; Knopf: New York, 1985.

Michelin Italia 1990, Michelin Italiana: Mailand, 1990.

Stefano Milioni, *Catalogo Generale dei Vini d'Italia 1987–1988*, Union: Rom, 1987.

Sandro Mondini, *I Vitigni Stranieri da Vino Coltivati   ia*, G. Barbera: Florenz, 1903.

E. Ottavi und A. Marescalchi, *Vade-Mecum del Commerciante di Uva e di Vini in Italia*, 2. Auflage, Ottavi: Casale Monferrato, 1903.

Luigi Papo & Anna Pesenti, *Il Marsala*, Fabbri Editori: Mailand, 1986.

Robert M. Parker Jr., *Wine Buyer's Guide*, revidierte Auflage, Dorling Kindersley: London, 1989; Simon & Schuster: New York, 1989.

Lamberto Paronetto, *Il Magnifico Chianti*, Enostampa: Verona, 1967.

Lamberto Paronetto et al., *Guida ai Vini d'Italia*, Arnoldo Mondadori: Mailand, 1980.

Emanuele Pellucci, *Brunello di Montalcino*, 2. Auflage, Pellucci; Florenz, 1986.

Emanuele Pellucci, *Vino Nobile di Montepulciano*, Pellucci: Fiesole, 1985.

Emile Peynaud, *Knowing and Making Wine*, John Wiley: New York, 1984.

Emile Peynaud, *The Taste of Wine*, Macdonald & Co: London, 1987.

Antonio Piccinardi, *I Ristoranti di Bell'Italia*, Giorgio Mondadori: Mailand, 1980.

Antonio Piccinardi & James Johnson, *The Gourmet's Tour of Italy*, New York Graphic Society/Little, Brown & Co: New York, 1987. – Deutsche Ausgabe: *Italien für Gourmets*, Christian: München, 1987.

Antonio Piccinardi & Gianni Sassi, *Berealto*, Arnoldo Mondadori: Mailand, 1986.

Piero Pittaro & Lisio Plozner, *L'Uva e Il Vino*, Magnus Edizioni: Udine, 1982.

Jens Priewe, *Italiens große Weine*, Sewald: Herford, 1987.

Virgilio Pronzati, *Guida alle Cantine e ai Vini di Liguria*, City 2: Genua, 1987.

Renato Ratti, *Conoscere i Vini d'Italia*, AEB: Brescia, 1985.

Adriano Ravegnani, *I Cento Vini d'Italia*, Longanesi & Co: Mailand, 1979.

Cyril Ray, *The New Book of Italian Wines*, Sidgwick & Jackson: London, 1982.

Cyril Ray, *The Wines of Italy*, McGraw-Hill: London, 1966.

Giuseppe Aldo di Ricaldone, *La Collezione Ampelografica Incisa (1792–1871)*, Camera Commercio di Asti: Asti, 1974.

Rivista di Viticoltura e di Enologia, *Disciplinari di Produzione Vini a Denominazione di Origine Contollata*, Bände I–III, Casa Editrice Scarpis: Conegliano Veneto, 1968, 1971, 1979.

Jancis Robinson, *Vines, Grapes and Wines*, Mitchell Beazley: London, 1986. – Deutsche Ausgabe: *Reben, Trauben, Weine*, Hallwag: Bern und Stuttgart, 1987.

Waverley Root, *The Food of Italy*, Atheneum: New York, 1971.

E. T. Salmon, *The Making of Roman Italy*, Thames & Hudson: London, 1986.

Mario Soldati, *Vino al Vino*, Bände I–II, Arnoldo Mondadori; Mailand, 1969, 1971.

Marco Trimani, *Brindare Italiano*, Fabbri Editori: Mailand, 1984.

Marco Trimani, *Guida ai Vini d'Italia*, Editori Riuniti: Rom, 1984.

Luigi Veronelli, *I Vignaioli Storici*, Bände I–IV, Mediolanum Editori Associati: Mailand, 1986, 1987, 1989, 1990.

Luigi Veronelli, *Le Cantine di Veronelli*, Arnoldo Mondadori: Mailand.

Luigi Veronelli, *I Ristoranti di Veronelli*, Fortune Italia: Mailand.

Luigi Veronelli, *Catalogo dei Vini d'Italia*, mehrere Ausgaben.

Sheldon & Pauline Wasserman, *Italy's Noble Red Wines*, New Century: Piscataway, NJ, 1985.

Faith Heller Willinger, *Eating in Italy*, Hearst Books: New York, 1989.

Index

Der Index umfaßt Hinweise zu allen DOC-Weinen, Lagen, Gütern und Winzern, zu Weinhäusern und -händlern; auch Genossenschaften und wichtige Städte und Ortschaften sind darin aufgeführt. Karten und Rasterhinweise werden zusammen mit den Seitenzahlen des Haupthinweises im Text in numerischer Reihenfolge so angegeben: Amorosa 196 C3, 216. Deutsche und italienische Ortsnamen des Südtirols tragen Querverweise aufeinander.

Wo Städte verschiedener Regionen namensgleich sind, werden sie durch folgende Abkürzungen unterschieden: Ab *Abruzzi*; Bas *Basilicata*; Cal *Calabria*; Cam *Campania*; E-R *Emilia-Romagna*; F-VG *Friuli-Venezia Giulia*; Lat *Latium*; Lig *Liguria*; Lom *Lombardia*; Mar *Marche*; Mol *Molise*; Pie *Piemont*; Sar *Sardegna*; Si *Sicilia*; T-AA *Trentino-Alto Adige*; Tos *Toscana*; Umb *Umbria*; VdA *Valle d'Aosta*; Ven *Veneto*.